Zhaoyuan Card 2015

面积：**1432.32**平方公里

户籍人口：**56.65**万人

海岸线：**13.5**公里

生产总值：**639.84**亿元

第一产业增加值：**40.01**亿元

第二产业增加值：**338.35**亿元

第三产业增加值：**261.48**亿元

第一、第二、第三产业构成：**6.3:52.8:40.9**

公共财政预算收入：**50.22**亿元

全社会固定资产投资：**403.21**亿元

社会消费品零售额：**169.76**亿元

进出口总额：**22.7**亿美元

实际到账外资：**1.6**亿美元

公路通车里程：**2031.66**公里

接待海内外游客：**373.2**万人次

旅游业总收入：**60.4**亿元

城镇居民人均可支配收入：**36120**元

城镇居民人均消费支出：**26266**元

农村居民人均纯收入：**16946**元

农村居民人均生活消费支出：**11054**元

城镇居民人均住房建筑面积：**37.64**平方米

农村居民人均住房面积：**44.84**平方米

招远市地图

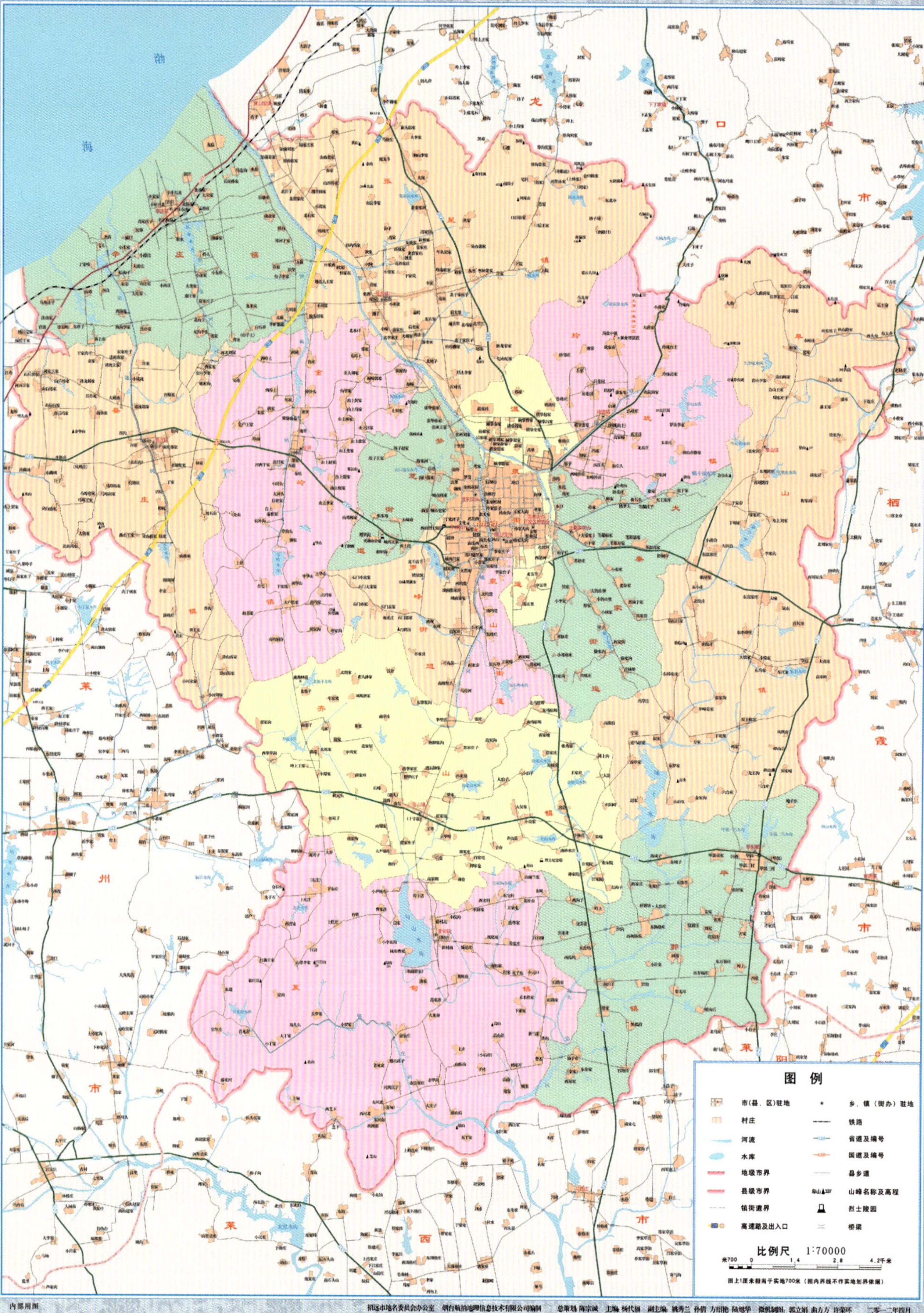

渤海

龙口市

栖霞市

莱州市

莱阳市

莱西市

图例

	市(县、区)驻地		乡、镇（街办）驻地
	村庄		铁路
	河流		省道及编号
	水库		国道及编号
	地级市界		县乡道
	县级市界	阜山▲337	山峰名称及高程
	镇街道界		烈士陵园
	高速路及出入口		桥梁

比例尺 1:70000

米700 0 1.4 2.8 4.2千米

图上1厘米相当于实地700米（图内界线不作实地划界依据）

内部用图

招远市地名委员会办公室 烟台航拍地理信息技术有限公司编制 总策划 陈宗诚 主编 杨代福 副主编 姚秀兰 孙倩 方绍艳 陆旭华 微机制图 郭立娟 曲方方 许荣环 二零一二年四月

2016 ZHAOYUAN YEAR BOOK

招遠年鑒

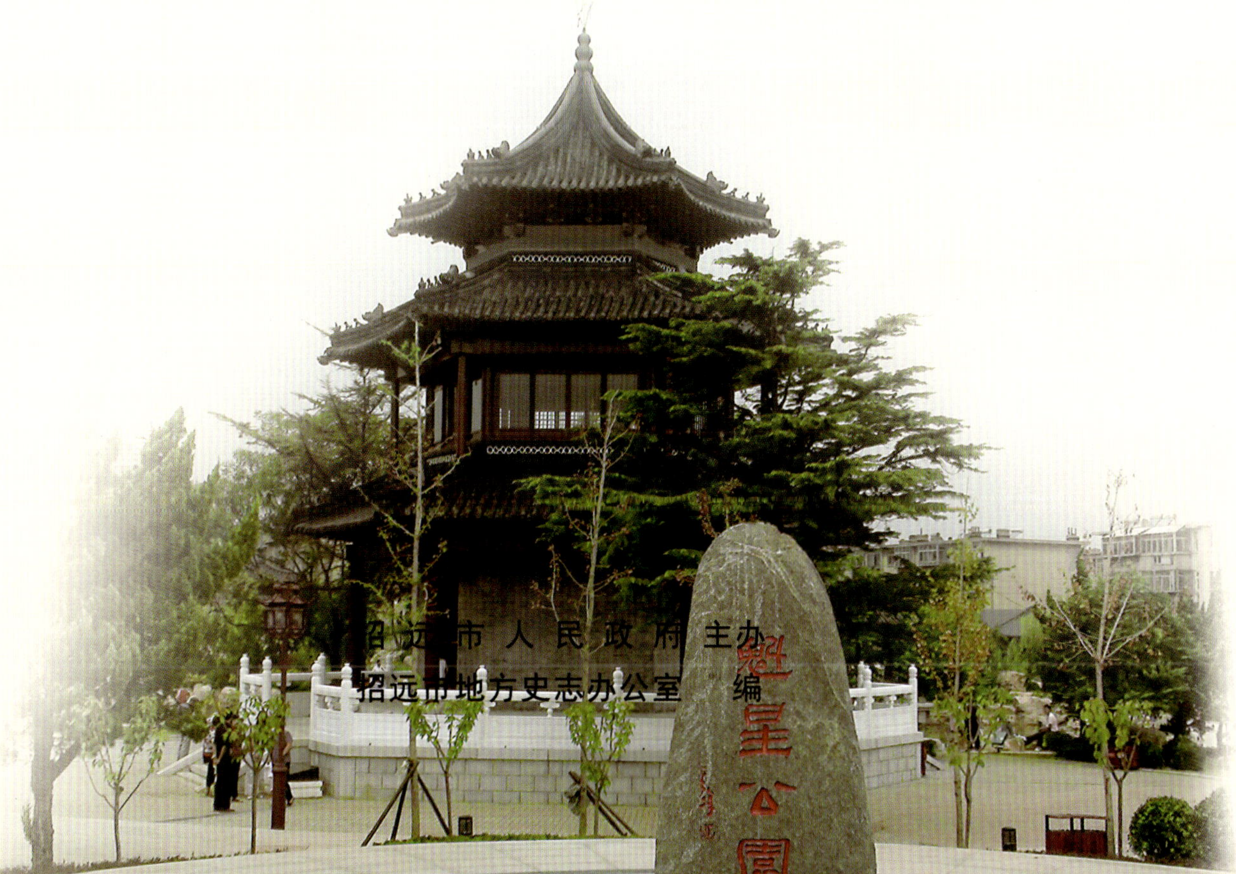

招远市人民政府 主办
招远市地方史志办公室 编

《招远年鉴（2016年卷）》

编　者：招远市地方史志办公室

责任编辑：张　婷

封面设计：徐　革　王兴明

封面题字：王永江

出版发行：黄海数字出版社

网　址：www.huanghaidigital.com

地　址：山东省烟台市北大街54号

光盘生产：湛江华丽金音影碟有限公司

印　刷：济南众森印务有限公司

开　本：889mm×1194mm 1/16

印　张：43

印　数：1-1000册

版　次：2016年9月第1版

印　次：2016年9月第1次印刷

书　号：ISBN 978-7-89425-513-6

定　价：326.00元（CD-ROM配书）

招远市地方史志编纂委员会

2016年7月

名誉主任　张　伟

主　　任　孙付春

副 主 任　郝永平　李　波　丛臣亭　王秀姬　蒋金海

委　　员　李玉堂　李海滨　徐绍彬　郭　利　姜风雷　邵玉明　迟义贤
　　　　　徐永亮　路　桥　栾浩光　张志刚　唐占鳌　韩　涛　郭建刚
　　　　　曲胜山　赵东祥　徐　革

市地方史志编纂委员会下设办公室，徐革兼任办公室主任。

《招远年鉴》编审人员

名誉主审　张　伟

主　　审　孙付春

副 主 审　王秀姬

主　　编　徐　革

执行主编　王兴明

副 主 编　付波涛　梁希鹏　王微微

编　　辑　王兴明　梁希鹏　王微微　阎尧晟　郭翠凤　李洪涛
　　　　　杜松娟　于春晓　刘玉玫

封面题字　王永江

装帧设计　徐　革　王兴明　王微微

2015 年 7 月 14 日，中共山东省委副书记、省长郭树清考察双塔食品智能化车间

2015 年 4 月 17 日，中共山东省委常委、烟台市委书记张江汀到招远市革命烈士陵园红色教育基地考察

2015 年 9 月 9 日，中华全国供销合作总社党组副书记、副主任李春生到招考察供销社综合改革试点

2015 年 7 月 11 日，中共烟台市委书记孟凡利到招考察工作

2015 年 6 月 2 日，中共烟台市委副书记、市长张永霞到招调研农村农业和供销社改革

2015 年 7 月，烟台市人大常委会第一副主任李淑芹到招远市检验检测中心检查工作

2015 年 6 月 2 日，中共烟台市委副书记王继东到招考察工作

2015 年 10 月 28 日，烟台市政府副市长杨丽会到招会见德国贺利氏 CEO 凌瑞德

2015 年 9 月 9 日，中共招远市委书记张伟到招远经济技术开发区调研

2016 年 2 月 3 日，中共招远市委书记张伟到康泰集团调研

2015 年 8 月 15 日，中共招远市委书记、市人大常委会主任张伟，市委副书记、市政府市长王光耀，到辛庄镇调研

2014 年 6 月 29 日， 中共招远市委副书记、市长王光耀检查防汛物资储备情况

2015 年 2 月 2 日，招远市政协主席林建东参加议政组讨论

2015 年 9 月 23 日，招远市人大常委会副主任徐林宏视察项目建设情况

2016 年 3 月 2 日，中共招远市委常委、常务副市长郝永平检查金翅岭金矿安全生产工作

2015 年 8 月 26 日，中共招远市委常委、纪委书记张烟航与纪委班子成员一起观看警示教育片

中共招远市委常委、组织部长王文锋到基层督导检查工作

2016 年 1 月 28 日，中共招远市委常委、副市长王浩带队检查金潮宇科蓄电池公司安全生产工作

2014 年 3 月 31 日，中共招远市委常委、政法委书记张金亮为公安干警上党课

2016 年 1 月 28 日，中共招远市委常委、宣传部长李波到金岭镇看望慰问老党员

2015 年 4 月 7 日，中共招远市委常委赵美瑜与到招挂职的烟台市党外干部到山东玲珑轮胎股份有限公司参观调研

2015 年 7 月 21 日，中共招远市委常委、人武部政委姚吉光主持征兵工作会议

2015 年 10 月 21 日，中共招远市委常委、副市长刘丰信到玲珑镇欧家夼村走访慰问贫困户

2015 年 1 月 26 日，招远市人大常委会副主任丛臣亭参加会议选举

2015 年 9 月 23 日，招远市人大常委会副主任滕军胜视察水源地保护工作

招远市政府党组副书记王晓华到大秦家卫生院检查工作

2015 年 4 月 13 日，招远市政府党组副书记张永祥到招远汽车站检查工作

2015 年 2 月 10 日，招远市政府副市长谭克良检查交通安全生产工作

2016 年 1 月 20 日，招远市政府副市长邹德宝检查学校安全工作

2016 年 1 月 18 日，招远市政府副市长王秀姬参加中国惠普与玲珑轮胎战略合作签约仪式

2015 年 9 月 1 日，招远市政府副市长赵曙光检查侯家水库防汛工作

2015 年 2 月 2 日，招远市政协副主席李广武主持市政协九届四次全委会议开幕式

2015 年 2 月 2 日，招远市政协副主席王建春主持召开提案审查委员会全体成员会议

2015 年 2 月 2 日，招远市政协副主席蒋金海在市政协九届四次全委会开幕式上

2015 年 2 月 3 日，招远市政协副主席丁海苹宣读选举办法（草案）

编辑说明

一、《招远年鉴》是一部大型综合性资料性工具书，是由招远市人民政府主办、招远市地方史志办公室主持编纂，创刊于1995年,每年出版一卷。年鉴编纂以全面翔实的资料记载招远市经济建设和社会发展的历史进程，为各级领导科学决策提供依据，为各行各业各有关部门提供资料信息，为宣传招远、振兴招远提供服务，并为下届志书编修积累资料。

二、《招远年鉴》2016卷主要收录2015年度发生在招远市行政区域内的大事要闻，有些资料适当上溯或下延。本卷年鉴力求突出招远的优势、特点，重点反映各级各部门取得的重大成就，以及社会各方面取得的新进展、新经验。同时，刊载中央、省及烟台市领导在招远的重要活动、招远市党政主要领导政务活动图片。

三、《招远年鉴》采用分类编辑法，主体结构分为栏目、分目、条目等基本层次。本卷年鉴设特载、专记、大事记、招远概貌、政党、人民团体、政权・政协、人民政府、政法、地方军事、农业和农村经济、工业、建设・环保、交通・邮电、商贸・旅游、对外经贸、金融・保险、财政・税务、经济管理、人力资源・社会保障・民政、教育・体育、科学技术、文化、医疗卫生・计划生育、镇（街道、区）、专文、人物、荣誉榜、附录等29个栏目。

四、本卷年鉴中的人物收录范围为，领导干部收录2015年新任职市级班子成员，先进模范收录2015年获得省级及以上先进称号的各类英模人物。领导干部按照市里确定的干部排序排列，先进模范按照按姓氏笔画排列。

五、本卷年鉴中收录的市委及其工作部门、市纪检委机关、市人大及其工作部门、市政府及其工作部门、市政协及其工作部门、审判及检察机关、军事组织、人民团体、市直企事业单位、驻招单位副科级以上实职领导名单（女性加注女），以2015年12月在职为准。以行政职务为主，专任党内职务者，录其党内职务。名单排序以供搞单位提供为准。

六、本卷年鉴稿件均由各有关单位提供，并经单位负责人审阅，年鉴各部类均为撰稿人、审稿人署名。稿件以文字为主，辅之以必要的图片、表格，力求文图并茂。所有稿件由年鉴编辑部通审总纂，组织机构由市委组织部、市编制委员会、各相关单位校核。主要数据以统计部门公布数据为准。

七、本卷年鉴行文标准参照地方志书行文标准，使用记述体，第三人称，文字朴实，书写规范。数字用法按照国家语言文字工作委员会等七单位公布的《关于出版物上数字用法试行规定》为准，计量尽量采用国际计量单位。特载、专文、附录中辑录的各种文献，行文尊重原文。

八、本卷年鉴的编辑、出版与发行工作得到全市各级各部门、有关单位、各镇（街道、区）、各驻招单位等的大力支持和协助，谨此深表谢意。疏漏与不足之处，敬请广大读者批评指正。

目　录

特　载
Features

专　记
Monographic Description

大 事 记

Chronicle of Major Events

招远概貌

The Overview of Zhaoyuan City

中国共产党招远市地方组织

Local Organization of CPC (Communist Party of China) in Zhaoyuan City

人民团体

Civil association

政权·政协

Political Power · Political Consultative Conference

招远市人民政府

People's Government of Zhaoyuan City

法 治

Rule of Law

地方军事
Regional Military Affairs

农 业
Agriculture

工 业

Industry

建设·环保

Construction · Environment Protection

交通·邮电

Transportation · Post

商贸·旅游

Commerce and Trade · Tourism

对外经济贸易
Foreign Economy and Trade

金融·保险·证券
Finance · Insurance · Securities

财政·税务

Revenue and Public Financing · Taxation

经济管理

Economic Management

人力资源·社会保障·民政

Human Resources · Social Security · Civil Administration

教育·体育

Education · Sports

科学技术

Science and Technology

文 化

Culture

医疗卫生·计划生育

Medical and Hygiene · Family Planning

镇·街道·开发区

Township · Street · Development Zone

专　文

Article

人　物

Figures

荣誉榜
Honor Roll

附录
Appendix

特　　载

全国地方志事业发展规划纲要

（2015—2020年）

为推进全国地方志事业科学发展，充分发挥地方志工作在我国经济社会发展和社会主义文化强国建设中的重要作用，为全面建成小康社会作出更大贡献，根据《地方志工作条例》，结合当前工作实际，制定本规划纲要。

一、发展基础与机遇

编修地方志是中华民族优秀文化传统，历史悠久，连绵不断。新中国成立后特别是改革开放以来，在党中央、国务院正确领导下，经过各地区各有关部门不懈努力，地方志工作取得巨大成就，形成以修志编鉴为主业、各项工作协调开展的事业格局，拓展了方志文化的内涵，为提升国家文化软实力发挥了独特作用。

（一）工作体制机制基本建立。基本形成党委领导、政府主持、负责地方志工作的机构（以下简称地方志工作机构）组织实施、社会各界广泛参与的工作体制；逐步形成将地方志工作纳入各地国民经济和社会发展规划、地方各级政府工作任务，“认识、领导、机构、编制、经费、设施、规划、工作”到位（以下统称“一纳入、八到位”）的工作机制。

（二）法治建设取得新进展。2006年国务院公布施行《地方志工作条例》，各地相继制定和完善地方性法规规章，进一步明确了各级政府对地方志工作的领导责任，加强地方志工作机构履行组织、指导、督促和检查地方志工作的职责，确保地方志工作依法开展。

（三）编修成果不断丰富。目前，首轮修志结束，第二轮修志进入关键时期，已出版7000多部省、市、县三级地方志书，2万多部行业志、部门志、军事志、武警志、专题志、乡镇（街道）志、村（社区）志等，1900多种、1.5万多部地方综合年鉴，1000多种、7000多部专业年鉴，大量地情文献。这些与现存的8000多种、10万多卷旧志及其整理成果，共同构成了一座以国情地情为主要内容并不断丰富的地方志资源宝库。

（四）理论研究逐渐深化。紧密结合修志编鉴实践，积极开展理论研究，已出版各种志鉴理论著作1000多部，发表论文6万多篇，取得显著成果，有力地指导了地方志工作开展，推动了方志学、年鉴学学科建设。

（五）基础设施建设逐步推进。全国已建成国家方志馆1个、省级馆15个、市级馆60多个、县级馆近200个，省级网站26个、市级网站近200个、县级网站470多个，方志工作公共基础设施建设迈上新台阶。

（六）存史育人资政作用日益彰显。通过修志编鉴、开发利用地方志资源，地方志编修已发展成为为国存史的一项重要工作，在记录当代、保存历史、传承文明、发展文化、激发民族自豪感和自信心、推动海内外文化交流合作、提供促进经济社会发展的历史借鉴和智力支持等方面，成绩日益突出、作用日益显著。

目前，全国地方志事业呈现出良好发展态势和前所未有的大好局面，但也存在着制约事业发展的问题，主要是：事业发展不平衡现象比较突出；少数地区和部门对地方志工作重要性认识不够；相关法规规章落实不到位；机构不健全，编制、人员和经费不足；志书质量有待进一步提高；人才队伍青黄不接，人员素质亟待提升；信息化与方志馆建设比较滞后；方志文化的作用有待彰显等。这些问题必须通过科学发展和深化改革，采取有效措施，认真予以解决。

“治天下者以史为鉴，治郡国者以志为鉴。”按照“四个全面”战略部署，党和国家对地方志工作提出了新任务新要求，强调要高度重视修史修志，把历史智慧告诉人们。全国地方志事业迎来重要发展机遇。修志问道，以启未来。地方志工作要适应经济社会发展新形势，明确在发展改革大局中的目标任务，科学规划，积极创新，有序推进地方志事业持续健康发展。

二、指导思想与基本原则

（一）指导思想。全面贯彻落实党的十八大和十八届二中、三中、四中全会精神，按照党中央、国务院决策部署，落实第五次全国地方志工作会议要求，解放思想，实事求是，锐意进取，改革创新，依法全面推动全国地方志事业发展繁荣。

（二）基本原则。

1.坚持正确方向。坚持走中国特色社会主义文化发展道路，坚持为人民服务、为社会主义服务的方向，通过编修和开发利用地方志成果，为培育和践行社会主义核心价值观提供丰富、优秀的精神文化产品。

2.坚持依法治志。国家地方志工作机构依法统筹规划、组织协调、督促指导全国地方志工作；省、市、县级地方志工作机构依法履行组织、指导、督促和检查地方志工作职责，加强编纂业务工作。

3.坚持全面发展。以修志编鉴为主业，统筹兼顾理论研究、开发利用、信息化建设、方志馆建设、旧志整理等工作，实现地方志事业全面协调可持续发展。

4.坚持改革创新。继承和弘扬中华民族修志的优良传统，认真总结地方志工作的经验教训，深化改革，与时俱进，推动理论创新、制度创新、管理创新、方法创新。

5.坚持质量第一。坚持存真求实，确保地方志质量。正确处理质量与进度的关系，将精品意识贯穿于地方志编纂出版工作全过程，严把政治关、史实关、体例关、文字关、出版关，编纂出版经得起历史检验、具有鲜明时代特征和地域特色的地方志成果。

6.坚持修志为用。发挥地方志资源优势，全面提升开发利用水平；拓宽用志领域，提升服务大局能力，为党政机关、社会各界和人民群众服务；加大宣传力度，提高全社会读志用志水平。

三、总体目标与主要任务

（一）总体目标。到2020年，全面完成第二轮修志规划任务，实现省、市、县三级综合年鉴全覆盖，加快信息化和方志馆建设，做好第三轮修志工作准备，加强对社会修志的指导和管理，基本形成地方志编修体系、理论研究和学科建设体系、质量保障体系、资源开发利用体系、工作保障体系“五位一体”的地方志事业发展综合体系，努力开创地方志事业发展新局面。

（二）主要任务。

1.全面完成第二轮修志规划任务。到2020年，完成第二轮地方志书规划任务，省、市、县三级地方志书全部出版。在抓紧完成第二轮修志任务的同时，全面总结第一轮、第二轮修志工作的经验教训，认真研究第三轮修志的组织管理、运作模式、续修方式等，为启动第三轮修志做好资料收（征）集、队伍培训及理论准备等工作。

2.大力推进地方综合年鉴工作。到2020年，做到地方综合年鉴由地方志工作机构组织编纂，一年一鉴，公开出版，实现省、市、县三级综合年鉴全覆盖。

3.重视军事、武警及其他各类专业志鉴、民族地区地方志、乡镇村志和地方史编纂工作。加强对已开展和准备开展志鉴编纂工作的行业、部门、单位等的业务指导和管理。支持民族地区做好地方志编纂工作。指导有条件的乡镇（街道）、村（社区）做好志书编纂工作,做好中国名镇志文化工程、中国名村志文化工程组织编纂工作。具备条件的，可将地方史编写纳入地方志工作范畴，统一规范管理。

4.深入开展旧志整理工作。编制全国旧志整理规划，编辑旧志联合目录。具备条件的地方应编辑出版历代方志集成，分类整理旧志资料。加强与国内外高等院校、科研院所、公共图书馆、档案馆等单位的交流与合作，开展旧志点校、提要、考录、辑佚等工作。

5.加强地方志理论研究和学科建设。制定方志、年鉴理论和方志学、年鉴学学科建设规划，建立和完善方志、年鉴理论研究学术规范，力争到2020年形成较为成熟的方志学和年鉴学学科体系。充分发挥方志期刊和各级地方志学会的作用，活跃学术研讨，推动理论建设。加强与相关学科交流合作，开展地方志编纂、地方志事业发展等重要理论问题研究，编写方志学、年鉴学通用教材及各分支学科研究论著。总结历代一统志编纂经验，开展编修一统志的可行性研究。

6.加强人才队伍建设。重视人才选拔、培养和使用，加强专兼职结合、结构合理的人才队伍建设，培养和引进一批高端人才，建设一支高素质的地方志编修、研究工作队伍，弘扬修志问道、直笔著史的方志人精神。

7.深化地方志质量建设。严格执行《地方志书质量规定》《地方综合年鉴编纂出版规定》有关要求，制定质量管理、质量监督等规定，完善地方志质量评议、审查验收制度，严把质量关。按照国家有关规定申报设立志书、年鉴及优秀学术成果评比奖励项目，逐步将志书、年鉴纳入国家及地方有关图书奖评比。

8.强化地方志资料建设。加大依法收（征）集地方志资料力度，建立和完善地方志资料收（征）集、保存、管理制度，推行地方志资料年报制度并形成常态机制；运用社会调查、口述史等方法，大力拓展资料收（征）集范围和渠道，建立能够全方位适应地方志编纂、地方志事业发展和方志文化建设需要的地方志资料保障机制。

9.加快地方志信息化建设。按照统一规划、统一标准、分级建设、资源共享、安全保密的原则，制定全国地方志事业信息化发展意见，充分利用已有信息基础设施和数据资源，加快地方志信息化建设步伐，支持民族地区地方志信息化建设。逐步建立地方志全文数据库。应用现代信息技术，加强对不同载体的地方文献收（征）集、保护和开发利用，推动信息标准化工作。实现国家、省、市、县四级地方志资源共享，面向社会提供优质服务。

10.提高地方志资源开发利用水平。加强对地方志资源的深加工，拓宽服务渠道，增强服务功能，创新服务手段，更好地贴近经济社会发展实际，贴近人民群众需要。做好《中国地情报告》《中国方志发展报告》《中国年鉴发展报告》编纂工作。发挥地方志资源在地方公共文化服务中的重要作用，利用各类媒体广泛宣传地方志成果，推动方志文化进机关、进农村、进社区、进校园、进企业、进军营，推动城乡方志文化建设，培育地方历史记忆。

11.扩大学术交流与合作。采用多种形式，加强与香港、澳门和台湾地区以及国外的高等院校、科研机构、档案机构与图书馆等单位的学术交流与合作。服务国家文化“走出去”战略，推介一批高质量地方志成果，充分展示地方志的当代价值及永恒魅力，推动方志文化走向世界，增强方志文化影响力。

四、保障措施

（一）法治保障。推动《地方志工作条例》的贯彻落实，逐步建立健全地方性法规规章。加大地方志工作法规规章的宣传、执行力度，定期开展执法监督检查，依法纠正、查处执行不力和违法行为。

（二）制度保障。健全地方志工作机构主导、社会各界有序参与修志编鉴的途径和方式。加强督促检查，健全和完善目标考核责任制、督查通报制，强化责任落实；健全和完善地情资料收（征）集及管理、修志编鉴业务制度和主编（总纂）责任制，确保在篇目设计、资料收（征）集、总纂统稿、志（鉴）稿评议、审查验收、出版发行、报送备案等环节上均有章可循、有序推进，保障志鉴质量。

（三）经费保障。改善地方志工作条件和图书资料收藏保管条件，做好修志、编鉴、出版、科研、开发利用、信息化建设、资料文献保存等工作，加大对民族地区、贫困地区地方志工作的支持力度。地方各级人民政府要将地方志工作所需经费列入财政预算。

（四）队伍保障。建立国家级、省级地方志专家库。探索地方志人才培养、引进等政策和措施，探索将方志学人才培养纳入国民教育体系的方式方法。完善教育培训制度，分级实施对地方志工作机构新任负责人、志鉴主编（总纂）的专项培训，实现修志编鉴人员岗前培训全覆盖、培训工作常态化；与高等院校、科研机构联合开展地方志专业方向研究生教育，举办专业进修班，支持地方志工作人员接受专业继续教育。按照国家有关规定开展先进集体和先进工作者评选表彰活动，建立干事创业的激励机制，营造良好氛围。

（五）宣传保障。利用各级各类新闻媒体，大力宣传地方志工作机构贯彻落实党和国家大政方针的新举措、地方志工作服务经济社会发展的新成绩、地方志工作者投身现代化建设的新贡献。挖掘地方志资源的现实价值、历史价值，设计宣传主题，创新宣传形式，推出一批人民群众喜闻乐见、有较大社会影响力的地方志宣传精品。

五、加强组织领导

地方志工作要坚持和健全党委领导、政府主持、地方志工作机构组织实施、社会各界广泛参与的工作体制，坚持“一纳入、八到位”的工作机制。地方志工作机构设置和人员编制，要与其有效履行职能、顺利开展工作的要求相适应；按照德才兼备原则和专业要求，配齐配强地方志工作机构的领导班子。

各地区各有关部门要结合工作实际，根据本规划纲要要求，制定本地区本部门地方志事业发展规划或实施方案，切实加强分类指导，加大组织推动力度，全面提高地方志工作水平，确保全国地方志事业平稳、有序、健康发展。

军事志事业发展规划由中国人民解放军军事志指导小组制定。

中国地方志指导小组及其办公室要对本规划纲要落实和执行情况进行督促检查。

山东省地方史志事业发展规划纲要

（2016—2020年）

地方史志事业是中国特色社会主义文化事业的重要组成部分，是各级政府行政管理的必要职责。近年来，在省委、省政府的正确领导和社会各界的关心支持下，全省史志事业发展实现了新的突破，多项工作走在全国前列，创造出“山东经验”。目前，第二轮修志加快推进，编纂出版省志分志29部，市级志书4部3册5卷，县级志书83部。部门（行业）志和乡镇村志编修蓬勃开展，出版部门（行业）志2000余部，乡镇村志800余部。方志理论研究和修志队伍建设不断加强，推出了一批理论研究成果，实施了人才培训五年规划，培训专业人员上千人，修志人员业务水平不断提高。年鉴工作改革创新、提速增效，服务功能大为增强，各级各类年鉴达到240多种，数量和质量均居全国前列，《山东年鉴》2015卷6月底出版，2014卷荣获全国最高奖项（综合特等奖）。省、市、县三级地情网站全面升级改版，省情资料库入库资料20亿字，省情网用户访问量1200万人次，微信、微博、英文地情网等极大拓展了信息服务领域。方志馆建设得到加强，建成省级方志馆1家、市级14家、县级80家，各级方志馆不断扩容增藏，软硬件设施改善，社会影响扩大。旧志整理取得突破，《山东省历代方志集成》整理工程启动，完成宣统版《山东通志》整理影印，全省累计整理出版旧志200余种。法治化建设全面推进，在全国率先实现省、市、县三级史志工作法规规章体系全覆盖。史志资源开发利用成果丰硕，编纂出版《汶川特大地震山东省救助援建志》、《第十届中国艺术节志》、山东纪念抗战胜利70周年丛书、《山东省历史地图集》，为现实服务的能力进一步增强。

总体来看，全省史志事业发展已经站在一个新的历史起点上，展现出前所未有的大好局面。但也存在一些制约事业发展的困难和问题:一是第二轮修志进度极不平衡，部分省志承编单位重视不够、进展缓慢，有的市县级志书编纂力量薄弱、保障不力，甚至有的尚未启动，在2018年全面完成修志任务难度较大；二是县级综合年鉴逐年连续出版的不足30%，全部实现一年一鉴、公开出版的难度较大；三是部分地区和部门对史志工作重要性认识不够，特别是县级史志机构不够健全，有的编制、人员、经费严重不足；四是为现实服务的能力有待提高，方志文化的作用有待彰显等。这些困难和问题，必须通过科学发展和深化改革，采取有效措施，认真予以解决。

按照“四个全面”战略部署，党中央、国务院对史志工作提出了新任务、新要求，习近平总书记强调“要高度重视修史修志”，李克强总理提出“修志问道，以启未来”，省委、省政府领导高度重视史志工作，多次作出重要指示、批示，史志事业发展迎来重要机遇。为促进和指导今后五年全省史志事业科学发展，根据《全国地方志事业发展规划纲要（2015—2020年）》，结合我省实际，制定本规划纲要。

一、指导思想与基本原则

（一）指导思想。全面贯彻党的十八大和十八届三中、四中全会精神，认真落实“把史志工作纳入各地国民经济和社会发展规划、各级政府工作任务，认识、领导、机构、编制、经费、设施、规划、工作到位”（以下统称“一纳入、八到位”）的总要求，紧紧围绕省委、省政府中心工作，解放思想，实事求是，锐意进取，改革创新，依法推进全省史志事业科学发展，为加快经济文化强省建设提供精神动力、决策参考、信息服务和智力支持。

（二）基本原则。

1.坚持正确方向。坚持走中国特色社会主义文化发展道路，坚持为人民服务、为社会主义服务的方向，通过编修和开发利用地方史志成果，为弘扬优秀传统文化、建设文化强省提供有力支撑，为培育和践行社会主义核心价值观提供丰富、优秀的精神文化产品。

2.坚持依法治志。按照《地方志工作条例》和《山东省地方史志工作条例》，省、市、县三级史志机构依法履行组织、指导、督促和检查职责，各级、各部门和社会各界依法履行相关职责和义务。

3.坚持科学发展。以修志编鉴为主业，统筹兼顾信息化建设、方志馆建设、旧志整理、理论研究、开发利用等工作，实现史志事业科学发展。

4.坚持改革创新。继承和弘扬中华民族编史修志的优良传统，认真总结史志工作经验，正确把握发展规律，深化改革，与时俱进，推动理论创新、制度创新、管理创新、方法创新，不断拓展史志工作领域，丰富史志成果表现形式。

5.坚持质量第一。质量是志书的生命，要将精品意识贯穿于志鉴编纂出版工作全过程，严把政治关、史实关、体例关、文字关、出版关，编纂出版经得起历史检验、具有鲜明时代特征和地域特色的优秀史志成果。

6.坚持修用并举。发挥史志资源优势，加快史志成果转化，全面提升开发利用水平。拓宽用志领域，创新用志手段，提升服务大局能力，为党政机关、社会各界和人民群众服务。加大宣传力度，提高全社会读志用志水平，形成修用结合、良性互动机制。

二、总体目标与主要任务

（一）总体目标。到2020年，全面完成第二轮修志任务，做好第三轮修志工作准备，实现省、市、县三级综合年鉴全覆盖，进一步提升信息化建设水平，省、市、县三级方志馆全面建成，加强对社会修志和编修地方史的指导与管理，基本形成修志编鉴、理论研究、质量保障、开发利用、工作保障“五位一体”的史志事业发展综合体系，确保我省史志工作继续走在全国前列。

（二）主要任务。

1.全面完成第二轮修志任务。力争2018年完成省、市、县三级第二轮修志任务。实施齐鲁名镇志、名村志文化工程，推出100部名镇志、名村志精品。健全完善志书质量保障体系，确保志书质量不断提升，打造一批在全国有影响的精品志书。全面总结第一轮、第二轮修志工作经验，认真研究修志工作的组织管理、运作模式、续修方式等，为启动第三轮修志做好准备。

2.大力推进年鉴编纂出版。各级史志机构切实担负起组织编纂地方综合年鉴的职责。尚未启动综合年鉴编纂的县（市、区）2016年年底前全面启动，所有县（市、区）2018年全部达到一年一鉴、公开出版，实现省、市、县三级综合年鉴全覆盖。加强对编纂年鉴的行业、部门、单位的业务指导和质量管理，推动年鉴工作改革创新、提速增效，缩短出版周期，增强为现实服务能力。省地方史志办逐年编纂《山东地方史志年鉴》。

3.加快信息化建设。按照全国地方志事业信息化发展意见，广泛应用“互联网+”等现代信息技术，逐步实现修志编鉴的数字化、网络化，建成地方史志全文数据库，面向社会提供服务。加大资金投入，不断升级完善地情网站和地情资料库软硬件设施，建设新的载体平台，构建多界面、多渠道、多元化、全方位的综合服务体系。加强地情网站和地情资料库管理，确保网络信息安全。

4.加强方志馆建设。把方志馆建设纳入各地公共文化服务设施建设规划，确保市、县（市、区）方志馆全部建成。已建成但面积及硬件设施不能满足需要的要升级改造，尚未建设的要抓紧立项建设或利用现有设施进行改扩建。开展数字化方志馆建设，实现资料数字化、传递网络化、信息共享化、使用便捷化，充分发挥“全省志类成果交换平台”的作用，提高资料管理利用水平。

5.深化方志理论研究。深入总结社会主义新方志和传统编史修志经验，用不断发展创新的理论成果指导工作实践。充分发挥各地史志学会等学术团体和方志期刊等交流平台的作用，活跃学术研讨，营造良好氛围，推动理论创新，推出一批有分量的方志理论研究成果，造就一批在全国有影响的方志理论专家。

6.强化史志资料建设。加大依法收（征）集史志资料力度，健全完善年报制度并形成常态机制，按年度整理汇编地情基础资料。建立史志资料库，为修志编鉴和地情开发服务。运用社会调查、口述历史等方法，大力拓展资料收（征）集范围和渠道，建立能够全方位适应史志编纂、史志事业发展和方志文化建设需要的史志资料保障机制。

7.提高史志资源开发利用水平。广泛开展读志用志工作，推动史志成果进机关、进农村、进社区、进校园、进企业、进军营。建立为重大活动修志的常态化工作机制，引导社会各界开展对史志资源的开发利用，进行重大课题研究。加快修志成果转化，利用群众喜闻乐见的形式，制作齐鲁历史文化系列动漫，扩大方志文化影响。全面完成《山东省历代方志集成》整理出版任务，及时将旧志整理成果数字化。完成《山东省对口支援西藏志》《山东省对口支援新疆志》《齐鲁历史名人传略》等编纂工作。发挥史志部门优势，深入挖掘和阐发齐鲁历史文化，深入开展抗战研究，推出一批有分量的研究成果。

8.扩大对外交流合作。坚持开门修志，采用多种形式，加强与国外和港澳台地区的高等院校、科研机构、档案机构、图书馆等单位的交流与合作。引进一批海外藏山东地情文献资料，推介一批高质量的史志成果，增强齐鲁文化和方志文化的影响力。

（三）保障措施。

（一）加强组织领导。坚持和完善“党委领导、政府主持、地方史志工作机构组织实施、社会各界广泛参与”的工作体制，全面落实“一纳入、八到位”。各级史志机构特别是县级机构的设置和人员编制要与其履行职能、顺利开展工作的要求相适应。按照德才兼备原则和专业要求，配齐配强史志机构的领导班子。按照政治强、业务精、作风硬的标准，充实史志工作队伍。各级各部门要把关心支持史志工作作为义不容辞的职责，切实解决人员、经费、必要工作条件和工作中的困难。各级政府要把史志工作所需经费列入财政预算。省志承编单位要稳定修志队伍，保障修志条件，确保工作有序开展。

（二）加强依法治志。认真履行《地方志工作条例》和《山东省地方史志工作条例》赋予的各项职责，切实提升依法行政的能力和水平。根据形势发展的要求，进一步完善与两个条例相配套的工作制度体系和实施细则，为全省史志事业发展提供法律依据和制度保障。适时开展《山东省地方史志工作条例》修订工作。开展政府行政执法检查和定期政务督查，依法纠正、查处执行不力和违法行为，推动史志工作法规规章的贯彻落实。建立修志工作动态管理机制，定期检查通报工作进展情况，保障史志事业健康发展。

（三）加强队伍建设。实施新一轮修志人员培训五年规划。建立分层次分类型培训的长效机制，分级实施对修志编鉴、理论研究、开发利用、信息化和方志馆建设、史志资料征集管理等不同层次的专项培训。建立省级、市级史志专家库，充分发挥史志专家和社会各界有关专家、学者的作用，为史志事业发展提供智力支持。吸纳社会力量参与史志工作，利用购买服务、课题外包、建立志愿者队伍等形式，拓宽人才渠道，建立灵活的用人机制。鼓励和支持业务人员接受专业继续教育，不断优化人才成长环境。按照国家有关规定，开展先进集体和先进工作者评选表彰活动，营造干事创业的良好氛围。

（四）加强舆论宣传。利用各级各类新闻媒体，大力宣传史志部门贯彻落实党和国家大政方针及省委、省政府重大决策部署的新举措、史志工作服务经济社会发展的新成绩、史志工作者投身经济文化强省建设的新贡献。挖掘史志资源的现实价值、历史价值，设计宣传主题，创新宣传形式，推出一批人民群众喜闻乐见、有较大社会影响力的宣传精品。

（五）加强督促检查。各级各有关部门要结合各自实际，制定本地区本部门的发展规划或实施方案，搞好任务分解落实，对工作不力的地方和单位及时进行督查，确保各项任务落到实处。

本规划纲要由山东省地方史志办公室负责对落实和执行情况进行督促检查。

烟台市地方史志事业发展规划纲要

（2015—2020年）

为促进和指导今后五年全市史志事业发展，根据国务院办公厅印发的《全国地方志事业发展规划纲要（2015—2020年）》（国办发〔2015〕64号）、省政府办公厅印发的《山东省地方史志事业发展规划纲要（2016—2020年）》（鲁政办发〔2015〕46号），结合烟台实际，制定本规划纲要。

一、指导思想与基本原则

（一）指导思想。认真落实“将地方志工作纳入各地国民经济和社会发展规划、地方各级政府工作任务，认识、领导、机构、编制、经费、设施、规划、工作到位”（以下统称“一纳入、八到位”）的总要求，围绕市委、市政府中心工作，解放思想，开拓创新，攻坚克难，主动作为，依法推进全市史志事业发展，为烟台经济社会发展率先走在全省全国前列做出应有贡献。

（二）基本原则。

1.坚持正确方向。坚持为人民服务的修志方向，通过编修和开发利用地方史志成果，为弘扬优秀传统文化、建设文化强市提供有力支撑，为培育和践行社会主义核心价值观提供丰富、优秀的精神文化产品。

2.坚持依法治志。认真贯彻执行《地方志工作条例》《山东省地方史志工作条例》和《烟台市地方志工作管理办法》，市、县两级史志机构依法履行组织、指导、督促和检查史志工作职责，各级各部门和社会各界依法履行相关责任和义务。

3.坚持创新驱动。继承和弘扬中华民族编史修志的优良传统，正确把握发展规律，深化改革，与时俱进，推动理论、实践、制度、管理、方法等方面创新发展。

4.坚持协调发展。突出修志编鉴主业，统筹兼顾信息化建设、方志馆建设、旧志整理、理论研究、开发利用等工作，实现史志事业科学协调可持续发展。

5.坚持质量第一。强化精品意识，严把政治关、史实关、体例关、文字关、出版关，打造经得起历史检验、具有鲜明时代特征和地域特色的优秀史志成果。

6.坚持修用并举。发挥史志资源优势，加快史志成果转化利用。拓宽用志领域，创新用志手段，提升服务大局、社会、群众能力。

二、总体目标与主要任务

（一）总体目标。

到2020年，全面完成第二轮修志任务，实现市、县两级综合年鉴全覆盖，提升信息化建设水平，更好发挥市、县两级方志馆作用，加强对社会修志和编修地方史的指导与管理，基本形成修志编鉴、理论研究、质量保障、开发利用、工作保障“五位一体”的史志事业发展综合体系，抓机遇、兴主业、补短板、出成果，开创全市史志事业发展新局面。

（二）主要任务。

1.全面完成第二轮修志任务。力争到2018年全面完成《烟台市志》及县市区志的二轮编修任务。支持和鼓励市直部门、单位和县市区编纂行业志、部门志、企事业单位志、乡镇与村庄志，编纂出版各类志书百部。健全完善志书质量保障体系，打造10部在全省乃至全国有影响的精品志书。

2.推进年鉴编纂出版。各级史志机构切实担负起组织编纂地方综合年鉴的职责，实现市、县两级综合年鉴全覆盖。《烟台年鉴》坚持一年一卷，连续出版。尚未启动综合年鉴编纂的县市区2016年年底前全面启动，所有县市区2018年达到一年一鉴、公开出版，争创省级精品年鉴3~5部。加强对编纂年鉴行业、部门、单位的业务指导和质量管理，推动年鉴工作改革创新、提速增效，缩短出版周期。

3.提升信息化建设水平。广泛应用“互联网+”等现代信息技术，逐步实现修志编鉴的数字化、网络化。建成市、县两级地方史志全文数据库，面向社会提供服务。加大资金投入，不断升级完善地情网站和地情资料库软硬件设施，全市建成省级优秀地情网站3个。

4.加强方志馆建设。把方志馆建设纳入各地公共文化服务设施建设规划，确保市、县两级方志馆全部建成，打造3个地域特色鲜明、服务功能健全的省级优秀方志馆。已建成但面积及硬件设施不能满足需要的要升级改造，尚未建设的要抓紧立项建设或利用现有设施进行改扩建。开展数字化方志馆建设，实现资料数字化、传递网络化、信息共享化、使用便捷化，提高资料管理利用水平。

5.抓好方志理论研究。深入总结社会主义新方志和传统编史修志经验，用发展创新的理论成果指导工作实践。充分发挥史志学会等学术团体作用，活跃学术研讨，推动理论创新，推出一批有分量的方志理论研究成果，造就有见解、有成果、有影响的方志理论专家。定期举办理论研讨、征文活动，邀请专家学者讲座培训，汇总编辑方志理论丛书。

6.依法收（征）集史志资料。健全完善史料年报制度并形成常态机制，按年度整理汇编地情基础资料。编好《烟台大事记》专刊，拓宽领域，突出特色，增强时效性。建立史志资料库，为修志编鉴和地情开发服务。运用社会调查、口述历史等方法，拓展资料收（征）集范围和渠道，全方位适应史志事业发展和方志文化建设需要。

7.加强史志资源开发利用。坚持修用并举，建立为重大活动修志的常态化工作机制，引导社会各界开展对史志资源的开发利用。广泛开展读志用志工作，推动史志成果进机关、进农村、进社区、进校园、进企业、进军营。加快修志成果转化，扩大方志文化影响。积极开展旧志整理工作，每年整理出版1~2部旧志，并及时将成果数字化。发挥史志部门优势，深入挖掘和阐释胶东红色文化、开埠文化等烟台特色文化。面向社会开门修志，加强与驻烟高等院校、科研机构和档案部门、图书馆等单位的交流与合作，共同推进全市史志事业发展。

三、保障措施

（一）加强组织领导。坚持和完善“党委领导、政府主持、地方史志工作机构组织实施、社会各界广泛参与”的工作体制，全面落实“一纳入、八到位”。市、县两级要加强史志工作机构建设，确保其正常履职，集中精力开展工作。按照德才兼备原则和专业要求，配齐配强史志机构领导班子。按照政治强、业务精、作风硬标准，保障史志工作队伍。各级政府要把志书、年鉴编纂等各项史志工作所需经费列入财政预算。各级各部门要切实重视、支持史志工作，切实解决人员、经费、必要工作条件和工作中的困难。各承编单位要确保修志力量和修志条件，保障修志工作有序开展。

（二）加强依法治志。开展政府行政执法检查和定期政务督查，依法纠正、查处执行不力和违法行为，推动史志工作法规规章的贯彻落实。建立修志工作动态管理机制，定期检查通报工作进展情况，保障史志事业健康发展。

（三）加强队伍建设。弘扬“修志问道、直笔著史”精神，着力提升史志队伍“德、才、学、识”水平。建立分层次分类型培训长效机制，分级实施对修志编鉴、理论研究、开发利用、信息化和方志馆建设、史志资料征集管理等不同层次的专项培训。通过组织到先进地区参观学习，参加上级业务研究培训，开展系统内理论研讨活动等形式，提升队伍整体素质。建立市级史志专家库，为史志事业发展提供智力支持。吸纳社会力量参与史志工作，探索实行政府购买服务、课题外包、建立志愿者队伍等有效形式。鼓励和支持业务人员接受专业继续教育。按照有关规定，开展先进集体和先进工作者评选表彰活动。

（四）加强舆论宣传。利用新闻媒体宣传史志部门取得的新成绩和广大史志工作者的新贡献。挖掘史志资源的现实价值、历史价值，推出一批群众喜闻乐见、有较大社会影响力的史志精品，提高全社会读志用志水平，形成修用结合、良性互动机制。

（五）加强督促检查。各级各有关部门要结合各自实际，制定本辖区本部门的发展规划或实施方案，做好任务分解落实。市政府督查部门、市史志办对工作不力的县市区和部门、单位及时进行督查，确保各项任务落到实处。

本规划纲要由烟台市地方史志办公室负责对落实和执行情况进行督促检查。

咬定项目不放松
全力打好稳增长调结构主动仗

——2015年8月21日在中共招远市十三届六次全委（扩大）会议上的讲话

中共招远市委书记　张　伟

同志们：

这次全委（扩大）会议的主要任务是，以习近平总书记系列重要讲话和视察山东重要讲话、重要批示精神为指引，紧紧围绕“四个全面”战略布局，深入贯彻落实省委十届十二次全会和烟台市委十二届七次全会精神，结合近期外出考察学习情况，总结研判、把握规律，登高望远、凝聚共识，动员各级提境界、强招商、扩投资、优作风，咬定项目不放松，全力打好稳增长调结构主动仗，奋力夺取全年工作新胜利，为“十三五”时期发展奠定坚实基础。

围绕做好下半年乃至今后的经济工作，7月21日，我们召开全市科学发展观摩会议，检查盘点得失、分析研究形势、安排布置任务，向各级发出了弘扬创业精神的动员令，在全市大力倡树“永不满足、永不懈怠、永不畏难、永不怕苦”的精神境界和优良作风；今天重点围绕认识事物的主要矛盾和矛盾的主要方面，就我们下步经济中应当把握好的工作平衡点、关键点和突破点，谈一点意见。

一、新常态下，稳增长是首要任务，调结构是主攻方向，我们必须把握好两者的动态平衡打好主动仗，把思想行动高度统一到中央和省、市委决策部署上来

习近平总书记指出，“实现经济发展目标，关键是保持稳增长和调结构之间平衡”。省委十届十二次全会和烟台市委十二届七次全会，分别就把握稳增长和调结构的动态平衡作出了安排部署，提出了“打好稳增长调结构主动仗”的明确要求。这些都为我们准确把握稳增长和调结构关系、做好新常态下经济工作指明了方向。前几天我们组织各级各有关部门和企业到胶州、张家港和昆山考察，他们的发展巧走稳增长与调结构的“平衡木”，显现出巨大的效应，也为我们提供了可借鉴的现实样本。全市各级各部门要切实把思想和行动统一到中央和省、市委的决策部署上来，认真学习外地的经验，更加积极主动地把稳增长调结构摆在突出位置，做到认识再深化、思路再拓展、重点再聚焦、举措再加力，坚决打好稳增长调结构这场主动仗。

一要以强烈的使命意识勇于担当、接受考验。打好稳增长调结构主动仗，是落实中央和省、市委部署要求的具体行动，是科学应对经济下行压力的战略举措，是一项十分紧迫又事关长远的重大任务。新常态下，增速下调、投资回落、环保压力成为经济发展中的“常量”，准确把握稳增长与调结构的关系，在增长速度与结构调整之间找准平衡、统筹施策，是战胜各种困难挑战、开创发展新局面的必备技能。今年以来，我市经济在前所未有的下行压力下，克服重重困难逆势而进、逐月向好，尤其近期连续夺得烟台科学发展观摩评比第三、群众满意度测评第三的较好成绩，与我们整体把握、持之以恒、协调推进稳增长调结构有直接关系。目前，招远正处在滚石上山、爬坡过坎的关键时期，经历着金价持续回落、经济深度转调的阵痛，经济下行压力仍然较大，一些企业经营困难，增长新动力不足和旧动力减弱的结构性矛盾依然突出，现实考验着我们各级领导经济工作的能力和水平、面对大事难事的担当和襟怀。要在困境逆境中实现我市经济保持中高速增长、迈向中高端水平，就必须付出更大的代价和努力。我们必须更加自觉、更加有力地推动稳增长调结构，始终牢牢把握工作主动权，为完成全年各项目标任务、满足群众新的更高期盼奠定坚实的经济基础，以清醒的认识和无畏的担当，扛起这份沉甸甸的历史责任。

二要以强烈的忧患意识警醒奋进、积极作为。在全市科学发展观摩会议上，我们选择太仓胶州两个标杆城市、龙口蓬莱莱西等周边县市，从数字上进行了认真对比，进一步认清了“标兵渐行渐远、追兵越追越近”的逼人形势，感受到了“不进则退、时不我待”的严峻挑战。8月6日我们组织到烟台部分县市区参观，这次又由王市长带队，到我们按照烟台市委要求确定的两个学赶对象胶州和张家港，以及全国百强县之首昆山考察学习，亲临现场近距离认真对照，相信大家更加深受强烈震撼和深刻触动。通过对标学习，对我们最重要的启示在于：稳增长和调结构是对立统一的，稳增长可以为调结构创造良好的宏观经济环境，为调结构争取必要的时间和空间，提供稳定的要素资源和基础支撑；调结构从长远看能创造更新、更大、更高的需求，为稳增长不断注入新的动力和活力。稳增长才能稳住发展的根基，调结构才能调出未来的出路。特别是昆山和张家港，从政府到企业，他们都有一个共识，就是把速度变化、结构优化、动力转换作为一个内在统一的整体，来科学统筹、协调推进。这也是同样面对经济下行，他们下行的幅度小、尤其是质量效益好的奥妙所在。反观我们，有的同志总是强调客观困难，觉得在下行压力下稳增长与调结构“只能顾一头”，投资意愿不强，对两者同时推进有畏难情绪。稳增长与调结构的“舵”一旦把偏了，经济工作中各种消极被动、短视思维、权宜之计在所难免，这也是我们发展最大的隐忧所在。因此，我们要赶超胶州和张家港，必须把稳增长调结构作为一个整体，作为推动实现经济转型升级的总抓手，在保持合理较快增长的同时，着力在结构优化、动力转换上下功夫，继续推进工作指导重大转变，多出实招新招硬招，努力走出一条质量更高、效益更好、结构更优、后劲更足的发展新路。

三要以强烈的机遇意识自信自强、开拓前进。我市稳增长调结构具备坚实基础和有利条件。经过改革开放30多年的发展，我市已具备了坚实的物质技术基础和体制机制保障，实体经济较为发达，产业体系比较完备，以开发区为龙头的“两区一带”发展战略竞相发力，经济发展具有较大的韧性、潜力和回旋余地。在新常态下，多重重大国家战略和改革创新政策叠加，是我们千载难逢的发展机遇。今年以来，中央和省采取一系列宏观调控政策和重大改革举措，简化审批、降准降息、清费减税、债务置换，“中国制造2025”“互联网+”行动、“一带一路”战略、国际产能合作等相继发力，极大地提振了全社会信心，激发了大众创业创新热情，支撑了经济发展的基本面，为持续向好集聚了强大能量。这些政策效应、改革红利在下半年还会进一步释放。在新一轮区域发展格局中，大龙头引领大板块、拉动大区域成为突出特征。以上海为龙头的昆山、张家港等长三角地区发展势头强劲，接受青岛龙头引领拉动的即墨、胶州发展迅猛。当前，烟台因国家确定以“两国双园”模式建设中韩产业园而走到了对外开放的前沿，同时被列为“一带一路”战略节点城市，省里又正在申报包括烟台片区在内的山东半岛自贸区，把握好了，不但能够借势发展，还可以进一步扩大城市对外知名度和影响力，在新的发展格局中实现新的更大作为，这又是我们难得的机遇。只要我们保持战略定力，增强发展自信，抢抓机遇、找准位置、乘势而上，就一定能打好稳增长调结构这场硬仗，实现新的更大发展。

二、打好稳增长调结构主动仗，项目是根本、是关键，我们必须扩大有效投资，聚力招商引资“生命线”和项目建设“牛鼻子”实现新突破

习近平总书记强调，“高度重视应对经济下行压力，要注重发挥投资的关键作用，认真选择好投资项目”。这为我们指明了打好稳增长调结构这场硬仗的突破口和发力点。稳增长调结构关键靠扩投资，扩投资关键靠抓项目，抓项目关键靠招商。招商引资上项目，是稳增长的重要源头、调结构的重要抓手，是当前全国各地激烈竞争、竞相发力的“靶心”，成败系于项目一身。今年半年烟台科学发展观摩评议，我们的项目建设取得了较好成绩，值得肯定。但也应看到表象下面隐藏的问题，特别是与胶州、张家港和昆山相比，无论在建项目还是储备项目，无论项目总体质量还是整体发展态势，差距很大、势头减缓，令人堪忧。今天的项目建设上不去，当下的增长就会慢下来，明天的发展就要滑下去，调结构也就失去了支撑成为“空调”。所以，我们必须把招商引资和项目建设作为极端重要、迫切需要、始终必要的战略任务，加大力度、加快速度、保持热度抓起来、干上去。

招商引资上项目的本质是借势借力，借助外来投资推动和壮大自身发展，这是先进地区走在前列的共同诀窍，也是经济发展学告诉我们的一个简单道理。张家港样样都要争第一的赶超经济，用的是全社会的钱；昆山之路就是招商之路，用的是老外的钱；胶州现在走的也是招商之路，用的是埠外的钱。而我们呢，主要用的是自己的钱，更多依靠市内投资搞发展，力量单一，近几年我市规划实施的重点项目中，埠外项目投资仅占5%左右。2014年，昆山、胶州实际利用外资分别是我们的8.2倍和4.8倍，内资分别是我们的3.5倍和3.6倍；张家港今年1—7月份实际利用外资数就是我们的5倍。半年甚至一年的差距就这么大，五年下来、十年下来呢？因此，我们要缩小与这些地区的差距、实现赶超发展，很大程度要靠招商引资实现大的突破。关键要做到三点：

*一要牢记四句话。*第一句，来帮助我们招商引资的是恩人。招商引资本身是借助外力发展，我们再借助别人的力量来招商引资，更应心存感激。人家来帮我们招商，就是帮我们发展，就是我们的大恩人。怎么感恩、怎么感谢？昆山的办法是重奖之下出勇夫。我们也可以这样办，靠激励真正让中介招商、以商招商、委托招商、代理招商以及最新出现的招商经纪人，为我所用、发挥作用、贡献力量。第二句，来投资我们的客商是亲人。招商引资，全国各地的政策基本都是一样的，文件一个比一个说得好，说的比做的好听，现在关键问题是要说到做到，而不是重引进轻建设。有的招商时拍胸脯“没问题，一切找我”，落地后打太极“有问题，找市里”；有的引项目时好话说尽、笑着脸“开门迎客”，项目开工时强揽工程要活干、板着脸“关门欺客”，企业发展时强拉赞助、豁上脸“上门宰客”。投资商有苦难言。这些现象虽然是外地总结的，但我们存在不存在？我看是存在的。我们必须坚决整治这种情况，对待投资商，要提供像亲人一样无微不至的关怀，深入做好亲商、富商、安商工作，否则一传十、十传百，就会影响甚至吓跑一大批后来者。第三句，能打开招商局面的干部是能人。经济上去才能多出干部，前些年，昆山9年调走4个市委书记，出了两个省的一把手厅长和一个副省长，作为一个县级市让人羡慕。临渊羡鱼不如退而结网。各级干部要扪心自问，自己为招远发展做出哪些突出贡献？自己分管负责的工作哪些走在招远、烟台乃至全省全国前列？自己单位的业务工作在上级部门考核中是不是先进？有作为才能有位子，时刻警醒自己积极作为、主动作为、有效作为。第四句，影响投资环境的人是罪人。一个地方的经济就像一棵大树，发育良好，结出果实，我们的政府、企业、干部、群众都有好果子吃，树倒猢狲散，大家都没有好果子吃。所以，哪个部门哪个人因为工作不到位而影响外来投资，等于敲掉了大家的金饭碗，我们就要严肃处理，决不姑息。这四

句话做到了，我想我们的招商环境就会大为改观，项目也会随之而来。

二要明确四个主攻方向。我们要招什么样的商？第一个，有力支撑稳增长调结构的“大高上强”项目。我们需要的项目，当务之急是投资规模大、技术水平和财税贡献高、能够引领产业上层次、辐射带动力强的产业项目，要通过产业招商，抓大促快，攀高成优，以上致胜，积强成势。要把握转型升级的方向招商，制造业要向信息化、智能化、服务化转型，生产性服务业要向专业化、生活性服务业要向便利化升级，农业要向现代化、产业化迈进。要围绕五大支柱产业扩量提质招商，在黄金、轮胎及汽车零部件、机械、电子、食品等产业领域，着力引进一批与产业上下游相关联的补链、建链、强链项目。像黄金创意产业园项目，思路就非常好，对黄金产业和全市发展都有较强的拉动作用，相关单位要抓好招商、抓紧推进。第二个，代表先进生产力发展方向的“四新”经济项目。“四新”经济，即新产业、新业态、新技术和新模式经济，是新一代信息技术革命、新工业革命以及制造业与服务业融合发展背景下，以市场为导向，以技术、应用和模式创新为内核并相互融合的一个跨界的新型经济形态。今年，国家大力支持发展“四新”经济，实施了“中国制造2025”“互联网+”行动等重大战略，设立总规模400亿元的新兴产业创业投资引导资金，相继推出7大类工程包、4类新工程包、6类新兴产业工程包，目前各地都在抢坐“头班车”，有的已经初见成效。比如，昆山的机器人产业基地、启迪众创工社，张家港的康得新光学膜产业基地，胶州的西安交大青岛研究院，莱山区的总部基地·烟台智谷，芝罘区的烟台国家级电子商务产业园，福山区的五洲国际工业淘宝城，高新区的蓝色智谷·半岛“互联网+”综合体，龙口的创业中心，等等，都是“四新”项目。我市今年在这方面也有新的突破，像电子商务产业园、“一院两中心”、科技孵化创业创新大厦等项目，填补了一些空白，但数量太少、尚未成势，并且在“物联网”“大数据”“云计算”、增材制造等方面尚未破题，需要我们继续加大这方面的招商力度，为抢占未来发展制高点奠定良好的基础。第三个，有利于解决土地资金政策等瓶颈制约的战略项目。大战略就是大投资，每一项都蕴含着密集丰富的项目资源和资金来源，能够得到上级的有力扶持。国家和省级、烟台市级层面，是重大战略、重要项目的决策主体，谋划和引进项目，必须要抓好对上的汇报沟通，寻求支持、争取获批。这项工作，目前处在重要窗口期：一是国家和省、烟台市正在编制“十三五”规划，必然要集中研究安排今后一个时期的项目建设问题。如果我们能够抓住时机，把更多项目挤进国家和省、烟台市规划，就会赢得战略主动权。二是随着全面深化改革的推进，国家和省、烟台市都在陆续启动一批试点项目，谁能及时争取过来，谁就能获得发展先机。三是为深入实施“一带一路”、京津冀协同发展、中韩自贸区等重大战略，国家和省、烟台市集中推出了一系列配套政策和项目，要借势登高，积极谋划“借梯上楼”项目。我们要抢抓这些重大窗口机遇，深入研究，及时对接，贴身紧逼做好争取工作，决不能坐等天上掉馅饼。第四个，基础设施、城乡建设、公共服务等民生社会事业类项目。胶州别具特色的宝龙房车公园、大沽河博物馆等项目，采取的是PPP建设模式，引进全国商业地产前五强的宝龙集团开发建设。我们也要落实好5月22日国务院办公厅转发的《关于在公共服务领域推广政府和社会资本合作模式的指导意见》，抓紧推出一批政府与社会资本合作项目，真正让民间投资“唱主角、挑大梁”。

三要掌握三个办法。怎样招商？第一，是“走出去”。现在有个观念，“经济要上去，干部要出去”，“外资要进来，干部要出去”。困难困难，困在家里就越来越难；出路出路，走出去就是金光道路。昆山招商经济发展好，最关键的 张王牌，组织部就是招商部，每年200名干部送出国，都是30岁以下。从5月底我们特别要求市级领导带队“走出去”以来，全市招引项目明显增多，新签约项目27个，落地项目15个，不到3个月的时间收获了比前5个月还要大的成绩。我们要更大步伐的“走出去”，坚持政府企业一起招、内资外资一起引，高度重视小分队招商、专业招商、感情招商、跟踪招商，发扬“三顾茅庐”的精神，带着感情、带着意向、带着需求，走出去登门拜访，把项目“请进来”，决不能在家“等锅下米”。第二，是“三联系”。要联系走访高校和科研院所，重点了解其科研成果转化和开展校地合作意向，寻求更多的合作机会，实际上几乎所有的理工科和综合类大学、科研院所都有合作机会。昆山已与全国半数以上的“985”院校和重点科研院所建立了合作关系，与清华大学合作创建的全国第一个县级科技园，目前孵化项目150多个，毕业科技企业50多家，走出了4家上市公司。张家港与中科院大连化学物理研究所共建张家港产业技术研究院，不到半年就与中科院14家研究所合作承担了31个产学研项目。胶州引进的西安交大青岛研究院，已与企业达成合作项目35个，自身注册了20家公司。这方面我市虽已破题但尚未成势，要继续努力，首先把“一院两中心”和科技孵化中心打造成全省乃至全国一流典范，不要仅满足于把平台建好了，还要在后续推进和孵化科技成果、产业项目上有所作为。要联系走访包括央企省企民企在内的各类国内大企业，重点了解其资本实力、创新能力和产品竞争力，及时掌握其国内布局规划和产业投资意向，拿出我们与之相匹配的企业、产品和要素资源，与之搞好对接，真正做好对内开放这篇大文章。要联系走访以世界500强为核心的跨国公司，重点了解其全球战略投资布局和实体经济、研究机构、区域总部的转移动向，第一时间顺势承接，推动其来招投资，以单体的项目合作，拉动我市产业直接嵌入国际大市场。第三，是用好开发区。开发区是对外开放的高地，是招商引资和项目建设的主战场。昆山、张家港成功的背后就是开发区，昆山就是开发区，开发区就是昆山，张家港也一样。我们要求各镇街区、市直有关部门往开发区落项目，目的也是如此。我们的开发区是国家级的，这个头衔和光环，在烟台乃至全国县级市当中都是很有吸引力和竞争力的，大家一定要用好。许多别的县市区眼红我们这块国家级开发区的牌子，我们有了不用就是暴殄天物。过去办开发区，讲“九通一平”，水通、路通、电通等等，说的都是硬件。现在是更高层次的竞争，新的“九通一平”，通篇讲的都是软件、服务、环境，即信息通、市场通、法规通、配套通、物流通、资金通、技术通、人才通、服务通，为投资商提供经济技术服务平台。这方面，开发区和商务、招商部门要把握好，无论是园区建设还是招商队伍都要突出主题、突出专业化，真正成为全市招商引资的主体和主阵地。

项目建设贵在神速、重在保障、成在服务，这是综合近期两次外出考察和我市项目建设年活动实践，我们得出的一条宝贵经验。无论过去还是现在，各地项目建设面临的大环境、大政策都是一致的，很多困难也都是共性的，但最终成效却不大一样。去年，胶州完成固定资产投资765.5亿元，张家港完成780亿元，昆山完成850亿元，而我们仅为353.6亿元，还不到这些地方的一半。胶州的西安交大青岛研究院、投资10个亿，莱山区的美国杰森特种管材、投资6.1亿元，蓬莱的安诺其精细化工中间体一期、投资5.2亿元，都是当年开工、当年竣工、当年投产，我们这样的例子很少。这其中的问题，值得大家反思。项目具有时效性，早日建成可以“先声夺人”、抢占先机，“先来后到”就会贻误战机、错失良机，其差别之处就在于各个环节、各项要素的保障和服务。这方面我们也采取了很多措施，但对照参观考察的城市，还有很大的改进和提升空间。需要在以下三个方面狠下功夫：

一要快马加鞭打通最先“一公里”。过去，项目建设的前期工作除了拆迁以外相对轻松，各地可以通过先干后补、边干边补来进行，现在不允许了，前期工作真正成为了“万事开头难”，其速度决定项目建设进度。要突出把握好三个环节：第一个，审批服务要便捷高效。大道至简，有权不可任性。审批权更应如此。去年以来，国务院带头简政放权，实行权力“瘦身”，砍掉一切阻碍项目建设、影响企业发展、增加群众负担的的不合理事项。胶州目前已把149个审批事项下放到窗口，变“领导签字”为窗口服务人员直接?“拍板”，行政审批在青岛市规定时限基础上再提速30%。类似的审批“瘦身”经验在全国并不鲜见，别人能改，我们为什么不能改？我们想不出办法，完全可以学习借鉴别人的办法，自己想不出好点子是缺乏创新的问题，别人想出了好办法，我们不抓紧拿来为我所用，就是态度和境界问题。这个问题，有行政审批权限的部门和单位要抓紧牵头落实，能够“拿来”的要快速“拿来”，能再压缩的要再精简，能“进厅”的要全部“进厅”；行政服务中心要加强对接和运行监管，专题向市委、市政府作出汇报；编办在制定权力清单时要把好关，确保权力真正“瘦身”，意见成熟后报市全面深化改革领导小组审议。第二个，征地拆迁要有序快速。征迁工作做不好，会成为项目建设最大的“绊脚石”，不但贻误发展，而且影响社会稳定。这方面外地有过血的教训，我们必须引以为戒。征迁工作没有“灵丹妙药”，办法在基层中、在实践中。各级各部门要发扬“逢山开路”精神，严格执行法律和政策规定，坚持依法征迁、高效征迁、有情征迁、和谐征迁，为项目建设开辟

"绿色通道"。尤其是豫金坊、金奥国际城、温家社区、东城新区中小微企业创业基地、水木天街和前柳行旧城改造、玲珑集团新材料示范应用建设等项目，牵头单位和建设单位不能等不能拖，要想方设法抓紧推进相关征迁工作，确保项目建设进度。第三个，土地供应要保障重点。土地供需矛盾成为项目建设中最大的矛盾，我们的原则，是大项目好项目、往开发区落的项目土地优先供应、重点保障，再就是努力把更多项目纳入国家和省大盘子。同时，注重创新思路做好批而未供、供而未用土地清理盘活工作，灵活运用点式供地，切实提高土地综合利用率。今年4月，昆山出台了《关于加快土地利用方式转变促进经济转型升级的意见》，将土地的盘活利用量化为具体指标数据，用土地利用方式的转变倒逼产业转型升级，每年要盘活利用存量建设用地6000亩以上，建设用地供地中存量占比确保达到75%以上，各级各有关部门要深入挖掘学习，借鉴其中的一些做法。这里特别强调一点，今年新引进的项目，牵头单位和建设单位从现在开始就要着手推进前期工作，能今年开工的今年开工，最迟不能晚于明年项目集中开工月开工。

二要千方百计破除"中梗阻"。项目建设过程中，现在最容易出现的瓶颈制约就是资金。要着重解决好两个问题：第一个，把市财政当成"唐僧肉"。有些项目牵头单位和建设单位，刚一开工就要求市里兑现政策，有一点点困难就推给市里，最终目的都是向市里要钱、让市里出钱，甚至以此为由干干停停、拖拖拉拉、进度迟缓。有的项目单位和企业，要地的时候急得火上房，地拿到手后不着急了，想尽办法要条件。实事求是地讲，这几年，市里出台的优惠政策，只要投资商达到规定要求，市财政再有困难，我们都咬牙坚持兑现了，甚至是对于一些特殊情况，我们也通情达理，能照顾的尽量都照顾到了。那么各镇街区呢，项目收益是你的，或者你也参与税收分成，在权限范围内自然也有义务和责任拿出一些优惠政策和资金，来积极帮助解决项目建设过程中出现的困难和问题，而不是简单上交市里一推了之。企业作为投资方更是受益方，更应积极克服困难，加快项目进度。第二个，是融资"老大难"问题。总的解决思路是，依托政府引导投资，鼓励企业扩大投资，撬动社会多元投资，扩大开放吸引投资，运用现代金融手段促进投资，多渠道满足项目建设的资金需求。首要的还是加强银企对接，在落实好银企合作推进会成果的同时，借鉴外地经验，比如组织开展银行机构负责人大走访活动，鼓励银行在防范金融风险的前提下，积极支持项目建设和企业发展。同时要鼓励融资创新，省里设立了17支股权投资引导基金，烟台成立了规模100多亿元的30余支各类基金、正在设立千亿元规模的产业投资基金，我市上半年也设立了股权投资引导基金。对于这些基金，属于省和烟台的要大力争取，属于市里的要精准投放，使其充分发挥作用。还要鼓励上市融资，这方面今年以来我市实现新的突破，有2家企业登陆新三板，4家企业进入新三板挂牌程序，3家企业在齐鲁、上海等股权交易中心挂牌，招金矿业和双塔食品在公司债、定向增发等再融资方面也迈出新的步伐。要继续保持这一良好势头，由金融办负责进一步挖掘上市企业资源，加快规范化企业改制步伐，助推更多企业成功上市，实现直接融资。

三要善始善终走好最后"一公里"。项目主体工程完工的，要进一步加大保障和服务力度，督促其加快内部装修、设备安装调试等进度，搞好水、电、路、气、绿化、美化、亮化等后续配套工程的建设，确保项目早日竣工。项目建成运营的，也不意味着服务结束，还要扶上马送一程。比如文化旅游项目，要积极帮助企业搞好对外包装宣传，扩大知名度和影响力，集聚人气，还要搞好吃、住、行、游、购、娱等全要素的配套服务，确保游客引得来、留得住。再如工业项目，要积极帮助企业开拓市场，打开发展局面，促其由小到大、由弱到强，加速成长。

三、打好稳增长调结构主动仗，干部是核心、落实是保证，我们必须按照"三严三实"要求强素质改作风，推动项目建设及经济社会发展各项任务落到实处

稳增长调结构能不能抓好，强招商扩投资建项目能不能见效，是对各级领导干部党性觉悟、素质能力和工作作风的重大考验，也是对"三严三实"专题教育成果的现实检验。我们必须以强烈的政治使命感，从严从实、扎实工作，开拓进取、务求实效。

一要大力增强驾驭力。认真落实烟台市委"四个体系"建设意见，进一步健全完善决策、执行、考核、奖惩制度，提高各级各部门各单位的执政能力、领导水平和工作效能。要加强学习，认真学习经济规律以推动科学发展，学习社会规律以推动包容发展，学习自然规律以推动可持续发展，用科学理论指导实践。要善谋思路，10月份中央将召开十八届五中全会研究“十三五”规划建议，我市“十三五”规划，要按照高端大气上档次、积极进取、与国家和省烟台规划高度契合的要求抓紧编制，一些重大问题要及早提交市级层面研究。要强化责任，对稳增长调结构，各级党委、党组主要负责同志是第一责任人，要亲力亲为，完不成目标任务的，要向上级党委作出说明；分管负责同志要明确责任，全力以赴靠上去做工作。在稳增长调结构进程中，必须牢固树立安全发展的理念，始终把安全生产放在首要位置，切实把我市的安全生产工作做好、做到位。近一个时期，我国一些地方接连发生重大安全事故，特别是天津“8·12”爆炸事故，造成重大人员伤亡和财产损失，教训极其惨痛。党中央、国务院和省、市党委政府高度重视，习近平总书记及中央领导相继作出重要指示批示，同时召开会议、发出紧急通知，对做好当前安全生产工作作了全面部署。我们要深入贯彻习近平总书记重要指示和全国安全生产电视电话会议精神，深刻汲取近期外地各类安全事故教训，坚决打消侥幸心理、麻痹思想和松懈情绪，时刻绷紧安全生产这根弦，自觉扛起重要责任，坚决遏制重特大安全生产事故发生，切实维护人民群众生命财产安全。各级各部门要行动迅速、组织严密、措施得力，认真扎实做好安全生产大检查、“打非治违”和专项整治工作，盯紧危险化学品、矿山、陆上港口、道路交通、特种设备、建筑施工行业等领域，抓住重点企业、重点部位和关键环节，着力发现问题、解决问题，堵塞管理漏洞，强化源头治理。对检查发现的各类隐患都要建立台账，逐项落实整改，整改不到位决不放过，该停产的必须停产整顿，对非法违法生产经营单位和严重违规违章企业，一律依法严肃处理。要坚决落实安全生产责任制，坚持“党政同责、一岗双责、失事担责、齐抓共管”，逐级落实责任，一旦发生事故，严肃事故查处与责任追究，切实做到守土有责、守土负责、守土尽责。严格落实行业监管责任，做到管行业必须管安全、管业务必须管安全、管生产必须管安全。突出强化生产经营单位主体责任，做到投入到位、培训到位、管理到位、应急救援到位，确保安全生产不出问题，为全市经济社会持续健康发展提供有力保障。

二要大力增强战斗力。进一步加强干部队伍建设，牢固树立干事创业、有为有位的鲜明导向，各级领导干部要以中央最近表彰的全国优秀县委书记为榜样，做政治的明白人、发展的开路人、群众的贴心人、班子的带头人；要发现、培养和表彰一批弘扬“四不”创业精神的先进典型，激发党员干部的工作热情；要认真执行好干部标准，大胆使用那些担当重任有作为、科学发展有能力、改革攻坚有激情、为民服务有情怀、尊法守法有规矩的干部，真正使有为者有地位。要坚持从严约束、克服庸政懒政行为，认真落实中央新出台的《关于推进领导干部能上能下的若干规定（试行）》，结合省和烟台市委精神，抓紧制定我市有关规定。不守规矩、不干净的干部不能用，不担当、不作为的干部也不能用；对那些安于现状、不思进取、工作平庸、干不成事的，要坚决进行调整；要支持鼓励干净干事、敢于担当、有干劲、有作为的干部，对工作中出现的失误纰漏要及时指出，帮助改进提高。

三要大力增强凝聚力。要在全市上下大力强化抓项目就是抓发展、抓项目就是抓落实、抓项目就是在创业的观念，继续实行市级领导包帮、项目特派员、项目周六集中调度日等制度，参照烟台的做法，进一步调整完善我市的考核办法、督查方式、通报方式和观摩方式，严查反面典型、严肃追责问责，努力营造引进项目比力度、推进项目比速度、你追我赶比进度的浓厚氛围。要加强舆论宣传，舆论宣传部门和新闻媒体，要深入挖掘、积极宣传全市创新创业的先进典型，以及强招商建项目的工作成果，讲好招远故事，激发全社会热情，让干事创业成为广大党员干部群众的自觉行动。要从严要求、廉洁勤政，以省委巡视工作为契机，深入推进党风廉政建设和反腐败斗争，严格履行主体责任和监督责任，持之以恒落实中央八项规定精神和省委、市委实施意见，全力营造良好的政治生态，以过硬作风推动各项工作落实。要创新社会治理，突出抓好信访稳定和治安防控工作，为全市稳增长调结构、强招商建项目创造良好社会环境。特别是从现在开始到十月份，全国、全省范围内的重大会议活动、重要敏感节点相对集中。就全国来看，从8月23日到10月1日，国家将有几项重大活动。从我省看，8月23—29日也有重大国家会议在济举行。做好这一时期的维稳工作极端重要。各级各部门要切实把思想认识统一到中央和省、市委部署要求上来，切实增强责任感、紧迫感和危机感，按照属地管理和谁主管、谁负责的原则，以临战的状态、尽最大的努力，集中开展维护稳定“百日攻坚战”，抓好不稳定因素排查化解活动，严格落实信息研判预警、值班带班、日报告零报告、应急处置等制度，进一步夯实基层基础，做好重点群体、重点人员教育稳定工作，加强社会面管控，全力以赴做好各项维稳工作，确保不发生影响政治安全的重大敏感事件，不发生暴力恐怖事件和大规模群体性事件，不发生去省进京聚集上访和重大个人极端事件，不发生重大公共安全事件，不发生重大媒体网络炒作事件，坚决把各类不稳定因素化解在当地，不给首都和省里添乱、不给烟台和招远抹黑。

同志们，千难万难，只要重视就不难；大路小路，只有行动才有出路。让我们更加紧密地团结在以习近平同志为总书记的党中央周围，在上级党委政府的坚强领导下，迅速行动、有效作为、不懈奋斗，牢牢把握项目建设主旋律，全力突破强招商扩投资建项目工作，坚决打好稳增长调结构主动仗，圆满完成全年各项目标任务，以亮丽的成绩单完美收官“十二五”！

决战决胜　冲刺冲顶
奋力谱写“两个率先”精彩篇章

——2015年12月11日在中共招远市十三届七次全委（扩大）会议上的讲话

中共招远市委书记　张　伟

同志们：

今天这次会议，主要是深入学习贯彻党的十八届五中全会、省委十届十三次全会和烟台市委十二届八次全会精神，报告市委常委会今年以来的工作，科学确定“十三五”时期全市的目标任务、发展思路和工作举措，动员全市上下决战决胜“十三五”、冲刺冲顶第一个百年目标，共同谱写率先全面建成小康社会、率先在新一轮赶超发展中胜出的精彩篇章。

下面，根据市委常委会研究的意见，我讲三个问题：

一、市委常委会今年以来的主要工作

今年以来，面对前所未有的困难挑战和艰巨繁重的工作任务，在中央和省、烟台市委的坚强领导下，市委常委会科学认识、积极适应、主动引领经济发展新常态，牢牢把握“履职尽责担当使命，坡道发力攻坚跨越”的主基调，团结带领全市广大党员干部群众昂扬精神迎挑战、科学务实谋发展、创新创业求突破，全市各方面工作都取得了新的成绩。前三季度，全市GDP完成481.3亿元，同比增长8.4%；1—11月份，预计实现公共财政预算收入45.2亿元，固定资产投资368.9亿元，分别增长8%和15.3%。在最新公布的中国县域经济基本竞争力评价及中小城市综合实力百强榜中分别名列34位和35位，比去年前进了1位和3位。概括今年以来工作特点，主要是做到“七个坚持”：

（一）坚持胸怀全局、把握大局，始终保持坚定正确的前进方向。深入学习贯彻党的十八大、十八届三中四中五中全会、习近平总书记系列重要讲话精神，全面落实中央和省、烟台市委稳增长、促改革、调结构、惠民生、保稳定、强党建等一系列安排部署，自觉在思想上、政治上、行动上同以习近平同志为总书记的党中央保持高度一致，坚决维护省和烟台市委的权威，切实做到令行禁止、政令畅通。特别是围绕落实烟台市委、市政府提出的“十个倍加”“六抓六促”“六个持续”“六个始终”“四个体系”新要求，市委常委会立足当前、着眼长远，以高目标激扬拼搏意识，确立开发区乃至全市“省内赶胶州、省外比张家港”的学赶目标；以高追求凝聚发展动力，引导广大干部群众大力弘扬“四不”创业精神；以高境界催生进取精神，要求各级领导干部争做“六个表率”；以高压力焕发昂扬斗志，出台运用重点工作考核结果加强对全市各级领导干部教育管理办法，推动全市上下营造出滚石上山爬坡过坎、竞相发力干事创业的浓厚氛围。

（二）坚持精心转调、精准施策，着力提升经济发展的质效和后劲。全力以赴发挥投资关键作用，始终把项目建设牢牢抓在手上，加强对重点项目全程式调度服务及跟踪考核，规划实施市级重点项目141个、总投资719.4亿元，开复工115个、完工

49个，项目规模、档次和数量均创近年来新高。坚定不移加快产业转型升级，工业，主动对接“互联网+”“中国制造2025”等国家级战略，用信息化、高科技“链接”和改造传统优势产业，培育发展战略性新兴产业，在打造工业经济升级版中挺起全市转调发展的“脊梁”，1—11月份，预计实现规模以上工业主营业务收入1595亿元、增长5.6%，战略新兴产业产值增长7.1%、高于全部工业1.5个百分点，在首次公布的全国工业百强县中位列39位；服务业，着力发展便利化、特色化的生活性服务业和规模化、高端化的生产性服务业，投资3亿元的国内首个黄金文化主题大型山水实景演出《金山佛谕》开演，新引进2家埠外银行、2家民间资本管理公司，金汇膜科技、金软科技挂牌新三板，1—11月份，服务业比重达到40.8%、同比提高1.5个百分点；农业，以国家现代农业示范区建设为抓手，推进农村改革增活力，做强特色产业增实力，1—11月份，预计农村经济总收入、农村居民人均可支配收入分别达到797亿元、15600元，增长10%和9.5%。千方百计帮助企业排难解困，出台稳增长促发展“黄金40条”、新兴产业发展规划，设立2亿元股权投资引导基金，利用市场倒逼机制引导企业练内功、上水平、快转型；加大扶持力度，设立5000万元的中小纳税企业信用担保基金，落实152亿元的银企合作资金，减轻2.73亿元的企业和个人税费负担，缓解了企业压力、提振了企业信心。

（三）坚持优化布局、提升格局，聚力实施重点区域带动战略。在经济发展空间格局上，根据烟台市委孟凡利书记重要指示精神，赋予以开发区为龙头的“两区一带”发展战略新使命、新内涵，引领全市转型发展、赶超发展。全力加快开发区二次创业赶超发展，出台具体实施意见，确立奋斗目标、创新管理体制、强化政策支持、布局十大园区，再举全市之力、集全市之智增创开发区新优势、促进开发区大发展。下半年以来，开发区干部干事创业激情迸发，重点项目建设提速发力，“高大上”产业异军突起，大干100天落地项目22个、建成项目12个，1—11月份固定资产投资、进出口、公共财政预算收入、实际利用外资增幅分别高于全市2个、7.5个、8个和10个百分点。以此为带动，东城新区高端崛起，占地316亩的金潮电池工业园二期部分项目投达产，占地312亩的创新创业中心主体工程完工，占地400亩的鲁鑫高科技产业园正在打造德国贺利氏亚洲总部；滨海科技产业园魅力凸显，事关长远的人工岛项目顺利推进，新落成的滨海广场暑期人气爆棚，中矿工业园和康泰新工业园开工建设；北部经济隆起带在集中攻坚中起步开局，出台实施意见，拉开发展框架，规划实施的总投资205亿元的21个重点项目全部开工建设，6万吨豌豆综合利用项目建成投产，黄金资源综合利用示范园部分生产线试产，新特药研发生产等项目进展迅速。在城乡空间格局上，着力提升“以城带乡、城乡一体、共同繁荣”的发展路径，推动城乡形态转型升级。完善提升城市功能品质，加快“智慧城市”建设，实施道路建设改造、景观提升、旧城旧村改造、环境秩序综合整治等四大城建“攻坚战”，顺利通过国家卫生城市复审，获批“省城乡环卫一体化全覆盖市”称号；做精做特小城镇，启动镇容镇貌“换新颜”工程，每年投入2000万元财政引导资金，改造提升2个乡镇驻地，打造小而特精而美的小城镇。共建共享美丽乡村幸福社区，投入3000万元建设100个生态文明“扩面达标”村，投入1730万元提升119个农村社区标准型示范型服务中心，投入465万元改造10个城市社区办公服务场所，4个村列入第二批省级传统村落名单，16个村和1个乡村博物馆被公布为山东省第一批“乡村记忆”工程文化遗产名单。

（四）坚持改革开放、创新创业，充分释放经济社会发展活力动力。聚神聚焦抓改革，新争取2项国家级、6项省级改革试点，全市承担的改革试点累计达到28项，数量居烟台各县市区之首，供销社改革、金融改革试点经验在烟台、全省乃至全国推广，六大领域221项年度改革任务按计划有序推进。积极作为扩开放，建立动态重点招商项目库，常态化开展“大走访”招商活动，出台《对外开放工作经费补助和处罚办法》《促进外贸稳定增长意见》，千方百计扩大对内对外开放、借助外力发展，1—11月份，新签约项目63个，新引进国企央企项目11个，预计实际利用外资1.69亿美元、内资76.9亿元，分别增长31.8%、15.1%，实现进出口总额20.1亿美元、降幅缩至3.4%。精细服务促双创，设立了1000万元的创新研究基金和成果转化基金、500万元的电子商务企业发展专项资金，搭建了综合性科技服务平台“一院两中心”，建成了电子商务产业园、金都创客、校友创客等创新创业平台，优化了以压减41.7%的行政权力事项为标志的营商环境，1—11月份，发明专利申请、授权件数分别增长89.6%和178%，获市级以上科技奖励8项，均位居烟台各县市区前列；新增各类市场主体15314户，增长36.85%。

（五）坚持以人为本、和谐发展，持续增强群众的获得感和幸福感。以更实举措惠民生，深入开展联系服务群众大走访活动，民生领域财政支出31.4亿元，全面落实15件为民服务实事，1—11月份，全市新增城镇就业再就业8155人、农村劳动力转移就业5147人；累计征缴各项社保基金17.9亿元，新增参保职工12478人、参保农民达到28万人，发放新农保基础养老金9374万元；发放低保、五保、住房、临时困难等各类救助金5026.6万元；城乡居民医疗保险参保达到34.7万人；240套保障性住房建设推进顺利。以更高标准增民享，抓好国家公共文化服务体系示范区建设，全方位推进文化惠民，城乡文化设施提档升级，群众性文化活动丰富多彩，文明创建深入扎实，城乡文明水平持续提升，获"文化强省先进市""省级文明城市""全省乡村文明行动示范市"称号；深化校园安全隐患排查整改，建成16个农村学校食堂餐厅，荣获"全国义务教育发展基本均衡市""省教育工作示范市"称号；开展卫生计生监督服务年活动，坚持基层医疗、高端医疗、优质医疗、惠民医疗并举，加速数字化医院建设，免费为6.8万余名老年人健康查体。以更大力度保民安，加强和创新社会治理，扎实开展"天网工程"、安全生产大检查、信访案件"百日清仓"、治安"百日大巡防"、打击邪教"百日会战"和矿业秩序整顿等活动，保证了全市大局持续稳定、群众安居乐业。

（六）坚持党要管党、从严治党，全面加强党的建设。坚持把抓好党建作为最大政绩，履职尽责、恪尽职守，全面提高党建科学化水平。扎实开展"三严三实"专题教育，坚持以高质量的专题党课开局起步，以高标准的问题整改亮相推进，以高要求的学习研讨启发自觉，以专项整治不担当不作为等损害群众利益问题巩固提升，夯实拓展了党的群众路线教育实践活动成果。目前，全市确定即知即改事项231项，已整改完成195项。注重加强领导班子和干部队伍建设，出台《干部选拔任用纪实工作办法》，创新优秀年轻干部选拔模式，加大从严监督管理力度，对重点工作推进不力的6名领导干部进行了约谈；引进急需人才394名，入选烟台"双百计划"和省"泰山学者"2人。注重加强基层服务型党组织建设，制定干部坐值班、发展党员"三公示四到会三把关"等制度，市镇财政每年拿出4200万元统筹发放农村"两委"干部工作补贴，落实3950多万元的村级运转服务经费、城市社区党组织服务群众专项经费和非公企业党建工作经费，有效激发了基层党建工作活力。注重加强党风廉政建设，以迎接省委巡视为契机，认真落实党风廉政建设"两个责任"，严格执行中央八项规定精神，强化监督执纪问责，党风政风和干部作风持续好转。目前，巡视组反馈的意见已基本整改完成。

（七）坚持严以律己、率先垂范，切实加强市委常委会自身建设。市委常委会把加强自身建设放在工作突出位置，严格遵守党的政治纪律和政治规矩，自觉与以习近平同志为总书记的党中央保持高度一致，坚决维护中央和省、烟台市委的权威。带头坚定理想信念，始终忠诚于党、忠诚于事业、忠诚于人民，自觉加强理论武装、提升党性修养，确保中央和省、烟台市委各项决策部署在招远落地生根。带头贯彻执行民主集中制，严格按议事规则和决策程序办事，坚持总揽全局、协调各方原则，着重从思想上、政治上、组织上加强对全市工作的领导，做到了管全局、把方向、谋大事、抓关键；充分发扬党内民主，用好批评和自我批评的有力武器，形成了相互理解、相互支持、相互配合、相互补台的良好氛围。带头严格自律清正廉洁，模范遵守党章、党纪和廉洁自律准则，严格落实党风廉政建设"一岗双责"制度，厉行勤俭节约反对铺张浪费，永葆自身的先进性和纯洁性。

成绩弥足珍贵，实属来之不易。这是中央、省委和烟台市委正确领导、科学决策的结果，是全市各级党组织和广大党员干部群众共同努力、拼搏奋斗的结果，是各位市委委员、候补委员以及市几套班子和各级各部门各单位对市委常委会工作给予大力支持、热情帮助的结果。在此，我代表市委常委会，向同志们致以崇高的敬意、表示衷心的感谢！

同时，我们也清醒认识到，市委常委会的工作与上级要求和群众期望相比，还存在一些差距和不足。主要是：引领经济发展新常态的体制机制尚未健全，发展的速度、质量和效益还有待提高；社会民生事业发展仍相对滞后于经济发展，城乡基础设施还不完善，群众保障水平还不够高；对生态文明建设的规律认识不足，绿色发展思路还不够宽；对新形势下从严治党的认识还需进一步深化，力度还需进一步加大等等。对于这些问题，市委常委会将高度重视，采取有针对性措施认真加以解决。

二、以十八届五中全会和省委、烟台市委全会精神为指导，奋力谱写“十三五”时期“两个率先”精彩篇章

“十三五”时期，是决战全面建成小康社会的决胜阶段，是冲顶第一个百年奋斗目标的冲刺时刻，能否打好决胜阶段的收官之战、在最后冲刺时刻成功冲顶，事关全局，影响深远。我们必须准确把握党的十八届五中全会和省委十届十三次全会、烟台市委十二届八次全会精神，遵循其提供的行动指南和纲领文件，以高度的历史责任把握“十三五”、以必胜的信心应对“十三五”、以顽强的斗志奋战“十三五”，确保未来五年招远发展精彩纷呈、更加辉煌。关于“十三五”时期全市发展的指导思想、目标任务和重点措施，我们已根据中央和省、烟台市委的决策部署，在提交本次会议审议的《建议》中作了安排，会后还要据此研究制定全市的“十三五”发展规划，希望大家按照这两个文件要求全面抓好落实。这里主要就几个重大原则问题讲点意见，概括起来就是把握主线、明确定位、补齐短板、强化支撑、夯实根本五句话：

“把握主线”，就是要把创新、协调、绿色、开放、共享五大发展理念，贯穿于“十三五”规划的编制、实施全过程，以发展新理念开辟发展新境界。十八届五中全会提出的五大发展理念，是改革开放30多年来我国发展经验的集中体现，是“十三五”时期我国发展思路、发展方向、发展着力点的集中体现，是关系我国发展全局的一场深刻变革。我们必须将五大发展理念作为指导和推动我市“十三五”发展的有力武器，深刻理解、准确把握、认真落实，在思想观念、工作布局、领导方法和体制机制等方面进行创新变革，全面贯彻到“五位一体”建设各领域，抢抓战略机遇、破解发展难题，增强发展动力、厚植发展优势，抢先创新发展、创建创新型经济先进县市，领先协调发展、创建新型城镇化示范城市，优先绿色发展、创建生态文化旅游强市，争先开放发展、创建多领域经济合作伙伴关系城市，率先共享发展、创建幸福安康和谐宜人城市。

“明确定位”，就是要紧紧围绕率先全面建成小康社会、率先在新一轮赶超发展中胜出“两个率先”战略定位，来确立“十三五”发展方向、目标、路径，开启新征程再创新辉煌。定位决定成败，找准招远在“十三五”期间新的发展定位很重要。总体评估未来五年招远发展面临的“时”与“势”“优”与“劣”，确立“两个率先”的战略定位，主要基于三点考量：一是到2020年全面建成小康社会，是我们党向人民、向历史作出的庄严承诺，必须义不容辞、义无反顾完成这一重大历史责任和神圣光荣使命；二是省委提出在全面建成小康社会进程中走在前列，烟台市委提出在全面建成小康社会进程中率先走在前列，并要求招远在新一轮赶超发展中率先胜出、走在前列，我们必须与之保持高度一致、坚决贯彻落实；三是作为全省十强县、全国百强县，我们完全有条件有能力实现“两个率先”。把握“两个率先”新定位，我们又确立“三个前移、五个创建、六个翻番”新坐标，作为领航“十三五”发展的总体目标。全市“十三五”时期的经济、政治、文化、生态、制度等功能定位，以及主导产业、重大项目、空间布局、品牌形象、发展模式和运行机制定位等，都要紧扣“两个率先”来确定，这样才能少走弯路，最大限度形成生产力。

“补齐短板”，就是要坚持目标导向与问题导向相统一，聚焦薄弱环节，着力补齐经济社会发展中不平衡、不协调、不可持续的短板，挖掘新潜力打造新亮点。习近平总书记明确要求如期全面建成小康社会，必须解决调结构、补短板、防风险三个重点难点问题，指出了生态文明建设、农村贫困人口脱贫、城乡区域发展差距“三个突出短板”，具有很强的指导性、针对性。具体到我市而言，谋划推进“十三五”时期发展，很重要的一条，就是要补齐“四大短板”：产业结构短板。从三次产业看，服务业占比有了较大提高，今年前三季度首次突破40%，但仍然低于烟台全省全国平均水平；2014年黄金产业主营业务收入占全部工业的50.1%，黄金“一业独大”的局面仍未根本改变。从产业层次看，顺应“中国制造2025”“互联网+”等趋势的新产业、新业态、新模式刚刚起步，高新技术产业产值比重不高，低于烟台全省平均水平，比龙口、荣成等全国百强县低近10个百分点。这说明，我市产业转型升级任务仍然非常艰巨，必须以凤凰涅槃、浴火重生的决心，加快产业结构转型升级，形成高级化的产业结构和高端化的产业体系，推动产业由价值链低端向中高端跃升，不断增强经济实力和核心竞争力。共建共享短板。从城乡区域发展看，目前我市城镇化率仅为51.5%，低于全国3.5个百分点；从民生社会领域看，脱贫任务比较重，截至目前，我市还有36个省定扶贫工作重点村，其中省定标准

贫困人口14948人，全市几乎所有行政村都有贫困人口，贫困户中一、二人户占到总户数的50%。我们必须把城乡平衡发展和脱贫攻坚工作作为重大政治任务来抓，采取力度更大、针对性更强、作用更直接、效果更可持续的措施，坚决打赢协调发展、共享发展攻坚战。交通区位短板。我市偏居区域交通末端，一没有港口、二不通客运火车、三少过境干线、四远离大城市，历来区位不占优势，日益成为制约赶超发展步伐的瓶颈问题。要全力落实好龙青高速招远段建设任务，做到重视到位、投入到位、征迁到位，为招远经济通上纵贯南北、联通内外的交通大动脉，从战略上增创区位优势，助力经济社会更好更快发展。生态环境短板。经过几十年的快速发展，我们的经济规模达到了一定的水平，但工业企业、生活污水、畜禽养殖等环境污染问题日益突出，生态环境的承载压力越来越大，尤其是水污染问题引起有关方面高度关注。这个问题既是经济问题，也是社会问题，必须坚持绿色发展，坚定不移走生产发展、生活富裕、生态良好的文明发展道路，建设绿色、生态、美丽招远。

“强化支撑”，就是要强化改革、开放和创新三大动力支撑，加速新旧动能转换进程，培育发展新动力厚植发展新优势。以更大的决心和勇气深化各领域改革。经济发展新常态下，通过改革释放出新的发展活力和动力，构建完善与新常态相适应的体制机制，已成为我们推动科学发展的共识和重要举措。“十三五”时期，我们必须按照全面深化改革的布局和要求，进一步明确改革攻坚的方向和着力点，积极争取试点抓改革，积极赢得上级支持强改革，积极创新自选动作促改革，靠改革开辟“两个率先”的新路。以更高的起点和层次推进创新驱动。创新是引领发展的第一动力。必须把创新摆在我市发展全局的核心位置，培养和聚集创新人才，规划和打造创新平台，着力推进以提高自主创新能力为核心的科技创新，以产业互联、跨界融合为特征的商业模式创新，以健全产业投资引导基金和促上市为重点的金融创新，让创新在全社会蔚然成风，靠创新集聚发展正能量、提升发展竞争力。以更宽的视角和格局拓展对外开放。抓住国家构建开放型经济新体制的机遇，坚持“引进来”与“走出去”相结合、招商引资与招商引智相结合、外贸发展与产业转型升级相结合，主动融入“一带一路”、京津冀协同发展、中韩自贸区建设等国家重大战略，深度融入全球产业链、价值链、物流链，打造与国际接轨的投资环境和生活环境，推动开放优结构扩架构、拓广度增深度、强总量提质量，靠开放来实现内外联动、合作共赢、赶超崛起。

“夯实根本”，就是要紧紧抓住坚持党的领导这个根本，充分发挥各级党委（党组）领导核心作用，凝聚全市人民同心同德、开拓进取的磅礴力量，为实现“十三五”时期发展提供坚强保证。加强党委对经济工作的领导。经济建设是党的中心工作，党的领导是实现经济社会持续健康发展的根本保证。各级党委必须积极适应、把握、引领经济发展新常态，改进和完善领导经济社会发展的观念、体制、方式方法，把握大势、善谋全局，加强调研、科学决策，完善制度、推动落实，组织协调各方面力量，同心协力做好工作。提高领导干部驾驭发展的能力。顺利实施“十三五”规划，全面建成小康社会，干部队伍的素质能力至关重要。各级领导干部必须牢固树立和深入贯彻新的发展理念，善于研究党情、世情、国情、市情的深刻变化，善于把握和运用市场经济规律、社会发展规律、自然规律，善于应对各种新情况、新问题，着力提高战略思维能力、实际工作能力、依法办事能力、群众工作能力，努力成为领导经济社会发展的行家里手。构建公平有序的法治环境。全面落实依法治市各项任务，各级领导干部既要当好“关键少数”，又要发挥“关键作用”，带头敬畏法治、带头信仰法治、带头厉行法治，统筹推动严格执法、公正司法、全面守法各项工作，构建办事依法、遇事找法、解决问题用法、化解矛盾靠法的法治良序。营造良好的政治生态。良好的政治生态是全面从严治党的内在要求，也是推动经济社会发展的基础。必须大力弘扬党的光荣传统，严格党内政治生活，深入推进党风廉政建设，锤炼对党绝对忠诚、严守党的纪律的政治品格，激励敢于担当、勇于作为的奋斗精神，弘扬清正廉洁、从严从实的优良作风，全力为经济社会发展营造干部清正、政府清廉、政治清明、社会清朗的政治生态。

三、以学习贯彻十八届五中全会和省委、烟台市委全会精神为动力，扎扎实实做好当前各项工作

当前正值岁尾年末，是今年与明年、“十二五”与“十三五”交替的关键时期。各级各部门要进一步增强使命感和责任心，本着抓准、抓早、抓紧、抓实、抓好的要求，统筹兼顾做好当前各项工

作。一要迅速掀起学习贯彻五中全会和省、市委全会精神的热潮，进一步统一思想凝聚力量。要把全面深入学习贯彻十八届五中全会和省、市委全会精神，作为当前和今后一个时期的重大政治任务，通过开展形式多样的学习宣传活动，积极推动全会精神进机关、进学校、进企业、进社区、进村居，特别是各级领导干部要发挥表率作用，先学一步、深学一层，全面领会精神实质、真正掌握核心要义，切实把思想和行动高度统一到中央和省、市委全会精神上来，真正把学习贯彻全会精神激发出来的热情干劲转化为推动发展、促进和谐的强大动力。二要充分利用今年剩下十几天时间，进一步加大经济运行调控力度。坚持善始善终、善做善成，继续加强重要指标、重点项目、重大事项的跟踪调度，全力以赴堵住漏洞、补齐缺口，确保完成或超额完成全年各项目标任务，积极对上争取最好的名次，实现"十二五"发展圆满收官。同时，做好煤、电、水、气、运等要素保障供应，保证经济和企业平稳运行。三要精准把握冬季和节日期间群众需求的新特点，进一步为民服务改善民生。要全面兑现年初承诺的为民服务实事，精心做好冬季供暖供气、蔬菜副食品供应、雪天道路清扫等工作，妥善安排好弱势群体和困难群众的生产生活，确保群众基本生活不出问题；扎实推进党员干部大走访活动，对收集到的问题尽早落实、尽早答复、尽早解决，让群众感受到党和政府的温暖，增强对我们工作的理解、信任和支持，提高群众满意度测评成绩。四要严密关注岁末年初的社会舆情，进一步维护社会大局和谐稳定。坚持守土有责、守土负责、守土尽责，看好门管好人，抓好班子带好队伍，坚守正道弘扬正气，营造积极向上、健康向上、团结向上的良好氛围。树立正确的舆论导向，大力宣传"十二五"取得的重大成就，向群众、向社会、向外界讲好"招远故事"、传播好"招远声音"。强化社会治安防控，加大对黑恶势力、严重暴力犯罪、邪教组织等打击力度；深入开展公开接访下访活动，集中化解一批矛盾纠纷、解决一批群众关心关注的问题；严格落实安全生产责任制，进一步加大对黄金矿山、非煤矿山、道路交通、危化品和烟花爆竹等重点领域的检查整治力度，加强食品药品安全监管、森林防火等工作，坚决消除各类安全隐患，有效杜绝安全事故发生，确保全市大局持续稳定。五要牢牢把握工作主动权，进一步做好今年与明年、"十二五"与"十三五"工作衔接。要按照"两个率先"的战略定位，理清思路、挑出重点，超前谋划和安排好明年各项工作，确保"十三五"开好局、起好步。近期，市委、市政府将分口召开明年工作务虚会，一并听取今年工作完成情况、明年的总体安排打算。

同志们，美好蓝图已经绘就，新的征程扬帆起航。这是时代赋予我们的神圣使命，是全市上下必须为之付出不懈努力的光荣任务。让我们更加紧密地团结在以习近平同志为总书记的党中央周围，更加坚定地践行"四个全面"战略布局，更加自觉地担当起推动招远发展的历史重任，以决战决胜、冲刺冲顶的实际行动，为全面完成"二三五六"总目标、书写"两个率先"灿烂辉煌的精彩篇章而努力奋斗！

政府工作报告

——2016年4月26日在招远市第十七届人民代表大会第五次会议上

招远市代市长　孙付春

各位代表：

现在，我代表市人民政府向大会作工作报告，请予审议，并请市政协委员和其他列席的同志提出意见。

一、"十二五"规划完成情况及2015年政府工作回顾

"十二五"是我市发展历程中极不平凡的五年。五年来，面对国内外复杂多变的经济形势和艰巨复杂的改革发展稳定任务，全市上下在中共招远市委的正确领导下，主动适应经济发展新常态，扎实推进稳增长、调结构、促改革、惠民生等各项工作，积极作为，砥砺奋进，全面完成各项目标任务，"十二五"规划胜利收官。

——过去的五年，我们科学应对挑战、全力攻坚克难，综合实力跃上新台阶。坚持把稳增长作为首要任务，适时出台支持黄金产业发展、“黄金四十条”、中小企业贷款贴息、风险补偿资金等帮扶政策，累计争取上级无偿资金46.6亿元，促成银企合作425.4亿元，助推企业渡过难关。坚持把招商引资上项目作为重中之重，累计完成实际利用外资7.3亿美元、内资323.5亿元，实施重点项目409个、竣工投产302个，招远皮革城、中亚轮胎试验场、康泰滨海高科园被列入山东省重点项目。坚持把扩大开放促外贸作为重要支撑，新发展进出口过千万美元企业7家，玲珑综合物流平台建成运营，实施了玲珑轮胎泰国、双塔食品加拿大等境外投资项目，累计进出口总额达到108.7亿美元。通过综合施策、科学作为，全市生产总值成功跨越500亿元、600亿元台阶，公共财政预算收入连续突破30亿元、40亿元和50亿元大关；在2015年公布的全国县域经济基本竞争力和中小城市科学发展百强榜中分列第34位、35位，分别比2010年前进8位和13位，在全国工业百强县中位列39位，先后获得“全国科技进步先进市”“全国文化先进市”“国家知识产权试点城市”“全国生态文明先进县”“国家级循环经济试点市”“全国义务教育发展基本均衡市”以及“山东省蓝色经济区建设先进市”“山东省生态文明乡村建设工作先进市”“全省社区治理暨养老服务创新实验区”等30多项国家和省级荣誉称号。

——过去的五年，我们全面深化改革、推动创业创新，内生动力得到新增强。坚定不移贯彻上级改革部署，累计完成改革事项564项，承担烟台以上改革试点56项。金融改革走在全省前列，成为烟台唯一的省金融创新和新型农村合作金融试点市，双塔食品在深圳主板成功上市，4家企业在“新三板”和齐鲁股权交易中心挂牌，玲珑轮胎上市过会，建信村镇银行、招金集团财务公司、招远农商行建成营业，新增埠外金融机构16家。农村综合改革纵深推进，成立农村产权交易中心，土地确权登记颁证工作基本完成；成功列入全省供销社综合改革试点，在全省率先推行订单式农事综合托管服务模式。财税改革不断深化，设立市级股权投资引导基金，国库集中支付实现全覆盖。行政权力事项精简压缩41.7%。服务业综合改革、医药卫生体制改革、基础教育综合改革等迈出坚实步伐。创业创新全面激发，深入推进商事制度改革，注册市场主体总量比“十一五”末实现翻番；争取设立了国家电子材料高新技术产业化基地、中国黄金产业知识产权信息中心，搭建起山东理工大学、哈尔滨工程大学、哈尔滨工业大学招远研究院三大创新平台，新增国家级企业技术中心、技术创新示范企业和院士工作站5家，新建省级企业技术中心、重点实验室、工业设计中心8家，获得国家和省科学技术奖19项、列烟台首位。

——过去的五年，我们突出园区带动、促进区域协调，“两区一带”发展战略实现新突破。强力实施开发区龙头带动战略，举全市之力推动扩区升级，全区规划控制面积扩展到220平方公里，累计新引进埠外项目42个，开工建设市级重点项目102个，金潮高端动力电池等46个项目竣工，成功晋升为全省第二家设在县级城市的国家级开发区；东城新区开发建设提速推进，累计完成各项投入55.6亿元，“四纵四横”路网大框架全面拉开，文化中心、为民服务中心等主体工程完工，科技文化新城初具规模。滨海科技产业园产城融合发展步入快车道，胜利完成沿海养殖大棚拆迁攻坚战，高起点建成春雨度假村、旅游码头等滨海蓝色项目，开工建设人工岛及欧洲工业园、中矿工业园等“园中园”项目，成为全市蓝色经济发展先行区。北部经济隆起带完成规划调整启动建设。矿山机械产业园入驻企业23家，成为全省最大的矿山机械制造基地。

——过去的五年，我们加快转型升级、优化产业结构，实体经济质效实现新提高。实施新一轮黄金产业转型战略，累计新增黄金储量620吨，实现自产黄金603.5万两，新建埠外矿业项目33个，成为全国首个年自产黄金超百万两县市；制定可持续发展准备金制度，推进国家级黄金资源综合利用示范基地等转型项目94个，完成投资106亿元。工业经济实现质效双优，扎实开展“513工程”“千户企业工程”，累计实施技术创新项目210个，规模以上工业企业突破300户，其中过10亿元企业12户、过百亿元3户，4户企业列入国家两化融合贯标试点企业，“招金”“玲珑”连续入围“中国500最具价值品牌”，鲁鑫贵金属、金宝电子跻身全国电子材料50强，中国名牌名标总量居烟台首位。服务业形成新格局，高标准建成淘金小镇、实景演出、架旗山游乐园等大项目，罗山黄金文化旅游区晋升国家4A级，孟格庄、高家庄子等13个村入选中国传统村落或中国历史文化名村，成功举办黄金节、皮草节等特色节会，累计游客人次、旅游综合收入分别是“十一五”末的2.5倍、2.6倍；建成运营玲珑海关监管直通场站、居然之家等一批商贸物流项目，规划建设滨海、东城两大物流园，申报A级物流企业2家，社会消费品零售总额较“十一五”末基本翻番，服务业比重提高8.3个百分点。现代农业特色突出，粮油产量连年增长，辛庄镇试验田创全国冬小麦单产最高纪录，全市农作物综合机械化率达到96.3%，获得国家地理标志证明商标4个，培育省级以上农业龙头企业8家、农民专业示范社24家，国家定点农产品批发市场1家，蚕庄金胜集团被国家质检总局批准为进境肉牛口岸企业，全国首批新型职业农民队伍获得资格认定。

——过去的五年，我们统筹城乡发展、提升内涵品质，城乡面貌发生新改观。“一城两区”大格局全面拉开，城乡面貌变化显著，建成龙王湖休闲风景区、温泉公园、单家河公园、滨河湿地公园等精品工程，实施城区旧村改造21个、重点区片改造20个，新增道路面积65万平方米、供热能力98万平方米，配套居民天然气5万户，供热计量改造通过省级验收；建立健全“门前五包”和“大统管”保洁制度，城区主次干道实现全日制保洁，机扫率达到75%。小城镇建设实现历史性突破，辛庄镇、蚕庄镇成功入选全国重点镇和全省“百镇建设示范行动”示范镇，蚕庄镇被授予“全国文明村镇”称号，金岭镇入选烟台示范镇，创建生态文明示范镇8个、示范村200个，城乡环卫一体化实现全覆盖。农村住房在建完工累计达到5445户、完成危房改造8048户，建设镇级污水处理厂9处，黄草线、松台线、黄水路建成通车，硬化农村公路580公里，新建改造配电、低压线路898公里，南水北调配套主体工程完工，完成4座中型水库、112座小型水库除险加固工程，成为烟台唯一的省级现代水网示范县建设单位。生态环境质量全面改善，扎实开展界河流域综合整治及镇域主干道路、主要河道等专项治理，节能工作连续8年位居烟台第一，顺利通过国家环保模范城市复查；建成省级绿化模范镇2个、市级绿化示范村48个、生态林场16处，完成造林11万亩，龙王湖风景区列入国家级水利风景区，砂质黄金海岸列入国家级海洋公园。

——过去的五年，我们保障改善民生、繁荣社会事业，群众生活水平得到新提升。持续加大惠民投入和政府购买服务力度，累计实施为民服务实事65件，建成“89000”民生服务中心，城镇和农村居民人均可支配收入年均分别增长12.6%、13.3%。社会保障体系基本实现全覆盖，年均新增城镇就业1.1万人、农村劳动力转移就业6000人，养老保险、医疗保险、低保五保大幅扩面提标，企业退休人员养老金实现“十一连涨”，为困难群众提供经适房、廉租房、公共租赁房724套，高龄老人长寿补贴对象扩大到80岁，千名老人拥有床位达到30张以上。社会事业全面进步，实施城区学校集中供暖、乡镇中心幼儿园、学生食堂建设等工程，整合学校56处，实现农村中小学校车服务、农村健身工程全覆盖，在全省第23届运动会上我市体育健儿获得12枚金牌；图书馆、文化馆被评为国家一级馆，龙口粉丝传统工艺列入国家非物质文化遗产，《战火大金脉》电视剧热播，农村文化大院、文化活动室实现全覆盖；完成人民医院改扩建、中医院迁建一期、乡镇卫生院改造升级等工程，建成全省首家民营三级综合医院英诚医院，基本药物制度覆盖三级医疗机构。实施公交体制改革，启动城乡客运一体化试点，完成汽车站搬迁整合，居民公交出行率大幅提高。重视做好信访稳定、治安防控工作，完善应急管理体系，加大食品药品安全监管，安全生产形势保持稳定。国防教育、人民防空和双拥共建工作不断加强，人口和计划生育工作保持先进，统计、粮食、物价、史志、档案、残联、妇女儿童、外事侨务、民族宗教、气象地震、司法仲裁、广播电视、红十字会等各项工作也都取得新进步。

——过去的五年，我们改进工作作风、严格依法行政，政府自身建设迈上新水平。深入转变政府职能，深化政府机构改革，完善政府工作规则，营造优良的营商环境。始终坚持实干争先，成立35个重点工作推进小组，实行“挂图作战、领导包帮、集中调度日”等制度，全力推动重大决策、重要事项、重点项目落到实处。扎实开展党的群众路线教育实践活动和“三严三实”专题教育，严格执行中央八项规定，“三公”经费大幅下降；加大市长公开电话、市长信箱、省长信箱督办力度，深入开展驻村蹲点、机关干部大走访、万人评机关等活动，切实解决了一批群众关心的热点难点问题。全面推进依法行政，规范完善市政府议事规则和重大行政决策程序，建立政府法律顾问制度，自觉接受市人大、市政协和社会各界监督，人大代表建议、政协委员提案办理满意率分别达到98.2%、100%。严格执行党风廉政建设各项规定，制定出台国库集中支付、政府投资评审等制度，完成土地出让与耕地保护、社会保障资金等专项审计任务，严厉查处违规违纪行为，树立起为民务实清廉的良好形象。

2015年，是“十二五”规划的收官之年。全市完成生产总值639.8亿元、公共财政预算收入50.2亿元，固定资产投资403.2亿元，社会消费品零售总额169.8亿元。项目建设和招商引资扎实推进。规划实施总投资719.4亿元的重点项目141个，开复工117个、完工52个；制定更加严格的招商引资考核办法，完成实际利用外资1.6亿美元、内资83.2亿元。重点园区建设加快实施。开发区深化“二次创业”，开工建设重点项目27个。滨海科技产业园提速推进，烟台黄金职业学院通过省教育厅建校验收评估。产业转型升级持续深化。农业现代化步伐加快，新培育烟台市级示范社6家、省级示范社11家、种植大户58家；工业经济稳健运行，国际黄金创意产业园获得中国黄金协会批复，工业四项指标全部实现正增长；出台新兴产业发展规划，建成“招远汇”等区域性电商平台，服务业比重达到40.4%。重点领域改革纵深突破。省新型农村合作金融试点进展顺利，6家农民专业合作社试点开展信用互助；在全省首创中小纳税企业信用担保基金，64家企业列入信息库；完成10户规模企业规范化公司制改造；新增市场主体21207户，增长40.9%。城乡宜居宜业水平明显提升。扎实开展占道经营、露天烧烤等专项整治，顺利通过国家卫生城市复审；启动“镇驻地换新颜”工程，编制完成5个镇驻地改造规划，新建100个生态文明“扩面达标”村。社会民生持续改善。15件为民服务实事全面及时兑现到位，实施精准扶贫项目52个，脱贫群众2804户，各项社会事业取得长足进步。

各位代表，五年来的实践使我们深刻认识到，做好政府工作，必须坚定不移拥护党的领导，严格守纪律、讲规矩，不折不扣将上级党委、政府和市委的决策部署落到实处；必须坚定不移推动改革创新，以改革的思路和办法破解难题、扩大开放、创业创新，充分借助外力、激活内力；必须坚定不移贯彻群众路线，脚踏实地为群众办实事、做好事、解难事，真正做到发展成果由人民共享；必须坚定不移加快转型升级，主动适应经济新常态，全力调结构、补短板、创优势，推动经济保持中高速增长、迈向中高端水平；必须坚定不移贯彻“三严三实”要求，强化责任担当，勇于实干争先，努力创造经得起实践、人民和历史检验的业绩。

各位代表，过去五年的成绩来之不易！我们取得的每项成绩，都是上级党委、政府和市委科学决策、正确领导的结果，是人大、政协及社会各界热情参与、大力支持的结果，是全市广大干部群众齐心协力、开拓创新的结果。在此，我代表市政府向全市人民，向各位人大代表、政协委员、离退休老领导、老同志，向驻招单位、预备役部队和武警官兵，向所有在招远投资兴业、务工经商以及关心支持我市经济社会发展的各界朋友，表示衷心的感谢，并致以崇高的敬意！

各位代表，我们清醒地看到，当前经济社会发展中还面临不少困难，政府工作还存在许多不足。经济下行压力仍然较大，招商引资和项目建设质量不高，财政收入增长放缓；结构转调任重道远，部分骨干企业效益下滑，新兴产业尚未形成有效支撑；城乡一体发展不够平衡，生态环境治理需持续用力；行政效能有待提高，一些单位仍存在“庸懒散”问题，“四风”问题和腐败现象仍未得到完全根除，一些群众反映强烈的问题需要加快解决。对这些问题，我们一定高度重视，采取有效措施加以解决。

二、“十三五”发展目标

“十三五”是我市率先全面建成小康社会、加快结构转调的关键时期，全市经济社会发展的指导思想是：全面贯彻党的十八大和十八届三中、四中、五中全会精神，坚持以邓小平理论、“三个代表”重要思想、科学发展观为指导，深入贯彻习近平总书记系列重要讲话精神，协调推进“五位一体”总体布局和“四个全面”战略布局，牢固树立创新、协调、绿色、开放、共享发展理念，坚持以提高发展质量和效益为中心，加快形成引领经济发展新常态的体制机制，努力实现“两个率先、三个前移、五个创建、六个突破”目标，即率先全面建成小康社会、率先在新一轮赶超发展中胜出，经济综合实力在烟台先进县市区、全省十强县、全国百强县中的位次持续前移，创建创新型经济先进市、新型城镇化示范城市、生态文化旅游强市、对外开放典范城市、幸福安康和谐宜人城市，全市生产总值冲刺1000亿元、公共财政预算收入冲刺100亿元、固定资产投资达到800亿元、工业主营业务收入达到2700亿元、社会消费品零售总额达到300亿元、城乡居民人均可支配收入达到4万元，打造具备较强竞争力和影响力的中国黄金名城。

——坚持创新发展，创建创新型经济先进市。坚持把改革创新摆在核心位置，加强供给侧结构性改革，大力推进先进制造业、现代服务业、现代农业转型升级，扶持引导新技术、新产业、新业态、新商业模式蓬勃发展，加快发展新经济，培育壮大新动能。

——坚持协调发展，创建新型城镇化示范城市。深入实施“两区一带”战略，加快开发区“二次创业”，推动滨海科技产业园“培强支撑、蓝色崛起”、北部经济隆起带“突出特色、组团发展”，力争开发区进入国家级前50强。深入推动城乡一体化发展，更加突出以人为本核心，统筹加快现代特色城市、富美乡村和城乡基础设施建设，全面提升城镇化质量。

——坚持绿色发展，创建生态文化旅游强市。牢固树立“环保优先”理念，大力实施循环经济示范工程、生态保护工程和生态文明乡村建设，全面完成节能减排任务，建设天蓝、地绿、水净、景美的生态家园。牢固树立“全域旅游”理念，深入实施“金泉山海古村落”整体开发战略，打造“金都民宿”品牌，实现乡村旅游弯道超越，努力建设全省、全国优秀旅游目的地。

——坚持开放发展，创建对外开放典范城市。主动融入国家“一带一路”及环渤海区域合作发展、半岛蓝色经济区建设等重大战略，将招商引资与招才引智摆在更加重要的战略位置，着力突破招大引强、园区招商、产业招商和实际利用外资，积极开拓非洲、中东等新兴国际市场，推动开放向优化结构、拓展深度、提高效益转变，打造参与国际合作和竞争新优势。

——坚持共享发展，创建幸福安康和谐宜人城市。深入践行党的群众路线，从完善制度安排、强化政策兜底、引导社会投入、体现公平正义等方面入手，全面提高教育现代化、创业就业、健康招远、社会保障、文化体育等社会事业发展水平，因地制宜推动精准扶贫、产业扶贫，在更高层次上增进群众福祉，使发展成果更多更公平地惠及广大群众。

三、2016年政府工作安排

今年是“十三五”开局之年，做好政府工作意义重大。我们要认真贯彻上级和市委的决策部署，坚持稳中求进工作总基调，进一步坚定信心、勇于担当，厚植发展优势、破解发展难题，努力实现“十三五”时期经济社会发展的精彩开局。经济社会发展的主要预期目标是:全市生产总值增长8%左右，公共财政预算收入增长8%左右，固定资产投资增长13%左右，社会消费品零售总额增长11%左右，实际使用外资增长7%，进出口保持稳定，城镇和农村居民人均可支配收入分别增长8%、8.5%左右，城镇登记失业率控制在1.3%以内，居民消费价格涨幅控制在3%左右，完成节能减排任务。

（一）更加注重稳中有为，保持经济中高速增长。稳增长仍是当前首要任务，必须坚定信心、综合施策，确保完成年度目标。扩大有效投资主动力。严格落实市级领导包帮、项目特派员等制度，完善重点项目督查考核、观摩评比办法，集中抓好投资过三千万元重点项目，年内确保项目开复工率、投达产率分别达到95%和50%以上。深化投融资体制改革，运作好市级股权投资基金，尽快推出一批政府与社会资本合作项目，鼓励各类资本投向先进制造业、现代服务业、节能环保、社会民生等重点领域。充分激发创新创业潜力。加快创新创业中心等孵化器建设和招商，引进专业运营团队和创业团队，打造多元化的众创空间。深入实施“金都聚才”计划，积极引进院士、专家团队、创新人才等高层智力，争取省博士后科研资助项目落户招远。深化商事制度改革，确保新增市场主体8500户。深入推进简政放权，完善“四清单一平台”，加快政务服务中心新大厅和网上政务服务平台建设，实现行政审批流程再造、效率再提。涵养税源增强财政保障力。依法加强税收征管，优化财税结构，深化财源建设，促进财税收入均衡入库。强化政策保障，发挥好中小纳税企业信用担保基金作用，全面落实小微企业税收优惠、“黄金四十条”、工业转型升级专项资金等政策意见，加大对上争取土地、资金、直供电等政策力度，形成更加优良的政策环境。健全完善企业联系人制度，扎实做好困难企业解困工作，帮助企业渡过难关。强化重大基础设施建设支撑力。加快人工岛建设，完成龙青高速征迁工作，争取大莱龙铁路升级招远段工程早日启动。加快完善交通路网，抓好龙水路、张新线、水夏线、沟温线等路面大修及公路安全生命防护工程，完成农村公路硬化100公里。加快筑牢现代水网，规划建设各类水利工程610项，治理河道12.35公里，发展节水灌溉面积5.12万亩，调引黄河水600万立方米，确保饮用水安全，有力提升防汛抗旱应急能力。

（二）更加注重内生动力，全面深化结构性改革。更加主动适应经济发展新常态，坚定不移深化改革、强化创新，努力创造新供给、提高供给质量。加强供给侧结构性改革。着力推进产业层面改革，加快转移和淘汰落后产能，促进产业优化重组，鼓励发展新技术、新产业、新业态，降低企业生产成本、激发企业活力。着力推进社会层面改革，全面提升教育体育、医疗卫生、就业创业、社会保障、公共文化、环境保护等基本公共服务，推动城乡公共服务均等化。深化金融创新改革。统筹抓好省金融创新、新型农村合作金融改革试点，探索筹建金融服务中心，深化政银企合作，严厉打击非法集资等违法行为，力争年内每个镇街至少有1家农民专业合作社开展信用互助业务试点。积极推动民营企业“个转企、小升规、规改股、股上市”，梯次推进健源食品等后备企业进入资本市场，力争年内至少完成30户企业规范化改造任务，新增上市企业及新三板、区域股权市场挂牌企业3~5家。持续推进农村综合改革。抓好农村土地确权登记颁证成果验收和应用，建立完善农村产权交易管理服务体系，年内力争流转土地1万亩以上。加快推进供销社综合改革试点，年内新发展区域联合社2个、社村共建村11个，为农服务中心达到14个，打造“3公里为农服务圈”。加快其他重点领域改革。扎实推进财税体制改革，对所有使用财政资金的部门全部依法公开预决算，探索编制中期财政规划和政府综合财务报告，全面完成“营改增”工作；创新国资监管模式，推动国有资产保值增值。扎实推进居民生活用水、用气阶梯式价格制度改革，按照上级部署全面落实机关公车改革等其他改革事项。

（三）更加注重转型升级，全力提振工业经济。坚定“工业立市”不动摇，加快迈向中高端水平，努力建设制造业强市。以全产业链延伸提振黄金产业。强化国际黄金创意产业园招商，制定落实专门招商政策，大力开展黄金全产业链招商，年内每个乡镇至少引进1户黄金深加工企业入驻，加快打造千亿级黄金产业板块。突破高端用金领域，积极与高校、科研院所开展合作研发和成果转化，尽快在工业用金、医药用金、航空航天用金等领域谋划实施一批重点项目。进一步加大埠内外探矿增储力度，稳妥推动资源并购，力争新增黄金储量100吨，实现自产黄金130万两。以创新驱动提振制造业。实施工业加快发展“三年行动计划”，促进工业向智能化、高端化、绿色化、精细化方向升级，力争年内规模以上工业增加值达到390亿元、主营业务收入1780亿元。实施“互联网+”行动计划，积极培育一批智慧园区、智慧工厂和智慧车间。实施“技改提升”计划，理清技术改造和产业升级路线图，集中抓好68个技改项目、11个“两化融合”项目，打造产业价值链新优势。实施“创新驱动”战略，高效运作好“三大研究院”，加快按摩理疗机器人、多功能海洋环境监测平台等科技成果转化，年内争取烟台市级以上科技奖励6项，促成科技合作30项，新建烟台市级工程技术研究中心2家。以增量拓展提振骨干企业。加快培育企业新增长点，全力推进骨干企业新区建设，借鉴推广鲁鑫集团与德国贺利氏等合作经验，突破玲珑集团与汽车厂商、粉丝企业与生物科技、机械企业与高端装备等合作领域，更多地借助外力推动转型升级。不断增强品牌竞争力，加快产品升级换代步伐，年内争取新发展山东名牌名标3个、烟台市长质量奖1个。重视搞好企业家队伍培训培养，让企业家有尊严、有地位、受尊敬，营造支持企业家干事创业的浓厚氛围。

（四）更加注重开放带动，深入实施“两区一带”战略。突出园区引领作用，努力打造开放高地、产业高地、发展高地。强化园区带动实现招商引资新突破。将园区招商与产业招商相结合，以开发区十大园区、滨海科技产业园、矿山机械产业园等为重点，全力推动新兴产业“建链”、传统产业“补链”、优势产业“强链”三大招商工程，通过招大引强为园区强筋壮骨。将常态走访与精准招商相结合，纵深开展招商大走访活动，加强专业招商队伍建设，注重运用好招商顾问、中介招商、基金招商、以商招商等方式，全面提高招商成效。将引进内资与利用外资相结合，对埠外引进项目优先利用外资建设，扩大基础设施、房地产、服务业等领域利用外资，确保完成内外资任务。对接重大战略实现双向开放新突破。推动引进来与走出去相结合，以开发区为支撑，带动全域融入“一带一路”和中韩、中澳自贸区建设，加快推进贺利氏增资、桑德国际综合污水处理等外资项目，支持更多企业“走出去”开展并购投资、联合投资和返程投资。推动进口与出口均衡发展，积极推进跨境贸易电子商务，运作好玲珑综合物流平台，扩大黄金、矿山机械、石材等对外贸易，引导更多外贸企业回流市外代理业务，加大招商引资力度，开发区、滨海科技产业园要率先走在前列、贡献更大份额。优化园区环境实现承载能力新突破。增强园区基础配套能力，加快推进东城新区、滨海科技产业园供水、供气、排污等基础设施建设，做好北部经济隆起带规划实施和土地储备，推动开发区尽快创建国家生态工业示范园。增强园区商业配套能力，突出抓好皮革产业园、中国供销产业园、华希广场等高端服务业项目，积极引进品牌旗舰店和新商业业态。增强园区公共服务能力，加快中医院迁建、英城医院二期等重点工程，争取烟台黄金职业学院秋季正式招生。增强园区政务服务能力，完善重点项目“审批联席会议”等制度，编制审批服务指南和流程图，全面提升行政效能水平。

（五）更加注重提质增效，加快调整优化产业结构。明确结构调整主方向，抓住关键，加快构筑多足支撑的产业格局。加快调整服务业内部结构。提高文化旅游业竞争力，以省级罗山黄金文化旅游度假区为龙头，改革经营管理体制，深入推动景区资源整合，全面叫响“黄金之旅”特色品牌；建设运营好古村落旅游开发、鸿泰粉丝博物馆、滚泉山温泉旅游等集群项目，抓好国家A级景点、省旅游强镇和农业旅游示范点创建工作，规划打造三条乡村旅游线路，争取游客人次突破430万、旅游综合收入达到60亿元以上。提高生产性服务业比重，引导工业企业剥离非核心业务，促进产业价值链向研发设计、商务服务、市场营销等高端延伸，推动制造业服务化；加快推进滨海、东城两大物流园建设，突出抓好中农批农产品电商物流园等重点项目，培育壮大第三方物流，打造智慧物流配送体系。提高现代服务业规模，依托城市综合体建设，大力发展总部经济、楼宇经济、商务会展等高端服务业，年内力争服务业增加值比重达到43%以上。深入调整农业结构。以国家级现代农业示范区建设为龙头，促进农业种养高效化，继续抓好高产创建、海上粮仓等工程，综合机械化率、苹果优质率、“三品一标”产品产地认定面积分别达到96.5%、80%和60%以上；促进农业生产集约化，稳妥推动土地向农业大户、龙头企业、家庭农场等经营主体流转，培育10个重点农业社会化服务组织；促进农业经营规模化，高标准建设好双塔食用菌、瀑拉谷酒庄、金都庄园等产业化基地，培育一批特色电商镇、电商村，年内每个镇街至少发展一处农业产业化基地，家庭农场、专业大户、烟台市级以上示范合作社累计达到100家。加快培育壮大新兴产业。深入落实新兴产业发展规划，强化招商和科技创新带动，争取每个产业至少培育一户具有较强竞争优势的骨干企业。着力培强重点产业，加快推进金宝新材料产业化基地、光伏发电等项目，推动新材料、新能源等产业尽快成势；扎实推进生理相干身心平衡系统、电子商务产业园等项目，推动健康养老、电子商务等产业快速成长；跟踪推进新特药研发生产等项目，推动现代医药等产业实现突破，力争新兴产业增加值年均增长15%以上。

（六）更加注重协调发展，不断丰富城镇化内涵。加大城乡一体协调发展力度，持续提升整体功能和水平。提升城乡规划管理水平。高质量推进“多规合一”试点工作，启动地下综合管廊建设、工业区综合整治规划，完成城市总体规划实施评估、土地利用总体规划中期评估。扎实推进“智慧城市”建设，完善“天网工程、智能交通、智能供水”等管理平台，完成数字化城管系统平台建设，推动城市管理升级。深入开展城乡环境综合整治，加强城镇主干道路、主要河道治理，健全卫生保洁、绿化管养等长效机制，巩固国家卫生城复审成果。提升城区综合承载水平。着力突破一批精品工程，以重点区片整体改造为抓手，加快推进北关西区片、豫金坊等6处商业综合体建设与招商，释放老城区发展活力。着力实施一批民生工程，完成文三线城区段拓宽改造，打通西外环、横掌路，抓好城区供水、供热、供气管网改造及水源扩容、热源扩建，确保西区热电厂锅炉扩建完工运行，年内新增供热能力50万平方米，铺设燃气主管网28公里。着力推进一批宜居工程，集中实施4个重点棚户区改造，深化户籍、住房、土地等改革，加快推进外来务工人员市民化、城中村原有居民市民化、农村就地转移就业人口市民化。提升镇村建设水平。加快壮大镇域经济，进一步推动辛庄、蚕庄、金岭等示范镇提档进位，带动各镇街因地制宜发展特色园区、特色产业，争取更多镇街跨入财政收入亿元行列；积极引导民资参与“镇驻地换新颜”工程，年内确保镇驻地改造完成2个、启动2个。深化生态文明乡村建设，创新农村社区建管模式、完善配套服务功能，抓好农村无害化改厕工程，高效运行环卫一体化，推进盛运垃圾发电等电网基建项目，新建改造电网线路220公里，完成金都污水处理厂扩建、镇级污水处理厂及管网配套建设，再打造100个生态文明村。提升生态环保水平。实行最严格的环境保护制度，扩大污染物总量控制范围，严控燃煤机组超低排放，抓好海岸带综合整治与生态修复等工程，完成界河流域综合整治任务。实行最严格的耕地保护制度，全面清理规范闲置未用、批而未供土地，依法严肃查处土地违法违规行为，有序推进永久性基本农田划定和耕地质量提升，年内改良土壤2万亩。实行最严格的水资源管理制度，加大节水宣传教育，加强水源地综合治理、造林绿化和生态涵养等工作，完成造林2.5万亩。

（七）更加注重民本优先，着力增进群众福祉。牢固树立底线思维，扎实办好为民服务实事，使群众有更多获得感。努力让广大群众享有更丰富的文化生活。加快推进公共文化服务体系示范区建设，继续开展好送戏下乡、送电影下乡活动，完成地面无线数字电视工程建设，新建100个农村文化大院示范点。大力弘扬红色文化及黄金、粉丝、民俗等特色文化，努力创作一批文艺精品。完成第一次全国可移动文物普查工作。努力让广大群众享有更充分的就业机会。全面落实创业扶持政策，突出抓好大学生就业创业指导服务、农民工职业技能培训、困难企业援企稳岗等工作，年内开展劳动技能培训3500人，高校毕业生就业率达到90%以上，新增城镇就业7000人，农村劳动力转移就业1800人。完善失业预警机制，维护职工和企业合法权益。努力让广大群众享有更可靠的社会保障。实施全民参保计划，扩大慢性病医保范围，建立职工大病保险制度，新增企业参保职工4000人，居民养老、医疗保险参保分别达到28万人、34万人。完善机关事业单位养老保险制度，推行职业年金制度。加大弱势群体救助力度，提高城乡低保、五保保障标准，确保五保集中供养率达到80%以上，建成2处老年公寓、10处农村幸福院、5处城市社区日间照料中心。及时兑现保障房租赁补贴，完成保障性住房建设年度任务。全面落实精准扶贫、精准脱贫措施，因地制宜抓好36个贫困村专项扶贫项目，确保完成脱贫任务。努力让广大群众享有更优质的公共服务。深化基础教育综合改革，完成校长职级制改革，推进开发区横掌学校、魁星路学校建设，完成第九中学、金岭邵家学校塑胶操场建设，加快解决“大班额”问题。扎实做好全民健身“五进”活动，举办第六届全民健身运动会。深入推进医药卫生体制、公立医院改革，探索建立分级诊疗体系和医养结合模式，启动卫生院绩效考核试点，积极创建省级健康教育培训基地，做好实施二孩政策工作。扎实推动城乡客运一体化，完成张石埠、郭家埠等4处公交场站建设。努力让广大群众享有更安全的社会环境。严格落实“一岗双责、党政同责”制度，深入开展安全生产大检查，深化重点领域安全整治，确保安全生产形势持续稳定。健全立体化治安防控和网格化消防安全管理体系，抓好省级社区治理暨养老服务创新实验区、城乡社区“三有一化”和6处乡镇消防队建设，全面夯实“平安金都”基础。加强“食安金都”建设，抓好乡镇市场监管所及农产品批发市场、大中型农贸市场和商超食品快检室建设，确保群众饮食用药安全。

四、加强政府自身建设

不断巩固群众路线教育实践活动、“三严三实”专题教育成果，深入开展政府系统“两学一做”活动，把政府工作全面纳入法制轨道，加快建设职能科学、权责法定、执法严明、公开公正、廉洁高效、守法诚信的法治政府，不断提升政府执行力和公信力。

（一）依法全面履行职能。加快转变政府职能，研究制定法治政府建设实施规划，推进机构、职能、权限、程序、责任法定化，提高运用法治方式处理问题能力。严格落实重大行政决策程序规定，完善决策听证、合法性审查机制，发挥好法律顾问作用，做到依法科学民主决策。创新管理和服务方式，加快社会信用体系建设，推进政府购买服务工作，大力提高政府效能。

（二）严格规范权力运行。深化行政执法体制改革，探索推行跨部门跨行业综合执法，完善市、镇两级政府行政执法管理，推动执法重心下移。深入推进政府信息公开，积极落实行政负责人出庭应诉制度，自觉接受人大监督、司法监督、社会监督、舆论监督。加强和改进行政复议工作，深入开展基层干部不作为乱作为专项整治活动，做到法定职责必须为、法无授权不可为。

（三）弘扬勤勉务实作风。进一步强化赶超意识，认真落实“十个倍加”要求，加强工作方式方法创新，力求纵向比上台阶，横向比创一流，自我比有超越。进一步增强担当精神，建立健全决策、执行、考核、奖惩“四个体系”，把勇于担当的品格内化于心、外化于行，打造想干事、会干事、能干事、干成事、不出事、好共事的过硬队伍。进一步发扬严实作风，做到及时发现问题、敢于直面问题、善于解决问题，以“钉钉子”精神推动各项工作高效落实到位。

（四）严守廉洁自律底线。严格落实党风廉政建设责任制和“一岗双责”规定，认真学习贯彻新修订的《中国共产党廉洁自律准则》和《中国共产党纪律处分条例》，把廉政建设的要求落实到政府工作的各个领域、各个环节。严格执行中央八项规定，坚持勤俭办一切事业，严控“三公”经费支出，持续降低行政运行成本。强化对财政资金、重大投资项目等重点领域的行政监察和审计监督，严肃查处各类腐败行为，保持对违纪违法现象的高压态势，牢固树立清正廉洁的政府形象。

各位代表，“十三五”规划蓝图宏伟壮丽，新的发展征程任重道远。让我们高举中国特色社会主义伟大旗帜，在中共招远市委的坚强领导下，凝心聚力、奋发进取，开拓创新、扎实工作，为全面实现“两个率先”和“十三五”规划目标而努力奋斗！

招远市国民经济和社会发展第十三个五年规划纲要

招远市人民政府

2016年2月

“十三五”时期（2016—2020年），是实现十八大提出的“两个百年”目标中第一个百年目标的重要历史时期，也是全面提升招远核心竞争力的关键时期。科学制定国民经济和社会发展第十三个五年规划纲要，对于全市加快经济结构转型升级、全面建成小康社会、基本实现现代化具有决定性的意义。招远市国民经济和社会发展第十三个五年规划纲要，主要阐明未来五年全市发展战略，明确改革发展方向，是全市上下为之共同奋斗的行动纲领。

第一章　发展基础和发展环境

一、“十二五”发展成果

“十二五”以来，全市上下以科学发展观为指导，以加快转变经济发展方式为主线，牢牢把握“五个坚持”，凝神聚力，攻坚克难，经济社会发展实现了总量扩大、质量提升、位次前移，保持了总体平稳、稳中有进、进中向好的良好发展态势。

综合实力稳步提升。预计“十二五”期末，全市实现生产总值639.8亿元，年均增长9.9%，是“十一五”期末的1.5倍，人均GDP达113000元；实现地方财政收入50.22亿元，年均增长17.4%，是“十一五”期末的2.2倍；固定资产投资达到403.2亿元，年均增长9%，是“十一五”期末的1.6倍；社会消费品零售额达到169.8亿元，年均增长14.6%，是“十一五”期末的2倍。在全国县域经济基本竞争力排名由42位升至34位。在全国中小城市综合实力百强县排名由48位升至35位。

转型升级步伐加快。形成了先进制造业、现代服务业和新兴产业“三足鼎立”的产业发展格局。“两区一带”为重点的各类园区竞相发展，集聚效应、集约优势和对全市经济的支撑作用日益明显。三次产业比例由“十一五”期末的6.2：61.2：32.6，调整到6.3：52.8：40.9。黄金产业转型、传统产业升级改造步伐加快，新能源、新材料、现代医药等新兴产业发展取得了新突破。“十二五”期末，二产增加值达338.3亿元。服务业结构不断优化，服务业占比明显提升，服务业增加值占GDP的比重比2010年提高8.3个百分点，增加值达261.5亿元。加快发展农业特色经济，农业经济持续增长，高效农业稳步发展，产业化发展步伐加快，一产增加值达40亿元。

改革开放不断深化。多种所有制经济共同发展的格局基本形成，非公有制经济占地区生产总值比重达到59.4%。工业反哺农业、城市支持农村的机制不断完善，财政对“三农”累计投入118亿元。政府职能转变步伐加快，教育、文化、医药卫生、社会保障、收入分配等领域体制改革力度加大，承担国家、省和烟台市级改革试点20多项。全方位、多层次、宽领域的开放格局基本形成，2015年，实际到账外资1.6亿美元，年均增长10.8%；外贸出口总额14.5亿美元，年均增长5.7%。

城乡建设强势推进。中国金都特色城市魅力进一步提升，东城新区、滨海科技产业园区建设加快推进，城市建成区面积达到32平方公里，城区人口达到20.15万人。基础设施承载能力进一步提高，市域污水处理能力、防洪减灾能力、供热供电能力不断增强。基本形成五纵五横交通方格网状结构，新增、改造供水管网近20公里，建设变电站3座，改造供电线路919公里。新农村建设加快推进，解决了75个村、42657人的饮水安全问题。加快农村社区服务中心建设，已建成119处农村社区。

生态建设成效显著。被授予“全国生态文明先进市”，龙王湖被评为国家级水利风景区。深入开展环保执法专项行动，对重点污染行业、重点敏感区域和重点排污企业实施重点监管。万元GDP能耗、主要污染物COD、SO_2排放量均控制在上级下达的目标以内。启动实施了三年水系绿化工程，完成造林8.76万亩，建成绿化示范镇3个、示范村48个，建成生态林场16处。加快生态文明乡村建设，共建成生态文明（示范）村200个、示范镇8个，荣获“山东省生态文明乡村建设先进县（市区）”荣誉称号。全面实现了城乡环卫一体化管理。启动实施了界河流域河道整治及生态修复工程。

民生事业持续改善。城乡医疗卫生条件进一步改善，顺利完成了县级公立医院改革。累计新增城镇就业5.4万人，转移农村劳动力2.8万人，城镇登记失业率连续5年控制在1.3%以内。社会保障覆盖面逐步扩大，在全市建立起了城乡一体、覆盖所有居民的基本养老和医疗保险制度，全市新增企业参保人员5.7万人，居民养老保险参保人员增加7.9万人。居民基础养老金由每人每月55元提高到85元。人民生活水平持续提高，城镇居民人均可支配收入、农民人均可支配收入分别达到36120元和16946元。食品和健康安全类产品质量安全持续稳定。

社会事业蓬勃发展。教育事业不断发展，省标准化学校建设成效显著，教育布局不断优化，教育优质化、均衡化、现代化水平全面提升，建成了黄金职业学院。文化事业繁荣发展，基本实现了城乡公共文化服务全覆盖，有13个村庄被评为中国传统村落，有17个村被列入山东乡村记忆工程，龙口粉丝等2项传统制作技艺列入国家级非物质文化遗产项目。体育事业蓬勃发展，全民健身和竞技体育运动成效明显。公共安全得到极大提升，平安招远建设再上新台阶。精神文明、民主法制建设均取得了新的成效。计划生育、外事、侨务、对台、人武、双拥、民族宗教、防震减灾、气象、史志、档案、工会、共青团、妇女、儿童、科普、老龄、关工、慈善、残疾人等各项事业得到新的发展。

二、未来五年发展环境

当前和今后一个时期，世界经济环境仍然比较复杂，机遇和挑战相互交织，我国发展的重要战略机遇期仍然存在。党的十八大以来，我国发展进入新阶段，国内环境呈现“速度变化、结构优化、动力转换”为主要特征的新常态。全面深化改革开放将释放巨大制度红利，创新驱动将成为经济增长的主要动力，新型城镇化孕育着巨大发展潜能，时和势总体于我有利。

在看到机遇的同时，也要正视我市面临的困难和问题。发展不够仍是我市最大的实际，相对于发达地区而言，我市经济总量、发展质量、人均GDP都还比较低，既面临上总量、扩规模的艰巨任务，又面临转方式、调结构的巨大压力；国际金价低位运行，经济下行压力较大，部分企业生产经营困难；制造业增长乏力，初级产品多、高附加值产品少的产业格局尚未根本转变；结构性矛盾依然突出，新兴产业、生产性服务业占比较低，大项目、创税型项目、高科技项目偏少；社会事业发展与群众新期盼仍有差距。另外，土地、水等基础资源供给紧张，劳动力结构性短缺和成本持续上升，生态环境问题正在集中显现，社会转型步伐加快，利益诉求多元化对社会治理提出了新的要求。对此，需要我们全面深化改革，理顺政府、市场、社会的关系，最大限度地激发全社会的活力和创造力，使经济更有效率、社会更加和谐、发展更可持续。

总体而言，全市“十三五”时期将处于工业化和城镇化加速期，潜在增长率高于全国、全省，仍处于科学发展、率先发展的黄金机遇期，是大有可为的时期。必须牢牢把握机遇，不断化解矛盾，乘势而上，推动招远经济社会发展竞进提质、迈上新台阶。

第二章　指导思想和发展目标

一、指导思想

高举中国特色社会主义伟大旗帜，全面贯彻党的十八大和十八届三中、四中、五中全会精神，以马克思列宁主义、毛泽东思想、邓小平理论、“三个代表”重要思想、科学发展观为指导，深入贯彻习近平总书记系列重要讲话和视察山东重要讲话、重要批示精神，协调推进“四个全面”战略布局，坚持发展是第一要务，以创新、协调、绿色、开放、共享的发展理念为引领，以提高发展质量和效益为中心，加快形成引领经济发展新常态的体制机制和发展方式，保持战略定力，坚持稳中求进，统筹推进经济建设、政治建设、文化建设、社会建设和生态文明建设，率先全面建成小康社会、率先在新一轮赶超发展中胜出，奋力谱写中国梦的招远新篇章。

二、发展战略选择

1.产业兴市战略。扎实推进产业转型升级，坚持调高调优调强的基本取向，实施新兴产业培育工程、传统产业升级转型工程、现代服务业提速工程、现代农业提质工程，实现先进制造业、现代服务业、现代农业“三足鼎立”产业体系的整体提升。

2.生态立市战略。树立环境优化增长理念，助推生态经济的发展，使生态超越成为招远发展的新路径，彰显生态环境核心价值成为招远的战略优势。大力发展绿色经济、低碳经济和循环经济。保护旅游生态环境，优化旅游发展环境，加快旅游业振兴步伐，建设生态文化旅游强市。

3.创新发展战略。建立以企业为主体、市场为导向、产学研相结合的技术创新和产品创新为核心的科技创新体系，切实提高科技对经济增长的贡献率，推进商业模式创新和金融创新，努力将招远打造成为创新创业人才集聚地、高新技术企业集中地、创新型经济先进县市。

4.改革开放战略。把改革开放作为加快转变经济发展方式的强大动力，以更大决心和勇气全面推进各领域改革，破除发展障碍，化解发展难题，加快构建有利于科学发展的体制机制。实施互利共赢的开放战略，增强发展的融合性和开放度，更高水平参与国际分工，积极推动国内区域合作，以开放促发展、促改革、促创新。

5.城乡一体化战略。按照城乡一体化的要求，科学编制完善城乡规划，合理确定产业空间布局。坚持民生优先，加快城乡基础设施建设，提高就业保障水平，推进城乡基本公共服务均等化，实现城乡经济社会的均衡发展。加快推进中心城区建设，高度重视以中心镇为重点的新城镇建设，加快新农村建设，形成空间布局合理优化的现代化城乡体系。

三、发展目标

“十三五”期间，全市经济和社会发展的总体目标是：“两个率先、三个前移、五个创建、六个翻番”。两个率先，即率先全面建成小康社会、率先在新一轮赶超发展中胜出。三个前移，即经济综合实力在烟台先进县市区、全省十强县、全国百强县中的位次持续前移。五个创建，即抢先创新发展，创建创新型经济先进县市；领先协调发展，创建新型城镇化示范城市；优先绿色发展，创建生态文化旅游强市；争先开放发展，创建多领域经济合作伙伴关系城市；率先共享发展，创建幸福安康和谐宜人城市。六个突破，即提前实现GDP、公共财政预算收入、固定资产投资、工业主营业务收入、社会消费品零售总额、城乡居民人均可支配收入比2010年翻一番以上。

综合竞争力显著提升。全市生产总值年均增长8%，到2020年三次产业比例调整为5：50：45。公共财政预算收入年均增长12%，全社会固定资产投资年均增长13%，社会消费品零售总额年均增长11%。具体工作中，地区生产总值努力冲刺1000亿元，年均增长9%；公共财政预算收入冲刺100亿元，年均增长15%；社会消费品零售额力争达到300亿元，年均增长12%以上；固定资产投资达到800亿元，年均增长15%左右；城乡居民人均可支配收入达到40000元，年均增长8.5%。

改革开放实现突破。较多领域改革走在省、市前列，成为推动经济社会发展的最大红利。深入推进市场国际化、产业国际化、城市国际化，对外开放和“走出去”向更高层次迈进。到2020年，实际利用外资年均增长5%，进出口总额年均增长5%；其中，外贸出口总额年均增长6%；五年实际使用外资累计达到9.17亿美元。

城乡区域协调发展。围绕建设更具魅力的中国金都，加强城市功能载体建设，完善新兴中等城市的基础设施体系，形成中心城区、镇、生态文明乡村、社区的城乡体系之间相互促进、协调发展格局。城镇化率达到53.5%以上，城乡一体化水平得到新的提升。

社会建设明显加强。教育质量和结构不断提升，公共文化服务体系基本形成，城乡医疗卫生服务体系健全完善，社会主义核心价值体系深入人心，全社会文明程度大幅度提高。社会管理制度不断完善，平安招远建设深入推进，社会更加和谐稳定。

生态环境优美宜居。牢固确立生态文明核心价值理念，进一步加大生态文明建设力度，确保完成上级下达的节能减排约束性目标，单位地区生产总值能耗和二氧化碳排放大幅下降，主要污染物排放总量显著减少。到“十三五”期末，城区绿化覆盖率达到39.5%，城区和农村新型社区污水集中处理率达到100%，农村污水处理率达到35%以上。生态环境质量不断提升，人居环境显著改善，展现生态招远、绿色招远的新形象。

人民生活殷实富裕。“十三五”期间，城乡居民人均可支配收入年均增长8%，争取农民收入实现更高增幅，尽快扭转收入差距扩大的趋势。新增城镇就业人数2.5万人，城镇登记失业率控制在1.8%以内。价格总水平保持基本稳定，基本公共服务均等化程度明显提高。

专栏1：招远市“十三五”时期经济和社会发展主要指标

分　类	序号	指　标	单　位	2015年		2020年		指标性质
				完成	年均增长±	目标	年均增长±%	
经济发展	1	地区生产总值	亿元	639.8	9.9	900	8	预期性
	2	服务业增加值占比	%	40.9		45		预期性
	3	公共财政预算收入	亿元	50.22	17.4	88.5	12	预期性
	4	公共财政预算收入占生产总值的比重	%	7.8		9.8		预期性
	5	全社会固定资产投资	亿元	403.2	9	750	13.0	预期性
	6	社会消费品零售总额	亿元	169.8	14.6	285	11.0	预期性
	7	外贸出口总额	亿美元	14.5	5.7	20	6.6	预期性
	8	实际使用外资	亿美元	1.6	10.8	2.02	5	预期性
科技创新	9	研究和实验发展经费支出占GDP比重	%	3.5		3.6		预期性
	10	高新技术产业产值比重	%	22.8		30		预期性
	11	全市各类人才资源总量	万人	8.3		10.1		预期性
生态文明	12	耕地保有量	亩	652755		652755		约束性
	13	PM2.5年均浓度下降率	%	—		10		约束性
	14	万元GDP能耗下降比例	%			控制在上级下达目标以内	五年累计	约束性
	15	万元GDP二氧化碳排放下降比例	%				五年累计	约束性
	16	COD排放总量减少	%				五年累计	约束性
	17	SO_2排放总量减少	%				五年累计	约束性
	18	氨氮排放总量减少	%	—			五年累计	约束性
	19	氮氧化物排放总量减少	%	—			五年累计	约束性
	20	森林覆盖率	%	39.19		42		约束性
民生幸福	21	城乡居民人均可支配收入	元	26559	11.2	39000	8	预期性
	22	基本养老保险参保率	%	87.28		90		预期性
	23	基本医疗保险参保率	%	88.64		100		预期性
	24	每千人医疗机构床位数	张	3.0		4.5		约束性
	25	城镇登记失业率	%	1.3		1.8		约束性
	26	城镇化率	%	51.5		53.5		预期

第三章　发展空间拓展

深入实施“两区一带”总体战略，推动重点区域按照主体功能定位发展，形成多点支撑、多极带动、各具特色、协同发展的新格局。

一、推动开发区二次创业。围绕打造创新发展高地，着力打造高端产业聚集区，重点发展以轮胎及汽车零部件、电子信息材料、贵金属精深加工等为代表的高端制造业；以休闲购物、文化产业、黄金创意、金融服务、电子商务等为代表的现代服务业。持续加强资金、政策倾斜，打造经济发展的主力军、产业发展的主战场、城市建设的主阵地和改革创新的示范园。争取“十三五”期末，开发区主营业务收入超过2000亿元，对全市的经济贡献率达到80%以上，力争进入国家级开发区前50强。

二、推动滨海科技产业园“培强支撑、蓝色崛起”。夯实重大基础设施支撑，全面推进人工岛项目建设；积极配合做好大莱龙铁路升级改造前期工作，实施好南水北调续建配套工程。做强高端产业支撑，积极引进海洋装备制造、新能源汽车、大健康等高端项目、高新技术。加快滨海休闲度假旅游、临港高端产业和临站物流三大特色功能区建设，打造以“领航北部隆起带、建设美丽滨海城”为特征的现代化城市新区。

三、推动北部经济隆起带“突出特色、组团发展”。推动北部经济隆起带率先突破，以开发区、梦芝街道、张星镇、金岭镇、辛庄镇为重点，主攻专精特新，强化招商引资，规划建设5大产业聚集区和装备制造、节能环保等15个特色产业园，打造一条以高端制造业、现代服务业为特色的高新产业经济隆起带和环境优美、村庄秀美、人文和美为特征的生态文明长廊，逐步连接东城和滨海两个新区，辐射带动周边跟进发展，打造科学发展新高地，带动区域经济加快崛起。

第四章　产业转型升级

实施高端高质高效产业发展战略，统筹三次产业协调发展、融合发展，实现经济总量和发展质态的“双重跨越”，培育形成结构优化、技术先进、清洁安全、附加值高的现代产业体系。

一、加快制造业转型升级步伐

坚定不移地把制造业放在产业立市的首要位置，坚持改造提升传统产业、培育发展新兴产业、加快建设智能制造体系，不断打造招远制造业“升级版”。“十三五”期间，全市工业增加值年均增长7.5%以上。

（一）加快培育壮大战略性新兴产业。实施战略性新兴产业培育工程，尽快形成强大的先导产业优势。把培育自主知识产权、自主创新技术和自主品牌作为主攻方向，优化新兴产业发展布局，精心培育新材料、新能源及节能环保、现代医药等战略性新兴产业，推动战略性新兴产业规模化、高端化、集聚化发展。鼓励企业按照国内外先进标准改造提升现有产品，普及现代制造模式，促进产品升级、工艺升级、功能升级。加快做大产业规模、提高市场占有率、提升核心竞争力。到“十三五”末，全市战略性新兴产业主营业务收入年均增长11%以上。

专栏2：招远市“十三五”战略性新兴产业发展重点

序号	产业名称	重点内容	重点项目	发展目标
1	新材料	以国家级电子材料高新技术产业基地和招远电子信息材料产业基地为依托，以印制电路用材料、集成电路用材料、半导体照明材料为研发重点，加强高档电解铜箔、环保型FR－1覆铜板、合金键合丝、金盐、银盐的研究与技术创新，打造国内知名电子信息专业材料产业基地。以招金膜天等骨干企业为龙头，以金汇膜科技、金泓滤膜等新兴企业为依托，发展壮大空气过滤膜、卷式超滤膜、疏水膜、PVDF加强型污水处理专用膜等新材料。加大水处理、海水淡化功能膜材料及成套装备的研发，打造特色鲜明的水处理装备制造基地。加大橡胶助剂、硅胶产业扶持力度，逐步拓展涂料硅胶、啤酒硅胶、石化用催化剂等应用领域，不断做大无机硅产业，打造硅化物生产基地。	贺利氏—鲁鑫高科技产业园、玲珑集团有限公司新材料示范应用、电子材料产业化基地建设、佳恒新工业园建设、金潮建材新工业园、黄金文化产业园、铝合金线轴生产、电缆工业园建设	到2020年，全市新材料产业实现主营业务收入突破400亿元。

续表

序号	产业名称	重点内容	重点项目	发展目标
2	新能源及节能环保	以风能、太阳能和生物质能、地热能、清洁能源等领域为重点，有序推进已规划获批的风电场建设，加快推进太阳能分布式光伏发电和燃气分布式能源建设，开发生物质能等可再生能源。做好比较成熟的核电场址保护工作。基本形成以风能发电为核心，以太阳能、生物质能等其他新能源开发和新能源装备制造为补充的新能源开发体系。发展高效节能环保产业，推进工业固体废弃物综合利用示范基地建设和循环经济示范市创建。围绕纯电动、混合动力和燃料电池动力等国家产业政策导向，支持新能源电动汽车整车和关键零部件的研发和生产。鼓励城市环卫车、游览车、机场转运车等小型特种纯电动车辆研制，拓展电动汽车示范领域。研究制定新能源汽车充电设施总体发展规划，支持各类适用技术发展，根据新能源汽车产业化进程，积极推进充电设施建设。	奥特姆电动汽车研发生产、康泰新能源汽车零部件生产、金潮宇科蓄电池生产、城乡生活垃圾无害化处理焚烧发电、浩阳风电设备生产加工、东方日升100MW分布式光伏发电站、德生60MW光伏电站	到2020年，新能源装机容量达到100万hw以上，新能源及节能环保产业主营业务收入达20亿元以上。
3	现代医药	以生物制品、药物制剂、医疗器械的研发和生产制造为重点，推进高新药物及TPE精密输液器、智能代步车、胃镜胶囊和远程医疗监控系统核心平台及终端服务设备的研发生产；以临床诊断试剂、数字化医学诊断设备、监护仪器和新型生物医药材料为重点，加大适用于个人及家庭的健康检测、监测与按摩康复理疗等产品的研发。	益生药业制药工程扩建、新特药研发生产、医药工业园二期建设、基因介导肿瘤免疫治疗技术项目	到2020年，现代医药项目达到5个，开发新产品8~10个，实现主营业务收入40亿元。

（二）壮大提升优势支柱产业。实施优势支柱产业转型升级工程，坚持集群化、高端化、品牌化发展导向，推动传统优势产业向产业链、价值链高端攀升，形成一批拥有核心竞争力的优势产业群。到2020年，全市工业主营业务收入年均增长10%以上。

推动支柱产业结构调整。黄金产业。积极拓展资源空间，不断优化非金品种结构，鼓励研发深加工产品和新型材料，努力提高资源综合利用水平。重点发展黄金创意产业，规划建设好黄金创意产业园区，打造千亿级黄金产业板块。到2020年，全市黄金产量力争达到180万两，冶炼成品金达到220万两，实现主营业务收入1700亿元，实现利税100亿元。轮胎和汽车零部件产业。加强产品研发，提高产品质量，扩大生产规模，实现由零部件—产品总成—模块化供货的逐级递进，提高企业总体实力和竞争力。保持轮胎、轮辋、发动机缸体等主打产品的出口优势，不断开发扩大国际市场占有率。重点加大高速柴油机和柴油机成套发电机组、凯普勒系列重型高效传动变速齿轮箱及车桥、冲压件、汽车座椅、儿童座椅等产品的研发力度，推进汽车零部件园区建设。到2020年，全市轮胎及汽车零部件产业实现主营业务收入500亿元，利税50亿元。矿山机械装备制造业。以黄金机械产业聚集区为平台，运用高新技术、先进实用技术改造提升传统的矿山机械设备，突破制约矿山机械企业发展的核心技术。重点发展大型化、生态节能化、数字化机械设备，积极发展智能型、特型球磨机、浮选机等矿山选矿设备，努力争取在采矿、掘进、提升等井下大型设备制造方面实现重大突破，逐步抢占高端市场。到2020年，全市机械制造产业力争实现主营业务收入380亿元，实现利税38亿元。食品加工业。以双塔工业园、食品（蛋白）工业园为平台，促进粉丝行业集聚发展。坚持安全环保、循环利用、整合资源原则，在提高粉丝产品档次和质量的同时，积极引进世界先进的物理分离方法，大力研发、生产食用蛋白及生物蛋白、膳食纤维等高端生物产品。鼓励发展葡萄酒、黑牛肉类、水产品深加工等农副产品加工业。到2020年，食品产业实现主营业务收入200亿元，利税20亿元。

推进智能制造体系建设。积极对接“中国制造2025”和“工业4.0”，通过实施“互联网+”行动计划，推广运用“大数据”“云计算”等，把工业化与信息化、制造业和生产性服务业融合发展。探索建设工业互联网，培育一批智慧园区、智慧工厂和智慧车间。逐步建立招远工业大数据库，引导大数据产业上下游企业共享大数据资源。支持企业积极发展智能制造装备和产品，自主研发生产或引进3D打印、可穿戴智能设备、工业机器人等智能终端产品。到2020年，全市工业信息化水平明显提升，两化融合综合水平达到省市要求，争取国家、省“两化融合”管理体系贯标试点企业达到5家，培育2个智慧示范园区、2个智慧示范工厂、3个智慧示范车间。

大力开展特色品牌创建。依法实施质量兴市战略。制定品牌培育规划和品牌政策，进一步完善品牌体系，创建一批拥有自主知识产权和核心竞争力的名牌产品、品牌企业，同时创建一批享有社会美誉度的工程品牌、服务品牌和生态品牌，创建具有区域特色的区域品牌。到2020年，力争拥有1个山东省省长质量奖、1个招远区域名牌、8个市长质量奖、30个山东名牌产品，20个中国驰名商标，30个山东省著名商标，省级以上名牌企业产值占规模以上企业总产值比重达到60%以上。

专栏3：招远市“十三五”制造业重点项目建设

序号	产业名称	重点项目
1	黄金	稀贵金属综合回收、夏甸金矿深部矿体采矿工程、矿山系统优化改造、中矿科技园建设、中矿工业园建设、草沟头矿区建设、圣基文化创意园建设
2	轮胎和汽车零部件	中亚轮胎试验场、康泰20万（台）套汽车零部件加工制造、蚕庄汽车零部件生产、玲珑轮胎泰国项目
3	食品加工	山东健源食品豌豆综合深加工、双塔年处理6万吨豌豆综合利用、双塔高品质功能性蛋白深加工、供销集团果汁、罐头加工、六六顺生物食品加工、开源牧业大型牛肉加工、必泰生态食品加工、花生加工园区建设

（三）推动产业集中集约集聚发展。强化龙头带动，推动产业集群发展，提升园区经济水平，增强配套能力，形成规模优势，提高产业集中度、产业分工层次和整体竞争力。

发展壮大产业龙头。支持拥有自主知识产权、核心竞争力强的大企业集团加快发展，引导中小企业向“专、精、特、新”方向发展，打造特色鲜明的细分行业龙头，形成一批以龙头企业为引领、产业产品为链条、中小企业紧密配套的优势产业集群。到2020年，全市培育主营业务收入过千亿元的产业龙头企业1户、五百亿的产业龙头企业2户、百亿元的产业龙头企业5户。

加快各类产业园区规划建设。以集约化、专业化、高端化和绿色发展为方向，引导生产要素和区域重点产业集聚发展，吸引最新科技成果在园区转化，以大企业带动产业壮大和基地建设。

专栏4：招远市“十三五”
重点培育的产业园区（基地）

黄金创意产业园、中国供销集团（招远）产业园、电子材料产业基地、轮胎产业园、玲珑机电科技产业园、鲁鑫高科技产业园、康泰高科园、矿山机械产业园、现代医药产业园、食品蛋白工业园、招金资源综合利用产业园、化工产业园、欧洲工业园、中矿工业园、蚕庄汽车配件产业园

二、加快现代服务业跨越发展

深入实施“服务业提速提质计划”，以信息化、网络化、便利化为导向，按照生产服务业集聚化、生活服务业连锁化、公共服务均衡化的要求，促进服务业拓宽领域、扩大规模、优化结构、提升层次。“十三五”期间，全市服务业增加值年均增长9.0%左右，从业人员比重达到32%以上，争创省级服务业名牌10个。

（一）优先发展生产性服务业。围绕社会化服务、专业化分工，降低流通和服务成本，提高生产经营效率，支持发展龙头企业和集聚区，促进生产性服务业与先进制造业、现代农业融合发展。重点培育发展电子商务、现代物流、信息服务、金融保险、商务服务、文化创意、服务外包等生产性服务业，提高生产性服务业专业化水平。实施工业企业主辅分离行动计划，引导企业分离和外包非核心业务，向价值链高端延伸。引导生产性服务业在中心城镇、制造业集中区域、现代农业产业基地以及有条件的区域集聚，实现规模效益和特色发展。

（二）加快发展生活性服务业。以提高服务科技含量、规范服务标准和提升服务质量为目标，全面发展生活性服务业。抓住消费结构优化升级和个性化消费、多样化消费发展的新机遇，培育发展黄金文化旅游、健康养老养生、文体休闲、社区家庭服务、房地产、批零住宿餐饮等生活性服务业，更好地满足群众日益增长的多层次多元化的生活服务需求。积极培育重点园区、特色街区、龙头企业和重点项目四大服务业发展载体，增强示范带动作用，更好地引领和带动服务业跨越发展。

（三）均衡发展公共服务业。强化政府在义务教育、医疗服务、社会保障、生态环保等方面的职责，通过政府购买、服务外包、特许经营等形式创新服务，提高公共服务水平和效率。引导社会资本进入市政公用设施、保障性住房、社会事业等领域，参与公共服务设施建设和运营管理。鼓励采用合资合作形式开展联合办医、办学、养老及文化体育交流，完善多层次服务供给体系。

专栏5：招远市“十三五”服务业发展重点

序号	产业名称	重点内容	发展目标
1	电子商务	重点建设一处集聚度高的电子商务产业园区，打造一批以“招远汇”为代表的知名度较高的电子商务平台，培育一批商业模式成熟的电子商务龙头企业，发展一批特色鲜明的电子商务网店。推进电子商务进传统商贸企业、进外贸企业、进小微企业、进社区家庭、进农村。	到2020年，建成电子商务示范市。规模以上企业电子商务应用率达到70%，中小企业应用电子商务率达55%；年交易额过1000万元的电子商务企业达到30家，年交易额过5000万元的电子商务企业达到4家；全市电子商务交易总额突破100亿元，网络零售额占社会消费品零售额的比重达到20%。
2	现代物流业	支持建设金都、滨海两个大型物流园区。积极发展专业性物流、行业性物流和特色物流，加强玲珑集团物流储运中心、毕郭农副产品物流中心、煤炭物流中心三个“专业物流中心”建设，积极策划在蚕庄、齐山、玲珑、金岭等镇组建中小型物流中心。构建完善的现代物流信息平台保障体系和社会应急性物流体系。推进制造业企业物流业务外包，培育一批以第三方物流为主的大型物流企业，支持提升物流服务科技含量。	到2020年，全市物流业实现主营业务收入46亿元。
3	信息服务业	推进“数字招远”建设。加强新一代移动通信、下一代互联网、数字电视、卫星通信等网络设施建设。扩大3S地理信息系统、3C制造业信息化软件、光通信和数控嵌入式软件、数据库及信息安全软件在全市工业中的应用范围，推进数字化矿山建设。加快“智慧城市”和物联网建设速度。推进建设标准统一、互联互通、安全可靠的电子政务网络平台，建立覆盖全市的政务协同办公系统、公共信用信息系统、突发公共事件预警信息发布与应急指挥系统。	2020年，全市信息服务业实现主营业务收入1亿元，实现利税1000万元。
4	金融保险业	构建银行业、证券业、保险业一体化发展的金融体系。推动金融集聚区建设，积极招引国内外知名投资管理机构进驻招远，鼓励发展本土创投和股权投资机构，探索设立市金融控股投资集团。健全金融市场体系，加快建立创业投资、股权投资等多层次投资基金体系。支持条件成熟的企业通过上市、发行公司债及其他企业债券等方式直接融资。推进黄金金融创新，支持招金集团财务公司开展委托投资、担保、保险等金融服务，进一步扩大黄金租赁、黄金套期保值等业务，支持招金期货公司加快发展并与更多企业开展业务合作。	到2020年，我市金融服务业增加值占服务业增加值比重达到8%以上。境内外上市企业达到4家，“新三板”上市企业15家，区域股权挂牌企业30家，保险密度达到3000元/人。
5	商务服务业	着力发展会计和审计等财务类、律师和公证等法律类、信息和咨询等咨询类、代理和经纪等市场交易类中介服务业。加快推进各类公务、商务、学术等会展服务业，支持发展大型租赁公司，开展多种租赁业务，规范租赁市场。	到2020年，商务服务业增加值总量突破28亿元，占全市服务业增加值的比重达到8%，形成完善的商务服务市场体系。

续表

序号	产业名称	重点内容	发展目标
6	文化旅游业	围绕打造中国一流的黄金文化主题旅游目的地，实施“金、泉、山、海、古村落”整体开发战略。重点抓好黄金文化旅游、温泉文化旅游、滨海文化旅游和古村落文化旅游四大领域的开发建设。创建一家5A级景区—罗山黄金文化旅游度假区，两处省级旅游度假区—罗山黄金文化省级旅游度假区、辛庄滨海省级旅游度假区；拍摄两部文化旅游影视剧—大书铺、大粉坊；建设十四个大旅游项目—罗山黄金文化大型山水实景演艺产业园区、招远古村落旅游区、中华财神文化主题园、山东春雨好景游艇产业园等，进一步丰富提升“中国金都—黄金之旅”“三区多点”大旅游格局内容。	到2020年，全市接待游客量达到790万人次，旅游业总收入达到100亿元。
7	批零住宿餐饮业	构建现代商贸流通体系，推进商贸流通现代化、便捷化。重点打造金都百货、振华集团、金城广场、皮革城、首饰城等一批商贸龙头企业。完善市区中心商圈、商业特色街和乡镇（社区）商业点3个层次的商业服务网络，提升商业发展规模、档次和服务功能。积极运用现代技术，提高流通业信息化、集约化程度，促进批零住宿餐饮业连锁化、网络化、集团化发展。	到2020年，亿元以上商品市场成交额力争突破110亿元。年销售额超亿元商贸流通企业数力争突破20家。
8	房地产业	加快建立多层次的住宅供应新体系，结合旧城改造和新区开发，建设精品住宅、中等家庭自有住宅、经济适用房和廉租住房等满足不同消费层次的住宅供应体系。合理布局商业地产开发，提高房地产规划设计与施工建设水平。加强房地产市场监管与调控，规范房地产市场秩序。建立健全城市土地市场配置机制和科学的土地价格形成机制，加大对闲置土地的处置力度，提高土地利用效率。	
9	社区及家庭服务业	以专业化企业为主体，以满足居民服务消费需求为目标，加强智能呼叫中心系统、社区管理安保系统、实体服务系统建设。实行政策扶持与规范管理相结合，重点发展家政服务、养老托幼、社区照料、病患陪护等基本服务，鼓励发展家庭教育、心理咨询、母婴护理、家庭用品配送等特色服务。	
10	健康养老休闲产业	以政府保障性养老项目为引导，以社会资本投资为主体，积极推进健康养老产业政策创新、制度创新和服务创新，加快建设一批老年人休闲度假、养生保健、养老房产、用品制造、教育文化等养老养生项目，逐步形成以老年公寓、涉老康复护理、疗养医院、临终关怀等为主要内容的多功能养老服务综合体和产业链。加快培育养老服务市场主体，健全养老服务金融产品，开发养老服务产品用品，打造养老服务产业品牌。	到2020年，千名老人拥有养老床位达到40张以上，护理型床位占养老床位总数的30%以上。基本形成政策健全、机制完善、标准规范、平等参与、竞争有序的养老服务业市场环境，养老产业占三产总收入比重明显提高。

专栏6：招远市“十三五”重点培育的服务业发展载体

重点园区：罗山黄金文化旅游度假区、精品商贸产业聚集区、老城RBD集聚区、经开区工业服务示范区、古村落旅游区、温泉休闲旅游度假区、架旗山休闲旅游度假区
特色街区：文化步行街、金街、银巷、东关商业街
重点企业：皮革城、珠宝首饰城、招金银楼、金都百货、鸿发物流、兴隆盛物流
重点项目：玲珑英诚医院建设项目（二期）、滨海新区银发经济示范项目、中成英泰汽车配城建设项目、滨海新区物流园项目、豫金坊商业综合体建设项目、烟台黄金职业学院项目、华希（法国欧尚）广场建设项目、金百物流园续建项目、皮革加工进出口贸易区项目、玖都汇花园建设项目、汽车配件城建设项目、土产商城建设项目、金城大厦建设项目、金脉华府城市综合体项目、新亚城市综合体建设项目、尚城SOHO大厦二期项目、北关西区片城市综合体项目、龙湖东岸商业长廊项目、昆仑旅游开发项目、华盈尚景城市综合体项目、古村落群旅游开发项目、春雨游艇产业园项目、财富文化广场、金色年华老年乐园建设项目、道东团结粮油物流中心建设项目、张秀家农业生态庄园建设项目、将军岭葡萄酒庄产业集群项目、坤发市场苹果交易区开发扩建项目

三、大力发展现代农业

以创建"国家级现代农业示范区"为总抓手，以"保供给、保增收、保生态"为主要任务，坚持以工业的思维、市场的思维、智能的思维发展农业，加快转变农业发展方式，促进三次产业融合发展，推进农业产业化转型升级，构建现代农业产业体系。"十三五"期间，全市农业增加值年均增长5%以上。

（一）保障粮油综合生产能力。坚守耕地红线，持续增加农业投入，完善落实农业贴补政策。健全以政府农业技术推广机构为主导，农村合作经济组织为基础，农业科研、教育等单位和相关企业广泛参与、分工协作、服务到位、充满活力的多元化农业科技推广服务体系，抓好良种生产、品种改良、地方品种选育、良种推广、种子检测等现代种业五大环节建设。加快实施农机创新示范工程，促进主要农产品向全过程机械化发展，提升农业装备质量和水平。到2020年，全市农机总动力达到105万千瓦，机耕、机播、机收率分别达到97%、95%和91%以上。"十三五"末，全市粮田面积稳定在65万亩左右，优质品种率达100%以上，粮食总产稳定在35万吨左右。

（二）提升高效特色农业效益。放大典型示范带动作用，加快农业结构调整步伐。支持果业、瓜菜、畜牧、海洋渔业等特色优势产业，生产向种养大户集中、优质品种向生产基地集中、优势产业向优势区域集中，推动专业化分工、规模化生产、集约化经营，建设一批特色农产品生产基地和优势农产品产业区带。加快发展休闲观光农业，形成布局合理、特色鲜明、效益可观的"三山五水三条长廊"休闲观光农业产业带。到2020年，创建农业标准化示范区96个；果园面积稳定在25万亩左右，总产量达到70万吨，实现良种化100%，优质果率达到80%以上；无公害蔬菜产地认证率达到100%，绿色（有机）蔬菜基地面积达20%以上；生态化畜禽规模养殖场占70%以上，肉蛋奶总产量达到13万吨；水产品产量达到8万吨，渔业总产值达到25亿元。

（三）构建新型农业经营体系。提升农业产业化层次，支持粮油、果品、瓜菜、畜牧等龙头企业提高层次、扩大规模，推进上下游产品加工的联合与协作。以农民组织化推进农业产业化，在稳定农村土地承包关系的前提下，依法促进农村土地承包经营权流转，支持农民以生产要素参股龙头企业，鼓励农村经济能人牵头建立各种类型的专业合作组织，建立各类公司、合作组织和广大农户紧密合作机制，形成以产权为纽带、风险共担、利益共享的经济共同体。推进农业信息化和标准化建设。健全完善农产品流通体系，鼓励发展订单生产、"农超对接"、连锁经营、电子商务、专业市场等现代流通业态。积极推进农业物联网技术和智慧服务平台建设，建设若干基于物联网的现代农业示范园区，实现"市—镇—基地"三级现代农业生产过程的信息集成、远程监控、质量控制、物流跟踪、冷链管理、质量动态追溯和品质静态溯源，提供生产链技术支撑、科学决策、电子交易平台。到2020年，农民组织化程度达到80%，农业产业化龙头企业销售收入达到138亿元，利税达到18亿元，建设标准化生产基地48万亩。

（四）提升农产品质量安全保障能力。建立健全农产品质量安全标准。积极制定符合我市生产实际的田间操作管理规程和农业投入品明白纸。推广使用高效、安全农业投入品，鼓励循环农业模式，建设优质安全农产品生产基地。大力发展无公害农产品、绿色食品和有机食品，保护农产品注册商标和地理标志。强化农产品质量安全监管，建立农产品生产档案和投入品使用记录，实行农产品生产到销售全程质量安全监控，实行农产品包装和标识制度，实行农产品产地准出和市场准入制度。强化农产品质量安全监管，完善执法监管体系和质量检测体系。

第五章 科技创新与人才强市

以建设创新型城市为目标，以增强自主创新能力为核心，加快完善以企业为主体、市场为导向、产学研结合的区域创新体系，推进实施科技创新与人才强市系列工程，不断激发内生动力，实现由"招远制造"向"招远智造"的跨越。

一、大力推进科技创新

坚持自主创新、重点跨越、支撑发展、引领未来的方针，着力解决制约经济社会发展的重大科技问题，推进科技成果向现实生产力转化，努力抢占未来科技竞争制高点。到2020年全社会研究与试验经费支出占地区生产总值的比重达到3.6%以上。

（一）加强重要领域和关键技术研发。围绕支持发展战略性新兴产业，选择一批重大科技专项进行集中攻关，力争在大规模集成电路、新材料、半导体照明、新能源汽车、太阳能光热利用、生物医药、新一代信息网络技术等领域实现重大突破。围绕改造提升传统优势产业，着力在产业链终端和高端领域实现突破，以重大产品的研发和关键技术的突破，培育一批高新技术企业。围绕发展现代农业和保障人民健康，支持良种培育、丰产栽培、健康养殖、农产品精深加工、疫病防控等领域的研发、推广和应用，着力推进农业科技创新取得新突破。围绕打造蓝色经济区，重点在海洋资源开发、海水综合利用、海洋环保、海洋水产品深加工等领域的关键和核心技术上实现突破。围绕提高人民生活质量，重点在全民健康、公共安全、智慧城市等民生技术领域取得新突破。力争到2020年，高新技术产业产值占规模以上工业总产值的比重达到30%以上。新认定高新技术企业数量达到13家，科技型中小企业数量达到20家。

（二）加快科技创新平台建设。推动创新型城市建设，围绕优势产业和重点领域，鼓励和支持企业与高校院所共建研发机构；支持大中型企业普遍建立工程技术研究中心；鼓励地方高校结合我市经济发展开展科技攻关，打造有影响的创新研究团队，加强重点实验室建设；围绕重点产业的创新发展，大力引进高层次科研机构和知名高校来招远设立分支机构或与地方共建研发机构；强化国内科技合作与交流，开展全方位的国际科技合作和交流，促进创新资源共享。到2020年，新组建2家省级以上工程技术研究中心，新建市级以上科技孵化器1家，面积超过10万平方米。

（三）推进科技成果产业化。加快建立政府引导和投入激励机制，完善以企业为主体、市场为导向、产学研相结合的技术创新体系。完善科技成果转化的政策机制，促进企业之间、企业与大学和科研院所之间的知识流动和技术转移；强化科技中介服务机构的政策引导，促进科技中介服务业加快发展；完善科技创新评价与奖励机制、科技信用制度和考核评价体系。推动科学与技术知识的创造、传播和应用，促进科技进步、技术跨越与经济持续增长，增强科技的创新能力和竞争力。

（四）推进科技体制创新。优化科技计划结构，科技经费重点向战略性新兴产业、创新平台、核心技术研发等倾斜。创新科技项目支持方式，探索实施贷款贴息、股权投资等经费支持方式，建立适应创新链需求的科技金融服务体系。加强知识产权保护，不断健全创新法制环境。完善创业流程服务、创业辅导培训、技术转移与产权交易、创业投资等科技创业服务功能，营造大众创业、万众创新的社会氛围。“十三五”期间，获得国家级科技奖励1项以上，省级科技奖励15项以上。发明专利授权新增180件，万人发明专利拥有量达到3.2件。

二、优先发展教育事业

按照优先发展、育人为本、改革创新、促进公平、提高质量的要求，不断增加教育投入，全面实施素质教育，率先实现教育现代化，努力建成山东省乃至全国知名度较高的教育强市。“十三五”期间，教育工作综合指标保持烟台市前三名，单项指标争取一至二名。

（一）改善学校办学条件。严格按照《山东省普通中小学基本办学条件标准（试行）》改善中小学办学条件，重点提高农村学校办学基础设施和硬件水平。扎实推进“全面改薄”工作，切实解决“大班额”问题。根据全市经济社会发展对各学段教育的需求，对高中段学校、义务教育学校、幼儿园布局进行充分调查研究，科学论证决策，制定新建、撤并学校调整规划方案，并按时实施，促进城乡教育均衡优质发展。

（二）建设高素质教师队伍。加强师德教育，将师德表现作为教师考核、聘任和评价的首要内容，实行师德不合格一票否决；加强教师培训，培养教育教学骨干、“双师型”教师、学术带头人，造就一批教学名师和学科领军人才；不断改善教师的工作、学习和生活条件，吸引优秀人才长期从教、终身从教；加强学校岗位管理，创新聘用方式，规范用人行为，改革评价制度，完善激励机制，激发教师积极性和创造性；建立健全学校教师和校长流动机制，创造有利条件，鼓励教师和校长大胆探索，创新教育思想、教育模式和教育方法，形成教学特色和办学风格。

（三）提高各类教育质量。普及学前三年教育，探索实施0至3岁婴幼儿教育。巩固提高九年义务教育。继续深化中考招生制度改革，完善学业水平考试和综合素质评价制度；减轻中小学生课业负担，规范办学行为。提高普通高中教育质量，深入推进普通高中课程改革，促进学生全面而有个性的发展，满足不同潜质学生的发展需要。大力发展职业教育。加大职业教育投入，促使职业教育规模、专业设置与经济社会发展需求相适应；以服务为宗旨，以就业为导向，推进教育教学改革，实行工学结合、校企合作、顶岗实习的人才培养模式。关心支持特殊教育。办好特殊教育学校，达到基本办学标准，创造条件接收残疾人入学，落实残疾学生随班就读，提高残疾学生综合素质，加强残疾学生职业技能和就业能力培养。

三、全面提高人力资源素质

遵照“服务发展，人才优先，以用为本，创新机制，高端引领，整体开发”的指导方针，以提升创新创业能力为关键，广聚人才智力，激发人才活力，培养和造就一支规模适宜、布局合理、结构优化、素质优良的人才队伍，为推动创新发展奠定坚实的人力资源基础。到2020年，全市人才资源占人力资源总量达到18%。支柱产业专业人才占专业技术人才的比例达到44%，高技能人才占技能劳动者的比例达到30%，人才贡献率达到35%。

（一）抓好招才引智工作。适应经济社会转型发展和创新发展需要，以高层次、高技能人才队伍建设为重点，大力引进、汇聚各类人才。依托企业技术中心、工程技术研究中心、重点实验室及博士后工作站、院士工作站等载体，深入实施“中国金都聚才计划”，不断完善高端人才引进政策，开辟高端人才引进绿色通道，提高人才引进聚集力和吸引力，为经济发展提供高层次人才智力支持，引领我市经济社会转型发展。“十三五”期间，引进各类人才3500名，其中，硕士研究生及以上500名，本科生1600名，引进国外人才智力70人次以上。

（二）加强人才队伍建设。加强党政人才培养。以坚定理想信念、增强执政本领、提高科学发展能力为核心，组织实施党政人才素质能力提升工程，提高党政领导干部驾驭复杂局面和解决实际问题的能力。优先发展企业人才。以提高企业现代化经营管理水平为核心，培养造就一批精管理、善经营、具备开拓创新能力的高素质企业家队伍。加大科技领军人才开发。以提高专业水平和自主创新能力为核心，培育一批处于科技前沿、学科领军地位的专家学者、学科技术带头人和创新团队。加强技能人才培养。以普及科技、管理知识和提高应用能力为核心，加强农村实用人才培训。“十三五”期间，在重点企业中培养EMBA学员10名，省经信委认证的职业经理人30名，培训经营管理人才22000人次。全市专业技术人才达到3.3万人左右，培育国内、国际领先水平的优秀创新团队6个，博士后科研工作站、院士工作站达到3家，柔性引进各类博士、院士10人。享受国务院特殊津贴专家达到32名，山东省有突出贡献的中青年专家达到10名。年职业培训总量10000人次以上，绿色证书学员1100人，培训转移农民工3500人，培育创业型农民160人。

（三）优化人才工作环境。实施人才资本优先积累的投入政策。逐步建立以政府投入为引导，用人单位投入为主体、社会投入为补充的多元化人才投入机制。研究制定财政、社会融资等方面的优惠政策，鼓励和支持用人单位增加对人才的投入。实施更加开放的人才流动政策。加强政府对人才市场的管理和对人才流动的宏观调控，加强网上市场硬件设施建设，创建宽领域、多渠道的网上人才交流平台，促进人才信息资源互通共享。健全完善人才创业扶持政策。完善以企业为主体的技术创新体系，抓好经济开发区、滨海新区等各类“引才平台”的建设，落实土地、工商管理、配套资金、基础设施和公共服务等方面的政策。鼓励和支持各类人才以知识、技术、成果、专利、管理等要素开展投资创业。建立风险投资机制，鼓励市内外民间资本设立风险投资机构，加快发展专业性创业投资机构及各类信用担保和再担保机构，支持商业银行试办中小企业专利权抵押贷款等信贷新业务，解决人才创业资金问题。

第六章　深化改革和扩大开放

加大对重点领域和关键环节的改革攻坚力度，着力完善促进经济社会转型发展的体制机制，深入实施大开放带动战略，进一步加快全市经济国际化进程。

一、深化改革

坚持市场导向、问题导向、需求导向，正确处理政府、市场和社会关系，持续汇聚全面深化改革的强大正能量。到2020年，在重要领域和关键环节改革上取得决定性成果。

（一）深化行政管理体制改革。全面推进依法行政，进一步转变政府职能，提高经济调节和市场监管水平，强化社会管理和公共服务职能，努力建设服务政府、责任政府、法治政府。深化政府机构改革，优化组织体系和运行机制，提高行政效率。按照政事分开、事企分开和管办分离原则，积极稳妥推进事业单位分类改革。

（二）深化所有制结构改革。坚持和完善基本经济制度，破除行政垄断，放宽市场准入，增强发展活力，加快形成多种所有制经济公平竞争、互促互进、共同发展的良好格局。健全国有资产管理体制、监管方式、业绩考核和责任追究制度。全面落实促进民营经济加快发展的一系列政策，鼓励和引导民营资本投资服务业，参与发展文化、教育、体育、医疗、社会福利事业，扩大进入基础设施、市政公用事业等领域。建立健全鼓励和扩大民间投资的综合服务体系。力争非公有制经济比重每年提高2个百分点以上。

（三）深化社会管理体制改革。以建设和谐社会为主体，创新社会管理体制改革。加强城市长效综合管理，创新城市管理新模式，实现城市管理精细化、社区化和长效化，切实改善城市环境面貌。推进社会组织建设。加强社会组织能力建设，充分发挥慈善公益组织、行业组织、社会中介组织、志愿者组织提供服务、反映诉求、规范行为的作用。着力培育发展文体志趣类、协调管理类、公益志愿类等社区社会组织，鼓励和支持其依法有序参与社会管理。进一步深化农村管理体制改革，优化农业生产力发展关系，建立和完善与社会主义市场经济体制相适应的农村政治、经济、文化、社会管理新体制。

（四）深化投融资和财政体制改革。创新融资渠道，实行优惠政策，建立和健全促进科技创新创业的新型金融服务体系，营造良好的民间融资环境。加强政府投资项目规范化管理水平，进一步完善财政管理体制，优化市镇结算分成结构，加强预算管理。优化财政支出结构，完善公共财政体制，积极探索和建立有利于现代服务业和新兴产业发展的协调机制。

（五）推动企业规范化公司制改制。实施规模企业规范化公司制改制“五年行动计划”。坚持市场化运作，发挥企业主体作用，完善配套政策，鼓励企业积极对接多层次资本市场，建立现代企业制度，加快企业体制机制创新。到2020年，实现50%以上的规模企业完成规范化公司制改制，资本市场融资总量占社会融资规模比重达到20%以上。

（六）加强社会信用体系建设。重点推进社会诚信氛围建设和企业信用制度建设，加大宣传力度，努力提高市民诚信意识，普及诚信知识、整合社会信用资源，强化企业信用制度，营造“知诚信、用诚信，讲诚信、守诚信”的社会环境。

（七）全面推进综合配套体制改革。围绕解决全局性、深层次、体制性矛盾和问题，加快推进县、镇和开发区综合配套改革试点。积极发挥基层创新精神，在统筹城乡发展、“两型”社会建设、高效生态经济、农村土地管理等领域，先行先试，实现重点突破，创新发展模式。根据不同改革领域和环节的特点，区别不同层级改革主体，在财政、金融、税收、土地等方面分别予以倾斜和支持。总结推广各具特色、全面系统的改革经验和模式，为全市转变发展方式、破解发展难题提供有益借鉴，推动全市改革深化和科学发展。

二、扩大开放

深入实施互利共赢的对外开放战略，坚持“引进来”和“走出去”相结合，推动开放向优化结构、拓展深度、提高效益转变，提升参与国际合作和竞争新优势。

（一）拓展对外经贸合作。强化重点区域招商，推动产业转型升级。利用中韩FTA优势，密切与韩国各界的联系。加强同中国台湾、以色列、德国等重点地区和国家的联系，吸收引进国外先进的技术及管理经验。做好大旅游、大健康、新能源、电子商务等新兴产业招商规划。继续加强世界五百强、跨国公司和战略投资者招商力度，大力提升我市产业水平。强化产业链招商，依托黄金产业、电子信息产业、轮胎及汽车零部件业、机械制造业、食品加工业五大传统产业，注重引进产业链上下游优质企业，形成产业集聚优势。

（二）增强利用外资战略效应。进一步扩大招商引资，坚持择优选资，全面提升利用外资的质量、效益和水平。平衡利用外资产业差异，改善利用外资结构，把引进外资与产业结构优化升级结合起来，推动利用外资向引进大规模、高技术含量、高附加值项目转变。创新利用外资模式，推行利用外资多元化发展。充分发挥重点骨干企业的载体作用，鼓励企业拓宽思路，积极寻求新的利用外资模式，通过股权改造、并购和境外上市以及返程投资等多种方式吸引外资，实现利用外资形式多元化发展。以提高利用外资的质量和水平为重点，建立符合科学发展观要求的吸引外资考核评价体系。

（三）提高对外贸易质量和效益。拓展国际市场。鼓励企业参加各类展会，提高我市企业的知名度和市场竞争力，实现国内外市场同步拓展。引导企业在稳固欧美日韩等传统市场的同时，重点开辟非洲、中东等新兴国际市场，实现市场多元化；为企业走出去提供全方位保障。加强与我国驻外使馆和中国出口信用保险公司的沟通协作，帮助企业考察客户资质，降低贸易风险；推进综合物流平台建设进程。继续推进综合物流平台项目建设步伐，通过制定相关扶持政策鼓励企业低位囤积原材料，吸引上游企业将保税经营业务向我市转移，以增加我市进口份额，实现我市外贸跨越式增长。

（四）加快“走出去”步伐。充分发挥引导职能，积极融入国家“一带一路”战略，为企业提供可靠、权威的境外市场需求、投资环境、法律法规等信息，建立境外投资预警机制，预防投资风险。建立境外资源供应基地，助推企业海外布局，鼓励原材料依赖度高的轮胎、矿山、粉丝企业开发境外资源，加快建立多元、稳定、可靠的能源资源供应保障体系，更好地满足企业发展需要。重点抓好玲珑轮胎泰国原材料基地建设和招金集团矿山收购项目的调研论证工作。鼓励粉丝企业走出去，完善我市粉丝全循环经济产业链和原料供应链，为传统产业注入国际化元素，焕发新的生机。

（五）推进多层次国内经济合作。主动融入环渤海区域合作发展、京津冀协同发展、半岛蓝色经济区建设等战略，积极承接产业转移。树立重商、亲商、安商、富商的服务理念，不断提升招商软环境。深化与央企、省企、外企、民企、大学和科研院所合作，强化先进制造业、现代服务业、高新技术产业、生态农业和节能环保产业等领域的合作，注重引资和引智结合，促进国内招商质效并举。

第七章　城乡统筹发展

加大规划引领，实施功能区带动、信息化带动战略，不断提高重大基础设施网络化、智能化、现代化水平，筑牢基础设施新支撑，加快城乡一体化进程，全面提升招远城乡品质和风貌特色，打造最具魅力的“中国金都”。

一、提升城乡规划建设管理水平

（一）创新城乡规划建设。树立先进规划理念，积极对接省市主体功能区规划，围绕“十三五”发展目标，编制形成城乡统筹、相互衔接、全面覆盖的城乡规划体系，以重点区域城市设计、控规、近年建设规划及年度计划等为基础，以区域综合交通体系研究、文教体卫公共设施、城市绿地系统、防灾应急等专项研究为重点，结合各部门“十三五”专项规划，研究、梳理、细化各板块“十三五”建设思路和重点，统筹规划近期建设重点和实施项目。

（二）完善城乡现代化管理体制。建立与中等城市相适应、与经济规模和人口规模相匹配的城乡管理新体制，创新管理手段，优化管理秩序，推动管理力量向基层延伸，整体提升城乡管理水平。积极推进城市管理和公共服务信息化，提升城市运行效率和管理服务水平。实施数字城管行动，促进城市公共基础设施管理智能化。推进和谐社区建设。扎实推进社区事务工作站的建设，实现全市城镇社区事务工作站全覆盖。全面推进社区扁平化管理，不断提升全市社区建设水平。健全完善社区组织体系和制度。

二、建设现代特色城市

按照“一个核心、两组轴线、三大功能区片”的总体布局，按照产城融合、功能互补的原则，优化城市总体形态，加快中国金都特色城市建设。增强城市中心区的核心功能，建成全市行政和商业文化中心；加快金轴、银线两侧体现黄金特色和“山、水、泉”重要景观节点、建筑物改造、雕塑、绿色长廊建设；梯度推进西部风景游憩区、老城综合服务区、产业新城区三大功能区片。深化城市市政公用事业改革，引入市场机制，推行特许经营制度。高标准规划建设商业中心、特色街区、社区服务设施和各类网点。实施数字惠民行动，推动卫生、教育、旅游、气象、社区等公众关注程度高、生活关联度大的公共服务领域信息化。到2020年，中心城区常住人口达到26.9万人。

三、打造新型城镇和富美乡村

（一）全面提升城镇化质量。按照“规模结构合理化、产业发展集群化、土地利用集约化和城镇面貌特色化”的思路，把城镇化与调整产业结构、促进就业创业相结合，编制新型城镇化规划，夯实城镇发展基础。重点培育一批工业重镇、商贸强镇、黄金大镇、旅游名镇、产业园区特色镇，实现就近就地城镇化，增强吸纳人口、带动经济发展、推进城乡一体化进程的能力。改革城镇管理体制，实施扩权强镇，促强扶弱，强化社会管理和服务功能，促进产业向园区集中、要素向城镇集中、居住向社区集中。积极稳妥推进镇改街办，提高承载能力，向中等城市发展。积极引导农村人口就近有序转移，对有稳定劳动关系并在城镇居住的农民工特别是新生代农民工，逐步取消暂住证，实行居住证制度，促进转化为城市居民，并享有与当地居民同等权益。

（二）建设富美乡村。围绕自然生态、资源禀赋、文化传承，鼓励“一镇一园、一村一品”和“多镇一业”“多社区一业”等发展模式，建设各具特色的美丽乡村。推动城市基础设施向农村延伸、城市公共服务向农村覆盖、城市文明向农村辐射，尽快实现城中村、城郊村、镇驻地村、经济强村向新型社区转变。加快城中村和旧村改造步伐，继续做好农村住房建设和危房改造工作。提高农村基础设施和公共服务水平，逐步实现农村基础设施城镇化、生活服务社区化、生活方式市民化、社会保障与城镇接轨。

四、大力推进城乡基础设施建设

（一）加快构建综合立体交通运输体系。加快以龙青高速为重点的高速公路建设，完善地方路网规划，实施农村公路网化工程，提高路网通达性。加强公交规划建设。加快铁路改造和建设，重点将大莱龙铁路发展为客货并重的双线电气化快速铁路，在增二线的基础上，同步进行电气化改造并进行提速研究。加快渤海通道蓬莱侧登录点至潍莱城际连接线（平度站）招远段规划研究。加快新龙口港区招远作业区规划建设。

（二）加强信息基础设施建设。全面推进智慧城市建设，完善基础传输网络，提高宽带接入能力，加快城市光纤、新一代宽带无线移动通信网络和下一代广播电视网建设，推进宽带城市、无线城市、感知城市和“三网融合”建设。推进智慧城市云、基础和共享数据库、招远门户网站等功能平台建设，发展高端网络运营、视讯制作和交易中心。加快基于互联网的教育、就业、医疗、养老、社会保障等益民服务，提升政府高效服务水平。

（三）完善供排水、供热、供气等网络建设。以城市总体规划为依据，与地下空间利用、道路交通、静态停车规划建设及相关市政管线专业规划相衔接，统筹规划管道管廊和管网等基础设施，推进地下公共管沟统一建设、统一管理、统一使用。以旧城综合服务区为突破口，加快实施旧管网改造，突出抓好新管网建设，提高覆盖率、集中供应率和设施利用效益。构建城乡一体的供水安全保障体系，加强供水水网建设，新建辛庄水厂集中供水管网及城区管网建设，保证城区、滨海新区及东城新区的发展需求。完善供电网络，健全电量分配和供电预警保障机制，确保安全用电。加快热源、燃气源及配套管网建设，不断完善城市供热体系和天然气网络体系。

（四）强化能源供应保障。鼓励发展热电联产，规划建设一处大型热电厂。加强天然气基础设施建设，提高天然气普及利用率。加快城乡电网改造步伐，到2020年，全市35KV及以上公用变电总容量达到3498MVA，配变容量达537.69MVA，基本建成坚强智能电网。

专栏7：招远市“十三五”基础设施建设重点工程

序号	类别名称	总投资	重点工程
1	城乡设施		人工岛建设项目、“天地行”通用航空产业基地项目、招远市一级渔港建设项目、城区道路改造、乡村道路改造、乡村道路绿化、公交首末站场及办公场所建设、架旗山及金塔西部山体恢复项目、智慧城市设施建设
2	智慧城市		中国铁塔股份有限公司（招远）无线基站规划建设项目
3	能源保障		神华集团国华电力公司投资招远4×1000MW高效环保燃煤发电项目、供电公司1座500KV变电站和3座110KV变电站建设项目
4	管网建设		供水管网建设项目、老城区雨污分流、排水排污及其他配套管线建设
5	农田水利建设		雨洪利用工程、水源地建设工程、小型水库除险加工项目、治涝工程建设项目、水利重点县发展项目、灌区配套与节水改造项目、山地水利建设项目、界河河道综合整治工程、农田水利配套改造工程、塘坝除险加固工程、界河及入海口滩涂底泥处置和生态修复省级示范工程

第八章　生态文明和资源环境

牢固确立生态文明的理念，加强生态环境保护与修复，加大节能减排力度，积极发展循环经济、低碳经济、绿色经济，加快推进资源节约型社会建设。

一、积极发展循环经济

（一）加快构建循环经济体系。制定和实施循环经济发展规划，全面推进循环农业、循环工业、循环服务业建设，构建循环型社会体系。以提高资源产出效率为目标，按照“减量化、资源化、再利用”原则，以企业为主体，政府推动、市场引导、公众参与相结合，实现企业、园区、社会三个层面循环经济的互动发展。通过企业生态设计和清洁生产，推进企业内部循环。通过行业之间的循环链建设和园区生态化改造，推进行业、园区层面的循环。通过生态社区和生态城市创建，推行绿色消费和废旧物资再利用，推进社会大循环。

（二）推动循环经济示范工程建设。开展循环经济示范市创建活动，围绕资源节约、环境保护、资源综合利用、清洁生产、产业链接等技术开发应用等重点领域，继续开展全国工业固废综合利用示范基地和循环经济示范市创建活动，着力实施一批新能源、循环工业、循环农业、循环服务业示范工程和补链项目，进一步完善黄金生产、粉丝加工两大循环经济产业示范链条，全面改变我市黄金尾矿、粉丝废水等对我市环境的污染。

（三）全面加强资源管理。实行最严格的耕地保护制度，全面落实保护耕地的各项措施。实行行业用地定额标准和投资强度控制标准，提高单位土地投资强度和产出效益。按照人口容量规划城镇建设规模，提高建筑容积率，严禁盲目扩张。把土地整理复垦开发与城乡建设用地增减挂钩有机结合，整体推进田、水、路、林、村一体化的土地综合整治工程。集约集中用海，加强岸线、滩涂保护。强化对重要矿产资源及原材料的节约利用，全面推行矿产资源储量动态监督和开采总量调控，大力提高勘探、选矿、冶炼和深加工技术。整顿和规范开发秩序，严禁乱采乱挖行为。支持资源型地区和企业拉长资源产业链条，促进资源深度开发利用。推行产品生态设计，加强重点行业原材料消耗管理，加快推广节约材料的技术工艺，鼓励使用新材料、再生材料，积极推广金属、木材、水泥等材料的节约代用材料。大力推进再生资源综合利用，充分挖掘废弃物资源价值，使废旧产品、废弃物成为重要资金来源渠道。支持发展一批符合环保要求的专业回收拆解分拣中心，构建覆盖城乡、多品种的再生资源分类回收网络体系，再生资源主要品种回收率达到80%以上。

二、全面改善环境质量

（一）建立完善环境保护的体制机制。建立健全自然资源资产产权制度和用途管制制度，进一步明确开发监管责任；建立环境安全衡量指标体系和监测预警系统，制定环境安全衡量标准，用可量化指标衡量资源与环境的安全度；建立严格监管所有污染物排放的环境保护管理制度，强化环保执法监督，提高环境管理能力，健全“城市环境安全管理工作体系”，组织相关科技人员开展各种环境安全研究和评估，及时发现与排除各种环境安全隐患，科学应对各种环境突发事件；加强对危险化学品的生产、储存、使用、经营和运输过程中的监管，实行危险化学品登记制度，实现对有毒化学品生命周期的全过程风险管理。

（二）实施水环境综合整治。落实水污染防治行动计划和“河长制”，加强重点流域、区域、近岸海域水污染防治和良好湖泊生态环境保护与治理。加快城市污水收集管网配套完善，推行雨污分流管道系统。加强水源地工程建设，拦蓄地表水，涵养水源，提高供水能力和水质。构建安全可靠的防洪减灾体系，推进小型水库除险加固、中小河流治理、山洪灾害预防、治涝工程建设。构建农业用水安全保障体系，加快发展节水型农业，推进小农水重点县建设和灌区配套与节水改造，实施一批节水推广项目，实现农业用水总量负增长。构建人水和谐的水生态安全保护体系，逐步降低高耗水行业比重，减少结构性耗水。积极发展替代水源，搞好海水、微咸水、矿坑排水的综合利用。推进城市分质供水、一水多用和污水再生利用，加快建立和完善水价市场形成机制和有效的水费计收方式，强制推行中水系统。创建国家级水生态文明城市。

（三）加强主要污染物总量控制。以水污染、大气污染、固体废弃物污染、土壤污染、海洋污染、噪声污染防治为重点，按照源头预防、过程控制、末端治理等全过程系统控制原则，对SO_2.COD、氨氮和氮氧化物等主要污染物控制因子进行总体把握，做好存量、新增量、减排潜力、削减任务之间的系统分析，合理把握工作节奏和步伐。

（四）深入推进节能减排。严格固定资产投资项目节能评估审查制度，切实从源头控制高能耗项目建设。以电机系统、锅炉节能改造、余热余压利用、能量系统优化为重点，实施节能改造。推广高效清洁燃烧技术、变频调速、半导体照明等节能低碳应用项目。广泛推进太阳能、生物质能、地热及浅层地温能等新能源利用，推进太阳能光热利用与建筑一体化。大力推进建筑节能，城市新建民用建筑节能标准执行率达到98%以上。引导消费者购买新能源汽车、高效节能家电、节水型器具等环保低碳产品。开展绿色运输、低碳公路等示范工程建设。

三、加强生态建设

（一）加快推进“绿满金都”行动。以建设“生态招远、绿色金都”为目标，通过新栽、补植等方式，到2020年完成造林5万亩，完成湿地保护与恢复1.5万亩，打造森林景观优美、城郊森林环抱、道路绿树成荫，林水相依、林路相连、山水相映的绿色生态格局。以资源优势为基础，按照分区施策、差别管理、统筹调控的方针，实施与区域资源相适应的差别化林业产业发展规划，重点发展果品生产加工、木材生产加工、种苗花卉、森林旅游、林下经济和野生动物驯养、木本粮油和生物质能源等主导产业。到2020年，全市林业产值突破32亿元，新培植市级以上林业产业龙头企业5户、林业示范合作社5个，形成“因地适宜、突出重点、优势互补、科学协调”的林业产业发展体系。切实加强森林资源保护管理，确保不发生重特大森林火灾和人员伤亡事故，森林火灾受害率控制在0.3‰以内；林业有害生物成灾率控制在2‰以下，无公害防治率达到90%以上，灾害测报准确率达到96%以上，种苗产地检疫率达到100%。

（二）加强生态保护和修复工作。开展自然保护区基础调查，建立自然保护区基础数据库，强化自然保护区监管，重点加强涉及自然保护区域开发建设项目的管理，遏制人为生态破坏。深入开展矿山生态环境恢复治理，全市可视范围内重点损毁山体基本实现修复，矿产资源乱采滥挖现象得到根本遏制。加强对生态旅游的监督管理，促进重要区域生态功能保护。进一步提高城市园林绿化建设水平，形成多层次、广覆盖、高质量的城市生态景观格局。推广生态监察试点成果，进一步扩大生态监察范围，加大生态监察力度，完善资源开发生态环境监管体系，切实解决关系生态安全的突出问题。加强近岸海域生态保护与修复，重点做好海洋自然保护区建设管理、海岸带综合整治、滨海湿地修复与保护等工作，推动近岸海域生态环境步入良性发展轨道。

（三）推进生态文明乡村建设。实施生态文明乡村建设扩面达标工程，力争实现生态文明乡村全覆盖；实施生态文明示范村提升创优工程，着力实施好生态文明示范村的提升创优工程，到2020年，全市省级以上生态镇比例达到80%，市级生态镇比例达到85%；实施农村道路“进村达户”工程，道路硬化村庄达到80%以上；加快生态文明示范区建设，建成八大生态文明示范区；实施镇容镇貌“换新颜”工程，突出特色制定建设规划，因地制宜确定建筑风格和建设区片；抓好农村改厕工作，到2018年底，全面完成农村旱厕无害化卫生改造；实施农村社区提升完善工程和为民服务中心建设，继续抓好农村社区服务中心建设，进一步提升完善已建成的119处农村社区的综合服务功能，推进示范型农村社区建设。要把为民服务中心建设与农村社区服务中心建设及基层公益性服务机构建设统筹规划，引导服务功能向农村延伸，力争到2020年为农服务中心基本覆盖所有涉农乡镇。实现城乡环卫一体化规范运行，实现城乡生活垃圾处理由“村级分类收集、镇级清运压缩、市级转运处理”到“标准化、市场化、专业化、常态化、产业化”的转变，实现真正意义上的城乡环卫一体化全覆盖。

第九章　社会发展和民生改善

以促进社会和谐稳定为核心，以社会公平、人民幸福为目标，坚定不移加快推进以改善民生为重点的社会事业建设，积极推进基本公共服务均等化，不断提高社会保障水平，提高社会治理能力，提高城乡居民幸福指数，建设全国领先的幸福安康、和谐宜人城市。

一、健全民生保障体系

（一）扩大就业鼓励创业。建立健全促进就业长效机制，完善和实施更加积极的就业政策。健全公共就业服务制度、职业培训制度和就业援助制度，以公平就业为原则，努力实现城乡就业一体化，引导、支持农村劳动力向非农领域和城镇转移。继续做好高校毕业生和困难群体就业工作，及时落实困难人员就业援助政策。以实现“大众创业、万众创新”为目标，不断完善创业扶持政策，加强创业免费培训工作，掀起新一轮创业热潮，以促进创业带动就业。“十三五”期间，全市每年新增城镇就业5000人，农村劳动力转移就业1800人，城镇登记失业率控制在1.8%以内，开展城乡劳动者就业创业培训3000人，创业带动就业3000人。

（二）完善社会保险体系。加快推进全覆盖的社会养老保障体系建设，优化社会保险费征缴模式，完善实施城镇职工和居民养老保险制度，深化机关事业单位养老保险制度改革。扩大社会保障覆盖范围，逐步提高保障标准。进一步完善以居民基本医疗保险、城镇职工医疗等基本医疗保险为主体，城乡医疗救助、商业保险等多种形式医疗保险为补充，覆盖城乡居民的多层次医疗保障体系。进一步加大社会保障信息网络建设，推进社会保障卡应用，实现精确管理。到“十三五”末，全市城镇职工养老保险参保人数达到18万人以上，居民养老保险参保总人数达到28万人以上，基本医疗保险实现全覆盖，社保卡持卡人数达到20万人。

（三）改革完善医疗卫生服务。健全完善以县级医院为龙头、乡镇卫生院为枢纽、村卫生室为基础的农村医疗卫生服务网络，重点加强乡镇卫生院、村卫生室和社区卫生服务机构标准化建设。加强以全科医生为重点的基层医疗卫生队伍建设，不断加强中医院内涵建设和综合医院中医药工作，继续实施中医临床骨干培训项目，面向基层推广中医药适宜技术。完善公共卫生服务体系，健全市、镇、村三级疾病预防控制网络，全面提高疾病防控能力。做好重点传染病、精神疾病预防控制，规范职业健康检查。继续深化医改工作，巩固完善基本药物制度，加强对医疗机构用药的指导和监管。加快区域卫生信息平台建设，推进医院信息化建设，推行区域医疗居民健康卡试点工作，构建覆盖全市医疗卫生机构的区域卫生信息平台，适时开发完善突发公卫事件应急指挥、疾病预防控制、卫生监督、妇幼保健等公共卫生管理信息系统。到2020年基本实现城乡每万名居民有2~3名合格的全科医师，镇卫生院、村卫生室和社区卫生服务机构标准化建设达标率达到95%以上，千人拥有床位达到4.5张以上。

（四）保障饮食安全和用药安全。以创建国家食品安全城市为抓手，进一步完善食品药品监管机制，提高监管队伍素质和依法行政能力，加强基础设施、执法装备和信息化建设，规范食品药品生产经营秩序进。进一步增强人民群众的食品药品安全意识，及时有效查处食品药品违法违规行为和重大食品药品安全事故。健全预防和应急管理体系，促进食品医药产业持续健康发展，有力保障人民群众饮食安全和用药安全。

（五）完善社会救助政策制度体系。健全城乡低保、特困人员供养、受灾人员救助、医疗救助、教育救助、住房救助、临时救助以及社会力量参与的其他救助制度；加快形成全要素、多领域、高效益的军民融合深度发展格局，维护和保障好优抚对象、军队退役人员以及军休干部的合法权益，促进经济社会和国防事业协调发展；积极发展慈善事业，完善慈善义工管理制度，以慈善募捐、慈善救助、慈善文化为基本架构，基本形成政府支持、社会举办、公众参与的慈善事业发展格局；提高残疾人事业科学发展水平，完善残疾人保障和服务体系，全面实施残疾人“整体赶平均、共同奔小康”行动计划，统筹抓好残疾人康复、教育、就业、基本生活保障、文化体育和权益维护等工作；重视发展老龄事业，全力打造“银龄幸福和谐工程”老龄工作品牌，完善惠老政策、创新助老机制、发展敬老文化，统筹推进老龄事业与全市经济社会的协调稳定发展；创新扶贫工作机制，加大财政扶持力度，整合各类社会资源，以产业扶贫为抓手，因地制宜、分类施策，确保2018年全面完成扶贫开发任务；探索建立保障性房源多元化筹建方式，努力解决基本住房保障问题。

（六）完善公平的收入分配格局。强化对收入分配关系的调节，努力提高居民收入在国民收入分配中的比重，提高劳动报酬在初次分配中的比重，逐步提高企业最低工资标准水平和城乡居民最低生活保障标准。推进企业工资集体协商制度，在具备条件的企业基本建立工资集体协商制度。指导企业调整完善工资分配办法，合理确定工资水平，指导停产、半停产或生产经营困难企业实行灵活的工时制度和工资支付办法，并按国家和省有关规定支付职工工资或生活费。继续加大惠农政策力度，完善促进农民增收机制。

二、推动文化大繁荣大发展

（一）发展壮大文化产业。科学开发利用黄金、粉丝、温泉、海洋和红色文化资源，利用数字、网络、3D等高新技术，积极发展创意设计、动漫游戏、新闻出版、影视制作、文化演艺等文化产业。

加快文化产业转型升级，支持发展新兴文化创意产业，大力培育新兴文化企业、文化产业园区和文化创意产业园等载体，着力培育创意设计、文化旅游、网络传媒、演艺娱乐、广播影视、会展广告、印刷复制、休闲体验、文化制造、艺术教育等10类产业，形成以龙头企业和知名品牌为中心的产业集群。规划建设一批文化产业孵化器，增强文化市场活力。到“十三五”末，力争在演艺娱乐、包装印刷、网络服务、广播影视、广告婚庆服务等行业各培植起3—5户旗舰型企业。

（二）完善公共文化服务体系。加强文化服务设施建设，进一步抓好东城新区文化中心建设，加快推进乡镇综合文化站、农村（社区）文化大院、农家书屋完善提升。积极推进文化信息资源共享工程，加快公共文化服务标准化、均等化、社会化、数字化进程，整合文化馆、图书馆、博物馆以及艺术院团等信息文化资源，打造高效快捷、共享共建的公共文化服务体系。广泛开展“欢乐文化广场”“欢乐大舞台”“欢乐进万家”三级龙头型群众性文化活动，培育群众性文化团体，2020年前，争取再培养10个群众性文化团体。开展文化科技卫生“三下乡”，每年完成送戏下乡200场和送电影下乡7000场。培育发展文艺精品，到2020年，努力打造10台（部）以上舞台艺术精品。实施广播电视“村村通”和地面无线数字电视全覆盖工程，积极发展新兴媒体，开通网络电视台，建设完善“中国金都”官方网站和官方微博、微信平台。实施“乡村记忆”工程，发展具有历史记忆、地域特色的美丽乡村。加强文物保护与合理利用、非物质文化遗产保护和开发。加强文化市场监管，加大文化市场执法力度，规范文化场所管理和市场秩序。

三、建设社会主义核心价值体系

（一）巩固社会主义核心价值观。加强社会主义核心价值观学习宣传教育，通过多形式宣讲和巡回报告，深入开展理想信念、形势政策、革命传统、改革开放和国情国防教育。积极践行社会主义核心价值观，开展守法经营、公平竞争、诚信守约活动，形成有利于弘扬社会主义核心价值观的良好政策导向、利益机制和社会环境。加强青少年社会实践基地建设。继承和弘扬中国传统优秀文化、胶东红色文化和黄金文化，把传统美德与当代价值融会贯通。把中国梦和社会主义核心价值观融入经济工作中，融入依法治市、法治招远建设中，融入社会治理制度建设和具体工作中，融入到国民教育全过程。

（二）深化精神文明创建活动。深入开展文明城市、文明单位、文明行业创建活动，推动城市环境面貌有较大改观、社会服务水平有显著改善、市民文明素质有明显提高。以美丽乡村建设为主题，以民风建设和环境整治为重点，深入开展乡村文明行动，全面提升农村精神文明水平。继续开展好“星级文明户”“文明信用户”“好媳妇好婆婆”评选活动。组织开展“新农村新生活”培训，推动乡村生活方式转变。

（三）全面推进“美德金都”工程建设。实施公民道德建设工程，加强社会公德、职业道德、家庭美德和个人品德教育，积极弘扬文明有礼、自强自立、孝老爱亲、助人为乐等中华传统美德，凝聚团结奋进正能量。加强未成年人思想道德建设，全面推进“阳光成长工程”。精心策划并组织实施“金都365”志愿服务、文明家庭创建系列道德实践活动。推动城市诚信建设，深入开展“诚信机关”“诚信企业”“诚信经营”建设活动，打造“诚信金都”城市品牌。加强道德示范体系建设，开展“金都楷模”“金都好人”“志愿服务双十佳”等道德典型评选活动，加大“善行义举四德榜”建设力度。

四、努力提高社会治理水平

（一）推进法治招远建设。严格依法行政。将法治贯穿执政全过程，做到依法科学决策、依法化解社会矛盾、依法维护群众合法权益、依法打击犯罪、依法规范社会秩序、依法维护社会稳定；健全行政执法和刑事司法衔接制度；全面落实行政执法责任制；积极推行政务公开、村务公开、厂务公开。加强民主法制建设。自觉接受人大及其常委会的监督和政协民主监督，认真听取民主党派、人民团体和社会各界人士的意见建议，主动接受司法监督和社会监督；加强廉政建设，强化监察、审计监督和内部监督；稳妥推进司法改革，支持法院、检察院依法独立公正行使职权。建设法治社会。深入开展法治宣传教育，引导全民遵法守法、依法维权；发展社会主义民主政治，保障人民知情权、参与权、表达权、监督权；完善法律援助保障体系，推进公共法律服务均等化、便民化。促进民族团结、宗教和谐，做好侨务和对台工作。加强国家安全和保密工作。

（二）构建公共安全保障体系。建立健全防范公共突发事件、重大自然灾害、重大环境污染和社会风险的预警和应急机制。建设立体化社会治安防控体系。加强重点行业和重点人员治安防控网建设，推进治安管理信息系统建设；加强镇（街）、村（社区）治安防控网建设，健全综合服务管理平台，推动社会治安防控力量下沉；加强农村（社区）治安队伍建设，落实人员、保障待遇，加强指导管理，发挥作用；加强机关、企事业单位内部安全防控网建设，严格落实单位主要负责人治安保卫责任制；加强信息网络防控网建设，强化网上巡查管理；深入推进“天网工程”建设，高起点规划、有重点有步骤地推进公共安全视频监控建设、联网和应用工作。加强安全生产监督管理。建立公共安全事件预防预警和应急处理机制，完善应急管理支撑体系。严格落实安全生产责任制，深化非煤矿山、危险化学品、烟花爆竹、冶金等重点行业领域治理，坚决防止重大安全事故。加强职业危害监督管理，开展粉尘、高毒物质严重行业专项治理，实施重点行业领域尘毒危害防治示范工程。强化监管监察执法能力，大力实施科技兴安战略。“十三五”期间，事故总量持续下降，工矿商贸从业人员的伤残率及职业病发病率得到有效控制，安全生产事故起数、死亡人数、受伤人数、直接经济损失四项指标严格控制在烟台市下达的预控指标范围内。

（三）加强基层社会治理。有效提升预防化解社会矛盾水平。全面落实社会稳定风险评估机制，健全重大决策公开征求意见、专家论证、风险评估、合法性审查、集体研究决定、责任追究等程序；进一步加强专业行业调处组织建设，完善提升重点行政执法部门行政调解效能；完善人民调解、行政调解、司法调解“三调联动”工作体系；深入推进行业协会调解组织建设，提高基层社会组织矛盾纠纷自我消化能力。深入推进社区网格化管理。建立统一的网格化信息管理平台，突出抓好网格化组织网络建设，在农村社区要注重依托传统村级组织体系，进一步整合力量，完善机制，明确责任，实现辖区管理无遗漏、无死角，提升基层服务管理水平；在城市社区将小区长、楼长、梯长配备工作作为重中之重，进一步强化保障，充实力量，切实将社会治安、社区党建、计划生育、矛盾纠纷调处、流动人口和特殊人群管理责任有效落实到位。

五、促进各项社会事业全面进步

提高人口和计划生育服务水平。落实一对夫妇可生育两个孩子政策；建立健全人口管理体制和人口社区化、社会化管理服务体系，进一步优化人口分布；按照控制总量、优化结构、提升素质的总要求，坚持综合管理，全面提高出生人口素质；加强流动人口管理，推进外来务工人员向新市民转化，逐步实现常住人口享受同城待遇。切实保障妇女儿童及未成年人合法权益，促进妇女儿童和未成年人事业全面发展。发展体育事业。以争创全民健身示范城市为目标，不断优化全民健身事业的发展环境，促进全民健身与竞技体育、体育产业协调发展。到2020年。全民健身公共服务体系基本建立，人均体育场地面积达到2.2平方米，新建社区体育设施覆盖率达到100%，农民体育健身工程实现“村村有、全覆盖”，健身设施数量、质量、档次逐步提高。加强气象、防震、消防等防灾减灾系统工程建设，提高自然灾害预警及应急处置能力。健全国防教育和国防动员体制，加强交通战备、人民防空和经济动员工作。深入开展创建双拥模范城、拥军优属模范单位和拥政爱民模范单位建设。切实加强科普工作，以各类经常性活动为基础，统筹考虑我市发展战略需求，积极开展核电知识、环境保护、创业创新等有影响、有特色的科普活动，不断提高全民科学文化素质。继续做好新闻、史志、档案、工会、共青团、商会、外事等各项事业，“十三五”期间取得新的进步和成效。

专栏8：招远市“十三五”重点社会民生项目

烟台黄金职业学院项目、饮水安全工程、污水处理厂扩建及升级改造项目、金都污水处理厂再生水回用工程、北关西区片城市综合体项目、龙湖东岸商业长廊项目、殡仪馆迁建项目、中医院搬迁改造、金色年华老年乐园建设项目、金泉河上游综合整治、东城新区热水锅炉集中供热项目、温家社区学校建设、文三线以南学校建设、辛庄九年一贯制学校、龙湖碑林文化公园建设、植物园建设、滨海科技园海岸带东区及罗山河南岸景观绿化项目、垃圾中转站建设、文化中心及医疗器械综合楼续建项目。

第十章 规划实施和规划管理

要创新实施机制、明确职责分工、落实支撑保障、加强督促评估，使本规划纲要的目标任务和要求落到实处。

一、强化规划协同机制。探索实行“多规合一”协同机制。强化本规划纲要在各类规划中的主导地位，是指导编制专项规划的基本依据，要加强规划之间的衔接。发展规划要加强与城乡建设总体规划和土地利用规划的衔接协调；城乡建设总体规划和土地利用规划要以发展规划为依据，将发展规划确立的目标、任务和要求进行具体落实，突出建设性、控制性，各自发挥相应的作用。要加强规划执行的刚性，维护规划的严肃性和权威性，确保各类规划的有效实施。

二、强化实施主体职责。明确目标任务的实施主体。加强对规划实施的组织领导，落实工作责任。本规划纲要提出的各项目标任务，要分解落实到市各有关部门和各镇、街道、区，确保落实到位。加强目标任务的年度落实工作。要把规划纲要的目标和任务分解到各类行动计划和年度计划之中，形成中长期规划逐年落实、动态实施机制，做到远近结合，确保落到实处。

三、强化投资拉动作用。保持投资稳定增长，强化重大项目支撑，把战略性新兴产业、现代服务业、农业水利、生态环保、城市设施、交通能源、社会事业作为新的投资重点，做好项目储备、谋划、推进和要素保障。“十三五”期间，规划实施重大工程项目80个，总投资574.5亿元。充分发挥政府投资对资源配置的导向作用，积极带动社会各类资本，包括积极引进市外资本对重大项目的投入。“十三五”期间，实施政府投资项目82个，总投资63.5亿元。

四、完善财政保障机制。以提高财政对社会事业、公共基础设施、社会保障和环境保护等社会公共需求的保障能力为目标，优化公共财政收支结构，完善公共财政体系。科学界定公共卫生、公共安全、公共基础设施、环境保护、教育、文化等领域中政府承担的具体职能，明确公共财政投入方向。加快建立健全政府购买服务制度，发挥政府资金引导作用，鼓励市场提供公共服务。发挥财政杠杆作用，助推本规划纲要的顺利实施。

五、健全考核评估机制。要加强对规划实施的考核监督工作，制订科学合理的考核评估办法，每年规划目标和任务的进展情况和考评结果要向市人大报告并向市政协通报。要开展规划的中期评估工作，运用定量和定性的分析方法，重点突出发展环境、目标实现程度、任务完成情况的评估，提出具体的调整计划和推进实施意见。

招远黄金矿藏资源遍布全境，储量丰富，开采历史悠久。1978年以来，招远黄金生产蓬勃发展，1985年黄金突破20万两，1995年突破30万两，2000年突破40万两。2010年，黄金产量达到82.2万两，黄金年产量占全国七分之一。2012年1～11月，全市累计自产黄金突破百万两大关，达到103.7万两，成为全国首个年产黄金超百万两的县级市。2013年，全市黄金产量达129.5万两，是1978年的19倍，产金量连续38年位居全国县（市）之首。2015年，招远年采选能力300万吨，保有地质储量300吨，储量占全国十分之一。黄金探、采、选、冶、金银制品加工、矿山机械制造配套成龙，形成完整的产业体系。

2002年1月28日，招远市被中国黄金协会授予“中国金都”称号。

专　　记

2015年为民服务实事

2015年初，中共招远市委、市政府公开承诺重点办好15件为民服务实事。一年来，各有关部门和单位按照市委、市政府统一部署，制定计划方案，落实责任措施，积极组织实施，推动各项任务落实。至年底，15件实事已全部兑现。

一、巩固扩大基本药物制度实施范围，落实老年人免费查体、计划免疫、慢病管理等基本和重大公共卫生服务项目，确保老年人免费查体管理率达到80%以上，计划免疫接种率达到95%以上，基本公共卫生服务经费标准由人均35元提高到40元，促进基本公共卫生服务均等化。

新增8处规范化外村卫生室实施基本药物制度；为6.9万余名老年人免费查体，规范管理率84%；规范化管理高血压患者4.2万人、糖尿病患者1.1万人、重性精神疾病患者1469人；新建计划免疫预防接种点11个，接种率达到95.53%；基本公共卫生服务经费标准提高至人均40元。

二、加快保障性住房建设，完成100套经济适用住房、80套公共租赁住房、20套廉租住房建设；加强市场监督管理，完成福泉路（城东区）农贸市场改造。

2014年开工的横掌庄园C区100套经济适用住房、20套廉租房、80套公租房已完成。

升级规范和集中整治福泉路摊点，清理乱搭乱建营业房75处，清理垃圾36车次，更换广告牌40个，增设遮阳棚76个，搭建移动公厕1处，设立柱180个、流水槽30个、防尘板70个。

三、实施西区热电厂锅炉扩能改造，完成东区热水锅炉建设前期筹备工作，铺设燃气主管网8公里、配套用户6000户。

西区热电厂锅炉扩能改造正在按计划顺利推进，前期立项手续、监理单位招标、新锅炉招标等工作已完成；东城新区热源已完成选址位置调整，并对盛源环保建设生物质发电项目参与东城新区集中供热进行前期调研论证，垃圾焚烧发电项目正在有序推进；铺设燃气主管网8.1公里、配套用户6000户。

四、抓好魁星学校和开发区温家学校建设，完成16处农村学校食堂餐厅建设，加强校车安全管理，规范运营；统筹发展群众体育、竞技体育和体育产业，确保“村村有”健身工程实现全覆盖。

魁星学校主体、外饰已完工，正在进行室内装饰，开发区温家学校已完成规划设计，16处农村学校食堂餐厅已建成；层层签订《乘车安全责任书》，加强乘车学生安全教育，实施校车逃生应急演练，排查整改了校车站点、路线安全隐患，全年全市校车安全行驶163万公里，安全接送中小学生420万人次。

正在编制《招远市体育设施布局规划》，制定了《体育产业重点项目及发展目标》，举办羽毛球、篮球等比赛活动20余场次；参加烟台市田径、篮球等10个项目比赛，获得金牌57枚，向上输送优秀运动员60余人；新建彩票站点4个，购置健身器材700余件，已配发全10个乡镇健身中心和老干部健身场所、106个村（社区），全市“村村有”健身工程已实现全覆盖。

五、进一步扩大图书馆、文化馆免费开放服务范围，开展好全民阅读活动，新建100个农村文化大院示范点，完成送戏下乡200场、送电影下乡9000场，初步建成15～20分钟城乡公共文化服务圈。

图书馆持证读者增加1500人，服务借阅读者10万人次，举办国学讲座6期，文化馆顺利通过国家一级文化馆验收；100个农村文化大院示范点已全部建成，正在进行奖补物品公开招标；送戏下乡200场、送电影下乡9000余场；市级文化中心正在顺利建设，图书馆、博物馆工程已封顶，镇级已建成省级综合文化站8个，全市500多个村已建立农村文化大院示范点，初步建成15～20分钟城乡公共文化服务圈。

六、加快黄水路、海莱路改造工程；建设灯控路口7处，安装高清卡口系统1处，增设停车诱导屏2处；加强城乡客运车辆的管理及路线、站点布局规划，完成汽车站搬迁升级工作。

S215黄水线和S306海莱线大修工程路基、小桥涵、路面工程已全部完成。

玲珑路与天府路、天府路与文三线等7处路口交通信号灯及蓬水线西庄路段高清卡口系统，已于5月完成验收并投入使用，城区已增设停车诱导屏2处。

6月24日正式开通招远至辛庄城乡公交，新增改造线路3条，规划布局新设站点29处，收购改造到期农村客运班车55部，新投入公交车型车辆15部，辛庄线及曹孟线发送班次7380个，运送旅客约16.4万人次；新车站已于4月12日正式启用。

七、扩大社保覆盖面，500元以上缴费档次的居民参保补贴由每人每年30元提高到60元，当年居民养老保险参保缴费达到9万人，新增企业参保职工4000人；推动居民基本医疗保险城乡一体化，补贴标准由每人每年320元提高到380元，当年参保人数达到35万人。

2015年1月起，全市居民养老保险参保缴费补贴每人每年提高至60元，参保缴费居民达到10万人，新增企业参保职工1.2万人；居民基本医疗保险补贴标准每人每年提高至380元，全市城乡居民参保达到35万人。

八、全方位促进就业增长，新增城镇就业6000人、农村劳动力转移就业2000人，高校毕业生就业率达到90%以上。

全年新增城镇就业9100人，农村劳动力转移就业5147人，高校毕业生就业率为94.5%。

九、为80周岁以上老年人发放高龄补贴，对城市60周岁以上特殊困难老年人实行政府购买居家养老服务试点；建设农村幸福院10处、社区老年人日间照料中心5处，新增养老床位600张。

为全市19365名80周岁以上老年人发放长寿津贴611万元，为22名城区60周岁以上特殊困难老人实施政府购买居家养老服务；已建成农村幸福院27处、城市社区老年人日间照料中心5处，金秋山庄、金铭2处老年公寓已建成，增加床位600余张。

十、深入开展农民科技培训，新增标准化基地2000公顷，“三品一标”产品产地认定面积、农业机械化率分别达到65%和95%以上，落实国家农机补贴1400万元；建设农村户用沼气800户，养殖小区和联户沼气集中供气工程8个，沼气服务网点10处；培育烟台市级以上农民合作示范社10家，完成土地流转667公顷。

开展农民科技培训5800人次；新增标准化基地2066.67公顷，“三品一标”产品产地认定面积达到65.2%；建成农村户用沼气800户，完成养殖小区和联户沼气池主体工程8个，建成沼气服务网点10处；新培育省级农民合作示范社5家、烟台市级示范社6家，完成土地流转733公顷。

全市主要粮食作物耕种收获综合机械化水平达到96.3%，已落实农机购置补贴资金1480万元，受益农户753户，补贴机具945台（套）。

十一、加强水源地保护，实施水源地绿化、生态林场等工程，完成造林1333.33公顷；抓好国家小型农田水利重点县工程建设，兴建各类水利工程551项，发展节水灌溉面积3607公顷。

下发了《招远市环境保护重点事项督查调度和考核问责暂行办法》，加强水源地保护区内畜禽养殖场环境监管，阜山镇和夏甸镇已拆除禁养区内49家畜禽养殖场，拒批水源地保护区内工业类建设项目5个、畜禽养殖类建设项目3个。

实施城郊森林、水源地绿化、景观通道建设、生态环境修复等四大绿化工程，完成造林1507公顷，直播造林667公顷。

国家小型农田水利重点县工程建设各项工作已于4月完成，投资1.72亿元建成各类水利工程551项，治理河道24条，改造农村自来水工程13个村，发展节水灌溉面积3607公顷。

十二、纵深推进生态文明乡村建设，实施生态文明乡村建设扩面达标、生态文明示范村提升创优等工程，重点提升2个生态文明示范区，完成200个村扩面达标建设任务，评选表彰“十佳美丽乡村”，着力构建优美线路连线、美丽村庄连片的生态文明乡村建设新格局，培育2个独具特色的小城镇。

100个生态文明村全部完成建设任务；滨海示范区和金水湖示范区的辛庄古镇、古村落保护开发、红富士苹果博物馆及金果广场等项目建设顺利推进，有效提升了生态文明示范区整体水平，已初步确定“美丽乡村”候选村20个，经市委农村工作领导小组评选出十佳后，将在2016年农村工作会议上进行表彰。

按照“四清五化”标准对100个二类村实施生态文明乡村建设扩面达标工程创建，清除三大堆8000

余吨，清理河道、沟渠60余公里，安装路灯300余盏，新增绿化面积5000余平方米、文化墙5000余平方米、休闲广场20余处、垃圾箱（池）200余处。蚕庄镇重建金鑫路等4条环镇道路，安装太阳能路灯185盏，完成隋家桥拓宽改造工程；辛庄镇安装路灯92盏，滨海路等5条道路路基及排水工程已基本完成，污水处理厂办公楼完工并投入使用。

十三、扎实推进界河流域综合整治，加强石材、粉丝、化工行业、畜禽养殖等污染源治理，加快镇级生活污水集中处理设施建设，规范城乡环卫一体化运行。

制定《2015年界河流域生态环境综合整治考核办法》，石材行业综合整治方面，年利用锯泥110万吨的加工制陶瓷胚体项目投产运营；粉丝行业综合整治已完成，78家粉丝企业全部实现达标排放；工业污染治理方面，化工总厂完成对污水处理设施提标改造，实现雨污分流；畜禽污染治理方面，流域内18家禽畜养殖场完成规范化整治，取缔直排入河的养殖场15家。

滨海科技产业园污水处理工程办公楼土建已完工，一期污水处理池基础施工已完成；张星镇生活污水处理厂主体工程已全部完工；金岭镇污水处理厂已投入运营。

全市724个村庄城乡环卫一体化工作实现规范运行，2015年接管9处镇级中转站，累计清运垃圾5000余车、污水300余车。

十四、加强社区管理，同步配套计划生育、社会保障等服务，逐步破除城市内部二元结构；深化户籍制度改革，稳妥推进农业转移人口落户城镇，有序实现市民化；纵深开展城乡环境综合整治活动，全面推行城市精细化管理，落实“门前五包”责任制，提升城市宜居宜业水平。

2015年3月27日，召开全市城市社区建设工作专题会议，成立城市社区建设领导小组，先后下发《关于进一步加强和改进城市社区建设工作的实施意见》《城市社区建设工作标准》《城市社区建设工作考核办法》和《城市社区居委会建设奖补政策》等文件，招聘社区工作人员18名，落实600平方米以上办公服务场所10处。

为城区228名计生区长发放补贴82.1万元，15个社区居委会配套建设社区人口学校，开展计生宣传活动20次，16个居委会建立计生服务室；为育龄群众免费健康查体5.6万人次、免费孕前检查300人，为流动人口查体190人次、免费孕前检查11人；发放独生子女费35万元，新增特扶人员6人。

完成企业退休人员资格认证4.5万人，居民养老保险参保10万人，城乡居民医疗保险参保35万人。

逐步建立以公民经常居住地登记常住户口为基本形式，以合法稳定住所、合法稳定职业为户口迁移基本条件的新型户籍管理制度，进一步放宽落户条件，稳妥推进农业人口落户城镇，已有1320名农业人口落户城镇。

各镇（街道、区）累计投入环境整治资金1.12亿元，出动车辆机械4000余台次、人工15.6万人次，清理、清运三大堆及垃圾6.8万余吨，清理河道、沟渠450公里，新增绿化面积38万平方米、保洁员822人、文化墙4.8万平方米、路灯2000余盏、垃圾箱（池）1500余个，645个村庄已完成环境综合整治工作。

市容秩序方面，更换环保烧烤炉具127台，收缴不合格炉具55台，规范违规摊贩5000余人次，办理户外广告审批手续105份，查处违规渣土车辆260余辆；环卫保洁方面，新增温泉路、魁星路等8条道路实行双班保洁，可机扫路段机扫作业率100%；绿化养管方面，新增绿化面积2.3万平方米，改造裸露地面13万平方米；下发《招远市城区门前“五包”责任制管理办法》，与相关责任单位签订《招远市门前五包责任状》300余份，发放《关于做好城区门前“五包”工作的通知》50余份。

十五、加强和创新社会治理，完善“89000”民生服务平台，强化基层基础和网格化管理，创新立体化社会治安防控体系，加快推进“法治招远、平安招远”建设。

深入开展法律服务“村村通”，改革法院案件受理变立案审查制度为登记制度，公检法开通网上微博，法院、公安局建立微信平台；设立镇（街道）社会服务管理中心14个，在65个村建成“五位一体”综治工作站，724个村全部建成“六位一体”村（居）综治办，已建成网格化管理视频大厅，建成镇级视频监控中心12个，724个村居全部设立专兼职治安巡逻队；举办“法治招远大讲堂”4期，制作播放《平安金都》电视专题20期。

加快推进“天网”工程，新建7处高空瞭望系统，新增235处高清视频监控点、13套电子警察和17套高清卡口；已建成“神眼”大数据智能分析系统，投入防暴装甲车、流动治安检查站和应急处突流动平台各1辆，4个“警银亭”亭体安装到位，试点推行“十村联防”机制；开展打击黄赌、治爆缉枪、夏季治安“百日大巡防”等一系列严打整治专项行动，打击处理违法犯罪嫌疑人742名，破获案件2241起。

市89000服务平台软硬件建设已配套到位，呼叫中心20名话务人员配备就绪，收录城乡居民信息21万户、服务企业信息3.6万余条、职能部门信息库70余个，机关党员干部联系服务群众管理平台及群众满意度调查平台已投入使用。

中国金都·山东招远第九届黄金节

2015年8月27日，中国金都·山东招远第九届黄金节在招远龙湖大酒店隆重开幕。海内外的协会商会、黄金企业、金融机构、科研院所、新闻单位的嘉宾出席开幕式，世界黄金协会、中国黄金协会的代表分别致辞，开幕式上还举行了“国家黄金矿山循环经济产业技术创新战略联盟”揭牌仪式。招远第九届黄金节由中国黄金协会、招远市黄金协会主办，山东中矿集团有限公司、山东招金集团有限公司、中民协（烟台）展览中心承办。黄金节以“弘扬黄金文化，提升产业素质，繁荣黄金市场，服务社会民生”为主题，在3天会期内举办12项主题活动，充分彰显黄金行业特色和招远地域特色。

“2015中国（招远）国际黄金矿业论坛”和“2015中国（招远）国际黄金市场发展论坛”是该届黄金节的两大亮点。其中，“2015中国（招远）国际黄金矿业论坛”以矿业绿色开发、数字互联、科学发展为主题，包括前沿技术交流、技术设备推介专场、俄罗斯黄金矿业投资专场、矿业巨头科技创新论坛、黄金行业安全与成本控制、CPM铂族年鉴（2015）中文版发布等板块。多方代表、国内外客商充分利用这一重要平台，在资源开发、科技进步、安全管理、矿山数字化等方面寻求合作机遇，助推黄金产业提档升级。由中国黄金协会和世界黄金协会主办的“2015中国（招远）国际黄金市场发展论坛”给持续低迷的国际黄金市场带来融冰暖意。国内外商业银行、黄金投资和黄金矿业的代表汇聚一堂，围绕黄金市场发展走向、黄金矿业海外投资、黄金矿山资本运作、黄金衍生品交易、黄金价格影响因素等热点话题进行对话，增进彼此间的务实交流，寻求应对危机之策，提振黄金资本市场信心。

黄金节立足招远完善的黄金产业体系和深厚的黄金文化底蕴，开展一系列特色商业文化活动，包括黄金旅游、第十三届招远国际黄金珠宝首饰展销会、2015中矿杯“炫舞金都”健身舞大赛、2015“美丽招远、美丽招远人”摄影大赛、“金都杯”黄金文化海内外征联大赛、当代中国民间工艺珍品展、“金色的梦想”黄金节主题歌创作征集等活动。其中黄金文化游开辟了淘金小镇、黄金博览苑、架旗山游乐园、罗山国家森林公园旅游线路，黄金工业游开辟了招金矿业金翅岭金矿、黄金珠宝首饰城、招远工业产品展览馆旅游线路。黄金博览苑、淘金小镇、架旗山游乐园、黄金珠宝首饰城等景区均推出众多特色活动和优惠政策，助力招远黄金游。

招远以“中国金都”闻名于世，自2003年以来成功举办了8届黄金节，塑造了城市品牌，有力促进了黄金产业的发展。招远黄金节已经成为黄金的盛宴、行业的聚会、百姓的节日。

“龙口粉丝”被欧盟和国家质监总局联合授牌

“龙口粉丝”作为中国和欧盟“10+10”地理标志国际互认的十个产品之一，被欧盟委员会和国家质量监督检验检疫总局正式联合授牌。作为“龙口粉丝”的发祥地和主产地，招远市粉丝年产量占全国的80%以上，年出口量占到全国的85%。同时，全市还拥有粉丝行业内唯一的“国家认可实验室”，多个粉丝加工类项目也被列为国家火炬计划项目和国家星火计划项目。

招远市的“龙口粉丝”被欧盟委员会和国家质量监督检验检疫总局正式联合授牌后，相关的生产企业可以在生产的地理标志产品上联合使用中国专用标志和欧盟官方标志，面向国际、国内2个市场开展国际化运用。“龙口粉丝”获得与欧盟互认的资格，不仅为全市实施“一带一路”战略增添了新的亮点，也为全市的“龙口粉丝”争创国际品牌创造了机会。加贴欧盟官方标志，将大大提高招远市“龙口粉丝”的品牌效应，促进粉丝出口，进一步壮大粉丝产业规模，还可以通过开展海外维权执法协作，净化海外“龙口粉丝”市场。

招远市入选全国工业百强县

在《2015年中国工业发展报告》公布的2014年全国工业百强县（市）榜单中，招远市位列其中，排名第39位。工业百强县（市）排行榜单根据包含基础条件、运行绩效、发展活力等指标的县域工业经济发展水平评价指标体系而确定，反映了在“中国制造2025”大背景下，全国先进县（市）的工业制造业发展情况。

招远市作为传统工业强县，从2005年开始，多年来连续开展项目建设年活动，项目规模数量、质量档次逐年提高，成为拉动投资、促进经济增长的关键力量。2015年，共实施3000万元以上重点项目141个，总投资719.4亿元，其中重点建设项目110个，完成投资160亿元。

中国黄金十大产金县（市）

2015年8月，根据《中国黄金协会公布年度统计数据管理办法》，中国黄金协会发布“2014年度中国黄金前十名排行榜”，其中2014年度中国黄金十大产金县（市）分别为:山东省招远市、河南省灵宝市、山东省莱州市、福建省上杭县、陕西省潼关县、贵州省贞丰县、河南省嵩县、内蒙古自治区乌拉特中旗、云南省鹤庆县、内蒙古自治区敖汉旗。招远位居第一。

招远市连续3年获国家级科学技术奖励

2016年1月，山东玲珑轮胎股份有限公司获中国轮胎行业首个国家技术发明奖，其“节油轮胎用高性能橡胶纳米复合材料的设计及制备关键技术”项目获国家技术发明二等奖。这是继2013年招金集团“面向数字化采矿的软件关键技术及应用”项目和2014年省第六地质矿产勘查院“胶东金矿理论技术创新和深部找矿突破"项目获得国家科技进步二等奖之后，招远市科技战线获得的又一个国家级科技奖励。作为一个县级市，连续三年获得国家级科学技术奖励，在全烟台市唯此一家。

近年来，招远市积极鼓励扶持企业加大研发投入，注重人才培养和产学研合作，强化原始创新、集成创新和引进消化吸收再创新，出台一系列政策措施，一批具有较高的科技水平和较好的成果转化应用效果的科技成果脱颖而出。“十二五”期间，全市共获得烟台市级以上科技成果55项，其中国家奖3项、省奖16项、烟台奖36项，这些项目对推动招远科技进步、经济社会转调升级发挥了支撑引领作用。

玲珑轮胎折桂中国轮胎行业首个国家技术发明奖

2016年1月12日，在国家科学技术奖励大会上，山东玲珑轮胎股份有限公司获国家科学技术发明二等奖。“国家科学技术奖”是国务院设立的科技领域的最高奖项，包含“国家最高科学技术奖、国家自然科学奖、国家技术发明奖、国家科学技术进步奖、中华人民共和国国际科学技术合作奖”五大奖项。2010年，玲珑轮胎自主研发的“低断面抗湿滑低噪音超高性能轿车子午线轮胎”曾获“国家科技进步二等奖”，并同时获得石化联合会科技进步一等奖。国家技术发明奖的获得，是玲珑轮胎近年来第二次荣获国家级科技奖项，在奖项的科技含量和层次上再次实现重大突破。

此次获奖的“节油轮胎用高性能橡胶纳米复合材料的设计及制备关键技术”，解决了高含量纳米二氧化硅在橡胶中大规模混合时的纳米分散和界面化学缝合的难题，实现了胎面胶高节油、高抗湿滑、高耐磨和抗静电性能兼备的高要求，填补了国内空白，有利于将全国节油和安全性能兼备的轮胎技术推向一个新高度，也是玲珑轮胎在行业领域卓越技术能力的再一次印证。

全国义务教育发展基本均衡市

2015年3月，招远市被国务院教育督导委员会办公室评估认定为“全国义务教育发展基本均衡市”。近年来，招远市认真贯彻落实国家、省和烟台市教育规划纲要，坚持教育优先发展的战略地位，以“办人民满意的教育”为宗旨，以实现城乡教育均衡发展为目标，以实施学校办学条件标准化建设为抓手，立足实际、高点定位，突出重点、狠抓落实，不断加大教育投入，全市中小学校布局更加合理，办学条件显著提升，师资结构明显优化，学校管理日趋规范，城乡教育均衡发展，教育质量全面提高，人民群众对教育工作的满意度显著提升。

新招远汽车站投入运营

2015年4月12日，新招远汽车站投入运营。新汽车站位于招远市区天府路北首，玲珑路以南，占地面积5.5万平方米，是一个集长途客运、农村客运、城乡公交于一体的综合型客运枢纽，基本实现城际客运、城乡客运、城市客运无缝对接、零距离换乘。汽车站进站经营客运车辆385辆，日发班次837个，日均发送旅客1万人次，年旅客发送量360余万人次。合作重组，整合客运资源。强化绿色集约意识，在烟台交运集团与招远运输集团重组、合作运营的基础上，注册成立烟台交运金都运输有限公司，实现客运站场布局的优化和客运资源的优化整合。新组建的烟台交运金都运输有限公司是一家集道路客运、汽车站务、现代物流、旅游服务、汽车服务、校车服务、商贸经营于一体的综合型现代服务企业，是招远市道路运输龙头骨干企业。改造升级，完成新汽车客运站搬迁运营。按照国家一级汽车客运站标准对新汽车站规划设计，对候车大厅、办公楼、站前广场等进行高标准、现代化改造装修，配置设施、完善功能，顺利启用新汽车站。提档升级，达标一级客运站。新汽车站外观形象高端大气，站前广场和发车场面积开阔，长途和城乡两个候车区宽敞明亮，旅客进站购票、安检、候乘、检票乘车及车辆进站下客、安全例检、停车待发、签到报班、上位检票、出站检查等流程顺畅，站内候乘座椅、班次显示屏、购物超市等服务配套设施齐全，实现所有线路微机售检票和车辆进出站智能化管理。新招远汽车站各项软硬件设施均达到或超过国家一级客运站标准，顺利通过山东省交通运输厅组织的站级一级评定验收，取得一级客运站资质。便民为民利民，打造金都车站品牌。在提升硬件水平的同时，不断强化管控措施，优化作业流程，提升旅客满意度。按照“政府主导，企业运作，集约经营，公益运行”的原则，投资350万元，购置15辆公交车型投放招远——辛庄线路试点运行城乡客运一体化。在该线路原有2条线路的基础上，增加辛庄海滨度假村线路，日发班次56个，推行无人售票，执行2元、4元、6元票价，实现车辆档次更高、线路布局更优、平均票价更低、班次时刻更准的目标，市民出行更加便捷、实惠，受到市民一致欢迎和好评。

招金集团获全国黄金行业新闻宣传模范单位

2015年5月13～14日，2015年全国黄金行业新闻宣传工作会议在招远市招金舜和国际饭店隆重召开，全国黄金行业的200多名新闻宣传工作者与会。会议由中国黄金报社党委书记崔建国主持，招金集团董事长路东尚受邀出席大会并致辞，招金集团副董事长翁占斌作《中国传统文化视野下的现代企业管理》讲话。

大会宣读2014年度全国黄金行业新闻宣传先进集体和个人的表彰决定，同时公布中国黄金行业2014年度企业报好新闻和精品企业报的评选结果，招金集团获“2014年度全国黄金行业新闻宣传模范单位”，《招远黄金报》获“中国黄金行业十大精品企业报”，另有5名员工被评为“全国黄金行业新闻宣传先进工作者”。会上，“采金人”微信公众号开通，主要通过黄金人、黄金事、黄金情等栏目，向订阅用户推送黄金矿业资讯和企业文化方面的信息。

全国黄金行业新闻宣传模范单位是中国黄金报社年度最高奖项，招金集团连续多年“蝉联”新闻宣传模范单位称号，《招远黄金报》连续多年获得精品企业报称号，这是对招金集团新闻宣传工作的肯定，更是对进一步做好新闻宣传工作的鞭策。

中国·红富士苹果博物馆

中国·红富士苹果博物馆位于蚕庄镇，是一个红富士苹果主题博物馆。由蚕庄镇人民政府主建，2015年10月25日正式挂牌开馆。博物馆建筑面积1000

余平方米，分序厅、第一展厅、第二展厅、临展厅四部分。序厅主要展示红富士苹果和蚕庄镇的历史渊源。第一展厅主要以实景还原的方式展示果农的劳作场景及苹果树的四季形态。第二展厅主要通过实景和多媒体结合的手段，全面展示红富士苹果的起源与发展、苹果的主要品类、苹果的价值与文化和甜美蚕庄的苹果内涵。临展厅主要展示与红富士苹果相关的摄影、书画作品等。

蚕庄镇地处中国红富士之乡——招远市西部，是果业重镇。1980年7月，蚕庄镇河西王家村果树技术员王宝瑛从山东省果树所引进2根仅47个芽的红富士苹果接穗。这些接穗是省果树所从国家课题组申领到的。中国红富士苹果产业化种植正是从这47个接穗开始起步。王宝瑛创立的快速育苗技术，达到了全国领先水平，先后获得省科技成果二等奖、市科技成果一等奖，使红富士苹果得以在当地快速推广。1982年底，蚕庄镇河西王家村已出圃红富士苗5万余株。1983年春，蚕庄镇将红富士育苗基地扩大到68个点。1985年，全镇出圃红富士苹果苗2000万株。上海科学技术电影制片厂将此新技术制成科教片，在全国范围内放映。1985年，全市苹果面积发展到7053公顷，建成全国第一个红富士苹果生产基地。果业与黄金、粉丝产业并列成为招远三大经济支柱。1988年，招远红富士苹果被农业部命名为“名特优产品”。1989年，招远被确定为全国第一个红富士苹果生产基地。招远以科技为先导，大力推广果园覆膜、盖草套袋、壁蜂授粉、铺反光膜等新技术，努力提高果品品质，所产的红富士苹果色艳形正、口感清爽、汁多脆甜、久贮不绵、营养丰富。1994年11月29～30日，在全国新优果品评选中，招远市生产的红富士、陆奥、秀水苹果夺全国同类品种之魁。1994年后，在全国第一、二、三届农业博览会上，招远产“鲁冠”“招元”“富冠”牌红富士苹果先后获金奖。“招元”“鲁冠”“富冠”“国冠”“华泉”等品牌的果品先后被评为中国名牌产品。在1995年第二届中国农业博览会上，招远的苹果产品获果品金奖19枚，列全国县级市第一；其中蚕庄镇获金奖7枚，列全国镇（街道）第一；蚕庄镇前孙家村获金奖4枚，列全国村级第一。1995年3月，招远作为中国红富士苹果的最早繁育地和主产地，被首批百家中国特产之乡命名宣传活动组委会命名为“中国红富士苹果之乡”。2007年10月，“招元”“宏鑫”牌红富士苹果获中国优质苹果金奖，“联蕾”“宏鑫”牌红富士苹果获中国苹果著名品牌奖。2007年11月，招远被中国果品流通协会评为中国苹果产业优秀市。2008年，被中国果品流通协会评为全国“兴果富农”工程果业发展百强优质示范县（市）。2010年，“富冠”“招元”牌红富士苹果被中国果品流通协会评为“中华名果”。

中国·红富士苹果博物馆将作为2A级景区——金水湖生态观光园续建的重要项目，旨在充分挖掘总结红富士苹果发展的历史文化，形成红富士苹果品牌效应，从而扩大地区优质果品生产的知名度，促进果业销售，并延展乡村生态旅游业。蚕庄镇以红富士苹果文化节和苹果博物馆建设为契机，深入挖掘、充分利用好中国红富士原产地、雪龙黑牛养殖第一镇、亚洲最大屋顶光伏发电站、国家级垂钓基地等多项品牌优势和旅游元素，将雪龙黑牛万头牧场——金水湖生态观光园——千亩矮化苹果基地——第一株红富士“树王”——中国红富士之父王宝瑛故居——生态文明示范村等特色园区有机整合、有序串联，努力打造“甜美蚕庄美丽乡村一日游”观光带，培育更具正能量的优秀文化，提升农村文化建设的内涵和品质。

中国金都文化城

为了进一步传承弘扬招远人文精神，繁荣发展招远文化产业，招远经济技术开发区秉承“以文化为核心、文化商业互融共进”的理念，引导招远金街文化发展有限公司投资4000万元，规划建设中国金都文化城。文化城位于招远金街66号，建筑面积1万平方米，包括书画交流创作、金银文化、楠木博物馆、公益书院和民间工艺等业态。

中国金都文化城主要引进了“中国金都大学堂”暨新罗峰书院、金银工艺博物馆、金丝楠木博物馆、1个展览馆、2个美术馆、1家白银商会及书画等50余家文化创业商户。中国金都文化城于2015年1月投入前期运营，7月1日正式开业，已成功举办包括江苏画院姜永安和南京艺术学院秦修平“汲古六人”、中国艺术研究院迟京丞和中央美术学院罗翔“临月听风”、天津美院刘庆扬“院体细笔”、国家艺术研究院王跃奎“云林太极”、中国艺术研究院王跃奎“云林太极”画展及天津青年画家陈樞“又见东风”等高规格画展20多次。

招远金银工艺博物馆

招远金银工艺博物馆位于中国金都文化城，是一家以介绍金银历史文化展示金银器加工工艺为主的专题性博物馆，并经省文物局批准正式设立，于2015年7月1日正式开馆。

招远金银工艺博物馆的创建，旨在发展金银工艺文化产业、振兴金银工艺、促进金银产业升级发展，为招远特色文化增添厚重的一笔，同时填补招远金银工艺文化的空白。博物馆深入发掘金银工艺精华，推动招远金银工艺、金银加工产业发展，收集、收藏、保护金银工艺历史文物，让观众领略金银文化、金银工艺及金银产业魅力。

青龙湖知青文化产业园

青龙湖知青文化园位于招远市夏甸镇，是一家集知青文化研究、新型农业种植、科普宣传教育、旅游休闲度假等于一体的综合性园区，该园占地面积73.33公顷，设青龙湖知青博物馆、青龙湖香草园、青龙湖水上乐园三大景观区。青龙湖香草园又称“百草园”，“世纪”（烟台）香草科普园，“百花园科普休闲园”“百花科普采摘园”“普罗旺斯风情园”“欧陆风情玫瑰园”、芳香植物体验馆等六大景区的景点建设已初具规模，湖水清澈、沿边绿树成荫，花草遍地、水果飘香，是夏天人们避暑纳凉的理想去处，被誉为“天然氧吧”。青龙湖水上乐园——打造本土的水上游乐休闲新舞台，以风靡欧美、日韩等众多国家和地区的水上主题乐园为核心，以游泳、嬉水、探险、冲关、游乐感文化为主题，是成人和青少年儿童理想的避暑胜地。

青龙湖知青博物院源于20世纪六七十年代知青下乡聚集的“青年园艺场”，景区保留当年青岛知青居住地、知青水库、知青林等遗址遗貌，先后有159名知青在此居住。2013年，烟台青龙湖旅游开发有限公司投资1.2亿元，开始进行修复开发梳理，2015年开馆运营。以供世人传承知青文化、弘扬知青精神、了解知青历史、参观游览，体验当年知青农耕生活，是全省发现的唯一保留的知青大院以及青年文化最大的最完整的聚集地。

大型实景《金山佛谕》盛大开演

2015年8月25日，由昌林山水文化产业（招远）有限公司携手山水盛典文化产业有限公司共同打造的大型山水实景演出《金山佛谕》，在招远罗山国家森林公园剧场正式公演，这标志着中国首部以黄金文化为主题的大型实景演出正式拉开帷幕。

中共招远市委、市政府为贯彻落实“文化强市”战略，深入挖掘和弘扬招远传统黄金文化，促进黄金文化旅游繁荣发展，于2013年开始策划创作一部以传统黄金文化为题材的大型山水实景演出，并将其列为市级重点文化产业建设项目。之后，专门组建团队，赴国内有关地区考察学习，与顶尖创作团队进行接洽，最终确定由昌林山水文化产业（招远）有限公司携手山水盛典文化产业有限公司共同打造大型山水实景演出——《金山佛谕》。

《金山佛谕》大型实景演出项目于2013年底正式启动，项目总投资3.5亿元，2014年上半年完成剧本创作，2015年初完成主体工程建设，8月25日正式首演，其投资之大，建设周期之短，质量之高，在全国同类项目中居领先水平。为加快项目推进速度，市委、市政府明确由一名市级领导牵头，负责项目的总体策划、统筹协调和督促指导，各相关部门和单位通力合作，上下联动，有效解决了项目建设中有关土地批复、配套设施建设、后勤保障、路线规划、居民安置等一系列问题，为项目的顺利推进提供了有力保证。

该剧目由中国实景演出创始人、山水盛典文化产业有限公司董事长梅帅元负责总体策划并领衔创作。以招远古代传统黄金文化为主题，共分四幕五个篇章，讲述了古代招远以淘金为生的主人公栓柱与杏花历经生死感人肺腑的爱情故事以及以栓柱、宝儿为代表的采金人的坎坷命运。演出以招远罗山原始地貌景观走势为背景，汲取招远历史脉络与黄金文化元素，运用现代的声、光、电和舞美制作技术以及大规模的演员阵容，全方位展现了黄金文化的独特价值和精深内涵，创作出一幅美轮美奂的画面意境，使观众体验到从未有过的视听感受，饱享震撼心灵的视听盛宴。《金山佛谕》规模宏大、编排精美，填补了胶东半岛大型山水实景演出的空白，也是中国首部黄金题材的大型实景演出。其正式公演和运营，必将进一步提升金都招远的知名度和美誉度，有力推动招远文化旅游业发展。

为扩大实景演出影响，中共招远市委宣传部牵头对演出活动进行大规模集中宣传报道。公演之前集中造势。组织市电视台、《今日招远》对实景演出进行全方位跟踪报道，邀请上级重点媒体到招进行实地采访，对实景演出的主题、时间、创作和筹备等情况进行宣传。同时，充分利用新兴媒体平台开展宣传推介。在“金都招远”微信平台制作了5期专题推送，关注量达1万多次；积极在各大论坛、贴吧发帖，吸引网民参与，短时间内迅速形成热点，引发了社会各界的强烈关注，为《金山佛谕》的成功首演营造了浓厚的舆论氛围。首演当天，邀请新华社、中新社、《大众日报》、山东电视台、《烟台日报》、烟台电视台等中央、省、烟台市级主流媒体26名记者现场采访报道，第一时间为民众播报首演盛况，对演出的舆论评价和社会反响等进行深入跟踪报道，形成持续轰动效应，扩大了其影响力。山东电视台新闻联播、民生直通车栏目以及烟台电视台新闻节目第一时间播报相关新闻，《烟台日报》发表《魅力罗山山水盛典》稿件，对首演情况进行大篇幅报道。新华社、中新社、《大众日报》、山东电视台、《烟台日报》、烟台电视台等市外传统主流媒体已发稿50余篇，新浪、搜狐、网易等国内知名网站纷纷给予转载转发，有力提升了实景演出的知名度和影响力。

招远市获山东省第四届“文明城市”

2015年2月，中共山东省委、省政府发文表彰第四届省级文明县（市、区），招远市荣膺第四届省级文明城市称号。2013年以来，招远市提出“美德金都”的道德建设理念，着力构建道德教育、实践、示范三大体系，实现道德建设的系统、长远发展，有效提升广大市民的道德素质。自“美德金都”活动开展以来，城乡精神文明建设发展同步性更强。志愿服务活动实现常态化、规范化和信息化，全市800多支志愿服务队的6万余人，年开展活动达1000余次。典型宣传实现历史性突破，刘盛兰老人当选2013年度“感动中国”人物，近期又被提名全国道德模范候选人。金都好人评选表彰引领社会正能量，共评选出金都好人56人，金都楷模30人。基层业余文化生活更加丰富，年送戏下乡200余场，送电影下乡9000余场。大力开展主题节日活动，全市节日氛围更加浓厚，祭祀陋习全面改除。深入开展“和谐交通”建设活动，推进交通法规“进社区、进农村”，交通事故率稳步下降；开展“金都文明旅游”活动，针对外出旅游游客，进行文明旅游知识宣传教育，引导广大游客尊重当地的风俗习惯，树立良好的文明形象，共发放文明旅游明白纸3000余份。

一座城市没有精神，就没有灵魂，城市精神是一种文明素养和道德理想的综合反映，是城市市民认同的精神价值与共同追求。城市精神对城市的生存与发展具有巨大的灵魂支柱作用。为寻找城市精神，招远市在全市组织开展招远精神大讨论活动，进行招远精神征集、研讨等一系列活动，从不同侧面，不同层次就招远精神与时代精神如何更好地结合进行广泛深入的讨论和诠释。“招携怀远、务实创新”的城市精神的选定，对外树立了招远市良好形象，对内进一步提升了57万招远市民的凝聚力和向心力，使全市以招远精神为指引，凝心聚力共谋发展。并以此为契机，先后组织开展“城市形象歌曲征集传唱”“践行城市精神演讲大赛”等4个主题鲜明、寓教于乐的宣传教育活动，引导全市广大干部群众深刻领会招远精神的丰富内涵和精神实质，进一步增强了干事创业、奋发有为的自觉性和责任感。

长期以来，招远市高度重视乡村文明行动及文明单位、文明村镇、文明社区评选表彰活动，为省级文明城市创建奠定良好基础。近年来，招远市以村容村貌、村风民俗、乡村道德、生活方式、平安村庄、文化惠民“六大建设”为基本内容，以“规划先行、统筹城乡”为根本原则，深入推进乡村文明行动。自2011年以来，累计投入专项资金3.6亿元，引导和鼓励社会资本260亿元投入农村发展。2015年，蚕庄镇被评为第四届全国文明村镇，成为招远市历史上的一个新突破。同时，招远市还建设了4个省级乡村文明行动特色示范镇、22个省级乡村文明家园、100个市级乡村文明行动示范村。2014年7月14日，省乡村文明行动第三次现场推进会议将招远市作为现场观摩点，与会各级领导对招远市工作给予高度好评。招远市制定出台《招远市文明单位建设管理办法》，进一步严格评选标准，规范申报程序，明确文明单位奖惩，加强文明单位管理，为文明城市的创建提供有利条件，文明单位、文明村镇、文明社区建设更加规范化、常态化。2015年，全市烟台市级以上文明单位74个、文明村19个、文明镇4个，文明社区1个。

非物质文化遗产项目

国家级非物质文化遗产项目

一、黄金溜槽堆石砌灶冶炼技艺项目。

招远市黄金生产历史悠久，黄金溜槽堆石砌灶冶炼技艺是招远人民发明创造并传承使用逾千年的文化遗产。史料记载，早在宋朝招远人就发明创造了黄金溜槽堆石砌灶冶炼技艺。这一传统技艺采用铁锤、石臼、石磨、石碾、溜槽、簸箕、陶尊（或坩埚）为工具，由手工操作的破碎、碾磨、拉流和熔炼等工序组成，自宋、元、明、清到新中国成立至今，这一技艺对招远及全国的黄金生产起到了巨大的促进作用。现代黄金生产技术的所有原理均来自传统技艺，保护、传承这一传统技艺不仅对当今黄金生产技术仍有较大的科研指导价值，而且有重要的历史、文化和经济价值。

二、龙口粉丝传统制作技艺项目。

此技艺是招远人民发明创造并传承了300余年的中国民间优秀传统手工生产技艺。龙口粉丝传统制作技艺具有显著的特点，一是历史悠久，口头传承；二是工艺精湛，要求极高；三是原料上成，环境极佳。龙口粉丝传统制作技艺分推粉、漏粉和晒粉三个手工操作过程，由烫豆、磨浆、过滤、取粉、打糊、采芡、漏粉、理粉和晒粉等十几道有着严格标准的工序组成。招远市是“龙口粉丝”的发源地和全国最大的生产基地。2004年9月，招远市被中国农学会授予“中国粉丝之都”称号。因此，龙口粉丝传统制作技艺不仅对当今粉丝生产还有很大的科学指导价值，而且具有很高的历史、文化和经济价值。

拉流

磨浆

传承人王金勇

传承人郭兰堂

烟台市级非物质文化遗产项目

一、玲珑的传说故事简介。

玲珑山形成的传说故事，在招远源远流长，是招远人民经过千锤百炼而流传下来的集体智慧结晶，具有广泛的群众性和民间传承性。玲珑的传说故事多是由以黄金为主要线索的一个个脍炙人口的传说组成。如《太阳升起的地方》讲述的是黄金如何在玲珑山形成和被发现的；《半仙洞的故事》讲述了全真道长因徒弟偷吃自己得到的仙参，未能升天成仙而去，而徒弟后来为救众生不惜自己的生命，并染石成金；《挂锣橛的传说》讲述的是观音显灵，在地震前敲响金锣挽救了采金人的性命。《金钥匙的故事》讲述了一个贪心的传教士被永远关在黄金宝殿的故事等等。这些传说故事经过历朝历代的流传，不断地得到丰富完善，形成了玲珑山独特的黄金文化景观。保护和传承这些传说故事，不仅为全社会提供了进行真、善、美荣辱观和创建和谐社会教育的生动题材，也促进招远经济、文化的建设和发展。

挂锣橛

觉观

二、秃尾巴老李的传说简介。

大部分学者及传承人认为该故事起源于宋代，形成于元代。是一部比较完整的深深扎根于民间、富有地方特色的神话传说，故事情节由黑龙降生、黑龙断尾、黑龙学艺、黑龙除恶、黑龙报恩、龙尾成金六部分组成。保护、挖掘、整理和开发这一传说，对促进我国民间文学的发展具有积极意义。秃尾巴老李的艺术形象，深为广大人民群众喜爱，它突出地表达了人民群众的精神、信仰和价值取向，保护、传承这一传

产龙洞

玉姑庙遗址

说对促进两个文明建设，弘扬优秀民俗文化，构建和谐社会将起到重要作用。秃尾巴老李的故事深深扎根于招远，并与招远民间文化发展密切相关，尤其是与招远积极拉长黄金产业链，开发黄金文化经济有直接关系。因此，保护、传承这一传说并将其推向市场，对当地经济的发展具有很大的促进作用。

三、招远剪纸简介。

《招远县志》（清顺治、道光本）记载，剪纸在清顺治年间（十七世纪中期）招远民间就十分普及。据《招远市志》记载："招远民间素有剪纸习俗，春节贴窗花早在清代就很盛行。"勤劳质朴的招远人民创造了朴实无华的民间艺术——招远剪纸（烟台剪纸）。剪纸作品多以美化生活、憧憬未来、增添节日气氛为主要表现内容，大自然的花鸟鱼虫、飞禽走兽、历史神话故事、生活中的人物，均可剪可裁。

招远剪纸形式多样，包括窗花、窗裙、喜花、顶棚花、门笺、纸盒子花、笸箩花、炕边花、斗花等等，具有浓郁的地方特色。招远剪纸的技法多样，撕、印、剪、抠、贴、染等环节很是讲究，要求齐、均、密、放、意、神，达到剪剪精到，得意传神，具有很高的历史价值、实用价值和艺术价值。

剪纸

传承人李瑞欣

四、招远柳编简介。

编结

地下作坊

招远柳编分两大类：一是白条货（条子去皮的），二是黑条货（未去皮的）。所用的原料一般是柳条，也可用荆条、桑条等。据《招远县志》（清顺治、道光本）记载："今人取其细条，火逼令柔屈作箱箧。"指的便是柳编技艺，说明招远柳编在清顺治年间（十七世纪中期）民间就已盛行，距今400余年。清末，招远柳编进入飞速发展阶段。1950年前，《招远县志》（1990年本）描叙："县内编织业比较发达，主要产品有条货、笸斗、席子、蒲草乾鞑子、草帽辫，其中条编业最盛。"20世纪30年代，编制白条货的主要有大转山堡、小转山堡等村，每年约产1.7万件。埠后、单家等村编制的笊篱、篓子，转山堡（大、小转山）、原家等村编制的笸箩、簸箕，全省闻名。20世纪80年代，条编业恢复发展，除传统的产品外，果筐生产兴盛。

招远的民间柳编技艺，形式多样，用途广泛，柳编制品多用于日常生活和生产劳动，好的作品能为生活增添乐趣，美化环境。

五、水盘芝麻糖传统手工生产技艺简介。

芝麻糖起初叫“麦芽糖”，是以大麦的新芽为主要原料做成的。据《招远县志》记载，自19世纪20年代，招远人就开始利用大麦、黄米为原料做糖稀。后来，勤劳智慧的辛庄镇水盘村人民研发了制作芝麻糖的技艺，即“水盘芝麻糖传统手工生产技艺”。经过近2个世纪的传承演变，这一技艺业已成熟，水盘村生产的芝麻糖最为有名。随着该技艺不断地发展和传承，20世纪80年代初该产业最为鼎盛，据《招远市志》记载：1983年后，水盘村芝麻糖加工业发展较快，全村作坊发展到了90多个，产品销往周边省市以及北京上海等大城市。“水盘芝麻糖传统手工生产技艺”分为8个步骤：发酵，熬糖，炒糖，抻糖，割糖，粘芝麻，包装等。该技艺历史悠久，操作讲究，具有很高的历史价值。芝麻糖营养丰富，富含人体所需的多种氨基酸、谷氨酸，具有免疫调节的功能，有延年益寿之功效，具有很高的营养价值。水盘芝麻糖无论在城市还是乡村，它既是日常生活食品，又是喜庆、寿庆供品，具有广泛的市场基础和较高的经济价值。

粘芝麻

水盘芝麻糖传统手工生产技艺传习所

六、明通万应膏药制作技艺简介。

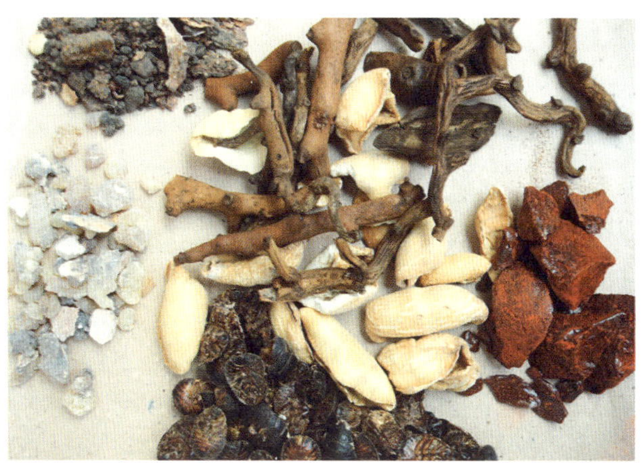

中草药材

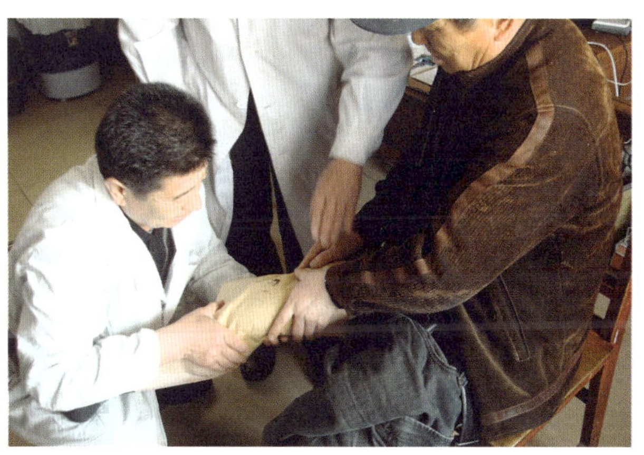

传承人曲明通

曲氏家族世代生活在招远市金岭镇北水口村，百余年来一直坚持行医、接骨、熬膏药。“明通万应膏药制作技艺”吸收了各家之精华，经过曲氏家族五代人研制而成的医骨膏药的技艺。“明通万应膏药”属中药类，由48味名贵中草药精料经过严格的工序熬炼而成的，主要成分有川穹、龟甲、龙血竭、土元等。“明通万应膏药制作技艺”流程共分八步：一是选药材，二是制膏油，三是炒丹，四是炼油，五是下丹，六是去火毒，七是摊膏药，八是加细药。每道工序的技术要求非常严格，有着独特的配药比例和熬炼秘诀，而且上药必须由他本人操作。“明通万应膏药”易敷用，疗效好，有活血化瘀、消肿祛痛、强筋壮骨的功效。主要治疗颈椎病、腰椎间盘突出、骨质增生、骨刺、风湿股骨头坏死、骨折骨伤、跌打损伤等多种骨病。治疗时不仅大大缩短了治疗周期，而且药到病除、无副作用、无反复、不留后遗症，是药效极佳的医骨膏药。“明通万应膏药制作技艺”具有重要的实用价值、文化价值和科研价值。

招远市非物质文化遗产项目保护传承状况一览表

序号	项目类别	项目名称	保护单位（保护基地）	项目级别	公布时间	传承人（标注级别）	公布时间
1	传统技艺	黄金溜槽堆石砌灶冶炼技艺	招远市阜山镇九曲蒋家村委	国家级	2008.05	王金勇（国家级）	2009.05
2	传统技艺	龙口粉丝传统手工生产技艺	招远市烟台双塔食品股份有限公司	国家级	2014.11	郭兰堂（省级）	2007.06
3	传统美术	烟台剪纸	招远市玲珑镇欧家夼村委	市　级	2010.10	李瑞欣（市级）	2011.03
4	民间文学	秃尾巴老李传说故事	招远市文联	市　级	2006.10	李日君（县级）	2006.08
5	民间文学	玲珑的传说故事	招远市文联	市　级	2006.10	李日君（县级）	2006.08
6	传统技艺	胶东传统编结技艺	招远市大秦家街道小转山堡村委	市　级	2010.10	陈学增（市级）	2011.03
7	传统技艺	水盘芝麻糖传统手工生产技艺	招远市辛庄镇水盘村委	市　级	2013.11	刘耀进（市级）	2014.06
8	传统医药	明通万应膏药制作技艺	招远市益生堂大药房	市　级	2013.11	曲明通（市级）	2014.06

（供稿：王全志）

招远是龙口粉丝的发源地和主产地。传统的龙口粉丝生产以纯绿豆为生产原料，已有300多年的生产历史。1800年（清嘉庆五年），北里庄村民开设专以绿豆为原料的粉丝作坊，此后绿豆粉丝生产迅速在招远北半部普及。1859年，“洪泰福”在招远南部重镇毕郭设立分号，带动了招远南部的粉丝生产，并带动邻近县市的粉丝生产。1860年，徐氏粉庄在香港合设“洪泰”经销店，收购招远所产粉丝，改由龙口港装船外运，为区别烟台杂乱的粉丝，将包装物上标以“龙口粉丝”“招远基本地”字样，“龙口粉丝”由此得名。20世纪20～30年代，招远粉丝生产和销售达到鼎盛时期。1934年，《中国实业志》载：“粉丝业为鲁省特产……招远所产，尤为著称，据专业者统计，该县百分之六十的农户与粉业有关，每年输往上海、宁波、厦门、香港、九龙、新加坡等处，占龙口粉丝出口额的百分之七十。……唯招远所产，原料最纯，为商贩所信任。”当时，招远的粉丝生产数量，相当于山东其他各县生产数量的总和。由于龙口粉丝久负盛名，新中国成立后山东外贸部门一直沿用此品名出口，使龙口粉丝成为山东粉丝出口共有的品名，但招远一直为龙口粉丝最大的生产基地。1978年后，招远粉丝生产规模不断扩大，综合效益持续增长。1992年，年总产量5万吨以上，总产占全国的70%、全省的80%。2002年，全市粉丝生产企业153个，年产粉丝13万吨。2016年，全市粉丝总产量56万吨。

招远所产的龙口粉丝，丝条细匀，光纯透明，质地韧柔，食用爽口，具有清热、消暑之功能，先后获省优、部优、国优和国家质量金奖、中国农业博览会金奖、国优产品复核金奖。销往世界50多个国家和地区，赢得“玻璃面条”“龙须”“春雨”等美称。

2002年9月，中国农学会授予招远市“中国粉丝之都”称号。

大 事 记

1 月

5日 《预算法》法制讲座在市金都宾馆举办。中央财经大学财政学院院长、博士生导师马海涛作《预算法》专题法制讲座。

是日 全市群众满意度测评工作部署会议在市金都宾馆召开。会议对群众满意度测评工作进行安排部署。

6日 全国安全生产电视电话会议召开。招远市在市联通公司设分会场组织收听收看。

7日 全市领导干部会议在市金都宾馆举行。会议分两个阶段进行：第一阶段，对全市领导班子和领导干部进行年度考核。会议由市委副书记杨波主持，市委书记、市人大常委会主任张伟，市委副书记、市长王光耀分别作党政领导班子工作总结和个人述职述廉报告，与会人员对市级领导班子年度发挥职能作用情况和领导干部年度履行岗位职责情况进行民主测评、民主评议。第二阶段，干部选拔任用工作“一报告两评议”。张伟代表市委常委会向全委（扩大）会报告2014年度干部选拔任用工作情况，与会人员对干部选拔任用工作进行民主评议。

是日 省安全生产应急救援指挥中心副主任杨继栋一行，到招对金都矿山救护队进行标准化复核。

9日 中国银行山东省分行行长陶以平等一行在烟台市政府副市长张广波陪同下，到招就加大对企业业务支持力度和加强双方合作进行调研。

13日 中共招远市委书记、市人大常委会主任张伟在市委401会议室主持召开群众满意度测评工作专题调度会议。

是日 烟台市2014年执法监督检查和土地变更调研小组一行，到招调研执法监督检查和土地变更工作。

14日 全市安全生产工作会议在市金都宾馆召开。会议简要回顾2014年全市安全生产工作，对2015年安全生产工作进行安排部署。市委副书记、市政府市长王光耀作讲话。

15日 全市2014年工作情况通报会在市金都宾馆召开。会议由市委副书记、市长王光耀主持，市委书记、市人大常委会主任张伟向老干部通报2014年全市工作情况。

是日 中共招远市委副书记、市长王光耀在市政府第一会议室主持召开市十七届人民政府第二十七次常务会议。会议对领导干部离任经济责任事项交接办法、政府投资项目审计监督办法、审计结论落实办法、2014年计划执行情况和2015年主要预期指标安排、2014年财政预算执行情况和2015年财政预算草案编制情况、《政府工作报告》和2015年政府工作要点等有关议题进行讨论研究，并对烟台科学发展综合考核、全年重点工作、安全生产工作、护林防火工作、城乡环境综合整治、保障节日市场供应和食品安全、作风建设、岁末年初各项会议等市政府重点工作进行安排部署。

·中国农业银行股份有限公司烟台市分行一行，到招山东玲珑轮胎股份有限公司就企业上市涉及的资金归集、IPO进程、企业集团授信和中亚轮胎实验场项目贷款等银企合作事宜进行走访调研。

20日 烟台市统计局一行，到招调研2014年经济工作科学发展运行情况。

21日 2014年镇（街道）党（工）委书记和经济技术开发区主要负责人抓基层党建工作述职评议会议在市金都宾馆召开。会议由市委书记、市人大常委会主任、市委党建工作领导小组组长张伟主持，各镇（街道）党（工）委书记、经济技术开发区主要负责人逐人讲述本人2014年度履行第一责任人职责抓基层党建工作的成效、存在问题及原因分析、下步工作打算，烟台市委组织部副部长高君勃和张伟分别作讲话。会议对镇（街道）党（工）委书记和经济技术开发区主要负责人抓基层党建工作情况进行投票评议。

是日 山东工商系统市场主体发展检查调研组一行，到招调研市场主体发展情况。

22日　全市领导干部会议在市金都宾馆召开。

是日　中共招远市委书记、市人大常委会主任张伟在市金都宾馆主持召开十三届市委第50次常委会议。会议听取并讨论通过市人大办公室关于《招远市第十七届人民代表大会第四次会议筹备情况》和市政协办公室关于《政协第九届招远市委员会第四次全委会议和政协工作会议筹备情况》、市发改局关于《2014年计划执行情况和2015年主要预期目标安排的建议》、市财政局关于《招远市2014年财政预算执行情况和2015年财政预算草案编制情况》、市委办公室关于《招远市2015年工作要点（讨论稿）》起草情况和《市委常委班子教育实践活动整改落实“回头看”工作自查情况》、市委统战部关于《2014年统战工作情况》的汇报，对2名拟作为招远市技工学校领导班子副职人选考察对象进行研究讨论；听取并表决通过市委组织部关于《部分党组织和党组设置意见、市政府职能转变和机构改革涉及的干部调动任免意见》的汇报。

·全市招商引资工作调度会议在市金都宾馆召开。会议传达烟台市招商引资工作会议精神，听取各镇（街道、区）、相关部门和集团公司2015年招商引资具体工作计划汇报，对全市2015年招商引资工作进行安排部署。中共招远市委书记、市人大常委会主任张伟，市委副书记、市长王光耀分别作讲话。

23日　烟台市农工办一行，到招调研生态文明乡村建设情况。

是日　全省免疫规划疫苗接种率现场调查招远考核组组长、省疾病预防控制中心副主任徐爱强一行，到招调查儿童八苗全程接种率。

·中国航天三江集团公司民用产业部调研员田秀巍一行，到招考察新能源汽车发展情况。

23～25日　中共中央政研室办公室处长高洪禄等一行，到招调研古村落保护及经济社会发展情况。

26日　全市专职村（居）委会主任培训班开班仪式在市委党校举行。

26～27日　韩国斗山电子公司覆铜板事业本部部长曹成一一行，到招山东金宝电子股份有限公司参观考察，并洽谈高端柔性覆铜板和铜箔供应等项目合作事宜。

27日　省文明办副主任宫松章等一行，到招对城乡环卫一体化情况进行暗访。

是日　中共招远市委书记、市人大常委会主任张伟在市委第一会议室主持召开有关工作专题调度会议。

27~29日　中国供销(海南)实业发展有限公司董事长杜玉宽等一行，到招探讨项目土地预付款等事宜。

28日　预备役226团党委全体（扩大）会议在市金都宾馆召开。会议分两个阶段进行：第一阶段，预备役226团副团长、招远市政府副市长赵曙光宣读师以上和团年度表彰奖励通令通报，对先进单位和先进个人进行表彰，预备役226团第一政委、中共招远市委书记、市人大常委会主任张伟作讲话。第二阶段，传达济南军区、省军区党委全体（扩大）会议和师党委全体（扩大）会议精神，第一政委张伟、政委杨国安，团长李铁民分别作讲话。

是日　省海洋与渔业监督监察总队第五支队政治委员王宏铭一行，到招检查海上安全生产工作。

29日　全市“第一书记”暨后进村帮扶工作会议在市金都宾馆召开。会议表彰先进单位和个人，总结选派“第一书记”和后进村帮扶工作，对新一轮选派和帮扶工作进行动员部署。

是日　烟台市政协副主席、烟台银行股份有限公司董事长叶文君等一行，到招调研营业网点建设情况。

30日　烟台市农业机械管理局一行，到招督导检查农业机械安全工作。

是日　省航空护林站站长任方喜一行，到招检查森林防火工作。

2 月

1日　省水利工程管理局一行，到招对金岭中型水库申报的省一级水利工程规范化单位进行现场考核验收。

2日　政协第九届招远市委员会第四次全委会议在市影剧院开幕。会议通过九届四次全委会议议程和日程，市政协主席林建东代表市政协九届常委会作政协工作报告，市政协副主席王建春代表市政协九届常委会作关于九届三次会议以来提案工作情况的报告。

3日　招远市第十七届人民代表大会第四次会议第一次全体代表会议在市影剧院召开。会议由中共招远市委书记、市人大常委会主任张伟主持，市委副书记、市长王光耀作市政府工作报告，市人大常委会党组书记、第一副主任徐林宏作市人大常委会工作报告，市法院院长彭桂东作市人民法院工作报告，市检察院检察长王嘉林作市人民检察院工作报告；会议通过选举办法，审议通过市发改局提交的《关于招远市2014年国民经济和社会发展计划执行情况与2015年计划草案的报告》和市财政局提交的《关于招远市2014年财政预算执行情况和2015年财政预算草案的报告》。

是日 政协第九届招远市委员会第四次全委会议在市影剧院闭幕。会议由市政协主席林建东主持，会议通过有关人事决定；审议通过选举办法、监票人和计票人名单，补选市政协常务委员会委员；听取和审议通过提案审查委员会关于大会期间提案审查情况的报告；审议通过大会决议。

·全市政协工作会议在市影剧院召开。会议由市政协主席林建东主持，市委副书记杨波宣读《中共招远市委、政协招远市委关于表彰政协工作先进单位、政协工作先进个人、先进政协议政组、优秀政协委员、优秀提案、提案承办先进单位的决定》，市委书记、市人大常委会主任张伟作讲话。

4日 招远市第十七届人民代表大会第四次会议第二次全体代表会议在市影剧院召开。会议由市人大常委会党组书记、第一副主任徐林宏主持，市人大常委会副主任滕军胜作议案审查报告，市人大常委会党组成员王晓君作预算审查报告，会议表决大会的各项决议，宣布选举结果。

是日 中共招远市委书记、市人大常委会主任张伟在市委第一会议室主持召开十三届市委第51次常委（扩大）会议。会议通报市委常委班子教育实践活动整改落实情况，各常委汇报交流个人整改措施。

·国家审计署驻济南特派员办事处计算机审计处一行，到招延伸审计春雨集团蓝黄专项资金使用相关情况。

5日 中共招远市纪委十三届六次全体会议在市金都宾馆召开。会议分两个阶段进行：第一阶段，会议由市委常委、纪委书记张烟航主持，市委书记、市人大常委会主任张伟与泉山街道等6个单位主要负责人签订《党风廉政建设重点任务目标责任书》，并作讲话。第二阶段，会议传达十八届中央纪委五次全会、省纪委十届六次全会精神和烟台纪委十二届七次全会精神，市委常委、纪委书记张烟航作工作报告。

是日 省统计局副局长刘兴慧一行，在烟台市统计局局长李广陪同下，到招调研2014年经济社会发展运行情况。

·中共招远市委副书记、市长王光耀在市政府第一会议室主持召开市十七届人民政府第二十二次市长办公会议。会议对市政府领导班子成员分工调整情况进行通报，并对做好烟台市科学发展综合考核、谋划好全年重点工作、加强春节期间安全生产和护林防火、开展春节期间走访慰问和群众路线教育实践活动整改落实情况“回头看”活动、严格执行有关规定廉洁过节等市政府当前重点工作进行安排部署。

6日 省供销社巡视员一行，到招对供销社综合改革试点工作进行实地评估调研。

9日 全省维护稳定工作电视电话会议召开。招远市在市联通公司设分会场组织收听收看。

是日 烟台警备区参谋长徐荣刚等一行，到招参加武装部主官交接仪式。

11日 国家安全生产监督管理总局召开全国非煤矿山安全生产工作视频会议，市委副书记、市长王光耀在省安全生产监督管理局分会场参加会议，并代表招远市就开展非煤矿山攻坚克难工作情况作发言。

12日 中共招远市委副书记、市长王光耀，市政协主席林建东，市委副书记杨波在有关部门负责人陪同下，到市军队干休所走访慰问。

是日 中共招远市委副书记、市长王光耀，市委副书记杨波，市政府副市长赵曙光在有关部门负责人陪同下，到市武装部、预备役226团走访慰问。

·中共招远市委副书记杨波在有关部门负责人陪同下，走访慰问温泉街道王家大沟村新中国成立前入党的老党员王玉章、老干部王德福，全国公安系统二级英模崔日臣。

·中铁十局集团有限公司董事长、党委书记杨兰松一行，到招洽谈科技孵化中心和文化中心合作项目有关事宜。

13日 中共招远市委书记、市人大常委会主任张伟在有关部门负责人陪同下，走访慰问市老干部休养所老干部、农村信用社全国劳模姜淑芳、金都百货特困职工吕吉忠、齐山镇道西村优抚对象齐学法、大尹格庄村新中国成立前入党的老党员孙芝香。

是日 中共招远市委书记、市人大常委会主任张伟在市委小会议室主持召开责任制考核专题调度会。

·中共招远市委副书记、市长王光耀在市金都宾馆主持召开市十七届人民政府第二十八次常务（扩大）会议。会议对2014年安全生产情况和安全生产警示分析报告、全市畜禽养殖业污染减排等有关议题进行讨论研究，并严格落实上级各项部署要求和重要会议部署、提前筹备好“项目开工月”和开展城乡环境综合整治活动、做好节日招商和要素供应、做好相关领导小组调整、护林防火、严格执行各项规定廉洁过节，以及统筹做好走访慰问、文件清理规范工作，对相关会议筹备等工作进行安排部署。

15日 中共烟台市委常委、统战部长、政法委书记程德智一行，到招玲珑镇走访慰问新中国成立前入党的老党员王新英、生活困难党员高天会、生活困难群众吕希英。

是日 中共招远市委书记、市人大常委会主任张伟在市委第一会议室主持召开十三届市委第52次常委会议。会议听取并讨论通过市人力资源和社会保障局关于《2014年度机关事业单位工作人员考核情况》、市编委办关于《2014年度事业单位绩效考核工作情况》、市考核办公室《关于2014年度岗位目标责任制考核情况》的汇报，书面传达烟台市宣传文化工作会议和文化体制改革会议精神、烟台市统战工作座谈会议精神及贯彻落实意见。会议对全市2014年工作进行简要总结，并对春节前后的有关重点工作进行安排部署。

·清理规范税收优惠政策情况调度会在市政府第一会议室召开。会议由市委副书记、市长王光耀主持，会议对税收优惠政策清理规范工作进行调度，对下步工作进行安排部署。市委常委、市政府常务副市长郝永平，市政府副市长谭克良分别作讲话。

25日 全市工作总结表彰暨经济工作会议在市金城温泉大酒店召开。会议由市委副书记杨波主持，市委常委、市政府常务副市长郝永平宣读《中共招远市委、招远市人民政府关于表彰2014年度全市先进集体和先进个人的决定》，市委书记、市人大常委会主任张伟，市委副书记、市长王光耀分别作讲话。

3 月

3日 市政府廉政工作会议暨市政府全体会议在市金城温泉大酒店召开。会议传达学习各级重要会议精神，对抓好政府系统廉政建设、狠抓工作落实和做好政府各项工作进行全面部署。会上，市政府与各镇（街道、区）、有关部门和单位签订《2015年度人力资源和社会保障目标责任书》《2015年度招远市环境保护工作目标管理责任书》《2015年度招远市道路交通安全目标管理责任书》和《2015年度消防安全工作目标责任书》。市委副书记、市长王光耀，市委常委、市政府常务副市长郝永平，市委常委、副市长王浩，市政府党组副书记王晓华、张永祥，副市长谭克良、邹德宝、王秀姬、赵曙光分别作讲话。

6日 全市金融工作调度会议在市金都宾馆召开。会议回顾总结2014年金融工作情况，对2015年金融工作进行安排部署。市委副书记、市长王光耀作讲话。

9日 中共烟台市芝罘区委副书记、区政府区长牟树青一行，到山东招金集团有限公司参观考察。

是日 2015年全市“项目开工月”活动集中开工动员会议暨中国供销集团招远产业园项目开工仪式举行。仪式由市委常委、常务副市长郝永平主持，中国供销（海南）实业发展有限公司董事长杜玉宽和中共招远市委副书记、市长王光耀分别致辞，市委书记、市人大常委会主任张伟宣布项目开工。

10日 2015年银企合作推进会在市金都宾馆举行，烟台市金融工作办公室副主任张绍文、中国人民银行烟台市中心支行副行长张春晓、中国银行业监督管理委员会烟台监管分局副局长于海，中共招远市委副书记、市长王光耀，副市长邹德宝及烟台市20家市级金融机构相关负责人出席会议。会上，招远市辖内15家商业银行与53家企业达成合作意向，签约项目72个，签约金额达83.16亿元，14家企业与银行进行现场签约。

10～11日 烟台市消防工作督导组一行，到招督导检查劳动密集型企业消防安全专项整治工作。

11日 烟台市政府副市长徐少宁一行，到招暗访森林防火工作。

是日 中共招远市委副书记、市长王光耀在市政府第一会议室主持召开市十七届人民政府第二十九次常务会议。会议对招远市新兴产业发展规划、加快推进现代物流业发展的意见、公布行政权力清单目录、公布地税局和盐务局行政审批事项目录、全市环保工作情况等有关议题进行讨论研究，并对抓好安全生产、春季农业生产和护林防火、做好各项迎检准备、加快推进重点项目开工建设、推进各项重点工作落实等市政府当前重点工作进行安排部署。

12日 市级领导班子成员与市直有关部门、经济技术开发区干部群众一起，在招远市罗山河温家段北侧参加义务植树活动。

13日 中共烟台市委副书记、市长孟凡利等一行在烟台市政府秘书长李永乐陪同下，到招调研工业经济运行情况。

是日 新《安全生产法》专题知识讲座在市金城温泉大酒店举办。烟台市安监局应急救援中心主任、法规科科长孙洪斌作讲解。

19日 国家测绘地理信息局国土测绘司质量监督处（地籍测绘处、边界测绘处）处长陈军一行，到招进行招远市地理空间框架建设项目验收及建设成果应用推广。

20日 中共烟台市委组织部副部长、组织员办主任高君勃等一行，到招参加招远市委组织部领导班子专题民主生活会。

21日 招远市政府欧洲经济顾问Nordholm Behrens，到招与山东招金集团有限公司和山东华东橡胶材料有限公司分别就尾矿和炭黑项目进行洽谈。

21～22日 中共江西省德兴市委副书记、市长刘瑞英带领德兴市政府考察团一行，到招金矿业股份有限公司参观考察。

24日 烟台市市级机关事务管理局一行，到招检查2014年度公共机构节能考核工作。

26日 国务院参事室特约研究员、全国人大原环境与资源保护委调研室主任徐晓东，在省政府参事室文史馆副主任兼副馆长乔远征、烟台市常务副市长于爱军陪同下，到烟台双塔食品股份有限公司调研生物质能源技术、生产和推广应用情况。

27日 全市城市社区建设工作座谈会在市委第一会议室召开。会议由市委副书记、市长王光耀主持，市直有关部门及部分街道办事处、社区居委会负责人作交流发言，市委书记、市人大常委会主任张伟作讲话。

27～28日 山东省科学技术情报研究院院长刘显福一行，到招对山东玲珑轮胎股份有限公司、中矿金业股份有限公司和山东招金膜天有限责任公司承担的4个省重大科技项目进行验收。

28日 中共烟台市委常委、统战部长、政法委书记程德智等一行，到招督导消防安全隐患排查整治情况。

是日 中共招远市委书记、市人大常委会主任张伟，市委副书记、市长王光耀，市委常委、常务副市长郝永平，副市长谭克良在市直有关部门主要负责人陪同下，调研烟台市2015年科学发展观摩招远重点推进项目情况。

30～31日 烟台市机构编制委员会办公室一行，到招对政府机构改革工作进行检查评估。

31日 全市消防安全暨护林防火工作会议在市金都宾馆召开。会议由市委常委、副市长王浩主持，副市长谭克良、赵曙光分别就消防安全和护林防火工作进行安排部署，市委副书记、市长王光耀作讲话。

4 月

3月30日至4月1日 省政府教育督导室一行，到招进行山东省教育示范市督导评估认定检查。

3月31日至4月1日 德国中国工商会会长、飞马集团总裁栾伟一行，到招考察投资环境，并洽谈矿山设备合作项目。

2日 烟台市政府安全生产委员会春季安全生产工作督查组一行，到招督查春季安全生产工作。

3日 全市外经贸信息发布会在市金都宾馆召开，龙口海关副关长张明，市委常委、市政府副市长王浩出席会议。龙口海关、烟台市商务局、中国出口信用保险公司山东分公司烟台办事处相关科室负责人分别就海关通关改革、审批、稽查以及境外投资、出口信用保险等有关政策进行讲解。

4～6日 省保健委员会一行，到招调研医疗卫生工作。

5日 中共烟台市委常委、政法委书记、统战部长程德智到招督导森林防火工作。

7日 中共招远市委书记、市人大常委会主任张伟在市委第一会议室主持召开十三届市委第54次常委会议。会议听取并表决通过市委组织部关于《干部调整说明和有关干部调动、任免拟定意见》的汇报。

8日　省商务厅副厅长石光亮一行，到招调研重点企业对外合作和进出口贸易情况。

9日　中共烟台市委副书记张永霞一行，到招调研农业农村及供销社综合改革工作情况。

10日　“金都大讲堂”专题知识讲座在市金都宾馆举办。中央党校党建部党的领导与领导科学室主任、教授蔡志强作题为《全面从严治党》专题讲座。

是日　中共招远市委副书记、市长王光耀在市政府第一会议室主持召开市十七届人民政府第三十次常务会议。会议对招远市农民专业合作社信用互助业务试点工作方案、迎接国家卫生城市复审工作实施方案、招远市城区门前“五包”责任制管理办法、农产品质量安全县创建情况、招远市科学技术奖励办法和招远市专利奖励办法等有关议题进行讨论研究，并对安全生产、护林防火、重点项目建设、经济运行调度分析、春季农业生产、开展城乡环境综合整治活动、做好审计整改和土地卫片执法检查整改、推进各项重点工作落实等市政府重点工作进行安排部署。

·新加坡国际企业发展局中国司司长饶忠明一行，到招考察投资环境，并与相关企业就黄金贸易、贵金属冶炼及深加工等进行座谈。

·省劳动就业办公室主任毕京福一行，到招调研就业信息化工作推进情况。

13日　贺利氏高科技产业园开工仪式在安康路贺利氏高科技产业园内举行。贺利氏电子事业部总裁弗兰克·史蒂茨，贺利氏大中华区总部总裁张达，中共招远市委书记、市人大常委会主任张伟，市委常委、常务副市长郝永平，市委常委、副市长王浩出席开工仪式。

14日　城市面貌一年有变化两年大变样工作总结座谈会在市委第一会议室召开。会议由市委副书记、市长王光耀主持，会议对城市面貌一年有变化两年大变样工作进行总结交流，并对下步工作进行安排部署。

是日　迎接国家卫生城市复审暨城乡环境综合整治工作会议在市金都宾馆召开，市委副书记、市长王光耀，市委常委、市委宣传部部长李波，市政府党组副书记王晓华，副市长谭克良出席会议。会议对迎接国家卫生城市复审和城乡环境综合整治工作进行安排部署。

·2014年度全市卫片执法监督检查工作调度会议在市金都宾馆召开，市委副书记、市长王光耀，副市长谭克良出席会议。会议对全市卫片执法监督检查工作进行调度部署。

15日　一季度全市经济运行分析调度会议在市金都宾馆召开，市委副书记、市长王光耀，市委常委、常务副市长郝永平，市委常委、副市长王浩出席会议。会议对一季度全市经济运行情况进行分析调度，对工业经济运行和外经贸暨招商引资工作进行安排部署。

是日　省畜牧兽医局副局长刘凤军一行，到招督导无疫区评估工作。

·省海洋与渔业监督监察总队第五支队支队长孙东海一行，到招调研指导渔政、渔港监督、船检和海洋监察工作。

·中国银行业监督管理委员会山东监管局副局长王忠坦一行，到招调研指导山东招金集团财务有限公司筹备工作。

15～16日　国土资源部土地整治中心总工程师罗明一行，到招调研土地复垦制度落实及土地复垦方案实施情况。

16日　城市社区建设工作会议在市政府第一会议室召开，市委副书记、市长王光耀，市委常委、常务副市长郝永平，市政府党组副书记王晓华，副市长谭克良、邹德宝、王秀姬出席会议。会议对城市社区建设工作进行安排部署。

是日　2014年度土地卫片执法监督检查小组组长、烟台市国土资源局党委副书记李广林一行，到招督查土地卫片执法工作。

16～17日　烟台市信访局一行到招调研。

17日　中共山东省委常委、烟台市委书记、烟台市人大常委会主任张江汀在烟台市委常委、秘书长李树军陪同下，到招调研经济社会发展相关情况。

是日　烟台市中级人民法院院长尹作海一行到招调研。

18日　呼和浩特经济技术开发区管委会副主任、如意工业园区党委书记、管委会主任杨云峰一行，在烟台市政协副主席、烟台市发改委主任王式亮陪同下，到招调研经济技术开发区招商引资方面的成功经验及作法。

是日 中共烟台市委常委、政法委书记、统战部长程德智到招督导安全生产及森林防火工作。

20日 全市人口和计划生育工作会议在市金都宾馆召开。市委书记、市人大常委会主任张伟，市委副书记、市长王光耀，市人大常委会第一副主任徐林宏，市政府党组副书记王晓华，市政协副主席李广武出席会议。会议总结2014年人口和计划生育工作，对2015年人口和计划生育工作进行安排部署。

是日 全市科技创新暨科技奖励大会在市金都宾馆召开，市委书记、市人大常委会主任张伟，市委副书记、市长王光耀，市人大常委会第一副主任徐林宏，副市长邹德宝，市政协副主席李广武出席会议。会议传达学习上级科技创新会议精神，对优秀科技工作者和先进单位进行表彰，回顾总结过去两年全市科技工作，对全年科技工作进行研究部署。

·中共招远市委副书记、市长王光耀在市金都宾馆主持召开市十七届人民政府第二十五次市长办公会议，各副市长、党组成员出席会议。会议对更加有为推进工作、更加高效抓好落实及安全生产、稳定工作、经济运行和保障民生等市政府重点工作进行安排部署。

·国家安全生产应急救援指挥中心第六检查组组长、安徽煤矿安全监察局救援指挥中心主任张向农一行，到招对招远市金都矿山救护队质量标准化三级资质达标情况进行检查验收。

21日 省国家税务局副局长孙德仁一行，在烟台市国家税务局局长韩桂锦陪同下，到招山东玲珑轮胎股份有限公司调研企业生产经营情况。

是日 中国民生银行股份有限公司烟台招远支行揭牌，正式对外营业。

21～22日 中国长城计算机深圳股份有限公司一行，到招考察投资环境，并就政务网安全隔离、教育信息化的云教育建设、智慧城市等事宜进行座谈。

22日 中共招远市委副书记、市长王光耀在市政府第一会议室主持召开市十七届人民政府第三十一次常务会议。会议对改革市与镇（街道、区）财政管理体制意见、鼓励加快推进棚户区改造工作意见、招远市市级股权投资引导基金管理暂行办法、进一步规范企业项目扶持专项资金管理办法等有关议题进行讨论研究。

22～23日 省水利工程管理局局长孙显利一行，到招考核小型水库管理体制改革工作。

23～26日 深圳网邦信息技术有限公司总裁唐黄虎一行，到招洽谈电子商务合作事宜。

24日 土地储备交易管理委员会会议在市政府第一会议室召开，市委副书记、市长王光耀，副市长谭克良出席会议。会议对招远市招拍挂土地出让情况进行调度部署。

25日 山东省、烟台市应急调水交接仪式在招远市侯家水库举行。省胶东调水局局长郑瑞家、省胶东调水局烟台分局局长王书伦，烟台市副市长于松柏、烟台市政府副秘书长包信勇、烟台市水利局局长孙立海，招远市委书记、市人大常委会主任张伟，市委副书记、市长王光耀，副市长赵曙光出席交接仪式。

是日 中港建设集团有限公司董事长成标一行，到招洽谈龙口湾临港高端制造业聚集区(招远部分)区域建设填海项目工程推进事宜。

26日 财政部预算评审中心项目一处处长陈世娣一行，在省国土资源厅财务处处长李克强陪同下，到招核查招金集团有限公司矿山资源综合利用示范基地建设情况。

是日 省经济和信息化委员会副主任王信一行，到招考察玲珑集团有限公司智能制造情况，为玲珑集团有限公司申报国家2015年智能制造试点示范项目奠定基础。

27日 农业部渔业渔政管理局局长赵兴武一行，在省海洋与渔业厅副厅长宋继宝、烟台市政府副市长徐少宁、烟台市海洋与渔业局局长赵裕寿陪同下，到招调研岸线整治工程和一级渔港扩建工作。

是日 山东理工大学科学技术处一行，到招协调山东理工大学招远工业技术研究院理事会换届和山东理工大学—招远市技术交流洽谈会议筹备相关工作。

27～29日 浙江华昌担保投资有限公司董事长张智一行，到招考察天傲·华希广场等商业项目建设情况。

28日 2015年全市政府系统人大代表建议和政协委员提案交办工作会议在市金都宾馆召开。市委常委、市政府常务副市长郝永平，市政协副主席、纪检组长王建春，市人大常委会委员、党组成员王鹏出席会议。会议对2015年全市政府系统人大代表建议和政协委员提案工作进行交办。

是日 红星美凯龙家居集团发展中心区域总经理、团委书记高帅一行，到招考察红星美凯龙家居商场项目入驻合作事宜。

30日　中共山东省委书记、省人大常委会主任姜异康为全省各级领导干部讲“三严三实”专题党课。招远市在市联通公司设分会场组织收听收看。

5 月

4日　中共招远市委书记、市人大常委会主任张伟在市委第一会议室主持召开十三届市委第55次常委会议。会议听取并表决通过市委组织部关于《干部调整说明和有关干部调动、任免拟定意见》的汇报，听取并讨论通过市编委办关于《设立市人大常委会预算工作委员会的说明》的汇报，对招商引资、项目建设、生态文明乡村建设、镇驻地换新颜工程、安全生产及社会稳定等重点工作做强调和部署。

是日　市级领导班子成员到市展览馆集体参观“抵御邪教侵蚀守护一方净土”反邪教主题教育巡展。

·阿联酋迪拜A1Dobowi（多波威）集团董事长Surender S.K andhari到招考察玲珑集团和金潮集团，并进行业务洽谈。

·市政府重点工作推进小组调度会议在市政府第一会议室召开，市政府各市长、党组成员出席会议。会议听取各牵头单位工作落实情况汇报，对相关工作进行安排部署。市委副书记、市长王光耀主持会议并作讲话。

6～8日　中共招远市委、市政府组织赴上海市朱家角镇、浙江省诸暨市、上虞市和杭州市余杭区考察学习城镇化建设工作。市委书记、市人大常委会主任张伟，副市长谭克良，经济技术开发区、玲珑镇、农工办、国资公司等有关镇、部门和企业主要负责人参加考察活动。

7日　全市老年体育工作会议在市金都宾馆召开，副市长邹德宝、市政协副主席李广武出席会议。会议全面总结招远市2014年老年体育工作取得的成绩和经验，对下步工作进行安排部署。

8日　全市机关党员干部联系服务群众春季大走访活动动员会议在市金都宾馆召开。会议由市委副书记杨波主持，市委常委、市政府常务副市长郝永平对联系服务群众大走访活动进行安排部署。

是日　第三届山东理工大学与招远市技术交流合作洽谈会议在市金都宾馆召开。山东理工大学校长、党委副书记吕传毅，山东理工大学副校长、党委常委王学真，山东理工大学科学技术处处长魏修亭，山东理工大学科学技术处副处长刁培松、田立超，市政府副市长邹德宝，市政府党组成员、山东理工大学招远工业技术研究院副院长马立海出席会议。会上，对山东理工大学招远工业技术研究院创新研究基金项目进行集中签约。

10日　省农业厅种植业管理处处长鲁波一行，到招考察粮油高产创建及病虫害防治工作。

11日　军事医学科学院微生物流行病研究所研究室副主任董言德，到招进行迎接国家卫生城市复审工作专题培训。

是日　烟台市2015年职业教育督导评估团、烟台市政府教育督导室一行，到招对职业教育进行专项督导评估。

12日　中国建设银行山东省分行行长薛峰一行，到招与玲珑集团有限公司进行商务洽谈。

12～15日　中国黄金集团公司副总经理兼总会计师、中国黄金报社理事会副理事长刘冰一行，在山东黄金集团有限公司董事、党委副书记陈道江陪同下，到招参加中国黄金行业新闻宣传工作会议。

13日　烟台市政府节能督查考核组一行，到招对节能目标责任完成情况进行督查考核。

14日　“金都大讲堂”专题知识讲座在市委党校举办。中国行为法学会侦查研究会副会长、四川省警察协会副主席孙建明作题为《群体事件的现状、处置和舆情引导》专题讲座。

18日　赴沪浙先进地区考察学习城镇化建设工作座谈会议在市金都宾馆召开。市委副书记杨波，市委常委、市政府常务副市长郝永平，市委常委、政法委书记张金亮，市委常委、宣传部长李波，市政府副市长谭克良出席会议。市委书记、市人大常委会主任张伟作讲话，会议分析总结外出考察的收获和体会，对下步工作进行安排部署。

18～19日　全省农工办主任座谈会议在招远市金城温泉大酒店召开，省委农工办副主任杨炳平参加会议。会上，市委副书记杨波代表招远市作典型发言。

19日　招远市旅游规划评审会议在市金都宾馆召开，省旅游局规划发展处科长高兆，烟台市旅游局党委委员、副调研员庄克强，市政府党组成员、招远经济技术开发区管理委员会副主任栾立新出席会议。会议对北京创新旅游开发中心编制的《招远市旅游发展总体规划》《招远古村落旅游区总体规划》和《招远市乡村旅游发展总体规划》进行评审。评审组对三个旅游规划评审通过，并提出改进意见。

20日　“三严三实”专题教育党课暨工作会议在市委党校召开。会议由市委副书记、市长王光耀主持，市委书记、市人大常委会主任张伟讲“三严三实”专题党课，并对全市“三严三实”专题教育进行安排部署。

是日　深圳好实再集团董事长张天华一行，到招考察洽谈建设好实再招远子公司相关事宜。

·三菱商事中国医疗总括山崎和一行，在烟台市民政局局长梁传松陪同下，到招洽谈养老产业合作项目。

20～21日　韩国斗山电子公司社长董贤洙一行，到招与山东金宝集团有限公司洽谈电子材料项目合作事宜，并签署合作框架协议。

24日　烟台市林业局一行，到招观摩金岭华山生态林综合建设工程和蚕庄塔山生态经济林造林绿化工程。

24～25日　国家卫生与计划生育委员会办公厅巡视员石海龙一行，在省卫生与计划生育委员会副主任李仲军陪同下，到招调研计生有关工作。

27日　中国供销集团有限公司总经理、党委副书记杨凤禄一行，到招调研中国供销集团招远产业园项目。

29日　水利部副部长李国英一行，在省水利厅厅长王艺华、烟台市政府副市长徐少宁陪同下，到招考察侯家水库南水北调调水现场。

是日　市政府召开迎接国家卫生城市复审工作专题调度会议。会议分两个阶段进行：第一阶段，现场观摩。与会人员现场查看卫生城市复审存在的突出问题。第二阶段，集中开会。在市政府第一会议室集中开会。会议总结招远市迎接国家卫生城市复审各项工作开展情况，并对下一步工作进行安排部署。

29～31日　中共招远市委、市政府组织赴承德市、北京市等地考察学习旅游景区开发建设情况。市委书记、市人大常委会主任张伟，市委副书记、市长王光耀，市委常委、副市长王浩，辛庄镇、旅游局、中矿集团等有关镇、部门和企业主要负责人参加考察活动。

30～31日　中国民主建国会烟台市委员会企业家联谊会2015年年会在招金舜和国际饭店召开。中国民主建国会山东省委员会秘书长李旭茂，中国民主建国会烟台市委员会主委潘士友，中共招远市委常委、市委统战部部长赵美瑜，市政府副市长王秀姬出席会议。市商务局在会上介绍招远市投资环境，与会人员现场观摩玲珑轮胎股份有限公司。

6 月

1日　即墨市党政考察团一行，到招考察学习城乡环卫一体化及农村环境综合整治工作。

是日　国家土地督察济南局土地管理形势暨政策宣讲报告会召开。招远市在市联通公司设分会场，组织收听收看。

2日　中共烟台市委副书记王继东在烟台市委副秘书长吕世强及有关部门负责人陪同下，到招调研农村电商、农村改革等工作情况。

是日　烟台市第九期“智慧烟台大讲堂”举办。浙大网新创建科技有限公司总裁张旭光作题为《打开“互联网+”时代的新思维》专题讲座，烟台市委通过全市组织人事视频会议系统同步直播，招远市在市金融大厦设分会场，组织收听收看。

3～4日　国家林业局合肥专员办山东办事处处长尹钟玉一行，到招对招金金合氰化尾渣资源综合利用示范工程项目占用征收林地行政许可进行监督检查。

3日　国家土地督察济南局督察三室副调研员王刚一行，到招对2014年度土地例行督察涉检图斑进行实地核查。

是日　国家卫生城市省级复查组到招检查巩固国家卫生城市工作情况。

·2015年规划项目审核委员会第一次会议在市政府第一会议室召开。会议对11个项目进行规划审核。

4日　规划审核委员会2015年第一次会议在市政府第一会议室召开。市委书记、市人大常委会主任张伟，市委副书记、市长王光耀，副市长谭克良出席会议。会议对原梦芝大厦改造、原绣品厂改造、龙王庙下村以南环湖路以西地块开发、玉泉小区、水木天街小区、玖都汇花园、怡然阁小区、泉山路以南单家河以西地块开发、金晖菊苑小区（二期）、绿色家园10个规划项目进行审核，并提出审查意见。

是日 省水利厅巡视员梁振洋一行，到招检查防汛准备工作。

4～5日 国家安全生产应急救援指挥中心党委副书记、纪委书记张平远一行，在省安监局副局长高建军、烟台市安监局局长张建生陪同下，到招对山东中矿集团有限公司应急管理示范点建设工作进行调研。

5～8日 夏季高考省巡视组组长、济南大学外国语学院副院长周志民，济南大学政治与公共管理学院副院长郝丽一行，到招巡视2015年高考工作。

6日 中共山东省委统战部副部长曲涛一行，在烟台市委统战部常务副部长杜永刚陪同下，到招调研统战工作情况。

7日 烟台市教育局一行，到招巡视检查2015年高考工作。

是日 省涉农检查组副组长、财政厅驻淄博监督检查办事处副主任马延水一行，到招调度驻招涉农检查组检查情况。

8日 中共招远市委书记、市人大常委会主任张伟在市金都宾馆主持召开十三届市委第56次常委扩大会议。会议传达烟台市委书记孟凡利对招远经济技术开发区进一步加快发展作出的重要指示和烟台市委常委扩大会议精神，听取市政府办公室关于《赴胶州、章丘、邹平国家级经济技术开发区的考察报告》和经济技术开发区关于《开发区加快发展有关情况》的汇报，研究部署招远市加快经济技术开发区发展及筹备烟台市园区建设现场会议的有关工作。

9日 全市招商引资暨外经贸工作调度会议在市金都宾馆召开。会议听取各镇（街道、区）和市直有关部门一年来招商引资、进出口工作情况汇报，分析存在的问题，对下步工作进行安排部署，市委书记、市人大常委会主任张伟作讲话。

9～10日 国家环保部固体废物与化学品管理技术中心主任助理胡华龙一行，到招调研黄金尾矿处理情况，并就黄金尾矿重复利用进行可行性座谈。

是日 省卫计委主任刘奇一行，在烟台市政府副市长宋卫宁、烟台市卫计委主任李翠玲的陪同下，到招调研社会办医工作。

·省畜牧兽医局局长冯继康一行，在烟台市畜牧兽医局局长任长良陪同下，到招调研畜牧业转型升级工作。

·省农业厅巡视员林建华一行，到招调研农民专业合作社发展情况。

10～11日 省宗教事务局副局长岳富强一行，到招调研指导民族宗教工作。

是日 烟台市林业局一行，到招调研罗山旅游文化演出剧场项目征占用林地情况。

11日 烟台市食品药品监督管理局一行，到招调研和指导机构改革及食品药品监管工作。

11～12日 省国土资源厅规划处处长李锋一行，到招对轮胎试验场等相关项目进行现场督导。

14～16日 中共新疆喀什地区伽师县委书记王志军一行，到招参观考察招金矿业股份有限公司。

15日 省政府第三督查组组长、省发改委副巡视员王广利一行，在烟台市政府副秘书长李建平陪同下，到招对非煤矿山、烟花爆竹安全生产和化解严重过剩产能等工作情况进行实地督查。

是日 中共招远市委书记、市人大常委会主任张伟在市委第一会议室主持召开园区建设推进会议。会议研究《关于加快推进经济技术开发区二次创业赶超发展的意见》《烟台市园区建设现场会议工作方案》，并对烟台市园区建设现场会议筹备工作进行再动员、再部署。

15～16日 全国基层中医药工作先进单位复审省级专家组组长、济南市中医药管理局原副局长姜振清一行，到招开展全国基层中医药工作先进单位复审工作。

16日 中共招远市委副书记、市长王光耀在市金都宾馆主持召开市十七届人民政府第三十二次常务（扩大）会议。会议对加快发展养老服务业实施意见、进一步加强和改进城市社区建设工作实施意见、调整全市征收土地补偿标准意见、市政府办公室规范工作程序、学习贯彻进一步严肃纪律确保各项制度落实的通知和烟台市政府党组第22号会议纪要等工作进行讨论研究，对迎接国家卫生城市复审工作、出口农产品质量安全示范区建设、招远经济技术开发区创建国家级生态工业园区工作、2015年卫片执法监督检查工作等市政府重点工作进行安排部署。

16～17日 安徽盛运机械股份有限公司总裁王仕民一行，到招对生活垃圾焚烧发电项目建设现场进行查勘，并就项目推进有关事宜进行协商。

16～18日 哈尔滨工业大学工业技术研究院院长、技术转移中心主任路忠峰一行，到招就合作项目相关事宜进行洽谈，并就下步“一院两中心”工作开展有关情况进行商讨。

18日　省国土资源厅地勘处处长郑福华一行，到招对矿产资源审计工作情况进行调研。

19日　省文化厅文化产业处处长王涛一行，到招调研文化产业发展情况。

23日　全市招商引资工作调度推进会议在市金都宾馆召开。会议对招商引资工作进行安排部署，会上各相关单位汇报土地卫片执法检查整改、欠交的土地出让金征缴、卫生城复检问题整改落实、水源地区域内养殖场整治、各镇（街道、区）财政收入等相关情况。

24日　中国农业发展银行烟台市分行党委书记、行长刘贞建一行，到招洽谈金融合作项目。

是日　烟台市文学艺术界联合会一行，到招调研民俗文化馆布展、运营等事项。

·省住房和城乡建设厅执法监察处处长王德荣一行，到招调研城乡规划督察工作。

24～25日　土地例行督察第四督导组一行，到招对2014年度土地例行督察发现问题整改情况进行督导检查。

25～26日　中共招远市委中心组“三严三实”专题教育学习研讨第一阶段集中学习在市委第一会议室举行。根据学习进度安排，市委各常委按照排名顺序分别领学规定的学习内容。

26日　“金都大讲堂”专题知识讲座在市金都宾馆举办。中共中央政策研究室经济局局长冯海发作题为《经济发展新常态》专题讲座。

27日　中共招远市委书记、市人大常委会主任张伟到齐山镇走访慰问汪家院村新中国成立前老党员雷桂秀、北马驻埠村生活困难党员张同。

是日　中共招远市委副书记、市政府市长王光耀到毕郭镇吴家村和刘家村走访慰问基层困难老党员。

29日　中共招远市委中心组“三严三实”专题学习研讨第二阶段座谈研讨在市委第一会议室举行。根据学习进度安排，市委各常委围绕学习研讨主题交流心得体会，巩固学习成果；研讨交流结束后，市委书记、市人大常委会主任张伟作讲话。

30日　烟台市经济和信息化委员会一行，到招对部分重点企业进行调研。

6月30日至7月1日　西班牙伊迪亚达公司CEO何塞普·M·法兰一行，到招商谈租赁中亚轮胎试验场相关事宜。

7月

1日　中共招远市委书记、市人大常委会主任张伟在市金都宾馆主持召开十三届市委第57次常委（扩大）会议。会议主要通报省委巡视组到招开展专项巡视工作有关事宜，并对当前及巡视期间工作进行安排部署。

3日　市政府党组“三严三实”学习研讨第一专题活动在市政府第一会议室举行。

3～4日　省双拥模范城考评组一行，到招检查验收双拥创城工作。

7日　省委第十巡视组专项巡视招远市工作动员会在市金城温泉大酒店召开。会上，中共招远市委书记、市人大常委会主任张伟汇报有关工作情况，省委第十巡视组组长黄沂民和烟台市委常委、纪委书记朱秀香分别作讲话。

是日　烟台市政协副主席、发改委主任王式亮一行，到招视察烟台科学发展观摩项目。

·省文化厅公共文化处处长刘显世一行，到招对文化馆评估定级工作进行实地检查，并对省级公共文化服务体系示范区项目进行验收。

·烟台市政府土地承包经营确权登记颁证工作督导组一行，到招对上半年土地承包经营权确权登记颁证工作进行督导和检查。

7～8日　烟台市人口和计划生育半年督查组、烟台市卫生与计划生育委员会一行，到招对2015年人口目标责任书执行情况进行半年督查考核。

8日　2015年全市征兵工作会议在市金都宾馆召开。会议对全市2015年征兵工作进行安排部署。

10日　全市新型农村合作金融试点工作会议在市金都宾馆召开。会议对新型农村合作金融试点、农村环境综合整治、农业产业化基地建设、农村中心社区建设等工作进行部署。

是日　烟台市司法行政基层基础建设工作观摩会议与会人员一行，到招观摩九曲蒋家新村、市司法局、蚕庄镇司法所。

11日　中共烟台市委书记、市人大常委会主任孟凡利在烟台市委常委、秘书长李树军陪同下，到招调研经济社会发展情况。

是日　土地矿产卫片执法监督检查省级验收组组

长、省国土资源厅执法监察局副局长马士忠一行，到招对2014年度土地矿产卫片执法监督检查情况进行省级验收。

13日 烟台市人大常委会第一副主任、党组书记李淑芹一行，到招调研食品安全监管工作情况。

13～14日 省农业机械管理局纪检书记王瑞华一行，到招督导检查国家农机示范县创建工作。

14日 全市群众满意度测评工作部署会议在市金城温泉大酒店召开。

是日 烟台市清理整改办公用房专项督查第四组组长、烟台市财政局政府采购管理办公室一行，到招对办公用房清理整改情况进行专项督查。

是日 中共山东省委副书记、省长郭树清一行，在烟台市委书记、市人大常委会主任孟凡利，烟台市委副书记、市长张永霞陪同下，到招调研稳增长、调结构、惠民生及科技创新等方面工作。

14～15日 中国供销农产品批发市场电商（北京）建设开发有限公司副总经理王开端一行，到招就建设农产品电商物流园项目可行性进行前期调研和实地考察。

15日 水利部农村水利司原巡视员姜开鹏一行，到招考察南水北调配套工程及小型水库除险加固工程建设情况。

15～16日 北京桑德国际有限公司执行董事、行政总裁张景志一行，到招洽谈综合污水处理项目、乡镇污水处理项目、界河流域综合整治项目。

16日 威海商业银行烟台分行行长于建刚一行到招考察。

是日 住建部村镇建设司李亚男一行，到招察看古村落保护情况。

20日 全市抗旱工作会议在市委第一会议室召开。会议听取市水务局、农业局、气象局、自来水公司等单位关于当前抗旱工作和城市供水情况汇报，对进一步做好当前抗旱、供水工作进行安排部署。

21日 2015年上半年全市科学发展观摩会议召开。会议分两个阶段进行：第一阶段，与会人员现场观摩市级领导包帮的重大项目和镇（街道、区）及部门重点项目，并在市金都宾馆进行集中评议；第二阶段，与会人员在市金都宾馆集中开会。

是日 昆嵛山保护区党政考察团一行，到招考察学习农村产权交易市场和农产品质量检测中心建设等工作。

22日 烟台市政协侨外委邀请部分住烟政协委员和侨外工作顾问一行，到招视察对外开放和发展情况。

23日 烟台市政府副市长徐少宁一行，到招督查生态文明乡村建设暨乡村文明行动工作。

是日 民政部优抚安置局副局长李桂广一行，到招对国家级烈士纪念设施建设情况进行检查验收。

25日 中共招远市委书记、市人大常委会主任张伟在市委第一会议室主持召开十三届市委第58次常委会议。会议听取并表决通过市委组织部关于《干部调整说明和有关干部调动、任免拟定意见》汇报，并就抓好社会稳定、招商引资、迎接烟台科学发展观摩和筹备烟台园区建设现场会等重点工作进行安排部署。

28日 中共招远市委书记、市人大常委会主任张伟在市委第一会议室主持召开十三届市委第59次常委会议。会议听取并表决通过市纪委关于《对个别干部违纪问题的处理意见》、市委组织部关于《干部调整说明和有关干部调动、任免拟定意见》汇报。

是日 中共招远市委书记、市人大常委会主任张伟，市委副书记、市长王光耀，市政府副市长赵曙光到市武装部、预备役226团走访慰问。

30～31日 烟台市科学发展观摩组一行，到招考察经济社会发展现场。

8 月

5～6日 省文化强省建设先进市县测评组一行，在烟台市委常委、宣传部长刘延林，市委宣传部副部长毕庶礼陪同下，到招开展测评工作。

6日 全市土地卫片执法检查整改工作会议在市政府第一会议室召开。会议对全市违法违规用地整改工作进行再强调、再部署，督促各级各有关部门和单位认清严峻形势，加大力度，动真碰硬，从严从快做好违法违规用地整改工作，确保顺利通过上级检查验收。

是日 省劳动就业办公室副主任董廷杰一行，到招督导人力资源社会保障基层平台建设及业务下沉工作。

7～8日 省供销合作社联合社发展规划处处长郭涛一行，到招调研农业生产全程社会化服务机制创新工作。

8日 中国工程院院士束怀瑞一行，到招调研苹果产业发展情况。

10日 中共招远市委书记、市人大常委会主任张伟在市委第一会议室主持召开“三严三实”专题教育会议，就市级班子领导成员开展“三严三实”专题教育进行安排部署。

是日 省发改委重点项目处副处长岳建如一行，在烟台市发改委副主任李洪仓陪同下，到招督查智能康复理疗系统及智能按摩机器人生产项目。

12日 省供销社党组成员、监事会副主任王立来一行，到招调研供销社为农服务中心建设情况。

是日 省旅游景区复核检查组组长、滨州市旅游局调研员郭洪明一行，到招复核检查罗山黄金文化旅游度假区。

·省地震局副局长李远志一行，在烟台市地震局局长杜湘波的陪同下，到招调研农村民居工程抗震性能普查情况。

12～13日 烟台市政府安委会综合督查组一行，到招检查春季安全生产工作。

15日 中共招远市委书记、市人大常委会主任张伟主持召开部分重点项目调度会议。与会人员在实地调研人工岛建设、滨海新区建设等项目后，在市委第一会议室集中开会。

是日 省交通运输厅质监（定额）站研究员刘凯、浙江省交通规划设计院教授级高工陈海君等专家一行，到招召开龙青高速招远段初步设计预审会。

17～19日 中共招远市委副书记、市长王光耀，市委常委、常务副市长郝永平，副市长谭克良带领考察组赴胶州市、昆山市、张家港市考察学习项目建设、金融创新、电子商务等方面先进经验。

18日 中共招远市委书记、市人大常委会主任张伟带领市直有关部门主要负责人到玲珑金矿、招金贵合公司检查安全生产工作。

是日 烟台出入境检验检疫局党组书记、局长刘心同一行到招调研。

·众翔汽车广场招商项目签约仪式在招金舜和国际饭店举行。中国供销集团海南实业发展有限公司董事长杜玉宽，烟台市供销社主任梁中，中共招远市委书记、市人大常委会主任张伟，市人大常委会副主任滕军胜，市政府副市长赵曙光，市政协副主席李文正出席签约仪式。

·烟台市督查组一行，到招督导检查贯彻落实《关于进一步加强农产品质量安全监管工作的意见》和烟台市农产品质量安全监管工作现场会精神情况。

20日 烟台市粮食局一行，到招调研粮食工作。

20～21日 烟台市安监局督查组一行，到招对安全生产工作进行督查。

21日 中共烟台市委常委、副市长王中一行，到招检查园区建设现场会议筹备情况。

是日 省旅游局旅游商品开发服务中心主任田忠民、中国旅游商品产学研联盟秘书长陈斌一行，到招调研旅游商品开发工作。

·烟台市土地卫片整改情况督导组、烟台市财政局一行，到招实地检查督导土地卫片整改情况。

·水利部珠江水利委员会副主任陈洁钊一行，在省水利厅总规划师杜贞栋陪同下，到招考核水利工程质量。

25日 中共招远市委中心组“三严三实”专题教育第二专题第二次学习研讨在市委第一会议室举行。学习研讨分两个阶段进行：第一阶段，市委各常委分别领学规定的学习内容；第二阶段，市委中心组成员围绕严守党的政治纪律和政治规矩，严守组织纪律和廉政纪律，坚决杜绝“七个有之”进行交流发言。

是日 中共招远市委书记、市人大常委会主任张伟在市委第一会议室主持召开十三届市委第60次常委会议。会议听取并表决通过市委组织部关于《干部调整说明和有关干部调动、任免拟定意见》；传达中央、省和烟台市委领导对安全生产工作的重要批示指示精神，就扎实做好安全生产工作进行安排部署；听取市公安局关于《我市毒品预防教育工作有关情况》汇报，并就做好毒品预防教育工作进行安排部署。

·《金山佛谕》大型实景演出首演仪式在罗山国家森林公园举行。省旅游局副局长张鲲，烟台市旅游局局长张丛，中国山水盛典文化产业有限公司董事长梅帅元；招远市市级班子领导，各镇（街道、区）党政主要负责人，市直各部门、集团公司、驻招各单位主要负责人；玲珑镇部分机关干部和群众代表；媒体记者、旅行社和旅游企业代表参加首演仪式。

26日 省水利科学研究院农水所所长吕宁江一行，到招验收2012年第二批全国新增千亿斤粮食产能田间工程项目。

26～27日 省委610办公室巡视员王洪杰一行，在烟台市委政法委副书记、610办主任赵常春陪同下，到招督导检查抗战胜利70周年纪念活动期间有关工作情况。

27日　中共招远市委副书记、市长王光耀在金都宾馆主持召开市十七届人民政府第三十四次常务（扩大）会议。会议对全市黄标车治理淘汰和禁毒工作、水源地区域内养殖场整治、国家卫生城市复审考核评比、安全生产有关情况、国内招商引资、培育发展市场主体、城乡环卫一体化、农民专业合作社信用互助业务试点、黄金深加工招商等有关议题进行讨论研究，并对加强经济运行调度、做好相关会议组织筹备、加快推进重点项目建设和招商引资、严格抓好土地卫片执法检查整改、持续强化城乡环境综合整治、科学抓好防汛抗旱、加快推进国家食品安全城市创建、加强党风廉政建设、抓好招远市十三届六次全委（扩大）会议有关事项落实等当前重点工作进行安排部署。

28日　省委信访维稳第九督导组一行，在烟台市委副书记王继东陪同下，到招督导抗战胜利70周年纪念活动和第22届国际历史科学大会期间信访维稳工作情况。

27～30日　“中国金都·山东招远第九届黄金节”举行。该届黄金节包括国家黄金矿山循环经济产业技术战略联盟揭牌仪式、2015中国（招远）国际黄金矿业论坛、第十三届国际黄金珠宝首饰展销会、2015中国（招远）国际黄金市场发展论坛、2015中矿杯“炫舞金都”健身舞大赛、2015“美丽招远、美丽招远人”摄影大赛、“金都杯”黄金文化海内外征联大赛、当代中国民间工艺珍品展、“金色的梦想”黄金节主题歌创作征集等主题活动。“中国金都·山东招远第九届黄金节”开幕式于27日晚在市龙湖大酒店举行。

31日　省银监局银行化改革验收组一行，到招对农信社银行化改革工作进行检查验收。

9 月

1日　中共招远市委书记、市人大常委会主任张伟，市委副书记、市长王光耀，市委常委、组织部长王文锋走访慰问抗战时期参加工作的离休干部孙宗岳、侯成芳。

是日　中铁二十四局集团有限公司局长助理兼山东公司董事长王建伦一行，到招洽谈大秦家街道孙家河等合作项目工作事宜。

1～2日　上海吉萨投资管理咨询有限公司总经理萨诺一行，到招参观考察重点企业，探讨招远市与意大利黄金协会及相关企业合作事项。

6日　招远市迎接国家卫生城市复审工作调度会议在市金都宾馆召开。

7～8日　省国土资源厅执法监察局副局长张万生一行，到招对招远市2014年度卫片整改情况进行验收。

8日　国家防总视察组组长、国家防汛抗旱总指挥部办公室督查专员张旭一行，在烟台市政府副市长徐少宁陪同下，到招考察山洪灾害防治等工作。

9日　2015年招远市党政班子成员向市纪委全委会述廉会议在市金都宾馆召开。

是日　中共招远市委书记、市人大常委会主任张伟，市委常委、市政府副市长王浩到招远第九中学走访慰问。

9～10日　中华全国供销合作总社党组副书记、理事会副主任李春生一行，在省供销合作社党组书记、理事会主任侯成君，烟台市委常委、市政府副市长王霄汉陪同下，到招调研供销社综合改革工作。

10日　中共烟台市委常委、宣传部长刘延林一行，到招考察文化产业项目。

是日　烟台市人大常委会副主任王建国一行，到招调研法院行政审判工作情况。

10～11日　中国银行烟台分行行长王骏一行到招调研。

11日　中共烟台市委副秘书长宋志刚一行，到招调研招商引资工作情况。

是日　青岛海关副关长董岩一行，到招考察玲珑集团兴隆盛海关直通监管场站。

15日　全市土地例行督查发现问题整改推进工作会议在市委第一会议室召开。

是日　安徽盛运环保（集团）股份有限公司总经理王仕民一行，到招协商生活垃圾焚烧发电二期项目投资事宜。

15～17日　全省旅游购物地方标准评定检查培训班在市龙湖大酒店举办。省旅游局商品开发中心主任田忠民、中国旅游商品产学研联盟秘书长陈斌、济南大学教授杨海波、山东大学教授蔺茂兰以及全省17个地市旅游局和部分县（市、区）旅游局分管旅游商品工作的负责人，共120多人参加培训班。与会人员还实地考察招远黄金珠宝首饰城、招金银楼、招远皮革城等旅游商品购物区。

16日 中共烟台市委副秘书长、政策研究室主任吕波一行，到招调研园区建设相关情况。

是日 烟台市农机局一行，到招督查农机安全工作。

·烟台市加快推进重点水利工程建设工作会议在市金都宾馆召开。

·鲁东大学文学院、招远市广播电视台实习基地签约揭牌仪式在市广播电视台举行。

16～17日 省级检查评估专家组组长、潍坊市卫生与计划生育委员会副主任王鸿勇一行，到招对二级中医医院持续改进活动进行省级检查评估。

17日 省统计局副局长刘兴慧一行，在烟台市统计局局长李广陪同下，到招调研经济运行、科学发展相关情况。

是日 招远市人民政府与桑德集团有限公司PPP合作项目签约仪式在市招金舜和国际饭店举行，桑德国际（香港）有限公司总经理王凯，桑德国际（香港）有限公司投资部总经理刘希强，桑德国际（香港）有限公司投资部投资经理李荣，桑德国际（香港）有限公司山东分公司总经理陈赫，桑德国际烟台碧海水务有限公司总经理刘伟，中共招远市委副书记、市长王光耀，副市长赵曙光出席签约仪式。双方签订《环保领域全面合作框架协议》《招远市污水PPP项目特许经营协议》《合资协议》。

·省级标准化基地检查认定组组长、省农业厅农业环境保护和农村能源总站站长曲召令一行，到招对申报的5家标准化基地进行现场检查认定。

17～18日 江山控股有限公司董事长向军一行，到招签约蚕庄镇桃源阳光农业光伏小镇等项目。

18日 中共招远市委书记、市人大常委会主任张伟在市委第一会议室主持召开十三届市委第61次常委会议。会议听取并讨论通过市考核办公室关于《2015年岗位目标责任制考核的实施意见》、市委610办公室关于近期有关工作情况、市委宣传部关于《招远市推进传统媒体和新兴媒体融合发展的实施意见》的汇报，书面传达《省委统战工作会议精神》。

是日 中共招远市委中心组“三严三实”专题教育第二专题第二次学习研讨补充学习在市委第一会议室举行。

20日 省科技厅基础研究与科技条件处一行，到招对新材料技术重点实验室进行现场验收。

22日 中共招远市委副书记、市长王光耀在市政府第一会议室主持召开市十七届人民政府第三十五次常务会议，会议对招远市行政许可事项目录清单、招远市市直部门（单位）行政审批中介服务收费项目清单、促进旅游业改革发展的实施意见、加快推进棚户区改造工作实施细则、扶持电子商务发展的若干意见、2015年财政政策性增资等议题进行研究讨论。

23日 省海洋与渔业监督监察总队副总队长孙华一行，到招督查海洋渔业工作。

是日 烟台市土地卫片整改情况督导组、烟台市财政局一行，到招进行实地检查验收。

24日 市委中心组“三严三实”专题教育第三专题第一次学习研讨在市委第一会议室举行。学习研讨分两个阶段进行：第一阶段，市委各常委集体学习规定学习内容。第二阶段，市委中心组成员围绕“如何坚持用权为民，自觉遵守宪法法律和党的纪律，按规则、按制度、按法律行使权力，敬法畏纪，为政清廉，任何时候都不搞特权、不以权谋私；如何坚持民主集中制，自觉接受监督，不搞大权独揽、独断专行；如何坚持从实际出发谋划事业、推进工作，敢于担责、‘为官有为’，努力创造经得起实践、人民、历史检验的实绩”进行交流发言。

是日 意大利维琴察地区珠宝首饰加工业协会主席Claudia Piaserico女士一行，到招考察黄金产业情况并探讨合作相关事宜。

·烟台市农业转型升级现场观摩会议在市金都宾馆召开，烟台市农业局领导班子成员出席会议。

24～25日 中农联控股有限公司总经理刘伟一行，到招考察中国供销·招远国际农产品电商物流商贸城和双塔集团等，并就双方合作事宜进行洽谈。

25日 省委第十巡视组专项巡视招远市情况反馈会在市金城温泉大酒店召开。

是日 中共招远市委副书记、市长王光耀在市政府第一会议室主持召开市十七届人民政府第二十七次市长办公会议，会议对市政府领导分工进行研究调整，对烟台科学发展考核、重点项目建设、土地卫片执法检查整改、国家卫生城市复审、三秋农业生产、安全生产等重点工作做安排部署。

29日 中共烟台市委副书记王继东一行，到招调研新型农村合作金融试点工作。

是日 烟台市土地卫片整改情况督导组、烟台市财政局一行，到招对2014年土地卫片整改情况进行实地检查。

30日 招远市烈士纪念日公祭烈士活动在西山革命烈士陵园纪念广场举行。

10 月

9日 全市科学发展综合考核工作会议在市金都宾馆召开。会议全面分析研究烟台市下发的2015年度目标管理考核办法，深入查找招远市存在的问题和不足，市委副书记、市长王光耀就做好烟台科学发展综合考核工作进行安排部署。市委书记、市人大常委会主任张伟作讲话。

是日 中共烟台市委常委、市政府副市长王霄汉一行，到招调研电子商务产业园、皮革城项目相关情况。

10日 烟台市政府副市长徐少宁一行，到招视察三秋农业生产工作情况。

12日 中国人民银行总行货币金银局副局长潘隽一行，到招调研黄金企业生产经营及黄金制品进出口情况。

13日 烟台市质量技术监督局一行，到招考察玲珑轮胎股份有限公司和招金金银精炼有限公司，并就机构改革后质监工作进行座谈。

14日 中共烟台市委常委、市政府常务副市长于爱军一行，到招视察界河流域环境治理工作情况。

14～15日 日本三菱电机株式会社名古屋制作所部长朝长慎三一行，到招考察产业发展情况，并与招金集团洽谈双方合作相关事宜。

15日 烟台市新型农村合作金融试点工作现场观摩暨动员会议在招远市金城温泉大酒店召开。烟台市委副书记王继东，市委常委、副市长王霄汉，副市长徐少宁，各县（市、区）主要负责人及各相关部门主要负责人参加会议。会议分两个阶段进行，第一阶段：实地考察。与会人员实地参观考察招远顺丰植保、联蕾果品、盛润种植3家试点合作社，听取有关合作社信用互助业务试点工作情况介绍。第二阶段：召开会议。会议由烟台市副市长王霄汉主持。会上省金融办领导就农民专业合作社信用互助试点业务进行政策解读，中共招远市委副书记、市长王光耀介绍招远市试点经验，烟台市委副书记王继东作讲话。

是日 省海洋与渔业厅巡视员鲁小兵一行，在烟台市海洋与渔业局局长赵裕寿陪同下，到招调研人工岛区域用海建设情况。

19日 国家海洋渔业局副局长王飞一行，在烟台市政府副市长徐少宁陪同下，到招视察海岸生态修复项目。

是日 省环境保护厅核与辐射环境管理中心书记梁立平一行，到招检查招金集团金翅岭金矿放射源安全管理工作。

19～20日 全省社区矫正工作标准化试点启动会议在招召开，省质量技术监督局副局长谷源强、省司法厅副厅长马灵喜及省、试点市县质监、司法系统相关责任人参加会议。

20日 全国双拥工作领导小组副组长兼办公室主任、民政部副部长窦玉沛一行，在省民政厅副厅长周云平、烟台市政府副市长宋卫宁陪同下，到招调研烈士陵园纪念设施建设保护工作和光荣院保护情况。

21日 2015年老干部现场观摩会召开，曾担任过副县级以上实职的离退休干部参加观摩。

22日 万达集团发展中心总经理刘永智一行，到招考察投资环境、洽谈万达广场项目。

是日 省经济和信息化委员会一行，到招调研循环经济有关情况，并就创建国家循环经济示范市有关事宜进行交流。

·烟台市“六五”普法总结验收小组组长、烟台市中级人民法院院长尹佐海一行，到招对“六五”普法依法治理实施情况进行总结验收。

23日 青建集团股份有限公司董事长张志华一行，到招洽谈在建合作项目有关事宜。

25日 国家安全生产监督管理总局监管一司司长裴文田一行，在省安全生产监督管理局副局长赵卫东、烟台市安全生产监督管理局局长张建生陪同下，到招调研非煤矿山安全生产及安全培训情况。

是日 甜美蚕庄第二届红富士苹果文化节开幕式暨苹果博物馆开馆仪式在蚕庄镇举行。省人大常委会原委员、财经委原副主任杨金镜，烟台市人大党组副书记、副主任于旭华；招远市委书记、市人大常委会主任张伟，市委常委、宣传部长李波，市委常委、武装部政委姚吉光，市人大常委会副主任丛臣亭，市政府副市长赵曙光，市政协副主席丁海苹出席仪式。

28日 贺利氏（招远）贵金属材料有限公司成立20周年暨贺利氏鲁鑫高科技产业园开业仪式在贺利氏鲁鑫高科技产业园举行。烟台市政府副市长杨丽，烟台市商务局局长于东；招远市委书记、市人大常委会主任张伟，市委副书记、市长王光耀，市政协主席林建东，市委常委、市政府常务副市长郝永平，市委常委、市政府副市长王浩，市政府党组成员、山东理工大学招远工业技术研究院副院长马立海参加仪式。

29～30日 中国华阳经贸集团副总裁郎晓雷一行，到招洽谈奥特姆新能源汽车、滨海养老、电子材料等领域合作事宜。

11 月

3日 山东省工程咨询院主任刘培海一行，到招考察山东招金膜天有限责任公司海水淡化成套装备产业化项目。

3～4日 省水利厅专家组组长、省水利工程管理局副局长尹正平一行，到招对城子水库规范化管理工作进行复核。

4日 中共招远市委副书记、市长王光耀在市政府第三会议室主持召开进一步严厉打击违法违规开采保障全市矿业秩序持续稳定专题会议。

5日 铁塔公司烟台市分公司总经理辛晟一行，到招洽谈4G等宽带网络基础设施建设事宜。

是日 中铁十局集团公司副总经理武海光一行，到招查看科技孵化中心和文化中心工程进展情况。

· 国家海洋局北海分局环保处处长窦月明一行，到招督查春雨滨海海岸带综合整治和生态修复、招远国家级海洋公园等项目建设情况。

6日 “金都大讲堂”专题知识讲座在金都宾馆举办。最高人民法院行政审判庭审判长耿宝建作题为《行政诉讼法》专题讲座。

7日 中央宣讲团党的十八届五中全会精神宣讲报告会在济南举行。招远市在市联通公司设分会场，组织收听收看。

16～17日 德国中国工商会会长、德国飞马集团总裁栾伟一行，到招对招金集团和中矿集团进行考察，实地查看夏甸金矿地下智能设备并进行座谈。

16～18日 中国人民银行总行金融市场司黄金管理处处长杜海均一行，到招召开中国人民银行黄金市场调研座谈会。

17日 全市党员领导干部廉政教育会议在市金都宾馆召开。

是日 2015年机关党员干部联系服务群众年终大走访活动动员会议在市金都宾馆召开。

17～18日 省纪委驻山东省工商局纪检组副厅级检查员刘汉杰一行，到招调研基层市场监管所廉政建设工作情况。

18日 青岛市政协副主席李学海一行，到招考察经济社会发展情况。

是日 中农联控股有限公司总经理刘伟一行，到招就建设中国供销·山东招远农特产品电商物流商贸城选址等事宜进行洽谈。

19日 中共烟台市委宣讲团学习贯彻党的十八届五中全会精神报告会在市金都宾馆举行。

是日 山东广电网络有限公司烟台分公司总经理刘作明一行，到招研讨智慧城市建设工作。

20日 烟台市关工委深入学习贯彻习近平总书记重要指示精神会议在招远市召开。烟台市关工委主任荣风刚，副主任刘洪元、栾国风参加会议。

22～23日 中港建设集团董事长成标一行，到招协调人工岛项目开工事宜。

23日 中共招远市委书记张伟在市委第一会议室主持召开十三届市委第62次常委会议。会议审议《中共招远市委关于省委巡视组反馈意见整改落实情况的报告》，听取并讨论通过市人大办公室关于《贯彻落实全省县乡人大工作座谈会精神》、市政协办公室关于《烟台市委政协工作会议精神》、市民族宗教事务局关于《我市宗教工作情况》汇报，听取市纪委关于《对有关干部违纪问题予以立案调查》汇报。

25日 国家土地督察济南局副调研员王萍一行，到招对土地例行督察发现问题整改情况进行核查。

是日 省教育厅专家组一行，到招对烟台黄金职业学院进行验收。

25～26日 三菱电机株式会社执行董事久木田崇彰一行，到招与招金集团洽谈IPM高效电机合作项目并考察招远市产业发展情况。

12 月

1日 招远市中小纳税企业信用担保基金启动仪式在市金都宾馆举行。烟台市委常委、市政府副市长王霄汉，烟台市金融工作办公室主任高海军，光大银行烟台分行行长唐健，招远市委书记、市人大常委会主任张伟，市委副书记、市长王光耀，市委常委、副市长王浩出席仪式。

4日 “金都大讲堂”专题知识讲座在市金都宾馆举办。中国县域电商联盟研究院副院长陈民利作题为《目前电子商务发展趋势及电子商务与县域经济发展》专题讲座。

是日 “三严三实”专题教育主题演出——大型音乐情景剧《誓言》在烟台大剧院演出。市级领导班子成员，“法检”两长及副县级以上领导干部集体观看演出。

5日 招远统一战线“同心讲坛”第一次报告会在市金都宾馆举办。省政协副主席、省工商联主席王乃静作题为《谈民营企业怎样健康发展》专题报告。

8日 烟台市政府督查组、烟台市环境保护局一行，到招督查2015年度环境保护重点事项推进情况，检查锅炉改造、扬尘整治、界河流域综合整治等情况，并召开座谈会。

9日 国网烟台供电公司总经理卢刚一行，到招对国网招远市供电公司调研。

是日 中铁二十四局集团有限公司山东公司董事长王建伦一行，到招洽谈合作项目。

9～10日 烟台市人口计生年终调查队到招进行2015年度人口和计生工作年终考核。

10日 中共招远市委书记、市人大常委会主任张伟在市委第一会议室主持召开十三届市委第63次常委会议。会议听取并讨论通过市委组织部关于《干部调整说明和有关干部调动、任免拟定意见》、市纪委关于《对有关干部违纪问题予以立案》汇报，研究中共招远市十三届七次全委（扩大）会议有关事项。

11日 中共招远市十三届七次全委（扩大）会议在市金都宾馆召开。会议审议通过《中共招远市委关于制定招远市国民经济和社会发展第十三个五年规划的建议（审议稿）》《中共招远市委十三届七次全体会议公报（草案）》。

14～15日 省军区工作组组长、省军区副政委孙显宁一行，在烟台警备区政委刘玉昂、预备役76师副政委栾春盛陪同下，到招对预备役226团安全工作进行检查。

22日 招远农村商业银行股份有限公司正式成立，烟台市金融工作办公室副主任张绍文、人民银行烟台中心支行副行长张春晓、烟台市银监分局副局长苏明军、山东省农联社烟台办事处主任纪中慷出席活动。

22～23日 中共招远市委、市政府召开2015年年终重大重点项目暨生态文明乡村建设观摩会议。会议分两个阶段进行：第一阶段，现场观摩和评议。与会人员现场观摩15个重点项目和28个生态文明乡村观摩点，并进行集中评议；第二阶段，在市金都宾馆集中开会。会议就全市重大重点项目暨生态文明乡村建设工作作点评和安排部署。

23日 中共招远市委政协工作会议在市金都宾馆召开。

26～28日 深圳裕泰福珠宝公司董事长刘力铚一行，到招黄金创意产业园考察，并就合作事宜进行洽谈。

27～28日 中国印制电路板行业协会荣誉秘书长王龙基一行，到招金宝集团有限公司考察。

29日 全市领导干部会议在市金都宾馆召开。会议分三个阶段进行：第一阶段，对市级领导干部年度工作进行考核评议。市委书记、市人大常委会主任张伟和市委副书记、市长王光耀分别作领导班子工作报告及个人述职述德述廉报告，与会人员对市级领导干部年度工作进行投票评议。第二阶段，对2015年度干部选拔任用工作情况进行“一报告两评议”。市委书记、市人大常委会主任张伟代表市委常委会向全委（扩大）会报告2015年度干部选拔任用工作情况，与会人员对2015年度干部选拔任用工作进行投票评议；第三阶段，集中观看《学习贯彻〈准则〉和〈条例〉专题辅导报告》。

31日 中共招远市委书记、市人大常委会主任张伟在市委第一会议室主持召开十三届市委第64次常委扩大会议。会议听取并讨论通过市人大办公室关于《招远市第十七届人民代表大会第五次会议筹备情况》和市政协办公室关于《政协第九届招远市委员会第五次全委会议筹备情况》汇报，传达贯彻烟台市2015年县市区委书记抓基层党建工作述职评议会议精神，对2015年工作进行简要总结，并对2016年有关工作进行安排部署。

招 远 概 貌

基 本 情 况

【位置 境域】 招远市位于胶东半岛西北部，地处北纬37° 05′～37° 33′，东经120° 08′～120° 38′之间。东与栖霞市接壤，西与莱州市为邻，南与莱阳、莱西两市接壤，北与龙口市相接，西北濒临渤海。城中心东北距烟台90公里，正南距青岛145公里，西南距省会济南310公里，西北距首都北京450公里。

境内南部稍窄，北部稍宽，南北最大纵距52公里，东西最大横距43公里，总面积1433.18平方公里，在烟台市12个县市区中，招远总面积居栖霞、海阳、莱州、莱阳、牟平之后排第六位。

【建置 区划】 新石器时代，招远境内就有人类活动。夏、商、周属莱国地。公元前567年（齐灵公十五年），齐侯灭莱，始属齐。公元前201年（西汉高祖六年），设曲成县和巾弦县，属东莱郡，今招远大部为该两县地域。公元470年（北魏皇兴四年），析曲成为曲成、东曲成两县。556年（北齐天宝七年），曲成、东曲成并入掖县，巾弦县并入黄县。623年（唐武德六年），在今城区置罗峰镇，属莱州掖县。1131年（南宋绍兴元年，金天会九年，齐刘豫阜昌二年），升罗峰镇为县，属莱州，取名“招远”，取“招携怀远”之义。1941年1月，招远县析为招远县（俗称南招）、招北县（俗称北招）。1950年1月，招远、招北两县合并，称招远县，属北海区。1950年5月，属山东省莱阳专区。1958年11月，属烟台专区。1983年11月，改为烟台市辖县。1991年12月，经国务院批准，撤销招远县，设立招远市（县级），以原招远县行政区域为招远市行政区域，由省直辖，烟台市代管。

行政区划历代区划多有变动。2015年，全市辖蚕庄、辛庄、金岭、毕郭、玲珑、张星、夏甸、齐山、阜山9个镇，罗峰、梦芝、泉山、大秦家4个街道，1个经济开发区，共724个行政村。

【自然环境】 招远市地处华北地台（Ⅰ）鲁东地盾（Ⅱ）之胶北隆起区（Ⅲ），北部为龙口盆地，南部为胶莱凹陷。境内构造依其特征分为褶皱构造、韧性变形构造和脆性断裂构造，黄金资源主要分布于北部的北东向断裂构造中。

招远市地处胶东低山丘陵地带，境内山丘连绵，沟壑纵横。山区、丘陵、平原面积分别占总面积的32.9%、38.4%、28.7%。地势东北部、中部和西部偏高，西北部和东南部偏低。东北部的罗山山脉、中部的丘陵和北、南部的低山，构成一个反“S”型分水岭。境内岭脉由东向西而来，从百尺堡村西分成南、北两股。南股岭脉沿高家岭村西向南直达峰山，折而向东南到栖霞岗山即为尽头；北股岭脉向北延伸到阜山主峰，由阜山向西南延伸到会仙山，转而向北和西北经青山顶、歪嘴顶、玲珑山、罗山、石城山、玉皇顶、大猪顶、凤凰顶等，至黄山为尽头。境内大小山头1295个，沟夼4400余条。海拔百米以上的山丘140座。

招远无客水过境，地表水主要靠降雨补给。境内共有河流160余条，11个流域，多为源短流急的时令河。干流长度大于5公里的河流51条，总长548.8公里，平均河网密度0.38平方公里。

招远市属暖温带大陆性季风气候，冬冷夏热，但极少严寒酷暑，春秋适宜，四季分明，光照充足，年平均日照时数2503.2小时。年平均气温11.5℃，年平均降水量为607.3毫米，年均蒸发量为1664.8毫米。

境内海岸线略呈凹形，长13.5公里，均为海蚀作用的沙岸。滩涂面积18公顷，浅海（15米等深线以内）面积42.7万公顷。浪小水稳，沙滩细软，海水清澈，是天然海水浴场，素有“黄金海岸”之美誉。

【自然资源】 境内自然资源丰富，尤以矿产资源为著。已发现各类矿藏22种，其中金属矿6种：金、银、铁、铜、铅、锌；非金属矿藏14种：磷、硫铁矿、石墨、萤石、花岗石、大理石、海砂、河砂、砖瓦黏土、高岭土、瓷石、钾长石、石英、蛇纹石；水汽矿产2种：矿泉水、地下热水。黄金资源遍布全境，已探明储量居全国县（市）级首位。东北部、西北部、西南部为黄金资源集中分布区，仅阜山、玲珑山、罗山至金华山长达60余公里的区域内，就分布有大小千余条可供开采的金矿脉，而且藏量多，品位高。白银资源也很丰富，多与金矿伴生，几乎所有金矿都伴生银。探明独立银矿床1处，位于十里铺西山，发现银矿点1处。花岗岩集中分布在张星镇东北部山区，出露面积大，完整性好，易开采，已形成大型矿床4个，中型矿床1个，小型矿床4个。

温泉资源是招远的又一突出亮点。招远温泉大约形成于2.3亿年前，位于招远城区中部，是国内少有的市区温泉。泉水温度高，出水口温度高达95℃。泉水矿化度高，药物化学成分丰富，除含有钾、钠、钙、镁、硫、铁离子、氯离子、碘离子、硫酸根、溴离子等外，还含具有重要医疗价值的微量元素镭、铀和氡等，是国内罕见的高温、高矿化度、极具医疗价值的混合型温泉，对20多种疾病有较好疗效。

全市有野生动物26目60科306种。以大类划分：鸟类282种，兽类11种，爬行类9种，两栖类4种。昆虫共8科276种。

主要农作物资源较丰富，品种共274个。林木资源遍布全境，全市有木本植物69科350种（不包括某些树种众多的栽培品种）。其中乔木215种，灌木103种，藤本32种。野生药材资源品种多、分布广，以罗山、纪山一带为主，主要品种数百种。

【人口 民族】 2015年，全市203460户，566518人，其中城镇人口2647430人。在全部人口中，男性为281115人，女性为285403人，市区人口达到20.21万人。

境内为汉族聚居区，各少数民族及外国人甚少。2015年，全市共25个民族，其中少数民族24个，分别为满族、蒙古族、哈尼族、回族、朝鲜族、壮族、土家族、苗族、彝族、达斡尔族、藏族、瑶族、黎族、布朗族、拉祜族、侗族、佤族、土家族、傈僳族、傈族、东乡族、裕固族、白族、布依族等。

国民经济和社会发展概况

【综合经济】 经济运行稳中有进，发展势头良好。初步核算，全市实现地区生产总值（GDP）639.84亿元，按可比价格计算，增长8.5%（比上年，下同）。人均GDP达到112787元（按现价汇率折算为17369美元），增长8.5%。

产业结构调整力度加大。全市第一产业实现增加值40.01亿元，增长6.6%；第二产业实现增加值338.35亿元，增长7.5%；第三产业实现增加值261.48亿元，增长10.5%。三次产业结构为6.3：52.8：40.9。全市税收收入占GDP比重达8.27%，地方财政收入占GDP比重达7.85%。

物价水平涨幅较低。全年居民消费价格上涨1.3%。其中，服务项目价格上涨3.2%，消费品价格上涨0.6%。在居民消费价格的八大类别中，五升三降：即烟酒类上涨0.3%，衣着类上涨5.5%，家庭设备用品及维修服务类上涨0.6%，医疗保健和个人用品上涨7.6%，娱乐教育文化用品及服务上涨4.2%，食品类下降0.5%，交通和通讯类下降1.6%，居住类下降0.7%。

【农林牧渔业】 农林牧渔业稳步发展。全年完成农林牧渔业总产值72.29亿元，增长（可比价，下同）6.5%。农业内部各行业协调发展，种植业产值48.45亿元，增长7.8%；林业产值2.14亿元，增长11.9%；牧业产值13.98亿元，增长1.5%；渔业产值4.78亿元，增长4.6%；农林牧渔服务业产值2.94亿元，增长9.1%。

主要农产品产量有增有减。全年粮食产量31.98万吨，下降2.7%；粮食单产430.2公斤/亩，下降3.4%；油料产量6.10万吨，下降4.5%；蔬菜、瓜果产量11.28万吨，下降0.7%；果品产量58.76万吨，增长0.6%，其中苹果57.11万吨，增长0.6%。

林业生产发展稳定。全年人工造林面积1500公顷，当年增加林业用地面积908公顷，当年新增育苗面积2825公顷，年末林业用地面积达到5.50万公顷，全市森林覆盖率达到38.6%。

牧业生产平稳发展。年末生猪存栏24.84万头，下降5.1%；牛存栏1.48万头，下降24.1%；羊存栏4.06万只，增长2.8%；家禽存栏394.04万只，增长6.3%。全年生猪出栏43.15万头，下降4.3%;牛出栏1.18万头，下降33.3%；羊出栏4.48万只，增长3.7%；家禽出栏752.43万只，增长11.0%。肉类总产量达到4.88万吨，增长0.9%；禽蛋产量3.17万吨，增长0.6%；奶类产量10598吨，增长3.5%。

渔业产量小幅增长。名优新品种养殖不断扩大，全市水产品养殖面积5922公顷，增长5.5%，水产品总产量5.90万吨，增长6.7%，其中海水产品5.46万吨，增长7.3%，淡水产品4470吨。在海水产品中，海洋捕捞3955吨，海水养殖5.06万吨。

农业生产条件和农村基础设施进一步改善。全市农业机械总动力97.40万千瓦，增长5.6%；农村用电量4.97亿千瓦小时，下降5.9%；全年化肥施用量（实物量）14.54万吨，下降0.1%；有效灌溉面积3.06万公顷，占耕地面积的67.9%。年末，全市724个行政村全部通电、通有线电视，自来水受益村692个。

【工业和建筑业】 工业生产稳定发展。工业生产稳定发展。全市规模以上工业企业（即年主营业务收入2000万元以上工业企业）达300户，实现工业增加值368.58亿元，增长7.4%，其中国有工业增加值5.18亿元，下降0.6%；集体工业增加值61.66亿元，增长15.2%；股份制工业增加值208.99亿元，增长3.9%；外商及港澳台商投资企业增加值75.13亿元，增长16.7%。国有控股工业增加值12.94亿元，增长13.6%。轻工业实现工业增加值70.1亿元，增长6.7%；重工业实现增加值298.45亿元，增长7.6%。大中型工业企业实现工业增加值144.25亿元，增长10.5%。

产销衔接较好，经济效益有所下滑。全年规模以上工业产品销售率达98.23%，实现主营业务收入1705.88亿元，增长3.6%；实现利润116.05亿元，增长2.0%；实现利税151.21亿元，增长4.4%。

五大支柱产业强力支撑。全市规模以上工业中，黄金、食品、橡胶、机械、电子五大支柱产业实现主营业务收入、利税和利润为1504.20亿元、123.18亿元、94.50亿元，分别增长3.7%、2.5%、0.2%，占规模以上工业的比重达到88.2%、81.5%、81.4%。

建筑业生产发展稳定。年末三级及以上资质建筑企业49家，全年完成建筑业总产值35.39亿元，增长4.5%。房屋建筑施工面积176.3万平方米，下降9.8%；房屋建筑竣工面积100万平方米，下降6.7%。

【固定资产投资】 固定资产投资增速放缓。全年完成固定资产投资403.21亿元，增长14.5%。分产业看，第一产业投资3.49亿元，下降57.6%；第二产业投资124.19亿元，增长27.7%；其中工业投资111.96亿元，增长15.6%；第三产业投资275.52亿元，增长11.7%。

投资主体结构不断优化。国有投资为35.22亿元，下降5.4%，集体投资161.07亿元，增长13.8%；股份制和私营个体投资分别为97.37亿元和105.42亿元，分别增长21.6%、49.5%；港澳台投资为0.49亿元，下降85.4%。高新技术产业投资为13.39亿元，增长148.5%。

房地产投资增速减缓。全年完成房地产开发投资18.72亿元，基本与去年持平，其中住宅投资14.43亿元，增长91.7%，商业用房投资2.28亿元，下降77.5%。房屋施工面积353.72万平方米，增长0.9%，房屋竣工面积18.87万平方米，下降75.6%，商品房销售面积42.87万平方米，商品房销售额20.70亿元。

【国内贸易】 消费品市场稳定增长。全年共实现社会消费品零售额169.76亿元，增长11.3%。从城乡销售增长速度看，农村快于城镇。城镇零售额136.64亿元，增长11.1%；农村零售额33.12亿元，增长12.3%。

热点商品持续旺销，金银珠宝类、通信器材类、服装类、汽车类、家电类、皮草箱包继续保持较高增速。

【对外经济】 对外贸易降幅逐月收窄，全年略有增长。全年实现进出口总额22.74亿美元，增长0.7%。其中，出口14.5亿美元，增长8.8%；进口8.23亿美元，下降10.9%。在外贸出口中，一般贸易出口完成7.74亿美元，增长84.9%；加工贸易出口完成6.76亿美元，下降26.0%。

利用外资小幅增长。全年利用外资注册项目19个，增长35.7%；合同外资23361万美元，增长5.0%；实际到账外资15997万美元，增长1.6%。

【交通、邮电和旅游】 交通运输业发展稳定，综合运输能力增强。全市拥有公路货物营运车辆3807辆，公路旅客营运车辆214辆，公交车112辆，出租汽车374辆，全年旅客周转量达到30294万人公里，全市货物周转量达到171750万吨公里。

邮电通信业进一步增长。全年完成邮电业务总量44540万元；电话装机总容量11.1万门，下降21.6%；固定电话拥有量3.39万部，下降49.2%，其中，住宅电话2.35万部，下降51.3%；移动电话拥有量60.65万部，下降2.7%；国际互联网用户达到11.31万户，增长20.3%。

旅游业快速发展。依托“金泉山海古村落”旅游资源，打造了“黄金文化之旅”“绿色山林之旅”“温泉养生之旅”“生态休闲之旅”“探访怀古之旅”“欢乐购物之旅”等六大主题旅游线路，特色旅游全面开启，拉动旅游收入增长。全市目前有A级以上旅游景区16家，共接待海内外游客373.2万人次，旅游业总收入达到60.4亿元，同比分别增长22.9%和20.3%。

【财政、金融和保险】 财政税收增长平缓。全市境内财政总收入达到98.41亿元，增长8.6%；实现地方财政收入50.22亿元，增长8.0%，其中税收收入完成36.73亿元，增长8.5%。全市国、地税完成税收52.94亿元，增长3.9%，其中，国税系统共组织各项收入16.15亿元，下降4.0%，地税系统共组织各项收入36.78亿元，增长7.8%。财政支出结构不断优化，重点支出得到保证。全市财政总支出53.46亿元，增长8.8%。

金融运行平稳。年末金融机构本外币存、贷款金额分别为472.66亿元、270.77亿元，分别增长0.9%和7.4%。其中人民币存款余额和贷款余额分别为457.42亿元和266.14亿元，分别增长0.7%、7.9%。在人民币各项存款余额中，非金融企业存款109.01亿元，比年初减少12.14亿元，住户存款294.74亿元，比年初增加20.58亿元。在各项贷款余额中，非金融企业及机关团体贷款232.90亿元，比年初增加14.73亿元，住户贷款33.16亿元，比年初增加4.72亿元。

保险事业发展较好。年末全市保险公司共38家，其中人寿保险12家，财产保险17家，其他保险经纪及代理公司9家。

【科学技术】 科技成果产业化助力经济转型升级。深入推进产学研合作。建设了山东理工大学招远工业技术研究院、哈尔滨工业大学招远技术转移中心、哈尔滨工程大学招远技术转移中心3个综合性科技服务平台，依托3个科技服务平台，借助高校的科研、人才等资源优势，引进高新技术项目，孵化相关技术与企业，实现科技成果产业化。在新材料、环保工程、先进制造、选冶与综合利用等领域进行技术合作攻关和成果转化，促成和推进28个校企科技合作项目；加快科技成果转化产业化。重点推进国家级、省级重大科技产业化项目。筛选了企业高新技术产业和战略性新兴产业关键共性技术研发和产业化项目列入项目储备库进行重点培育；强化创新型企业培育。鼓励企业特别是中小微企业加大科研投入，开展科技攻关、产学研合作、成果转化等科技活动，扶持一批具有自主知识产权和核心技术的高新技术企业、科技型中小微企业成长发展，有5家企业通过省级高新技术企业认定。2015年实现高新技术产业产值471.7亿元。

突出企业创新主体地位，提升科技研发服务平台建设水平和资源共享使用能力。加快研发平台提质提档。支持中小微企业依托高校、科研院所建立研发平台，鼓励现有的研发平台不断提质升级。有1家省级工程技术研究中心被评为省级示范中心；获得烟台市级以上科技奖励8项，其中国家技术发明二等奖1项，已连续3年获国家级科技奖；获省科技奖2项，烟台市级科技奖5项；全市发明专利申请201件，同比增长63.4%，发明授权53件，同比增长178.9%；有4家企业被列为省级知识产权管理规范优势企业，金宝电子列为国家知识产权示范企业；加快创新服务平台建设，依托中国黄金产业知识产权信息中心、招远科技创新服务平台等载体，积极为企业提供科技政策及信息发布与咨询、专利成果推介、技术研发支撑等服务100余次，共帮助企业进行专利检索分析80次，为企业创新发展提供支持。加快提升资源共享利用能力。发挥科技立项库、科技成果库、科技合作库、行业专家库、技术难题库“五大数据库”作用，运用大数据技术，及时掌握分析企业技术需求、技术难题及科技创新状况，发布国内外高校、科研院所高新技术成果，为技术的供需双方牵线搭桥。

【教育、文化、卫生和体育】 教育事业全面协调发展。全市拥有普通高中4所，招生2422人，在校学生8979人，毕业生3346人；全市拥有职业中学2所，招生1097人，在校学生4193人，毕业生586人；普通初中23所，招生4249人，在校生18193人，毕业生4564人；小学19所，招生3796人，在校生22088人，毕业生4297人；幼儿园73所，当年入园幼儿4066，在园幼儿11099人。小学学龄儿童入学率为100%，小学毕业生升入初中的升学率为100%，全市初中毕业生升入高中阶段的升学率为100%。城市中小学公交车通达率及农村中小学校车服务覆盖率均达到100%。

公共文化服务体系更加完善。以农村文化大院示范点建设为重点，以“五型”建设为基本模式，初步形成了以市直文化单位为龙头，镇（街道、区）文化站为枢纽，村文化大院为基础，文化专业户为补充的多层次、多体制的群众文化网络。在市级，图书馆、文化馆设施建设日益完善，加大了公共免费开放力度，扩大了“五馆一站”免费开放服务范围，实现文化产品、文化服务提供与群众需求有效对接。图书馆持证读者3000余人，借阅读者达到10万人次；继续加强乡镇综合文化站建设。各乡镇综合文化站继续加大投入，各项设施水平不断提高。村级重点加强农村文化大院示范点建设，全年新增建文化示范大院100个。

非物质文化遗产工作扎实推进。整理申报省级“水盘芝麻糖传统手工生产技艺”和“明通万应膏药制作技艺”两个项目，目前申报材料现已通过烟台市审查。《明通万应膏药制作技艺》已被列入第四批省级非遗项目名录。

加强“乡村记忆”工程、古村落、重点文物保护单位的申报及保护工作。张星镇奶子场村、徐家村、丛家村、辛庄镇大涝洼村、蚕庄镇东曲城村等16个村和1个乡村博物馆被公布为山东省第一批“乡村记忆”工程文化遗产名单;齐山抗战烈士陵园被公布为山东重点文物保护单位;西山革命烈士陵园、洼子遗址等3处被公布为第五批市级文物保护单位。截至目前，我市有国家级历史文化名村1个，国家级传统古村落12个，省级历史文化名村4个，省级传统村落13个；省级“乡村记忆”工程文化遗产名单17个;县级以上重点文物保护单位24处，其中省级4处，地市级20处。

全市拥有各种艺术表演团体7个，艺术表演场所43个，公共图书馆1个，展览馆1个，文物保护管理机构1个。市图书馆藏书量57.8万册，其中图书37万册，报刊6322件。全市共有市级广播电台1座，对国内广播节目1套，广播人口覆盖率100.0%。电视台1座，电视发射台和转播台2座，节目1套，电视人口覆盖率100.0%。

公共卫生和医疗服务体系不断完善。年末全市拥有卫生机构382个（包括村卫生室、诊所等），其中，医院、卫生院21个，妇幼保健机构1个，专科疾病防治所3个，卫生防疫防治机构1个；卫生机构拥有床位2372个，其中医院、卫生院拥有床位2184张；卫生机构拥有卫生技术人员3469人，其中医院、卫生院拥有卫生技术人员2463人。

体育事业取得新成就。全市有等级运动员265人，体育场馆1座，2015年体校运动员参加了烟台市田径、篮球、跆拳道、射箭、击剑、拳击、散手、摔跤、举重、柔道等10个项目比赛，获得金牌57枚，其中举重比赛中获得金牌17枚。举重和柔道项目均获得青少年组团体总分第一名的好成绩。举办全民健身活动100次，共有34万人次参加。

【环境保护、城市建设】 城市管理全面推进，环境质量得到改善。全年共清运、处置生活垃圾6.86万吨，无害化处理垃圾6.86万吨，生活垃圾和粪便无害化处理率达到了100%。环境监察执法力度加大，工业废水排放达标率达到100%。市区环境空气质量四项主要污染物与2014年相比，均出现改善，其中可吸入颗粒物（PM10）平均浓度为88微克/立方米，同比改善11.1%；细颗粒物（PM2.5）平均浓度为53微克/立方米，同比改善14.5%；二氧化硫（SO_2）平均浓度为31微克/立方米，同比改善13.9%；二氧化氮（NO_2）平均浓度为27微克/立方米，同比改善15.6%。水环境功能区达标率100%。生态市建设扎实推进，创建国家级生态镇1个，省级生态镇7个、省级生态村3个，烟台市级生态文明村156个。

科学规划，精心打造靓丽城市。围绕市委、市政府提出的“一年有变化、两年大变样”总体要求，以群众满意为标准，以提升城市功能和品位为重点，坚持中心城区建设与小城镇建设并进，新区开发与旧城改造并举，规划建设宜业宜居宜游的“美丽金都”。

精心统筹城市整体布局，全面推进城市规划体系建设。以“东西两翼拓展，北部一带隆起”为思路，引导城市合理布局，完成了招远市总体规划实施评估、招远市城区控规调整、“两区一带”基础设施规划；滨海科技产业园总体规划调整。编制完成了开发区电子产业聚集区规划、黄金创意产业园规划、开发区创新创业中心等规划；精心做好民生类项目规划，统筹城乡发展。编制了《招远市城镇体系规划》，提出了城镇化发展的思路战略与目标，确定了城镇体系结构和布局，完善了产业规划、市域综合交通体系规划、社会服务设施规划和市政基础设施规划；扎实开展旧城更新规划，推动旧城旧村改造，相继完成了10个旧城旧村改造规划和建筑设计方案。精细做好景观规划，以打造“环境靓丽、道路畅通、宜居宜业”的城市特色景观街区为目标，按照“有主到次、分批推进”的原则，开展了城区主干道的综合整治规划。

市政基础设施进一步完善。抓好城市配套建设，全面提升城市形象。全年城市维护建设资金支出达3.69亿元，城区公路里程达到288.96公里，新增2公里，城市道路面积454.83万平方米，新增1.82万平方米。桥梁56座，路灯9986盏，安装路灯的道路长198公里。全年完成园林绿化投资1140万元，绿化覆盖面积达到1384公顷，其中建成区绿化覆盖面积达到1354.4公顷，建成区绿化覆盖率达42.3%。建成区面积达到32平方公里。

城市公用事业快速发展。加强供水供热供气保障建设，自来水日供水能力达6.0万立方米，供水总量2127.5万立方米，城市供水人口达到20.21万人。天然气供气管道长度363.5公里，新增60.57公里，供气总量达到1813万立方米，用气人口达到15.49万人。供热管道新增2公里，集中供热面积达到540.5万平方米。

【民生事业、社会保障】 各级党委、政府坚持以人为本、着力改善民生，坚持人民群众普遍享受发展成果，城乡居民收入、生活水平和生活质量继续提高，社会保障体系不断完善。全年居民可支配收入达26559元，增长8.5%，人均消费支出18546元，增长9.6%。其中食品消费支出5849元，增长6.0%；衣着消费支出2080元，下降8.0%；居住消费支出2733元，增长50.5%；家庭设备、用品及服务支出1576元，增长15.0%；医疗保健用品及服务消费支出1394元，增长9.1%；交通通讯消费支出2266元，下降7.9%；文教娱乐用品及服务支出2072元，增长27.9%；其他商品及服务支出579元，增长0.3%。

城镇居民生活质量继续提高。据抽样调查，全年城镇居民人均可支配收入达36120元，增长7.8%，人均消费性支出为26266元，增长9.4%。城镇居民恩格尔系数为29.1%。全市城镇居民人均现住房建筑面积37.64平方米。年末每百户城镇居民家庭拥有家用汽车59辆、摩托车24辆、助力车78辆、彩色电视机141台、空调器93台、电冰箱111台，洗衣机93台，微波炉55台、电脑88台、移动电话215部、健身器材11套。

农民收入稳定增长，生活进一步改善。据抽样调查，全年农村居民人均可支配收入达16946元，增长9.0%，人均消费支出11054元，增长10.2%。农村居民恩格尔系数为37.2%。全市农民人均住房使用面积为44.84平方米。年末每百户农民家庭拥有家用汽车20辆，摩托车91辆、助力车70辆、移动电话201部、彩电119台、电冰箱101台、洗衣机93台、热水器97台，家用计算机60台。

社会福利与社会救助工作成效显著。全面推进福利与救助事业的社会化，实现了社会救助帮困制度化、网络化和经常化目标，城乡困难群众实现了应保尽保。年末，全市民政部门收养性服务单位22个，床位4313张，全年收养2165人；城镇居民享受最低生活保障1317人，农村居民享有最低生活保障11995人。年内为残疾人提供服务机构20个，安置残疾职工434人。五保供养工作顺利推进。全市共有五保对象1533人，供养经费支出1081.3万元。城乡医疗救助制度全面建立，民政部门资助合人数16749人，直接救助人数3363人次。社会力量参与社会救助成效显著。全市共有社会捐赠接收工作站、点和慈善超市4个，接收捐款801.9万元，受益27651人次。

社会保障体系建设稳步推进，覆盖范围进一步扩大，保障功能不断增强。社会保障体系更加完善，城乡居民医疗、养老保险基本实现全覆盖。到年底，全市参加企业养老保险社会统筹的单位706个，参加基本养老保险统筹的职工达到108250人，征缴企业养老保险费达75447万元，收缴率达99.58%。机关事业单位养老保险参保人数14744人，征缴机关事业单位养老保险费达49810万元。全市失业保险参保人数达75273，征缴失业保险费达3997万元。城镇职工基本医疗保险参保人数达156413人，征缴医疗保险费达35590万元。城乡居民医疗保险346871人，征缴医疗保险费达20541万元。工伤保险参保人数74727人，征缴工伤保险费4368元。生育保险参保人数74864人，征缴生育保险费2369万元。农村养老保险累计参保人数达到305044人。

【人口】 人口小幅下降。年末公安部门统计的户籍户数为203460户，人口为566518人，人口比上年下降0.3%，其中城镇人口247430人。在全部人口中，男性为281115人，女性为285403人，市区人口达到20.21万人。全年出生人口4267人，人口出生率为7.52‰，死亡人口5295人，人口死亡率为9.33‰，人口自然增长率为-1.81‰。

就业总量继续扩大，就业局势保持稳定。全年新增城镇就业再就业9320人，新增农村劳动力转移就业5147人，失业职工实现再就业1559人。大力开展以城镇“零就业家庭”和农村“零转移就业贫困家庭”为重点的就业援助工作，帮扶“4050”等就业困难群体再就业227。城镇登记失业率1.22%。年末城镇非私营单位在岗职工平均工资53602元。

中国共产党招远市地方组织

中国共产党招远市委员会

领导成员

书　记：张　伟

副书记：王光耀

常　委：郝永平　张烟航　王文锋　王　浩

张金亮　李　波　赵美瑜（女）

姚吉光　刘丰信

【常委分工】　张伟：主持市委、市人大常委会全面工作。

王光耀：协助张伟抓市委工作，主持市政府全面工作，联系市政协。

郝永平：协助王光耀抓市政府工作，分管市政府常务工作和市政府分工的其他工作。

张烟航：主持市纪委工作，协助专职副书记抓社会稳定工作（侧重于党员干部纪律作风方面）。

王文锋：主持市委组织部工作，分管老干部局、机关工委、党史研究室。

王浩：分管市政府分工的工作。

张金亮：主持市委政法委工作，分管信访稳定、政法、社会管理综合治理、防范处理邪教工作，负责矿山秩序整顿工作，分管政法系统各单位、信访局、610办公室。

李波：主持市委宣传部工作，分管科协、文联。

赵美瑜：主持市委统战部工作，负责统一战线、对台、共青团、妇女工作，分管统战部、台办、团市委、妇联、工商联、残联。

姚吉光：分管武装工作，协助专职副书记抓预备役工作。

刘丰信：分管市政府分工的工作。

【市委工作综述】　2015年，招远市委在上级党委的坚强领导下，科学认识、积极适应、主动引领经济发展新常态，紧扣“履职尽责担当使命，坡道发力攻坚跨越”主基调，引领全市上下昂扬精神迎挑战、实干创新求突破，经济社会实现平稳较快发展。

组织概况与党的建设。招远市委辖69个党（工）委，34个党总支，1596个党支部，党员46175名。全市各级党组织和广大党员围绕中心，服务大局，真抓实干，创新突破，党建工作的公信力、服务力和满意度进一步提升。一是扎实开展“三严三实”专题教育。坚持以高质量党课开局起步，以高标准整改亮相推进，以高要求学习启发自觉，以治理不担当不作为等问题巩固提升，夯实拓展党的群众路线教育实践活动成果。二是强化配套保障。建立与财政增长相协调的投入保障机制，市镇两级财政统筹安排资金，解决3264名农村干部待遇问题，每个村办公服务经费均达到5万元，每个社区党组织服务群众专项经费、社区运转经费均达到标准，城市社区和农村社区建设全部规范达标。三是创新党建模式。依托社会组织党建创先基地，积极推行“示范区—示范基地—示范点”三级互

2015年3月28日，中共招远市委书记张伟调研科学发展项目

动的新党建模式，重点打造了玲珑集团、开发区商会、双塔食品股份有限公司等党建示范点。四是提升服务实效。深化落实“双管双责”“双联双促”制度，“第一书记”和后进村帮扶工作稳步推进，有效打通联系服务群众“最后一公里”。五是深化党风廉政建设。把纪律和规矩挺在前面，认真落实党风廉政建设“两个责任”，严格执行中央八项规定精神，扎实开展党政班子成员向市纪委全会述廉试点、党风廉政建设巡察监督、作风效能和环境建设评议等工作，圆满完成省委巡视整改任务，党风政风持续好转。

主要工作与成绩。经济运行稳中有进。综合实力稳步提升。2015年，全市完成生产总值639.8亿元，境内财政总收入98.4亿元，公共财政预算收入50.2亿元，分别增长8.5%、8.6%和8%；在全国县域经济基本竞争力和中小城市科学发展百强榜中分列第34位、35位，比上一年度前进1位和3位。产业转调提质增效。工业，在全国工业百强县中位列39位，主营业务收入过亿元企业达到193家、过10亿元12家、过100亿元3家，实现规模以上工业主营业务收入1698亿元、利税148.3亿元，获批创建“国家级循环经济示范市”，4家企业列入国家两化融合管理体系贯标试点，战略新兴产业产值增长8%、高于全部工业1个百分点；服务业，投资3亿元的国内首个黄金文化主题大型山水实景演出《金山佛谕》开演，新引进埠外银行、民间资本管理公司4家，新三板挂牌企业2家，实现服务业增加值261.4亿元、社会消费品零售总额169.8亿元，分别增长10.5%和11.3%，服务业比重提高1.2个百分点；农业，获批“国家现代农业示范区”，实现农村经济总收入1511.2亿元、农民人均可支配收入16946元，分别增长4.8%和9%。项目建设势头强劲，完成固定资产投资403.2亿元、增长14.5%，规划实施总投资719.4亿元的重点项目141个；全年实际利用外资2.3亿美元、内资84.1亿元，分别增长5%和16.3%，进出口总额22.6亿美元、与上年同期持平。开发区二次创业赶超发展，大干100天落地项目22个，推进总投资405亿元的47个在建项目完工25个，带动区内东城新区高端崛起、滨海科技产业园魅力凸显、北部经济隆起带在集中攻坚中起步开局，昂起“国家级”发展龙头。改革创新乘势而上。深化改革成效显著。统筹推进221项年度改革任务，依法公布行政审批目录、行政权力清单和责任清单，行政权力事项精简压缩41.7%，28项改革试点有序展开，供销社改革、金融改革试点经验在全省乃至全国推广。创新创业亮点纷呈，搭建起山东理工大学招远工业技术研究院、哈尔滨工业大学招远研究院、哈尔滨工程大学招远研究院“三大研究院”，建成电子商务产业园、创新创业大厦、黄金创意产业园等创新创业平台，新增市场主体21246户、增长42%。城乡统筹相融共进。完善提升城市功能品质，实施智慧城市建设、景观提升、旧城旧村改造、环境秩序综合整治等四大城建“攻坚战”，顺利通过国家卫生城市复审，获批“省城乡环卫一体化全覆盖市”称号；做精做特小城镇，启动镇容镇貌“换新颜”工程，投入2000万元财政引导资金，改造提升2个乡镇驻地，打造小而特、精而美的小城镇。共建共享美丽乡村幸福社区。投资3000万元建成100个生态文明“扩面达标”村，投资1730万元提升119个农村社区标准型示范型服务中心，投资465万元改造10个城市社区办公服务场所达标，4个村跻身第二批省级传统村落，16个村和1个乡村博物馆列为山东省第一批“乡村记忆”工程文化遗产、数量居烟台市之首，获批“省级乡村文明行动示范市”称号。民生福祉持续改善。实施联系服务群众大走访、15件为民服务实事、国家公共文化服务体系示范区建设、义务教育均衡发展和学校标准化建设、数字化医院建设五大惠民利民行动，全市民生支出占财政支出比重达到70%，有效提升了群众幸福感和获得感，在烟台市群众满意度测评中位次前移3位，获“文化强省先进市”“省级文

2016年2月3日，中共招远市委书记张伟到玲珑集团调研

2015年8月15日，中共招远市委书记、市人大常委会主任张伟，市委副书记、市政府市长王光耀，到大秦家街道调研

明城市”“省教育工作示范市”“全国义务教育发展基本均衡市”称号。

创新与经验。科学谋划稳增长。坚持以高点定位激扬拼搏意识，确立全市及开发区“省内赶胶州、省外比张家港”的学赶目标，提出“履职尽责担当使命，坡道发力攻坚跨越”工作主题，倡树“永不满足、永不懈怠、永不畏难、永不怕苦”创业精神，引领全市经济社会发展始终沿着正确方向前进；以鲜明导向焕发昂扬斗志，提出争做讲政治顾大局、干事创业真抓实干、善学善谋善作善成、立党为公执政为民、廉洁自律勤政廉政、同心干事团结共事“六个表率”要求，出台《运用重点工作考核结果加强对全市各级领导干部教育管理的办法》，对招商引资、利用外资、项目建设、财政收入、进出口、群众满意度测评六项重点工作实行严考严惩，掀起竞相发力干事创业热潮；以精准施策优化发展环境，出台稳增长促发展“黄金40条”、新兴产业发展规划，设立2亿元股权投资引导基金、5000万元中小纳税企业信用担保基金、1000万元创新研究基金和成果转化基金、500万元电子商务企业发展专项资金，落实152亿元银企合作资金，减轻2.73亿元的企业和个人税费负担，缓解企业压力、提振企业信心，推动经济稳中有进、稳中提质。全力以赴促转调。夯实转调平台，作出开发区二次创业赶超发展决策，制定具体意见，确立“‘十三五’综合实力进入国家级开发区50强”目标，将全市70%的扶持资金、80%的用地指标、50%的区内市级企业税收留给开发区，设立项目建设审批联席会议和“绿色通道”，建立部门和开发区领导干部互派挂职机制，激励乡镇部门每年至少落户开发区项目1个以上，进一步增创开发区新优势、促进开发区大发展。增强转调动力，推行“重点建设、重点推进”项目区别对待、各有侧重管理模式，完善领导包帮和考核问责机制，全面落实市级领导包帮、项目特派员、周六项目集中调度日、媒体公布评议结果等制度；制定《招商引资考核办法》《对外开放工作经费补助和处罚办法》，建立动态招商项目库，深入开展“大走访”活动，不断提升项目建设引进水平。盯牢转调方向，加快实施骨干企业“升级再造”工程、传统产业“千百亿”工程、新兴产业“六个一”行动、“互联网+”培育计划、创新创业培训工程，加快推进工业制造向智造转型升级、服务业向特色化规模化提升、农业向现代化标准化迈进，经济发展质效全面提升。创新治理促和谐。围绕创新社会治理机制、丰富社会治理方式，以“平安金都、法治金都、和谐金都”建设为抓手，深入开展“天网工程”、信访案件“百日清仓”、治安“百日大巡防”、打击邪教“百日会战”、安全生产大检查和矿业秩序整顿等活动；强化基层社会管理和服务体系建设，创新开展“幸福社区”建设工作，制定出台《加强和改进城市社区

2015年8月15日，中共招远市委书记张伟到辛庄镇人工岛调研

建设工作实施意见》《完善和提升农村社区建设工作实施意见》，深入开展城市社区居委会规范化建设年、农村社区两完善两提升等活动，不断增强城乡社区服务功能，夯实社会和谐稳定基础。

【市委全委会议】 2015年，共召开全委（扩大）会议两次。2015年8月21日，中共招远市十三届六次全委（扩大）会议在金都宾馆召开。市委副书记、市长王光耀通报外出学习情况，市委书记、市人大常委会主任张伟对有关工作进行安排部署。

2015年12月11日，中共招远市十三届七次全委（扩大）会议在金都宾馆召开。市委书记、市人大常委会主任张伟代表市委常委会向全委会作工作报告，就《中共招远市委关于制定招远市国民经济和社会发展第十三个五年规划的建议（讨论稿）》作说明。会议审议通过《中共招远市委关于制定招远市国民经济和社会发展第十三个五年规划的建议（讨论稿）》《中共招远市委十三届七次全体会议公报（草案）》。

【市委常委会议】 2015年，共召开市委常委会议14次。1月22日，市委书记、市人大常委会主任张伟在市金都宾馆主持召开十三届市委第50次常委会议。会议听取并讨论通过市人大办公室关于《招远市第十七届人民代表大会第四次会议筹备情况》和市政协办公室关于《政协第九届招远市委员会第四次全委会议和政协工作会议筹备情况》、市发改局关于《2014年计划执行情况和2015年主要预期目标安排的建议》、市财政局关于《招远市2014年财政预算执行情况和2015年财政预算草案编制情况》、市委办公室关于《招远市2015年工作要点（讨论稿）》起草情况和《市委常委班子教育实践活动整改落实“回头看”工作自查情况》、市委统战部关于《2014年统战工作情况》的汇报，对2名拟作为招远市技工学校领导班子副职人选考察对象进行研究讨论；听取并表决通过市委组织部关于《部分党组织和党组设置意见、市政府职能转变和机构改革涉及的干部调动任免意见》的汇报。市委各常委出席会议。市政协主席林建东，市人大常委会党组书记、第一副主任徐林宏列席会议。

2月15日，市委书记、市人大常委会主任张伟在市委第一会议室主持召开十三届市委第52次常委会议。会议听取并讨论通过市人社局关于《2014年度机关事业单位工作人员考核情况》、市编委办关于《2014年度事业单位绩效考核工作情况》、市考核办公室关于《2014年度岗位目标责任制考核情况》的汇报，书面传达烟台市宣传文化工作会议和文化体制改革会议精神、烟台市统战工作座谈会议精神及招远市贯彻落实意见；会议对全市2014年工作进行简要总结，并对春节前后的有关重点工作进行安排部署。市委各常委出席会议。市政协主席林建东，市人大常委会党组书记、第一副主任徐林宏列席会议。

3月12日，市委书记、市人大常委会主任张伟在市委第一会议室主持召开十三届市委第53次常委会议。会议研究并表决通过1名拟作为提拔交流担任烟台市市直部门领导班子正职人选考察对象。市委各常委出席会议。市政协主席林建东，市人大常委会党组书记、第一副主任徐林宏列席会议。

4月7日，市委书记、市人大常委会主任张伟在市委第一会议室主持召开十三届市委第54次常委会议。会议听取并表决通过市委组织部关于《干部调整说明和有关干部调动、任免拟定意见》的汇报。市委各常委出席会议。

5月4日，市委书记、市人大常委会主任张伟在市委第一会议室主持召开十三届市委第55次常委会议。会议听取并表决通过市委组织部关于《干部调整说明和有关干部调动、任免拟定意见》的汇报，听取并讨论通过市编委办关于《设立市人大常委会预算工作委员会的说明》的汇报，对招商引资、项目建设、生态文明乡村建设、镇驻地换新颜工程、安全生产及社会稳定等重点工作作强调和部署。市委各常委出席会议。市政协主席林建东，市人大常委会党组书记、第一副主任徐林宏，市委办公室主任李海滨列席会议。

6月8日，市委书记、市人大常委会主任张伟在市金都宾馆主持召开十三届市委第56次常委扩大会议。会议传达烟台市委书记孟凡利对招远经济技术开发区进一步加快发展作出的重要指示和烟台市委常委扩大会议精神，听取市政府办公室关于《赴胶州、章丘、邹平国家级经济技术开发区的考察报告》和经济技术开发区关于《开发区加快发展有关情况》的汇报，研究部署招远市加快经济技术开发区发展及筹备烟台市园区建设现场会议的有关工作。市委各常委出席会议。市政协主席林建东，市人大常委会党组书记、第一副主任徐林宏，市委办公室主任李海滨，经济技术开发区主要负责人及班子成员、各镇（街道）党（工）委书记，市直有关部门和驻招有关单位主要负责人列席会议。

7月1日，市委书记、市人大常委会主任张伟在市金都宾馆主持召开十三届市委第57次常委（扩大）会议。会议主要通报省委巡视组到招开展专项巡视工作有关事宜，并对当前及巡视期间的工作进行安排部署。市委各常委出席会议。不是市委常委的市级班子领导成员，市委办公室主任李海滨列席会议。

8月25日，市委书记、市人大常委会主任张伟在市委第一会议室主持召开十三届市委第60次常委会议。会议听取并表决通过市委组织部关于《干部调整说明和有关干部调动、任免拟定意见》；传达中央、省和烟台市委领导对安全生产工作的重要批示指示精神，就扎实做好当前及以后一个时期安全生产工作进行安排部署；听取市公安局关于《我市毒品预防教育工作有关情况》的汇报，并就做好毒品预防教育工作进行安排部署。市委各常委出席会议。市政协主席林建东，市人大常委会党组书记、第一副主任徐林宏，市委办公室主任李海滨列席会议。

9月18日，市委书记、市人大常委会主任张伟在市委第一会议室主持召开十三届市委第61次常委会议。会议听取并讨论通过市考核办公室关于《2015年岗位目标责任制考核的实施意见》、市委610办公室关于近期有关工作情况、市委宣传部关于《招远市推进传统媒体和新兴媒体融合发展的实施意见》的汇报，书面传达《省委统战工作会议精神》。市委各常委出席会议。市政协主席林建东，市人大常委会党组书记、第一副主任徐林宏，市委办公室主任李海滨列席会议。

市委办公室工作

中共招远市委办公室（市委全面深化改革领导小组办公室）领导成员

主　任：李海滨

副主任：刘文波　李建波　孙少君

市委机要局局长：王晓明

市委保密办主任：尹志广

市委全面深化改革领导小组办公室副主任：郎岩波

市委办信息调研室主任：宫仕斌

市委办副主任科员：李　华

【机构设置】　2015年，中共招远市委办公室下设行政接待科、机要局、文秘科、信息调研室、综合科、秘书科、改革办、保卫科、保密办。行政在编23人，工勤在编7人。

【概况】　2015年，市委办公室以“三严三实”专题教育为契机，紧紧围绕市委工作中心，创新思路谋突破、团结协作创一流，认真履行参谋助手、督促检查、综合协调职能，以实际业绩赢得领导、群众、基层的认可。被市委、市政府评为先进单位、社会管理综合治理工作先进单位、社会治理创新工作先进单位、精神文明和宣传文化建设先进单位、农村工作先进单位、环境保护工作先进单位、计划生育工作先进单位。

【综合工作】　2015年，综合科的工作呈现出“四个前所未有”新特点：一是科室队伍前所未有的年轻。3名科员平均年龄27岁，正式在编1人，其余2人均属借调，是综合文字口近年来年纪最轻、从事材料写作时间最短的一支队伍，但肯吃苦、进步快，战斗力快速提升，较好完成各项材料起草任务。二是材料数量前所未有的多。全年共起草材料527份，平均1天写1.5份材料，材料总数是近10年来最多的，比2014年多120份，比2013年多240多份。三是规格难度前所未有的高。“三严三实”专题教育、省委巡视、烟台园区建设现场会等大事要事的材料空前集中，都要报送省里或烟台，上级要求的标准很高，并且很多材料以前都没有写过，需要开拓探索，工作难度进一步增大。四是领导要求前所未有的严。由于处于换届调整的特殊敏感时期，领导对各类材料的重视程度之高、要求之严、持续时间之长在近五年还是头一次，工作压力很大。

【行政接待工作】　接待工作。坚持把主动服务作为工作的出发点和落脚点，不断提高接待服务质量。根据中央八项规定要求，对接待工作进行进一步规范、细化，确保高品质完成各项接待任务。2015年，共协调安排客人370多批、1500多人次，圆满完成山东省省长郭树清，山东省委常委、政法委书记张江汀，山东省原常务副省长林廷生，烟台市委书记孟凡利、市长张永霞、市委副书记王继东等一大批重要政务领导到招接待任务。圆满完成烟台市科学发展观摩，伽师县、即墨市、栖霞市、莱阳市、昆嵛山保护区等考察团到招接待任务，成功组织招远市赴上海市、浙江省诸暨市、上虞市、杭州市余杭区等地参观考察，派专人服务驻招省委第十巡视组，圆满完成各项服务保障工作。会务工作。紧紧围绕全市中心工作，紧扣各个时间节点，提前谋划，重点做好会前筹备、会中服务、会后总结三块工作。通过创新座次排列办法，精简、优化办会程序，完善会场服务等一系列办法，确保各项会议顺利进行。2015年，成功组织全市工作总结表彰暨经济工作会议、市委工作会议、省委第十巡视组专项巡视招远市动员大会、中共招远市十三届六次、七次（全委）扩大会议、金都大讲堂、法治招远大讲堂等全市性大会20多次，组织各类工作调度会、务虚会、座谈会、全办会、主任办公会等小型会议60余次，未出现一次纰漏和差错。日常服务工作。从细处入手，精益求精、高质量完成办公室日常事务服务和领导交办的临时性工作任务。坚持24小时行政值班制度，全年共接听各类电话5000多个、上呈下达有关事项1000多次、分发报纸信件8000多件、接待到办客人150多批、清理会议室80多次、供应热水200余壶，组织扫雪、植树、环境卫生大扫除等公益活动20余次，安全行车20多万公里。机关安全保卫方面，严格执行市委大院安全保卫工作管理规定。加强日常管理，严格执行全天24小时轮流上岗、全方位不定时巡逻检查制度，流动岗每天巡逻检查9次以上，固定岗按要求认真值岗，全年未出现一次安全疏漏。注重人文关怀，为保卫人员在执勤用具配备、后勤保障、节假日关怀等方面提供便利，保卫科精神面貌焕然一新，赢得各级领导的一致好评。同时，认真做好党建、政工等工作，为办公室协调运转提供一流服务。

【信息调研工作】　2015年，信息调研室积极向各级党委提供优质信息调研服务，较好发挥参谋助手作用，圆满完成全年各项工作任务。对上：全年上报信息、调研文章560多篇，被烟台市以上机关刊物采用50多篇，被省、烟台市领导批示各1次；采集编报每日要闻600多条。特别是编报的《招远市创新为农社会化服务的做法与启示》典型材料，先后被省、烟台市和招远市领导批示。对市委领导：围绕领导关注的焦点问题、基层关心的热难点问题以及市内外经济社会发展重点问题，以《领导参阅信息》的形式及时准确地上报给市委领导，共编发《领导参阅信息》13期，有4期被市委主要领导批示。对下：制定下发《2015年全市党委系统信息工作考核办法》，编发《招远信息》49期、《党委系统信息报送题目》12期、《信息采用情况通报》4期、指导信息员培训52期。同时，进一步完善紧急信息上报、以干代训、信息通报等制度，有力推动信息工作走向规范化轨道。认真起草办公室综合材料。按照“争一流、出精品、当高参”工作标准，扎实认真、精益求精、优质高效地做好办公室综合材料起草工作。全年累计撰写市委领导讲话材料10多篇、办公室“三严三实”专题教育材料20多篇，撰写办公室机关建设、党风廉政、对外宣传等综合材料30多篇。同时，注重加强与各常委部门、人大办、政协办、信访局、安监局等单位的联系，编写《市委每月工作要点》12期。严格抓好科室管理。进一步完善科室工作规范，严肃工作纪律，促使科室人员转变工作作风，切实提高服务水平。将科室和个人的政治、业务学习摆到突出位置，科室人员在自觉参加办公室集体学习的同时，还利用业余时间学习市委领导讲话以及与信息调研工作紧密相关的刊物材料，增强工作的综合能力和素质。严格遵守《办公室人员工作手册》的管理制度，未出现任何违纪现象。

【文秘工作】　2015年，文秘科把握重点、主动协调，开拓创新、高效服务，全面提升以文辅政水平，基本实现“办文零差错、保密零事故”目标。高水平做好3项重要工作。一是加大领导批示件落实力度，按照“及时、高效、细致、保密”的原则，规范《领导批示件办理流程》，对领取、办理不及时的单位实行催办，原则上1个工作日领取完毕，特殊情况延长到2个工作日。对需落实的批示件定期督促承办单位上报，确保每月底汇总时，90%以上的批示件落实完毕；对涉密批示件，直接放在信封里传阅，不登记、不留存、不归档。2015年，共办理领导批示件717份，落实82份，传阅承办单位2200余次，比2014年分别增长42%、49%和29%。提高公文制发质量。制发《关于进一步精简会议文件改进会风文风的意见》，严把审核关口，对缺乏实质内容、可发可不发的，一律不再制发；对可以部门名义发文的文件，不以市委办名义发文，减少发文数量，提高发文质量。提升公文传阅效率。对各级各部门文件，根据公文的性质和内容，区分轻重缓急，准确拟定“拟办意见”，急件急办，特件特办，控制公文传阅范围，提高公文传阅效率。2015年，共接收各级文件1000多份，传阅9000余人次。高标准做好其他文秘工作。全面清理党内规范性文件。按照上级有关文件精神，对1978～2012年（共35年）以市委（市委办）名义下发的党内规范性文件进行全面清理，该废止的废止、该宣布失效的宣布失效，形成《关于废止和宣布失效一批党内规范性文件的决定》。提高归档文件查询效率。多次请教档案局专业人员，掌握柯兰德档案管理系统的使用办法，使归档文件查阅效率提高85%。认真落实领导干部请销假备案制度，共办理领导请销假150人（次）。严格执行印章使用审批程序，先后为70多个单位加盖市委、市委办公章1800多个。圆满完成2014年上级业务文件清退任务和办公室2014年文书档案归档工作。严要求做好4项保密工作。建立全市互联网计算机监控平台，进一步强化对互联网信息源头的保密管理。2015年下半年，市委保密办在全市范围内安装互联网计算机文档操作安全审计系统监控系统，此项系统的安装将对互联网计算机文档内容是否含有涉密信息进行安全审计，一旦发现涉密情况立即预警，直至处置完毕，进一步遏制失泄密事件的发生。加强全市保密检查工作，制定下发《关于开展保密工作综合检查的通知》《关于组织开展国有企业保密管理专项检查的通知》等4项文件，从规章制度、网络管理、涉密文件管理等方面，明确做好保密工作的具体要求。同时，开展全市保密检查6次，对部分单位下达《限期整改通知书》，敲响各级各部门保密工作的警钟。加大保密宣传教育。为增强各级各部门的保密意识和防范技能，召开全市保密工作会议1次，邀请烟台市保密局领导进行现场指导和培训，印发保密宣传资料200多份，培训保密干部100多人，在全市范围内营造学习保密法律法规的良好氛围，增强各级各部门的保密意识和防范技能。强化涉密载体管理。认真执行上级业务部门关于涉密载体管理的有关规定，协助政府办等部门开展废旧涉密载体销毁管理工作，加强与烟台市涉密载体销毁中心联系，定期将各部门报送的废旧涉密载体登记上交，有效杜绝涉密载体流失现象。

【秘书工作】 2015年，秘书科把握重点、克服难点，主动协调、优化服务，圆满完成各项工作任务。做好信访稳定和配套服务的工作。协调政法、信访、610等部门在全市开展“从严从实解决信访突出问题百日专项活动”等一系列活动，切实做好重点人群和人员的教育稳控，越级上访数量和信访总量大幅下降，维护全市社会和谐稳定和良好对外形象。下半年，全国、全省范围内的重要敏感节点相对集中，顺利完成抗战胜利70周年纪念活动彩排到全国各地举行纪念活动、世界田径锦标赛、第22届国际历史科学大会、全国法制日和人权日等重大及敏感时期的安保维稳工作，未发生一起滋事事件。全年，协调召开各类信访维稳类调度会议30多次，起草信访维稳类通知、通报26个。同时，协调相关部门和单位及时、稳妥、快速处置好市委市政府门前访。全年，接待各类到访536起、796人次，其中集体访96起、416人次。在配套服务工作方面，努力做到让领导满意。在做好日常工作的同时，及时保质保量完成临时交办的各项工作任务。做好“三严三实”专题教育活动和大走访活动联络员工作。积极参与市级领导和四大班子的专题教育活动，负责起草、转发通知和上级文件、收集常委及班子发言材料等工作，起草有关“回头看”整改落实、三严三实专题教育方面的通知、方案60余个，筹备组织市委中心组“三严三实”专题学习研讨活动8次。切实做到及时准确的转发通知、细致周到的服务会议，保证了市委常委有关活动顺利进行。参加机关党员干部联系服务群众大走访活动培训，做好办公室大走访活动的汇总联络等工作，协助民生服务中心做好全市的抽查等协调工作。做好日常工作。协调信访、政法、维稳、部队等部门做好相关工作。全年共组织筹备五人小组会7次，市委常委会议16次；起草各类会议方案、通知、接待方案30多个；编发市委常委会议纪要16期、《市委大事记》12期；书写常委会议记录16份、党委党组研究干部任免事项会议记录7份。参加学习情况。除参加办公室组织的集体学习外，还制定严格的学习计划，努力提高自身素质和业务能力。做到“眼勤、脑勤、手勤”，记好笔记、写好体会，树立正确的世界观、人生观、价值观，达到提高认识、提高能力、解决问题、促进工作的目的。

（撰稿：唐海桑　姜志刚　刘哲吉　王文霞　张新蕾　审稿：李海滨）

督 查 工 作

中共招远市委督查办公室领导成员

主　任：滕希田

副主任：于文涛

【机构设置】　市委督查办公室的前身为市委办公室督查科，2007年11月3日改设市委督查办公室，为全额拨款正科级事业单位。主要负责上级党委重大决策、重要工作部署贯彻落实情况的督促检查，负责市委重要文件、重要会议决定、决议和重大政策、重要工作部署落实情况的督促检查，负责上级党委和市委主要领导重要批示以及在调查研究、现场办公时所提重要意见和交办事项落实情况的督促检查，负责市委召开的重要会议纪律督查和烟台市委督查室有关工作调度情况的上报工作，负责《督查通报》和《督查专报》的编写，承办市委交办的其他事项。2015年，共有工作人员6人。

【概况】　2015年，市委督查办公室紧紧围绕市委中心工作，按照“抓重点、破难点、谋热点”工作思路，着力改进督查方式，提高督查效率，扎实推进市委重大决策部署的贯彻落实。先后开展各类督查活动260多次，编发督查通报56期、专报7期，转办市委领导批示件11个，下发督办单8个。

【紧扣中心抓重点】　2015年，市委督查办把市委重大决策、重要工作部署的贯彻落实作为督查工作的重中之重，以重大会议、市委月份重要工作事项和重点项目建设落实情况为抓手，采取现场督查、跟踪调度、通报批评等方式，咬住目标，盯紧进度，全力推进，确保一督到底，推动工作尽快落到实处，有力推动项目建设进度。在较短时间扭转全市会议纪律面貌，有效促进市委、市政府重大会议的贯彻落实。全年对市委召开的22次全市性大会与会情况进行督查，开展项目建设督查活动50多次，编发《督查通报》9期、月份工作完成情况通报12期。

中亚轮胎试验场暨轮胎研发中心施工现场督查检查

【锲而不舍破难点】　2015年，市委督查办围绕领导关注、群众反映强烈的难点问题，紧抓不放，敢于动真碰硬的工作作风，发扬蚂蚁啃硬骨头精神，咬紧目标不放松，着力解决影响经济发展和社会稳定的矛盾和问题，一个问题一个问题解决，一个难点一个难点攻克。市委领导11个批示件全部得到跟踪落实，办结率100%。推动界河流域水质整改、土地卫片执法检查整改等工作实现圆满收官。

龙王湖景区喷泉施工现场督查检查

【服务民生谋热点】　2015年，市委督查办对于全市机关干部大走访工作、全市城乡环卫一体化工作和驻村帮扶等领导重视、群众关注的阶段性热点工作，深入基层一线明查暗访，把基层工作开展情况和群众心声摸清摸透。从中发现问题、分析原因、提出对策，真心实意为群众办实事，解难题，为市委领导决策提供参考。全年共开展民生项目督查活动20多次，促进大量民生问题在较短时间内得到较好解决。

（撰稿：于海洋　　审稿：滕希田）

组 织 工 作

中共招远市委组织部领导成员

部　长：王文锋

常务副部长：邵玉明

副部长：盛进坤　张明海　李　鹏

【机构设置】　市委组织部是市委主管组织工作和干部工作的职能部门。2015年，市委组织部内设办公室、研究室、干部科、干部信息科、组织科、企业干部科、干部监督科、人才工作办公室、干部教育科等9个职能科室，机关编制总额29人，其中行政编制25人，工勤编4人。下设党员教育中心和后进村帮扶工作办公室，编制分别为9人和8人。

【党组织概况】　截至2015年12月，全市共设立党（工）委69个，党总支34个，党支部1596个。其中，全市市直机关事业单位共有党委11个，市委派出工委18个，党组29个，党总支14个，党支部378个；全市共有镇党委9个，街道工委5个，党总支14个，党支部1061个；全市共有村（居）724个，建立党委4个，建立党总支5个，建立党支部733个；全市共有城市社区16个，建立党支部16个；全市共有非公有制企业738家，单独组建党组织107个，组建联合党组织36个，选派党建工作指导员114个；全市共有社会组织80家，单独组建党组织19个，组建联合党组织6个，选派党建工作指导员6个。全市共有党员46175名，其中女党员7690名；农村党员29382名；公有制单位中在岗职工党员10838名；非公有制单位中在岗职工党员2525名；离退休党员5227名；35岁及以下党员5903名，56岁及以上党员21809名；大专及以上学历党员13671名。

2015年7月1—3日，招远市2015年度党员发展对象培训班

【党员发展】　对发展党员程序进一步细化梳理，推行市委组织员办公室派员参加发展党员工作会议、在“三严三实”专题教育中进一步深化发展党员自查自纠、党员档案规范化管理、发展党员工作全程纪实等措施。2015年度全市共发展党员450名，其中，工人49名、专业技术人员43名、女性130名、35岁及以下的279名、大专及以上学历的217名、农牧渔民222名；公有经济单位中发展党员187名，非公有经济单位中发展党员41名，农村中发展党员222名。

【干部管理】　2015年，组织部门认真学习贯彻中共中央总书记习近平在全国组织工作会议上的重要讲话和新《干部任用条例》要求，坚持以严立规矩、以严树导向、以严抓规范、以严树正气，强化标准程序纪律的刚性约束，有效提高干部队伍建设整体水平，为全力推动经济社会跨越发展提供坚实的组织保障。

从严选任干部。严格把握好干部“20字”标准和“明大事、想干事、会干事、干成事、不出事、好共事”要求，研究出台《市管干部选拔任用工作流程》《干部选拔任用纪实工作办法》等制度性文件，对动议、推荐、考察、酝酿到任职各个环节，实行全程规范、全程纪实，确保选拔任用程序严谨规范、结果公正公信。严格落实提名责任，印制《党组织主要负责同志推荐干部建议书》《个人向党组织推荐干部建议书》，无论单位推荐还是个人推荐，都要按要求写出推荐书。严格落实任前审核把关责任，各党委（党组）报送拟提拔或重用人选，必须对干部廉洁自律情况作出结论性评价，并要有党委（党组）书记、纪委书记（纪检组长）的签字；严格执行《关于推行干部任前档案审核制度的意见》，逐

2015年5月20日，全市“三严三实”专题教育党课暨工作会议

项审核“三龄二历一身份”等基本信息，对发现有影响提拔使用问题的，一律暂缓动议、考察或停止讨论决定、任职。立足建立培养年轻干部工作责任制，制定《关于加强和改进优秀年轻干部培养选拔工作的意见》，改进年轻干部培养选拔机制，努力建设一支来源广泛、数量充足、结构合理、素质优良的年轻干部队伍。

持续深入改进作风。坚持“德才兼备、以德为先、注重实绩、群众公认”用人导向，让信念坚定、品德过硬、清正廉洁的干部得褒奖、受重用。注重工作实绩。让干部晒业绩、比贡献，以正确鲜明的用人导向引领干事创业的发展方向。注重基层一线。构建基层一线干部培养选拔链，注重选派干部到项目建设、招商引资、信访稳定和农村企业“四个一线”挂职锻炼。注重敢于担当。坚持在急难险重任务中识别干部，旗帜鲜明地选拔改革面前知难而进、负重爬坡的干部，矛盾面前敢抓敢管、敢于碰硬的干部。研究制定《关于加强对镇（街、区）、市直部门重点工作考核结果运用的暂行办法（试行）》，对财政收入达不到进度要求的有关单位负责人进行重点约谈，较好解决不愿负重、不敢担当的问题。

强化管理，全面加强干部监督范围和力度。紧扣新形势和新任务，以机制创新为动力加强干部监督工作推进力度，着力构建起事前、事中、事后有效结合的全方位监督机制，全面加强干部队伍的廉政建设。重点强化对干部选任工作的监督力度，通过营造风清气正的选人用人环境，确保干部选拔任用工作的严肃性和公正性。对提拔重用人选实行任前公示制度，接受全社会监督，有效防止干部“带病提拔”，保证干部队伍的纯洁性。

【基层组织建设】 2015年，全市各级党组织和广大党员坚持问题导向，抓基层打基础，强保障促落实，基层党建工作不断取得新成效。

坚持从严从实，加强作风建设。在“三严三实”专题教育中，市级领导班子和成员精心谋划、率先垂范、严卡责任，累计组织集中学习650余次，研讨交流300余次，结合学习研讨交流认真查摆自身存在的不严不实问题，确定的即知即改事项中已完成整改97.6%。扎实开展基层干部不作为乱作为等问题专项整治活动，梳理出基层干部存在的不作为、乱作为、贪腐谋私、执法不公等4个方面的问题清单，提出14条具体整治措施，加强基层组织和干部队伍建设。在开展专题教育过程中聚焦作风建设，深入开展机关党员干部联系服务群众大走访活动，全市7500多名机关党员干部分片联户23万户群众，有效解决相关问题7000多件，将专题教育成果转化成持续改进作风建设的强大动力。

坚持夯实基础，强化配套保障。制定下发《关于做好农村“两委”干部工作补贴统筹发放工作的

2015年1月26日，全市农村、城市社区新任党组织书记培训班

实施意见（试行）》，市镇安排财政资金4200多万元，有效落实农村“两委”干部待遇报酬问题。市级安排财政资金1715万元，镇级承担1568.3万元，每个村办公服务经费均达到5万元；街道财政安排资金480万元，每个社区党组织服务群众专项经费、社区运转经费均达到标准。扎实开展农村干事创业考核工作，对前80名村庄进行表彰并发放村级工作经费40万元。投资465万元，改造10个城市社区办公服务场所；投资1750万元，在全市119个农村社区全部建设“标准型”“示范型”党建服务中心。坚持全程跟踪、依法操作、配套保障有机统一，顺利完成4个难点村“两委”换届工作。

坚持从严管理，加强队伍建设。对基层党组织书记进行封闭轮训，市委书记亲自为全市党组织书记作专题辅导。全市举办村、城市社区党组织书记培训班3期，村（居）委会主任培训班1期，村、城市社区“两委”成员培训班5期；镇（街道）共举办党员集中培训班31期，镇（街道）党（工）委上党课15次，累计培训党员33322人次。制定完善农村活动日、农村干部坐值班等制度，严格落实“四议两公开”工作法，对农村干部履职、议事决策等进行严格规范，对重点村“三资”管理进行审计，全面加强对村级工作和村干部的规范化管理。

坚持优化方式，提升服务实效。推行为民办实事承诺践诺机制，共确定镇级办实事项目77件，村级1576件，着力解决涉及群众切身利益的问题。深化落实“双管双责”“双联双促”制度，向116个后进村派驻“第一书记”，实施重大帮扶事项348件，投入帮扶资金3966万元，招商引资1671万元，有力推动后进党组织转化升级。探索推进依托商会抓非公企业党建和新兴组织党建服务创新工作，重点打造玲珑集团、开发区商会、双塔食品股份有限公司等党建示范点和社会组织党建创先基地。

【人才工作】 2015年，招远市以推动人才工作转型发展为导向，以服务产业转型升级为主线，以实施重点人才工程为抓手，统筹推进，狠抓落实，有力促进全市经济社会持续健康发展。加大高端人才引进培养力度，全年共引进各类人才909名，其中博士研究生1名，硕士研究生150名。完善人才工作机制。在广泛征求意见的基础上，研究制定《招远市“十三五”人才发展规划》《关于加强企业家队伍建设的实施意见》等多个专项人才政策文件，有效提高人才宏观管理工作水平。把人才工作纳入年度综合考评体系，重新修订完善镇（街道、区）人才发展水平考核办法，对各镇（街道、区）人才工作进行全面考核。坚持人才投入优先保障，建立以财政投入为主、企业投入为辅的经费投入保障机制。市政府每年都在财政预算中设立人才工作专项经费，用于人才引进、培训、补助、奖励和项目补贴，人才投入逐年增加。实施重点人才工程。在深入调研的基础上，市委、市政府研究制定《关于实施金都聚才计划的意见》，计划用5年时间，面向国内外引进培养一批能够突破关键技术、发展高新技术产业、带动新兴产业和新兴学科的创新创业领军人才。对入选的高端人才，给予最高300万元的科研经费资助，最高30万元的一次性购房补贴，最高150万元的专项奖励。着眼产业转型升级，建立健全企业家队伍建设工作体系、运行机制以及培训、培养、考评体系。结合全市经济工作会议，对97名优秀企业家进行表彰奖励。加大对企业高级经营管

2015年12月2日，烟台市领导考察招远市人才平台建设

2015年7月2日，农技专家下乡指导

理人才的培训，先后组织40余名优秀企业家赴北京大学和浙江大学进行教育培训；开设“金都大讲堂”，邀请权威专家举办讲座6期，培训企业经营管理人才300人次。积极引导企业家突出关键产业领域，强化人才、科技、产业融合发展，提高传统产业发展质量效益。玲珑轮胎公司王锋入选省泰山产业领军人才。举办2015年职工职业技能竞赛，21人获得招远市技术能手称号；组织实施新型农民培训、农业科技入户、送技下乡活动，前孙家村孙发敏入选齐鲁乡村之星。积极开展活动。在全市继续深化拓展金都英才“春风计划”活动。从农业、科技、教育、文化、卫生等领域选派基层经济社会发展急需、具有较强专业优势的100名左右优秀人才，以成立咨询服务团（队、组）、建立联系点、结对子、印册子、发明白纸等形式，积极开展建言献策、咨询培训、技术攻关、科普宣教、扶贫济困等内容丰富、形式多样的服务活动。共组织开展各类活动300余次，受益群众达2.4万余人。《党建文汇》8月刊整版刊发招远市这一经验做法。营造重才氛围。充分运用报纸、电视等新闻媒体，对各级人才工作会议精神及制定出台的人才优惠政策进行广泛宣传。先后在《大众日报》《烟台日报》及光明网、大众网、人才山东网刊发《招远百名人才下基层助发展》《田间课堂育人才》《吸纳海外优秀人才引领高端产业发展》等信息10余篇，在全社会营造“尊重劳动、尊重知识、尊重人才、尊重创造”的浓厚氛围。

招远党建网站

【干部教育培训】 2015年，组织部门以学习贯彻党的十八届四中、五中全会和中共中央总书记习近平系列重要讲话精神为重点，扎实抓好党校主体班次和上级选调培训工作。制定下发《2015年招远市干部教育培训工作意见》和《关于2015年市委党校主体班次培训计划》，全年在市委党校举办6个主体班次培训班，对全市2000多名干部进行培训和轮训。完成烟台市委党校举办的9个主体班次的学员选调工作，烟台市委组织部举办的10期“智慧烟台大讲堂”培训班学员选调工作，协同人社局完成烟台市科级公务员任职培训班4期学员调训工作。完成省级以上学院举办的14个班次选调工作。利用“金都大讲堂”培训平台，有针对性地聘请国内高校知名教授、国家有关部委领导到招为全市领导干部授课，举办6期专题知识讲座。赴北京大学举办招远市“法治建设高级研修班”和赴浙江大学举办招远市“经济建设与转型升级专题培训班”两期培训班次。着力加强“三同”教育基地建设。突破传统的教学模式，丰富和发展干部教育培训方法，调动学员的学习积极性和主动参与意识，提高学员的创新能力和实践能力，确定在金岭镇大户陈家村打造“三同”教育基地1处。借鉴外地在“三同”教育基地建设方面的成功经验，确定以金岭镇大户陈家村为主场所，以打造“农庄式”三同教育为特色，全面推进全市“三同”教育基地的规划建设。经过市、镇、村三级共同努力，教育基地的基础设施建设已经基本完成。已建设管理房21处，内部装修全部完成，并配备相关日常用品，可接待50名学员入住。

【党员教育】 2015年，市委组织部围绕实现远程教育成功转型这一目标任务，以务实作风抓落实，以创新精神求突破，为提升全市党员干部素质能力、推动基层党建工作健康发展提供有力服务。

党员教育“三上”工作成效明显。适应新形势需要，大力加强党员教育上互联网、上电视、上手机“三上”平台建设。抓好“招远党建”网站建设，设置党建动态、组工业务、网上党校、网上办事等7个栏目，网站已正常运行。精心办好《致富经》《党建巡礼》《党员先锋》《党建播报》四档自办栏目，定期下载《齐鲁先锋》《共产党员》电视节目，在招远党建频道滚动播出，深受基层党员群众欢迎。督促网络公司开发建设党建信息APP平台系统，下发《关于认真做好党员教育“三上”工作的通知》，为全市每名党员编发10条短信，指导基层党组织落实党员教育“三上”工作，切实提高党建网站点击率、手机APP关注量和电视栏目的收视率。做好共产党员微信易信订阅工作，通过宣传发动、定期调度等措施，广泛发动党员群众关注共产党员微信、易信，不断扩大微信易信覆盖范围。

胶东红色文化建设工作稳步推进。以纪念抗日战争胜利70周年为抓手，举办为期6个月的“红色文化活动季”，研究确定“弘扬抗战精神、见证红色历程”征文比赛、优秀抗战电影放映季、纪念抗战胜利70周年史料展览3项主题活动。组织“胶东红色文化”网络媒体到招采风和观摩。做好烟台市“胶东红色文化”演讲比赛和知识竞赛参赛工作，其中1名选手获烟台市演讲总决赛优秀奖，获得知识竞赛二等奖1名、三等奖2名。根据胶东党员干部理想信念教育基地建设要求，做好招远革命烈士陵园基地的现场建设规划、讲解员选拔、与相关部门联手共创及确定参观流程等基础性工作。成立由组织、民政、党史、文化等单位人员组成的教育基地改造升级工作小组，撰写胶东黄金抗战暨招远革命斗争史展馆展陈大纲。同时会同有关部门，争创国家级烈士纪念设施保护单位和省级爱国主义教育基地。烟台市委书记张江汀、烟台市委组织部副部长高君勃到教育基地进行指导，给予较高评价。

党员培训课件制作工作有所突破。筛选确定毕郭镇官地洼村作为农村党组织干事创业典型、阜山镇栾家店村党支部书记王念娟作为村党组织书记为民务实清廉典型，拍摄制作专题片。王念娟事迹课件《夸夸咱们的女当家》，获省党员教育中心课件评比活动优秀奖。参加第19届全国行业电视节目评选活动，招远市选送的《夸夸咱们的女当家》《老支书风采》分别获专题类一等奖、三等奖。参加第二届金都文艺奖评选活动，《热土》《脆香芝麻糖》分获二等奖、三等奖。协助市民政局，制作双拥工作模范城创建、西山烈士陵园争创国家级陵园汇报片。摄制市委书记张伟在全市新任村（农村社区）党组织书记培训班和“三严三实”专题教育党课课件。

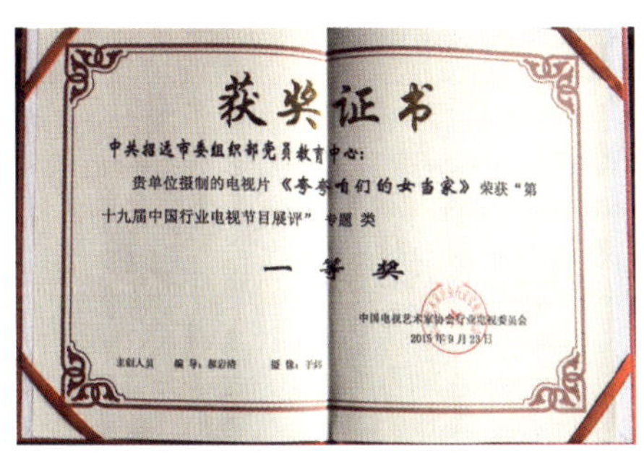
获奖证书

中共招远市委组织部党员教育中心：

贵单位摄制的电视片《夸夸咱们的女当家》荣获“第十九届中国行业电视节目展评”专题类

一等奖

中国电视艺术家协会行业电视委员会

2015年9月23日

党员教育课件《夸夸咱们的女当家》获得第19届全国行业电视节目评选活动专题类一等奖

党员电化教育和现代远程教育工作扎实有力。适应“大抓基层”党建新常态，制定下发《关于进一步加强和完善党员电化教育工作的通知》，制作下发《百年潮·中国梦》《重温经典》《挚爱》等多部党员教育片，并组织基层党组织进行学习。采取自查和抽查相结合方式，对农村远程教育站点进行检查。抓好日常的设备维护和学习使用。投入专项资金，分两次对损坏的远程设备进行维修，确保站点设备正常运行。招远市参加省远程教育中心在烟台召开的工作座谈会，并作专题发言。

（撰稿：孙伯坤　　审稿人：盛进坤）

宣　传　工　作

中共招远市委宣传部领导成员

部　长：李　波

常务副部长：迟义贤

副部长：颜世军　于言伟　张　帅

【机构设置】　中共招远市委宣传部是市委主管意识形态方面工作的综合职能部门。贯彻落实中央和省、烟台市委宣传文化教育工作的指导方针；按照上级宣传部门和市委的部署要求，制定全市宣传思想工作的任务和措施；指导市直宣传文教系统各单位和各镇（街道、区）的宣传工作；负责组织指导全市的理论研究、理论教育和理论宣传工作；负责社会舆论引导工作，在方针政策和宣传业务上指导市电视台的工作。市委宣传部内设办公室、文产办、文教科、理教科、新闻科、对外宣传科、文明办、宣传科等科室，下辖市对外宣传中心、互联网信息办公室2个事业单位。2015年，在编行政编制人员13人，事业编制人员9人，工勤人员3人。

精神文明建设委员会办公室，与宣传部合署办公，正科级，与宣传部合署办公，设副主任1人。

文化产业发展办公室为市委宣传部内设科室，副科级，设主任1人。

市对外宣传中心成立于2003年7月10日，为副科级财政拨款事业单位，编制5人，设主任1人、副主任1人。

市网络宣传管理办公室成立于2010年3月23日，2014年3月31日更名为招远市互联网信息办公室，为副科级财政拨款事业单位，编制6人，配备主任1人、副主任1人。

2016年1月28日，中共招远市委常委、宣传部长李波到金岭镇看望慰问老党员

【概况】 2015年，市委宣传部坚持以学习宣传贯彻党的十八大和十八届三中、四中、五中全会精神为主线，以“三严三实”专题教育为契机，紧紧围绕市委、市政府中心工作，不断壮大主流思想舆论，深入推进“美德金都”工程，全方位推动文化发展繁荣，努力提高广大人民群众对精神文化生活满意度，为建设富美文明新招远提供有力的思想保证、舆论支持、精神动力和文化条件。

【理论教育】 2015年，市委宣传部突出抓好全市理论学习教育工作。根据上级党委精神要求和市委意见，制定完善《市委理论中心组理论学习意见》《市镇理论学习中心组学习意见》，并按照分类施教的原则，抓好市委中心组、市镇机关中心组和一般干部等三个层面的教育工作。先后在全市范围内征订下发《市委中心组理论学习材料》《理论热点面对面》《党建》等理论学习材料。组织党的十八届五中全会精神宣讲团，赴全市各镇（街道、区）进行宣讲，并组织全市范围内理论知识考试。根据领导安排和形势需要，结合全市中心工作，有针对性地组织广大理论研究工作者开展理论调研工作，为市委、市政府正确决策提供依据。采取多种形式、分不同层面，深入学习宣传贯彻会议精神，使理论教育工作再上新台阶。组织各镇（街道、区）宣传委员到烟台参加十八届五中全会宣讲骨干培训班，培育基层宣讲骨干，建设基层宣讲队伍；会同市委组织部、市委党校等部门，开展副科级以上领导干部轮训班，调动全市领导干部理论学习积极性；邀请烟台市十八届五中全会精神宣讲团到招为全市领导干部宣讲全会精神；会同市委党校等部门组成宣讲团，到市直机关、各镇（街道、区）、大型企业进行会议精神宣讲，最大范围把党的十八届三中、四中和五中全会精神宣传深入到基层群众中，扩大影响力。

2016年1月29日，中共招远市委常委、宣传部长李波到敬老院看望老人

【新闻外宣】 正面宣传做大做强。在市内宣传上，充分发挥《今日招远》、市电台和电视台等市级主流媒体作用，围绕经济转型升级、“三严三实”专题教育、园区建设、国家卫生城复审、机关干部大走访等市委、市政府重点工作，深入开展专题报道。在市直媒体开设“2015年为民办实事巡礼”“回眸‘十二五’看变化”“访民情听民声解民忧”“关注民生服务群众”等专栏，宣传解读市委重大决策，反映传递群众呼声，为全市经济社会发展创造良好社会氛围。在对外宣传上，借助中央、省、烟台市级权威媒体，瞄准大报、大台的重点栏目、黄金时段和重要位置，上好稿、上大稿，讲好招远故事，树立招远形象。全年对上对外发表新闻稿件5600余篇，其中在《人民日报》、新华社《特供分析报告》和《山东参考》等刊发重点稿件11篇，在《大众日报》《烟台日报》刊发稿件488篇，在中央、省、烟台市级电视台、电台播发新闻780多条，发稿总数居烟台市前列。新华社刊发的反映招远市推进“三化融合”工作经验报道，被山东省省长郭树清、副省长王书坚批示给有关部门参阅借鉴。

舆情引导准确有力。密切关注社会动态，定期组织召开全市舆情管控工作调度会议，对负面舆情及时进行排解疏导。充分发挥基层舆情信息员和网络评论员队伍作用，进一步完善镇（街道、区）、村、部门舆情信息反馈和网上统一引导机制，为化解负面舆情提供信息和人员保障，及时有效地处置多起突发事件。完善舆情监测搜集、分析研判、动态跟踪、应急预警、反馈处置机制，及早发现、快速反应、科学处置各类负面舆情信息，畅通正面信息传播渠道，压缩负面炒作空间，打击各种网络谣言。及时处理化解各类负面舆情100多起，保持舆情态势整体稳定。

舆论阵地巩固加强。大力推进传统媒体与新兴媒体融合发展，在做大做强《今日招远》、市电台和电视台等传统媒体的同时，统筹互联网、手机等新兴媒体的发展。指导电视台开通电视网络版，并与胶东在线网站洽谈合作建设招远频道，进一步拓展电视传播渠道。抓住微信影响力迅速扩大的机遇，4月开通“金都招远”官方微信，至年底发布信息600多条，固定粉丝数突破5万人，总点击量150多万次，跻身烟台县市区官方微信影响力排行榜前三强。“@招远发布”政务微博发布政务信息180余条，有效传播党和政府声音，舆论引导效果良好。

【精神文明建设】 2015年，以“美德金都”工程建设为抓手，进一步强化精神文明创建和道德建设，城乡文明水平再上新台阶。精神文明创建成果显著。以迎接第四届“省级文明城市”考核验收为契机，强力推进文明创建，努力改善城镇面貌，规范公共秩序，提升居民素质。标准化、项目化地开展精神文明创建工作，全年共建设文明家园示范点100个，文明示范村100个，乡村“善行义举四德榜”实现全覆盖。全市城乡文明水平和群众文明素质不断提升，顺利通过省级文明城市考核验收。7月，省委、省政府正式授予招远市“第四届省级文明城市”称号。道德教育工作扎实有效。深入开展社会主义核心价值观和中国梦宣传教育，在30余个单位建立完善道德讲堂，全市道德讲堂普及率达80%以上。推广“道德微讲堂”活动，建设道德微型堡垒，提高道德活动基层覆盖面。加强爱国主义教育基地建设，齐山“抗日殉国烈士纪念塔”申报为烟台市级爱国主义教育基地。组织开展“弘扬抗战精神，共筑复兴梦想”读书竞赛，“传承中华文化，共筑精神家园”爱国主义读书教育等活动，进一步推动中华文化传承和青少年思想建设。道德实践活动蓬勃开展。进一步完善“金都志愿365”志愿服务认证管理平台、志愿服务星级认证制度以及优秀志愿者评选表彰和回馈机制，全市志愿者人数增至6万多人，居烟台市各县（市、区）之首。组织集中志愿服务活动600多场次，传递社会正能量。“金都志愿365”获省“最佳志愿服务项目”称号，阳光公益志愿者协会被烟台评为优秀志愿者组织，

第五届道德模范——见义勇为刘少林

金凤社区被评为全省“最美志愿服务社区”。深入推进未成年人“阳光工程”建设，初步建立起较为完善的未成年人思想道德教育实践体系，15所学校被评为未成年人“阳光成长”工程示范点，涌现出百余名事迹突出的“阳光少年”。招远市被评为全省未成年人思想道德建设先进单位。道德示范体系进一步完善。建立健全道德模范挖掘、储备、培育、宣传、表彰等一整套科学运行机制，推出道德模范“月报季评年选”制度。推送刘盛兰老人获“第五届全国道德模范提名奖”、第九届“中华慈善奖”——最具爱心慈善楷模奖和“第五届山东省道德模范”称号。培育发掘“金都好人”23人，组织开展“金都楷模”巡回宣讲活动，进一步强化道德示范引领作用。乡村文明行动稳步推进。在巩固前三年建设成果基础上，进一步推动全市乡村文明行动扩面达标，提档升级。在烟台市生态文明乡村建设和乡村文明行动工作半年考核中，招远市获小组第一名。深入推进城乡环卫一体化，进一步明确细化工作标准，理顺完善运营、管理、督导体制机制，推动乡村环卫市场化运作、规范化运行，农村环境卫生得到很大改善，群众满意度持续提升。

2015年8月20日，大型山水实景演出——金山佛谕表演场景

【文化建设】 大力加强公共文化服务体系建设。在农村，与生态文明乡村建设相结合，大力加强农村文化设施建设，不断提高农村公共文化设施覆盖率，建立100个农村文化大院示范点，授牌表彰40个“百姓舞台”优秀活动点。在城区，进一步提升文化馆、图书馆、展览馆等文化服务水平，强化服务功能。在烟台各县市区中，率先基本建成15～20分钟公共文化服务圈。

广泛开展群众性文化活动。年初成功举办“春满金都贺年会”系列活动，受到群众广泛好评。全力打造“百姓舞台”系列文化品牌，在城区组织开展“欢乐文化广场”活动，演出30多场，参演群众1000多人，观众15万人次；在各镇（街道、区）、村组织开展“欢乐大舞台”“欢乐进万家”系列活动，演出200多场，参与群众20多万人次。组织开展文化下乡活动，共送戏下乡200余场，送电影下乡9000余场。文化娱乐活动实现全天候、全覆盖，群众文化生活满意度不断提高。

2015年9月17日，群众性文化娱乐活动特色品牌——欢乐大舞台表演场景

加快发展文化产业。制定出台《招远市文化体制改革台账》《招远市文化发展第十三个五年（2016—2020年）规划》等文件，实施一系列扶持政策。大型山水实景演出《金山佛谕》成功上演，填补胶东地区空白；金街文化产业孵化基地正式运营，效应迅速显现。全市文化产业项目不断增加，文化产业布局日趋合理，文化产业发展势头良好。

积极扶持文艺精品创作。开展预约创作，鼓励精品生产，表彰优秀作品。在全市范围内组织开展第二届“金都文艺奖”评选表彰活动，最终评出获奖作品73件。积极向上推送文艺精品，一大批作品在上级各类评奖活动中获奖，招远市获烟台市第十届精神文明建设“文艺精品工程”组织奖。

全省组织开展的“文化强省建设先进县市”测评，招远市以烟台市总分第一名的成绩，被省委、省政府命名表彰为“文化强省建设先进市”。

【2015年全市十大新闻】 一、扎实开展“三严三实”专题教育。全市7000多名党员干部参与专题教育，作风建设进一步加强。

二、综合实力位次前移。2015年，全市实现国民生产总值642.6亿元，实现地方财政收入50.22亿元，全国县域经济基本竞争力排行榜升至34位，全国中小城市综合实力百强排行榜升至35位。

三、全面完成“十二五”规划任务。“十二五”时期全市国民生产总值连续跨越400亿元、500亿元、600亿元三个台阶，地方财政收入连上30亿元、40亿元、50亿元三个平台。起草制定“十三五”规划，确立更高发展目标。

四、重点领域改革不断深化。新争取2项国家级、6项省级改革试点，全市承担的改革试点累计达到28项，居烟台市各县市区之首，供销社改革、金融改革试点经验在烟台、全省乃至全国推广，电子商务实现突破——电商“招远汇”正式启动。

五、生态城市建设取得实效。列入国家级循环经济示范市，并顺利通过国家卫生城市、环保模范城市复评。

六、科技创新成效显著。与3家高校达成在招远市设立研究中心、技术转移中心，与28家高校联姻合作促进科技成果转化；2015年国家科技奖励大会，玲珑轮胎研发的“节油轮胎用复合材料设计及制备关键技术”获国家科技发明二等奖。

七、生态文明乡村建设“扩面达标”。全市年新增生态文明乡村100个，实现城乡环卫一体化全覆盖，招远市被评为全省“乡村文明行动示范市”。

八、文化强市建设、义务教育均衡发展工作成效显著。招远市被评为“文化强省建设先进市”“全国义务教育发展基本均衡市”“省教育工作示范市”。

九、精神文明建设迈上新台阶。招远市被评为第四届省级文明城市；刘盛兰老人获“第五届全国道德模范提名奖”“第九届中华慈善奖——最具爱心楷模奖”“第五届山东省道德模范”称号。

十、广泛开展干部大走访活动。6800名干部深入21万户群众家中访民情、解民忧，群众满意度持续提升。

（撰稿：王文龙　　审稿：迟义贤）

统　战　工　作

中共招远市委统一战线工作部领导成员

部　长：赵美瑜（女）

副部长：王日民（常务）　牟　杰　冯军东

副主任科员：张焕建

中共招远市委台湾工作办公室领导成员

主　任：栾志东

副主任科员：于同祥

【机构设置】 市委统战部成立于1982年3月，与台办合署办公，实行一个机构、三块牌子（市委统战部、市委台湾工作办公室，市政府台湾事务办公室）。2015年，在编人员9人。

【概况】 2015年，市委统战部面对新形势、新要求，创新思路、积极作为，以贯彻中央统战工作会议精神为指针，以推进《中国共产党统一战线工作条例》落实为统领，围绕中心、服务大局，各领域工作均取得历史性突破，在烟台市科学发展综合考评中位列第一档次（共分四档）。

2015年11月25日，招远市党外干部培训班开班仪式

被中央台办评为对台宣传工作先进单位，被山东省委统战部评为全省统战工作先进单位，被山东省台办评为全省台办系统先进集体，被烟台市委统战部评为统战理论调研信息先进单位，被招远市委评为先进单位。

烟台市第一批党外干部挂职锻炼总结暨第二批启动仪式

【巩固统一战线政治共识】 2015年，市委统战部以深化政治共识，引导统一战线各界人士始终与党同心同德、同心同向、同心同行为主线，开设招远统一战线“同心讲坛”，每季度邀请省、烟台市专家学者作辅导报告。省政协副主席、省工商联主席王乃静应邀举办首场报告会，反响良好。加大统战工作宣传力度。在《今日招远》开辟《招远统一战线》专栏，编发统战工作简报17期，通过微博微信、座谈交流等多种形式，使统战成员思想教育和统战工作宣传成为常态。持续开展非公有制经济人士理想信念教育、无党派人士坚持和发展中国特色社会主义实践等专题教育活动，引导他们自觉拥护党的领导，不断增强对中国特色社会主义的道路自信、理论自信、制度自信。助力光彩事业，为服务民生凝聚力量。加强对非公企业义利兼顾、回报社会的引导，通过电视、报刊、微博、微信等媒体，大力宣扬非公企业家致富思源、富而思进活动，涌现出玲珑集团、康泰实业、金都百货、鲁鑫贵金属等一大批非公企业先进典型，系列活动赢得广泛社会赞誉。

【党外代表人士队伍建设】 2014年烟台首个市级党外代表人士实践锻炼基地落户招远经济技术开发区，至2015年共有两批9名烟台市党外干部赴招挂职。挂职党外干部创新思路、积极作为，先后促成中投国际招远黄金创意产业园项目可行性调研座谈，招金集团与三菱电机自动化公司签署战略合作协议等多项成果，为全市经济发展做出积极贡献。进一步强化党外代表人士教育培训，通过“引进来”和“走出去”多种方式强化教育引导，邀请省、烟台市专家学者到招举办法制、经济等各类讲座，组织招远市党外干部赴山东省社会主义学院进行专题培训等。充实完善380人党外代表人士数据库和2000余人后备人才数据库，并实行动态管理，为党外干部培养选拔提供翔实数据支持。召开党外代表人士情况通报会、座谈会，充分调动党外人士参政议政热情。

2015年12月5日，招远统一战线“同心讲坛”第一次报告会

【基层基础建设】 2015年，市委统战部进一步完善基层统战工作网络，召开全市统战干部座谈会，对基层基础建设工作进行全面部署。定期深入基层，强化“五有三规范”实地督导检查。市直部门、重点企事业单位全部明确分管领导，14个镇（街道、区）全部建立完善统战工作制度，配齐统战委员，重点社区、村设立联络员，统战工作实现市、镇、村三级联动的全覆盖工作网络，为大统战格局构建奠定基础。招远市代表烟台市迎接省委统战部调研组基层统战工作专题调研，有关

作法得到省委统战部充分肯定。进一步强化统战信息宣传调研工作。近年来统战部不断加大信息宣传工作力度，多次被评为省市信息调研宣传工作先进单位。《新时期统战工作要实现六个提高》和《突出重点，环环相扣，全面加强党外代表人士队伍建设》两篇文章先后被《山东统一战线》“书记谈统战”和“部长论坛”专栏转发，实现该杂志专栏零突破。年内先后在《山东统一战线》、省市统战简报、网站等业务媒体发稿30余篇，信息采用量稳居烟台市各县（市、区）首位。

2015年5月26日，中国国民党青年工作委员会副总会长许晋嘉率屏东县青年工作委员会参访团到招考察农业、科技文创产业发展情况

【民族宗教工作】 2015年，市委统战部广泛开展民族团结教育进村居、进学校、进企业活动，全面落实党的民族政策，巩固和发展平等团结互助的民族关系。在深入调研基础上，牵头成立宗教工作协调领导小组，进一步理顺各相关部门职责。帮助招远基督教“三自”爱委会顺利完成换届工作，并规范宗教堂点管理。实现对邪教分子渗透的有效防控，确保全市民族宗教形势和谐稳定。

【对台工作】 2015年，市委台办突出对台服务的重点和细节，对有代表性的台胞台属定期看望，春节、中秋节等节日上门慰问，积极帮助台商台胞解决困难。促成玲珑集团赴台业务对接1次，组织3家招远市非公企业赴台参加第二十一届鲁台经贸洽谈会活动，成功推介招远硅胶、新型建材等项目。接待中国国民党青年工作委员会、台湾新北文化基金会等多个参访团，为招远市与岛内经济合作、友好往来奠定基础。

（撰稿：赵　洁　　审稿：于同祥）

农工办工作

招远市农村工作办公室领导成员

主　任：王永生

副主任：闫　明　王华宾　王国华（女）

【机构设置】 招远市农村工作办公室成立于2006年3月，为正科级事业单位，隶属市委办公室。2012年9月，市农村工作办公室列为市属事业单位。主要职能是宣传、贯彻党和国家农村工作的方针、政策，拟定全市农业和农村工作重要政策和重要工作措施；负责全市农业和农村工作部门（单位）综合协调工作；负责全市社会主义新农村建设的组织实施、监督检查、困难镇帮扶及小康村建设有关工作。2015年，农工办内设秘书科、综合科、宣传科3个科室，编制8人。

【概况】 2015年，市农工办认真贯彻落实上级农村工作会议精神和市委、市政府工作部署要求，坚持“强农业、富农民、美农村”主题，按照“抓点示范、连点成线、连线成片、连片成面”思路和“全域覆盖、全面提升、全程强化、全优达标”要求，纵深推进生态文明乡村建设，各项工作保持良好发展态势。5月19日，全省农工办主任座谈会议在招召开，对招远市生态文明乡村建设成效给予高度肯定。7月，烟台市生态文明乡村建设暨乡村文明行动督查观摩，招远市取得小组第一名成绩。9月23日，烟台市农工办系统观摩评比会议观摩阜山镇、大秦家街道生态文明乡村建设现场，给予充分肯定。

【坚持改革创新，科学制定生态文明乡村建设意见】 2015年，市农工办根据上级农村工作会议精神和市委领导意见，深入基层调查研究，创新工作思路，拓展工作方法。制定印发《关于深入推进生态文明乡村建设意见》，重点实施生态文明乡村建设扩面达标工程、生态文明示范村提升创优工程和生态文明示范区提档升级工程。年内建成100个生态文明村、提升2个生态文明示范区、创建3个省级美丽乡村，生态文明乡村建设工作走在全省和烟台市前列。

2015年9月20日，生态文明村建设——毕郭镇吴家村新貌

【加强规划指导，全面实施生态文明乡村建设扩面达标工程】 合理确定建设村庄。按照主干道路、主河道两侧村庄、生态文明示范区内村庄及村级班子坚强有力等优先原则，经过各镇（街道、区）提报、市农村工作领导小组审核把关，确定2015年生态文明乡村建设扩面达标工程一类村庄（生态文明村）名单。坚持规划先行。为确保建设效果，聘请专业规划设计团队对列入创建计划的100个生态文明村进行基础设施建设、主街道立面改造、休闲景点打造等规划设计工作。实行项目化管理，围绕净化、美化、亮化、绿化等内容规划建设工程，编制工程预算，明确完成时限，将建设项目、目标要求、进度时限、责任人等上墙公示，定期通报各项工程进展情况。全年共建设各类工程项目840多个，完成实际投入6800多万元。强化督导检查。联合市委督查办、市政府督查办、财政局等有关部门和单位多次对工作进展情况进行督导检查，及时发现问题，提出整改要求，限时督促解决。先后召开工作调度会议1次，联合督导检查4次，保证生态文明村建设工作顺利开展。

2015年9月16日，生态文明村建设——大秦家街道原家村新貌

【着力提升创优，打造省级美丽乡村】 2015年，着力实施好100个已建成生态文明示范村提升创优工程，探索实施“市建镇管”模式，将市级生态文明示范村移交镇（街道、区）管理维护，巩固提升建设内涵，创优发展持久潜力，确保建有方向、评有标准、管有办法。按照创建省级美丽乡村建设试点项目要求，筛选确定阜山镇大疃和辛庄镇高家庄子、孟格庄3个村庄创建省级美丽乡村，建立试点项目建设配档表。从改善农村基础设施入手，坚持规划先行，突出特色打造，累计投入建设资金560多万元，争取上级专项奖补资金265万元。

2015年9月23日，生态文明村建设——泉山街道焦格庄村新貌

【精心筹备各级工作会议，充分展示生态文明乡村建设成效】 2015年，市农工办为迎接在招远市召开的全省农工办主任座谈会议，精心选择观摩现场，对观摩点和观摩线路等进行高标准整治，起草近年来全市生态文明乡村建设的典型经验作法及成效，精心准备会议观摩沿途解说词，介绍招远市生态文明乡村建设及经济社会发展等情况。5月19～20日，全省农工办主任座谈会议在招远市顺利召开并取得圆满成功，招远市作《以“两座山”理念构筑“三美”金都》典型发言。会后青岛、淄博、威海、莱芜等地市考察团先后到招参观学习生态文明乡村建设经验作法。按照烟台市生态文明乡村建设工作会议筹备方案要求，联合电视台制作《大地情怀——为农服务中心建设纪实》电视专题片，在11月28日召开的烟台市生态文明乡村建设电视电话会议上进行播放。全年先后撰写各级各类会议讲话、总结性材料等20余篇次。在《今日招远》、招远电视台宣

2015年9月17日，省级美丽乡村——阜山镇大曈村貌

传报道各类新闻稿件90多条。在招远电视台《金都之美》栏目全方位展示生态文明村建设美丽图片。精心调研，认真编发《招远农村工作》简报8期，在《烟台农村工作》推广刊发经验作法3篇。在《农村工作通讯》（农业部主管）、新华社《山东参考》《山东农村工作》《烟台日报》等宣传报道招远市生态文明乡村建设成果及经验模式6篇（次）。根据省、烟台市委农工办工作要求，深入基层搞好调研，围绕农村综合改革、产业发展等课题整理上报各类调研材料5篇。

【积极做好“部门包村、村企共建”和后进村帮扶工作】 2015年，市农工办制定开展新一轮“部门包村、村企共建”活动实施意见，安排67个企、事业单位参与包帮、共建村庄活动，联手推进生态文明乡村建设。要求各单位将包帮共建工作重点向生态文明乡村建设倾斜集聚，提报重大工作事项，强化工作质量，落实完成时限，定期督查通报进展情况。全年各包帮单位累计投资210多万元，为所包帮、共建村办实事100多件。按照市委统一部署，扎实做好老秦家村帮扶工作。在深入走访和广泛调研基础上，制定切实可行帮扶工作计划，帮助该村整治村容村貌、改善基础设施，先后召开村两委、村民代表等各类会议5次，协调资金80余万元，拆除违建车库9处，硬化村内主要街道2000平方米，整修机耕路1万多米，改造自来水管道1000米，栽植各类绿化苗木5万多株，新建健身活动广场1处，新增监控探头55个。市后进村帮扶工作领导小组办公室、市电视台先后对帮扶工作成效分别进行宣传报道。

2015年1月16日，大秦家街道老秦家村帮扶前

2015年9月22日，大秦家街道老秦家村帮扶后

【加强机关建设，不断提高干部队伍综合素质】 2015年，市农工办扎实开展“三严三实”专题教育活动，认真上专题党课，加强党性修养，改进工作作风，切实增强践行“三严三实”要求的思想自觉和行动自觉，努力在深化“四风”整治、巩固和拓展党的群众路线教育实践活动成果上见实效，在推动改革发展稳定、加快生态文明乡村建设上见实效。建立健全机关工作制度，严格遵守工作纪律，实行上下班签到制度。强化党风廉政建设，组织学习《中国共产党廉洁自律准则》《中国共产党纪律处分条例》。扎实做好人大代表建议、政协委员提案的答复办理，组织开展机关党员干部联系服务群众大走访活动，走访群众555户，征集意见建议18条，在市联系服务群众工作办公室督查暗访及电话抽查中群众满意度100%。

（撰稿：纪雨情　　审稿：闫　明）

考核办工作

招远市考核办公室领导成员

主　任：吴成俊

副主任：秦永波　冯　鹏

【机构设置】　招远市考核办公室隶属于市委、市政府，以市委管理为主。主要职能是负责市镇机关、直属事业单位和驻招单位年度目标责任制考核工作，内设综合科、考核一科、考核二科3个科室。2015年，编制11人。

【概况】　2015年，市考核办以更好服务于全市工作中心和重点工作为指针，立足全市经济社会发展，制定完善科学合理的年度目标责任制考核政策、考核办法，研究出台《中共招远市委、招远市人民政府关于2015年岗位目标责任制考核的实施意见》《关于印发〈2015年岗位目标责任制考核办法〉的通知》，为全市各级各部门工作开展制定目标任务和行动遵循。组织59个考核部门实施94项指标的年度考核工作，考核结果得到被考核单位认可。根据年度考核结果和考核政策，评选先进镇（街道、区）8个、市直部门先进单位37个、驻招单位招远发展突出贡献单位15个；审核评选各类先进单位559个，先进个人793名。奖励意见得到市委、市政府肯定，被评为2015年市直部门“先进单位”。

【突出重点，科学修订市镇机关岗位目标责任制考核实施意见及优秀企业家评选奖励办法】　2015年岗位目标责任制，主要是根据烟台市有关工作部署、招远市工作要点、全市经济工作会议、市政府工作会议及其他重要会议确定的重点工作，结合全市2014年责任制实际运行情况进行修订完善。对经济技术开发区，根据烟台和招远对开发区提出的新要求、新目标，单独设置一套考核体系，主要考核招商引资、大项目建设、财税增收、重大工作事项落实和机关效能情况，以便其突出重点、集中全力抓招大引强、促项目建设、强财税增收能力；对镇（街道、区），根据对开发区考核体系的调整，将温泉街道和大秦家街道纳入责任制考核，主要考核除经济指标外的其他指标；对其他镇（街道），将差异化指标由原来的4条增加为12条；进一步加大外向型经济、财税增收等重点经济指标考核权重；根据经济社会发展变化的新情况，增加“全面深化改革”“镇驻地‘换新颜’”“土地矿产卫片监督检查”“城区门前‘五包’”等考核指标。对市直部门（驻招单位），一是将总分值由100分扩展到150分；二是根据机构改革情况和部门工作性质，对考核对象及考核分组进行局部调整；三是对业务工作量化评价和综合效能评价实施单独考核，并进一步加大考核分值；四是加大对部门招商引资工作的考核力度，对职能部门下达任务目标，视任务完成情况进行奖罚，强化压力传导机制。对企业，修订完善《先进企业及优秀企业家评选奖励办法》，提高评选标准，压缩先进数量，增加奖惩指标：对当年地方财政贡献达到200万元且比上年增长的非金企业、达到500万元且比上年增长的黄金企业和达到1000万元的非金企业进行考核，按最终得分取前60名为“先进企业”。将企业的地方财政贡献作为考核的基本分，设置生产经营性项目建设、实际使用外资引进等加分事项，及拖欠企业职工工资、偷税漏税等扣分事项。一加一减、一进一退的调整变化，凸显对企业在全市经济社会发展中承担责任的要求。同时取消与上级规定不相符的物质奖励规定，对获奖企业进行精神和荣誉奖励。

2015年12月15日，项目建设考核现场

【把握关键，扎实推进考核业务工作】 考核政策出台后，市考核办将项目建设的跟踪考核作为年度中心工作牢牢抓在手上，根据项目建设情况，按照相关考核办法，先后组织开展三轮生产经营性项目备案确认工作，对各级提报的100多个项目进行实地查看、现场确认，并对确认结果进行通报，促进各有关单位对照先进找差距，切实增加抓项目、促进展的积极性。严格程序、严格标准，会同相关部门组成考核小组对近300个生产经营项目、国内招商引资项目、无偿（政策性专项）资金项目逐一开展考核验收，切实做到考真、考实、考准。组织市、各镇（街道、区）、市直各部门（驻招单位）三个层面140多名领导对全市95个部门和单位的重点业务工作进行量化评价。

【高点定位，高标准完成承担的工作任务】 2015年，市考核办高水平筹备全市2014年工作总结表彰大会颁奖仪式，对97名优秀企业家、60个综合先进单位进行隆重表彰。全面深入进行机关党员干部联系服务群众春、冬两次大走访活动，在全市组织的年终群众满意度调查中居市直部门前列，被市委、市政府通报表扬。在烟台市科学发展综合考核工作中，全力以赴、重点突破，主要围绕建功立业光荣榜考核办法积极推项目、争上榜，最终获得24分的加分，为招远市在烟台市科学发展考核中获二等奖、取得历史性突破发挥关键作用。

【务实创新，大力推进机关队伍建设】 2015年，市考核办扎实组织开展“三严三实”专题教育活动。活动中，严格对照“三严三实”要求，找准自身“不严不实”突出问题和具体表现，一条一条梳理、一项一项分析、一个一个整改，推动专题教育过程成为发现问题、剖析问题、解决问题的过程。制定严格学习纪律，学习期间严禁请假旷课，严禁敷衍塞责，认真听读、认真记笔记、认真写心得体会。严格按照上级规定的时间和内容组织学习，在全体党员自学的基础上，利用周五例会进行集中学习，将规定的所有必学篇目全部学到。对规定的学习程序，不打折扣、不搞变通，扎实履行。创新开展以“做更好的自己”为主题的实践活动。针对干部队伍和考核工作中存在的问题和短板弱项，在机关内部组织开展“四个全员，做更好的自己”主题实践活动。活动分为“全员学做人、全员学规矩、全员学业务、全员学写作”四个板块，要求全办人员老实做人、踏实做事，勇于担事、善于成事。每名党员干部撰写了近万字的“做更好的自己”心得体会，“百字赠言”“本周我督查”等系列活动顺利进行，机关作风和精神面貌有明显改观。2015年，在全市“万人评机关”活动评议中位列非热点部门第10名。

（撰稿：于佳彤　　审稿：吴成俊）

信访工作

招远市委市政府信访局领导成员

局　长：贾光辉

副局长：宋桂良　李建涛　孙志鹏

招远市社会矛盾调处中心领导成员

主　任：曹锋军

副主任：郭学东　刘好波

【机构设置】 市委市政府信访局内设办公室、接访督查科、办信科（网上信访办公室）、群众工作指导协调科、市政府信访事项复查复核办公室5个科室，共有机关人员8人；市社会矛盾调处中心，正科级事业单位（与信访局合署办公）。2015年，共有工作人员10人。

【概况】 2015年，市信访局牢固树立“信访工作是党和政府的一项重要工作，是党的群众工作重要组成部分”理念，全面落实党的十八届四中、五中全会精神，用法治思维审视信访工作，处理好维权与维稳的关系；用法治思维分析引发信访问题深层次原因，处理好治标与治本的关系；用法治思维明晰信访工作职责，处理好信访部门与责任主体的关系，努力构建高效规范、和谐有序的信访工作新格局。全面贯彻执行上级党委、政府关于做好新形势下信访稳定工作的一系列决策部署，不断研究新情况、把握新形势、制定新措施，及时有效地化解矛盾纠纷，通过开展“信访积案化解”活动，认真负责地解决群众信访突出问题。紧紧围绕做好各级“两会”等重点节会信访安保工作，落实各项工作措施，有力维护全市大局稳定和良好对外形象。2015年，市信访局被市委、市政府评为先进单位。

（撰稿：刘文平　　审稿：李建涛）

维稳办工作

招远市维护社会稳定工作领导小组办公室领导成员

主　任：姜培强

副主任：邓英玉（女）　郭　磊

【机构设置】　招远市维护社会稳定工作领导小组办公室为市委直属部门，正科级事业单位，内设信息调研科、协调指导科、综合科等3个科室。主要职责是组织对全市社会稳定形势定期进行综合研判，及时提出决策建议；对全市维稳工作进行指导、检查和考核；对影响全局的重大突发事件和影响稳定的突出问题进行协调督办；负责组织指导开展全市社会稳定风险评估工作；牵头制定群体性事件和大规模暴力犯罪事件应急处置机制预案，组织协调相关部门按职责开展应急处置工作等。作为招远市维护稳定工作领导小组的常设机构，对上直接对市维稳工作领导小组负责，对下综合协调、督导、指导各镇（街道、区）、各部门的维护社会稳定工作，专职专责开展全市维护社会稳定工作。2015年，共有工作人员8人。

【概况】　2015年，市维稳办以党的十八大和十八届四中、五中全会精神为指针，按照“夯实基层基础，注重源头预防，创新工作管理，狠抓责任落实”的工作思路，深入开展“四无”主题平安创建活动，维稳科学化和规范化水平、维稳驾驭和社会治理能力、社会和谐度和群众满意度进一步提升。招远市被烟台市维护稳定工作领导小组评为维护社会稳定工作先进县（市、区）。

【推进社会稳定风险评估工作】　开展“稳定风险评估深入推进年”活动，编发《招远市重大决策社会稳定风险评估材料汇编》，指导全市开展社会稳定风险评估工作。以调研推动稳评工作开展，深入部分市直重点部门、镇（街道、区），了解全市现阶段重大决策的稳评工作情况，征求意见建议，探讨措施和方法。以培训提升稳评工作效能，举办社会稳定风险评估专题培训班，并采取“一对一”方式对各单位稳评具体负责人从评估范围、评估流程、评估技巧及制作评估报告等方面进行全面系统的培训，进一步规范评估程序及流程，有效提高稳评工作效能。以考核促进稳评工作落实。健全稳评工作考核奖惩机制，加大稳评工作考核力度，作为主要内容列入维稳责任制考核。具体工作中，严格落实重大决策稳评“四个一”措施，强化责任落实，做到应评尽评，从源头上预防和减少不稳定隐患产生。2015年，全市共评估重大决策28项，其中准予实施22项，暂缓实施6项。

【加强维稳快速反应机制建设】　坚持以信息预警主导维稳工作。强化维稳信息分析、研判和应用，及时掌握社会稳定动态。发挥好《维稳动态》交流平台作用，全面分析和研判社会面上可能引发的不稳定问题，警示各级各部门做好防范和化解工作，同时及时跟进群体访案件处置情况。对不可避免的矛盾纠纷，形成《预警信息》，第一时间专报市级有关领导，并告知责任单位，提前做好应对和稳控工作。2015年共编发《维稳动态》65期，发布《预警信息》37条。严格落实维稳工作“周调度”“月研判”制度，将其作为考核事项列入年底维稳责任制考核，督促各单位主要负责人通过会议形式，科学评判辖区各类苗头性、倾向性、预警性信息，做到全方位、全覆盖，底数清、情况明。2015年，共收集各单位稳定形势研判报告265份。搞好维稳调查研究，围绕群众关心的热点、难点问题及影响基层社会稳定的突出问题，深入基层，开展调研活动。同时总结和推广基层维稳工作中的好经验、好做法，为做好全市维护社会稳定工作提供参考和依据。2015年共调研30余次，撰写调研材料17篇，其中5篇市委、市政府主要领导给予重要批示，有力促进不稳定问题的预防和化解。

（撰稿：邓英玉　张海政　　审稿：姜培强）

老干部工作

中共招远市委老干部局领导成员

局　长：朱仲刚

副局长：赵占平（正科级）　王培建（正科级）

招远市老干部休养所所长：丁立海

招远市老干部活动中心主任：杨洪鹏
招远市委老干部党校校长：王 慧（女）
招远市关心下一代工作委员会办公室主任：王立果

【机构设置】 招远市委老干部局成立于1983年1月，为正科级行政单位，负责和指导全市离退休干部服务管理工作。2015年，工作人员7人。下设老干部休养所、老干部活动中心、老干部党校、关心下一代工作委员会办公室等4个副科级事业单位。2015年，工作人员18人。

【概况】 2015年，市委老干部局以学习贯彻党的十八届三中、四中、五中全会精神为主线，以贯彻落实全国离退休干部“双先”表彰大会和省、烟台市老干部工作会议精神为突破口，以推动工作转型发展为目标，贴近中心，服务大局，各项工作有新的突破。全市共有离退休干部5063人，其中离休干部304人，退休干部4759人。全市建有老干部活动中心（站、室）15处，建筑面积10950平方米；老年大学（老干部党校）15处，建筑面积6750平方米。

【加强党员干部廉政建设】 2015年，市委老干部局认真落实中共中央《建立健全惩治和预防腐败体系2013～2017年工作规划》，按照中央、省、烟台市和招远市纪委全会要求，对反腐倡廉工作，提出工作思路和措施，并对班子成员和下级单位进行逐级分解，层层落实责任到人，深入落实中央八项规定精神和“两个责任”，驰而不息纠正“四风”、落实“三转”，以更严的纪律管好党员干部。在“三严三实”专题教育活动中，突出落实从严责任，把专题党课、专题学习研讨、专题民主生活会和组织生活会、整改落实和立规执纪4个“关键动作”抓实抓深，取得一定成效。

【加强和改进离退休干部“两项”建设】 2015年，市委老干部局按照党章规定和“一方隶属、多方管理，统分结合、就近便利”原则，对阜山镇、大秦家街道等离退休干部党支部进行调整，将17名组织协调能力强、乐于奉献、有一技之长的老干部充实进支部班子，进一步优化组织结构，增强组织活力。组织离退休干部认真学习党的十八届三中、四中全会和中共中央总书记习近平系列重要讲话精神，深入学习全国离退休干部“双先”表彰大会精神，以及社会主义核心价值观等内容，确保离退休干部思想上行动上同党中央保持高度一致。组织老干部开展征文活动，引导老干部弘扬抗战精神，更好地激励当下、开创未来。通过层层筛选，搜集整理28幅优秀书画摄影作品上报省、烟台市参评，共获奖25幅，获奖数量居烟台各县（市、区）前列。

【深化亲情服务活动】 2015年，市委老干部局为全市机关、企事业单位304名离休干部办理调整发放津贴、补贴以及增发住房补贴共计265万余元。接收新办理退休干部232人，探望住院老干部11人次，协同办理老干部去世后事5人次，陪同外省市县到招走访慰问老干部6人次。先后3次为全市军队离休干部办理调整增发工资待遇。为全市符合范围6名军队离休干部遗属增发遗属补助费。走访慰问全面及时。组织各部门、各单位对所属老干部广泛开展走访慰问，对因病住院或年高体弱、行动不便、居住较远的老干部，由各离退休干部党支部安排专人结成帮扶对子，定期走访，帮助解决实际问题。严格落实走访制度，分成3个小组，对14名易地安置老干部进行走访慰问。

【加快推进活动学习阵地建设】 2015年，市委老干部局加大老干部活动中心配套设施建设进度，先后改造消防、供水、供电、供暖、卫生间、屋面防水等项目。投资170万元，引进自来水。争取资金近40万元，配套电力及内部活动设施。投资3万元，在开发区新建老年大学分校，方便老干部就近活动学习。推进镇（街道、区）老干部活动学习场所建设，争取主要领导支持，不断完善配套设施。年内，各基层单位共新建场所面积800多平方米。

【深入开展文化养老】 2015年，市委老干部局组织老干部开展多次全市性大型活动，丰富精神文化生活。正月，举办离退休干部书画摄影展，共300多人次、470余件作品参展。正月十二日，组织离退休干部扭秧歌进城表演，300多名老干部参加活动。4月，举办全市离退休干部门球比赛，24支球队、200余名老干部参加比赛。5月，在蚕庄镇金水湖举办全市钓鱼比赛，30多名老干部参赛。9月，开展健康促进活动，组织老年大学“夕阳红”艺术团现场表演10多个优秀节目，吸引600多名老干部现场观看。选拔118名老干部文体骨干，手把手指导传授，共培训社会各类文体活动骨干1.3万人次，有力带动城乡居民文体活动开展。

2015年10月14日，全市离退休干部钓鱼比赛在辛庄海滩举办

【大力开展关心教育下一代工作】 2015年，市委老干部局组织“五老”讲师团、关爱工作团等深入镇（街道、区）、企业、学校，开展各种形式的主题宣传活动，引导广大青少年学习深入领会相关精神，自觉培育和践行社会主义核心价值观。坚持把青少年普法教育与贯彻落实党的十八届四中全会精神紧密结合起来，开展“四进四争”活动22场次，为法治招远、平安招远、和谐招远建设做出积极贡献。11月20日，烟台关工委在招召开“四点半学校”建设工作现场会，烟台关工委领导，各县（市、区）关工委主任、副主任等60余人参加会议，与会领导对招远市“四点半学校”建设情况给予较高评价。

2015年11月20日，烟台市关工委系统深入学习贯彻习近平总书记重要指示精神会议

【组织引导离退休干部发挥作用】 2015年，市委老干部局根据老干部优势特长，统筹组建城市管理、文娱指导、困难帮扶等老干部志愿者队伍，开展社会管理志愿服务活动。在14个镇（街道、区）成立工作站，先后有645名老干部踊跃报名。5月，省委组织部、老干部局在济南联合举办省管老干部（厅级以上）研习班，特邀招远市政协原主席李广就退休后发挥作用、彰显老干部正能量作报告，受到现场老领导一致好评。12月，组织招远市社会管理志愿者骨干人员到省参加相关培训，进一步提高志愿服务的水平和能力。以“乐龄有为、服务惠民”为主题，组织38名有专长的离退休干部，深入镇村街居，开展送科技、送医疗、送文化“三下乡”活动27场次，服务群众2700多人次。

（撰稿：杨正强　　审稿：朱仲刚）

机关工委工作

中共招远市委市直机关工作委员会领导成员

书　记：姜学文

副书记：栾文茂　陈志强

纪工委书记：姜瑞亮

武装部部长：刘庆梅（女）

【机构设置】 中共招远市委市直机关工委内设办公室、组织宣传科、市纪委市直机关工作委员会、市直机关武装部、市直机关工会工委。2015年，在编人员7人。

【概况】 2015年，市委市直机关工委围绕市委、市政府中心工作和“履职尽责担当使命，坡道发力攻坚跨越”总体要求，结合“三严三实”专题教育活动，以加强机关建设、优化发展环境为目标，创新举措，全面推进机关党的思想、组织和作风建设，圆满完成全市机关建设和机关党建各项工作任务。被省直机关工委评为机关党建调查研究与实践创新先进单位，在国家机关工委常务副书记李智勇主持召开的机关党建工作座谈会及全省机关党建工作座谈会上分别介绍招远市机关党建工作经验。

2016年1月27日，中共招远市委常委、组织部长王文锋参加机关工委“三严三实”专题教育民主生活会

【机关党的思想建设】 2015年，市直机关工委组织机关党员系统学习中国特色社会主义理论、党的路线方针政策和中共中央总书记习近平系列重要讲话精神、社会主义核心价值观等，深入开展“三严三实”专题教育活动，全面加强思想建党，用先进的思想引领广大机关党员。同时，加强传统文化学习，从传统文化中吸取营养。历时3个月，组织编发《国学知识一百问》读本，将传统文化的基本知识浓缩于一书，组织机关党员深入学习。12月下旬，组织国学知识竞赛活动，共有125个单位的党员参加竞赛，平均成绩90分以上单位10个，85分以上单位38个，有效促进国学知识在全市机关的普及。

【机关党的组织建设】 2015年，市直机关工委组织任届期满或需要改选的支部进行选举，把党性强，品行好，作风正，有一定理论水平和党务知识，工作能力强，具有敬业、奉献、创新精神，得到群众信任的党员充实到机关党组织班子，确保班子健全。对不是由部门主要负责人担任党组织一把手的20多个班子进行调整，使机关工委下属党组织领导班子全部由部门主要负责人担任一把手。5月20日，召开机关党建工作培训会议，对106个机关党组织负责人进行培训，有效提升机关党组织负责人抓党建促发展形成组织优势能力。在全市机关开展“机关党建工作示范单位”创建活动，专门下发实施意见，按照“基础工作规范化、组织作用发挥示范化、党员作用发挥常态化”要求，将创建活动分解为机关组织建设、党员队伍建设、党内民主建设、阵地建设4大项41小项具体要求，初步建成法院、公安局、水务局、国税局、供电公司等示范单位。严格发展党员工作，坚持《党章》《中国共产党发展党员工作细则》规定的资格标准和市委组织部细化的其他标准条件，把好推荐关、培训关、预审关、程序关、公示关、问责关，开好确定入党积极分子会议、确定发展对象会议、接收预备党员会议、预备党员转正会议，对不符合上述程序的取消其发展党员的资格。对党员组织关系转接严格把关，机关转往农村党员，严格落实“双审双签双公示”制度。在职机关、事业、企业单位党员一律不得将党员关系转往农村。建立组织关系接转登记簿，对转入、转出、本系统之间调动党员进行详细登记，并由分管负责人审核把关，促进党员管理工作规范化、制度化。组织3次机关党建工作督导检查，对检查出的问题分类汇总，督导有关单位制定整改方案，明确整改责任人和整改时限，限期完成整改，全市机关党建工作水平进一步提升。

2015年6月3日，市直机关工委党组织负责人培训会议

【机关党的作风建设】 2015年，市直机关工委制定《2015年全市机关建设工作要点》，下发到全市各级机关。6月、12月，分组对镇（街道、区）、市直部门、驻招单位机关建设情况进行督查。加强《机关工作动态》信息编发力度，全年累计编发18期，宣传推广经济技术开发区、统战部、公安局等单位先进经验和作法。开展“万人评机关、评窗口”及事业单位评议活动。年初，将2014年“万人评”活动中收集到的269条评议意见反馈给相关部门和单位，要求相关单位认真做好整改工作，至2015年11月评议意见整改工作全部完成。11～12月，开展2015年“万人评机关、评窗口”及事业单位评议活动，组织社会各界对全市119个机关单位、71个窗口单位、194个事业单位进行集中评议，评议结

市直机关工委组织召开"面对面话环境，心连心促发展"座谈会

果向社会公开。开展"面对面话环境，心连心促发展"听取群众意见活动。5～8月，组织供电公司、公安局、市场监管局、教体局、法院、环保局、国税局、住建局、卫计局、人社局等10个单位开展活动，让群众代表亲身感受部门工作流程和服务质量。活动中，群众代表共提出意见和建议325条，部门和单位当场解决问题206条，承诺解决问题119条。督促全市相关部门和单位高度重视网上市民对话活动，安排专人负责，及时答复市民提出的问题。2015年共收到市民提出咨询、建议和投诉3450条，部门回复3388条，回复率98.2%。

（撰稿：董秀琦　　审稿：姜学文）

机构编制工作

招远市机构编制委员会办公室领导成员

主　任：郑　坤

副主任：温　奎　康　波

【机构设置】　招远市机构编制委员会办公室为市委、市政府工作部门，列市委机构序列，内设综合与监督检查科、事业机构编制科、行政机构编制科、市事业单位监督管理局（副科级）和市人民政府行政审批制度改革办公室（副科级），下设市机构编制电子政务中心（副科级事业单位）。市事业单位监督管理局，于2013年11月经烟台市编委办公室批准，由市事业单位登记管理局更名。市人民政府行政审批制度改革办公室，于2014年3月经烟台市编委办公室批准设立，负责组织实施审批制度改革相关工作开展。2015年，市机构编制委员会办公室机关行政编制15人，配备主任1人，副主任3人（含兼职1人），1名副主任兼任市事业单位监督管理局局长；市事业单位监督管理局设局长1人，副局长1人；市人民政府行政审批制度改革办公室配备主任1人，副主任1人，股级领导职数4人；市机构编制电子政务中心，编制6人，领导职数3人。

【概况】　2015年，招远市机构编制委员会办公室坚持"四个全面"战略布局，以构建高效、法治、服务型政府为出发点，进一步转变政府职能，简政放权服务群众，用法治思维、法治理念和法治方式谋划、指导、推进机构编制工作，努力提升机构编制工作站位，依法推进行政审批制度改革、行政管理体制改革、事业单位改革、机构编制管理等工作，理顺机构职能，规范行政职权，充分发挥市场配置资源的基础性作用，充分发挥公民和社会组织在社会公共管理中的积极作用，不断完善经济调节、严格市场监管、加强社会管理和公共服务，全面正确履行职能，为稳增长、促改革、调结构、惠民生提供有力支撑。

【建立权力清单制度】　2015年3月25日，印发《关于公布行政权力清单目录的决定》，确定全市43个部门行政权力事项3169项。7月24日，印发《关于公布政府部门责任清单有关事宜的通知》，确定全市40个市直部门主要职责333项、具体责任事项1252项、追责情形2829项；确定部门职责边界19项、涉及18个部门（单位），并编写具体事例26例；建立事中事后监管制度319项；明确公共服务事项96项。

【公布部分中央（省）直属部门单位行政审批目录】　2015年3月25日，印发《招远市人民政府关于公布地税局和盐务局行政审批事项目录的决定》，保留地税盐务行政许可事项5项，非行政许可事项12项。

【调整规范部分市直部门行政审批事项】　2015年3月26日，印发《招远市人民政府关于调整规范行政审批事项目录的决定》，取消市国土资源局和市民族宗教局行政审批事项各1项。11月25日，印发《招远市人民政府关于2015年第一批取消承接调整行政审批等权力事项的通知》，削减行政审批事项5项，其中取消3项、调整为政府内部审批1项、调整为其他行政权力1项；将21项工商登记前置审批事项调整为后置审批；对涉及其他行政权力事项取消2项、承接1项、调整为政府内部审批7项。

【确定全市行政审批事项和中介服务收费项目】 2015年9月24日，印发《招远市人民政府关于调整公布行政许可事项目录清单的通知》《招远市人民政府关于公布市直部门（单位）行政审批中介服务收费项目清单的通知》，确定全市行政许可事项268项、行政审批中介服务收费项目81项。

【制定行政审批事中事后监管措施】 2015年10月30日，印发《招远市人民政府办公室关于加强行政审批事中事后监管的实施意见》，组织全市32个部门（单位）逐项制定行政审批事中事后监管措施共268项。

【进一步推进政府职能转变】 2015年10月30日，印发《招远市人民政府办公室关于成立招远市推进政府职能转变领导小组的通知》，成立全市推进政府职能转变领导小组，下设3个功能组和6个专题组，进一步推进简政放权、放管结合，加快政府职能转变。

【开展“三集中两到位”工作】 2015年，根据上级和市委、市政府关于“三集中两到位”工作要求，为全市30个市直部门设立行政许可科室并行文公布。12月，配合政府督查办、政务服务中心管理办做好工作进展情况督查等前期准备工作。

机构编制网上业务办理区

【加强机构编制管理】 2015年，根据上级要求，进一步加强机构编制监督管理工作，严格控制财政拨款事业单位机构和人员增长，对事业单位实行总量控制。以2012年底机构编制数据为标准，对人员编制在现有编制内调剂。坚持“不增机构，不加编制，撤一建一，严进宽出，逐步减员”原则，对各部门提交的机构编制申请报告进行严格审查和论证，坚决做到不设立承担行政职能或经营开发类事业单位，坚决不将行政职能转由事业单位承担。2015年新设机构2个，批复部门单位编制调整及科室设置44家。为了发挥编制资源最大效益，盘活用好招远市现有机动编制资源，经过充分研究论证，制定《全市机动编制管理暂行办法》。以后机动编制管理，将按照“突出重点、保障急需、有保有压、动态调剂”原则进行，除新设单位外，其他单位申请新增编制，一律以机动编制形式予以核增。批准使用机动编制单位临时工作任务撤销、出现空编或使用机动编制的人员调出后，机动编制收回，杜绝单位增加编制后长时间放置不用、浪费编制资源现象，从而形成编制使用良性循环。

【政府职能转变和机构改革】 2015年，根据烟台批复的《招远市人民政府职能转变和机构改革方案》，拟定《招远市政府职能转变和机构改革实施意见》以及相关编委文件，分别提交市政府常务会议和市委常委会议，研究并通过《改革实施意见》。召开全市改革动员部署会议，及时启动政府机构改革工作，并为市场监督管理局、卫计局和经信局3个单位重新制定“三定”方案。2月全面完成政府职能转变和机构改革任务。改革中，全面落实转变职能、规范机构设置、严格机构编制管理等方面规定，将省、烟台市“三定”规定中增加、加强和调整划转职能逐项分解落实到相应部门和单位，从根本上保证市政府职能转变和机构改革实施意见与烟台市批准方案对接一致、部门“三定”规定职能与省、烟台市“三定”规定职能对接一致。改革前，全市政府工作部门26个，核定领导职数104名，改革后设置政府工作部门24个，减少2个，核定领导职数84名，减少20名，有效实现机构规范设置和控编减编。按照烟台评估要求，对市政府职能转变和机构改革进行细致自查，按照评估重点对各种材料进行分门别类整理，并陪同检查组实地查看卫计局、检验检测中心和市场监督管理局有关工作情况。经过检查，招远市政府机构改革工作得到烟台评估组的高度评价和充分肯定。

【完成不动产登记职责和机构整合】 2015年，根据《烟台市政府办公室关于推进市县两级不动产登记职责和机构整合的实施意见》，与烟台编办进行对接，针对职责和机构设置等问题进行请示。对国土、住建、农业、林业、海洋渔业5个部门不动产登记职能和人员情况进行调查摸底，详细摸清各个部门不动产登记承办机构、承办科室、具体负责登记工作人员数以及这些工作人员编制性质。同时，积极与国土部门进行对接，对如何配合做好全市不动产登记职责整合工作进行交流和沟通，对职责范围内机构编制问题提出意见，由政府办公室出台《关于印发招远市不动产登记职责和机构整合实施方案的通知》，随后，根据全市工作实际，出台《关于招远市不动产登记中心机构编制有关问题的通知》，对不动产登记中心领导职数、编制及内设科室进行明确，顺利完成全市不动产登记职责整合、机构组建、挂牌、编制核定等工作任务。

【事业单位分类改革工作】 2015年，根据烟台编办通知要求，在前期模拟分类基础上，对全市374个事业单位进行正式划分类别，并按时上报烟台。全市374个事业单位，不列入分类范围19个，暂缓分类13个，列入分类范围342个，其中划入公益服务类335个，划入生产经营类7个。根据烟台市委办公室、市政府办公室《关于印发分类推进事业单位改革重点任务分工的通知》，起草招远市《分类推进事业单位改革重点任务分工》，并对各改革任务相关单位进行逐个征求意见，于11月18日正式印发《市委办公室市政府办公室关于印发〈分类推进事业单位改革重点任务分工〉的通知》，确定13项重点改革任务，明确每项改革任务牵头单位、参加单位和重点工作完成时限，有力推动招远市分类推进事业单位改革工作。

【事业单位绩效考核工作】 2015年4月，在总结2014年度考核经验同时，编办会同机关工委、2014年各考核小组牵头部门，在《招远市事业单位绩效考核办法（试行）》大框架下，经过征求意见和反复论证研究，提出招远市2015年度事业单位绩效考核实施细则，开启全市2015年度事业单位绩效考核工作。10月，下发《关于开展2015年度事业单位绩效考核工作的通知》，就事业单位考核工作进行详细部署安排。2015年被评为A级单位41个，B级单位198个。

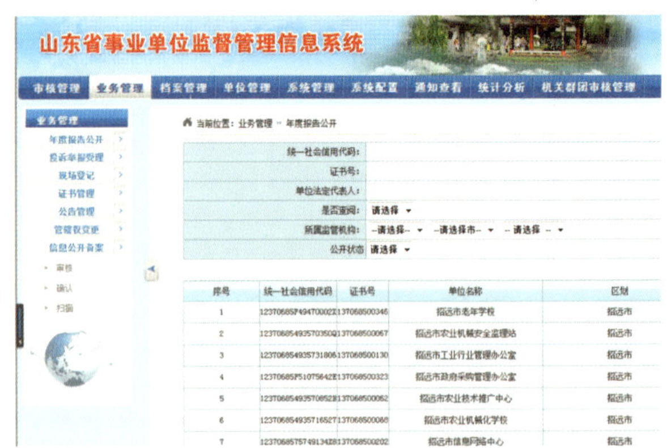

全市所有已登记事业单位法人年度报告公开和换证工作完成

【中文域名注册推广工作】 2015年，全市共注册中文域名428家，新注册域名10个，其中机关单位70家，事业单位358家。实现注册率100%。

【机关事业单位网站标识管理工作】 2015年，通过与法制办及网络中心联系，对比烟台市编办名单，通过一一核实，除教育系统外，47家独立网站需挂标，全部完成。

【事业单位法人年度报告公开工作】 2015年，应进行年度报告公开261家，全部完成。同时进行设立登记3家，变更登记38家，注销登记3家。

（撰稿：陈春光　　审稿：康　波）

党　校　工　作

中共招远市委党校领导成员

常务副校长、党委书记：张永梅（女）
副校长、党委副书记：于维军
党委副书记、纪委书记：陈浩杰
副校长、党委委员：王占玲（女）　赵德峰

市委党校副科级以上科室负责人

业余教育处主任：刘秀淑（女）
基层工作处主任：路宏广
教务处主任：杨为林
理论教研室主任：王志国
办公室主任：刘海波
总务处主任：薄建平（女）
电化教研室主任：邵爱华（女）

【机构设置】 招远市委党校内设办公室（7人）、教务处（4人）、业余教育处（10人）、理论教研室（4人）、基层工作处（5人）、总务处（6人）、电化教研室（3人），共有工作人员39人。

【概况】 招远市委党校是在招远市委直接领导下培养党员领导干部和理论干部的学校，是培训轮训党员领导干部的主渠道。2015年，市委党校不断加强党校干部队伍建设，务实创新、与时俱进，真正把党校办成培训、轮训党员领导干部、培养党的理论队伍和学习、研究、宣传马克思列宁主义、毛泽东思想、邓小平理论、“三个代表”重要思想、科学发展观和学习贯彻习近平总书记系列重要讲话精神等重大战略思想的阵地，使之成为干部加强党性锻炼的熔炉。

2015年5月4日，党的十八届四中全会和习近平总书记系列重要讲话精神专题培训班

【干部培训】 2015年，市委党校严格执行年度培训计划，成功举办3期全市新任支部书记培训班、以及全市新一届专职村（居）委会主任培训班、全市科级干部学习党的十八届四中全会精神进修班、党务工作者培训班、党员发展对象培训班、创新型人才培训班等多个班次，培训人数1500多人。培训中，做到科学设置教学专题，严把教学质量，创新培训模式，充分发挥党校培训干部“主阵地、主渠道”作用，取得良好教学效果，受到领导、学员一致好评。为全面提升全市基层党员干部素质，积极走出课堂办党校。先后组织多名优秀教师参与各镇两委班子换届专题培训、党员干部冬训、十八届四中全会精神宣讲，以及党课教育专题培训。极大地提高基层干部素质，提高党校知名度，得到广大基层党员干部广泛好评。

【学历教育】 函授教育工作是党校教育一个重要组成部分。市委党校高度重视函授教育工作，把其作为干部继续教育和培训的有效形式，不断推进业余教育工作再上新台阶。2015年，录取新生205人，在校生605人。

【科研工作】 科研是党校立校之基，兴校之本。2015年，市委党校全面落实招远市委和上级党校关于科研工作的各项要求，深化科研改革，实现科研增长方式转变，努力推动科研工作上台阶、上水平。在课题立项方面，《推动绿色发展，建设美丽招远》《招远市以法治村问题研究》《招远市依法治企问题研究》等14个课题获得全省党校系统课题立项；《加快城区旧村改造，推动新型城镇化建设》《推进我市养老服务社会化问题的调研》等3个课题获得烟台市党校系统课题立项，课题研究能力得到上级党校认可。在调查研究方面，全体教研人员分工协作，集体公关，共同调研完成“提高领导班子民主生活会质量”“在领导班子和干部队伍建设中贯彻依法治国要求”2个方面专题调研，并形成2个调研报告，为全市领导干部提高领导和执政能力提供重要参考；与蚕庄镇、阜山镇党委政府合作完成《经济社会管理创新》《农村党员管理创新》调研报告。在成果评比方面，《财政金融是推动自主创新的重要动力》《践行群众路线要善用“四件宝”》等4篇论文分别获得烟台市党校系统科研成果一、二、三等奖，获奖数量与等次名列烟台市县级党校前列。在理论研讨方面，《论游击战在抗战中的历史作用》《论抗战精神对民族振兴的重大意义》等4篇论文获得全省党校系统纪念抗战胜利70周年理论研讨会一等奖。《对抗战历史的几点反思》《论中国共产党在抗战中的中流砥柱作用》获得烟台市党校系统“抗战在胶东”理论研讨会一等奖。

【队伍建设】 党校事业发展的关键在于建设一支素质优良、规模适当、结构合理、适应新时期干部教育培训要求的教职工队伍。2015年，市委党校以提高教师教学科研素质和能力为核心，全面加强师资队伍建设。通过强化考核，通过新课试讲制度，制定完善“精品课”“党校名师”评选标准，不达标准不能上讲台，不断提高教师专业水平。结合教育实践活动，多次组织教师集体备课、专题研讨、科研交流，教师队伍整体素质和能力得到极大提高。加大培训力度。2015年，全校有143人次教师参加“金都大讲堂”“智慧烟台”大讲堂活动。为使年轻教师尽快成长为名师新秀，选派10名教师到浙江省委党校参加中央党校举办的十八届五中全会培训班、9名教师到中国人民大学参加《“十三五”规划建议》解读高级研修班、1名教师到省委党员进修培训。在2015年度烟台观摩教学竞赛活动中，选派1名教师参加，获得一等奖，并获得山东省委党校优秀教学奖。

【后进村帮扶工作】 2015年，市委党校“第一书记”驻张星镇北曹家庄村工作组在校领导支持下，投资3.2万元修葺村办公场所29间，筹措资金20.2万元整修街道520米，帮助北曹家庄新上体育健身器材4件、配备党建电脑1台、党建刊板14块、争取价值3.5万元文化娱乐器材及书籍。走访困难户5户，为每户送去价值500元的米面油等生活用品。

（撰稿：邱洪锋　　审稿：王占玲）

党史研究工作

中共招远市委党史研究室领导成员

主　任：于旭光

副主任：唐寨信　兰　军

副主任科员：郭　彬（女）

【机构设置】 中共招远市委党史研究室，属市委直属正科级事业单位，下设办公室、征编一科、征编二科。2015年，共有工作人员9人。

【概况】 2015年，市委党史研究室紧密围绕市委、市政府的工作大局和中心任务，以纪念中国人民抗日战争暨世界反法西斯战争胜利70周年为契机，不断强化党史以史鉴今、资政育人作用，扎实做好党史资料征编、宣传教育和红色文化等工作，奋力开创党史工作新局面，为全市经济社会又好又快发展做出积极贡献。

【4部作品被评为全省党史部门党史优秀成果奖】 省委党史研究室印发《关于表彰2012年10月以来全省党史部门党史优秀成果的决定》，招远市委党史研究室报送的《抗日和解放战争时期胶东军民向党中央密送43万余两黄金》被评为论文类二等奖，《血染的黄金》被评为声像制品类二等奖，《中国共产党招远历史大事记》（2001～2010）、《那些年》党史资料被评为著作类三等奖。获奖作品数量和等次列烟台市各县（市、区）首位。

【地方党史正本编辑出版】 2015年6月，《中共招远市组织史资料》（1999～2012）编辑出版工作完成。全书共50余万字，主要收录1999年6月至2012年12月招远市、镇（街道、区）党委、纪委、人大、政府、政协、武装、群团系统、行政性公司、集团公司及驻招单位等400多个工作部门、单位和724个行政村党政组织主要负责人，共7000多人次领导人名录。

【全力做好胶东红色文化工作】 2015年是中国人民抗日战争暨世界反法西斯战争胜利70周年，也是胶东红色文化建设的关键一年。举办好系列文化活动，对于进一步提醒人们铭记历史、缅怀先烈、珍视和平、继往开来具有十分重要的意义。根据烟台市“胶东红色文化”建设领导小组办公室的要求和招远市委有关安排，主要做了6项工作。一是举办招远市“弘扬抗战精神，见证红色历程”征文比赛。3月18日至6月15日，联合市委组织部开展“招远市‘弘扬抗战精神，见证红色历程’征文比赛”活动，共收到社会各界报送稿件159篇。根据评委意见，依次评选出一等奖1名，二等奖3名，三等级奖9名，优秀作品奖10名，其中14篇获奖作品于8～9月依次在《今日招远》报刊登。二是配合做好胶东红色文化媒体采风活动。深入招远革命烈士陵园、中国黄金实景博览园、淘金小镇、玲珑金矿，全面

党史研究室获“全省党史部门党史优秀成果奖”作品

了解招远红色文化，宣传展示招远向党中央密送黄金那段红色革命文化传承和发展。三是搞好招远“红色文化”宣传工作。为纪念抗战胜利70周年，在《今日招远》和招远电视台开辟《红色历程》栏目。撰写抗战时期招远发生的重要活动、重要事件和重要革命人物等30篇文章，从2015年6月开始陆续刊登、播出。同时，为烟台市“胶东红色文化”建设领导小组办公室开办的“英雄胶东开放烟台”微信公众平台提供文章28篇，被采用27篇。四是对10处重要革命遗址进行重新普查、登记、拍照，进一步明晰产权，并提出详细保护、修缮计划。五是根据山东省、烟台市委党史研究室要求，协助省齐鲁电视台采访招远抗战老兵姜天真当年智截日军运金车等事迹。六是赴上海采访抗战时期参与运送黄金的老干部宫愚公。为进一步挖掘战争年代招远军民密送黄金支援山东和全国抗战的历史，于2015年5月组织人员赶赴上海抢救式采访101岁的宫愚公老人。为招远军民抗战时期经由“渤海走廊”和“滨海通道”陆续运送黄金到山东分局和党中央提供有力史料佐证。

（撰稿：王灵臣　　审稿：于旭光）

档案工作

招远市档案局（馆）领导成员

局（馆）长：郭建刚

副局长：李树平　王寿建

副科级干部：刘好政

【机构设置】　招远市档案馆为中共招远市委办公室领导的正科级事业单位，挂招远市档案局牌子，授权行使有关行政管理职能。主管全市档案事业，负责管理全市重要档案资料。2015年，内设办公室、业务指导科、管理科、编研科，编制15人。

【概况】　2015年，招远市档案局（馆）紧紧围绕市委、市政府工作大局，按照上级档案业务部门统一部署，突出服务中心、服务社会、服务民生主题，积极作为，各项工作均取得新成绩。被省人社厅、省档案局、省公务员局评为全省档案系统先进集体，被山东省档案局评为全省档案宣传工作先进集体。

【档案基础工作再上新台阶】　开展归档文件整理，夯实档案工作基础。2015年初，制发《关于做好2014年度归档文件、电子文件收集整理及计算机著录工作的通知》，明确收集范围、方法步骤和归档要求，制定归档文件审查、机读目录接收日程表。全年共审查一级立档单位91个、归档文件11185件，著录接收机读目录11396条，人名卡片9855条。

开展档案资料收集工作，进一步丰富优化馆藏。收集第十七届四次人代会和第九届四次政协会照片21张，文件汇编2本。收集第九届黄金节档案资料27件、照片76张。收集《一周新闻要览》光盘8张，著名商标8个。开展“古宅惨案”调查工作，形成文字材料2份，照片23张。整理接收全市党的群众路线教育实践活动归档文件2400件。

健全硬软件系统，确保档案安全。加强档案安全设施建设，安装防盗门2个，增设视频监控系统，在库房、微机室等重点部位安装探头5个。建立健全档案安全管理制度，严格落实“三防”措施，强化轮流值班工作，开展档案库房安全检查，发现隐患及时整改，堵塞各种安全漏洞，不断提高档案安全水平。

完善数字档案馆，开展异地备份工作。针对全文数据库中部分扫描件不清晰问题，在全面分析原因基础上，采取提高技术参数等措施，进行重新扫描和挂接。为确保档案信息化数据的安全，开展异地备份工作，将馆内重要档案数据移交省档案馆保存。

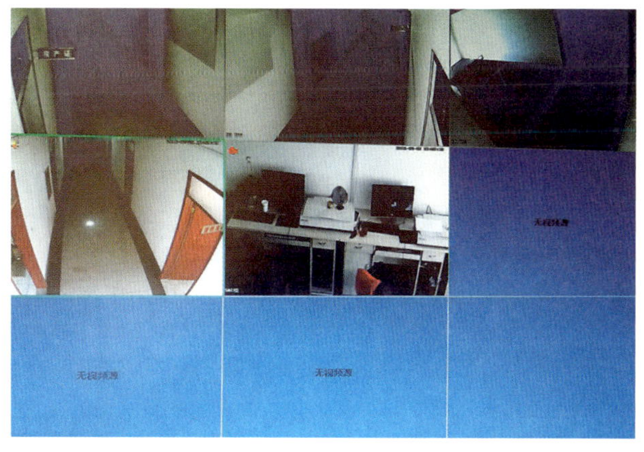

档案馆监控画面

【档案编研利用工作取得新成绩】　编写第十七届四次人代会简介和第九届四次政协会简介。为纪念抗日战争胜利70周年，深入挖掘“抗战”史料，积极开展档案编研宣传工作，缅怀“抗战”先烈，铭记“抗战”历史。

参加中共招远市委组织部、党史研究室组织开

2015年4月2日，在招远市供电公司召开企业档案工作座谈会

展的“招远市‘弘扬抗战精神，见证红色历程’征文比赛”活动。紧紧围绕征文主题和要求，坚持“严”字当头、“实”字为本，大力弘扬求真务实之风，在认真研读已有史料基础上，多次深入金岭镇古宅村，走门串户，进行实地调研，掌握第一手材料，撰写《抗日村长李元干》一文，按时完成征文任务。经市委办、政府办、组织部、宣传部、党史研究室、文联等部门组成的评奖小组，本着公平公正的原则，进行不记名打分，《抗日村长李元干》在92篇参赛作品中脱颖而出，名列第5位，获三等奖。

在抗战史料宣传工作中，坚持专业媒体与新闻媒体、传统媒体与现代媒体相结合。《抗日村长李元干》《悲壮的“古宅惨案”》《日寇侵略玲珑金矿近20年掠走黄金60多吨》分别在《烟台档案》《今日招远》，以及烟台红办微信公众平台——“英雄胶东开放烟台”、招远官方微信公众平台——“金都招远”等媒体上登载，扩大宣传教育面，提高社会影响力。

开展免费查询工作，不断提高档案服务水平。全年接待利用者531人次，查阅馆藏档案资料3717卷（册），为编史修志、工作查考、解决纠纷等提供依据和参考。

【档案业务培训与指导工作扎实有效】 为提高档案队伍素质，开展档案业务培训工作。先后派出两批3人，参加国家档案学会举办的档案执法检查和声像档案管理专题培训班。组织全市40个单位42名档案人员参加烟台市档案局举办的档案业务培训班。在市供电公司召开企业档案工作座谈会，部署企业归档文件整理工作，传达省市企业档案工作科学化管理考评文件精神。对公安局、第一中学、疾病控制中心、城子水库、招金软件公司、黄金职业学院等单位的专（兼）职档案人员进行档案专业培训。

开展档案业务指导，不断提高基层档案工作水平。按照《山东省档案工作科学化管理规范》，组织开展档案工作科学化管理达标活动。供电公司等6个单位被测评为“全省档案工作科学化管理先进单位”，玲珑镇政府等30个单位被测评为“全省档案工作科学化管理合格单位”。法院、开发区被烟台市档案局授予“全市档案系统先进集体”称号。

按照统一组织、集中审查的方法，指导17个城市社区居委会完成2014年度归档文件整理任务。帮助金岭水库、城子水库整理档案149件，并进行计算机著录，顺利通过省水利工程规范化管理一级先进单位测评验收。帮助农业局经管站设计档案用品格式，明确归档文件排列、图纸折叠等工作标准，为土地承包经营确权登记颁证档案归档工作做前期准备。帮助第一中学、疾病控制中心、农信社等单位建章立制，提高档案工作水平。

制定工作规范，推动基层数字档案室建设。为

招金集团档案管理人员培训

确保基层档案信息化工作健康、快速发展，依据有关标准规范，结合部门实际情况，研究制定《基层数字档案室工作规范》。对开发区2003年以后形成的归档文件，提前接收入馆进行数字化。之后，与2002年以前的馆藏数字档案合并，形成全宗数据库，再备份移交给开发区档案室，建成全市首个基层数字档案室。

（撰稿：杨竹军　　审稿：郭建刚　刘好政）

中共招远市纪律检查委员会

中共招远市纪委领导成员

书　记：张烟航

副书记：王克成（常务）　王清军

常　委：张明礼　杨向东　杜俊兰（女）　韩　杰

招远市监察局领导成员

局　长：王克成

副局长：张明礼　梁祝丽（女）

中共招远市纪委各室（办、组、中心）负责人

办公室主任：王桂涛

综合室主任：段　毅

教研室主任：张春庆

审理室主任：栾蓓蓓（女）

信访室主任：牟京卫

执法监察室主任：张学壮

纠正行业不正之风办公室主任：王钦龙

干部室主任：李晓波

行政效能监察中心主任：刘金军

副主任：王　兰（女）

第一纪检组（监察室）组长（主任）：王　民

副组长（副主任）：李君梅（女）　刘杰新　孙岩松

第二纪检组（监察室）组长(主任)：姜　微(女)

副组长（副主任）：李燕芹（女）　房旭阳　姜翠香（女）

第三纪检组（监察室）组长（主任）：张维纯

副组长（副主任）：李文东　杨悦东　尹振兴

第四纪检组（监察室）组长（主任）：兰韶燕

副组长（副主任）：孙莉萍（女）　张海涛　王日安

第五纪检组（监察室）组长（主任）：兰瑞进

副组长（副主任）：贾玉堂　姜同强　张佰婧（女）

委（局）主任科员：李民典　马淑娜（女）

【机构设置】　招远市纪委机关与市监察局合署办公，主要职责是加强全市党风廉政建设，深入开展反腐败斗争，健全监督约束机制，促进党政机关工作人员廉洁奉公，为全市经济社会及各项事业发展提供坚强的政治保证。委局机关设办公室、综合室、教研室、审理室、信访室、执法监察室、纠正不正之风办公室（与行政效能监察中心合署办公）、纪检监察室、干部室、党风室10个室。2015年，市纪委、监察局共有工作人员46人。

【概况】　2015年，市纪委、监察局认真学习贯彻十八届中央纪委第五次全会、省纪委十届六次全会和烟台市纪委十二届七次全会精神，紧紧围绕市委、市政府中心工作，主动适应反腐新常态，自觉践行“三严三实”，严格按照上级落实“两个责任”的要求，紧紧围绕“三转”主线，突出主业主责，正确运用“四种形态”，深入推进党风廉政建设和反腐败各项工作。根据党风廉政建设的需要，市委共与74个重点单位签订《党风廉政建设重点任务目标责任书》，以明确的任务，推进全市党风廉政建设“两个责任”的落实。

2015年11月17日，全市领导干部廉政工作会议，市纪委书记张烟航作报告

【重要会议】　2015年2月5日，中共招远市纪委十三届六次全体会议召开，市委与74个单位签订目标责任书，市委书记张伟作讲话，市纪委书记张烟航向纪委全委会报告工作，安排部署2015年全市反腐倡廉工作任务，市纪委副书记、监察局局长王维

2015年9月9日，2015年招远市党政领导班子成员向纪委全委会述廉会议

洲传达中共中央总书记习近平在中纪委全会上重要讲话和中央、省及烟台市纪委全会精神。9月9日，召开全市市级党政班子成员向市纪委全委会述廉会议，市委各常委及党员副市长依次向市纪委全委会进行述廉，市纪委委员对市委各常委、党员副市长进行现场质询，以无记名投票形式对市党政班子成员廉洁从政情况进行民主测评。11月17日，召开全市领导干部廉政工作会议，市委书记张伟作讲话，市纪委书记张烟航围绕新颁布的《中国共产党廉洁自律准则》和《中国共产党纪律处分条例》作辅导报告。

【“三严三实”专题教育活动】 2005年6月19日，市纪委机关“三严三实”专题教育活动动员会议召开，市纪委书记张烟航作动员讲话，从活动意义背景、问题导向与要求方面，对活动开展进行安排部署。活动中，班子成员围绕“严以修身、严以用权、严以律己，谋事要实、创业要实、做人要实”六个方面进行研讨，通读《习近平关于党风廉政建设和反腐败斗争重要论述摘编》，带头深入基层调研、带头查摆问题、带头撰写查摆材料，通过召开座谈交流、个别沟通、谈心谈话、走访基层等方式，征求意见建议38条。班子成员按照“五个谈透”要求，相互提出意见建议168条，进一步找准班子和班子成员个人存在的问题。

【干部教育监督管理】 2015年，招远市注意把握运用“四种形态”，坚持“预防在前、抓早抓小”，加强党员干部廉政教育和监督。综合运用廉政谈话（90多人次）、函询（8人）、专项约谈等手段，既最大限度保护干部个人隐私，又精准有效查清事实，点明存在的问题，将事情解决在“违纪”之初。在全市组织开展形式多样、层次多元的“纪律”“规矩”宣传贯彻活动，不断营造浓厚遵规守纪氛围。组织召开全市党员领导干部廉政教育会议，结合新修订的《中国共产党廉洁自律准则》和《中国共产党纪律处分条例》学习贯彻，对全市领导干部进行专题辅导，真正让党的规矩入脑入心。编发8期《警示教育专刊》。组织宣讲人员先后16次，深入机关、企业、学校开展廉政辅导，直接受训人数3000多人次，通过以案释纪、以案说纪，切实提高党员干部纪律和规矩意识。开展“一把手”上廉政党课活动。督促全市各级部门围绕《党章》及新党规的学习贯彻，上廉政党课100多场次。开展巡察监督工作。从10月底开始，成立4个小组，进驻4个单位开展为期半个月的廉政巡察监督，巡察结果报市委五人小组，对发现的问题反馈给相关单位，跟踪督促整改，对有关问题线索组织核查，巡察的利剑作用更加凸显。组织开展向陈新宁等先进人物学习活动，运用正反面典型开展纪律作风教育，对全市150名纪检监察干部进行2天集中学习，进行“实际、实用、实效”技能培训，提升履职能力。

开展述廉试点工作。作为山东省县级党政领导班

2015年10月22日，2015年全市纪检干部培训班

子成员向同级纪委全委会述廉试点单位，组织召开市级党政班子成员向市纪委全委会述廉会议，市委各常委及党员副市长依次向市纪委全委会进行述廉，接受现场质询并进行民主测评。通过该项活动，增强纪委全委会及其成员对市级党政班子成员的监督能力，强化市级党政班子成员依规依纪履职和在监督下正确行使权力的意识，推动全市各级干部在党风廉政建设方面以上率下、发挥好示范带头作用。

2015年11月4日，纪检干部暗访机关食堂

【严格纪律审查】 抓好信访工作。注重日常排查，重点筛选严重违反党的政治纪律、政治规矩和组织纪律的问题线索，注重筛选违反中央八项规定精神和“四风”问题线索，为查处违规违纪问题提供有效支持。2015年，共接到各类来信来访859件次，受理431件次，处结423件次，处结率98.1%。把握纪严于法、纪在法前的要求，转变执纪审查理念，严格用党纪的尺子衡量党组织和党员干部行为，由“盯违法”向“盯违纪”转变，由查少数向管多数转变，加大执纪审查力度。着眼遏制腐败蔓延势头，重点查处党的十八大之后不收敛、不收手，问题严重、群众反映强烈，在重要岗位可能还要提拔使用的党员领导干部，保持高压态势。创新办案模式，探索推行办案协作区制度，形成常委—监察室—纪检组—派驻单位“四位一体”办案新模式。将3名纪检监察人员充实到办案一线，挑选60名专业人才组成“查办案件人才储备库”和“陪护人员储备库”，进一步配齐配强办案力量。2015年，全市共立查案件88起，挽回直接经济损失438万元，处分85人，移送司法机关3人。

【查处群众身边腐败和“四风”】 坚持监督检查不放松、铁面执纪不姑息、通报曝光常态化，言出纪随，扭住不放，寸步不让。紧盯元旦、春节、清明、五一、端午、仲秋、国庆等重要节点，先后安排11批次人员，重点深入景区、宾馆饭店、洗浴和娱乐场所、停车场所等进行监督检查，发现公车私用、大办婚丧嫁娶等问题线索2起。着力解决群众身边不正之风和腐败问题。加强组织协调，排查交办线索，强化直查督办，严肃查处发生在民生资金、“三资”管理、土地征收等领域严重违纪行为，查处吃拿卡要、与民争利问题，维护群众利益。加大责任追究力度。大力推行典型案件公开通报曝光制度，将查处的与群众联系密切的重点案件、违反中央八项规定精神案件和“四风”案件，向全市定期通报，形成持续震慑效应，发挥“惩处一人、教育一片”综合效果；坚持“一案双查”，对违反中央八项规定精神及“四风”问题，既追究直接责任，又追究领导责任和监督责任，以严肃问责倒逼两个责任落实。2015年，开展明察暗访20次，查处违反中央八项规定精神及“四风”问题典型案例19起，下发通报5起，对14起典型案例、16名违纪党员点名曝光，责任追究12人。

2015年12月11日，纪检干部学习

【机关作风和效能建设】 开展专项评议和整治活动。对全市108个机关事业单位、65个窗口单位和23个驻行政服务中心窗口工作人员作风效能进行专项评议，结果在全市通报，并通过招远电视台和《今日招远》向社会公布，对排名后3位的单位主要负责人进行约谈。开展机关“庸懒散”专项整治和督查活动，重点察访机关和基层站所工作人员公款吃喝、公车私用、作风粗暴、办事拖拉、吃拿卡要等歪风。2015年，全市共开展专项督查13次，现场处理工作人员不当行为20起，处分3人。

2015年12月3日，纪检干部送廉政文化进家庭

【纪检体制改革】 围绕党风廉政建设“两个责任”落实，层层传导压力，加快体制改革。市委认真落实全面从严治党主体责任，把党风廉政建设和反腐败工作摆在重要位置，认真研究，作出部署，狠抓落实。市委主要负责人约谈镇（街道、区）党（工）委书记和市直部门党委（党组）书记，切实把落实管党治党主体责任摆在第一位的要求，强调不履责要问责。市纪委组织全市派驻机构、镇（街道、区）和市属企业47名纪（工）委书记（纪检组长）签订履行监督责任承诺书，就党风廉政建设监督责任第一责任人进行公开承诺。组织召开镇（街道、区）纪（工）委书记座谈会、市直部门派驻纪（工）委书记工作部署会，层层卡实责任，切实把正风反腐的监督责任扛起来。下发《镇（街道、区）落实党风廉政建设监督责任清单》，对镇（街道、区）纪（工）委履行监督责任进行统一规范，督促基层纪委书记站好岗、履好责、执好纪。组成检查组，分赴15个镇（街道、区）和20个派驻单位，现场督导各单位纪委书记分工和“两个责任”落实情况。由纪委各书记带队，分三批次到各单位开展调研活动，围绕“两个责任”落实、“三转”等内容进行座谈调研，持续传导压力。制定镇（街道、区）纪（工）委、市属企业纪委书记、副书记，市纪委派驻纪检组长、副组长提名考察办法，为做实纪委监督权提供组织保障。

（撰稿：张春庆　　审稿：杨向东）

1980年春，招远从山东省果树研究所引进48根红富士苹果接穗，嫁接在河西王家村结果树上，在全国最早开始培育红富士苹果。河西王家村农民王宝瑛研究成功“快速繁育良种良砧苹果”新技术，使接穗当年繁育系数达1330倍，并实现全年嫁接，该项目获山东省科技进步二等奖。上海科学技术电影制片厂将此新技术摄制成科教片，在全国范围内放映推广。1985年，全县苹果面积发展到7053公顷，建成第一个红富士苹果生产基地。果业与黄金、粉丝产业并列成为招远三大经济支柱。1988年，招远红富士苹果被农业部命名为“名特优产品”。1989年，招远被确定为全国第一个红富士苹果生产基地。招远以科技为先导，大力推广果园覆膜、盖草套袋、壁蜂授粉、铺反光膜等新技术，努力提高果品品质，所产的红富士苹果色艳形正、口感清爽、汁多脆甜、久贮不绵、营养丰富。1994年11月29～30日，在全国新优果品评选中，招远市生产的红富士、陆奥、秀水苹果夺全国同类品种之魁。1994年后，在全国第一、二、三届农业博览会上，招远产“鲁冠”“招元”“富冠”牌红富士苹果先后获金奖。“招元”“鲁冠”“富冠”“国冠”“华泉”等品牌的果品被先后评为中国名牌产品。1995年3月，招远作为中国红富士苹果的最早繁育地和主产地，被首批百家中国特产之乡命名宣传活动组委会命名为“中国红富士苹果之乡”。2007年10月，“招元”“宏鑫”牌红富士苹果获中国优质苹果金奖，“联蕾”“宏鑫”牌红富士苹果获中国苹果著名品牌奖。2007年11月，招远被中国果品流通协会评为中国苹果产业优秀市。2008年，被中国果品流通协会评为全国“兴果富农”工程果业发展百强优质示范县（市）。2010年，“富冠”“招元”牌红富士苹果被中国果品流通协会评为“中华名果”。

人民团体

工会工作

招远市总工会领导成员

主　席：丛臣亭（市人大副主任、党组副书记）
常务副主席：姜桂东（市总工会党组书记）
副主席：杨建荣（女，市人大常委会副主任）
　　　刘甲福（市总工会党组成员）
经审委主任：张建军（市总工会党组成员）

【机构设置】　2015年，招远市总工会内设办公室、组织部、宣教部、生产部、保障部、女工部、财务部、经审办等8个部室，共有工作人员9人。下设招远市工人文化宫1个直属单位，属自收自支事业单位，设主任1人，副主任1人，共有工作人员16人。

【概况】　2015年，市总工会紧紧围绕全市工作大局，以动员广大职工凝心聚力促发展为主线，以构建和谐劳动关系、维护职工权益为重点，以加强自身建设为保障，团结动员广大职工为全市经济社会发展做出积极贡献，工会各项工作取得新的成绩。市总工会先后被省总工会授予“工会财务竞赛先进单位”“女职工维权工作先进单位”等称号，被烟台市委、市政府授予“精神文明建设先进单位”称号，被烟台市总工会授予“工会工作红旗单位”“工会新闻宣传模范单位”等称号，被招远市委、市政府授予“机关建设先进单位”“信访工作先进单位”“全市调研工作先进单位”“安全生产先进单位”“环保工作先进单位”等称号。

【工会组织发展】　2015年，全市基层工会组织建设按照“深普查、广组建、全覆盖”要求，因企制宜，分类对待，持续推进。督促12个未建立工会组织的单位组建工会组织，指导55个单位完善工会组织，指导67个单位充实工会经费审查委员会。在工会干部配备方面，积极争取市委支持，对镇（街道、区）工会工作委员会主任，市直部门和事业单位、市属企业工会主席人选，统一纳入全市干部管理大盘子，由市委统一考察、调配、提名，然后按照法律程序选举任免。至年底，全市84个机关、事业单位都由分管政工的副职兼任工会工作委员会主任或工会主席。全市共有基层工会组织2789个，工会会员18.4万人。其中，国有企业80家，集体企业33家，港澳台企业62家，外资企业120家，民营企业2298家，党政机关、事业单位工会196家。

【厂务公开民主管理】　2015年，全市企事业单位积极推行厂务公开民主管理工作，全面落实党风廉政建设责任制。全市国有、集体及其控股企业和事业单位厂务公开工作得到巩固。公开内容、程序、形式进一步规范化和制度化。有80家国有（集体）及控股企业和196家机关事业单位，全部实行厂务公开民主管理，建制率100%。2298家非公有制企业建立不同形式的厂务公开制度，占非公企业的95%。在烟台市厂务公开民主管理评比中被评为B类县市。

【职工代表大会制度】　2015年，招远市加强职工代表大会制度建设。在民主管理思路上，突出共谋企业发展。以实现企业与职工“双赢”为目标，坚持以人为本，通过实行民主管理制度，吸引职工参与企业管理，落实职工参与权和其他民主政治权利，调动和激发职工生产积极性和创造性，促进企业经济快速发展；在民主管理范围上，突出劳动关系领域。在强资本、弱劳工的不均衡情况下，建立和谐劳动关系已成为改善职工弱势处境主要途径。在宏观上，与市政府建立联席会议制度、劳动关系三方协商会议制度、劳动争议仲裁制度等。在微观上，在企业建立民主管理、集体合同、工资协议、劳动调解、劳动关系预警等机制，有效协调劳动关系，较好地解决职工关注的“热点、难点”问题，最大限度减少群访事件发生；在民主管理职权上，突出知情权、协商共决权、监督权、选举罢免权。

非公有制企业由于出资主体不同，职工身份不同，在界定非公有制企业民主管理的权利上，提出非公有制企业民主管理实实在在的四项职权，即：知情参与权，协商共决权，评议监督权，选举罢免权；在民主管理形式上，突出多元化、复合型。规模比较大的非公有制企业实行职代会制度，对100人以下的私民营企业推行民主管理制度，从实际出发，探索符合企业现状的新形式、新制度，打造新模式。这些企业职工人数少，管理层次少，决策过程简单，职工对企业提出要求，一般通过集体协商或工会代表职工与企业协商等途径就能解决。根据这一现实，规定凡职工人数在100人以上的企业实行职工代表大会制度；人数在50～100人的企业，根据企业实际，实行职工大会制度；人数在50人以下的企业视其情况可通过民主议事会制度、厂务公开、民主管理会、民主恳谈会、劳资代表对话、民主管理员、联席会议、民主信箱、合理化建议等制度实行民主管理，也可以园区、镇（街道、区）、村为单位实行区域、行业职代会。2015年底，全市规模以上企业建立健全职工代表大会制度单位123家，涵盖企业327家，职工12.2万人。建立职工大会制度单位1408家，涵盖职工7.5万人。121家企业建立董事会制度，工会主席或副主席进入董事会。121家企业建立监事会制度，职工监事121人。

【开展劳动竞赛活动】 为充分发挥广大职工在经济建设中的主力军作用，进一步增强职工主人翁责任感，最大限度激发职工热爱本职、钻研技术、创新管理、提高效益的工作热情和创造活力。扎实推进“学、做、当、建”竞赛活动，团结动员广大职工在加快经济发展方式转换，促进社会和谐及全市经济平稳较快发展中贡献力量。在全市工会组织中开展一系列竞赛活动：

开展创建“工人先锋号”活动。市总工会以激发广大职工立足本职、爱岗敬业，刻苦学习、忘我工作，不断进取、甘于奉献为载体，以依靠主力军、建设主力军、发展主力军为目标，以发展先进生产力、促进社会进步、服务职工群众为重点，以创造一流工作、一流服务、一流业绩、一流团队为内容。在全市开展创建“工人先锋号”活动。2015年全市3个单位被授予“烟台市工人先锋号”称号。

开展节能减排活动。围绕资源节约型、环境友好型社会建设的不断推进，在全市组织职工广泛开展“我为节能减排做贡献”为主题的多形式竞赛活动，积极引导职工为全市节能减排做贡献，动员职工立足岗位，广泛开展以节约一度电、一滴水、一滴油、一块煤、一块布、一张纸等“六个一”活动，堵塞漏洞、挖掘潜力，争当“节约王”。发动职工加强成本核算，推行精细化管理，形成人人核算、人人节约良好氛围，促进企业节能降耗、增收。2015年推荐烟台市节能减排义务监督员17名。

开展经济技术创新活动。围绕市委“提速提质提效”总体要求和“转方式、调结构、促发展”主基调，发动广大职工广泛开展“转型升级、创新发展”为主题的“合理化建议年”活动。组织开展小革新、小发明、小设计、小创新、小窍门等为主要内容的“五小”活动和开发推广应用新技术、新工艺、新材料和新设备“四新”活动。2015年，全市职工共搞技术革新395项，技术改造762项，发明创造316项，创经济效益达8500多万元。市供电公司变电检修班被授予“烟台市‘创新型’班组”称号；中矿金业股份有限公司被授予“烟台市职工技术创新竞赛示范企业”称号；山东河西黄金集团有限公司采掘二队被授予烟台市“先锋创业模范岗”称号。

开展“班组建设”活动。组织全市工会开展创建六型班组活动，先后在3个企业试点基础上，不断探索创建形式、规范创建内容、强化创建措施、扩大创建范围。2015年，山东河西黄金集团有限公司氰冶车间维修班被授予烟台市“十佳优秀班组”称号，市供电公司变电检修班被授予烟台市“先进班组”称号。山东河西黄金集团有限公司氰冶车间维修班班长吕风聚被授予“优秀班组长”称号，同时获烟台市五一劳动奖章。2个企业班组被授予“烟台市安全生产优秀班组”称号。

开展“圆梦安康”查、保、促行动。下发“圆梦安康”查保促行动实施方案，深入企业实地督导推进。在全市选择5个有代表性的企业进行重点督导。各企业在搞好隐患排查基础上，探索出“百名安全监督员”协管安全、“百岗安全督查员”“千岗安全监督员”职工代表包区、包片、包人等经验做法，收到良好效果，有力促进全市安全生产形势稳定好转。6月，烟台市总工会“圆梦安康”查保促督导组对招远市开展工作情况进行督导，实地查看蚕庄金矿现场，听取开展“圆梦安康”查保促”活动汇报、烟台市总工会领导给予高度肯定。

开展“安康杯”竞赛活动。与市安监局联合下发

“安康杯”竞赛活动实施意见，进行全面动员部署。全市报名参赛企业近300家，参赛职工71500人。工作中，一方面规范完善职代会保安全工作机制，另一方面积极推行“劳动安全卫生专项协议书”签订。全市共签订“劳动安全卫生专项协议书”37份。中矿金业股份有限公司被授予“全国安康杯竞赛优胜企业”称号；招金矿业股份有限公司河东金矿被授予“全国安康杯竞赛优胜班组”称号。

职工（劳模）创新工作室工作。为提高企业职工自主创新能力和素质提升，培养职工高技能人才，打造一支技术创新、管理创新的企业团队。市总工会在全市组织开展创建“职工劳模创新工作室”工作，制定下发《关于开展“职工技术创新年”实施意见》《招远市职工（劳模）创新工作室管理办法》，加强对创建工作的监督检查工作，严格创建程序、规范创建标准，强化创建质量、控制创建数量。2015年，全市创建烟台市职工（劳模）创新工作室1个，招远市职工（劳模）创新工作室5个。

【开展送温暖活动】 2015年，市总工会通过开展“四季服务”等形式，开展为困难职工送温暖活动。建立健全困难职工档案2500余份，救助困难职工810人，发放救助金107.45万元。其中，中央（省）财政专项资金救助困难职工363人，发放救助金90.5万元；“爱心救助”救助困难职工371人，发放救助金18.55万元；职工互助互济储金会救助困难职工42人，发放救助金4.2万元；工会经费结余救助困难职工34人，发放救助金2.7万元。

2015年10月6日，招远市总工会向困难职工发放救助金

【女职工权益维护】 2015年，市总工会按照女职工保护条例，在全市工会中开展维护女职工合法权益活动。一是在全市女职工中广泛开展“书香四季·智慧女性”活动。市总工会获烟台市总工会《第三届书香“三八”读书征文活动》优秀组织奖。其中玲珑集团有限公司丛方娟《爱的收藏夹》、山东黄金矿业（玲珑）有限公司秦昭苓《幸福的心态》分别获得《烟台市第三届书香“三八”读书征文活动》二、三等奖，招金股份有限公司金翅岭金矿徐雪梅水彩画《绘画作品》获得《全国第三届书香“三八”书画阅读》三等奖。二是开展女职工健康查体活动。联合市妇幼保健院对6255名女职工进行健康查体，对查出疾病的女职工进行跟踪治疗，对困难、下岗女职工实行减免查体费政策；三是维护女职工合法权益和特殊权益。以签订女职工专项合同为抓手，切实维护女职工合法权益。全市共签订女职工专项集体合同866家，覆盖女职工1.93万人。三是做好困难女职工帮扶救助工作，全年救助困难女职工100名，救助金额12.4万元。四是强化《烟台市工会职工牵手网》信息录入工作，发展三级网络管理单位23家，录入会员300多人。

【企业文化职工文化建设】 2015年，市总工会围绕丰富职工业余文化生活，推动企业文化职工文化的发展。引领职工践行核心价值观，建设诚信文化。把培育践行社会主义核心价值观作为文化建设的重要任务，通过教育引导、申明赏罚、制度约束等措施，引领广大职工自觉践行社会主义核心价值观。一是搭建职工文化团体。培育建立固定职工文化艺术团体2个，临时性职工艺术团体6个，培养具有较高水准的职工文化艺术骨干300多人。二是开展职工书屋建设。全市建成职工阅览室360多处。其中，省级职工书屋3处，烟台市职工书屋5处。三是利用节庆日开展职工文化活动。各企业工会根据自身条件开展丰富多彩的职工文体活动，活跃职工文化生活，各级工会开展此类活动350多场次。四是不断延伸文化阵地。在全市企业中开展建设“六型班组”活动，在每个班组设立班组文化展板，把职工文化延伸到企业每一个角落和每一名职工身边，使广大职工在浓郁的文化氛围中愉快地完成各项工作任务。

【工会经费审计工作】 2015年，市总工会经审委认真贯彻上级工会有关工会经审工作精神，突出重点、加大对工会经费审计工作。认真做好对本级工会经费预算的审查监督工作。按照全国总工会《工会预算审查监督暂行办法》规定，总经审办在做好专项审计基础上，组织召开市总经审委委员会议，对市总编制的年度经费预决算情况审议审查。切实做好对下级工会各项审计监督工作。按照全国总工会“上审一年、下审一级”工作要求，对市直所属企事业单位2014年度工会经费管理和使用情况进行审计审查。2015年，市总工会经审会组织基层得力审计干部，审计56家基层工会财务，发出书面审计意见56份，审计发现问题21个，提出审计意见和建议21条；审查、审计漏欠拨缴工会经费32万元，已补拨缴工会经费32万元。

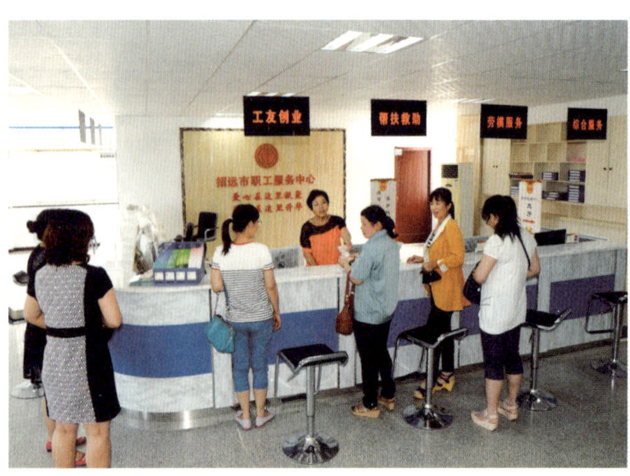

招远市总工会职工服务中心大厅

【职工服务中心建设】 2015年5月，招远市职工服务中心正式成立。市总工会先后共投资40多万元，建设完善350平方米的服务场所，设有服务大厅、信访接待室、心理咨询室、文体活动室、劳动争议调解室、主席接访室，其中服务大厅130平方米，设9个服务窗口，根据工作需要购置配备相应办公设施，服务中心主要开展法律服务、法律咨询和实施“惠员工程”。全年共接待来信、来访、来电咨询60余人次、免费代写文书34件，受理法律援助案件7件，其中农民工法援助5件，挽回职工经济损失70余万元。全面实施“惠员工程”。办理“工会会员服务卡”1200张。坚持整合优化资源、规范高效运作、确保会员受益，梯次设计服务功能和项目，办理会员服务卡的职工在市内指定地点能够享受到旅游、购物、洗浴、文体、医疗、乘车等方面最大优惠。

（撰稿：张建军　　审稿：姜桂东）

共青团工作

共青团招远市委员会领导成员

书　记：孙常晓

副书记：王　洋

【机构设置】 共青团招远市委员会是共青团的县级地方组织，在中共招远市委和共青团烟台市委领导下，依据《中国共产主义青年团章程》开展工作。2015年，团市委机关内设办公室、工农青年部、学校少年部，机关编制7人，其中机关行政编制6人，工勤人员编制1人。

【概况】 2015年，团市委围绕市委、市政府重点工作，充分发挥共青团作为党的助手和后备军作用，以服务党政中心和团员青年为主线，以实施“五项行动”、推进“团的建设”为抓手，紧扣时代主题，把握青年脉搏，强化吸引凝聚，扩大有效覆盖，全市共青团事业呈现出蓬勃向上、争创一流的可喜局面。

【组织发展】 2015年，团市委围绕推动有效覆盖，扎实推进以经济园区团建为重点的非公团建工作，在新兴产业和电子商务企业建立非公企业团组织。巩固和扩大团组织队伍，至年底全市共有基层团（工）委61个、团总支15个、基层团支部364个（主要包含教育团支部、企业团支部、两新组织团支部、实体化大团委及协会团支部）。围绕支持基层资源，争取省财政专项彩票公益金20万元，建成2个省级社区青年志愿服务站着力推进青少年综合服务平台建设，争创省级社区青少年社会工作服务示范工程1处。

【青少年维权】 2015年，团市委继续开展“关爱明天普法先行”活动，组织政法综治、教育等部门开展“法制教育百米长廊千里行”活动。为加强青少年社会主义法治宣传教育，联合市检察院专业人员在全市中职、中学开展法律知识巡讲。组织青少年法制宣讲团、“五老”志愿者、青少年维权岗以及政法机关法律实践工作者广泛开展“法制教育进家庭、进社区、进学校”活动，宣讲法律基本知识，解答青少年法律问题，提高青少年法制观念，维护青少年基本权益。探索开通青少年维权网络平台，邀请3名律师事务所常驻律师，成功网上注册，在线接收青少年的法律咨询和维权求助，第一时间为青少年提供专业、及时的法律服务。

【少先队工作】 2015年，团市委按照省委、烟台市委一系列文件精神，认真落实各级辅导员配备和少先队工作经费问题，大力推进《关于进一步加强少先队工作意见》和《少先队辅导员管理办法》等文件精神，不断提高辅导员自身素质，加强辅导员队伍的建设。建立健全少先队网络化层级管理格局，实行例会制度、学习制度和交流制度，抓好辅导员的配备、选拔、培训工作，落实辅导员有关政策，为辅导员学习、工作、创造良好的环境和条件，定期召开辅导员会议，组织学习研究工作，提高辅导员的少先队工作水平。坚持以团带队，坚持以德育为核心，以体验教育为载体，引导和组织少年儿童参加丰富多彩的道德实践活动，使少年儿童养成良好的道德行为习惯。认真开展“青少年理想信念教育”“红领巾相约中国梦”“我与国旗合个影”等活动，引导青少年坚定不移跟党走中国特色社会主义道路。组织全市各级共青团和少先队组织以践行社会主义核心价值体系和公民道德规范为主要内容，深入细致地做好青少年思想引导，用民族复兴的“中国梦”教育引导青少年刻苦学习、立志成才。

2015年10月31日，开展孩子成长公益沙龙活动

【志愿者服务】 2015年，团市委按照《关于在全市广泛组织开展志愿者活动的意见》《烟台市志愿者注册管理办法》等有关规定，不断探索完善志愿者服务体系的长效运行机制，构建“互联网+志愿者”服务体系，对志愿者的招募、培训、管理、使用、保障等各方面进一步规范，搭建志愿者与社会弱势群体间相互沟通的桥梁，延伸共青团参与社会

开展环湖公益行

管理创新的触角，形成志愿者活动的规范化和常态化。关注社区志愿服务，打造省级青年志愿者服务站，分别为罗峰街道晨钟社区志愿服务站和蚕庄镇蚕庄社区志愿服务站申请10万元建设启动资金。

常态化推进志愿服务。每年三五学雷锋日、端午节、九九重阳节等时间节点，组织青年志愿者带头慰问敬老院，进一步传播“奉献、友爱、互助、进步”的志愿服务理念，弘扬中华民族尊老敬老的传统美德，在为老人送去米面油等食品和生活用品的同时，定期为老人送去文艺慰问演出、家电维修、线路检修、免费体检等服务项目。推进生态文明城市建设。在清明、农历“十一”期间，持续开展“清明上坟莫烧纸，一束鲜花祭故人”文明祭祀宣传活动，免费发放祭祀鲜花600余束，倡导市民树立健康文明的祭祀理念。进入森林防火期，组织市供电公司20多名青年志愿者赴张星镇防火重点区域，通过发放明白纸、张贴防火标语等形式，广泛宣传防火知识及法律条文。进入冬季，以市晨钟社区志愿服务站为依托点，在全市开展“温暖西部计划”

志愿服务活动

衣物募捐工作，组织20余名青年爱心志愿者义务整理收集全市市民爱心衣物1万余件，经过统一打包消毒后，邮寄到西藏偏远地区。

2015年5月3日，招远市青年爱心基金揭牌仪式

【希望工程助学活动】　2015年，团市委从关心青少年成长成才的实际出发，整合社会资源，关爱帮扶社会弱势群体，发挥团的组织优势，进一步调动和激发广大青少年和其他社会力量的社会责任感和奉献精神，有序开展希望工程、“一助一”“圆梦行动”等助学助困活动。全年共为全市120名困难小学生发放助学金和学习生活用品总价3万余元，为贫困大学新生提供圆梦助学金13万元。五四青年节，组织全市400余名青年，举办“为爱奔跑”青年环湖公益行暨招远市青年爱心基金成立仪式，引导团员青年在践行绿色健康生活理念的同时，积极参与社会公益，关注弱势群体，活动共募集6万元作为“招远市青年爱心基金”的第一笔启动善款。结合牵手关爱行动，申请到慈善总会5万元活动经费，并开展一系列关爱留守儿童——微心愿认领行动。11月，组织爱心家庭志愿者们与全市100名留守儿童结成帮扶对子，志愿者们通过亲情沟通、心愿认领、手拉手等方式与留守儿童进行“亲密接触”，并满足孩子们一个个小心愿。

（撰稿：刘斯晶　　审稿：孙常晓）

妇联工作

招远市妇女联合会领导成员

主　　席：王明洁（女）
副 主 席：马文玲（女）
工会主席：王　霞（女）

【机构设置】　招远市妇女联合会是共产党领导下的各族各界妇女的社会群众团体，是招远市委、市政府联系妇女群众的桥梁和纽带，是全国妇联的县级地方组织，在招远市委和烟台市妇联的领导下，依据《中华全国妇女联合会章程》开展工作。2015年，市妇联机关内设办公室、组宣部、权益部、妇儿办4个部室，机关编制7人，其中行政编制6人，工勤编制1人。

【概况】　2015年，招远市妇联紧紧围绕中央群团工作部署及省市有关会议精神，以开展“妇女法德素质提升年”活动为统领，大力弘扬社会主义核心价值观，不断提高妇联组织依法履职能力和水平，努力建设服务型基层妇联组织，广大妇女思想基础更加巩固，道德底蕴更加深厚，发展能力和法治素养不断提升，全市妇女儿童事业取得新发展。市妇联先后被评为全省妇联系统先进单位、招远市直部门先进单位、农村工作先进单位、信访工作先进单位、精神文明和文化建设先进单位、社会治理创新工作先进单位、计划生育工作先进单位、市委督查工作先进单位等。全市有2个集体、1名个人受到省妇联表彰。

2015年3月2日，全市庆“三八”妇女工作总结表彰会议暨“新女性文明三字经”展演比赛

【组织状况】　2015年，全市有镇（街道、区）妇联14个，村妇代会724个，女性进入村“两委”班子达到100%，行政村建设妇女之家达到100%。在党政机关、科教文卫、新经济组织等单位建立妇委会58个，因机构合并，比上年缩减4个妇委会。成立由国有企业女企业家、私营女企业家、个体女老板组成的女企业家联谊会，会员22人。有省级妇女儿童家园4个，为辖区妇女儿童提供各种功能服务。

【妇女维权】 维护妇女儿童权益工作机制不断完善。弱势妇女儿童救助力度不断加大。实施女性安康保险工程，宣传发动4900人参保，妇女健康保障进一步增强；利用三八节、母亲节等节日契机，联合玲珑集团、英诚医院，救助贫困母亲50名，为其进行免费查体，并送去救助金及慰问品；与卫生部门联合，完成农村2000名妇女乳腺癌筛查任务。2015年4月，对全市“两癌”贫困母亲信息进行摸底，录入全国妇联数据库，完善救助申请机制；对上争取、部门联合等方式，发放贫困母亲救助金8.2万元，救助贫困母亲12名；开展“爱心献春蕾”救助活动，争取资金6万元，救助春蕾女童300名。基层维权机制不断完善。建立健全来信来访接待、反馈工作机制，全年共接待群众来电来信来访58人次，全部处结；高度关注农村妇女权益保护问题，通过会议部署、定期调度等方式，确保农村土地证和登记簿上有妇女名字；结合村“两委”换届选举后建章立制工作，进一步做好村民自治章程、村规民约复查修订工作，从源头上维护农村妇女家庭权益和土地权益。

【家庭创建活动】 2015年，市妇联开展“五美家庭”创建和寻找“最美家庭”活动。围绕美化家居环境、传承传统道德、科学教子等内容，举办主题创建活动，评选优秀家庭，树立家庭榜样。全年评选出856户“五美家庭”，其中162户“勤劳致富之家”，160户“生态绿色之家”、216户“德馨和睦之家”，168户“幸福文化之家”，150户“公益爱心之家”，30户“金都最美家庭”。三八节期间，联合招远电视台、今日招远报社宣传报道家庭典型5个。借助各种活动，向省、烟台妇联推荐最美家庭典型。2户被评为“山东省五好文明家庭”，109户被评为“烟台市最美家庭”。

2015年3月17日，阜山镇农村妇女乳腺癌免费筛查启动大会

【女性素质提升工程】 开展妇女文明养成活动。围绕全市乡村文明行动，集中力量举办新农村新生活培训活动，依托市委党校举办市级培训4场，培训农村女两委成员800余人。在各镇（街道、区）举办培训活动84场，培训1万多人。推广“新女性文明三字经”“四德歌”等妇女行为规范，举办“新女性文明三字经”“四德歌”展演比赛，20多个单位1000多名妇女参赛，掀起学习热潮。组织老年体协健身骨干到省妇联学习妇女“健身气功”，开展推广教学活动。

2015年3月28日，“文明祭祀，防火保林”万人承诺签名活动

【巾帼志愿者活动】 2015年，市妇联与团市委联合在招远架旗山游乐园开展“文明祭祀，防火保林”万人承诺签名活动，20名巾帼志愿者、青年志愿者参加活动，12000多人在主题横幅上签名承诺。组织各镇（街道、区）巾帼志愿者深入到农村大集开展文明祭祀宣传，发放宣传明白纸3万余份，营造文明祭祀的浓厚氛围。同时，围绕依法治市、文明创城、创建国家卫生城市等，组织100多名巾帼志愿者开展广场宣传活动10余次，发放宣传资料1万多份，倡议市民积极参与。

（撰稿：赵美芳　　审稿：马文玲）

工商联工作

招远市工商业联合会领导成员

主　　席：李文正

党组书记：朱　鹏

副 主 席：朱　鹏　唐　兰

【机构设置】 招远市工商业联合会成立于1995年，是中国共产党领导下工商各界的人民团体。2015年，编制5人。

【概况】 2015年，招远市工商联以开展“三严三实”活动为契机，牢牢把握“两个健康”工作主题，围绕中心，服务大局，锐意进取，积极作为，各项工作取得新的进展。市工商联被省工商联评为2015年度五好商会。

【优化非公有制经济发展环境】 服务全市发展战略，积极推动民营企业“走出去”。为推动全市民营企业积极融入“一带一路”战略实施，市工商联与外地商会和工商联进行合作对接，先后与江苏省山东商会、福建省莆田商会、上海市山东商会、烟台市中小微企业联合会、全国宁商联盟、临商联盟等具有影响力的商会建立战略合作关系，与安徽省桐城工商联、广德工商联和东营市广饶工商联成为友好工商联，开启两市友好往来新篇章。这个合作，为市工商联企业外出合作交流进一步拓宽路子，畅通渠道。拓宽融资渠道，推动建立和完善适合中小企业发展需求的多形式、多层次、多渠道的社会化金融服务体系。2015年8月，市工商联组织部分会员企业参与烟台市工商联组织的与工商银行、招商银行、中国银行等合作沟通，签订战略合作框架协议，给予工商联会员企业100亿元无抵押贷款授信额度，进一步从深层次缓解会员企业融资压力。

银商洽谈会

【提高参政议政水平】 开展“五好”县级工商联建设年活动。实施直属“商会会长形象工程”“商会秘书长素质工程”和“商会工作品牌工程”，从抓商会会长形象、提商会秘书长素质和创商会工作品牌入手，进一步推动商会规范化、科学化建设。着力推进工商联建设再上新台阶。围绕非公经济发展面临的困难和问题，组织举办“大力支持和扶持民营企业走出去”座谈会、民营企业发展环境评议座谈会、民企社会责任调研等活动，提出《抓住“一带一路”战略机遇，加快“走出去”步伐》《建立政府部门联系商会协调机制》等建议，得到市委主要领导高度重视。市工商联系统在招远政协十二届四次会议上提交提案180份，其中《关于大力支持民营企业走出去的建议》被作为市政府重点提案进行督办。

烟台市领导视察商会金融中心

【创新非公有制企业党建工作体制】 2015年，市工商联党组与组织、统战部门密切配合，非公有制企业党建工作卓有成效。市非公有制企业工委按照“区域化、互益化、社会化”相统一原则，探索推行“125”“两新组织”党建工作模式，打造综合性国家级“党建创新示范区”，建立起“示范区—示范基地—示范群—示范点”四级互动的新党建模式。坚持以点面联动带动资源整合，以党社互动促进规范提升，以政社对接拓展服务空间，全面推进“两新组织”服务创新型党组织建设步伐，实现激发“两新组织”活力、创新社会治理方式和夯实党的执政基础的目标。按照这个思路，建立全省规范最大的“两新组织”党建创新基地，工作理念最新的社区“党群活动中心”和全省第一家非公有制企业党建服务中心。四点联动模式，省、烟台市各级领导先后观摩，受到高度好评和充分肯定，省、烟台市全面推广招远市工作经验。

【基层组织建设规范化】 围绕打造综合性国家级“两新组织创新示范区”，全面推进服务创新型商会建设步伐，创新理念，打造高标准、新理念的国家级“商会”和全省第一家“非公有制企业经济服务中心”。商会占地面积1500多平方米，重点打造“九中心五平台”。九中心即：社会事业服务中心、光彩事业中心、法律援助服务中心、政府购买社会服务中心、金融服务中心、电子商务中心、科技孵化中心、企业家素质提升中心、非公企业党建服务中心；五平台即：招商引资平台、党建创新平台、人力资源平台、能力建设平台、创业创新平台。与江苏省山东商会、威海银行、安信证券、哈工大、和谐家企等多家外埠商会、银行证券公司、会计师律师事务所、大学、企业培训机构建立战略合作关系，多家部门入住。积极为会员提供政企沟通、企业诊断、融资牵线、投资理财、人才招聘、微信平台、金融、法律、上市、技术、信息咨询等方面服务。在运作模式上，将探索推进整合辖区内两新组织资源，通过商会组织发布政府购买服务项目、参与企业项目投资、加强人力资源建设、提供统一金融理财和财务管理等模式，推进商会长远性、可持续性发展。成立小微企业、金银珠宝首饰、建筑业、服务业、文化教育产业、妇女联合、制造业、外商联合、社会组织等分会，整合区内外人脉、文化教育、医疗卫生、金融投资、物流配送等资源，促进相关企业抱团发展、优势互补、集群崛起。积极推进商会企业参与一带一路、互联网+、智慧城市、工业4.0转化升级。商会建立后，受到各方面广泛关注，省工商联主席王乃静、省党代表、烟台市统战部工商联各级领导先后参观商会，给予高度评价。

【致富思源、富而思进】 以“感恩行”活动为载体，注重引导非公经济人士积极承担社会责任、感恩回馈社会，丰富理想信念教育实践活动内容，增强广大非公有制经济人士的历史使命感和社会责任感。市工商联以开展党的群众路线教育和理想信念教育实践活动为契机，组织广大非公经济人士进贫困家庭、进大专院校、进部队军营、进社区农村，了解社情民意，接受红色教育，进一步升华他们“致富思源、富而思进，产业报国、回馈社会”的思想境界和爱国情怀，共有20多个商会和120余个会员参与，在扶危济困、捐资助学等活动捐款捐物80多万元。提升招远市非公经济人士良好形象。

商会会员新三版上市培训

（撰稿：朱　鹏　　审稿：李文正）

残联工作

招远市残疾人联合会领导成员

理 事 长：滕忠乐

副理事长：栾金兴　孙雪慧（女）

【机构设置】 招远市残疾人联合会内设办公室、康复部、教育就业部、组织联络与宣传文体部。2015年，共有工作人员16人。

【概况】 2015年，市残联围绕残联工作目标责任制，立足实际，开展残疾人康复、就业、扶贫、宣传文体和维权等方面工作，较好完成各项任务。

【残疾人康复服务工作】 2015年，市残联积极推进残疾人康复中心建设，完善残疾人保障体系。经市政府同意，招远市残疾人康复中心依托招远金都康复医院建立。中心投入使用以来，累计接收具有康复需求的残疾人200余人，其中肢体残疾人150余人，言语残疾人50余人。经康复训练，均达到回归社会康复效果，取得良好社会效益。贯彻落实《烟台市残疾儿童康复“春苗阳光”工程实施意见》，对全市0～10岁残疾儿童全面进行摸底筛查和救助工作，全年共筛查残疾儿童73名。有15名残疾儿童在市康复机构进行康复，并取得良好的康复效果。为300名精神病患者提供免费服药救助，为12名重度精神病患者提供免费住院治疗，住院周期为3个月，对全市精神病患者救助实现全覆盖。在中残联组织的

“七彩梦行动计划”康复救助工作中，为3名贫困肢体残疾儿童争取矫治手术康复援助机会。为全市500名贫困重度肢体残疾人送上爱心轮椅，为30名肢体残疾人安装假肢31例。为贫困低视力残疾人发放听书机、电子助视器、眼镜式助视器、放大镜等各类助视器73个（副）。

【残疾人就业扶贫工作】 扎实为残疾人办实事、办好事。为进一步改善全市智力、肢体等重度残疾人生活质量，解决生活不能自理残疾人家庭在抚养或赡养、长期看护、治疗与康复各方面承担的压力和困难，结合前两年政府购买家政服务试点经验和招远市实际，联合市财政局制定《关于进一步做好重度残疾人家政服务工作的通知》，从2015年起在全市范围内开展残疾人家政服务工作，服务残疾人数由服务试点50户扩展至全市136户，服务费由原每人每月260元提高至300元。联合市财政局制定《关于做好扩大重度残疾人护理补贴发放范围工作的通知》，发放范围由一级603名重度残疾人增加至一、二级2729名重度残疾人，全年增发护理补贴153万余元。为6名考取大专院校的残疾学生发放33000元奖励。

落实残疾人就业和创业扶持政策，抓好保障金征收工作，促进残疾人就业。2015年3～4月，审验安置残疾人就业用人单位近200家，对缴纳残保金不及时单位下达催缴通知书80余份，帮助用人单位安置残疾人就业。在残疾人就业培训方面，成立招远市残疾人技能培训基地，针对市场需求和经济发展需要，有目的、分专业、定期或不定期对广大残疾人进行专业化培训，帮助残疾人提高自身素质，增强就业能力，对全市90名有培训需求的残疾人进行计算机、电气焊技能培训。继续依托烟台市鑫旺农业发展有限公司辐射带动100户残疾人养猪脱贫致富，为他们提供价值3000元品种母猪和技术培训。完成12户贫困残疾人危房改造，每户扶持资金1.6万元。为2700余名低保重度残疾人发放生活补贴260万元，为5347余名参加新农保的残疾人补贴36万元，为3200余名缴纳居民医疗保险的重度残疾人每人发放100元补助，为540名生活困难残疾人发放25万元生活救助。为200名符合居家托养条件残疾人家庭，每户发放600元补贴。为312名符合条件的重度残疾人办理提前领取基础养老金。

【“助残日”活动丰富多彩】 第二十五次全国助残日期间，邀请市委分管领导走访慰问招远特殊教育学校、招远精神病院、温泉街道中五里村贫困学生家庭，并送去慰问金和慰问品。投资18万元为500名贫困重度肢体残疾人送上爱心轮椅，投资16万元为30名贫困肢体残疾人安装假肢。为1名残疾人提供法律援助，为多名残疾人解决生活困难，维护残疾人合法权益，形成尊重、理解、帮扶残疾人的良好社会氛围。

【残疾人基层组织建设和维权工作】 2015年，市残联为提高残疾人专职干事业务素质，夯实基层残联服务能力，组织6名镇（街道、区）残疾人专职干事到烟台参加业务学习培训。对残疾人专职委员进行网上业务学习和教育培训，全市63名专职委员参加学习培训，专职委员的业务素质和服务能力得到进一步提高。为10户贫困残疾人家庭进行无障碍设施改造。2015年9月，对近3000名有办证意愿残疾人进行评残鉴定。为100名符合条件残疾人每人发放260元机动轮椅车燃油补贴。

【为民办实事】 2015年，市残联制定《关于开展“三严三实”专题教育活动实施方案》，强化机关干部为民服务意识，提升服务残疾群众能力，切实从残疾人利益出发，转变服务态度，提高服务质量。结合开展党员干部大走访活动，组织党员干部到辛庄镇郭家村、电力西区家属楼群众家中走访，走访村居民200户，为群众解决问题35个。驻村帮扶工作中，协调资金30余万元兴建配电室、扬水站，为村民解决困惑多年的缺水难题。扶持4户贫困户养猪脱贫，为2户贫困残疾人家庭送去爱心轮椅，为4户困难户送去2吨冬日取暖用煤，为15户贫困家庭送去爱心救助款。开展网上市民对话，听取群众意见，对于市民提出的建议、意见，全部给予答复。

（撰稿：邢永俊　　审稿：栾金兴）

科协工作

招远市科学技术协会领导成员

主　席：王玉海

副主席：刘洪茂　周显明

【机构设置】 招远市科学技术协会内设办公室、科普部、学会部。2015年，编制7人（含工勤人员编制1人）。

【概况】 2015年，市科协认真贯彻落实《中华人民共和国科学技术普及法》和《全民科学素质行动计划纲要》，全方位、多元化开展科普活动，有效开展全市科普工作，提升全民科学素质，为全市经济社会又好又快发展服务。黄金实景博览苑被中国科协确定为“2015～2019年度全国科普教育基地”，招远市瓜菜协会被评为“全国科普惠农先进农技协”，获得奖金20万元。

招远市科协在黄金实景博览苑开展“科普之夏”活动

【惠农工程】 2015年，市科协加强对农村科普宣传栏的管理使用，开展科普下乡活动。市科协举办市、镇、村三级共大小科技培训班30多场次，送科技下乡20多次，赶“科普大集”10场次，专家进村入户到田间地头指导40多次，发放科技明白纸万余份。新建科普示范基地6处，新增2个农技协，培植科普示范村10个，科普示范户100多户，其中招远市阜山镇铁把瓜协会被评为“山东省科普惠农先进农技协”，获得奖金6万元；温泉街道金凤社区被评为“山东省科普示范社区”，获得奖金10万元。

【科普活动】 2015年，市科协注重实效，开展形式多样的科普活动。5月12日，在府前广场开展防灾减灾科普宣传活动，通过摆放展板，分发明白纸，专家现场讲解等，提高市民防灾减灾意识。组织专家科普志愿者队伍，分期分批深入到农村进村入户指导农民科学种田。开通咨询电话，为群众答疑解惑。指导镇、村科普活动站加强活动，凝聚人心，开展科普下乡。全年市、镇、村三级共举办大小科技培训班60多场次，送科技下乡30多次，赶“科普大集”10场次，

招远市科协在府前广场开展科技周活动

专家进村入户到田间地头指导120余次，发放科技明白纸15000余份，新发展农技协4个，新建科普示范基地4处，培植科普示范村21处，科普示范户110多户。其中，有3个镇（街道、区）科普活动站被推荐为省级优秀活动站。在全市各社区广泛开展以“讲科学生活，建文明社区”为主要内容的“科教进社区”活动，聘请专家教授进行饮食、卫生、保健、健康等科普知识讲座，社区居民科普意识明显提高。在企业职工中开展“比技术、讲创新，比贡献、讲业绩”等活动。市科协和丽湖学校共同投资，建成校园科技馆。烟台市第十五届自然科学优秀学术论文评比，招远市获二等奖3篇、三等奖8篇、优秀奖8篇。

（撰稿：王鹏龙　　审稿：王玉海）

红十字会工作

招远市红十字会领导成员

会　长：王晓华（兼）

常务副会长：王振玉（正科级）

副会长（工会主席）：宫耀华（副科级）

【机构设置】 招远市红十字会为正科级事业单位，是从事人道主义工作的社会救助团体，会长由招远市政府党组副书记王晓华兼任。内设办公室（业务科）和财务科2个科室，2015年在编人员6人。

【概况】 2015年，招远市红十字会大力弘扬“人道、博爱、奉献”红十字精神，充分发挥红十字会在改善民生和促进社会和谐方面重要作用，推动红十字事业又好

又快发展。被烟台市红十字会评为志愿服务工作先进单位、筹资工作先进单位、宣传工作先进单位。

【救灾救助工作】 2015年，市红十字会帮助8名贫困患儿申请办理中国红十字基金会救助，其中有2名白血病儿童各获得3万元小天使基金资助，1名先天性心脏病患者获得2万元天使阳光基金救助。帮助8名大病患者申请烟台大病救助基金26000元，为他们减轻经济负担。开展为西藏地震募捐救助活动，通过宣传发动为灾区募集款物共计2560余元，全部上缴上级红十字会。

2015年4月30日，招远市民为西藏地震捐款

【卫生救护培训工作】 救护培训进企业活动。圆满完成烟台红十字会下达的培训任务，全市共计培训急救员279人，使他们掌握急救技能，在突发事件中能够开展自救互救，降低伤残率和死亡率。救护培训进学校活动。针对学校青少年特点，组织救护培训师到校普及救护知识，共培训3个中学师生1000余人。救护培训进社区活动。邀请烟台卫校老师，在龙鑫社区对社区志愿服务队成员进行救护知识培训，共计培训志愿者78人，使他们能够更广泛的开展社区志愿服务工作。

【基层组织建设工作】 2015年，市红十字会下发《关于对红十字会团体会员进行登记的通知》，动员企事业单位加入会员单位参与公益事业，共有61个企事业单位新加入红十字会团体会员单位，不断巩固和扩大红十字会的基层社会基础。

【三项捐献工作】 2015年，市红十字会利用“五八”红十字纪念日和各种节假日，宣传义务献血和捐献造血干细胞、遗体（器官）捐献有关知识。烟台献血车到招期间，组织志愿者到献血车开展献血宣传和服务活动，5月，通过宣传发动顺利完成造血干细胞80份血样采集任务，全年共新登记遗体（器官）捐献志愿者6例。

2015年11月17日，招远市红十字会在龙鑫社区开展卫生救护知识普及培训

完成第二例造血干细胞捐献活动。捐献者是招金金合职工刘建兵，2015年5月经过检测和体检符合捐献条件，11月24日市红十字会为其举行赴济捐献造血干细胞欢送仪式，11月30日完成捐献，挽救1名6岁白血病患者的生命。

2015年11月24日，刘建兵赴济南捐献造血干细胞

【志愿服务工作】 2015年，市红十字会认真做好志愿者登记和管理工作，组织志愿者开展环境清理、义务献血等志愿服务活动20余次。8月，与招远市冬泳协会共同发起成立红十字水上救援志愿服务队，水上救援志愿服务队开展水上救灾救援，水上安全知识普及等活动，保障民众人身安全，弘扬志愿精神，促进社会和谐。

（撰稿：康万吉　　审稿：宫耀华）

政权·政协

招远市人民代表大会

招远市人民代表大会常务委员会领导成员

主　　任：张　伟

副 主 任：徐林宏　丛臣亭　杨建荣（女）
　　　　　滕军胜　路东尚

党组成员：王晓君　王　鹏

招远市人大常委会各委、室负责人

办公室主任：徐绍彬

副主任：徐兴国

办公室主任科员：李淑梅（女）　王德顺　于华松

老干部科科长：李自峰

内务司法工作委员会主任：盛竹章

副主任：唐守信

教科文卫工作委员会主任：刘万成

主任科员：曹学锋

副主任：刘正明

财政经济工作委员会主任：王军杰

副主任：温建光

人事代表工作室主任：李守学

副主任科员：徐盛涛

信访工作室主任：张忠喜

山东省第十二届人民代表大会代表（3名）

王光耀　赵金菊（女）　王　锋

烟台市第十六届人民代表大会代表（35名）

张　伟　徐林宏　隋云斋　郝永平　彭桂东
王嘉林　孙浩文　赵美瑜（女）　张永梅（女）
王少志　杨喜平（女）　李殿林　张孟苏
温吉华（女）　李　瑛（女）　丛玉科
刘广瑞　丛春万　栾树冰　温洪福　李坪佶
李　军　滕　毅　秦广成　彭少军　臧　宁
程绍华　张少伟　兰香才　孙发敏　陈松海
王　磊　王兴发　曲向东　曹学军

【市人大领导分工】　张伟：主持市人大常委会全面工作。

徐林宏：协助张伟主持市人大常委会全面工作。

丛臣亭：分管人大常委会办公室、市人大教科文卫工作委员会、纪检监察工作。

杨建荣：不驻会。

滕军胜：分管市人大人事代表工作室、内务司法工作委员会、镇街人大工作。

路东尚：不驻会。

王晓君：分管市人大财政经济工作委员会工作。

王　鹏：分管人大信访办公室工作。

【概况】　招远市人民代表大会成立于1954年7月，1955年11月一届二次人代会决定撤销常务委员会，人民代表大会闭会期间由县人民委员会行使人民代表大会常设机关职权。1978年4月，招远县八届一次人代会重建人民检察院，审判机关、检察机关与行政机关分离。1980年12月，招远县九届一次人代会设立人大常委会，恢复设立招远县人民政府。自此，权力机关与行政机关彻底分离。2015年，人大常委会内设三室四委:办公室、人事代表工作室、信访办公室、财政经济工作委员会、教科文卫工作委员会、内务司法工作委员会、预算工作委员会。

2015年，共召开常委会9次，召开常委会会议9

中共招远市委书记、市人大常委会主任张伟到企业视察工作

次，听取和审议“一府两院”工作报告12项，组织代表视察4次，进行专题调研8次，提出审议意见48条，作出决议决定6项。

【人民代表大会】 招远市第十七届人民代表大会第五次会议于2016年5月25～27日召开，231名人大代表参加会议，不是代表的市级班子领导，市直各部门、正科级以上事业单位、各集团公司、驻招各单位主要负责人列席会议。会议听取、审议招远市人民政府工作报告，作出《招远市第十七届人民代表大会第五次会议关于市人民政府工作报告的决议》；审查招远市国民经济和社会发展第十三个五年规划纲要，作出《招远市第十七届人民代表大会第五次会议关于招远市国民经济和社会发展第十三个五年规划纲要的决议》；审议招远市2015年国民经济和社会发展计划执行情况及2016年计划草案的报告，作出《招远市第十七届人民代表大会第五次会议关于招远市2015年国民经济和社会发展计划执行情况及2016年国民经济和社会发展计划的决议》；审议招远市2015年财政预算执行情况及2016年财政预算草案的报告，作出《招远市第十七届人民代表大会第五次会议关于招远市2015年财政预算执行情况及2016年财政预算的决议》；听取、审议招远市人大常委会工作报告，作出《招远市第十七届人民代表大会第五次会议关于市人大常委会工作报告的决议》；听取、审议招远市人民法院工作报告，作出《招远市第十七届人民代表大会第五次会议关于市人民法院工作报告的决议》；听取、审议招远市人民检察院工作报告，作出《招远市第十七届人民代表大会第五次会议关于市人民检察院工作报告的决议》；审议市人民政府关于市十七届人大四次会议交办的代表意见办理情况的报告。大会接受张伟辞去招远市第十七届人民代表大会常务委员会主任职务的请求；依法补选徐林宏为招远市第十七届人民代表大会常务委员会主任，邵玉明、郝玉凯为招远市第十七届人民代表大会常务委员会委员，孙付春为招远市第十七届人民政府市长。整个会期共安排2次全体会议，4次主席团会议，18个代表团进行分组讨论，提出批评、意见和建议177件。

【重要会议及决定】 2015年1月26日，招远市第十七届人大常委会第二十二次会议，作出《招远市人大常委会关于召开招远市第十七届人民代表大会第四次会议的决定》《招远市人大常委会关于补选招远市第十七届人民代表大会代表的决定》和《招远市人大常委会关于同意招远市政府〈关于落实龙口湾临港高端产业聚集区（招远部分）区域建设用海项目回购资金及回购抵押资产的说明〉的决定》。

2015年1月28日，招远市第十七届人大常委会第二十三次会议，作出《招远市人大常委会关于确认市十七届人民代表大会代表资格的决定》。

2015年6月26日，招远市第十七届人大常委会第二十五次会议，作出《招远市人大常委会关于批准招远市2014年度市级财政决算的决议》。

2015年11月13日，招远市第十七届人大常委会第二十九次会议，作出《招远市人大常委会关于许可对市十七届人大代表王连顺采取刑事拘留强制措施的决定》。

【人事任免】 2015年，任免82人次，其中人大任5次，免9次；政府任9次，免10次；法院任46次，免14次；检察院任1次，免2次。

【人大代表议案及建议办理】 2016年5月，市十七届人代会五次会议期间，代表10人以上联名提出的议案32件。其中农业和农村方面4件，工业交通方面4件，城建环保土地方面12件，文教卫生方面3件，政法方面5件，财贸金融方面5件，政法方面2件，其他方面2件。

【人大代表调研】 2015年4月，市人大内司委对全市果业产业化发展情况进行调研，形成《关于全市果业产业化发展情况的调研报告》。

2015年6月，市人大教工委对全市中医药发展情况进行调研，形成《关于全市中医药发展情况的调研报告》。市人大信访室对全市森林资源保护情况进行调研，形成《关于全市森林资源保护情况的调研报告》。

2015年8月，市人大内司委对全市社区矫正工作情况进行调研，形成《关于全市社区矫正工作情况的调研报告》。市人大人事室对全市《土地法》贯彻实施情况进行调研，形成《关于全市<土地法>贯彻实施情况的调研报告》。市人大财经委对全市社区矫正工作情况进行调研，形成《关于全市社区矫正工作情况的调研报告》。并对全市城建设施管理维护工作情况进行调研，形成《关于全市城建设施管理维护工作的调研报告》。

2015年10月，市人大人事室对市十七届人民代表大会第四次会议代表意见、建议办理工作情况进行调研，形成《关于市十七届人民代表大会第四次会议代表意见、建议办理工作情况的调研报告》。市人大财经委对全市贯彻实施国务院《物业管理条例》工作情况进行调研，形成《关于全市贯彻实施国务院〈物业管理条例〉工作情况的调研报告》。市人大内司委对全市执行工作情况进行调研，形成《关于全市执行工作情况的调研报告》。

全市饮用水源地保护工作专题询问动员会议

【人大代表视察】 2015年3月27日，市人大常委会组织常委会组成人员及部分人大代表，对全市“社区六进”工作进行视察。

2015年5月22日，市人大常委会组织常委会组成人员和各镇（街道、区）人大主席或副主席（主任或副主任）43人，对全市社会养老服务体系建设情况进行视察。

2015年7月29日，市人大常委会组织全体组成人员、各镇（街道、区）人大主席(主任)就全市公共文化服务体系建设情况进行集中视察。

2015年9月23日，市人大常委会组织全体组成人员、各镇（街道、区）人大主席(主任)就全市饮用水源地保护工作情况进行集中视察。

2015年11月29日，市人大常委会组织部分驻招省、烟台市人大代表及市人大常委会组成人员、部分市人大代表分两个组对市属工业技术改造、城市建设、农村土地流转和生态文明村建设情况进行视察。视察分两个阶段进行。第一阶段分组开会，听取市政府相关工作汇报。第二阶段分组进行实地视察。会议书面印发市法院和市检察院工作汇报。

招远市人大常委会视察供销社为农服务中心建设情况座谈会

2015年11月26日，市人大常委会组织驻招的烟台市人大代表及市人大常委会组成人员对招远市2015年“一府两院”有关方面工作进行集中视察。参加视察的烟台市人大代表、市人大常委会组成人员划分为二个组同步进行。视察分两个阶段进行。第一阶段，集中听取市政府相关工作汇报。一组在金都宾馆听取全市教育安全体系建设情况汇报；二组在金城大酒店听取全市重点项目建设情况汇报。第二阶段，参加视察人员对全市教育安全体系建设情况和全市重点项目建设情况进行实地视察。

【人大代表评议部门工作】 为适应新常态，2015年人大代表评议部门工作，不断完善评议工作机制，提高评议工作科学性、公正性，对评议的程序、重点、名次确定和问题整改等方面进行探索改进。按照《2015年市镇两级人大代表评议部门工作实施意见》，人大常委会于2015年12月组织各级人大代表141人，对35个市直部门和19个驻招单位的2015年工作情况进行评议。

【信访工作】 2015年，共办理各类信访案件140件，部门回复100件。

【办公室工作】 2015年，市人大办公室全体机关干部牢固树立一盘棋思想，各科室之间加强协调，密切配合，通力协作，不断提高办会、办文、办事质量和水平。秘书科把提高文字材料水平作为工作重点来抓，认真做好起草、修改、校对、印刷工作，文秘工作有较大进步。编写公报6

期、人大常委会工作大事记11期，起草常委会文件、办公室文件、传真电报、会议通知、会议纪要60多个，经验交流材料5个。行政科认真搞好各项服务工作，狠抓工作落实，没有出现纰漏和失误。各驾驶员遵章守纪，服从领导，保证公务用车，未出现任何交通事故。老干部科以“让老干部满意”为宗旨，对老干部日常生活考虑周到，服务到位，使老干部感受到党组织温暖。办公室各科室之间加强相互联系和支持，表现出良好团队精神，组织协调能力明显增强。

（撰稿：李自峰　　审稿：徐兴国）

中国人民政治协商会议招远市委员会

中国人民政治协商会议招远市委员会领导成员

主　　席：林建东

副 主 席：李广武　李文正（不驻会）　王建春　赵金菊（女）（不驻会）　蒋金海　丁海苹

党组成员：于兆文

招远市政协各委、室负责人

秘书长兼办公室主任：姜风雷

委员工作室主任：李永民

经济科技委员会主任：秦立文

文史资料委员会主任：赵东祥

提案委员会主任：康魁祥

学习文教委员会主任：王文杰

经济科技委员会副主任：刘建兵

文史资料委员会副主任：冷启安

办公室副主任：王克彬

烟台市政协委员

林建东　李文正　王建春　赵金菊（女）　王秀姬（女）　傅振强　王朋山　李殿邦　刘汉忠　王玉海　翁占斌　王维娜（女）　孙逢安　王文强　傅光辉　邵　妮（女）　李向红（女）

【市政协领导分工】　林建东：主持市政协全面工作。

李广武：协助林建东抓全面工作，分管经济科技委员会和学习文教委员会工作。

李文正：协助王建春开展有关工作。

王建春：分管提案委员会工作、理论研究工作和统战工作。

赵金菊：协助李广武开展有关工作。

蒋金海：分管文史资料委员会和社会政法委员会工作。

丁海苹：负责机关工作，分管办公室。

于兆文：分管民族宗教、港澳台侨、外事和委员工作室工作。

【概况】　2015年，招远市政协常委会紧紧围绕服务改革发展主线，牢牢把握团结和民主主题，认真学习贯彻党的十八大和十八届三中、四中、五中全会精神，开展“三严三实”专题教育活动，组织带领广大委员围绕市委、市政府的重大决策部署和全市工作大局，履行政治协商、民主监督、参政议政职能，自觉做到维护核心、服务中心、反映民心、凝聚人心，为全面建设富美文明新招远做出积极贡献。2015年，召开全委会议1次，常委会议6次，提出提案149件。围绕医疗卫生、生态环境、城乡建设、环境治理、社会保障、治安管理等方面开展不同层次的调研视察20余次，提出建议190多条，发挥参谋助手作用。配合省和烟台市政协到招调研，推动相关工作的落实，得到上级领导的肯定。组织委员深入基层，深入群众，搜集反映有价值的社情民意150多条，使一些群众关心的热点难点问题得到较好解决，发挥党和政府联系群众的桥梁和纽带作用。围绕烟台市政协“双岗双优”活动，在全体委员、联络员中深入开展“百名委员联百企”活动，委员企业得到长足发展。“爱老助老”“帮扶敬老院”，送医下乡、科技下乡、文化下乡、法律下乡等帮扶活动进一步向基层延伸。

2015年10月29日，市政协第九届第十七次常委会议召开

【重要会议】 2015年1月28日，市政协召开九届十三次常委会议。会议听取《政府工作报告》内容说明，《关于召开政协第九届招远市委员会第四次全委会议的决定（草案）》，政协九届四次会议和全市政协工作会议筹备情况，政协九届四次会议分组办法和各组召集人名单的说明以及九届四次会议常委轮值名单（草案），秘书长、副秘书长名单（草案），提案审查委员会主任、委员名单（草案），九届四次会议选举办法（草案）和计票人、监票人名单（草案），《政协第九届招远市委员会常务委员会工作报告》起草说明，《政协第九届招远市委员会常务委员会关于九届三次会议以来提案工作情况的报告》起草说明，表决有关决定，审议通过有关会议事项和人事调整事项，并将提请九届四次全委会议审议并决定。

2015年2月2～3日，中国人民政治协商会议第九届招远市委员会第四次全委会议召开。市政协主席林建东作《政协工作报告》，副主席王建春作《关于市政协九届三次会议以来提案工作情况的报告》。与会委员列席市十七届人大四次会议，听取并讨论《政府工作报告》，讨论《关于招远市2014年国民经济和社会发展计划执行情况与2015年计划草案的报告》《关于招远市2014年财政预算执行情况和2015年财政预算草案的报告》《招远市人民法院工作报告》《招远市人民检察院工作报告》等，对以上报告均表示赞同。

2015年6月30日，市政协召集市住建局、发改局、财政局、环保局等部门及市热电厂、金城热力公司、玲珑集团、正淼热力公司等供热企业负责人、部分市政协委员、居民代表，就全市供暖工作进行专题协商。市住建局作关于全市供暖工作情况报告，围绕供暖价格、补贴、管理、规划等问题进行讨论，最后市政协主席林建东作强调讲话。

2015年12月23日，市委政协工作会议

【视察、调研】 2015年，市政协及各议政组坚持自选课题和市委、市政府交办课题相结合，围绕事关全市经济社会发展全局的重大问题，共组织调研视察22次。重点围绕“法治招远”建设、市场主体信用体系建设、特色农业产业化发展、文化旅游产业发展等进行调研视察，形成调研视察报告16篇。

市政协党组“三严三实”专题学习研讨

2015年8月5日，市政协常委会对全市文化旅游产业发展情况现场视察，与会人员先后实地视察辛庄镇高家庄子村和孟格庄村，现场听取各村相关情况介绍。常委们提出“加强规划引领，明确我市旅游产业发展的战略方向”“壮大市场主体，做大做强旅游企业”“完善旅游配套服务体系，加快旅游产业化发展步伐”“积极造势，进一步加大宣传推介力度”“加大扶持力度，完善旅游体制和奖励政策”等建议，形成《关于招远市文化旅游产业发展情况的视察报告》。

2015年10月29日，市政协常委会对全市老年体育工作和现代农业发展情况进行现场视察，先后视察老干部活动中心、体育公园门球场、太极拳活动中心、老年体育活动中心、双塔食用菌工厂化生产基地，现场听取情况汇报。常委们提出“立足本地优势，加快培育发展一批实力雄厚、竞争力强的示范基地、示范企业、示范合作社，引领全市现代农业转型升级”“大力提升农民组织化程度，大力推进农业产业化生产经营，带动农民增收致富”“积极探索‘互联网+农业’的农业电子商务新模式，推进都市现代农业提档升级，促进农产品销售”“更加重视生态环境建设，大力发展高效生态农业、休闲观光农业，留住绿水青山”等建议。

【委员提案】 2015年，全体政协委员、政协各参加单位和专门委员会，以建设富美文明新招远为目标，围绕全市重点工作以及广大群众普遍关心的热点难点问题，履行职责，建言献策，共提交提案149件，审查立案146件，合并整理为135件，分别交给53个单位承办。在市委、市政府高度重视和承办单位认真办理下，经过各方面共同努力，截至11月，所有提案全部办理完毕，回复率100%，委员对提案办理结果满意率98%。其中，提案所提问题已经解决或基本解决的53件，占总提案件数的39.3%；已被采纳，计划逐步解决的76件，占56.3%；因条件限制，暂时难以解决和留作参考的6件，占4.4%，承办单位也及时向提案者作了说明。从提案办理落实情况看，提案在推动全市深化改革和科学发展，促进富美文明新招远建设中发挥重要作用。加强导向服务，提高提案质量。市政协在全委会召开之前，印发提案征集通知，明确年度提案的重点选题，引导委员围绕全市中心工作和群众关心的热点、难点问题，深入调研，撰写提案。发挥高质量提案示范引领作用。印发《优秀提案范例》，让委员了解优秀提案的选题及提出建议的特点，为委员提出更符合规范要求的提案提供范例。严把审查立案关。提案审查委员会对收到的提案严格审查，确保立案提案的质量。对内容比较笼统的16件提案向委员提出补充完善意见；对不符合立案标准的提案，通过与委员协商后作退案或转为社情民意信息处理。重视办理协商，增强办理实效。推动重点提案办理协商。确定8件重点督办提案，通过主席领衔督办、界别和专委会联合督办等形式，加强与承办单位沟通协商，促进有关提案采纳落实。加强提案“办中”协商。提案委与市政府督查办联合召开4次提案办理调度协商会议，分别请16家承办提案数量多、任务重的单位通报办理进展情况，协商解决办理过程中遇到的问题，有针对性地提出下一步办理要求。抓好提案跟踪督办协商。为推动提案的落实，加大跟踪督办协商力度，通过议政组活动、政协微信平台等多种协商方式，广泛听取委员对提案办理的意见，对个别承办单位提出重新办理要求，取得良好实效。规范答复程序，严格评价机制。没有规矩不成方圆。为促进提案办理工作，提高办理成效，进一步加强提案办理制度建设。统一承办单位的答复行文格式。要求各承办单位必须以单位正式文件对委员提案行文答复，不允许出现以信笺方式草率答复情况。对于不符合格式要求的答复，全部退回并责成承办单位重新行文答复。明确重点提案办理答复程序。按照市委、市政府《关于进一步加强人民政协提案办理工作的意见》要求，对市政协主席、副主席领衔督办的8件重点提案，明确提出承办、答复、回访等各个环节的工作程序，确保重点提案办理落实。严格落实评价机制。由委员从办理态度、面商情况、答复针对性和落实情况等方面，对承办单位提案办理工作进行评价。

【文史资料】 2015年，政协文史工作围绕全国政协和市政协年度确定目标要求，充分发挥存史、资政、团结、育人社会功能，精心组织，科学命题，扎实工作，推进文史工作有组织、有计划、有步骤地开展。

加快编撰《招远区域文化通览》一书。2014年4月成立《招远区域文化通览》编纂办公室，召开编纂工作启动会议，拟定编纂大纲，并对编纂工作进行合理分工，及时调度编纂情况，抓好编纂进度和编纂质量。各编辑人员根据烟台市编纂体例和要求，共同参与编纂大纲研讨制定，积极做好所分章节的撰写工作。为查对史料，先后赴济南、烟台、莱州等地核查相关资料，历经一年多时间，如期完成全书共25万字组稿任务。

抓好《招远埠外政要暨经济科技人物》《招远友好城市汇编》发行工作。对确定的发送范围逐一邮送，确保入编者人手一册。两部专著的发行，为开展双向交流搭起了很好平台。友好城市——四川省西昌市政府收到《招远友好城市汇编》后，电话致谢并决定编纂当地友好城市书籍。

开展古村落对口协商。2015年8月之前，文史委就这一专题进行部门、村实地调研，并组织市住建局、文广新局、旅游局等相关部门负责人和历史文化名村代表，召开古村落发掘保护工作专题协商会。会议听取各部门关于古村落开发建设情况的通报，并就存在的问题、如何改进和推进工作等方面，进行广泛深入的对口专题协商，并达成共识。提交关于对招远市古村落挖掘保护工作开展专题协商情况的报告。

（撰稿：宋学刚　　审稿：冷启安）

招远市人民政府

招远市人民政府

领导成员

市　长：王光耀

副市长：郝永平　王　浩　刘丰信　谭克良　邹德宝　王秀姬（女）　赵曙光

市政府党组副书记：王晓华（女）　张永祥

市政府党组成员：李洪智　栾立新　马立海

【市长分工】　王光耀：主持市政府全面工作。分管财政局（国资）、监察局、审计局工作。协调国税、地税方面工作。

郝永平：协助市长抓市政府的日常工作，负责市政府的综合协调、发展改革、市级工业、民营经济、安全生产、人力资源和社会保障、统计、信访、民生服务等方面工作。具体分管政府办（法制办、应急办、督查办、政务服务中心、机关事务处）、发展和改革局（粮食局、物价局、服务业发展办公室）、经济和信息化局（工业行业办、黄金局、信息产业局）、市级工业、企业（集团）、安监局、人力资源和社会保障局、统计局、信访局、89000民生服务中心等方面工作。协助市长抓财政（国资）、审计、监察工作和协调国税、地税、住房公积金等方面工作。负责协调供电、仲裁、玲珑金矿等方面工作。

王浩：负责招商引资、外经外贸、商务、旅游、外事侨务、商品流通等方面工作。具体分管商务局（出口商品管理、流通行业办）、招商局、外事侨务、旅游局（罗山旅游区管理委员会）、经济技术开发区和滨海科技产业园开发建设等方面工作。负责协调商检工作。

刘丰信：负责民政、供销等方面工作。具体分管民政局（民间组织管理、老龄、双拥共建工作）、供销社等方面工作。协助分管副市长抓政务服务中心、安全生产等方面工作；协助分管副市长抓招商引资工作。

王晓华：负责卫生和计划生育工作。具体分管卫生和计划生育局（爱卫会）、红十字会等方面工作。负责协调医药公司、烟草、石油、盐业等方面工作。

张永祥：负责交通运输、公路、铁路等方面工作。具体分管交通运输局（铁路办）、东城新区开发建设等方面工作。负责协调公路局、交运公司等方面工作。

谭克良：负责公安、规划建设、城市管理、国土资源、环保、市场监督管理、食品安全、政府投资工程监管等方面工作。具体分管公安局、住房和规划建设管理局（规划、建设、城市管理、住房保障和交易、人民防空）、国土资源局、环保局、市场监督管理局、检验检测中心、城市管理行政执法大队等方面工作。负责协调第六地勘院工作。

邹德宝：负责教育体育、科技、金融等方面工作。具体分管教育体育局、科技局（地震、知识产权、电子材料产业基地办、黄金产业知识产权信息中心）、金融办、体育运动中心等方面工作。负责协调各金融机构、保险等方面工作。

王秀姬：负责司法、文化广电新闻出版、民族宗教、档案、史志等方面工作。具体分管司法局、文化广电新闻出版局（文物局）、广播电视台、民族宗教局、档案局、史志办、广电网络公司等方面工作。负责协调新华书店、邮政、移动通讯、联通、电信、罗山转播台等方面工作。

赵曙光：负责农业和农村经济、水务、林业、人民武装和民兵预备役、残联、扶贫救灾等方面工作。具体分管水务局（库区移民、调水办、自来水公司）、农业局（畜牧局、农机局、农技推广中心、果业总站）、林业局（招远罗山省级自然保护区管理处）、海洋与渔业局、残联等方面工作。负责协调武装、预备役、军地关系等方面工作。联系协调气象工作。

李洪智：协助分管副市长抓农业和农村工作、民政局、残联、扶贫救灾、护林防火等方面工作，联系协调武装、预备役、军地关系、双拥共建等方面工作。

栾立新：协助分管副市长抓招商引资和经济技术开发区等方面工作。

马立海：协助分管副市长抓市级工业、企业（集团），负责人工岛建设和山东理工大学招远工业技术研究院工作。

【政府工作综述】 2015年是“十二五”收官、“十三五”开启的关键一年，也是招远发展面临挑战、压力空前的一年。市政府领导班子在上级党委、政府和市委的坚强领导下，深入贯彻落实党的十八届三中、四中、五中全会精神和习近平总书记系列重要讲话精神，按照烟台市“十个倍加”“六抓六促”和“六个持续”等要求，坚持稳中求进总基调，积极应对困难挑战，全力抓重点、抓关键、抓难点，总体经济运行呈现“缓中趋稳、稳中有升”态势，顺利完成全年任务和“十二五”规划“双目标”。全市完成生产总值639.8亿元、公共财政预算收入50.2亿元、固定资产投资403.2亿元、社会消费品零售总额169.8亿元，分别增长8.5%、8%、14.5%和11.3%。在2015年公布的全国县域经济基本竞争力和中小城市科学发展百强榜中分列第34位、35位，分别比上年度前进1位和3位。在首次公布的全国工业百强县中位列39位。

坚持精准发力稳增长，经济发展后劲不断增强。强化扶持保障企业稳健运行。制定印发稳增长促发展“黄金四十条”等政策措施，设立2亿元的市级股权投资引导基金、谋划推进5个PPP模式合作项目，在全省首创中小纳税企业信用担保基金，有64家企业列入中小纳税企业信息库，达成融资意向3000多万元，有效减轻企业负担。健全完善银企合作平台，落实银企合作资金152亿元。扎实推进项目建设。加强对重点项目全程式调度服务及跟踪考核，集中实施总投资719.4亿元的重点项目141个，开复工117个，完工52个，完成投资150亿元，项目规模、档次和数量均创近年来新高，其中康泰智能康复理疗系统及智能按摩机器人生产项目列入省级重点项目。深入推进“招大引强攀高”。制定更加严格的招商引资考核办法，动员全市上下开展大招商、大走访，建立招商项目动态储备库，新签约项目63个，新储备意向合作项目64个，引进内资83.2亿元，实际利用外资1.6亿美元，完成烟台市下达任务。全力推动外贸均衡增长。千方百计培育外贸新增长点，研究出台新的扶持政策和考核奖惩办法，引导市外代理业务回流，扩大黄金、粉丝、机械等行业外贸业务，通过开展招商引贸新增加3亿美元出口，全年完成进出口总额22.7亿美元，完成烟台下达的外贸任务。

实施“两区一带”强战略，区域发展布局进一步优化。全力加快开发区“二次创业”。制定出台加快开发区“二次创业”意见，科学布局十大“区中园”，开工建设重点项目47个，完工25个，国际黄金创意产业园获中国黄金协会批复。东城新区加快崛起，创新创业园主体工程完工，金潮电池工业园二期、贺利氏鲁鑫高科技产业园等项目建成投产。滨海科技产业园建设提速推进。人工岛项目全面启动建设，滨海广场、滨海景观带等建成开放，烟台黄金职业学院通过省教育厅建校验收评估，中矿工业园、康泰滨海高科园加快建设。北部经济隆起带顺利起步。完成北部经济隆起带规划调整，规划食品、机械、医药等15个特色园区，开工

2015年10月15日，烟台市新型农村合作金融试点工作现场观摩暨动员会议在招召开

建设重点项目21个，双塔6万吨豌豆综合利用等项目建成投产，黄金资源综合利用示范园部分生产线试产，努力打造新的增长极。

加快转型升级增效益，产业发展层次实现新提升。工业经济保持稳健运行。深入推动“互联网+”“两化融合”，着力培育发展新技术、新业态、新模式，全力支持企业转型升级，完成国际黄金创意产业园规划布局，招金矿业成功收购我国最大单体金矿，“招金”“玲珑”连续入围“中国500最具价值品牌”，鲁鑫贵金属、金宝电子跻身全国电子材料50强，4户企业列入国家两化融合贯标试点企业，与哈尔滨工业大学、哈尔滨工程大学合作成立招远研究院，发明专利授权件数增长178%，获得市级以上科技奖励8项，成功入选国家级循环经济试点市，全年完成工业主营业务收入1698亿元、利润113.3亿元以上，实现自产黄金128.9万两，冶炼加工黄金200.8万两。服务业规模档次进一步提升。深入实施“金泉山海古村落”整体开发战略，国内首个黄金文化主题大型山水实景演出《金山佛谕》开演，滚泉山温泉开发项目完成动感温泉和露天温泉主体建设，古村落旅游项目完成规划编制，全年接待游客373.2万人次，实现旅游综合收入60.4亿元。着力推动生产性服务业规模化、生活性服务业便利化发展，引导企业实施主辅业务分离，滨海、东城两大物流园加快建设，建成一批高档次商贸服务业，全市服务业比重达到40.8%，提高1.4个百分点。现代农业发展步伐加快。粮油产量连年稳步增长，完成两个小麦高产创建万亩示范片建设，新建矮砧集约苹果示范园122公顷，应用物联网技术114公顷，建设农村户用沼气800户，实施土壤改良和药残治理1227公顷，新培育烟台市级示范社6家、省级示范社5家、种植大户58家，成功列入国家现代农业示范区建设。新兴产业发展提速推进。制定八大新兴产业发展规划，实施32个新兴产业项目，创建电子商务产业园，建成“招远汇”“中国金都”“淘宝特色招远馆”等区域性电商平台，新特药研发生产、垃圾焚烧发电等其他新兴项目快速推进。

深化改革创新释红利，内生发展动力持续增强。全力推动试点工作走在全省前列。新争取2项国家级、6项省级改革试点，承担改革试点累计28项，数量居烟台各县（市、区）首位。争创为烟台唯一的省金融创新、新型农村合作金融、供销社综合改革试点，3家试点合作社已发放互助资金39笔143.2万元。招远农村商业银行挂牌营业，黄金租赁占全国70%以上份额，引进埠外银行2家，民间资本管理公司2家，2家企业成功在新三板挂牌，玲珑轮胎上市正在加快推进。深化农村综合改革。基本完成农村土地承包经营权确权登记颁证，新建区域农民合作社联合社4个，创建为农服务中心，在全省率先推行订单式农事综合托管服务模式。深化商事制度改革。推动实施“三证合一”“一证一码”，全力支持大众创业、万众创新，新增市场主体21207户，增长41.9%。深化财税改革。完善政府预算体系，建立“全口径”预算，研究整合专项资金，建立透明预算制度，试编政府综合财务报告，积极做好预决算公开和“营改增”工作，不断提高财政管理绩效。稳妥推进其他领域改革。公立医院改革、基层医疗机构综合改革破题发展，基础教育综合改革、校长职级制改革等其他改革有序推进。

统筹城乡增内涵，城乡面貌实现更大改观。城区功能品质全面提升。制定出台鼓励加快棚户区改造意见，开工建设3个旧村改造和19个重点区片改造工程，新建改造道路10万平方米。加快“智慧城市”建设，扎实开展占道经营、露天烧烤、乱停乱

中共招远市委副书记、市长王光耀参加春季大走访活动，入户走访联系服务群众

放等专项整治，顺利通过国家卫生城市复审。镇域面貌显著变化。启动“镇驻地换新颜”工程，编制完成5个镇驻地改造规划，蚕庄镇入选烟台唯一“第四届全国文明村镇”。生态文明乡村建设成为全省典范，新建100个生态文明“扩面达标”村，提升119个农村社区服务中心，改造10个城市社区办公服务场所，4个村列入第二批省级传统村落名单，16个村和1个乡村博物馆列为省第一批“乡村记忆”工程文化遗产名单，成为全省首批“城乡环卫一体化全覆盖示范市”，成功入选省级农村社区治理和服务创新实验区。生态环境持续改善。深入开展环境保护大检查，扎实开展界河流域综合整治及粉丝、石材、大气、水源地污染专项治理，完成生态造林1507公顷，对玲珑集团、热电厂等5家企业燃煤锅炉进行脱硫脱硝改造，全市空气质量优良天数达到85%以上，全面完成节能减排任务。

持续改善民生促和谐，群众生活水平进一步提高。民生保障更加有力。持续加大惠民投入，15件为民服务实事全部兑现到位，政府购买服务力度不断加大，民生支出占财政收入比重达到61%以上，城镇和农村居民人均可支配收入分别增长8.5%、9.5%。深入开展联系服务群众大走访活动，加大市长公开电话、市长信箱、省长信箱督办力度，扎实解决了一批群众关心的热点难点问题，群众满意度位居烟台各县（市、区）前列。城镇登记失业率保持在1.3%以内，全年新增城镇就业再就业9100人，农村劳动力转移就业5147人。累计征缴各项社保基金19.3亿元，居民养老、医疗保险参保人数分别达到52.8万人、45.6万人。发放新农保基础养老金9374万元，发放低保、五保、住房、临时困难等各类救助金5026.6万元，完成保障性住房建设任务。扎实推动精准扶贫，实施52个产业扶贫项目，实现2804户贫困户脱贫目标。社会事业全面进步。新增文化大院100处，送戏送电影下乡9200场，获“省级文明城市”称号。建成16个农村学校食堂餐厅，对全市校车运行路线进行整改规范。开展卫生计生监督服务年活动，加速数字化医院建设，免费为6.8万余名老年人开展健康查体。实施公交体制改革和城乡客运一体化试点，完成汽车站搬迁整合。社会治理更加高效。坚持不懈抓牢安全生产、食品药品监管和社会治理，扎实开展各类安全大检查，安全生产形势持续稳定。

深入改进作风转职能，政府自身建设迈上新水平。扎实开展“三严三实”专题教育。深入学习贯彻中共中央总书记习近平系列重要讲话精神，深学细照笃行焦裕禄等先进事迹，开展学习研讨，自觉强化党性修养，时刻用党章党纪规范一言一行，理想信念更加坚定。带头讲规矩守纪律，坚定政治立场，对党忠诚、对事业忠诚、对人民忠诚，严格贯彻“五个必须”，坚决防止“七个有之”，在思想上政治上行动上同党中央保持高度一致。全面推进依法行政。大力推动简政放权，依法公开行政审批目录、行政权力清单和责任清单，行政权力事项精简压缩41.7%。坚决贯彻民主集中制，凡涉及“三重一大”等事项，一律广泛征求意见，严格遵循合法性审查、集体讨论决定等程序，市政府常务会议、市长办公会议对85项议题进行集体研究决策。规范完善市政府议事规则、法律顾问、行政机关负责人出庭应诉等制度，自觉接受市人大、市政协和社会各界监督，累计办结人大代表建议158件、政协委员提案134件，满意率分别达到98.7%和100%。大力弘扬实干作风。确立全市及开发区“省内赶胶州，省外比张家港”的定位，组织到胶州、昆山、张家港进行考察学习，切实增强学比赶超的紧迫感和压力感。认真研判经济发展形势，领导起草全市“十三五”发展规划及加快工业发展三年行动计划、新兴产业、商务服务业等专项规划，创造性地开展好政府工作。成立35个重点工作推进小组，实行“挂图作战、领导包帮、集中调度日”等制度，以“踏石留印、抓铁有痕”精神，全力推动重大决策、重要事项、重点项目落到实处。严格执行党风廉政建设各项规定。严格执行中央八项规定，认真学习新的《廉政准则》和《条例》，严格履行“一岗双责”和党风廉政建设主体责任，健全完善政府投资项目审计监督、国库集中支付等管理制度，加大审计监察力度，严肃查处违规违纪行为，完成省巡视组整改工作任务，努力打造明大事、想干事、会干事、干成事、不出事、好共事的过硬队伍，树立起为民务实清廉的良好形象。

【市政府全体会议】 2015年3月3日，市政府廉政工作会议暨市政府全体会议在金城温泉大酒店召开。与会人员：市政府全体领导班子成员；各镇（街道）镇长（主任），经济技术开发区管委副主任，各镇（街道、区）分管经济、农业、安全生产、环保、村镇规划、社会事业工作负责人，经济发展办、安监办、财政所、经管站、农业综合服务站、社会事务办（工作站）负责人；市政府各部门、直属事业单位、集团公司和驻招各单位主要负责人，部分重点民营企业主要负责人。会议邀请市委办、纪委、组织部、宣传部、政法委、考核办、农工办、信访局、编办、人大办、政协办、法院、检察院、武装部主要负责人参加。会议对2015年市政府各项重点工作和廉政建设进行具体安排，要求各级各部门切实增强廉洁自律意识，勇于担当、勤政有为，不折不扣完成好各项任务目标，推动经济持续健康发展和社会和谐稳定。

【市政府常务会议】 2015年1月15日，中共招远市委副书记、市长王光耀在市政府第一会议室主持召开市十七届人民政府第二十七次常务会议，市政府各副市长及党组成员参加会议。市政协副主席丁海苹列席会议。会议对《关于招远市领导干部离任经济责任事项交接办法》《关于招远市政府投资项目审计监督办法》《关于招远市审计结论落实办法》《关于2014年计划执行情况和2015年主要预期指标安排》《关于2014年财政预算执行情况和2015年财政预算草案编制情况》《关于政府工作报告和2015年工作要点（政府工作部分）》等相关议题进行审议，并对市政府重点工作进行安排部署。

2015年2月13日，中共招远市委副书记、市长王光耀在金都宾馆主持召开市十七届人民政府第二十八次常务（扩大）会议，市政府各副市长及党组成员参加会议。市政协副主席李广武列席会议。会议对《关于2014年安全生产情况和安全生产警示分析报告》《关于全市畜禽养殖业污染减排工作》等相关议题进行审议，并对市政府重点工作进行安排部署。

2015年3月11日，中共招远市委副书记、市长王光耀在市政府第一会议室主持召开市十七届人民政府第二十九次常务会议，市政府各副市长及党组成员参加会议。市政协副主席李广武、市人大党组成员王晓君、市人武部部长乔世堂列席会议。会议对《关于招远市新兴产业发展规划》《关于加快推进现代物流业发展的意见》《关于公布行政权力清单目录》《关于公布地税局和盐务局行政审批事项目录》《关于全市环保工作情况》等相关议题进行审议，并对市政府重点工作进行安排部署。

2015年4月10日，中共招远市委副书记、市长王光耀在市政府第一会议室主持召开市十七届人民政府第三十次常务会议，市政府各副市长及党组成员参加会议。市政协副主席蒋金海、市人大党组成员王鹏列席会议。会议对《关于招远市农民专业合作社信用互助业务试点工作方案》《关于迎接国家卫生城市复审工作实施方案》《关于招远市城区门前“五包”责任制管理办法》《关于我市农产品质量安全县创建情况》《关于招远市科学技术奖励办法和招远市专利奖励办法》等相关议题进行审议，并对市政府重点工作进行安排部署。

2015年4月22日，中共招远市委副书记、市长王光耀在市政府第一会议室主持召开市十七届人民政府第三十一次常务会议，市政府各副市长及党组成员参加会议。市人大党组成员王晓君列席会议。会议对《关于改革市与镇（街道、区）财政管理体制意见》《关于鼓励加快推进棚户区改造工作意见》《关于招远市市级股权投资引导基金管理暂行办法》《关于进一步规范企业项目扶持专项资金管理办法》等相关议题进行审议。

2015年6月16日，中共招远市委副书记、市长王光耀在金都宾馆主持召开市十七届人民政府第三十二次常务（扩大）会议，市政府各副市长及党组成员参加会议。市政协副主席丁海苹、市人大党组成员王鹏列席会议。会议对《关于招远市迎接国家卫生城市复审工作》《关于出口农产品质量安全示范区建设》《关于招远经济技术开发区创建国家级生态工业园区工作》《关于加快发展养老服务业实施意见》《关于进一步加强和改进城市社区建设工作实施意见》《关于调整全市征收土地补偿标准意见》《关于我市2015年卫片执法监督检查工作》《关于市政府办公室规范工作程序》《关于学习贯彻进一步严肃纪律确保各项制度落实的通知和烟台市政府党组第22号会议纪要》等相关议题进行审议，并对市政府重点工作进行安排部署。

2015年7月24日，中共招远市委副书记、市长王光耀在金都宾馆主持召开市十七届人民政府第三十三次常务（扩大）会议，市政府各副市长及党组成员参加会议。市政协副主席丁海苹、市人大党组成员王鹏列席会议。会议对《关于政府部门责任清单》《关于招远市中小纳税企业信用担保基金暂行管理办法》《关于招远市城市住房保障管理办法》《关于招远市城市中等偏下和低收入住房困难家庭住房保障申请审核实施细则》《关于公布市区住房保障政策有关标准的通知》《关于2015年国内招商引资工作经费补助和处罚办法》《关于30个市级领导包帮重大项目推进情况考核补助办法》《关于2015年对外开放工作经费补助和处罚办法》《关于全市农村土地承包确权登记颁证工作》《关于全市抗旱工作》《关于招远市国家卫生城市复审考核评比》《关于水源地区域内养殖场整治工作》《关于市区环境空气质量状况》等相关议题进行审议，并对市政府重点工作进行安排部署。

2015年8月27日，中共招远市委副书记、市长王光耀在金都宾馆主持召开市十七届人民政府第三十四次常务（扩大）会议，市政府各副市长及党组成员参加会议。市政协党组成员于兆文列席会议。会议对《关于全市黄标车治理淘汰和禁毒工作》《关于水源地区域内养殖场整治工作》《关于国家卫生城市复审考核评比工作》《关于当前安全生产有关情况》《关于全市国内招商引资、培育发展市场主体、城乡环卫一体化工作》《关于农民专业合作社信用互助业务试点工作》《关于黄金深加工招商工作》等相关议题进行审议，并对市政府重点工作进行安排部署。

2015年9月22日，中共招远市委副书记、市长王光耀在市政府第一会议室主持召开市十七届人民政府第三十五次常务会议，市政府各副市长及党组成员参加会议。市政协副主席李广武、市人大党组成员王鹏列席会议。会议对《关于招远市行政许可事项目录清单》《关于招远市市直部门（单位）行政审批中介服务收费项目清单》《关于促进旅游业改革发展的实施意见》《关于进一步明确加快推进棚户区改造工作实施细则》《关于扶持电子商务发展的若干意见》《关于2015年财政政策性增资情况》等相关议题进行审议。

2015年10月16日，中共招远市委副书记、市长王光耀在市政府第一会议室主持召开市十七届人民政府第三十六次常务会议，市政府各副市长及党组成员参加会议。市政协副主席蒋金海、市人大党组成员王晓君列席会议。会议对《关于全市创建国家食品安全城市工作情况》《关于加快推动规模企业规范化公司制改制的意见》《关于招远市稳增长促发展若干政策措施》《关于全市精准扶贫开发工作情况》《关于城区集中供热相关情况》《关于2015年烟台市科学发展考核工作情况》等相关议题进行审议，并对市政府重点工作进行安排部署。

2015年11月26日，中共招远市委副书记、市长王光耀在金都宾馆主持召开市十七届人民政府第三十七次常务（扩大）会议，市政府各副市长及党组成员参加会议。市政协副主席蒋金海、市人大党组成员王鹏列席会议。会议对《关于招远市“十三五”规划编制工作情况》《关于全市规模企业规范化公司制改制情况》《关于乡镇消防队建设情况》《关于农信社改制挂牌工作情况》《关于全市闲置土地情况》《关于黄金创意产业园筹建情况及扶持政策制定情况》《关于创新创业园建设运行方案》《关于税收完成情况及下步打算》《关于2015～2016年度森林防火工作准备情况》《关于冬季清雪工作准备情况》《关于全市校车运行线路安全隐患整改督查情况》《关于“阳光家苑小区”（二期）经济适用住房定价情况》等相关议题进行审议，并对市政府重点工作进行安排部署。

2015年12月15日，中共招远市委副书记、市长王光耀在市政府第一会议室主持召开市十七届人民政府第三十八次常务会议，市政府各副市长及党组成员参加会议。市政协副主席李广武、市人大党组成员王晓君列席会议。会议对《关于黄金深加工招商工作情况》《关于创新工业企业运行调度机制进一步提升服务水平的实施意见》《关于招远市实施转型升级五大战略推动工业加快发展三年行动计划》《关于加强企业家队伍建设的实施意见》《关于实施“金都聚才计划”的意见》《关于建立招远市政银企合作部门联席会议制度》《关于为民服务实事进展情况》《关于研究调整市政府领导分工安排》等相关议题进行审议，并对市政府重点工作进行安排部署。

2015年12月25日，中共招远市委副书记、市长王光耀在市政府第一会议室主持召开市十七届人民政府第三十九次常务会议，市政府各副市长及党组成员参加会议。会议听取各副市长关于下年工作思路打算及为民服务实事安排的汇报，并就谋划下年政府工作提出要求。

【市长办公会议】 2015年2月5日，中共招远市委副书记、市长王光耀在市政府第一会议室主持召开市十七届人民政府第二十二次市长办公会议，市政府各副市长及党组成员参加会议。会议对市政府领导班子成员分工调整情况进行通报，并对市政府重点工作进行安排部署。

2015年2月13日，中共招远市委副书记、市长王光耀在金都宾馆主持召开市十七届人民政府第二十三次市长办公会议，市政府各副市长及党组成员参加会议。会议对市政府领导班子教育实践活动整改落实情况进行通报，听取班子各成员个人整改措施落实情况汇报，并对抓好下步整改落实工作进行安排部署。

2015年2月28日，中共招远市委副书记、市长王光耀在市政府第一会议室主持召开市十七届人民政府第二十四次市长办公会议，市政府各副市长及党组成员参加会议。会议对《关于安全生产工作》《关于成立相关工作推进班子狠抓落实的问题》《关于清理规范相关政策文件》等相关议题进行研究，并对市政府重点工作进行安排部署。

2015年4月20日，中共招远市委副书记、市长王光耀在市政府第一会议室主持召开市十七届人民政府第二十五次市长办公会议，市政府各副市长及党组成员参加会议。会议对更加有为推进工作、更加高效抓好落实及市政府重点工作进行安排部署。

2015年8月24日，中共招远市委副书记、市长王光耀在市政府第一会议室主持召开市十七届人民政府第二十六次市长办公会议，市政府各副市长及党组成员参加会议。会议对市政府重点工作进行安排部署。

2015年9月25日，中共招远市委副书记、市长王光耀在市政府第一会议室主持召开市十七届人民政府第二十七次市长办公会议，市政府各副市长及党组成员参加会议。会议对市政府领导分工进行研究调整，并对市政府重点工作进行安排部署。

【市政府专题会议】 2015年1月21日，金石碑林选址调度会议在市政府第三会议室召开。市政府副市长王秀姬、市政协党组成员于兆文出席会议。会议由王秀姬主持，市文广新局、住建局、国土局、国资公司等部门和单位相关负责人参加会议。会议对金石碑林选址建设工作情况进行安排部署。

2015年4月14日，迎接国家卫生城市复审工作会议在市金都宾馆召开。中共招远市委副书记、市长王光耀，市委常委、宣传部部长李波，市政府党组副书记王晓华，市政府副市长谭克良出席会议。各镇（街道）镇长（主任），经济技术开发区管委副主任，市直各部门、集团公司、驻招各单位主要负责人，各镇（街道、区）分管负责人，市住建局、市场监管局领导班子成员，市卫计局、城管大队中层以上干部参加会议。会议由王光耀主持，会议对国家卫生城迎审工作进行具体安排部署。王晓华、谭克良分别作讲话。

2015年6月25日，市政府副市长谭克良在市政府501会议室主持召开城区占道经营及车辆乱停乱放整治工作调度会议。市政府办、市政府督查办、住建局、市场监管局、公安局、城管大队、电视台相关负责人参加会议。市城管大队、市场监管局、公安局汇报城区占道经营及车辆乱停乱放整治工作情况。会议对下步工作如何开展进行安排部署。

2015年9月1日，中共招远市委常委、市政府常务副市长郝永平在市金都宾馆主持召开工业经济运行分析会议。市经信局、工业行业办主要负责人，各镇（街道、区）分管经济负责人、经贸办主任，市政府有关部门和驻招有关单位分管负责人，集团公司及部分重点民营企业主要负责人参加会议。会议简要回顾总结工业经济运行情况，深刻分析存在问题，并对下步工作进行全面安排部署，提出明确要求。

2015年9月15日，市政府副市长谭克良在市政府301会议室主持召开土地卫片执法检查工作调度会议。各镇（街道、区）、市政府办、国土资源局、公安局、林业局、住建局、水务局、环保局、供电公司等部门参加会议。会议针对上级土地例行督查发现的问题，对下步工作进行全面安排部署，要求各与会单位要进一步统一思想、加快行动，全面抓好整改落实，确保顺利通过上级督察验收。

2015年9月23日，全市招商引资暨外经贸工作调度会议在市金都宾馆召开。中共招远市委副书记、市长王光耀，市委常委、常务副市长郝永平，市委常委、副市长王浩出席会议。各镇（街道）镇长（主任），经济技术开发区管委副主任，市政府有关部门、集团公司主要负责人参加会议。会议由郝永平主持，会议对招商引资和外经贸工作情况进行通报，对下阶段工作进行再调度、再部署。王光耀、王浩分别作讲话。

2015年10月25日，中共招远市委常委、副市长刘丰信在市政府第三会议室主持召开口上部门安全生产工作调度会。市民政局、供销社相关负责人参加会议。会议传达烟台市安全生产紧急电视会议精神，对下步安全生产工作进行安排部署。

2015年11月3日，关于进一步加快推进金都污水处理厂扩建工程（3期）建设工作的专题会议在市政府第一会议室召开。中共招远市委副书记、市长王光耀，市政府副市长谭克良、赵曙光出席会议，市政府办公室、发改局、财政局、国土资源局、住建局、水务局、市场监管局、商务局、环保局、城管大队、张星镇政府及污水处理厂、桑德水务有限公司项目部有关负责人参加会议。会议对加快项目开工建设存在的问题进行认真讨论研究，对项目开工建设有关工作进行强调部署，并提出明确要求。

2015年12月18日，市政府副市长邹德宝在市政府第一会议室主持召开全市校园及周边安全隐患排查整治工作会议。市政府办、教体局、公安局（交警大队、消防大队）、交通运输局、文广新局、卫计局、市场监管局、安监局、农机局、城管大队等部门和单位负责人参加会议。会议贯彻落实烟台市校园及周边安全隐患排查整治工作会议精神，对做好全市校园及周边环境治理工作进行全面安排部署。

市政府办公室工作

招远市人民政府办公室领导成员

主　任：郭　利

副主任：张桂波　王克卓　张富强

【机构设置】 市政府办公室下设文秘科、综合一科、综合二科、信息调研科、行政科、外事科、市长公开电话督办科、民族宗教科、法制办、侨务办、应急管理办。2015年，行政编制38人，实有35人；事业编制6人，实有5人；工勤编制9人，实有9人。正科级干部3人，副科级干部6人，股级干部8人。

【概况】 2015年，市政府办公室紧紧围绕全市中心工作，以开展“三严三实”专题教育活动为抓手，坚持“稳中求进”总基调，主动适应经济发展新常态，履行职责，扎实工作，圆满完成市委、市政府交办的各项任务。一是致力“出精品”，紧跟上级部署要求和市政府决策方向、工作思路，全力搞好综合文稿服务和全员调研活动，深入挖掘和编报信息，为领导决策提供科学依据和有效参考。二是着眼“上水平”，扎实办好牵头和参与的全市性重大会务和活动，严格落实《党政机关厉行节约反对浪费条例》，严谨细致做好接待、文秘工作，保障政务运转高效有序。三是注重“抓落实”，创新开展督查活动，扎实做好市长公开电话、省长信箱、烟台督查督办、代表建议和委员提案办理等工作，保障决策部署有效落实。四是坚持“保公正”，扎实推进依法行政、执法监督、法律服务、信息公开等工作，政府工作法治化、科学化水平明显提高。五是围绕“显特色”，外事侨务、民族宗教、应急、保卫、保密、后勤保障、驻村帮扶等各项工作也都取得新进步。

【文秘工作】 2015年，市政府办公室文秘工作，紧紧围绕办公室中心工作，严格落实上级对公文处理工作的规定和要求，牢记为各级领导科学决策提供文件服务的宗旨，扎实工作，开拓进取，较好地履行了文件审核制发、来文来电分阅办理、印鉴管理、档案资料管理等工作职能。牵头组织第一次全市公文知识培训讲座，并编制印发公文知识小册子，进一步规范全市公文制发秩序，确保公文上传下达的规范与严格。牵头组织2013～2014年市政府、政府办的档案整理，设立档案室，达到档案管理标准。牵头组织改进文件传阅方式，通过扫描仪扫描上级非涉密文件并通过网上办公系统下发，改变多年来部门到市政府办公室领取文件的历史，既减少运行费用又提高公文运转速度，并为公车改革后文件领取应对工作打下基础。一年来，先后办理上级来文3000余件、下发文件730余件、上报文件40余件、领导批示1200余件、群众来信100余封、安全用印900余次，均做到业务规范、把关严格、处理准确、无一疏漏。

【综合文字工作】 深入开展调查研究。全力搞好综合文稿服务和全员调研活动，共撰写各类材料500余篇，形成黄金文化旅游品牌建设、推动循环经济健康快速发展、重点工业企业经济运行等调研成果20余篇，其中在上级刊物发表8篇，获得烟台市级优秀调研成果2篇，为领导决策提供科学依据和有效参考。科学谋划以文辅政。紧跟上级部署要求和市政府决策方向、工作思路，结合实际谋实际、谋重点、谋关键，全年共撰写领导讲话、总结报告、典型发言、汇报等材料550余篇。特别是在政府报告撰写过程中，集中一个月时间，深入重点镇、部门和企业进行调研，全面详细掌握全市情况，深入学习中央、省和烟台系列会议精神和“十三五”规划建议，特别是对中央“五大发展理念”和“十个更加注重”、烟台“一二三四五”总目标和“六抓六促、六个持续、六个坚守”等举措，反复学习，吃透精神，深刻理解，并全面吸收融入《报告》中，并采取多种形式，征求全市各方面意见建议，反复修改完善，得到领导的高度评价。

【信息调研工作】 提升信息服务水平。以“服务决策、争创一流”为目标，深入挖掘和编报信息，广泛浏览整理新热点、新政策、新动向，全年累计上报信息450余篇，被上级采用信息60余篇；组织编发《政务参阅》23期，编发《招远政务信息》45期、《专供领导参阅信息》55期。夯实信息工作基础。持续加强与基层信息员的沟通联系，坚持实施信息员跟班学习制度，开展以干代训56期，指导掌握当前社会热点焦点问题和信息报送规范，提高信息报送质量，极大提高基层信息员信息工作能力和水平，有效保证全市政府系统信息工作顺利开展。

【行政接待工作】 2015年，严格按照中央、省、烟台和招远市有关规定，做好行政接待和会务组织工作，圆满完成各项工作任务，得到领导好评。尽职尽责做好后勤服务工作，物资管理实行分类登记、动态管理，做到进出有账，分类清楚，减少浪费，节约经费。做好上呈下达及各类临时性工作，全年共分发各类报纸杂志2.9万余份，参与处理群众来信600余封。做好车辆管理工作，严格执行公务用车相关规定，以“安全、节约、高效”为原则，提供安全优质的用车保障，圆满完成各项任务。

海外寻根之旅冬令营烟台营（招远部分）在淘金小镇活动

【外事工作】 2015年，加强因公出国的管理和审批工作。严格按照规定和要求，合理制定领导干部因公出国计划，进一步健全因公出国档案管理，对每一个审批团组都严格把关，对不合规团组予以拒签，杜绝公款旅游等不良现象。共办理因公出国11批次24人，办理APEC商务卡6人，确保因公出国管理各项规定落到实处。不断提高涉外接待水平，展示招远对外良好形象。坚持高标准制定每一份涉外接待方案，精心组织每一次涉外接待工作，并协调有关部门从生活、工作、交通、翻译和签证延期等各方面为在招外方人员提供高效优质服务。共接待海外华裔青少年“中国寻根之旅”夏令营、冬令营，来自德国、新加坡、马来西亚、新西兰、澳大利亚、加拿大、所罗门群岛等国共计190余人次。

【市长公开电话督办工作】 2015年，市长公开电话认真践行“三严三实”专题教育活动，在各级领导的关心、支持和各级各部门的大力协助下，耐心倾听市民来电，热心解答市民反映的热点和难点问题，在为领导服务、为市民服务、促进市政府决策落实和社会稳定等方面做了大量工作。市长公开电话积极与相关职能部门联系沟通，采取现场办理、会议调度、电话回访等方式，及时有效地解决市民反映的热点问题，切实做到事事有回音，件件有结果，公开电话办理质量明显提高。全年共接听市长公开电话5000多件次，形成记录4600多件次，办结率100%，结服率100%，反馈带有上访倾向的信息150起，化解上访80起，办理领导批示件70件。下发烟台市长公开电话督办单1090件，办理省长信箱交办件11件，处理群众来信20件，下发市长公开电话办理情况通报6期。招远市承办的烟台市长公开电话交办单所反映的问题均得到及时妥善解决，市民来电73次、来信5封、赠送锦旗3面，对公开电话办理结果表示感谢。招远市市长公开电话工作在烟台市市长公开电话考核成绩列各县（市、区）第2名，被评为先进工作单位，2人被评为先进工作者。

【民族宗教工作】 2015年，严格按照上级民族宗教工作部署，积极开展工作，推动民族宗教政策法规全面贯彻落实，促进民族团结、宗教和谐。加强民宗工作队伍建设。成立市委宗教工作领导小组，并召开领导小组第一次扩大会议。不断完善市镇村三级网络和镇、村两级责任制，进一步加强民族宗教基层管理。完成市基督教三自爱委会换届工作，完成民族宗教权力事项录入和对外公布工作。依法清理取缔非法宗教活动和私设聚会点。2015年，共排查出4处基督教私设聚会点，按照相关规定劝散1处，其余3处已签订《委托管理责任书》委托给所属镇（街道、区）管理。大力支持民品企业发展。2015年，共争取针纺集团和招金银楼民品企业贷款贴息1300多万元，组织开展民品定点企业年度考核，指导企业将贷款资金真正用于少数民族用品的生产，促进民品企业做大做强。积极为少数民族同胞提供优质服务。2015年共办理民族成分变更5人次，办理民族特殊考生登记18人次。

政务督查工作

招远市人民政府督查办公室领导成员

主　任：李国伟

副主任：隋　军

【机构设置】　招远市人民政府督查办公室的前身为招远市人民政府办公室督查科。2007年11月，经市机构编制委员会第三次会议研究同意，设立招远市人民政府督查办公室，为市政府直属正科级事业单位，内设督查一科、督查二科。主要负责上级政府重要工作部署贯彻落实情况的督促检查，负责市政府重要文件、重要会议决定、决议和重大政策、重要工作部署落实情况的督促检查，负责上级政府和市政府主要领导重要批示以及在调查研究、现场办公时所提重要意见和交办事项落实情况的督促检查，负责《督查通报》和《督查专报》的编写，承办市政府交办的其他事项。

【概况】　2015年，市政府督查办公室紧紧围绕市政府的中心工作，扎实开展重点督查、专项督查、领导批示件办理、建议提案办理等政务督查活动，有效地推动政府各项重大决策和重要工作部署的贯彻落实。做好会务服务工作。扎实做好市政府常务会议、市长办公会议的组织筹备工作，在会议召开之前，及时征集会议议题，认真做好会议材料的调度、主持稿准备、会场布置等工作，保证会议的顺利召开。会后，根据会议记录，及时整理、编发会议纪要。对会议确定的重点事项，及时调度各责任单位落实情况，以《政务督查通报》的形式呈报市政府领导审阅，并进行全市通报。2015年，共组织筹备市政府常务会议13次、市长办公会议6次，共发布会议贯彻落实情况通报10期。切实抓好市政府重要决策、重大事项和重要会议确定事项的督查落实。根据领导要求和工作安排，对市政府工作报告、全市经济工作会议、为民服务实事等重要会议及重点工作进行分解立项。全年开展市政府重点工作事项督查3次，为民服务实事督查4次，月份重点工作督查12次，各类重要会议落实情况督查30余次，开展市政府工作会议贯彻落实、全市招商引资工作调度推进会议贯彻落实、机关干部大走访活动、校车运行线路隐患整改、烟台科学发展观摩、国家卫生城市复审等重点工作督查120余次，开展项目督查30余次，组织筹备半年、年底2次项目集中观摩评议会议，有力保障全市重大决策、重点目标任务的高效落实。2015年，累计发布各项《政务督查通报》70期、《政务督查专报》6期。做好市长公开电话接听、处理，市委、市政府主要领导批示件和上级督办件的督查落实。充分发挥市长公开电话贴近社会、联系群众的桥梁和纽带作用，以饱满的热情和高度负责的精神切实解决群众关心的热点和难点问题。累计接听市长公开电话5000余件次，形成记录4600余件次，办结率100%，结服率100%。每月对市领导批示件进行梳理汇总，及时分解并转交相关承办部门，定期调度落实情况并上报市领导。累计办理市委主要领导批示件200余件、市政府主要领导批示件600余件，较好地履行政务督查工作职能，确保政令畅通，推动市政府各项重点工作顺利开展。累计承办烟台政务督办系统督办通知90件，对烟台市政府为民服务实事和政府工作报告重要工作事项完成情况、招商引资、外贸外资等工作开展情况进行调度汇总，及时按要求上报烟台市政府督查室。做好市政府承办的各级人大代表建议和政协委员提案办理、政务公开、群众满意度调查等工作。承办烟台市人大代表建议1件，并按要求以市政府正式文件形式及时答复相关代表。承办招远市人大建议和政协提案292件，与代表委员的见面率达到100%，代表委员满意率达到98.7%。确定2015年政务公开的题目和责任单位，共从全市相关部门和单位收集政务公开材料39项。参与筹备全市群众满意度调查暨《致全体市民一封信》发放工作，宣传市政府2015年民生工作情况及取得的成效。

政府法制工作

招远市人民政府法制办公室领导成员

主　任：张桂波

副主任：杨长青

【机构设置】　招远市人民政府法制办公室在市政府办公室加挂政府法制办公室牌子，内设行政复议立案科、行政复议审理科、执法监督科，专门从事法制相关工作。主要职责是承担市政府推进依法行政日常工作，负责全市依法行政的综合协调、督促检查和政策研究；负责上级有关法律法规草案征求意见的办理工作；组织清理、编纂市政府规范性文件；承担市政府及各部门规范性文件的备案审查工作；组织对行政执法单位的行政执法案卷进行评查；负责全市政府内部行政执法层级监督，组织推行行政执法责任制，规范行政执法单位自由裁量权；负责行政执法制度的组织推进和检查落实；承办行政执法主体资格的确认和公布工作；组织行政执法人员的法律业务培训、资格管理和执法证件核发；组织对行政执法单位的行政审批及其他行政执法职责的清理审核工作；承担市政府行政复议工作事项；受市政府委托代理行政应诉和其他诉讼案件；开展政府法制宣传工作，组织政府法制理论研究；负责为市政府领导和各部门提供法律咨询服务；负责推进、指导、协调、监督全市政府系统的政府信息公开工作。

【概况】　2015年，招远市人民政府法制工作不断取得新进展。强化制度建设。建立重大行政决策机制，对行政决策起草、论证、评估、审查和执行监督等各个环节进行全面规范，切实提高依法决策水平。全面建立政府法律顾问制度，通过公开考察遴选，正式聘请烟台大学和山东工商学院2名法学教授及相关律师事务所4名专职律师作为法律顾问。政府法律顾问协助市政府在重大决策、招商引资、重大经济项目谈判、合同审核等方面做了大量卓有成效的工作，提供法律服务46次，出具法律意见书32份，充分发挥法律顾问智囊团的作用。建立健全行政机关负责人出庭应诉工作制度，出台《关于行政机关负责人出庭应诉工作的意见》及《招远市行政机关负责人出庭应诉工作办法》，要求各级各部门行政机关负责人积极履行出庭应诉职责，尊重并自觉履行人民法院依法作出的生效判决、裁定，认真对待并及时研究处理人民法院的司法建议。全面规范行政执法行为。强化山东省行政执法证件审验申领工作，共新申领执法证件153个，审验证件360个。加强规范性文件监管，认真履行规范性文件合法性审查职责，严格落实规范性文件“三统一”制度、备案审查制度和有效期制度，共审核把关规范性文件21件。加大行政执法监督力度。严格落实行政处罚裁量权制度，及时对原有的处罚执行标准进行修正、细化和公示，全市36个重点执法部门全部制定并公布行政处罚裁量权基准。严格落实重大行政决定备案制度，对部门报送的重大行政决定，从执法主体、法律依据、事实证据、执法程序等方面进行全面审查、严格把关，共备案审查重大行政决定609起。严格落实行政执法案卷评查制度，组织各执法单位法制科室负责人组成评查小组，对各执法单位的行政执法案卷进行集中评议检查，查摆问题并提出修改建议，有效规范各单位的行政执法程序。加强行政复议案件审理。进一步规范办案程序，提高办案质量，共收到行政复议申请25起，正式受理22起，依法运用调解、和解手段化解矛盾争议，通过调解方式化解行政争议8起，收到良好的社会效果。深入开展依法行政宣传工作。组织各执法部门通过市政府门户网站、广播电视、微信微博等多种渠道，开展《山东省行政执法监督条例》宣传周活动。结合全省宪法和公共法律知识学习活动，

2015年10月15日，招远市政府组织收看全省宪法和公共法律知识辅导——行政复议视频讲座

认真组织视频辅导，并组织全市1800余名领导干部和重点岗位执法人员参加考试。扎实做好政府信息公开工作。加强组织领导，完善工作机制，坚持“以公开为常态，不公开为例外”原则，主动、及时公开政府信息，推进行政权力运行、财政资金、公共资源配置、公共服务、公共监管等重点领域政府信息公开。

侨务工作

招远市人民政府侨务办公室领导成员

主　任：李洪智

副主任：闫卫国

【机构设置】　招远市人民政府侨务办公室是招远市人民政府办公室职能科室，内设侨务科。主要职责是负责依法保护归侨、侨眷合法权益工作，负责开展归侨、侨眷工作，负责协助有关部门做好归侨、侨眷代表人士的人事安排工作。

【概况】　2015年，招远市侨务工作紧紧围绕全市发展大局，坚持“以侨为本，为侨服务”宗旨，有序推进各项工作。严格落实侨务政策，扎实开展侨法宣传，使广大侨界人士进一步增强对侨务政策、涉侨法律法规，特别是对《山东省归侨侨眷权益保护条例》的了解，不断增强广大海外侨胞和全市归侨侨眷依法维权意识，营造全社会知侨、爱侨、护侨的良好氛围。通过寄发贺年卡、走访慰问等形式，不断加强与海外华侨、国内归侨侨眷等的联络联谊，有效增进彼此感情。扎实落实权力清单、责任清单，编写业务手册和服务指南，简化办事流程，方便侨界人士。丰富文化生活，会同教体局组织中小学生积极参加第十六届世界华人学生作文大赛，获组织奖，49名中小学生分别获得一、二、三等奖。

2015年2月11日，烟台市侨办春节前走访慰问招远侨属

应急管理工作

招远市人民政府应急管理办公室领导成员

副主任：乔东海　杨　光

【机构设置】　招远市人民政府应急管理办公室是招远市人民政府办公室职能科室，内设应急处置科。主要职责是承担市级突发公共事件应急领导小组的日常工作，协助市领导处理重大事故和突发事件，指导各镇（街道、区）和市政府有关部门应急管理体系建设及运行，组织协调应急预防预警、应急保障等工作。

【概况】　2015年，招远市应急管理工作紧扣科学发展主题，以推动应急宣教工作纵深发展为主线，以提高应急信息报送质量为支撑，以加强应急值守工作为保障，进一步建立健全应急管理体系，不断提高突发事件防范水平，全面增强应急救援保障能力，全社会公共安全意识明显增强，全市应急管理工作呈现出稳步持续推进的良好态势。健全应急管理机制。按照“统一领导、综合协调、分类管理、属地管理”的要求，从市政府、部门、镇（街道、区）和企业四个层面入手，狠抓应急管理网络体系建设，明确职责，理顺关系，充实人员，建立起应急信息值守、信息报告、预警预测、应急响应、应急保障、应急处置、信息发布、恢复重建等内容的应急管理机制，防汛抗旱、森林防火、安全生产、公共卫生等专业机构应急指挥和协调能力得到切实提高。应急演练工作开展有序。全年共组织各类应急专项预案演练活动60余次，涉及非煤矿山、危化品等多个高危行业，通过开展实战演练，极大地提高全市各单位、各部门的应急应对处置能力，检验了预案的可操作性，增强应对突发公共事件的组织指挥、协调配合、应急救援和善后处置的能力，全社会公共安全意识进一步提高。应急值守工作进一步加强。建立24小时值班及信息接收传递制度，确保一旦发生突发公共事件，信息有人接报、处置有人协调、工作有人衔接。保证在发生突发性公共事件后，市领导、相关部门领导均能够在第一时间知晓并赶到现场。为及时启动相应应急预案，制定相应的处置方案，为调查突发事件原因提供基础性的工作。宣教培训工作力度进一步加大。充分利用“全国科普活动周”“全国安全生产日”“国际减灾日”“全国消防日”“全国法制宣传日”等契机，开展形式多样、内容丰富的应急宣教活动；举办应急预案培训宣讲活动10余次，全面介绍和解读全市总体预案和专业应急预案；加大《招远市市民应急知识手册》学习宣传力度，进一步提高公众的预防、自救和互救能力。

（撰稿：耿向伟　邵　涵　宫文锋　庄晓明　王晓哲　马黎明　杨德明　李海刚　王传宁　审稿：李国伟　闫卫国）

金融工作

招远市金融工作办公室领导成员

主　任：姬　红（女）

副主任：李华勇　穆柏屹

【机构设置】　2014年6月16日，根据《山东省人民政府关于建立健全地方金融监管体制的意见》和《关于设立招远市金融工作办公室的通知》，设立招远市金融工作办公室（挂招远市地方金融监督管理局牌子），为市政府直属财政拨款事业单位，经省政府授权，负责地方金融监管工作。内设综合科、银行科、证券与资本市场科（挂市上市工作推进办公室牌子）、担保与保险科4个职能科室。2015年，编制11人。

【概况】　2015年，招远市金融办以省金融创新试点市为契机，充分发挥金融核心作用，按照省、烟台市金融办统一部署要求，推动金融与实体经济互促发展，圆满完成全年各项工作任务，为全市地方经济社会发展提供有力金融保障。年末，全市共有银行15家，民间资本管理公司2家，证券公司2家，融资担保公司3家，小额贷款公司2家，全市本外币贷款余额270.77亿元，同比增长18.73亿元。

【金融试点】　在烟台市率先开展新型农村合作金融。在省、烟台市金融办指导下，全力推进新型农村合作金融工作。2015年，全市6家试点合作社承诺出资893万元，归集资金163.3万元，发放互助资金46笔160.7万元，在试点合作社数量、出资额度、发放金额等方面均居全省前列，有效缓解合作社社员“小额、分散”的资金需求。2015年10月15日，烟台市新型农村合作金融试点工作现场观摩暨动员会议在招召开，对招远市试点工作给予充分肯定，省金融办《金融工作情况》第18期专刊刊发招远市工作经验，并在全省范围内进行介绍。在全省首创中小企业纳税信用担保基金。制定《招远市中小企业纳税信用担保基金暂行管理办法》，建立“中小纳税企业信息库”，将符合条件64户企业纳入其中，由市政府出资5000万元，建立中小企业纳税信用担保基金，于2015年12月1日举行启动仪式，首期为6户企业授信3000多万元，并作为经验由分管市长在烟台市政银企推进会议上作交流发言。

2015年10月15日，烟台市新型农村合作金融试点工作现场观摩暨动员会议

【银行业务】　银行融资量稳步增长。2015年12月末，全市本外币各项存款余额482.68亿元（含招金财务公司），比年初增加14.18亿元，增速为3.03%；本外币各项贷款余额为275.68亿元（含招金财务公司），较年初增长23.56亿元，增速为9.34%，同比多增25.22亿元。其中，居民储蓄存款余额296.19亿元，比年初增加20.90亿元；黄金租赁业务110.75亿元，较年初增长22.94亿元，增速为26.12%。银企合作推进会资金到位率进一步提高。全市政银企合作推进会

2015年银企合作推进会

签约资金到位93.92亿元，到位率高达112.94%。新入驻银行开局良好。威海市商业银行股份有限公司烟台招远支行于2015年1月28日开业运营，中国民生银行股份有限公司烟台招远支行于2015年4月21日开业运营。全市银行营业机构增至15家。各金融机构积极对接，主动服务。15家银行机构开展为期一个月的“银行机构走访重点企业”活动，遵循“一企一策”原则，共走访重点企业103家，直接解决企业融资问题53份。

【企业上市】　推动规模企业规范化公司改制。按照基本要求，在企业财务、产权等方面进行全面规范，制定“五年行动计划”。上市挂牌公司再融资取得新突破。继续推动企业扩大发债规模，改善融资结构，分散融资风险。2015年招金矿业发行9.5亿元公司债、30亿元短期融资券及21亿元中期票据，金汇膜科技定向增发融资1850万元。企业上市挂牌取得新成果。5月14日，金软科技在“新三板”挂牌；12月17日，德宇门食品获得齐鲁股权交易中心

2015年10月12日，全市规模企业规范化公司制改制工作会议

核准挂牌交易函；10月30日，招金励福向“新三板”递交挂牌申请材料；招金膜天、华顺环保科技相继完成“新三板”挂牌前的股改工作；金潮宇科等企业与中介机构签订“新三板”挂牌协议，正式启动挂牌工作。

【小贷、担保、民资】　融资担保机构方面。2015年末，全市3家融资性担保机构累计担保15.5亿元，比年初新增担保金额1.48亿元。小额贷款公司方面。2015年末，全市2家小额贷款公司共为153户小微及涉农企业累计发放贷款269笔，合计发放贷款34885万元，其中涉农贷款9414万元，小微企业贷款24623万元，其他贷款848万元。贷款利率均未超国家司法部门规定，切实为全市小微及涉农企业贷款提供资金支持。民间资本管理公司方面。民间资本管理公司自开业以来运营良好，积极发展股权投资与短期财务性投资，有效拓宽中小企业融资渠道。2015年末，全市2家民间资本管理公司累计开展股权投资业务3268万元，开展短期财务性投资业务22934万元。

2015年12月1日，招远市中小纳税企业信用担保基金启动仪式

【金融稳定】　开展防范、打击和处置非法集资相关专题活动。2015年6月，在全市范围内开展“防范和打击非法集资宣传月”活动，现场接待群众咨询150多人次，发放各类宣传资料5万多份；2015年10月，召开处非工作部署专项会议，统一印制《关于坚决抵制非法集资理性选择投资渠道的通告》制度看板，走访张贴在100多家投资理财类公司、P2P投资公司醒目位置，向全市人民发送防范打击非法集资警示短信和《致全市人民谨防非法集资陷阱的一封信》；2015年11月，开展涉嫌非法集资广告清理整治专项活动，按照“谁主管、谁负责”原则，分别对近期所发布的电视广告、户外广告及街市

预防打击处理非法集资宣传活动

上散发的印刷品广告进行检查，严把广告市场准入关，对非法集资广告坚决不予发布。着力防控重点行业领域风险。由市市场监管局规范各类投资理财类公司的登记事项，及时整改不合规、超范围经营行为。同时，市金融办、市公安局、市市场监管局等有关部门组成联合小组，进一步强化对投资类咨询公司的检访力度和频次。加大宣传力度，提高群众防非意识。在温泉路、泉山路、初山路和罗峰路等主要干道悬挂宣传标语60余幅，充分利用微信平台、电视、报纸、网络等各种方式进行宣传，全年累计进行30多期宣传活动。其中，《民生热线》做专项节目由市公安局、市金融办现身说法，集中一周时间宣传打击非法集资案件；《今日招远》开辟专栏，进行非法集资风险教育、法律教育、理财教育。

（撰稿：李琳琪　　审稿：李华勇）

政务服务中心管理工作

招远市政务服务中心管理办公室领导成员

主　任：王选敬

副主任：王华云（女）　朱建敏

【机构设置】　招远市政务服务中心管理办公室为市政府派出机构，代表市政府履行对全市行政审批工作的监督管理职能。“中心”办公大楼共5层，总面积8260平方米。其中，1～3层为为民服务大厅和招商服务大厅，面积4600平方米；4～5层为“中心”管理机构办公区，面积3000平方米。全市共有25个部门进驻“中心”，办事大厅共设置审批窗口49个，配备窗口工作人员118名。“中心”管理机构设置业务指导科、监督管理科、网络管理科、行政科等4个科室，共有工作人员13人。

【概况】　2015年，招远市政务服务中心管理办公室坚持“勤政、廉洁、高效、公开、公平、公正”原则，以“管理与服务”为主题，“打造烟台范围内行政审批事项最少、效率最高、成本最低、服务最优”为工作目标，进一步增强服务意识、加强工作监管，促进工作创新，推行审批内容、审批依据、审批条件、审批材料、审批程序、承诺时限、收费标准“七公开”。所有进入中心的审批事项，都按照“即办件、承诺件、联办件、补办件、退办件”五种办理形式，实行“集中办公、窗口受理、一头对外、承诺服务、限时办结、统一收费”的“一站式”运行机制。多年来，“中心”以规范完善的管理，高效优质的服务，得到全市社会各界的普遍赞誉，成为全市勤政为民的示范和展示政府新形象的窗口。“中心”各窗口单位共受理各类审批事项37万件，办结37万件，涉及各类收费18亿元。2015年，“中心”共办理各类审批事项4.7万件，涉及各类收费2.5亿元，按期办结率100%。

【创新服务方式】　探索推行预约服务。对于服务对象因特殊原因无法在法定工作时间内办理审批业务的情况，由承办人在法定工作时间外为其提供职责范围内的审批服务。探索拓展延时服务。将“送走最后一位办事群众才是自己的下班时间”这一理念作为工作原则，在事项办理过程中，如遇下班时间，承办人必须自觉提供延时服务，不能因急于

办事群众在服务窗口办理相关业务

下班而使用不文明语言或不友好态度。探索提供特色服务。切实加强对老年人、残疾人等弱势群体的人性化服务，采取提供上门服务、咨询代办服务等方式，开通弱势群体服务绿色通道，把亲民工作做细、做实、做久，体现“中心”为民、亲民、便民的窗口形象。共组织上门服务70余次，预约服务40余次，延时服务170余次。

【完善监管措施】 做好投诉案件的查处工作。“中心”在审批大厅设立当事人评议卡以及投诉电话、投诉箱等，让办事人对“窗口”工作人员各方面表现进行现场评议和投诉，“中心”将根据投诉线索进行调查处理。执行部门反馈制度。每月月末及时生成各窗口的业务办件、考勤、违纪、卫生等统计数据，并将各类情况以书面形式及时反馈给所在部门。2015年，共向部门反馈情况表240份，确保部门领导及时、直观、全面掌握工作人员在“中心”的具体表现，并与“中心”相互配合、齐抓共管，共同搞好大厅管理工作。实行办件回访。通过给当事人发放回访调查书、电话回访、与当事人当面交谈等方式，及时了解掌握各窗口单位办件情况，发现问题立即整改，确保办件质量。2015年，进行现场回访83次，对办事群众电话回访32次，及时了解窗口工作人员作风动态，改进服务质量、工作效率及服务水平。

【推行政务服务新大厅建设】 科学划分大厅布局。在对牟平、济南等五地政务服务中心进行实地考察基础上，将新大厅划分为九大功能区，做到布局科学、配置合理。做好拟进厅部门和单位的走访对接工作。配合市政府督查办、市编委办，对照全市审批事项目录清单，对全市具有行政许可职能的28个部门和单位逐一进行走访对接，为“三集中两到位”工作打好基础。

办事人员走进政务服务中心旋转门

【开展“三严三实”专题教育】 2015年，根据市委《关于认真开展“三严三实”专题教育的实施方案》要求，政管办结合工作实际，扎实推进“三严三实”专题教育活动深入开展。活动中，政管办召开“三严三实”专题会议，对“三严三实”专题教育进行研究部署，制定活动方案、明确实施步骤、细化目标任务。坚持“严”字当头、“实”字托底，以严正己、以实导行，准确把握“三严三实”精神实际和科学内涵，自觉践行“三严三实”要求，以实实在在的活动成果推动政管办各项工作提速提质提效。先后组织讲党课2次，集中学习16次，召开座谈会8次；查找问题8条，整改落实8条。

（撰稿：李 洋 审稿：王华云）

检验检测中心工作

招远市检验检测中心领导成员

主 任：王少志

副主任：杜伟先 杨喜龙 李殿邦 温华光 邹振宇 王茂勇

【机构设置】 2014年1月，市委、市政府决定整合检测机构，将市食品药品检验中心、市产品质量监督检验所及相关单位承担的检验检测职能全部整合，组建招远市检验检测中心，为市政府直属正科级事业单位，编制21人。下设办公室、财务科、业务监督管理科、食品室、药品室、工业品室等6个科室。2015年1月，根据市委、市政府决定，将原招远市质量技术监督局的计量所和黄金产品检验中心划转到检验检测中心。完成重新整合，办理资产移交，人员划转，法人登记、组织机构代码证等工作。共有事业编制49人、劳务派遣28人。各类实验室检测仪器设备526（台）套，保证检验检测工作的正常开展。下设办公室、财务科、综合业务科、食品化工检验科、药品检验科、工业产品检验科、黄金检验科、计量检测一科、计量检测二科等9个科室，配备股级职数18

2015年7月，烟台市人大常委会第一副主任李淑芹到招远市检验检测中心检查指导工作

名。主要任务：负责全市食品药品在生产、流通和消费各环节的全程检测任务。主要职能：负责全市食品、药品、保健食品、化妆品、医疗器械、工业产品和有关产（商）品的质量检验、评价性检验、委托检验和仲裁检验；负责提供食品药品及计量检验检测服务，承担完成市市场监督管理部门委托的食品、药品抽样和计量检验检测任务，并向市市场监督管理部门出具检验检测报告；负责综合上报和反馈食品、药品、保健食品、化妆品、医疗器械、工业产品和有关产（商）品的质量信息。负责黄金矿产品的委托检验和仲裁检验、金银首饰及金锭银锭检验检测。

【概况】 2015年，市检验检测中心（以下简称中心）充分发挥职能作用，紧紧围绕市委、市政府重点工作要求，以服务全市经济发展为重点，以“优质服务、公平公正、勤政廉洁、观念创新、服务大众”为原则，以“特色服务、一条龙服务、上门服务、预约服务”为主线，以“打造一根连心热线、一扇服务窗口、一个为民理念”为主题。按照“把爱心给予人民、把舒心给予顾客、把热心给予企业、把精心给予工作、把真心给予同志、把信心给予自己”工作要求，狠抓工作落实，积极应对各类挑战，以优异成效树立良好形象。

【加强能力建设，提高检测水平】 2015年，中心先后完善质量管理手册、程序文件、设备及人员档案等资料，组织开展岗位练兵，顺利通过省质监局专家组现场评审考核，获得实验室资质认定证书，认证项目200多个，4000多个参数。计量技术机构通

招远市检验检测中心实验室

过省局15项标准器考核验收。先后投资180万元新购置粮油、计量检验检测仪器设备34台（套）。先后组织安排20人次外出学习，在加强实验室规范化建设同时，提高检测人员整体素质。

【增强服务意识，发挥职能作用】 提高全市食品质量安全水平，推进全市质量强市战略实施。2015年，中心先后完成生产、流通环节龙口粉丝等50类食品及10类化工建材产品委托检验842批次，检测项目2万多个，为政府监管提供技术支撑。完成计量器具检定15000余台件，其中检定电能表800余块，燃气表5000台件，热能表2000台件；新上出租车检定设施，检定出租车计价器339台件；完成矿山企业及社会岩石矿物委托、仲裁样品1万多批次，检验数据7万多个，化解企业仲裁矛盾纠纷20余起。维护企业利益，急企业所急。先后加班加点200多个工时，完成10批次客户钢筋检测报告、20多家粉丝生产企业的100多份原料采购验证报告，30多家企业蛋白的200多份产品检测报告，为企业的正常生产、销售提供质量保证。

工作人员调试安装监控设备

【积极履行职能，加强社会服务】 为保证“合法、公开、高效、便民、诚信”，中心开办“服务窗口”群众平台，开展“5+2”“白加黑”模式，开通8232449热线电话，接受群众咨询、投诉、举报。对于群众遇到的问题，在2个工作日内回复办理。把中心服务窗口打造成为解决企业和群众疑难问题的平台，成为机关转变工作作风，提高办事效率，接受群众监督的窗口。一年来，累计受理群众咨询、投诉、建议、仲裁等事项22件，成功办结22件，办结率和群众满意度达到100%。

2015年6月19日，中心工作人员在府前广场开展食品安全宣传周活动

在府前广场开展食品安全宣传周活动，现场为消费者解答食品鉴别知识100多人次，发放食品安全鉴别材料1300余份。结合创建食品安全城活动，配合市场监管部门，开展餐饮、生产、流通领域产（商）品的抽检工作。按照市政府购买服务的要求，参加市场监督管理局组织的食品、生产、流通、餐饮等环节的检测机构选定招标工作。为提高企业检测人员素质，举办招金系统埠内埠外化验员理论和操作技能培训班，系统进行理论、技能培训，共培训化验员40余人。

帮扶村庄道路拓宽现场

【结合中心实际，开展包帮扶贫】 按照市委统一部署，中心选派1名基层工作经验丰富的副科级干部到包帮村任第一书记，配备驻村帮扶专车1辆，摄像机1部。为确保帮扶工作效果，筹资8.3万元，为帮扶村安装路灯10盏、监控6个，拓宽连村路（宽3米，长2公里），解决因路窄校车不能进村的问题，得到镇、村及群众的好评。

（撰稿：赵金忠　　审稿：温华光）

民生服务中心工作

招远市89000民生服务中心领导成员

主　任：侯民军

副主任：徐永政

【机构设置】 招远市89000民生服务中心成立于2014年12月，为招远市政府直属正科级财政拨款事业单位，主要负责全市民生服务平台的整合建设、运行管理、公共信息服务、联系服务群众和督导落实等工作。内设综合科、运行管理科和业务督办科3个科室。核定编制10人，2015年实有在编4人。

【概况】 招远市89000民生服务中心是招远市委、市政府设立的专业化、规范化、信息化民生服务工作平台，是招远市创新社会管理的重要体现。中心主要通过电话、短信、微信和网站等信息渠道，面向全市受理群众求助、投诉、建议和举报等政务类服务事项；接受群众法律咨询、家政服务、居家养老、企业征信、交通出行和就业培训等生活类服务申请。同时，整合全市行政和社会服务资源，综合运用转办交办、跟踪督办、回访评价和满意度调查等多种方式，努力在政府、社会与群众之间搭建渠道畅通、运转协调的沟通联系平台，更好地为全市城乡居民提供诚信便捷、优质高效的政务服务和生活服务。

【民生服务平台】 2015年，市89000民生服务中心坚持把加强平台建设作为推进各项工作的基础工程，通过充实平台数据库、完善服务功能、开发

招远市民生服务中心

先进适用软件等措施，着力打造设施先进、功能齐全、统一规范的全市公共信息服务平台系统。将全市14处镇（街道、区）和70多个市直部门（单位）所涉及的140多项便民、利民、惠民服务事项信息，全部录入平台数据库，确保群众提出各类服务申请时，话务人员能够立即根据平台信息进行解答回复。开发设计“机关党员干部联系服务群众工作管理平台”，确保各部门（单位）能够根据日常工作开展情况，随时通过平台对群众信息进行录入、更新、补充、纠正，为全市联系服务群众大走访活动常态化开展提供硬件基础。引进开发群众满意度调查系统，完成全部软硬件安装和功能测试，组织进行系统操作演练与专题培训，为全市满意度调查工作高效化、规范化、系统化运行提供强有力设施保障。通过多种渠道积极向外界宣传平台、推介平台，努力发挥平台信息服务功能，为全市群众提供政务类和生活类服务。2015年，共受理城乡居民各类服务申请900余件，按期办结率85%以上。

【满意度调查】 2015年7月和12月，与烟台市同

受理群众来电

步、同内容组织开展对招远市各镇（街道、区）、市直部门和驻招单位群众满意度调查，对全市社会治安、居住环境、文化生活、中小学教育、看病就医、干部作风等方面工作深入征求社会满意评价，广泛听取群众意见建议。同时，将电话调查中征集到的各类问题建议进行分析研究后全部转交相关部门解决处理。通过开展群众满意度调查工作，客观准确地反映出全市各方面工作存在的短板领域和薄弱环节，有利于各级各部门有的放矢地采取有效措施加以整改。

【大走访活动】 2015年5月和11月，开展全市春季和年终联系服务群众大走访活动组织筹备和指导协调工作。在走访任务分解上，根据招远市城乡居民分布特点、管辖区域和责任范围等情况，将全市21

2015年11月17日，2015年机关党员干部联系服务群众年终大走访活动动员会议

万余户居民科学、合理分解落实到14个镇（街道、区）和115个市直部门、驻招单位机关党员干部中，确保做到无遗漏、无死角、全覆盖。在走访活动督导上，牵头组建7个督导组，通过明察与暗访相结合方式，对各走访单位活动开展情况进行督查。同时，对各部门（单位）走访情况及意见建议收集情况按照一定比例进行电话抽查。在意见建议处结方面，将大走访活动中征集到的全部意见建议，在逐条进行梳理汇总和研究分析基础上，按照“属地管理”和“谁主管、谁负责”原则，全部分解落实到各镇（街道、区）或有关职能部门解决处理，对各部门（单位）意见建议处结质量和效果，通过组织集中电话回访方式予以确认核实。

（撰稿：史晓炜　　审稿：徐永政）

机关事务管理工作

招远市机关事务管理处领导成员

主　任：徐永彩

副主任：李华海　纪少坤

【机构设置】　招远市机关事务管理处设办公室、财务科、房管科、安全生产管理科、机关服务中心、车辆管理科、节能科、综合科、生活科9个科室，编制51人。主要职责是负责政府机关房屋修缮、水电暖维修、绿化管理、办公楼卫生保洁工作；负责市委办、政府办、机关工委、市委督查办、市政府督查办、机关事务管理处6个单位财务结算、核算、管理工作；负责市级机关车辆保险及理赔工作；负责金鸿人才派遣有限公司管理与指导工作；负责全市党政机关、组织团体和事业单位公共机构节能工作，组织开展能耗统计、监测和评价考核工作；负责办公用房和公务用车管理等工作。2015年，实有工作人员44人。

2015年6月15日，节能有道，节俭有德宣传车

【概况】　2015年，市机关事务管理处以《机关事务管理条例》实施为契机，以“工作创先、机制创新、服务创优”为主题，以群众满意为标准，坚持管理科学化、保障法制化、服务社会化，贴近中心，服务大局，不断改进工作作风和工作方法，各项工作顺利推进，确保整个机关后勤服务工作平稳发展。

【制度建设】　2015年，市机关事务管理处先后建立和完善多项内部管理制度，并量化到人，细化到岗，形成涵盖整个后勤服务工作制度体系。特色鲜明的服务承诺制，推出24小时服务电话，对突发情况进行及时回应和处置，广受服务对象好评。各项制度的落实，促进后勤工作规范有序运转。

【节能工作】　2015年，市机关事务管理处对节能工作常抓不懈，取得优异成绩。2015年3月，上级节能领导小组组织人员对招远市公共机构节约能源工作进行现场考核，经实地考核各项指标均达到要求，并取得烟台市第一名的好成绩。在2015年6月全国“节能宣传周”期间，节能科联合经信局等部门下发《关于2015年招远市节能宣传周和低碳日活动的通知》，在各级公共机构开展以“节能有道，节俭有德”为主题宣传活动。开展“能源紧缺体验日”活动，倡导公共机构工作人员乘坐公交车、骑自行车或步行上下班。招远市把市人民医院列为创建省级节约型示范单位，顺利通过省、烟台市对该项工作的验收。全市134个公共机构全部完成2015年度能源消费统计报表工作，人均能耗和面均能耗指标均达到同期目标要求。

节能宣传

【安全工作】　市机关事务管理处高度重视安全工作，落实消防安全责任，开展安全隐患排查和整改，对水、电、暖、门、窗、护栏等进行常态化安全检查。每年10月邀请专业消防部门对每栋楼所有消防器材进行检查检测，及时更换消防设施、设备和到期灭火材料。2015年，未出现一起安全事故。

【派遣公司管理工作】　为推进机关事业单位后勤工作社会化，市机关事务管理处不断探索对机关事业单位工勤人员实行劳务派遣管理。派遣公司坚持

依法规范管理，认真学习《劳动法》《劳务派遣暂行条例》及人力资源管理知识，总结派遣过程中所遇到问题和解决方案。参加人力资源及劳务派遣相关方面培训，了解国家政策和派遣动态，学习先进人力资源和派遣服务管理经验。派遣公司派出员工均达到持证上岗要求，派遣公司共管理80多个单位1300多人。2015年11月，被中国人力资源管理协会评为全国人力资源优秀服务单位。

【公务用车管理工作】 2015年，市机关事务管理处按照上级要求，对全市机关事业单位重新核定车辆编制，建立招远市公务用车电子档案，对超编、超标车辆按规定进行妥善处理，严格公务用车审批购置程序。会同市交警大队、市环保局完成黄标车治理淘汰工作，全年全市机关事业单位共淘汰黄标车38辆，率先达到烟台市政府要求2015年11月30日前黄标车清零工作，起到黄标车治理淘汰工作带头作用。烟台市清理整顿黄标车领导小组到招检查指导黄标车清理工作，给予高度评价。

（撰稿：路翠华　　审稿：李华海）

地方史志工作

招远市地方史志办公室领导成员

主　任：徐　革

副主任：付波涛

【机构设置】 招远市地方史志办公室成立于1982年，始称招远县志办公室。1992年撤县设市后改称招远市史志办公室，2001年12月改称招远市地方史志办公室。属市政府直属事业单位，内设行政科、编辑一科、编辑二科和方志馆等4个科室。2015年，在编人员11 人，其中主任1 人，副主任1 人，股级干部6人；有高级技术职称3 人，中级3人。

【概况】 2015年，招远市地方史志办公室在市委、市政府的正确领导下，在业务上级的大力支持下，认真贯彻国务院《地方志工作条例》《山东省地方史志工作条例》和《烟台市地方史志工作条例》精神，全办人员团结一心，兢兢业业，全面做好地方史志工作，取得可喜成绩。

【开展“三严三实”专题教育活动】 2015年，市史志办按照中共招远市委总体部署，开展“严以修身、严以用权、严以律己，谋事要实、创业要实、做人要实”为内容的专题教育活动，做好活动方案的制定和落实，一把手亲自撰写党课材料，亲自上好党课。全体党员干部深入学习贯彻党的十八大和十八届三中、四中、五中全会精神和中共中央总书记习近平系列重要讲话精神，以“践行‘三严三实’、深化‘三实三同’、推进从严治党”为主题，对照“三严三实”专题教育要求，聚焦对党忠诚、个人干净、敢于担当，把思想教育、党性分析、整改落实、立规执纪结合起来，引导党员干部加强党性修养。通过活动的开展，全体党员干部整体素质得到进一步提高。

2015年6月29日，招远市史志办深入开展“三严三实”专题教育活动

【编纂出版《招远年鉴（2015）》】 年鉴编纂是全年工作的重中之重，自年初开始着手推进。1月7日，市委办、市府办联合下发《关于印发〈招远年鉴〉2015卷组稿方案的通知》，年鉴编纂工作开始启动。年鉴编纂充分运用信息化网络系统，开展网上办公，对各级各部门和各单位报送资料进行多次修改完善。为加快供稿进度，编辑人员深入

招远年鉴2015

基层指导。为提高年鉴编纂质量，从主编到编辑，认真总结经验，补短版，创新路，埋头苦干，扎实推进。2015年9月18日，《招远年鉴（2015）》由黄海数字出版社出版发行。该鉴为大16开本，共设特载等29个部类，141万字。该鉴与以往相比，有四个显著特点：一是设立和增加专记、专文、人物、副科级以上人员名单等栏目和内容，着力突出招远特色、时代特色；二是图文并茂，正文插图750幅，较上卷增加近200幅，生动发映各行各业工作情况，活跃版面，增加可读性；三是部类设置更为科学合理，行文更为规范，文字更为精炼；四是增设纪念抗日战争胜利70周年资料辑存栏目，辑录招远抗战纪事、山东招远惨案、日军对招远黄金资源的掠夺、胶东军民向党中央密送43万两黄金等史料，对相关记载进行补充和初步考证。

【完善招远市情网站】《招远市情网》于2014年11月17日建成开通，网民可通过点击“招远市情”（http://shiqing.zhaoyuan.gov.cn）网，一个记载和展示招远市历史发展变化的市情网站便可呈现在公众面前，许多有价值的历史资料、风土人情和精美图片便可在网上一览无余。网站开通后，广受网民欢迎。2015年，市史志办为使网站建设更加完备，内容更加充实、形式更加美观，服务更加优质，制定并实施一系列工作措施。制定《招远市情网站管理办法》。从网站机构及人员管理、网站栏目及内容更新和网站安全及保密管理等方面都做了具体规定。安排专人负责网站的日常维护和资料更新，定期对网站信息进行检查、充实。加强网站管理人员专业知识培训。多次与省史志办省情处专家取得联系，学习咨询有关网站建设经验。2015年6月，安排网站管理员赴省史志办进行地情资料库后台管理软件培训。加强志鉴数字化工作。搜集整理各种志鉴的电子版资料，及时上传网站。先后整理上传《招远县志》（清）、《招远县志》《招远市志》《招远市龙口粉丝志》《招远年鉴》2009、2011、2013、2015等8部志鉴和全市300多个行政村的历史沿革资料，图片800余幅、影像资料13部，总字数3000多万字。网页布局更趋合理。结合招远实际，突出招远特色，共设置五大版块，设置招远概况、史志动态、招远要闻、影像招远、数字招远、招远志书、招远年鉴、镇村修志、部门修志、修志成果、法规文献、志鉴论坛、市情研究、乡镇村庄、工商企业、招远大事、招远名片、风景名胜、招远风物、

民俗文化、招远人物等主栏目25个，子栏目100余个。内容主题鲜明，以突出地方特色为出发点和立足点，集综合性、信息性、存史性为一体，成为宣传招远市情和改革开放发展成果、展示招远风貌及金都形象的平台。自开通以来，每天访问量千人，为推动地方志工作开展，存史资政，发挥重要作用。2015年4月，招远市情网

站被山东省政府办公厅授予“全省优秀地情网站”称号，是烟台市唯一获此殊荣的县（市、区）。

【完成省、市年鉴资料报送工作】 省、市两级年鉴资料提报工作要求高、时间紧、任务重。2015年，市史志办接到上级部门通知后，高度重视，一把手亲自部署，通过网上发文，把任务部署到有关部门和基层单位。按照省、市年鉴组稿方案要求，跟踪抓好落实，及时汇集、整理相关资料。按照严谨科学、突出特色原则，对资料进行严格细致的修改、推敲，按时保质完成资料提报任务。市史志办筛选出招远市连续3年获国家级科学技术奖励、中国金都·山东招远第九届黄金节、“龙口粉丝”被欧盟和国家质监总局联合授牌、招远市入选全国工业百强县、中国红富士苹果博物馆、全国黄金行业新闻宣传模范单位、青龙湖知青文化产业园、中国金都文化城、金银工艺博物馆开馆、全国义务教育发展基本均衡市等10个选题，突出了招远特点和优势。

【加强史志队伍建设】 2015年，市史志办把加强队伍建设，提高编辑人员素质摆在突出位置来抓。

招远市地方史志办公室全体工作人员

加强政治思想建设。结合“三严三实”专题教育，引导全体党员、干部深入学习中共中央总书记习近平系列重要讲话，党员干部思想觉悟进一步提高，对党忠诚、个人干净、敢于担当意识不断增强。加强史志业务建设。结合招远年鉴编纂和市情网站建设，采取派员外出培训学习和强化内功夯实基础等措施，不断提高每个编辑人员业务素质，增强干事创业能力。先后派出4人赴省史志办、烟台市史志办、临朐、东营等处，参加网站建设、年鉴编纂和镇、村志编纂业务培训。每个编辑人员结合本职工作，学习相关业务知识。加强专业技术队伍建设。针对史志机构性质和业务状况，采取得力措施，改善专业技术队伍构成。全年先后有2人经过考评，取得中、高级专业技术职务资格，史志专业技术队伍数量、质量均有明显提高。

（撰稿：郭翠凤　　审稿：徐　革）

金都宾馆工作

招远市金都宾馆领导成员

经　理：温立民

副经理：张　峰　李海萍（女）　杨松茂

【机构设置】 招远市金都宾馆（机关招待所）内设办公室、财务部、质检部、工程部、营销部、保安部、物业部、采购部、客房部、餐饮部。2015年，共有员工136人。

【概况】 2015年，金都宾馆围绕“调结构、转方式、提服务、做特色、控成本、保品质”工作思路，通过加强内部管理，转变经营方式，狠抓节能降耗等措施，取得较好社会效益和经济效益。先后被烟台市精神文明建设委员会办公室、烟台市物价局评为价格诚信单位，被招远市市场监督管理局评为先进单位。

【内部设施】 金都宾馆一号楼、二号楼为客房，拥有套房、标准房、三人房共108间，床位218个。房间内部设施完备，提供国际、国内直拨电话、电脑、大屏幕电视、宽带、24小时热水，实现无线网络全覆

金都会议厅

盖。拥有功能完善的会议室6个（其中，多媒体会议室3个），分别可容纳20～300人，可满足各种会议及商务洽谈需要。餐厅共有豪华厅房18个，宴会大厅2个，承接会议、商务活动、婚宴、生日庆典，可同时容纳900人就餐。宾馆商务中心、商品中心、茶室、棋牌室、美发室等，为客人提供24小时服务。

【调结构、谋转型】 2015年，金都宾馆通过调整客源结构，找准市场定位，使市场需求理性回归。根据市场客源结构的变化，做到高、中、低档并存，打消顾客对酒店高消费“顾虑”，吸引普通散客和当地居民及家庭消费。每天安排部分客房，实行低价销售，吸引客人。开展“厉行节约、文明用餐、减少浪费”宣传，对订餐、加工、采购等环节人员进行系统教育和集中培训，引导客人适量订餐、餐后打包，形成节约用餐、文明用餐良好氛围。加大菜品研发力度，创新制作特色菜、家常菜等优质产品，做到搭配合理、营养均衡，符合绿色健康标准。取消最低消费标准，推出一批深受大众喜爱并能接受的特色菜、廉价菜、半份菜、半价菜、商务自助餐等，满足客人需求。

金府会议室

【制度建设】 2015年，金都宾馆先后规范完善学习培训制度、值班制度、考勤制度、服务承诺制度及服务规范，做到细化到岗、量化到人，使服务工作制度体系全覆盖。具有特色的服务承诺制，及时

金都厅

解决服务细节上存在的不足，快速解决客人诉求，受到客户好评。

【业务培训工作】 金都宾馆倡导“培训就是效益”理念，加强培训，全面提高员工队伍整体素质和服务水平。2015年，加大对接待礼仪、规范化服务、程序化服务、标准化服务培训力度，先后聘请青岛、烟台餐饮名师进驻指导，分批组织部门经理及业务骨干赴青岛、烟台、沂水等地培训学习。通过开展服务技能、礼仪表演、厨师创新比赛等，提升服务人员素质和技能。

【安全保卫工作】 金都宾馆把安全生产、食品安全、消防安全贯穿于服务工作全过程，常抓不懈。宾馆总经理与分管经理、分管经理与部门经理、部门经理与员工，逐级签订安全责任状，细化安全责任。人防、物防、技防措施到位。组建13人专职保安巡逻队伍，24小时不间断巡逻。安装全方位监控设施，更新自动报警灭火系统等设施。坚持每年对员工进行2次系统培训，组织扑灭火灾及疏散演练，提高员工安全意识、理论知识水平和消防技能。夜间值班，始终保证有1名总经理和部门经理带队，检查各部门安全防范措施落实情况，及时处理突发事件。由于防范严密、措施到位，多年来金都宾馆未发生刑事、治安案件和安全事故。

（撰稿：杨松茂　刘建军　　审稿：温立民）

法　　治

政法与综治工作

中共招远市委政法委员会领导成员

书　记：张金亮

副书记：李绍君　王树魁　郝春一

招远市社会治安综合治理办公室领导成员

副主任：张阿平　唐玉涛

【机构设置】　中共招远市委政法委员会下设办公室、政工科、涉法涉诉信访工作科、调研信息科、执法监督科、国家安全办公室。招远市社会治安综合治理办公室与市委政法委合署办公，下设综治工作科。2015年，市委政法委和市综治办共有人员14人。

【概况】　2015年，招远市委政法委紧紧围绕市委、市政府工作中心，以党的十八大和十八届三中、四中、五中全会精神为指导，认真贯彻落实中央、省、烟台市政法工作会议精神，以维护社会大局稳定为基本任务，以促进社会公平正义为核心价值追求，以保障人民安居乐业为根本目标，积极推进为民服务实事措施落实，全力打造最具安全感的“平安金都、法治金都、和谐金都”，有效维护全市社会大局的持续和谐稳定。全市政法工作在新起点上有新提升，在烟台政法委年底对各县（市、区）综治责任制考核中名列前茅。各项工作得到市委、市政府充分肯定，市委政法委机关被市委、市政府评为招远市先进单位、社会治理创新工作先进单位、精神文明和宣传文化建设先进单位、农村工作先进单位、计划生育工作先进单位、环保工作先进单位、安全生产先进单位等，机关工作人员记三等功1人，嘉奖3人，优秀1人，12人分别被评为社会管理创新先进个人、农村工作先进个人、精神文明和宣传文化建设先进个人、信访工作先进个人、处理重大信访疑难信访案件工作先进个人、环保工作先进个人、计划生育工作先进个人、服务基层先进个人、全面深化改革工作先进个人、国家卫生城复审工作先进个人等。

【保障政治社会大局稳定】　全力维护全市治安秩序和政治秩序稳定。扎实做好涉法涉诉信访处置工作，对排查出的涉法涉诉案件实行动态销号管理，全部建立电子台账，严格落实领导包案和具体责任人。2015年，先后制定印发《关于依法处理涉法涉诉信访问题实施意见》《关于进一步明确职责分工做好进京非正常上访处置工作的意见》，依法处置“非访”人员。圆满完成各级“两会”“9·3”大阅兵、十八届五中全会等重要节点维稳安保工作，未发生进京去省滋事丢丑事件。深入开展严打整治

2015年11月18日，全市政法综治工作推进会议

2015年3月26日，“法治招远”大讲堂

活动，坚持问题导向，扎实开展社会面治安巡防、“打毒害保平安”、打击“两抢一盗”、打击邪教百日会战等专项严打活动，始终将各类违法犯罪活动置于高压之下，全市治安案件、刑事案件发案同比下降0.9%和0.3%。人民群众安全感和满意度进一步提升。

【巩固提升治安防控体系】 2015年，公安“天网工程”主干网络已建成环市界、环城区周边、环主干道路视频监控圈。交通智能指挥中心建成并投入使用。继续实施技防镇（街道）、技防村建设工程，全市技防村总体覆盖率达到60%以上。社会面治安防控能力提升，新组建的50人特勤队伍，经过业务培训和实战磨合，应急处突能力不断增强；通讯指挥车、防暴装甲车、应急处突单元作战车等一批特种装备投入实战。对14个治安重点部位进行挂牌督办、集中整治，治安状况得到明显改善。对全市社区矫正人员、涉毒人员、精神病患者等重点人员全都落实“三位一体”（主管部门、责任单位、家庭）包帮责任制，特殊群体动态管控得到强化。

2015年3月31日，招远市社会管理志愿者工作会议

【加强群防群治队伍建设】 2015年，机关企事业单位内保组织队伍、农村治安调解队伍、城市社区楼梯长队伍、社会管理志愿者队伍“四支队伍”同步推进。全市农村调解员和治安人员共计3269人。机关企事业尤其是重点行业、重点部位的内保力量不断强化。结合社区网格化管理，在城市居民区配备小区长185人、楼长1230人、楼梯长3890人，健全组织网络体系，确保真正有人管事。围绕社会管理志愿者协会建设，推进队伍实体化，活动项目化，服务常态化。城市管理志愿者队伍、社区“红袖标”治安巡防志愿者队伍等达到1800多人，积极参

2015年4月20日，招远市综治办主任会议

2015年5月22日，2014年度烟台市见义勇为先进个人（招远）表彰奖励仪式

与社会治理，发挥“正能量”。此作法先后被《山东政法》《法制日报》等刊物予以转发报道。

【夯实基层综治基础】 2015年，全市14处镇（街道、区）全部建成综治维稳工作中心，65个农村工作区全部设立综治工作站，724个村居和规模企业全部建立起“六位一体”（治保、巡逻、普法、帮教、调解、特殊人群管理）综治办，有力提升了基

2015年7月7日，金都安保志愿者成立大会

层综治工作规范化水平。市直重点行政执法部门的行政调解室，医疗、劳资、物业、交通事故等重点领域的专业化调处中心，粉丝、石材、渔业、果业等行业协会调委会建设都得到落实和加强。为使大量矛盾纠纷在基层得到化解，继续挖掘提升“村民说事室”制度，规范落实“村民说事、干部问事、及时办事、集中议事、定期评事”五事工作法，筑牢基层维稳根基。在网格化管理方面，建成市级网格化视频指挥大厅，投资100多万元开发的网格化管理信息系统，已进入软件调试阶段。持续开展以学校、医院、村（居）、小区、企业等为主体的基层平安创建活动，推进社会治理精细化，逐步构建共建共享的综治格局。

2015年2月12日，政法队伍建设调研会议

【政法队伍建设】　2015年，以政法队伍建设年活动为抓手，引导政法机关增强政治意识、大局意识、群众意识、主业意识，不断提高队伍战斗力。一是思想教育和集中整顿相结合。定期组织政法干警到市廉政教育示范基地进行参观教育，培养干警廉洁守法意识；每个季度举办一期“法治招远大讲堂”，聘请国内知名专家为政法干部现场授课；建成民警实战训练中心，并定期组织培训演练，使广大干警业务能力和实战水平得到有效提升。深入开展“三反对三整治”（反对和整治特权思想、衙门习气、霸道作风）活动，对特权思想、衙门习气、霸道作风，关系案人情案金钱案，滥用职权、徇私舞弊等问题进行查摆整改，进一步改善政法机关工作作风。二是倡树典型，弘扬“正能量”。在政法系统持续开展“双最佳”（最佳政法干警、最佳政法基层单位）评选活动。并积极推介优秀典型。2015年，市公安局杨晓亮被评为全省十佳警察并记一等功，系近十年来烟台市公安机关在该项评选中

2015年8月14日，全市综治办主任半年观摩会

唯一获此殊荣的民警；市检察院徐建芝事迹被《检察日报》转发，并获最高检领导批示。三是在政法机关深入开展法律服务“村村通”活动。做到机制、保障双落实，部署、督导、考核三到位，确保工作实效的发挥，使一大批矛盾纠纷化解在基层，在群众中导向依靠法治思维和法治方式解决问题，进一步转变政法机关作风。《山东政法》、新华社《山东参考》、山东电视台《山东新闻》等刊物媒体先后予以推广报道。四是积极推进司法改革。执法责任制、立案登记制、诉讼诚信承诺制、律师代理申诉制、人民陪审员队伍建设、大普法机制建设等司法改革事项全面推进，不断激发队伍活力。2015年，全市政法队伍共有880人。

（撰稿：唐玉涛　　审稿：李绍君）

公　安　工　作

招远市公安局领导成员

局　　长：陈传江
政　　委：徐　德
副 局 长：王恒利（正科级）
　　　　　杨秉松（正科级）
　　　　　蒋善凤（女，正科级）
副 政 委：迟国强（正科级）
党委委员：滕本学（正科级）
　　　　　宋军庆（市委政法委副书记、正科级）
　　　　　迟豪杰（主任科员）
　　　　　贾英斌（主任科员）
　　　　　张　磊（正科级）

于行政（正科级）
路光磊（正科级）

招远市公安局纪委领导成员

书　　记： 迟国强（正科级）
副 书 记： 孙建学　李桂波

招远市公安局下属单位负责人

指挥中心主任： 张　磊
副主任： 孙文红（女）　潘建明
政工室主任： 路光磊
副主任： 张海明　赵金祥
警务保障室主任： 杨春成
法制大队大队长： 李圣令
教导员： 闫秀虹（女）
刑事侦查大队大队长： 于行政
副大队长： 潘　杰　王鸿雁
治安管理大队大队长： 赵　利
教导员： 侯仁贤
副大队长： 于爱辉　滕爱全
食品药品与环境犯罪侦查大队大队长： 赵　利
教导员： 王腾训
经济犯罪侦查大队大队长： 王永民
教导员： 王其德
国内安全保卫大队大队长： 庄绍光
教导员： 刘英慧
交通警察大队大队长： 王克宁
教导员： 秦洪敏
副大队长： 王利锋　孙洪江　温永伟
巡逻警察大队大队长： 陈玉朴
副大队长： 李香松　刘长峰　杨晓亮
网络安全保卫大队大队长： 马占业
副大队长： 栾振江　吕丰舟
拘留所所长： 徐承国
教导员： 宋胜伟
看守所所长： 张俊成
教导员： 曹洪广
矿区治安派出所所长： 王　博
教导员： 姜玉意
经济开发区派出所所长： 张绍志
教导员： 兰丰海
副所长： 丁文建　康　宁
罗峰派出所所长： 秦海涛
教导员： 杨凤民
副所长： 于新华
泉山派出所所长： 刘汉兵
教导员： 王蓬勃
梦芝派出所所长： 杨桂乐
教导员： 王军玲
毕郭派出所所长： 宋锡平
教导员： 侯建峰
蚕庄派出所所长： 李胜荣
教导员： 曹芳国
大秦家派出所所长： 王书强
教导员： 孙文敏
阜山派出所所长： 姜林君
教导员： 李世庆
金岭派出所所长： 王文立
教导员： 王京海
玲珑派出所所长： 王学堂
教导员： 栾德青
齐山派出所所长： 秦德珩
教导员： 邵爱萍
夏甸派出所所长： 李永青
教导员： 张君才
辛庄派出所所长： 徐　凯
教导员： 宋培军
张星派出所所长： 刘建新
教导员： 徐　刚

【机构设置】 招远市公安局是招远市人民政府的职能部门，为正科级单位，依法管理社会治安、侦查刑事案件，行使国家行政权、司法权。根据职责，市公安局设立执法勤务机构11个、综合管理机构2个、监管机构2个、派出机构15个和其他机构2个。执法勤务机构：指挥中心、国内安全保卫大队、刑事侦查大队、交通警察大队、治安管理大队、食品药品与环境犯罪侦查大队、巡逻警察大队、经济犯罪侦查大队、法制大队、网络安全保卫大队、禁毒大队；综合管理机构：政工室、警务保障室；监管机构：招远市看守所、招远市拘留所；派出机构：经济开发区派出所、罗峰派出所、泉山派出所、梦芝派出所、玲珑派出所、毕郭派出所、阜山派出所、齐山派出所、夏甸派出所、蚕庄派出所、辛庄派出所、张星派出所、金岭派出所、大秦家派出所、矿区治安派出所（挂矿区治安大队的牌子）；其他机构：市公安局辛庄边防派出所（武警现役编制）、市公安消防大队（挂市应急救援救护大队牌子，武警现役编制）；设置纪检、监察机构，加挂警务督察大队、信访室牌子。2015年，共有在职人员607人；其中，局长1人，政委1人，副局长3人，副政委1人，其他党委委员7人。

【概况】 2015年，市公安局紧紧围绕“两最”目标，坚持民意引领、问题导向，以建设智能、实战、责任、法治、过硬“五型”公安为核心，以推进“四项建设”（基础信息化建设、警务实战化建设、执法规范化建设、队伍正规化建设）为载体，攻坚克难，务实进取，实现社会大局持续稳定，整体工作走在前列。年内，市公安局相继获省级文明单位、烟台市创新社会治理先进单位、烟台市网络新闻宣传先进集体、烟台市烟草市场综合治理工作特殊贡献单位等称号；省厅满意度测评居烟台各县市区第三位；14个单项工作进入烟台市公安局先进行列；人大评议位列“一府两院”第三，“万人评机关”“万人评窗口”名次大幅度前移。民安为要，严打整治战果突出。以系列安民行动为载体，扎实开展打黑除恶、“网上灭枪”“扫毒2015”、打击黄赌、治爆缉枪、夏季治安“百日大巡防”等严打整治斗争，累计破获刑事案件2377起、打击处理犯罪嫌疑人765人；抓获涉毒人员310人。特别是成功破获了“3·18”“3·28”“5·19”“6·09”“11·12”等命案，以及一大批团伙性、系列性侵财案件，打出了声威，震慑了犯罪。试点开展“十村联防”，持续加强对旅馆、网吧、废旧金属收购等行业场所的动态管控，强化汽油销售企业信息管理系统普及，扎实开展护校安园、内保单位安全检查、电话“黑卡”及治安乱点整治等活动，有效挤压违法犯罪空间，全市刑事发案同比下降0.3%。夏季治安“百日大巡防”工作经验被省公安厅、烟台市公安局转发；禁毒行动排名居全省、烟台前列，受到省公安厅督导组充分肯定。创新创优，重点警务全面突破。警务实战创出亮点，建成全省一级民警训练基地，编印《警务实战手册》和示范教学片，应急处突单元作战车、防暴装甲车、流动治安检查站投入实战，合成指挥、情指联动、多侦并用、集约用警、专案攻坚、应急反恐、网格巡防等机制不断完善，警务实战工作经验被省公安厅和烟台市公安局推广，受到烟台市政府党组成员、市公安局局长孙运波充分肯定。基础信息提质增效，“天网”工程建设顺利，视频警务云“神眼”大数据系统服务一线，350兆无线数字通信基站增至5处。执法规范更加精细，积极推行执法场所安全等级化管理，严格落实“四个一律”（违法犯罪嫌疑人被带至公安机关后，一律直接带入办案区，严禁违反规定带出办案区讯问询问；进入办案区后，一律先进行人身检查和信息采集；违法犯罪嫌疑人在办案区，一律要有人负责看管；在办案区开展执法活动，一律要有视频监控并记录）、“四个100%”（基层所队执法功能区规范建设覆盖率100%、执法安全措施到位率100%、讯问犯罪嫌疑人全程录音录像率100%、涉案财物入库率、规范处置率100%）规定，制定一系列执法制度，狠抓执法教育培训、执法流程控制、执法质量考评，大力实施执法公开，进一步提升执法公信力。扎实开展如实立案专项整治、“秉公执法、人民公安为人民”主题教育活动，得到省、烟台检查组充分肯定。民意引领，服务发展取得实效。出台《服务经济开发区发展八项措施》，

2015年11月16日，在新建民警训练基地开展射击训练

百日大巡防启动仪式

侦破经济领域案件11起，涉案金额1.89亿元，挽回损失1200余万元。破获食药环案件11起，工作经验被烟台市公安局推广。进一步健全公共安全监管责任体系，扎实开展“百日安全大检查”，深入推进“平安行·你我他”“七类重点车辆、七种违法行为”“向交通事故宣战”、消防安全隐患治理“百日攻坚战”、夏季消防安全大检查、缉枪治爆和烟花爆竹“打非”等专项行动，排查整治一大批安全隐患。落实派出所对严重交通违法驾驶人教育管理责任，消防文员和重点镇消防站建设稳步推进，“黄标车”实现清零目标。严格落实户籍改革制度，扎实推进社区警务室、警银亭试点建设，开通一批社区公众微信平台，进一步拓展服务渠道。公安业务技术用房建设推进顺利，开发区、毕郭派出所完成搬迁、改造，矿区派出所新业务用房投入使用，进一步增强工作实力。

（撰稿：于 洋　　审稿：刘英慧）

【基础信息化建设提质增效】 2015年，制定市公安局基础信息化建设三年规划和2015年基础信息化建设实施方案。完成“神眼”大数据系统和高清视频会议系统建设。总投资1700余万元的“天网”工程完成一期工程和监理招标。建成2处350兆无线数字通信基站，110部350兆无线数字对讲终端设备配发基层所队。更换公安网杀毒软件服务器，购置便携式爆炸物、毒品远距离探测器1台，具备3G图传、350兆无线通信等功能的防暴装甲车、流动治安检查站、流动警务车、装备单元运输车陆续投入使用。组织3期基础信息采集会战，开展标准地址、实有人口等数据纠错。“利用物质的渗透性显现手印”和“县级城市智能交通管控系统”2个项目通过省公安科技成果鉴定，其中“利用物质的渗透性显现手印”项目获得2015年度山东公安科学技术进步奖应用技术类三等奖。

强化信息研判和信息导警

（撰稿：彭启耀　　审核：刘英慧）

【警务实战化建设创出亮点】 2015年，投资1000余万元，高标准建成集射击、战术、技能、体能、心理行为训练于一体的全省一级民警训练基地。做精处突机动队、应急预备队和能手储备队三支实战队伍，完善尖兵打造、全员参训和战训合一三种练兵模式，与南京森林警察学院、山东警察学院互设民警培训和学员实习基地，选派24名骨干民警到南京森林警察学院和公安部武汉训练基地接受培训，邀请云南警察学院警务实战教官团、烟台市公安局警务实战教官团到招施训，警务合作取得实效。投资570万元，购置的应急处突单元作战车、防暴装甲车、流动治安检查站投入实战，合成指挥、情指联动、多侦并用、集约用警、专案攻坚、应急反恐、网格巡防等机制不断完善，“微信警务”效能初显，编印《警务实战手册》和示范教学片，实战训练、装备维护步入常态，先后有10起警务实战案例被省公安厅转发，警务实战工作经验被省公安厅和烟台市公安局推广，受到烟台市政府党组成员、市公安局局长孙运波充分肯定。

（撰稿：于 洋　　审稿：刘英慧）

防暴装甲车投入使用

【执法规范化建设更加精细】 2015年，市公安局继续扎实推进执法规范化建设，执法质量考评持续保持优秀档次。深化执法民警履职能力建设。开展集中培训、专题讲座、旁听庭审、案例点评等教育培训12次，法制民警分片包所“流动课堂”每月1次，提前介入疑难复杂案件11起，跟班施训一线执法民警16人，5名民警分别通过国家司法考试和高级执法资格考试。强化执法安全建设。将“四个一律”和“四个100%”作为刚性要求，强力推进办案场所建设管理，细致台账登记、视频资料上传保存等操作规范和标准，案件实行“一案一盘一档”，讯问进办案区、同步录音录像等已成为民警执法自觉和习惯，实现执法安全事故“零发生”。完善执法制度建设。制定派出所所长办案制度、行政负责人出庭应诉规定、警情分流及案件办理工作规定、行政诉讼应诉工作规定等一批规定，进一步规范执法行为。稳步推进预审工作。“法审合一”（预审职能并于法制）和刑事执法“三统一”（外来案件统一进口、所有案件一个出口、办案意见一口反馈）机制运行顺利，深挖犯罪破案机制不断完善，切实提升了刑事执法质量和打击效能。加大执法监督力度。日常考评、定期考评和专项检查相结合的考评机制日趋完善，相继开展半年、年终执法考评，以立案、取保候审、录音录像、涉案财物管理为重点开展执法专项检查5次，有效提升案件质量和全局执法水平。广泛开展法制教育宣传活动。开展“依法治市”“12.4法制宣传日”等集中宣传活动10余次，发放各类宣传资料6万余份，通过媒体、自媒体进行法制宣传100余次，法制辅导员进校园宣讲13次，受教师生1万余人。

（撰稿：杜　阳　　审核：李圣令）

【队伍正规化建设长足发展】 2015年，市公安局紧紧围绕队伍正规化建设的部署和要求，突出重点、统筹兼顾，从思想建设、教育训练、日常管理、职业保障四个方面寻找着力点和突破口，深入推进公安队伍正规化建设，队伍形象得到进一步提升。扎实开展“三严三实”“秉公执法、人民公安为人民”主题教育活动，制定落实整改措施17项，全部明确责任领导和整改时限，得到省公安厅督导组的高度评价。全面落实“抓党建带班子，抓队伍促业务”，深入开展创建“先锋党支部、党员示范岗和党员示范标兵”活动，不断加强作风建设，印发《规章制度汇编》，建立政工干部考核机制，努力推进政工干部职能归位，工作作法被市直机关工委转发。成功举办第四届警体运动会、第二届“庆八一”篮球比赛、主题登山比赛、“三八节”女警健步走和龙王湖健步走等活动，使民警放松心情、缓释压力。将14个集体、13名个人纳入国家、省、烟台市三级典型资源库，组织省市县三级主流媒体对突出典型进行集中宣传。全年先后在各类新闻和电视媒体刊发稿件3258篇，创历年新高。完成2015年度《公安画报》编印刊发，浓缩展现招远公安战斗形象。成立专门的微信工作室，每日推送打防战果、安全防范、便民服务等方面的信息，制作播发微信800余条，赢得广大网友好评，宣传效应倍增。认真组织全省第四届“我最喜爱的十佳人民警察”评选活动，巡警大队副大队长杨晓亮当选全省第四届“我最喜爱的十佳人民警察”，被省厅记一等功。是年，共有3个集体、324名个人获得招远市以上表彰奖励。扎实推进职务职级并行，为213名民警增加乡镇工作补贴，为6名民警发放互助金、保险金22万元。

2015年7月1日，开展重温入党誓词活动

招远市公安局第四届警体运动会暨队列会操表演比赛

（撰稿：崔林春　　审稿：路光磊）

【严打专项斗争深入开展】 2015年，市公安局继续以“打黑恶、反盗抢、防诈骗、扫毒害、追逃犯”系列安民行动为主线，相继开展打击犯罪冬季严打整治、“春雷行动”、禁毒百城会战、追逃

抓捕犯罪嫌疑人

竞赛等专项行动，始终保持对违法犯罪的高压严打态势。是年，迅速破获“3·18”伤害致死案、“3·27”故意杀人案、“5·19”故意杀人案、“5·27”故意杀人案、“11·12”伤害致死案，命案现案破案率为100%；破获2014年“6·10”故意杀人积案、2003年“1·23”杀人积案、1991年“2·28”持枪杀人积案；侦破故意伤害、强奸、聚众斗殴、寻衅滋事等“八类”案件181起；破获“两抢一盗”等多发性侵财案件1760起，抓获各类侵财犯罪嫌疑人273人，捣毁重大盗窃、抢劫团伙17个，缴获赃款赃物折合人民币173万元；全市一审判决恶势力团伙11个、团伙成员37人；抓获网上逃犯197人；摧毁吸贩毒团伙8个，抓获涉毒违法犯罪人员447人，其中刑事拘留86人，强制隔离戒毒54人。

（撰稿：李世茂　　审稿：于行政）

【禁毒工作战果显著】 2015年，市公安局以“百城禁毒会战”“扫毒2015”专项行动为载体，开展禁毒斗争，共摧毁吸贩毒团伙20个，抓获违法犯罪嫌疑人310人，其中，刑事拘留50人，强制隔离戒毒31人，相继破获“姬某兵制造毒品案”“李某彪、朱某特大贩卖运输毒品案”“龚某保特大贩卖毒品案”等大案，有力震慑了犯罪。“扫毒2015”专项行动、“禁毒会战”分别在烟台市各县（市、区）排名第二、第五位。积极开展社区康复工作，指导全市14个镇（街道、区），全部建立街道社区康复办公室，严格落实“逢嫌必检、场所严检、酒毒同检、入所即检、高危普检”“五必检”工作机制，依法落实登记、管控、社区戒毒和强制戒毒等措施，禁毒工作得到省禁毒委的充分肯定。组织开展6.26禁毒宣传，全面加强和规范易制毒化学品和精麻药品管理，严格易制毒化学品审批，未发生易制毒化学品非法流失。

（撰稿：刘彦涛　　审稿：于行政）

【刑侦信息化建设扎实推进】 市公安局充分发挥刑事技术的专业优势，全力为侦查破案提供支撑和服务。2015年，共勘查各类案件现场1616起，提取各类痕迹物证148起，制作现场分析意见、现场勘查笔录290套，移交诉讼文书378起；采集违法犯罪人员DNA血样1489份，检验尸体97具，伤情鉴定305例；刑事技术利用率达到31.3%。坚持信息强警，综合运用各种网上作战技战法，提高打击犯罪效能和预警研判水平。全年采集嫌疑人十指指纹3544份、SIM卡信息1470份，核查指纹3000余枚，通过指纹比对比中嫌疑人9人；警综平台录入刑事案件信息2288条、人员信息1832条、物品信息3983条，通过信息研判发布预警信息66份；梳理建库以来招远打击处理的犯罪嫌疑人信息1.4万余条，通过刑侦信息化手段破案1370起，占全部破案数的62.5%，抓获网上逃犯22人。

（撰稿：李世茂　　审稿：于行政）

【打击街面违法犯罪成果突出】 2015年，市公安局积极适应形势需要，主动创新巡防机制，不断提高精确打击能力、快速反应能力、应急处突能力，建立完善以短信平台、无线通信、定位系统、警务通等为支撑的前后方一体化作战新机制，做到科学布警，精确打击，有力地提升了巡警街面巡防打击效能。全年共抓获各类违法犯罪嫌疑人511人，查缴被盗车26辆，为群众挽回经济损失500余万元。

（撰稿：孙朋强　　审核：陈玉朴）

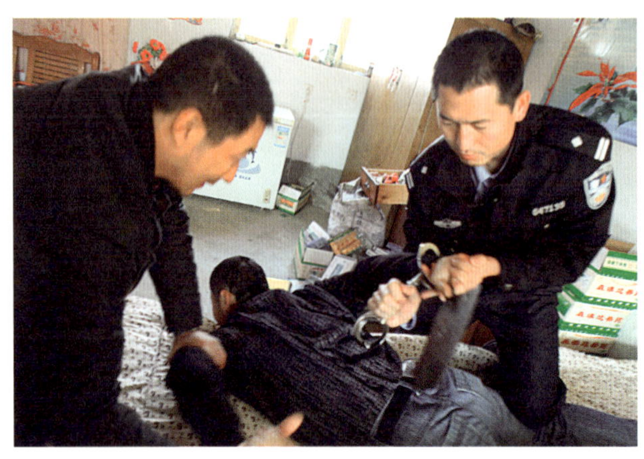
抓捕嫌疑人

【保民生扫丑恶成绩突出】 2015年，市公安局秉持“食品药品环境安全是第一民生”的理念，以“利剑”“碧水蓝天”和“打四黑除四害”等专项行动为载体，不断健全工作体系，强化打击措施，完善工作机制，以“零容忍”的态度，始终对食品、药品、环境污染犯罪保持严打态势，全年会同相关部门开展联合检查28次，摸排食品加工作坊160余家、药品经销店130余家、涉污中小型企业300余家，办理食药环案件29起，采取刑事强制措施30人，涉案价值900余万元。严查严处黄、赌等社会丑恶现象，全年共办理刑事案件27起、行政案件38起，捣毁黄赌窝点12处，收缴销毁各类赌博机16台，刑事拘留59人，治安处罚139人，有力地净化了社会环境。

（撰稿：郝吉强　审核：赵　利）

【治安防控社会化宣传全面推进】 2015年，市公安局结合全市的治安形势和发案特点，以提升群众的安全防范意识和防范能力为目的，持续强化安全防范社会化宣传工作。组织开展安全防范进企业、进学校、进社区、进家庭活动，统一印制安防宣传资料、画报、温馨提示、预警提示等宣传资料，全面强化防盗、防抢、防火等方面的宣传，共开展宣传活动220余场次，悬挂沿街横幅500余幅，张贴宣传标语6000余条，发放宣传资料8万余份。开通微信、微博等公众账号72个，实时开展各类预警信息和安全防范常识的宣传、发布，年内发布预警和安防常识1200余条，辖区群众的自我防范意识和防范能力得到进一步提升。

（撰稿：苏　杰　审核：赵　利）

【出入境管理工作再上新台阶】 2015年5月，市公安局深入推进出入境窗口信息化建设，增配LED显示屏和申请填表、身份证复印自助设备，更换流程牌，设立群众等候区，安装排队叫号系统。7月1日，推出省内户籍居民办证免提交户口簿、缩短海外高层次人才及其亲属办证时限、缩短公民加急证件办理时限便民措施；停止受理签发台胞签注，台胞持有效台湾居民来往大陆通行证即可经开放口岸来往大陆并在大陆停居留。9月21日，启动2015版台湾居民来往大陆通行证（简称“电子台胞证”）受理签发工作，同时停止签发现行本式台湾居民来往大陆通行证。9月29日，落实新政策，山东省户籍居民在省内跨户籍地办理普通护照、往来港澳通行证、团队旅游签注、大陆居民往来台湾通行证及签注（不包括赴台个人游、赴台定居）免提交居住、社保、在学等异地证明。11月17日，启用新版非税收管理系统。12月28日，执行《往来台湾通行证及签注签发管理工作规范》，大陆居民申请“应邀”“商务”“乘务”“学习”签注不再查验入台许可证，“学习”签注不再查验台湾高校录取通知书，启用“指尖上的出入境”的网上服务平台。是年，受理出国（境）9513人，查处4起“三非”（非法入境、非法居住、非法经商）外国人案件，抓获逃犯1人。

治安防范社会化宣传

（撰稿：梁学芳　审核：赵　利）

【经济犯罪侦查工作成绩显著】 2015年，市公安局以打击网上买卖信用卡、保险诈骗、假币、侵权、涉税、非法集资等专项行动为载体，严厉打击各类经济犯罪活动。年内，立经济犯罪案件14起，破案11起，抓获犯罪嫌疑人12人，涉案金额1.89亿元，挽回经济损失1200余万元。同时，集中警力、奋力攻坚，到7省市9个地区40余个单位开展调查取证工作，成功移诉重特大经济犯罪案件5起。成功侦破王某某集资诈骗案等一系列大要案，收缴假币7.2万余元，收缴假币数量创历年新高。是年，经侦大队被烟台市公安局记集体三等功。

（撰稿：张维建　审稿：王永民）

【交通安全管理成绩斐然】 机动车和驾驶人管理。2015年1月，金城机动车检测有限公司成立，新增两条社会化检测线，为群众审车提供极大便利。12月，全面开展互联网考试自主预约工作，为622名

利用无人机进行交通管理调研

学员办理信息预录入业务，使群众足不出户，即可办理车驾管业务。是年，共受理机动车业务106933起、驾驶证业务85350起；排查并建立七类重点车辆管理台账48本、车辆和驾驶人源头监管台账5本，与被监管单位签订安全监管承诺书48份；淘汰黄标车8714辆，完成率100%。车管所续七次被省公安厅交警总队授予“全省优秀县级车管所”称号。

交通秩序管理。以道路交通“平安行，你我他”、迅雷2015、五项整治（消防、道路交通、危化品、校车、渣土车专项整治）、“七种车辆（客车、货车、危化品运输车、校车、农村面包车、渣土车、低速载货汽车）、七类违法行为（超员、超速、超载、疲劳驾驶、酒驾、毒驾、涉牌涉证）”“对生命安全负责，向交通事故宣战”等专项行动为载体，组织开展整治行动45次，查处各类违法行为27.2万起。

交通事故处理。2015年，共受理各类交通事故14724起，其中死亡事故28起，死亡28人；破获肇事逃逸案件80起，其中13起重大肇事逃逸案件全部侦破。人员调解室共处理各类交通事故985起。道路交通事故快速理赔工作将单车损失不超过1万元、轻微人员受伤且无异议的事故纳入理赔范围，共处理轻微道路交通事故3724起，处结率100%，占同期事故总数的24%，节约警力资源3000余人次，城区因发生交通事故造成的交通拥堵下降70%以上，二次事故下降73%。协助办理道路救助案件6起，救助群众6人，发放救助基金50万元。是年，交警大队肇事处理中队被烟台市委政法委、共青团烟台市委评为青年政法先锋岗，并连续四年被山东省公安厅评为一等事故岗位。

交通安全宣传。以春运交通安全宣传、中小学生交通安全宣传周、学雷锋、122全国交通安全日、交通安全志愿宣传周等为契机，组织开展大型集中宣传活动18次。邀请记者深入一线进行采访报道45次，在各大新闻媒体发稿1204篇。微信发布362期、967条，微博发布98408条，粉丝分别达8423人、2289人。《金都交警》栏目全年制作播出24期。每月定时发送1万条交通安全提示短信。印发《道路交通事故通报》和《重点交通违法行为通报》各12期。利用122指挥中心视频监控功能和烟台交通广播的宣传优势，设立烟台交通广播招远交警直播间，并在交通信号路口、卡口安装区域广播。是年，阜山镇栾家沟村被评为省级交通安全示范单位。

（撰稿：冯　波　王全惠　康德祥　王海艇
审稿：王克宁）

【强化执勤战备和灭火救援演练】 2015年，市公安局以实战化练兵为重点，组织官兵开展全市各类场所情况“六熟悉”活动，规范预案编制审核备案制度，制定完善灭火救援预案160份，并逐一开展实地熟悉，制定卡片式预案。同时选择有代表性的30个单位为演练对象，分别开展了不少于2次的实地演练。对辖区水源、重大危险源进行详尽调查，维护、增建一批市政消火栓。是年，共接处警615起，其中火灾519起，抢险救援或社会救助96次，出动执勤车辆1134台次、警力7938人次，营救和疏散遇险群众101人，保护财产价值7000余万元，未发生较大以上等级火灾事故，实现了灭火、救援成功率100%。

（撰稿：宋　林　审核：刘新强）

消防救援

【火灾防控能力稳步提高】 2015年，市公安局通过推动政府加强对消防工作的领导，推进社会消防管理创新，开展火灾隐患大排查大整治，加大消防产品监督管理力度，深化消防宣传教育载体等措施，使全市消防工作形成抓有领导、管有措施、防有目标、查有责任的良好局面，切实推进了消防安全责任制的落实。深入开展消防安全“网格化”“户籍化”管理，火灾高危单位实现了“常态化”“全覆盖”“拉网式”监管。大力推广安装“消防智慧云平台”系统和安全用电系统，消防安全重点单位、火灾高危单位等社会单位的自主管理能力大幅提高。消防产品市场得到有效净化，派出所管理九小场所的能力得到大幅提升。全民消防安全意识进一步提高，全面增强了群众维护消防安全的自觉性，火灾隐患存量大幅减少，城市抗御火灾的能力大幅提升。2015年，累计检查各类单位2021家次，发现并整改火灾隐患3124处，处罚单位46家，实施临时查封单位13家，责令“三停”（停止施工、停止使用、停产停业）单位18家，行政拘留1人；对328起火灾进行调查，其中统计调查307起，简易程序9起，一般程序12起；在深入开展专项治理的同时，严把建设工程管理源头关，对各类建设工程设计备案66处，验收备案38处，提出设计备案抽查意见140余处，没有出现错审、漏审等问题，确保消防行政审批的公开、公正、公平，实现人民群众对消防行政执法的零投诉。

（撰稿：宋 林 审核：刘新强）

【网络安全工作稳步推进】 2015年，市公安局强化网吧安全管理，组织开展网吧实名上网专项检查200余次，收缴非本人身份证13张，行政处罚违规经营网吧5家，督促指导网吧制作PPT电子档案60份。开展全国电话黑卡专项治理，与电信、联通运营商开展联合行动2次，落地查实黑卡线索5条，在本地网站、论坛、官方微博和微信平台发布整治宣传信息36篇，督促36家手机卡办理店铺签订实名办卡协议。推进公共场所无线上网系统建设，对全市189家提供无线上网服务的公共场所进行摸排，建成无线上网系统管理后台，为全市60家网吧统一安装无线上网设备。加强本地政府网站、交互式栏目的安全监管，开展安全监测3次，信息采集和备案网站12家，指导全市8家交互式栏目依法落实互联网安全技术保护措施。扎实开展互联网违法信息巡查处置工作，共计发现、处置境外违法网站112个，本地违法栏目8个，违法信息80条。

（撰稿：郝金辉 审核：马占业）

【服务滨海新区经济发展】 2015年，市公安局着力整肃海上治安秩序，维护沿海地区治安稳定，全力保障滨海新区发展。深入开展爱民固边战略，将爱民固边战略纳入地方党政工程。对辖区养殖单位、沿海一线旅馆、租赁房屋等人员流量大的场所加大清查力度，健全完善“人防、物防、技防”一体化防控网络，不断提升港口、码头的动态管控水平，从源头上预防偷渡、走私、越界捕捞等案事件发生，牢牢掌握工作的主动权。着力打造以勤务指挥室为主轴，以“动态获取、快速响应、高效处置”为主线的一体化勤务模式，使队伍整体战斗力实现了新提升。年内，先后破获刑事案件29起、治安案件23起，打击处理违法犯罪嫌疑人27人，抓获网上逃犯4人。开展“碧海2015”海上治安专项整治活动，开展反偷渡、治安清查83次，查处违法船舶12条，查处违法人员67人，开展渔船民教育30余次，有效维护边防辖区治安稳定。

（撰稿：赵一帆 审核：杨 波）

【监所管理不断改进和加强】 2015年，市看守所积极推进“五化建设”（勤务模式科学化、执法行为规范化、管理方式精细化、监管手段信息化、设施保障标准化），监管场所“四项建设”和信息智能化建设工作。完成信息化改造方案修订，成立“市人民医院驻看守所卫生所”，AB门通道完成改造并启用。妥善处置6次在押人员危急病情况，将2名重点在押人员顺利投送监狱。全年共羁押各类犯罪嫌疑人767人次，投送监狱127人，刑满释放99人，办理各类出所手续519人次，月均押量291人，年底在押248人。被省公安厅等级评定为“二级看守所”。市拘留所坚持“教育、感化、挽救”的基本方针，以“三项重点工作”（规范执法、创新管理、化解矛盾）为载体，严格落实各项安全制度，有力确保拘所安全无事故，全年共收拘921人（行政拘留802人，司法拘留119人），其中转刑事拘留38人，强制隔离戒毒32人，收拘人数比上年同期增长28.1%，被省公安厅评定为“二级拘留所”、被烟台市公安局评为“监管工作先进单位”。

（撰稿：李雨洁 隋松娜
审核：张俊成 徐承国）

【“3·28”杀人焚尸案】 2015年3月28日7时41分，市公安局接到报警：玲珑镇前花园村村民姜某某（女，68岁）、宁某某（男，48岁）母子二人在家中被人杀害并焚尸。接报后，市公安局立即成立由刑侦大队、玲珑派出所组成的专案组展开工作。烟台市公安局刑侦支队副政委邹本训、市公安局政委徐德亲临现场，指导案件侦破。专案组经过84小时的连续奋战，获取犯罪嫌疑人行动轨迹，立即派出抓捕组，行程2000余公里，在临沂市费县梁邱镇成功将犯罪嫌疑人李建文（男，47岁，临沂市平邑县人）抓获归案。经审讯，犯罪嫌疑人李建文交代了因纠纷对姜某某怀恨在心，于3月27日22时30分，携带斧头潜入姜某某家中，将姜某某母子二人砍杀并焚尸的犯罪事实。

（撰稿：李世茂　　审稿：于行政）

检　察　工　作

招远市人民检察院领导成员

党组书记、检察长：王嘉林

党组副书记、副检察长：周天军

党组副书记、副检察长兼反贪污贿赂工作局局长：王青林

副检察长：王宏伟

党组成员、副检察长：张中斌

党组成员、纪检组长：蒋丽芹（女）

党组成员、政工科长：路红梅（女）

党组成员、反渎职侵权局局长：赵焕军

党组成员、专职检察委员会委员：杨瑞勋　王文静（女）

市人民检察院派驻招远经济技术开发区检察室主任：吴学雷

反贪污贿赂工作局副局长：刘旭东　邵　刚

市人民检察院派驻玲珑检察室主任：梁合山

市人民检察院派驻金岭检察室主任：付新萍（女）

人民监督员办公室主任：张春风（女）

市人民检察院派驻夏甸检察室主任：杨海鹏（女）

职务犯罪预防中心主任：栾伟敏

政工科副科长：徐建芝（女）

【机构设置】　2015年，招远市人民检察院设内设机构23个，其中正科级单位3个、副科级单位6个、股级单位14个。院领导（10人），反贪污贿赂工作局（11人），反渎职侵权局（6人），政工科（4人），办公室（5人），职务犯罪预防中心（2人），侦查监督科（4人），公诉科（5人），控告申诉检察科（4人），民事行政检察科（2人），刑事执行检察科（3人），检察技术科（2人），信息中心（2人），行政装备科（2人），监察室（1人，与纪律检查机构合署），检务督察办公室（1人），市人民检察院派驻经济技术开发区检察室（2人），市人民检察院派驻玲珑检察室（2人），市人民检察院派驻金岭检察室（2人），市人民检察院派驻夏甸检察室（2人），未成年人刑事检察科（2人），案件管理中心（3人），司法警察大队（5人），人民监督员办公室（1人）。总人数83人。

【概况】　2015年，招远市人民检察院紧紧围绕“1153”（即围绕一个中心，把握一个目标，突出五个重点，实现三个提升）总体工作思路，强化措施，狠抓落实，各项检察工作取得新进展，继续保持“省级文明单位”“全国文明接待室”等称号，先后被招远市委、市政府授予“社会管理创新工作先进单位”“信访工作先进单位”等荣誉22项，干警获得市级以上表彰71人次。

【服务经济社会发展大局】　2015年，市检察院先后出台《关于充分发挥检察职能，服务全市经济跨越发展的意见》等一系列意见和措施，明确服务重点和方向，增强服务效果，得到招远市委主要领导的批示肯定。10名院领导深入服务单位对接10个市级重点工程项目，有针对性地开展对接咨询等法律服务工作。坚持重大工程建设招投标监督制和行贿

2015年11月30日，招远市检察院举办检察开放日活动

档案查询制，共参与各类重点工程招投标监督活动17次，开展行贿档案查询170次、预防咨询12次。深入开展打击危害民生民利犯罪专项工作，审查起诉生产销售有毒有害食品药品案件3件，查处医疗卫生、村镇建设等发生在群众身边的职务犯罪案件15人，切实维护人民群众的合法权益。深入推进“五进两服务”大走访、法律服务“村村通”等活动，全面做好为民服务工作，共发放检民联系卡等资料2000余份，走访群众4000余人次，帮助解决困难25件；协调筹集资金120余万元，为2个帮扶村修建道路、水渠、健身广场等。

【查办和预防职务犯罪】　2015年，市检察院认真落实上级院关于专项行动、查办重点领域案件的部署，始终保持惩治腐败的高压态势。全年立查贪污贿赂、挪用公款等案件16件16人（其中正科级干部1人），大案率93.8%，法院作有罪判决18件18人。全年立查渎职侵权案件6件6人，法院作有罪判决6件6人。工作中，以专项工作为抓手，突出重点，强化措施，进一步健全侦查一体化模式，不断加强对信息情报的收集和运用，统一把控重大案件的侦查工作，有效地促进反贪、反渎工作的稳步推进。其中立查的招远中矿金业职工陈某某因贪污罪被判刑10年。预防职务犯罪工作，坚持办案与预防同步推进，积极探索社会化预防机制，依托预防职务犯罪工作者协会，深入金融、公路等领域开展多种形式的警示教育、专项预防和职务犯罪风险防控预警等活动。全年共上职务犯罪预防课23场次，印发《金都预防》期刊1500余册，组织警示教育展6场次，受教育人员达7000余人次。开展预防调查和案例剖析3件次，提出检察建议3件，呈报的《2014年度预防工作报告》得到招远市委书记张伟的批示肯定。创新运用新兴媒体开展“介入式”预防职务犯罪工作，取得较好效果。中铁十局、招金集团等单位先后向市检察院送来感谢信或赠送锦旗致谢。该经验做法被《检察日报》等媒体刊发介绍，并被评定为2015年度全市检察机关工作创新成果优秀奖。

2015年10月20日，高检院反贪三局副局长高云涛授课“法治招远”大讲堂

【化解矛盾纠纷促进社会稳定】　市检察院充分履行批捕、公诉职能，与市公安局、法院协调配合，对严重暴力犯罪、团伙犯罪和邪教组织犯罪等多发性犯罪案件，坚持提前介入，保证快捕快诉。全年共受理提请批捕各类刑事案件242件300人，审查批捕219人，不批捕81人。工作中，坚持宽严相济刑事政策，探索推行对轻伤害、交通肇事等轻微刑事案件试行高额保证金制度，扎实推行刑事和解、检察宣告等制度，努力促进修复社会关系，化解社会矛盾。全年共受理移送审查起诉案件304件403人，审查起诉218件278人，不起诉1件1人。办理的多起重大疑难复杂案件创造2015年度最长开庭时间记录、最大涉案金额记录等多项纪录。2015年未成年人刑事检察科共受理案件150件181人，经审查批捕8件15人；提起公诉128件151人，不起诉4人（其中未成年人3人）。积极开展“检察护蕾”行动，加强对未成年人的司法保护。其中，依法通知法定代理人到场14人次，指定法律援助11人，安排亲情会见15人次，进行法庭教育15次，进行社会调查8次；帮助一名未成年被害人申请司法救济 2 万元；在全市首届青少年模拟法庭大赛中获得二等奖。加大涉法涉诉信访隐患排查和专项整治力度，加强与各部门息访息诉联动，全年共受理并妥善处理各类群众来信来访212件次，预警化解涉检访10件、告急访6件，办理刑事申诉案件2件、涉法涉诉救助案件 3 件，初核案件线索 5件。

【诉讼监督】　2015年，市检察院以专项检查、专项监督活动为契机和抓手，紧盯群众反映强烈的突出问题和业务短板，进一步加大监督力度，增强监督实效。刑事诉讼监督方面，侦监部门共追捕漏犯6人，立案监督2人，撤案监督5人，纠正违法10件10人；公诉部门依法追诉漏犯5人，纠正违法9件，抗诉1件1人。在审查徐某某危险驾驶一案的判决书

2015年5月27日，烟台市检察院巡查工作组进行巡查动员

时，认定判决适用法律错误、量刑畸轻，依法提请抗诉后得到上级院支持。未成年人刑事检察科追捕追诉漏犯3人，追诉漏罪4条，改变定性2件3人。在审查起诉王某某、陈某某（女，17岁）涉嫌强迫卖淫罪过程中，依法追诉漏罪3条，王某某、陈某某最终被法院以强奸罪分别判处有期徒刑十年零六个月、有期徒刑六年。刑罚执行和监管活动监督方面，刑事执行部门加强驻所检察工作，共发放在押人员权利告知卡、检察官约见卡539份，开展各类安全防范检察98次，纠正监管活动和监外执行中的违法情形6件，通过羁押必要性审查建议对2名在押犯罪嫌疑人变更了强制措施，出庭支持公诉2件。会同市公安、司法等部门开展社区矫正监督401人次，根据《全国人民代表大会常务委员会关于特赦部分服刑罪犯的决定》，对6名社区矫正服刑罪犯予以特赦。民事行政判决、裁定、调解及执行监督方面，民行部门办理行政执法监督案件3件、审判监督案件3件，向有关单位提出检察建议5份，均得到采纳回复。同时，对不服公安和法院正确裁判决定的12起刑事申诉、民事行政申诉案件，耐心做好服判息诉工作。提请抗诉的王某某建设工程施工合同纠纷一案，经再审改判，申诉人王某某送锦旗表示感谢。

【执法规范化建设】 2015年，市检察院深入开展规范司法行为专项整治工作，着力解决影响司法公正、制约司法能力、妨碍司法公信的深层次问题。案管部门全年共受理各类案件731件，送案审核869件，建议补正61件，不予受理2件，提出案件纠正意见205个；建立问题清单和整改台账，开展律师执业保障、涉案财物管理等专项检查，集中排查整改不规范问题109个，开展案件质量评查8次，评查案卷90余册，发现问题41个，均已全部整改。

【检察技术和信息化建设】 2015年，市检察院牢固树立“信息化+”的理念，先后投资200多万元，升级改造侦查、指挥、讯问、查询等办案系统和执法场所，高标准地完成侦查信息网、远程讯问系统、同录中心的建设，完成与省、烟台市院的无缝对接，实现信息化建设与检察工作的深度融合；深入推进统一业务应用、廉政风险防控、律师网上预约、电子卷宗等系统应用，大力提升检察工作的科技含量。

【基层基础建设】 2015年，市检察院坚持检力下沉，配齐配强骨干力量，对4个派驻检察室规范化建设情况进行全面检查整改，不断加强派驻检察室效能建设。建立完善涉农政策、社区矫正、群众诉求等数据录入平台，受理案件线索2件，开展警示教育和法制宣传103场次，调处化解矛盾纠纷19件，提供法律咨询83件次，监督惠农、民政资金640余万元按时发放到位，有力促进基层治理法治化。其中，派驻玲珑检察室帮助化解一件长达7年的上访积案，受到镇党委政府的好评。派驻金岭、夏甸检察室编发毒品危害、反邪教、《你问我答》等法律服务专刊2500余份。派驻夏甸检察室被烟台市检察院评为“优秀派驻基层检察室”。派驻开发区检察室采取组织模拟法庭、检察宣告、编发女性和青少年主题的《青少年普法教育园地》专刊等形式，开展青少年普法和警示教育活动，被市教育体育局命名为“招远市中小学综合实践教育基地”，青少年普法教育警示基地被烟台市教育局、精神文明办等单位联合命名为2015年度全市中小学生“社会大课堂”活动场馆。

【检察队伍建设】 2015年，市检察院坚持以“三严三实”专题教育活动为抓手，大力加强检察队伍建设。加强思想政治建设，强化遵纪守规意识。开展“三严三实”专题教育，认真学习中共十八届四中、五中全会精神和中共中央总书记习近平重要讲话，通过廉政党课教育、典型案例警示、廉政短信提醒，加强职业道德教育，着力解决不严不实等问题，引导全体干警自觉把党的政治纪律和规矩内化于心、外践于行。创新开展“周末大讲堂”，围绕业务知识、文化生活等主题开展活动16期，《检察日报》等作了报道。加强领导班子建设，强化示范带动作用。坚持一把手抓导向、抓基础，不直接办理具体事项、不干扰案件办理细节，班子成员带

2015年2月6日，烟台市检察院政治部副主任、宣教处处长吕维宁为“周末大讲堂”作开课报告

头依法廉洁办案，公平公正办事，心往一处想、劲往一处使；坚持党组中心组学习制度，集体学习和调研 2次，召开党组会和检委会67次，廉政谈话8人次，52人履行重大事项报告制度，狠抓党风廉政建设主体责任落实。加强专业素能培训，强化干警履职能力。以强化法律监督能力为核心，深入开展“创建学习型检察院、争当学习型检察官”活动，组织开展检察官教检察官、岗位练兵、观摩交流和案例研讨等活动，努力提高检察干警的执法能力和水平。全年共组织参加各类教育培训活动20期300余人次，先后有29个部门或单位、87人次获得市级以上荣誉。其中，检察官徐建芝先进事迹被《检察日报》头版头条刊发，高检院领导作出批示，招远市委政法委作出向她学习的决定。检察官刘艳霞获“山东省优秀公诉人”称号；检察官郅晓莹获“全

2015年4月29日，招远市检察院“弘扬六种精神争当模范青年”演讲比赛

市未检业务竞赛实务能手”称号。加强纪律作风建设，强化“两个责任”的落实。加强内部监督：坚持“谁主管、谁负责”原则，层层签订《党风廉政建设责任书》，以小微体系为切入点，以监督责任为着力点，以督察整改为落实点，构建纪律防线的“三点一线”工作格局；注重廉洁从检教育，认真用心抓好廉政党课、反腐倡廉专题学习、召开专题民主（组织）生活会等经常性教育制度的落实，开展经常性谈心谈话活动，增强干警自律意识；强化纪检监察和检务督察，深入治理执行办案纪律、遵守组织纪律等方面存在的突出问题，先后围绕反对“四风”、办案安全、纪律作风等开展督察22次，纠正问题 46个。加强外部监督：通过案件信息公开系统、“两微一端”新媒体公开系统、代表委员短信联络系统三大平台，打造“阳光检察”新格局。全年共公开案件信息和文书1199件，发布微信微博1200余条，向代表委员发送信息2180条，邀请视察、旁听庭审 5次，检察宣告16件。

（撰稿：徐建芝　　审稿：王嘉林）

审　判　工　作

招远市人民法院领导成员

党组书记、院长：彭桂东
党组副书记、副院长：杨一梅（女）
党组成员、副院长：赵友智　王春东
党组成员、纪检组长：付永玲（女）
党组成员、政工科长：路修稳
党组成员、办公室主任：王洪江
党组成员、审委会委员：秦丽娟（女）　刘文涛
党组成员、执行局局长：张敬礼

招远市人民法院下属单位负责人

政工科科长：路修稳
执行局局长：张敬礼
　　副局长：张学军　侯春雷
招城法庭庭长：宋吉彬
开发区法庭庭长：宁宝坤
玲珑法庭庭长：王海涛
金岭法庭庭长：吕绍敏
齐山法庭庭长：刘福东

【机构设置】 2015年，招远市人民法院党组成员有10人。内设机构23个，其中正科级单位2个，副科级单位6个，股级单位15个。执行局，正科级单位，下设执行局办公室、执行一庭、执行二庭、执行三庭，人员配置24人；开发区人民法庭，正科级单位，配置3人；政工科，副科级单位，配置2人；信访办公室，副科级单位，配置5人；招城法庭，副科级单位，配置6人；玲珑法庭，副科级单位，配置3人；金岭法庭，副科级单位，配置5人；齐山法庭，副科级单位，配置5人；立案庭，股级单位，配置10人；刑事审判庭，股级单位，配置6人；未成年人案件审判庭，股级单位，配置3人；民事审判第一庭，股级单位，配置6人；民事审判第三庭，股级单位，配置5人；民事审判第四庭，股级单位，配置3人；商事审判庭，股级单位，配置7人；行政审判庭，股级单位，配置4人；审判监督庭，股级单位，配置2人；技术科，股级单位，配置2人；法警大队，股级单位，配置7人；审判管理办公室，股级单位，配置3人。办公室，股级单位，配置9人；研究室，股级单位，配置2人；监察室，股级单位，配置1人。

【概况】 2015年，招远市人民法院以“努力让人民群众在每一个司法案件中感受到公平正义”为目标，牢牢把握司法为民公正司法工作主线，按照“四四五六”（第一个“四”是实现四项任务，即维护宪法法律权威、维护人民权益、维护社会公平正义、维护国家安全稳定；第二个“四”是加强四位一体建设，即业务立院、管理治院、文化兴院、科技强院；“五”是实现以让人民满意为核心的五个满意，即让人民满意，让市委满意，让业务上级满意，让人大及社会各界满意，让干警及家属满意；“六”是重点抓好六项工作，即服务大局、维护稳定、保障民生、公正司法、司法公开、队伍建设）工作思路，不断加强审判执行各项工作，为全面深化改革、加快富美文明新招远建设提供有力司法保障。全年共受理各类案件6358件，审（执）结7102件，诉讼标的额12.57亿元，同比分别上升8.61%、10.88%和140.80%，结收比111.70%，存案数同比下降6.26%。各项工作得到各级各部门的充分肯定，在全市万人评机关、人大代表评议、行风评议三大评议中名次创历史新高，分列第6、第7、第10位，被招远市委、市政府评为“先进单位”，被山东省文明委、山东省高级人民法院分别授予“省级文明单位”“全省法院驻京信访值班工作先进集体”“人民陪审员工作成绩突出的集体”等称号，行政审判庭获全省法院集体二等功，法官吴晓慧被授予“全省优秀法官”称号，法官孙学德被授予“全省法院驻京信访值班工作先进个人”称号，并记二等功；《双向通道：基础多元化纠纷解决机制的构建与衔接模型》获最高法院征文二等奖，微电影《法官姑父》获第二届全国微电影大赛“十佳”称号，干警创作的剧本《苹果又红了》获最高法院“法院题材影视剧本征集活动”优秀奖。

2016年2月14日，上班第一天宣誓

【忠实履行审判职责】 2015年，市法院审结各类刑事案件492件，判处罪犯657人，同比分别增加19.42%和30.62%。严厉打击危害国家安全、公共安全和人民群众生命财产安全的犯罪，审结抢劫、强奸及盗窃、抢夺、诈骗等犯罪案件86件127人。严惩危害食品药品安全犯罪，审结生产、销售假药和有毒有害食品等犯罪案件7件14人。严厉打击毒品犯罪，审结涉毒品案件64件74人。严厉打击非法吸收公众存款、非法经营、合同诈骗等严重经济犯罪，审结14件29人。对贪污贿赂、渎职犯罪保持高压态势，审结7件12人。大力推进轻刑快审改革，审结轻伤害、危险驾驶等轻微犯罪案件97件，平均审限9.6天。审结各类商事案件713件，同比减少5.88%；结案标的额3.06亿元，同比增加155%。其中审结买卖、运输、租赁、加工承揽等合同案件122件，制裁违约欺诈，维护市场诚信。审结信贷、证券、票据、保险等金融案件561件，依法防范和化解金融风险。审结土地使用权转让、建设工程、商品房买卖等案件30件，维护房地产市场健康发展。审结涉及人身损害赔偿、婚姻家庭、劳动就业、教育医疗等与人民群众切身利益密切相关的民事案件3287件，同比增加22.02%。加强诉讼调解的同时，在劳动、医患、妇女权益保障、交通事故赔偿等领域推行矛盾纠纷多元化化解，建立诉调对接平台，诉前化解纠纷46件。审结行政案件101件，同比上升13.48%，56件因非访拘留行政案件全部稳妥审结。全年共实际执结案件918件，执结到位财产3.91亿元。建立“点对点”网络查询专网，与全省23家商业银行开通查询专线，共查询信息8321人次，反馈结果5457条，金额2043万元。加大信用惩戒力度，将1997名“老赖”信息纳入失信被执行人名单库，公开曝光，限制高消费、限制出境。依法打击拒不执行判决、裁定等违法犯罪行为，罚款25人、拘留178人。

2015年9月19日，法院干警到杨子荣纪念馆接受红色文化教育

【服务大局保障发展】　2015年，市法院围绕市委“建设富美文明新招远”“建设法治招远”目标和中心工作，在服务大局中积极主动履责，推动“依法治市”进程，为招远市经济又好又快发展提供有力的法治保障。利用审判数据资源做好前瞻研判，围绕改制企业股东股权变更、农村集体土地征收等难点、敏感问题开展调研工作，为政府决策建言献策，多篇调研报告及司法建议获市主要领导批示。在市委坚强领导、市中院指导下，圆满完成“5·28”邪教杀人案受害人家属善后工作。推动行政机关负责人出庭应诉，市政府在烟台市率先出台《行政机关负责人出庭应诉工作办法》，并列入科学发展观综合考核。到市人社局、市公安局等部门授课5场次，邀请最高院行政庭审判长为全市领导干部授课。市人社局负责人积极出庭，有效促进执法规范化和行政争议的实质性化

2015年11月6日，最高法院行政庭审判长耿宝建授课金都大讲堂

解。服务地方支柱产业发展，远赴新疆、广东、河南等地妥善保全涉及招远市黄金、电子、轮胎等重点产业案件147件，保全标的额1.92亿元；发布《以案说法宣传册》；就企业遇到的法律问题提出司法建议42条，增强企业维权能力。发布《民事审判白皮书》，分析社会运行反映到审判领域的矛盾和问题，提出对策和建议，助推法治招远建设，增强公民法治意识，防范法律风险。

【维护稳定促进和谐】　2015年，市法院认真贯彻落实涉诉信访体制改革精神，推行“阳光信访”，实现依法维权与维稳的有机结合，解决好群众最关心、最直接、最现实的利益问题，实现敏感时期“零上访”“零登记”。依托“法律区长”网格化服务网络，以63个“群众说事法官说法工作室”为主要平台，通过法律宣传教育咨询、指导参与基层调解、立案“预登记”调解、巡回审判、化解涉诉信访五项职能，对接人民调解、行政调解，在诉前

2015年8月28日，律师代理申诉工作启动仪式

大力开展以立案“预登记”为重心、以“大调解”联动工作体系为主要途径的多元纠纷解决机制。各“法律区长”指导、参与化解基层纠纷800余件，协助镇政府做好特殊群体稳控、化解疑难信访案件30余起，获得群众好评。在全市法院率先实行律师代理申诉制度，确定首批4家符合条件的律师事务所的25名律师到法院轮值开展代理申诉工作，为申诉人免费提供案件咨询、法律释明、化解息诉等法律服务。积极探索诉访分离，强化错案纠正、终结案件移交机制，纠正错案11件，终结移交12件。在全市法院率先建立远程视频接访系统。完善院、庭长接访，接待群众来访197人次，来信42件次，涉诉信访量同比减少11.8%，化解重点信访案件54件。

【保障民生力求满意】 2015年，市法院保障人民群众参与司法，依靠人民推进公正司法，回应人民群众新期待，解决打通服务群众“最后一公里”问题。以实行立案登记制为契机，进一步完善便民利民举措。投资320万元，建设职能完善的院诉讼服务中心、玲珑及齐山诉讼服务站，按照“审判职能更加强化、干部队伍更加优化、物资装备更加先进、法庭文化更加鲜明、人民群众更加满意”的标准打造“民生法庭”，升级换代案件信息查询系统，5个基层法庭全部实现远程电子签章、就地查询个案情况、打印案卷材料。以“有案必立、有诉必理”解决立案难。5月1日，开始实行立案登记制改革，5～12月受理案件数同比增加4.62%。提高审判效率，简易程序适用率达67%，同比提高19.35个百分点。进一步完善63个“群众说事法官说法工作室”软硬件建设，方便群众就近开庭诉讼，依托“群众说事法官说法工作室”巡回审判249件、就地化解纠纷290件。完善诉讼费减缓免制度，为15名困难当事人减缓免诉讼费8.85万元，为特困当事人办理救助52件，救助金额140.57万元。加大对涉及民生的食品、药品、毒品犯罪的打击力度，共计判处生产销售假药及生产销售有毒有害食品犯罪7件14人，判处涉毒犯罪54件62人。开展涉民生案件专项集中执行活动，执结涉民生案件258件，标的额514万元。

2015年6月11日，面对面话环境，心连心促发展座谈会

【业务创新提升公信】 2015年，市法院推进严格司法，构建规范化建设体系，改革审判权运行机制，努力实现“事实认定符合客观真相、办案结果符合实体公正、办案过程符合程序公正”业务目标。在全省法院首推诚信承诺体系建设，法官、当事人和诉讼代理人、其他诉讼参与人分别明确诚信承诺内容、形式、责任，3248件案件开庭审理时进行诉讼诚信承诺。加大对作伪证、假证、藐视法庭行为的打击力度，对一名当庭辱骂殴打法官的当事人行政拘留15日。加强司法规范化建设，规范化文件涵盖程序、实体、形象和管理，所有工作环节均对照标准进行质量“体检”，干警的规范化意识明显增强。试点审判权运行机制改革，实行“1+1”简易模式和“1+N+N”团队模式，16名主审法官和4个合议庭独立签发法律文书，对办案质量实行终身负责制。试点以来，主审法官和4个合议庭审结案件数量占全院同期结案总数的63.7%。缩减审委会研究案件范围，研究案件同比减少16.13%。院、庭长担任审判长，变“审核把关”为“亲自审理”，全年院长主审办案59件、参审142件，庭长主审办案2684件、参审500件。完善司法评估拍卖机制，利用淘宝司法拍卖平台完成首例自主操作网拍案件，成交价格259万元，溢价率25.73%。

【司法公开拓宽广度】 2015年，市法院加快公开进度，拓展公开广度，增加公开深度，进一步接受各方面监督，构建开放、动态、透明、便民的阳光司法机制。推进审判流程公开、裁判文书公开、执行信息公开，将案件事实认定、裁判说理、法律适用等置于社会公众的监督之下，在互联网公布裁判文书8340份，发布执行案件信息3421条。全面升级外网、微博、微信、微视频，建成网上直播法庭，实行庭审全程录音录像，通过互联网视频直播案件庭审29场次，运用官网及微博、微信新媒体发布权威信息1243篇。召开新闻发布会5次，先后发布多项业务创新举措。建院以来首次对人民陪审员进行表彰，10人获“优秀人民陪审员”称号，并指导人民陪审员成立山东省首个人民陪审员协会，探索将人民陪审职能向前后延伸、纵深拓展，形成“陪调、陪审、陪执、陪访”的大陪审格局。人民陪审员与“法律区长”共同接待来访群众600余人次，诉前化解基层纠纷290件；参与审理案件1595件，普通程序案件陪审率达到100%；参与执行案件67件，执结率达到83%；参与信访听证5件，参与化解重点信访案件8件，被省高院授予“全省人民陪审员工作成绩突出集体”称号，并代表全省基层法院进行经验交流。利用“6·26”国际禁毒日、“12·4”国家宪法日等特殊时点，邀请社会各界人士1200余人次走进法院，参加集中宣判、观摩庭审、座谈交流，亲身体验法治文化。主动向社会宣传法律，通过开放庭审、以案讲法、发布典型案例等方式，最大限度发挥裁判导向作用及典型案例的警示教育作用。制作《今日招远》法院专刊，做好“平安金都”电视专题，扩大和增强普法教育的辐射面、渗透力。

2015年7月10日，新任人民陪审员进行宣誓

【队伍建设强化素质】　2015年，市法院从严教育、从严管理、从严监督，提高队伍思想政治素质、业务工作能力、职业道德水平，打造正规化、专业化、职业化法院队伍。以廉洁司法教育活动、“三严三实”专题教育活动、纪律作风集中教育整顿活动为载体，扎实推进队伍思想建设、能力建设、作风建设、文化建设、廉政建设。强化教育培训和岗位锻炼，以提升庭审、裁判文书质量为核心，以“周末文化大课堂”为平台，开展法官论坛、个案教学、专家讲座22场次；举办审判实务、司法警察实战演练等各类培训班4期，培训干警120

2015年10月23日，书记员速录大赛

人次。春节后上班第一天组织干警面向宪法宣誓，坚定法治信仰，恪守司法良知。开展“公德、孝德、爱德、美德”四德法官评选，远学邹碧华近学身边法官，以榜样的示范作用带动全院形成勤勉敬业、无私奉献、创先争优的浓厚氛围。开展书记员技术比武大赛，奖优罚劣。坚持守土有责、敢于担当，严格落实党风廉政建设主体责任和监督责任，确保法官清正、法院清廉、司法清明。组织全院125名在职在岗干警进行述职述廉。出台《廉政约谈暂行办法》，规定约谈情形、内容、方法。建立法院内部人员过问案件的记录制度和责任追究制度，回访案件当事人120件次。

【自觉接受监督】　2015年，市法院进一步健全代表建议、委员提案的交办、审核、通报制度，办复建议、提案3件，做到件件有回音、事事有着落；采取寄送工作汇报、座谈、走访、致电等方式，加强与代表、委员联系，主动征询意见建议，全年寄送信函870封，召开烟台市、招远市人大代表、政协委员座

2015年4月16日，建立诚信承诺体系新闻发布会

谈会2次，征集意见、建议42条，均反馈落实整改情况。邀请人大代表观摩庭审200人次。向市人大常委会专题报告执行工作情况，并认真落实审议意见。接受烟台市人大常委会视察1次。受理市纪委批转信件13件、中院及院长督办案件28件，由纪检、监察部门登记并提出处理意见、建议，分管领导调度督办。受理信访局转办信函36件，由信访办跟踪督查、落实限期处结责任，全部在 5日内将处理情况做出书面反馈。健全新闻发言人制度，加强与媒体沟通，及时发布司法信息，接受舆论监督。充分发挥两微、两网作用，畅通民意沟通渠道，办理四级法院举报网站来信28件，全部做出规范回复。回复中国金都政务网市民对话留言59条，反馈89000热线情况31条。

【被告人李某贩卖毒品案】 2014年3月下旬，被告人李某在烟台市芝罘区金象泰小区地下停车场向陈某甲、张某甲出售甲基苯丙胺8克，收取毒资1600元。另外，被告人李某还向于某某、张某乙、陈某乙等人出售甲基苯丙胺。2014年3月29日，被告人李某在烟台市芝罘区金象泰小区被招远市公安局民警抓获，被查扣毒品共计240.92克。经鉴定，查获毒品中检出甲基苯丙胺成分或甲基苯丙胺和咖啡因成分。综上，被告人李某贩卖毒品数量为248.92克。有公诉机关提交并经法庭质证、确认的证人证言、书证、现场笔录、扣押物品、文件清单、鉴定意见、辨认笔录、电子数据及被告人李某的供述等证据予以证实。招远市人民法院认为，证人陈某甲、张某甲的证言均证实被告人李某向其二人贩卖甲基苯丙胺8克。证人张某乙、陈某乙、于某某等人证实从被告人李某处购买过甲基苯丙胺，虽然被告人予以否认，但从被告人李某手机中的短信记录、各证人证实的情况，能够形成完整的证据链，证实被告人李某贩卖甲基苯丙胺的事实。被告人李某因贩卖毒品被公安机关抓获，公安民警从其住处查获的毒品240.92克，应认定为其贩卖毒品数量。被告人李某违反国家关于毒品的管理规定，向他人贩卖甲基苯丙胺，其行为构成贩卖毒品罪。公诉机关指控的罪名成立。招远市人民法院依照《中华人民共和国刑法》有关条款规定，判决被告人李健犯贩卖毒品罪，判处有期徒刑15年，并处没收财产人民币8万元。

【原告王某某与被告招远市某某农机有限公司产品责任纠纷案】 2014年5月23日，原告王某某在被告招远市某某农机有限公司处购买自走式谷物联合收割机1台，被告为原告出具收款收据，产品型号为福田4LZ-5F1，金额为86000元。2014年6月28日，被告为原告出具机动车销售统一发票，厂牌型号为4LZ-5F1，价税合计为119500元。在2014年5月28日至6月8日，原告跨区作业收割小麦期间，该收割机行走带多次断裂，并存在变速箱输出轮故障等问题，原告在河南台前服务站等处多次维修。原告要求被告退货，被告拒绝。2014年11月10日，原告将收割机放在被告仓库，被告为原告出具收条。2014年10月13日，原告以招远市某某农机有限公司、福田雷沃国际重工股份有限责任公司为被告起诉至招远市人民法院，要求被告向原告退还货款及经济损失11.6万元，并负担本案诉讼费用。2014年10月29日，福田雷沃国际重工股份有限责任公司提出管辖权异议。2014年11月30日，原告提出申请，申请撤销对福田雷沃国际重工股份有限公司的起诉。2015年4月28日，原告提出回避申请，招远市人民法院依法更换审判人员进行审理。审理中，原告在2014年12月30日第一次开庭中变更诉讼请求，主张被告提供的产品合格证没有加盖生产许可证标志和认证标志且在维修时故意拖延，认为被告存在欺诈行为，要求被告赔偿原告购车款和经济损失的3倍，计款447000元，并在规定时限内补交了案件受理费。原告向法庭提交了购车手续、产品合格证、三包服务凭证、维修记录及相关材料等证据，被告对原告的维修事实不予认可，对其他证据没有异议。法庭委托市法院技术科、烟台市质量技术监督评估鉴定所、山东产品质量司法鉴定中心对车辆质量进行鉴定，均无法完成法院提出的委托事项的鉴定，予以退回。根据本案的案情，招远市人民法院在庭审中，就原告的诉讼请求向原告予以释明，征求原告意见是否变更诉讼请求为退货退款和赔偿损失，原告坚持要求被告3倍赔偿其经济损失，不同意变更诉讼请求。因原告不同意调解，致使本案无法调解。招远市人民法院经审理认为：根据有关法律条款规定，原告从被告处购买自走式谷物联合收割机，在使用过程中出现故障问题，被告对原告的车辆进行维修、更换，原告向法庭提交证据证明该事实，被告应当按照相关法律规定承担相应的法律责任。本案中，原告没有充足的证据证明被告的行为有符合有关法律规定的赔偿原告3倍经济损失的情形，因此原告要求被告3倍赔偿其经济损失，证据不足，依法不予支持。招远市人民法院依法判决：驳回原告王某某要求被告招远市某某农机有限公司赔偿经济损失447000元的诉讼请求。案件受理费8005元，由原告王某某负担。

【原告招远市某工程有限公司诉被告招远某某金属回收有限公司、姜某某、王某某、杨某某、孙某某等人担保责任追偿权纠纷案】 被告招远某某金属回收有限公司于2007年6月22日成立，注册资本为200万元，股东名录载明：股东为姜某某、王某某、杨某某、孙某某，各股东持股比例均为25%。2011年10月19日，招远市工商行政管理局作出企业年检行政处罚决定书：吊销招远某某金属回收有限公司的营业执照。2009年10月30日，被告招远某某金属回收有限公司向招远市农村信用合作联社大秦家信用社借款147万元，由原告招远市某工程有限公司提供连带责任保证。借款到期后，被告招远某某金属回收有限公司偿还1144881元，余款325119元未还。2010年2月27日，被告招远某某金属回收有限公司向招远市农村信用合作联社大秦家信用社借款300万元，由原告和招远市某金矿提供连带责任保证。借款到期后，被告、原告和招远市某金矿均未还款。招远市农村信用合作联社大秦家信用社于2011年3月8日起诉至招远市人民法院，招远市人民法院于2011年12月15日作出判决：招远某某金属回收有限公司于判决生效后10日内偿还招远市农村信用合作联社大秦家信用社借款300万元，2011年2月20日前的利息72000元，并承担本金300万元自2011年2月21日至还款之日按年利率10.3545%计算的逾期利息。招远市某工程有限公司、招远市某金矿对被告招远某某金属回收有限公司上述应付款项承担连带清偿责任。因被告、原告和招远市某金矿均未主动履行该判决，招远市农村信用合作联社大秦家信用社向市法院申请强制执行，原告付给该信用社借款及利息1503496元，并交纳案件受理费31376元、申请执行费33633元。2014年3月11日，原告以诉称理由向招远市人民法院提起诉讼。审理中，被告招远某某金属回收有限公司主张其于2011年10月22日成立清算小组，并提供一份“招远某某金属回收有限公司关于成立清算小组的决定”，被告王某某称其不清楚是否成立清算组，对被告的该主张不予认可。被告王某某称被告的主要财产已被招远市某金矿占用，资金和账目也被该矿工作人员带走。另查明，杨某某、孙某某均系招远市某金矿的工作人员。招远市人民法院经审理认为，原告依照本院生效的民事判决，偿还被告在招远市农村信用合作联社大秦家信用社的借款本息1828615元并支付案件受理费31376元、申请执行费33633元，事实清楚。原告作为连带责任保证的保证人承担保证责任后，有权要求被告偿还垫付的借款本息1828615元及案件受理费31376元、申请执行费33633元，但原告要求支付案件受理费及申请执行费的利息没有依据，依法不予支持。本案双方争执的焦点是四位股东应否对被告招远某某金属回收有限公司债务承担连带清偿责任。有限责任公司的股东以其认缴的出资额为限对公司承担责任，公司以其全部财产对公司的债务承担责任。被告招远某某金属回收有限公司被吊销营业执照后，即出现了法定的解散事由，应该在吊销营业执照之日起的十五日内成立清算组，开始清算。被告招远某某金属回收有限公司主张已成立清算小组，而被告王某某称不清楚是否成立清算小组，被告招远某某金属回收有限公司未依法公告且无证据证明已通知债权人申报债权，故被告某某金属回收有限公司并未依法开始清算。被告招远某某金属回收有限公司、杨某某、孙某某均主张公司的主要财产、账册等均由被告杨某某、孙某某监管，而原告和被告姜某某、王某某均称公司的主要财产、账册等由招远市某金矿控制，虽然双方说法不一致，但可以认定被告招远某某金属回收有限公司的主要财产、账册等并未灭失，原告无证据证明被告招远某某金属回收有限公司无法清算，故原告以四位股东怠于清算为由，要求四位股东对被告招远某某金属回收有限公司的债务承担连带责任的理由不成立，依法不予支持。原告无证据证明被告招远某某金属回收有限公司公司无法清算，要求四位股东对被告的债务承担连带责任的理由不成立，依法不予支持。招远市人民法院依法判决：被告招远某某金属回收有限公司付给原告招远市某工程有限公司垫付的借款及利息1828615元，并按中国人民银行规定的同期贷款利率自垫付之日起计付利息至本判决生效之日，于判决生效后10日内履行。被告招远某某金属回收有限公司付给原告招远市某工程有限公司案件受理费31376元、申请执行费33633元，于判决生效后10日内履行。驳回原告招远市某工程有限公司要求被告姜某某、王某某、杨某某、孙某某承担连带清偿责任的诉讼请求。驳回原告招远市某工程有限公司的其他诉讼请求。案件受理费23491元，由被告招远某某金属回收有限公司负担。原告招远市某工程有限公司不服一审判决，向山东省烟台市中级人民法院提起上诉。二审查明的其他事实与原审查明的事实一致。判决驳回上诉，维持原判。二审案件受理费23491元，由上诉人招远市某工程有限公司负担。

【关于原告杨某某诉被告招远市城镇职工医疗保险事业处、第三人招远某金矿工伤保险待遇行政给付案】 原告为被告处的参保职工。2010年3月2日，原告在工作中受伤。2010年8月6日至8月16日，原告在烟台山医院住院10天。原告住院和治疗伤病共花费医疗费14673.74元。2010年12月11日，原告向烟台市人社局提出工伤申请。烟台市人社局受理后做出认定，原告受到的事故伤害为工伤。第三人不服，向莱山区人民法院提起行政诉讼，烟台市中级人民法院指定招远市人民法院审理，做出判决维持烟台市人社局的工伤认定决定书。第三人仍不服，向烟台市中级人民法院提起上诉，烟台市中级人民法院作出判决维持招远市人民法院的行政判决。原告遂向招远市人民法院提起民事诉讼，要求第三人支付一次性伤残补助金、一次性工伤医疗补助金、一次性伤残就业补助金、工伤医疗费及住院期间伙食补助费等费用，招远市人民法院以工伤医疗费与住院伙食补助费应由工伤基金支付为由只支持了原告除工伤医疗费与住院伙食补助费以外费用的诉讼请求。原告不服，向烟台市中级人民法院提起上诉，烟台市中级人民法院维持了招远市人民法院判决。后原告向招远市人民法院提起行政诉讼，要求判令被告支付工伤医疗费14673.74元、住院期间伙食补助费60元。招远市人民法院根据国务院《工伤保险条例》有关条款规定，认为原告作为被告处的参保职工，在工作中受到伤害，并被认定为工伤，应当享受工伤医疗待遇，被告未给付原告工伤待遇直接涉及原告的合法权益。根据有关法律条款规定，原告具有提起本案行政诉讼的主体资格，被告招远市城镇职工医疗保险事业处是招远市社会保险行政部门按照规定设立的社会保险经办机构，负责办理招远市行政区域内的工伤保险事务。本案中，原告与第三人因原告的伤害是否构成工伤发生分歧，后经过司法程序才确认原告的伤害为工伤，因此第三人并非怠于履行为原告申请工伤认定的义务，也就是说第三人并非故意违背《工伤保险条例》有关条款申请期限的规定。另，第三人为原告缴纳了工伤保险费，在原告被劳动保障行政部门认定为工伤后，根据权利义务对价原则，被告应当按照国务院《工伤保险条例》有关条款规定，由工伤保险基金支付原告的工伤医疗费、住院伙食补助费并无不当。综上，原告在第三人处工作期间受伤并被认定为工伤，事实清楚；期间第三人亦为原告缴纳了工伤保险费，原告有权按照有关法规、政策的规定享受工伤保险待遇，其要求被告支付工伤医疗费和住院期间伙食补助费的诉讼请求合法，应予支持。招远市人民法院依法判决被告招远市城镇职工医疗保险事业处于判决生效后1个月内履行向原告杨某某支付工伤医疗费和住院期间伙食补助费的给付义务。案件受理费50元，由被告招远市城镇职工医疗保险事业处负担。被告招远市城镇职工医疗保险事业处不服一审判决，向烟台市中级人民法院提起上诉。烟台市中级人民法院二审审理查明的事实与一审法院认定的事实一致，认为一审法院判决认定事实清楚，适用法律正确，审判程序合法，依法应予维持。上诉人的上诉理由不能成立，依法不予支持。依法判决驳回上诉，维持原判。二审案件受理费50元，由上诉人招远市城镇职工医疗保险事业处承担。

（撰稿：巩晓燕　　审稿：杨一梅）

司法行政工作

招远市司法局领导成员

局　长：冯书贵

副局长：宋书琴（女）　王志坚

148指挥协调中心主任：王庆田

公证处主任：孙淑凤（女）

公证处副主任：张玉敏

【机构设置】 招远市司法局内设办公室、法制宣传教育科、律师公证管理科、基层工作科、政工科、社区矫正管理办公室、法律援助中心，下辖14个司法所。2015年，机关行政编制22人，司法所行政编制19人。

【概况】 2015年，招远市司法局在人民调解、普法宣传、基层司法所基础建设、社区矫正、帮教安置、公证事务、律师事务、法律服务等方面成效显著，为建设和谐稳定城市做出积极贡献。市司法局被中华全国人民调解员协会评为人民调解宣传工作先进单位，被烟台市文明办评为市级文明单位，被招远市委、市政府评为社会治理创新工作先进单位、农村工作先进单位、社会管理综合治理工作先进单位、信访工作先进单位等。金岭镇司法所被省司法厅评为重点工作完成先进集体，梦芝街道司法所、宋家法律服务所被烟台市司法局评为全市司法行政系统先进集体，公证处、山东通昌律师事务所被招远市委、市政府评为政法工作先进基层单位。蚕庄镇司法所所长李兴刚被司法部授予“全国优秀司法所长”称号，3名干警获得省级以上荣誉，4名干警获得烟台市级荣誉。

【人民调解】 2015年6月，市司法局开展为期3个月的调解卷宗评查工作，对8个镇（街道）的236份卷宗进行复查，合格率达到93.7%。在毕郭、阜山等镇开展“春季调解员培训班”，共有261名调解员参加培训。11月25～27日，市司法局在市委党校举办全市基层人民调解员骨干培训班，全市各司法所所长及各镇调解员业务骨干共130人参加，招远市政府副市长王秀姬、招远市委党校副校长张永梅、招远市司法局局长冯书贵、烟台市司法局基层科科长刘以辉参加开班仪式，会议由冯书贵主持，王秀姬作讲话。是年，全市共有调解员2269名（专职803名、兼职1466名），各级调解组织共排查各类矛盾纠纷1389件，调处成功1383件，成功率98%。规范医调委工作流程，共调处医疗纠纷18件，达成协议8件，正在调处5件，引导走法律程序5件，接待电话咨询124人次。

2015年11月25日，全市基层人民调解员骨干培训班

【普法依法治理】 2015年，市司法局确定8个“六五”普法验收示范点，打造“法德讲堂”600处，“法德共促会”实现全覆盖，法治文化阵地30处，落实51个责任单位“谁执法、谁普法”责任制。开展“法治中国与我同行”演讲比赛。全年共开展大型法治宣传活动12场次，发放各类宣传材料3000余份，通过“法治金都”官方微博发送普法动态信息256条，在烟台普法网刊载工作信息22条。12月8日，市司法局紧紧围绕“弘扬宪法精神，推动创新、协调、绿色、开放、共享发展”的主题，组织全市政法机关、行政执法部门及相关单位共31个职能部门的100余名普法工作者在府前广场开展一场声势浩大、形式多样的大型宪法集中宣传教育活动。活动现场，共设立咨询台31个，发放法制宣传材2000余份、展出展板30块，悬挂宣传横幅25条、解答群众法律咨询100余人次，受教育群众达1000余人，宣传效果良好，全市法治氛围更加浓厚。

2015年12月8日，招远市司法局组织全市31个职能部门的100余名普法工作者在府前广场开展宪法集中宣传教育活动

【社区矫正和安置帮教】 2015年，市司法局按照省司法厅规范化标准，投资建成高标准的社区矫正中心，建立集中宣告室、教育学习室、监控室、检察室、心理矫正室、宣泄室、档案室等6个刑罚执行综合场所。招远市被列为“全省社区矫正标准化试点”（全省共4处，招远市为烟台市唯一一处试点）。规范社区矫正调查评估机制，共调查评估92人，评估结果全部被法院采纳。7月，配合市人大内司委完成社区矫正调研工作。10月20日，全省社区矫正标准化试点工作启动会在招远市召开，标志着全省社区矫正标准化试点工作全面启动。社区矫

正标准化试点工作是由省司法厅、省质监局依据全国、全省社区矫正工作会议的部署要求，以健全完善社区矫正执行体系为总揽、以贯彻落实《社区矫正法》、提高社区矫正工作质量为中心联合开展的一项试点项目，旨在统一社区矫正工作流程、职责和标准，充分发挥试点辐射带动作用，促进全省社区矫正工作由制度化、规范化、法治化向标准化提升。年末，全市在册社区服刑人员422人，其中缓刑351，假释65人，暂予监外执行6人。

2015年10月20日，全省社区矫正标准化试点工作启动会在招远市召开

【公证工作】 2015年，全市公证人员共办理各类公证事项2210件，业务量增长10%，业务收费69.6万元，同比增长35%。

【律师工作】 2015年，律师担任法律顾问103家，办理各类法律事务2678件。其中：办理民事案件267件，刑事65件，非诉讼42件，行政4件，代写法律文书2300件；解答法律咨询8000多人次，挽回经济损失4000多万元，业务收费达300万元。

【法律援助】 2015年，援助中心提供法律咨询1256余人次，共受理各类案件310件，结案273件，共为当事人挽回损失或取得利益200万元。组织全市律师、公证员、法律服务工作者、法律援助、148等法律服务人员101人，组建14个镇（街道、区）的“法律管家”服务团，确定25名符合条件的律师到市人民法院开展值班工作，全市通过“12348”法律援助热线平台解答法律咨询920 人次，接线率 100%。重阳节当天上午，招远市法律援助中心组织通昌、浩源、乾平等律师事务所6名律师及法律援助中心的工作人员，在府前广场举办老年人法律援助宣传活动，共发放宣传资料300余份，解答各类法律咨询45人次，现场气氛热烈浓厚。

2015年重阳节，招远市法律援助中心组织通昌、浩源、乾平等律师事务所6名律师及法律援助中心的工作人员在府前广场举办老年人法律援助宣传活动

【基层法律服务】 2015年，全市基层法律服务所办理民事诉讼案件178件，承办非诉讼法律事务共1030 件，担任法律顾问28家。

【山东通昌律师事务所】 2015年，全所共有执业律师16人。全年共承办各类案件113件，其中刑事案件28件，民事和经济案件72件，行政案件4件，非诉讼案件9件，解答法律咨询4800余次，代写法律文书1025件，办理法律援助案件36件，避免和挽回经济损失2570余万元，受聘担任常年法律顾问达到30家，业务收费167.1万元。

【山东浩源律师事务所】 2015年，全所共有执业律师7人，实习律师1人。全年办理案件共计66件，其中民事案件19件，刑事案件10件，非诉讼案件37件，解答法律咨询880余次，代写法律文书520件，办理法律援助案件6件，避免和挽回经济损失498万元，受聘担任常年法律顾问达到30家，业务收费35.9万元。

【山东乾平律师事务所】 2015年，全所共有执业律师5人，实习律师2人，内勤人员1人。全年共办理案件75件，其中民事案件办理37件，刑事案件办理13件，非诉讼案件办理20件，解答法律咨询1100余次，代写法律文书430件，办理法律援助案件9件，避免和挽回经济损失600万元，受聘担任常年法律顾问达到32家。

（撰稿：刘　芸　　审稿：梁新宇）

地方军事

人民武装部

招远市人民武装部领导成员

部　长：乔世堂

政　委：姚吉光

副部长：孟令才

招远市人民武装部下属单位负责人

政工科科长：栾胜杰

后勤科科长：张　翔

民兵武器装备仓库主任：林国伟

民兵训练基地主任：温桂刚

【机构设置】　招远市人民武装部为正团级单位，县级领导班子之一，中共招远市委书记兼任武装部党委第一书记。下设军事科、政工科、后勤科以及招远市民兵武器装备仓库、招远市民兵训练基地。编配部长、政治委员、副部长各1人。工作机构设军事科、政工科、后勤科3个科。招远市民兵装备仓库和招远市民兵训练基地均为副科级单位，隶属于招远市人民武装部。2015年，人武部编制30人，现役编制8人，实有9人；地方编制19人，实有21人；专武干部3人，职工18人。

【概况】　招远市人民武装部既是市委的军事工作部，又是市政府兵役工作机关，接受市委、市政府和上级军事机关双重领导，负责辖区的民兵和兵役工作。2015年是全军贯彻落实古田会议精神、推动作风建设向纵深发展、大力开展清理整治、国防军队改革实质展开的重要一年，全体干部职工在上级首长机关的正确领导和帮抓指导下，开展"三严三实"专题教育，振奋精神，真抓实干，围绕警备区年度工作指示和本级年度工作规划，转观念、转作风、正风气，推进民兵预备役建设、正规化建设，把上级各项指示和要求落到实处，人武部全面建设取得新进步。

【从开展专题教育整顿入手，加强思想政治建设】　2015年，市人民武装部坚持用上级决策指示统一思想，开展"三严三实"专题教育，做好民兵高炮分队训练和演习、军队改革等特殊时期的思想政治工作，广泛开展经常性思想工作，确保全体干部职工思想稳定、信念坚定。注重抓好上级指示精神学习。参加上级电视电话会议，抓好会议精神的学习贯彻，充分利用党委中心组理论学习、周二和周五大交班时间，组织干部职工学习全军政治工作会议精神、中央军委主席习近平重要指示、上级各项指示要求。特别是上级关于战备值班、征兵工作、民兵工作、干部和财务工作等新政策出台多、要求多，及时抓好传达学习，真正把上级要求转化为干部职工的自觉行动。扎实抓好各类教育活动落实。上级统一组织开展"学习践行强军目标、做新一代革命军人"主题教育、"三严三实"专题教育、"守党规、严纲纪、正品行"专题教育等大项教育活动，按照上级部署安排，拟制计划方案，扎实抓好各类教育的开展，特别是"三严三实"专题教育整顿，警备区和招远市委同步展开，时间跨度长、标准要求高，完成学习教育、专题民主生活会、清理整治、督查执纪4个阶段的规定动作，取得应有的成效。注重抓好政治纪律和政治规矩培育。学习贯彻古田政工会精神，抓好政治纪律和政治规矩的培育，结合全军清网行动，引导全体干部职工不妄议国家方针政策、不传播小道消息、不在微信QQ等交互平台上发布敏感话题和不当言辞、不在公众场合谈论涉军信息，切实做到政治清白、言行规范，杜绝各类政治性问题的发生。扎实做好双拥共建和参建帮扶工作。配合招远市创建"双拥模范城"工作，配合民政局完成双拥工作有关数据统计。完成拥军支前潜力调查和管理信息系统上报，为招远市拥军潜力储备奠定基础。先后两次组织慰问招远籍老红军、老干部，参加招远市"爱心一日捐"活动，共捐款6000余元。考察确定蚕庄镇西山王家村帮扶工作，对贫困村情况进行建卡立档。妥善处理招远籍士官家属发布涉军谣言信息等10余起涉军案件、军属维权、上访调解工作，维护军队形象和军属权益。11月，协调市委市、政府做好警备区演习慰问工作，进一步密切军政军民关系。做好政治考核等业务性工作。完成2人转业报到和3人档案清查整理工作和政治实力统计、党内统计、计划生育管理、支前潜力调查、个人事项报告等数据上报工作。完成213名高中毕业生报考军校和国防生、35名报考士官学校和直招士官、400余名应征报名入伍青年的政治考核工作。11月，迎接警备区政治工作考评，政治教育、理论学习、会议记录、组织生活、征兵宣传和政治考核等政治工作的开展，均得到检查考评组的一致好评。

【切实转变作风，加大安全管理力度，大力整饬机关工作秩序】 整风整改是工作的主基调，也是市人武部贯穿全年的一项重点工作。2015年初开始，结合深入开展“三严三实”专题教育、干部和财务大清查、安全大检查工作，坚持抓一事成一事，安全行管、办公秩序和工作作风等方面有明显改观。规范战备工作秩序。严格落实战备值班制度，制定下发《机关战备值班补充规定》，重点对值班员和副值班员职责、值班室秩序进行规范，确保值班员24小时在位履责。加强战备拉动和应急演练，修订完善营区防卫、防暴和应急救灾等各类应急行动预案18个，并定期组织全体干部职工进行演练。制定本级民兵应急分队对各类应急预案的训练演练，进一步提高民兵应急分队的整体素质和执行任务能力。规范安全制度。3月，组织开展“学法规、用法规、守法规”活动，坚持落实“三委会”制度，针对省军区到市人武部安全检查中指出的问题，专门召开党委会，对相关责任人进行批评教育，研究制定整改措施，进一步规范各类登记统计。5月，开展“五项整治”活动，对安全隐患进行全面排查，共排查出12类共83项隐患苗头，并进行限期整改。经常性开展安全管理教育，及时传达上级违法违纪和亡人事故通报，对酒后驾驶、酗酒滋事、网上乱说乱转等违规操作和不安全因素，做到逢会必讲、发现必纠，确保安全教育不漏一人、安全工作不出闪失。重新明确保密室、档案室、传真室管理人员和职责要求，完善红外感应报警器、营区视频监控体系，配备防暴器材，更换大厅门锁和门铃，建立军警民联防制度，保证技防、人防互为补充、融为一体。严格车辆封存、车辆派遣、带车干部、领导审批等制度，减少用车次数和行程，降低车辆行驶速度，确保车辆动用万无一失。加强文电、涉密载体、用印、用电、取暖、煤气、消防等管理，堵塞安全漏洞苗头。对营区、民兵武器装备仓库和民兵训练基地进行专项检查和整修，排除安全隐患。规范办公秩序。坚持从现役干部做起、从身边小事抓起，坚决把不符合上级规定要求的问题梳理清，把单位和个人作风上存在的突出问题解决好，重点落实上年制定的《机关日常工作秩序规范》，对上下班制度、交接班制度、请销假制度、着装、卫生清扫、值班执勤、用车用电用水等进行统一规范，全体干部职工形成统一的思想，能自觉遵守各项管理规定，自觉维护武装部形象，自觉按照各自职责开展好工作。规范各类登记统计。按照人武系统规范要求，先后完善会议记录、值班记录、来客登记、车辆派遣、学习记录、用印登记、档案管理、物资器材借还、固定资产存放等各类登记统计，坚持每周制定菜谱，明确保障用餐等各类日常采购出入库登记，确保采购物目有进有出、进出有登记。规范组织生活。以《党章》和《政治工作条例》为遵循，规定每周五下午党团活动，内容设置为学习党的理论、党课辅导、召开党的会议和组织党内活动，每人能认清形势，积极主动参加，杜绝组织生活不经常、组织活动不愿参加甚至不参加等不正常现象。

2015年7月12日，在民兵训练基地对民兵双37高炮成员进行训练

【坚持聚焦中心，真抓实练，不断提升军事素质和执行任务能力】 2015年，市人武部以警备区军事训练指示为指引，坚持把军事训练作为经常性中心工作，做到真训实练，全体干部职工和民兵预备役人员军事素质得到进一步增强。突出抓好部机关本

级训练。科学制订训练计划，落实机关体能、一体化训练要求，严格抓好自学自训，训练期坚持每天下午集中组织体能训练。积极参加上级组织的军事培训、集训，年初7人参加警备区封闭集训，均取得优异成绩，2人成绩被评定为优秀。重点抓好基层专武干部训练。针对专武干部成分较新的实际，及时进行专题培训，主要对工作任务和方法套路进行讲解示范，确保专武干部队伍复训任务完成。4～6月，集中对基层武装部部长进行军事基础训练和军事理论摸底考核并进行排名，确保参加两级军区基础科目考核的优良率。突出抓好应急及重点分队训练。上半年，先后组织3名空军预编士兵和2名海军预编士兵返岗训练，圆满完成预编士兵复训任务。6～7月，组织对各基层武装部所辖民兵分队进行轮训，组织对招金、中矿、金都百货、电业局民兵分队进行集中强化训练，重点学习军人队列动作和轻武器操作使用，有效提高基本队伍的军人养成和基本素质。先后2次集中组织基干民兵、应急民兵分队300余人次进行轻武器射击训练，消耗各类弹药8000余发。高标准完成民兵高炮分队训练和演习。根据上级指示命令和年度计划安排，招远市民兵双37高炮分队共99人参加省军区组织的对抗演习活动，此次活动涉及人员多、周期长、任务重、要求高，从4月开始，在前期组织6名高炮分队骨干赴青岛民兵训练基地参加专业培训的基础上，按照1：3的比例进行先期训练，并于7月13日至8月25日在民兵训练基地进行为期28天的全员封闭训练，主要完成战术基础动作、轻武器操作及实弹射击、单个炮手和炮班操作、对各种目标射击等科目训练，为后续的参演任务奠定了基础。接到参演任务后，部党委高度重视，多次召开协调调度会议，反复修改计划方案，并从友邻部队借调2名教练班长，全程指导分队训练，全体参演人员能克服困难和工训矛盾，从选择到开设炮阵地，从准备物资器材到全员全装备机动，以极大热情和高度负责的态度投入到演习中，展示招远市民兵高炮分队的精神面貌，保证演训任务的安全顺利完成。

2015年7月10日，在民兵训练基地对民兵双37高炮成员进行训练

2015年10月18日，民兵双37高炮分队在徐家店演训基地参加省军区组织的实兵对抗演习

【从职能使命入手，不断提高国防动员能力水平】

2015年，市人武部深化民兵组织调整改革成果，探索新形势下兵役工作特点规律，进一步强化法纪意识、责任意识和使命意识，以高度负责的精神做好民兵整组、武装部达标建设和年度征兵工作。扎实做好民兵整组工作。深入贯彻落实中发《关于加强和改进新形势下民兵工作意见》和招发《民兵预备役组织整顿意见》，3月召开全市民兵组织整顿工作会议，对整组的内容、时间、程序及民兵队伍设置、各类分队建设进行筹划部署。打破编制限制，在建强招金中矿125人的民兵应急连的基础上，将玲珑金矿50人武装支援保障分队纳入应急队伍双重建设，并计划在金都百货等流通领域组建民兵应急排，正在考核过程中。深入指导，推进基层武装部达标建设。基层武装部达标建设是上级规定的硬性指标，是开展武装工作的重点，军事科能制定详细帮抓方案，拿出有效解决措施，积极协调市委、市府解决困难和矛盾，在年初专题调研的基础上，先期对玲珑、夏甸、辛庄、蚕庄、阜山等镇进行达标建设，采取一对一的帮建模式逐步完成其他基层武装部的达标建设，取得初步成效。高标准做好征兵工作。2015年是施行夏秋季征兵的第三年，也是各项征兵新政策较真抓落实的一年，为高标准完成年度征兵任务，全市兵役机关和全体征兵工作人员兢

2015年9月7日，烟台警备区领导与市征兵办在市人武部召开2015年度征兵会议

兢业业、任劳任怨，以高度负责的工作态度完成兵役登记、征兵宣传、体检和政治考核任务，坚持廉洁征兵、系统辅助定兵和公开透明征兵的原则，圆满完成年度征兵工作任务，特别是在完成大学生征集任务中，克服很多困难，取得良好的效果，完成上级赋予的314名新兵征集任务，超额完成大学生征集任务，未出现不廉洁问题、责任退兵问题。规范民兵信息员职能。年初对全市民兵信息员组织进行优化部署，先后设置重点民兵信息员103人，对各个民兵信息小组进行业务培训，并制作下发专用登记本，建立专用网络信息交流平台，每月投入3000余元奖励经费，有效调动民兵信息员的工作积极性。全年共收到民兵信息员上报信息50余条，确保了及时掌握社情、控制局面。

【强化服务意识，努力提升综合保障能力】 2015年，市人武部着眼财务工作形势和后勤工作实际，着重抓好财务工作大清查和基础设施建设，重点做好民兵高炮分队训练演习等训练物资器材装备等后勤保障。开展财务工作大清查和资产大清查。按照《全军财务工作大清查实施方案》明确的“四查四治”内容，重点对2013年度和2014年度各项经费收支使用和管理情况进行全面彻底清查，共计检查各类凭证3232张，更换虚假发票27张，完善相关财务手续15份，退还和追缴各类款项3万余元。对所属固定资产和库存物资进行账目核对和实物盘点，并拍照登记确认，做到一项资产、一个编码、一幅图片。加大战备训练基础设施建设力度。结合开展安全隐患排查工作，先后投资4.7万元，整修民兵武器仓库，对走廊及宿舍楼的排水管道进行重新整理，部分位置重新进行防水施工，整理和更换部分老化外墙线路，重新硬化部分武器仓库生活区地面，维修危墙和部分老化线路。投资15.8万元，购买自动报靶系统，进一步提高民兵应急分队训练效率。投资8万元，购买帐篷和各类野战桌椅。投资9万元，购买背囊、被褥、应急灯等各类战备物资，有效保障本级训练、集训和民兵高炮分队训练演习任务。不断改善干部职工工作生活环境。清理超占住房2套，解决干部随军家属临时公寓房问题。积极联系地方政府，解决随军家属子女上学和就业问题。投资1300余元，更换陈旧和破损的生活设施设备，改善干部职工办公和住宿条件。投资1万余元，为职工购买配发迷彩服、体能训练服和冬常服等相关服饰，营造拴心留人的良好氛围。

2015年12月15日，在全都百货集团组织民兵分队军事训练

【贯彻党委工作方针，凝心聚力，着力加强党委班子建设】 2015年，市人武部坚持党委集体领导，严格落实民主集中制原则，正确实施科学有力的领导，保证工作开展和整体建设的正确方向。着力提升班子成员的党性觉悟和政治鉴别力。始终把抓理论学习作为加强党委班子建设的基本途径和有效措施，特别是当国际、国内形势发生重大变化、党和国家军队大政方针出台、社会上出现不良思潮时，能及时组织党委成员进行学习思考，引导大家洞察当前形势，增强政治敏锐性和鉴别力。坚持党委议事原则，发挥战斗堡垒作用。认真贯彻党委民主集中制，在完成征兵、演习等大项活动和大项经费开支时，坚持集体研究、民主决策，注重加强党委班子团结，坚持大事讲原则、小事讲风格、遇事多沟通，不断提高整体领导效能，真正做到劲往一块使、钱向需处投。强化模范带头作用，维护自身形象。班

子成员能够自觉落实廉政规定，维护自身形象，坚持不拿原则做交易，不搞以权谋私，较好地维护军队声誉和军人形象。

（撰稿：杨　鹏　　审稿：孟令才）

预　备　役　团

【概况】　2015年，预备役226团在师党委正确领导下，在招远、莱州两市党委政府的大力支持下，坚持以强军目标为统领，以整风整改为基调，铸魂固本，聚焦中心，正风肃纪，开拓创新，年度各项工作任务圆满完成，部队建设呈现出稳步推进的良好势头。

【双重领导】　2015年，预备役226团以密切军政军民关系为基础，融合发展有新进步。招远和莱州两市委、市政府对部队建设高度重视，组织领导坚强，宣传教育深入，支援保障有力，营造了关心支持国防建设的浓厚氛围。每逢重大节日，两市党委、政府和企事业单位的领导均到军营看望慰问官兵，平时积极协调解决随军家属就业、子女入学、经适房分配等问题，解除了干部的后顾之忧。部队官兵注重发挥自身优势，积极为促进经济社会发展做贡献。先后完成招远、莱州两市部分行政机关、企事业单位和学校的军训任务，积极开展国防教育和社会主义核心价值观教育，积极倡导正能量和社会主义新风尚，积极参加山林防火等急难险重任务，树立了人民军队的良好形象。

【思想政治建设】　2015年，预备役226团以贯彻古田全军政工会精神为主线，思想政治建设有新加强。利用党委中心组学习、上级理论培训、部队学习教育等时机，认真组织学习习近平主席系列重要讲话精神，坚持在“深下去、用起来”上下功夫、见成效。226团被省军区表彰为学习贯彻古田政工会精神知识竞赛组织工作先进单位。采取多种形式抓好“学习践行强军目标，做新一代革命军人”主题教育落实，扎实开展“新一代革命军人样子”大讨论活动，在经常性思想工作中深化教育效果。坚持从多个层面发掘和培养典型，组织召开先进典型事迹报告会，使大家学有榜样、干有目标。认真落

2015年2月28日，“三严三实”主题教育体会交流

为指控中心设置岗哨

实上级支援老区和双拥工作指示要求，投入5.6万元，对驻地老秦家村进行帮扶和资助贫困学生，取得初步成效。以开展“三严三实”专题教育整顿为契机，作风建设有新成效。着眼践行“三严三实”要求，扎实组织开展学习教育、专题民主生活会、清理整治和督查执纪。专题民主生活会着重围绕习近平主席指出的10个方面问题，深入查找差距，深刻剖析原因，研究修订《团党委常委加强作风建设措施》，推动了改进作风常态化。结合整组等时机深入调查摸底，广泛听取意见建议，区分责任立项解决。

【战备训练】　2015年，预备役226团以参加预备役部队对抗比武为牵引，战备训练有新成果。团党委聚焦中心、议训管训，全团官兵顽强拼搏、奋勇争先。训练中打出39个50环，涌现出一批射击尖兵；在师封闭式集训中获得3个综合名次、4个单项第一，单位综合成绩名列前茅；参加军区比武考核一举夺得团队总分第一名，特别是参加比武的6名预

备役军官表现突出、成绩优异。226团被省军区表彰为军事训练优胜单位和兴武建功先进单位。突出实战化训练，226团先后5次赴海阳徐家店进行指挥所开设及构筑工事等演习演练，取得一批训法战法成果，受到上级首长机关的肯定和表扬。全年累计投入50余万元，平整训练场地，引进自动报靶系统，购买演练物资，提高了军事训练质量。投入经费40余万元，大力加强作战值班室和作战室建设，提升了全团战备水平。

现役官兵火箭筒射击训练

2015年11月13日，军事演练

【管理教育】 2015年，预备役226团以落实依法治军要求为重点，安全管理形势有新改观。牢固树立“保安全就是讲政治”思想，每月定期召开“三委”联席会议和党委“议管”会议，确保依法治军要求落到实处。扎实开展“学法规、用法规、守法规”活动，有效提高了官兵的法治素养。认真抓好专项整治，先后开展作风纪律教育整顿、安全隐患大排查、百日安全竞赛和专项保密清理检查等活动，及时强化法纪观念，消除安全隐患。充分发挥安全组织职能作用，加强季节预防，加强检查督导，加强安防设施完善，加强防暴恐演练，打牢了部队安全发展的基础。

2015年3月26日，组织二营机枪连集结点验

【综合保障】 2015年，预备役226团以提高服务保障效能为目标，后装工作有新发展。依据上级指示精神，组织对经费管理情况自查复查，进一步规范了财务管理秩序。扎实开展资产清查工作，逐一建账登记，促进了科学管理。226团累计投入30余万元，装修改造办公楼、招待所和公寓楼，更换供水系统和办公设施等；招远市投入20余万元，对团公寓楼进行外墙保温、楼顶防水处理和楼宇防盗门加装，改善了官兵工作生活条件。突出抓好车辆维修保养和枪弹日常管理，积极保障重大训练考核任务，全年共动用自动步枪1331支次、冲锋枪325支次、手枪993支次、轻机枪27挺次、40火箭筒20具次，消耗各种枪弹40870发，武器装备管理正规有序。

后装处组织检修器材

【基层建设】 2015年，预备役226团以承担新《纲要》贯彻试点为载体，基层建设水平有新提高。在上级领导机关的有力指导下，紧贴预备役部队工作特点，坚持思想先行，突出解决问题，注重军民融合，积极探索预备役部队贯彻落实新修订《军队基层建设纲要》的方法，经验做法被省军区转发推广。针对部分官兵对预备役基层建设认识不足、重视不够等问题，狠抓教育引导，下力纠偏正向，强化了依法抓建、全面抓建、主动抓建“三种意识”。为解决预任官兵编而不实、营连部建而不用、预建党组织设而不强等问题，坚持政策激励、创新方法、加大投入、加强培训，提升了按纲抓建的标准。

2015年7月2日，传授射击技巧

【为地方“四个文明”建设服务】 2015年，预备役226团秉承“双向作为”理念，在抓好部队全面建设的同时，注重发挥自身优势，积极为促进经济社会发展做贡献。先后完成对招金金炼、金翅岭金矿、招远一职专、西苑学校、招远高职、莱州市双语学校、莱州五中等单位，共计2000余名员工、学生的军训任务，积极开展国防教育，培育良好作风。同时，经常组织防火训练和演练，积极参加山林扑火等急难险重任务，得到有关单位和人民群众的广泛赞誉，树立了人民军队的良好形象。

（撰稿：朱学庆　刘立峰　　审稿：梁文杰）

2015年6月30日，二二六团与老秦家村结成帮扶对子

人　民　防　空

招远市人民防空工程管理处领导成员

主　任：隋丰胜

副主任：丛　兵

【机构设置】 招远市人民防空工程管理处为正科级事业单位。2015年，内设综合科，共有人员5人。

【概况】 2015年，市人防工程管理处坚持以全市人防工作要点为总抓手，以年度考核项目为工作要点，坚持依法行政，转变工作作风，把改革创新贯穿于人防建设各项工作。是年，市泉山中学王朝霞、康淑玲，金晖学校李昀，丽湖学校侯玉欣，毕郭镇毕郭初中刘克章被烟台市人民防空办公室、烟台市教育局评为烟台市人防教育先进个人。市泉山学校、张星镇张星学校、新村初级中学被烟台市人民防空办公室、烟台市教育局评为烟台市人防教育先进集体。

2015年6月30日，防空防灾疏散演练进学校

【继续推进人防进社区工作】 2015年，市人防工程管理处按照社区人防（民防）建设工作“以点带

面，逐步推广”的要求，社区人防（民防）体系建设达标率达到100%，确定金晖社区、花园社区、魁星社区、魁星东社区和锦绣社区为达标社区。年初，按照细化人防进社区工作实施方案和分类建设标准，深入各社区进行工作对接，平时加大督导力度，年内圆满完成达标任务。

【扎实做好人防军事斗争应急准备】 2015年，市人防工程管理处按照《关于做好2015年度防空警报建设工作的通知》要求，通信警报建设稳步发展。完成警报控制系统和改频升级改造工作。年内更新全市警报控制系统、增加警报控制终端的远程遥控电源开关控制模块、增加遥控上电防误鸣模块等新设备，与烟台人防办信息中心和指通科进行咨询，制定采购、建设、升级改造建设方案。7月，邀请南京厚华、杭州美伦公司的专业人员对全市22台警报器进行检修维护，结合“8·15”警报试鸣，开展社区居民防空防灾应急疏散演练活动。逐步推进信息化建设。在与烟台市指挥系统建立高效畅通的人防机动指挥通信网络的基础上，按照烟台人防办的统一部署，6月16~19日，参加了福山区预备役训练中心开展的全烟台市人防系统指挥通信拉动训练活动，检验了人防指挥车辆、通信电源、短波电台等车载设备的正常使用，进一步提升了人防机动指挥通信保障水平。

【规范人防工程建设和管理】 2015年，市人防工程管理处深入贯彻《中共中央、国务院、中央军委关于深入推进人民防空改革若干问题的决定》，落实省、烟台市关于下放行政审批事项的要求，完成县市结建防空地下室独立审批工作，制定出台招远市人防主管部门职责明确的分工工作程序，坚持以建为主的原则，强化督导和调度，提高工程竣工率。对全市未按进度完成审批程序的工程项目进行督导，下达催办通知单50多份；共计完成面积22138平方米的人防工程审查意见，其中玲珑泉兴花园面积2853平方米、金光香格里拉面积19285平方米；完成人防易地建设费征缴66万元。

2015年6月30日，在泉山学校组织开展防空防灾疏散演练

【广泛开展人防宣传教育】 2015年，市人防工程管理处全面落实山东省人民防空办公室《关于转发〈山东省人民防空宣传教育“五进”工作标准〉的通知》文件精神，深入开展社会宣传教育工作。上半年，主要围绕安全生产月，在府前广场开展人防宣传咨询工作，发放人防宣传资料，人防图片展示等。继续做好学校人防宣传教育工作。认真落实省人防办、省教育厅等7部门《关于加强人民防空教育工作的通知》精神，继续做好学校人防教育工作，督导全市中小学校落实人防教学计划、时间和内容，组织开展防空防灾应急应演练活动。按照全市人防工作要点要求，继续推进县级人防教育示范学校建设，创建泉山学校为招远市人防教育示范学校点，并投资5万元购进人防宣传挂图、展示柜、展示器材。6月25日，聘请烟台人防设备厂家专业人员在泉山学校开展防空防灾知识培训。6月30日，在泉山学校开展防空防灾应急疏散演练活动，创建设示范学校的准备工作已基本就绪，年内迎接烟台市统一验收。

2015年6月25日，防空防灾知识讲座

（撰稿：宋晓蕾　审稿：隋丰胜）

农　　业

综　　述

中共招远市委农业工作委员会领导成员

书　记：王兴田
副书记：刘秉新
纪委书记、监察室主任：温天光
委　员：王克文　宋永臣　孙洁泉　宋吉龙
张忠强

招远市农业局领导成员

局　长：王兴田
副局长：刘秉新　王克文
招远市农业综合执法大队大队长：张忠强
副大队长：郭连军　吴洪兴　王清江
招远市经营管理总站站长：刘占祥
副站长：温乐成　栾世春　温玉义
山东省农业广播电视学校招远分校校长：张　友
副校长：高玉国　温　平（女）

【机构设置】　招远市农业局内设办公室、政工科、政策法规科、农产品质量安全监督管理办公室、财务科、产业化经营与发展科、科技教育与信息科、种植业管理与安全生产科、扶贫开发办公室，下辖招远市农业技术推广中心、招远市果业总站2个正科级事业单位和招远市农业综合执法大队、招远市经营管理总站、山东省农业广播电视学校招远分校等3个副科级事业单位及招远市农村能源技术服务站1个股级事业单位。2015年，共有在编人员160人，其中行政人员23人，事业人员137人。

【概况】　农业转型升级步伐加快，现代农业示范区创建工作全面展开。2015年1月，招远市被农业部认定为第三批国家现代农业示范区，国家现代农业示范区创建工作全面启动。2015年，全市新建矮砧集约苹果示范园面积122公顷，应用物联网技术示范园区面积114公顷，更新老果园面积96公顷；完成测墒微喷水肥一体化示范区建设面积203公顷，在金岭镇大户陈家村、阜山镇吕家村建立“苹果蜜蜂授粉及绿色防控技术集成项目核心示范区”面积200公顷。投资428万元的农业物联网智慧服务平台设备安装调试结束，即将投入运营。烟台市以上农业产业化龙头企业达到22家，其中国家级1家、省级7家、烟台市级14家。

2015年9月23日，烟台市农业局局长白国强考察双塔食用菌基地

【农村沼气】　2015年，招远市承担国家农村户用沼气、养殖小区联户沼气工程和农村沼气服务网点项目。其中，在齐山、毕郭、阜山、张星等镇13个村建设农村户用沼气800户，户用沼气以户建10立方米的国标沼气池或“联户沼气”模式为主要建设内容，同时进行改厨、改厕。在齐山镇北马驻埠、阜山镇冯草洼、毕郭镇南泊子3村建设养殖小区联户沼气工程8个，供240户用气，联户沼气以30户农户为单元，以畜禽粪便污水为原料建设150立方米小型沼气，通过管道实现向附近农户提供集中沼气。在齐山、夏甸、阜山、蚕庄、毕郭5镇10个村，建设农村沼气服务网点10处，每个服务网点配备秸秆粉碎设备1套，2立方米沼渣沼液出料车1辆，沼气检测设备、维修工具各1套，沼气配件1宗，做到“五有”即：有店面、有电话、有懂技

术的维修人员、有配件，为招远市沼气建设持续健康发展提供可靠保障。农村沼气工程项目，依托果菜生产基地或畜禽养殖场建设沼气池，结合污染治理和资源循环利用，因地制宜开展“三沼”综合利用，以点带面，指导全市做好沼液、沼渣综合利用，发展生态循环农业，促进全市沼气建设向纵深发展。

2015年9月23日，金岭镇大户陈家村农业部测墒微喷水肥一体化项目物联网控制中心

【耕地质量提升项目】 2015年，全面完成2014年耕地质量提升项目。2014年，招远市承担山东省耕地质量提升项目，项目包括土壤改良修复、农药残留治理、秸秆肥料化利用、地膜污染防治、畜禽粪污无害化处理五项工程。项目区位于蚕庄、张星、毕郭、阜山、夏甸、玲珑等9个镇，涉及农业企业7家，农民专业合作社8个，畜禽养殖场10家，镇农业技术推广站9家，由34个实施主体分别或综合承担建设任务。项目总投资3059.79万元。项目区计划总实施面积3080公顷，其中：土壤改良修复项目区面积860公顷，农药残留治理项目区面积493.33公顷，秸秆肥料化利用项目区面积310公顷，地膜污染防治项目区面积2220公顷。至2015年11月，完成全部投资计划，共完成投资3074.56万元，占项目总投资的100.48%。其中，完成省级财政投资计划1500万元，建设单位自筹1574.56万元。耕地质量提升项目围绕增加土壤有机质、减少农药用量，实行秸秆还田，推广氧化—生物双降解生态地膜、畜禽粪便无害化利用，减少污染、降低生产成本，提高作物产量、改善产品品质、增强农民化肥减量意识，实现耕地养分投入产出平衡，达到培肥土壤，提高耕地综合生产能力的目的。

【农村经营管理】 规范农民专业合作社发展。截止到2015年底，全市农民专业合作社达到908家，农民入社率达到65%，被评为省级示范社有11家，被评为烟台市级示范社有6家，开展农村金融互助业务有3家。烟台市在招远市召开现场会，给予高度评价。农村财务管理工作。2015年，按照省委巡视组要求，组织对全市724个村2011年1月至2015年6月财务情况进行审计，解决农村财务管理中存在的问题，并进一步加强制度建设，建立长效机制，促进农村财务管理的规范化建设。稳步推进土地承包经营权确权登记颁证工作。到2014年底，全市724个行政村，其中662个有地村，596个村开展调查摸底和测绘勘界工作，占全市有地村数的90%。其中，565个村已经完成测绘勘界工作，占全市有地村数的85.3%；开展工作面积38400公顷，占全市耕地面积的77.8%；完成测绘面积36133.33公顷，占全市耕地面积的73.2%；印发经营权证书402个村，占全市有地村数的60.7%。在土地承包确权登记过程中，共化解土地承包确权登记纠纷52起，维护了社会稳定。到2015年底，全市14个镇（街道）、662个有耕地的村、13万户、49333.33公顷耕地，有622个村完成确权登记颁证工作任务，完成率94%，土地承包确权47366.33公顷，占全市耕地总面积的95.9%，建立农村土地承包经营权登记簿120938份，向农户颁发农村土地承包经营权证108530本。建立全市土地承包经营权确权登记档案和信息化管理系统。在土地承包确权登记过程中，全市没有发生一起因土地承包确权登记引发的群体事件、越级上访事件。引导土地有序流转，培育新型农业经营主体，发展适度规模经营。到2015年底，全市土地流转总面积达到7639.6公顷，占全市耕地总面积的 15.4%。有29家工商企业参与土地流转，流转面积142.2公顷；有45 家农民专业合作

红富士苹果

社流转土地面积613.3公顷；申报50亩以上的种粮大户58个，流转土地面积295.1公顷；40个家庭农场已获审批，流转土地面积330.3公顷。搭建招远市农村产权交易平台。2014年12月，搭建招远市农村产权交易平台，实现市、镇、村三级上通下联、信息共享、规范运作的现代农村产权交易网络体系。2015年，进一步规范农村产权交易市场，解决农村土地流转纠纷30起，接待流转政策咨询70起、98人次，流转交易挂牌45起，流转耕地面积397.2公顷，“四荒”（荒山、荒沟、荒丘、荒滩等）地面积60.13公顷。农行招远支行为福旺家庭农场办理土地抵押贷款1笔，38万元。招远市农村产权交易中心先后接待省委调研室、省农工办和烟台市委、市政府、市人大、市农业局及潍坊市寒亭区、青岛市胶州、莱芜市莱城区等地市领导观摩考察12次。

【农业执法】　2015年，市农业综合执法大队按照市委、市政府和市农业局工委要求，认真履行对种子、农药、肥料农资投入品的监管职能，为全市农资投入品的生产、经营和农产品质量安全提供保障。利用集日咨询、阳光投诉、下乡检查等多种形式，送法下乡。在农资产品集散地、经营场所以及集中居住地散发明白纸，利用“3·15”“12·4普法”等法律法规宣传活动，发放购买放心种子、农药、肥料明白纸以及农资整顿通告，普及识假辨假知识，提高农民群众的自我保护和经营者的守法意识。2015年，组织参加烟台市举办的执法人员培训班3次，提高大队执法人员的素质与水平；组织部分人员参加省农业厅培训班2次；向全市所有农村家庭发放国家禁限用农药宣传材料，总计2万余份；培训农资生产、经营企业人员近300多人次，提高经营企业人员懂法守法的意识。抓好农资源头管理。在全市开展“两项制度”（农资经营备案制度、高毒农药定点经营制度），对农资生产厂家、经营业户生产销售产品实行备案制度，从生产厂家开始对进入招远市的农药、肥料、种子品种登记造册，严格实行“二账二票一卡一书”（即进销台账、进销发票、农资商品质量信誉卡、农资商品质量承诺书）的可追溯制度。对1000多个农药产品进行登记备案，并对全市所有经营业户的信息及经营品种进行登记，全市大的种子经营业户基本健全种子经营档案。执法大队每年与全市所有农资经营单位签订《农资经营质量承诺责任书》。2015年，在烟台市农业局年终考核中，招远市的农资备案数量、规范程度在烟台各（县、市）区名列前茅，受到上级领导表扬。在全市开展高毒农药定点销售制度，对定点经营高毒农药的18家专营单位进行挂牌，对高毒农药实行专柜、专人、专账、实名销售管理。开展专项整治，强化市场监管。2015年，开展“春季农资打假专项整治”“国家禁限用农药治理”和“苹果药袋专项整治”等5项大的活动。每项活动从活动方案的制定到活动的实施开展，均层层落实责任，扎实抓好实施，确保专项活动不走过场，取得真正实效。同时，对招远市金都百货、振华商厦、佳乐家超市、家家悦超市、站前批发市场所销售的气雾杀虫剂、驱蚊剂、樟脑等卫生杀虫剂进行全面检查，确保全市居民使用安全。是年，共出动执法人员400多人次，先后对全市所有的农资经营业户进行拉网式检查4次，农药、肥料立案8起，结案8起，种子立案3起，结案3起。配合烟台市局做好农资市场执法抽查工作。先后协助烟台市种子管理站、省药检所进行种子、农药市场检查抽检。抓好农产品

2015年9月6日，招远市农业综合执法大队在进行农业执法

2015年7月29日，招远市农业综合执法大队在进行农业执法

质量安全工作。2015年，协助局农产品质量安全科对招远市的蔬菜、果品进行农药残留例行监测100多次，对全市蔬菜基地、超市共抽样120个，招远市蔬菜检测合格率达到100%。

种植业

【概况】 2015年，国家将农民种粮直接补贴、农资综合补贴和农作物良种补贴合并为农业支持保护补贴，补贴资金用于支持耕地地力保护和支持粮食适度规模经营。以核定的种植小麦面积为依据，招远市每亩发放耕地地力保护补贴资金125元，共发放补贴资金4071.6万元，对37户符合条件的种粮耕地面积50亩以上的种粮大户发放补贴资金23.87万元。招远市认真落实花生良种补贴、小麦“一喷三防”（指在小麦穗期通过一次性喷施杀虫剂、杀菌剂、植物生长调节剂和叶面肥等，达到防病、防虫、防干热风，实现增粒重的一项关键技术）、政策性农业保险等惠农政策，组织实施小麦良种统一供种，以粮油高产创建为抓手，大力发展以种粮大户为主的粮食规模经营主体。到2015年底，全市耕地经营规模50亩以上的种粮大户达到82个、种粮家庭农场8家、种粮农民合作社5家。是年，在遭遇持续严重干旱的情况下，招远市因地制宜搞好技术指导，抓好田间管理，粮油产量好于预期，种植业健康发展。全市农作物播种面积65508.4公顷，其中粮食作物播种面积49549公顷（其中小麦播种面积23576.5公顷，玉米播种面积25502.2公顷），粮食总产量319765吨（其中小麦总产量134376.4吨，玉米总产量182481.3吨）；花生播种面积14331.3公顷，总产量60943.4吨；蔬菜及瓜果播种面积1623.8公顷，总产量112756.7吨。

2015年9月23日，飞机进行病虫害防治

【小麦种植】 招远市在小麦生产上，全面落实“一喷三防”补助、政策性保险等政策。组织实施小麦良种统一供种，开展小麦高产创建活动，实施“十、百、万”高产示范工程。按照“稳氮、减磷、补钾”施肥原则，大力推广深耕深松、高产良种、适期播种、宽幅精播、测土配方施肥和“一喷三防”等关键技术。大面积推广烟农24号、鲁麦21号、青丰1号、青农2号品种，做到良种良法配套。2015年，招远市组织实施的小麦良种统一供种项目，推广优质小麦良种面积10312公顷，涉及补贴村579个，补助农户39041户。承担农业部小麦万亩高产创建示范片2个，平均亩产分别为617.9公斤和621.2公斤，其中十亩高产攻关田平均亩产达到768.18公斤。政策性小麦保险每亩保费15元，每亩保险金额375元，按照中央财政补贴15%、省级财政补贴35%、招远市财政补贴30%、农户自担20%的保费比例，发动农民自愿参保，全市有486个村、40179农户参保总面积8985公顷。全市累计有126个村、3008户，因干旱、大风等受灾面积481公顷，获理赔资金共计60.86万元。

【玉米种植】 2015年夏季，招远市罕见大旱，玉米播种困难，播种期延迟、玉米苗期滞长，部分地块株苗枯萎。至8月初，玉米轻旱面积6666.67公顷，重旱面积13333.33公顷，上万亩玉米因旱无法播种。面对持续的严重干旱，招远市组织农业技术人员深入田间地头查墒情、查旱情、查病情，因地制宜、分类指导农民科学抗旱，最大限度地减少旱灾损失。在玉米生产上重点推广浚单20、郑单958、金海5号、登海3622、隆平206等高产稳产品种及“一增四改”（增加种植密度、改种耐密型高产品种、改套种为直播、改粗放用肥为测土配方施肥、改人工种植为机械作业）、测土配方施肥、适期晚收等重点技术，积极开展高产创建，带动全市玉米均衡增产。2015年，分别在张星镇、辛庄镇、夏甸镇、毕郭镇落实4个万亩高产创建示范方，共涉及71个行政村，13680户农民，面积2719公顷。在苗期遭遇严重干旱的情况下，力足抗旱保夏种夏管，万亩高产创建示范方平均亩产605.5～612.8公斤，其中辛庄镇万

2015年7月21日，玉米苗期干旱症状

亩示范方平均亩产611.2公斤、张星镇612.8公斤、毕郭镇605.5公斤、夏甸镇605.7公斤。

【花生种植】 结合实施花生良种补贴项目，推广花育33号、花育22号、花育31号、潍花8号品种和深耕翻细整地、增施有机肥、科学施用配方肥、机械覆膜规范化播种、抓好病虫害防治为重点的综合生产技术。2015年，全市落实花生良种繁育补贴面积1400公顷，补贴581个村、补贴农户17173户，统一供应花生原种420吨，中央财政补贴资金294万元。通过实施花生良种繁育补贴，进一步促进招远市花生良种繁育体系建立和完善。继续开展花生高产创建活动，落实1个万亩高产创建示范片，覆盖齐山镇和夏甸镇的26个村、3482农户，总面积674公顷，经专家组测产验收，平均亩产389.2公斤。

【蔬菜种植】 在蔬菜生产上，积极推进设施栽培，高度重视产品质量安全，加强无公害蔬菜生产基地建设，大力推广无公害标准化生产技术，积极扶持龙头企业、合作社、种植大户办理“三品一标”（有机农产品、绿色食品、无公害农产品、农产品地理标志）认证。2015年，全市瓜菜总产量112757吨。双塔绿蔬园蔬菜标准园，实行工厂化、标准化、规范化生产，年可生产金针菇15000吨、日产香菇30吨，可实现周年生产，四季出菇，产品合格率达到100%。至2015年底，蔬菜产品取得无公害农产品认证10个、蔬菜产品取得绿色食品认证7个。

（撰稿：杨凤奎　　审稿：王志刚）

农业技术推广

招远市农业技术推广中心领导成员

主　任：刘建军（女）

副主任：陈建友　盛坤军　孙常刚

【机构设置】 招远市农业技术推广中心是财政全额拨款事业单位，内设农技站、植保站、土肥站、蔬菜站、环保站、质监站（农业质量监督检验测试中心）、财务科和办公室8个站办，核定编制53人。2015年，实有在编人员50人，其中专业技术人员49人（其中研究生7人）。专业技术人员中，农技推广研究员6人，高级农艺师10人，农艺师26人。其中享受国务院特贴1人、烟台市学科带头人1人、招远市有突出贡献中青年专家1人。

【概况】 2015年，市农业技术推广中心按照“稳粮增收、提质增效、创新驱动”的总要求，高起点谋划、主动作为，扎实开展技术指导服务工作，不断增强服务现代农业发展的科技支撑能力，各项工作扎实推进，开创了农技推广工作新局面。围绕现代农业发展，全市累计引进、试验示范小麦、玉米、花生、瓜菜等新品种27个，推广先进成熟技术11项。年内，山东农业信息网、烟台日报、烟台农业信息网、招远政务网、招远电视台、今日招远、美丽乡村等媒体宣传报道21次，由市政府上报烟台市府办信息3条。根据市长对烟台政务调研的批示，高标准完成招远市农田质量状况的专题调研报告并及时上报市政府，为招远市现代农业可持续发展提供科学依据。自主创新能力不断增强，年内获国家发明专利1项，获山东省农牧渔业农业技术推广合作奖1项、烟台市科技进步二等奖1项、招远市科技进步二等奖1项，招远市专利奖二等奖1项。2015年，获全省土肥工作先进集体和 2015年度“第一书记”暨后进村帮扶工作服务基层先进单位等称号。

【新品种引进、试验与推广】 2015年，共引进、试验、示范小麦新品种9个，玉米5个，花生3个，瓜菜10个，共计27个新品种，安排新品种展示田7处，新品种包括小麦：济麦23、济麦39、山农20、山农22、山农24、山农29、鲁原502、科源088、烟农5158；玉米：东科301、鲁单999、伟科702、登海618、迪卡667；花生：花育33、花育36、山花9；黄瓜："菠萝1号""翠丰1号""喜旺""吉斯特"；番茄："朝研299""赛欧尼亚""东美""盛美"；花椰菜："云松70""雪白1号"。

【新技术引进、试验与推广】 2015年，重点加大土壤深耕、酸化土壤改良、绿色防控等11项农业新技术的推广。其中，小麦主推宽幅精播、氮肥后移、"一喷三防"（采用杀虫剂、杀菌剂、植物生长调节剂、叶面肥等混配剂喷雾，防病虫害、防干热风、防早衰）、绿色增产等技术；玉米主推机械精播、"一增四改（合理增加玉米种植密度、改种耐密型品种、改套种为直播、改粗放用肥为配方施肥、改人工种植为机械化作业）"、适期晚收、"一防双减（玉米大喇叭口期一次施药兼治多种病虫，减少玉米中后期穗虫发生基数、减轻病害流行程度）"等技术；花生主推标准化机械播种、测土配方、增加密度、灵活化控、病虫草害综合防治等技术，促进了农民增产增收。围绕全市农业生产的热点和难点，抓好科技创新研究，突出解决农业生产存在的主要问题，先后安排苹果氮磷钾肥梯度、土壤改良、2+X试验（至少包括常规施肥和优化施肥处理，另外增加对养分高效影响较大而修正的优化施肥处理，如：优化施肥+Ca、优化施肥+Zn等）等共计27处200个小区的田间试验示范，每处试验都制定科学合理的试验方案，专人负责田间试验管理，定期进行田间观察记录，完成总结报告20余份，初步建立现代栽培模式果树的施肥指标体系，筛选出一批增产增效、抗旱抗逆新型肥料产品以及改良土壤的新形态肥料和调理剂。

2015年5月12日，粮田病虫害绿色防控示范区

【加强指导培训，提高农民科技素质】 2015年，全市平均降雨量偏少，农业灌溉用水不足，适时提高了现场指导服务频率，进行科学防灾，技术减灾，最大限度减少旱灾损失。先后开展苗情、墒情、病情、虫情、灾情五情集中调查活动700余次，制定发布生产技术指导意见16份，深入农村田间地头指导360余次，为农民解决技术疑难问题200余个，热心接待农户来访来电470人次。针对小麦生长后期罕见干旱，提出喷施叶面肥、灌水冲肥保叶促粒重和防倒伏的技术措施；针对玉米生长前期干旱少雨，及时组织技术人员开展玉米生产情况实地考察、专家会商，研究提出结合浇水或趁降雨前追施攻穗肥，适期晚收最大限度地挖掘玉米粒重潜力、提高产量的技术措施，为夺取招远市粮食丰产丰收起到有力支撑。全市23333公顷小麦平均单产达到5609.25公斤；22667公顷夏玉米平均单产达到6690公斤。为更好为招远市农户服务，指导开展农业生产工作，把信息化作为农技推广的重要手段，建立招远农技推广网、手机信息服务平台、助农信息服务平台和微信平台，向农户推送农技信息，累计发布各类新闻动态、病虫预报、墒情简报、生产指导意见等信息100余条，网站点击率达到1.87万次。将物联网作为实施"互联网+"现代农业行动的一项根本性措施，加快推广应用，在金岭镇大户陈家村现代栽培模式苹果、葡萄测墒微灌水肥一体化技术示范基地成功应用物联网技术，真正实现无人情况下的自动测墒灌溉，远程监控作物生长和远程指挥调度，节水节肥节工效果突出，促进农业向智能化、精准化方向发展。

【粮油高产创建活动】 为了充分挖掘粮食生产潜力，以高产创建为抓手，推进技术集成创新。2015年，继续承担农业部小麦、玉米、花生高产创建和小麦玉米周年绿色增产模式攻关技术研究，针对粮油生产中的薄弱环节和技术瓶颈，在辛庄镇、张星镇、毕郭镇、齐山镇、夏甸镇等地建设小麦、玉米和花生高产创建万亩示范片7个，省粮食高产创建3万亩示范片1个，从种子、肥料、灌溉、机械化4个层次上，优化高产栽培技术，推广以小麦"一深、一增、一防、三改"为核心的绿色增产模式集成技术，玉米足墒机械精量直播和"一增四改"高产栽培集成技术，花生适期规范化播种、合理增密和灵活化控集成技术，实施良种良法配套和农机农艺结合，克服干旱少雨不利气候影响，全部圆满完成产量目标，顺利通过各级验收。省农业厅组织专家分别在6月19日、9月25日、10月13日，对小麦、花生、玉米10亩高产攻关田进行实打验收，平均公顷单产分别达到11520公斤、10095公斤、13575公斤。烟台市农业局组织专家对省粮食高产创建进行验收，小麦、玉米合计单产为16632公斤/公顷。9月，张星镇付家村绿色增产模式攻关工作经验应邀在全省绿色增产模式攻关座谈会上进行交流；10月，张星镇付家村绿色增产模式攻关工作现场成为烟台市三秋生产现场会的主要观摩点。

【测土配方施肥】 以提升耕地质量和水肥利用率为目标，大力开展化肥使用量零增长行动，整建制推进测土配方施肥，加快发展节水农业。结合招远市实际，以苹果为重点，主要采取推进测土配方施肥减量、推进有机肥资源利用减量、推进水肥一体化技术减量、实施酸化土壤改良减量和推进新产品新技术应用减量等技术措施，把化肥减量增效和提质增效落实到重点作物和重点环节上，有序推进化肥使用量零增长行动的开展。按照实施方案要求，以抓基础工作常态化、配方肥推广市场化、技术服务个性化为重点，超额完成目标任务，推广测土配方施肥技术78000公顷。农民科学施肥意识得到提高，重大量元素、轻中微量元素，重化肥、轻有机肥的施肥习惯正在逐步发生改变，施肥结构逐步优化，施肥方式也逐步改进。以新型农业生产经营主体为切入点，按照“突出重点、典型示范、逐步推广”的原则，建设苹果、葡萄、小麦—玉米和马铃薯—玉米水肥一体化五种模式测墒微灌水肥一体化示范区203.2公顷，并为不同基地建立个性化微灌施肥制度，改善了项目区农业基础设施条件，探索了现代农业规模化经营模式下粮田水肥一体化管理的成功模式，已成为玉米-马铃薯轮作种植必不可少的关键技术，促进了水肥一体化技术普及应用和本土化，带动了周围农民学习使用水肥一体化技术的积极性和主动性，辐射带动面积达到667余公顷，有效提高了农业抗旱减灾能力，在2015年遭遇罕见旱情的气候条件下，为全市农业增产增收起到了重要作用。10月30日，顺利通过省农业厅组织的验收，专家一致认为项目完成了合同规定的各项指标，经济、社会和生态效益显著。

2015年10月10日，烟台市政府副市长徐少宁一行到招检查张星镇付家秋收秋种情况

【农产品“三品一标”认证】 积极参加部省举办的无公害和绿色食品认证培训，加强业务能力。2015年，有5家企业7个产品申报农业部无公害农产品认证，8家企业的11个产品申报绿色食品认证，并对5个到期的绿色食品和1个无公害农产品进行续展，18个绿色食品完成年检，认证总面积达到22866.67公顷，认证率达43.2%。

【病虫测报和重大病虫害防控】 2015年，累计开展果树、小麦、玉米和花生病虫害大田调查和系统调查700余天次，向省、烟台市上报周报26期，旬报10期，电报20期，发布病虫害预报7期，电视播报病虫害防治专题6期，重点加强小麦白粉病、赤霉病、玉米锈病、葡萄霜霉病的防控，第一时间提出防治意见，并通过下发通知、网络刊发、电视播出和LED发布等方式确保信息落地。及时开展检疫性病虫害监测，均未发现一例疫情，保证了农业生产安全无疫情。

无人遥控飞行器进行统防统治

【农作物病虫害专业化防控】 2015年，继续全力推进公共植保和绿色植保，指导海达、顺丰、新良、好乡亲等合作社开展病虫害专业化防治，新增

水旱两用喷杆喷雾机、自走式喷杆喷雾机、风送式果林喷雾机和加农炮等植保器械10多台套，其中多旋翼无人遥控飞行器3架，克服了人工、地面器械作业受环境影响大的弊端。首次成功使用无人遥控飞行器防治玉米锈病、园林苗木虫害，全市累计拥有大、中、小型植保器械346台套，日作业能力400公顷，完成主要作物专业化防控面积2786.67公顷次，施药效果得到农户广泛认可。示范展示蜜蜂、壁蜂等不同授粉方式与绿色防控组装集成新技术，建立核心示范区200公顷，探索实现农药减量控害的新途径，创新植保社会化服务模式，实现装备水平、服务方式、防治观念的提升。12月，招远经验在全国蜜蜂授粉与病虫害绿色防控技术集成示范培训与总结会上做经验交流。承担小麦一喷三防和玉米一防双减项目，在规定期限内，完成政府公开招标采购和补助物资的发放，采取大面积统防联防和群众分散防治相结合的办法，实施小麦“一喷三防”面积21715.33公顷，玉米“一防双减”面积7758公顷，有力保障了招远市粮食丰产丰收。

【农产品质量检测】 2015年，坚持日日检测、周周公示，实现对全市主要农产品生产基地产前、产中和产后跟踪监测，共抽检23类蔬菜样品15906个，平均合格率98.9%。在招远政务网上发布检测通报50期，在烟台市农产品质量安全会议上，现场示范展示蔬菜速测技术。承担省农业厅委托的全省蔬菜水果质量安全监督抽查、风险监测以及无公害农产品和产地环境的检测任务，先后16次到威海、日照、聊城、济南等14个地市进行抽样，共检测蔬菜、水果、土壤、肥料等样品2125个，出具检验报告269份，提升了农产品质量水平。

（撰稿：周海燕　　审稿：刘建军）

果　　业

招远市果业总站领导成员

站　长：孙申义
副站长：杨福亮　路伟东

【机构设置】 招远市果业总站成立于1990年5月，是市财政全额拨款的正科级事业单位。内设办公室、生产技术科、名优果品开发科、果品生产监理科、果品质量监测科、产业发展科等科室6个。2015年，人员编制27人，实有工作人员19人。

【概况】 招远市果业总站主要负责果业技术试验示范、果业技术推广体系管理、果业技术培训、果业技术服务。2015年，全市果树总面积24466.67公顷，果品总产量53.77万吨。其中，苹果园面积22333.33公顷，苹果总产量50万吨。全市共建有各类无公害、绿色和有机苹果生产基地总面积11235.6公顷。果品协会、合作社发展到280多个，会员1.2万人，果品营销经纪人1000余人。果业不断发展，带动加工贮运、包装材料等二、三产业蓬勃发展。联蕾、金潮、顺达等10余家企业取得鲜果自营进出口权，年出口果品2.5万吨。全市总贮存能力达到27.5万吨，加工能力达到12万吨。果品种植面积的不断扩大，提高了全市森林覆盖率，极大改善了生态环境。在全市推广实施苹果套优质袋、花果精细管理、绿色植保技术等提质增效关键配套技术，规范建设多种类型的果品标准化生产基地，果品质量大幅度提高，优质果率达到70%以上。全市果业的发展，吸纳大量的农村劳动力就业，直接或间接从事果业生产的人员达到10万人，其中直接从事果园生产管理人员约5万人，从事果品储藏保鲜、加工及果品经营等二、三产业的人员5000多人。

2015年7月4日，现代农业果蔬产业物联项目智能化平台

【资金引进】 2015年，招远市向上争取各类项目资金560万元，其中省现代农业苹果产业项目奖补资金500万元、烟台市水果产业振兴规划项目奖补资金60万元。这为全市果业发展提供强有力的资金扶持和政策支持，推动全市果业更快更好的发展。

2015年4月21日，德鑫商贸矮砧苹果示范基地新建园

【新植果园发展】　2015年，招远市果业发展继续坚持“苹果为主，多果并举”发展思路，新植果园面积885.66公顷。其中苹果新植面积620.5公顷，建设德鑫商贸、松岭农庄、博士达果业合作社等矮砧苹果示范园5个，面积110.5公顷；葡萄栽培总面积121.1公顷，重点发展以阳光玫瑰、巨玫瑰、无核红宝石等鲜食葡萄优良品种，建设大户庄园千亩葡萄生产基地；发展以美早、萨米脱、黑珍珠、黄蜜等品种为主的大樱桃面积105公顷。

2015年8月3日，苹果现代矮砧栽培

【精品园建设】　2015年，招远市坚持“集中投入、连续扶持”原则，集中资金，向重点项目、重点园区连续投入，推进园区提档升级。重点打造了阜山镇吕家、金岭镇大户陈家、毕郭镇坤发、蚕庄镇河西育林、夏甸镇曹家洼等现代果业生产基地27个，栽培集约化、肥水一体化、喷药机械化、管理智能化等现代果业特征在这些园区得到充分体现和示范。将农业物联网技术应用于大户陈家双庙果品专业合作社，建设生产过程智能化控制、科学化管理、质量可追溯的“智能果园”。至年底，全市有50多家企业（单位）进行无公害农产品、绿色食品、有机食品和地理标志证明商标认证，建成无公害苹果生产基地面积9666.67公顷、绿色食品苹果生产基地面积1333.33公顷、有机食品苹果生产基地面积235.6公顷。

河西金矿矮化自根砧苹果精品园结果状况

【果品龙头企业建设】　2015年，招远市大力推行“公司+基地+专业合作社”“大户（能人）+农户”等多种组织形式，努力提高苹果产业组织化程度和市场竞争力。招远市烟台联蕾、山东众浩鑫果品出口东南亚、欧美市场，年出口果品2.5万吨。烟台益农果品专业合作社在海南开拓果品市场，市场占有率80%以上。蚕庄镇灵山蒋家村苹果在南京市投资2000多万元，建设大型果品冷库，使招远苹果在长江三角洲一带享有较高声誉。通过这些企业和合作社带动，年消化果品20万吨。

2015年12月12日，招远双庙果品专业合作社物联网控制中心

【品牌建设】　2015年，招远市通过“孕育一批、扶持一批、奖励一批、强化一批、提升一批”的

办法，加快果品及其加工品的名牌打造，对获得无公害农产品、绿色食品、有机食品认证的项目单位分别给予1万元、2万元、3万元奖励，打造“招元”“联蕾”“果之星”“高山雨露”等全国知名的苹果品牌6个，加速果业生产由量向质的转化。

2015年3月9日，招远市现代果业技术培训班

【果农培训】 2015年，市果业总站专业技术人员针对果业生产的季节性，分片包区、进村入户对果农进行培训500余场次，受训果农2.5万余人次。培训重点是推广新优技术，包括覆草盖膜、病虫统防统治、矮化密植栽培、现代化土肥水管理、绿色植保、精细花果管理等。针对各类标准园、示范园所在镇村、果业生产大户、重点区域重点户开展培训，培养懂知识、会经营的新型农民210人。

（撰稿：杨福亮 孙 鹏 审稿：孙申义）

畜 牧 业

招远市畜牧兽医局领导成员

局 长：王利亭
副局长：吴国明 孙树波
主任科员：孙玉兴
办公室主任：孙良瑜（女，党组成员）
监督所所长：温 鹏
兽医总站站长：苏兴海
副站长：吕洪国 杨洪波

【机构设置】 招远市畜牧兽医局为正科级事业单位，内设办公室、财务科、生产科、管理科；下设动物卫生监督所、兽医总站及13处基层兽医站（含2个分站）。2015年，局机关在编人员15人，动物卫生监督所在编人员13人，兽医总站在编人员13人，基层兽医站在编人员93人。

【概况】 2015年，市畜牧兽医局坚持“重安全、抓保护、促发展”工作思路，通过积极推进标准化养殖项目建设，加大科技创新力度，全方位调整生产结构、品种结构和区域结构，不断提高畜产品质量，实现畜牧业安全、健康、快速发展。截止到2015年底，全市生猪存栏36.83万头，肉牛存栏7.622万头，奶牛存栏0.262万头，羊存栏6.8万只。家禽存栏471.12万只，其中蛋鸡存栏264.7万只，肉鸡存栏202.3万只。奶牛存栏数量下降幅度较大，其他畜禽品种数量稳定，标准化规模化程度不断提升。全市无重大动物疫情发生，无重大畜产品质量安全事故发生。

2015年6月9日，山东省畜牧兽医局局长冯继康到山东开源牧业有限公司调研

【产业结构调整】 全市畜牧业重点向适度规模的生态化养殖、循环再利用的方向发展，通过宣传发动和技术支持，鼓励有条件、示范带动能力强的标准化养殖场配套建设粪污无害化处理设施，提高养殖场的无害化处理能力。2015年，市畜牧兽医局进一步推广全市标准化畜禽养殖场改扩建工作，加快推进畜牧产业结构调整进程。全市共有新建、扩建畜牧养殖场132处，创建1家国家级标准化示范场和4家省级标准化示范场，协助烟台大北农种猪有限公司成功申报原种种猪场。6月9日下午，省畜牧兽医局局长冯继康一行4人到招远开展畜牧业转型升级调研，烟台市畜牧兽医局局长任长良，招远市副市长赵曙光，市畜牧兽医局局长王利亭等陪同现场调研

山东开源牧业有限公司。

生猪产业。招远市生猪产业已建立起完善的生猪良种繁育体系，专门化的二元及二元杂等母系母猪推广迅速，大力发展优质瘦肉型猪，养殖效益高、市场供应充足。2015年，全市有祖代种猪场1家，父母代种猪场1家，年出栏500头以上的标准化商品猪场110家。由大北农集团投资的烟台大北农种猪科技有限公司已建成投产，自加拿大引进祖代种母猪1529头，种公猪92头，公司投产进一步健全招远市生猪良种繁育体系，极大提高生猪产业的良种化和标准化水平。

肉禽产业。招远市肉禽产业已形成“父母代种禽养殖—鸡苗供应—商品代养殖、销售”的稳定发展模式，肉种鸡行业起步较早，发展迅速，生产经营水平和企业管理能力方面已相当成熟，为招远市商品肉鸡养殖业的持续发展奠定坚实基础。商品肉鸡养殖近年来大力推广全自动笼养肉鸡模式，通过综合利用现代自动化饲养设施，全面改善肉鸡生长环境，最大限度地提高肉鸡生产能力，产品质量和养殖效益均显著提高。2015年，全市有父母代种鸡场19家，存栏父母代肉种鸡40万套；有年出栏10万只商品肉鸡场36家，其中招远市中源肉鸡养殖有限公司和招远市和祥园肉鸡养殖有限公司年可出栏商品肉鸡60万只。

蛋禽产业。招远市蛋禽产业发展稳中有升，集中集约养殖模式下的蛋鸡养殖场，在提高饲料利用率和产蛋率的同时，实行标准化生产，发展无公害禽蛋和绿色禽蛋，进行禽蛋深加工，提高附加值。招远日财禽业有限公司和针织厂蛋鸡养殖场被评为省级标准化蛋鸡养殖示范场，山东开源牧业有限公司蛋鸡养殖场获得无公害畜产品认证。

肉牛产业。招远市依托大型现代化龙头养殖企业，按照“公司+农户（代养场）+育肥基地”的模式，在全市范围内大力发展黑牛产业，通过龙头企业带动，广大散养农户参与，全面提高肉牛养殖效益。2015年，山东开源牧业有限公司打造的“源珑黑牛”已通过无公害畜产品认证，建成一条集黑牛繁育、育肥、屠宰和产品加工销售于一体的完整的产业链，被评为国家级标准化肉牛养殖示范场。

肉羊产业。近年来，招远市肉羊规模逐年扩大，养殖户投资养羊的热情较高。2015年，全市年出栏100只以上的羊场40家，种羊场2家。招远市昌顺小尾寒羊原种扩繁场存栏母羊1000只，肉羊生产已初具规模。昌顺小尾寒羊原种扩繁场和康盛牧业种羊场被评为省级标准化肉羊养殖示范场。

【惠农政策落实】　2015年，市畜牧局积极争取并实施2015年招远市基层畜牧兽医技术推广体系改革与建设项目。按照实施方案的要求，理顺管理体制，完成生猪、蛋鸡和奶牛等3个主推产业的品种和技术选定工作，以及20个示范户的筛选指导服务和30名技术人员的培训工作。

【畜牧科技培训】　2015年，市畜牧局围绕畜牧产业发展转变及养殖场户的需求，采取请进来、走出去等方式，深入开展畜禽粪污无害化处理、畜禽健康养殖及疫病检测诊断等技术培训推广。年内全市范围内组织各类培训班30余次，参训干部职工和养殖场户800余人次。结合省市各级业务主管部门开展的农技推广项目，先后组织基层干部职工和养殖户代表200余人次，到烟台、海阳、牟平等地参加相关专题培训班和现场参观考察，全面提高基层畜牧兽医技术服务质量和养殖户管理水平。

【重大动物疫病防控】　全市动物防疫工作严格坚持“以防为主、防检结合”的指导思想，严把四个关口，确保清净无疫。一是严把免疫关。按照重大动物疫病防控工作的总体要求，市畜牧兽医局每年春秋两季对全市畜禽进行集中免疫，以“市不漏镇、镇不漏村、村不漏户、户不漏只”为目标，通过加强村级防疫员培训、防疫知识宣传，强化责任落实，确保免疫密度、挂标率、持证率均达到100%。全年共免疫注射猪64.84万头，牛6.75万头，羊7.55万只，鸡813.06万羽，鸭3.77万只，鹅0.57万

招远市畜牧兽医局第二届业务技能大比武现场

只，其他禽类8.07万羽，各类畜禽免疫密度、持证率、挂标率均达到100%。春秋两季共组织开展集中强制免疫检查4次，涉及14个镇（街道、区）的104个村，208个养殖户和104个规模养殖场。二是严把检疫关。在畜禽产地、运输、屠宰、销售等各个环节均落实专职检疫人员严格把关，采取农户报检与监管兽医提示相结合的方法，严格检疫人员24小时值班制度，要求必须到场到户现场检疫，实现产地检疫率、屠宰检疫率均达到100%。三是严把监测关。在全面加强对纳入监管范围的养殖场监管力度的同时，认真开展采样检测工作。在养殖环节，结合春秋两季防疫，对全市规模养殖场进行4次"瘦肉精"的日常检测抽检工作，共抽检规模养殖场108家，采集检测尿样210份，未发现阳性尿样。春秋两季防疫中，共采集畜禽血样380多份，泄殖腔、咽喉拭子各200多份，圆满完成烟台市畜牧兽医局下达的送检任务。四是严把防疫审核关。严格审核养殖场（区）动物防疫条件，对提出申请的单位，进行严格审核，对不符合动物防疫条件的，提出整改意见。全年共受理和审核规模场、屠宰场等相关单位提出的动物防疫条件验收申请49家，通过验收并发放动物防疫合格证31个。4月15日上午，山东省畜牧兽医局副局长刘凤军一行7人到招远进行无疫区评估工作现场督导，烟台市畜牧局副局长张刚等一行3人陪同。

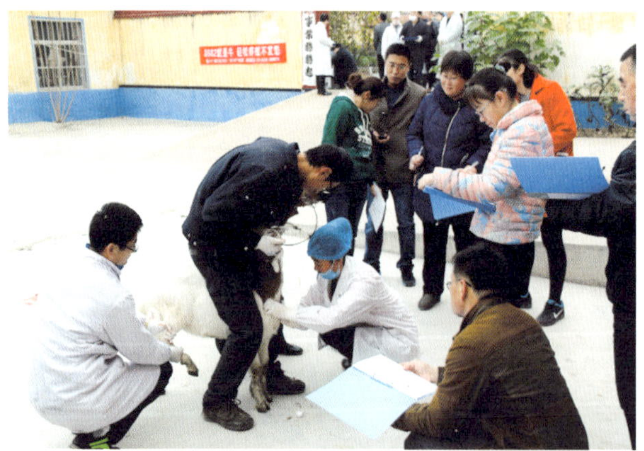

羊静脉采血比赛现场

执法人员现场抽查兽药

【畜产品质量安全】 市畜牧兽医局始终把畜产品质量安全工作摆在突出位置，狠抓不懈。重点加强对"瘦肉精"等违禁化学物品及其他国家明令禁止的畜牧业投入品的查处，加强对兽药饲料生产、经营、使用过程的监管，从源头上确保畜禽产品安全。畜牧执法监督。市畜牧兽医局在动物及动物产品监管及监督执法工作中，坚持做到文明执法树形象，案件查处抓规范，对全市的兽药经营市场实行定期稽查与巡查相结合的检查办法，加大对无证经营及非法销售生物制品的打击力度。2015年，共出动监督执法人员600多人次，检查兽药饲料生产经营单位80多个次，动物及动物产品流通经营场所50多个次，共查处各类违法案件17起，依法立案查处经营假劣兽药企业2个。各类案件全部做到事实清楚，证据确凿，程序合法，依据正确，处罚适当，当事人都能按时履行行政处罚决定，维护畜产品质量安全，保障人民群众身体健康和生命安全。食品安全专项整治。全年开展集中宣传活动2次，发放宣传资料4000余份。组织兽药行业工作人员集中学习培训1次，培训兽药行业从业人员50余人次。组织兽药经营单位负责人参加烟台兽药GSP培训班1次，共有16名负责人参加培训。食品安全宣传周活动出动宣传人员12人次，宣传车辆3车次，发放宣传资料800余份，咨询服务群众120余人次，邀请招远电视台录制食品安全宣传节目1期，收到良好的效果。

2015年招远市畜牧业生产情况一览表

单位：头、只、匹、箱、吨

代码	指标名称	期末存栏数	其中		当年出栏数	肉产量	代码	指标名称	数量
			能繁殖母畜	当年生仔畜					
1	一、大牲畜	76220	—	—	37870	6043	32	肉类总产量	74446.8
2	1.牛	76220	30020	12140	37870	6043	33	其中：牛肉	6043
3	（1）黄牛	73600	27890	11500	36800	5880	34	猪肉	48874
4	（2）奶牛	2620	2130	640	1070	163	35	羊肉	854
5	其中：荷斯坦奶牛	2620	2130	640	1070	163	36	禽肉	18675.8
6	（3）水牛	0	0	0	0	0	37	兔肉	0
7	其中：奶水牛	0	—	—	—	—	38	奶类产量	24966
8	（4）牦牛	0	0	0	0	0	39	1.牛奶产量	9186
9	2.马	0	0	0	0	0	40	其中：水牛奶产量	0
10	3.驴	0	0	0	0	0	41	牦牛奶产量	0
11	4.骡	0	—	—	0	0	42	2.羊奶产量	
12	5.骆驼	0	0	0	0	0	43	3.其他奶产量	0
13	二、猪	348300	45500	—	602300	48874	44	山羊绒产量	0
14	三、羊	68000	23100	—	48400	854	45	山羊毛产量	0
15	1.山羊	56000	18200	—	38700	678	46	绵羊毛产量	65
16	其中：绒山羊	0	—	—	—	—	47	其中：细羊毛产量	0
17	奶山羊	56000	—	—	—	—	48	半细羊毛产量	65
18	2.绵羊	12000	4900	--	9700	176	49	兔毛产量	0
19	其中：细毛羊	0	—	—	—	—	50	蜂蜜产量	11
20	半细毛羊	12000	—	—	—	—	51	禽蛋产量	34284
21	四、家禽	4711210	—	—	9546030	18675.8	52	其中：鸡蛋产量	34060
22	1.鸡	4670000	—	—	9533000	18643	53	鸭蛋产量	151
23	（1）专用型蛋鸡	2647000	—	—	1027000	2017	54	鹅蛋产量	73
24	（2）专用型肉鸡	2023000	—	—	8506000	16626	55	蚕茧产量	0
25	其中：白羽肉鸡	2023000	—	—	8506000	16626	56	其中：桑蚕茧产量	0
26	黄羽肉鸡	0	—	—	0	0	57	柞蚕茧产量	
27	（3）兼用型鸡	0	—	—	0	0			
28	2.鸭	31200	—	—	10260	21.4			
29	3.鹅	10010	—	—	2770	11.4			
30	五、兔	0	—	—	0	0			
31	六、蜜蜂	526	—	—	—	—			

（撰稿：王　宁　　审稿：王利亭）

林　　业

招远市罗山省级自然保护区管理处领导成员

主　　任：杨洪瑜（副县级）
工委书记：王国良（副县级）
副 主 任：刘竹亭　陈　军　李崇华
办公室主任：滕爱玲（女）
管理站站长：马占奎

招远市林业局领导成员

局长、党组书记：杨洪瑜
副局长：姬增山　刘竹亭　刘言龙
主任科员：王科第　孙洪铎　郭沛利
副主任科员：刘国船　王玉春（女）　滕连诗

【机构设置】 招远市林业局属财政全额拨款行政机关，内设办公室、造林绿化科、资源与林政科等行政科室3个，辖森林病虫防治检疫站、林业站、种苗站、防火办、经济林站等直属事业单位站办5个和招远市森林公安局、招远市国有罗山林场、国有招远苗圃下属单位3个。其中招远市国有罗山林场为全额拨款事业单位，国有招远苗圃为自收自支事业单位，森林公安局为副科级建制。2015年，共有人员50人。

【概况】 2015年，市林业局按照“突出重点抓造林、注重效益促发展、严格管护保成果”工作思路，积极转变发展方式，着力构建完备的林业生态、发达的林业产业和繁荣的森林生态文化体系，推动全市林业实现跨越发展。全年完成植苗造林面积1506.67公顷，直播造林面积666.67公顷，发展以核桃为主的经济林面积100公顷。

【林业规划建设】 2015年，全市生态林业建设以造林绿化为中心，以“四山三水四条线，绿化村庄和庭院”为重点，实施城郊森林工程、水源地绿化工程、景观通道建设工程和生态环境修复工程四大绿化工程，完成植苗造林面积1506.67公顷，直播造林面积666.67公顷。2015年，在烟台市林业局造林观摩会议上，招远市金岭华山生态林综合建设工程被评为优质造林工程，位居烟台市各县（市、区）第二名。招远市为确保造林切实取得实效，采取春季雨季植苗、秋冬直播等方式实施造林工程，由原先春季一季造林变为全年四季造林，不断提高造林的深度和广度。10月，市林业局在十七届人大常委会第二十八次会议上汇报近年来植树造林工作情况，接受市人大的审议，造林绿化工作得到市人大的肯定。

【林业产业发展】 2015年，招远市在林业产业发展过程中，继续坚持现代经济林发展理念，以“兴林富民”为宗旨，进一步加快林业产业发展，做大做强以核桃为代表的特色产业，做精做优以林业种苗为代表的优势产业，充分发挥林业在助农增收、富民惠民中的积极作用。充分发挥蚕庄塔山原家村省级核桃标准化示范园示范带动作用。全市新发展以核桃为主的经济林100公顷，累计投资420万元，在齐山镇建设完成千亩优质核桃示范基地，为林业产业发展注入新的生机和活力。加强现有经济林示范园的管理。对塔山原家村千亩省级核桃标准化示范园、姚格庄村30公顷茶树园，按照生产绿色、有机产品的技术规程，制定科学周年生产管理历，按照生产环节要求，及时对果农进行现场技术指导，组织现场技术培训交流会3次，参加人员23人次。发挥辛庄镇苗木生产经营基地的示范带动作用。投资12万元，新建核桃良种选育科技推广园1处，培育核桃苗木26万株。2015年，全市苗圃数量为284处，其中专业化苗圃13处、千亩以上苗木基地4处；新增育苗面积2200公顷，全市育苗面积累计达3666.67公顷，苗木生产总值超4亿元。苗木种苗生产呈现多样化、高档化、容器化发展态势。

【森林管护防火】 市林业局始终坚持把森林防火作为保护森林资源安全的首要任务，通过强化宣传教育、基础设施建设、专业队伍建设、火源管控和督导检查等五项措施，全面提升森林防火综合防控能力，确保不发生1起被上级部门通报的森林火灾，使全市森林火灾受害率控制在0.3‰以下。强化宣传教育。2015年，累计印发森林防火明白纸10万份，张贴《禁火令》等宣传标语7000份，悬挂横幅2000余条，制作安装固定宣传牌800个，联合市吕剧团到各镇（街道）进行森林防火宣传演出28场次。强化队伍建设。2015年，组建100人的市级消防专业队（招金、中矿各50人）；组建363人的镇级消防专业队，建队率达到100%。按照每500～1000亩1名的标准，招收护林队员367名，配足配齐护林员。强化基础设施物资储备建设。投资400余万元，建设完成森林火灾视频监控系统，全面监视重点林区。投资54万元，在国有罗山林场修建1处高标准瞭望塔。投资15万元，在全市10个镇（街道）的27处进山路口安装森林防火声控预警设备。新修防火通道96公里，整修防火通道500公里。市镇两级加大防火物资储备，累计投资100余万元，分别建立1处市级和14处镇（街道）级物资储备库。2015年，全市风力灭火机保有量1604台、高压水泵101台、车载高压细水雾2台、背负式高压细水雾50台、油锯157台、防火无人机1架。强化火源管控。大力开展文明祭祀活动，开发文明祭祀软件，及时更新日常祭祀信息，做到祭祀现场有乡镇干部到场、有护林员到场、有村干部到场的“三级联管、三级联动”的要求，监管好祭祀现场，并留好现场监管记录，使责任追究具体到人。强化监督检查。制定《森林防火督查工作方案》，组成由林业局4名副局长带队、森防指成员单位有关人员为组员的4个森林防火督查小组，在春节、元宵节、清明节和五一节等重点节假日以及3～5月防火戒严期内，对全市14个镇（街道）进行24小时防火督查，对存在问题的镇（街道）现场下达整改通知书，并跟踪问题整改情况，确保整改到位。

【林业病虫害防治】　2015年初，制定下发《招远市2015年重大林业食叶害虫防控工作意见》和《招远市2015年松材线虫病防控工作意见》，并分解下达防治任务，明确防控责任，开展美国白蛾、杨毒蛾、杨小舟蛾、悬铃木方翅网蝽等林业有害生物的防控工作。全市73处林业有害生物监测点，重点加强对美国白蛾、杨毒蛾、杨小舟蛾、悬铃木方翅网蝽、松材线虫病等林业有害生物的监测工作，监测覆盖率达到100%。美国白蛾、杨毒蛾、杨小舟蛾等累计发生面积2642公顷，防治面积为2642公顷，实行生物防治与药物防治相结合、群众普遍防治与专业队重点防治相结合，喷洒无公害农药7.2吨，释放美国白蛾周氏啮小蜂3亿头，保证防治率达到100%，没有发生1起林业有害生物成灾情况。

【林业行政执法】　2015年，通过开展“打击野外违法用火专项行动”“非法侵占林地清理排查专项行动”，严厉打击各类涉林违法违规行为。在案件查处上，森林公安局加强与案发地派出所的协调沟通，构建情报信息主导、快速反应保障、“多警种、多部门、多地区”全面联动支撑的案件查处机制，充分利用治安情报力量和林区群众基础，加快涉林违法案件查处速度，有效地遏制破坏森林资源违法行为。针对春季失火案件频发的情况，以实行烟台市《禁火令》为契机，对非法野外用火未构成刑事案件的处理，由“单一罚款”的行政处罚方式，转变为“罚款”加“行政拘留”的处罚方式，由经济罚上升到人身罚，增加违法行为人的违法成本，从而有效遏制失火案件的高发态势，较上年同期下降85%。累计查处涉林案件45起，其中非法野外用火案件13起，盗伐林木案件14起，滥伐林木案件7起，擅自改变林地性质案件11起，涉林违法案件查处率达到95%以上。

【机关作风建设】　2015年，市林业局根据中央、省、烟台市和市委的安排部署，全面开展“三严三实”专题教育，加强机关干部的学习教育，每周五下午的机关学习日，组织党员干部深入学习贯彻《党章》《准则》《条例》等党内法规，观看反面典型专题片等方式开展廉政教育活动，以案明纪，引以为戒，提高党风廉政建设和反腐败的认识，构筑牢固的反腐倡廉思想防线，撰写学习心得体会30余篇，林业局未发生1起违规违纪事件。成立由局长任组长、纪委书记任副组长，班子成员及相关科室领导为成员的党风廉政建设领导小组，具体负责党风廉政建设各项工作的研究部署、组织开展和督查调度。局主要领导与各班子成员、各班子成员与分管的业务科室、二级单位都分别签订党风廉政建设责任状共计23份。同时做好贫困村帮扶工作，为所包的齐山镇朱疃村提供龙爪槐、冬青球等苗木1500多株，帮助建设完成村中心街两侧花坛，申请一事一议项目资金20万元，整修村办公场所，新建红白喜事厅和文化大院。提供水泥120吨，硬化村内路500米。做好年中大走访、信访稳定和人大、政协建议答复等与群众密切相关的工作，提高群众满意度，使全社会关注林业、支持林业、保护林业、发展林业的意识进一步增强。

（撰稿：刘方元　　审稿：杨洪瑜）

海洋与渔业

招远市海洋与渔业局领导成员

局　长：徐晓伟

副局长：孙进忠　杨彩红（女）　李汶龙

招远市海洋与渔业监督监察大队大队长：侯悦军

副大队长：刘海波

【机构设置】　招远市海洋与渔业局属财政全额拨款正科级事业单位，内设办公室、业务科、安全生产管理科、海洋经济科、海域管理科、渔业科，下设海洋与渔业监督监察大队（副科级事业单位）、海洋环境监测站（股级事业单位）。2015年，局属编制人数19人，海洋与渔业监督监察大队编制人数16人，海洋环境监测站编制人数9人。

【概况】　2015年，全市完成渔业总产量5.9万吨，其中海水养殖产量5.06万吨，淡水养殖产量0.45万吨，海水捕捞产量0.4万吨；水产养殖面积5922公顷，其中海水养殖面积4722公顷，淡水养殖面积1200公顷；实现渔业总产值18.15亿元，其中水产品总值7.2亿元，二、三产业产值10.95亿元；完成滨海旅游业产值68.4亿元，海洋经济总产值94.94亿元。2015年12月，局长徐晓伟被山东省人力资源和社会保障厅、山东省海洋与渔业厅、山东省公务员局记三等功。

【海洋经济】　龙口湾临港高端产业聚集区（招远部分）区域建设用海项目，是山东省打造半岛蓝色经济区而规划的九大集中集约用海项目之一，招远市专门成立市滨海人工岛与货运港口建设指挥部，全力以赴做好人工岛工程建设的各项工作。2015年，相继完成海域补偿征迁、立项审批、施工监理招标和总体规划专家评审，获批料场林地和陆岛临时用海手续，完善初步设计、平整工作区场地、安装石料计量设计和推进龙口方向运输通道建设等工作有序进行。招远市为保护莱州湾东部招远侵蚀海岸不再受海水侵蚀危害，修复滨海海滩资源，按照分区管理、分段整治的思路，在莱州湾东部招远沿海开展侵蚀海岸综合整治，计划共分五期实施。2015年，开工的三期工程招远春雨滨海海岸带综合整治与生态修复项目拟建设护岸1406米，补砂约20万立方米，岸滩清理面积15.6万平方米。已建成护岸716米，补砂8万立方米，清理岸滩13万平方米。

【渔业资源修复】　招远市自承担放流任务以来，增殖放流品种、数量，资金每年都在增加，近海资源量得到明显恢复。2015年，共放流鱼类苗种271万尾、海蜇4200万只、梭子蟹苗种1980万只。人工鱼礁建设实施以来，始终坚持高起点规划、分阶段实施、以项目带动产业化发展的思路，积极争取上级扶持资金，倡导渔业龙头企业引领，鼓励社会资金投入，打造招远近岸人工鱼礁产业带。2015年，渤海溢油生物资源养护和渔业生态修复项目“渤海生态修复招远示范区”通过验收，完成投资3677.22万元，其中上级拨付资金1300万元，企业自筹资金2377.22万元，投放人工鱼礁31.0145万空方，其中石块礁24.1226万空方，混凝土构件礁6.8919万空方，建成生态修复示范区面积153.3679公顷。

2015年12月25日，人工岛项目施工现场

【海域管理】　招远市海域总面积2万公顷。依据《招远市海域使用管理办法》，制作海域使用审批业务手册和办事指南，科学设计办理流程图，严格按照海域使用审批程序办理海域使用权证。至2015年底，招远市渔民和涉海企业持有县批用海项目海域使用证97本，用海总面积4696.12公顷，持有省批用海项目海域使用证2本，用海总面积26.0208公顷。年内，收缴海域使用金140余万元，海域管理逐步纳入规范化、法制化的轨道。全面启动县级海域动态监管能力建设，对上争取资金304万元，将国家海域动态监视监测管理系统延伸到招远市级节点，实现近海海域立体实时监管，海域专线网络全覆盖，提

2015年9月22日，海岸修复工程现场

高招远海域动态监控、分析预警和综合管理能力，提升了县级海洋管理装备水平。

【渔政渔船监督与管理】 2015年，按照“谁发证谁负责，谁检查谁负责”的原则，严把渔船适航关，严格渔船检验标准和检验程序，检验过的渔船全部拍照留存，并建立渔船档案，做到一船一档。全年检验渔船395艘，检验率达到100%。扎实开展“三无”船舶和“绝户网”专项整治行动。在海上，由海监大队、边防大队组成联合执法组，新购进150马力摩托艇1艘，与渔政执法船一起，不间断地进行海上巡逻，打击和震慑非法养殖户。在岸上，结合渔船年检逐村、逐个渔船停泊点进行拉网式检查清理，对群众举报和清查出的“三无”渔船给予从重从快处罚。全年共出动执法车辆60余次，执法艇出海56航次，检查渔船310余艘次，查处“三无”渔船23艘，收缴16艘；没收、销毁“地笼网”等禁用渔具390余件。强化伏季休渔管理工作，伏休期间船靠港、网入库、人上岸，执法人员对海上、渔港、陆域市场加大巡查力度，共出动检查人员110多人次，进行海上巡查23次，开展市场检查6次，有力地维护了伏休秩序。加大海陆监督监察力度，严格实行岸线巡查制度，严厉查处违法用海及破坏海洋环境行为，年内调查处理海洋违法案件3起，处理相关责任人5人，有力地震慑了破坏用海秩序的违法人员。积极为渔民及渔养单位提供渔业互保服务，全年办理互保60余份，渔民缴纳保费43万元，为渔民及时申请互保理赔案件4起，理赔金额15万元。是年，全市拥有渔船399条，其中养殖渔船355条，捕捞渔船44条，渔船总吨位1921吨，总功率7421千瓦，发放燃油补贴512万元。举办船员培训班2期，培训船员130人。

【安全生产管理】 市海洋与渔业局为提高船员的安全生产意识，定期举办海上安全生产知识培训班。年内举办海上安全生产知识讲座2次，组织普通船员学习班2期，职务船员培训1次。定期开展海上安全生产大检查。2015年，共检查渔船286艘，查处各类违规渔船32艘，下达整改通知书32份，整改事故隐患32处；举办各类安全生产培训班5期，培训人员300多人次。

招远市海洋与渔业局与公安边防联合开展渔业安全生产检查

【渔业生产及渔业科技】 开展基层渔业技术推广体系改革与建设。根据现代渔业生产需要，探索出“渔业专家—技术指导员—科技示范户”渔业科技成果转化应用模式，建立渔技指导员抓示范户、示范户带动辐射户的渔业技术推广新机制。围绕优势特色渔业发展需要，确定筏式养殖为主导产业，确定海湾扇贝作为推广品种。培养渔业科技示范户100户，群众对科技兴渔的认识进一步提高，出现“村比村，户比户，群众都向示范户看齐”的新气象。建立渔业科技试验示范基地，开展新品种新技术示范。基地聘请高级工程师2名，组成技术专家组，负责技术方案的编制和技术指导，整合项目资金，完善各项配套设施。烟台市海洋与渔业局主要领导、渔业专家多次到示范基地进行参观考察，充分肯定基地建设对主导产业和主推品种的示范推广作用。当年新增渔业合作社2家，分别为招远市文武养殖专业合作社和招远市富玉养殖专业合作社。2015年，全市共有渔业合作社15家，拥有社员200余人，带动农户1600余户。其中，年产值过100万元的特色养殖合作社4家，年产值过50万元的合作社6家，招远市邦富农业专业合作社被山东省授予“水产健康养殖示范场”称号。继续开展新型渔民培训工作。

人工鱼礁

2015年10月19～21日，在烟台黄金职业学院举办培训班，邀请青岛农业大学、烟台大学及烟台市水产研究所4名专家教授进行授课，培训内容涉及《海湾扇贝备注剥离技术》《循环水养殖技术》《南美对虾集约化养殖技术》等，是历来新型渔民培训专业化程度最高的一次。共培训新型渔民100人，其中扇贝养殖户84户、海参养殖户5户、南美白对虾养殖1户。烟台市水产研究所牵头的山东省贝类创新体系建设项目，选定招远市文武养殖专业合作社作为示范基地，专家组针对贝类产业发展现状和存在的资源、环境、病害等问题，开展优良品种选育、生态化养殖模式构建、病害防控等方面的系统研究，对环境与产品质量安全监控和产业进行分析与预测，建立起产业智库和基础数据库，并通过构建“1+1+N”等新型服务模式进行技术示范和推广。招远市作为项目示范县，积极跟进贝类创新体系建设研究成果，举办贝类创新体系建设培训班2期，参训学员300人次。先后与烟台大学、青岛农业大学、省海洋水产研究所、烟台市水产研究所合作，搭建起科研服务平台。烟台大学海洋学院教授崔国平团队的实验基地全面建成投入使用，青岛农业大学教授王春德带领的青农大紫扇贝研究团队已落户招远。是年，由烟台市水产研究所牵头，招远市海洋环境监测站重点推进的科研项目《真蛸苗种繁育与养殖关键技术》，获山东省海洋与渔业科学技术奖一等奖。

（撰稿：胡光辉　审稿：徐晓伟）

农业机械

中共招远市农业机械管理局委员会领导成员

书　记：滕群诗

委　员：赵瑞君　毛友好　刘晓辉　李玉峰　王学军

监察室主任：刘晓辉

招远市农业机械管理局领导成员

局　长：滕群诗

副局长：赵瑞君　李玉峰

【机构设置】　招远市农业机械管理局属财政拨款正科级事业单位，内设办公室、政工科、管理科、财务科、安全科、企管科、行政许可科等科室7个，编制14人。所属事业单位：招远市农业机械安全监理站，财政全额拨款正股级事业单位，编制25人；招远市农机化技术推广服务站，财政全额拨款正股级事业单位，编制13人；招远市农业机械化学校，财政全额拨款正股级事业单位，编制18人。

【概况】　2015年，全市农机总动力达到92.3875万千瓦，农用拖拉机28984台，其中大中型拖拉机4257台；联合收获机1766台，拖拉机配套机具37682台，农机原值81480万元，农机经营收入28759万元，农机监理挂牌16282个，农机监理办证7346个，机耕作业面积29112公顷，机播作业面积65029公顷，机收作业面积57357公顷。农机化综合水平达96.3%。12月，招远市被农业部、国家安全监管总局

2015年7月14日，创建国家平安农机示范县检查

授予全国“平安农机”示范县（区、市）称号；招远市农机局被招远市委、市政府授予2015年“先进单位”“社会治理创新工作先进单位”“安全生产先进单位”称号。

【购机补贴】　2015年，招远市争取国家农机购置补贴资金1480万元，受益户数达到753户，补贴机具945台（套）。其中拖拉机579台，小麦联合收获机49台，玉米联合收获机133台，花生联合收获机11台，粮食烘干机1台，孵化机16台，深松联合整地机40台，玉米播种机、翻转犁、微耕机、秸秆粉碎还田机等其他机械116台，所有购机补贴资金全部落实到位。购机补贴工作中建立廉政风险防控机制，加大日常监督和专项检查力度。邀请市纪委、市财政局全程参与，确保政策执行监督到位，资金落实监管到位。公布咨询和监督电话，引导社会力量参与监督。所有补贴机具按规定进行核实，同时办理挂牌落户手续。对补贴的农机具按照“谁核实、谁签字、谁负责”的原则进行实地核实。做到“实地、实名、实机”，“见机、见人、见票”，对补贴机具的购机发票、机具型号、机具名称、购买时间等各项指标进行核实签字确认，做好核查记录，建立核查档案。对机具质量及售后服务等采用实地走访、电话询问方式进行调查，督导生产销售企业提升服务质量水平，保障和维护农机户的合法权益。

2015年6月1日，购机补贴报名现场

【农机化创新示范工程】　2015年，争取山东省花生联合收获机械化创新示范项目、山东省农机规模化推进示范项目、烟台市苹果植保机械化项目等3个，为全面提升招远市农业机械化综合水平提供强大支撑。招远市花生联合收获、林果植保在全省处于领先地位。

2015年9月23日，花生联合收获机作业现场

【农机社会化服务】　2015年，承担全市农村农民拖拉机驾驶操作、会计专业技术人员继续教育培训工作。共培训农机驾驶员197人、会计人员1500人。招远市农机培训规模、范围、质量均居烟台市县（市、区）首位。通过政策扶持、宣传培训，召

2015年5月25日，招远市农机化实用技术培训班

2015年9月23日，玉米联合收获机作业现场

开现场会、建立示范基地等措施，加大农机化新机具、新技术的推广力度，推动全市农机化事业发展进程。“三夏”期间，新推广小麦联合收获机73台，占总保有量的10%左右。“三秋”期间，推广玉米联合收获机66台，花生联合收获机8台，联合整地机40台。新机械的推广应用，极大地提高了农业生产力，推动了农业现代化进程，受到广大农民的欢迎。免耕保护性耕作技术，经与农业专家连续多年的测产对比，保护性耕作地块比传统性耕作地块增产5%以上，逐步被农民认可。

【安全生产】 招远市以争创全国“平安农机”示范县活动为契机，以提高农机安全监管能力和农民群众安全生产意识为着力点，成立农机安全领导小组，制定实施方案，由招远市政府办公室印发到各镇（街道、区）和相关部门。与镇（街道、区）签订安全生产责任书14份，与农机合作社签订64份，与农机维修网点签订96份，形成一级抓一级，层层抓落实的责任链。镇村完善健全农机安全管理网络，创新村级农机安全生产管理模式，镇设有专职管理员，村设有协管员，经过市镇村三级的共同努力，在全市建成农机安全示范镇9个、农机示范合作社5个，创建农机安全示范村443个、农机安全示范户1318个。深入推进“打非治违”农机安全隐患专项治理行动，农机监理站路查队与各镇交警中队常年紧密合作，不定期在乡村道路及交通要道排查农机交通安全。突出重点领域，对辖区76处事故多发地段进行重点排查，共出动执法人员239人次，车辆186台次，检查运输拖拉机1165台次，纠正违章632人次。安排专人不定期对农机维修网点、合作社的维修车间、机库棚、储油、用电和消防等设施安全情况进行检查，检查维修网点66处，共查处问题网点19家，发现隐患25处。对排查发现的问题，限期整改，跟踪落实，防范和遏制农机安全事故发生，促进农机安全生产形势持续稳定。推行年审、挂牌、办证等“一站式”服务，坚持实施预约服务、下乡上门服务等便民措施，全年共下乡办理农机挂牌、年检业务160次，预约下乡上门办理监理业务156多次。全年共新挂牌862台，新发证351个，年度检验3150台，安全检查2100余台次，消除安全隐患119起。

公安交警与农机监理人员联合执法

【农机化宣传】 2015年，在烟台日报、烟台电视台、招远电视台、今日招远和上级业务部门网站共发表信息433条。其中，在烟台日报发表信息22篇。在烟台市信息宣传责任制考核中，招远市居烟台市县（市、区）之首。

（撰稿：付丽娟　　核稿：李玉峰
审稿：滕群诗）

水　　务

招远市水务局领导成员

局　长：王风友
副局长：郝永明　李少军　董秀好
纪工委书记：刘金波
水政监察大队大队长：刘士剑

【机构设置】 招远市水务局属财政全额拨款机关事业单位，内设党政办公室、财务科、水资源与水土保持办公室、农村水利站、规划建设科、移民办公室、水利工程管理站、水政监察大队、调水办公室。2015年，编制68人。

【概况】 市水务局牢固树立“以民为本”的民生水利发展新理念，践行可持续发展治水新思路，大力弘扬“献身、负责、求实”的水务行业精神，凝心聚力，奋发进取，积极作为，全市水务工作再创佳绩，为全市经济社会又好又快发展奠定坚实基础。2015年，全市共有各类水利工程1万多项，其中中型水库4座，小（Ⅰ）型水库29座，小（Ⅱ）型水库192座，塘坝1121座，机电井8389眼。全市大小河道160余条，河道总长550公里。市水务局先后获得“全省水利建设管理工作先进集体”、招远市“先进单位”等称号，被确定为全市机关党建示范点。

【重点水利工程建设】　2015年，全市共实施9大重点水利工程建设。围绕防洪减灾水网建设，实施小型病险水库除险加固、防潮堤建设、罗山河支流山洪沟治理三大工程。小型病险水库除险加固工程。上半年，水务局争取省以上补助资金8925万元，对50座小型水库实施除险加固，其中小（Ⅰ）型水库14座、小（Ⅱ）型水库36座，工程总投资1.12亿元，已全部完工，有48座通过蓄水验收、1座通过竣工验收。下半年，争取中央补助资金1723万元，新增12座小型水库列入国家除险加固规划，工程于10月22日进行公开招投标，已完成主体工程建设。防潮堤工程。工程分为招远市防潮堤工程和滨海新区防潮堤工程两部分，总投资1897万元，其中省以上补助资金900万元，已完成主体工程。罗山河支流山洪沟防洪治理工程。该工程属山东省重点山洪沟防洪治理项目，总投资1059万元，全长2.3公里，已全部完工并通过竣工验收。围绕城乡供水水网建设，实施南水北调配套续建、辛庄净水厂一期工程、城

2015年8月20日，勾山水库鸟瞰

2015年10月12日，建设中的辛庄净水厂

市供水管网延伸三大工程。南水北调配套续建工程。该工程是全省首批实施的18个供水单元项目之一，也是省、烟台市科学发展观考核的重点项目，省发改委批复工程投资4.7亿元（市财政投资评审中心认定投资2.6亿元）。工程于2015年4月完工，4月25日，省胶东调水局、烟台市政府、烟台市水利局在侯家水库召开“烟台北部四市应急调引黄河水”现场会，引黄入招正式启动，招远市成为烟台市最早调入使用黄河水的县市区。截止到6月29日，共引进黄河水600万立方米。此次南水北调、引黄入招，不仅有效补充全市水源总量，缓解了供水压力，并且进一步优化了全市水资源结构，为安全供水提供了战略性后备水源。这是招远市有史以来第一次引入客水水源，也是市水利发展史上的一个“里程碑”，“招远没有客水流入”已成为历史。调水期间，水利部副部长李国英、省水利厅厅长王艺华到现场进行检查督导，对工程建设及引水工作给予充分肯定，省水利厅、省南水北调局、烟台市政府、烟台市水利局等相关领导，也多人次、多批次到招检查观摩，均对招远工作给予高度评价。9月，市水务局向省水利厅、山东省黄河河务局等单位提出再调引600万立方米的申请，以解决汛前供水水源不足的问题。至年末，已调入300万立方米，为全市安全供水积蓄保障。辛庄净水厂（一期）工程。该工程依托侯家水库，立足多水源供水体系建设，畅通城市安全供水北部“大动脉”，工程总投资5400万元，于8月全面开工建设，12月6日正式投入运行使用，日向城区供水1.8万吨，有效缓解了城市供水紧张局势。城市供水管网延伸工程。针对日益倍增的供水压力、日益严峻的供水形势，市水务局着力加快城市供水管网建设，努力构建多管道供水体

系，先后投资270万元，完成罗山实景演出项目接水工程。投资640万元，实施金龙路、招金路、安康路、科技路4条供水管路连接工程，城区安全供水管网进一步拓展延伸。围绕生态水网建设，实施界河流域现阶段河道整治、金都污水处理厂扩建、水土流失治理三大工程。其中：界河流域现阶段河道整治工程。投资3000万元，对界河干流北外环桥至张星镇圈子段的河道进行综合整治，全长7.04公里，已全部完工，并且发挥显著的工程效益。金都污水处理厂扩建工程。计划对污水处理厂进行扩建，新增日处理能力5万吨的污水处理设施，总投资1.8亿元，已与桑德集团签署《环保领域全面合作框架协议》，确立“PPP”投资模式，完成可研报告编评、环评、用地预审、立项等前期准备工作，待迁占补偿结束后开工建设。水土流失治理。争取省级无偿补助资金100万元，规划金岭镇天门岭生态清洁型小流域综合治理项目，治理水土流失面积3.98平方公里，进一步保护和改善了金岭水库上游的生态环境。

【水资源管理】 在成功创建“全省水资源管理规范化建设示范县”的基础上，进一步全面落实最严格水资源管理制度，严格执行“三条红线”和“四项制度”，全市规模以上工业取用水户计划用水实施率达到100%，重点供水水源的水质达标率为100%，各行业用水效率总体水平全国领先，在山东省政府和烟台市政府组织的最严格水资源管理制度考核工作中，均位居烟台市第一名。严格建设项目水资源论证和取水许可审批制度，为加快节水型社会建设和水资源可持续利用奠定基础，在烟台市科学发展观考核中，“水资源开发利用率”在烟台市排名第一。严格水资源费征收制度，全年依法征收水资源费2265万元，在全省名列前茅。

【农田水利基本建设】 2015年，招远市围绕社会主义新农村建设，科学规划，突出重点，扎实抓好新农村水利建设。全市共完成投资1.7亿元，兴建各类水利工程551项，发展节水灌溉面积3600公顷，建设“旱能浇、涝能排”高标准农田3067公顷，扩大改善水浇地4840公顷。重点实施小型农田水利重点县建设、省级农田水利项目县建设和烟台市“五小水利”工程，其中：小型农田水利重点县建设，投资2756元，其中省以上财政资金1600万元，规划节水工程项目3处，发展管灌面积1467公顷，建设小型水源工程46处，在省水利厅组织的绩效考评中，再获优秀等次，夺得优秀“六连冠”。省级农田水利项目县建设，争取省财政资金1000万元，规划工程项目3处，控制管灌面积580公顷，建设小型水源工程22处。烟台市“五小水利”工程，投资143万元，实施塘坝除险加固工程5处，新建塘坝工程1处，小型泵站工程1处，受益面积103公顷。

【农村饮水安全】 招远市“十二五”规划的农村饮水安全工程，提前一年于2014年完工，在烟台市率先完成“十二五”规划任务。2015年，为有效应对旱情，市水务局积极争取省以上补助资金630万元，新增21个贫困村、1.22万人列入上级农村饮水安全工程规划，争取在更广范围、更深层次上解决好农村饮水安全问题，已基本完工。

【防汛工作】 近年来，随着极端天气增多，气候异常、旱涝急转、突发强降雨已成为安全度汛的防范重点。市水务局坚持“两手准备、两手发力”，打好抗旱“攻坚战”，未雨绸缪，积极备好防台防汛“防御战”。先后投资350万元，完善山洪预警和雨水情监测系统，山洪灾害非工程措施正式全面投入运行。修订完善防汛抢险应急预案和安全度汛方案，对防汛抢险演练脚本进行修改完善，拍摄制作2015年防汛抢险演练视频，为安全防汛奠定坚实基础。

【小型水库管理】 2015年，在全省首批小型水库管理体制改革试点县的基础上，不断结合实际、完善措施，先后采取公开招标方式，确定小型水库维修养护单位，签订为期3年的维修养护合同，推动小型水库管护制度化、长效化。投资19万元，建立小型水库规范化管理信息平台，推动小型水库管护信息化、实效化。在2015年半年和年终两次全省小型水库管理体制改革考核中，均获得优秀等次，省水利厅对招远改革试点工作给予充分肯定。

【市属水管单位管理】 2015年，市水务局以争创“省级水利工程规范化管理单位”为抓手，不断提高水管单位的规范化管理水平。2月，在全省统一组织的规范化管理考核工作中，金岭水库以第一名成绩，升级为“省一级水利工程规范化管理单位”。11月，城子水库顺利通过“省一级水利工程规范化

2015年10月11日，小型水库管护

管理单位”复验，成为全省首批、烟台市首个通过复验的单位。12月，勾山水库在完成除险加固工程验收的基础上，按照“省一级水利工程规范化管理单位”的标准，积极做好筹备和申报工作。在此基础上，金岭水库提出“国家级水利工程管理单位”申请，成为全省首例以中型水库申报大型水库管护标准的单位，开辟了全省先河。龙王水库提出“省一级水利工程管理单位”申请，成为全国首例以小（Ⅰ）型水库申报中型水库管护标准的单位。

【水政执法】 2015年，市水务局以“水务公安一体化”为抓手，不断加大水行政执法工作力度，严厉打击盗采盗运河砂行为。至年末，全市河道管理范围内非法采砂点已全部肃清。以建立“部门联动”的执法机制为抓手，先后联合公安、环保、有关乡镇政府及自来水公司、水库管理所，在全市饮用水源地城了水库、勾山水库、侯家水库开展水生态环境专项整治行动，收到良好的效果。以全面落实“河长制”管理为抓手，推行“一河一策”治理方案，开展“城乡一体化”整治行动，努力打造“水清岸绿、人水和谐”水生态环境，在烟台市“河长”制工作考核中，获得优秀等次。

【水库移民】 2015年，全年共发放移民后期扶持金365.82万元。争取上级资金680万元，实施大中型水库移民后期扶持中央结余资金项目14个、小型水库移民扶助项目16个，库区移民“幸福指数”大幅提高。

【招商引资】 2015年，受经济下行影响，各级相继减少对水利工程建设的资金投入。在这种情况下，市水务局全力构建独居招远市特色的现代水网体系。争取上级无偿补助资金1.17亿元，实施的建设项目数量之多、进度之快、质量之优，均创造历史同期最高。是年，烟台市水利建设现场会在招召开，并对招远市项目建设给予充分肯定和高度评价。

【城市供水及污水处理】 招远市按照“先生活、后生产，先节水、后调水，保重点、讲效益”原则，将供水、排水和节水有机结合，科学化解持续干旱带来的供排水压力。2015年，投资1700万元，新铺供水管路13000米，新增用水单位70个，实现城区安全高效供水1455万吨；处理污水1700万吨，处置污泥9670吨，污水集中处理率和出水水质达标率均为100%，有效保障城区居民的正常生产生活秩序。

（撰稿：邱 宇 审稿：王凤友）

自来水公司

招远市自来水公司领导成员

经 理：李 照

副 经 理：刘国田（正科） 考杰民

宋吉志 王克六

工会主席：赵桂荣（女）

【机构设置】 招远市自来水公司成立于1977年，为正科级事业单位，实行企业化管理。下设办公室、财务科、设备科、材料科、技术工程科、调度室、化验室、校表节水科、安全生产监督管理科、营业一科、营业二科、营业三科、一级站、二级站、调节站、二水厂、杨家大沟净水厂、勾山泵站、城子泵站、侯家泵站、辛庄净水厂等21个科室、厂站。2015年，在编干部职工173人。

【概况】 2015年，市自来水公司秉承“安全优质供水、真情服务社会”经营理念，以强化供水市场管理、提高供水质量为重点，保证城区供水安全，满足城市发展需求。供水设计规模7万吨/日，日供水量4.5万立方米，供水水源分别为勾山水库、城子水库（地表水）和大沽河水厂、石星河水厂（地下水）、侯家水库（客水），承担着城区36平方公里内的19万人口和工业的供水任务，供水普及率达100%。

招远市自来水公司

【供水于民，服务大众】 市自来水公司共拥有供水系统4处，供配水管路360公里，为473家企业提供用水服务，居民家庭用水户达到71993户。2015年，面对久旱无雨、水源紧张的困局，市自来水公司主动作为、积极应对，在科学供水调度、开源挖潜降耗的同时，大力加强节水宣传，提高用户的节水、惜水意识，全年向城市供水1455万吨，保证城市和部分农村19.09万人的用水安全。8月10日，投资5400万元、日供水能力2.5万吨的辛庄净水厂（一期）工程开工建设，12月6日即向城市正式供水，日均供水量1.8万吨。投资180余万元，对一级站大沽河9号、12号水源井进行淘洗、挖潜改造，并在大沽河下游曹孟与西秦家交界处新建成160米长拦砂截潜坝1座，有效涵养地下水源，确保大沽河水厂日供水能力稳定在4000吨以上。投资70余万元，在石星河水厂金泉河周围新打300米岩石井1眼、直径5米深9米的大口井1眼，新增日供水量2000吨。完成基础设施建设投资828万元，安装供水管线1.3万米，新增用水户21个，为紫东佳苑、玲珑佳苑等小区接上自来水。投资360万元，完成水质检测中心建设，购进化验设备18套，使公司具备生活饮用水42项常规指标的测定能力，为城市饮用水安全增添更加有力的新保障。市自来水公司坚持科学可持续发展的思路，注重安全管理，实现供水安全无事故，被市委、市政府授予“先进企业”称号、被市委授予“优质服务窗口单位”、被烟台市供水协会评为“城市供水先进单位”。

招远市自来水公司化验室

（撰稿：王树威　　审稿：李　照）

全国生态文明先进市

2011年以来，招远市将阜山、玲珑、辛庄、金岭、夏甸等5个镇申报国家级生态镇，蚕庄、横掌温家、九曲蒋家等8个村申报国家级生态村。2012年6月，全部通过省环保厅技术审核。同时，组织山上李家、官地洼、地北头王家等10个村申报省级生态村，督促大秦家、玲珑沟上等27个村申报烟台市级生态村。夏甸、阜山、玲珑等3个镇污水集中处理设施已建成并投入运行，蚕庄镇污水集中处理设施已建成，正在进行管网配套，金岭镇生活污水处理设施土建工程过半，辛庄、张星、毕郭、齐山等4个镇已完成生活污水集中处理设施建设规划。督促指导相关企业投资2亿多元，治理塌陷区30处、废石堆100座，尾矿复垦面积40余公顷，复垦率达到78%。采用选矿尾砂井下充填办法，每年减少尾矿排放200万吨，减少占地面积20余公顷。指导九曲蒋家村投资3700万元，对矿山生态环境和园林景区进行改造建设。2013年4月，招远市被全国生态文明先进县推介委员会和全国生态文明先进建设发展论坛组委会评为全国生态文明先进市。

工　业

市　级　工　业

招远市经济和信息化局领导成员

局　长：王连顺
副局长：肖庆成　孙琳梅（女）　滕进春
工委副书记：王学鹏
纪工委书记：郭　强
武装部部长：贾非假

【机构设置】　招远市经济和信息化局内设办公室（挂督查科牌子）、经济运行办公室、安全科、投资与技术科、市节约能源办公室（挂市节能监察大队牌子）、企业管理科（挂科技培训科牌子）、政工科（挂调处中心牌子）、综合科（挂行政许可科牌子）、经贸科（挂交通与物流科牌子）、电力科、信息产业科（挂无线电管理科牌子）、规划发展科、产业指导科等13个科室。2015年，行政编制31人，工勤编制4人。配备局长1人，副局长3人，市节约能源办公室主任1人，股级领导职数15人。

【概况】　2015年，全市工业主动适应发展新常态，坚持以提高发展质效为中心，以转型升级为重点，继续深化转方式、调结构，深入推进第11个“项目建设年”活动，全市工业经济总体呈现出缓中趋稳的发展态势。市级工业全年实现工业总产值970.5亿元，主营业务收入908.04亿元，利税39.2亿元，利润25.8亿元，同比分别增长3.2%、-2.5%、-14.9%和-18.7%。支柱产业拉动明显。2015年，市级黄金、轮胎和汽车零部件、电子信息三大支柱产业完成主营业务收入889.9亿元，实现利税38.3亿元，分别占市级工业的98%和97.6%。其中黄金产业完成主营业务收入715.2亿元、利税18.9亿元，分别占市级工业的78.76%和48.2%。骨干企业支撑作用增强。2015年，市级工业主营业务收入过10亿元企业6户，完成主营业务收入894.07亿元，占市级工业的98.5%。其中，招金集团实现454.8亿元，占市级工业的50.1%；出口创汇过1000万美元企业6户，实现出口创汇8.7亿美元，占市级工业的99%。其中，玲珑集团完成出口创汇7.4亿美元，占市级工业的85%。

【经济运行】　2015年，市级工业采取有效措施积极应对国内外各种不利因素影响，市级工业经济实现持续健康平稳发展。全年完成工业总产值970.5亿元，同比增长3.2%。

工业生产增速有所放缓。2015年，市级黄金企业实现销售收入715.2亿元，同比增长7.1%；实现利税18.9亿元、利润14.7亿元，同比分别下降21.25%、23.4%；市级地面企业实现销售收入192.8亿元，同比下降26.97%，实现利税20.3亿元、利润11.1亿元，同比分别下降7.7%、11.2%。

主要产品产量稳步增长。2015年，招金集团黄金产量22945.944千克，同比增长2.8%；中矿集团冶炼成品金13392.106千克，同比增长3%；玲珑集团生产轮胎外胎3443.2万条，同比增长0.2%；康泰实业生产按摩椅系列产品10.9万台，同比增长4.6%，汽车零部件55.6万套，同比增长5%。

【项目建设和自主创新】　2015年，市级工业企业共实施项目建设30项，其中过亿元项目26个，占实施项目数的86.7%，列入市级重点项目24项，列入省重点项目1项。全年累计完成投资38.6亿元。招金金合氰化尾渣资源综合利用示范工程、中矿集团龙湖大酒店、供电公司会仙35KV变电站扩建输变电工程等5个项目完工投产，年可新增销售收入18.3亿元，利税9亿元。2015年，市级工业共规划实施技术创新项目42项，投入研发资金4 1亿元，开发新产品11项，新技术、新工艺研究及应用31项，达到国际先进水平9项，达到国内领先水平14项，达到国内先进水平19项。中佳新材料、三嘉粉丝顺利通过第二十二批省级企业技术中心认定，这是全市首次一年成功申报两家省级企业技术中心，鹏泰轮胎翻新有限公司通过烟台市企业技术中心认定。

【对外贸易和招商引资】 2015年，市级工业完成出口创汇8.7亿美元，同比下降22%。其中，玲珑集团实现出口创汇7.4亿美元，同比下降26%；康泰实业完成3030万美元；针织厂完成2803万美元；金宝电子完成出口创汇2235万美元。招商引资取得显著成果。鲁鑫高科技产业园已建成，成为承接德国贺利氏和欧洲产业转移的主园区；豫金坊商业综合体项目已开工建设。康泰集团与韩国汽车设计有限公司的合资项目，外资已到位；玲珑集团中亚轮胎试验场项目12月15日与西班牙IDIADA公司签订合作协议；鲁鑫-贺利氏高科技产业园项目已签订合作协议，项目建设将陆续展开；全年完成内资3000多万元。

【信息产业和物流业】 2015年，按照《招远市"智慧金都"建设规划方案》，加快推进智慧城市建设，积极推进"天网工程""数字城管"等项目。落实"智慧山东"建设意见，申报玲珑轮胎工业园为山东省首批智慧园区建设试点园区，申报金软科技《智慧金都三维实时GIS系统中心》为第二批烟台市智慧城市建设项目；深入开展"两化"融合。2015年，全市共实施15个信息化重点项目，总投资2.59亿元。申报康泰、双塔两家企业认定为第二批国家两化融合管理体系贯标试点企业，烟台市共有3户企业入围。鲁鑫贵金属、金宝电子分别位列2015首届中国电子材料行业50强第11、23名；积极开展电子商务工作。强化电子商务知识学习、培训，赴德州考察学习电子商务发展，召开中小企业电子商务培训会议，邀请淘宝天猫电商资深人士进行授课，到济南参加山东省互联网+应用创新峰会，不断提高企业对电子商务的认识和应用水平。

加快物流产业发展步伐。依托玲珑兴隆盛物流建设全市物流平台，探讨研究平台建设模式。加快推动金都物流园和滨海物流园建设，全力建设成高规格的物流示范园区。

【安全管理】 2015年，制定下发市级工业"安全生产月"活动方案，成立"安全生产月"活动领导小组，采取多种形式进行宣传发动。市级工业共悬挂宣传条幅212条，张贴安全宣传标语1056幅，办安全生产板报、宣传栏136期，新上安全警示标识1310块，挂图596幅。在全市的"安全生产宣传咨询日"活动中，制作宣传展板，印制宣传材料2000份，在府前广场进行了宣讲和散发。"安全生产月"活动期间，对市级工业"安全生产月"活动情况进行抽查和重点督查共计16次。下发"六打六治"打非治违专项行动方案，对市级工业企业生产许可证、建设项目"三同时"、主要负责人和分管负责人的安全资格证书等问题进行了11次详细的检查。建立了天然气长输管线安全隐患周上报和周督查制度，每个周至少一次到现场督查整改进度。已进行天然气隐患督查65次。全市天然气长输管线安全隐患已全部销号。

【节能降耗】 节能责任制目标考核连续9年获得烟台市第一名，以第二名的成绩成功申报招远市为山东省循环经济示范市。积极组织申报国家循环经济示范市，先后联系全市33个循环经济示范市领导小组成员单位，做了大量富有成效的工作。国家发改委确定招远市为国家循环经济示范城市（县）建设地区名单。全力筹备全国工业固废综合利用示范基地验收，抓好与工信部有关领导的沟通，邀请国家资源综合利用协会领导到招指导，并根据工业固废示范基地评价指标体系，多次与北京科技大学专家进行沟通，积极准备相关材料，编制全市固废综合利用基地建设试点验收总结报告，确保达到验收要求。加强资源综合利用产品管理，帮助企业减免税金2700万元，并对14户资源综合利用企业资源综合利用原料台账、生产原始记录和免税使用情况进行专项检查，组织专家对招远永盛商品混凝土有限公司、招远玲珑水泥有限公司2户企业的清洁生产进行审核验收。做好重点用能单位调度，组织金宝电子、招源硅胶、热电厂、国大黄金、双塔食品、玲珑机电、针织厂等11户企业开展能源管理体系建设，11户企业能源管理体系建设全部通过评审验收，全市所有重点用能企业能源管理体系已全部完成。在烟台市能源管理体系建设示范单位评选中玲珑集团、招金集团分别被评为第一、第二名。13户重点用能企业按时完成十二五节能量任务目标。同时，督促调度针织厂、金翅岭金矿、玲珑金矿、玲珑集团、化工总厂、威达硅胶等6户企业界河流域污水防治工作，已全部达到进度要求。

【中小微企业发展】 通过提供培训、管理咨询服务、典型示范带动等方式，引导小微企业提升管理水平，对19家微型企业、19家小型企业进行培育，筛选招远三友生物有机肥、招远鑫鹏船舶有限公司等“小升规”培育企业22家。2015年，完成新增个体工商户16713户，完成新增私营企业4254家。同时，做好中小企业贷款贴息、中小纳税企业信用担保，做好全市100多个民营企业重点项目建设调度工作。加强创业载体建设，组织金岭矿山机械园和金都缘珠宝首饰公司申报为烟台市级小微企业创业辅导基地，金都缘珠宝首饰公司成功申报山东省级小微企业创业辅导基地。组织金发矿山机械服务中心、金都缘创业孵化基地申报2016年创业创新示范基地试点地区。组织招远中大管理咨询有限公司、招远市龙口粉丝商会、招远市金玲镇粉丝商会、招远市金发矿山机械服务中心4个机构申报烟台市级公共服务机构，全力打造中小微企业创业创新平台。

【对上争取】 2015年，共组织工业企业向上争取项目55个，共争取各类无偿资金3045.8万元。鲁鑫贵金属以专家组评审第一名的资格获得国家重点产业振兴和技术改造专项扶持资金2211万元，金都节能服务公司获国家合同能源管理财政奖励资金297万元，康泰实业智能机器人项目获烟台工业转型升级专项资金200万元。烟台珍珠龙口粉丝有限公司、招远龙马食品有限公司及烟台鼎丰生物科技有限公司3个合同能源管理项目获得297万元。

（撰稿：王旭军　　审稿：盛林章）

黄　金　工　业

招远市黄金工业行业管理办公室、黄金工业管理局领导成员

主任、局长：赵炳旭

副主任、副局长：梁国栋　王春宾

【机构设置】 招远市黄金工业行业管理办公室增挂黄金工业管理局牌子，内设综合科、规划管理科、生产技术科、安全环保科4个科室。2015年，共有事业编制12人，其中主任1人，副主任3人，股级职数4人。

【概况】 2015年，全市实现自产黄金128.9万两，同比降低5.76%；冶炼加工黄金200.8万两，同比增长8.62%；全市黄金企业实现销售收入743亿元、利润15.8亿元、利税20.9亿元。招金集团投资收购了中国最大的、储量超470吨的单体金矿—海域金矿。2015年，阜山镇南大洼矿区关停，黄金企业产能下降，黄金产量降低，阜山镇黄金矿业当年黄金产量下降51.05%。

【黄金产业转型推进】 2015年，各黄金企业克服金价低迷影响，继续实施黄金产业转型战略，共实施黄金转型项目22个，当年投资额17.9亿元。22个项目中当年投资过亿元的项目6个、投资过3000万元的项目14个。

【黄金行业管理】 2015年，为夏甸金矿、河东金矿等5户到期企业换发《开采黄金矿产批准书》。下达黄金收益金任务18465万元，黄金可持续发展准备金8280万元。

【科技创新】 招金集团全年实施重点科技创新项目36项，非化学选冶技术、3D硬金成色稳定技术等科研项目实现新突破。经中国黄金协会科学技术奖项评审委员会评审和中国黄金协会科学技术奖奖励委员会核定，招远市招金矿业股份共有6项技术获“中国黄金协会科学技术奖”。

（撰稿：王旭军　　审稿：盛林章）

工业行业管理

招远市工业行业管理办公室领导成员

党委书记、主任：于希峰

副 主 任：程学东　杨英武

纪委书记：温立志

【机构设置】 招远市工业行业管理办公室成立于1999年4月，为正科级全民事业单位，内设行政科、生产科、安全科、技改科、政工科，归口管理10个企业。主要职责是对归口企业的生产、经营、安全、技术改造、政工、人事等工作进行管理。2015年，共有在职人员12人。

【概况】 2015年以来，市工业行业管理办公室坚持一手抓好经济运行，一手抓稳定促发展，所属企业保持良好的发展态势。所属企业完成工业总产值8800万元，实现销售收入9600万元，利税523万元。

【辖属企业】 招远威达美加化工有限公司。主要产品有硅胶、兰胶、泡花碱等。2015年完成工业总产值1900万元，实现销售收入2534万元，利税77万元。

山东玲珑酒业有限公司。主要产品是粮食酒等。2015年完成工业总产值2590万元，实现销售收入3110万元，利税146万元。

招远市新华印刷有限公司。主要产品是多色印刷品等。2015年完成工业总产值1500万元，实现销售收入1300万元，利税92万元。

招远市金虹精细化工有限公司。主要产品有种衣剂、除草剂、杀虫剂等。2015年完成工业总产值1067万元，实现销售收入895万元，利税40万元。

招远市元勃实业有限公司。主要产品有PU塑料品、泡沫塑料等。2015年完成工业总产值848万元，实现销售收入880万元，利税88万元。

【技术改造】 2015年，招远市金虹精细化工有限公司施搬迁改造项目，总投资1500万元，2015年完成投资1000万元。

【企业改革】 招远市高翔磁电有限公司2015年10月注销。

（审稿：杨英武　　撰稿：吴学业）

电 力 工 业

招远市供电公司领导成员

经　　理：韩兴勇
党委书记：李　军
纪委书记：姜桂强
副 经 理：陈忠韶　吴成安　郭文进

【机构设置】 2015年，招远市供电公司设置职能部门7个：办公室、发展建设部、人力资源部、财务资产部、党群工作部、安全监察质量部、电力调度控制中心；业务支撑及实施机构2个：运检检修部（检修建设工区）和客户服务中心；二级机构18个：调度所、检修工区、物流服务中心、15个镇（街道）供电所。

【概况】 招远境内共有220kV变电站3座、110千伏公用变电站10座、35千伏公用变电站15座，主变容量114.5万千伏安。110千伏输电线路23条，共计长度217.4千米；35千伏输电线路32条，共计长度217.94千米；10千伏配电线路173条，共计长度1874.85千米。2015年，公司完成售电量23.16亿千瓦时，同比降低1.61%；平均售电单价完成568.41元/千千瓦时，电费回收率、上交率均达到100%；全网综合电压合格率达到99.62%，供电可靠性达到99.976%，综合线损率完成3.31%；主业实现销售收入13.92亿元、利润292万元。截止到2015年12月31日，公司实现连续安全生产1461天。

2015年9月25日，供电员工进行110kV庄城线改造

【电力安全生产】 2015年，市供电公司推进安全生产责任体系“五落实、五到位”，层层落实安全责任。组织签订年度《安全生产责任书》443份、《三级安全责任承诺书》748份，构建全方位、全覆盖的安全组织保障体系。扎实开展安全生产大检查、安全隐患大排查快整治等活动，发布信息专报10期，发现隐患157处。严格落实问题整改，整改率为92%。注重安全教育，加强新《安全生产法》宣贯培训，员工安全意识明显增强。加强运行管理，细化、优化电力供应措施，统筹做好电网迎峰度夏、度冬工作；高效完成春、秋检任务，巡视输配电线路1800余条次，及时处置各类安全隐患。加强“两票”执行监督和现场管控，规范低压两票的执行流程，执行工作票、操作票3767份，合格率100%；安

2015年8月17日，供电员工冒高温在35千伏岭罗线工作

全督察队督查现场689处，查禁违章285项。强化线路综合治理，清扫检查10千伏及以上线路123条，安装驱鸟器、防鸟刺4500余支，清理鸟巢326个，砍伐、修剪树木1.7万棵，清理回收反光膜30余吨。全面深化应急保障，组建彩虹应急服务队，举办全市处置电网大面积停电事件政企联合实战演练，协同应急处置能力明显提升。积极履行责任，圆满完成中高考、黄金节、抗战胜利70周年纪念活动等重要保电任务20次。

2015年12月16日，供电员工冒严寒在考家村组塔

【电网建设】　2015年，市供电公司加强电网诊断成果应用，编制完成《招远市“十三五”配电网规划》，及时提报中低压项目及可研编制，顺利通过省、烟台市公司评审。配合烟台市公司高效完成220千伏蚕庄风电汇集站输变电工程压矿协议签署、征地补偿及项目开工工作。加快重点项目攻坚推进，投资5100万元，建成首座智能化110千伏宋家站，及时投运35千伏会仙站扩建输变电工程、110千伏大户站第二电源扩建工程和35千伏青龙线改造工程，有效解决4座110千伏变电站和2座35千伏变电站的双电源供电问题。投资4994万元，推进农网第一批中低压工程和自筹工程共246个子项目建设，架设10千伏线路96.26千米，治理重载台区165个、过载台区112个。配网质量明显提升。充分利用农网及大修改造资金，继续加强配网自动化建设，新装柱上开关及自动化终端46套，全市手拉手线路达到135条，同比增加42%，环网率达75.8%；实现自动化线路102条，同比增加46%；城区16条线路实现自动转供，其余全部实现手动转供。配网自动化系统全年报送故障区间217次，用户分界开关动作跳闸136次，终端在线率保持99%以上，遥控成功率达到90%以上。

2015年11月19日，35kV青龙线送电成功

【电力营销】　2015年，市供电公司电力营销工作提质提速，加强业务协同，全面实行“一证受理”、一次性告知，落实高压业扩工程客户经理制和“四优五快”服务措施，年内新上增容219户，新增接电容量84.7MVA，平均报装时长同比缩短5天。营配调贯通建设进展迅速，率先在烟台范围内完成

2015年11月18日，供电员工进行技能比武

计量箱普查和定位工作，确保营销业务应用系统与PMS、GIS系统中数据的准确性。加强用电信息采集系统运维，累计消除异常、未采数据3080户，采集正确率由97.59%提升到99.99%。台区低压集抄光纤传输改造实验获得成功，终端在线率由99.12%提升至99.88%。

【优质服务】 2015年，市供电公司“大服务”机制落地有声。将38项客户感知指标与同业对标、横向对标指标进行整合，对机制运行成效实行全流程指标量化分析和奖惩兑现，提升各层级的服务效率。实现营业厅视频在线监控全覆盖，对违规行为及时下发考核通报、监督整改，提高窗口规范化管理水平。坚持“能带不停”，大幅提升不停电作业比例，开展带电作业1581次，同比增长108.3%；减少停电17.5万时户，多供电量461.5万千瓦时。严格落实“四个到位”，对136个用电客户开展安全专项检查，下发整改通知书17份，对隐患整改提供全程技术支持，确保客户用电安全。积极推广新型服务模式，完成微信绑定5.86万户，积分商城注册9750户。服务分布式电源项目，完成系统接入6户，容量104千瓦。推进小区配套费政策宣传和业务办理，合同签订6户，收取费用1731万元。组建行风督察队，开展行风督察、明察暗访91次，下发《明察暗访通报》8起、《整改建议书》5起，严肃问题整改。召开全市面对面听取群众意见座谈会，积极征求意见建议，持续改进服务。

2015年8月5日，供电员工雨夜抢修受损线路

（撰稿：刘君波　　审稿：李　军）

山东招金集团有限公司

山东招金集团有限公司领导成员

党委书记、董事长：路东尚

党委副书记、副董事长：翁占斌

党委副书记、总经理：李守生

党委副书记：刘永胜

党委副书记、工会主席：王晓杰

副总经理、纪委常务副书记：宋文杰（女）

副总经理：栾文敬

副总经理、首席科技发展官：时文革

副总经理：李宜三（女）

安全总监：贾汉义

投资总监：陈明星

总经理助理：郭松庆

人力资源总监：张志明

【机构设置】 山东招金集团有限公司下设财务部、人力资源部、总经理办公室、党委办公室、信息中心等14个职能部室；下辖山东招金集团招远黄金冶炼有限公司、招金有色矿业有限公司、山东招金地质勘查有限公司等10户全资子公司；招金矿业股份有限公司、山东招金膜天有限责任公司、山东招金投资股份有限公司等11户控股子公司；金都招远黄金珠宝首饰城有限公司、烟台招金励福贵金属股份有限公司、北京财瑞祥投资管理有限公司等11户参股公司。

【概况】 山东招金集团有限公司是一家集聚“黄金矿业、非金矿业、黄金交易及深加工业、高新技术产业、房地产业和金融业”六大产业的大型综合性集团公司。公司创建于1974年，2002年改制为有限责任公司。2006年12月8日，招金集团旗下的招金矿业股份有限公司在中国香港主板市场成功上市，募集资金超过25亿港币。招金集团黄金勘探、采选、氰冶、精炼、金银制品加工、销售配套成龙，形成最完善的黄金上下游的产业链条，成为中国地下开采矿业生产成本最低的生产商，氰化冶炼规模最大的黄金冶炼商。2015年，全集团共完成黄金产量67.3万两，再创历史新高；冶炼加工黄金151

万两，同比增长9.32%；精炼黄金124吨，同比增长21.31%；实现销售收入455亿元，实现利润7.2亿元。

2015年7月10日，山东金软科技股份有限公司“新三板”挂牌

多年来，招金集团坚持“把矿山当生态景区来建设，将企业当星级宾馆来管理”，形成“先要绿水青山，再要金山银山”环保理念，致力于打造“生态环保型、高效发展型、安全健康型、四方（员工、股东、政府、社会）满意型”的“四型”企业，实现安全生产，杜绝环保事故。公司连续多年入选“中国企业500强”“中国制造业500强”“中国企业效益200佳”；入选“中国500最具价值品牌”，招金品牌价值达到232亿元，名列第104位；“招金”商标被认定为“中国驰名商标”。

【突出矿业主业，主营业务稳健发展】　2015年，招金集团埠外黄金生产进入成长收获期，产量突破30万两，“埠内一半埠外一半”的战略构想变为现实。2015年，招金集团加大基建技改项目建设力度，实现扩产增能，招金矿业金翅岭金矿600吨/日新氰化项目、甘肃招金冶炼、早子沟选厂扩建等26个重点建设项目顺利实现既定目标。资源综合回收利用示范基地建设顺利通过中期阶段验收，4.8亿元国拨资金全部到位；地质探矿新增黄金资源储量54吨，新增铜金属量6124吨，成功收购国内最大的单体金矿——海域金矿，全集团黄金储量达到1228吨，成功实现“十二五”黄金储量超千吨的宏伟目标。

【力推转型升级，发展质量全面提升】　2015年，招金集团共投资7.65亿元，重点推进35个转型升级项目。烟台黄金职业学院于2016年1月4日顺利取得山东省人民政府的建校批复，正式获得办学资格。招金膜天海水淡化成套设备产业化项目按期竣工投产。招金金合氰化尾渣资源综合利用示范工程、豫金坊商业综合体等项目有序推进。招金精炼、招金银楼、招金卢金匠、招金贵金属完成整合，市场、品牌等优势进一步放大。招金进出口公司南美和中亚金、铜、氧化铝等新业务拓展实现新突破。物资公司内外部两个市场同时抓，收入和利润实现双增长。

烟台黄金学院

【产融深度融合，金融板块茁壮成长】　2015年是招金集团向产业投资集团转变的战略转型年，先后打造北京招金资源投资有限公司和北京财瑞祥投资管理公司为载体的两大投资平台，设立招金蒙矿风勘基金、海南瀚阳股权等基金，初步构建以两大产业投资基金为平台、带动多个产业板块协同发展的新格局。集团财务公司的筹建，以“招金速度”快速推进，并于2015年7月18日正式开业；招金集团顺利通过AAA级信用评价，成为烟台市首家获批企业，公开市场发债节约财务费用9300万元。以黄金为载体的互联网金融、“e动未来”信息化项目正式启动。2015年招金投资、招金期货合计交易黄金652

2015年7月18日，山东招金集团财务有限公司开业仪式

吨，交易白银50351吨。其中，招金投资全年实现利润突破2000万元；招金期货取得资管业务资质，资管规模达到3亿元，分类评级提升至BBB级。金软科技于2015年6月11正式登陆新三板，成为国内黄金行业及黄金矿业行业首家在新三板挂牌的IT企业。招金励福完成新三板上市材料提交；招金膜天、招金期货的新三板挂牌工作正在加速推进；招金矿业回A取得阶段性成果。

【激活创新活力，培育核心能力】 2015年，招金集团共投资8461万元，推进重点科技创新项目36个，招金精炼3D硬金成色稳定技术研究、招金膜天纳米超滤膜制备技术研究、招金矿业技术中心非化学选冶技术研究、夏甸金矿“深部通风、降温、地压管理研究”四大攻关课题全面完成。招金膜天的省级工程实验室顺利通过验收。国大公司被评为“烟台市2015年知识产权优势培育试点企业”。全集团新增专利33项，获中国黄金协会科技进步奖8项、省科技进步二等奖1项、软件著作权3项。

【优化管理运营，合规协同发展】 2015年为招金集团的制度建设年。完善“三会一层”法人治理结构，开源节流、挖潜增效。全面实施修旧利废、节能降耗、招投标管理和机械化、自动化、信息化等全方位降本增效措施。通过实施产业协同管理办法、构建供需目录，深度优化内部资源配置，实现抱团发展、共克时艰。引入安永内控诊断，组建内控部，构建较完善的内控管理体系，并开展内控评价，确保内控触角嵌入生产经营各环节，实现全方位风险防范。

【坚守大道合行，安全和谐稳定】 2015年，招金集团大力推动品牌文化建设提档升级。《招金故事第二集》将企业文化深植引入更深层面。第九届黄金节、2015中国（招远）国际黄金矿业论坛、第十三届国际珠宝首饰展销会、黄金行业产业链融合创新大会的成功举办，提升了招金品牌价值。2015年，集团公司严格践行安全绿色发展，扎实推进本质安全企业建设和企业主体责任落实，杜绝重大安全环保事故；新增岷县天昊和丰宁金龙两家“绿色矿山”，使全集团国家级“绿色矿山”企业达到了13家。廉政建设方面。2015年，招金集团“三严三实”专题教育成效显著，严格落实党风廉政建设主体责任，建立干部廉政档案，开展廉政专题培训，推进廉政督查监察，营造了风清气正的良好氛围。关爱员工方面。招金集团优化升级职工互助基金，建设职工之家，开展埠外职工及家属健康查体和365志愿服务，推进金秋助学，帮扶救助困难职工，进一步彰显人文关怀。此外，招金集团积极履行社会责任，出色完成森林防火救灾、汛期应急救援等工作，受到市委、市政府的高度评价。

2015年11月10日，招金集团组织埠外员工家属健康查体

（撰稿：宋 健 审稿：刘永胜）

招金矿业股份有限公司

招金矿业股份有限公司领导成员

董事长：翁占斌
总 裁：李秀臣
党委书记、纪委书记、工会主席：姜智慧
党委副书记：丛建茂
副总裁、安全总监：孙希端
副总裁：丛培章
副总裁、技术总监：董 鑫
副总裁：王立刚 秦洪训
技术总监：陈 贺

【机构设置】 招金矿业股份有限公司于2004年4月设立，公司内设董事会秘书处、总裁办公室、生产技术部、财务部、安环部、人力资源部等16个职能部室（处、中心），黄金主营业务遍及招远、新疆、甘肃、内蒙古、辽宁、山西等全国主要矿业省

域，辖设各级分子公司达70余个。招远埠内企业包含夏甸金矿、金翅岭金矿、大尹格庄金矿、金亭岭矿业、河东金矿、蚕庄金矿、大秦家矿业、招金金合8家生产企业。2015年，共有员工1万余人。

【概况】　招金矿业股份有限公司是一个专业开发黄金产业的综合性企业，是中国领先的黄金生产商和全国同行业最大的黄金冶炼商，主要产品为［9999］及［9995］标准金锭。上市后，公司依托资本力量在全国矿业权资源整合取得了跨越式突破发展，由一家区域性的黄金企业，成长为全国领先的黄金生产商和最大的黄金冶炼商，形成勘探、开采、选矿及冶炼为一体的全产业链条。黄金主营业务遍及山东、新疆、甘肃、内蒙古、山西、辽宁等全国主要矿业大省，并涉及南美洲厄瓜多尔黄金资源开发，国内外辖设生产矿山及探矿企业30余家，其中招远市境内拥有生产矿山8家，职工总数1万余人。上市近十年来，公司先后获“中国证券金紫荆奖最佳上市公司”及“最具投资价值上市公司”、福布斯（Forbes）亚洲中小企业200强、最佳公司治理白金奖等一系列资本市场殊荣，被誉为“亚太黄金第一股”。

招金矿业现代化矿山

【优化产能改造，提高资源后劲，发展质量得到进一步提升】　2015年，在诸多不利因素挑战下，全公司生产组织实现逆势增长，自产黄金、冶炼加工成品金产量均超额完成年度目标。共完成黄金总产量1091779.38盎司（约33958.16千克），比上年同期上涨约3.20%。其中，矿产黄金651849.79盎司（约20274.81千克），比上年同期上涨约0.88%；冶炼加工黄金439929.59盎司（约13683.35千克），比上年同期上涨约6.84%。公司强化基建技改项目建设质量和速度，完成投资8.02亿元，氯化挥发和焙烧扩能改造、选冶技术改造、示范基地建设等一批重点项目按计划推进，为公司产能和效益提升蓄积了力量。同时，在探矿方面，公司投入地质探矿资金1.34亿元，探矿新增金资源量69.20吨，储量升级金金属量30吨。特别是在资源占有方面，公司成功收购中国最大的单体金矿海域金矿项目，未来价值创造空间进一步拓展，新增资源储量470吨。截至2015年12月31日，公司共有36个采矿权和41个探矿权，面积分别达137.3281平方公里和745.6平方公里。依据JORC准则，公司黄金资源量为1228.01吨（约3948.14万盎司），可采储量为544.13吨（约1749.42万盎司）。

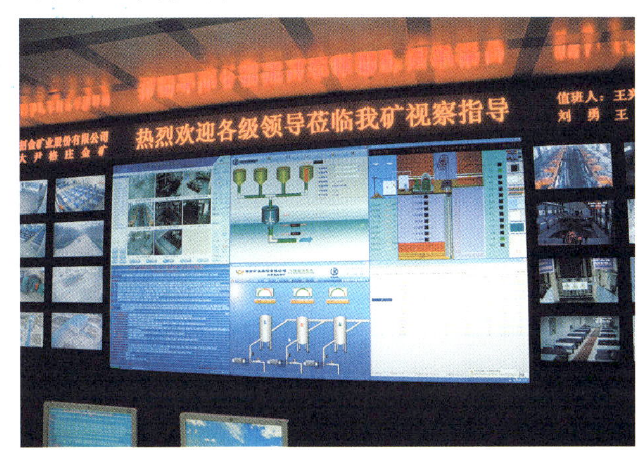

招金矿业数字化矿山

【精耕企业管理，实施创新驱动，发展效益得到进一步增强】　2015年，公司坚持“百花齐放，百家争鸣”方针，启动管理创新达标升级活动。实施红黄绿灯考核机制，推行招金E家办公系统和TOPS管理系统，管理科学化、信息化、规范化迈上新水平。公司加强民主测评、专业检查、审计监督、财务监管、纪检监察“五位一体”监督约束机制建设。同时，开展项目建设、地质探矿、设备采购、能源管

招金矿业——生产井架

理四大领域的节支降耗活动，在行业内继续保持低成本运营优势。公司坚持创新驱动，完成科研投资5237万元，开展技术创新25项，申请专利46项，申报成果奖项37项，获得发明专利5项，实用新型专利11项。在产融结合方面，公司开展超级短融、永续中票、境外融资、公司债等一大批融资动作，累计融资总额达到124亿元，公司信用评级达到3A级，为公司发展提供强而有力的资本支撑。

【强化红线意识，健全制度保障，合规运作基础进一步夯实】 2015年，公司贯彻法治合规精神，加强董事会建设，严格按照相关法律法规，推进信息披露、三会运作、投资者关系维护等重点工作。公司高级管理层获中国企业管理领导力奖，年报获国际ARC年度报告大奖。在公司治理方面，公司打造用制度管权、管事、管人的内控文化，制定印发招金矿业规章制度汇编，深入开展“学制度、用制度、讲规矩”活动。强化党风廉政建设工作，积极营造良好的干部生态，开展三严三实专题教育，强化干部选拔、任用、评价、考核全流程建设。同时，公司严守安全生态环保三条“红线”，累计投资1.8亿元，隐患排查治理、安全文化深植等行动纵深开展，连续保持安全形势的持续稳定。

招金矿业技术化验

【加大文化深植，凝聚发展合力，企业保持稳定发展态势】 2015年，公司落实厚民举措，大力开展培训教育、以师带徒、技能大赛等活动，职工综合素质得到持续提升。同时，开展扶危救困等行动，向广大职工传递人文关怀的正能量。公司建立任贤长效机制，树立“花开花落”育人新观念，积极招聘大学生员工、高端市场化人才，为公司发展提供强而有力的智力支撑。此外，公司致力于打造和谐矿山，开展招金文化进小区等活动，为公司运营发展营造了稳定的大环境。

（撰稿：王怀斌　审稿：王立刚）

山东中矿集团有限公司

山东中矿集团有限公司领导成员

董 事 长：赵金菊（女）

总 经 理：李建波

副总经理：唐廷双　路明福　姜红松　于好兴　曹善忠　宋洪宇　李金奎　秦东钦　杜文贤　陈守千　潘永文

工会主席：唐廷双

【概况】 山东中矿集团有限公司（以下简称中矿集团）属招远市政府授权经营的大型国有资产管理公司，以黄金采选冶为主导产业，经营范围涉及旅游、服务、房地产、贵金属投资、生态农业等领域。2015年，共有职工4700人，资产总额98亿元。下属中矿金业股份有限公司年自产黄金5吨，年冶炼成品金15吨。

中矿集团崛起于困境之中。在企业运行初期，面对“招金股份”巨额负债和亏损，公司领导班子坚持“增值才是发展”的观念，对企业进行一场令全社会为之震惊的大变革，建立严谨合理的生产结构、精干高效的组织机构、以人为本的管理模式，拥有业内一流的工艺技术，培育独具特色的企业文化，逐步引领企业实现由中国黄金行业亏损老大到行业龙头企业的

2015年7月27日，中国金都·山东招远第九届黄金节开幕式

2015年8月27日，中国黄金协会副会长张炳南在第九届黄金节开幕式上讲话

巨变。自运行以来，连年位居招远地方财政贡献首位，连年跻身烟台市纳税前五强，连年名列山东省纳税百强。先后被评为山东省管理创新十佳企业、山东省企业文化建设示范单位、山东省诚信企业、山东省劳动关系和谐企业、山东省循环经济示范单位、全国矿产资源综合利用示范矿山、全国最具生态竞争力企业、全国模范职工之家等，获山东省质量管理奖和山东省富民兴鲁劳动奖状。

2015年，面对国际金价和地质品位“双降”的严峻挑战，中矿集团坚持“稳字当头、严字当先”工作总基调，以提高企业发展质量和效益为中心，创新思路挖掘潜力，攻坚克难度危求进，实现“保安全生产、保主业发展、保财政贡献、保职工收入”基本目标，在错综复杂的经济形势下保持企业健康发展局面。全年完成销售收入260.36亿元，同比增长17.29%；实现利润7.46亿元；项目建设投入12.42亿元，同比增长0.32%；职工工资收入同比持平，养老金及住房公积金同比增长3%；财政贡献11.39亿元，

2015年8月27日，中矿集团总经理李建波主持第九届黄金节开幕式

连续8年位居地方财政贡献首位。“十二五”期间，累计完成销售收入963.51亿元，实现利润79.15亿元，财政贡献53.18亿元，项目建设投入47.60亿元，职工工资收入年均增长3.75%，实现“十二五”规划的完美收官。

【推动安全关口前移，实现全年安全生产】 2015年，中矿集团按照“思路严谨、措施严谨、标准严谨、检查严谨”要求，严抓制度落实，细抓现场管理，不断推动关口前移和管理重心下移，实现安全生产年，被评为山东省安全生产基层基础工作先进企业。推动制度落实关口前移，通过严把岗前准入关、督导检查关、隐患整改关、追责处罚关四大关口，着力消除人的不安全行为和物的不安全状态，保持持续稳定的安全形势。年内，千人负伤率同比下降75%，创历史最好水平。推动技术保障关口前移，投入安措资金4438万元，重点推进通风系统改造升级，构筑全新的通风格局，三大金矿减少风机装机容量340千瓦，进风量增加130立方米/秒，全年节约电费210万元。推动应急救援体系建设，从实战化出发，建立应急队伍，配齐应急装备，完善应急预案，组织应急演练，成为山东省首批安全生产应急管理示范点，为全国非煤矿山安全应急管理标准化建设工作探索了路径、积累了经验。2015年6月，国家应急救援指挥中心领导专程到玲南金矿调研，对公司应急管理标准化建设试点工作给予高度评价。

【坚持“增量保质”方针，实现均衡稳定生产】 2015年，中矿集团坚持“增量保质”方针，加强技术措施落实，强化劳动组织调度，促进效率指标的稳中有升，超额完成全年产量任务。年内，采掘总量同比增长0.60%，出矿量同比增长0.48%，掘进量同比增长3.86%，外购金精矿同比增长13.70%，氰化处理量同比增长2.94%。其中，冶炼成品金、采矿量、掘进量、选矿处理量、氰化处理量、外购金精矿量6项指标创造历史最高纪录。加强对选矿筛分工艺改造，改造后筛分、磨矿、中细碎三项指标分别提高

2015年8月28日，黄金市场发展论坛

25%、13.63%和11.11%，增加效益339万元。加快矿山基本工程建设步伐，全面推进11个大型矿山基建项目，为地下矿山顺利向新的接续平台过渡奠定坚实基础。强化地探增储，加强成矿规律研究，在深部中段、空白区以及外围区域开展探矿工作，全年投资3589.32万元，新增地质储量836.2万吨，金属量16.72吨。

【加强成本系统化管理，最大限度保住效益空间】2015年，中矿集团牢固树立效益意识和节约观念，全力构建成本系统化管理网络，加强细节管理，强化过程控制，在开采深度不断延伸情况下，推动成本指标稳步下行。采矿单位成本同比下降3.71%，选矿单位成本同比下降3.28%，氰化单位成本同比下降4.06%。完善成本管理体系，把管理责任落实到每个岗位，把成本指标量化到每个环节，建立全过程控制、制度化监管的管理格局。强化物资管理，年内公司总库存减少594万元。加强峰谷分时用电管理，全年节约电费999万元，同比增长34.09%，创历史最好水平。常态化、长效化开展技术攻关活动，累计完成攻关课题35个，评选优秀成果22个，先后有9项技术成果获得国家实用新型专利。《深井岩爆灾害动态监测与危险性分析技术开发应用》项目获得山东省科技进步三等奖。

【强化非金产业运营管理，稳健推进产业转型】2015年，中矿集团坚持经济效益和社会效益并重的原则，加强博览苑、淘金小镇和架旗山游乐园运营管理，在保证正常社会化服务基础上，不断增强市场竞争力。9月，河南3000人旅游团队游览淘金小镇，创造烟台接待单团人数之最。三大景区全年累计接待游客107万人次，接待旅行团队2986个，经营收入同比增长10%，创历史最高纪录。稳健推进重点项目建设。龙泉文苑全部工程施工结束。龙湖大酒店在第九届黄金节期间对外开放。坚持按需生产、市场化经营的思路，对金都庄园、生态蔬菜基地和养殖基地实行一体化管理，年内生态蔬菜基地和金都庄园的果蔬全部通过国家有机绿色产品认证，为进一步拓展市场打下基础。

2015年4月16日，龙湖大酒店开业

【加强企业文化建设，提升全员幸福感和获得感】2015年，中矿集团坚持把企业文化建设作为引领各项工作的主线，创新企业文化建设思路，突出人文关怀，满足职工合理诉求，进一步提升全员的幸福感和获得感。开展专题教育。全年开展安全意识、法治精神、核心价值观和感恩教育四大专题活动，在外聘专家和公司副总轮流授课的基础上，先后组织价值观座谈、结对包帮以及感恩实践等主题教育活动，有效提升干部职工思想境界。坚持共享发展。在宏观经济下滑的严峻形势下，中矿集团通过苦练内功，消化各种减利因素，保持职工工资收入的稳定，充分让职工享受到企业发展所带来的实惠。积极承担社会责任。投资325万元，参与新农村建设、抗震救灾等公益事业，多次组织职工圆满完成森林灭火任务。成功举办第九届黄金节。先后组织“国际黄金市场发展论坛”等12项主题活动，共接待12个国家和地区的600多名参会嘉宾，是历届黄金节

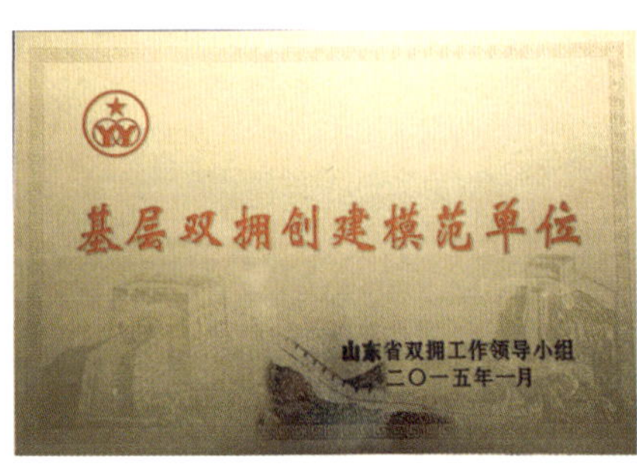

规模最大、人数最多、内容最丰富的一次盛会。年内，中矿集团获得烟台市最具慈善爱心企业、山东省管理文明先进单位、山东省基层双拥创建模范单位等荣誉。

（审稿：赵中松　　供稿：于永洋）

山东国大黄金股份有限公司

山东国大黄金股份有限公司领导成员

董 事 长：徐永祥
总　　裁：孙浩飞
总 经 理：刘占林
副总经理：尹瑞学　邴胜章　王建政
　　　　　段建波　曹永超

【概况】　山东国大黄金股份有限公司（以下简称“国大公司”）前身为招远黄金冶炼厂，1986年11月建成投产，是中国第一家专业黄金冶炼企业，也是全国黄金行业工艺门类最全、技术含量最高、经济效益最好的黄金冶炼、阴极铜冶炼和硫酸化工企业。公司占地面积68万平方米，在职职工1700人，拥有直接氰化、焙烧氰化、两段焙烧、湿法炼金、尾渣制酸、余热发电等国内外先进的生产工艺，日处理金精矿1200吨，年可从各类矿物和废渣中回收黄金15吨、白银40吨、硫酸40万吨。国大公司获得国家级实验室认定，是国家资源节约与环境保护重大示范企业、国家火炬计划重点高新技术企业、中国黄金行业明星企业、省级技术中心、山东省高新技术企业、山东省循环经济示范单位、全国企业文化建设先进单位、省级文明单位、山东省“守合同重信用”企业、山东省现场管理创新型企业、烟台市明星企业、烟台市最具爱心慈善捐赠单位。

山东国大黄金股份有限公司

2015年，经济下行压力增大，黄金、白银、硫酸等主要产品价格几度逼近甚至跌破生产成本，高硫矿、含铁矿渣价格一路走低，原料市场竞争白热化加剧，给企业生产经营、效益提升带来严峻挑战。一年来，国大公司干部职工围绕“双增双节”工作定位，认真分析困难形势，积极应对严峻挑战，全年处理矿量48.52万吨，生产黄金14.97吨、白银38.84吨、硫酸42.44万吨、阴极铜2300.65吨、含铁矿渣9.96万吨，余热发电4135.92万千瓦时。实现销售收入53.65亿元，利税8569.14万元，完成财政贡献7055.65万元，主要经济指标均超额完成全年计划，投矿量、黄金产量、硫酸产量和发电量四大指标均创历史新高，在危机中保持稳中突破的发展态势。

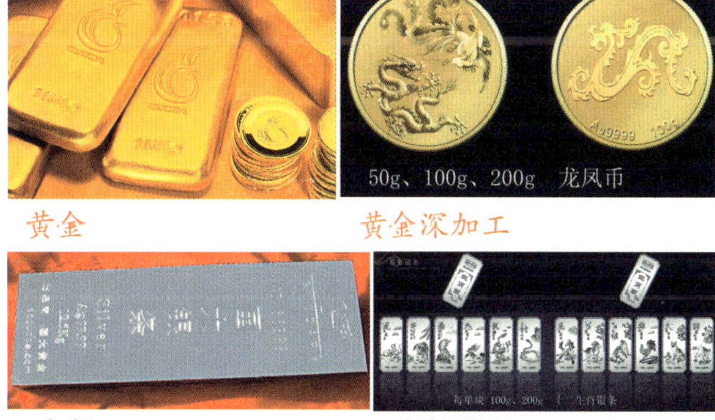

黄金　黄金深加工　白银　白银深加工

【强化自主创新，优化产业布局】　国大公司依靠自主技术创新，推动产业升级、布局优化和资源整合，先后获得国家科技进步二等奖1项，国债贴息项目2个，国家火炬计划1项，省部级以上科技成果奖30多项，获得国家技术专利37项。国大公司大力发展循环经济，投资20多亿元建设高科技生态型工业园区，实施综合利用低品位共伴生金矿、湿法炼铜、20万吨/年制酸及6000千瓦时余热发电、尾渣多元素回收、贵金属深加工、两段焙烧和余热回收利用、提金尾渣综合利用等以资源综合回收利用为重点的循环经济项目，

国大公司厂区一瞥

实现对废渣、废热、废气的综合开发和可持续利用，使有限资源得到最大限度的效益挖潜。2015年，国大公司新开发的3个技术研发项目取得突破并应用于生产；全年完成科技创新1982项，创效368.39万元；被列为“烟台市知识产权优势培育试点企业”，获得各类科技发展支持资金35.5万元。

国大公司焙烧生产系统

【强化市场开发，拓展国际贸易】 2015年，国大公司认真研判市场，把握价格走势，强化优质服务，积极开发新市场，落实责任制激励，强化计量、质检、化验、运输等各环节的协作配合，严把质量效益关口，确保购进矿量和购进效益，满足生产需求。全年共购进金精矿40.86万吨、硫矿28.76万吨，新开发国内外精矿客户91家。销售硫酸41.94万吨，其中，105%酸销售9.35万吨，均创历史最高纪录。销售含铁矿渣11.39万吨、高硫矿11.19万吨，实现销售收入1.1亿元。成功开发澳大利亚等4个新客户，全年购进国外金精矿14.93万吨，再创历史新高，进口额超过2亿美元，在招远市工业企业中排名第二。

国大公司生产车间

国大公司余热发电DCS自动化控制系统

【强化文化建设，凝聚发展合力】 2015年，国大公司以推进特色文化建设为抓手，扎实开展党员干部集中培训、“三严三实”专题教育等主题活动，夯实基层党建基础；举办丰富多彩的文化活动，挖掘职工特长潜能；开展专业培训，调动全员提高技能的主动性；落实“四常机制”“四个关心”，冬季“送温暖”，夏季“送清凉”；改造职工家属楼，新建职工食堂和宿舍楼并投入使用，改善职工生活居住环境；组织干部职工健康查体，规范职业健康管理，加强职业健康监护；调增职工月份收入，增加岗位工资，增设安全奖金，有效激发全员攻坚克难、建功立业的工作热情。年内，国大公司认真履行社会责任，积极组织开展村企共建、爱心捐助活动，为周边村老人发放慰问金26.8万元，为社会困难群众募捐爱心款10.4万元，捐赠御寒衣1460多件，得到社会好评。在2015年山东省“以德立业、和谐兴企”主题宣传活动中，国大公司“关爱职工、和谐发展”工作受到表彰。

（撰稿：孙浙富　　审稿：姬常松）

玲珑集团有限公司

玲珑集团有限公司领导成员

董 事 长：王希成

副董事长：王 锋

总　　裁：王 琳

副 总 裁：刘占村 温 波 王显庆 张正亮

党委副书记、工会主席：张 琦

副总经理：李 伟

【概况】 玲珑集团有限公司（以下简称玲珑集团）属国家大型企业，是以轮胎主业为核心、能源供应为保障、原料生产为辅助、设备制造为基础的高新技术企业。玲珑集团坚持以轮胎为主业和主辅并举、多元发展、相互促进的原则，涵盖轮胎制造、机电加工、化工原料、建筑建材、商务旅游、公共事业、金融服务、热电联产8大行业领域，下属企业20多家，是中国轮胎行业发展速度最快、品牌价值最高、出口创汇最多、产品系列最全的民营企业。

2015年6月16日，玲珑轮胎获2015年度中国500最具价值品牌

多年来，企业紧紧围绕“创新、特色、定位、集群”内涵式的发展宗旨，彰显“优、快、高、大”的发展特色，架构轮胎行业独一无二的循环经济产业链，形成企业特有的竞争优势。2015年，玲珑集团占地面积642万平方米，建筑面积455万平方米，拥有职工1万多人，工程技术人员2000余人，销售收入101亿元。综合经济实力名列全国轮胎行业前5强、世界轮胎20强。2015年度品牌价值202.93亿元，名列国内轮胎行业榜首位列榜单第125名，继续领跑轮胎行业首位。2015年9月24日，世界品牌实验室揭晓2015年“亚洲品牌500强”榜单，玲珑品牌排名第350位，第二次入围亚洲品牌500强榜单。

【国际化的研发体系】 玲珑集团依托集团研发中心、北京玲珑轮胎有限公司和北美研发中心，形成立足企业、覆盖全国、面向全球的开放式、市场化运作体系，建成国内轮胎行业第一家国家级认可实验室和博士后科研工作站，以及国内第一家室内噪声实验室，建设行业内第一家噪声实验室和低滚动阻力实验室，其中低滚阻实验室于2012年6月与欧盟相关滚阻检测机构完成对标，具备独立检测滚阻的能力，获得欧盟认可。技术创新体系完善，自主开发能力突出，形成一批行业领先、国内一流的关键技术和高新技术产品，公司科研团队已全面掌握科学运用有限元分析、六分力试验、模态分析试验、整车性能仿真预测、橡胶组分试验、滚动阻力试验、空腔共振噪声试验等行业前沿的研发与试验检测手段，先后承担国家“863计划”“火炬计划”等多项国家级重大科研课题，负责多项轮胎性能标准的制定，是国内第一家实现每天研发2个新产品的轮胎企业，在技术创新领域先后创造了六项企业新纪录和八个国内第一，被评为国家级高新技术企业，先后承担了国家863计划、火炬计划等多项国家级技术攻关课题，取得中国、美国和澳大利亚等专利300多项。

2015年，玲珑集团获得专利授权88项，其中发明专利3项、实用新型42项，在全球轮胎行业中专利总数排名第七。全年技术创新项目鉴定验收13项，申报省级创新项目11项。公司与北京化工大学牵头成立的“蒲公英橡胶产业技术创新战略联盟”，实现了中国第一条自主研发的蒲公英橡胶连

国家技术发明奖

证　书

为表彰国家技术发明奖获得者，特颁发此证书。

项目名称：节油轮胎用高性能橡胶纳米复合材料的设计及制备关键技术

奖励等级：二等

获 奖 者：王锋（山东玲珑轮胎股份有限公司）

中华人民共和国国务院

2015年12月16日

证书号：2015-F-306-2-01-R04

续动态逆流综合提取小试生产线，对未来的绿色天然橡胶材料开发具有重大意义。2015年12月26日，玲珑轮胎“节油轮胎用高性能橡胶纳米复合材料的设计及制备关键技术”获国家科学技术发明二等奖，国家科学技术奖是国务院设立的科技领域的最高奖项，是迄今为止轮胎行业获得的国家级最高科技奖项，多项技术填补国内空白。2015年10月，中国石油和化学工业联合会发布2015年度“中国石油和化工行业技术创新示范企业”名单，全国共10家企业获“石油和化工行业优秀技术创新示范企业”称号，玲珑集团荣登榜单。

【多样化的产业集群】　玲珑集团以轮胎主业为核心，园区为平台，发展低碳经济，倡导绿色制造。先后规划建设热电联产、炭黑、钢丝、水泥、粉煤灰砖、橡胶增强剂、轮胎翻新等项目，形成以能源为保障、原材料生产为辅助、轮胎生产为核心的循环经济产业链，不仅实现工业三废的资源化和再利用，而且对水、汽、热等资源和能源进行高效的综合利用。而成型机、硫化机的自主生产，不仅为公司产能扩张提供设备支持，更为设备的性能改进和系统性功能完善奠定坚实的基础，玲珑集团成为全国主要的橡胶机械生产企业。完善的产业链条，有效降低生产成本，提高企业的风险抵御能力，被认定为山东省循环经济试点企业。

玲珑集团下设8个分公司：山东玲珑轮胎股份有限公司下设山东玲珑轮胎股份有限公司北京销售分公司、北京天诚玲珑轮胎有限公司、德州玲珑轮胎有限公司、广西玲珑轮胎有限公司、玲珑轮胎（泰国）有限公司、香港天诚投资有限公司6个子公司；山东玲珑机电有限公司下设招远山玲锁业有限公司、招远东方锁业有限公司、山东金峰五金锁业有限公司、招远山玲车件有限公司4个子公司；招远玲珑热电有限公司下设招远玲珑水泥有限公司、招远玲珑热电有限公司供热分公司2个子公司；山东兴隆盛物流有限公司下设招远玲珑仓储有限公司、招远山玲汽车销售有限公司（含大修厂）、招远市玲珑报关有限公司3个子公司；山东玲珑商贸有限公司下设招远玲珑汽车销售有限公司、山东玲珑汽贸有限公司、仙人山农博园、玲珑集团有限公司兴隆盛大酒店、山东玲珑物业有限公司、山东玲珑置业五金建材分公司、玲珑集团技工学校、玲珑集团幼儿园、招远玲珑文体娱乐活动中心、招远山玲担保投资有限公司、招远山玲物资经营有限公司、玲珑集团德州科贸有限公司12个子公司；山东玲珑置业有限公司；山东玲珑英诚医院有限公司；玲珑集团北京中成英泰科贸有限公司。

【国际化的制造布局】　为更好实现公司跨越式发展的目标，解决公司产品供不应求的现实问题，玲珑集团先后在中国北京、广西柳州、山东德州三地及泰国设立子公司，利用成熟的信息化平台技术，实现资源共享，充分利用当地的资源及区位优势，降低物流成本，提高配货供货效率，在优化产品结构的同时，解决了因产能制约而影响公司发展的瓶颈问题。玲珑国际轮胎（泰国）有限公司是山东玲珑轮胎股份公司在海外建设的第一个子公司，也是玲珑“3+3战略”（国内3个制造业基地、海外3个制造业基地）的新起点。泰国公司的整个生产线都是全球一流高端生产设备，代表轮胎制造的最高装备水平，运用的也是玲珑自主研发并获得“国家科技进步二等奖”的专利技术，以生产绿色环保、科技

2015年7月26日，泰国玲珑二期项目投产庆典

2015年5月6日，广西玲珑一期项目投产庆典

含量高、附加值高的中高端产品为主，实现玲珑国际化战略的大突破。

2014年1月16日，泰国当地时间上午10时18分，玲珑国际轮胎（泰国）公司第一条半钢子午线（225/40R18 92W GREEN MAX）轮胎从硫化车间成功下线，标志着公司第一个海外生产基地的建设取得重大突破，为公司全球化发展战略实施推进迈出坚实的一步，具有重大的里程碑意义。玲珑集团董事长王希成、副总裁刘占村、玲珑国际轮胎（泰国）有限公司副总经理王立江、刘成文及玲珑国际轮胎全体员工参加产品下线仪式。

2015年5月6日，玲珑轮胎40周年暨广西玲珑投产庆典在柳州隆重举行，近400名玲珑轮胎配套商、经销商、供应商等合作伙伴齐聚柳州，柳州市委书记郑俊康、国家橡胶轮胎质量监督检验测试中心主任马良清、中国橡胶工业协会轮胎分会秘书长史一锋等领导，以及协会领导、媒体记者参加庆典。

2015年7月26日，玲珑国际轮胎（泰国）有限公司（以下简称泰国玲珑）举行玲珑轮胎建厂40周年暨全钢项目全线投产庆典，中国驻泰国大使馆的裴建华、是拉差区首席长官Pornchai Tomkrajang先生、泰国橡胶协会会长Chaiyos先生等政要和协会领导，以及玲珑轮胎董事长王锋、玲珑轮胎全球多家合作伙伴参加投产庆典。这是中国轮胎行业的海外生产的第一条卡车子午线轮胎。

2015年11月26日，玲珑轮胎董事长王锋获得“2015年泰国年度风云人物”。2016年1月19日，公司获得由东盟商务理事会颁发的“中国走进东盟十大成功企业”荣誉。这是对玲珑轮胎通过大胆“走出去”，在海外投资建厂取得成绩的最大肯定。

山东玲珑轮胎股份有限公司董事长王锋获评2015年度泰国风云人物

【创新质量管理模式】 玲珑集团创建具有玲珑特色的“中西结合管理模式”，从目视化、现场6S、设备TPM、质量QC小组、作业标准化等“五大板块”打造管理精细优势。通过方针管理、目标管理、六西格玛管理与玲珑企业文化相融合，建立最佳化的管理体系和文化。在质量管理上，过程控制滴水不漏，产品追溯环环相扣。从原材料进厂检验、到生产过程控制、再到成品检测出厂，不仅有严格的自检、抽检、互检制度，而且树立下道工序就是上道工序用户的市场管理法则，形成制约机制。以信息化手段提升质量管理水平，在线打标破坏、离线检测报警、电脑智能纠错、设备自动防错、生产连续号、产品条形码，铸成一道质量的钢铁防线，确保流向市场的每一件产品都是合格品。公司产品先后通过CCC、DOT、ECE、GCC、INMETRO、LATU等认证，质量管理体系通过ISO 9001和TS16949认证，同时通过ISO 14001环境管理体系认证，GB/T28001职业健康安全管理体系认证，成为轮胎行业第一家执行质量管理体系新规则和第一家建立SA8000社会责任管理体系的企业。

多年来，企业重视管理创新，通过设备TPM管理，公司的整个生产装备水平比改进前整体提升达15%，很多设备的精度、自动化程度都远远超出原出厂标准，像硫化、成型的系统性改进，可提高生产效率20%以上，而且基本实现该要求的“傻瓜式”操作。同时，公司通过ERP、CAD/CAM和办公OA等信息技术的运用，以现代化的信息技术推动企业发展，不仅实现公司计划管理的科学性，更使公司设备、生产、质量、经营管理与国际并轨。2014年1月，玲珑集团被国家工商行政管理总局授予”守合同重信用企业”称号，连续三次获得该项荣誉。2014年4月26日，玲珑集团有限公司王希成、王锋、王琳的《打造速度模式，推动企业国际化进程》，获第三届山东省企业管理创新成果奖，成为烟台市唯一获奖企业。2015年7月，中国橡胶工业协会对协会成立30年来对协会和行业发展做出贡献的人员和企业进行表彰，玲珑轮胎荣膺“企业创新发展奖”，玲珑品牌荣膺“优势品牌奖”。

【国际化的营销模式】 玲珑集团在国内市场坚持以玲珑牌为主打品牌，山玲、利奥为副品牌占领市场。坚持自主研发、自主品牌、自主知识产权的发展思路，开创INFINTY、BENCHMARK国际化中高端品牌。玲珑商标被国家工商总局认定为中国驰名商标，玲珑轮胎是中国名牌产品，连续2届被核准为“重点培育和发展的山东省出口名牌”，连续多届上榜“中国500最具价值品牌”，2015年以202.95亿元的品牌价值继续居国内轮胎行业上榜品牌价值之首。2015年，再次入围亚洲品牌500强榜单。品牌知名度的提升，促进了国际化、密集化、优质化的营销体系得形成。玲珑轮胎公司获国家质检总局“出口免验”证书。出口商品免验，是国家质检总局对符合条件的法定检验出口商品，实施出口免于检验、直接放行和免收相关费用的一项优惠政策，是国家授予出口企业的最高荣誉。1991～2012年，全国仅有198家企业的出口商品获准出口免验。免验对企业不仅是可以快速通关和免收检验费，给企业带来显著的经济效益，更重要的是使企业在国际市场上取得更好的质量信誉、提高品牌知名度，为企业的不断自主创新和可持续发展提供更大的空间。届时，山东玲珑轮胎股份有限公司将成为全国第199家享有出口商品免验殊荣的出口企业。轮胎公司获得山东省商务厅“玲珑及图”（化工类）“2011～2013年度山东省重点培育和发展的国际知名品牌”称号。珑轮胎股份有限公司获得山东省名牌战略推进委员会、山东省质量技术监督局、山东省质量评价协会联合评选的2011年度“山东省服务名牌”称号。山玲、利奥品牌是山东省著名商标。本着自主研发、自主品牌、自主知识产权的发展思路，开创INFINTY、BENCHMARK国际化中高端品牌。品牌知名度的提升，促进国际化、密集化、优质化的营销体系的形成。公司已发展国内区域代理100多家，营销服务网点2万个，与国内近60家汽车厂家建立长期战略合作关系，先后被上汽通用、中国一汽、陕西重汽、北汽福田、中国重汽、厦门金龙、北汽福田、华晨金杯、安徽华菱、烟台斗山等配套厂商授予“优秀供应商”称号。为通用、福特、印度塔塔、俄罗斯雷诺日产、巴西现代等国内外50多家整车厂商提供配套，顺利进入世界前十强中的多家汽车制造商的全球供应商体系，成为民族品牌第一家进入世界级汽车厂配套体系的企业。产品远销180多个国家和地区，发展超2000万美元的欧美大客户20个，在品牌形象、品牌文化、经营理念上与国际接轨，彻底摆脱国内品牌在国际市场上低档次形象。2015年10月，玲珑轮胎GREEN-Max HP010产品成功配套伊朗霍德罗汽车集团（IKCO）旗下两款畅销车型SAMAND、DENA。

【国际化的品牌营销】 2015年，玲珑集团赞助2015年度中国卡车公开赛、中国卡车年度大选等国内知名赛事，和山东大学主办十几个院校共同参加的“玲珑轮胎杯·2015年数字媒体创意大赛”；以公司建厂40周年为契机，策划柳州、泰国公益捐伞活动，种种活动提升了公司知名度与关注度，也展示了玲珑品牌的精神与内涵。在国际化推广上，成为沃尔夫斯堡顶级赞助商，也是第一个在欧洲五大联赛投放广告的中国轮胎企业。与Ratchaburi Mitr Phol FC（叻丕府两仪糖业足球俱乐部）签约，打造玲珑国际化品牌形象。在品牌宣传上，充分利用电视、广播、报纸、网媒、广告、微信等外部媒体工具，2015年完成正面媒体报道600余篇，综合类网站及专业网站近200家媒体转发。在官网、官微等自媒体运营上，微指数数据显示，玲珑轮胎微信号影响力排名远高于同行业其他品牌。“玲珑轮胎”百度指数比去年增长36.6%，指数明显高于佳通、三角，玲珑轮胎数字媒体影响力全球排名14位。2015年公司共完成品牌店建设239家，通过整包服务和流程优化，有效保证了VI执行。同时推出海外专刊、手机报、国内季刊、手机APP产品图册，有效了满足了受众群体不同的传播需求。世界品牌实验室发布的2015年《中国500最具价值品牌》榜单，玲珑以202.95亿元的品牌价值荣登榜单，继续领跑中国轮胎行业。

【注重人才培养】 玲珑集团突出人本管理理念，营造尊重知识、尊重人才、尊重创造的工作氛围，打造学习型、创新型相结合的团队组织。生产一线员工年龄结构年轻化，吃苦耐劳，战斗力强。管理层老中青结合，经验丰富，进取意识强。团队建设上，坚持外引内培相结合的思路，先后开展校企联合、高院引智等项目，成为哈尔滨工业大学、吉林大学、青岛科技大学、内蒙古大学等多所院校的就业实习基地，设立博士后工作站，建设独立运行的职工学校和实训基地，有研究生70多人，海外专家18人，中高级技术职称工程师、管理师4000多人，工程、技术、管理人员业务精干，生产员工操作熟练。公司员工整体素质较高，对公司愿景和文化有强烈的归属感和认同感，具备较强的凝聚力、向心力、学习力和战斗力。2015年，联合山东省各大高校，共同举办玲珑轮胎“校园广告设计大赛”和“数字媒体创意大赛”，对优秀者提供高额的奖金激励，激发学生的创作激情，增强学生开拓创新能力与社会竞争力，为社会培养更优秀的人才。2015年，在山东工商学院设立“玲珑奖学金”，奖励工业工程、管理科学、计算机科学与技术、国际经济与贸易4个专业的在校优秀本科生。

【领导关怀】　2015年3月19日，上汽依维柯红岩高层总经理杨汉琳等一行到玲珑集团参观访问。玲珑集团总裁王琳及玲珑轮胎高级经理冯宝春等领导陪同参观技术中心、TBR、PCR工厂以及中亚轮胎试验场，对玲珑的产品研发、技术升级、营销服务等给予高度评价。

2015年5月12日，中国建设银行山东分行行长薛峰、副行长郝子建、办公室副主任宋文鲁在烟台及招远有关领导陪同下，到玲珑集团参观指导。

2015年7月15日，中共山东省委副书记、省长郭树清到玲珑集团视察，烟台市委书记孟凡利、烟台市市长张永霞、招远市委书记张伟、市长王光耀陪同，玲珑集团副董事长王锋介绍情况。

【履行社会责任】　玲珑集团勇于承担社会责任，热心公益事业，为构建和谐社会做贡献。先后与共青团招远市委联合运作“玲珑轮胎·希望工程圆梦大学”行动，设立“玲珑轮胎助学基金”，每年出资10万元用于帮助那些条件困难的高考生实现大学梦想。先后斥资260多万元，资助青岛化工学院在读生6人、资助委培高考落榜青年和在职职工272人、投资培养有发展前途的硕士生和硕士旁听生18人、捐助困难学生80人，每年在青岛化工学院委培大专生40人，先后有400多人在企业的发展中受益。在关注弱势群体方面，为减轻政府负担，玲珑集团还先后接收原国营招远市变压器厂、原国营招远市水泵厂和招远金峰锁业有限公司，足额补发原企业拖欠的工人工资、补交职工养老保险，解决2000多职工的就业问题。同时，投资建设车件厂和橡塑厂2个福利企业，使90多名残疾人找到就业岗位，减轻社会负担。从2003年开始，玲珑集团承担为招远市城东区供热任务，公司把供热完全当作公益事业对待，不求企业牟大利，但求居民过暖冬，累计补贴1500多万元，以实际行动回报社会。2015年，开展困难救助活动，为27名困难职工申请了困难救助服务卡，为12名因病或因突发事件致困的员工进行救助；党团工妇加强与省市文化学会横向交流，推介经验做法，日常文化活动频繁，充满活力；在重大节日里集团组织给员工家长发放福利，共享公司发展成果；英诚医院组织下乡义诊 28次，义诊5000余人次，开展现场健康讲座、电视讲座，普及健康知识。2015年，玲珑集团为柳州、泰国的中小学生捐赠雨伞。2015年7月，由山东省企业联合会、山东省企业家协会等四部门对全省履行社会责任突出的企业进行表彰，玲珑集团获“山东省履行社会责任示范企业”称号，玲珑集团董事长王希成获“山东省履行社会责任示范企业经营者”称号。

【玲珑英诚医院】　2014年8月2日，山东省首家民营三级综合医院、山东大学第二医院招远分院玲珑英诚医院开诊，并举行“感恩社会，服务百姓健康”系列公益活动。英诚医院是招远市第一家三级综合性医院，由玲珑集团投资，与山东大学、山东大学第二医院、山东省影像研究所联合共同建设。医院总投资20亿元，占地面积14.67公顷，规划病床1500余张。首期投资4.5亿元，建筑面积7.5万平方米，设置病床500余张。医院开设内、外、妇、儿等10多个临床科室和10多个医技功能科室，成为“120”急救站、机关企事业单位、城镇居民基本医疗保险、新农合、工伤和交通事故等定点医疗机构。拥有国家级和省市级专家教授40多人坐诊，引进西门子双源CT、西门子超导磁共振、西门子数字胃肠机、飞利浦双板DR、三维彩超、脑颅开普勒等前沿医疗设备上百台套。英诚医院本着“立足招远，辐射周边，服务大众，造福一方”理念，着力打造集医疗、教学、科研、保健、康复为一体的现代化医院，为患者提供安全、舒适、高效的医疗服务。英诚医院年门诊量总体呈上升趋势，2015年全年门诊量近13万人次，同比增长185%。医院共接收感谢信39封，锦旗4面，医院被评为山东省卫生保健协会先进单位，神经内科与内二科病房获烟台“第六批全市护理服务示范病房”称号。

（撰稿：王　妍　　审稿：孙松涛）

山东金宝电子股份有限公司

山东金宝电子股份有限公司领导成员

董事长、党委书记： 王祝明

总经理、纪委书记： 郭　庆

常务副总经理、总工程师： 徐树民

副总经理： 赵　东　李加林　王天堂

总经理助理、财务总监： 杨江波

总经理助理： 李宝东

总经理助理、行政总监、党委副书记、工会主席： 李忠洋

总经理助理、人力资源总监： 任明明

【概况】 山东金宝电子股份有限公司位于招远市温泉路128号，注册资本32280万元。始建于1993年，2007年改制为股份公司，是大型电子材料生产企业，专业生产电子铜箔、覆铜板和印制电路板产品。公司拥有一家控股子公司——山东金都电子材料股份有限公司和一家海外全资子公司——招远金宝（香港）有限公司。金宝电子是国家重点高新技术企业，国家“863”计划成果产业化基地，拥有省级企业技术中心和省级工程技术研究中心。“金宝”牌商标被认定为山东省著名商标，公司电子铜箔、覆铜板产品被认定为为国家重点新产品、山东省名牌产品，先后通过了美国UL认证、英国BSI认证和中国质量认证中心的CQC认证，被评为国家重点新产品、山东名牌产品。2015年3月，在上海举办的CPCA国际展会上，金宝电子被评为“中国电子材料行业百强企业”“中国印制电路板行业优秀民族品牌企业”；4月，正式被民政部批准为中国电子材料行业协会副理事长单位。金宝电子位列2014年中国电子材料50强第23位，其中电子铜箔10强列第3位，覆铜板10强列第6位。

发明专利证书

专利申请日：2012年04月24日

专利权人：山东金宝电子股份有限公司

授权公告日：2015年04月01日

【调整产品结构】 2015年，金宝电子淘汰高耗能、低效率产能，将生产资源合理分配到公司的优质、高效资产中，确保对市场的供应能力，实现利润的最大化。压缩90Y板、ZD-90F板产量，增加附加值较高的ZD-68GF板、95GF板的份额，提升优势产品68板、CEM-1板的产能。

2015年5月21日，金宝电子与韩国斗山电子洽谈合作

【开发国际市场】 2014年，金宝电子公司制定国际市场开发战略。2015年公司重点攻克韩国市场，3月公司派遣技术人员赴韩国斗山电子参观并进行会谈，取得突破性进展，9月韩方派技术人员到金宝电子现场调研。2015年韩国市场销量有明显增长，覆铜板销量增长37%，铜箔销量增长132%，金宝电子已成为三星手机主力供应商，电子屏蔽铜箔占其总采购量的70%。2014年开始接触美国市场，于2015年2月22日首次到美国参加IPC展会，并参观访问美国CAC国际集团，金宝铜箔产品已通过美国主要客户的

2015年4月23日，金宝电子参加韩国CPCA展会

实验室测试，正在进行生产线小试。11月，金宝电子派技术人员赶赴欧洲走访ALSMALIBAR，并参加慕尼黑电子展，深入了解欧洲市场，对产品的研发方向有了明确的概念。

【推动产品升级】　2015年，金宝电子共申请“一种高CTI、高导热复合基CEM-3覆铜板的制备方

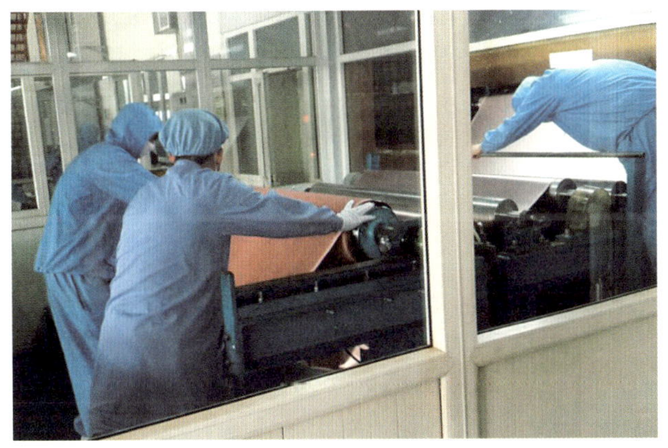

铜箔四厂科研人员正进行18umHTE铜箔实验

法”“一种用于生产均一粒径电解铜粉的添加剂”等5项发明专利。RTF黑化铜箔通过韩国三星认证，被应用于三星新note3和S5型号手机，2015年3月发行的三星S6无线充手机也使用金宝的铜箔。CEM—1覆铜板获得飞利浦认证，并从10月开始应用于飞利浦LED照明领域。VR板继续出口欧洲，并应用于奔驰宝马等车用电子领域。“高CTI、CEM-3复合基覆铜板”“高频微波印制电路板用铜箔”产品通过专家组鉴定验收。CEM—1板使用耐老化铜箔，研制成功，投放市场；低翘曲18umHTE铜箔项目完成，突破3mm的技术瓶颈；两层法挠性覆铜板用铜箔研制成功，已经小批量生产供应市场，性能接近三井金属的3EC-THE铜箔；高频高速板铜箔项目小试完成，并将在2016年上海CPCA展会中展出；挠性板用微细粗化处理铜箔新产品开发项目小试完成，取得良好的效果。

【开展对外合作】　2015年，金宝电子公司与施耐德电气公司在锂电池铜箔研发与生产方面展开了探讨，并达成初步合作意向。施耐德电气公司是全球能效领域管理的领导者，为100多个国家的能源及基础设施、工业、数据中心及网络、楼宇和住宅市场提供整体解决方案。与韩国SK公司探讨挠性覆铜板项目和挠性覆铜板用铜箔项目的合作。2015年，金宝电子公司与世界500强之一的韩国斗山集团展开合作，双方就铜箔贸易、覆铜板技术合作、合资合作进行多次谈判。同时与韩国SK公司多次探讨挠性覆铜板项目和挠性覆铜板用铜箔项目的合作。

【成功退城进园】　根据招远市委、市政府“退城进园”的总体部署，金宝电子公司老厂区生产车间于2014年3月底前陆续停车，6～7月公用设施陆续外迁，7～12月，老厂区开始陆续拆迁。截止到2015年12月底，天府路以西部分已经全部搬迁完毕，并在进行大面积的商业开发。金宝电子公司按照上级部门“规范拆迁，务必确保安全”要求，制定严密的拆迁计划和安保措施，最终用最低的成本，按时完成拆迁任务，整个过程无一起安全事故发生。同时工业园中的3个标准厂房已于2015年5月完工，线路板厂和机修厂已全部搬入并正常生产。办公科研楼于10月底装修完工，并在进一步的增置先进的电解

金宝工业园科研大楼

铜箔和覆铜板研发、检测仪器和设备，引进和培养相关技术人员，届时将成为国家级企业技术中心。

（撰稿：高煜凌　　审稿：郭　庆）

山东鲁鑫贵金属有限公司

山东鲁鑫贵金属有限公司领导成员

董 事 长：刘光瑞

董　　事：刘克静　刘吉文　张天启　张新生

总 经 理：刘光瑞

副总经理：毛松林　刘克静　张新生　尹川铭

【概况】　山东鲁鑫贵金属有限公司是以黄金深加工为主导的高新技术企业，拥有省级技术中心和省级工程技术研究中心，研发能力强，每年研发投入均占当年销售收入的3%以上。企业通过ISO 9000、ISO/TS16949、ISO 14001、OHSAS18001等质量、环境、职业健康和安全管理体系认证，被半导体行业协会评为五个“中国半导体支撑业最具影响力企业”之一。为国内最大的集成电路封装用键合丝（键合金丝、铝丝、铜丝等）生产厂家和全球技术领先的焊粉生产企业。键合丝产品、焊粉产品分别占到国内市场份额的50%和30%以上，在国内处于绝对领先的位置。企业的金合金细丝及其制造方法、无铅焊粉及其制造方法均已获得了国家发明专利，企业拥有核心自主知识产权。公司多年来坚定不移的积极探索、研究、争取国家政策，向政策要效益，让智慧出效益，为公司获取了巨大财富。近年来，公司进一步强化“三争”工作，先后成功申报了国家产业振兴项目、国家创新基金项目、国家电子发展基金项目、国家产业振兴项目、省技术创新能力建设项目等，先后被各级党委、政府授予诸多称号，分别是：全国电子信息百强企业、中国电子材料行业50强企业、全国电子信息行业优秀企业、国家级高新技术企业、山东名牌、国家电子材料产业基地、山东省电子发展基金、烟台市科技发展计划、烟台市提质增效、烟台市市长质量奖等。2015年，山东鲁鑫、贺利氏招远、常熟公司完成销售收入44亿元，实现利税2.2亿元，上缴税金1亿元。2015年，山东鲁鑫从合资公司应分红利3500万元，2015年的财政贡献1.1亿元。

2015年11月13日，贺利氏集团CEO凌瑞德、贺利氏集团监事会主席贺利氏在招远市领导张伟、王光耀、山东鲁鑫贵金属有限公司董事长刘光瑞陪同下，考察鲁鑫贵金属公司

2015年11月13日，贺利氏控股公司与鲁鑫集团战略合作签约仪式

【投资兴业储备发展资本】　近年来，山东鲁鑫以敏锐的战略眼光，结合企业实际，广开渠道，高效管控做好资本运作。通过前期购买的土地、固定资产投资等方式，储备发展资本，扎实推进项目建

2015年10月28日，招远市政府市长王光耀与德国贺利氏CEO凌瑞德会晤

设。一是依托招远市滨海新区影响力，建设仓储物流项目，5个钢结构标准厂房已完工，门卫、院墙已建成。二是为实现低成本扩张，投资6000万元，在常熟东南经济开发区建设标准厂房项目，2015年该项目已完工。三是将旅游业作为新的经济增长重点培育，高标准完成古村落旅游项目总体规划。为加快传统产业持续增长和战略性新兴产业迅速膨胀，首饰公司顺应时代潮流，进军网络销售。高新材料公司扩充贵金属深加工产业链，对银提纯、银粉、银材料加工项目进行调研，决定建设贵金属深加工园中园，车间已经初步建成，生产工艺和流程已经明确，正在进行设备安装，2015年9月底已经试生产。同时，公司积极借助与德国贺利氏的友谊，积极探索与欧洲的合作，洽谈的超声波焊接机项目聚合物胶接混凝土项目等项目正在继续推进。

【贺利氏高新产业园创造新奇迹】　2014年德国贺利氏总部整合重组、实施产业东移的亚洲战略，山东鲁鑫抢抓机遇、积极斡旋，多次与德方高层沟通谈判，最终德方决定将该园区作为德国贺利氏唯一的亚洲战略基地，并陆续将一系列高技术含量、高附加值的产品整合转移到该园内。2015年4月13日举行了产业园开工奠基仪式，5个月时间建成投产，并于2015年10月28日举行了开业仪式，德国贺利氏集团30多名高层以及相关领导悉数到场。该产业园计划总投资8亿元，规划占地面积26.67公顷，建筑面积12万平方米。其中一期投资3.5亿元，占地面积10公顷，建筑面积56868平方米。引进法国年产2000吨焊粉项目、德国年产2吨新型镀钯铜丝项目和3吨合金铜丝项目、韩国年产1.5吨银合金丝项目。项目全部达产后，年新增销售收入20亿元，实现利税2.8亿元。在拉动企业经济效益增长的同时，对相关产业的发展同样具有较好的带动作用。

2015年10月28日，贺利氏鲁鑫高科技产业园开业仪式

【改革创新积聚持续发展新动能】　多年来，山东鲁鑫把创新理念贯穿发展全过程，通过技术创新、管理创新、营销模式创新等方式来破解发展难题，赢得竞争优势，持续推动产业结构的深度变革和调整。一方面，搭建校企合作平台，高新材料公司延长贵金属深加工产业链，先后与山东新材料研究所、中科院、东南大学紧密合作，在银粉工艺改进方面取得新进展；另一方面，积极融入“互联网”引领创新2.0时代，大力推进线上线下协同营销，首饰公司官方旗舰店成功登陆天猫、京东等电子商务平台，同时成功搭建微信营销平台，积极参与“双11”全民购物狂欢节等营销活动，取得了良好的销售业绩。

（撰稿：李绍洁　　审稿：尹川铭）

山东康泰实业有限公司

山东康泰实业有限公司领导成员

董 事 长：康炳元
总 经 理：康　正
副董事长：刘福利　杨云章
副总经理：王广新　李吉彬　王连君
孙　翠（女）
监事会主席、工会主席：王广新

【概况】　山东康泰实业有限公司是一家集科工贸于一体的国家级高新技术企业，也是国内生产按摩椅最早、生产规模最大的工业企业之一，其前身为烟台市招远家电总厂，创建于1984年。1997年成立招远市康泰工业集团公司，2003年5月改制为股份制公司，工商注册为山东康泰实业有限公司，分康泰工业园和滨海高科园两大园区，占地面积40公顷，注册资金5000万元，拥有资产8亿元，员工近千人。公司主导产品是以“荣康”牌按摩椅为主导的按摩、保健、健身系列产品、和“康泰”牌汽车零部件系列产品及自动化仪表、智能五金制品三大系列。公司先后获国家级重合同守信用企业、中国专利山东明星企业、中国海关AA类信誉等级企

2016年2月3日，中共招远市委书记张伟到康泰集团调研

滨海高科园效果图

业、中国农行AAA类信誉等级企业、国家体育总局训练局合作伙伴、按摩保健器具行业唯一参与“国家十二五保健用品产业发展蓝皮书调研单位”、总后勤部合格供应商、山东省精神文明单位、山东省企业技术中心、山东省工业设计中心、山东省创建幸福企业示范单位、山东省维护女职工权益先进单位、烟台市长质量奖、烟台市百强民营企业、烟台市模范劳动关系和谐企业、烟台市五一劳动奖状、烟台市企业培训先进集体、烟台市青年文明号、烟台市经济发展优秀企业等称号。

2015年，是实施十二五规划的收官之年，也是山东康泰在严峻形势下加快新一轮跨越发展的攻坚之年，更是实行“翻番计划”和“倍增工程”初见成效的一年。面对国际经济复苏艰难、国内经济下行压力加大的复杂形势，山东康泰全体员工共同努力，牢牢把握“新思路、新模式、新目标”工作中心，勇于面对危机，巧于应对挑战，在极其困难的形势下各项工作取得显著成就。全年共实现销售收入13亿元，利税8920万元，利润5530万元，分别同比增长3.7%、3.8%和3.8%，上缴财政贡献3117万元。

【做“强”市场营销，提升主导产品市场份额】2015年，山东康泰根据国内外市场严峻形势，按照“做强做大老客户，提质提速新客户”营销理念，以聘请形象代言人为契机，在做强传统销售模式的基础上，创新启动O2O营销模式，并全面加大部队渠道、网络平台、电视直销、电子商务和公司为主的直营店等销售渠道开拓力度，实现实体与网络齐头并进的良好局面。同时，采取“走出去，请进来”营销模式，在加大对印尼、美国、韩国等战略伙伴扶持力度基础上，全力开发大客户及空白市场，先后开发韩国KD、美国ICE、日本ATEX等大客户10家以上，实现外贸出口同比增长30%以上。

2015年3月11日，智能康复理疗系统·智能按摩机器人项目开工仪式

【做“精”技术创新，提高产品市场竞争实力】2015年，山东康泰借助国家重点“863”计划中医按摩机器人项目的成功经验，通过成立省级技术中

2015年12月7日，山东康泰实业有限公司与哈尔滨工业大学机器人项目科技合作签约仪式

心、工业设计中心、上海研发中心和烟台科研所等措施，全面加快性价比高的新产品开发力度，先后新开发5款“荣康”核心产品和多款升级产品，其创新技术均达到国际先进和国内领先水平，并得到客户及市场高度认可。同时，根据通用系列、新能源等汽车市场需求，积极研发适销对路的轻量化汽车底盘产品、模块化刹车系统及豪华汽车按摩座椅和汽车儿童安全座椅等产品的开发力度，为以后销售业绩的提升奠定基础。

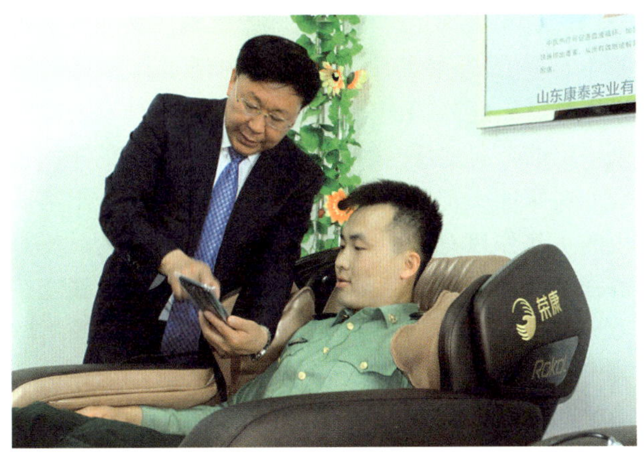

荣康按摩椅入驻三军仪仗队

【做“优”项目建设，增强企业发展后劲】　2015年，山东康泰按照大园区带动大发展的战略思路，全面加快《生理相干身心平衡系统项目》和《智能康复理疗系统及智能按摩机器人生产项目》的建设力度。其中，《生理相干身心平衡系统项目》以取得总后勤部合格供应商为契机，加大身心疲劳快速恢复系统的研发和市场推广力度。该系列产品已被成功应用到三军仪仗队、空军飞行员和干休所、陆军边防一线战士、二炮疗养院及北京公安特警的心理训练和身心健康维护。《智能康复理疗系统及智能按摩机器人生产项目》列入山东省重点项目和烟台市推进机器人产业发展规划，并将该项目设立为烟台市机器人核心产业基地。项目已于2015年3月正式开工，并与哈尔滨工业大学签订《机器人战略合作协议》，为进军医疗康复服务机器人领域打下坚实基础。

（撰稿：张　楠　　审稿：康炳元）

招远市针织厂有限公司

招远市针织厂有限公司领导班子成员

党委书记、董事长兼总经理：邵瑞岐
副董事长、第一常务副总经理：邵　妮（女）
党委副书记：綦永强
常务副总经理：邵瑞利　邵文功
工会主席：邵更亮
副总经理：王兴太　邵金国　邵更亮
杨军杰　欧国松
总经理助理：孟凡政　张秀乐

【机构设置】　2015年，招远市针织厂有限公司下设进出口贸易部、质量检查部、技术开发部、生产指挥部、经营管理部、企业监督管理部、设备动力及商业管理部、劳资人事后勤服务部、政治工作部9个部，下辖28个科室部门、15个车间，在职员工1535人。

【概况】　招远市针织厂有限公司位于招远市金城路391号，全公司资产原值7.52亿元，生产规模为200台进口针织主机、3.3万纱锭纺纱设备，生产能力为年产各种棉纱5000余吨、针织内外衣2000万件，主要产品有汗布、绒布、网眼、毛圈、棉毛、弹力、色织提花、高弹莱卡、华芙格等12大系列、1000多个花色品种。产品全部出口，分别销往日本、瑞典、意大利、美国、中国香港等24个国家和地区，是一个集“纺、织、印、染、裁、缝、包”为一体

康远大厦

的现代化股份制企业和全国同行业出口创汇重点骨干企业。2015年，是自建厂以来形势最为严峻的一年，公司坚持“死保针织、转型推进” 主题，调结构转方式，应对各种困难，共实现销售收入17549.66万元，出口创汇2745.1万美元，税收1956万元。公司连续10多年被省市授予“重合同，守信用企业”“出口创汇先进单位”“信誉良好企业”“纳税信誉AAA级企业”等称号。2015年，被市委、市政府授予“先进企业”称号。

【压缩规模，减员增效】 2015年，公司先后将14个缝纫车间整合到7个，除成二车间外，其余的全部集中到康远大厦，既压缩了车间后勤管理人员，又节约了能源；将花型设计室划归车间领导，与车间生产有机结合；撤销9个出勤人少、效益差的加工点。通过压缩规模，企业总人数由2014年的1928人减少到1535人，基本上做到人数、规模与订单相适应。

【兼并代合，挖掘潜力】 2015年，在订单明显减少、形势非常严峻的情况下，公司大刀阔斧进行企业内部改革，实行企业“瘦身”，减少管理机构和管理人员，压缩开支。同时提倡兼职工作，加大管理人员的工作量，做到一人多能、一人多技。在机构改革上，先后将裁剪车间与缝纫车间进行合并，同时撤销台机工段、经贸四科、基建科、小灶；将光坯库划归漂染车间领导，对服装设计室进行搬迁，同时进行改革，与缝纫车间联合进来，共同参与出口大生产，降低服装设计室的样品成本；针对漂染车间劳动力紧张的情况，公司实行车间与车间“联姻”，由精纺车间每天安排3名保全工到漂染车间帮忙备料，既解决了漂染车间人力不足的问题，又增加了精纺车间保全工收入。在精简管理人员方面，公司不再设专职人员，实行兼职，达到工作满负荷。共压缩行政后勤人员107人，压缩车间后勤人员58人。通过一系列的改革，企业用工方式更加机动灵活，既提高了员工的收入，又解决了工作不满负荷等问题。

生产车间

【加强作风建设，提升正能量】 2015年，企业对公司领导班子进行大调整，形成一支老中青三结合、以青年人为主体的、既经验丰富、又朝气蓬勃的干部队伍。重点加强对车间主任工作作风的建设。先后撤换3名工作乏力、不把公司整体利益摆在第一位的车间主任，处理1名浪费现象严重的车间主任，对车间干部队伍进行整顿，严明纪律，干部队伍的工作作风有了明显好转。厉行勤俭节约、反对铺张浪费。工作中精打细算，严格把关，把钱花在刀刃上，坚决反对铺张浪费和大手大脚，把挖潜增效工作贯穿到企业经营全过程，教育引导全体员工做节约创效的模范，从节约一度电、一滴水、一张纸、一两棉做起，树立起运转高效、勤俭节约的良好形象，以作风建设的新成效更好地积聚正能量、制造正能量、传递正能量、提升正能量。

【精细经营，向质量要效益】 企业要求每一名员工都要始终把质量放在首位，坚定不移地走质量效益型道路，把质量贯穿于整个生产的始终，作为占领市场、巩固市场、赢得客户的落脚点。2015年，企业注重效益，通过与客户商谈，将合同以外的余料全部裁上，做成超正品出口；对降等的产品，实行拆改洗换，从而杜绝余料和成品的放库，从10月开始就没有了新库存积压。全年共处理超正品发货6.7016万件，同比增加1.8554万件；处理棉纱库存

公司董事长、总经理与先进集体和个人合影

3.45吨，处理毛坯库存13.67吨，处理光坯库存2.69吨。在解决库存的同时，外经外贸积极争取客户订单，先后开发钻石、那加大2家新客户；企业共购进物资总额4994.6万元，同比节约成本544.9万元；处理各类缝纫机、检针机、电裁刀等1327台，处理一万纱锭设备108台套，做到横向到边、纵向到底。

【加强管理，维护企业利益】　2015年，企业坚持8小时工作制雷打不动，全力以赴保出口、保生产。通过请假条、不定期抽查、门卫盘查等方式，使员工自觉遵守劳动纪律。对损害企业利益的行为，进行有效制止。在安全生产、消防安全方面，企业在加强巡回检查、抓好落实、对检查出的年久失修的电线、电缆、电机、消防器材等及时更换的同时，对原棉垛、原棉库、煤场、电厂等重点部位安装36部监控，24小时监视，有效地防范各种安全事故的发生。企业全年未发生一起火警、火灾事故，未发生一起人身伤亡事故。

【各项工作齐头并进，成绩显著】　2015年，企业在技术改造、热电安全、生活基地、第三产业、成本、财务、办公室工作、车辆调度、设备管理、环保、节能减排、信访、党务、计生、精神文明建设、“三严三实”专题教育等各方面工作上都取得新成绩。在技术改造方面，企业投入技改资金549万元，其中投资51.3万元，购进各种设备58台。为实现达标排放，企业投资150多万元新上脱硫设施，确保烟尘、二氧化硫达标排放。投资50多万元，对电厂的冷却塔和1号、2号、3号锅炉进行检修。针对脱硫设施药品沉淀、用电多等状况，自己动手、几经改造，解决了氧化镁药池内药品沉淀的难题，用电量减少了一半。热电车间安全、经济运行，共发电3037万千瓦时，供气30.32万吨，实现销售收入4659.38万元。生活基地。将仔猪场与肥猪场合并成养猪场，不再对外出售生猪，专供厂内职工；管理人员由原来的8人压缩到4人，民工由原来的14人压缩到5人，全年实现销售收入233.95万元。第三产业扎实推进。企业加强对设施的维修和商户的服务，保证水电暖气的正常供给；200户的国际大厦宿舍楼，外售172套；地下停车场正式启用，已出售车位14个、租赁车位15个；所有房子已全部出租，管理水平不断提高，并且逐步走上正轨；计量收费滴水不漏；金悦广场文化生活搞得有声有色，单人舞、双人舞常年坚持，既锻炼了身体，又增加了人气、人流，活跃了市场。

（撰稿：杨文茂　　审稿：邵瑞岐）

招远锦绣家用纺织品有限责任公司

招远锦绣家用纺织品有限责任公司领导成员

董 事 长、党委书记：石德文

副董事长：王桂华

总 经 理：石　亮

副总经理：李桂芬

【机构设置】　招远锦绣家用纺织品有限责任公司始建于1988年4月，原名为招远市绣品厂，2000年4月改制为股份制企业，注册资金1080万元，是中国抽纱家用纺织品较大的生产出口厂家之一。2015年，公司内设董事会办公室、总经理办公室、财务部、生产技术部、安保后勤部5个职能部室，下设刷花、合缝、充棉、成品包装5个车间。职工110人，其中工程技术人员7人。

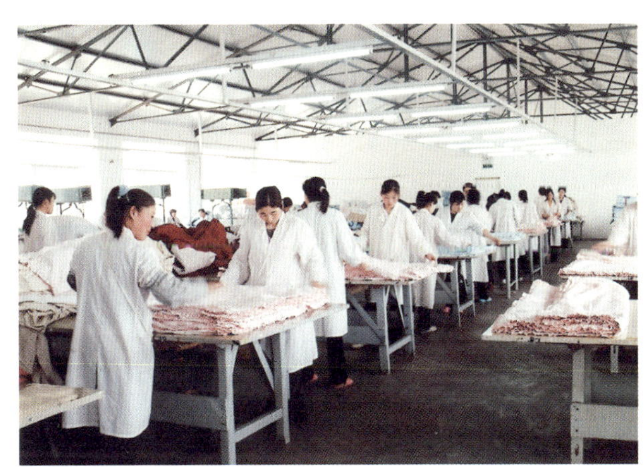

成品包装车间

【概况】　招远锦绣家用纺织品有限责任公司位于招远市梦芝路梦芝饲料厂南，厂区占地面积9000平方米，建筑面积5000平方米，为纺织型加工制造业。公司产品有三大系列，主要从事窗帘、浴帘、靠垫的加工制造，产品主要销往美国。2015年，拥有固定资产800多万元，实现销售收入5000多万元，利税近200万元。

平缝车间

【经营管理】 2015年，招远锦绣家用纺织品有限责任公司面对复杂多变的经济形势和前所未有的经营困难，顾全大局，沉着应对，始终坚持“思维创新高一筹，适应市场新潮流，做大做强保供求，产品覆盖五大洲”经营方针，紧紧围绕如何提高产品档次，如何转型这一主题，促进产品向现代化、机械化、自动化发展，企业由劳动密集型向技术密集型、环保节能型转变。调整产品结构，减少流动资金的占用。开发新产品，实行市场多元化。淘汰落后设备，提高劳动生产率。

（撰稿人：李桂芬　　审稿人：石德文）

烟台双塔食品股份有限公司

烟台双塔食品股份有限公司领导成员

董 事 长：杨君敏

总 经 理：李玉林

副总经理：隋君美（女）　张代敏　师恩战　李绍胜

销售总监：邵东起

【概况】 烟台双塔食品股份有限公司是全球最大的粉丝、豌豆淀粉、豌豆蛋白生产销售企业，总资产43亿元，是粉丝行业内唯一的一家上市企业，是中国食品工业协会粉丝行业工作委员会会长单位。秉承振兴民族品牌、发展粉丝产业理念，双塔食品积极适应经济新常态，实现转型升级再发展，为粉丝行业创出一条可持续发展之路。2015年，双塔食品充分利用资本市场的广阔平台，加大金融创新力度，推动企业转型发展，致力于做好循环经济一体化、全球化布局、实体与资本融合三篇大文章，实施两个“1+10”工程，即循环经济“1+10”工程、大金融“1+10”工程，着力打造食品行业第一品牌。2015年，实现营业总收入11.52亿元，同比增长8.19%；利润总额2.03亿元，同比增长18.93%；利税2.9亿元，同比增长28%。被工信部确定为“两化融合管理体系贯标试点企业”，“龙口粉丝制作技艺”被列入“国家非物质文化遗产名录”、香菇基地被农业部列入“国家级蔬菜标准园”。

【实施大金融“1+10”工程，助力企业实体经济腾飞】 2015年，双塔食品充分利用上市公司的有力平台，多渠道、多层次进行市场融资，盘活存量资产，用好增量资金，将实体经济与金融资本优势互补，着力打造“1+10”大金融工程。“1”就是依托双塔食品上市平台，“10”就是充分挖掘公司下辖的君兴农业发展中心、双盛万隆融资租赁公司、金都投资、香港贸易公司等10家投资公司。发挥各种金融工具的杠杆作用，利用内保外贷、贸易融资、黄金租赁等多种融资方式，充分利用人民币、美元外汇资金池，做好大金融这篇大文章，整合金融资源，切入供应链金融和产业链金融，为企业运营赢得更雄厚的资金支持。公司在济南高新区成立专业的大金融事业部，与山东省政府资金共同发起成立1.5亿元的科技成果转化基金。通过做好大金融这篇大文章，推动实体经济跨越发展。

2015年7月11日，物流仓储中的机器人

【实施循环经济“1+10”工程，实现规模经营效益】 双塔食品经过多年发展的积累，已经探索出一条领先于行业的大农业、大循环、大健康的完整的全封闭式循环产业链，称为“1+10”工程，其中的“1”

为粉丝原料豆子（主要是豌豆和绿豆），具体就是："豆子—提取淀粉—粉丝加工—分离蛋白—提取膳食纤维—废水沼化发电—沼气提纯天然气—废渣提取酒精—粉渣培养食用菌—菌渣生产有机肥—沼液灌溉有机蔬菜"。公司积极推进循环链条的规模扩张进程，打造持续发展新动力。投资6亿元建成的双塔循环经济产业园，引进国际最先进的设备设施，采用国际最先进的厌氧、好氧生物处理工艺，对废水进行沼化处理，年可产沼气3600多万立方米，年可发电6000万千瓦时，提纯生物天然气660万立方米，作为动力能源广泛应用于当地的出租车、公交车、生活用气等。"沼气工艺优化提纯天然气"被科技部列入2015年"国家科技支撑计划项目"。年加工30万吨豌豆智能化车间，是公司响应国家提出的工业4.0战略和"中国制造2025"战略，全面推进智能化、提升产业升级的一个重点项目。车间拥有世界上最先进的豌豆综合加工湿法生产线，瑞士ABB公司的DCS智能化系统控制整个车间生产线，整个车间生产流程全部通过中央控制室来指挥、监控，形成一个从原料输入到成品出库一体化的智慧体。香菇基地二期建设项目，总投资5200万元，主要建设了100个双层控温保湿大棚。包装车间及大棚已经投入使用，日产香菇30吨。项目全部建成投产后，将实现销售收入1亿元，利税4000万元，香菇产量实现翻番，达到日产香菇60吨。香菇基地由前期的发展期，已进入全面快速推进时期，正在向工厂化规模经营方式发展。2015年，该基地被农业部授予"蔬菜标准园"。

智能化车间主控室

【转变传统销售模式，进军互联网营销】　2015年，双塔食品在加快传统营销的同时，率先迈出传统行业进军互联网的第一步，借力移动互联网，在天猫设立旗舰店，主要针对终端的消费群体；阿里巴巴双塔食品店铺与全国各地的中小批发商接洽，用最快的时间使销售从线下、线上实现互动，更好地扩大品牌影响力。同时，设立双塔子公司北京双磁科技，运用"互联网+"创新模式，打造的粮人网自2015年9月正式上线运营以来，从信息流、资金流、物流三大维度深度挖掘并整合传统行业现有资源，对传统食品的模式和流程进行优化、升级、再造，提升食品行业运营效率，降低交易成本，逐步打造以"交易平台+物流平台+金融平台"为核心的业务模型，最终形成食品全产业链的生态系统。双塔食品将依托这一食品全产业链B2B交易平台，借助加入双塔团队的原京东副总裁、终身技术顾问李大学，原京东、阿里巴巴高管王泽成等高端人才，加快企业实现互联网+转型升级，引领食品行业变革提速，构建中国最大的网上食品B2B交易平台。

【布局大健康产业，进军保健品行业】　双塔食品豌豆蛋白销售市场占有率排名第一。但是，2015年豌豆蛋白的产能较大，价格出现下滑趋势。为迅速扭转被动局面，双塔食品加大应用领域开发，切合国家提出的"健康中国"概念，从原料销售向蛋白终端产品转移，全力进军大健康产业。公司聘请专业团队成立大健康事业部，重点开发绿豆蛋白粉、豌豆蛋白粉、蛋白肽、蛋白质饮料等，在保健品领域线上、线下同时发力。豌豆蛋白具有溶水性、易分解和吸收、无转基因、无过敏源、赖氨酸含量优于其他植物类蛋白等优点，未来市场空间广阔。同时，公司又具备原料生产供应能力，为大健康产业的发展奠定坚实的基础。

（撰稿：邵安艺　　审稿：师恩战）

山东金潮股份有限公司

山东金潮股份有限公司领导成员

董事长：傅永宽

总　裁：程绍华

【概况】　山东金潮股份有限公司创建于2000年5月，位于招远市国家级经济开发区（招远市金龙路88号）。2015年，注册资本5 亿元，总资产20亿元，

2015年7月20日，金潮办公大楼外景

员工7000多人。公司始终秉承“仁爱、团结、诚信、创新”企业精神，弘扬“搏击时代潮流、实现自我价值、奉献社会民众”企业理念，践行“立业为公，执业为民，民本报本”核心价值观。历经16年不懈努力，发展成为全资及控股10余个子公司，集新型建材、电池能源、果蔬食品、公路工程、房地产开发、金融投资、民间资本管理、典当、旅游等为一体的大型民营企业集团，依次通过ISO 9001质量管理体系、ISO 14001环境管理体认证。公司连续6年跨入“烟台市百强民营企业”行列，年年被评为“招远市财政贡献先进单位”，先后获“山东省守合同重信用企业”“烟台市先进民营企业”“烟台市‘十一五’发展民营经济先进企业”“烟台市AAA级劳动关系和谐企业”等称号。金潮管业先后获“烟台市技术中心”“山东省技术中心”“山东省名牌产品”“山东省著名商标”“全国塑料管材行业十大品牌”“中国驰名商标”“中国地暖管十大品牌”；金潮电池“金玲珑”商标被认定为“山东省著名商标”；金潮蓄电池公司获“山东省高新技术企业”称号。

2015年，面对严峻的经济形势和前所未有的巨大压力，山东金潮股份公司始终以创新金潮文化为动力，以加快项目建设为依托，以管理创新为引擎，以提升经济效益为重点，以实现“金潮梦”为目标，主动适应新常态，把握“突破、提升、跨越”主旋律，大力实施创新驱动战略，推进项目建设、技术创新、结构转调。全年实现销售收入10亿元，利税1.65亿元，财政贡献6800万元。项目完成固定资产投资2.6亿元，创历史新高。先后获“烟台市经济发展优秀企业”“招远市先进企业”“财政贡献先进单位”等称号。

【转型升级提挡增速，制造企业奋力突围】 2015年，山东金潮股份公司制造企业积极应对经济“寒冬”，加快转型升级、逆势突围的步伐，4个地面制造企业实现跨越发展，年实现利税2155万元。

金潮果蔬公司充分发挥“船小好调头”的优势，抢抓春季冷储原料充足、价格稳定，周边同行企业大多停产的机遇，突击收购储存原料，全年开机239天，加工原料突破4万吨，同比增长13700吨；共生产浓缩果汁6121吨。其中，仅春天淡季就加工原料16000多吨，生产浓缩果汁3000多吨，为全年超额完成预算指标夯实基础，经济效益创历史新高。

金潮电池公司针对制约企业发展的短板，明确增加小号电池品种、强力推进自主品牌出口和海外投资建厂3个发展思路。实施“走出去”战略，组织专人出国考察非洲新兴市场，坚持以市场需求为导向，新上一条小号高速电池生产线，并对原5号电池生产线进行提速升级改造，整合组建锌筒冲压车间，增加5号电池锌筒冲压项目，不仅优化了生产结构，降低了成本，而且保证了质量，提升了产

金潮果蔬公司厂区一角

2015年5月9日，金潮蓄电池公司合资扩产项目

2016年7月5日，金潮建材公司特种塑管新园区

2015年5月12日，金潮电池新厂

量。充分发挥搬迁扩产新厂新貌的“名片”效应，借助广交会、互联网电商平台，加大自主品牌宣传力度，诚邀客商到厂参观考察洽谈业务，开发了一批非洲及国内大客户。全面启动乌干达合资建厂项目，并以此作为辐射周边国家的“桥头堡”，逐步延伸、放大非洲市场格局，从而扭转了客户流失、订单匮乏的被动局面。全年5号电池新增销量1871万只，自主品牌电池出口销量同比实现翻番。

金潮建材公司在稳定建筑民用管材生产的同时，及时将发展重心转向高技术含量工业管材，加快新园区特种塑管基础设施建设进度，为2016年引进先进生产线，加快研发生产PE燃气管、PP超静音管等高附加值新产品，尽快形成规模效益奠定基础。以获得“中国驰名商标”为契机，加大营销精英的招聘、储备力度，进一步强化市场新领域的开拓，成功进入海尔采购平台，扩大了净水器、热水器配套规模，仅此一项实现销售收入1700多万元。金潮管业荣膺“2015年度中国地暖管十大品牌”第二位。

金潮蓄电池公司搬迁扩产始终贯穿“绿色、环保、节能、健康”主线，采用先进的岗位供风技术，配套业内领先的污水处理系统，优化生产作业环境，实现工业用水循环利用。通过加大投入实施扩产，产能由7.2万千伏安时增至70万千伏安时。蓄电池公司以新厂开业庆典为契机，加大企业形象及品牌宣传力度，抢抓储能电源装备现代化、新能源及电动汽车等产业发展商机，加快合资扩产二期工程建设进度，建筑面积12000平方米的厂房主体工程如期竣工。公司凭借配套国际知名企业的优势，积极开拓国内外市场，先后与迪拜外商初步达成合资扩产意向，与E叉租赁签署战略合作协议，为打造全国动力及储能蓄电池生产基地，进军核电、地铁、军工等新兴市场创造了先机。在烟台市工业项目观摩评比中进入前十名，获“山东省高新技术企业”称号。

【品牌打造实现突破，市场营销再创佳绩】 金潮地产公司针对房地产市场持续低迷的严峻形势，与时俱进、开拓创新，将高科技纳入房地产研发范畴，运用现代智能化系统、互联网技术与手机联网，实现住宅设施、物业管理、家庭日常事务“一键智能、远程遥控”，赋予了格林小镇、金奥国际“智慧社区，智能家居”的全新概念，从而使金潮地产在“互联网+服务”领域迈出第一步。与泉山幼儿园合作创立格林小镇幼儿园，开创业主子女就近入托的先例，分别成为2015年金潮地产品牌的两大“卖点”。格林小镇五期、金奥国际三期开盘当天，分别成交房源118套和110套，再度刷新招远房地产销售史上的纪录。

金潮公路工程公司针对国家压缩基建项目投资，市政工程总量锐减等不利因素，苦练内功，积蓄力量，充分发挥“资质、设备、技术、工艺”等诸多

金潮地产公司开发的住宅小区

2015年11月17日，金潮公路工程公司建设的罗山跨水库景观大桥竣工

优势，凭借综合实力在历次市政工程竞标中脱颖而出，全年中标各类工程项目16个，总额达1.1亿元，继续保持全市同行业效益领先水平。公路工程公司承建的罗山跨水库景观大桥，实现最高桥墩50米、现浇箱梁跨度75米等“五大突破”，为罗山国家级森林公园增添亮丽的新景观。

金潮润和物业公司从建章立制、理顺流程、强化培训、外出考察等基础工作入手，先后组建堡子会所、金脉广场项目部、和润绿化工程公司，加快拓展现代城市物业管理新领域，将物业管理的触角由单纯的小区服务，逐步延伸至餐饮服务、园林绿化、旅游景点管理等新兴市场。润和物业公司与辛庄镇政府签署合作协议，成功接管金脉广场资产管理，加快商业区项目建设进度，先后中标广场及海岸带卫生保洁、绿化养护等服务项目。润和绿化公司承揽多项绿化工程，实现当年注册成立、当年投入运行。

金潮润和资本公司由民间资本投资管理、典当业务、民间融资登记服务三大业务板块组成，总注册资本9100万元。2015年公司主要经营业绩：一是先后对10多个项目进行考察、论证，从中遴选2个项目进行投资，协议投资额3753万元，已到位资金2768万元。二是本着“小额、应急、简便、快转、信誉”原则，共向32户企业办理放款82笔，累计放款3.32亿元。三是按照《招远市级股权投资引导基金管理暂行办法》有关规定，公司拟以市政府出资为引导，与社会资本联手，在润和资本领投3500万元、政府引导基金介入25%的情况下，筹备共同发起设立1亿元的“招远润和科技成果转化股权基金”。四是考察储备华顺环保科技、晨煜电子特殊用箔、凯利医疗器械、东朋涡流柔性传动装置、海思微孔隔膜等10多个成长梯次合理、投资价值好、可操作性强的投资项目。

【深化金潮文化内涵，打造员工精神家园】 2015年，山东金潮股份公司以“深化金潮文化内涵，打造员工精神家园”为切入点，进一步提炼、拓展、延伸金潮文化精髓，在全体金潮人，特别是中高层干部中，倡导、牢固树立“爱心、公心、恒心”意识，并把这“三心”作为衡量干部是否合格的尺度和标准。

公司举办“强化‘三心’意识，加快创新发展”主题演讲，将“爱心、公心、恒心”根植于企业，渗透到管理的方方面面，进一步固化金潮核心价值理念，激发干事创业的“正能量”，增强企业凝聚力，提升团队战斗力。

公司先后举办“金潮德业民生”杯文艺作品征稿大奖赛、“五四”青年节体育比赛、第二届“感动金潮·梦”摄影大赛、“金潮·金奥国际杯”《我看你行》电视才艺大赛、金潮·金奥国际京剧艺术节等一系列文体活动，丰富活跃员工精神生活，对外展示提升金潮形象。

公司通过开展丰富多彩的文化教育活动，进一步提升员工的职业道德素养。在“2015年度中国地暖管十大品牌”网上投票评选活动中，广大员工踊跃为“金潮管业”品牌投票，彰显“热爱金潮、关心金潮、奉献金潮”的集体荣誉感。润和物业员工张淑梅、张浩田拾金不昧传递社会正能量，为金潮赢得良好声誉。

公司借助金潮爱心基金这一平台，进一步拓展、延伸“暖心建家”工程的内涵，分别为考上大学的员工子女发放奖学金。同时，修订完善爱心基金管理办法，将员工父母爱心慰问金年龄限制提前5岁，从而使近200名员工父母感受到金潮大家庭的关爱。

公司采取集中授课、外出参训、异地参观、出国考察等多种形式强化培训学习，在一定程度上弥补干部管理知识欠缺的不足，提升干部队伍的整体素质。公司党总支因企制宜强化党建工作，积极发展优秀青年管理骨干入党，先后有5名预备党员按期转正，2名积极分子被吸纳为预备党员。公司先后获得“招远市先进基层团组织”“招远市十佳志愿者服务队”称号。

【确定五年宏观目标，开局之年夯实基础】　山东金潮股份公司适应“新常态”、顺应新形势，加速实现金潮事业“跨越式”发展。从2015年年初开始，通过分析内外形势，探讨行业走势，摸索市场规律，积极运作建材公司新三板上市、大力推进股本再造，因企制宜加紧制定第二个五年战略规划。通过创新驱动，实现高速发展。制造企业产值、利税每年以20%的速度逐年递增，到2020年确保翻番；地产、公路工程公司确保同行业“龙头”地位，获利点在原有基础上增长5%。“转方式、调结构”，注重品牌建设，加大研发投入，依靠技术创新，打造拥有自主知识产权的“拳头”产品，形成核心竞争力。强化人才队伍建设，培育“年轻化、知识化、专业化”，在业内具有一定影响力的经营团队，锻造一支与时俱进、开拓创新型的人才队伍。将金潮精神根植于员工心中，贯穿于工作、生活的全过程，逐步形成“一丝不苟，精益求精；严谨务实，缜密细致；诚实守信，表里如一；破旧立新，开拓进取；攻无不克，战之必胜；挑战完美、追求极致”的做事风格和精神面貌。共享改革发展成果，提高员工幸福指数，不断满足日益增长的物质文化需求，达到物质、文化“双丰收”，实现“公司富强、企业振兴、员工幸福、内外和谐”的“金潮梦”。

（撰稿及摄影：翟纯明　　审稿：程绍华）

山东黄金矿业（玲珑）有限公司

山东黄金矿业（玲珑）有限公司领导成员

执行董事、总经理、党委书记：刘润田
常务副总经理：侯学武
党委副书记、纪委书记、工会主席：于万新
副总经理：徐维华
财务总监：张佃国
安全总监：郭建堂
副总经理、总法律顾问：闫少华
总地质师：武际春

【机构设置】　山东黄金矿业（玲珑）有限公司（简称玲珑金矿），位于山东半岛中部招远市与龙口市交界处的罗山东麓，素有“金城明珠”之美誉。公司下辖九曲、灵山2个分矿、8个直属单位和10个职能部门，是山东黄金集团下属的核心黄金矿山企业之一。2015年，在职员工2300多人。

【概况】　2015年，玲珑金矿牢固树立价值思维和效益导向，以“用心当好一名玲珑人”为价值理念，坚持“稳中求进”发展总基调，按照“提升企业形象，争做时代企业”发展要求，积极应对经济发展新形势，抢抓机遇谋发展，承压奋进求突破，优质高效组织生产，优化升级生产系统，大力推进探矿增储，努力克服金价下行等诸多困难，企业实现了更高水平、更高质量的发展，为打造安全、效益品牌，促进企业和谐健康发展积蓄了能量。

2015年5月29日，“三严三实”专题教育暨基层党组织集中轮训

【深处着力，提产能，保接续，黄金产量实现历史性跨越】　2015年，玲珑金矿紧紧围绕黄金产量责任状指标，始终坚持“以量保产、以质取胜”原则，以黄金产量劳动竞赛为抓手，层层细化分解年度生产指标，实施出矿量、金属量日考核、原矿品位班考核、处理量日考核等措施，确保均衡生产。强化现场动态管理，合理调整生产布局，全年组织召开现场办公会和生产调度会72场次，有效增强生产组织的应变能力。强化工程质量管理，严格设计审查、技术指挥、现场监督检查和验收管理，先后完成东风提升运输系统、东风中区充填系统、大开头盲井提升系统等多项工程优化和九曲、大开头、玲珑、东风四大矿区整合，大大缓解提升、排水、运输、供电等瓶颈制约。坚持“探矿比生产更重要”理念，按照“全面开花，重点突破”和“坚持以矿找矿，不放弃盲区探矿”的原则，定期召开地质探矿研讨会，

2015年9月3日，企业组织进行夜间安全、设备巡查

综合分析地质资料，明确探矿重心，选定靶区组织重点、会战工程，探矿增储取得良好效果。全年生产黄金12.8万两，实现历史性突破。

【多点发力，降成本，增效益，经济运行质量大幅度提高】 2015年，玲珑金矿严格按照“向管理要效益”的经营思路，将成本考核方式由总额考核调整为材料、动力、费用分项考核，当月奖惩兑现，并增设克金成本、外包费用指标，创新推行平均值指标和基层、机关双向考核体系，建立

2015年4月30日，企业劳动模范参观美术博物馆

员工薪酬与利润挂钩、机关员工奖金与生产单位产量挂钩、工程技术人员奖金与专业管理情况挂钩的考核机制。持续降低可控材料费用、动力费用、管理费用及非生产性支出，强化物资全过程管控，统筹抓好能源综合管理，积极推进审计全覆盖，并积极利用专用设备、省级技术创新项目研发费用加计扣除等税收优惠政策，全年消化增支减利因素4655万元。进一步提速科技成果转化速度，征集推广技术革新、小改小革、合理化建议263条，获得中国黄金协会科学技术奖4项，省级技术创新项目3项，国家知识产权局专利授权8项。积极探索推行内部市场化运营机制，完善内部市场价格和考核体系，建立起公司与单位、部门间的一级市场，形成内部市场化结算与绩效考核相结合的运营新模式，广泛开拓三产单位市场，机修厂PE塑料管材生产线设备、U型钢弯拱机等投入生产，职工医院成功取得职业健康查体资质，为进一步打开市场、增强综合实力奠定坚实基础。2015年，实现利润1.62亿元。

【持续加力，抓源头，重监管，本质安全水平全方位提升】 2015年，玲珑金矿按照“安全生产重在落实”原则，全力构建“横向到边、纵向到底”安全管理新格局，强化执行现场安全确认和安全总监独立通报制度，公司工会和电视台不定期对制度执行情况、隐患整改情况进行督导检查，构建较为完善的现场闭环管理机制，并实行不定时间、不定地点的检查方式，进行全天候的

2016年2月18日，常态化开展安全知识随机问答

2015年9月17日，爱心捐助捐款仪式

安全检查，实现安全管理全覆盖、无空档。全方位落实安全投入，强化作业现场顶帮管理、井下通风质量管理，强制淘汰国家明令禁止使用的设备设施，现场作业环境持续改善。常态化开展安全知识电视随机问答活动，规范岗位作业标准105项，促进全员安全素质提高。扎实做好空区充填工作，保证地质环境的稳定。不断加强生态环境治理，零投入新增绿化面积2790平方米，废气和废水达标排放，圆满实现安全、环保"双零"目标。

【精准用力，抓项目，破瓶颈，持续发展能力进一步增强】 2015年，玲珑金矿积极推动项目建设提质增效、换档升级，8个重点项目开工建设，其中扩大再生产项目4个、重大技改项目4个，完成形象投资2.22亿元。东风项目总体建设基本完工。东山措施竖井工程建成投产，"大玲珑"系统初具规模，大大缓解提升、排水、运输、供电等瓶颈制约。对选矿厂尾矿输送系统进行改造，进一步提高排尾及尾砂输送能力。玲珑、东风变电站35KV第二电源投入运行，为安全度汛和产能提升夯实能源支撑。

【凝聚合力，塑理念，强队伍，和谐企业建设高质量推进】 2015年，玲珑金矿坚持企业文化建设与中心工作齐头并举、有机融合，广泛培植"用心当好一名玲珑人"价值理念，积极营造"干事创业、攻坚克难"发展氛围，增强企业发展软实力。以"三严三实"专题教育为契机，深入开展"践行'三严三实'，用心当好一名玲珑人"巡回宣讲、"我为玲珑改变了什么"大讨论活动，进一步增强员工对企业的认同感和归属感。大力弘扬志愿服务

2015年3月5日，企业组织员工到孤寡老人家中清理卫生、收拾家务、义务诊病

精神，组织开展志愿服务活动52场次，实现志愿服务的常态化。加大"员工风采""党员先锋"等正能量宣传报道力度，强化"曝光台""我的工作我清楚""聚焦部门"栏目建设，充分发挥舆论宣传的引导与监督作用。通过专业技术学组培训、机电专业轮训和全员利用山东省职工网上学习系统进行网上学习等，持续提升员工技能水平。制定实施《领导干部和高级主管人员约谈暂行规定》《安全管理诫勉谈话、免职暂行规定》，进一步提高领导干部及专业管理人员的责任意识和担当意识。

（供稿：姜立鹏　　审稿：于万新）

山东省第六地质矿产勘查院

山东省第六地质矿产勘查院领导成员

院长（党委委员）：崔书学

党委书记、副院长：林少一

副院长（党委委员）：曲玉明

纪委书记、工会主席（党委委员）：毕研波

副院长（党委委员）：仲崇蛟　郭明华

【机构设置】 山东省第六地质矿产勘查院（山东省地质矿产勘查开发局第六地质大队）成立于

2015年5月20日，"三严三实"专题教育工作会议召开

1958年，是以地质矿产勘查为主、工程勘察施工和工贸服务为辅的综合性地勘队伍。设职能部门14个，生产组织14个。2015年，共有职工1388人，其中专业技术人员450人（中、高级技术职称330人）。

【概况】 建院以来，地矿六院始终走在全国地质勘查队伍的最前列，累计提交特大型、超大型金矿11处，大中小型金矿80多处。累计探明岩金资源储量占全国探明岩金储量的1/4，依托地矿六院勘查成果建成金银矿山近百座。创立“焦家式”金矿成矿理论和找矿模式，填补国际金矿成矿类型的空白，对国内乃至国际黄金地质找矿具有重要的理论指导意义。先后30多次受到国家、省、部表彰奖励，1985年获国家科技进步特等奖。1992年被国务院授予“功勋卓著无私奉献的英雄地质队”称号，是全国地矿系统中唯一获此殊荣的单位，迅速跃升到全国地勘行业前列。先后提交寺庄深部、焦家深部、朱郭李家、纱岭等多个特（超）大型金矿，实现国务院提出的寻找具有宏观影响大成果的目标，创造世界找金史上的奇迹。同时，丰富和发展焦家式金矿成矿理论和找矿模式，对全国乃至国际黄金勘探具有重要指导意义。

2015年12月2日，“焦家式新类型金矿的发现及其突出的找矿效果”获国家科学技术进步奖特等奖三十周年座谈会召开

【地质勘查】 2015年，地矿六院加大地勘市场开拓力度，实施走出去战略，在省内省外和国外进行地质找矿工作。山东省莱州市前陈—上杨家矿区前陈矿段金矿详查项目。2015年6月完成野外施工，已通过省资源储量评审中心的评审，共探获金金属量60余吨，属特大型金矿床。“走出去”卓有成效。在塔吉克斯坦上库马尔克金矿普查项目已完成全部野外工程。澳大利亚福赛斯项目接近收尾。另外在内蒙古、青海等地相继完成一批地质勘查项目。

【探矿施工】 购置高端设备，实行对标管理。

2015年7月8日，第十二次工会会员代表大会暨第十四届职工代表大会召开

2015年，在全国探矿市场大幅下滑的情况下，地矿六院共实施大小钻探项目50余个，完成机械岩心钻探工作量28万米，在全省处于领先地位。

【勘察施工】 勘察施工业是地勘主业的延伸和补充。2015年，实施大小项目60余个，其中工程勘察类50～100万元大中型项目5个，100万元以上的大型项目2个；共完成工程地质钻探7.9万米，完成桩基进尺1.2万米。

2015年12月，建筑面积4883平方米的西坞党科研楼投入使用

【地质服务业】 地矿六院机械加工厂和钻头厂的主要产品是服务于地勘主业所需的设备维修和耗材产品。机械厂研发生产了高大型钻塔，多套产品已投入生产实践；钻头厂研发改进YS76.8FS防折钻头并已批量生产。

（撰稿：房贤金　姜娜娜
审稿：林少一　毕研波）

建设·环保

住房和规划建设管理

招远市住房和规划建设管理局领导成员

工委书记、局长：王　彬

副局长：曹芳冰　臧冬梅（女）

刘敬东（主任科员）

杨永宾　宁宝胜（主任科员）

纪工委书记：程建昌

招远市住房和规划建设管理局下属单位负责人

规划管理处主任：苑豪杰

副主任：林宗信　康　超

住房保障和交易中心主任：杨守强

副主任：徐丽霞（女）　温增林

人民防空工程管理处主任：隋丰胜

副主任：丛　兵

建筑业管理处主任：杨学政

副主任：李海峰

建筑工程质量监督站站长：陈明山

副站长：栾爱武（女）

房屋征收办公室主任：孙中谦

热力与燃气管理办公室主任：张明泉

重点建设项目办公室主任：杨立波

副主任：宋彦平

城市房地产综合开发管理办公室主任：闫高山

副主任：徐曙明

【机构设置】　2015年，招远市住房和规划建设管理局内设办公室、政工科、财务科、综合科、法规科、安全生产管理科、房地产管理科，共有20人。辖招远市规划管理处（31人）、招远市住房保障和交易中心（42人）、招远市人民防空工程管理处（3人）、招远市建筑业管理处（19人）、招远市建筑工程质量监督站（11人）、招远市房屋征收办公室（23人）、招远市热力与燃气管理办公室（5人）、招远市重点建设项目办公室（11人）、招远市城市房地产综合开发管理办公室（5人）。

【城市规划】　以战略思维谋全局，全面推进城市规划体系建设。2015年，招远市结合城市发展新形势、新要求，进行全市总体规划实施评估工作，将招远市城市总体规划（2010～2020年）与现状城市规划建设情况进行对照，采取定性和定量相结合的方法，全面总结城市总体规划各项内容的执行情况，客观评估总体规划实施情况。为进一步增强城市功能、完善交通组织、改善城市环境、提升城市形象，对城市中心区重新进行功能定位、优化用地布局，重新修编招远市中心城区控制性详细规划，配合北部经济带隆起进行电力、给水、排水、热力、燃气等各项基础设施发展规划，对滨海产业聚集区、张星产业聚集区、黄金产业聚集区、矿山机械产业聚集区、汽车产业聚集区等5大产业聚集区和装备制造产业园、高效生态农业产业园、现代医药产业园等15个特色产业园区主干管网进行基础设施配套规划。同时，为加快经济技术开发区的项目建设，编制完成《招远市电子产业聚集区规划》，完善东城创业基地规划，推进项日规划建设。统筹教育资源，编制中小学布点规划。增加基础教育容量，优化教育资源质量；协调幼小初高发展，均衡教育资源布局。增加教育资源，对现有的教育资源进行整合。在新建高标准校舍的基础上，扩建和改建市内老学校校舍，增强其教育容量，增加教育资源。扩大学校规模，新建、扩建的学校，合理确定办学规模。在具有规模效应的前提下，确保教学硬件条件的充分合理利用。提高建设标准。新建学校，严格按照相关的建设标准与规范，做到高起点规划、高标准建设、高效率运作。改建、扩建的学校，在条件许可的范围内，尽可能的改善教学环境，从软硬件两个方面确保优质校园环境。打造“环境靓丽、道路畅通、宜居宜业”的城市特色景观街区，有计划地开展了城区主干道的综合整治规划，完成了九洲路（温泉路—福泉路）道路综合

招远市城区一角

整治规划方案及施工图设计，天府小区东路（晨钟路—府前路）段道路设计。

【城区建设】 2015年，主要实施绿化工程及统管小区等两大项工程。其中九洲路景观整治工程累计活动土石方2万立方米，迁移燃气管线350米，砌筑挡土墙1200立方米，浇筑钢筋混凝土景观墙30立方米，安装路边石1000米，铺装人行道900平方米，拼贴文化石400平方米，安装压顶石12立方米，栽植雪松、白蜡等乔木500余株，樱花、冬青等花灌木3000余株，项目建成后将极大改善大唐露天温泉度假区周围环境。统管小区改造工程计划投资300万元，共完成花园区及温泉北区道路改造5000 平方米，人行道改造4800平方米，温泉北区挡土墙防护栏杆安装400米，更换安装健身器材100件，绿地改造5000平方米，地下供排水管道改造1500米。更换玲珑区、健康区楼梯间窗户700平方米，更换玲珑区落水管1200米，楼房屋面及外墙面防水9500平方米。文化区、健康区、公园区楼房避雷设施检测维修、安装5000米。

（撰稿：李学欣　赵永霖）

【公用事业】 供热方面。2015年，督促金城热力、玲珑热电两家供热企业共投资3000万元，改造各类老旧管网8500米，西区金城热力公司实施管网热平衡改造和自动化控制改造。为解决城区供热能力缺口问题，督促西区市热电厂启动新建150t/h锅炉工程，计划2016年年底投产。开展空气源热泵试点项目，确定绿色佳苑、温泉茗苑21号楼、御金府、龙泉花园4个小区作为空气源热泵试点项目。年内完成绿色佳苑5.6万平方米的空气源热泵配套，解决600余户居民的用热问题；温泉茗苑21号楼、御金府完成总进度80%。燃气方面。2015年，招远滨海燃气有限公司投入资金830万元，建设主管网8.1公里，配套用户6000户；招远聚力燃气有限公司投入资金750万元，建设主管网3公里，配套用户1200户。

（撰稿：王书璐）

【房屋征收管理】 2015年，南水北调侯家水库增容工程，涉及辛庄镇北侯家、桥头、南潘家、辛庄东南、辛庄东北、孟格庄、邢家、小曹家等村，共签订补偿协议280余份，已发放补偿费1440万元。配合泉山街道郭家村委进行旧村改造，拆除40余户，总面积4500平方米。开发区杨家大沟旧村改造，拆除40余户，总面积6080平方米。完成垃圾场污水管道工程地面附着物清理工作，全长5700平方米。完成豫金坊工程房屋征收工作，该项目的征收范围，南至网通公司、北至温泉路、东至罗峰路、西至永兴街，涉及业主7户，完成征收面积6264.65平方米。

（撰稿：欧书庆　王永章）

【村镇建设】 乡镇规划编制。2015年，聘请烟台市规划设计院编制《招远市城镇化发展规划》

彩虹桥

金泉河

家。在此基础上，增加张星镇东北冲、辛庄镇辛庄西北、蚕庄镇山后冯家村申报中国第四批传统村落。根据《关于对第二批省级传统村落名单进行公示的通知》，张星镇丛家、马格庄、口后韩家、辛庄镇磁口等4村列入第二批省级传统村落名单。全年完成村镇建设投资14亿元，其中新建住宅面积2.11万平方米，投资7300万元；新建公共建筑面积4.1万平方米，投资7000余万元；新建生产建筑面积9.81万平方米，投资5亿余元。

（撰稿：刘　坤）

（2016～2030），已完成初步设计方案。各类修建性详细规划编制得到加强，新建项目详细规划覆盖率达到100%，逐步形成近远期结合、总详规配套的村镇规划体系。村镇建设。2015年，围绕山东省"百镇建设示范行动"中心任务，继续加大镇村基础设施投入力度，增强城镇综合功能，充分发挥示范镇区域带动作用。辛庄镇投资570万元，实施辛庄滨海新区污水泵站及污水管线工程；投资8758万元，对金海大道进行排水工程建设及道路绿化。蚕庄镇投资580万元，对大李线隋家桥进行危桥改修工程；投资780万元，对镇驻地道路进行绿化亮化。金岭镇投资1000万元，对上夼、丁家埃、东店、西店等9个村进行新农村改造，对村中主干道路面进行硬化，路两侧进行绿化、修建排水渠，对文三线两侧实行光缆入地工程。全市共投入劳动力14.8万余人次，投入机械3100余台次，投入资金9800余万元，累计清除三大堆5.4万余吨，清理河道沟渠430余公里，新增垃圾箱1400余个，新增保洁员800余名，新增绿化面积36万余平方米，新增路灯1800余盏，新增文化墙4.6万余平方米，新增休闲广场150余处。根据省住建厅、文化厅、文物局、财政厅《关于组织申报第二批山东省传统村落的通知》要求，申报省级传统村落13个。其中有张星镇丛家、马格庄、大李家、狗山李家、口后韩家、宅科、仓口陈家，玲珑镇磨山夼路家、睦邻庄，辛庄镇磁口，蚕庄镇东曲城、河东王家、山后侯

【城建档案管理】 2015年，根据新颁发的《建设工程文件归档规范》要求，重新制定招远市城建档案归档范围及要求，并把电子档案纳入城建档案接收范围。严格按照省、烟台市"两书一证"发放要求，认真贯彻执行，确保城建档案及时入馆，全年签订《建设工程档案移交合同书》62份103个工程，出具《山东省建设工程档案预验收意见书》24份87个工程，核发《山东省建设工程档案合格证》16份62个工程。共接受工程档案101个，底图3833张；整理上架档案77个工程，1425卷；扫描文字档案300余卷，图纸2200余张。接待建设、施工单位业务咨询381人次；接待查档利用175人次，提供各类档案285卷，为利用人员提供文字复印件390张，图纸复制件129张。全年拍摄重点工程项目的建设、重点工程任务69次，获取录像素材200余分钟，共拍摄照片600余张，部分资料制作成PPT及光盘，丰富城建声像信

凤凰岭公园

魁星公园

息库，为社会提供优质服务，收到社会各界好评。积极参加省档案局开展的《山东省争创档案工作科学化管理》工作，按照“科学建档，规范管档、合理用档”的工作要求，认真贯彻落实《档案法》《档案法实施条例》等法律法规，进一步加强档案管理工作，建立健全各项规章制度，使档案管理工作整体水平有明显的提高。招远市城建档案馆被评为山东省争创档案工作科学化管理先进单位，将以此为契机，把档案管理工作提升到新水平。

（撰稿：杨荣君）

房 产 管 理

【机构设置】 招远市住房保障和交易中心内设办公室、财务科、综合科、房改科、市场交易科。2015年，在编干部职工36人。其中，主任1人，副主任2人。

【概况】 招远市住房保障和交易中心的前身为招远市房地产管理处（招远市房地产管理局）。2010年3月，更名为“招远市住房保障和交易中心”，隶属招远市住房和规划建设管理局，正科级事业单位。其职能是落实上级住房保障工作任务，房屋登记，全市房屋产权产籍档案的保管和利用，白蚁防治。2015年，被烟台市住房和城乡建设局授予“烟台市住房保障工作先进单位”称号；被烟台市妇女联合会授予“巾帼文明岗”称号，被中共招远市委、市人民政府授予“第一书记暨后进村帮扶工作服务基层先进单位”称号。

【住房保障】 2015年，先后拟定上报政府出台《招远市城市住房保障管理办法》《招远市城市中等偏下和低收入住房困难家庭住房保障申请审核实施细则》《关于公布市区住房保障政策有关标准的通知》《2015年招远市住房保障资格申请审核工作实施方案》等多项政策文件。续建经济适用住房100套、廉租房20套、公共租赁住房80套，新建公共租赁住房40套，分配第五期经济适用住房退回房源22套，配租廉租住房27套。对60余户廉租住房承租户进行年度复核并重新签订廉租住房契约，发放廉租住房补贴11户共2万多元。组织开展2015年招远市住房保障资格申请审核工作，受理市区群众申报370多户。

【房屋登记】 2015年，招远市住房保障和交易中心共完成各类登记业务14315件，完成房产交易登记面积27.4万平方米，交易金额9.5亿元。完成抵押权权登记2135件，抵押价值154亿元。完成商品房网签备案3581套。

【房屋产权产籍档案的保管和利用】 2015年，

体育公园

招远市住房保障和交易中心共计整理档案资料14914份，外来查档1146份，开具房产证明5314份。完成烟台临时性查档任务14279份，更新楼盘坐落13幢。

【白蚁防治】 2015年，招远市住房保障和交易中心签订白蚁防治合同65份，现场施工130余万平方米。

（撰稿：张潇文　　审稿：温增林）

房地产综合开发管理

【机构设置】 招远市城市房地产综合开发管理办公室成立于2008年11月26日，为招远市住房和规划建设管理局下属副科级事业单位，下设综合科和管理及产业化科2个科室。主要负责城市房地产综合开发，招远市房地产综合开发发展规划，年度综合开发计划编制、提报和组织实施，城市房地产综合开发管理，城市房地产综合开发项目建设监督管理。2015年，在编人员6人，其中副科级干部2人，副主任2人。

【概况】 2015年，市开发办“以群众路线教育为引领，以提高服务质量为抓手，加强房地产市场管理，全面推进房地产管理”的工作思路，真抓实干，认真搞好党的群众路线教育活动，对照《2015年度工作目标责任制》规定的各项任务，认真抓好房地产开发管理工作。全年完成房地产开发总投资20.36亿元，新开工面积95.52万平方米，房地产开发较上年有所增长。2015年，开发办被烟台市住房和城乡建设管理局授予“房地产开发管理先进单位”称号。

【房地产开发市场更趋规范稳定】 市开发办切实履行房地产开发管理部门职能，落实一系列房地产开发管理政策，取得明显成效。2015年，全市完成房地产开发投资20.36亿元，较上年同期减少18.8%。施工面积455.4万平方米，较上年同期增长12.7%。其中，新开工面积95.52万平方米，较上年同期增长56.1%；房地产开发投资有所减少。商品房销售面积43.2万平方米，较上年同期增长5.5%，商品房销售在大环境不稳定的情况下，仍好于往年。招远市房地产开发市场比较平稳，发展趋势比较好。

【做好棚户区改造工作】 2015年，全市计划实施3个城市棚户区改造项目，计划改造286户。其中，原地实物安置50户，异地实物安置236户，拆迁面积2.3万平方米。是年，项目全部开工建设，完成投资8580万元。积极落实国家政策，制定棚户区改造工作意见。为进一步落实《国务院关于加快棚户区改造工作的意见》和《国务院办公厅关于进一步加强棚户区改造工作的通知》精神，结合招远市棚户区改造的实际情况，市政府制定《招远市人民政府关于鼓励加快推进棚户区改造工作的意见》。进一步加强督导检查工作。对2015年所有棚户区改造项目建设手续、拆迁安置补偿公告、详细拆迁安置补偿协议等相关资料进行全面检查，将检查中棚户区改造项目存在的问题用书面形式通知市开发区管委和各相关街道办事处，责成相关单位立进行整改，拿出整改的具体措施及时间表。强化监管，积极调研。会同市纪委、审计局组成专题工作小组，采取现场踏勘和搜集整理相关资料相结合的方式，对全市3个街道和开发区涉及棚户区（旧村）改造项目的27个村进行实地调研，为制定招远市棚户区改造政策提供依据。

温泉公园

【房地产市场监管力度不断加大】 市开发办根据国家、省、烟台市相关政策及招远市房地产开发市场管理现状，继续加大对房地产市场的监管力度。完善管理制度，规范市场秩序。对全市所有的房地产开发项目实行房地产开发项目手册制度，加强对房地产开发项目全过程的监管。严格商品住房预售管理，其工程形象进度为多层达到二层以上，高层达到投资额的25%，最低规模不得小于栋，不得分层、分单元办理预售许可。严格房地产开发项目竣工综合验收制度，对于没有按照《招远市城市新建住宅项目配套设施建设责任书》建设的，一律不办理房地产开发项目综合竣工验收，禁止将未经验收或验收不合格的商品住房交付使用。加强市场监管，研究并拿出市场监管的深化方案，落实好相关规划和年度计划。为企业排忧解难，深入开展走访活动，引导企业合理开发，合理定价。加强房地产开发企业信用档案管理，进一步规范住房预售工作等。推行市场监加强市场监管，研究并拿出市场监管的深化方案，落实好相关规划和年度计划。为企业排忧解难，深入开展走访活动，引导企业合理开发，合理定价。加强房地产开发企业信用档案管理，进一步规范住房预售工作等。推行市场监管、项目监管、企业监管“三位一体”的监管模式，全面加强资质核验、经营权审批、预售许可、竣工综合验收等环节的联动，形成“前后把关、全程联动”的闭合监管程序。加强预售资金监管，全面实行房地产开发项目综合验收制度，确保房屋质量安全。加大房地产市场违法违规行为查处力度，整顿规范市场秩序，优化市场发展环境，推动全市房地产市场平稳健康发展。加强市场监测及政策宣传。在招远市住房和规划建设管理局网站及时将有关房地产法律法规、房地产开发项目预售、各开发项目进度、上年度房地产开发公司信用评价等信息进行公布。在《今日招远》每星期刊发有关房地产政策法规和购买商品房相关知识，提高商品住房交易透明度，引导居民理性消费，为市民提供良好的房地产开发信息平台。

【房地产开发规范化管理】 2015年，继续推行房地产开发项目建设条件意见书制度，保证国家产业化政策的落实。为龙青路西、单家河东等11个地块编写建设条件意见书，占地面积116.3万平方米。签订《房地产开发经营合同》《城市新建住宅项目配套设施建设责任书》。签订《房地产开发经营合同》12份，占地面积18.9万平方米，核发房地产开发经营权证。签订新建住宅项目配套设施建设责任书8份，建筑面积96.1万平方米。加强房地产开发竣工综合验收工作。严把竣工综合验收关，在申报验收资料齐全条件下，对区内基础设施和配套公用设施进行严格把关，杜绝已交付使用小区业主的上访。对太阳能热水器的安装应用严格把关，竣工综合验收新开发住宅项目6个，交付使用面积计20.32万平方米，太阳能安装率达到100%，使全市新建小区的品质得到提高。办理商品房预售许可证，实施商品房预售资金监管制度，保障购房者合法权益。为市区开发的15个住宅小区、6203套住宅楼办理预售许可证，预售总面积71.61万平方米，预售监管资金累计2.57亿元。房产开发市场管理有创新。加强房地产项目手册备案的督办，以房地产市场秩序整治为契机，对在建的房地产开发楼盘的项目手册备案进一步督办，加强房地产市场监管。企业队伍进一步壮大，现房地产开发企业总数达到51家。

【房地产开发企业资质管理】 2015年，在企业资质管理方面，严把准入关，严格审查，严格控制，不具备条件的坚决不予审报。为4家新成立的房地产开发企业办理房地产开发企业资质资料初审工作，已获批准。完成20家三级以下的房地产开发企业申报资质延期的资料初审及申报工作。严格房地产开发楼盘月报制度，掌握全市房地产开发楼盘的销售情况，做好科学发展观考核工作。

【房地产企业开发投资额前十名】 房地产企业开发投资额前十名依次为：烟台顺兴置业有限公司、招远华希置业有限公司、招远市中庸房地产开发有限公司、烟台御景兴业房地产开发公司、招远市仁和置业有限公司、招远丽湖置业有限公司、招远市金晖房地产开发有限公司、招远恒泰置业有限公司、招远市金光房地产开发有限公司、山东玲珑置业有限公司。

（撰稿：孙 波 审稿：闫高山）

建筑业

【概况】 2015年，全市建筑业进一步发展，总产值36.93亿元，实现利税4.45亿元，增加值8.83亿元，从业人员达1.26万人。全市共有建筑企业43家（总承包一级资质企业2家，二级企业5家，三级企业15家），专业承包企业16家，劳务分包企业5家，初步形成以房屋建筑总承包为主，专业承包、劳务分包共同发展的分工协作体系。

【建筑施工安全管理】 2015年，落实大型机械设备产权登记、使用登记、验收检测和日常使用等程序管理工作，全年检测塔机109台、施工吊篮387台，塔机、吊篮合格率达到100%，起重机械检测率达到100%。

【建筑市场管理】 2015年，起草印发《2015年规范建筑市场秩序工作的通知》《2015年关于开展全市建筑市场综合执法检查的通知》《关于开展2015年工程监理企业资质和注册监理工程师检查的通知》和《关于我市建筑市场综合执法大检查情况通报》，及时发现和打击未办理施工许可擅自开工、无证施工、非法挂靠以及勘察、设计、监理等建筑市场主体各方违法违规行为。全年共下达责令限期改正通知书19份，下达建筑工程招标投标、施工许可督办通知书10份，下达责令停止违法行为通知书20份。

【工程承发包和施工许可管理】 2015年，建立招投标信息网络发布平台，规范监理企业投标行为，加强评标专家队伍建设，完善招投标监管体系。全市房屋建筑和市政基础设施工程新开工项目47项，其中直接发包8项，工程造价3406万元。招标发包项目中，公开招标17项，工程造价18506万元；邀请招标22项，工程造价58845万元。全市应招标项目的招标率基本达到100%，应公开招标项目的公开招标率为100%。

【墙材革新与建筑节能】 2015年，严格按照居住建筑节能65%，公共建筑节能50%的新建建筑节能标准，对节能施工情况予以监督。全年共评审项目31个，发放211个单体工程节能认定评审意见书，对26个项目进行墙体材料使用验收，返还墙改基金近700万元。加快推进康泰实业职工家属楼、梦芝公司住宅楼和温家社区住宅楼节能改造工程施工，6～7月，通过烟台市住建局和省住建厅的验收。

【清理拖欠农民工工资工作】 2015年，按照《关于进一步加强和改进建筑业农民工工资支付管理的通知》，对全市建筑用工管理、工资支付、保证金的收取等提出新的规定和要求，全年共受理农民工投诉案件43起，涉及人员902人，拖欠金额1325万元。其中，成功解决投诉42起，清理拖欠工资1300万元。

【建筑业培训工作】 2015年，全市三类人员报名考试42人、延期242人，关键岗位报名考试49人，369名特种作业人员参加新取证和延期培训工作。根据上级主管部门对监理企业的持证要求，两家监理企业17人报名参加监理员新取证培训考试，考试通过率100%。

（撰稿：刘如峰）

城市管理

招远市城市管理行政执法大队领导成员

工委书记、大队长：邵玉忠
工委委员、副大队长：衣作连
工委委员、纪检书记：毛华琼（女）
工委委员、园林处主任：杜振锋
工委委员、环卫处主任：路　淇

【机构设置】 招远市城市管理执法大队内设办公室、财务科、综合科、督查科、法规科、政工科和城乡一体化办公室。下辖园林管理处、环境卫生管理处和市政公司。2015年，共有干部职工1163人。

【概况】 2015年，市城管大队紧紧围绕国家卫生城复审迎检、烟台园区建设现场会议等重大活动，以开拓创新的思维、深入扎实的作风，鼓足干劲、攻坚破难、乘势而上，实现城乡环卫一体化全覆

整治占道经营

清理墙体广告

盖、市容秩序专项整治长效化、绿地建设精品化、卫生保洁精细化，整体管理水平与市容市貌都有显著改善和提高。是年，招远市被省委宣传部、省文明办、省住建厅授予“全省城乡环卫一体化全覆盖市”称号。

【城管执法】 露天烧烤整治。制定推广使用环保无烟烧烤炉具工作的实施方案和详细计划，共更换环保炉具127台，发放补贴29.9万元。占道经营整治。运用多种方式，对温泉路、罗峰路、府前广场等重点区域占道经营及流动摊点进行整治，累计规范摊贩5000余人次。户外广告整治。强化对户外广告设置规格、位置等要素的审批力度，办理审批手续105份，收缴城市空间有偿占用使用费81.25万元，拆除违规广告、牌匾、条幅等3000多块，清理围挡广告23000多平方米。治理渣土撒漏。与市公安、住建等部门开展联合执法，查处违规运输车辆260辆，行政处罚立案17起，责令清理和冲刷路面3万余平方米。门前五包工作。与各责任单位签订《招远市门前五包责任状》，形成人人参与城市管理，自觉维护城市形象的良好氛围。

【园林绿化】 绿地建设改造。投资1260万元，对天府路、文化广场、凤凰岭公园等关键节点绿地景观进行改造提升，完成新栽各类乔灌木7368株，新栽地被植物132万余株，新增绿化面积2.3万平方米，改造裸露土地面积11万平方米。绿化执法管理。联合市城管、公安等执法部门协调相关办事处对绿地烧烤放羊、绿地小菜园、绿地私自开挖等占绿损绿行为进行集中整治，清理绿地“小菜园”面积4000平方米，及时恢复绿化补植，劝退绿地烧烤、放羊36起，查处侵绿毁绿案件72件，勘查现场30处。绿地管理养护。抓好公园景区整体亮化，对黄金阁、魁星公园、初山路休闲街、金泉河等景区灯饰进行整修，做好城区行道树、绿化带、公园广场松土、浇灌、除草、苗木扶正、卫生保洁等日常养护工作，全力抓好夏季抗旱保绿、病虫害防治及冬季绿化防冻工作，确保苗木生长良好。

修剪除草

机械化清扫

【环境卫生】 城区主次干道保洁。新增温泉路、罗峰路、迎宾路、府前路以及魁星路实行16小时制墙对墙保洁。卫生综合整治。以城区卫生死角、野垃圾、树盘和绿化带等为整治重点，全年组织卫生整治50多次，整改卫生死角300余处。机械化作业。全市可进行机扫路段全部纳入机扫范围，安排11部清扫车、12部洒水车每天对城区温泉路、罗峰路等13条主要路段进行重点清扫、洒水降尘。生活垃圾收集、清运、处理。对市区主次街道的120余处箱位进行全面改造，加快垃圾焚烧发电项目建设步伐，年清运生活垃圾12万吨，生活垃圾无害化处理率达100%。公厕、中转站管理。实行16小时双岗保洁，按二类公厕标准对市区27座公厕进行升级改造，对7座中转站设施进行维修改造，确保卫生管理常态化。

街道洒水降尘

【城乡环卫一体化】 将城乡环卫一体化村级保洁工作推向市场，罗锋、泉山、梦芝3街道和开发区、阜山镇等8个镇（街道、区）与专业保洁公司签订卫生托管协议。做好中转站运行及安全管理，安装监控设备及行车记录仪，改造污水排放设施、安装防护网和平台围挡。2015年，共转运垃圾5016车，清运污水315车。成立2个专职督查队伍，对全市724个村的一体化运行情况进行全天候督查，累计督查412次，下发整改通知单412份。健全环卫一体化考核机制，将日常督查考核、季度集中考核和市政府组织的考核列入对乡镇责任制的考核工作，并与市级奖补资金挂钩，共发放奖补资金599万元。是年，招远市顺利通过国家十部委对全省农村生活垃圾治理首批暗访验收，在省文明办对全省132个县城乡环卫一体化农村群众满意度电话抽样调查中，招远市综合排名第44名，列烟台市第5名。

镇级中转站清运

镇级中转站监控

道路清雪

【市政公用事业】 2015年，修补城区破损道路面积8000余平方米，清淤雨水井2100多个，清淤1000多立方米，更换破损、丢失水篦子200余套，维护、维修市区路灯1500多盏，亮灯率达到98%以上。完成总投资1300万元的府前路、河东路道路改造工程；投资450万元，在界河辛庄段及国大桥北侧分别建设拦河坝及蓄水池工程，封堵城区污水直排口15个，确保界河流域整治达标。调整充实城市防汛应急管理领导小组，分别成立30人的应急抢险分队和300人的抗洪抢险预备队，备足防汛物资，确保城区市民安全度汛。2015年降雪期间，昼夜开展清雪防滑工作，累计出动装载机、铲雪车等机械200台次、2700余人次，撒布融雪剂280余吨，同时做好积雪清扫清运工作，保障城区交通顺畅，确保市民安全出行。

（撰稿：刘高翔　　审稿：苑英俊）

中共招远市委书记张伟主持召开界河流域重点整治会议

环 境 保 护

招远市环境保护局领导成员

局长、党组书记：路　桥

副局长：王树仁　李卫东

党组成员、主任科员：孙常美

党组成员：丛君婷（女）

党组成员、监察大队大队长：李天进

监察大队副大队长：李彩虹（女）

监测站站长：徐金合

【机构设置】　2015年，招远市环境保护局内设办公室、管理监控科、宣传法规科、应急辐射科、环境评价科、自然生态科等行政科室6个，共有机关人员11人。下辖环境监察大队、环境保护监测站、环境信息站、玲珑环保所、金岭环保所、齐山环保所等事业单位6个，共有事业人员72人。

【概况】　2015年，全市环境空气质量明显改善，全年蓝天白云天数256天，同比增加7.1%，PM2.5、二氧化硫、氮氧化物等污染物浓度和改善率居烟台市各县市区前列，获得空气质量改善奖金35万元。界河流域底泥重金属污染防治被省环保厅列为试点，走在全省前列。重点企业重金属污染防治参加全国竞争性评审，在138个城市中脱颖而出，成为国家资金扶持的30个区域之一，获得补助资金约6000万元。市环保局先后获得市委、市政府和烟台市以上主管部门荣誉30余项，被省人社厅、环保厅、公务员局联合授予“全省环境保护系统先进集体”称号；被省文明委授予“省级文明单位”称号；环境监察大队被省环保厅、公安厅联合授予“全省公安环保联勤联动执法工作先进集体”称号。

【主要污染物减排】　2015年，招远市圆满完成年度及“十二五”减排目标任务，在烟台市科学发展考核中名列各县（市、区）第一位。玲珑热电、市热电厂等6家企业，投资3000多万元，对原有脱硫系统进行升级改造，对锅炉进行低氮燃烧改造或建设脱硝设施，年可减排二氧化硫502吨、氮氧化物338吨。对禁燃区内金宝电子、玲珑酒业等15家企业的25台燃煤设施进行改造或拆除，年可减排二氧化硫169吨、氮氧化物37吨。双塔食品1.3万立方米/日污水扩建升级改造项目，通过国家核查组认可，年可减排化学需氧量70吨、氨氮1吨。取缔水源地一级保护区内的52处畜禽养殖户，烟台吉博克等规模化养殖场采用生态养殖模式，粪便全部循环利用，年可减排化学需氧量56吨、氨氮6吨。将

2015年11月4日，市政府领导视察界河生态环境综合整治工作

机动车环检前置于安检，凡是没有通过环保检测的，一律不予核发安全检验标志，全年共检测车辆48159辆，合格43395辆，合格率达到90%，新车免费核发环保标志8326枚。理顺黄标车淘汰部门职责分工和工作流程，实行集中办公，全年淘汰黄标车3402辆，绿标车核准628辆，黄改绿423辆，完成率居烟台各县（市、区）前列。

【建设项目管理】 2015年，招远市共批复建设项目147个，验收73个，拒批7个，清理整顿环保违规建设项目37个。向社会公布《建设项目环保审批、竣工验收服务指南和业务手册》，提供咨询指导、审批验收“一条龙”服务。开展项目审批、竣工验收网上申报、办理新方式，利用邮件、短信、电话等形式，及时提醒建设单位办理相关手续，避免人为因素耽误项目办理进度。制定全市清理整顿环保违规建设项目工作方案，梳理违规建设项目49个，先后有37个单位完成或基本完成手续补办工作，完成率76%。

执法人员现场执法检查

【环境执法监管】 2014年，招远市环境监察队伍被省环保厅列为全省环境监察移动执法系统建设试点单位。2015年，申请财政资金33.3万元，配备手持式移动执法终端29台和移动执法设备7套，环境监察执法设备更加完善、执法人员更加充实、工作效率更加提高。在充分借鉴上级环保部门经验、全面征求相关部门意见的基础上，制定《招远市网格化环境监管工作实施方案》，建立市、镇、村三级网格化环境监管体系，改变以往环保部门单兵作战的格局，形成“各级政府组织实施、环保部门统一协调、相关部门各负其责、社会各界广泛参与”的工作格局，实现了环境监管工作的规范化、精

2015年3月6日，依法关停违法企业

细化、长效化。全年先后出动执法人员5000余人（次），重点检查火电、化工、污水处理、铅酸蓄电池等行业污染防治设施运行、污染物排放、固体废物和危险废物处置等，先后责令停止建设9家、停产6家、限期改正或限期治理39家，关停取缔企业10家，立案处罚企业41家，罚款101万元。充分运用新环保法赋予的强制手段，实施查封扣押案件1起，移送公安拘留1人，有力地打击了各类环境违法行为。

【环境监测】 2015年，招远市环境监测站围绕重点监测项目，在站内开展监测能力比赛，提高监测人员监测速度和精确度，9月顺利通过烟台市环保局组织的监测人员持证上岗考试。加强对界河及其支流罗山河、钟离河等13个断面和3个非重点河流断面的监测工作，强化饮用水源地和环境噪声监测，对超标现象及时进行加密监测，溯源分析超标原因，形成流域环境预警监测情况报告40期，获得监测数据4万余个。

环境保护应急监测取样化验

【环保宣传】 招远市环保局积极挖掘典型，加强与媒体沟通协调，全方位开展宣传。2015年，在

在全市中小学开展环保宣传教育活动

招远市电视台晚间新闻栏目宣传8次、在《中国环境报》发稿1篇、《山东环境》发稿3篇、《烟台日报》发稿1篇、《今日招远》发稿6篇。官方微博全面开通，构建政民互通平台，发表群众普遍关心、关注的环保问题1000余条。及时分析、研判、妥善处置微博反映的污染问题11起，进行正确的舆论引导，避免了事件扩散。

【环境安全和生态文明】 2015年，招远市环保局编制了《招远市2015—2017年重金属污染防治实施方案》，打包9项重点工程参加中央资金竞争性评审并列入扶持范围，当年获得扶持资金3700万元。至2015年末，金宝电子治理项目已完工，国大、金翅岭等4个项目正在实施。协调公安部门对23家重点危废企业进行联合执法检查，妥善处置先进化工有限公司破产后遗留的大量危险废物，对春竹黄金矿业等2家企业闲置放射源进行安全收贮。全市86家经营性加油站中，有83家完成工程改造，正在开展验收工作。指导开发区完善生态园区创建工作，9月通过省级园区评审，正在申报国家级生态园区。

（撰稿：李振东　　审稿：丛君婷）

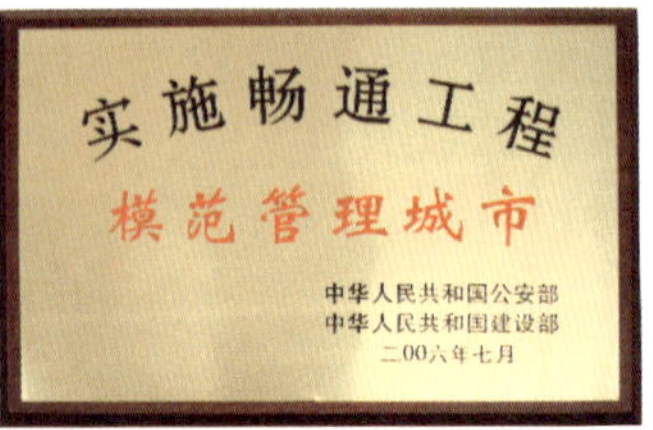

2003年以来，招远市以“降事故、保安全、保畅通”为目标，在巩固和发展畅通工程既有成绩的基础上，从健全机制、强化宣传、完善设施、严格执法等方面着手，进一步明确责任，强化措施，狠抓落实，纵深推进平安畅通县区创建工作。市政府先后下发《招远市创建平安畅通县区工作方案》《招远市交通安全责任制规定》等文件，指导各级各部门开展创建活动。2006年7月，招远市被公安部、住房和城乡建设部联合授予“全国实施畅通工程模范管理城市”称号。2007年12月26日，被公安部、交通部等6部委局联合通报表扬，授予“全国平安畅通县区”奖匾，成为全国平安畅通县区。2011年，招远市在实施“畅通工程”活动中，以“和谐交通，文明出行”为主题，与时俱进，开拓创新，健全完善工作机制，树立精品意识，优化城市交通环境，继续保持“全国实施畅通工程一等管理水平城市”称

交通·邮电

公　　路

烟台市招远公路管理局领导成员

局　长：赵前军

副书记、工会主席：李文学

副局长：梁　冰　阎同明

【机构设置】　烟台市招远公路管理局始建于1951年，为烟台公路管理局直属单位。2015年，招远公路局内设办公室、养护科、路政大队、政工科、宣教科、三产办、安全科、财务科、总工办、工程科、机务科、材料科等科室12个，下辖辛庄、毕郭、大秦家3个公路站及路源公路工程处、公路应急中心、材料基地、苗圃等单位。共有市局统招以上人员85人，自招企业合同工33人。其中，领导班子成员4人，党员47人，大专以上文化程度86人，各类专业技术人员46人。

2015年10月22日，烟台市中级人民法院院长尹佐海、招远市委书记张伟等领导到招远公路局检查法德及廉政建设情况

【概况】　招远公路局负责管辖文三线、海莱线、黄水线、蓬水线、荣乌高速招远连接线、国道206线6条国省干线，总里程164.1公里。拥有各类机械设备

2015年5月15日，2015年全市养护大中修工程现场会会议在招远召开

60余台（套），能承接高等公路的建设和养护大中修工程及各类公路桥梁的施工，具有较高的公路工程施工能力。2015年，招远公路局“高点定位、加快发展”，高标准、高质量完成各项工作任务，为烟台公路事业发展做出贡献。多次被省交通厅、省公路局和烟台市局评为“好路站”“文明站”“先进文明站”和“全优公路站”，多次获“工程质量优质杯”“养护管理质量优质杯”“丰收杯”“廉政建设杯”“精神文明建设杯”“创新杯”“路政执法杯”“综合服务杯”等奖杯，连年被省文明委授予“省级文明单位”称号，被省爱卫会授予“省级卫生先进单位”称号。

【国省道干线】　招远市境内共有国省干线公路6条，分别为文三线、海莱线、黄水线、蓬水线、荣乌高速招远连接线、国道206线，总里程164.1公里。文三线：招远境内全长43.1公里，东起招远市阜山镇与栖霞市交界处，途经大秦家、城区、金岭、蚕庄，西至招远市蚕庄镇与莱州市交界处；海莱线：境内全长26.9公里，东起招远市毕郭镇与栖霞市交界处，途经毕郭、齐山，西至招远市齐山镇与莱州市交界处；黄水线：境内全长41.5公里，北起招远市玲珑镇与龙口市交界处，途经玲珑、大秦家、齐山、毕郭，南至招远市毕郭镇与莱西市交界处；蓬

2015年3月18日，山东省公路局工程竣工验收委员会对荣乌高速招远北立交、黄水线龙口招远界至朱范段改建工程进行竣工验收

2015年11月18日，烟台交通质监站、平安检测公司组成工程检测小组对S215黄水路、S306海莱路招远段大修工程进行交工检测

水线：境内全长19.5公里，北起招远市阜山镇与栖霞市交界处，途经毕郭，南至招远市毕郭镇与莱西市交界处；荣乌高速招远连接线：境内全长19.1公里，北起张星镇庙头郭家村，南至大秦家街道朱范村；国道206线：境内全长14公里，东起招远市辛庄镇与龙口市交界处，途经辛庄，西至招远市辛庄镇与莱州市交界处。

【国省道建设】　2015年，招远公路局紧紧围绕“提升公路通达能力，服务招远经济发展”主题，开展争项目、争资金活动，全面参与S215黄水线招远朱范至招远莱西界段29.7公里大修工程、S306海莱线招远段26.9公里大修工程、S304文三线招远段安全整治提升工程建设及管理工作，工程总造价约2.42亿元。4月10日，S215黄水线招远朱范至招远莱西界段大修路基、路面工程和S306海莱线招远段大修路基工程同时开工。施工中，广大参建人员克服施工线长、点多面广等困难，采取“5+2”工作模式，严把材料采购、工艺控制、试验检测三关，按期保质完成施工任务。5月15日，烟台市养护大中修现场观摩会在招远召开。11月18日，由烟台交通质监站、平安检测公司组成的工程检测小组对两项大修工程

2015年9月2日，黄水路大修工程城区段，施工人员正在用高压水枪清除基层上的黏土、砂石，确保封层质量

2015年8月5日，黄水路大修施工现场

2015年9月18—20日，招远公路局对温泉路东段1.1公里进行罩面施工

进行交工检测。12月25日，两项大修工程顺利通过交工验收。11月3日，S304文三线招远段安全整治提升工程开工，对护栏、标志标牌等主体设施进行安装。3月18日，荣乌高速招远北立交、黄水线龙口招远界至朱范段改建工程顺利通过省公路局工程竣工验收委员会验收。9月18～20日，对温泉路立交桥至金辉路十字路口1.1公里路段进行罩面施工。

【公路环境】　路政管理。加大路域环境综合整治力度。以构建“畅安舒美山东路”为目标，对辖区国省干线公路两侧环境进行全面排查统计，重点加强城乡接合部、县际交界处和集镇路段的管理，整治违法棚屋、摆摊设点、砂石漏洒等严重影响公路安全、畅通的违法行为。加大路政审批审核服务力度。坚决按照上级文件精神进行涉路工程审核操作，对施工图设计、施工组织、交通组织方案进行严格审查，加强许可事项的全过程监管，提升涉路工程许可质量。对全市重点建设项目涉及的涉路工程，按照“急事急办、特事特办”原则，实行上门服务，缩短程序审批时间，为全市重点项目快速推进提供便利。加大夏秋季节路政管理力度。招远公路局为有效遏制夏秋季节在公路上打场晒粮、苹果交易等违法占路行为，早计划、早动手，积极联系交警、城管等部门，形成多部门密切配合、分工负责、齐抓共管的良好局面。2015年，出动巡查车2100余车次，人员4200余人次，巡查里程达276419公里，查处各类路政事案53起，办案处置率、正确率均达到100%。

2015年3月4日，青年志愿者对社区卫生及周边野广告进行清理

2015年6月10日，养护人员按照“圆洞方补、斜洞正补”原则，对所辖干线公路坑槽进行修补

2015年4月10日，养护人员“见空插绿”，对公路两侧及中央隔离带行道树进行补植、修剪

2015年11月25—26日，招远市普降大雪，招远公路局迅速启动应急预案，保障道路安全畅通

公路养护。2015年，招远公路局通过加大油路修补力度、规范公路标志设置、改善提升绿化效果等措施，全面优化公路两侧及通行环境，共计投入资金420余万元，完成油路修补面积9000平方米，整修边坡82.6公里，行道树刷白114.4公里，沥青胶灌缝60017米，贴缝2265米，新植、补植乔灌木2201株，安装、维修各类标志267块，安装示警桩1300根，安装波形护栏450米，综合好路率达94%以上。

在防风防汛工作中，招远公路局于汛前组织人员对桥梁进行专项检查，投入资金8万元，对6座桥梁进行小修；提前组建150人的防汛抢险队伍，配备机械车辆25台，储备砂石料600余立方米、木桩500支、编织袋3500条。针对汛期文三线出现较大水毁2次，公路局均及时启动预案，快速抢修，确保公路安全度汛。在清雪防滑工作中，成立应急抢险突击队，严格执行24小时值班制度，提前准备防滑料3000余立方米，融雪剂60余吨。2014～2015年度，共计出动清雪机械53台次，撒布防滑砂600余立方米、融雪剂20余吨，出动人工364人次，保证公路安全畅通。另外，因采空区导致道路封闭的黄水线招远境K33+450—K34+100段，经相关权威单位勘察、处置，于6月17日重新恢复交通。

安全管理。招远公路局严密部署，深入防范，全年共召开安全生产会议20余次，进行安全教育12次，安全检查160余次，及时发现并跟踪整改问题40余项。为确保大修工程中行车和施工全过程安全无事故，结合施工现场及周围环境等实际，累计投入资金70余万元，适当增加“限速”“前方施工”等标志，增设防撞桶、沙袋组成的防撞墙，延长作业控制区、缓冲区等各区域安全距离。在道路封闭施工区增设爆闪警示灯、LED指示灯，达到醒目、警示效果。为确保监管到位，为每条线路配备专职安全员，负责日常安全管理和标志、设施的设置及维护，局安全科每天至少巡查一遍，确保天天有检查，检查有记录，隐患有整改，整改有落实。加强与交警部门配合及夜间安全管护，建立施工现场与沿线交警中队的直联通道，设有夜间现场值班人员，遇有情况第一时间报告，保证施工现场24小时处于受控状态，实现全年安全生产零事故。

【廉政建设】 招远公路局继续推行重大事项集体研究制度，深入开展廉政谈话活动，对执法人员、重点岗位人员分别进行谈话，有力保证重点部位不出任何问题。在工程招标管理上，工程开工前成立材料采购及施工分包招标工作领导小组，下设招标办公室、监督委员会及评标委员会，对材料采购和施工分包实行统一招标、现场开标，实现工程分包、材料采购的公平、公开、公正，杜绝不廉政行为的发生。10月，公路局代表招远市成功迎接烟台市中级人民法院院长尹佐海一行对普法工作的验收检查。

2015年2月27日，路政新式制服换装仪式，交警对路政执法手势及队列等进行培训

【文明创建】 2015年，招远公路局紧紧围绕“三严三实”专题教育活动，紧抓学习研讨，精心组织实施，充分发挥领导干部的示范带动作用，通过自学与集中学习相结合，以实实在在的成效服务于民、取信于民，为公路事业发展保驾护航、增添动力。共召开党员大会8次，举办工程、路政、养护等各类培训班7次，知识竞赛、技术比武等文体活动10余次，开展道德讲堂活动6次。1月，通过“邀请专家学者走进来”的方式，组织举办《百善孝为先》传统文化公益讲座。10月，通过“带领宣讲队伍走出去”的形式，利用重阳节在帮扶村开展以“感恩父母情，共建新农村”为主题的道德讲堂活动，得到广大村民的认可和社会好评。5月，公路局作为招远市文化建设示范单位成功迎接招远市精神文明建设工作观摩团现场观摩。为大力弘扬“奉献、友爱、互助、进步”的志愿服务精神，公路局志愿者大力开展“金都志愿365服务活动”。年初自发捐款并看望毕郭镇西庄村3户困难家庭，为其送去救助金。借助“雷锋月”活动对社区卫生及周边野广告进行清理，优化生活环境。利用“路政宣传月”有利时机，开展法律法规义务咨询活动，提升社会大众爱路护路意识。利用“六一”儿童节开展“共享书香，衣份温暖”爱心募捐活动，将募捐的衣服、图书送往西藏自治区日喀则市定日县冲萨村的孩子手中。深入了解职工困难，为患有恶性脑瘤的职工子女开展“一路有爱、温暖同行—救助职工子女张旭坤爱心捐款倡议活动”，共捐款43400元，为困难职工一家解决燃眉之急。借机借力为帮扶村投入水泥混凝土90余立方米，修整村路，建起文化广场。出资5万元，为村里重新打井，改善吃水问题。为帮

扶村困难家庭送去1000元救助金及生活必需品。

（撰稿：逄忠鹏　　审稿：李文学）

交通运输

招远市交通运输局领导成员

局长、工委书记：姜文义

工委委员、主任科员：刘建胜

副局长：臧海涛　刘文正

纪工委书记：阎恩东

工委委员：刁武军

招远市交通运输局下属单位负责人

招远市铁路建设管理办公室副主任：

吕振福　李奎元

招远市交通运输管理处主任：刁武军

副主任：陈建伟

招远市地方公路管理局局长：郭　强

副局长：刘长征

招远市交通运输监察大队大队长：张　亮

招远市港航管理处主任：龚文胜

招远市交通战备办公室主任：田学军

【机构设置】　招远市交通运输局主要承担全市地方铁路建设管理、地方公路建设养护、公路质量监督、港口航道建设管理、交通运输行业管理和交通运输系统安全生产监督等工作，内设办公室、政工科、财务审计科、政策法规科、安全监督科、市交通战备办公室、调处中心等科室7个。下辖铁路建设管理办公室、交通运输管理处、地方公路管理局、交通运输监察大队、港航管理处等副科级以上直属事业单位5个；股级事业单位10个，其中有交通重点项目办公室、公共交通管理站和玲珑、张星、辛庄、蚕庄、金岭、毕郭、夏甸、齐山等道路运输管理所。2015年，共有工作人员155人。

【概况】　2015年，市交通运输局紧紧围绕市委、市政府的总体工作部署，坚持稳中求进工作总基调，以深入开展“三严三实”专题教育活动为契机，以机关作风建设为抓手，以交通基础设施建设为重点，以加强行业监管为手段，以全面构建现代综合运输体系为目标，树立新理念、把握新机遇、提出新举措、开拓新局面，努力做到破难争先、创新争先、实干争先，全面落实招远汽车站搬迁运营、城乡客运一体化试点运营等市委、市政府确定的为民服务实事，推动交通运输工作主动适应经济发展新常态，为全市经济社会发展当好先行。先后获招远市先进单位、市人大代表评议先进单位、市社会治理创新工作先进单位等11个单项称号，保持省级文明单位称号。全市公路通车总里程（含乡、村道）2298.5公里，其中高速公路1条24.3公里，国道1条（206线）14公里，省道5条（蓬水线、黄水线、文三线、海莱线、荣乌高速连接线）150.7公里，县道14条311.3公里，乡道45条389.7公里，村道40条1408.5公里，全市所有镇（街道、区）和行政村均通油路或水泥路，公路密度160.5公里／百平方公里（含乡、村道）。行政村公路通达率、农村公路列养率和经常性养护率均达到100%，县道单项绿化率指标达到100%，乡道、村道单项绿化率指标达到95%以上。全市县乡公路有桥梁278座，其中大桥4座、中桥74座、小桥200座，各道路桥梁均达到相应设计标准要求，有效保障了群众安全便捷出行需求。全市营运性车辆4507辆，其中货车3738辆、其他载货机动车69辆、客运车辆215辆、出租车374 辆、公交车112辆。农村客运线路35条，通客运车辆建制村数量697个，100%的行政村群众出行难问题得到解决，农村交通面貌发生深刻变化，为新型城镇化建设，推动城乡面貌大变化提供强有力的交通保障。

2015年4月12日，新招远汽车站投入运营

【公路建设】　2015年，市交通运输局围绕提升公路通行能力，把“建设大交通，促进大发展”作为公路建设的既定目标，坚持规划蓄势、项目突破，重点、一般协同推进，新建、续建齐发力，不断

加大交通基础设施建设力度，加快公路建设步伐，全市公路建设步入快速发展的快车道。龙青高速公路建设项目。该项目招远段前期工作已完成，至12月26日，招远东互通立交征地勘界放线工作全部结束，完成30.73公顷土地附着物清点工作。公路安全生命防护工程施工工作。至12月，招远市农村公路安全生命工程共完成投资约4101.8万元，其中，边坡、边沟路域环境整治206.8公里，标志标线处置206.8公里，交叉口综合处置6126处，加装护栏21.7公里，警示诱导设施处置2085处，完成隐患治理300.2公里。校车运行线路安全隐患整改方面。实施整改的校车运行线路安全隐患共24处，已全部整改完毕。村级公路网化建设项目。已完成投资2.6596亿元，改造建设农村公路485.6公里，农村公路硬化通村率达到100%，已顺利通过省交通运输厅验收，为全市经济社会又好又快发展提供强有力的路网支撑，有效改善了群众道路通行条件，"畅、安、舒、美"的道路运输环境建设成效显著。

2015年12月23日，龙青高速公路控制性开工

招远市主要公路情况表

序号	路线编码	路线名称	起点名称	讫点名称	里　程
1	X038	黄城—草店	招远界	草　店	25.976
2	X039	黄城—下林庄	南院庄	下林庄	14.343
3	X042	东海码头—大原	招远界	招远市官道	30.441
4	X043	屺坶岛—阜山	杨家庄	沟　上	22.752
5	X044	黄山馆—水集	招远界	水　集	54.028
6	X045	水盘—夏邱	水　盘	夏　邱	49.026
7	X046	招远—辛庄	X044	东　良	19.055
8	X047	阜山—毕郭	黄草线	毕　郭	19.916
9	X048	丁家庄—路格庄	丁家疃	路格庄	18.313
10	X049	于家—招城	于家夼	招　城	10.040
11	X050	郭家埠—路格庄	郭家埠	路格庄	16.372
12	X051	荆王—小矫家	荆　王	荆王1	0.311
13	X052	方家—新村	方家入口	新　村	16.018
14	X067	松山—台上	招远界	台　上	14.762
15	Y022370685	大修厂—西宋家	西宋家村出口	S304370685	1.194
16	Y023370685	考家—大曹家	罗峰街道入口	大曹家	2.411
17	Y064370685	西吕家—李家庄子	西吕家	泉山街道入口	1.611
18	Y013370685	朱苑—张石埠	泉山街道入口	张石埠	7.375
19	Y064370685	西吕家—李家庄子	泉山街道入口	李家庄子	1.920
20	Y078370685	腾家—李家庄子	泉山街道入口	李家庄子	1.876

续表1

序号	路线编码	路线名称	起点名称	讫点名称	里 程
21	Y022370685	大修厂—西宋家	大修厂	西宋家村出口	3.566
22	Y023370685	考家—大曹家	考 家	罗峰街道入口	2.296
23	Y036370685	中村—后夼	梦芝街道入口	后 夼	4.298
24	Y079370685	郝家—城北	梦芝街道入口	罗峰街道入口	1.001
25	Y002370685	滕家—冷家庄子	滕 家	冷家庄子	2.832
26	Y012370685	大秦家—埠后	大秦家	埠 后	2.038
27	Y013370685	朱苑—张石埠	朱 范	泉山街道入口	5.534
28	Y031370685	埠后—孙家大沟	埠 后	孙家大沟	2.349
29	Y048370685	杨家大沟—横掌史家	杨家大沟	横掌史家	6.003
30	Y061370685	北岔河—南五里	北岔河	南五里	3.731
31	Y072370685	西岔河—街柳	西岔河	街 柳	3.240
32	Y076370685	玲珑—秦家	温泉街道办事处入口	秦 家	2.440
33	Y078370685	腾家—李家庄子	横掌滕家村委出口	泉山街道入口	2.502
34	Y079370685	郝家—城北	横掌秦家入口	梦芝街道入口	2.236
35	Y020370685	苇都高家—王家大沟	于家夼	王家大沟	8.567
36	Y016370685	欧家夼—邱家	大秦家镇入口	邱 家	0.317
37	Y011370685	大秦家—东于家	大秦家村入口	东于家	6.270
38	Y010370685	于家—陈家窑	于 家	陈家窑	4.079
39	Y005370685	大秦家—陈家	大秦家	阜山镇入口	9.087
40	Y052370685	湖汪—新永康	湖 汪	新永康	2.347
41	Y051370685	西北村—辛庄	西北村	辛 庄	1.529
42	Y050370685	烟潍路—东良	烟潍路	东 良	2.998
43	Y049370685	辛庄—度假村	辛 庄	度假村	2.641
44	Y046370685	蚕庄—辛庄	辛庄镇入口	辛 庄	7.673
45	Y073370685	大诸流—李格庄	大诸流	李格庄	9.096
46	Y053370685	前孙庄—凤凰庄	前孙家	凤凰庄	3.689
47	Y046370685	蚕庄—辛庄	蚕 庄	辛庄镇入口	4.498
48	Y045370685	柳杭—西山王家	柳 杭	西山王家	2.656
49	Y044370685	李格庄—埠南	李格庄	埠 南	7.546
50	Y043370685	马埠陈家—李格庄	马埠陈家	李格庄	8.577
51	Y041370685	荆王家—塔山黄家	荆王家	塔山黄家	6.449

续表2

序号	路线编码	路线名称	起点名称	讫点名称	里　程
52	Y075370685	付家—中村	付　家	中　村	6.523
53	Y056370685	草沟头—上夼	草沟头	上　夼	4.250
54	Y042370685	邵家—寨里	邵　家	寨　里	2.380
55	Y040370685	上夼—大户陈家	上　夼	大户陈家	4.487
56	Y039370685	邹家—寨里	邹　家	寨　里	4.061
57	Y038370685	寨里—抬头赵家	寨　里	张星镇入口	3.271
58	Y037370685	山上李家—寨里	山上李家	寨　里	4.488
59	Y036370685	中村—后夼	中　村	梦芝街道入口	4.377
60	Y004370685	泊子—西庄	泊　子	西　庄	8.123
61	Y003370685	寨里—富裕庄	寨　里	富裕庄	2.930
62	Y076370685	玲珑—秦家	玲珑沟上	温泉街道入口	3.147
63	Y069370685	高家疃—官家河	高家疃	官家河	5.061
64	Y067370685	姚格庄—沟上	横掌姜家村入口	沟　上	0.452
65	Y021370685	姚格庄—沟上	姚格庄	前花园村出口	3.138
66	Y019370685	官家河—寨子	官家河	寨　子	5.143
67	Y018370685	沟上—高家疃	沟　上	吕格庄出口	1.229
68	Y016370685	欧家夼—邱家	欧家夼村出口	大秦家街道入口	8.424
69	Y015370685	朱苑—潘家集	朱　苑	潘家集	5.175
70	Y065370685	龙水线—马家	从家村	马　家	4.075
71	Y060370685	沙沟马家—抬头赵家	沙沟马家	抬头赵家	3.904
72	Y059370685	西战家—张星	西站家	张　星	3.228
73	Y058370685	槐树庄—蔡家	槐树庄村出口	蔡　家	5.915
74	Y057370685	从家—龙水线	从家入口	北栾家河村1	2.532
75	Y055370685	宅科—石棚	宅　科	石　棚	3.832
76	Y038370685	寨里—抬头赵家	张星镇入口	抬头赵家	1.982
77	Y071370685	夏甸—白石顶	夏　甸	白石顶	14.301
78	Y034370685	新南—沟下店	新　南	沟下店	4.347
79	Y033370685	东庄—小尹格庄	东　庄	小尹格庄	8.511
80	Y032370685	道北庄子—西芝下	道北庄子	西芝下	5.885
81	Y029370685	新村—白石顶	新　村	白石顶	7.641
82	Y014370685	青龙夼—留仙庄	青龙夼	留仙庄	9.157

续表3

序号	路线编码	路线名称	起点名称	讫点名称	里　程
83	Y054370685	于家夼—东小庄	于家夼	东小庄	4.006
84	Y030370685	韩家—刘家疃	韩　家	刘家疃	4.871
85	Y017370685	东上刘家—于家夼	东上刘家	于家夼	2.578
86	Y009370685	潘家—大官里	潘　家	东观阵村入口	8.660
87	Y008370685	周家—下连庄	周　家	下连庄	3.841
88	Y007370685	北院庄—吕家	北院庄	吕　家	1.380
89	Y005370685	大秦家—陈家	阜山镇入口	陈　家	6.774
90	Y001370685	阎家—六合庄	阎　家	六合庄	8.653
91	Y068370685	后疃—道西	后　疃	道　西	1.559
92	Y066370685	车家坡—北寨子	北寨子1	北寨子	0.370
93	Y063370685	海莱线—后仓	海莱线	后　仓	4.707
94	Y062370685	海莱线—大尹格庄	海莱线	大尹格庄	3.611
95	Y047370685	马家—贾家沟	马　家	贾家沟	4.491
96	Y028370685	雀头孙家—道西	雀头孙	董家出口	2.994
97	Y027370685	道后杨家—北寨子	道后杨家	马家村出口	6.527
98	Y026370685	北寨子—状元头	北寨子	状元头	6.435
99	Y025370685	半壁店—北寨子	半壁店	北寨子	9.955
100	Y024370685	东马—大吴家	东　马	大吴家村出口	7.874

【地方铁路建设】　大莱龙铁路主要运输物资为铝矾土、铁矿粉、煤炭、原油、化肥、粮食和其他杂资。2015年，货物运输量完成1000万吨，比上年增长25%。2015年，市铁路建设管理办公室密切跟进大莱龙铁路改造升级工作，全面协调配合，积极协助做好大莱龙铁路扩能改造招远段前期规划、设计等工作。开展大莱龙铁路扩能改造工程社会稳定风险分析工作。11月，市政府召集市交通运输、国土资源、水务、供电等15个职能部门相关负责人召开社评分析调查工作座谈会，中铁咨询设计院介绍大莱龙铁路扩能改造社稳调查工作意见，已完成对15个部门单位、铁路沿线14个村的调查工作，招远政务网站发布《大莱龙铁路扩能改造社会稳定风险调查信息公示》，大莱龙铁路扩能改造工程社会稳定风险分析评估顺利完成。做好铁路调研工作。多次到铁路沿线镇村、大莱龙铁路公司、相关企业等开展调研。3月，烟台市发改委在招远市召开工作会议，就北部铁路建设听取意见，招远市8个相关部门负责人参加会议。5月，配合烟台市铁路建设管理局对招远市铁路交通需求情况进行走访座谈和调研。做好股权确认工作。开展历史遗留问题资料清理，对1999年以来大莱龙铁路招远段建设资金筹集、使用、股权确认等历史遗留问题进行梳理。4月，配合并会同市财政、审计等部门，对中铁工程设计咨询集团有限公司做出的原大莱龙铁路招远段工程项目《工程造价咨询报告》进行审核，形成报告后上报市政府，为全市前期铁路建设的股权确认、股东权益争取，确保全市利益最大化。

【交通运输管理】　2015年，市交通运输局以交通运输行业转方式调结构主线，围绕加快建设“绿色交通”，全面提高交通运输管理公共服务质量水平和市场监管能力，进一步规范道路运输市场秩序。圆满完成客货运周转量考核。客、货运周转量增幅0.4%，圆满完成烟台市下达的客、货运周转量考核指标，考核名次并列烟台第一。试点运营，积极稳妥推进城乡客运一体化工作。6月24日，15部新公交车投放至招远—辛庄客运线路试点运行，标志着全市城乡客运一体化运营工作正式实施。全市初步建立起农村160部客运班车退出机制，已有曹孟、毕郭等3条客运线路陆续投入车辆进行城乡客运一体化运营。全市共收购改造到期车辆57部，累计发送班次7380个，发送旅客16.4万人次，城乡客运一体化运营正在全市逐步推开，到2018年招远市将全面实施城乡客运一体化工作。整合资源，完成汽车站搬迁升级改造。4月12日，新招远汽车站正式启用。新汽车站的运营实现全市客运站场布局的优化和客运资源的整合，构成招远市“一城一站”的大交通运输格局，实现长短途统一购票，一站换乘，为市民转乘提供极大便利。完成驾驶员培训学校的验收。完成咏成驾驶员培训有限公司、嘉联驾驶员培训有限公司、新兴驾驶员培训有限公司、兴达驾驶员培训有限公司4所驾校的验收查验工作，其中一级驾校2所（咏成驾校、嘉联驾校），二级驾校2所（新兴驾校、兴达驾校）。行业安全监管不断强化。积极推进道路运输企业安全生产达标创建工作，烟台交运金都运输有限公司1家客运企业和招远玲珑仓储有限公司、招远三联化工运输有限公司、招远市盛兴运输有限公司、招远市物资运输服务有限公司、招远市兴盛运输服务有限公司、招远市朱范运输有限公司等6家危险品运输企业已完成标准化达标工作。组织开展“客运安全年”“安全百日攻坚”活动以及客运站、危险品运输专项整治活动，强化隐患整改力度，确保安全生产监管工作实效。认真做好节假日期间道路运输安全生产，突出抓好公交、客运企业安保工作。组织公交、客运单位进行突发事件应急处置演练，提高各企业应急指挥、协调处置能力和驾驶员现场应变能力。2015年“春运”“十一”等重大节假日期间，共发送旅客87万人次，车辆加班673余班次，无安全责任事故发生。

【港航管理】 2015年，市港航管理处加快推进港口建设，港航管理工作取得创新发展。在春雨码头项目规划建设方面，积极与烟台市港航管理局领导及相关职能科室沟通协调，完成春雨码头水上工程项目可行性研究报告审查会和水上工程岸线使用审查会，获得烟台市港航管理局批复的可行性研究报告和岸线使用报告；获批春雨码头总平面布置、水工结构和施工方案；编制《招远春雨集团有限公司1000吨级航道工程方案设计》，通过《招远市春雨陆岛交通码头和航道工程通航安全评估报告》；力促春雨旅游码头顺利列入烟台市旅游码头总体规划。春雨码头水工项目手续基本办理完毕。

【公共交通】 2015年，市公共交通有限公司以优质服务为中心，以确保安全生产为重点，多措并举抓运营管理和服务提升，实现社会效益和经济效益双丰收。全年发送乘客1250万人次，实现营业收入1104万元；其中，票款收入881万元、广告收入160万元、包车通勤等收入63万元。全年安全运行里程近600万公里，发送344038班次。规范一线服务，提高服务质量。开展以“抓作风建设，促优质服务”为主要内容的优质服务年系列活动，大力加强员工队伍建设，进一步提高公交服务水平，城市公交线网覆盖率增至96%，正班率、正点率分别达到96.99%和92.52%。在全市万人评窗口工作中名次位列第三，与2014年持平。获得烟台市“敬老文明号”称号，驾驶员任田林获招远市

招远汽车站候车大厅

2015年6月24日，15辆新公交车投放城乡客运一体化试点运营

"五一劳动奖章"。调整优化线路，场站陆续启用。本着力求科学合理、统筹兼顾的原则，结合前期实践以及社情民意愿望，延伸、优化调整线路5条，对站牌、站亭位置进行合理布局、调整和命名。4月1日，开通运行10路公交车，公交线网进一步扩大。加快场站建设，已初步建成首末站2个，临时性首末站3个，规划的9个首末站已有8个完成省土地规划调整，正陆续办理土地征用手续等工作。规划并启用十里铺、黄土崖、郭家埠、中轩检测中心、金岭汽修、卫东中学等6处城乡公交换乘点，市民换乘更加方便快捷。科学合理安排，强化运力调度。12月1日，增加2路、3路、9路运力，对部分班组运力进行补充，共安排15部新车投入运行，增加运力后的三条线路增加发车频次，缩短班次间隔，有效地缓解线路运力紧张和高峰期积客压客压力。已将高峰10分钟/班次、平峰13分钟/班次调整为高峰7分钟/班次、平峰9分钟/班次，提升客流分散与疏导能力。全面落实公交惠民政策。在运行服务中，推出"持IC卡乘车1小时免费换乘""团购IC卡打折优惠"等惠民便民政策，全年办理乘车免费优惠卡等12433张，累计办理39670张。

发车时间：早上发车时间：6：20；收班时间：3月15日至4月30日，18：00；5月1日至9月30日，18：30，10月1日至11月15日，18：00；11月16日至次年3月14日，17：30。

招远市公交线路站点一览表

站点	1路	2路	3路	5路	6路	7路	9路	10路
1	张石埠南	架旗山游乐园	郭家埠	黄土崖	后　夼	国大公司	汽车站	金宝工业园
2	张石埠村碑	龙王湖公园	机电公司	黄土村委	百味佳	聚力加气站	御景华城	曹　家
3	泉兴学校	电力西小区	创业村	架旗山游乐园	城北小区	西秦家	东方假日	史　家
4	焦格庄	西吕家	张家庄	黄金阁	龙馨佳苑	后郝家	丽湖小区	金宝板五厂
5	南坞党村碑	轮胎厂	西坞党	齐鲁杯	北城商厦	横掌刘家	朱家咀	膜天东门
6	北坞党村碑	黄金机械厂	绿色佳苑	西山公园	金都花园	温　家	检察院	温家庄
7	建安公司	玲珑酒厂	龙湖名园	西苑学校	市　政	阳光粉丝	家家悦	徐　家
8	鸿发实业	魁星宾馆	供电公司	新亚批发购物广场	检察院	玲珑英诚医院	针织厂	周　家
9	小曹家	泉山大桥	轮胎厂	运输集团	紫东佳苑	后柳行	文化区市场	史家村碑
10	实幼之家	糖酒公司	公路局	财政局	文化区	玲珑基地	文化区	薛　家
11	泉山大桥	商业街	医院西门	百货大楼	新华书店	朱家咀	新华书店	芮　里
12	糖酒公司	佳乐家	医院后门	公安局	财政局	金泉世家	运输集团	加油站
13	商业街	劳服公司	金都百货	万新商场	百货大楼	水悦逸品	新亚批发购物广场南	埠　后
14	佳乐家	信用社	府前广场	南关东	府前广场	怡水花园	医院西门	汽车站
15	财政局	工商局	百货大楼	魁星宾馆	金都百货	中医院	医院前门	御景华城
16	运输集团	保险公司	佳乐家	泉山大桥	金海大厦	佳乐家	妇幼保健站	建设局
17	新亚批发购物广场	检察院	中医院	轮胎新村	道口村	财政局	金都百货	御金府
18	文化新村	梦芝大厦	九洲集团	泉山学校	玲珑酒厂	运输集团	府前广场	金宝电子
19	康泰大厦	梦芝村	立交桥	城东区	魁星宾馆	新亚批发购物广场南	公安局	立交桥
20	针织厂	阳光农贸市场	审批中心	立交桥	泉山大桥	医院西门	万新商场	九洲集团

续表

站点	1路	2路	3路	5路	6路	7路	9路	10路
21	锦绣江南	北城商厦	首饰城	金宝电子	建筑新村	医院前门	南关东	中医院
22	瓦里	建材市场	金凤花园	御金府	滨河花园	妇幼保健站	魁星宾馆	佳乐家
23	龙馨佳苑	玲珑英诚医院	格林小镇	建设局	文苑小区	金海大厦	泉山大桥	财政局
24	北岭村碑	地税局	金岭汽修	御景华城	定福苑	道口村	轮胎新村	金都百货
25	天城汽修	汽车站	大秦家卫生院	清韵家纺	泉山学校	玲珑酒厂	泉山学校	医院后门
26	十里铺	埠　后	大秦家政府	龙腾机械	金源小区	金水桥	金源小区	交警大队
27		嘉联驾校	大秦家村碑	金桂苑	怡和园小区	大曹家	自来水公司	文化馆
28		朱　范	高职校	嘉联驾校	金晖小区	南都丽景	一中新校	齐鲁杯
29		轮胎工业园	小于家	朱　范	一中新校	尚水花园	首饰城	黄金阁
30		水泥厂	中轩检测中心	轮胎工业园	水清木华	西坞党	广电局	架旗山游乐园
31		卫东中学			皮革城	张家庄	街　柳	老年公寓
32					公安汽校	城南宋家	单　家	龙王庙下
33						机械厂	龙腾机械	
34							康泰东区	
35							春色东城	
36							玲珑和园	
37							埠　后	

【安全监督】　2015年，市交通运输局牢固树立“安全责任重于泰山”的意识，按照“管行业必须管安全、管业务必须管安全、管生产经营必须管安全”的原则，以“六打六治”打非治违、隐患排查治理和安全生产大检查活动等为载体，以落实企业安全生产主体责任和安全生产责任制为主线，努力做好交通运输领域的安全监管工作，保持交通运输系统安全生产形势持续稳定。加强组织领导，全面落实各项安全生产管理制度。调整和设置7个专业的安全生产领导小组，明确工作职责，把安全监管责任层层分解落实到科室、岗位，层层签订安全生产责任书，保证安全生产监管工作实效，建立起全覆盖的安全监管体系，确保“履职有依据、监管无缝隙”，真正做到“守土有责、守土负责、守土尽责”，建立起多层面、多渠道、全方位的安全保障体系。加大监管力度，积极开展安全隐患排查整治活动。把安全生产贯穿于行业管理全过程，健全落实安全隐患排查治理长效机制，突出重点，狠抓特殊时段、重点部位安检工作，持续开展隐患排查治理等专项整治活动。采取暗查暗访等方式，采取不发通知、不打招呼、不听汇报、不用陪同和接待，直奔基层、直插现场“四不两直”工作方法，扎实做好安全生产工作，夯实了安全生产基础工作。对检查出的问题及时整改，消除安全隐患，做到“六不放过”，即：不放过每一个重点领域、薄弱环节，不放过每一个企业、业户，不放过每一辆车、每一台设备，不放过每一座桥梁、涵洞，不放过每一项公路工程，不放过每一个人员密集场所。全年共组织召开安全会议11次、开展安全生产活动11次和安全生产督查、检查100余次。加强源头安全管理，确保车辆运营安全。开展道路运输“六打六治”打非治违专项整治工作，打击道路运输无证经营、黑车、超限、撒漏、公路工程施工挂靠、违规转包、违反操作过程等违法违规行为，确保道路运输有序运营。全年共出动执法人员5800余人次，查处各类违章车辆900余辆次，维护了全市道路运输

农村公路生命防护工程

市场秩序。进一步强化措施，深入开展“客运安全年”活动。督促客运企业落实从业人员持证上岗、午夜零点后不发车、长途客车运行中凌晨2点至5点落地休息和三不进站、六不出站的规定，充分发挥GPS的动态监控作用，利用视频监控系统进行全时段监控，确保车辆运营安全。

【交通执法】　2015年，市交通运输局严格落实上级部门关于规范交通行政执法的精神，以实施行政权力清单制度为契机，规范交通运输行政审批，公开行政权力清单、审批事项目录清单、责任清单等事项。深入推行依法行政责任制，坚持以制度建设为保障，以业务培训为抓手，以作风建设为突破，以提高服务质量为目的的工作思路，全力打造一支“政治强、业务精、执法严、作风硬、效率高”的交通运输执法队伍，通过规范执法、文明执法，公平、公正、公开执法，不断提高行政执法效果和执法服务水平，实现交通行政执法无违规违纪行为，取得交通行政执法的良好效果，构建和谐、高效、便民的交通执法环境。通过开展公路卫生环境整治，打击“两违”、非公路标志牌、打场晒粮、公路污染、占道经营等违法行为，保障公路的完好、安全和畅通。进一步规范客货运输市场秩序、加大机动车维修经营、站场经营、驾培经营等事项的执法监督力度，保障道路运输安全，促进道路运输业健康发展。全年共实施行政处罚1132起，办理交通行政许可11起，受理烟台交通热线68余起。对群众反映的问题，认真调查，妥善处理，积极调解，并做好对当事人的回访工作，回复率达到100%，保障了当事人的合法权益，维护了交通执法的权威性，没有发生行政复议和行政诉讼案件。

【行业文明建设】　2015年，市交通运输局高度重视并加强自身建设，以开展“三严三实”专题教育活动为契机，以提升行业形象、优化服务环境为重点，大力开展治理“庸懒散”活动，强化党员干部进社区、“双管双责”“第一书记”帮扶和包帮共建等活动，创新方式大力加强交通行业精神文明建设，深入推进机关作风整顿，机关作风和效能建设进一步优化。深入开展“三严三实”专题教育活动。突出抓好四个关键动作，分3个专题开展学习研讨，工委书记带头为系统110余名党员干部上专题党课，带动班子成员分别为分管单位上党课；班子成员之间开展3轮112人次谈心谈话，广泛听取意见建议，征求意见161条。坚持问题导向，深入查找剖析不严不实问题，共查摆不严不实问题60个，形成工委班子不担当不作为问题清单3类6条。建立即知即改台账，逐项抓好整改落实，整个活动进展有序、扎实深入，推动“三严三实”专题教育活动取得实实在在的效果，达到预期目的。建章立制，作风建设长态化机制进一步落实。以机关作风的转变作为衡量行业文明建设成效的标杆，修订完善《机关工作纪律》《公车使用管理规定》等规章制度，新增、修订27项制度，建立起便于执行、便于监督、便于检查、便于问责的制度体系，推动改进作风常态化长效化，为行业文明建设有序进行提供重要遵循标准。提高审批工作效率。成立交通行政许可审批委员会，推进行政审批管理方式创新，进一步明确审批许可的权限和职责，规范许可项目和流程，严格按照法律法规和市政府制定的行政许可和服务事项实施审批工作，原有的34项行政许可精简到11项，行政审批事项精简59%，涉路工程建设许可事项由原来的20个工作日压缩到10个工作日，最大限

2015年10月16日，包帮共建硬化农村公路现场

度减少报批环节，缩短审批时间，规范审批权限，实现许可审批责任明确，公开透明，快捷规范，进一步提高工作效率。拓宽服务领域。把提高为民服务质量作为行业文明建设的重要内容，深入开展标准化、规范化、人本化、集约化“四化”管理，保畅通、保安全、树品牌、树形象“两保两树”等活动，推行预约服务、限时服务、上门服务等便民服务新举措，实现一站式服务，一条龙服务，一个窗口对外，方便运输业户，提高窗口服务单位办事效率和服务质量。整改落实各项意见建议。扎实开展2014年度“万人评机关”、人大代表、政协委员建议议案办理、网上投诉等事项的整改落实，对侵害群众利益的事项开展集中整治。完成人大代表、政协委员建议、提案办理工作，共办理答复提案35件，建议和提案办理满意率达到100%，“万人评”涉及事项整改结束。深入整改落实“大走访”反馈事项。对“89000”民生服务中心反馈涉及事项，交通干部多次到居民家中听取意见，讲解政策，直至最终取得住户“满意”和理解，涉及5个方面问题已经全部整改落实。

（撰稿：闫学谦　审稿：刘建胜）

政务网络

招远市信息网络中心领导成员

主　任：薛文联

【机构设置】　招远市信息网络中心为市财政全额拨款副科级事业单位，下设行政科、信息科、网络科、技术科4个科室，设主任1人、副主任2人。2015年，共有工作人员8人。

【概况】　2015年，招远市信息网络中心紧紧围绕市委、市政府中心工作，牢牢把握网络宣传和政务网络管理两条工作主线，重点做好政务公开、重大活动事项报道及政务专网管理、技术支持等工作。网络宣传方面，主要抓好市委、市政府重点工作、重大事项、重大活动的宣传报道，如“三公”经费（政府部门公务出国经费、公务用车购置及运行

2015年11月10日，技术人员服务器管理维护操作教学比赛

费、公务接待费用）公开、访民情听民声解民忧、2015年业务绩效展示、创建国家食品安全城市、2015为民办实事巡礼等。政务网络管理方面，89000民生服务热线进入专网，完成12个单位办公地址搬迁后的网络改造工作。是年，专网内用户单位达到133个。

【招远市政务网站】　2015年，共更新信息3816条。其中，今日金都825条，政务信息1217条，政府招标70条，政务公告114条，政府工作64条，政府文件41条，政策解读27条，会议报道89条，经济动态75条，决策参考817条，旅游信息31条，焦点关注446条。另外，按照上级统一部署，网络中心组织力量对网站进行自查自改，共修正错误链接13个，删除死链接5个，清理过期、失效信息170条，确保网站信息的准确、有效。

【专网内部改造】　2015年，根据市委、市政府办公场所调整要求，共有市人社局及所辖单位（含医疗保险、社会保险、机关保险、劳动保险4个保险机构及其合并后的社会保险服务中心）、市经信局、市招商局、市果业总站、金鸿劳务派遣公司等12个单位办公地址改变，网络中心协调联通公司，对这12个单位新办公场所的光纤网络进行了架设，并将原办公场所的网络进行了拆移，在保证这部分单位正常网络办公需要的同时，减少了网络资源与费用的浪费。

（撰稿：陈有才　审稿：薛文联）

邮　　政

中国邮政集团公司山东省招远市分公司领导成员

党总支书记、总经理：王新玉
工会主席、副总经理：路玉红（女）
纪检书记、副总经理：秦守波

【机构设置】　2015年5月1日，招远市邮政局更名为中国邮政集团公司山东省招远市分公司，内设市场经营部、综合办公室、监督检查室和邮政综合服务平台；另设代理金融、代理保险、函件广告、集邮、物流分销、报刊发行、报刊零售和电子商务等8个专业公司；下辖24个邮政支局，其中城区支局6个，农村支局18个。城区支局：罗峰路支局、泉山路支局、河西路支局、金城路支局、河东路支局、开发区支局，农村支局：辛庄支局、丁家疃支局、蚕庄支局、大户支局、中村支局、张星支局、宋家支局、沟上支局、大秦家支局、栾家河支局、南院支局、毕郭支局、霞坞支局、大吴家支局、道头支局、新村支局、夏甸支局、东庄支局。

【概况】　2015年，招远市分公司根据上级公司以及地方政府的总体要求，坚持信息化引领、综合平台支撑，严格贯彻落实集团公司提出的“一体两翼”政策，在大力发展经营的同时提升服务品质，实现规模速度、质量效益的协调发展。全年累计完成邮政收入5930.54万元，增幅21.66%，在烟台各县市区分公司排名第三。按照集团公司、省公司和烟台市分公司要求，完成专业化经营机制创新的各项工作，按照责、权、利明晰，管理条块结合，对代理金融、代理保险、函件广告、物流分销、集邮、电子商务、报刊发行、报刊零售八大专业实施专业化经营。

【综合服务平台建设】　2015年，招远市分公司以“招募建站规模上量、有效提升常抓不懈、站点营销综合全面”为工作思路，切实夯实渠道建设基础，加快渠道规模、在站点质量和叠加营销方面进行全面提升。所有便民服务站全部录入便民服务系统，按照市公司的统一布置，在各专业统筹合作下，对站点进行专业细化，并上传店招和设备照片，全部达到建设目标，邮政综合服务平台工作日趋完善。是年，全市共建有便民服务站688处。

【服务三农】　2015年，招远市分公司充分发挥邮政自身的网络优势和信誉优势，加大对邮政服务三农的投入，新建邮政三农服务站30个，新建物流仓储中心3处，新建金岭、玲珑沟上、半壁店鸿雁合作社示范田3处，新增合作社示范田2000户。不断完善农资配送服务网络，将质优价廉的农资产品送到农民家门口。进行农业科技的推广，聘用农技专家担任讲师，免费开办农业知识讲座和深入田间地头指导农民科技种田，全年举办讲座150多次。

【提升服务质量】　2015年，招远市分公司规范经营管理，加大对服务岗位人员的培训力度，全年组织各类人员培训80余次。在对待社会群众反映的问题和投诉中，坚持“首询负责制”“谁主管、谁负责”“回访制”等制度，切实维护客户利益，在服务过程中做到用心服务、微笑服务，成立专项服务检查小组，重点对窗口营业单位进行暗访和抽查，将整顿行风、提升服务作为常态工作、重点工作来抓。

（撰稿：丛　杨　　审稿：路玉红）

联合网络通信

中国联合网络通信有限公司招远市分公司领导成员

总经理、党总支书记：王立志
维护中心经理、总支成员：高向前
副总经理、纪检员：蒋金松
副总经理、工会主席：仲伟江
总经理助理：李绍钢

【机构设置】　中国联通招远市分公司内设综合部（包括文秘档案、人事劳资、财会稽核、安保等）、自有渠道中心、集团客户中心、社会渠道中心，下辖辛庄、蚕庄、张星、宋家、沟上、大秦家、栾家河、南院、毕郭、大吴家、道头、新村、东庄、大户、中村等乡镇网格15个。2015年，共有员工165人。

【概况】 2015年，中国联通招远市分公司围绕企业的中心工作，精心经营，科学管理，真诚服务，圆满完成年度目标任务，取得较好成绩。保持山东省文明单位、山东省消费者满意单位等称号，保持

2015年8月15日，烟台联通公司总经理徐前东到招远检查指导工作

山东省质量管理体GB/T19001-2008/ISO 9001：2008标准认证，服务工作提升到一个新高度。

【经营指标全面完成】 2015年，在全省光改大会战中，招远联通公司上下同心，奋力拼搏，夺得全省第一名的成绩。在窗口营销服务、集商客营销竞赛、机房重组整合等方面均走在全烟台市的前列。以市场为导向，以效益为中心，加强过程管控，创造性地开展工作。研究营销方案，分析市场

招口机房融合光纤通信技术员夜间工作

2015年8月15日，德国西门子公司EWSD交换机结束使命顺利下电纪念合影

动向，拟订经营策略，深入重点客户，进行面对面的洽谈，加强客户间的交往，密切与客户的感情，搭建起企业与社会各界的桥梁和纽带。加强4G和宽带市场的拓展，切实保证2G、3G迁转、联通电视和行业信息化等工作的开展。集客中心在“沃马争先”、驻地网中心“赢在销售”、农村营销中心“乡镇基层营销能力提升”、社会渠道中心在“卖场挑战”等营销活动都取得较好成绩。改善窗口和社会渠道的服务营销工作，在城区营业厅组织开展“沃攀高峰”“3·15”“5·17”“母亲节”“父亲节”“7·1”“暑假特色营销”“国庆节”“圣诞节”等系列营销活动。温泉路和罗峰路营业厅分别获得卓越团队三等奖、优秀组织奖、最佳进步奖等。城区驻地网和各个乡镇网格积极推进光改区域的二次营销和联通电视体验活动，严格落实全业务实名制登记工作。面对市场竞争，精心运作，确保客户不断增长和业务持续攀升。完成各项经营指标，保证国有资产的保值增值。

【综合通信能力再攀新高】 2015年，招远联通公司在机房融合、全市光纤入户等重大工程方面，科学部署，全力推进。在机房整合和光纤入户两大会战中，均走在全烟台市或全省同行业的前列，受到上级公司表彰。根据市场确定通信建设重点和投资方向，围绕市场效益拟订具体规划方案。项目确定后，逐项组织实施并及时督促检查。在基站建设中，加强协调和配合，为4G和宽带重点业务的发展创造优良环境。全年共完成通信建设投资1900多万元，新建线路工程280杆公里，敷设通信光电缆6500芯公里，建设通信管道20公里，新建4G基站近200

处，新建3G基站近100处，新建2G基站2处，开通U900基站50多个，新建室内分布系统 20多处，新开FTTH端口2.8万户，新建PON语音端口3万线，实现PSTN交换机和ADSL宽带设备全部退网。完成20处乡镇机房整合工作，语音设备下电12万线，年节约电费36万元。完成152处非综合接入机房的拆除退租，年节约租金5.6万元。开通各类专线业务187条，处理用户投诉处理2000余件，解决32处投诉热点覆盖问题。各项维护指标全部达标，设备线路完好率

招远联通到农村开展通信光改

100%。长途来话接通率66.5%，移动基站的完好率96%，障碍受理及时率98%，在2015年上级公司维护指标考核中均取得较好名次。

【企业管理进一步夯实】 2015年，招远联通公司坚持巩固提高，创新经营策略，切实发挥集团客户中心、驻地网营销中心、农村营销中心、社会渠道中心及乡镇网格的专业营销功能。通过对公司营销体制的穿透式、扁平化管理，使基层网格

2015年3月7日，招远联通女员工开展文体活动

2015年5月19日，招远联通开展农村大走访活动

单元更加清晰，职责更加明确。城区营业厅实行店长聘任制，业绩大幅提升，得到广大客户的积极评价。实行城区驻地网与响应班合署办公，进行人员调整和职责重新划分，合理调整工作范围，创建和谐劳动关系。按照上级公司部署，进行工资基数调整和员工职级优化工作。规范绩效考核体系，明确责任分工，完善企业规章制度，实施电子考勤。严格事前审批工作，进一步降低招待费等非生产性开支，企业运行效率得到提升。公司员工履行职责，发挥主观能动性，创造性开展工作，在做好本职工作同时，积极参与光改工作。开展教育培训工作，员工队伍整体素质提升，生产积极性提高。强化制度落实，严格监督检查，在消防、车辆、财产、人身和生产等方面没有发生任何安全责任事故，企业平稳健康运行。财务方面在人员变动后，实现平稳交接。

【企业文化建设】 2015年，招远联通公司按照《关于建立健全教育、制度、监督并重的惩治和预腐败体系实施纲要》和《中国共产党纪律处分条例》《中国共产党廉洁自律准则》《国有企业领导人廉洁从业若干规定》，一手抓反腐倡廉，一手抓行风建设，把党风廉政建设与企业中心工作相结合，促进企业发展。把党风廉政建设与履行岗位职责相结合，作为履行职责的基本保证。把党风廉政建设与工作实绩考核相结合，促进本职工作。公司取消公车配备，实行交通费实报实销。公司领导和职能部门的办公室进行重新调整和改造，全部达到上级规定的标准。通过收看电视讲座、外出培训、政治理论专家授课等方式，培训员工队伍。开展各

种符合企业特点的文体活动，组织各类演讲比赛，组织员工深入农村大走访。落实对口村帮扶，公司为帮扶村捐款1万元，公司党员为帮扶村13户困难村民捐款2600元，还送去棉衣等。发动员工为企业发展献计献策，开展员工提案征集活动。为员工谋筹

2015年2月15日，招远联通女员工文艺演出

福利，做好员工慰问走访，倡导人性化管理，解除员工的后顾之忧。

（撰稿：乔光先　路越红　　审稿：王立志）

移　动　通　信

中国移动通信集团山东有限公司招远分公司领导成员

总经理、党支部书记：付作东
副总经理、纪检委员：高　静（女）
副总经理：姜举昌

【机构设置】　中国移动通信集团山东有限公司招远分公司企业性质为（独资）外商投资企业分支机构，内设综合部、市场部、建设维护部、集团客户部、渠道管理中心等4部1中心，下辖辛庄、蚕庄、金岭、张星、阜山、玲珑、大秦家、毕郭、夏甸、道头等10个乡镇经营部和罗峰路、泉山路、福泉苑3个城区营业厅。2015年，共有员工116人。

【概况】　中国移动通信集团山东有限公司招远分公司秉承“正德厚生，臻于至善”的企业核心价值观，坚持“追求客户满意服务”经营宗旨，从客户

罗峰营业厅员工

需求出发，求真务实，开拓创新，取得显著的运营业绩。招远移动公司连续多年被烟台市政府授予“市级文明单位”称号，罗峰营业厅2015年被招远市委、市政府授予“招远市文明单位”称号，招远分公司连续多年被市委、市政府授予“信访工作先进单位”“森林防火先进单位”“招远发展突出贡献单位”“先进企业”等称号。

【通信网络建设】　2015年，招远移动公司紧紧围绕“客户感知，四网协同，提升网络保障能力”，全力推进4G持续领先工程，巩固4G领先优势，着力扩大4G客户规模。新建4G基站321处，新建杆路10公里，新建管道25公里。完成城区和全市各镇4G网络信号100%的覆盖。为满足客户办公、生活的市场需求，完成党政机关办公楼、大型写字楼、商业超市、酒店等室内深度覆盖57处。中国移动通信使2G、3G业务向4G业务平稳有效的过度提升，得到充分保障。年末，4G基站总数达到505处，杆路总长度1250余公里，管道总长度140余公里。

为用户办理业务

【客户服务】 招远移动公司始终遵循“让客户满意是我们不懈的追求”企业服务理念。2015年，全面推进客户满意工程，提升客户服务品质，深入贯彻“客户为根、服务为本”，不断完善服务管理体系，强调客户感知，聚焦服务短板改善。细化进厅客户需求，通过掌厅、自助终端等向客户提供便利的办理业务的手段，减少客户办理业务的排队等待时间。公司内部开展“服务明星”“业务明星”评选活动，营造比学赶超的氛围，提高员工的各项业务服务技能。加大客户监督机制考核，通过客户满意度参评，评定员工服务水平，纳入公司绩效考核，从而提升客户服务满意度。

（撰稿：王　娟　　审稿：付作东）

电信通信

中国电信招远分公司领导成员

总 经 理：王　超

副总经理：王大伟

【机构设置】 中国电信股份有限公司招远分公司内设综合部、网络部、市场渠道部、政企营销中心、开放卖场中心、梦芝营销中心、罗峰营销中心、玲珑营销中心、蚕庄营销中心、齐山营销中心、营业服务中心，下辖9个乡镇支局及33个合作营业厅。2015年，共有员工51人。

【概况】 2015年，招远电信公司拥有固定电话用户8219户，宽带用户63124户，移动用户83129户。其中，2015年移动新增用户38694户，宽待用户新增6152户。全年完成收入3261.28万元。

【网络保障】 2015年，招远电信公司建成4G基站147个，基本覆盖招远市14个镇（街道、区）区域。3G网络实现招远市范围内（含所有农村地区）全覆盖，实现招远市近海50公里范围的网络全覆盖。积极响应上级公司“光网城市”行动号召，大力建设全光网络小区，至2015年底，宽带端口容量超过60万个，覆盖超过145个小区和125个村镇，网络覆盖向农村延伸，家庭带宽接入能力大幅度提升。持续扩大宽带出口能力，出口带宽达到160G，市县之间带宽可达40G，总体利用率达到75%以上。

【网络建设】 2015年，招远电信公司工程总数共计245个，总投资1150.3331万元。其中，固网工程106个，投资额592.4374万元；C网工程139个，投资额557.8957万元。共开通村87个，分别为：毕郭镇9个，阜山镇7个，金岭镇14个，梦芝营销中心3个，罗峰营销中心7个，玲珑镇14个，齐山镇2个，夏甸镇2个，辛庄镇14个，张星镇15个，开通端口6468个。开通单位、商务楼宇、聚类市场31个，端口672个。开通小区12个，开通端口2124个，合计开通120个，覆盖23770户，新增端口9264个。4G基站开通93个，4G基站总数达到147个，有21个基站待开通。

电信电视体验区

【客户服务】 2015年，招远电信公司不断完善以客户为导向的服务管理体系，努力营造诚信经营、放心消费的和谐服务环境。客户服务标准方面，落实《中国电信全业务客户服务标准》规范要求，强调客户感知，聚焦服务短板改进。在客服渠道建设上，形成包括10000号客服中心、网上营业厅、掌上营业厅、QQ客服、易信客服和实体营业厅的客户服务渠道体系，制定网上营业厅、掌上营业厅、10000号客服中心和营业厅新的运营管理规范，提供中国

为客户服务

电信掌上营业厅客户端、天翼客服客户端等智能手机客户端服务软件，开通微信和易信公众号向社会提供实时在线服务，有效提升服务水平。针对政企客户，形成以政企客户经理为主、后端支撑团队配合的政企客户服务体系，完善实施“一站式服务”。客户投诉应对方面，加强制度建设，完善“一点投诉、全网互动、流程跟踪、快速响应”的投诉一体化处理服务模式，提升客户服务满意度。针对不同群体对业务套餐的需求，网速的快慢，方便用户办理业务等问题，定期推出优惠政策，推出4G套餐，通话和流量费资费比前期套餐资费低，通过话费补贴等优惠方式降低套餐的资费，为所有电信用户提供便利。定期对线路进行维护，对老化线路及时更新。至2015年底，市区老AD线路全部改造为光纤，用户报修时，24小时内安排人员上门检修。加大发展代理商力度，各个小区附近设立代办点，指导用户自行在家中通过网络方式缴费办理简单业务。对待客户咨询与办理业务方面，坚持“用心服务，用户至上”原则，对前台服务人员加强培训，提高服务水平，增强良好服务意识。定期推出评选服务明星等活动，要求所有前台工作人员要面带微笑对待客户，执行首问负责制，对用户提出的问题务必认真解答。

（撰稿：栾进德　　审稿：徐毓晨）

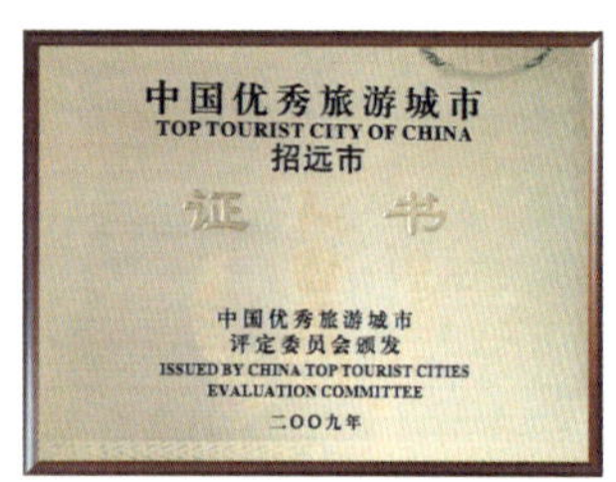

从2007年开始，招远市投资10.6亿元，完成金泉河综合治理、体育公园、凤凰岭公园、新垃圾场扩建、污水处理场改造等一批重点工程，城市功能和布局进一步完善。开通旅游专线车和通往主要景区的公共汽车，开辟招远“一日游”旅游线路，满足了市民和游客的出行需求。建设和改造一批旅游饭店、旅游餐馆、旅游娱乐、旅游厕所、咨询服务设施，旅游要素得到进一步配套完善,旅游服务接待能力明显提高。2008年11月5～7日，山东省旅游局创优验收检查组对招远市创建中国优秀旅游城市工作进行为期3天的验收检查。按照《中国优秀旅游城市检查标准》，采取查阅资料、实地检查、抽样调查等方式，对罗山国家森林公园、黄金珠宝首饰城等旅游景区景点，以及4家旅游星级饭店、3家旅游星级餐馆、2家国内旅行社、2家定点购物商店，并对汽车站、城市广场、旅游学校、霓虹灯一条街、餐饮一条街、城市步行街、城市旅游公厕等有关项目进行检查。检查组对招远市创优工作予以高度评价，认为招远达到“中国优秀旅游城市”标准。2010年1月15日，山东省政府受国家“中国优秀旅游城市”评审委员会委托，授予招远市“中国优秀旅游城市”牌匾。

商贸·旅游

商品购销

招远市流通行业管理办公室领导班子成员

党委书记、主任：臧丰友

纪委书记：薛洪尧

副 主 任：杜兴杰　罗绍玉

纪委副书记：滕静伟

【机构设置】　招远市流通行业管理办公室内设办公室、政工科、财务科、商贸流通科、维稳科。2015年，工作人员15人。

【概况】　2015年，招远市商贸流通服务业发展呈现出健康快速良好态势，烟台市科学发展综合考核成效优良。全市社会消费品零售总额1697583万元，同比增长11.3%，在烟台市各县（市、区）中位列第二位。

【重点项目建设亮点突出】　山东金都百货股份有限公司规划总投资近3亿元的金白物流园区项目建设进展顺利，占地面积8800平方米的现代配送中心和占地面积3800平方米的农产品加工配送中心先后建成并投入使用。为支持该公司大力发展现代商贸物流业，招远市流通行业办积极争取省市商务主管部门配合支持，将金都百货申报为商贸物流标准化专项行动重点推进企业、全国智能物流配送园区企业，顺利通过省商务厅专家评审。通过评审后，预计可获得山东省商务发展专项引导基金3000万元至1亿元，这将为山东金都百货股份有限公司覆盖全市城乡、辐射周边县市的连锁配送经营体系的优质高效运行夯实基础、创造条件。

山东金都百货股份有限公司建成现代配送中心和农产品加工配送中心

【骨干企业品牌招商工作成效显著】　2015年，招远市流通行业管理办公室进一步加大对商贸流通企业招商引资工作的组织领导力度，以金都百货为载体，鼓励指导重点企业大力实施品牌经营战略。通过精干团队到各大中城市商超精准招商，山东金都百货股份有限公司累计有必胜客餐饮、梦金园黄金、灵笛和诗梦女装、芒果教育、比华利保罗时尚男装、乐斯菲斯（北方）户外运动、马克华菲时尚男装等10多个国内外知名品牌经销商入驻中心店，各大品牌累计投入开发改造资金2000余万元，年可为金都百货增加销售收入5000多万元。

【特色产业发展势头强劲】　2015年，招远市黄金和皮草两大国内外知名特色产业蓬勃发展。黄金产业方面，招远市由中国黄金协会、招远市黄金协会主办，山东中矿集团有限公司、山东招金集团有限公司、中民协（烟台）展览中心共同承办山东招远第九届黄金节，展会活动于2015年8月28～30日分别在招远市黄金珠宝首饰城、中矿龙湖大酒店、招金舜和国际酒店等地举行。展会期间，先后举办第三届中国（招远）国际峰会、2015中国（招远）国际黄金市场发展论坛、当代中国民间工艺珍品展等活动共12项，参会嘉宾来自12个国家和地区，总人数600多人，其中外宾、外商82人。黄金节期间，中矿黄金博览苑、淘金小镇景区接待游客8266人次；经营收入527172.80元，同期增长33.60%。架旗山游乐园经营收入136170元，同比增长38.6%；入园人数19026人，同比增长53%；招金精炼、首饰城公司共实现销售收入4326.82万元，其中销售黄金243.25千克，销售额3941.8万元，占总销售额的91.1%；销售非金产品385.02万元，占总销售额的8.9%；作为招远市黄金产业的重要窗口，招远中国金都黄金珠宝首饰城全年市场交易额达到70亿元。皮草产业方面，招远皮革城在全国同行业保持领先的生机和活力，知名度和美誉度显著提升，重要节假日市场人气旺盛、效益喜人，经营旺季时日容纳外来私家车2000辆、旅行社旅游大巴近200辆、外来消费者总量达到2万人、市场交易额近3亿元。2015年，招远皮革城累计完成市场交易额达30亿元以上。

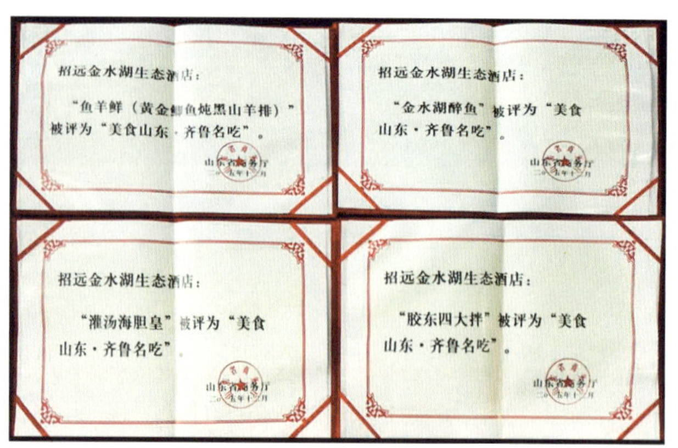

招远金水湖生态酒店在“美食山东－齐鲁名吃”评比认定活动中，有四道菜品获齐鲁名吃认定

【现代商业批发零售业发展潜力巨大】 2015年，招远市商业批发零售业加速发展的势头强劲。山东金都百货股份有限公司继续稳居同行业领先地位，

老院子主题餐厅深受消费者青睐

全年实现销售收入达6.5亿元。烟台振华、中百佳乐家、威海家家悦三大商场超市也都取得不同程度的扩张。与此同时，全市即将入驻或正在建设的重要商业流通设施和项目有法国欧尚、济南银座商厦、金城大厦、金泉大厦、华盈尚景综合体、金都百货中心店南扩等，预计将新增商业建筑面积约30万平方米，将为招远市现代商业批发零售业态的创新发展不断注入新的生机和活力，为扩大社会就业、丰富市场供应、满足城乡群众消费需求发挥积极的保障和促进作用。

【餐饮服务业品牌经营务实创新】 2015年，招远市餐饮服务业领域品牌经营推进成效显著。招金舜和国际酒店、招远蚕庄金水湖生态酒店、金都宾馆、金都温泉大酒店等知名老店大店继续引领全市餐饮服务业优质创新的大旗，老院子、11度鲜货等主题餐厅特色鲜明，不断扩大自己的消费客户主体。2015年7月22日，招远市金水湖生态酒店举办山东省商务厅举办的“美食山东——齐鲁名吃”，认定招远赛区的比赛，招远、龙口、莱州等市的30多家知名酒店和特级酒家的100多道菜品参加认定比赛，招远电视台进行全程跟踪报道。按照专家组现场评审和网上投票，招远市金水湖生态酒店胶东四大拌、鱼羊鲜、金水湖醉鱼、灌汤海胆皇四道菜品获得全国鲁菜评审专家的一致好评，成功入选“美食山东——齐鲁名吃”，总奖牌数列烟台市同行业第三位，烟台日报头条予以新闻报道。

（撰稿：罗绍玉　　审稿：臧丰友）

供销合作社商业

招远市供销合作社联合社领导成员

党委书记、理事会主任：邵　成
副主任、监事会主任：张瑞忠
副　主　任：张建中　李进恩　张焕玉
纪委书记：兰长江

【机构设置】 招远市供销社机关下设办公室、计财科、政工科、安全监督管理科等科室4个，下辖玲珑、阜山、宋家、张星、辛庄、毕郭、南招、勾山、金岭、蚕庄10个基层社和金府商厦、人民百货、再生资源、烟台兴农果汁、土产杂品、烟花爆竹、顺达实业、太阳农资、金都食品、烟台联蕾食品、金城食品、美食娱乐、宏麟食品、配送中心14

个直属企业。2015年，在册干部职工527人，离退休人员1335人。

【概况】 2015年，招远市供销社各项主要经济指标和重点工作取得历史性突破，在省、烟台市同行业中继续稳居上游。完成商品总销售13.7亿元，实现利税2140万元，其中利润1236万元。先后被烟台市供销社授予“先进县市区联社”称号，被招远市委、市政府授予“先进单位”“社会治理创新工作先进单位”“全面深化改革工作先进单位”“农村工作先进单位”“国内招商引资先进单位”“民营经济工作先进单位”“信访工作先进单位”等称号。

【农村现代流通经营服务体系提档升级】 日用品经营服务体系。2015年，投资360万元，新建扩建2处镇级超市。其中，新建大秦家农家乐超市，投资210万元，营业面积1500平方米；扩建金岭超市，投资150万元，新增营业面积700平方米。发展镇村日用品经营网点32个，至年末总数达到137个。新型农资经营服务体系。太阳农资公司新建永嘉果林农机4S店，成立招远中欧作物管理服务有限公司，以农作物植保为切入点开展全方位农业服务；新发展镇

营业面积1500平方米的供销社大秦家农家乐超市

村农资经营网点44个，总数达到181个，农资经营总量6万吨，配方肥市场占有率达到80%。农产品经营服务体系。新发展粮油果蔬示范基地667公顷。全年加工经营各类农产品12万吨，其中农超对接2万吨，出口农产品6万吨，创汇744.8万美元。

【供销社综合改革试点工作增质提效】 2015年，招远市供销社围绕改革试点实体性合作经济创新工程、农业服务规模化创新工程、农村现代经营服务体系建设工程、农村合作金融创新工程、党建带社建社村共建工程和新型农民社员素质提升工程“六大工程”目标任务，新注册领办农民专业合作社25个，组建乡镇农民合作社联合社6个，总数分别达到72个和8个。组建县级合作社联合社1个。托管果树和大田作物22667公顷，完成测土配方施肥11600公顷，创办庄稼医院10处，总数分别达到25334公顷、23334和14处。与26个“第一书记”村开展社村共

2015年10月19日，招远市供销社夏甸为农服务中心

建，党建带社建社村共建村达到82个。培训合作社社员和村两委成员等1.62万人次，累计达到2.32万人次。农村合作金融创新工程取得双赢，全系统合作社取得信用互助资格证书达到5家，在全省试点单位中列第九位。共募集互助资金409万元，发放资金总额164.2万元。全国总社、省、烟台市各级领导在实地评估后，给予很高评价和充分肯定。10月，为烟台市新型农村合作金融试点工作现场观摩暨动员会议提供观摩现场。

【招商引资和项目建设突破提升】 2015年，招远市供销社抓住供销社综合改革试点和中央持续加大对“三农”扶持的有利时机，向上级申报“全省电子商务示范县”项目、“为农服务中心建设”“党建带社建、社村共建”项目和“全国基层组织建设”项目，争取上级财政无偿资金310万元，争取三年期无息贷款50万元。积极协调全国总社、烟台市社和招远开发区等部门，加快推进中国供销（招远）产业园项目。投资2.9亿元，建设招远众翔汽车广场，该项目于9月开工。

【电子商务工作蓬勃发展】 2015年，招远市供销社成立招远市供销电子商务有限公司和电子商务协

2015年12月30日，“爱招远”网络商城上线启动仪式

会，组织实施“电子商务示范县”项目。与京东商城合作成立招远供销——京东电子商务服务中心，合作发展农村推广员342人。与招远微淘商贸有限公司合作建设“爱招远”平台，与深圳网邦电商服务公司合作建设“招远汇”电子商务平台。探索并引导“网订店取”“网订店送”等新型配送模式试点工作，促进线上线下融合发展，与京东商城合作建设大家电体验店10处。为“招远汇”电子商务平台收集整合全市特色农产品40多种，全部上线。通过“淘宝”店、“招远汇”“世果汇”“网上天虹”“供销e网”等渠道实现1.3万单，交易额达到230多万元；组织各镇级超市在“京东商城”网购13万元，在山东供销京东网上商城联采商品17万元。

（撰稿：王德才　王咏梅　　审稿：李进恩）

粮　食　经　营

招远市粮食局领导成员

工委书记、局长：韩　涛

工委副书记、副局长：闫义敏

副局长：李香文

主任科员：王希军

纪委书记：李洪臣

【机构设置】　招远市粮食局属市财政全额拨款行政机关，内设办公室、政工科、发展调控监督科、财审科、安全生产管理科等行政科室5个，编制12人，工勤编制1人。所属事业单位有招远市粮食收储管理中心，自收自支事业单位，编制14人；招远市粮食流通管理站，为市财政全额拨款正股级事业单位，编制5人。

【概况】　2015年，招远市粮食局履职尽责，积极作为，紧紧围绕保障粮食安全这个中心，以开展“综合建设上台阶年”活动为主线，加快实施“粮安工程”步伐，纵深推进项目建设，加强依法管粮，加快产业发展转调，注重民生服务，扎实开展“三严三实”专题教育，实现安全生产零事故及信访工作持续稳定。全年完成粮食总购进13.80万吨，增长7.8%；完成粮食总销售12.6万吨，增长8.6%；实现粮食销售收入3.98亿元，增长10.5%，实现利税650万元，增长8.4%。先后被烟台市粮食局授予“粮食流通监督检查工作先进单位”“粮食产业发展工作先进单位”“粮食政务信息先进单位”等称号，被市委、市政府和相关部门授予“招商引资先进单位”“安全生产先进单位”“后进村帮扶工作先进单位”等称号9个。

【地储粮管理】　2015年，招远市共有2万吨地方储备粮。市粮食局在日常仓储管理工作中，严格执行各级仓储管理制度，落实“七、三、一”查仓制度，组织落实好冬季、春季、雨季粮油安全大检查，及时处理存在的问题和隐患，2万吨地储小麦“一符四无”率和科学保粮率均保持在100%，达到“数量真实、质量可靠、储存安全、管理规范、轮换及时”的要求。积极争取省级危仓老库专项维修补助资金420多万元，大力实施“粮安工程”危仓老库维修改造项目，对辛庄、金岭、夏甸、毕郭4个收储站的仓储设施进行维修改造和功能提升。包括仓库门窗改造45处，库区地面及道路建设1.5万平方

2015年6月26日，“粮安工程”危仓老库维修改造工程，夏甸收储站汽车衡基础建设现场

米，安装库区监控系统，增设粮情测控系统，对机械通风系统和环流熏蒸系统进行功能提升，新配备清理筛4台、输送机8台、扒谷机8台及4台120吨汽车衡等配套机械设备和空气呼吸器等安全防护设备。该项目的实施，极大改变了4个收储站的站容站貌，提高了仓储设备质量、储存能力和管理水平，为保障粮食储存安全奠定良好基础。市粮食局在夏粮收购和地储粮轮换工作中，严格执行国家粮食收购政策，敞开收购农民余粮，优质服务，不打白条，收购入库新收获小麦6187吨，顺利完成6000吨地储粮轮换任务，保证了地方储备粮的品质，维护了种粮农民的切身利益。

【粮食市场调控监管】 2015年，市粮食局定期开展以市场粮油库存、粮食质量、收购行为、统计制度执行及仓储管理为重点的监督检查共计21次，出动执法人员72人次，检查企业42个次，实施警告1例，审核注销粮食收购资格证3家，换发3家，新增1家，规范粮食企业行为，维护粮食市场秩序。抽检小麦、玉米、面粉、大米、食用植物油及小杂粮等各类粮油样品30个，涉及地方储备粮油承储企业、放心粮店及放心粮油示范加工企业等20余个单位，合格率100%。组织开展社会粮食、食用油和油料供需平衡调查、粮油加工业统计调查、乡村居民户存粮调查、粮油市场价格调查、夏粮生产情况调查等，全面掌握全市粮油供求情况、存粮情况和价格信息，并强化政务信息服务，撰写上报各类调查报告20余篇，为上级指导粮食工作提供可靠依据。5月中旬，开展以“爱粮节粮，健康消费—粮食科普进家庭进学校”为主题的2015年粮食科技活动周暨《粮食流通管理条例》颁布11周年宣传活动。10月中旬，开展以“社会保护与农业：打破农村贫困恶性循环”“兴粮惠农 进万家”为主题的世界粮食日、全国爱粮节粮宣传周宣传活动，期间共制作横幅6条，展板5块，发放各类材料3000余份，解答群众咨询300余次。通过一系列的有效宣传活动，进一步普及了粮食法规及爱粮节粮知识，增强了广大市民粮食安全意识。稳步拓展“放心粮油工程”，改造完成金都油脂金晖粮油店、振华购物广场放心粮油专柜、毕郭农家乐放心粮油专柜、张星农家乐放心粮油专柜及辛庄农家乐放心粮油专柜5个单位。全市放心粮油店已达到22家。推荐的鑫海面粉的“鑫海”牌高筋小麦粉、百瑞佳面粉的“百瑞佳”牌雪花粉等2个产品，在全省粮食行业开展的“放心粮油”评审活动中，被评定为“放心粮油”产品。

2015年10月22日，世界粮食日、全国爱粮节粮宣传周宣传活动，市粮食局工作人员在张星大集向群众发放宣传资料，讲解粮油知识

2015年2月9日，招远亿丰时代广场外景

【招商引资与项目建设】 持续抓好总投资2.1亿元的“招远亿丰时代广场项目”，该项目总用地面积30734平方米，总建筑面积40264平方米，主要经营家具、家居、建材、灯饰、五金等，并配有综合办公、家装设计公司、快餐、茶室、宾馆、公寓及咖啡吧。2015年6月6日，开业运营，进驻商户150多家。以该项目为载体，2015年市粮食局继续招商引进潍坊亿丰时代广场投资600万元，建设“亿丰普飞特灯饰城项目”，主要经营灯饰、窗帘、装饰品等，经营面积约5000平方米，计划2016年5月1日前开业运营。依托玲珑粮食收储站，招商引进山东开源牧业有限公司投资5000万元，建设“源珑黑牛冷库储藏项目”，主要建设年处理加工2000吨大型牛肉加工车间、高效冷藏库、样品集中展示厅及相关配套设施，建筑面积约23000平方米。2015年底，市粮

食局已开始进行经营户搬迁工作，计划2016年建设并投入运营。

（撰稿：李　玫　　审稿：韩　涛）

烟　草　专　卖

招远市烟草专卖局（营销部）领导成员

党支部书记、局长、经理：韩文亭

党支部委员、副经理：李江波

党支部委员、副局长：盛所成

党支部委员、副经理：臧宝学

【机构设置】　2015年，招远市烟草专卖局（营销部）下设综合办公室、财务科、营销科、法制科、专卖科、内部专卖管理监督派驻组6个部门和1个专卖稽查大队（下设1个特情中队、4个专卖稽查中队）、1个稽查分队（所）。共有职工106人。

【概况】　招远市烟草专卖局（营销部）主要负责罗峰、泉山、梦芝、大秦家4个街道及蚕庄、辛庄、张星、金岭、玲珑、阜山、毕郭、夏甸、齐山9个镇和招远经济技术开发区的烟草专卖管理和卷烟经营工作。2015年，招远市烟草专卖局（营销部）认真推进市场化取向改革一步到位和规范卷烟经营一步到位（简称“两个一步到位”），大力变革经营管理模式，深度挖掘市场需求，持续提高市场净化程度，促进招远烟草经济平稳健康运行，为财政增收，地方经济发展，零售客户增利做出显著贡献。在烟台市烟草系统专卖绩效考核中，总排名第二，被授予“2015年度全市烟草专卖管理先进单位”称号。是年，全市共有卷烟销售客户2422户。

【卷烟销售】　2015年，招远市烟草专卖局（营销部）深入推进市场化取向改革，最大限度发挥市场真实需求对经济运行的促进作用，细致落实“按订单组织货源、按需求衔接计划、按状态调整策略”总体要求，充分尊重零售客户自主订货权，对零售客户按档分类进行管理，深度结合品牌培育、零售终端建设及精品线路打造、农村及各类特色市场开发、客户服务体系建设和考核体系变革等工作，市

招远市烟草专卖局（营销部）召开2015年工作总结表彰大会暨2016年工作会议

场需求传递渠道更加通畅，市场活力进一步释放，经济运行水平实现持续提升。全年共实现销量22867箱，单箱销售额26501元，实现销售额6.06亿元，实现利税1.46亿元，在烟台市烟草系统率先完成既定计划经营指标，发挥引领带动作用。鲁产卷烟基础支撑作用稳固。累计销售百元以上鲁产卷烟1952.1箱；累计销售泰山系卷烟5579箱，增幅为38.51%。细支卷烟增长势头迅猛。累计销售细支卷烟1669.4箱，增幅为59.84%。高端卷烟市场开发有效。累计销售600元以上卷烟88.6箱，工作进度位居全烟台市烟草系统前列。

【专卖管理】　严格内部监管，最大程度发挥内管部门监督作用，加强对卷烟营销流程的全程监管，并重数据分析和明察暗访，着力把好货源投放、订单采集、卷烟配送、货款结算、卷烟促销“五个关口”，进一步杜绝违规操作现象，坚决遏制并避免真品卷烟异常流通。全面开展卷烟市场治理“齐

2015年11月24日，招远市烟草专卖局联合市公安局对重点卷烟牌号进行检查

2015年11月24日，招远市烟草专卖局联合公安等部门开展卷烟市场治理“齐鲁之盾”专项行动，对快递运送车辆进行检查

鲁之盾”专项行动，创新管理方法，丰富稽查手段，确保严格执纪，保持高压，深入整治，端窝打点，维护良好市场秩序，逐步夺回市场空间。2015年，共查获案件112起，登记保存假、私、非“三烟”92.16万支，烟叶3.15吨，经司法机关查实涉案总值为228.78万元。破获达到公安部、国家局标准的网络案件1起，涉案价值117.59万元。在招远市“1.21”非法经营假烟、走私烟网络案件中，该案涉案人员3人，经营数额大，且涉案卷烟以中华、九五南京、YOUNG、CLASSIC、Black Owl、AROMA等假冒伪劣、走私卷烟为主，市场需求量大，储存时间短，分销速度快，且在贩卖过程中，利用互联网、物流快递等现代流通渠道，加大案件侦破难度。招远市烟草专卖局办案人员根据多年来侦办大要案的经验，长期跟踪调查，认真收集影音资料，谨慎摸排线索，严格盯控嫌疑人，并协调公安局提前介入，成立专案组，联合对该案件涉案人员进行抓捕，当场人赃俱获。该案牵涉山东、广东、广西等20余省、市、自治区，经审理认定涉案金额117.59万元，刑事拘留3人、逮捕（批捕）3人、判刑3人，达到国家局、公安部网络案件标准。

【综合管理】 思想政治工作方面。认真落实“三严三实”专题教育要求和2015年思想政治工作要点，深度结合“党的纪律学习年”活动开展，切实加强思想理论武装，提升党性修养，推进队伍建设。精益管理方面。主动参与课题立项与研究，提升解决实际问题能力。招远市烟草专卖局（营销部）“销售工作质量平台”成果获烟台市烟草系统优秀质量管理小组活动成果一等奖，“优化访销线路、提升配送效率”课题获烟台烟草精益课题成果三等奖。质量体系建设与绩效考核方面。编制《质量管理体系员工培训手册》，人手一册，并组织培训，普及相关知识。坚持每季度自行开展一次内审和考核工作。在烟台市烟草系统全年开展的四次季度绩效考核中，招远市烟草专卖局（营销部）均位列前三位。财务管理方面。坚持精研“审慎理财、适度从紧”的方针要求，完善定额标准，在强化重点费用管控的基础上，严格落实归口责任，不断提升科学理财水平。企业文化建设方面。突出“诚实、朴实、扎实”企业文化内涵挖掘，明确“拼搏进取，做精做强，争创一流”要求并制作宣传看板，进一步凝聚“干事创业”的向心力和凝聚力。法治建设方面。以“六五”普法工作验收为重要契机，持续提高专卖人员执法素质和水平，推进法律风险防控体系建设，加大监管力度，规范执法程序。在烟台市烟草系统“六五”普法依法治理检查验收中，招远市烟草专卖局（营销部）被评为先进单位。

2015年12月6日，招远市烟草专卖局（营销部）客户经理利用《客户服务手册》对零售客户进行经营指导

（撰稿：姜春琰　　审稿：韩文亭）

盐 业 经 营

招远市盐务局领导成员

局长、书记：刁　杰

副局长：刘振涌　刘旭东

【机构设置】 招远市盐务局为招远市人民政府的盐业行政主管机构，实行烟台市盐务局与招远市委、市府双重管理，以烟台市盐务局为主。主要负责全市盐业行业管理、盐政执法和食盐专营的行政管理工作，并依法从事全市的盐产品储运、批发经营业务。2015年，设有办公室、业务科、财务科、盐政稽查大队等，共有人员11人。

【概况】 2015年，招远市盐务局以确保食用盐安全、保证合格碘盐供应为己任，加强盐政执法，依法规范食盐营销行为，强化对食盐市场的监管，较好地保证全市合格食盐和各类盐产品的供应、安全及市场有序流通，为市民打造一个安全、规范的用盐环境，圆满完成上级下达的各项任务指标，各项工作都取得较好成绩。2015年，被山东省盐务局评为全省盐业系统统计工作先进单位，被招远市委、市政府评为招远发展先进单位、驻村蹲点工作先进单位。

【盐业专营】 2015年，招远市盐务局在盐业专营工作中，侧重于加强盐业宣传，提升服务水平，确保市场稳定。以“倡导科学用盐新理念、推广健康低钠海藻盐”为着力点，充分利用“3·15”“5·15”和乡镇集市宣传等时机开展一系列活动，向广大市民推介新品种盐。“3·15”宣传日，在府前广场设立“盐业公司产品促销推介”宣传摊位，摆放宣传台、宣传板，向市民进行宣传促销活动，现场销售低钠海藻盐，得到广大群众的热烈欢迎。加强对食盐经营业户和用盐企业的管理和服务，不断优化配送方式，确保市场无缝覆盖，满足全市各方面的需求。全年供应各类盐产品总量

“3·15”消费者权益保护日宣传活动

为4300吨，其中对全市76个食盐批发部和120余个用盐企业送货上门率达到95%以上。加强食盐安全管理，稳定市场供应。从进销存到配送车辆各个环节制定严格的管理制度和操作规程，严格食盐出入库检验制度，对每一批次产品的流向有详细记录，并成立业务调供领导小组，统筹安排，合理调运，保证各类盐产品的充足库存，确保市场的正常供应。全年实现食盐市场合格碘盐食用率、碘盐覆盖率、食盐计划完成率分别达到98%、98%和100%，实现利税111万元、利润76万元。

【盐政稽查】 2015年，招远市盐务局在盐政稽查工作中，多措并举加强市场监管，不断净化盐业市

农村集市宣传

场，确保市场安全稳定。在“5·15”期间，以“科学补碘，重在生命最初 1000 天”为宣传主题，联合疾控中心的工作人员及相关媒体，在大秦家小学对四、五年级的小学生进行碘缺乏危害及碘盐知识宣传的专题健康教育课，播放碘缺乏防治宣传片，发放《科学补碘，重在生命最初 1000 天》和《盐与健康》等宣传资料。到招远市妇幼保健院为查体孕妇免费检测，向产妇家人进行宣传，使她们知晓科学补碘及食用碘盐的重要性。选取泉山街道北关东村和北关西村，对村民家庭用盐情况进行抽查，共挖盐罐28户，均为合格碘盐。与疾控中心等工作人员一起查看2个商场超市食盐进销存的情况，由盐政分管领导向记者介绍当前新品种盐的情况，提醒广大市民认清包装标识，选准购买渠道，防止买到工业盐等非食用盐，招远市电视台《招远新闻》和《民生视线》对活动进行报道。6月，为防止不合格盐流入食盐市场，确保合格食盐的供应，针对全市食品加工、餐饮业等，开展夏季大排查活动，制作印

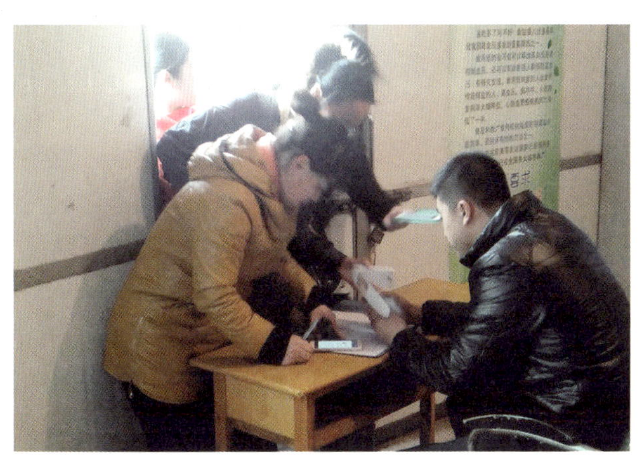

2015年11月20日，微信有奖宣传

刷《假劣食盐危害大，使用害人又害己》宣传材料3000份，对各餐饮和经营业户进行检查，发放宣传材料，着力宣传使用工业盐加工食品导致中毒的案例，以及销售、使用工业盐加工食品被处罚判刑的真实案件，共清查236户，食盐合格率达99%。在每年腌制用盐季节涉盐案件高发期，盐政执法人员认真分析研究私盐贩卖的变化规律，充分发挥举报人的前哨作用，适时调整稽查策略、改变稽查手段，早出晚归，实行24小时值班制度，确保信息通讯畅通，持续有效地打击违法涉盐活动。在农闲时机，开展进百村入千户活动，进村入户上门宣传，从帮助老百姓鉴别盐罐子里盐的真假入手，向他们讲解碘缺乏及假冒盐产品的危害和正确的购买渠道，从中查找线索，并不间断地到城乡集市和重点镇村，现场演示鉴别真假碘盐、发放宣传单、接受群众咨询，对集市上的商户和以加工羊汤等为重点的食品加工户进行检查监督。10月，通过市委宣传部门的《金都招远》微信平台，采用微信宣传方式，针对真假盐的识别方法、食用工业盐对人体的危害等相关知识，利用有奖转发微信链接方式，在全市范围内进行科学宣传，取得良好的社会效果。全年共查获案件3起，没收违法盐产品900公斤，罚款200元，全额上缴财政。

（撰稿：丛　正　　审稿：刁　杰）

石　油　经　营

中国石油化工股份有限公司招远石油分公司

领导成员

经　　理：孙全军

副 经 理：张永良

销售主管：宁　斌

【机构设置】　招远石油分公司内设经理、销售主管、零管员、财务主办、数据上载员等职务，公司领导班子成员设经理、副经理、销售主管各1名，经理主管分管公司全面工作的统筹安排，副经理主管负责下属23座加油站的日常管理、安全工作以及加油站建设情况，销售主管主要负责公司的油品批发业务、维稳工作及对外事务处理。2015年，共有员工153人。

【概况】　招远石油分公司为招远市石油行业领军企业，石油流通主渠道，服务技量准确、质量合格、环境整洁、安全快捷。在服务、质量及投诉处理等方面都有严格的章程，在社会上享有良好口碑。2015年，全年加油站汽柴油零售量完成5.15万吨，97#高标号汽油销售比重达到28.3%，直分销共销售汽柴油1.53万吨，天然气销售76万立方米，非油品销售总额1200万元，各项经营指标均较好的完成上级公司下达指标，全年上缴利税356万元。

【高投入，为环保减排率先示范】　2015年11月，招远石油分公司根据市政府和上级公司统一要求和安排，在招远区域内率先开始在全系统内油站对93#、97#汽油进行国五升级置换工作，已取得突破性进展，走在行业环保减排工作前端，发挥模范企业的先锋作用。

【强化安全管理，实现连续16年安全生产无事故】2015年，招远石油分公司根据市委、市政府的安全

规范化管理年活动

工作要求以及上级公司“我为安全做诊断”活动要求，每月组织加油站扎实开展隐患排查工作，确保油站隐患点越来越少，预防措施到位，油站安全工作水平逐渐提升。12月，在省公司年终安全大检查中取得较好成绩，受到检查组好评，实现连续16年安全生产无事故。

【夯实“三基”，深入开展规范化管理年】 2015年，招远石油分公司强化加油站制度的执行力和生命力，全面提升规范化、精细化、信息化管理水平，深入开展“规范化管理年”活动。加油站基础管理规范高效。整章建制全面展开，制度体系健全完善，管理流程精简优化，风险管控体系全面覆盖，依法合规意识深入人心，岗位责任落实到位，精细化、精益化管理水平明显提升。员工素质整体提升。分公司站长、管理人员与员工队伍政治素养、道德水准、职业操守明显提升，操作技能、业务水平、岗位贡献不断提高，具有忠诚事业、攻坚克难、奋发有为的良好精神面貌。“三严三实”蔚然成风。全面领会“三严三实”深刻内涵，着力培育“严从细中来、实在严中求”行为养成，确保从严管理、依法治企落实到位。各站长及分公司管理人员以身作则、以上率下，从严要求、从严管理，扎实提升服务质量和工作效率。全公司上下同心、协作共进，从严管理文化和法制培育文化效果明显。

易捷便利店

（撰稿：杨韶芸　　审稿：孙全军）

医　药　经　营

招远市医药有限责任公司领导成员

董事长、总经理：董　海

党支部书记：张明贤

副总经理：武成志

财务总监：杨海欧

【机构设置】 2015年，招远市医药有限责任公司设综合办公室、财务科、质检科、企划运营科、仓储科、销售科、健康社区卫生服务站、医保服务部、卫生所9个部门。公司所属的统一大药房有限公司（零售连锁）拥有权属门店37个，加盟店30个，合计67家门店。2015年，在编员工96人。

【概况】 2015年，全公司完成购进额2547.5万元，销售额2559.3万元。其中，批发销售额428万元，零售额2131.3万元。1月1日，招远统一大药房有限公司获中国医药物资协会“会员单位”称号。被烟台市食品药品监督管理局、烟台市商务局、烟台市人力资源和社会保障局、烟台市工商行政管理局、烟台市生物医药协会授予“烟台市群众满意药店”称号，被招远市委、市政府授予“2015年度招远发展先进单位”称号。

统一大药房外景

【扩张规模】 2015年，借助国家提高医药零售市场准入门槛，以及GSP换证的有利时机，为扩大企

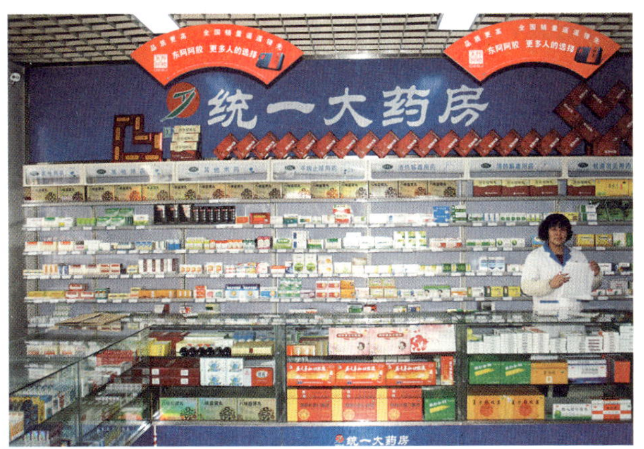

统一大药房内景

业规模，年初，公司领导班子多次召开会议研究市场形势，研究公司面临的挑战和机遇，最终统一认识，决定展开行动，迅速膨胀零售连锁规模。至2015年末，统一大药房权属药店达到37个，加盟店达到30个，合计拥有药店67个。

【企业文化】 2015年，公司重视党建工作，充分发挥党员在各个工作岗位上的规范带头作用，对党员的学习时间、地点、资料等给予大力支持。年内发展中共预备党员1名，入党积极分子3名。公司致力于打造一个互帮互助、和谐融洽、奋发向上的团队，通过制定全年学习计划、外聘讲师授课、外出培训等方式，对员工加强专业技能的培养和思想教育，提高全员的素质，全年考取执业药师2名。注意从优秀的年轻员工中选拔中层干部，对鼓励年轻员工的积极向上精神起到很好的引领作用。公司加入招远市爱心乐助会，通过捐资捐物做义工等方式扶贫济困，体现企业崇德向善的正确价值观。通过阅报栏、企业文化墙体看板等方式介绍企业和市场最新形势和发展动态，树立正能量典型，营造奋发向上、风清气正的内部环境。公司还通过三八节、五一节等节日组织员工开展有益活动，发放礼品，从而增强员工的向心力、凝聚力，提升员工的幸福感。

【安全生产】 2015年，公司通过各种会议不断宣讲安全生产的重要性，建章立制，确定各部门负责人为本部门安全生产第一负责人，对有安全隐患的升降机进行改造，制定操作规程，确定管理责任人。

（撰稿：张明贤　　审稿：董　海）

旅　　游

招远市旅游局领导成员

党组书记、局长：郝增宝

党组成员、副局长：高金波　张好健

党组成员、罗山旅游区管理委员会主任：杜鹏春

党组成员、旅游质量监督所所长：孙学仁

旅游质量监督所副所长：闫建军

【机构设置】 招远市旅游局为市政府工作部门，属市财政全额拨款科级事业单位，内设办公室、质量管理科、安全生产科、规划发展科、旅游咨询服务中心、市场开发科。2015年，共有机关人员13人。下设罗山旅游区管理委员会和旅游质量监督所2个事业单位，共有事业人员13人。

【概况】 招远物华天宝，人杰地灵，自然风光优美，旅游资源丰富。“金泉山海古村落”构架出招远旅游的特色和基础，千年浩瀚的黄金文化、享誉中外的古老汤池、秀丽如画的森林公园、沙白水清的黄金海岸、远近闻名的黄金、皮草购物中心、古朴纯真的古村落。招远市把旅游业作为国民经济战略性支柱产业、服务业龙头和城市转型突破口进行培育和扶持，推动资源优势向产业优势和经济优势转化，黄金旅游、温泉旅游、滨海旅游、购物旅游等特色旅游产品相继投入市场。先后被评为“中国优秀旅游城市”“中国优秀温泉旅游城市”“中国旅游竞争力百强县”中国最具特色旅游城市（黄金之旅）”等，“中国金都——黄金之旅”特色旅游品牌日益叫响。2015年，新增中国乡村旅游模范村1家——辛庄镇孟格庄村；中国乡村旅游金牌农家乐3处——金岭镇南海林苑、阜山镇春雨桃源山庄、梦芝街道大鹏山庄；国家AAA级景区4家—架旗山景区、辛庄滨海旅游度假区、金都魁星文化休闲区和金街银巷文化街区；“中国乡村旅游致富带头人”3人——栾日娟、周龙、栾惠忠；山东省旅游强镇1家——罗峰街道；山东省农业旅游示范点1家——开发区姚格庄健生苑；烟台市研学旅游示范基地1处——中国黄金实景博览苑；山东省三星级“好客人家”农家乐1家——辛庄镇大董家月亮湾山庄。全

市有国家4A级景区和国家级水利风景区各1处，国家3A级和2A级景区11处；山东省工农业旅游示范点、山东省旅游强镇、山东省旅游特色村等乡村旅游品牌19个；旅游星级饭店、星级餐馆12家；旅行社等中介机构20家。全年接待游客373.2万人次，实现旅游综合收入60.4亿元，分别同比增长22.9%和20.3%。

【滨海古村落旅游区开发】 2015年，协调辛庄镇政府拟定古村落保护和开发建设工作方案。成立山东鲁鑫古村落旅游发展有限公司作为滨海古村落旅游投资开发主体，公司由山东鲁鑫贵金属有限公司注册1000万元成立，旨在保护性开发辛庄镇古村落群。坚持人文结合自然的整体性、地域特色保护的原真性和保护发展互动的可持续原则，在做好孟格庄、高家庄子、大涝洼和磁口等古村落群保护规划的基础上，打造以品读历史、传承文化、民俗体验和休闲度假为主题的古村落文化旅游项目。计划投资10亿元，以辛庄镇古村落群为依托，以“江北印刷业摇篮”孟格庄村为中心，开发古村落文化旅游小镇，突出文化特色，打造胶东民俗文化旅游示范基地和胶东民俗文化旅游影视基地。2015年，完成滨海古村落旅游区项目规划编制、评审工作，高家庄子古建筑修复工程建设完毕，孟格庄村文化大院建设完成。

中国传统村落——孟格庄村

【张星山区古村落群旅游区开发】 成立东夷龙凤峡古村落旅游发展（招远）有限公司作为山区古村落旅游投资开发主体，旨在采用成立合作社，公司化捆绑运营模式，打造胶东最具山区特色休闲、养生、度假、体验为一体的古村落群。与中安创富投资管理（北京）有限公司达成意向，投资5亿元，打造中国爱情谷主题文化旅游园。引进国内外先进的运营团队，如美国的剑与玫瑰运营团队进行战略合作，借鉴其成熟的国内或国际旅游运作经验，通过对地区文化的了解，充分挖掘沿线旅游带上的6个古村落，3个旅游潜力景点（龙凤峡、东北冲、仓口陈家）文化内涵，提炼文化亮点和特点。开发特色产品，并将其贯穿于整个服务过程中，感染和吸引游客。2015年，协调张星政府拟定古村落保护和开发工作方案，修复徐天华故居；完成鸿泰粉丝博物馆主体工程和内部装修，征集展品；建设传统工艺粉丝作坊。为推进古村落的保护和旅游开发工作，打造古村落观光修学旅游产品，按国家A级景区标准完善旅游服务设施配套。

【主要旅游景区（点）】 罗山黄金文化旅游度假区。“凿岩千尺，淘沙万漉，青火冶精华……”早在春秋战国时期，招远人就采用火烧水泼炼金术提炼黄金用做饰币。宋代时，实行“官督民办”，

罗山——神鳌

淘金小镇

创办中国历史上第一个官办金矿，创造溜槽淘金工艺。此后，经历元、明、清和民国的沿袭发展，境内保存有各个历史时期的黄金生产遗址、采选工具，更有众多的现代化矿山和黄金企业，是天然的黄金博物馆。罗山黄金文化旅游度假区自然资源与人文资源互融，自然景观与矿山景观互生，融黄金、森林、宗教、民俗于一体。已建成中国黄金实景博览苑、淘金小镇、罗山国家森林公园、中国夼上艺术区、招金舜和国际饭店等重点项目，大型山水实景演出《金山佛谕》、金色田园创意基地、民俗文化馆、挂锣阁等项目正在建设中。中国黄金实景博览苑：投资7.8亿元，占地面积10.67公顷，景区利用原罗山金矿旧址，把废弃的矿厂开发成旅游产品，是招远由黄金产业向旅游业转型的一个缩影。博览苑全景式展示不同历史时期黄金生产工艺，以及古今中外黄金文化，是国内规模最大、现代化元素最多、功能最齐全的黄金主题旅游景点，是全国科普教育基地。淘金小镇：投资6亿元，占地面积6.67公顷。景区以仿古建筑、场景再现、特色小吃和游客参与为特色，集中展示宋代小镇矿工的生产生活、黄金交易和商业经营活动等，融市井文化和黄金文化于一体。景区开展金河淘金、金矿采金等参与性项目，成为游客体验古代淘金生活，了解中国古法淘金工艺的最佳选择。“黄金实景博览苑”和“淘金小镇”南北呼应，形成“南苑北镇”格局，成为国内独具特色的黄金文化旅游胜地，是中国唯一、规模最大的黄金主题旅游景区。罗山国家森林公园：招远罗山拥有亚洲最大金矿田——玲珑金矿田，是亚洲第一金山。山脉绵延百余里，主峰海拔759米，有“罗峰十里隔烟霞，势压登莱百万峰”的雄浑和灵秀。其自然风光优美，峰耸谷幽、林深泉清、山奇石怪、花繁叶茂。罗山人文景观众多，道观、寺庙掩隐山林，故事、传说引人入胜，黄金矿田纵横交错，采金遗址散布山野。森林公园总面积666.67公顷，有植物资源1000多种，野生动物资源20多种，森林覆盖率在90%以上，被誉为“胶东森林大氧吧”，现有毛公山、神鳌广场、莲花盆、云屯飞瀑、一线天、班仙洞等景观（点）40余处。景区内层峦叠嶂，飞瀑吐玉，古木参天，怪石林立，古刹庄严，是春夏秋冬旅游休闲度假的妙境。中国夼上艺术区：依托旧陶瓷厂改造而成，融文化艺术收藏、文艺作品展览、文化艺术创作、文化休闲旅游于一体，主体场馆正在举办革命之路红色文物展。景区花草树木、绘制宣传画、文化墙和大型3D实景效果装饰图，与罗山旅游大环境和谐统一。招金舜和国际饭店：占地面积7.3公顷，由招金矿业股份有限公司投资3亿元，按五星级标准投资兴建。项目依托714陆军野战医院旧址，建有绿野田园培训中心，含客房260间，宴会包房25个，会议室6个，餐位1500个，另有当地首家正宗的巴西烤肉餐厅和两栋独立的别墅式贵宾楼，集休闲度假、会议、餐饮、住宿、娱乐、养生等功能于一体，打造烟台乃至胶东半岛档次最高、功能最全的田园式度假中心。罗山大型山水实景演出项目《金山佛谕》：由昌林山水文化产

罗山大型山水实景演出项目《金山佛谕》

金泉河夜景

业（招远）有限公司联合北京山水盛典文化产业有限公司共同打造。项目位于罗山黄金文化旅游度假区，占地面积4.11公顷，建筑面积约23000平方米，建设年限2014～2015年，计划投资3.5亿元，主要建设剧院、生态停车场、演员公寓。《金山佛谕》于2015年8月25日进行首演，正式推向市场。自8月25日至10月7日演出期间，共接待游客3.4万人次，收入158.6万元。该项目的运营，弥补了胶东地区夜间旅游市场的空白，对招远市旅游业的拉动作用非常明显。

滚泉山温泉旅游度假区。“西有东岳泰山傲苍穹，东有招邑汤泉甲天下”。在招远市区蟠龙伸首的滚泉山区域，流淌着名灼古今、声震遐迩的招邑滚泉山温泉。温泉出水量大，整个地热田最大采水量3976立方米/天；水温高，出井温度97℃，天然自沸；理疗价值显著，富含钾、钠、钙、镁、碘、镭、铀等，对人体20余种疾病具有显著疗效；历史悠久，约形成于2亿年前的中生代，汉朝时即被开发利用。千百年来，神奇的招远温泉吸引诸多达官贵人和帝王将相纷至沓来，留下诸多美丽的传说故事。唐王李世民东征时曾沐浴招邑温泉，尽兴之后，龙颜大悦，竖指赞夸：“莱郡罗峰温泉甲天下”；蒲松龄在《聊斋志异》的《鲁公女》篇中，将招邑温泉誉为神水成就了张于旦和鲁公女的美好姻缘；温泉晚浴、鸳鸯河、断霜桥……金都温泉特有的浪漫文化，令人心驰神往。滚泉山一带曾经庙宇遍布，与秀丽的自然环境融合在一起，形成山上宫阙成云，山下温泉遍布，城傍山水而建，山借汤泉扬名，泉借庙宇繁荣，山、水、庙、城交相辉映的人间仙境。已建成开放温泉广场、金城温泉大酒店温泉城、九洲温泉怡心家园、在水一方国际温泉度假中心、樱花会所、日月泉、大唐金汤园、滚泉山休闲会所等；在建的露天温泉，把温泉养生文化、园林文化有机融合，强化娱乐性、体验性和浪漫氛围的营造，让人们在浓厚的文化氛围和美好的环境中享受温泉之旅带来的惬意和健康。并积极推进以滚泉山为中心，围绕温泉的养生保健、康体运动、商务会议、休闲度假等主体功能，将温泉项目与城市建设相结合，通过对现有温泉设施的整改提升和高品位开发，形成独具特色温泉休闲度假区，实现温泉开发和特色城区建设双赢。

滨海旅游度假区。招远滨海属渤海湾浅海区，海岸总体坡度平缓，浪小水稳，沙滩细软，海水清澈，是天然海水浴场，素有“黄金海岸”之美誉。海岸线呈西南—东北走向，是国内看日落的最佳海岸，岸上林木茂盛，横贯整个沿海滩涂，属国家重点保护林带。在13.5公里的黄金海岸线上，旅游码头、游船、游艇、垂钓区、自驾车营地、滨海广场等构成海上休闲观光点，天然浴场、水上乐园、康乐中心、美食城、五星级标准度假酒店等构成海滩度假娱乐点，海岸防护林、海水养殖、果园、葡萄酒庄、农家乐、渔家乐等构成海岸农业渔业旅游示范点。水上乐园项目填补了中国北方四季恒温海水浴场的空白，成为中国北方沿海最高端的四季恒温

温泉公园绿湖

滨海旅游

水景为主的赏水景区，中游是以滨水、嬉水和商业、休闲为主的娱乐休闲景区，下游是以绿化景观为主的生态景区，连珠成串，形成一幅树影婆娑，花草遍地，波光粼粼，空气怡人的城市滨水休闲景观带，旖旎的风光吸引了众多游人驻足休憩。西郊休闲观光带，金塔、龙王湖风景区、架旗山游乐园、黄金阁公园毗邻相连，形成城市西郊休闲观光带。金塔坐落于龙王湖南岸，为仿宋楼阁式塔建筑风格，塔体八面，整体色彩以红、黄两种色调为主，被称为“立体的县志”，集思想内涵、文化品位、地方特色于一体的观赏胜地。龙王湖风景区以龙王湖水上活动区为中心，整合散布湖滨的众多景点，尤以龙王湖水幕电影（国内规模最大喷涌最高的音乐喷泉之一）最具引力，夏季游人络绎不绝。架旗山游乐园地形丰富、山水相映，拥有各类大型游乐设备30多台套，能够满足不同年龄、不同层次游客的需求，是集户外健身、休闲娱乐、餐饮住宿、极限拓展、文化传播为一体，融园林艺术和娱乐设施于一身的大型现代化游乐场所。黄金阁总体高度与地形的南北走向成黄金比例，重檐十字顶，金瓦红墙，古朴凝重，是“中国金都”以黄金文化为主题的城市标志性建筑。

海上项目，实现招远滨海旅游淡季不淡。

城市休闲旅游区。集休闲、观光、度假、体验、购物、旅游综合服务等功能于一体，由购物旅游区、“金轴银线”和西郊休闲观光带组成。购物旅游，招远不仅是民族黄金工业的发祥地，也是龙口粉丝的发源地，还是软黄金—皮草集散地。招远的黄金首饰系列、“龙口粉丝”系列、黄金石工艺品系列入选山东省旅游局评选的“到山东不可不买的100种旅游商品”。黄金珠宝首饰城、金都金石艺雕厂获山东省金牌旅游购物商店，黄金珠宝首饰城获山东省商品研发基地，招远皮革城、黄金珠宝首饰城获山东省休闲购物街区。招远以物产资源和黄金文化为依托，挖掘特色，逐步形成以金银珠宝首饰、龙口粉丝、金石艺雕、皮草为主的旅游商品体系，形成独具招远旅游特色的“以购促游”发展模式。尤以中国北方最大、最具有吸引力的金银珠宝首饰集散地—中国金都黄金珠宝首饰城和中国北方最大的皮革城—招远皮革城最受游客追捧。好客山东购物旅游名城已颇具规模。金轴银线，凤凰岭公园、体育公园、魁星公园从东向西一字排开，是为金轴；金泉河自南而北纵贯市区，是为银线。凤凰岭公园诸多造型别致的建筑群与公园的绿树、鲜花、青草交映生辉，构成一幅美丽的图画。体育公园被评为国家级全民健身中心，具备全民健身、休闲娱乐、旅游服务等综合功能。魁星公园为纪念宋代状元王俊民而建，别致典雅的古建筑与绿树、假山湖泊、小桥交相映衬。金泉河上游是以“湖泊式”开阔

红色旅游。招远红色旅游资源丰富，开发建成毛公山、革命之路红色文物展览馆、招远革命烈士陵园等红色旅游景区（点），并作为党的群众路线教育基地。罗山山顶，峰高形胜，天然雕琢，神似一代伟人毛泽东仰卧其上，人称“毛公山”。革命之路红色文物展览馆位于中国夼上艺术区，展馆面

凤凰岭公园

龙王湖景区

积3000平方米，馆中陈列革命文物1万多件，涵盖清末中日甲午战争至改革开放各个重大历史时期，是国内规模较大、展品较丰富、历史年代跨度较广的近现代革命史综合场馆之一。招远西山革命烈士陵园始建于1960年，占地19.2公顷，园内安葬着革命烈士957名，2001年被省政府确定为省级重点烈士纪念建筑物保护单位。陵园内花草茂密，松柏常青，树木参天，环境僻静优雅，空气清新，令人心旷神怡。烈士陵园始终坚持"褒扬先烈，教育后人"的宗旨，积极开展爱国主义教育，为促进社会主义精神文明建设，构建和谐社会发挥了重要作用。

2015年招远市旅游指南

	名　称	等　级	地　址
旅游景区	淘金小镇	国家AAAA级景区	玲珑镇欧家夼村
	中国黄金实景博览苑	国家AAAA级景区、烟台市研学旅游示范基地	
	罗山国家森林公园	国家AAAA级景区、省级农业旅游示范点	
	中国黄金珠宝首饰城、凤凰岭公园	国家AAA级景区、山东省旅游休闲购物街区、山东省旅游商品研发基地	温泉路111号
	架旗山游乐园	国家AAA级景区	城区西郊
	辛庄滨海旅游度假区	国家AAA级景区	辛庄滨海
	金街银巷文化街区	国家AAA级景区	招远市河西路137-145号
	金都魁星文化休闲区	国家AAA级景区	招远市河西路137-145号
	招远皮革城	山东省旅游休闲购物街区	金晖路与文三线路口
	在水一方国际温泉度假中心	国家AA级景区	温泉路239号
	魁星公园	国家AA级景区	温泉路市中心
	南海林苑	国家AA级景区、中国乡村旅游金牌农家乐、二星级饭店、五星级农家乐、省级农业旅游示范点	金岭镇大户陈家村南2公里
	孟格庄古村落文化旅游景区	国家AA级景区、中国乡村旅游模范村	辛庄镇孟格庄村
	高家庄子古村落文化旅游景区	国家AA级景区	辛庄镇高家庄子村
	徐家古村落文化旅游景区	国家AA级景区	张星镇徐家村
	蚕庄金水湖生态旅游区	国家AA级景区	蚕庄镇大诸流村

续表1

	名　称	等　级	地　址
旅游景区	春雨桃源山庄	国家AA级景区、中国乡村旅游金牌农家乐	阜山镇九曲蒋家村
	睦邻庄休闲生态旅游区	国家AA级景区	玲珑镇睦邻庄村
	龙凤峡旅游景区	国家AA级景区	张星镇奶子场村
	龙王湖风景区	国家级水利风景区	城区西郊
	大唐金汤园	待评	九州路118号
乡村旅游	玲珑镇	山东省旅游强乡镇	玲珑镇
	金岭镇	山东省旅游强乡镇	金岭镇
	辛庄镇	山东省旅游强乡镇	辛庄镇
	阜山镇	山东省旅游强乡镇	阜山镇
	罗峰街道	山东省旅游强乡镇	罗峰街道
	阜山镇九曲蒋家	山东省旅游特色村	阜山镇九曲蒋家村
	金岭镇山上李家	山东省旅游特色村	金岭镇山上李家村
	金岭镇山里陈家	山东省旅游特色村	金岭镇山里陈家村
	金岭镇大户陈家	山东省旅游特色村	金岭镇大户陈家村
	阜山镇栾家沟	山东省旅游特色村	阜山镇栾家沟村
	毕郭镇官地洼	山东省旅游特色村	毕郭镇官地洼村
	玲珑镇欧家夼	山东省旅游特色村	玲珑镇欧家夼村
	梦芝大鹏山庄	中国乡村旅游金牌农家乐五星级好客人家农家乐三星级餐馆	梦芝街道张家庵村
	金岭镇浅水边	五星级好客人家农家乐	金岭镇钟家村
	阜山镇春雨桃源山庄	五星级好客人家农家乐	阜山镇九曲蒋家村
	蚕庄镇金水湖生态旅游区	省级农业旅游示范点	蚕庄镇大诸流村
	金岭镇双塔绿蔬园	省级农业旅游示范点	金岭镇寨里村
	金翅岭金矿	省级工业旅游示范点	金城路248号
	姚格庄健生苑	省级农业旅游示范点	开发区姚格庄村
	月亮湾山庄	山东省三星级“好客山东”农家乐	辛庄镇大董家村
星级酒店	金城温泉大酒店	四星级酒店	温泉路212号
	金都宾馆	三星级酒店	迎宾路110号
	玲珑兴隆盛大酒店	三星级酒店	金龙路888号
	金海大厦	三星级酒店	罗峰路158号
	博览苑大酒店	三星级酒店	招远黄金文化旅游度假区内

续表2

	名　称	等　级	地　址
星级酒店	御花园大酒店	三星级酒店	初山路23号
	黄金宾馆	二星级酒店	温泉路272号
	供销社宾馆	二星级酒店	迎宾路130号
	招金舜和国际饭店	待评	招远黄金文化旅游度假区内
	龙湖大酒店	待评	温泉路555号
旅行社	金城旅行社		温泉路212号
	黄金旅行社		温泉路人民银行西50米
	金招旅行社		罗峰路159号
	春雨旅行社		温泉路226号
	春秋旅行社		府前路12号
	金都罗山旅行社		温泉路188号日月泉1楼
	金福来旅行社		天府路路西、玲珑路南
旅行社门市部	烟台平安旅行社招远门市部		罗峰路113号
	金招旅行社招远门市部		罗峰路131号
	海景国际旅行社招远门市部		魁星路67号
	烟台中国国际旅行社招远门市部		温泉路239号
	烟台中旅国际门市部		金都宾馆1号楼2楼
	烟台永安国际旅行社有限公司招远营业部		毕郭镇西沟子村
	中国国旅（烟台）国际旅行社招远营业部		河西路169号
	烟台阳光国际旅行社有限公司招远营业部		文竹苑6幢4号商铺
	烟台江山国际旅行社有限公司招远营业部		罗峰片温泉路309号
	烟台舍邦国际旅行社有限公司招远营业部		文化区7号楼门市
	烟台康辉旅行社有限公司招远营业部		温泉街道前柳行村丽湖学校十字路口
	青岛宝龙假期国际旅行社有限公司招远营业部		迎宾路110号

（撰稿：邵韦娜　　摄影：郭进文　　审稿：郝增宝）

对外经济贸易

商　　务

招远市商务局领导成员

工委书记、局长：黄吉英（女）

工委委员、主任科员：李　桢（女）

工委委员、副局长：丛恒亮　孙桂松　潘　磊

工委委员、纪工委书记、监察室主任：李建华

招远市人民政府驻韩国办事处主任：杨　光

【机构设置】　招远市商务局内设办公室、外商投资业务科、涉外企业管理科、招商促进科、对外经济合作科、外商投诉服务中心、财务科等职能科室7个。2015年，共有工作人员32人。其中，招远市人民政府驻韩国办事处人员有17人。

【概况】　招远市商务局负责指导、管理、协调全市外商投资、对外贸易、境外投资等工作，全面服务于招远市外经贸发展。2015年，市商务局牢牢把握“昂扬精神迎挑战、科学务实谋发展”工作主基调，以提高利用外资质量和水平为中心，加大招商引资力度，推进招商工作多样化；以调整优化对外贸易结构为重点，通过招远市独有的外经贸信息发布会、季度分析调度会等形式着力为企业服务，扩大对外贸易；以促进对外经济技术合作为目标，深挖境外投资潜力，加大“走出去”力度；以加快全市电子商务健康快速发展为出发点，致力于区域性、专业性电商平台建设及跨境电商发展，为企业加油助力，有效提高招远市对外开放的层次和水平。是年，全市完成合同外资2.34亿美元，同比增长5%；完成实际使用外资1.6亿美元，同比增长1.6%；完成进出口总额22.7亿美元，同比增长0.7%。其中进口8.2亿美元，同比下降10.9%；出口14.5亿美元，同比增长8.8%。

【进出口贸易】　2015年，全市有进出口实绩的企业共148家，玲珑集团、华唐贸易、玲珑机电、宝发食品、双塔食品、招金金银精炼、招金进出口、针织厂、康泰实业等18家企业业绩尤为突出，各家企业的进出口总额均超过1000万美元，占到全市进出口总额的72.4%。贸易方式以一般贸易为主，加工贸易比重有所下降。全市35家加工贸易企业完成进出口额93099万美元，占全市进出口总额的40.9%。其中，完成出口额67631万美元，完成进口额25468万美元。一般贸易进出口总额为134251万美元，同比增长52.2%，占全市进出口总值的59.1%。商品出口仍以传统市场为主，全市企业产品出口170多个国家和地区，其中有26家企业的产品出口泰国，出口额17201万美元，位居出口国别第一位。有66家企业出口美国，出口额13235万美元，位居出口国别第二位。有54家企业的产品出口日本，出口额9460万美元，位居出口国别第三位。是年，全市完成进出口贸易额227350万美元，同比增长0.7%。其中，出口额145006万美元，同比增长8.8%；进口额82344万美元，同比下降10.9%。

【引进外资、技术、管理经验】　2015年，全市完成合同外资2.34亿美元，同比增长5%。完成实际使用外资1.6亿美元，同比增长1.6%。在谈项目。在谈项目加快推进贺利氏增资、伊迪亚达轮胎实验厂、德国飞马集团井下降温设备等项目外，还加紧推进中广核风电项目（外资额约6000万美元）外资股权并购步伐。在建项目。双合盛、融资租赁、桑德污水处理项目均可在境外进行融资或由境外投资者提供借款，如果项目推进顺利的话，可打进数千万美元的外资项目借款，有效扩大招远市外资总额。各镇（街道、区）在大力招商引资的同时，年内通过返程投资、外资并购等各种途径完成一部分外资。

2015年招远市进口分国别情况一览表

单位：万美元

国家名称	12月	1～12月	去年同期	增幅%
全市合计	10809	82344	92396	-10.9
澳大利亚	1907	17790	7252	145.3
加拿大	2476	17009	16632	2.3
泰　国	1221	12904	9911	30.2
韩　国	2125	5401	8610	-37.3
马来西亚	489	4326	3376	28.1
美　国	1991	2971	1738	70.9
俄罗斯	6	2726	7343	-62.9
德　国	139	1980	2812	-29.6
比利时	56	1267	2916	-56.6
新加坡	119	1097	575	90.8
厄瓜多尔	25	1097	118	829.7
印度尼西亚	0	1047	4714	-77.8
土耳其	0	913	0	+∞
荷　兰	0	549	98	460.2

2015年招远市出口分国别和地区情况一览表

单位：万美元

国家名称	12月	1～12月	去年同期	增幅%
全市合计	18102	145006	133267	8.8
泰　国	1151	17201	10539	63.2
美　国	1080	13235	23211	-43.0
日　本	705	9460	10018	-5.6
阿联酋	595	8817	6391	38.0
韩　国	657	7136	2735	160.9
香　港	3931	5347	1924	177.9
英　国	560	5022	5736	-12.5
荷　兰	378	4387	4529	-3.1
澳大利亚	169	2349	2809	-16.4
德　国	364	2229	3039	-26.7
菲律宾	167	2202	1658	32.8

续表

国家名称	12月	1～12月	去年同期	增幅%
墨西哥	244	2185	1290	69.4
印　度	134	2166	1628	33.1
澳　门	497	2046	26	7769.2
新加坡	207	1978	938	110.9
肯尼亚	164	1913	1652	15.8
马来西亚	116	1796	1625	10.5
比利时	172	1772	1784	–0.7
俄罗斯	144	1762	1693	4.1
加拿大	148	1703	1229	38.6
巴　西	160	1689	2473	–31.7
印度尼西亚	109	1611	1428	12.8
沙特阿拉伯	142	1554	1334	16.5
巴拉圭	103	1545	1356	13.9
加　纳	87	1484	1275	16.4
法　国	355	1472	1292	13.9
越　南	139	1462	982	48.9
伊拉克	132	1439	1878	–23.4
土耳其	135	1438	220	553.6
苏　丹	106	1384	1262	9.7
智　利	124	1378	1476	–6.6
古　巴	16	1338	446	200.0
伊　朗	15	1226	676	81.4
西班牙	92	1205	1492	–19.0
埃　及	52	1087	921	18.0
意大利	99	1053	1153	–9.0
南　非	101	1015	664	53.0
朝　鲜	109	1012	0	+ ∞

2015年招远市进出口情况一览表

单位：万美元

项目	进口				出口			
	12月	1～12月	去年同期	增幅%	12月	1～12月	去年同期	增幅%
一、按产品分	10809.0	82344.0	92396.0	-10.9	18102.0	145006.0	133267.0	8.8
汽车产品	0	2.4	573.8	-99.6	12.0	107.2	138.0	-22.5
金银产品	0	0	0.2	-100.0	60.0	172.6	95.8	80.2
农副产品	1199.0	18028.4	16978.2	6.2	750.0	12630.6	14436.0	-12.5
电子产品	97.0	168.3	289.7	-41.9	710.0	1677.2	2201.1	-23.8
纺织产品	6.0	543.9	1128.9	-51.8	2111.0	5607.0	4866.4	15.2
建材产品	0	0	105.1	0	64.0	1035.9	881.8	17.5
化工产品	2099.0	25763.6	37172.5	-30.7	5436.0	65866.6	90131.7	-26.9
五金机电产品	3.0	40.6	68.3	-40.6	287.0	3030.1	9810.2	-69.1
其　他	7405.0	37796.8	36079.3	4.8	8673.0	54878.8	10705.7	412.6
二、一般贸易	5531.2	56877.0	46394.0	22.6	9327.4	77374.9	41838.8	84.9
三、加工贸易	5277.5	25467.0	31174.1	-18.3	8774.6	67631.1	91428.2	-26.0

2015年招远市重点三资企业

山东玲珑轮胎股份有限公司
招远三嘉粉丝蛋白有限公司
烟台东方蛋白科技有限公司
招远汇源硅胶有限公司
贺利氏（招远）贵金属材料有限公司
招远益诚包装材料有限公司
烟台珍珠龙口粉丝有限公司
烟台广达化工塑料有限公司
山东奥特姆新能源汽车制造有限公司
烟台金潮果蔬食品有限公司
招远威达美加化工有限公司
烟台银斯达龙口粉丝有限公司
烟台永盛食品有限公司
山东华泰食品有限公司
招远市玲珑电池有限公司
烟台明翔食品有限公司
山东康泰车西斯汽车零部件有限公司
招远禄丰珠宝首饰加工有限公司
烟台金潮宇科蓄电池有限公司
招远西日本食品有限公司
招远仁星电子有限公司
招远东威金属工艺家具有限公司
烟台招金励福贵金属股份有限公司
爱思开金潮塑业（烟台）有限公司
招远洋鑫宏瑞针织工艺品有限公司
招远金都电机有限公司
招远杰美思工艺饰品有限公司
招远市多源服饰有限公司
招远福隆文具有限公司
烟台宝龙凯姆斯葡萄酒庄有限公司
招远恒晖纸业有限公司

（撰稿：高　群　　审稿：李　桢）

招　商　工　作

招远市招商局领导成员

局　长：王光辉
副局长：王星光　王强本

【机构设置】　2012年3月，重新组建招商局，为市政府直属正科级事业单位，内设办公室、综合招商部、国内招商部、国外招商部、产业招商部等职能科室5个。2015年，共有工作人员19人。

【概况】　2015年，市招商局按照“履职尽责担当使命，坡道发力攻坚跨越”总体要求，以学习提素质，以服务聚合力，以调研筑基础，凝心聚力，奋发作为，以“三严三实”的作风全力打好招商引资持久战，实现招商工作新突破。全年成功引进项目7个，总投资达2.85亿元，10多个在谈的意向性项目取得积极进展。

恩源科技电商平台项目

【推进重点招商项目】　2015年，招商局积极开展“大走访”活动，全局上下团结一心，昂扬斗志，招商干劲和热情空前高涨，全局招商的积极性空前提高。全年共成功引进项目7个，分别是：西安必捷滑雪项目，总投资1.75亿元，已与玲珑镇欧家夼村正式签约，一期投资4000万元；青岛一木家居生活广场项目，于8月22日正式签约落户，并于十一期间正式营业，总投资6000万元；井巷工程项目，总投资5000万元，已领取营业执照，获得相关资质，注册资本2180万元；北京恩

青岛一木家居广场项目

源科技电商平台项目，已正式进驻开发区电子商务产业园，注册资本1000万元；招远泰康达医疗科技有限公司，已完成工商注册，注册资金1000万元；山东盛泰医药科技股份有限公司已完成注册，注册资金2400万元；山里人家农产品商贸公司项目，正在办理前期注册手续。同时，中农批农产品电商物流园、湖南长沙冶金研究院尾渣综合回收利用、上海吉萨战略合作、井下无轨设备、北京奥雷户外竞技、香港青文化主题公园等一批重点在谈项目在稳步推进中，并超额完成市委、市政府下达的招商引资任务。

【夯实招商工作基础】 以调研夯实招商基础工作。2015年，市招商局制定专题调研方案，集中时间和精力，对全市闲置土地和厂房、企业对外合作意向等情况进行全面调查摸底，挖掘招商载体，搜集招商线索，化解土地指标紧张的矛盾，做好闲置土地的二次招商工作。围绕招远市主导产业和重点项目，有针对性地开展专题招商调研，进一步了解产业发展趋势、对接招商需求。已形成电子材料、植物油加工、中农批农贸批发市场等方面的专题调研材料3篇，为以后招商提供依据和参考，进一步提高招商实效。以服务凝聚招商合力。充分发挥专业招商、综合招商的职能优势，不断提升招商服务水平，与部门和乡镇密切配合，信息共享，联动招商。根据已掌握的招商资源，面向全市编发招商动态，每半月发布一期最新的招商载体和招商意向等，与部门、乡镇实现资源共享，合力招商。依托招商局官方微信和招商项目交流QQ群等网络平台，进一步加强对招远市的招商宣传推介，与意向合作者和社会各界进行即时交流互动。保持招商热线24小时畅通，随时答复投资商的问询。历时近半年时间，精心编印高质量的招商宣传画册、项目册及PPT等，为全市招商搞好综合服务，增强对外宣传推介质量。

西安必捷滑雪项目

【开展招商引资活动】 2015年，招商局主动“走出去”，密集开展高层招商、联合小分队招商、登门招商，先后赴北京、上海、深圳、哈尔滨、济南、青岛等地开展招商活动50余次，拜访企业100余家，发放招商材料1000余份，拓展招商目标客户群，推进意向性项目，扩大招商辐射面。积极依托各地商会，充分利用他们掌握的信息和人脉资源，为招远市招商引资助力。其中，通过深圳市新材料行业协会，成功协助金宝电子对接世界500强企业——正威国际集团，积极探讨在精密铜箔、高级覆铜板等领域开展合作。积极“请进来”，瞄准国内外500强、大型跨国公司、大型央企、知名民企及高校院所，先后请进中国供销集团、北京恩源科技、西安必捷滑雪、上海吉萨、中兴光能等60多批次投资商到招考察洽谈，达成一批项目的合作意向。年底，以“大走访、大招商”活动成果为基础，抓住各大公司年底收官并谋划明年投资策略的有利时机，针对前期已接触的并有投资意向的客商，制定专门的年底走访计划，掀起新一轮的招商热潮。

【打造专业化招商队伍】 市招商局为进一步提升全局人员业务能力，打造专业化的招商队伍，专门开设内部招商讲堂，每周五下午集中开展学习培训，通过聘请有关职能部门业务骨干授课及内部有招商经验的业务骨干讲课等形式，让每名招商人员都能全面掌握相关的招商引资政策法规、招商基本知识和技能等，确保每位人员都素质过硬、独当一面。充分利用休息日的时间，积极“走下去”，通过企业高层现场授课和“面对面”交流座谈等形式，对全局人员集中进行专题知识培训，进一步了解全市重点产业发展现状、未来发展方向及招商需求等，全面提高工作人员的综合素质和招商能力。组织招商局翻译人员，定期深入全市重点企业，学习了解其生产工艺及主要产品的专业术语的翻译方法，进一步提升翻译人员的专业水平，为外商提供更加优质的翻译服务。全局工作作风进一步转变、纪律观念进一步增强、精神面貌进一步改观、工作效率进一步提高。

（撰稿：薄艳璐　　审稿：王星光）

出入境检验检疫

烟台出入境检验检疫局招远办事处领导成员

办事处主任：刘建东（正处级）
办事处副主任：陈殿升（副处级）
办公室副主任：张兴正（正科级）
检务科科长：温吉尧（正科级）
动植物检验检疫科科长：路光东（正科级）
机电轻纺化矿科科长：王政阳（正科级）

【机构设置】 烟台出入境检验检疫局招远办事处是烟台出入境检验检疫局设在招远的直属机构，检验检疫系统驻招单位，正处级。主要负责对招远辖区内的进出口商品、动植物及其产品和运输工具等实施检验检疫和监督管理。下设办公室、检务科、动植物检验检疫科、机电轻纺化矿科、检验检疫技术分中心。2015年，在编干部职工12人。

【概况】 2015年，招远办事处落实国家质检总局“抓质量、保安全、促发展、强质检”十二字方针，围绕招远市委、市政府和烟台出入境检验检疫局中心工作，坚持“三严三实”专题教育实践活动和业务工作“两手抓、两促进、两不误”，积极帮助出口企业不断提高产品质量，忠实地履行“忠于职守、勇于负责、严格执法、保国安民”的职责，有力地促进招远外经贸事业的发展。全年共完成出入境检验检疫8175批，货值2.49亿美元。其中，出境8043批，货值2.2436亿美元；检验检疫入境货物132批，货值2464万美元；签发各种产地证2716份，货值1.1436亿美元。

【加强出口农产品质量安全示范区建设】 招远市高度重视出口农产品质量安全工作，烟台出入境检验检疫局招远办事处积极参与和配合市政府及有关部门做好出口农产品质量安全示范区建设工作。2010年和2012年，招远市先后获得山东省首批出口农产品质量安全示范区和国家级出口食品农产品质量安全示范区等称号。2015年，招远办事处认真履行监管职责，加强与市政府和相关部门的配合联动，发挥积极主导作用，定期向市政府部门和进出口企业发布检验检疫信息，为政府和企业提供政策信息服务，对示范区建设的目的、要求和意义进行宣传推介，及时向国家质检总局和山东检验检疫局上报示范区有关材料，组织开展国家级示范区年审预考核，对照年审考核表进行自查、整改，继续保持省级和国家级安全示范区称号。协助有关部门开展省级信息公共服务平台建设工作，对招远辖区骨干农产品加工企业进行基础信息和主营产品信息网上采集，建立基础数据库，选择部分优质企业产品，参与国内外区域和大型采购供应商的线上线下对接推广活动。加大示范区品牌宣传力度，向国家质检总局报送招远国家级示范区品牌及区内企业品牌培育的先进经验、突出贡献及示范区创建国内外知名品牌材料。完善出口食品农产品质量安全追溯体系建设工作，重点涵盖出口农产品种养殖基地、出口企业、检测中心、农资配送中心、各镇（街道、区）农产品质量安全监管站等关键环节，实现信息资源共享。

【创新检验检疫管理模式】 2015年，招远办事处严格落实出口企业质量安全主体责任，加大检验检疫监管力度，严把出口产品质量关，防范食品安全问题的发生。按照上级局的要求和辖区进出口食品农产品特点，结合实际，制定出口食品企业监管计划和风险监控计划，按时完成国家质检总局和山东检验检疫局下达的食品安全风险监控取样、检测和上报工作，落实企业监管计划，将现场检查和认证监管结合起来，检查企业在硬件和体系方面存在的问题，跟踪企业整改，提升企业卫生质量管理水平。全年出口食品无国外官方通报和退运，有力地维护招远辖区出口产品的国际声誉。牢固树立“企

2015年8月11日，烟台检验检疫局招远办事处组织干部职工和企业质量负责人参加质检总局《食品安全法》视频培训

2015年5月21日，烟台检验检疫局招远办事处对出口食品农产品企业进行《出口食品备案管理规定》专题培训

业的满意是我们的标准，企业的需求是我们的责任”服务理念，立足重点，加大帮扶，为企业提供优质服务。创新检验检疫模式，加快验放速度。2月，招远辖区55家出口企业全部实行无纸化报检，产地证无纸化签证率达到100%。6月，进一步缩短检验检疫流程，出口检验检疫流程缩短至少于3.5个工作日，这些措施的实施，节约企业成本，方便企业通关。2013～2015年，连续三年实行出口检验检疫费减免政策，该项措施是落实《国务院办公厅关于促进进出口稳增长、调结构的若干意见》有关精神的重大举措，进一步减轻企业负担，大力支持扩大出口。2015年，共减免检验检疫收费约120多万元。对新增加的3家粉丝企业和1家豌豆蛋白企业，检验检疫人员提前介入，从图纸设计、车间布局和生产工艺流程提出合理化建议，提供技术和政策支持，让企业少走弯路，节约资金，早投产、早创汇，推动招远经济发展。全年编发检验检疫信息12期，将检验检疫重要的法律法规、政策、国外标准、典型案例汇编成册，通过电子邮箱直接发送到政府分管领导和有关部门、企业主要负责人及品（质）管部部长，使企业第一时间了解相关信息、政策，提高国外应对能力，增强企业在国际市场的竞争力。5月21日，组织出口农产品食品企业进行《出口食品备案管理规定》专题培训，辖区进出口农产品食品企业70余人参训，取得良好效果，为提高出口企业的管理水平和产品质量水平奠定坚实的基础。帮助企业加强实验室建设和实验室比对测试，提高企业自检自控能力。加大优惠原产地证宣传力度。5月，对辖区内50多家出口企业进行优惠原产地证知识的普及宣传，了解出口企业及国外客户对中国优惠原产地政策的利用情况，解答企业在申办过程中遇到的问题。6月，结合国外海关退证查询，深入企业介绍中国东盟区域优惠原产地政策及容易引起退证查询的事项，促进企业用足用好优惠政策，提高出口产品的竞争力。2015年，签发各种优惠产地证1870份，签证金额8654 万美元，使出口企业享受国外优惠600余万美元。

【机关队伍建设】 烟台出入境检验检疫局招远办事处始终把强化队伍建设、从严治检、提升干部队伍素质作为工作重中之重，全力打造政治过硬、业务熟练、高效廉洁的执法队伍。2015年，积极开展“三严三实”专题教育活动，提高自觉践行“三严三实”的自觉性和主动性。在加强内部业务培训的基础上，先后参加烟台检验检疫局培训6次，参加

2015年4月1日，烟台检验检疫局招远办事处干部职工参观招远市革命烈士纪念馆，接受革命传统教育

山东检验检疫局培训7次，参加系统外部培训2次。组织干部职工参加质检系统法律、法规和检验检疫技术视频学习，进一步提升业务工作能力和监管水平。加强党风廉政建设，筑牢廉政防线。办事处与科室负责人签订廉政建设责任书，落实廉政建设责任，筑牢拒腐防变的思想道德防线。加强廉政警示教育和革命传统教育，强化纪律观念。3月，组织干部职工参观招远市看守所和招远市公安局党风廉政警示教育基地，现场接受警示教育。4月，组织干部职工参观招远市革命烈士纪念馆，瞻仰和聆听革命先烈的英雄事迹，向革命英雄敬献花篮。2015年，招远办事处继续保持省级文明单位称号。5月，招远办事处检务科被共青团山东省委评为山东省青年文明号。

（撰稿：张兴正　　审稿：刘建东）

金融·保险·证券

中国人民银行招远市支行

中国人民银行招远市支行领导成员

行　　长：杨　强

副 行 长：林旭东　栾茂庆

纪检组长：周明东

【机构设置】　中国人民银行招远市支行成立于1950年6月。2015年，内设办公室、综合业务部、外汇管理部、调查信息部、纪检监察室5个部室，共有员工 27人，退休干部21人，具有中级职称人员17人。主要职责是：贯彻执行国家有关法律、法规、方针、政策及上级行有关规定；在辖区内贯彻执行货币信贷政策，监督管理金融市场，根据有关规定参与辖区系统性金融风险的防范、化解，维护地区金融稳定；维护辖区支付结算系统的正常运行，负责大额和可疑支付交易报告制度的实施和反洗钱案件的协查；承担辖区内外汇管理、经理国库及人民币流通管理、统计研究、征信管理等职责。

【概况】　2015年，招远市人民银行面对复杂的国际经济环境，坚持“稳中求进”的总基调，加强窗口指导和信贷调控，引导金融机构优化信贷结构，支持地方经济转型升级。截至2015年12月末，全市各金融机构人民币贷款余额为266.14亿元，较2014年增加19.45亿元，同比增长7.9%。各项存款余额457.42亿元，较2014年增加2.98亿元，同比增长0.66%。黄金租赁业务达到49312公斤，折合人民币贷款金额110.75亿元，比年初增加11477公斤。表内票据融资余额13.92亿元，较2014年减少4.4亿元。2015年，调结构促发展银企合作推进会签约项目72个，签约资金83.16亿元，到位资金93.92亿元，到位率达112.94%。

【货币政策】　2015年，招远市人民银行继续实施稳健的货币政策，有效防范金融风险，创新金融服务，优化信用环境建设，提升金融管理水平。一是结合招远经济金融实际，制定招远市信贷工作指导意见，进一步强化对各金融机构的窗口指导作用。二是利用金融联席会、银企项目推进会等多种平台和机制，持续加大对小微企业、新兴产业、科技企业的金融支持力度。三是扎实推进诚信建设，截至2015年12月末，共采集农村征信数据库信息17174余户，小微企业征信数据库信息16234条，促进提高了农村和中小企业信用水平，有效缓解了农村和中小企业融资难题。四是积极推进征信服务窗口标准化建设，2015年提供个人信用报告查询8521笔，企业信用报告查询421笔，办理和换发机构信用代码证896份。五是推动市政府出资5000万元，设立“招远市中小企业纳税信用担保基金”，创新推出以税定贷的“税贷易”小微企业融资产品，通过建立财税银协作机制、建立中小企业信用信息库、建立专项担保基金、配套优惠政策等措施，实现小微企业纳税信用转化为银行信用，缓解小微企业融资难问题成效初显。

【外汇管理】　2015年，招远市人民银行认真落实各项外汇改革政策，积极推进外汇主体监管改革，对重点涉外企业实行“一企一策”联系制度，灵活运用贸易投资便利化政策，帮助5家重点企业解决难题。支持山东玲珑轮胎股份有限公司开展跨国公司外汇资金集中运营管理试点，促成玲珑轮胎申请外债额度8000万美元，成为全省唯一一家获准申请外债额度的外资股份制企业。积极推进各项改革措施，强化对银行和企业的政策宣传和业务辅导，加强对银行的管理，加大对外汇违规行为的打击力度，提高银行和企业守法合规经营意识。多措并举支持辖区涉外经济发展。2015年，全市外汇收支总量275267万美元，同比下降10.73%；银行结售汇106970万美元，同比下降16.03%；跨境人民币收支总量504415万元，同比增长0.99%。

【支付结算】 2015年，招远市人民银行以普惠金融发展为导向，深入开展农村支付服务环境建设，支付机具覆盖面明显提高。截至2015年12月末，招远市设立助农取款服务点1132个，行政村覆盖率达到100%；发放银行卡161.73万张，人均持卡2.82张；机具布放达到5741台，其中ATM机202台、POS机具5445台、农民自助服务终端94台；手机支付用户量达到14.82万户，行政村覆盖率达到100%，农村支付环境得到明显提高。积极推进流通人民币净化和现金全额清分工程，确保全辖银行自助取款设备实现人民币冠字号码采集查询功能。积极开展科技创新，推动拓展银行卡功能，在辖内推广金融IC卡在公交车、旅游等领域的一卡多用。开办国库代收社保基金业务3.14亿元，进一步提升了国库服务社会民生的能力；开办国库代收工会会费695.5万元，为缴费企业带来极大便利。加强银行结算账户管理，有效维护辖区结算秩序。

（撰稿：于瑞亮　潘　刚　郭永晓
审稿：林旭东）

中国农业发展银行招远市支行

中国农业发展银行招远市支行领导成员

行　长：贺延隆
副行长：栾云涛

【机构设置】 中国农业发展银行招远市支行内设办公室、客户部、会计结算部3个部室。2015年，共有职工14人。

【概况】 中国农业发展银行招远市支行是招远市唯一一家国有农业政策性银行。主要职责是按照国家的法律、法规和方针、政策，以国家信用为基础，筹集资金，承担国家规定的农业政策性金融业务，代理财政支农资金的拨付，为农业和农村经济发展服务。农发行招远市支行秉承“至诚服务、有效发展、以人为本、构建和谐”的核心理念，按照“以人为本，管理立行，质量建行，科技强行，创新兴行”的治行思路，致力于打造现代农业政策性银行，继续以服务地方“三农”为己任，积极支持社会主义新农村建设。

【行业优势与特色】 国家信用：是直属国务院领导的国有农业政策性银行。资金优势：以国家信用为基础，多渠道筹集支农资金，是客户经营粮棉的季节性大资金需求及农业农村基础设施建设的金融保证。产品优势：从需求出发，提供收购、调入、进口、储备、加工、转化、产业化经营、仓储建设、基础设施和农业综合开发等全面的贷款产品，全方位支持企业发展及县域农业农村基础设施建设。行业优势：有长期支持粮棉企业的经验积累，对粮棉行业有专业化研究的信息优势，是客户经营粮棉的参谋。系统优势：分支机构遍布全国，是粮棉收购资金供应的主渠道，全国农发行开户粮食企业在2万家以上，开户棉花企业4000余家，是客户经营粮棉的桥梁。期限优势：固定资产贷款期限一般为10～20年。利率优势：重大水利工程建设专项过桥贷款（国家172项工程）、水利建设贷款、棚户区改造贷款、农村公路贷款等可以使用抵押补充贷款（PSL）资金，利率较低。

农发行招远市支行分管领导和客户经理到粮食收购现场查看收购情况

【支持传统业务，做好收购资金投放和管理】 2015年，农发行结合招远实际情况，做好传统业务支持工作。沟通粮食部门，做好粮食轮换的资金准备工作。在粮食监管方面，本着“有仓必到、有粮必查、查必彻底”原则，核实企业实际粮油库存，查清企业粮油库存的数量、品种、性质、占用贷款和权属，确保粮食信贷资金安全。同时，加强对企业财务活动的监管力度，并对企业的财务活动进行定期分析，对企业的应收、应付账款以及预收、预付账款进行重点分析，分析其资金的来源和去向，将信贷监管业务渗透到企业的整个经营活动中。2015年，发放粮食收购贷款1430万元，支持粮食收购企业收购粮食6000吨。

【营销存贷款，加强信贷工作】 2015年，农发行按照业务特点和范围，根据实际情况，通过中长贷款增加存款，积极营销财政存款和同业存款。在贷款方面发挥自身优势，灵活运用政策，推进中长期贷款业务。随着农发行改革的落实，最新信贷政策的出台，加大向政府领导及财政部门宣传力度。与当地政府接洽，形成《招远农发行进一步支持招远市农业农村基础设施建设报告》等报告，宣讲信贷支持重点及优惠条件，共同探讨适合的信贷项目。做好农发重点基金项目工作。自上级行部署重点建设基金工作以来，农发行积极与政府、发改局等有关部门沟通，并形成《关于开展项目资本金投资工作有关情况的报告》主动到政府汇报，引起政府关注抢抓营销项目资本金主动权。积极推进产业化龙头贷款项目。

2015年8月28日，农发行招远市支行开展道德教育年活动

【提高员工素质，做好优质服务】 2015年，农发行加强班子自身建设，认真学习掌握党的路线、方针、政策和上级行制度规定；定期开展批评与自我批评，沟通思想，消除隔阂，增进班子团结；开展“三严三实”专题教育和“道德教育年”活动，提升思想境界，转变作风。牢固树立以客户为中心的服务理念，增强服务意识，完善窗口服务规范，改善营业环境和服务设施，为客户提供优质、便捷的营业服务，提高客户满意度。建立窗口服务质量反馈制度，定期或不定期征求客户意见，及时了解客户需求和网点窗口服务存在的问题，认真加以整改。各部室本职工作做到不拖拉推诿，办事简捷、高效。对涉及其他单位、个人的事项做到积极联系、协商、支持、配合，建立和实行服务承诺、首问责任、效能考评、限时办结。业务部门的文明服务、规范服务、服务态度、服务效率得到客户满意。后勤保障部门工作切实做到二线为一线服务，服务快捷，保障到位。营业机构公布投诉电话、投诉信箱，接待客户投诉或表扬。

（撰稿：刘　静　　审稿：贺延隆）

中国银行股份有限公司招远支行

中国银行股份有限公司招远支行领导成员

行　长：王茂顺

副行长：阎振杰　温松志　刘庆博　徐学臻

【机构设置】 中国银行股份有限公司招远支行内设综合管理部、公司业务部、个人金融部、营业部、中小企业部共5个部室。下辖迎宾路、罗峰路、魁星路、河东路、开发区5个经营性支行。2015年，共有员工120人，其中大专以上文化程度100人。

【概况】 中国银行招远支行坚持“根植招远，繁荣招远，服务大众，奉献社会”，建设“区域品牌行”“系统一流行”，下辖5个网点全部升格为经营性支行，服务功能更加完善。支行总行级理财中心投入运营，打造“中银理财”品牌。4个离行式“24小时自助银行”为客户提供更为方便的金融服务。2015年，人民币存款余额为56.19亿元，外币存款余额为8227万美元，实现净利润8864万元。

【把握机遇，加速发展存款业务】 2015年，中国银行将存款工作作为立行之本，发展存款业务。一是根据工作重点和自身实际切实做到工作早动员、措施早部署、揽款早行动、存款早到位。二是针对个人客户，除了传统的活期储蓄、整存整取、零存

2015年5月31日，中国银行员工在府前广场进行义务宣传活动

整取、定活两便、七天通知存款、一天通知存款、日积月累等服务项目外，推出中银步步高、养老宝、聚财通等兼有存款和理财双功能的新服务品种，通过代发薪、代发年终福利等业务，沉淀储蓄存款。针对对公客户，推出多种业务产品（创新产品：对公日积月累、结构性理财等），同时设立“一对一”的客户服务业务。按照客户需求，办理各项银行业务，并依托强大的专家队伍及专业的市场分析，为客户定制业务产品。三是加强高层营销，主要狠抓政府板块、财政板块和地方助理经济板块的高层营销，紧密把握存款主要增长点。加强网点营销主渠道作用，所属经营性机构新增存款始终在辖内同序列排名位居前列。四是加强媒体宣传，在地方电视台和报刊定期刊发广告，加大中行各类产品和中行品牌的宣传力度。加强网点宣传，主要采取柜面宣讲、上门推介、印发业务传单、悬挂横幅、及时更新LED内容等方式加强宣传，为广大客户提供及时有效的业务产品，帮助广大客户增加收益。

【拓融资，增投放，做企业贴心人】 2015年，中国银行围绕全市经济工作中心，按照市场需求，增加信贷投放，提升服务质量，支持企业发展、繁荣金都经济。创新业务品种，增加信贷投放。根据市场需求变化，创新业务品种，通过特色的全球化金融业务产品服务（黄金质押、黄金租赁、黄金远期、汇利达、远期结售汇、保函等）增加企业信贷投放，为企业提供及时有效的资金需求。配合政府重点扶持中小企业融资的政策，努力创造条件，为中小企业提供融资，保证中小企业生产经营的资金链，最大限度地支持中小企业发展。个人融资方面，推出住房、商铺按揭，房屋抵押循环贷款，汽车消费贷款，存单质押贷款，卡分期，分期惠商通，直客式分期等产品，积极服务招远市广大市民。2015年末，人民币贷款余额为26.5亿元，新模式中小企业贷款新增投放1.2亿元。坚信银行与客户不能只是简单的存贷关系，更应该是互帮互助的朋友关系，关心客户与客户交朋友。2015年10月在得知烟台双塔食品有限公司人手严重不足，订单亟待发货的情况时，立即组织支行全体不上班人员，牺牲休息时间到企业义务劳动，解决企业的燃眉之急，赢得企业及社会的高度赞扬，开创银企合作的新典范。

【黄金特色业务】 中国银行围绕招远经济特色，依托中国银行黄金业务优势和黄金交割库的区位优势，开展黄金特色业务。自2002年12月30日争取设黄金交割库以来，面向招远市及周边地区营销黄金业务。邀请专家到招为客户讲解黄金业务，根据招远市特殊经济特色，推出纸黄金业务，为客户提供诸多投资渠道。黄金业务交易量、服务指令和系统排名逐年提升，黄金出入库总量逐年攀升。2002～2015年，黄金交割业务总量2140466公斤。其中，2015年交易量为 298055公斤。2015年，中国银行招远支行黄金交割库被上海黄金交易所评为“优质服务仓库”和“操作无差错仓库”。

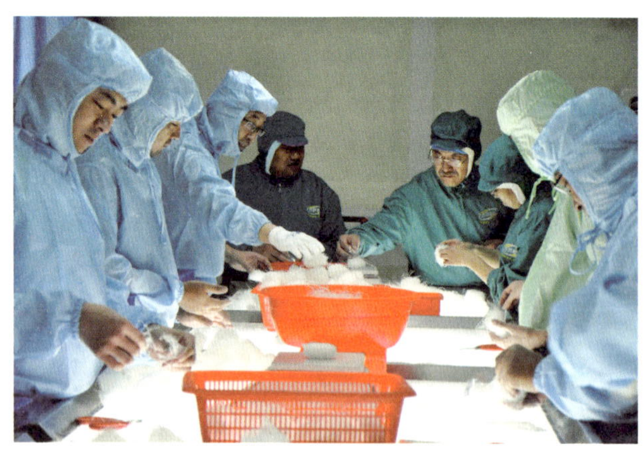

2015年10月17日，中国银行组织80余名员工到烟台双塔食品股份有限公司义务劳动

【风险内控取得成效】 2015年，中国银行强化不良清收组织保证，成立清收中心，逐级落实包户制度，全力推进不良清收化解，资产质量攻坚战取得明显成效。2015年全行共实现不良化解960万元，不良贷款余额比年初下降251万元，确保资产质量的稳

定。更加重视内控案防工作，内控架构整合加快推进，网点内控标准化系统推广试行，问题整改年、安全责任落实年、全员家访等活动扎实推进，授权管理、问责整改等薄弱环节得到初步加强。

【员工队伍建设】 2015年，中国银行围绕“跨越发展、创新发展、转型发展、合规发展”，不断推进企业文化建设与员工队伍建设。优化干部队伍年龄结构和知识结构，加强经营管理梯队建设。开展管理培训工作，更新知识结构。采取岗位轮换、考察交流等方式，提高干部综合素质。开展人才开发培养，营造良好的人文环境。通过老员工“传帮带”等方式，提高新员工业务技能和服务质量，激发员工创造力。

（撰稿：曹渝靖　　审稿：徐学臻）

中国农业银行股份有限公司招远市支行

中国农业银行股份有限公司招远市支行领导成员

行　长：李元忠

副行长：董丰国　杨克锋　刘学寨　任再寿

【机构设置】 中国农业银行招远市支行内设综合管理部、财会运营部、风险管理部、公司业务部、个人金融部、个贷金融中心6个部室，下辖支行营业部、大秦家分理处、蚕庄分理处、城北支行、栾家河分理处、辛庄分理处、玲珑支行、毕郭分理处、张星分理处、道头分理处、招城支行、东关支行、金岭支行、宋家分理处、南郊分理处等15个营业网点。2015年，共有员工222人。

【概况】 2015年，中国农业银行招远市支行坚持以服务地方经济发展为己任，紧跟全市经济“转调创”步伐，加快创新金融产品，努力提升服务水平，履行社会责任，全力满足经济社会建设各个领域的金融需求，为推动城乡经济社会发展、促进民生改善做出积极贡献。2015年末，全行各项存款达到73.08亿元；各类贷款余额27.78亿元，较年初增加10.18亿元，增量居同业首位；风险控制始终处于较好水平。获2015年度“招远发展突出贡献单位”。

【信贷投放】 2015年，农业银行围绕全市经济发展中心，认真落实上级行经营战略导向，坚持把有效发展作为第一要务，深化经营转型，优化资产结构，加强重点领域信贷投放，加快客户结构、产品结构调整，主体业务竞争力不断增强。坚持把改革创新作为动力源泉，不断完善经营机制、改进业务流程、强化管理创新，最大限度地激发全员活力、提升经营效率，着力推进产品创新和新产品推广应用。全年实现国际结算8.84亿美元，实现贸易融资5.2亿元。加大民生领域支持力度，紧跟国家房贷政策导向，优先配置个人贷款规模，大力满足居民住房改善需求，投放住房按揭贷款1.2亿元，余额达到3.4亿元。

2015年3月15日，农业银行招远市支行进行金融服务宣传

【服务三农】 2015年，农业银行坚持“面向三农”市场定位，突出强农、惠农、富农新举措，不断提升金融支持力度。全年累计发放农民购建房贷款4647万元，并成功发放全市首笔家庭农场贷款。与招远市盛润种植专业合作社和招远市宏源果业专业合作社分别签订资金监管三方合作协议，成为专业合作社托管银行。以新农保、新农合、企业园区服务为路径，以惠农卡/园区卡+转账电话为载体，发展“农行+超市”“农行+村委”“农行+园区”等惠农服务渠道模式，打造农村金融“村内银行”。全年累计发放农保社保卡10余万张，新增惠农服务点147个，电子机具覆盖率达到72%。

【基础管理】 2015年，农业银行坚持发展与管理并重，持续加强风险源头管控，围绕落实规章制度和提高风险防范水平，深入开展“合规示范网点”“三化三无一退出”（“三化”指信贷基础管理、信贷业务运作和信贷决策的制度化、规范化和精细化；“三无”指无新发生不良信用、无新增欠息和无新发生展期贷款；“一退出”是指完成当年潜在风险客户贷款退出计划）、“三化三铁”（标准化、规范化、制度化，铁账、铁款、铁规章）、“四无一创建”（无案件、无严重违规行为、无重大责任事故、无声誉风险事件，创建合规管理先进单位）、“三化三达标”（标准化、制度化、精细化，物防达标、技防达标、人防达标）等创建活动，风险控制基础进一步夯实，全行风险预警处置率100%，下迁徙贷款率为零，个人不良贷款余额为零。深入开展“三严三实”专题教育活动，着

2015年8月25日，农业银行招远市支行员工参加网点营销风采大赛

重解决一批基层员工关注的问题，各级干部的宗旨意识不断增强。坚持人本管理理念，以系统党建为统领，以创建文明单位为载体，注重发挥团委、女工委等群众组织的桥梁和纽带作用，认真落实职代会等民主管理制度，扎实推进“幸福家园”工程建设，推动企业文化落地生根，做到发展为了员工、发展依靠员工、发展惠及员工。举办丰富多彩的文体活动，丰富全行员工精神文化生活，关心关爱困难员工，积极为员工办实事、办好事、解难事，切实增强员工归属感和自豪感，创造和谐发展的良好环境。

【贴心服务赢得客户称赞】 一天傍晚下班时间，一对年轻夫妇在招远农行南郊分理处门外着急的敲门。主管开门接待了客户，询问得知客户孙女士因

客户向农行送锦旗

在手机上按照提示点击链接，银行卡上的1万多元被划走了。主管了解情况后，立即为客户做了卡口头挂失，并根据上级行下发的风险提示，及时联系支行个金部查找相关基金公司客服电话。因为是下班时间，基金公司客服电话未打通。分理处耐心向客户解释其遇到的诈骗手段，并承诺帮客户将风险降到最低。次日一上班，网点主任及时联系基金公司客服，成功为客户追回被骗款13403元。客户对于农行一心一意为客户着想的服务非常感动，专门定做了“热情热忱 尽职尽责”锦旗送到分理处表示感谢。近年来，随着经济的发展，不法分子诈骗的手段也在不断更新，客户一旦按照不法分子指令在手机或自助设备操作，极易造成资金损失。对此，招远农行在加强金融防诈骗知识宣传的同时，及时滤芯给社会职责，尽力为客户挽回资金损失，保障客户合法权益。

（撰稿：吕忠禄　　审稿：李元忠）

中国工商银行股份有限公司招远支行

中国工商银行股份有限公司招远支行领导成员

行　长：滕　鲲

副行长：题兴华　冯少丽

【机构设置】 中国工商银行股份有限公司招远支行内设市场营销部、风险管理部、个人金融业务部、办公室3部1室，下设支行营业部、城北支行、城东支行、金百支行、城南区分理处、河东路分理

工商银行招远支行研究支持地方经济发展措施

处6个营业网点。2015年，共有在职人员97人。

【概况】 2015年，工商银行招远支行紧扣“加快投放、稳健经营”工作目标，以服务地方经济发展为己任，凭借多元化的业务结构、先进的电子银行系统、便捷的支付结算渠道以及丰富的金融产品和服务，全力支持地方经济发展。围绕地方经济工作重点，迎难而上，不断加大投放、创新经营，助力实体经济发展和居民消费水平提升。全年累放各项人民币贷款40.02亿元，年末贷款余额37.03亿元，其中：中小企业贷款全年累放2.23亿元；个人住房及个人消费经营贷款分别累放1490万元、17876万元；累办国际贸易融资8.07亿元；累办黄金租赁7380公斤，折合人民币16.3亿元；累办银行承兑、信用证、保函等表外融资24亿元；财政贡献2075万元。2015年11月13日，中国工商银行山东省分行行长戴春林一行在烟台分行行长陈国立陪同下，到招远支行进行工作调研，并走访招金集团。

【抓短板、调结构、提效能，不断拓展客户市场】 2015年，工商银行各层级、各岗位员工共同努力，各项业务平稳发展。抓短板。结合重点业务行内排名及四行占比情况，找短板、定措施，努力扭转不利局面。针对储蓄存款长期四行占比落后、增长乏力的情况，全面排查周边重点乡镇及重点行业客户分布情况，围绕招金、中矿等核心客户的上下游客户分析，不断制定和完善他行优质客户挖转计划，初步取得良好效果；针对个贷、汽车专项分期付款等四行落后业务，努力转变思路、打破僵局，通过与投资商、担保公司三方联手的方式，最大限度争取市场份额；针对上年机构存款长期负增长的局面，努力与财政、人社、土地、住建等部门深化沟通，建立专门的机构存款课题小组，研究客户业务需求和服务方案，打好工作基础。调结构。优化客户结构，努力发展中小型客户。为促进支行存贷款业务健康、稳定增长，摆脱对核心客户的过度依赖，重点夯实客户基础。锁定乡镇矿山企业及其他涉金企业、石材机械等重点行业，挖掘中小客户资源，扩大融资业务规模。针对玲珑轮胎成立供应链融资课题小组，努力拓展其上下游客户，分析锁定其销售回款渠道，为打破小企业客户发展僵局奠定基础。优化网点结构，提高网点营销服务效率。对网点的业务结构、管理方式、人员配置进行调整优化，坚持“柜面人员向营销人员转变、储蓄型网点向综合型网点转变”，提高网点对周边市场资源的辐射、挖掘及服务能力。提效能。2015年，面对绩效考核中“信用类高资本占用贷款居高不下、整体收益低”不利局面，努力调整信贷投放结构。以招金集团为例，积极参与其中长期融资结构调整进程，力图通过项目贷款、并购贷款、特定资产支持融资、融资租赁、股权投资、股票收益权信托、非公开定向发行债务融资工具等，参与其短期融资结构调整，扭转以信用贷款为主的“高占用、高成本、低回报”不利局面，拟定对招金矿业“私募债”项目的承销计划。丰富信贷融资手段，满足客户多样化需求。围绕上年当地核心产业客户融资需求变化，及时调整营销策略，大力发展黄金租赁及银行承兑、信用证、保函等表外业务。

【惠民生、促消费，加大个人贷款投放力度】 2015年，工商银行加强与财政、人社、土地、住建等部门沟通，工商银行、投资商、担保公司三方联合，不断加大个贷、汽车专项分期付款等业务，争取市场份额最大化。截至2015年12月31日，工商银行个人住房贷款总余额27953万元；个人消费及经营贷款累放501笔，累放金额17876万元，贷款总余额16776万元，较年初增长4232万元，贷款总量和客户数量较往期明显提升。

【扶持小微、涉农产业，支持实体经济发展】 2015年，工商银行在巩固乡镇矿山企业及其他涉金企业、石材机械等重点行业基础上，加大对小微企业、涉农产业扶持力度，为招远实体经济发展提供支持。截至2015年12月31日，工商银行小企业贷款

工商银行招远支行开展"金融消费者权益保护暨防范打击非法集资"宣传教育活动

总余额17618万元，较年初新增4932万元；涉农贷款余额369524万元，较年初增长69736万元。

【逆势而上、转变投放思路，稳步扩容增量】 2015年，信贷规模紧张、外汇汇率波动及全年经济下行，部分大中型客户不断压缩融资成本，缩减银行贷款并大量还款，给信贷增长带来一定压力。对此，工商银行转变思路，从贸易融资和各项表外业务着手，解决企业规模紧张、融资成本高的难题。截至2015年12月31日，工商银行表内对公贷款余额327399万元，其中借助出口订单等贸易融资方式投放资金26530万元；表外贷款中，黄金租赁余额6780公斤，折人民币163009万元，银承、信用证及保函、内保外贷等业务融资余额109583万元，成为新的信贷增长点。

【转作风、促服务，加强党风廉政和作风建设】 2015年，工商银行围绕"中央八项规定""纠四风""三严三实"专题教育及"一加强两提高"工作部署，在全行范围内弘扬真抓实干的工作作风、敢于创新的学习作风和勤俭节约的生活作风，加强党风廉政建设和作风建设。建设"民主型"支行，促进行务公开，拉近干群关系。通过民主生活会、行务会、各层级干部会议及青年员工座谈会等多种形式，促进业务改革、干部选拔、员工福利、岗位竞聘等支行重大决策、事务公开透明，及时掌握支行基层运营和管理的真实情况，了解员工工作生活及职业发展需求。建设"节约型"支行，细化财务管理制度。充分发挥财务"一支笔"的审核督导作用，对于支行"三公"消费和采购支出做到逐笔把关，在公车、公餐及采购多个方面推行双人复核的财务结算制度，较大程度降低了经营成本。建设"服务型"支行，提升各项工作执行力。本着"对外服务客户、对内服务员工"理念，不断提升各部室、网点间的团结协作能力、工作执行能力，帮助个别部室与人员克服小我意识，树立起全行发展的大局观念。以"擦亮品牌 提升服务"为窗口，持续优化网点服务职能。2015年，宋海鹏《浅析工行"融E购"电商平台的发展思路》论文获总行2014年金融青年论坛"优秀奖"；城北支行、城东支行、河东路分理处获烟台分行"拓户增存、亮点再亮"专项营销竞赛活动优秀团队奖，3人获优秀个人

工商银行招远支行加强扶贫工作

奖；城东支行、河东路分理处、城北支行获烟台分行一季度"双拓双增"专项营销竞赛活动银牌营销团队称号；城东支行、河东路分理处获烟台市分行三季度"双拓双增"专项营销竞赛活动银牌营销团队称号；城东支行获烟台分行2014年四季度"擦亮品牌、提升服务"专项活动明星网点称号，1人获服务明星称号；2人获省行2014年度"优秀柜员"称号，1人获"优秀运营督导员"称号。招远支行获2014年烟台分行公司存款优胜支行及行长经营绩效考核先进支行称号。

（撰稿：滕宗东　　审稿：冯少丽）

中国建设银行股份有限公司招远支行

中国建设银行股份有限公司招远支行领导成员

党总支书记、行长：赵　光
党总支委员、副行长：王文杰　王学珍（女）
纪检监察特派员：陈　凯
委派会计主管：方同义
六级公司客户经理：温洪福

【机构设置】　中国建设银行股份有限公司招远支行内设二室二部四个分理处：办公室、营业室，公司业务部、个人金融业务部，泉东分理处、中心街分理处、花园分理处、罗峰路分理处。个人金融业务部下设个人贷款中心、信用卡中心和电子银行中心。2015年，在职人员92人。

【概况】　2015年，建设银行高点定位，勇创一流，充分发挥融资主渠道作用，全力服务全市经济建设，较好的完成各项工作目标，为全市经济社会发展做出积极贡献。2015年末，资产总额53.57亿元，负债总额52.04亿元，所有者权益1.53亿元。一般性存款余额47.64亿元，其中对公存款余额26.51亿元，个人储蓄存款21.13亿元；各类贷款余额22.50亿元，其中公司类贷款19.36亿元，个人贷款3.14亿元。2015年，实现账面利润15322万元，同比增加10万元，营业税金及附加1666万元，同比减少114万元。建设银行连年被市委、市政府评为“先进企业”和“招远发展突出贡献单位”。行长被评为2014、2015年度“优秀企业家”。

2016年3月7日，依法合规经营，支持地方经济发展专题调研会

【强化金融产品创新】　2015年，建设银行认真贯彻招远市委、市政府年度工作重点，紧紧围绕在新常态下全市的规划和举措，以转型发展引领未来，结合市场特点和企业需求，转变思路、坚定信心，突出重点，主动研究市场、分析形势、解读政策、对接客户需求，契合宏观经济政策和微观区域实际，全力强化金融产品创新，拉长业务短板，巩固发展优势，产品创新不断涌现。充分发挥建设银行国际市场竞争地位优势，为一跨国公司量身定制

2015年2月26日，建设银行“五贷一透”专题调度会

“全市首笔跨境资金归集”业务，打响2015年业务转型、产品创新的第一炮。积极对接客户需求，根据企业特性，为当地一家企业量身定制发行全市第一笔21亿元“永续债”业务，填补当地市场“永续债”的空白，较好改善企业负债结构，为当地企业提供长期稳定的资金支持。同时，协助企业成功办理短期融资债券10亿元。

【优化服务模式】　2015年，建设银行着力于解决小微企业融资难、成本高，手续繁琐等诸多问题，依托互联网、大数据等新技术，不断加强小微企业产品创新，优化服务模式、简化业务流程，推广无缝续贷款，网银循环支用等。推广建设银行五贷一透特色金融服务产品。全年累计办理“五贷一透”贷款935万元。其中善融贷460万元，税易贷385万元，POS贷50万元。利用建设银行国际结算优势，大力发展国际业务，先后为当地跨国公司办理贸易融资15亿元、风险参与10亿元。围绕优势产业、特色产业，发挥创新黄金租赁全国首笔优势和成功的经验，在黄金衍生产品做文章。成功为黄金企业办理全省首笔履约金额约2.1

亿元“黄金远期到期交割业务”和首笔500公斤“黄金租赁配套人民币远期套保业务”。

（撰稿：欧元能　　审稿：赵　光）

恒丰银行招远支行

恒丰银行招远支行领导成员

行　　长：刘　静

副 行 长：邢爱敏

行长助理：薛英莲　康金兴　解永涛
王兴彦　秦桂洁　刘高峰

【机构设置】 恒丰银行招远支行内设办公室、会计科、信贷科、储蓄科、国际业务部、公司业务部、个贷中心、保卫科等9个部门，下设1个营业部和温泉河东路、城西、城北、金都花园、城东、城南、迎宾路、金晖、魁星路等9个分理处。2015年，在册员工84人。

【概况】 2015年，恒丰银行招远支行大力加强信贷投放、规范服务、内控管理，各项工作呈现良好局面。年末，全行各项存款余额达到67.01亿元，比年初增加2.86亿元。其中储蓄存款余额46.5亿元，对公存款余额20.19万元。贷款余额达到28.82亿元，利息回收率99.6%，上缴地方税收1320万元。全面完成年度经营目标，其中存贷款总量、国际结算量、外币储蓄、利润总量等主要指标在烟台区域系统各支行中均名列前茅，没有发生任何经营风险和问题。蝉联烟台市文明单位、招远市先进企业、招远发展突出贡献单位、恒丰银行烟台分行先进集体及恒丰银行总行“十佳二级分行”等称号。

【践行“恒必成，德致丰”新价值观，不断提升恒丰银行良好形象】 2015年，恒丰银行将“为社会和客户提供优质、高效、文明、规范服务”，作为践行“恒必成，德致丰”新价值观的重要载体。对全行员工进行服务培训。从开门迎宾、到晨会、到大堂服务、到服务六步曲、到“四语”、到通用服务标准、到情景模拟，逐项进行。对服务设施进行完善。针对星级网点检查标准和总行最新规范服务管理办法等有关规章制度要求，对营业部服务设施进行改造，对城南处、城北处进行成功的迁址。保证好柜台支付。通过提高服务效率、增加业务窗口等方式，减少客户等候时间，同时发挥好大堂经理业务咨询、客户疏导分流等职能。加大服务检查和监督力度，并将检查监督情况与年度考核挂钩，使全行员工真正重视优质服务。开展公益性金融服务。开展金融知识宣传普及活动，组织员工深入集市、社区、商铺，围绕征信知识、反假币、反对非法集资等内容进行宣传，发放宣传资料10万多份。履行社会责任。开展代收社会养老保险费、水电费、暖气费等业务，让金融服务惠及社会大众。参与后进村帮扶，年内对玲珑镇西庄头村投资1万元，向村民赠送大米2400公斤，并走访困难户。支行帮扶经验被总分行及省市各大媒体广泛报道。

2015年8月3日，恒丰银行员工向客户征询规范服务意见

在2015年各季度总行第三方规范服务暗访检查中，支行始终列烟台分行前2名，三季度以满分的成绩列总行第1名。年内客户满意度考核得分列分行所有支行第1名。支行被分行评为“品牌建设与管理工作先进单位”。支行营业部被授予“全国银行业三星级营业网点”称号，这是继被中国银监会授予“全国雷锋岗”称号后获得的又一国家级荣誉。

【加大对实体经济支持力度，为企业提供多元化的金融服务】 2015年，恒丰银行按照全市“稳中求进、稳中有为”总基调，认真分析县域经济特点，加大支持力度。支持全市重点企业发展。根据“转型升级”要求，在信贷政策、资金额度等方面给予倾斜。年内新发放各类授信业务90多笔，累计金额46亿元。加大对中小企业的扶持力度。简化信贷环节和手续，为解决中小企业的融资瓶颈积极努力。到年末，中小企业贷款108733万元，占全行贷款余额的38%，个人经营性贷款8450万元。为客户提供多元化的金融服务。利用本行政策活、效率高的优势，根据客户需求和实际情况，积极推介相关业务。年内外汇结算量达7388万美元，累计开立网上银行12483户，手机银行6287户，银联卡9万张，共发行恒裕理财10亿元，出售国债6768万元。处置不良贷款、帮助企业解决困难。从为企业降压减负角度出发，用足用活政策，促进其轻装上阵、加快发展。同时进一步实现不良贷款率与绝对额双下降。不良贷款比年初减少219万元，不良率为2.29%。不良占比在本系统中居最好水平。

2015年11月11日，恒丰银行员工到招远汽车站开展“反假货币在路上”宣传活动

【加强风险防控，创建金融安全区和维护金融稳定】2015年，恒丰银行以“确保不发生案件和责任事故、促进各项业务稳健发展”为基本目标，不断强化“风险控制是首位的”的理念认知，规规矩矩办银行、认认真真办银行、扎扎实实办银行。制订落实好各项考核办法，确保各项业务管理不出纰漏。加强各网点的自查自纠工作。重点是账户管理、银企对账、各种登记簿管理、重要凭证管理、网银等方面。发挥好职能科室的监督考核职能，强化重要环节与重要岗位的内控外防，规范业务操作流程。相关科室对各网点的合规操作及业务考核等工作进行及时检查。狠抓不良资产化解工作，确保资产质量保持在一个科学合理的水平。做好向人民银行、银监办、金融办等上级部门金融信息报告工作。2015年，在保证各项经营指标全面超额完成的同时，各项业务稳健、规范、健康发展，在上级行和各级监督、管理部门的检查中得到肯定和好评，为金融安全区建设、维护金融稳定做出了贡献。

（撰稿：孙韶东　　审稿：康金兴）

招远农村商业银行

招远农村商业银行领导成员

董事长：张绍伟

行　长：于东玲

监事长：李维纲

副行长：臧松茂　范　涛　张启祥

董　秘：刘文成

【机构设置】　招远农村商业银行是经中国银行业监督管理委员会批准，由境内自然人、境内非金融机构共同发起成立的具有独立企业法人资格的股份制地方性金融机构。2015年，招远农商银行内设合规管理部、综合部、人力资源部、财务管理部、审计部、业务发展部、资金营运部、风险管理部、资产管理一部、资产管理二部、公司业务部、科技信息部、监察保卫部和案防办公室等14个管理部门，下设1个营业部和蚕庄、辛庄、金岭、玲珑、张星、宋家、阜山、南院、大户、毕郭、齐山、夏甸、招城、城东、金源、市区、东关、大秦家、丽湖、金晖、西山、罗峰、河东、城南、街里、霞坞、青龙、大吴家等28家支行以及朱宋、原疃、小高家、吕家、西河北、河西等6家分理处，在职员工414人。

【概况】　招远农商银行位于招远市魁星路199号，

2015年12月22日，招远农商行成立开业球启动

是招远市工作人员最多、服务网点分布面最广、资金实力最大、自助设备保有量居全市第一位的金融机构。2015年，招远农商银行紧紧围绕“稳增长、促转型、保民生”工作主基调，以促进城乡经济发展为己任，以深入开展“三严三实”教育为动力，不断强化金融服务，在优先满足“三农”资金需求的基础上，加大对中小微企业和重点项目的支持力度，为全市经济回升、民生改善、社会和谐做出积极贡献。年末，各项存款余额达到87.15亿元，较年初增加5.17亿元，较同期多增3.91亿元；缴纳各类税款2626万元，其中地方贡献度1195万元，高居辖内各金融机构榜首。在招远市万人评窗口评议活动中位居全市金融机构首位，被市委市政府授予“先进企业”和“招远发展突出贡献单位”称号，并继续被山东省文明委授予“文明单位”称号。

【强化资金组织，壮大信贷资金实力】 2015年，招远农商银行针对日益激烈的存款市场竞争的局

2015年12月22日，银监局向招远农商行授牌

面，制定出台小段考核办法，持续加大对存款的正向激励力度，充分激发全员揽储积极性。全面提高门市服务质量。以监保部为牵头部门，安排专人调看视频监控录像，加大对各网点文明规范化服务的检查监督力度，促使各网点切实提高柜台服务质量和服务效率，靠优质服务吸引更多客户。强化督导调度。采取班子成员、部门经理下乡调度与强化员工最低业务量审计相结合的方式，在全辖营造“比、学、赶、超”存款组织工作局面，推进全辖存款工作均衡发展。

【强化信贷精细化管理，全力支持“三农”和中小企业发展】 2015年，招远农商银行完善贷款利率

2015年审慎监管工作会议

定价机制，提高贷款综合收益率。针对央行多次下调贷款基准利率情况下，对贷款利率定价办法修订完善，不断满足三农和小微企业贷款多样化的要求。持续抓好信用工程创建，打造良好信贷支农环境。全年累计走访农户24426个，走访社区商户4900户，评定信用户4258户，核发贷款证98户，授信额7015万元。加大贷款实投力度，不断优化贷款结构。大力压缩票据贴现业务，至年末，压缩票据贴现规模6.7亿元，增加贷款实投7.02亿元，有效加大实体贷款投放力度。

【大力压降不良，为银行化改革创造必要条件】 2015年，招远农商银行扎实开展不良贷款“秋收行动”，共收回不良贷款452笔、本息1537万元，进入全省不良贷款秋收行动先进行列，受到省联社通报表扬。加大诉讼清收力度。通过与法院协调沟通，将所有不良贷款债务人个人信息录入法院“失信名单”系统，对全辖不良贷款实行集中立案、突击执行，全年共起诉不良贷款本息2651万元，诉讼执结

2016年1月27日，招远农商银行与招远毕郭兴农果业合作社签约

732万元。加快市场化处置步伐。全年收回表外科目政府收购不良贷款本息1680万元，收回表内不良贷款420万元，查封保全涉贷财产1030万元，通过债权转让方收回不良贷款53.4万元。

【强化电子银行业务，网点转型发展进一步推进】2015年，招远农商银行认真做好网点布局和改造升级工作。对辖内6个营业网点进行装修改造，1个营业网点进行迁址，使网点布局更具亲民性和亲和力。加大电子设备布放和电子银行推介力度。在118个行政村布设农民自助服务终端（农金通）134台。将城区各网点银行自助设备进行换代升级，为10处网点安装网银自助终端，为7处网点安装无线网络（wlan），新增有效电子银行客户17600户，进一步强化电子银行业务宣传推介，引导存、贷款客户全部通过电子银行办理，有力促进电子银行业务发展。

【强化创新意识，新业务开展稳健扎实】2015年，招远农商银行积极参与新型农村合作金融试点工作。成为烟台市首家试点合作社的托管银行，并

2015年10月15日，烟台市领导到烟台市新型农村合作金融试点工作现场观摩及动员会议现场参观

于10月中旬在烟台市政府召开的新型农村合作金融试点工作座谈会议上印发招远农商行经验介绍。至年末，共签约3家农民专业合作社共107名社员，发放信用互助资金101.2万元。争取市政府在农商行开立新农保基金财政专户。外汇业务实现自主办理。农商行外汇业务已获省银监和省人民银行批复，可正式自行开办外汇业务。货币市场业务实现新突破。获上海全国银行间同业拆借中心和北京国债交易中心交易员资格，为增加盈利拓宽了渠道。

【强化目标责任落实，银行化改革顺利完成】招远农商银行自2015年5月启动股金规范工作以来，全行上下攻坚克难，积极推进银行化改革各项筹建工作。6月底召开社员代表大会，7月完成清产核资，8月通过烟台和省银监部门验收，10月获山东银监局筹建批复，12月获山东银监局开业批复，12月22日顺利开业。由于银行化改革工作时间紧、任务重、要求高，全体干部职工充分发扬认真负责、团结协作、忘我工作的敬业精神，为农商行体制改革的顺利进行做出积极贡献。

【强化内控管理工作，风险防控水平稳步提高】2015年，招远农商银行持续加强全员合规文化教育，不断完善内控质量考核管理机制，提高全员依法合规经营意识。持续加大风险排查和飞行检查力度，认真开展专项审计和常规审计，全年共实施各类检查81次，发现问题232 个。强化责任追究，落实问题整改，加大问题处罚力度，全年共对49名问题责任人和相关责任人进行责任追究，经济处罚42人次，罚款金额3.8万元。发挥警示教育作用，从思想认识、操作规范等各方面及时堵塞风险漏洞，全年各项工作继续保持“零案件、无事故”。

【强化企业文化建设，为改革发展不断注入正能量】2015年，招远农商银行加强员工队伍建设，提高全员整体素质。以深入开展“三严三实”教育为统领，转变领导干部和党员工作作风，增强党员干部的党性修养。制定并实施周六集中学习制度、中层干部管理能力提升和员工业务素质提升培训方案，全年共举办各类学习培训达45期，培训时间达69天，参训员工达3500人次，全面提高员工对各项制度的执行力。积极开展后备干部竞聘、省联社新锐人才和骨干人才选拔推荐工作，为改革发展储备高素质人才。开展“金融知识进万家”宣传普及活动，丰富全民金融消费知识。先后开展打击非法集资、维护消费者权益等大型宣传活动8次，宣传受众愈万人次。开展文明单位创建，进一步提高社会形象。深入开展“文明窗口”“文明服务标兵”创建、“金都志愿365”义务服务和“文明服务标兵评选”“客户满意度调查”等活动，全员爱岗敬业意识、职业道德素质和服务水平得到明显提升。

（撰稿：刘　荷　　审稿：吴桂忠）

中国邮政储蓄银行招远市支行

中国邮政储蓄银行招远市支行领导成员

行　长：秦晓东

副行长：王　林

【机构设置】 中国邮政储蓄银行招远市支行内设综合管理部、综合业务部2个部室。辖区内共有26个营业网点，其中一类支行3个，二类支行11个，邮政代理网点12个。2015年，在职员工57人，其中大专以上学历56人，拥有中高级专业技术人员3人，理财师资格4人。

【概况】 邮政储蓄银行是在邮政储蓄管理体制改革的基础上组建的商业银行，坚持普惠金融理念，自觉承担“普之城乡，惠之于民”的社会责任，服务“三农”、服务中小企业、服务社区。依托网络优势，按照公司治理架构和商业银行管理要求，不断丰富业务品种、完善服务渠道、提升服务能力，为广大客户提供更全面、更便捷的金融服务，成为一家资本充足、内控严密、营运安全、品牌卓越、竞争力强的大型零售商业银行。

【践行普惠金融理念，服务百姓民生】 2015年，邮储银行自觉履行“普之城乡，惠之于民”社会责任，走独具特色的普惠金融发展道路，邮储银行业务产品不断丰富。除开办传统的储蓄、国内汇兑、国际汇款、银行卡业务、代收代付等基础金融服务外，还相继开办小额贷款、商务贷款、住房贷款、信用卡、理财、结售汇等服务个人客户的新业务以及公司存款、结算、票据贴现、小企业贷款、公司项目贷款、贸易结算等服务公司客户的业务，成为支持全市经济发展的一支重要力量。2015年，邮储银行各项人民币存款余额达到34.85亿元，其中全辖邮储居民储蓄余额达到32.62亿元，对公存款余额达到2.23亿元，小额贷款结余700万元，商务类贷款结余600万元，消费贷款结余9000万元，公司项目贷款余额11亿元。

2015年11月26日，邮储银行召开理财沙龙活动

【发挥邮政金融网络优势，支持地方经济发展】 2015年，邮政储蓄银行坚持服务“三农”、服务中小企业、服务城乡居民的大型零售商业银行定位，发挥邮政金融网络优势，强化内部控制，合规稳健经营，为广大城乡居民及企业提供优质金融服务，支持国民经济发展和社会进步。以《2015年烟台市分行信贷业务发展指导意见》为指导，进一步加大对工业经济发展的资金支持力度，力推“两小”贷款业务的发展，即以小额贷款业务为依托，重点支持农村经济发展，以小企业贷款业务为依托，大力支持中小企业的发展。

2015年8月4日，邮储银行学习法律法规知识

【加强内部管理，提升服务水平】 2015年，邮政储蓄银行认真落实“三会一课”制度和廉洁知识学习制度，认真组织开展专题学习，提高领导班子成员管理能力。开展深入基层调研活动，召开民主生活会和组织生活会，落实工作作风建设，提高领导班子公信力，强化班子队伍建设，认真开展领导

服务礼仪培训

班子合规履职检查工作，强化专业队伍建设，提高客户经理队伍的能力，做到合规经营。为确保后台服务支撑落实到位，2015年度综合管理部组织开展多项业务培训考核活动，积极参加多次银监局、上级行、人民银行等组织的培训活动。2015年，共组织集中学习26期，培训内容包括业务知识、服务礼仪、反洗钱知识、反假币知识、安全保卫知识、风险管理等，进一步提升员工的综合素质，创造良好的企业文化氛围。

2015年，邮政储蓄银行开展“网点能力提升”管理工程，建立周学习制度，细化服务管理流程，通过组织网点员工利用晨夕会时间，开展集中学习网点标准化流程管理规范、开展服务检查、知识考评等活动，切实提高员工服务知识和服务礼仪，网点服务水平得到大幅度提高，实现网点管理、营销和服务的标准化、流程化和规范化，全面提高网点的核心竞争力。

（撰稿：赵爱杰　　审稿：曹永昌）

交通银行股份有限公司烟台招远支行

交通银行股份有限公司烟台招远支行领导成员

行　　长：田亚堃

行长助理：栾义法　谢传睿　刘丽慧（女）

【机构设置】　2010年12月，交通银行股份有限公司烟台招远支行在招成立，内设公司业务部、个贷中心、理财中心、营业部等部室，下设东关街、温泉路、魁星路、河西区4个离行式自助银行。2015年，在职员工25人。

【概况】　交通银行奉行“促当地经济建设，为招远经济发展做贡献”宗旨，围绕实现盈利强行、银企双赢发展目标，优化客户结构、拓展业务市场，各项工作顺利开展。2015年末，各项贷款余额17.59亿元；黄金租赁13610公斤，个人贷款1.3亿元。与几十家中小企业有新的业务联系和发展，多种业务品种合作。财政贡献750万元，比上年有较大的增幅。

交通银行招远支行营业大厅

【开展交行业务】　交通银行依托地方经济发展优势，突出交通银行特色产品，稳步推进各项业务发展。按照《商业银行服务价格管理办法》，加快中间业务发展，增加中间业务收入据。依托网点和网络优势，通过柜面营销和上门营销，开拓企业贷款、个人贷款、国际结算、黄金租赁、代发工资、个人理财等业务。特色产品主要有出口风参、国际信用证、国内信用证、黄金租赁、e贷通、得利保系列理财、代售贵金属、个人贷款、小企业贷款等。

【打造交行品牌】　交通银行不断提高服务质量和服务水平，提升市场形象，以服务带动销售，促进业务发展。交通银行营业大厅宽畅，硬件设施先进，服务功能完善。营业大厅内设现金区、非现金区、自助银行服务区、VIP客户服务区、客户休息等候区、网上银行（含电话银行），各类业务服务指示牌准确到位，设有专门的大堂经理、理财经理和保安人员，成为一家集客户服务、客户体验、客户心情舒畅办业务为一体的大型支行。坚持“以客户为中心”，落实“好客交行”，不断提升服务规范化、专业化水平。

【加强企业管理】　交通银行不断加强内部管理，完善激励机制。日常工作中，加大监督和检查力度，落实相关的管理办法和规定。各项制度健全，管理严格规范，工作分工流程严谨合理。员工“我要合规，人人合规”，防范各种风险，保证银行业务安全运营。重视企业文化建设，将企业文化的核心价值观融入全行的长效管理机制建设中，推进以企业文化为核心的机制建设。用人机制以“以人为本”和“实现自我价值”为指导，业绩考评机制、利益分配机制以“鼓励效益优先”为导向。开展多种文体活动，加强团队建设，提高团队的凝聚力和向心力。

【实现银企双赢】　交通银行在做好重点骨干企业贷款的同时，大力扶持民营企业的发展，打破小企业贷款难的“瓶颈”，为企业提供优质的信贷服务，真正为企业排忧解难，把促进当地发展作为头等大事，共同开创银企双赢局面。

（撰稿：肖胜模　　审稿：田亚堃）

中国光大银行股份有限公司烟台招远支行

中国光大银行股份有限公司烟台招远支行

行　长：张清艳（女）

副行长：隋明杰　陈　焘

【机构设置】　中国光大银行烟台招远支行成立于2009年12月，位于招远市温泉路100号，是光大银行在烟威地区的第一家县域支行，也是在招远市设立的第一家国有持股全国性股份制商业银行。光大银行内设业务部、零售业务部、营业部等部室，下辖道口社区支行、紫东佳苑社区支行，在道口、文化市场、紫东佳苑3处设有离行式自助设备。2015年，共有员工27人，其中理财师5人。

【概况】　2015年，光大银行积极打造“精品银行，诚信伙伴”，提供最全面、最优质的金融服务。以客户为中心，以市场为导向，不断满足市场和客户的需求，各项业务得到快速发展。年末，一般性存款余额为20.01亿元，其中对公存款余额为11.49亿元，对私存款余额为8.52亿元；一般性贷款余额22.74亿元，其中对公贷款19.67亿元。先后获光大集团“年度先进基层党组织”“分行先进集体”、总行“千家网点大比拼百强支行”等称号，张清艳被评为总行先进个人。

【特色业务】　2015年，光大银行依托“理财银行”品牌优势，做大做强理财产品，为企业和群众带来可观的利息收入。把解决企业资金需求、支持企业发展放在突出位置，全力支持招远当地经济发展。以贸易融资和链式融资为重点，推行模式化经营。主要特色产品有黄金租赁、税贷易、对公理财、现金管理、法人账户透支、对公存款周计划等。为招金矿业股份有限公司量身打造的30亿超短期融资券产品，办理分行首笔NRA账户福费廷业务，对接“税保贷”业务，成为招远市中小企业信用担保基金唯一合作银行。零售产品以阳光理财和个人消费贷款为重心，特色产品主要有阳光理财、智能商务卡、个人助业贷、白领易贷、理财质押贷等。

中国光大银行烟台招远支行全体员工

【阳光服务】　2015年，光大银行以“阳光服务”为名片，坚持以“银行业协会千佳网点”标准严格要求，从硬件、软件等方面保持高标准服务质量，在总分行的倡导与监督下，深化和推进阳光服务。营业厅设有咨询引导区、填单区、客户等候区、电子银行服务区、公众教育服务区、现金区、理财区、贵宾服务区（VIP财富中心），各类业务服务指示牌准确到位。以客户为中心，将阳光服务体现在员工的一言一行中，力求服务规范化、专业化。“产品+服务”，向服务要效益。推行营业厅大厅6S现场管理服务，开展“举手服务”“多说一句话，多做一点点”“领导当大堂经理”“晨迎、晚送服务”等“10项做法”。

【绩效管理，严格匹配严防风险】　2015年，光大

光大银行烟台招远支行员工参加运动会获得佳绩

银行不断加强管理，完善考核机制，推行平衡计分卡绩效考核办法，分部门、分条线为每一位员工制定绩效管理综合评估和相应的约束激励办法，使每位员工的责、权、利相匹配，提高工作热情和主观能动性，防止各项风险的发生，各项业务平稳发展，实现光大银行招远支行开业6年“零事故、零违规、零案件”。

【打造优秀企业文化】 2015年，光大银行重视企业文化建设，通过开展多种文体活动，加强团队建设，提高团队的默契性和向心力，打造一支勇于奉献、敢于担当、具有大局意识和创新意识的队伍。全体干部员工均为大专以上文化程度，平均年龄仅30岁，充满青春活力，2015年度光大集团驻烟威单位秋季运动会，获得第一名。在分行组织的各项演讲比赛、营销竞赛等活动中均有出色表现。支行工会小组获烟台分行“模范职工小家”称号。

（撰稿：张坤林　　审稿：张清艳）

烟台银行股份有限公司招远支行

烟台银行股份有限公司招远支行领导成员

行　　长：赵彦平

行长助理：康永娟　陈伟涛　孙　鹏

【机构设置】 烟台银行股份有限公司招远支行位于招远市温泉路111号，是烟台银行在烟台地区继龙口支行之后设立的第二家县域支行，设有营业部、客户服务部、个人业务部、办公室3部1室和1家经营行，营业场所内设现金和开放式柜台贵宾服务和自助银行中心。2015年，共有员工49人。

【概况】 烟台银行招远支行自2008年12月开业以来，依托区域经济发展优势，以“立足地方、面向中小、服务市民”为市场定位，以中小企业为主要合作伙伴，全力打造“市民银行”品牌，秉承“贴心专业、真诚为您”品牌理念，努力将自身发展成一家实力雄厚、信誉卓越、管理先进、服务优质的现代化商业银行。烟台银行不断优化产品结构、提升服务水平，凭借丰富的个贷选择，灵活的小企业贷款服务，成为招远市民及中小企业得力的金融伙伴。2015年末，各项存款余额20.47亿元，同比增长4.6亿元；各项贷款余额17.06亿元，发卡量为1323张，网银客户2100户，特约商户239户。多次被招远市政府授予“支援招远发展先进单位”“文明单位”称号。

烟台银行招远罗峰支行开业

【拓展服务种类】 2015年，烟台银行依托招远市经济特点，适时推出个人类、公司类、国际业务等多种金融服务。个人类金融业务主要有个人储蓄业务、个人类贷款业务（存单质押贷款、住房按揭贷款、汽车消费贷款、个人下岗失业贷款等）、个人结算业务（国内汇兑、小额支付系统国内实时通兑等）、个人代理业务（代理保险、代收代付、委托缴费等）。特色“经营贷”业务，主要有商圈贷、联保贷、循环贷、组合贷、农贷乐等品种。

【推介新型产品】 2015年，烟台银行为适应不断变化的市场，满足企业不同层面的信贷需求，不断推出新的信贷产品。小贷通。与小额贷款公司合作的小企业融资产品，作为信贷资金的提供方直接向小企业客户发放融资，小贷公司负责目标客户的推荐、筛选，以及对合作项下出现的问题贷款进行回购。特点是加强与小贷公司合作，拓宽融资服务渠道。抵押百分百。为优质老客户提供，最高给予抵押物评估价值100%的授信额度，满足客户的融资需要。特点是突破传统抵押率限制，使客户获得较大额度授信。政府采购贷。为满足小企业在政府采购过程中的融资需求所开发，以采购单位财政预算专项资金作为重要还款来源的小企业融资产品。特点是依托政府合作平台，专为政府采购项目中中标的小企业提供融资服务。

【提升服务质量】 2015年，烟台银行规范优质服务行为，提高柜面优质服务质量，树立良好的金融窗口形象，全力打造“市民银行”品牌，推动各项工作稳健快速发展。创最佳服务态度、创最佳办事效率、创最佳服务质量、创最佳公众形象、创最佳业务能力，践行“满意在烟台银行，微笑在烟台银行”服务理念。

全体员工进行特色支行建设学习

（撰稿：陈 芳 审稿：孙立平）

中国人民财产保险股份有限公司招远支公司

中国人民财产保险股份有限公司招远支公司领导成员

经 理：于志勇

副经理：温桂国 戴云霞（女）

【机构设置】 中国人民财产保险股份有限公司招远支公司隶属中国人民财产保险股份有限公司，属国有控股股份制单位。公司下设综合部、营业室、理赔科、业务科、营销部、渠道管理部等6个科室和毕郭、张星等10个农村营销服务部。2015年，干部职工39人，营销人员136人，其中大专以上文化程度89人，各类技术人员28人。

【概况】 2015年，招远人保公司开办险种有企业财产保险、机动车辆保险、家庭财产保险、人身意外伤害保险、安全生产责任保险、雇主责任保险、货物运输保险、政策性农业保险、医疗责任保险、产品质量保险、产品责任保险、校方责任保险、和中小学生、幼儿意外伤害保险等国际国内险种500余个，纳税76.5万元，累计赔款7453.5万元，保费收入7815.5万元，为全市近30万个人和团体客户带来各类安全保障，特别是公司开办的治安保险“平安家园”为全市13个镇（街道），430多个村庄带来基本的安全保障。响应国家号召实施惠民政策，开办特色农业保险小麦保险，为更多农户带来更有利的保障。

【坚持合规经营，开拓保险市场】 2015年，招远人保公司在各级监管部门指导下，以合规经营为理念，大力开阔市场。以抓大客户为工作重点，健全大客户管理档案，建立重点客户走访制度。组织员工走访重点大客户，及时宣传保险公司的理赔优势、技术优势、服务优势、品牌优势及承保公司的承保能力和品牌服务，做到与大客户联系及时，沟通密切，全市重点大客户成为保险公司的黄金客户。续保业务是财产保险业务连续经营的基础，公司及时召开各种动员会，每个员工紧紧抓住个人手中的续保业务，与老保户进行联系，取得续保工作

服务培训

成功，提高公司各项业务的续保率，为发展新的业务打下坚实基础。业务人员每月将下月业务列出明细表，手中的业务能上多少、能完成多少要做到心中有数，对新增保费要有研究，业务发展要有目标，有计划，有办法。2015年，招远人保公司财产保险业务占全市行业的63%以上。

【不断巩固车险业务】 2015年，招远人保公司每年与市车管所保持业务联系，抓好车险源头工作，加强车险配套服务。与汽车经销商进行合作，促进车险保费的增加。与市交警大队共同进行大规模交通强制责任保险宣传活动，让交通强制责任保险深入广大保户心中，认同招远人保公司服务。利用交警部门审车、查车机会，安排内勤人员随各交警

出单中心

中队下乡查车，跟车承保。注重农用车和摩托车保险业务的发展，动员各业务人员，大力发展农用车和摩托车保险业务，在短时间内促进车险业务的增长。人保公司私家车电话投保平台启动以来，利用电台、媒体、设置咨询台等方式，开展私家车电话保险宣传，以人保公司的品牌效应吸引更多的私家车参保，扩大车险业务发展。

【加力发展非车险业务及分散险种】 招远人保公司在巩固车险业务基础上，加大企业财产保险业务和分散险种发展的力度，通过挖掘新保户，注重企业附加险种的增加，有效促进企业财产保险业务和分散险种稳定发展。2015年，在加强农村保险业务基础上，加大对农村网点建设，安排具有农村工作基础的、业务能力较强的人员到农村，建设人保公司代办网点，全市10个镇（街道）均设立农村营销服务部，保险业务逐渐递增。利用广播电台、电视

理赔分部

台、报纸开办专栏，宣传公司产品及服务，使人保品牌深入千家万户。每年“客户节”，采取发短信形式向客户送去祝福及问候，利用“3·15”消费者宣传日，向社会宣传人保财险产品及服务。2015年，招远人保公司在分散险种发展过程中，做到有“新市场、新办法、新亮点”，先后开展家财险、随车行李险、驾意险等多个险种知识竞赛活动。

【严格理赔制度，强化理赔质量】 招远人保公司采用统一服务用语，优化服务流程，技术上方便保户办理相关业务。理赔人员以提高赔款速度，践行理赔承诺，采用24小时工作方式，让保户真正体会到公司的理赔服务优势。严格各项中心制度，严肃理赔审批权限，规范理赔工作流程，提高理赔服务质量。开展“理赔质量年”活动，理赔人员服务态度及专业水平进一步改进和提高。加强未决赔案处理工作，联系多年未处理的保户，提醒保户索赔，让保户利益得到有效保障。对于责任清晰、车辆损失在5000元以下、单件损失在2000元以下、无伤人的案件，可使用索赔申请、查勘报告、定损单“三合一”的《机动车辆保险快捷案件处理单》，减少客户填写单证的数量，增加客户索赔的简便性。现场查勘提速和小额案件提速，市区5～20分钟到达，市区以外10～40分钟到达。启动1万元以下无人伤案件通知理赔1小时付款程序。全流程、全员、全网点构建公司绿色通道，提升公司为客户服务能力。2015年，赔款案件4860起，理赔金额5354万元。

【打击保险诈骗犯罪，净化保险市场】 2015年，招远人保公司在市公安局大力配合下，破获保险诈骗案件5起，诈骗价值35万余元。不同程度上遏制了

犯罪，净化了保险市场。先后被市委市政府先后授予“先进企业”“经营管理金奖”等称号。

（撰稿：温桂国　审稿：于志勇）

中国人寿保险股份有限公司招远市支公司

中国人寿保险股份有限公司招远市支公司领导成员

经　理：刘建芳

副经理：滕军生　蒋卫卫

【机构设置】　中国人寿保险股份有限公司招远市支公司隶属烟台分公司，内设综合部、个险销售部、团险业务部、银行保险部、健康保险部、客户服务中心等5部1中心，在全市各镇（街道）设立15处营销服务部。2015年共有在册人员56人，个人代理人1478余人。

【概况】　2015年，招远人寿保险按照上级公司工作部署，全力推进销售管理，超额完成年度各项任务，各项主要业绩指标在全省名列前茅。招远人寿保险自1996年分业经营以来，共开办各类人身险险种500余个，在售100余款，包含康宁、新农合系列为主打医疗、保障类系列、以鸿寿系列为主打养老类系列、以年年返还、分红、保额递增、定期返本、赠送金账户的鑫福一生为主打的理财类系列，满足不同客户层次需求。

【开拓总体业务】　2015年，招远人寿保险围绕“双驱双扩”“高地更高、洼地崛起”“站在齐鲁、放眼神州”，坚定信心参与市场竞争，应对竞争形势。全力推进销售管理，对制定的各项工作措施落实到位。在全省县域地区对标中，招远人寿保险创新经营模式，优化管理绩效，以品牌力激活市场困局，经营业绩稳健发展，再次保持寿险业名列前茅。先后推动开门红金如意上市放量、鑫福一生上市百场特买惠、体疗会、基因检测会等，不断提升业务发展规模。

办公大楼

【提高客户满意度】　招远人寿保险坚持“成己为人、成人达己”“服务制胜”市场竞争理念，狠抓客户服务工作。针对寿险营销队伍流动性大导致“孤儿保单”问题，成立相应的售后服务队伍，已发展到400余人，努力做到所有客户都有专人负责售后服务。对客户普遍关心的理赔问题，根据《保险法》、上级公司及监管部门规定，制定《理赔服务流程》《理赔服务承诺》等规范性制度。方便客户索赔，有效提升理赔时效，取得客户认可。2015年，招远人寿保险找准定位，以品牌宣传、服务、规模优势合力驱动，对外打造品牌影响力，对内打造团队软实力，内外兼修，不断注入发展活力。

【理赔案例】　被保险人陈某某2012年和2014年在中国人寿招远市支公司分别投保康宁终身和女性安康保险，2014年12月被保险人确诊乳腺癌，给付保险金30万元。被保险人沙某某，2015年在中国人寿招远市支公司投保团体人身意外伤害保险，2015年5月被保险人郝某某因触电事故经抢救无效身故，给付保险金70万元。

（撰稿：欧晓燕　审稿：刘建芳）

中国平安财产保险股份有限公司招远市支公司

中国平安财产保险股份有限公司招远支公司领导成员

经　理：姜　玲（女）

【机构设置】　中国平安财产保险股份有限公司招远支公司成立于2002年4月，内设客服部，理赔部，新渠道业务部，综合开拓部，车商部，银保部，代理部，市场部，综合办公室，经理室。2015年，在职员工共17人。

【概况】 中国平安财产保险股份有限公司招远支公司位于招远市罗峰路406号（金都花园西门南

业务大厅

100米）。平安财保本着“顾客至上、服务至上”宗旨，积极开展工作，各类保险业务年年增长，客户认同度增加，车险财产险保费收入居全市保险行业第二名，为招远市经济发展做出重要贡献。2015年，保费收入3624万元，增速为10.6%。

【拓展业务】 平安财保业务经营范围包括企业财产损失保险、家庭财产损失保险、建筑工程保险、安装工程保险、货物运输保险、机动车辆保险、船舶保险、能源保险、法定责任保险、一般责任保险、保证保险、信用保险、种植保险、养殖保险、代理国内外保险机构验证、理赔、追偿及其委托的其他有关事宜，经中国保监会批准的其他业务。2015年，平安财保拥有直销模式、综合开拓、电话销售渠道、车商渠道、银保渠道、代理渠道等。

【加强服务】 2015年，平安财保坚持以客户为中心的服务文化，不断推进文明标准服务。理赔2000元以下纯车损无人伤案件，即时到账；优质客户单方事故自行拍照上传可免现场查勘。电销渠道在此基础上开展平安车险非事故道路救援，客户在行驶途中遇到车辆故障等紧急情况（非交通事故导致），可申请救援，项目包括接电服务、紧急送油、紧急加水、更换轮胎、现场抢修、拖车牵引、困境救援等。

（撰稿：杜念双　　审稿：姜　玲）

中国太平洋财产保险股份有限公司招远支公司

中国太平洋财产保险股份有限公司招远支公司领导成员

总 经 理：吕守军

副总经理：李明杰

【机构设置】 中国太平洋财产保险股份有限公司招远支公司成立于2001年4月，隶属于济南分公司，位于罗峰路109号恒丰银行总行办公楼南楼。2015年，正式员工16人，营销人员11人，其中经理1人、副经理1人、综合柜员4人、渠道6人、业务人员15人，理赔人员2名。

【概况】 太平洋财险为客户提供全面的财产保险产品和服务。2015年，太平洋财险累计实现保费收入2502.42万元，其中车辆险保费收入1784.30万元，非车险保费收入718.13万元；累计结案3327起，赔付金额1706.81万元。

【保险业务】 2015年，太平洋财险承保业务涉及电力、汽车、农业、机械、化工、电子、水利、建筑、桥梁、公路、航天航空、船舶以及高科技产业等各行各业、各个领域。2015年上缴营业税1434411.10元，代收代缴车船税2307159.04元。

【优质服务】 太平洋财险致力于做一家有责任的保险公司，在与公众利益关系密切的食品安全、医疗责任、校园安全等重点领域开展责任险，充分发挥责任保险在事前风险预防、事中风险控制、事后理赔服务等方面的作用。理赔服务实行一天24小时，全年无休息日。车险业务受理报案后5分钟之内联系出险客户，无人伤案件一个工作日内赔付到位。工作日内的其他业务也实行全天服务，以方便客户、服务大众。

（撰稿：吕春波　　审稿：李明杰）

中泰证券股份有限公司招远温泉路证券营业部

中泰证券股份有限公司招远温泉路证券营业部领导成员

总 经 理：赵占岐

业务总监：王乐杰

【机构设置】 中泰证券招远温泉路营业部内设营运部、财富管理部、零售业务部3个部室。2015年，在职员工16人，其中大学本科以上学历16人，理财师4人。

【概况】 中泰证券招远温泉路营业部成立于1997年，多年来秉承“诚信、创新、发展”的经营理念，强化内部管理，合规稳健经营，致力于为广大居民及地方企业提供优质金融服务，在招远市场拥有坚实的客户基础。中泰证券招远温泉路营业部在市委、市政府的正确领导下，在市金融办的大力支持下，努力创新，审慎经营，各项工作取得良好成绩。2015年末，营业部客户总计38870户，托管客户资产60.1亿元。全年股票基金交易量864亿元，市场占有率0.016%。

中泰证券招远温泉路营业部

【证券业务】 2015年，中泰证券招远温泉路营业部主要业务有证券经纪业务、融资融券业务、股票质押融资业务、新三板推荐挂牌业务、中小企业私募债发行业务、资产证券化业务等。

证券经纪业务。是指证券公司通过其设立的证券营业部，接受客户委托，按照客户要求，代理客户买卖证券的业务。

融资融券业务。是指证券公司向客户出借资金供其买入证券或出借证券供其卖出的业务。由融资融券业务产生的证券交易称为融资融券交易。融资融券交易分为融资交易和融券交易两类，客户向证券公司借入资金购买证券叫作融资交易，客户向证券公司借入证券卖出为融券交易。

股票质押融资业务。是指符合条件的资金融入方（简称融入方）以所持有的股票或其他证券质押，向符合条件的资金融出方（简称融出方）融入资金，并约定在未来返还资金、解除质押的交易。至2015年末，招远温泉路营业部股权质押融资余额5.4亿元。

新三板推荐挂牌业务。新三板又称“全国中小企业股份转让系统”， 是经国务院批准设立的全国性证券交易场所，全国中小企业股份转让系统公司（股转公司）为其运营管理机构。具有主办券商资格的证券公司是目前唯一具有推荐资格的中介机构。至2015年末，招远温泉路营业部已推荐2家企业在全国中小企业股份转让系统挂牌。

中小企业私募债发行业务。中小企业私募债券是指中小微型企业在中国境内以非公开方式发行和转让、约定在一定期限内还本付息的公司债券。“中小微型企业”是指符合《中小企业划型标准规定》的企业。“非公开方式发行和转让”是指以非公开方式向合格投资者发行，不得采用广告、公开劝诱和变相公开的方式发行。发行阶段的投资者和存续阶段的持有人均不超过200人。

资产证券化业务。资产证券化是指发起人将缺乏流动性，但具有某种可预测现金收入属性的资产或资产组合（基础资产）出售给特定的发行人，或者将该基础资产信托给特定的受托人，通过创立一种以该基础资产产生的现金流为支持的一种金融工具或权利凭证（资产支持证券），在资本市场上出售变现该资产支持证券的一种结构性融资手段。

（撰稿：刘 率　　审稿：王乐杰）

财政·税务

财　　政

招远市财政局领导成员

党 组 书 记：孙浩文
党组副书记：蔡　蒙
党 组 成 员：蒋作针　于希龙　李金波（女）
局　　　长：孙浩文
副　局　长：蔡　蒙　蒋作针　于希龙
总 会 计 师：李金波（女）
农业综合开发办公室主任：高树红（女）

招远市财政局下属单位负责人

招远市非税收入管理局局长：韩金强
招远市政府采购管理办公室主任：蒋丽珍（女）
招远市国库集中支付中心副主任：庞延鹏
万学全
招远市资金管理处主任：杨志旗
招远市政府投资评审中心主任：马志平
招远市镇街财政管理指导中心主任：贾海德

【机构设置】　招远市财政局（挂招远市国有资产监督管理局牌子）设办公室、教科文科、行政政法科、预算科、社会保障科、农业科、经济建设科、企业科、会计监督科、国有资产管理科、农业综合开发办公室等11个职能科室。局属单位6个，分别为非税收入管理局、镇街财政管理指导中心、资金管理处、政府采购管理办公室、市政府投资评审中心、国库集中支付中心。2015年，共有工作人员93人。

【概况】　招远市财政局是市政府的组成部门，主要负责管理全市财政收支，主管执行财政政策，实施财政监督，参与对国民经济进行宏观调控。2015年，市财政局充分发挥财政职能作用，坚持服务发展大局，加强收支管理，深化财税改革，完善体制机制，科学分析、积极应对，圆满完成各项财政工作任务，为招远市经济社会事业科学发展提供坚强的财力保障。2015年，市财政局继续保持省级“文明单位”称号，在招远市“万人评机关”和“人大代表评议部门”中均位列第一名。

【财政收支】　2015年，全市一般公共预算收入完成502200万元，比上年增长8%。全市一般公共预算总支出完成534618万元，同口径比上年增长8.8%。当年一般公共预算收入502200万元，加中央两税（增值税75%和消费税）税收返还12084万元、所得税及营业税基数返还9369万元、上级一般性转移支付补助26708万元、其他专项补助6494万元、新增债券收入800万元，减出口退税专项上解3159万元、体制上解65503万元、其他专项上解5418万元，当年地方可用财力为483575万元，比上年增加39099万元，比年初预算增加3550万元；再加本级上年结转2325万元，全市地方可用财力为485900万元。安排一般公共预算支出479692万元，比上年增加35620万元；结转下年5198万元；补充预算稳定调节基金1000万元，当年结余10万元，累计结余336万元。专项转移支付年初预算安排32600万元，实现49669万元，加上年结转20662万元，安排支出54926万元，结转下年15405万元。

2015年招远市地方一般公共预算收支表

单位：万元

项　目	2015年	项　目	2015年
一般公共预算收入	502200	一般公共预算支出	534618
（一）税收收入	367255	一般公共服务支出	87313

续表

项　目	2015年	项　目	2015年
增值税	33601	国防支出	429
营业税	52104	公共安全支出	18945
企业所得税	26762	教育支出	116551
个人所得税	4386	科学技术支出	8688
资源税	49860	文化体育与传媒支出	4431
城市维护建设税	12744	社会保障和就业支出	65417
房产税	7807	医疗卫生与计划生育支出	41893
印花税	6053	节能环保支出	7102
城镇土地使用税	84512	城乡社区支出	65766
土地增值税	12223	农林水支出	57628
车船税	2433	交通运输支出	10512
耕地占用税	65916	资源勘探信息等支出	15253
契　税	8854	商业服务业等支出	10934
（二）非税收入	134945	金融支出	283
专项收入	15641	国土海洋气象等支出	22468
行政事业性收费收入	2923	住房保障支出	120
罚没收入	8165	粮油物资储备支出	515
国有资源（资产）有偿使用收入	107762	债务还本付息支出	
其他收入	454	其他支出	370

【强化财政全面保障能力】 2015年，市财政局紧紧围绕财政收支目标，认真分析应对，统筹做好抓收入、促支出工作，有效提高财政综合保障水平。主动加强与税务部门联系，坚持协调联动，实现涉税信息共享，强化对重点企业、重点税源的调查分析，对收入任务、进度及时沟通分析，随时掌握了解，提升税收征管的质量和效率，圆满完成了年度预算收入目标。同时，严格预算执行，加快支出进度，积极组织对部门存量资金进行摸底，将结转两年以上资金收回财政统筹使用。

【加大财政综合调控力度】 2015年，市财政局积极应对经济发展新常态，认真贯彻落实积极的财政政策，推动全市经济在转型升级中平稳发展。创新扶持方式。整合各类资金2亿元设立股权投资引导基金，鼓励和引导社会资本投入市重点产业和领域；设立5000万元的中小纳税企业信用担保基金，拓宽中小企业融资渠道，缓解企业融资压力。突出支持重点。认真贯彻“两区一带”发展战略，加大基础设施投入，加快园区经济引领发展；灵活运用以奖代补、贷款贴息等方式，对新兴产业、高新技术企业、节能环保、企业技术改造、循环经济等项目给予扶持，有力支持实体经济发展。积极落实减负政策。稳步推进“营改增”试点，及时落实小微企业减税减费政策，继续清理规范行政事业性收费，切实减轻企业负担，优化营商环境。

【不断提升民生工作水平】 2015年，市财政局调整优化支出结构，全力保障民生事业不降标准、不打折扣。社会保障网更加牢固。及时兑现低保、五保提标政策，企业退休人员养老金实现“十一连调”；全面完成新农合与城镇居民医疗保险并轨，继续深入推进医药卫生体制改革；大力实施创业带动就业，支持开展创业培训，提高就业能力和水平。社会事业发展更加均衡。继续加大教育投入，提高校园安保、教育装备、综合实践基地保障水平，支持校车运行、校舍改造和食堂建设。着力完善公共文化服务体系，扶持文化产业加快发展，支持开展文化下乡、公益性演出及农村文化大院建设。加大城市基础设施建设投入，支持乡村公路安全防护、城乡客运一体化、生态文明乡村建设，加快城乡统筹发展。探索推进政府购买服务、PPP模式等，逐步形成投资主体多元化、供给方式多样化的公共事业建设新格局。

【加快推进财政管理改革】 2015年，市财政局按照加快建立现代财政制度的总要求，立足招远实际，积极探索，稳步推进财税管理改革。深化预算管理改革。进一步建立完善“全口径”的政府预算体系，建立透明预算制度，8月底前完成“三公”经费预决算、政府预决算、部门预决算的公开公示工作。深化国库管理改革。继续扩大国库集中支付范围，实现乡镇国库集中支付全覆盖，强化国库集中支付动态监控。探索编制权责发生制政府综合财务报告，力求全面反映政府收支及资产、负债等情况。深化支出管理改革。在保障好公共服务支出的基础上，严控一般支出，加强制度管控，重申下发公务接待、培训等制度，从源头上规范公务支出；继续深化投资评审、政府采购改革，强化项目建设资金的跟踪问效。加强财政监督检查，组织开展了涉农资金、违规发放津补贴、重点项目重点领域廉政风险等专项检查，加快问题整改，进一步规范资金使用。

（撰稿：杨志旗　冯晓东　　审稿：蒋作针）

国有资产监督管理

【概述】 招远市财政局挂市国有资产监督管理局牌子，根据市政府授权，代表国家履行国有资产出资人职责，承担国有资产监督管理职能。其主要职责为：负责全市行政事业单位及国家投资企业的国有资产管理，拟定市级国有资产营运机构的设立、变更和终止方案，代表市政府实施国有资产授权经营并办理有关手续。审定市属国有、集体、国有控股、参股、合资企业的税后利润和国有股权收益分配方案，对授权经营公司经营层年薪进行考核及批复，监缴国有资产收益。对企事业单位的产权变动，包括市属企业改制进行评估和处置审批管理；负责组织企业及行政事业单位的产权登记、产权界定、纠纷调处、资产信息统计、清产核资工作。2015年，共有工作人员4人。

【强化国有资产收益收缴】 2015年，市国资局积极主动深入企业，按照年初各国有企业实现利润及下年度财政收入增长目标，做好国资收益收缴计划的分解和落实，合理安排进度，分期筹集调度资金，共收缴国有资产收益8.1亿元，有力支持财政收入稳定增长。其中国有股分红1.9亿元，国有企业税后利润6亿元，省网络公司存量利润0.09亿元，国有资产转让收入0.09亿元。

【加强行政事业单位资产管理】 摸清行政事业单位资产家底。定期对全市172户行政事业单位的资产信息进行统计，做好固定资产卡片信息的录入及固定资产减少处置。同时，按照要求，开展审计工作，加强违规处置资产的重点检查，及时纠正未按规定报批行为。严格做好资产处置审批工作，对市工商局、交通局、自来水公司、开发区等13个部门的车辆、40户教育单位报废资产进行现场勘查及评估，按规定分类处置。

【深化企业监督管理】 积极服务上市企业再融资。2015年，招金矿业私募配售获得省国资委批复，预计新增融资5.6亿元，有效缓解资金短缺状况。推进中小企业新三板挂牌上市。通过股改变动，完善法人治理结构，完成对金软科技公司的股份制改造，公司于6月11日正式挂牌，成为招远IT行业第一家在新三板挂牌的公司。推进国有企业相关制度改革完善。全面修订国有企业《公司章程》，对全市三大国有企业《公司章程》董事会的职权范围等方面进行大幅修订，增加党组织在企业“三重一大”决议中的核心地位等方面的条款，进一步规范国有企业监管。国有企业负责人薪酬改革等意见正在积极推进。

（撰稿：庞延鹏　柳丽君　　审稿：蒋作针）

住房公积金管理

烟台市住房公积金管理中心招远分中心领导成员

主　任：谢国兴

副主任：滕佳燕（女）　滕松远

【机构设置】　烟台市住房公积金管理中心招远分中心为直属烟台市政府领导的正科级事业单位，经烟台市住房公积金管理中心授权行使有关行政管理职能。主管招远市行政区内的住房公积金征缴、支取、贷款、执法管理等工作。2015年，招远分中心内设综合科、业务科、执法科，编制8人，实有人员7人，其中主任1人，副主任2人。

【概况】　2015年，招远分中心秉持“解放思想、与时俱进、廉洁务实、勤政为民”的中心宗旨，做好招远市住房公积金核算报表、贷款管理、保值、增值等工作。被招远市人民政府授予“招远市发展先进单位”“服务基层先进单位”等称号，多人被烟台市住房公积金管理中心授予“年度先进工作者”“业务能手”等称号。

【缴存归集】　至2015年，招远市住房公积金已开户单位469个，正常缴存总人数58633人。住房公积金归集额继续稳步增长，为干部职工住房公积金贷款及提取提供可靠的保障。2015年，归集住房公积金3.88亿元，缴存总额22.27亿元，缴存余额15亿元。

【贷款管理】　2015年，发放住房公积金1.875亿元，全市个人住房公积金累计贷款总额7.72亿元，个贷率48%。为招远市房地产市场建设和整个经济发展的提速，改善职工居住条件，做出重大贡献。

【提取支付】　2015年，招远市开始执行放宽子女父母提取条件、家庭生活困难、租房提取等条件，得到全市广大干部职工普遍欢迎。2015年，全市共提取1.66亿元，完成计划数的119%，累计提取总额7.22亿元，占缴存总额的32%。

（撰稿：石　秀　　审稿：滕佳燕）

国　家　税　务

招远市国家税务局领导成员

党组书记、局　长：傅　骏

党组成员、副局长：李学生　杨建国

党组成员、纪检组长：王鹏飞

招远市国家税务局下属单位负责人

经济开发区税务分局副局长：王　涛　王锡联

国税局稽查局局长：李学恩

城区税务分局局长：徐尧松

蚕庄税务分局局长：王洪亭

张星税务分局局长：王进文

玲珑税务分局局长：苑玉振

齐山税务分局局长：邵　祥

（主持纳税服务分局工作）

辛庄税务分局局长：秦　峰

（主持齐山税务分局工作）

【机构设置】　2015年，招远市国家税务局下设科室11个（办公室、监察室、财务管理科、人事教育科（机关党委办公室）、税政科、收入核算科、政策法规科、征收管理科、税源管理一科、税源管理二科、纳税服务科）、直属机构1个（稽查局）、事业单位1个（信息中心）及经济开发区、城区、蚕庄、张星、玲珑、齐山、辛庄7个税务分局，在职副科级以上实职13个，共有干部职工185人。

【概况】 2015年，招远市国家税务局在招远市委、市政府和烟台市国家税务局领导下，以组织收入为中心，扎实开展“三严三实”活动，坚持聚财为国、执法为民的税务工作宗旨，不断强化征管基础，狠抓各项工作落实，税收收入实现平稳持续增长，税收宏观调控作用明显增强，保持税收与经济的协调发展，为全市财力增长做出积极贡献。

【税收收入不断增加】 2015年，市国税局紧紧围绕组织税收收入中心工作，完善定期分析预测办法，创新征收管理和税收风险应对管理，建立服务型的组织收入机制，开展为期3个月的征管质量分析活动，多次开展税源调查，开展政策管理性增收调研活动，积极建言献策，及时将经济发展成果转化为税收收入。全年增加税收3.82亿元，增加地方级收入1.18亿元。

国税工作人员在纳税人学堂组织开展面向纳税人的税收政策讲解

【税收改革持续深化】 2015年，市国税局严格按照上级要求，认真做好增值税发票系统升级版、税收征管规范1.1版、纳税服务规范2.3版、国家调整部分产品的出口退税政策等推行工作。全面落实高新技术企业、福利企业、小微企业税收优惠政策，全年为高新技术企业享受优惠金额4786万元，福利企业享受减免退税1178万元，984户符合优惠条件的小微企业全部享受到优惠，累计减免税额达187万元，优惠面达到100%。进一步完善细化税收征管改革，全面完成“两个前移”，实现集受理、调查、审批

国税工作人员围绕法治国税建设，向群众宣传税收法律法规知识

于一体的纳税服务新模式，业务流程更加科学，纳税人办税更加方便，实现多次调查一次完成、一次审批。全年新办业户从办证到领发票，累计减少环节6333个；各种审批流程平均耗时约1.2个工作日，审批项目累计减少进户1376户次、减少环节4102个。建立起全方位的税收风险管理体系，税收征管工作的各个环节均置于严密的监督控制之下，保证风险应对质量。改革后，进户检查次数减少、频率降低，年平均纳税评估仅180户，同比减少140户，减幅达77.78%，评估稽查质量大幅提高。

【依法治税力度不断加大】 2015年，市国税局围绕“法治国税”建设，构建由政策法规、科室、分局构成的三级“法制员”网络化监督体系，解决基层部门税收执法不规范、政策执行不统一、自由裁量随意等问题，强化对税收执法事项事前、事中和事后的全过程监督。全年基层法制员通过内网制作上传“执法审核记录表”146份，提前避免了执法错误的发生。在基层分局开展创建“法制分局”示

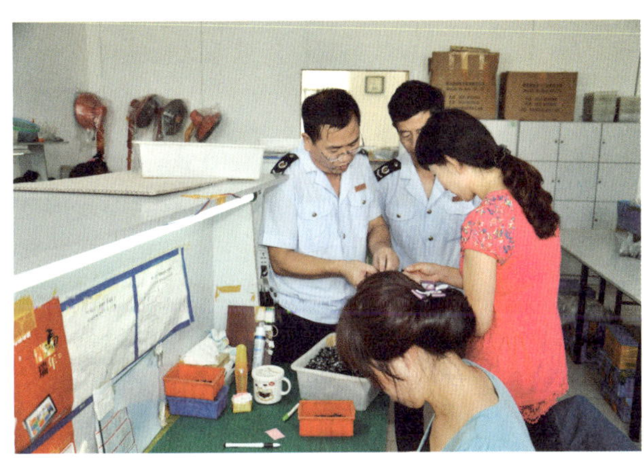

国税工作人员深入了解纳税人生产经营情况，提供有针对性的税收政策服务

范点建设，把法治国税理念聚焦在“为政以廉”这一关键命题上，着力增强党员干部学法、知法、用法、守法能力。全年，共有3个基层分局被评为“法制分局”示范点。

【纳税服务进一步优化】 2015年，市国税局主动转变税收管理方式，从优化服务环境入手，着力减轻纳税人在政策掌握、办税流程等方面的负担，纳税服务质量得到明显提升。以建设“纳税人学堂”为核心，将之前成立的“涉税亲情帮”“纳税维权365”平台的职能进行整合，定位学习、交流、服务、援助四大功能，全方位服务纳税人。全年，累计培训31班次近3000户次纳税人，网络发布课件9次，在线互动答疑2600余户次，流动教学11次，主题座谈研讨5次。纳税人学堂，解决了纳税人普遍需求、时效需求、个性需求不能同时满足的难题，增加了税企面对面了解的机会，保护了纳税人合法权益。积极探索推进与地税局联合办公，开展国税局委托地税局代开普通发票并征收税款的服务合作业务，做到国地税业务的实时切换和办理，增加纳税人代开普通发票场所选择，方便纳税人就近办税。

2015年6月30日，市国税局邀请市委党校教师为全体党员上“领导干部要注重家风”党课

【干部队伍素质进一步提高】 2015年，市国税局按照党建工作属地管理原则，积极争取党委政府支持，在玲珑分局建立招远市机关工委、招远市玲珑镇党委、招远市国税局“党员教育基地”，作为党员干部补充知识的加油站、了解历史的博物馆、展示成果的展览室、提高交流的大平台，面向内部干部和社会开放。全年，为系统内和系统外组织的教育团队开展实地教育11次。9月11日，山东省国税局党组成员、副局长孙立德到市国税局进行调研过程中，对市国税局党建工作给予充分的肯定。围绕落实两个责任，不断强化执纪监督。制定“任务书”工程、“反馈书”工程、“督办书”工程、“考核书”工程，以“四书”工程，制定《责任落实反馈书》和《督办书》，进一步推进“两个责任”落地生根。全年，先后对3个单位进行督导落实。将上党课作为加强自身党性修养和提升基层党员干部党员廉洁从政意识的重要途径，先后开展“党员干部要注重家风建设”“建立长效机制、加强党员队伍建设”“学习贯彻中国共产党巡视工作条例”等党课教育活动，接受教育的党员干部达640余人次。

国税工作人员深入帮扶村开展入户大走访活动

（撰稿：苏军芳　李容波　　审稿：傅　骏）

地　方　税　务

招远市地方税务局领导成员

党组书记、局长：李延聪

党组成员、副局长：陈宪东　陈绍锋　陈仁忠

党组成员、纪检组长：曹永平

招远市地方税务局下属单位负责人

稽查局局长：张平民

直属征收局局长：孙国伟

城区中心税务所所长：谢卫东

经济开发区中心税务所所长：李朝阳

张星中心税务所所长：赵树明

滨海中心税务所所长：刘建成

玲珑中心税务所所长：任国炜

夏甸中心税务所所长：张志强

蚕庄中心税务所所长：刘学海

【机构设置】 招远市地方税务局成立于1994年9月12日，下设征管和科技发展科、税政科、税源管理科、人事科、收入核算和财务科、监察室、办公室等7个科室和1个纳税服务中心，辖稽查局、直属征收局2个直属单位和城区、经济开发区、张星、滨海、玲珑、夏甸和蚕庄等7个中心税务所。2015年，在编干部职工150人，其中提前离岗人员11人，在岗人员139人。

2015年9月8日，省地税局机关党委专职副书记刘键峰，在烟台市地税局副局长姜永利陪同下，到招远市地税局调研基层党建工作

【概况】 招远市地税局积极适应税收工作新常态，坚持依法组织收入，稳中求进，弘扬“从严从细从小，认真扎实负责”理念，凝心聚力，深化管理，较好的推进了各项工作扎实开展。面对黄金价格持续低迷等不利因素带来的巨大压力，市地税局及时组织开展税源状况分析，认真查找各方面增减因素，下大气力挖潜增收，防止税收出现下滑态势，增强收入控调的针对性。2015年，累计组织各项收入36.79亿元，同比增收2.68亿元，增长7.84%；其中，完成县级收入33.52亿元，同比增收3.33亿元，增长11.01%。

【税收征管】 2015年，市地税局为进一步提高征管质效，坚持依法治税，深化信息管税，落实全国征管规范1.0山东适用版的推行工作，制定《关于贯彻落实〈全国税收征管规范1.0版〉的实施方案》，对《规范》涉及的12个业务域进行逐条梳理，与各单位平时业务办理规范进行逐项比对，共比对出非正常户未公告、委托代征未公告等5项不符合《规范》的事项，在整改基础上对报送材料、归档资料严格按照规范要求明确责任。做好山东地税企业综合办税平台的上线工作。作为烟台市局的试点单位，精心组织平台培训，共培训纳税人5批次720人，培训地税管理人员30人。加强国地税联合办税，开展城建税等附加税费的比对核实工作。制定《大力推进国地税联合办税的意见》。根据国税2014年至2015年4月缴纳增值税、消费税、免抵税额和地税入库的营业税，与城建税等附加税费进行比对，共核实183户纳税人，查补税款1104万元。按照汇缴管理的要求，组织人员对金岭金矿等8户重点企业开展汇缴评估，评估应补税款4008万元；评估其他企业6户，评估应补税款6万元。按照省、烟台市局纳税评估工作要求，将纳税评估任务分解到各分局和中心所，按照评估程序评估企业52户，评估应补税款1986万元，入库评估税款1986万元，加收滞纳金151.1万元。立足本职工作，以服务市委、市政府经济决策为目的，开展各类税收调研，为全市经济发展建言献策。年初，逐税种逐行业分析测算全局2015年税源状况，形成地税2015年税源测算报告上报市委、市政府及财政局，为市委、市政府制定全年税收指标奠定基础；加强对重点税源的单户比对分析，对全市的两户重点黄金企业定期开展企业入库情况比对，主要查看企业同期入库增减情况、对全年税收情况进行预计、企业入库离市政府指定目标的差额等，为市领导全面掌握主力税源情况提供可靠依据；参与全市“财源建设办公室”的各项工作，与财政局等相关部门加强协作沟通，围绕财源建设开展各类调研，及时将调研结果呈报市委、市政府，提供决策参考。

【税收执法】 建立行政权力清单制度，逐项梳理地税部门各项行政权力，强化源头预防，减少执法随意性。进一步健全税收执法监督的内控机制。建立多部门参与、多环节协调、多层次监督的税收执法内控机制，组织开展对房地产、建筑两个行业的税收执法检查，重点检查干部执法过程中有无失职渎职、漏征漏管、执法过错、为税不廉等行为，对检查出的6项问题在督促整改的基础上，严格进行责任追究。研究制订《招远市地方税务局关于税收执法督察实施办法的规定》，以便加强税收征收管理，全面落实纪检监察工作的监督责任，加大监督、执纪、问责的力度，促进执法规范。通过防控平台系统及时对税收执法出现的预警信息进行处理，2015年共处理预警信息40余条。

2015年9月22日，招远市地税局召开“以案警示从严从实”党风廉政教育会议，党组书记、局长李延聪为全体党员干部讲授廉政教育课，烟台市局党组成员、副局长刘中太一行观摩授课

【纳税服务】 落实纳税服务规范。结合实际情况，落实国家税务总局出台的《征管规范》和《纳税服务规范》。组织办税厅工作人员认真学习，从业务流程、业务规范、资料报送等方面进行逐条比对，做好纳税服务规范和征管规范的全面衔接，确保纳税服务规范的要求在税收征管工作中得到落实。对照服务规范，对办税厅环境建设及制度进行重新梳理和完善。将更新事项打印装订摆放在办税厅，供纳税人翻阅；将《纳税服务规范》完整电子版拷贝到自助办税区微机上，并在咨询台指定专人负责引导纳税人打印；窗口人员做到人手一份规范，对规范基本知识组织统一学习，从内容到形式做好规范的更新、宣传、落实工作。不断优化服务措施。以“便民办税春风行动”为契机，以办税厅为服务前沿，制定“三三制”工作办法，主要包括办税厅的岗位设置、人员配置、考核机制三方面，同时采用“三分制”的原则，以“便民办税”为宗旨，完善服务规范落实的现实需求，为进一步开展“分岗位、到个人”的绩效考核工作奠定基础，着力为纳税人提供便捷高效的流水线式服务。贯彻落实上级局要求，建设网络纳税人学堂，针对新的税收政策法规和新的软件应用平台及时组织相关培训，并在网上纳税服务平台发布相关信息，包括培训时间、地点、内容，方便纳税人了解相关情况。为小微企业纳税人办理代开发票时，对代开金额不超过3万元但已征收营业税的，向纳税人发放《税务事项告知书》，告知纳税人享有申请退税的权利，由纳税人在回执单上留存联系方式。办税厅设置“小微企业优惠政策落实咨询岗”，答复纳税人的咨询。

2015年11月13日，招远市地税局印制山东省地税局“入鲁民企”政策汇编，税务工作人员送政策上门，送服务入户

2015年12月24日，招远市地税局开展“筑梦中国”专题教育活动，党员干部观看系列教育宣传片

【干部队伍建设】 2015年，市地税局牢固树立倾情带队、严管善带的治队思想，着力提能力、激活力、增动力，强化干部业务培训，扎实推进干部队伍建设。开展日常学习。一方面，利用每周五下午的集中学习时间先后组织学习《山东省税务系统规范行政处罚裁量权实施办法》《行政处罚裁量基准》《全国税务机关纳税服务规范》等文件。另一方面，以山东地税网院为教育平台，下发复习题

库，组织开展全员岗位模拟考试练兵，督促干部加强自主学习。组织干部专项业务培训。上半年先后组织三期纳税评估和税务稽查专题培训，全局有8人分别到扬州税院、鲁东大学等院校进行学习，2名党组成员参加科级以上干部能力提升班学习，1人参加省地税系统的财务工作专题培训。4月，组织系统内43名业务骨干到潍坊税校进行新版企业所得税纳税申报报表操作实务与汇算清缴专题培训；7月，在浙大举办系统51名干部能力提升专题研修班。通过组织干部参加各项专题外出培训，更系统、更专业的对骨干人员进行针对性培训，不断提升干部自身业务能力。加强骨干人才选拔培养。分岗位成立骨干人才选拔领导小组，成员由各专业科室主要负责人组成，直接负责各岗位选拔方案的制定、组织、实施。要求符合条件人员积极报名，合理处理好工学矛盾，做好知识储备。先期选拔的29名干部分别参加9个岗位的初选，最终8名干部代表烟台市局参加省局组织的统一考试。发挥好绩效管理作用。在

2015年10月12日，招远市地税局"后进村"帮扶工作队为玲珑镇冯家村招商引资，促进村集体收入增长。图为引进企业的厂房土地平整施工现场

系统指标考评标准的基础上，进一步明确标准详解、计分方法、数据来源、考评方式、文件依据等内容，制订指标考评标准细则。按照国家税务总局《绩效指标关联填报模板》的模式，对系统考评指标和机关考评指标进行关联编制。认真研读省局《绩效指标"项目化"管理的暂行规定》，进一步发挥好绩效管理的"指挥棒"作用，推动工作落实和提质增效。

【党风廉政建设】 2015年，市地税局联系工作实际，切实抓好基础党建工作。按照省委组织部关于开展党建工作专项检查的通知精神，对全局2012年

2016年1月12日，招远市地税局党组召开专题民主生活会

以来发展党员情况、党费收缴情况、三会一课开展情况进行整理和补充。认真总结近年来在落实管党责任、创新服务载体等方面的经验做法，提炼上报。着力抓好"三严三实"专题教育活动，及时查摆"不严不实"问题，制订即知即改事项整改台账。强化责任意识，全面落实党风廉政建设责任制。年初，按照"谁主管，谁负责"的原则和"一岗双责"的要求，对党风廉政建设工作任务进行细化分解。严格签订《党风廉政建设责任书》《干部廉洁自律书》及《家庭促廉承诺书》，形成"一级抓一级、层层抓落实"的良好局面。按照市局"三个层面"党风廉政建设责任清单的要求，做好党组的主体责任和纪检组的监督责任工作落实。建立健全落实"两个层面"的各项制度，落实党组主体责任，强化纪检组监督责任，组织开展领导干部任期廉政谈话等活动，及时发现问题，将问题消灭在萌芽中。注重教育活动，不断提高廉洁自律意识。在贯彻各级党风廉政工作会议精神的基础上，制定下

2016年1月12日，招远市地税局党组开展廉政知识自主学习活动

发《招远市地税局2015年纪检工作要点》，以组织全体干部学习《违反中央八项规定精神典型案例汇编》和多起违反中央八项规定精神典型问题通报、先后观看16部廉政警示教育片、开展德廉知识考试等方式，加强廉政文化学习，提高干部理论水平和廉洁意识。同时，按照市局部署，在全局组织开展“从严从实”廉政警示教育活动，制定教育方案，组织召开廉政建设警示教育会报告会。落实八项规定，不断加强和改进行业作风建设。认真抓好日常管理教育，先后开展5次明察暗访，严抓干部工作日饮酒、迟到、早退、玩游戏、从税不廉等违法违纪行为。组织开展自查自纠专项工作，包括清理纠正违规经商办企业等行为、公款存放中利益冲突和利益输送问题、办公用房清理清腾、“小金库”自查自纠四项专项工作。落实检税共建制度、特邀监察员联系制度、民主监督、信息反馈等机制。2015年，与市纪委、检察院组织共建活动8次，走访特邀监察员、纳税人等30人次。

（撰稿：陈　夏　张志刚　　审稿：李延聪　陈仁忠）

2007年11月28日，“中国黄金第一镇”暨“中国黄金第一村”授名仪式在北京钓鱼台大酒店举行。招远市阜山镇和九曲蒋家村摘得黄金领域两项金冠。这是招远市继2002年1月被命名为“中国金都”之后，在黄金领域再次获得的两张“金名片”。

阜山镇辖区北部地处全国著名的玲珑矿田，蕴藏着极其丰富的黄金资源，镇域内矿田面积达50多平方公里。1978年后，镇村工业得到发展，黄金资源优势充分发挥。1990年，境内黄金矿井90多个，选厂38处。1992年，境内工业企业形成以黄金为龙头，食品加工、建筑建材为重点的产业体系，创建企业集团6个。1999年，全镇村办企业201处。2001年，进行矿山秩序整顿，矿山开采权、管理权由镇村两级所有。2002年，全镇拥有6个黄金矿业有限责任公司，采矿井17个，黄金选厂20个，年产黄金12万两，黄金产业成为阜山镇重要的经济支柱。

九曲蒋家村位于玲珑山东麓，境内黄金藏量丰富。1978年后，黄金生产规模不断扩大，成为集体经济收入主要来源。1980年3月，被冶金部授予“全国黄金第一村”和“采金生产先进单位”称号，获奖励汽车2辆。1981年建起全县第一个机械化黄金选厂，1984年再增加选厂1处，黄金生产形成规模。1995年成立春雨集团，辖金矿、2处选厂和金属化工厂等企业。2001年成立黄金矿业有限责任公司，2002年生产黄金24000两。2012年，黄金矿业有限责任公司辖矿区2个、明竖井5条、选矿车间2个，年产黄金5万多两。

经 济 管 理

发展和改革

招远市发展和改革局领导成员

党组书记：徐永亮
党组成员：刘克江　李茂松　张培彦　孙瑞臣　魏述德
局　　长：徐永亮
副 局 长：刘克江　李茂松

【机构设置】 2010年，根据《招远市人民政府机构改革方案》和《中共招远市委招远市人民政府关于招远市人民政府机构改革的实施意见》，设立招远市发展和改革局，为市政府工作部门。2015年，内设办公室、经济体制改革科、固定资产投资科、工交能源科、农业经贸社会科、蓝办6个职能科室。编制12人，工勤编制2人。下设服务业办公室，编制14人。

【概况】 2015年，市发展和改革局坚持认真贯彻落实全市经济社会发展的大战略、大格局，聚焦市委、市政府工作重心，适应经济新常态下推进经济转型发展新要求，注重抓项目建设促投资优化，抓改革创新促新动力迸发，抓服务业发展促产业结构升级，全局上下求真务实、干事创业、积极作为，各项工作重点突出、亮点纷呈。市发改局先后被招远市委、市政府授予“先进单位”“农村工作先进单位”“服务业工作先进单位”“计划生育工作先进单位”“环境保护工作先进单位”“安全生产先进单位”“节能降耗先进单位”“民营经济工作先进单位”“水利改革发展工作先进单位”“造林绿化工作先进单位”等称号。

【“十二五”建设成果回顾】 “十二五”以来，全市上下以科学发展观为指导，以加快转变经济发展方式为主线，牢牢把握“五个坚持”，凝神聚力，攻坚克难，经济社会发展实现总量扩大、质量提升、位次前移，保持总体平稳、稳中有进、进中向好的良好发展态势。综合实力稳步提升。“十二五”期末，全市实现生产总值639.8亿元，人均GDP113000元；实现地方财政收入50.22亿元，年均增长17.4%；固定资产投资403.2亿元，年均增长9%；社会消费品零售额169.8亿元，年均增长14.6%。在全国县域经济基本竞争力排名由42位升至34位。在全国中小城市综合实力百强县排名由48位升至35位。转型升级步伐加快。形成先进制造业、现代服务业和新兴产业“三足鼎立”的产业发展格局。三次产业比例由“十一五”期末的6.2∶61.2∶32.6，调整到6.3∶52.8∶40.9。改革开放不断深化。多种所有制经济共同发展的格局基本形成，非公有制经济占地区生产总值比重达到59.4%。承担国家、省和烟台市级改革试点20多项。全方位、多层次、宽领域的开放格局基本形成，2015年实际到账外资1.6亿美元，年均增长10.8%；外贸出口总额14.5亿美元，年均增长5.7%。城乡建设强势推进。中国金都特色城市魅力进一步提升，东城新区、滨海科技产业园区建设加快推进，城市建成区面积32平方公里，城区人口达到20.15万人。新农村建设加快推进，解决75个村、42657人饮水安全问题。加快农村社区服务中心建设，已建成119处农村社区。生态建设成效显著。招远市被授予“全国生态文明先进市”“山东省生态文明乡村建设先进县（市区）”称号，龙王湖被评为国家级水利风景区。全面实现城乡环卫一体化管理。启动实施界河流域河道整治及生态修复工程。民生事业持续改善。顺利完成县级公立医院改革。累计新增城镇就业5.4万人，转移农村劳动力2.8万人，城镇登记失业率连续5年控制在1.3%以内。全市新增企业参保人员5.7万人，居民养老保险参保人员增加7.9万人。城镇居民人均可支配收入、农民人均可支配收入分别达到36120元和16946元。教育、文化、体育、计划生育、外事、侨务、对台、人武、双拥、老龄、关工、慈善、残疾人等各项事业蓬勃发展。

【高层立项】 2015年，市发改局不断加大项目高层立项和资金争取，赴国家、省发改委跑项目200多人次，共上报争取高层立项项目15个，申请上级无偿资金6846万元。争取招远市被列入省服务业重点城区，中亚轮胎试验场项目被列入省服务业重点项目；招远市智能康复理疗系统及智能按摩机器人生产项目被列入2015年省级重点项目；争取中广核招远齐山风电场工程等3个风电项目被列入国家“十二五”第五批风电核准计划；帮助15MW屋顶分布式、招远桃源阳光农业光伏50MW电站、30.6KW屋顶分布式项目和龙骏风能招远风电场二期等项目项获得高层立项；帮助康泰集团按摩机器人项目争取国家专项建设基金债券资本金贷款8200万元。

【重点项目建设】 2015年，招远市深入开展以“北部经济隆起带攻坚年”为主题的项目建设年活动，通过改革创新项目调度管理机制、实行市级领导包帮重大项目、开展“项目集中开工月”、组织项目观摩等措施，调动各方面工作积极性、营造浓厚的项目建设氛围，全市项目建设进展顺利，有力推动经济社会持续协调快速发展。全年110个市级重点建设项目开复工105个，开复工率95.4%，完成投资157亿元。31个重点推进项目，全面完成各项前期工作，具备开工建设条件。在烟台科学发展观摩评议中位列第3名，金潮高端动力电池生产、中西合作轮胎研发试验及汽车检测中心两个项目均被评为烟台科学发展观摩“十佳项目”。

2015年3月28日，烟台市级重点项目——金潮高端动力电池生产项目现场

【服务业发展】 深入推进服务业综合改革试点工作，制定《2015年服务业工作要点》《2015年镇（街道、区）服务业工作考核办法》等有关文件，对服务业发展目标、重点工作措施作出具体部署。抓好服务业行业规划，制定出台《招远市商务服务业发展规划（2015～2020）》，拓展服务业发展新空间，打造总部经济、会展服务、广告创意等服务业新兴业态，拓展服务业发展新空间。制定出台《企业主辅业分离工作实施方案》，确定责任分工，提出任务目标，加强工作督导，列入服务业重点考核事项，全力推进企业主辅业分离工作。2015年，33家新培育或分离的规模以上服务业企业已纳入统计范围。加快推进实施49个服务业项目。2015年全市49个服务业重点项目进展顺利，全年开工建设45个，开工率为91.8%，完成年度投资68.5亿元，占年度计划投资的95.1%。研究国家和省服务业有关政策，争取上级资金和政策支持。玲珑英诚医院、金都康复医院、山东黄金软件科技有限公司姚卫东团队等3个项目先后获得省服务业引导资金支持250万元。

【国内招商】 2015年，全市共引进新签约项目59个，总投资235.46亿元。深入开展招商“大走访”活动，各级各部门登门拜访各类投资方320家，接待外部投资方214家。建立4项招商工作台账，实行一月一调度、一月一通报的原则。研究制定招商扶持政策，按照各级各部门完成目标任务的程度给予一定经费补助和处罚。建立全市重点招商项目库，筛选确定29个重点在谈项目，总投资额307.92亿元，实行一个项目、一名领导、一套班子、一套方案、一抓到底的“五个一”机制。积极开展专题招商活动，组织康泰集团参加第十八届“渝洽会”，参会参展

2015年5月28日， 市发改局开展专题招商活动，组织康泰集团参加第十八届“渝洽会”

高档按摩椅、塑身机等展品。在深圳举行招远国际黄金创意产业园（深圳）项目说明会、招远市电子商务产业发展（深圳）交流会两场专题招商活动，有效向外推介招远市投资环境和项目。

【新兴产业规划】 2015年，提出并编制《招远市新兴产业发展规划》。规划以发展新能源、新材料、电动汽车、现代医药、文化旅游、健康养老、电子商务、金融八大新兴产业为重点，通过实施科技创新助推、产业集聚发展、骨干企业培育、平台创新支撑四大工程，强化组织领导、评估机制、政策支持等举措，不断推动新兴产业规模化、高端化、集聚化发展，使其成为引领全市经济社会发展的先导产业和支柱产业。目标到2020年，全市新兴产业成为经济社会发展的重要推动力量，增加值年均增长15%以上，占GDP比重达到25%左右。文化旅游产业成为招远市新的名片，电子商务、金融创新产业成为全市特色产业，新能源、电动汽车、新材料、现代医药、健康养老产业成为全市经济支柱产业。创新能力大幅提升，掌握一批关键核心技术，建成一批产业链完善、创新能力强、特色鲜明的新兴产业集聚区，培育一批在全省乃至全国有影响的大企业和一批创新活力强的骨干企业。2015年，规划实施32个新兴产业项目，完成投资48亿元。

（撰稿：宁卫晓　　审稿：徐永亮）

国土资源管理

招远市国土资源局领导成员

党委书记：杨　锐

党委副书记、局长：李志勇

党委副书记、副局长：杜铭尧

党委委员：王国君（主任科员）

党委委员、副局长：刘振敏

党委委员、征地办公室主任：杨桂杰

党委委员、纪委书记：王日萍（女）

党委委员：徐祝梅（女）

党委委员、招远罗山省级地质公园管理处主任：李建春

党委委员、直属分局局长：考卫启

【机构设置】 招远市国土资源局主要担负全市土地资源、矿产资源等自然资源规划、管理、保护与合理利用及测绘行业管理等职责，设办公室、财务科、法规监察科、耕地保护科、地籍管理科、矿产开发科、地质勘查科、安全生产管理科等8个职能科室，在职人员15人；辖国土资源执法监察大队、土地储备交易中心、招远罗山省级地质公园管理处、征地办公室4个正科级事业单位及土地利用规划站、矿产资源补偿费征收处、地理信息中心、不动产登记中心4个副科级事业单位，在职人员147人；下辖直属分局和蚕庄、玲珑、张星、阜山、开发区、金岭、夏甸、辛庄、齐山、毕郭等10个国土资源所，在编人员35人。

【概况】 2015年，招远市国土资源局以“三严三实”专题教育活动为契机，扎实开展党员干部思想作风建设，努力做好国土资源工作，为全市经济社会持续发展服务。年内，先后获招远市级及以上集体荣誉13个，其中“山东省土地调查先进集体”“山东省国土资源科学技术二等奖”、第四届“地科杯”有奖征文优秀组织单位3个，招远市委、市政府授予“招远市先进单位”“社会治安综合治理先进单位”等称号10个。

【耕地保护】 高标准基本农田和土地整治项目建设。2012年度、2013年度高标准基本农田建设项目实施完毕并完成初验，共建成高标准基本农田建设面积1万公顷。2014年完成高标准基本农田建设面积4000公顷，年底进入工程审计阶段。2015年，高标准基本农田建设项目任务数为5333.33公顷，规划设计完成批复。阜山镇南院片和张星镇地北头王家片土地整理项目竣工，年底进入工程评审阶段。

【矿政管理】 督促生产规模不到4万吨/年的24家企业尽快加大勘探资金投入，及时提交储量报告，2015年全部企业均通过省联席会议审批。在探矿增储方面，投入勘查资金5922万元，提交勘查报告4个，共探获金属量4.97吨。在地质灾害防治方面，组织起草《全市2015年地质灾害防治方案》，明确工

作程序、措施及要求。完成夏甸镇姜家窑露天采坑治理项目招投标及合同签订，工程施工顺利进行。密切配合，顺利通过国家审计署组织的矿山审计。

【土地资产经营】 2015年，不断加大供地力度，供应各类建设用地62宗，共计面积243.53公顷，供地率进一步提高。开展网上挂牌出让工作，公开挂牌土地28宗，出让面积63.7公顷，成交总价款3.92亿元，催缴拖欠土地出让金1.82亿元，全年实现政府纯收益1.62亿元。

【执法监察】 2015年，市国土资源局开展“六打六治”专项行动，共组织巡查240余次，井下测量5.6万余米，查处并取缔16处私采滥挖矿点，责令矿业权人填平封堵废弃矿井8处，对巡查发现的20处越界开采行为进行立案调查，按照法律法规对违法矿山企业进行处罚，保证矿业秩序持续稳定。全市违占比例降至6.46%，通过国家督查局济南局和省国土资源厅执法局检查验收。

2015年8月28日， 招远市征地区片综合地价标准调整听证会

【土籍管理】 2015年，全市完成618个村1.6万宗宅基地使用权换发证工作，完成187个村769宗地的村镇集体建设用地换发证工作，调处集体土地使用权纠纷136起，建立完善农村确权登记数据库。宅基地审批工作稳步开展，在审查建房条件同时，完善审批公示制度，做好服务工作。全年共审批农民建房56宗，面积0.85公顷。“一个平台，两个市场”投入试运行，顺利通过烟台市国土资源局组织的专家验收。

【党风廉政建设】 2015年，市国土资源局通过编发《纪检简报》、观看电教片和讲座、进行廉政谈话等方式，不断强化廉政教育，专门设置谈话室和廉政图书室。深入开展“三访”活动，先后给行风监督员发送信件182封，回访800余人次，群众满意度为97.8%。

（撰稿： 原树庆　　审稿：孙新德）

审　计　工　作

招远市审计局领导成员

局长、党组书记：杨志军

副　局　长：张秀良　冷海明

总审计师：刘贤祥

经济责任审计办公室主任：李　刚

【机构设置】 招远市审计局内设办公室、法规科、财政金融审计科、行政事业审计科、固定资产投资审计科、社会保障审计科、经贸审计科、经济责任审计办公室。2015年，工作人员35人，其中行政编制15人，事业编制20人。

【概况】 2015年，市审计局认真贯彻落实全省、烟台市审计工作会议精神，坚持“两手抓、两手硬”，攻坚克难，各项工作取得新成绩。全年共完成审计项目和单位59个，查处违规行为金额50162万元，促进上缴财政2457万元。向市委、市政府及有关部门提交审计报告、综合报告、审计信息等共计178篇次，被各级批示、采用101篇次。提出审计建议24项，被采纳16项，促进增收节支、增加效益2280多万元。出台加强运营管理、规范财务管理制度13项，较好发挥审计监督“免疫系统”功能。先后被评为全国审计宣传先进集体、全省审计机关先进单位、招远市先进单位等。

【财政审计】 2015年，市审计局根据业务上级统一部署，对市财政局组织预算执行情况进行审计；根据省审计厅授权，对地税系统税收征管情况进行审计；对市卫生局、工商行政管理局、中小企业局等17个市级预算执行部门和单位预算执行情况进行审计。审计查出少缴少计税款、违规使用发票、资金闲置及会计核算不实等问题，涉及金额1913万元。审计结束后，向市政府作了专题汇报，市长对审计工作表示肯定。4月和6月，受市政府委托，审计机关向市第十七届人大常委会第二十四次会议报告2013年度本级预算执行审计及其他财政收支审计查出问题整改情况。向市第十七届人大常委会第二十五次会议报告2014年度本级预算执行及其他财政财务收支审计的工作报告，人大常委会全票通过报告，对审计执法力度、执法效果和监督成果给予高度评价。

根据年度审计计划，对6个镇（街道、区）2014年度财政决算和2015年上半年财政预算执行情况进行审计。查出违规使用发票、未按规定纳入预算管理、财务核算不实、资金管理使用不规范等问题涉及金额933万元。并重点开展会议费、招待费、考察费及补贴、奖励支出项目、规模等公务支出和公款消费专项审计调查，向市政府提交专题报告。

【领导干部任期经济责任审计】 2015年，市审计局根据市政府交派，先后对34个镇（街道）和部门、单位党政负责人离任和任中经济责任情况进行审计，向市委、市政府、市纪委及市委组织部门提交结果报告38份，查出违规使用发票、虚列支出、专项资金使用管理不规范等问题涉及金额316万元。对促进深化廉政建设、强化对权利的监督制约，有效规范部门、单位的财务收支行为起到积极作用。

2015年8月19日，审计人员查看被审计单位账簿

【企业资产负债损益审计】 2015年，市审计局根据市政府安排，对8户市属企业资产负债损益情况进行审计。重点审计2014年度企业财务收支的真实性及主要指标完成情况、国有资产保值增值、重大政策落实、内部控制机制及对外投资情况等。查出企业经营成果不实4.7亿元，会计核算不实3亿元，促进上缴税收2000多万元。在经济运行持续疲软情况下，审计建议为促进提升企业经营效益与运行质量发挥了积极作用。

2015年11月20日，全市镇（街道、区）审计发现问题通报暨财经法规培训会议

【政策措施落实跟踪审计】 2015年，市审计局根据审计署统一部署，对21项“稳增长促改革调结构惠民生”政策措施落实情况进行跟踪审计。如：县级公立医院改革政策落实情况、2014年度招远市保障性安居工程投资建设分配情况、2014～2015年重大水利工程建设情况、精准扶贫、减少农村贫困人口政策落实情况等。克服项目覆盖面广、涉及部门单位多、审计对象多、内容繁杂、步骤繁琐、政策性强、针对性模糊等困难，先后上报报告总量50余次，单项最多达4次，有力推动资金到位、项目实施和政策落地。

【配合业务上级审计】 2015年，市审计局圆满完

2015年2月3日，市审计局举行争创优秀项目、争做优秀主审演讲比赛

成省审计厅对市委原主要负责人离任审计发现问题的整改工作、全国矿产资源审计工作、国土资源审计整改工作。开展对金宝电子有限公司有关情况的审查以及阜山镇南大洼4个产金村矿区涉及的村资产负债损益情况审计，对市工商局、技术监督局合并情况进行查证等。为促进地方稳定、改革顺利进行、强化对经济管理起到积极促进作用，配合审计署、烟台市审计局，开展对全市矿山资源费审计、金都小额贷款有限责任公司运营情况专项审计调查、3所重点高中负责人任中审计、保障房及失地农民补偿金专项审计调查、政府负有偿还责任的拖欠工程款情况专项审计调查等，较好完成任务，维护了地方权益。

【市委、市政府交派的专项审计】 2015年，市审计局根据市委、市政府安排，派出审计人员参与市纪委对文广新局的廉政巡查、厉行节约反对浪费审计、夏甸镇政府有关会计账目审查；参与市委组织部牵头的党费收缴、使用、下拨管理情况审计；市委考核办组织的2015年市直部门国内招商引资项目及镇（街道、区）生产经营性项目考核，市直部门引进无偿资金情况考核；市商务局电子商务平台奖励政策情况考核等。

2016年2月19日，市审计局举行竞争上岗演讲，为审计发展提供人才保障

【审计工作创新】 《审计专报》开创工作报告新思路。向市政府提报《审计署即将开展矿山资源开发利用和资源相关资金征管情况审计》《矿山资源开发利用保护审计情况汇报》及《烟台市审计局将对我市税收征管有关事项及部分省级财政专款进行检查》等《审计专报》，将省审计厅、烟台市局对招远市开展审计的目的、审计重点、注意事项等情况向市政府主要领导作了书面汇报。并进一步完善《专题报告》机制，把企业审计结果、领导干部任期经济责任审计结果、三公经费审计结果进行汇总，通过《审计专报》分别向市政府主要领导作专题汇报，推动重大审计事项尽快列入市委、市政府议事日程和领导决策。

2015年11月25日，市审计局参加机关党员干部进村入户大走访活动

推行领导干部任期经济责任审计全面谈话制度。即：审前调查谈话，听取被审计单位主要负责人介绍单位职责、执行政策、财务运行、重大决策、投资情况等，听取被审计单位各层面对单位责任人、重大决策事项、财务管理方面的意见；审计进点谈话，宣读审计纪律、告知审计重点、审计时限及被审计单位应提供的资料以及被审计单位其他权利和义务，听取单位负责人的意见和要求；审结交换谈话，听取被审计单位对审计发现问题的解释，对审计报告的意见、建议和要求等。全面谈话制度的推行，规范了审计执法程序，严肃了审计权威，从审计结果和产生的效应看，效果比较明显。

推行审计发现问题通报机制。历经一个多月的筹备，组织召开镇（街道、区）审计发现问题通报及财经法规培训班，全市13个镇（街道、区）财政所长及全体审计业务人员与会。通报了近年来镇（街道、区）审计发现的问题、问题性质、违反的财经法规及处理处罚意见等，为与会财政所长上了一堂生动形象的培训课。不仅增强了镇（街道、区）财政所长的政策法规意识，提高了守法自觉性，而且进一步完善，形成对一个系统、一个阶段审计发现问题的通报机制，促进问题整改，规范财经秩序。

（供稿：阎卫东　　审稿：冷海明）

统 计 工 作

招远市统计局领导成员

局长、党组书记：郝玉凯

副局长：刘基田　傅永凤（女）

【机构设置】　招远市统计局下设办公室、综合科、工业财贸科、法规科，下属统计调查大队（副科级事业单位）和计算机室（股级事业单位）2个事业单位。2015年，共有工作人员33人，其中高级技术职称2人，中级技术职称7人，高级工3人；大专以上学历28人。全市有14个镇（街道、区）统计站，为市财政全额拨款事业单位，接受市统计局和14个镇（街道、区）政府（管委）双重领导。

【概况】　2015年，市统计局以服务科学发展为宗旨，全力推进统计“四大工程”（统一单位名录库、统一企业统计报表制度、统一数据采集处理软件系统、统一统计联网直报系统）建设，创新思路，扎实作为，努力提升数据质量，全力打造现代化服务型统计，“三个提高”（提高统计能力，提高统计数据质量、提高统计公信力）取得新进展，多项业务有新突破，为全市经济社会发展提供坚实的统计服务保障。先后被评为市直部门先进单位，全市民营经济、宣传文化、机关建设、新农村建设、后进村帮扶、计划生育、环境保护、节能降耗、服务业等9项工作先进单位，1人记三等功、4人获嘉奖、13人单项工作获先进个人奖励。

【统计制度改革】　加快统计方法制度改革，建立健全统计报表制度和指标体系。在建立和完善农业、工业、建筑业、批零住餐业、固定资产投资、房地产业、CPI、PPI等基本统计制度基础上，2012年建立规模以上服务业统计制度，人口和劳动力月度调查制度，进一步改进和完善GDP核算方法，使GDP核算与国家、省、烟台市制度相统一。2015年，建立文化及相关产业增加值核算制度、战略新兴产业统计调查制度及1%人口抽样年度调查制度，建立私营单位劳动工资统计制度。完善城乡住户一体化统计调查，使城乡居民收入支出统计监测更加完善。先后建立部门服务业和服务业三大载体、涉海经济统计制度、城乡划分工作、粮食产量抽样调查实测实割、畜牧业抽样调查统计制度。继续开展能源监测、全国百强县、山东省30强监测、社会综合、环境监测、妇女儿童监测工作。组织开展农村住户调查、特色农业抽样、规模以下工业、批零贸易和餐饮住宿业、小微企业、高耗能高污染行业、高耗能高污染产品调查等工作，全面掌握经济社会发展全貌，以提高统计适应能力。为适应整个经济社会发展和社会各界需要，市统计局进一步扩大统计范围，并对其他一些社会需求的统计指标进行相应调整，在压力和困难面前，全局干部不畏困难，奋力拼搏，各专业普遍采取加班加点、节假日不休息等措施，及时、准确、全面地完成20多个专业、涉及6000多个调查单位，2000多项指标常规统计调查工作。

【四大工程建设】　2015年，市统计局继续全力推进“四大工程”建设。一是基本单位名录库建设迈上新台阶，调查单位名录库真实完整、更新及时。充分利用市场监管局、人力资源和社会保障局、民政局等部门注册登记资料，逐个落实企业注册登记及运营情况，补充更新基本单位名录库，加大对基本单位实地核查力度，强化对指标异常单位的核实，确保登记单位及时入库，入库单位信息真实准确。二是“四上企业”统计报表制度更加完善。改

2015年8月19日，2015年农村统计基础工作检查会议

变以前按季度集中审核上报为一企一审、一月一报，只要企业符合“四上企业”标准（规模以上工业、批发零售住宿餐饮企业、服务业，资质以内建筑和房地产企业），可随时纳入，将关停并转和不符合标准企业随时剔除。整合统计资源，将各专业独立上报整合为联网直报平台一次报送，分专业汇总，减轻基层统计负担，减少重复上报、多次多关上报等问题。三是实现统计数据采集电子化，传输处理网络化，业务流程规范化，统计生产方式发生深刻变革。PDA、卫星遥感技术在统计调查中广泛使用，实现统计数据采集和网络传输上报同时进行，减少中间录入环节，提高数据采集质量。四是提高企业一套表联网直报覆盖率。市统计局加大宣传力度，提高企业重视程度。按照制度统一性、指标唯一性、填报便捷性原则，跟踪督导检查，努力提高企业直报能力和数据质量。为确保一套表上报工作顺利进行，市统计局建立直报期间24小时值班制度，综合科、工业科、贸易科、法规科和计算机室在联网直报期间保证每个科室每天都有值班人员，24小时保持通讯畅通，随时应对出现的问题，保证上报进度及直报率。截至2015年底，全市695家“四上”企业全部实现直报。

农村统计基础工作检查暨半年总结会议

【统计法制建设】 2015年，市统计局认真贯彻统计法律法规，把法制宣传贯穿于统计日常工作，切实增强法律意识、风险意识和自律意识，在专业业务培训、年报会等场合，对1000余名镇（街道、区）统计人员、“四上”企业统计人员、市直统计机关工作人员进行系统的统计法律法规知识培训。按照统计法要求严格规范统计调查工作，加大对违法违纪案件查处力度，进一步规范统计工作流程和基础数据来源，统计工作秩序和统计工作质量有很大改观。全年对19家直报单位进行统计执法大检查，通过执法检查，提升专业人员财会知识查阅能力，提高全社会对统计法律、法规和统计方法制度的了解和认识，营造良好依法统计、依法行政的社会氛围。

【数据质量控制】 2015年，市统计局积极探索数据质量控制办法，把提高数据的科学性、准确性和权威性作为努力方向，创新工作方法，强化预测预警机制。一是加强统计基层基础工作建设，建立和完善专业统计和部门统计工作运行制度，规范数据采集、审核、评估办法和标准，规范统计基础资料，做到原始记录齐全、统计台账设置合理、登记及时、上报表数据准确。按照山东省规范化建设要求，对镇（街道、区）统计站规范化建设进行统一部署检查，建立和完善8项统计工作制度，建立健全1949—2015年乡镇综合台账及畜牧业、农产量、固定资产投资、建筑业、房地产业、规模以上批零贸易、规模以上住宿餐饮、规模以上服务业、规模以上工业、城乡一体化、价格调查等10多项业务历史台账及20多个专业统计资料装订存档工作。二是通过定期抽样调查对总体数据进行推算、监测、验证，正确把握各行业运行趋势和规律。三是以重点企业、重点领域的统计监测为突破口，深入基层调查研究，定期进行现场督导，确保源头数据质量。四是以数据评估考核为契机，强化数据质量控制。把数据质量控制贯穿于统计活动全过程。进一步完善各专业重要数据评估控制办法，加强指标间技术审核，强化经济增长与财税、金融信贷、用电量等部门数据的支撑分析，确保数据的客观性、逻辑性、匹配性。

【统计信息化建设】 2015年，市统计局进一步完善局域网服务器功能，重做域控、文件传输、数据库、网站和windows系统更新等服务器。优化网络防火墙规则、完善网络版杀毒软件的任务规划等，加强网络安全保障。与全省其他县（市、区）统计局同步完成全省统计系统视频会议系统的设备安装、调试和运行，为公车改革后的会议、培训等活动做好准备。进一步优化和改善镇（街道、区）统计信息化工作条件，在全烟台市乃至于全省统计系统中，率先架设以光纤连接为特点的高速、便捷的乡镇统计专网。开通招远统计微信公众号，为全社会提供更加便捷及时的统计资讯服务。

【统计服务】 2015年，市统计局在服务形式上，坚持及时化、多样化，做到优质服务，超前服务。通过各种渠道及时整编统计资料，为社会各界提供统计咨询服务。每月把全市各项指标完成情况整理成《招远统计月报》，每年整理编印《招远统计年鉴》，2015年利用微信服务功能，建立微信公众号工作平台，搭建号码为“SDZYMS”的“招远微统计”微信公众号，定期为社会提供统计信息。强化调查研究，提高统计对经济运行预测分析能力和水平。充分发挥信息资源优势，深入实际，广泛调研，及时对经济运行走势进行预测和判断，为市领导宏观调控和科学决策发挥独特作用，得到市领导充分肯定。拓宽统计服务领域，不断提高统计分析研究的层次和水平。2015年全局共撰写各种统计信息120多篇，有36篇被市委、市政府采用或被招远信息网采用转发，撰写各种调查分析文章100篇，2篇被市委、市府主要领导批示，2篇被政务参阅转载。在烟台市局组织的统计分析评比中，获得一等奖和二等奖，被《山东统计》刊登4篇，为服务招远经济发展、提高招远市对外影响力发挥重要作用。拓展统计服务领域，提高社会化服务水平。帮助企业搞好联网、升级、程序安装、培训等服务，及时将月度、年度经济资料和价格变动情况，通过市政府网、统计信息网及《今日招远》等渠道及时发布。综合科作为统计局对外服务窗口，每年为社会各界、企业、部门提供统计数据信息服务上千次，统计数据在经济社会发展中的服务功能不断加强。

（撰稿：李　华　　审稿：刘爱萍）

践行招远精神演讲比赛

物　价　管　理

招远市物价局领导成员

局长、局党组书记：曲胜山

主任科员、党组成员：曹义臣

副局长、党组成员：刘培峰

副局长、党组成员：吴敬东

招远市价格监督检查局局长、党组成员：吕洪生

【机构设置】 招远市物价局内设办公室（7人）、综合科（2人）、成本调查科（与招远市价格基金征收处合署办公）3个职能科室，下设招远市价格监督检查局（副科级，9人）、招远市认证中心（5人）、招远市价格基金征收处（7人）。2015年，工作人员30人。

【概况】 2015年，物价工作以服务全市经济发展为目标，以服务民生为根本，以提升素质为重点，不断强化“为民服务”宗旨观念，为全市经济发展和社会稳定做出应有贡献。

【物价监督检查】 2015年，市物价局加强对城区商品房市场价格监管，着力解决商品房销售中价格不透明等问题，规范房地产销售市场，开展商品房销售明码标价工作，共完成25个单位商品房销售明码标价。加强旅游市场监管，规范旅游市场秩序，维护旅游消费者合法权益。2015年上半年对部分旅游行业价格行为进行专项检查，重点对罗山国家森林公园、黄金博览苑、淘金小镇、架旗山游乐园、金城温泉大酒店、金都宾馆、招金舜和国际酒店、龙湖大酒店、文峰酒店、汉庭酒店、金海大厦、金都百货、佳乐家、振华商厦、家家悦等15个单位进行检查。对部分景点政府定价执行情况、停车收费情况以及价格公示情况进行检查，前期游客反映的某景区内停车场停车收费问题已经停止，对个别单位标价模糊、不全等明码标价存在问题现场予以纠正。全年共落实省级以上举报案件2起，及时落实各类举报、网上回复、市长热线58件，回复率100%。

【行政事业性收费管理】 2015年，市物价局对全市行政事业性收费项目进行清理，先后取消收费15项、免征小微企业和个体工商户收费16项、暂停和降低收费各5项，年可减轻企业和社会负担1510.33万元。取消收费许可证制度和收费年度审验制度，建立收费单位情况和收支状况报告制度，强化收费目录清单和收费公示制度，规范行政事业性收费的事中事后监管，共注销收费许可证正本67个、副本131个。根据国家关于完善资源性产品价格形成机制的决策部署和建立完善城镇居民阶梯水价、阶梯气价制度要求，对居民用水、居民用天然气价格进行测算，形成初步方案，为阶梯价格制度的制定打下基础。

【价值认定】 2015年，市物价局价值认定工作坚持无偿为公、检、法涉案物品提供价值认证服务，努力开拓服务新领域。由单纯从事涉案物品价值认证，逐步延伸到非涉案物品价格认证，主要涉及农田水利设施、物品拍卖、地上附着物赔偿等价值鉴证和价格认证。以公平、公正、公开为原则，以社会和谐为目标，以服务经济发展为目的，充分发挥价格认证行政裁定和公共服务职能，不断扩大价格认证工作范围。全年共鉴定案件155件，鉴定总额1478.06万元。其中涉案物品价格鉴定144件，鉴定总额325.06万元；价格认证11件，认证总额1153万元；价格咨询纠纷调解7件。

【成本监审】 成本监审是政府制定价格的依据，工作政策性强，涉及国家政策的落实是否到位，关系着社会公众利益和经营者之间利益关系是否平衡。必须要把握好尺度，掌握好政策，为政府定价、调价提供真实准确的价格成本。监审过程中，仔细审核被监审单位提供的资料，认真核对财务报表、账目、凭证，确保资料真实性。核定成本时，严格按照国家的政策法规和行业规范进行审核，保证数据真实可靠。2015年，市物价局监审招远市滨海燃气公司2012～2014年3个年度供气成本，核减成本845万元；监审招远聚力燃气公司2013～2014年2个年度供气成本，核减成本483万元；监审招远市“阳光家苑小区（二期）”经济适用住房定价成本，核减成本747万元。受烟台市物价局委托对山东广电网络有限公司招远分公司2014年的经营成本进行监审，并上报；协助烟台市物价局对招远市实验幼儿园2014年度成本进行监审。市场价格预警。每月5日、15日、25日按时上报烟台市物价局《2015年农资等重要商品市场零售价格监测表》，便于上级物价部门及时掌握招远市价格变动情况。节假日等临时性价格监测。在传统节日期间加强对全市重要商品零售价格监控，发现异动及时汇报，做好价格预警，确保节日市场的稳定。

（撰稿：原瑞彦　　审稿：曲胜山）

市场监督管理

招远市市场监督管理局领导成员

局长、党委副书记：王国良
副局长、党委书记：李　明
副局长、党委副书记：巨云茂
主任科员、党委委员：王立波
副局长、党委委员：孙筠昕　王奎先　冯文革
孙　日　温朝光　傅建波
纪委书记：刘占进

【机构设置】 2015年初，招远市市场监督管理局按照市政府“三定”方案，整合内设机构，将原市工商局、质监局、食品药品监督管理局3局51个内设机构整合为35个，全市14个镇（街道、区）全部设立监管所。局内设办公室、政工科、财务装备科、商标广告管理科、市场合同管理科、消费者权益保护科、法制科、标准计量科、质量监管科、特种设备安全监察科、食品安全综合协调科、食品安全监管科、保健食品化妆品监管科、药品和医疗器

械监管科、药品不良反应监测科、市区市场管理科等科室16个，直属局有企业注册局、公平交易局2个，辖市场监督管理所14个。2015年，共有工作人员312人。

【概况】 2015年，招远市市场监督管理局紧紧围绕经济社会发展中心任务，推进机构改革，加快职能整合，强化监管服务，提高维权效能，各项工作扎实推进，成效明显。

【工商工作】 2015年，市市场监管局全面落实注册资本认缴登记、“先照后证”及住所登记制度，将134项登记前置审批事项改为后置审批，允许“一址多照”或“一照多址”，优化营商环境。全面实施“三证合一、一照一码”登记制度改革，将原来由工商、质监、税务3个部门分别核发不同证照，改为由市市场监督管理局注册局驻行政审批中心窗口统一受理、审批、发照，核发统一社会信用代码，实现“一窗受理、互联互通、信息共享”。至年底，共核发“三证合一”新版营业执照2680户。顺利推行企业信息公示制度。利用《今日招远》、电视台、政府门户网站等媒体广泛宣传，扩大社会知晓度。采取上门指导、电话督促、联系主办单位等多种方式，及时提醒、指导业户进行年报和信息公示。对全市3837户企业和18733户个体工商户进行2013年度信息公示，公示率分别为96.63%和95.57%，在烟台市排名第三和第一。对5215户企业、28858户个体工商户和882户农民专业合作社进行2014年度信息公示，公示率分别为96.13%、96.09%、100%，在烟台市分别排名第二、第一、第一。认真贯彻全市经济工作会议精神，切实承担起培育发展市场主体领导小组办公室职责，牵头组织召开全市市场主体发展动员会议，制定下发《市场主体数量及增长率指标考核工作方案》，通过落实优惠政策、优化准入环境、强化证照排查、加大考核力度等多种措施，有力推动市场主体快速发展。全年共新发展市场主体21238户，比2014年同期增长53.18%。其中，新发展个体工商户16713户、农民专业合作社230户、私营企业4254户、内资企业32户、外资企业9户，同比分别增长38.25%、减少25.81%、增长199.37%和6.67%，外资企业同比持平。2015年12月底，全市实有市场主体56789户，比2014年同期增长51.07%。其中，个体工商户45930户、农民专业合作社1114户、私营企业8452户、内资企业1143户、外资企业150户，同比分别增长47.52%、25.88%、95.65%、4.29%和减少3.85%。全市市场主体新发展数量和增长率连续两年在烟台市各县（市、区）排名第一。

【质检工作】 2015年，市市场监督管理局积极开展政府质量考核工作，组织全市35个责任单位和16个相关科室编写自评报告和见证材料，接受烟台市考核组实地核查，获得高度评价。组织召开全国地理标志保护及国际化运用专题经验交流会和烟台“一带一路”龙口粉丝地理标志保护工作经验交流会。加大品牌战略推进力度，以品牌战略带动全市产品质量提升。年内，山东金潮新型建材有限公司生产的“金潮”牌无规共聚聚丙烯管材、管件和山东鑫汇铜材有限公司生产的“鑫汇”牌电工圆铜线被认定为山东名牌产品；中矿黄金实景博览苑有限公司景区游览、服务接待服务项目和烟台金都家政服务有限公司家庭服务项目被认定为山东省服务名牌；龙口粉丝（招远）生产基地被认定为山东省7个优质产品生产基地之一；全市共有山东名牌产品18个、服务名牌3个、烟台市市长质量奖4个。深入开展特种设备专项整治，全年共检查特种设备生产、安装、维保、使用单位182家，检查各类特种设备1000余台次，下达整改责令书136份，发现并消除安全隐患100多个。在春节、劳动节、黄金节、国庆节等重点时段，组织人员集中开展节日期间专项检查，加强对超市、商场、医院等重点场所特种设备安全监管，确保节日期间特种设备安全。组织开展非煤矿山用特种设备、危险化学品、涉爆粉尘、大型游乐设施等专项整治13次，检查企业68家；配合安监、住建等部门开展废旧液化气钢瓶置换工作，置换废旧钢瓶6万多只。

招远市获“山东名牌产品”一览表

产 品 拥 有 人	产 品 名 称
贺利氏招远贵金属材料有限公司	鲁鑫牌半导体器件键合金丝
山东永固黄金矿山设备有限公司	永固牌球磨机
山东永固黄金矿山设备有限公司	永固牌破碎机
烟台市富林矿山机械有限公司	富林矿机牌球磨机
烟台市金豪矿山机械有限公司	吉祥牌球磨机
招远市金丰矿山机械有限公司	金丰矿山设备牌球磨机
招远市鲁东矿山机械有限公司	鲁东牌西蒙斯圆锥破碎机
招远市鹏泰轮胎翻新有限公司	工程机械翻新轮胎
山东金潮新型建材有限公司	金潮牌无规共聚聚丙烯（PP-R）管材、管件
山东鑫汇铜材有限公司	鑫汇牌电工圆铜线
山东金宝电子股份有限公司	金宝牌电解铜箔
山东华东橡胶材料有限公司	聚力牌炭黑
山东玲珑轮胎有限公司	利奥牌半钢子午胎
东北特钢集团山东鹰轮机械有限公司	鹰轮牌渐开线圆柱齿轮
山东玲珑轮胎股份有限公司	玲珑牌半钢子午胎
烟台珍珠机械有限公司	星轮减速器
烟台浩阳机械有限公司	浩阳牌回转支承
山东玲珑机电有限公司	山玲牌三相油浸电力变压器

招远市获“山东省服务名牌”一览表

产 品 拥 有 人	产 品 名 称
中国联合网络通信有限公司招远市分公司	电信服务
中矿黄金实景博览苑有限公司	景区游览、服务接待
烟台金都家政服务有限公司	家庭服务

招远市获“烟台市市长质量奖”一览表

企 业 名 称
山东玲珑橡胶有限公司
山东康泰实业有限公司
烟台双塔食品股份有限公司
山东鲁鑫贵金属有限公司

【食品药品监督工作】 2015年，市市场监管局扎实开展创建食安城市活动，组织有关单位悬挂条幅2200余条，张贴海报、《一封信》28000余张，在电视台、《今日招远》、政府门户网站等开设宣传专题或专栏，汽车站、医院、中小学校、营运车辆等开启LED屏，滚动播放创城宣传内容，营造良好创城氛围；帮助各镇（街道、区）设立食品安全领导小组，建立健全食品安全协管员和信息员队伍，基本实现食品安全市、镇、村三级监管全覆盖；指导督促各监管所、食用农产品批发市场、大中型农贸市场和大中型商场超市建立17处快检室或者简易快检室；以创建国家食品安全城市为主线，切实加强对食品生产、流通和餐饮服务业的监管。在生产领域，对全市130家食品生产企业进行摸底调查和考核评估，建档率100%；开展出厂检验能力、标签标识、桶装水、两超一非、塑化剂超标等专项整治和“食安山东”创建活动，全市5户企业获得“食安山

2015年6月29日，市场监管人员对食品业户进行检查

东”食品示范生产加工企业称号；指导183家小作坊完成告知性备案工作，数量列烟台市第一。在流通领域，深入推行“一票通”追溯制度，年底全市食品经营户索证索票率达98%以上；组织开展农贸市场整治和低劣红酒、“五毛小食品”、海米、走私冷冻肉、甲醛白菜、假劣牛肉干等专项整治行动；在“食安山东”食品流通示范店争创活动中，招远市上报的35户食品流通示范店全部通过验收。在餐饮服务领域，加强对从业人员培训教育；组织开展火锅底料、火锅店、学校食堂等11个专项整治活动；强化节假日及重大活动期间餐饮服务食品安全保障工作，先后完成“两会”“中考”“高考”、黄金节等16次重大活动饮食安全保障；积极推进餐饮示范店、示范街创建活动，全市有12家餐饮单位被评为省级“清洁厨房”和烟台市“明厨亮灶”示范单位，13家学校食堂被评为“三星级”学校食堂。大力推进药品新版GSP认证工作，全市270家企业全部通过新版GSP认证，认证率为100%。组织开展体外诊断试剂、装饰性彩色平光隐形眼镜、定制式义齿、体验式销售、中药饮片、基层涉药单位等多项检查整治，共检查药械经营单位300余家。认真开展药械安全监测工作，全年共评价上报药品不良反应报告1097份，上报医疗器械不良事件465例、化妆品不良反应48例。加强对保健食品、化妆品的监管，建立健全保化品经营企业监管信用档案，组织开展保健食品、美容美发经营使用单位化妆品专项检查，共检查业户266家，责令116家存在问题的业户进行整改。

招远市获“食品示范生产加工企业”一览表

企业名称
山东金城股份有限公司
山东健源食品有限公司
招远三嘉粉丝蛋白有限公司
山东六六顺食品有限公司
山东金都塔林食品有限公司

【商标管理】 2015年，市市场监管局积极开展商标知识进企业、进业户、进农村“三进”活动，全面加强对企业负责人和商标管理人员教育培训，提高商标意识。引导企业开展争创驰（著）名商标活动，按照“培育一批、推荐一批、储备一批”原则，对全市绿色食品、创新产品、老牌子、老字号等有价值商标进行调查摸底，建立起名牌商标储备库，并有重点地进行培育。全年共新发展注册商标341件，总量3423件；发展国际注册商标3件，总量22件。年内，山东金潮新型建材有限公司“金潮”及“图”商标被国家工商总局商标局认定为中国驰名商标；招远市蚕庄黑牛养殖协会“蚕庄黑牛”及“图”商标被国家工商总局商标局注册为地理标志证明商标；烟台菭农果蔬专业合作社“高山雨露”商标、山东玲珑轮胎股份有限公司图形商标、山东鑫汇铜材有限公司图形商标被省工商局认定为山东省著名商标。至年底，全市共有中国驰名商标16件，数量在烟台市排名第一；山东著名商标28件，地理标志证明商标6件。

招远市获“中国驰名商标”一览表

商　标	商品/服务	商标注册人	认定时间	认定程序
双　塔	粉　丝	烟台金华粉丝有限公司	2006年	司法认定（烟台中院）
玲　珑	轮　胎	山东玲珑橡胶有限公司	2007年	行政程序
金　宝	铜　箔	山东金宝电子股份有限公司 （原招远市电子材料厂有限公司）	2008年3月	司法认定（衡水中院）
六六顺	粉　丝	山东六六顺食品有限公司 （原烟台大鹏食品有限公司）	2008年3月	司法认定（廊坊中院）

续表

商　标	商品/服务	商标注册人	认定时间	认定程序
冠　珠	粉　丝	招远三嘉粉丝蛋白有限公司	2008年6月	司法认定（株洲中院）
招　金	首　饰	招金集团有限公司（原山东招金集团有限公司）	2009年7月	司法认定（烟台中院）
GUODA	贵重金属加工	山东国大黄金股份有限公司	2010年12月	司法认定（石家庄中院）
荣　康	按摩椅	山东康泰实业有限公司	2010年10月	行政程序
招金及图	贵重金属	招金集团有限公司（原山东招金集团有限公司）	2011年11月	行政程序
丝宝宝及图	粉　丝	山东金城股份有限公司	2011年5月	行政程序
膜天及图	水净化装置	山东招金膜天有限公司	2013年12月	行政程序
汇　源	硅　胶	山东招源硅胶有限公司	2014年1月	行政程序
宝	粉　丝	山东六六顺食品有限公司	2014年1月	行政程序
金光及图	锯　条	烟台金光工具有限公司	2014年1月	行政程序
佳恒及图	铜　管	山东中佳新材料有限公司	2014年9月	行政程序
金潮及图	塑料管	山东金潮新型建材有限公司	2015年6月	行政程序

招远市获“山东省著名商标”一览表

商　标	商品/服务	商标注册人	认定时间	续展时间	商标注册号	类别
玲　珑	轮　胎	山东玲珑轮胎股份有限公司	2002年8月	2014年10月	1257638	12
丝宝宝	粉　丝	山东金城股份有限公司	2003年6月	2012年10月	1065566	30
金玲珑	电　池	招远市金潮电池有限公司	2003年6月	2012年10月	623834	9
玲　珑	白　酒	山东玲珑酒业有限公司	2004年6月	2013年10月	127457	33
GUODA	贵重金属加工	山东国大黄金股份有限公司	2005年8月	2014年10月	1744655	40
荣　康	按摩椅	山东康泰实业有限公司	2005年8月	2014年10月	1235483	10
金　宝	铜　箔	山东金宝电子股份有限公司	2006年11月	2012年10月	322163	6
塔　林	粉　丝	山东金都塔林食品有限公司	2006年11月	2012年10月	341384	30
鹰　轮	齿　轮	山东鹰轮机械有限公司	2006年11月	2012年10月	1430391	12
联　蕾	罐　头	烟台联蕾食品有限公司	2007年6月	2013年10月	287489	29
昌　大	缸　盖	山东天泽昌大缸盖有限公司	2007年6月	2013年10月	1451032	7
鲁　鑫	珠宝、首饰	山东省招远金银珠宝首饰有限公司	2008年8月	2014年10月	728663	14
利奥及图	车辆轮胎 汽车轮胎	山东玲珑轮胎股份有限公司	2009年9月	2012年10月	3561549	12
聚力及图	炭　黑	山东华东橡胶材料有限公司	2010年9月	2013年10月	4003397	1
北截矿冶	黄金冶炼	山东中矿集团有限公司	2010年9月	2013年10月	1495932	40

续表

商　标	商品/服务	商标注册人	认定时间	续展时间	商标注册号	类别
德胜达	粉　丝	烟台德胜达龙口粉丝有限公司	2010年9月	2013年10月	1959568	30
联蕾金狮人	罐　头	烟台联蕾食品有限公司	2010年9月	2013年10月	4186644	29
珍　珠	粉　丝	烟台珍珠龙口粉丝有限公司	2011年10月	2014年12月	257662	30
金　潮	管　业	山东金潮新型建材有限公司	2011年10月	2014年12月	1660132	17
盼圣汇	干　果	烟台盼圣汇食品有限公司	2011年10月	2014年12月	3023665	29
一　字	齿　轮	招远市远星机械有限公司	2011年10月	2014年12月	316479	7
招金及图	贵金属	山东招金集团有限公司	2012年10月		1680808	14
佳恒及图	铜　箔	山东中佳新材料有限公司	2012年10月		4682546	6
金光及图	锯　条	烟台金光工具有限责任公司	2013年10月		1223648	8
膜天及图	水净化装置	山东招金膜天有限责任公司	2013年10月		1209698	11
图　形	粉　丝	招远三嘉粉丝蛋白有限公司	2013年10月		1586791	30
鹏泰及图	轮　胎	招远市鹏泰轮胎翻新有限公司	2014年12月		3512759	12
图　形	粉　丝	山东健源食品有限公司	2014年12月		4353311	30

【监管执法】　2015年，市市场监管局制定《2015年商品质量抽检工作计划》，加大抽检力度。按计划对食品药品、工业产品、成品油、农资、钢材、电线电缆等产品商品开展抽检，全年共抽检商品54大类、3100余批次，对经检验不合格商品依法进行处理。加大专项整治力度，围绕群众关心的热点、难点问题，组织在零供企业、农资市场、成品油市场、文化市场、建筑材料、食品药品、化学危险品、工业产品、资质认定实验室、计量、广告等领域开展60多次专项整治行动，严厉查处和打击无照经营、虚假宣传、假冒伪劣、坑农害农、不正当竞争等违法违章行为。全年共立案查处一般违法案件845起，查办案件数量在烟台系统排名第一。开展“无传销社区”创建活动，张贴宣传画500余张，散发宣传资料3000余份，开展集中打击传销行动4次。加强对网络商品交易市场监管，全年共搜索各类经营主体15000多个，新建档网络经营主体21个，清理过期失效企业官网、网店、网页66个，查处网络违法案件3起。开展格式合同整顿规范活动，先后对银行、电信等多个领域和行业进行检查，审查规范合同文本57份，制发行政建议书80份、责令整改意见书20份。

2015年3月11日，市场监管局对农资市场进行专项整治

【消费权益保护】　2015年，市市场监管局整合原市工商12315、食药12331、质监12365三条投诉举报热线，规范投诉举报受理工作流程，实行一个窗口对外，统一受理投诉举报，提升维权执法效率。全年共受理群众投诉举报671起，处结率100%，群众满意率100%。加强对商品展销会、家居、食品、生活用品等投诉热点商品日常监管，建立完善预防机制，及时发布消费警示，推动维权工作关口前移，全年共发布消费警示8期。加强法律法规宣传。在“3·15”消费者权益纪念日、食品安全宣传周、世界计量日、法制宣传日、安全生产

月、质量月等期间，组织开展宣传咨询活动，现场发放宣传资料，受理群众咨询投诉。全年共发放宣传资料4万多份，现场接受消费者咨询24000余人次。

2015年7月3日，市场监管局预防职务犯罪讲座

【城区市场管理工作】 2015年，市市场监管局以迎接国家卫生城市复审为契机，精心组织，深入开展城区农贸市场、摊点整治规范行动。先后制定下发了《关于农贸市场、摊点存在问题及整改责任分工的通知》《关于开展全员包帮活动巩固创卫成果的实施意见》等一系列文件，开展局长包市场（摊点）、机关人员进市场、基层帮城区的全员包帮整治活动。协调市场开办单位及驻地办事处对市场内基础设施进行升级改造，硬化路面，修补道路，改造货台，增上防蝇防尘设施，配置垃圾箱，设立市场功能分区标志等；联合城管、公安等部门对市场内及周边地区乱停乱放车辆、私搭乱建营业房、乱摆乱设摊位等违章行为进行清理整治，取缔占道经营、店外经营；对西吕家摊点进行整体搬迁，使城区市场面貌焕然一新。同时，加强对无照经营的查处力度，对城区业户开展地毯式排查，督促业户及时办理证照，城区市场、摊点、主要街道两侧经营业户的持证持照率由以前的不足40%提高到95%以上。在国家卫生城市复审中，市市场监管局负责的迎审工作以高分通过验收。

2015年3月15日，普法宣传

【机关作风建设】 2015年，市市场监管局结合改革实际状况，以“工作有标准、管事有规章、做事有规矩”为目标，建立健全内部管理制度，制定和完善内设机构工作流程。编发《机关管理制度汇编》《业务工作制度汇编》和《执纪监督工作考核手册》，干部职工人手一册。制定全局工作绩效考核办法，明确各单位年度工作目标。加强业务培训，针对“三局合一”后职能增加、干部业务不熟练实际情况，组织开展为期15天的集中培训，并通过“走出去、请进来”、练兵比武、以强带弱、以上带下、典型示范、以案释法等多种方式，努力提升干部职工整体素质。先后邀请有关专家和领导为干部职工授课20多次，委派300多人次到上级业务部门参加学习。严格落实党风廉政建设责任制，全局上下层层签订《党风廉政建设责任书（状）》，形成一级抓一级、层层抓落实责任体系。强化廉政教育，组织观看《双面人生》专题教育影片，邀请检察院领导作了一堂预防职务犯罪专题讲座。开展“三严三实”专题教育和不作为乱作为专项整治活动，坚持边学边改、边查边改、立行立改的原则，对不严不实、不作为乱作为等问题进行整改。组织开展“面对面话环境、心连心促发展”座谈会和大走访活动，听取各方面的意见建议，整改落实人大代表、政协委员意见和提案。加强执纪监督和效能监察。成立执纪监督考核小组，开展定期督查10次、不定期明察暗访16次，下发通报27期，及时查处和纠正系统内不正之风，全系统政风行风进一步好转，树立市场监管局良好部门形象，得到社会各界一致认可。年底，“万人评机关”“万人评窗口”活动中，在全市72个窗口单位排名第五，人大评议中，在“一府两院”35个部门排名第四。

（撰稿：付晓平　审稿：巨云茂）

安全生产监督管理

招远市安全生产监督管理局领导成员

党组书记、局长：李宝通
党组成员、主任科员：姜良波
党组成员、副局长：王桂凤　孙　宏　杨云亮
党组成员、安全生产监察大队大队长：王晓东
党组成员、副主任科员：林志强
安全生产监察大队副大队长：张福杰
安全生产检测站站长：刘松涛

【机构设置】　招远市安全生产监督管理局内设办公室、综合监督管理科、规划科技科、矿山安全监督管理科、工商贸安全监督管理科、危险化学品安全监督管理科、职业健康监督管理科、安全生产应急救援指挥中心办公室、安全生产监察大队等科室9个。2015年，工作人员40人。

【概况】　2015年，市安监局牢固树立“红线意识”和“底线思维”，贯彻落实一系列关于加强安全生产工作会议和文件精神，全面强化执法检查，进一步强化源头预防，扎实推进重点领域专项整治，集中查处存在的问题隐患，全市安全生产形势持续稳定。

【落实责任，加强领导】　强化政府监管责任落实。进一步健全完善由市长任主任的市安委会，下设13个专业委员会，各部门和各镇（街道、区）全部由第一业务副职分管安全生产工作，确保工作有序开展。2015年6月，结合6026家企业和29893家个体工商户“实名制”“网格化”监管工作，大力推动安全生产责任体系“五级五覆盖”和企业安全生产责任体系“五落实五到位”落实工作。制定下发《关于推进“五级五覆盖”和“五落实五到位”工作的通知》，对市、镇（街道、区）和行政村（社区）安全生产责任“五级五覆盖”、规模以上企业安全生产责任体系“五落实五到位”工作进行具体安排部署。年底，所有镇（街道、区）、724个行政村全部完成“五覆盖”。向各企业下发“五落实五到位”挂图和“安全生产直通车”制式信封20340份，并成立专门督查组抓好学习落实，有效提高企业安全生产意识。强化企业主体责任落实，制定完善涵盖企业生产全过程和全体从业人员安全生产管理制度和安全操作规程，督促企业健全安全隐患自查自纠、主体责任申报、安措费用提取、安全责任保险和职业健康申报等制度，严格执行岗位操作规程，强化现场管理和隐患集中整治，不断提高企业安全管理规范化水平。强化安全生产责任制考核。制定下发《关于开展“安全生产责任落实月”活动的通知》，开展“安全生产责任落实月”活动，修订完善《2015年度招远市安全生产目标管理责任状》，进一步细化规范责任状内容，明确责任目标、工作职责和工作任务。市政府与各镇（街道、区）和市安委会成员单位逐一签订安全生产责任状，把安全生产工作落实列入市、镇岗位目标责任制考核，严格实行“一票否决”，进一步建立健全安全生产考核激励、约束机制。

2015年6月5日，国家安全生产应急救援指挥中心党委副书记、纪委书记张平远到招调研

【夯实基础，提升安全水平】　安全生产行政许可。在非煤矿山方面，初步审查安全生产许可证延期企业6家，新办证3家，变更7家，完成率100%。在危险化学品方面，办理危险化学品经营许可证21个、生产许可证3个、使用许可证1个，完成率100%。在建设项目“三同时”上，受理完成16家非煤矿山企业建设项目“三同时”，完成4家危化品企业建设项目“三同时”，完成6家工商贸企业建设项目

“三同时”，按期完成率100%。安全生产标准化。非煤矿山方面，完成25家非煤矿山企业标准化创建，按期完成率100%。危险化学品方面，全年33家危险化学品企业标准化创建全部完成。在工商贸方面，应完成工商贸三级标准化37家，已完成55家，完成率148.65%，二级标准化应完成3家，全部完成。在安全生产培训“全覆盖”上，运用“三级培训”方式扎实推进培训全覆盖。在高危行业及规模以上企业方面，对主要负责人及安全管理人员统一组织到省和烟台市培训。在一般行业及规模以下企业方面，分乡镇分区域，由镇或主管部门召集，市安监部门组织专业人员上门培训。对2.9万家个体工商户，充分发挥专职安全协管员作用，按照“网格化、实名制”监管要求，将安全法律法规及有关常识汇编成册，连同《安全知识测试卷》逐一发放到个体户手中，全部建立起规范完善的个体工商户安全管理台账。全年组织企业主要负责人及安全管理人员培训1828人，组织特种作业人员培训2340人，企业职工安全素质得到进一步提升。安全生产宣传教育。加大新《安全生产法》培训学习。订购《新〈安全生产法〉释义》1800本，市、镇（街道、区）两级领导班子成员人手一本，纳入党校培训重要内容。2015年3月，聘请专家对市级领导、各部门、各镇（街道、区）和各企业主要负责人、分管负责人及安全科长1000余人进行新《安全生产法》专题知识讲座。强化载体宣传。通过运用在招远电视台设置安全警示专栏、在《今日招远》报纸刊登安全竞赛答卷、举办各类安全专项活动，全面拓展宣传广度和深度。6月“安全生产月”，开展以“加强安全法治、保障安全生产”为主题演讲比赛，1000余人参加活动，有效提高全民安全意识和素质。此外，还组织参加国家安监总局和清华大学联合举办的“金属非金属矿山安全管理远程培训工程”，组织市安监局全体执法人员和非煤矿山企业主要负责人、安全管理人员及安全技术人员共300多人参加学习，有效提高相关人员安全素质。在职业健康安全管理上，完成50家重点监管企业职业健康资料评估汇总，完成32家金矿开采企业喷雾降尘设施专项检查工作，印制《用人单位职业病危害防治八项规定》挂图1000份、《用人单位职业病危害因素定期检测管理对照检查表》600份，向重点企业进行发放。向需要职业病危害项目申报、检测和进行职业健康查体的企业发放《职业卫生工作告知书》488份，及时提醒用人单位按照要求开展工作。在安全生产应急救援建设上，全面做好应急救援预案修订完善工作，指导企业强化预案编制管理，加强应急演练，进一步建立健全应急预案体系。已完成高危行业及规模以上企业修订预案261个，完成小型生产经营单位及重要岗位制定现场处置方案3986家，组织开展各种应急演练3860次，安全生产应急管理水平得到有效提升。

2015年6月16日，2015年全市安全生产演讲比赛暨客运驾驶员安全宣誓活动

【强化隐患整治，开展安全生产大检查】 2015年，市安监局结合国家、省和烟台市部署开展“六打六治”打非治违专项行动、重点行业领域专项整治和安全生产隐患大排查快整治严执法集中行动等一系列安全生产检查活动要求，分三个层面在全市组织开展横向到边、纵向到底的安全生产大检查活动，集中整治各类安全生产隐患和问题。全年累计共检查各类企业7980家次，累计打击非法违法、纠正违规违章行为1.96万起。市级领导带队督查安全生产工作。在“春节”、两会等重点时段和特殊时期，制定下发《关于市级领导带队督查安全生产工作的通知》，由全市23名市级领导班子成员带队对13个镇（街道、区）和25个行业领域进行集中检查督导。所有带队市级领导班子成员全部按要求认真填写《招远市领导干部安全生产检查档案》，留有检查过程影像资料和亲笔签名，累计整治各类安全生产隐患问题356处，并全部实行闭环管理。部门包

镇（街道、区）安全生产督查工作。制定下发《关于开展安全生产包镇街区督查工作的通知》，由13个部门主要负责人和分管负责人带队，采取明察暗访相结合的方式，并邀请专家参与，到所包镇（街道、区）进行安全生产督查，对督查发现的隐患和问题，及时向所包镇（街道、区）进行反馈，并提出严格整改要求和整改期限，先后整治隐患问题1186处。“三个全覆盖”安全生产大检查。镇（街道、区）对生产经营单位检查“全覆盖”。由各镇（街道、区）组织安监队伍和专职安全协管员队伍，对辖区所有生产经营单位进行详细排查摸底，建立起规范完善的安全生产监管责任台账，并将其全部纳入安全生产大检查范围，确保辖区监管无死角。行业主管部门对所辖生产经营单位检查“全覆盖”。由各行业主管部门对所辖企业建立起安全生产监管责任台账、问题台账和隐患台账，落实“网格化、实名制”监管，将所辖生产经营单位全部纳入大检查范围，确保不出现失控漏管现象。专项安全职能部门对所辖监管重点检查“全覆盖”。由各承担专项安全监督管理职能部门负责，结合部门实际，将所辖监管重点全部纳入安全生产大检查范围，强化重点部位安全执法，严厉打击各类非法违法行动。同时，对一些安全生产难点问题和涉及部门、镇（街道、区）安全管理共性问题，强化联合执法，由各镇（街道、区）、各行业主管部门和各承担专项安全职能部门协同配合，共同抽调专门人员参与，健全联合执法检查工作机制，做到隐患排查不留死角、问题整改不留空当、措施落实不搞形式、隐患整改不超时限。累计组织各类安全检查组135个，下基层进企业检查780人次，建立完善各类工作台账123份，累计整治各类安全生产隐患问题2960处。

2015年9月23日，安监执法人员进行执法检查

【坚持超前防范，强化重点领域整治】 2015年，招远市继续坚持超前防范，深化重点领域专项整治工作。非煤矿山方面，加快推进攻坚克难工作。重点突出抓好“五化”建设（开采规模化、安全标准化、开采机械化、监管信息化、管理科学化），树立中矿集团、夏甸金矿等5家标杆企业在全市推广。在开采机械化上，累计投入1.2亿元，淘汰更换一大批禁用落后设备。在矿山关闭上，全年7处矿山已全部完成关闭任务。信息平台建设上，投资130万元完成项目建设，正在加快实现企业与安监局综合调度信息平台联网。严格执行《山东省金属非金属地下矿山安全生产条件规定（暂行）》。年初，市政府召开专题会议进行具体安排部署，各产金镇和所有取得安全生产许可证的地下矿山按照要求，对照《规定》逐条进行整改规范。市安监部门采取定期调度和现场督查方式，扎实推进整改规范工作。年底34处地下矿山生产系统全部完成整改。尾矿库安全整治。对所有尾矿库全部健全完善管理档案，按照分级和属地管理相结合原则，逐一落实监管责任主体，定期邀请专家进行综合性安全诊断，严格履行设计审查、竣工验收手续。在汛期强降雨期间，全部安排专人进行24小时应急值守，确保尾矿库运行安全。落实领导带班下井制度。督促所有矿山企业严格落实领导带班下井制度，确保每个班次至少有1名矿领导在岗带班，与工人同时下井、同时升井。严格执行灾害性天气停产撤人制度。充分发挥安全信息平台作用，与水务和气象部门的检测网络数据进行连接共享，健全完善雨量实时检测系统，将降雨实时数据同步传输到市安监局安全信息平台。当实时降雨量超过40毫米，立即对各非煤矿山进行安全预警，当降雨量超过50毫米时，立即对矿山井下进行停产撤人，市安监局成立专门督导组逐矿进行现场停产撤人督导检查。危险化学品方面，在隐患整治上，安监、市场监管、公安、交通等部门按照职责分工，进一步加大“两重点一重大”、危化品罐区安全和涉及液氯、液氨等危

险化学品企业专项整治，加强危化品运输监管、检维修和动火作业、受限空间作业等环节安全管理，严厉打击违规违章行为，对于安全管理存在严重违法违规行为企业，依法责令停产停业整顿，对安全大检查和各项专项整治期间发生事故企业，严格按照“四不放过”原则，依法严厉追究相关责任人责任。年底，已整治各类隐患问题168处。在液化气安全专项整治上，投资130万元建设液化气瓶检测站，落实40元/只的废旧钢瓶置换补贴政策，强力推进废旧钢瓶置换工作，累计置换废旧钢瓶60100只。同时，由安监、住建、市场监管、公安等部门组成联合执法检查组，对全市各镇（街道、区）开展液化气专项整治督查和联合检查，累计检查260余个村、300处餐饮场所、33所学校，先后查处举报39起。在标杆企业创建上，完成危险化学品企业安全标准化达标23家，样板企业创建工作3家，在全市进行推广，企业规范化管理水平进一步提升。烟花爆竹方面，对全市2家烟花爆竹批发、59家烟花爆竹常年经营及144家临时烟花爆竹经营网点进行现场审查并发放相应经营许可证。共与重点村和重点人员签订不非法生产经营烟花爆竹保证书1000余份，与经营业主签订责任状200余份，对11起群众举报全部及时进行查处，对张星、泉山等6个镇（街道）24个重点村和2处重点区域进行3次拉网式大检查，排查整治隐患56处，确保行业领域安全生产形势稳定。

（撰稿：徐铭梓　审稿：张福杰）

国有资产经营

招远市国有资产经营集团领导成员

董事长、总经理：张润达

常务副总经理、城投公司总经理：孙明志

担保公司总经理：张伟光

副总经理：刘　斐　柳春波　王英玲（女）
　　　　　李培涛　李宁波

财务总监：王颖玮（女）

工会主席：刘　鹏

【机构设置】　招远市国有资产经营集团属国有企业，内设办公室、财务部，下辖金都资产经营、新悦城市投资、金泽万方投资管理、金都节能服务、公共交通、滨海海域开发建设等6个全资子公司。

【概况】　招远市国有资产经营有限公司成立于2002年，注册资本1.32亿元。2014年2月25日，经招远市人民政府批准，招远市国有资产经营有限公司依法整合为招远市国有资产经营集团（简称“国资集团”），2014年5月19日完成工商注册登记。2015年，资产规模58.9亿元，净资产额42.6亿元，年销售收入7.52亿元，净利润达到4.33亿元。国资集团是经招远市政府批准授权的、专门从事资本运营的大型投资公司，是依据产权关系对权属企业行使资产受益、重大决策、选择经营者等出资人权利、并对授权经营的国有资产统一承担保值增值责任的企业法人。国资集团拥有招远市金都资产经营有限公司、招远市新悦城市投资有限公司、招远市金泽万方投资管理有限公司、招远市金都节能服务有限公司、招远市公共交通有限公司、招远市滨海海域开发建设有限公司等6个全资子公司和招远市国有资产经营有限公司矿业管理服务分公司，拥有招远市企业融资担保有限公司、招远市热电厂有限公司、招远市金城热力有限公司等3个控股子公司，参股招金矿业股份有限公司、贺利氏（招远）贵金属材料有限公司、贺利氏招远（常熟）电子材料有限公司、招远电子材料厂有限公司等4个公司，其产业覆盖城市投资建设、担保、建筑、电子、食品、保健、教育等领域，总资产88.1亿元。

【资产股权管理】　招远市金都资产经营有限公司作为国资集团下属全资子公司，其主要职责是以投资和资本运作为主线，加大资本运作力度，为机构投资者和社会公众参与招远经济发展创造投资渠道。2015年，公司以价值投资为基础，以合理投资流程为保证，辅之以相对灵活的操作策略，有效推进公司各项业务开展。公司经营范围包括实业投资，投资项目管理，产权交易服务，招商引资管理，其他资产管理等活动。通过对企业资产进行兼并、重组、参股、租赁、转让，实现优化配置，盘活存量资产，促进资本与优势企业的密切结合，实现从企业经营向资本经营转变，谋求国有资产保值增值。面对股权单位错综复杂的关系，及时收回以前年度股权分红，将公司股权管理纳入正轨。通过竞价、招租形式使国有资产得到充分利用，实现收

2015年12月27日，乘龙城奠基仪式

益最大化。通过加强国有资产日常维护管理，规范实物资产等级制度，不断提高资产完好率，进而提高经济效益。债权管理方面，采取下发催款通知单形式完成债权确权工作，加强国有债权清缴力度，经常性了解债务单位经营信息，及时足额收缴资金占用费和清理外欠款，有效遏制债权风险性的发生。产权交易方面，做好烟台产权交易中心要求的各项工作，及时取得收益。

【城建投资】 招远市新悦城市投资有限公司成立于2010年7月6日，注册资本1亿元，是一家集投融资、基础设施建设、土地一级开发、房地产开发、景观绿化、园林养护、物业管理为一体的多元化经营企业。公司负责多渠道筹措城市基础设施建设资金，组织实施政府下达的城市基础设施建设任务，实施土地一级开发、参与部分土地收储工作，房地产开发职能；根据市政府部署，按照统一规划、合理布局、因地制宜、综合开发、配套建设原则，参与辖区房地产开发；根据市政府安排对已建成城市基础设施资产进行日常管理和运行开发；其他政府

滨海新区亮化效果图

性投资（安置房、经济适用房和廉租住房等）。公司下设招远市新悦城投景观绿化有限公司、招远市新悦城投房地产开发有限公司、招远市金都绿化养护有限公司和招远市新悦城投物业服务有限公司。2015年，城投公司重点工程完成投资7800余万元。其中，龙王湖公园完成栽植乔灌木3400余株、草皮2万平方米，地被植物4000余平方米，绿化建设投资980余万元；温沟桥路桥装饰工程投资1364万元；滨海景观带投资1700余万元；开发区安康路和苏格庄南路投资61.5万元；金塔内部装饰装修工程投资300万元；阳光家苑工程建安量800余万元，室外配套建安量300余万元；招金土地一级开发项目投资1300万元。全年完成玲珑官家河、宋家蒋家、蚕庄供电所等7宗地前期过户手续；龙王湖乘龙城12.93公顷土地

龙王湖音乐喷泉喷放效果图

指标已经审批到位，完成金塔、东西岸管理房土地规划调整，土地计划指标已批复；乘龙城西侧2.87公顷土地指标购买计划已上报省国土厅。龙王湖乘龙城开发项目。2015年9月16日与龙王庙下村完成初步合作框架协议签订，完成12.93公顷土地指标及前期规划设计，正在进行项目立项。并举行乘龙城开工奠基仪式，完成乘龙城地质勘探工程、水土保持、水资源论证、节能评估等技术合同招标工作。龙王湖东岸3.67公顷企业服务中心开发用地已完成招拍挂及项目前期手续，已与2家定向合作开发单位签订协议。顺利完成龙王湖公园2公顷果园、赵家庵村果园、坟地、环湖路龙王庙下村果园、考家村房屋、新坞路生资公司加油站等多个拆迁任务。基本完成植物园西吕家村拆迁扫尾工作，为项目建设顺利开展打下坚实基础。完成阳光家苑一期132套经济适用房回款工作。阳光家苑一期经适房412套，全额付款278套，贷款回收132套，剩余2套。筹备阳光家苑二

金塔内部装饰装修图

期经适房销售工作，已完成16号、17号、18号楼房屋测绘，并筹办预售许可证，完成17号、18号楼两房两金缴纳工作；对商业房价格进行备案。绿化养护公司安排专人全力以赴做好辖区公共绿地养护和龙王湖公园、单家河公园、滨河公园、金泉河及罗山河日常养护管理工作，针对2015年5～6月天气炎热、干旱少雨现象，组织施工队加班加点对园区内苗木充分灌水，保证其正常生长。年初和6月根据龙王湖水文、水位条件对音乐喷泉进行2次调试工作，保证音乐喷泉正常喷放。2015年，城投公司完成主营业务收入 6800万元，上缴税金861万元，累计实现净利润2000多万元。

【节能服务】 招远市金都节能服务有限公司成立于2010年10月11日，是国家发改委和财政部审核备案的节能服务公司，注册资本1000万元，拥有专业技术人员20余人。公司通过推广节能技术和产品、进行能源审计及咨询体系等手段，推广和执行国家节能产业政策，力促清洁能源和低能耗生产的普及。公司以合同能源管理方式与能耗单位展开合作，主要节能技术包括污水产沼助燃、新型锅炉节煤器、节电器、变频调速、余热回收、锅炉优化控制等。先后与冶炼、化工、针织、粉丝等行业几十家企业进行合作，取得一定经济效益和社会效益。在合同能源管理方面，2015年共申报合同能源项目4个，分别为珍珠粉丝1600吨标准煤污水产沼项目、龙马食品4500吨标准煤污水产沼项目、鼎丰食品5400吨污水产沼项目和华泰食品的998吨标准煤污水产沼项目。申报专项资金437万元，年可节约标准煤4.33万吨。在能源体系建设方面，2015年完成金宝电子、招源硅胶、国大黄金、热电厂、华东橡胶、威达硅胶、针织厂等7家重点用能单位能源体系建设工作。

【滨海海域开发建设】 招远市滨海海域开发建设有限公司成立于2012年7月6日，注册资本金1000万元，位于招远市辛庄镇北侯家村，是招远市国有资产经营有限公司一次性独立出资成立的法人企业。公司设董事会，董事会成员3人，董事长一人兼任法人代表。公司经营范围是滨海海域开发、工程项目建设管理、招商投资信息咨询等。

【公共交通】 招远市公共交通有限公司成立于2011年12月1日。公司坚持“以人为本，服务至上”服务理念，根据城市建设发展现状，制定新的规划，增加线网密度，提高公交覆盖率，确保市民乘车快捷方便，城市运营秩序和水平大幅提升。2015年， 公司以优质服务为中心，以确保安全为重点，以责任制考核为抓手，坚持社会效益和经济效益并驱，圆满完成全年工作目标，全年安全运行里程近600万公里，发送344038班次，发送乘客1250万人次，实现营业收入1104万元。办理老年人优惠乘车卡累计9989张。场站陆续启用、人员合理配置、运营科学组织。已初步建成首末站2个，临时性首末站3个，规划的9个首末站已有8个完成省土地规划调整，正陆续办理土地征用等工作。2015年4月，完成对运行模式、路队编制、人员车辆配置、通勤业务模式、运营计划等一系列工作。根据生产需要配备场站人员，制定值班工作职责。4月，10路车开通运行，公交线网进一步扩大。延伸、优化调整线路5条，并对站牌、站亭位置进行合理布局、调整和命名。新增公交车辆15辆，12月通过部分线路运力增加、部分班组运力补充方式投入运行，增加发车频次，缩短班次间隔，有效缓解线路运力紧张和高峰期积客压客压力，提升客流分散与疏导能力。规划启用6处城乡公交换乘点，市民换乘更加方便快捷。在运行服务中，推出“使用IC卡乘车1小时免费换乘”“团购IC卡打折优惠”等惠民便民政策。被授予地市级“敬老文明号”称号。

【矿业管理】 招远市国资公司矿业管理服务分公司成立于2013年12月，主要职责是加强对矿业权管理，规范矿产资源勘查开发审批和矿业权人行为，保护矿业权人合法权益，维护矿产资源勘查开发秩序，促进全市矿业持续健康发展；与其他职能部门相互配合，向在招远市境内勘察、开采矿产资源的矿业权人收取资源开发环境综治补偿款。公司逐步形成一套成熟的业务开展流程，各个环节不断规范。2015年，共与全市各矿业权人签订合作合同19份，涉及资源开发环境综治补偿款11120.291万元。

2015年11月9日，招远市政府市长王光耀，副市长谭克良考察热电厂供热前准备工作

【融资担保】　招远市企业融资担保有限公司成立于2003年3月，注册资本初为500万元，经过3次增资达到1.015亿元，其9家股东均为招远市龙头企业。公司旨在解决全市中小企业贷款难题，促进地方经济发展。对企事业单位、社会团体、个体工商业主及一般自然人提供贷款（融资）、票据承兑、贸易融资、项目融资、信用证担保，诉讼保全、投标、预付款、工程履约、尾付款如约偿付担保等履约担保业务，与担保业务有关融资咨询、财务顾问等中介服务，以自有资金进行投资等业务。截至2015年末，公司担保业务在保户数为123户，担保余额32003万元。其中中小企业在保户数为18户，中小企业贷款担保余额8480万元；置业担保在保户数87户，担保余额1095万元；新增诉讼保全担保业务3笔，期末在保余额达到788万元；工程履约担保业务在保户数15户，在保余额为21640万元。

【热电厂】　招远市热电厂是全市节约能源，减少污染，提高能源利用率，实现热电联产、集中供热的重点建设项目。始建于1994年3月，2006年7月28日改制为股份制企业，改称招远市热电厂有限公司。根据山东电力集团公司关于主多分离有关文件精神和招远市人民政府《关于加快城市西区供热体制改革工作的专题会议纪要》要求，由招远市政府牵头，完成企业股权转让，成立由市政府控股的招远市热电厂有限公司。2015年，热电厂有限公司以“安全第一、预防为主、以人为本”为目标，在内部检修、外协改造、环保方面积极工作。为适应城西区日趋严峻的供热压力，经过多方协调，集中供热扩建项目顺利推进。在供暖工作开始前新锅炉基础施工顺利完成，拆除3号、4号锅炉，有关前期改造提前完成，确保冬季顺利供暖。通过先期充分考察，2号机大修工作由以往外协全承包式改为外协指导大修，半个月时间按计划完成，节省检修费用10余万元。公司进行设备运行操作技术革新，采取低料层、低床压、低风量、低氧量运行模式，大大减轻锅炉磨损。5号炉安全运行10个月，运行记录再创新高。按照国家环保排放指标要求，投资600余万元对2台流化床炉进行低氮燃烧+SNCR脱硝改造，对脱硫D塔进行提标改造，更换耐腐蚀、运转周期长的浆液泵，确保设备长期稳定运行，烟气排放达标。

【热力公司】　招远市金城热力公司以城区城东河以西为主要供热区域，供热面积220万平方米，是全市综合实力最为雄厚，供热规模最大的热力供应企业。公司围绕“保民生、保稳定、保发展”目标，完成年度检修改造任务，保证城区供暖正常安全运行。为提高供热技术水平，解决供热难题，引进数控管理供热专业技术，通过换热站采集的小区供热管网综合数据，结合小区用户室内平均温度，再由

招远市金城热力公司获2015中国行业新标杆奖

中控室云计算机分析评定该小区平均耗热量，主机统一发出指令控制循环泵转速，减少或增加该小区用热量，从而达到合理经济使用热量的目的。调节各小区之间用热量平衡，避免出现过热或不热的极端现象，将节省下的热量用于解决新小区用户供暖。2015年，金城热力公司新增加供热配套面积15万平方米，实增供热面积5万平方米，极大缓解城区供热矛盾。金城热力公司是全省首家引进数控管理供热专业技术，该技术以数控理念为指导、计算机中控为主的先进管理，即节省人力又使管理变为可控，能耗控制有据可查，制度程序、规范。采用该新型技术运转2个月效果显著，本采暖期投诉率同比下降20%，供热平均温度整体提高1℃，同比热量使用率提高5%、节能降耗7.5%，供热耗电量、失水量降低6%，整体节能13%，预计降低成本400万元。经国家发展改革委专家委员会审核，评定招远市金城热力公司获“2015中国热力科技行业新标杆企业奖”。

（撰稿：侯雯太　　审稿：孙明志）

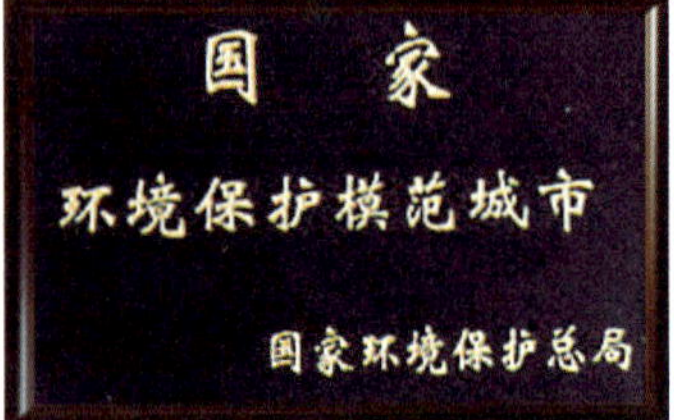

1998年，招远市开始开展创建国家环境保护模范城市活动（以下简称创城）。成立以市长为总指挥，市委副书记、分管副市长及人大常委会副主任为副指挥，环保局、建设局、财政局、公安局等32个部门和单位负责人为成员的创城指挥部，下设办公室，抽调专业人员组成技术组、督查组、文秘组、宣传组，统一负责创城工作的组织协调和督查。各镇、街道、区和有关部门也成立相应领导班子，做到组织、人员、投入三到位。制定《创建国家环境保护模范城市工作方案》，把所有必须治理的点源任务制定出具体标准分解到各部门，把创城工作任务列入乡镇、市直机关年度环境目标管理责任制。创城办深入各责任单位督促、指导，先后下发督办通知单120份。加强污染治理，污染治理不达标企业不得新上和扩建生产项目。重点抓好水污染源治理，工业废水污染源全部达标排放。黄金行业通过科技治污，废水实现零排放。关闭味精厂、氢氟酸厂等13家污染严重企业。加快治理大气污染，推广使用清洁能源和低硫低灰分煤，对市区内锅炉进行治理，对水泥粉尘进行重点治理。2000年，招远市12种主要污染物排放量达到控制指标，大气和水环境质量达到功能区划标准。1998年以来，在全省城市环境整治定量考核中，招远市一直名列前茅，2000年名列全省县级市第一名，先后被评为山东省环境保护先进集体和全国城市环境综合整治先进城市。2001年11月30日，通过全国环保模范城考核组考核验收。2002年12月31日，国家环保总局授予招远市“国家环境保护模范城市”称号，授牌仪式在招远举行。2012年11月22～24日，环保部后督查验收专家组对招远市国家环保模范城复查整改情况进行验收，对招远市模范城复查整改情况给予充分肯定。

人力资源·社会保障·民政

人力资源和社会保障

招远市人力资源和社会保障局领导成员

局长、工委书记：张志刚

副局长：原文博　杨学忠　王冰梅（女）
李绍平

纪工委书记、监察室主任：贾庭暖

机关工会主席：闫春柏

工委委员：张志刚　闫春柏　原文博　杨学忠
王冰梅（女）　李绍平
贾庭暖（女）　孙常波
纪升红（女）　王瑞堂
潘广利　于　涛

招远市人力资源和社会保障局下属单位负责人

烟台市乡镇企业人才市场管理办公室

主　　任：于　涛

副 主 任：杨玉兴

招远市自主择业军转干部管理服务处

主　　任：李绍吴

招远市人力资源考试中心

主　　任：张绍杰

副 主 任：刘世强

招远市人力资源和社会保障信息中心

主　　任：温永强

副 主 任：孙少娟

招远市公共就业（人才）服务中心

主　　任：王瑞堂（正科）

书　　记：王兴杰

副 主 任：曹立臣　路安全　温龙生
曲洪珍

招远市社会保险服务中心

主　　任：潘广利

副 主 任：孙伟东　汪玉美（女）　李光辉
于青松　杨帅清　张　勇
孙一鸣　高　岩（女）
温小玲（女）　王　波

招远市劳动人事争议调解仲裁院

院　　长：曹登峰

副 院 长：王宾客　王　娟（女）

招远市劳动监察大队

大 队 长：李天波

副大队长：刘雪晶（女）　牟京山

【机构设置】　招远市人力资源和社会保障局内设办公室（挂督查科牌子）、政工科（挂安全生产管理科牌子）、政策法规科、财务审计监督科、就业促进与市场管理办公室、调配与事业单位人事管理科、公务员管理科、教育培训与职业能力建设科、专业技术人员管理科、工资福利科、养老失业保险科、工伤医疗保险科（挂市劳动能力鉴定委员会办公室牌子）、劳动关系协调办公室（挂信访科牌子）、档案管理科、调处中心等15个职能科室，局机关行政编制34人，实有37人；工勤编制4人，实有3人；招远市公共就业（人才）服务中心，编制48人，实有46人；招远市社会保险服务中心编制151人，实有115人；烟台市乡镇企业人才市场管理办公室，编制3人，实有4人；招远市劳动人事争议调解仲裁院，编制13人，实有13人；招远市劳动监察大队，编制11人，实有13人；招远市自主择业军转干部管理服务处，编制4人，实有3人；招远市人力资源考试中心，编制10人，实有10人；招远市人力资源和社会保障信息中心，编制 6人，实有3人。

【概况】　2015年，市人力资源和社会保障局按照走在前列目标定位，围绕全市经济发展大局，坚持以人为本、人才优先的工作理念，大力推进人才强市战略，全面落实就业优惠政策，不断完善社会保障体系建设，着力保障和改善民生，人力资源和社会保障各项工作实现全面、协调和可持续发展。

人 事 工 作

【人才引进】2015年，市人社局围绕全市实体经济发展和开发区二次创业，进一步健全完善全市人才引进扶持政策，拟定《关于实施“金都聚才计划”的意见》。加大引才、聚才工作力度，组织招金集团、玲珑集团等12家企业外出参加人才招聘会，全年引进各类人才909名，其中硕士及以上179名。及时做好高层次人才生活补贴发放，为引进的211名高层次人才发放生活补贴207万元。

【公开考选工作】 2015年，市人社局坚持“凡进必考”和“公开、公平、公正、择优”原则，严格做好各项人事公开招聘工作，全年招考机关事业单位工作人员217人，其中，公务员9人，教育类97人，卫生类90人，综合类21人。此外，招考“三支一扶”大学生9人，为卫计系统、社区居委会、自来水公司及看守所等单位招考派遣工169人。

【干部队伍管理】 2015年，市人社局配合开展机构改革，顺利组建市场监督管理局、卫生和计划生育局，整合调动人员746人。严格做好干部任免工作，以市政府名义提名、任免干部167人次，考察任免职股级干部100人次，行文公布123人次。开展了机关事业单位“吃空饷”问题集中治理，规范机关事业单位津贴补贴，调整基本工资标准及乡镇工作补贴，实施公务员工资职务职级并行制度。

【专业技术人才队伍建设】 2015年，市人社局组织办理第九轮专业技术职务聘任手续，聘任专业技术人员8332人，技术工人559人。推荐评选烟台市有突出贡献中青年专家1名，推荐申报中高级职称325人。扎实做好职业资格考试工作，组织各类执业资格考试报名1377人。强化继续教育培训体系建设，对全市各类培训班实现备案管理，全年举办培训班42个班次，培训专业人员4000人次。

劳 动 就 业

【概况】 2015年，市人社局全面落实就业优惠政策，优化就业管理服务，着力实现社会充分就业。全市新增就业再就业14247人，城镇登记失业率为1.3%，就业局势实现持续稳定。

全市职业技能竞赛

【创业带动就业】 2015年，市人社局以“大众创业、万众创新”为目标，积极落实新一轮创业扶持政策，打造“招远汇”等创业创新平台7个，创业孵化基地达到9处。抓好小额担保贷款、创业补贴、税费减免等创业扶持政策落实，破除创业者资金瓶颈，发放小额担保贷款4215万元，创业补贴88万元，开展创业培训898人。

【就业管理服务】 2015年，市人社局开展全市企业用工需求状况调查，对16个固定资产投资项目进行就业评估，发挥项目投资就业拉动作用。扎实开

“春风行动”大型招聘会

展“春风行动”、民营企业招聘周等就业促进活动，积极做好人力资源开发和引进，全年开展技能培训4968人，引进外来劳动力6125人。

【重点群体就业】 2015年，市人社局依托离校未就业实名登记服务系统和就业微信平台，及时提供就业指导和信息推介，共接收2015年高校毕业生2087人，实现就业1972人，高校毕业生就业率为94.5%。完善困难人员入户走访和定向帮扶就业制度，为就业困难人员发放“两项补贴”423万元。落实失业职工待遇，失业保险金上调至每人每月950元，发放失业金1285万元，缴纳医疗保险费228万元，保障失业职工基本生活。

社会保障

【概况】 2015年，市人社局以深化社保体系改革为重点，不断健全完善社保制度体系，强力推进社保扩面征缴，全市社会保险覆盖面进一步扩大，社会保障能力日益增强。全市社会养老保险参保达到45.6万人，医疗保险参保达到51.4万人，各项社会保险基金累计结余26.8亿元。

【社会保障体系建设】 2015年，市人社局落实机关事业单位生育保险、机关和参公管理单位工伤保险制度，推进机关事业单位养老保险制度改革，对1.5万人养老保险缴费历史进行查阅和确认，完成征缴系统升级。企业退休养老金实现“十一连涨”，人均月增资232.6元，提高居民养老保险、居民医疗保险参保补助标准，补助额度分别达到每人每年60元、380元，基础养老金领取标准上调至每人每月85元，全年为10万人发放基础养老金10247万元。

【社会保险扩面征缴】 2015年，市人社局贯彻落实社会保险参保补缴政策，成立扩面征缴工作小组，年内新增企业参保10978人。积极推进被征地农民社会保障工作，征缴各项社会保险费19.3亿元。至年底，全市社会养老保险参保45.6万人，其中企业职工15.4万人，机关事业单位职工2.2万人，城乡居民28万人；医疗保险参保51.4万人，其中城镇职工16.7万人，居民34.7万人；各项社会保险基金累计结余26.8亿元。

【经办管理服务】 2015年，市人社局对原劳保处、医保处、农保处和机关保险处进行整合，组建社会保险服务中心。推进社会保险业务经办信息化建设，城镇职工养老保险信息系统接入人社部转移接续信息系统并实际运行，市内转移接续信息实现资源共享。加强医疗金个人账户网上巡查管理，乡镇卫生院住院和普通定点门诊实现联网结算，全年为17万人次报销诊疗费10548万元。扎实做好社保卡发放、使用和管理工作，累计发放社保卡14.8万张。加强职工档案信息化管理，投资30万元对11.2万份企业职工档案进行扫描存储，开发专用管理软件，提高经办服务效率。加强镇（街道、区）人社所管理，推动经办服务重心下沉。全市基层人社所开展人力资源调查11.1万人，职业介绍成功2534人，开展资格认证4.6万人，办理居民医保和居民养老参保缴费分别为33.4万人和9.7万人，开展企业年检713户。

（审稿：赵德杰　张志刚）

民　政

招远市民政局领导成员

局　　长：杨喜平（女）
副 书 记：李其君
副 局 长：郝建芹（女）　刘忠海
纪检书记：栾慧凌（女）
党委委员：杜恒伟　张多伟

招远市民政局下属单位负责人

招远市民间组织管理办公室主任：杜恒伟
招远市殡仪馆馆长：张多伟
招远市慈善总会办公室主任：滕国海
招远市军队离休退休干部休养所所长：陈继业
招远市婚姻登记处主任：王文郁
招远市低保中心主任：梁爱生
招远市烈士陵园管理处主任：陆亚冬（女）
招远市地名委员会办公室主任：杨代福

【机构设置】 招远市民政局是市政府主管全市

社会行政事务的职能部门，下设办公室、财务科、优抚安置科、救灾救济科、社会福利科、综合科、安全生产管理科、基层政权与社会事务科，2015年共有工作人员70人。辖市居民最低生活保障管理中心（6人）、殡仪馆（12人）、民间组织管理办公室（6人）、婚姻登记处（8人）、烈士陵园管理处（9人）、军队离休退休干部休养所（15人）、地名委员会办公室（7人）、慈善总会办公室（5人），其中市军队离休退休干部休养所、民间组织管理办公室、殡仪馆、慈善总会为副科级事业单位。

【概况】 2015年，招远市民政局积极进取，扎实工作，社会救助、双拥和优抚安置、农村基层政权与社区建设、社会专项事务管理等各项工作取得新成绩。被山东省委社会组织工作委员会授予“山东省社会组织党建工作示范点”称号，先后获得“招远市先进单位”“招远市信访先进单

2015年12月3日，招远市养老机构综合责任保险暨消防安全培训会议

位”“招远市社会管理综合治理先进单位”“招远市社会管理创新先进单位”“招远市关心和支持国防建设先进单位”“招远市农村工作先进单位”“招远市环境保护工作先进单位”“招远市计划生育先进单位”“招远市后进村帮扶先进单位”等称号。

【城乡低保】 2015年10月1日，招远市城镇低保保障标准为每人每月540元，农村低保标准调整为每人每年3600元。在提高保障标准的同时，对城乡低保对象月人均补助额也进行大幅度提高，城市低保对象月人均补助额和农村低保对象月人均补助额分别

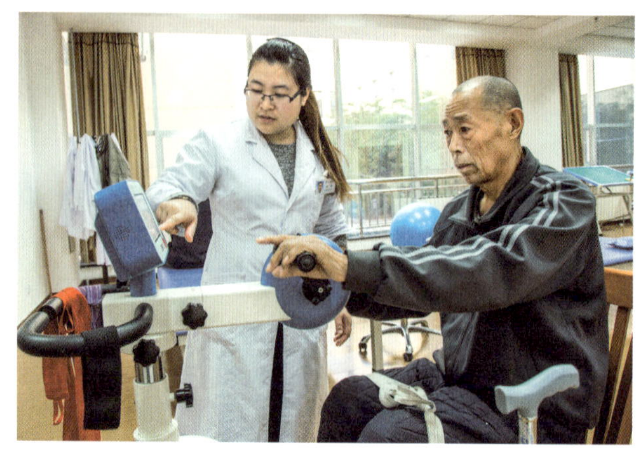

老年人康复锻炼

调至每人每月371元和182元。至2015年底，全市共有城镇低保对象711户、1314人，全年发放城镇居民生活保障金及各类补助金553.9万元；农村低保对象8389户、11997人，全年发放农村低保金及补助资金2482.3万元。同时，按照每户600元标准继续为全市711户城市低保对象发放取暖补贴，全市共计发放42.7万元。此外，年底还继续为每名城市低保户发放价值300元爱心购物卡及160元爱心医疗卡各1张。为进一步提高城乡低保工作的管理水平，推进城乡低保工作的规范化进程，市民政局组织工作人员深入到全市各镇（街道、区），对全市城乡低保进行抽查整顿。2015年，继续在全市范围内开展“阳光低保”延续行动，市、镇两级联合对辖内低保对象进行全面复核。专项行动期间，共注销低保对象212人。通过清理整顿，进一步规范全市城乡低保工作申请审批程序，提高管理水平和工作质量，树立良好社会形象。

【社会救助】 2015年，招远市共发放医疗救助金和“爱心捐助”资金1339.1万元。其中救助大病困

2015年6月11日，招远市民政系统消防安全培训

难家庭1469户，发放救助金440.7万元；实施低保、五保“一站式”救助2145人次，发放救助金197.4万元；救助困难职工、贫困残疾人及其他城乡贫困居民家庭6877户，发放救助金408.8万元；实施住房救助48户，发放救助金13.8万元；救助困难学生1872人，发放救助金110.4万元；为农村低保对象、五保供养对象、重点优抚对象16799人，加入新型农村合作医疗支出168万元。

【灾情及救灾】 2015年7月，招远市14个镇（街道、区）遭受不同程度旱灾，直接经济损失4556万元。上级下拨冬春生活救助金53万元，地方配套20万元，用于冬春期间受灾群众口粮、衣被取暖等生活补助。

【五保供养】 2015年10月，招远市将集中供养标准提高至每人每年7800元，分散供养标准提高至每人每年4400元。全市共有五保对象1530人，五保供养金由市级以上财政和镇财政按照6：4的比例承担（毕郭镇和齐山镇的承担比例为7：3），全年共发放五保供养金859.3万元。

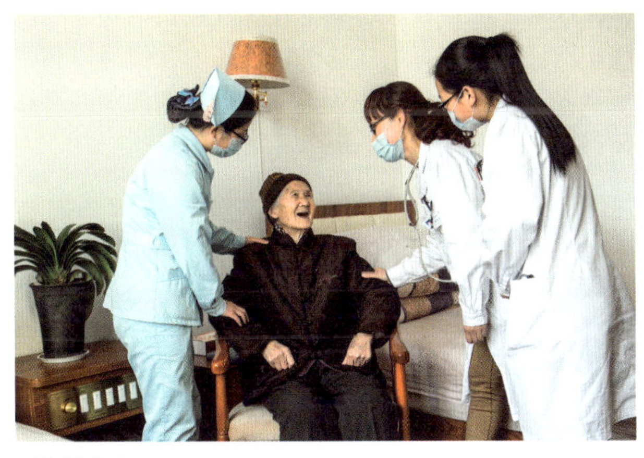

关爱老人

【优抚工作】 2015年，招远市将城、乡义务兵家庭优待金标准统一提高为每户每年18146元。为解决好优抚对象住房难问题，全年投资29.4万元，为35户优抚对象进行危房修缮；开展优抚对象“深情送别”活动，为138名已故优抚对象减免殡葬费11.73万元，体现党和政府对优抚对象的关怀，减轻去世优抚对象家属负担；为解决好抚恤定补优抚对象治病难问题，全年民政补助金额达63万元，解决优抚对象治病难问题。2014年11月，光荣院搬迁至新落成的招远市社会福利中心。2015年底光荣院床位增加到80个，实行公寓化管理，环境优雅的光荣院成为广大优抚对象“老有所养，老有所乐，老有所为，老有所医”的温馨家园。至2015年底，共为全市优抚对象发放抚恤补助金4236.32万元。其中伤残抚恤金2182.16万元，“三属”定期抚恤金371.18万元，复员军人定期定量生活补助金486.14万元，参战（试）退役人员生活补助金286.86万元，带病回乡退伍军人生活补助金355.54万元，烈士子女生活补助金105.2万元，退役士兵老年生活补助449.24万元。

2014年6月11日，市领导检查福利中心工作

【安置工作】 2015年，招远市共接收复退军人339人，为319名自主就业退役士兵发放一次性经济补助金769.28万元。积极落实《招远市退役士兵职业教育和技能培训工作的实施办法》，投入培训资金39.2万元，组织 196 名有培训愿望的退役士兵进行免费技能培训。

【双拥工作】 2015年7月3～4日，省双拥模范城检查组一行9人，由山东国防报社社长苏进带队，在烟台市委常委、警备区政委陈小川、烟台市政府副市长徐少宁、烟台警备区政治部主任吴洪河、民政局局长梁传松等陪同下，到招对新一届双拥模范城创建工作进行考评验收。通过实地检查验收，对招远市双拥工作给予充分肯定。7月23日，国家级烈士纪念设施检查验收小组成员、民政部优抚安置局副局长李桂广、烈士褒扬处副处长史艺，在省双拥办主任张魁中、烟台市民政局局长梁传松、副局长徐希超陪同下，到招对申报国家级烈士纪念设施保护单位各项工作进行检查验收。10月20日，民政部副部长窦玉沛、民政部人事司司长许立群、省民政厅副厅长周云平、省民政厅福利处处长尹绍强、烟台市民政局局长梁传松一行，到招调研烈士陵园纪念设施建设保护情况和光荣院工作情况，对烈士陵园建设、烈士褒扬工作以及优抚对象光荣院建设工作给予较高评价。

【农村基层政权建设】 2015年，招远市在坚持四个民主（民主选举、民主决策、民主管理、民主监督）的基础上，深入开展村（居）民自治工作，切实保障基层人民群众选举权、决策权、知情权、监督权。2014年9月，招远市第十一届村民委员会换届选举工作正式开始，至2015年底，全市724个村全部完成村委会换届选举。围绕“纵深推进生态文明乡村建设”目标任务，加快农村社区服务中心建设工作。由市委组织部牵头成立市推进农村社区建设工作领导小组和农村社区建设工作办公室，制定出台《关于进一步完善和提升农村社区建设工作的实施意见》，集中开展全市农村社区完善提升工作。至2015年底，全市119处农村社区均已提升完善，建设整体情况良好，兑现奖补资金共计377万元。招远市被山东省民政厅授予“全省城乡社区治理和服务创新实验区”称号，拨付建设资金1000万元。

【民间组织管理】 2015年，全市有注册社会团体71个，涉及文教、卫生、体育、艺术、科技、信息、公益慈善、社区服务等领域，从业及相关人员3万人，直接服务群众8万人，较好地满足不同人群公共服务需求，有力推动招远市经济建设和社会事业发展。大力优化社会组织发展环境。积极培育、鼓励社会组织承担政府职能转移项目，有效引导社会组织发展步入新的良性循环。2015年初，招远市发布《招远市政府购买服务指导目录》，标志着社会组织购买服务的开始。做好社会组织创业基地孵化平台建设，在开发区金街建立全市第二家社会组织产业基地——招远市社会组织文化产业区。依托全市文化公益社会组织产业区，做强做大一批文化公益、社区服务类社会组织。推进改革社会组织登记管理体制。实行登记备案管理双轨制，将起步阶段的社会组织纳入备案范围，及时培育扶持。制定异地商会登记管理办法，开展异地商会登记管理及宣传工作。创新强化对四类社会组织的直接登记和培育发展，实行一业多会，引入竞争机制。建立协调联动监管机制。建立民政部门牵头，行业主管部门宏观指导，有关职能部门依法履行监督职能的监管体制。登记管理机关加强以年度检查为主要内容的监督管理，加大日常执法检查力度，通过采取抽查审计的手段，对社会组织进行创新监管，取得良好示范效果。加强社会组织党建，开展诚信自律和品牌塑造活动，培育推广几个服务品牌，招远市获得市级优秀社会组织党组织1个、优秀社会组织共产党员1名。

招远市社会团体登记表

序号	登记证号	社团名称	业务主管部门	办公地址	法人代表	登记时间
1	FH001	招远市个体劳动者私营企业协会	招远市工商局	魁星路278号	张永庆	1997.01
2	FH002	招 远市消费者协会	招远市工商局	魁星路278号	侯卫东	1991.12
3	FH003	招远市计划生育协会	招远市计生局	北园路100号	杨喜平	1991.11
4	FH004	招远市蚕庄镇黑牛养殖协会	招远市蚕庄镇政府	蚕庄镇	刘英启	2012. 08
5	FH007	招远市台球协会	招远市文化局	河西路63号	李晓杰	2007. 07
6	FH008	招远市建筑业联合会	招远市建设规划管理局	河东路366号	王展锋	2002. 08
7	FH011	招远市职工互助互济储金会	招远市总工会	泉山路	王艳芳	1997. 06
8	FH012	招远市婚姻登记管理协会	招远市民政局	体育公园	王文郁	1998. 02
9	FH013	招远市职工政治思想研究会	招远市委宣传部	府前路6号	刘永胜	1991. 01
10	FH015	招远市龙口粉丝协会	招远市民营经济发展办	晨钟路7号	李殿林	2003. 08
11	FH016	招远市黄金协会	招远市经济贸易局	文化路2号	路东尚	2003. 05

续表1

序号	登记证号	社团名称	业务主管部门	办公地址	法人代表	登记时间
12	FH019	招远市质量检验检测协会	招远市检测中心	北园路10号	杨小澜	1991.11
13	FH020	招远市基督教三自爱国运动委员会	招远市宗教局	罗峰路	刘永爱	1991.12
14	FH021	招远市农村卫生协会	招远市卫计局	罗峰路	刘国江	1991.12
15	FH022	招远市医学会	招远市卫计局	罗峰路	李昌杰	1991.12
16	FH023	招远市太极拳协会	招远市教体局	黄金大修厂	杨应建	1996. 09
17	FH028	招远市劳动模范协会	招远市总工会	泉山路	王维江	2003.09
18	FH029	招远市道路运输协会	招远市交通局	温泉路323号	蒋秀志	2001.07
19	FH032	招远市武术运动协会	招远市体育运动中心	体育场	杨应业	2007.07
20	FH034	招远市再生资源行业协会	招远市供销社	罗峰路22号	徐桂兴	2004.05
21	FH036	招远市阜山镇富硒农副产品协会	招远市阜山镇政府	庙后吕家村	梁学忠	2004.10
22	FH037	招远市阜山镇果业协会	招远市阜山镇政府	阜山供销社	张书溱	2004.07
23	FH038	招远市果蔬行业协会	招远市供销社	迎宾路132号	王朋山	2004.09
24	FH040	招远市义务工作者和爱心志愿者联合会	招远市民政局	春雨路春雨工艺坊	王少平	2012.04
25	FH041	招远市农业生产资料协会	招远市供销社	太阳农资公司	郭跃志	2005.06
26	FH044	招远市农药肥料协会	招远市农业局	温泉路36号	邵建顺	2005.06
27	FH045	招远市辛庄镇养猪协会	招远市辛庄镇政府	辛庄村	刘秉一	2005.06
28	FH048	招远市反邪教协会	招远市科协	府前路6号	贾玉良	2005.09
29	FH053	招远市金岭镇农牧发展协会	招远市金岭镇政府	大户陈家村委	陈松青	2006.03
30	FH054	招远市石材工业协会	招远市经贸局	张星镇政府	张安善	2006.01
31	FH056	招远市大秦家镇水利协会	招远市大秦家镇政府	大秦家镇水利站	王君红	2006.12
32	FH059	招远市烟花爆竹协会	招远市供销社	金城路168号	王克志	2006.12
33	FH061	招远市金岭镇南海农民用水户协会	招远市金岭镇政府	大户陈家村	陈松海	2011.08
34	FH062	招远市乒乓球协会	招远市体育运动中心	市体育中心	王文强	2007.07
35	FH063	招远市慈善总会	招远市民政局	市民政局	滕国海	2007.09
36	FH064	招远市金岭镇粉丝协会	招远市金岭镇政府	金华粉丝公司	杨东敏	2007.10
37	FH067	招远市热力燃气协会	招远市规划建设管理局	金城路	郭　超	2008.04
38	FH069	招远市建筑工程质量协会	招远市规划建设管理局	河东路366号	李进东	2009.03
39	FH070	招远市殡葬协会	招远市民政局	罗峰办郭家村	刘忠岩	2009.04
40	FH072	招远市老年人体育协会	招远市体育运动中心	运动中心一楼	王明星	2009.06
41	FH073	招远市房地产开发投资企业协会	招远市规划建设管理局	初山路1号	王乐义	2009.06

续表2

序号	登记证号	社团名称	业务主管部门	办公地址	法人代表	登记时间
42	FH074	招远市跆拳道协会	招远市体育运动中心	体育场1-22号	秦文状	2009.09
43	FH075	招远市内部审计协会	招远市审计局	温泉路282号	李淑梅	2009.08
44	FH076	招远市阜山镇西罗家铁把瓜协会	招远市阜山镇政府	阜山镇西罗家	闫丰贵	2009.08
45	FH077	招远市农民专业合作社联合会	招远市农业局	迎宾路120号	纪金龙	2009.12
46	FH080	招远市金岭镇灌溉用水户协会	招远市金岭镇政府	农技推广服务	温天光	2010.06
47	FH083	招远市泉山街道办事处灌溉用水协会	招远市泉山街道办事处	泉山办水利站	邢郁邦	2010.01
48	FH085	招远市硬笔书法家协会	招远市人大办公室	泉山路27号	宫媛委	2010.08
49	FH086	招远市创业者协会	招远市劳动局	温泉路368号	张天东	2010.12
50	FH087	招远市社会管理志愿者协会	招远市委政法委	招金路东群工楼	曹海军	2011.05
51	FH089	招远市国土资源协会	招远市国土资源局	泉山路东首	王书善	2011.11
52	FH090	招远市网扣协会	招远市中小企业局	聚金路	徐志刚	2011.12
53	FH091	招远市篮球协会	招远市体育运动中心	玲珑路88号	迟少伟	2011.12
54	FH097	招远市羽毛球协会	招远市教体局	玲珑路88号	杜念东	2011.12
55	FH098	招远市罗峰街道灌溉用水户协会	招远市罗峰街道办事处	罗峰办水利站	杨典军	
56	FH100	招远市烟台张亿古莱纳葡萄酒协会	招远市中小企业局	罗峰路215号	李秀梅	2013.01
57	FH0101	招远市音乐舞蹈协会	招远市文广新局	金街文化城	秦建锋	2014.04
58	FH0102	招远市心理学会	招远市民政局	春雨工艺坊-1	王　宣	2013.12
59	FH0103	招远市建筑材料协会	招远市民政局	金兴路60号	郑　霞	
60	FH0105	招远市阜山镇烟富苹果协会	招远市阜山镇政府	阜山镇冯草洼村	潘卫东	2013.12
61	FH0106	招远市轮滑运动协会	招远市体育中心	体育公园1-21	栾日伟	2014.04
62	FH0107	招远市文化艺术促进会	招远市文广新局	金兴路60号	曹克军	2014.07
63	FH0108	招远市爱心乐助企业联合会	招远市民政局	居然之家6楼	李　丽	2014.03
64	FH0109	招远市收藏家协会	招远市文广新局	河东路408号	程绍华	2014.03
65	FH0110	招远市养蜂业协会	招远市畜牧局	金岭镇山李家村	李伟光	2014.07
66	FH0111	招远市阳光公益志愿者联合会	招远市民政局	梦芝路9号	刘玉香	2014.01
67	FH0112	招远市散打武术运动协会	招远市体育中心	体育公园北门	徐德玉	2015.02
68	FH0113	招远市招金集团职工互助会	招远市民政局	盛泰路108号	王晓杰	2014.01
69	FH0114	招远油画学会	招远市文广新局	招远市展览馆	战洪宽	2015.05
70	FH0115	招远市电子商务协会	招远市商务局	温泉路378号	杨君敏	2015.07
71	FH0117	招远白银加工业商会	招远经济技术开发区管委	金都工业园内	程振华	2014.12

【社会福利】 2015年，招远市在养老服务体系建设方面，出台《关于加快发展养老服务业的实施意见》。全市建有养老服务机构8家，拥有床位2164张，入住老人965人。在城区完成悦福苑、金汇等5处城市社区老年人日间照料中心建设，完善配套设施，具备健身娱乐、文化教育、日间托管等服务内容，拥有床位210张，每天到服务中心参加健身娱乐活动的老人日均300多人。在农村完成老翅张家村、南院庄村等26处农村幸福院，拥有床位529张，为农村老年人提供休闲娱乐、养老服务的场所。在城乡孤儿生活保障方面，全年为56名孤儿按每人每月780元供养标准进行保障，实行社会化发放，共发放孤儿生活基本生活费49.9万元。儿童节期间，市民政局党委成员对全市12名贫困孤儿进行走访慰问，为每人送去500元慰问金和学习用品。在困境儿童保障保障方面，为42名困境儿童发放生活费17.8万元。在城镇“三无”（无经济来源、无劳动能力、无法定赡养人）人员保障方面，全年为15名城镇“三无”人员发放基本生活费14.7万元。对城镇“三无”老年人、城区生活不能自理的低保老人和“三老”（老烈属、老伤残军人、老复员军人）优抚对象实施政府购买养老服务，全年共为16名符合条件老年人购买养老服务5.4万元。全市共有社会福利企业20家，职工1023人，其中残疾职工405人。

【老龄事业】 2015年，在“九九”老人节期间，对全市19382名80周岁以上老年人，按照80～89周岁每人每年300元标准、90～99周岁每人每年400元标准、100周岁以上每人每月300元标准发放长寿津贴，共发放613.73万元。加强基层老年组织建设，注册成立招远市老年协会及14个镇（街道、区）老年协会，备案成立740个村（居）老年协会。深入推进“银龄安康工程”，全市完成老年人意外伤害保险投保金额170万元。为全市8439名60周岁以上老年人办理发放《山东省老年人优待证》。开展“敬老文明号”创建活动，社会福利中心、金都老年福利中心、辛庄镇人民政府、玲珑镇人民政府、社会保险服务中心、张星镇离退休干部党支部、公共交通有限公司等7个单位获得烟台市“敬老文明号”称号，烟台交运集团招远运输有限公司获得山东省“敬老文明号”称号。开展山东省敬老模范个人和模范老人评比推荐活动、烟台市十佳老有所为楷模评比推荐活动、烟台市十大孝亲敬老楷模评比推荐活动，招远市竞技体育学校原校长和总教练朱焯华被评为山东省模范老人、农业局退休副局长马玉玲被评为山东省敬老模范个人、张星镇老干部离退休党支部副书记付经书被评为烟台市十佳老有所为楷模，阜山镇万家村村民马桂玉被评为烟台市十大孝老爱亲楷模。

【地名区划管理】 2014～2015年度，按时完成县界联检任务。根据省民政厅要求制定下发《全市第四轮县级行政区域界线联合检查实施方案》，完成年度县级界线招远与莱州线、莱阳线，实地勘察联检任务。根据省民政厅要求，开展行政区域界线模糊问题专项排查整治工作。进一步加强地名公共服务设施建设。根据全市全国卫生城创城，双拥模范城创城，汽车站搬迁等工作任务分工，完成全市街、路牌维修、增设任务，全市多功能指示牌内容调整工作。全面加强地名文化建设。根据山东省民政厅关于编辑出版《山东名山名水》和《山东古街古巷》文件精神，招远市上报名山“罗山”和古街“状元街”2篇内容。加强行政区划调整。对开发区金街、银巷命名街巷2条，对温泉街道横掌路、滨河路、横掌北路、弘文路命名道路4条。分别对泉山街道设立东晟，温泉街道设立正和、御金府，罗峰街道设立南都、北园、文化南社区居民委员会的区划调整进行批复。

招远市城区已命名道路一览表

序号	道路名称	走向	长宽度（米）		道路起、止点	批准文号及时间	名称来历含义
			长	宽			
1	罗峰路	南北	6200	24	南起普照路，北至玲珑路	招政发〔1988〕第14号	招远在唐朝时期为掖县罗峰镇，为纪念历史，命名“罗峰路”。
2	魁星路	南北	2800	12	南起焦沟河，北至初山路	招政发〔1988〕第14号	古时此路南端有魁星楼，属招远标志性建筑，为纪念，命名。
3	河西路	南北	4200	12	南起普照路，北至玲珑路	招政发〔1988〕第14号	因位于城东河（现更名为金泉河）西侧，故命名为“河西路”。

续表1

序号	道路名称	走向	长宽度（米）		道路起、止点	批准文号及时间	名称来历含义
			长	宽			
4	河东路	南北	5600	14	南起普照路，北至横掌温家	招政发〔1988〕第14号	因位于城东河（现更名为金泉河）东侧，故命名为“河东路”。
5	新华路	南北	500	8.5	南起温泉路，北至热电厂	招政发〔1995〕第71号	以吉言嘉语命名。
6	金城路	南北	9000	38	南起郭家埠，北至十里铺	招政发〔1988〕第14号	源于招远的“金城天府”素称。又与天府路东西对应，取名“金城路”。
7	文昌路	南北	790	10	南起温泉路，北至北园路	招政发〔1995〕第71号	位于学校附近，又与文化路相交，取其吉意，命名为“文昌路”。
8	魁星南路	南北	500	12	南起普照路，北至焦沟河	招政发〔2006〕第12号	此路为魁星路的延伸段，故命名为魁星南路。
9	九洲路	南北	1500	14	南起泉山路，北至温泉路	招政发〔2006〕第96号	由九洲集团得名。
10	三和路	南北	1000	10	南起初山路，北至玲珑路	招政发〔1995〕第71号	以吉言嘉语命名。
11	天府路	南北	5300	36	南起普照路，北至玲珑路	招政发〔1995〕第71号	源于招远的“金城天府”素称。又与金城路东西对应，而得名。
12	金源路	南北	2300	10	南起温泉路，北至玲珑路	招政发〔2007〕第52号	以吉言嘉语命名。
13	招金路	南北	6100	24	南起普照路，北至玲珑路以北	招政发〔2006〕第12号	由招金集团得名。
14	金晖路	南北	4300	24	南起普照路，北至玲珑路	招政发〔2006〕第12号	因金晖花园而得名。
15	春雨路	南北	3300	14	南起泉山路，北至玲珑路	招政发〔2006〕第12号	因春雨小区而得名。
16	金龙路	南北	4700	12	南起普照路南，北至国大路	招政发〔2006〕第12号	此路向北通向龙口市，又因招远盛产黄金，故命名。
17	南门里街	南北	260	20	南起迎宾路，北至状元街	招政发〔1988〕第14号	沿袭原名。
18	永乐街	南北	280	7	南起东关街，北至温泉路	招政发〔1995〕第71号	以吉言嘉语得名。
19	迎春街	南北	1250	8	南起焦沟河，北至东关街	招政发〔1995〕第71号	源于“迎春胡同”。
20	文兴街	南北	600	6	南起丁家庄子村中，北至北园路	招政发〔1995〕第71号	位于学校附件，又与文化路相交，取其吉意，命名为“文兴街”。
21	北关街	南北	1000	6	南起温泉路，北至北园路	招政发〔1988〕第14号	因位于北关村中，沿袭旧名。
22	健康街	南北	250	8	南起府前路，北至温泉路	招政发〔1988〕第14号	因此路临近市人民医院，西侧为居民区，故以吉言嘉语命名。
23	永兴街	南北	260	8	南起府前路，北至温泉路	招政发〔1988〕第14号	两侧是居民区，故以吉言嘉语命名。
24	长春街	南北	250	6	南起迎宾路，北至府前路	招政发〔1988〕第14号	两侧是居民区，故以吉言嘉语命名。
25	宁安街	南北	280	7	南起迎宾路，北至府前路	招政发〔1988〕第14号	两侧是居民区，故以吉言嘉语命名。
26	向阳街	南北	250	9	南起晨钟路，北至迎宾路	招政发〔1988〕第14号	此地为朝阳坡式，也有吉言之意。

续表2

序号	道路名称	走向	长宽度（米）		道路起、止点	批准文号及时间	名称来历含义
			长	宽			
27	温泉路	东西	2200	30	东起金龙路，西至黄土村	招政发〔1988〕第14号	招远温泉以水温高，矿物质含量多，休闲疗养之佳地而著称，温泉群位于此路中段，故名“温泉路”。
28	府前路	东西	2000	20	东起魁星路，西与温泉路交汇	招政发〔1988〕第14号	此路位于政府门前，以方位命名“府前路”。
29	迎宾路	东西	2500	12	东起河西路，西至金城路	招政发〔1988〕第14号	此路位于政府招待所门前，而得名。
30	国大路	东西	2500	18	东起金龙路，西至金城路	招政发〔2006〕第96号	由国大集团得名。
31	鑫汇路	东西	800	10	东起招金路，西至埠后村	招政发〔2008〕第13号	由鑫汇集团得名。
32	玲珑路	东西	500	8	东起金龙路，西至后夼村	招政发〔1988〕第14号	此路东端为玲珑山，而得名。
33	梦芝路	东西	1000	16	东起河西路，过金城路向西延伸	招政发〔2006〕第12号	位于梦芝村中，沿袭原名。
34	盛泰路	东西	2000	12	东起单家河，西至天府路	招政发〔2006〕第12号	由盛泰集团得名。
35	招兴路	东西	6500	30	东起金盛小区，西至河东路	招政发〔2006〕第12号	因位于招金集团家属区，取吉意命名。
36	金兴路	东西	500	6.5	东起天府路，西至河东路	招政发〔2006〕第12号	因位于招金集团家属区，与招兴路南北相应，取吉意命名。
37	初山路	东西	6700	24	东起天府路，西至金城路	招政发〔1988〕第14号	此路西端是初家山，故名“初山路”。
38	初山东路	东西	1500	12	东起金龙路，西至天府路	招政发〔2006〕第12号	此路为初山路延伸段。
39	聚金路	东西	800	8	东起春雨路，西至天府路	招政发〔2007〕第52号	以吉言嘉语命名。
40	北园路	东西	2500	12	东起河西路，西至西山脚下	招政发〔1988〕第14号	此处原是一片菜园，又位居城北，因此取名“北园路”。
41	北园东路	东西	2500	18	东起单家河，西至河东路	招政发〔2006〕第12号	此路为北园东路延伸段。
42	文化路	东西	800	10	东起十六中分校，西至金城路	招政发〔1988〕第14号	因此路周围遍布学校，故取名“文化路”。
43	兴华路	东西	500	8	东起金城路，西至丁家庄子村西头	招政发〔1995〕第71号	以吉言嘉语命名。
44	福泉路	东西	1000	16	东起天府路，西至河东路	招政发〔2006〕第12号	因居温泉小区中，又取其吉意，命名为“福泉路”。
45	晨钟路	东西	2000	12	东起河西路，西至天府小区	招政发〔1988〕第14号	源于招远八大景之一的“普照晨钟”，又与普照路南北对应，以此命名。
46	泉山路	东西	6500	30	东起金龙路，西与温泉路交汇	招政发〔1988〕第14号	此路东端有一座泉山，以此得名。
47	永照路	东西	500	6.5	东起金城路，西与普照路相汇	招政发〔1995〕第71号	以吉言嘉语命名。
48	普照路	东西	6700	24	东起金龙路，西与温泉路交汇	招政发〔1995〕第71号	源于招远八大景之一的“普照晨钟”，又与晨钟路南北对应，以此而命名。

续表3

序号	道路名称	走向	长宽度（米）		道路起、止点	批准文号及时间	名称来历含义
			长	宽			
49	旗山路	东西	1500	12	东起河西路，西至金城路	招政发〔1995〕第71号	源于招远八大景之一的“架旗阴雨”，因架旗山派生得名。
50	建平路	东西	800	8	东起金泉河，西至老燃料公司	招政发〔2006〕第12号	与建设路相邻，又取其平安吉祥之意，故命此名。
51	建设路	东西	1500	10	东起河西路，西至西坞党	招政发〔1995〕第71号	由建设集团得名。
52	向党路	东西	1500	8	东起金泉河，西至金城路	招政发〔2006〕第12号	此路通向南、北坞党两村，取其吉意，命名为“向党路”。
53	义和路	东西	1500	12	东起金泉河，西至金城路	招政发〔1995〕第71号	以吉言嘉语命名。
54	东关街	东西	380	18	东起河西路，西至魁星路	招政发〔1988〕第14号	因位于东关村中，沿袭原名。
55	状元街	东西	300	8	东起魁星路，西至罗峰路	招政发〔1988〕第14号	北宋嘉祐年间，此处王俊民考中状元，授职徐州通判兼南京考试官，为纪念此人，命名“状元街”。
56	三里街	东西	500	6	东起罗峰路，西至梦芝路	招政发〔2006〕第12号	附近曾为三里店，后合并为梦芝，为纪念古地名，故命名。
57	文汇胡同	东西	50	3	西起文兴街	招政发〔1995〕第71号	因附件多所学校，而命名为“文汇胡同”。
58	膜天路	南北	2000	12	南起保税仓库，北至国大路	招政发〔2010〕第号	位于开发区膜天工业园门前，由企业冠名。
59	青云路	东西	1000	12	东起春雨路，西至天府路	招政发〔2010〕第号	位于开发区青云冷藏厂门前，由企业冠名。
60	文体路	东西	2000	24	东起春雨路，西至天府路	招政发〔2010〕第号	路东首是新一中门，西首体育场，因此得名。
61	金　街	南北	960	20	南起泉山路，北至温泉路	招政办函〔2015〕1号	以承载招远“金都”黄金文化命名。
62	银　巷	东西	50	14	东起金街，西至招金路	招政办函〔2015〕1号	以承载招远“金都”黄金文化命名。
63	横掌路	东西	4630	18	东起金龙路，西至 罗峰路	招政办函〔2015〕68号	以周边村庄多为“横掌”开头，故命名。
64	滨河路	南北	2100	14	南起河东路，北至国大路	招政办函〔2015〕68号	因位于罗山河边，故命名。
65	横掌北路	东西	1380	12	东起河东路，西至滨河路	招政办函〔2015〕68号	因位于横掌路北边，故命名。
66	弘文路	南北	690	12	南起横掌路，北至横掌北路	招政办函〔2015〕68号	以弘扬文化，取其吉意，故命名。

【军队干休所管理】 招远市走出一条适合军休工作发展的新路子。2015年，市军休所加强两委班子建设，增选4名老干部充实两委班子，使班子更加健全和充满活力。在职工中提出强化工作纪律、提高工作素质的口号，并作为工作重点贯穿于全年工作之中。为推动门球队健康发展，5月10日组织老干部、老干部家属开展较大规模的门球活动。重大节日组织老干部开展适合老年人的文体活动，收到良好效果。

（撰稿：李吉庆　王　卉　　审稿：李其君）

教育·体育

教　　育

招远市教育体育局领导成员

局长、招远一中党委书记：李玉堂

副局长：陈忠军　李元东

主任科员：康翠萍　刘吉平　孙宝建　李峻峰

市政府教育督导室领导成员

副主任督学：张卫东　陈德波

市委教育体育工委领导成员

书　记：李玉堂

委　员：刘吉平　陈忠军　李元东　张卫东　李峻峰　郭洪利　栾忠武　侯学博

纪委书记、监察室主任：李峻峰

招远市教育系统副科级以上干部一览表

单　位	姓　名	职　务
招远市教育体育局	吕生果	副科级干部
招远市教育体育局	刘友杰	副科级干部
招远市教育体育局	王泓春	副科级干部
招远市教育体育局	高书利	副科级干部
招远市第一中学	栾忠武	校　长
招远市第一中学	姜本清	副校长
招远市第一中学	邱吉伟	副校长
招远市第一中学	曲志学	副校长
招远市第一中学	梁秀兰（女）	副校长
招远市第一中学	温　科	纪委书记
招远市第一中学	李培霆	办公室主任
招远市第一中学	曹建光	纪委副书记
招远市第一中学	原林祥	总务主任
招远市第一中学	李冰海	教务主任
烟台机械工程学校	侯学博	校　长
烟台机械工程学校	杜先彬	副校长
烟台机械工程学校	徐崇暖（女）	副校长
烟台机械工程学校	朱文东	副校长
烟台机械工程学校	赵国娟（女）	办公室主任
烟台机械工程学校	苑永芹（女）	政治处副主任
烟台机械工程学校	孙玉雷	技工教育处副主任

续表

单　位	姓　名	职　务
烟台机械工程学校	杨九希	社会培训处副主任
烟台机械工程学校	刘金敏	职专教育处副主任
烟台机械工程学校	侯振海	教务处副主任
烟台机械工程学校	王华东	招生与就业指导处副主任
烟台机械工程学校	郝海豆（女）	艺术处副主任
招远市教师进修学校	孙逢安	校　长
招远市教师进修学校	刘书科	副校长
招远市教师进修学校	李志军	副校长
招远市第一职业中等专业学校	李宝忠	副校长
招远市第一职业中等专业学校	刘志杰	副校长
招远市第一职业中等专业学校	马瑞福	副校长
招远市教学研究室	赵文政	主　任
招远市实验小学	郝万霞（女）	校　长
招远市魁星路中学	温玉殿	校　长
招远市第十六中学	隋培合	校　长
招远市第九中学	王明宏	校　长
招远市金城小学	尹少平	校　长
招远市金晖学校	刘廷功	校　长
招远市西苑学校	蔡元海	校　长
招远市职工教育办公室	崔志平	主　任
招远市职工教育办公室	曹永利	副主任
招远市竞技体育学校	冯廷昌	副科级干部
招远市第一中学	潘　丽（女）	副科级干部
招远市第九中学	李兆明	副科级干部
招远市第十六中学	纪　钦	副科级干部
招远市西苑学校	原志坚	副科级干部
烟台机械工程学校	王吉霆	副科级干部
烟台机械工程学校	程显国	副科级干部
烟台机械工程学校	孙绍忠	副科级干部
招远市实验小学	赵学杰	副科级干部
招远市实验小学	王清林	副科级干部
招远市教学研究室	丛修波	副科级干部
招远市第一职业中等专业学校	张建娣（女）	副科级干部

【机构设置】 招远市教育体育局与市政府教育督导室合署办公，内设办公室、政工科、计划财务科（教育财务核算中心）、基础教育科、职业教育与成人教育科、教师培训科、安全管理科、调查研究室、保卫科、督导办公室等12个职能科室。2015年，行政编制19人，工勤编制3人。

【概况】 招远市坚持优先发展教育事业，教育投入逐年提高。2015年，全市教育投资12.62亿元，教育事业实现科学和谐发展。校舍安全工程持续推进，教育硬件配备逐步完善，教师队伍建设不断加强，素质教育深入推进，教育质量显著提高，城乡教育进一步均衡发展。全市有各级各类学校50所，教职工5348人，在校生1117个班、53741人。市教育体育局被评为烟台市教育工作先进单位和山东省第三届“地科杯”珍惜资源、爱我国土征文优秀组织单位等，先后获“全国义务教育发展基本均衡市”“山东省教育工作示范市”称号。2015年全市群众满意度测评中，教育工作名列第一。

【农村学校食堂餐厅建设】 2015年，开工并建成辛庄初中、蚕庄初中、蚕庄完小、中村完小、周家庄子学校、庙后吕家初中、鲁能希望小学、英里完小、郭家埠学校、十字道初中、十字道完小、东庄完小、夏甸完小、新村完小、毕郭初中、滕家学校等16处农村学校伙房餐厅，总建筑面积1万多平方米，总投资1800多万元。

滕家完小学生在就餐

【校园安全管理】 2015年，先后出台《招远市学校安全管理制度》《学校安全工作“一岗双责”制度》《影响校园安全稳定事件应急预案》，所有学校统一配备专职安全办主任，建立分管副局长（副校长）、安全办主任、安全管理员三级管理体系。开展多层次、系统化的安全教育培训，参训人员800余人次，印发《致学生家长的一封信》、宣传册6万余份，组织学校每月开展一次应急疏散演练。健全校车运行管理制度，建立一车一档“户籍化”安全管理台账，校车安全运行192万公里。强化食堂管理，创建烟台市“星级学校食堂”13处。规范安全用电，开展“消防示范学校”创建活动。规范大型活动审批，没有发生师生拥挤踩踏事故。集中开展安全检查5次，专项安全检查6次。组织驻招烟台市人大代表和市人大常委会全体组成人员对全市教育安全工作情况集中视察1次。年底，被招远市人民政府评为安全先进单位。

【校改工程建设】 2015年，投资4800多万元，完成魁星学校教学实验办公楼、烟台机械工程学校实训楼和实习车间等校安工程项目，启动大秦家学校塑胶操场建设项目和开发区横掌学校土地征用工作。

【义务教育均衡发展】 2015年，招远市委、市政府坚持教育优先发展，加大教育投入，改善办学条件，改善和提升义务教育学校办学条件，重点加强农村学校食堂餐厅建设、水冲厕所建设及塑胶化操场建设，初步实现义务教育均衡发展。3月，招远市被国务院教育督导委员会办公室评为“全国义务教育发展基本均衡市”；9月，被山东省教育厅评为“山东省教育工作示范市”。

全国义务教育发展基本均衡县

【未成年人阳光成长】 2015年，市教体局与市委宣传部、市文明办联合印发《未成年人阳光成长方案》，将学校未成年人阳光成长建设纳入《招远市2015年学校综合督导评估考核》，将考核结果与学校评先树优等挂钩。5月12日，召开“全面推进未成年人阳光成长”现场观摩工作会议，现场观摩金晖学校、泉山学校，听取先进典型学校的经验介绍。组织各级各类学校紧紧围绕立德树人根本任务，综合运用教育教学、实践养成、文化熏陶、制度保障、研究宣传等方式，把社会主义核心价值观落实到教育教学和管理服务各环节，覆盖到所有学校和受教育者，使师生内化于心、外化于行，提升师生道德素质，也有效提升人民群众对教育工作的满意度。

【基础教育综合改革】 2015年，市委办公室、市政府办公室印发《关于推进基础教育综合改革的实施意见》，安排“十三五”期间推进基础教育综合改革任务，重点加强现代学校制度建设，提高学校依法办学、规范办学意识。落实课程改革和教学方式改革，推动阳光体育尤其是校园足球运动，推进综合实践教育基地建设和综合实践活动，落实烟台市初中学业水平考试改革和普通高中招生制度改革意见，深化“一评二挂”政策下的招生制度改革，坚持公办普通高中招生指标统招生100%分配到初中的办法。开展校长职级制改革，推进教师培养培训机制改革。

【校长职级制改革】 2015年，市委办公室、市政府办公室印发《市教育体育局、市委组织部、市编委办、市财政局、市人力资源社会保障局关于推行中小学校长职级制改革的意见》，安排2015年改革任务，重点是取消中小学学校和校长行政级别，实行校长职级制管理，建立校长选聘和遴选机制，实行校长任职资格制度。建立校长职级工资制度，纳入同级财政预算。落实中小学校长负责制，赋予校长在副校长提名、中层干部聘任、教师聘任等方面的用人权。扩大学校在教师职称评聘、评先树优等方面的评价权，在绩效工资、优秀教师激励等方面的分配权，在内部机构设置、课程开发、教育质量评价等方面的管理权。

【师德标兵】 2015年9月，烟台市教育局评定招远市15名教师为烟台市师德标兵：招远市泉山学校李彩霞、招远市魁星路中学张淑红、招远市毕郭镇毕郭初级中学张美艳、招远市第十六中学刘学义、招远市金晖学校王媛媛、招远市夏甸镇新村初级中学王培荣、山东省招远第一中学姜莉、招远市第二中学李福、招远市第九中学陈守宁、招远市职业中等专业学校臧宏伟、招远市魁星路小学孙香凤、招远市丽湖学校段爱萍、招远市张星镇张星学校王仁香、招远市阜山镇北院完全小学张菊艳、招远市金城小学曹香娜。

学 前 教 育

【概况】 2015年，招远市学前教育工作以二期三年行动计划为重点，加快幼儿园标准化建设步伐，采取典型引路、分类指导、政策推动等措施，构建“广覆盖，保基本，有质量”的学前教育公共服务体系，进一步扩大公益普惠优质资源，不断提高全市各类幼儿园办园水平和保教质量。至年底，全市注册幼儿园73处，省级示范性幼儿园7处，在园幼儿12316人。其中公办幼儿园11处，公办性质的幼儿园32处，占办园总数的58.9%，民办幼儿园30处。年内招考13名公办幼儿教师，充实到实验幼儿园和镇（街道）公办中心园任教。

【玲珑镇中心幼儿园】 位于玲珑镇玲珑沟上村。2012年玲珑镇政府投资600多万元兴建，占地面积4850平方米，2015年教职工18人、在园幼儿185名。配备科学发现室、保健室、档案室、多功能活动室、图书阅览室、美术室、多媒体室等各种功能教室，班级教具、玩具设施配备齐全，建有30米塑胶跑道、水池、沙池、攀爬网等保教设施。幼儿园先后承担中央教科所、山东省教科所7个课题的研究，被省教科所评为优秀实验基地、先进实验集体。在招远市以及烟台市举行的各类比赛中多次获奖。

【张星镇中心幼儿园】 位于张星镇张东村，2014年投入使用。占地面积5560.81平方米，建筑面积2357.5平方米，户外活动场地3344.3平方米，2015年教职工18人，在园幼儿7个班、230多名。配备多功能活动室、科学发现室、幼儿活动室、教师办公室、卫生保健室、图书阅览室、伙房等教学设施。幼儿园确立“和谐”教育理念，以“服务于社会，服务于家长，服务于幼儿”为办园宗旨，以“优质的管理，优质的环境，一流的师资，一流的服务”为办园目标，把素质教育贯穿于保教全过程，初步形成孩子开心、家长省心、社会放心、富有特色的一流幼儿园。

【夏甸镇中心幼儿园】 位于夏甸镇新村南村，镇政府投资800多万元建设，于2013年12月投入使用。占地面积5356平方米，建筑面积1901平方米，可以容纳6个班、180名幼儿入园。配有高标准的教师办公室、幼儿活动室、教室、寝室、多功能活动室、科学发现室、卫生保健室、传达室、伙房等，还配备教具、玩具、大型户外器械，建有1000多平方米的塑胶场地。2015年教职工13人，在园幼儿120名。2014年1月通过山东省教育厅乡镇中心幼儿园认定，2015年3月通过烟台市市级示范幼儿园评估认定。

基础教育

【概况】 2015年，招远市基础教育工作坚持育人为本，扎实推进素质教育，面向全体学生、促进学生全面发展、主动发展。推进基础教育综合改革，增强基础教育活力。加强现代学校制度建设，提高学校依法办学、规范办学意识。加强学校常规管理，加强校本课程建设，形成国家课程、地方课程和学校课程互为补充的课程体系。深化“一评二挂”招生制度改革，推进普通高中新课程改革，深化“和谐高效、思维对话”型课堂建设和中小学作业改革，推进高中选课走班教学研究，加快学校内涵发展。推进德育工作综合改革，完善学校、家庭、社会三位一体的德育体系，把社会主义核心价值体系融入中小学教育各个环节，加强社会主义核心价值体系教育、道德品质教育、文明礼仪教育、心理健康教育，落实学生日常行为规范。调整和完善残疾儿童随班就读保障体系和进城务工人员随迁子女入学政策，保障残疾儿童和随迁子女平等接受教育的权利。加强学生校内外活动场所建设，为全市中小学生开辟第二课堂。2015年，全市有小学31所（含九年一贯制学校12所），教职工1519人，在校生448个班、22144人；初中22所（含九年一贯制学校12所），教职工2150人，在校生372个班、17895人；普通高中3所，教职工890人，在校生155个班、8070人；特殊教育学校1所，教职工33人，在校生59人；体校1所，教职工31人，在校生321人。全市小学入学率、巩固率100%，初中入学率100%、四年巩固率99%，高中段教育普及率99%。普通高考一本上线1104人。

【2015年全国高考全市文理科前三名】 冯妍慧 女，1997年3月13日出生，招远一中2012级8班学生，高考706分，理科第一名，被北京大学录取。

陈泓宇 1997年8月29日出生，招远一中2012级28班学生，高考700分，理科第二名，被清华大学录取。

滕旭超 1996年11月10日出生，招远一中2012级8班学生，高考695分，理科第三名，被上海交通大学录取。

陈昕欣 女，1996年11月20日出生，招远一中2012级38班学生，高考650分，文科第一名，被对外经济贸易大学录取。

李樱淇 女，1997年6月24日出生，招远一中2012级17班学生，高考646分，文科第二名，被同济大学录取。

郭明星 女，1996年5月14日出生，招远一中2012级17班学生，高考639分，文科第三名，被中国传媒大学录取。

【招远市第二中学】 招远市第二中学始建于1952年7月，位于招远、栖霞、莱阳三市交界的毕郭镇政府驻地，占地面积6.142公顷，建筑面积18918平方米，固定资产总价值1760多万元。2015年实现教学楼、宿舍楼集体供暖。2015年，教职工129人，24个教学班，在校生1200多人。学校秉承“明德厚学，敦教严谨”的教风、“勤奋守时，敦学善思”学风，“明德厚学，自律勤勉”校风。2003～2015年，连年被评为招远市教书育人先进单位、师德建设先进单位，烟台市优生培养先进高中、高中教学工作先进高中、校本教研工作示范学校、教育育人红旗单位等。

【宋家学校】 位于张星镇年头宋家村南，原名宋家初中，建于1985年3月，1986年5月丛家联中、北里庄联中、英里联中先后并入。2010年8月，招远市投资1700多万元重建，2011年8月更名为宋家学校。随后栾家河完小、英里完小部分学生并入，成为九年一贯制学校。学校占地面积50972平方米，总建筑面积14883平方米。设有初中部17个班，小学部11个班，在校生1303人，教职工108人。学校配备20多个功能教室，全部安装“班班通”电子白板。建有容纳900多人的学生食堂。学校秉承“以人为本、和谐发展”办学理念，“厚德博学、静思笃行”校训，“团结、勤奋、进取、求是”校风，管理日趋规范，教育教学成绩斐然。先后被评为招远市教书育人先进单位、文明单位，烟台市花园式学校、规范化学校、绿色学校、安全文明校园，山东省“十一五”教育科研重点课题实验学校、绿色学校、心理健康教育先进单位等。

【冯家学校】　位于玲珑镇冯家村南，是一所九年一贯制学校，建于1966年，学校占地面积2.67公顷，建筑面积5259.4平方米。学校教学功能室配备齐全，所有教室均配备“班班通”，建有高标准的学生食堂。2015年，设有初中部7个班，小学部5个班，在校生358人，教职工66人。学校信守“立德立志、求实求真”校训，形成“文明诚实、乐思好学”良好学风，教育教学质量位居全市前列。先后被评为招远市教育工作先进单位、精神文明先进单位，烟台市花园式学校、规范化学校、安全文明校园、图书室建设先进单位等，被山东省教育厅确定为心理健康教育实验重点基地、现代教育与教师素质培养实验重点基地。

【庙后吕家初中】　位于阜山镇庙后吕家村，建于1996年，占地面积3.67公顷，建筑面积1万多平方米。学校拥有现代化的计算机教室、多媒体教室，理化生实验室、仪器室、音乐室、科技活动室、心理咨询室等多功教室，所有教室和功能室全部配备“班班通”。学校建有400米标准跑道和1个足球场，2个篮球场。2015年，设有15个班，在校生671人，教职工74人。学校坚持“民主、人本、崇实、创新”办学理念和“一切为了学生的全面发展，张扬学生个性”办学目标，实施素质教育，注重学生综合素质的培养，在全市的各种比赛中多次获奖。

【毕郭初中】　位于毕郭镇毕郭三村东南，1986年11月建校，占地37067平方米，建筑面积8479.05平方米。配备阅览室、实验室、多媒体教室、舞蹈室、音乐室、美术室等功能教室，微机、多媒体投影等现代化教学设备，多媒体双向教学系统，宽带数字化校园网络，教学办公实现自动化、信息化。建有操场、篮球场、排球场、足球场等运动场地，健身器械齐全。2015年，设有16个班，在校生736人，教职工70人。学校始终坚持“面向全体学生，优化教育过程，培养素质特长，促进全面发展”教育原则，把“求知、创新、发展、责任感”作为培养学生的目标。实施素质教育，办学成绩突出。先后获得招远市初中篮球赛男子组一等奖、绿色读书工程朗读比赛中学生团体一等奖、绿色学校，烟台市语文教学先进单位、中学生运动会田径初中组第六名，山东省中小学电脑制作活动最佳组织奖等称号。

【蚕庄完小】　位于招远市蚕庄镇，建于1983年，2011年迁入蚕庄镇西沟村北首，建筑面积6689.33平方米。配备现代化微机室、多媒体教室、实验室、图书室、音乐室、舞蹈室、美术室等功能教室，所有教室和功能室全部实现“班班通”网络。学校体育设施齐全，建有200米跑道和足球场、篮球场。2015年，教职工40人，设有16个班，在校生598人。先后被评为全国亿万学生阳光体育冬季长跑活动优秀学校，山东省交通安全示范学校，烟台市规范化学校、小学教学示范学校、小学教育工作先进单位、电化教学示范学校、安全文明校园、先进集体、文明单位，招远市教书育人先进单位、精神文明先进单位、教学资源库建设先进单位、标准化学校建设先进集体等。

【教学研究室】　成立于1956年，是教育体育局所属全额拨款事业单位，位于罗峰路185号。设有高中部、初中部、小学部、体卫艺部、办公室、会计室、微机室7个部室，在职人员29人，其中中高级职称27人。多年来以“厚德、博学、精研、笃行”为室训，履行教育教学研究、课程教学管理、课程资源开发建设、实验与经验推广、教学指导与教学服务等职能，推进素质教育，提高教育教学质量。先后多次被评为全国珠算协会先进单位，山东省先进教研室、体卫艺教育宣传工作先进单位，烟台市教学工作先进单位、科普工作先进单位，招远市文明单位、教书育人红旗单位、党风廉政建设先进党支部等。

【托幼工作领导小组办公室】　成立于1994年5月，位于文化路8号。2015年有工作人员7人，属教育体育局所属全额拨款事业单位，是全市托幼工作业务管理机构。主要负责拟定全市托幼工作发展规划，指导开展幼儿教育教科研工作，评估指导幼儿园保育和教育工作，考核、评估、培训幼儿园园长、教师等。贯彻落实国家、省、市有关学前教育的法规和政策，探索新形势下幼教事业发展的新路子。先后承担幼儿园科学启智教育、幼儿园学具教学法理论与实践研究等多项国家、省、市级科研课题，多次被上级评为托幼工作先进单位。

职 业 教 育

【概况】 2015年，招远市职业教育落实《国务院关于加快发展现代职业教育的决定》，坚持“以立德树人为根本，以服务发展为宗旨，以促进就业为导向”指导思想。以创建省级规范化学校为抓手，加强基础能力建设，提升办学条件。全方位、多形式宣传国家发展职业教育的有利政策，宣传招远市职业教育发展成果，加大招生工作力度，办学规模不断扩大。积极推进烟台黄金职教集团建设，与招金矿业、中矿金业、玲珑集团、招金卢金匠、金宝电子等30家大中型企业开展联合办学，订单培养比例90%，毕业生就业率98%。2015年春季高考本科考取137名，专科过线率100%。学生参加职业技能大赛和职业资格考试成绩优异，毕业生职业资格参考率97.7%，考核通过率100%。提高专业教师的技能水平，“双师”素质专业教师比例85%。与市人力资源和社会保障局、安监局、财政局、农业局等政府职能部门合作，面向在岗职工、下岗职工、退役士兵、农民工、未就业大中专毕业生开展职业培训，拓展培训内容和形式，2015年培训6517人次。烟台机械工程学校、招远市第一职业中专2所职业学校，教职工536人，在校生4369人。开设21个专业，烟台机械工程学校骨干专业为数控技术、机电技术应用、建筑工程、汽车运用与维修、黄金首饰加工与营销、会计电算化和艺术类专业等17个专业；招远一职专骨干专业为计算机类专业、社会福利事业管理专业等4个专业。教学科研仪器设备值3202.37万元，生均设备值7329.76元。

电工实训车间

【职业教育技能大赛】 2015年，招远市组织各职业学校学生参加烟台市组织的职业学校技能大赛，获得1个团体二等奖，3个团体三等奖；学生有5人获二等奖、13人获三等奖。烟台机械工程学校获得烟台市职业学校技能大赛团体二等奖。

【职业学校免学费】 山东省政府规定，从2013年秋季起中职教育在校生全部免除学费，经费由省、市、县三级负担。招远市严格执行上级政策，2015年为中职在校生4369人免除学费，实际公用经费拨款1370.51万元。

【第一职业中等专业学校】 位于招远市辛庄镇，始建于1958年，2010年招远市第三职业中专并入，学校占地面积6.67公顷，开设护理、计算机、计算机动漫与游戏制作、电子与信息技术4个专业。2015年，共有教学班13个，在校学生594人，教职工80人。学校建有动漫设计实训室、电脑组装与维修实训室、电子与自动控制实训室、护理实训室等7个校内实训基地，与康泰实业、金铭科技、金晖集团、建荣医院等建有校外实习基地。学校与烟台鸿富泰电子、三尼电了、烟台LG等企业在招生、实习、就业等方面签订合同，进行订单式培养。2015年升入本科院校学生24人。先后被评为山东省重点职业学校、山东省教学工作先进单位、烟台市职业教育先进单位、烟台市绿色学校、烟台市电工中心学校、烟台市花园式学校、烟台市“图书建设先进单位”等。

【教师进修学校】 位于温泉路370号，建于1981年，1999年并入招远市高级职业学校，2010年重新独立建校。建筑面积500平方米，配备现代化微机室、多媒体教室等，有教职工22人。学校坚持走内涵式发展之路，以培养、造就高素质专业化小学校长和义务教育段教师队伍为目标，转变培训理念，促进教师专业发展，研训结合，深入开展教师教育。连年被山东省中小学师资培训中心评选为远程研修组织先进单位。

特殊教育

招远市特殊教育学校位于文化区文昌路28号，始建于1975年，占地面积4668平方米，建筑面积2994平方米。是一所为聋哑和智障儿童提供学前康复教育、九年义务教育、职业教育的综合类特殊教育学校。学校配备现代化的微机室、多媒体教室、感统室、图书室、音乐治疗室、舞蹈室、美术室、康复室等各种功能教室，所有教室和功能室全部实现“班班通”网络。学校体育设施齐全，建有400米标准跑道和1个篮球场。2015年，拥有教职工34人，教学班8个，在校学生70人。队伍建设方面学校主要抓了领导干部、党员作风建设，教师的师德建设。党员干部做到“三严三实”，教师做到教学行为规范，工作扎实肯干。教学方面主要抓了教学常规的落实、学生素质教育的养成及培智教育学前康复研究。学校加大智障学生送教上门的师资力度和经费投入，使得送教上门更加规范、科学、有效。学生表演的舞蹈获招远市二等奖，学生的电脑绘画获烟台市一等奖。形成“学校管理规范、教师无私奉献，学生乐观向上”良好氛围。先后被评为山东省规范化学校、烟台市教书育人示范先进单位、烟台市安全文明校园等。

（撰稿：张卫东　王　鹏　　审稿：李玉堂）

体　育

招远市体育运动中心领导成员

主　　任：张世伟

副 主 任：王维勇　傅新祜

副科级干部：姜良升

【机构设置】　2015年，招远市体育运动中心内设办公室、竞赛科、群体科，共有工作人员37人，其中体育运动中心编制12人，竞技体校编制25人。

【概况】　2015年，市体育运动中心以争创全民健身示范城市为目标，以构建全民健身公共服务体系为核心，不断优化全民健身事业的发展环境，推进体育生活化、健身科学化、服务便民化，促进全民健身与竞技体育协调发展。举办招远市第五届全民健身运动会20多个项目比赛活动，参加烟台市第五届全民健身运动会9个单项比赛，获得优异成绩。依托“国家级后备人才训练基地”，加大后备人才培训，2015年向上级运动队输送优秀运动员96名。加快公共健身设施建设，全市“村村有”健身工程实现全覆盖，社区健身器材覆盖率80%，全市人均体育场地面积2平方米。编制完成《招远市体育设施布局规划》，促进全市公共健身设施建设更加科学合理，满足群众健身需求。

【竞技体育】　2015年，市体育中心争取中央财政“后备人才基地建设”项目资金35万元和省级财政“‘三集中’特色教学示范点”项目资金30万元，用于加强体校建设。坚持“全面发展，重点突破”训练方针和“三从一大”训练原则，大力培养优秀体育后备人才，向上级体育运动队输送96名优秀运动员。参加烟台市田径、篮球、跆拳道、射箭、击剑、拳击、散手、摔跤、举重、柔道等10个项目比赛，获得金牌57枚，其中举重和柔道项目均获得青少年组团体总分第一名的好成绩。2015年10月13～16日，市体校举办烟台市青少年举重比赛，共有来自烟台市各县（市、区）的九支代表队参赛，运动员人数达到178名，招远市作为承办方，获得烟台市体育局领导及各县（市、区）兄弟单位的好评。

2015年9月1日，老年人门球赛

【群体体育】　2015年，招远市先后举办招远市第五届全民健身运动会羽毛球、篮球、太极拳、乒乓球、拳击、自行车等11项比赛活动，通过举办丰富多彩的运动项目，带动全市30万人参与全民健身运动。组织参加烟台市全民健身运动会三人制篮球、乒乓球、中国象棋、体育舞蹈、武术、健身气功、钓鱼、轮滑、足球9个单项比赛，均取得优异成绩，完成既定目标。其中武术、轮滑、健身气功、中国象棋获得总分第一名的好成绩，轮滑项目作为烟台市代表队参加山东省第五届全民健身运动会轮滑项目比赛，取得较好成绩。全市注册成立的体育单项协会17个，俱乐部3个。通过发挥各协会、俱乐部的纽带作用，带动各类全民健身活动项目的开展。2015年，由市体育运动中心主办，各体育单项协会承办的比赛项目有招远市第五届全民健身运动会第一届散打搏击比赛、“喜德盛杯”百公里骑行赛、三人制篮球表演赛、中韩足球友谊赛。开展体育骨干人员培训，组织人员参加国家、省、烟台市体育指导员培训班，全市举办多期三级社会体育指导员培训班，2015年新培养国家级体育指导员3名、一级1名、二级11名、三级113名，全市社会体育指导员1450人。全市健身活动站点1000多个，每个站点都配有社会体育指导员，指导群众科学健身，为全市全民健身运动良性循环起到推动作用。

2015年6月27日，“动岚健身杯”篮球友谊赛

2015年10月24日，太极拳、健身气功比赛

【体育设施建设】 2015年，招远市投资100多万元，购置健身器材727件，向上级体育部门争取健身器材援助417件，为10个镇级全民健身活动中心配备健身器材，对17个统管小区健身器材进行更新，向106个村（社区）发放健身器材，全市“村村有”农村健身工程实现全覆盖，社区健身器材覆盖率80%，人均体育场地面积2平方米。投资20万元聘请专业团队编制《招远市十三五公共体育设施布局规划》，推动全市公共健身设施布局更加科学合理，符合群众健身需求。

【体育产业发展】 2015年，市体育中心制定《招远市体育产业发展工作定位及重点工作》，推动全市体育产业发展。通过加强彩票销售网点建设，有效网点达到42个，在省市各级各项检查中，招远市网点运营规范均能达到要求。彩票总销量3222万元，呈现稳步发展良好势头。

2015年9月11日，“中国体育彩票”公益慈善晚会在体育公园举办

【“中国体育彩票”公益慈善晚会】 2015年9月11日晚，“中国体育彩票”公益慈善晚会在市体育公园举办。晚会旨在加强对体育彩票宣传，提高体育彩票社会认知度，让更多社会公众了解体育彩票为各项社会公益事业发展所做的贡献，提升体育彩票公益品牌形象。招远市委常委、副市长王浩，原招远市政协主席、招远市老年体协主席李广出席晚

2015年9月11日，向贫困学生发放帮扶资金

会活动。整台晚会包括文艺表演、全民健身项目展演、体彩有奖问答、现场公益捐助等20多个节目，吸引观众3000多人观看。

【招远市籍运动员在重大赛事中的比赛成绩】 2015年，招远市籍运动员在全国大赛中取得不俗成绩。王赟佳获得全国跆拳道冠军赛67公斤级冠军，刘福宁获得83公斤级冠军。邵晨斐获得第一届全国青年运动会跆拳道女子45公斤级冠军。尹杰获得男子手球“2015超级冠军杯”冠军。

【招远市竞技体育学校】 招远市竞技体育学校始建于1973年，1983年正式独立，2006年9月迁入新校。学校占地面积1.4公顷，建筑面积1.13万平方米，是一所集吃、住、训三集中的义务教育段县级体校。学校现有教职工46人，其中教练12人，教师27人，行管及工勤人员7人。学校从小学四年级至初中四年级共有6个教学班，有12个运动队，开设田径、篮球、举重、柔道、摔跤、跆拳道等6个运动项目。多年来，招远市竞技体校在招远市委、市政府和上级体育主管部门的大力支持下，以“为国家培养高水平体育后备人才”为办学宗旨，着眼未来，读训并举，取得了长足的发展。自建校以来，先后向上级体育部门输送1200多名优秀体育人才，其中有8名世界冠军。培养输送的运动员共获奥运会金牌2枚、银牌1枚，世界大赛金牌30枚，亚洲级大赛金牌27枚，国家级大赛金牌53枚，35次打破世界纪录，2次打破奥运纪录，大赛成绩名列全省各县级市体校前茅。2005年、2009年和2013年先后三次被国家体育总局授予“国家高水平体育后备人才基地”称号，2009年被国家体育总局授予“国家级天府青少年体育俱乐部”称号，2012年被省体育局授予“山东省优秀运动队（举重）后备人才训练基地”称号，多次被省体育局、烟台市委、市政府记功表彰和授予“先进单位”称号。

（撰稿：李志杰　刘新玲　审稿：王维勇）

招远县业余体校成立于1973年，1983年有教练员8人，学生108人，设田径、篮球、武术3个项目。1989年，设田径、篮球、武术、举重、柔道5个项目，有学生100人，专职教练8人。1990年以后，体校学生每年保持在120人左右，教练员10人以上。1994年，学校更名为招远市竞技体育学校。此后，每年在校学生200人左右。体校为基层厂矿企业培养了大批体育骨干，还先后为国家、省、市体育单位输送人才219人。输送的运动员获世界金牌15枚，亚洲金牌18枚，国家金牌21枚，16次破世界纪录，居山东省基层体校之首。2名教练被国家体委授予“世界冠军启蒙教练”称号，学校武术队曾连续15年蝉联烟台市武术比赛团体冠军。先后被评为山东省十年全面振兴山东体育先进单位、山东省优秀体育学校。1997年被省体委定为首批县级人才培训基地。1999年被省体委、省教委定为高水平后备人才基地。2001年获“全省青少年体育工作先进集体”称号。2005年1月、2009年1月、2013年4月，连续被国家体育总局确定为“国家高水平体育后备人才基地”。

科学技术

科技工作

招远市科学技术局领导成员

局长、党组书记：栾浩光

副局长（党组成员）：刘亚军（女） 张敬为
杨勇进 丛玉科
路吉江 丁品林

办公室主任：刘爱华（女）

招远市科学技术局下属单位负责人

招远市地震办公室主任：杨淑梅（女）

招远市知识产权管理办公室主任：杨秀萍（女）

国家火炬计划招远电子信息材料产业基地管理办公室主任：张敬为

副主任：隋富明 王 凤（女）

中国（烟台）黄金产业知识产权信息中心副主任：杨玉梅（女） 李连翠（女）

【机构设置】 招远市科学技术局内设办公室、政策管理科、发展计划科、科技合作科、农村与社会发展科技科、科技成果科等行政科室6个，下辖招远市地震办公室、招远市知识产权管理办公室、国家火炬计划招远电子信息材料产业基地管理办公室、中国（烟台）黄金产业知识产权信息中心等4个。2015年，共有工作人员33人，其中局机关14人、市地震办公室3人、市知识产权管理办公室2人、国家火炬计划招远电子信息材料产业基地管理办公室7人、中国（烟台）黄金产业知识产权信息中心7人。

2015年4月20日，全市科技创新暨科技奖励大会在金都宾馆召开

【概况】 2015年，市科技局围绕全市中心工作，顺应创新驱动发展大势，适应经济发展新常态，抢抓机遇，积极作为，各项工作取得一定成绩。招远市连续3年获国家级科技奖，获省科技奖2项，烟台市级科技奖5项，获奖数量和档次在烟台县（市、区）均居前列。其中，玲珑轮胎股份有限公司完成的“节油轮胎用高性能橡胶纳米复合材料的设计及制备关键技术”项目，获国家技术发明二等奖；招金矿业股份有限公司金翅岭金矿完成的“复杂金银精矿深度提取新工艺体系与产业化开发”项目，获山东省科技进步二等奖；中矿金业股份有限公司完成的“深井岩爆灾害动态监测与危险性分析技术开发应用”项目，获山东省科技进步三等奖。全年发明专利申请202件，授权发明专利53件。

2015年5月9日，第三届山东理工大学——招远市技术交流合作洽谈会在金都宾馆召开

【以科技成果产业化为落脚点，助力经济转型升级】 立足全市创新驱动全局，搭建技术转移转

2015年12月16日，招远市人民政府与哈尔滨工程大学共建“哈尔滨工程大学——招远研究院”签约仪式在哈尔滨举行

化平台，积极整合创新资源，推进科技成果转化产业化，促进科技与经济紧密结合，为经济升级发展提供新动力。深入推进产学研合作。重点建设山东理工大学招远工业技术研究院、哈尔滨工业大学招远技术转移中心、哈尔滨工程大学招远技术转移中心3个集科技交流合作、研发创新于一体的综合性科技服务平台。12月，市政府与哈工大、哈工程分别签署《关于共建哈尔滨工业大学招远研究院的协议》和《关于共建哈尔滨工程大学招远研究院的协议》，标志着招远市与两所高校的合作上升到新的层次。全年在新材料、环保工程、先进制造、选冶与综合利用等领域进行技术合作攻关和成果转化，促成和推进黄金尾矿综合利用、多功能海洋环境监测平台、按摩理疗椅配套多元颈椎牵引康复机器人等28个校企科技合作项目，取得良好的经济社会效益。加快科技成果转化产业化。重点推进生物天然气纯化技术、矿业开发技术咨询设计创新服务平台、多元微合金精密铜材短流程生产技术等15个国家级、省级重大科技产业化项目，有8个项目顺利通过上级科技部门专家验收，实现产业化。筛选企业私有云防泄密系统关键技术、螺旋伞齿轮智能化自动生产线技术、低滞后炭黑技术等20个高新技术产业和战略性新兴产业关键共性技术研发和产业化项目列入项目储备库进行重点培育，并积极争取承担上级科技计划。全年有7个项目获上级科技立项，其中国家级1个、省级4个、烟台级2个。强化创新型企业培育。鼓励企业特别是中小微企业加大科研投入，开展科技攻关、产学研合作、成果转化等科技活动，扶持一批具有自主知识产权和核心技术的高新技术企业、科技型中小微企业成长发展，培育经济发展新增长点。全年有5家企业通过省级高新技术企业认定，有3家企业获批烟台市级科技型中小企业；全年高新技术产业产值471.68亿元，同比增长5.61%；累计占规模以上工业比重26.75%，比重比年初增0.1个百分点。

【以企业创新能力培育为着力点，构筑产业发展新优势】 突出企业创新主体地位，着力提升科技研发服务平台建设水平和资源共享使用能力，提高竞争力和可持续发展能力。加快研发平台提质提档。支持中小微企业依托高校、科研院所建立研发平台，鼓励现有的研发平台不断提质升级，不断加大科研投入，积极开展高水平的科研活动，集聚科技要素，推动企业创新发展，有1家省级工程技术研究中心被评为省级示范中心。全市共获得烟台市级以上科技奖励8项，其中国家技术发明二等奖1项。全市发明专利申请202件，同比增长64.2%；发明授权53件，同比增长178.9%，申请数和授权数在烟台各县（市、区）均名列前茅。有4家企业被列为省级知识产权管理规范优势企业，金宝电子列为国家知识产权示范企业。加快创新服务平台建设，依托中国黄金产业知识产权信息中心、招远科技创新服务平台等载体，积极为企业提供科技政策及信息发布与咨询、专利成果推介、技术研发支撑等服务100余

2015年12月17日，招远市人民政府与哈尔滨工业大学在大学国际会议中心签署“哈尔滨工业大学——招远研究院”合作协议

次，共帮助企业进行专利检索分析80次，为企业创新发展提供支持。加快提升资源共享利用能力。发挥科技立项库、科技成果库、科技合作库、行业专家库、技术难题库“五大数据库”作用，运用大数据技术，及时掌握分析企业技术需求、技术难题及科技创新状况，发布国内外高校、科研院所高新技术成果，为技术的供需双方牵线搭桥。组织46家企业，注册成为大型科学仪器设备资源共享网会员单位，预约使用创新券77次，促进资源开放共享利用与配置优化。

【以科技服务体系建设为支撑点，优化科技发展环境】 不断营造创新发展良好氛围。组织召开全市科技创新暨科技奖励大会，大会对金都十大科技功臣及2013～2014年度获得省、烟台市和招远市科学技术奖励的单位代表进行颁奖，表彰全市科技工作先进单位和先进个人，进一步提高科技人员的荣誉感和社会地位。不断完善科技激励机制。修订《招远市科学技术奖励办法》，增设科学技术合作奖和科学技术发明奖，提高科技奖励资金数额，共评选出2015年招远市级科学技术奖31项。制定下发《招远市专利奖励办法（试行）》，评选出招远专利奖10项，奖励发明创造水平高、已经实施并取得较好的经济和社会效益以及拥有良好发展前景的授权专利，不断激励和引导全市科技进步和创新。积极开展科普宣传和知识产权保护活动。以科技活动周、“4·26”世界知识产权宣传日、“5·12”全国防震减灾日等活动为载体，开展“送政策、送科技、送信息”活动，共发放科技政策知识宣传资料3000余份，开展现场咨询310人次。在《今日招远》、微信平台开展科技政策普及和知识竞赛活动，不断提升全社会科技素质。加快构建知识产权创造、应用、保护体系，引进知识产权运营机构1家，帮助企业进行专业的知识产权许可、转让、投资入股、质押等服务，开展专利执法活动2次，净化知识产权市场。积极开展后进村帮扶和大走访活动，帮助帮扶村硬化主街道2条，修复机耕路，协调相关部门对东北沟水库进行护坡除险加固，安装数字科普电视机1部，村居环境不断改善。深入开展春季和冬季大走访活动，每次走访600多户，入户了解民情，征求意见和建议，提升包户群众满意度。

（撰稿：孙天鹏　　审稿：刘亚军）

地震工作

【概况】 2015年，招远地震办公室紧紧围绕“地震监测预报、震灾预防和应急救援”三大体系建设，狠抓各项工作落实，防震减灾工作得到较大发展，招远市被评为全省防震减灾示范市。

【监测预报工作】 年内，对九洲温泉公园热水观测点的全套设施进行升级改造，先后投资4万元，对地下热水观测点的设施进行升级，监测点的房屋由地下搬到地上，并安装指示牌和警示标识，保证观测数据和观测信息的正常、及时传输。

【震灾预防工作】 加强组织领导。7月，市政府召开全市防震减灾工作会议，从防震减灾工作的重要性、工作重点和形成合力三个方面，分析全市防震减灾工作存在的不足、面临的新形势以及下步努力的方向，督促协调有关部门和成员单位落实各项工作。开展地震安全示范创建工作。金晖社区被评为“省级地震安全示范社区”、山东中矿集团有限公司被评为“山东省地震安全示范企业”、金凤社区被评为“国家级地震安全示范社区”。做好抗震设防审批工作。按照相关规定，做好一般建设工程的审批和重大建设工程地震安全性评价审核。全年共审批一般工程抗震设防要求21件，重大工程地震安评12件。做好山东省农村民居抗震设防基本情况抽样调查工作。对招远市张星镇黄家村397户民居入户开展调查工作，填写调查表，并将采集的数据录入计算机，拍摄农村民居建筑照片，为省政府开展新农村建设、农村民居抗震改造、出台《农村民居抗震设防要求管理办法》提供参考依据。

【应急救援工作】 完善应急避难场所建设。城区共有大型地震应急避难场所3处，分别是体育公园、文化广场和凤凰岭公园，面积共3.5万平方米，能容纳约2万人。各镇、街道、区根据实际情况规划建立地震应急避难场所共计210处，在全市农村建立临时地震应急避难场所670处，实现全覆盖，进一步提升了全市综合防御功能。加强地震应急监督检查工作。根据《地震应急检查工作制度》，重点对金都百货、振华商厦、人民商场、北城商厦4个大型商场进行抽查，应急准备工作全部到位。

（撰稿：王　媛　　审稿：路吉江）

气　象　工　作

招远市气象局领导成员

局　长：孙衍晓

副局长：宋　亮　刘金东

【机构设置】　招远市气象局属基础性公益事业单位，承担招远市行政区域内的气象业务服务工作和气象防灾减灾等社会管理职能。负责域内气象事业发展规划制定及气象工作的组织实施，对区域内气象活动进行指导、监督和行业管理，组织指导气象灾害防御工作，组织管理雷电灾害防御工作，组织开展气候资源的综合调查、区划，指导气候资源的开发利用和保护，负责气象台站和气象设施的组织建设和维护管理，负责气象监测、预报预警、公共服务管理等工作。2015年，内设业务科和防雷中心2个科室，在职人员8人。其中参公管理人员4人，事业编制人员4人。

【概况】　2015年，市气象局积极做好气象服务、防灾减灾、文化建设、依法行政等工作，促进气象工作持续、健康发展。获得烟台市气象系统综合目标管理考核优秀达标单位、基本业务优质单位、气象服务先进集体、行政审批和防雷技术服务文书优秀单位和烟台市人工影响天气工作先进单位、招远发展先进单位、招远市森林防火先进单位等称号。

【现代化建设工作】　2015年，省、烟台市政府气象现代化工作会议召开，市气象局认真学习会议精神，围绕招远市委、市政府部署开展工作，调整工作重点，做好多方面的协调，努力落实气象现代化会议部署的工作任务。按照要求，做好气象探测环境保护、气象灾害防御、气象信息传播、人工影响天气等工作，及时做好上级督察事项汇报，协助做好各项任务的落实。

【气象服务工作】　2015年，市气象局组织加强基础业务学习，提高人员业务能力，在烟台市举办的第一届气象行业职业技能竞赛中，获优秀组织奖。进一步强化服务意识和责任意识，围绕地方经济建设开展服务，积极做好重大天气过程的决策服务、专项服务、为农服务等。做好重要天气过程决策气象服务。认真做好灾害性天气的监测工作，重点做好突发性、灾害性天气的预报预警和信息发布。在台风、暴雨、大风、寒潮等重要天气过程中，主动向市委、市政府及相关部门开展服务，为政府部署防灾减灾工作提供支持。继续做好专项气象服务。根据需求，重点做好面向市防汛抗旱指挥部、安监局、城管局、国土局、交警大队等的水库防汛、矿山暴雨、城市运行、地质灾害、公路交通等的服务。认真做好节假日、高考等重要活动的气象保障服务。继续做好为农服务工作。全面做好灾害性天气和关键农事季节的气象保障服务。重点做好春季果树防霜冻、冬春季森林防火、海上大风、关键农时、抗旱保墒等为农服务工作。森林防火工作连续多年获得先进集体称号。加强乡镇气象信息服务站建设，11月举办气象协管员培训班，推广烟台手机气象网站。

2015年10月23日，招远市气象局开展为农服务

【防雷减灾监督检查】　2015年，市气象局加强防雷安全监管，做好危化行业年检及建筑物竣工验收等工作。从8月下旬开始，组成检查组，对全市28家涉氨企业进行防雷安全检查，对15家不合格企业发出整改通知书。同时，加强对相关企业整改的技术指导，协助企业做好防雷安全工作。加强防雷规范管理，梳理防雷检测和竣工验收流程，做好各类材料的填报，完善风险防控管理，形成规范的工作流程。12月初，市气象局作为烟台市县局代表

接受东营市气象局的防雷综合治理交互检查，得到较高评价。

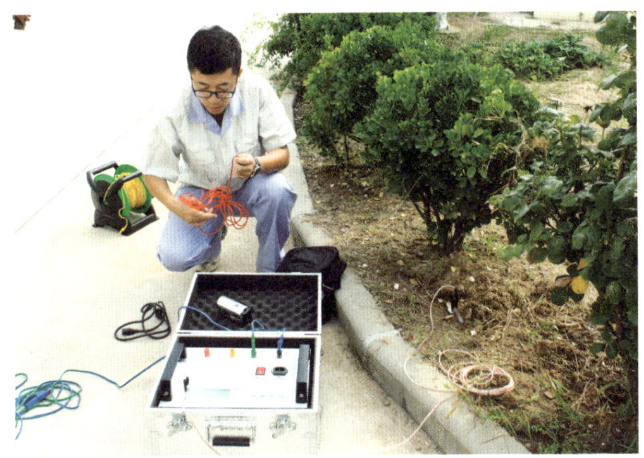

2015年9月9日，招远市气象局开展防雷安全检测

【人工影响天气工作】 2015年，市气象局积极做好抗旱和森林防火工作，发现适宜的天气形势，及时开展人工增雨工作，为缓解旱情、降低森林火险等级提供支持。7月，全市出现干旱，严重影响工农业生产，市政府启动抗旱Ⅲ级应急响应，市气象局积极做好抗旱工作，抓住适宜的天气形势，及时开展人工增雨作业。同时，注意做好干旱时期的气象服务工作，及时向市领导和有关部门提供预报信息和降雨实况。气象局准确的决策服务和人工影响天气工作，为促进当地经济的发展做出积极贡献。全年共开展人工影响天气作业18次，发射人影火箭弹71枚，增雨效果良好，效益显著。

【开展全员决策】 5月开始，市气象局实行重大事项全员决策制度，将单位年度工作计划、规章制度和奖惩规定、评先树优、财务管理、科技服务、安全生产管理等全部纳入全员决策范围。重大事项需通过召开全体会议，对事项进行详细说明，经全体人员表决通过后方可实施。该制度的建立，进一步提高了工作的透明度，充分调动了干部职工的积极性和创造性，进一步增强领导班子勤政廉政意识。

【气象文化建设】 2015年，市气象局加强气象文化建设，做好精神文明创建工作，打造干部职工思想教育阵地。建设宣传长廊、活动室、党建室、阅览室，做好社会主义核心价值观、文明传承内容的展现。认真组织开展世界气象日、安全生产月、科技活动周等形式多样宣传活动。积极参与招远“金都志愿365”活动，建设办公室，组织开展志愿服务。开展“道德讲堂”活动，传播诚信建设、职业道德等正能量。2015年度，继续保持省级文明单位称号。

【党风廉政建设】 2015年，市气象局认真贯彻落实廉政工作会议精神，做好主体责任的落实，建立廉政建设台账，分解责任，明确领导班子及成员的职责，分级签订廉政建设责任状。严格执行“八项规定”，进一步规范采购、用车管理，杜绝违反规定的事情发生。严格依法行政，各项工作做到有法可依，按制度办事。加强廉政学习，转变观念，改进作风。开展以“守纪律、讲规矩，落实两个责任”为主题的党风廉政宣传教育月活动。组织干部职工开展专题学习，并邀请检察官授课，开展警示教育。组织全体干部职工学习《中国共产党廉洁自律准则》和《中国共产党纪律处分条例》，进一步强化党员干部的党章党规党纪意识和遵规守纪的自觉性。

2015年5月19日，招远市气象局开展党风廉政宣传教育月，邀请检察官授课

【气候概况】 2015年，招远市年降水量413.6毫米，较常年（1981～2010年）偏少203.9毫米。其中，日最大降水量56.6毫米，出现在8月6日。极端最高气温36.1℃，出现在6月6日；极端最低气温-12.7℃，出现在2月9日；平均气温12.4℃，与常年持平；最大风速14.4米/秒，风向NNW。

【重大自然灾害】 2015年，招远市共出现较大灾害性天气过程1次，为降水持续偏少引起的干旱气象灾害。1月1日到6月30日，全市总降雨量106.5毫米，较常年偏少69.3毫米。1月1日到7月20日，总降水量123.7毫米，较常年偏少156.3毫米。降水偏少且分布不均，使全市出现旱情，水库蓄水量减少到0.3281亿立方米，占全市蓄水能力的19.7%。地表水的减少给农业和果业生产带来较大影响，形成旱灾。本次干旱使全市14个镇（街道、区）全部受灾，造成部分人畜饮水困难，对农业生产造成较大影响，无灌溉条件的玉米、花生和果树等受灾较重。灾害造成直接经济损失4000多万元，属中型气象灾害。7月下旬后期到8月上旬初期，出现几次明显降水过程，全市旱情解除。

（撰稿：丁锡强　　审稿：孙衍晓）

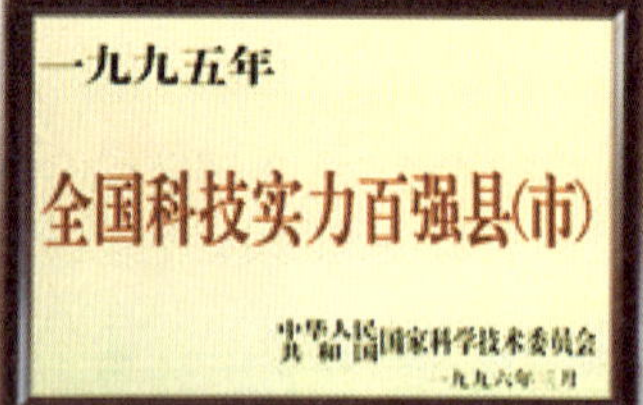

1978年后，科技工作得到重视和加强，各类科研机构陆续建立，科技服务网络逐渐健全，科研成果不断涌现。1986～1995年，实施《招远县科技发展规划》，制定“科技兴招”战略，科技事业进入繁荣发展时期。1994年，招远市被国家科委评为全国科学技术工作先进县（市），列为全国首批高效农业示范区，被省科委确定为全省科技兴市综合试点县市。1995年，招远市被评为科技兴鲁先进集体，在全省科技工作单项比赛中夺得科技兴工、科技兴农、科技成果管理3项金奖，年度工作综合考核总分名列全省第一名。1996年，招远市被国家科委命名为全国科技实力百强县（市），在全国科技实力百强县评比中，名列第16位。2002年，全市科研机构106个，镇、村科技推广服务机构418个，科技示范基点162个，农业科技服务中心5个，农民技术研究会57个，民营企业促进会50个，全市各类技术人员18378人。1960～2002年，全市通过县（市）级以上鉴定的科技成果896项，其中获得县（市）级以上奖励的434项。1984～2002年，全市推广科技成果572项。1988～2002年，全市专利申请1424项，专利授权606项，实施专利986项，实施率达到60%。2002年，经省以上认定的高新技术企业22个，科技进步对经济增长的贡献率达到58%。2013年，招远市共取得市（地）级以上各类重要科技成果81项，其中获得国家科技奖励1项、省科技奖励3项。专利申请量256 件，授权专利40件。在2013年全国县(市)科技进步考核工作中，被评为2011～2012年度全国科技进步先进市。这是招远市第六次获得这一科技领域国家荣誉。

文　化

文化广电新闻出版

招远市文化广电新闻出版局党组领导成员

党组书记：唐占鳌
副 书 记：刘　霞（女）
党组成员：于兆利　兰东晓

招远市文化广电新闻出版局领导成员

局　长：唐占鳌
副局长：刘　霞（女）　王世秋（女）
招远市文学艺术界联合会主席：于兆利
副主席：刘家俭

招远市文化广电新闻出版局下属单位负责人

招远市吕剧团团长：刘　霞（女）
招远市文化馆馆长：兰东晓
副馆长：丛美亭
招远市文化市场执法大队队长：潘晓波
招远市图书馆馆长：姜永东
招远市文物管理所所长：林国玺
副所长：李爱山

【机构设置】　招远市文化广电新闻出版局于2010年3月31日组建，将市文化局的职责、市广播电视局承担的行政管理职责，整合划入市文化广电新闻出版局。辖文化市场执法大队（副科级，在编11人）、吕剧团（副科级，在编46人）、文化馆（副科级，在编15人）、展览馆（股级，在编8人）、图书馆（副科级，在编14人）、文物管理所（副科级，在编7人）、书画院（股级，在编3人）、电影公司（股级，在编26人）等8个专业文化艺术单位，文学艺界节联合会与文化广电新闻出版局合署办公。2015年，市文广新局机关共有工作人员11人。

秧歌进城

【概况】　2015年，市文广新局按照年度确定的工作思路和发展目标，紧紧围绕市委、市政府的中心工作，与时俱进、开拓创新，扎实推进公共

2015年9月24日，群众文化活动

文化服务体系建设，严格规范文化市场管理，大力丰富群众文化活动，全力加强文化遗产保护工作，努力创新推动文化产业的发展，全面推动文化与经济、政治、社会的协调发展。市文广新局先后获各级党委、政府及业务主管部门的多次表彰。2015年，市文广新局被烟台市授予文化市场执法先进单位称号，被招远市委、市政府评为2015年度精神文明和宣传文化建设先进单位、环境保护工作先进单位、综合治理工作先进单位、先进基层团支部、全面深化改革工作先进单位、农村工作先进单位、民营经济工作先进单位、安全生产工作先进单位等。

【文学艺术创作】 2015年，市文广新局围绕“文艺精品”工程的实施，继续实行文艺作品预约创作制度，与部分作者签订预约创作合同，调动广大文艺工作者的创作积极性。协助开展第二届“金都文艺奖”，收集2013～2014年全市文艺工作者创作的文学、戏剧等各类优秀文艺作品276件，评出获奖作品73件。其中一等奖9件，二等奖18件，三等奖26件，入围奖20件，极大激发了广大文艺爱好者的创作热情和创作动力。同时，发挥文联各协会的职能作用，楹联家协会会员全年共创作楹联400多副，在市级以上报刊发表楹联200多副、楹联文章两篇；春节送春联200多副；在各级楹联大赛中获奖10人次；2人获山东省楹联艺术家协会授予的“山东省杰出楹联家”称号。摄影家协会举办第二届电力杯摄影大赛、“魅力夏甸·生态家园”第二届夏甸杯摄影大赛等，组织会员参加文化下乡、拍全家福、社会主义新农村建设的拍摄活动。书协举办2015年迎春书法展，征集全市优秀作品，参加烟台市书协举办的“烟台—柳州书法联展”“中韩书法交流展”，获奖作品结集出书。美协组织会员参加“招远市金塔内部画作征集”活动。音舞协会参与中小学艺术月活动。

送戏下乡

【公共文化服务体系建设】 2015年，市文广新局按照中央、省和烟台市的要求，大力加强国家级公共文化服务体系示范区创建工作，对照创建标准，完善创建规划，突出工作重点，强化基础建设，有效地提升公共文化设施建设、管理和服务水平。在市级，继续加大政府对文化设施建设的投入，进一步配合抓好东城新区文化中心建设。文化中心正在顺利建设当中，图书馆、博物馆工程已封顶，内外墙进入浆砌阶段。其他工程项目也正在顺利进行。图书馆、文化馆设施建设日益完善，免费开放工作有序推进。不断扩大“五馆一站”免费开放服务范围，强化对老年人、少年儿童、农民工和残疾人的服务，实现文化产品、文化服务提供与群众需求有效对接。加大公共电子阅览室的利用率，阵地作用得到较好发挥；在图书馆先后举办国学讲座6期，参与人员达到1000余人次。9月，市文化馆顺利通过国家一级文化馆评复查验收。在镇级，加强引导，强化调度，继续加强镇（街道）综合文化站建设。5～6月，开展对镇（街道）文化站站长、图书管理员培训，有效地提高镇（街道）综合文化站和农家书屋的管理水平。各镇（街道）综合文化站继续加大投入，各项设施水平进一步提高。在村级，深化落实“以奖代补”政策，按照“五型”模式建设要求，新建并奖补农村文化大院示范点100个。社区文化大院建设坚持因地制宜、灵活操作，各项工作有序推进。

市文广新局根据省文化厅《关于进一步推进县及县级以下历史文化展示工作的通知》《关于对全省县及县以下历史文化展示工程推进情况进行督导的通知》要求，采取有力举措，做好历史文化展示布展工作。9月底，印发《关于进一步推进历史文化展示工作的通知》，对全市历史文化展示工作作全面部署。成立由市政府分管副市长任组长，市文广新局、市委党史研究室、市发改局、市民政局、市史志办、市档案局等为成员单位的推进工作小组，办公室设在文广新局，具体负责日常工作。制定《招远市历史文化沿革展陈大纲》，将市文化馆的将军藏书馆扩建改造为招远市历史文化展览馆。展览馆建筑面积800平方米，展陈分5个板块，重点展

2015年9月24日，群众业余文艺表演

示招远历史沿革与发展、文物与传统村落、红色文化、民俗及地方特色文化、文化事业发展（群众文化）等内容。至年底，展馆布展已圆满完成。

【文艺活动丰富多彩】 2015年，市文广新局为进一步丰富群众文化生活，高标准、高定位、高质量打造群众喜闻乐见的文艺活动，进一步满足群众文化需要。协助完成秧歌进城活动，2月6个镇（街道、区）18支队伍6000余人参加演出，观看群众达10万余人。协作完成2015年“金羊献瑞展宏图”春节文艺晚会的筹办、录制工作，筛选歌曲、舞蹈、相声等23个节目，200余人参加演出，得到群众一致好评。3～5月，开展包括书法、绘画、舞蹈、楹联、声乐、钢琴等9大门类17个班次的春季免费艺术培训班，培训800余名业务骨干。选拔优秀选手参加烟台市“读书朗诵比赛”，获得成人组一等奖、少儿组一等奖，图书馆获得优秀组织奖，成人组选手还代表烟台市参加省读书朗诵比赛，获总冠军。6～9月，按照“五统一、三规范”的

广场文化活动

原则会同市委宣传部举办“和谐大舞台，全民共欢唱”系列广场文化活动，这次活动共分为才艺达人秀、广场舞大赛、戏曲演唱会、庄户剧团展演、社会艺术团体展演五大模块，形式多样、老少皆宜、异彩纷呈，上万名群众参演，观众达几十万人次，受到市民的广泛欢迎。全年开展各类广场文化活动500余场。

【电影与戏剧】 市吕剧团、电影公司按照市委、市政府的要求，深入乡村，精心组织，免费向基层农民提供服务。

2015年，农村电影放映工程领导小组和农村电影

送戏下乡

监督小组，严格强化规范农村电影放映工作，“农村电影放映工程”超额完成任务，放映电影9000余场，充实农民的文化生活，传播先进的科学知识。

2015年，市吕剧团组织专业人员赴全市14个镇（街道、区）开展戏剧演出，全年共送戏下乡200余场。专门为市工商、消协、科技、国土等部门编排节目，开展文艺宣传。淘金小镇实景演出常态化，在督军府进行《盗金案》专场演出，让游客亲身感受公堂审案的场景。结合群众需求，创作编排小品《如此孝心》《买房》、相声《我爱演出》、快板《拒绝邪教保家园》《琵琶语》、小吕剧《天上掉馅饼》《风水宝地横掌苑》《武松杀嫂》等十几部作品，在旅游景点全年演出达100余场。《金山佛谕》大型实景演出于8月底正式开演，在全市乃至全省引起较大反响。

【文化艺术展览】 2015年，市展览馆紧紧围绕市委、市政府的中心工作，以群众喜闻乐见的形式举办各类展览，受到广大市民的一致好评。展览馆充分发挥经济、文化交流窗口的作用，除了做好上级安排的展览活动，也多方面多渠道地自主办展。先后举办各类大展20余次。1月，举办“影像百姓”——李洪业、兰瑞东纪实摄影作品展。用镜头真实记录1960年以来人民群众战天斗地、建设美好家园的勇气和决心，表达普通人对幸福生活的向往和追求。3月，举办北京画家张永昌国画展，其作品线条厚重，以书入画，色彩古艳，大气磅礴，吸引不少书画爱好者参观学习。5月4～8日，举办“地狱邪教侵蚀，守护一方净土”反邪教主题教育巡展。为突出宣传教育的目的，展览馆积极配合，在场景布置、人员协调、后勤保障等方面为主办单位出谋划策，圆满完成展览任务，未出任何差错。5月，

2015年9月24日，群众业余文化活动

举办“初凡画意”——军旅画家赵初凡国画展。画家用笔墨画更写实的东西，作品既极具个性化又具有强烈时代感，展览馆充分发挥文化交流平台的作用，吸引着全国各地著名画家到场为招远的书画爱好者提供学习机会，促进招远文化交流。7月，举办“笔墨丹青——中国美协会员4人联展”。8月，为配合黄金节，对工业展览馆部分图片、展品等进行重新调整布置。9~10月，筹备并举办招远市油画学会成立暨首届会员作品展。市展览馆积极协助招远油画学会成立各项事宜，协会的成立对促进招远油画的健康发展起到促进作用。首届会员作品展也代表了招远油画的最高水平，给招远油画爱好者提供了一个学习交流的平台。举办“走近科学——古今动物总动员”科普展。这次展览是与山东科技大学共同举办，展览以更加生动的形式吸引全市中小学生参观。

【文物管理】 继续加强“乡村记忆”工程、古村落、重点文物保护单位的申报及保护工作。张星镇奶子场村、徐家村、丛家村、辛庄镇大涝洼村、蚕庄镇东曲城村等16个村和1个乡村博物馆被公布为山东省第一批“乡村记忆”工程文化遗产名单，齐山抗战烈士陵园被公布为山东重点文物保护单位，西山革命烈士陵园、洼子遗址等3处被公布为第五批市级文物保护单位。全市有国家级历史文化名村1个，国家级传统古村落13个，省级历史文化名村4个，省级传统村落13个；省级“乡村记忆”工程文化遗产名单17个。县级以上重点文物保护单位24处，其中省级4处，地市级20处。另外，切实做好招远市古村落保护工作，协调省文物局和山东大学到招开展曲成故城址勘探规划工作。

秧歌进城

【图书管理】 2009年，招远市图书馆被授予国家一级图书馆称号，并于2011年7月实现免费对外开放。2015年，发展持证读者1300多人，总数达到3100余人，服务读者 20万余次，读者满意率达到100%。至2015年底，藏书总量22万册，其中图书16万余册，各类报纸、刊物近 6万册（件），电子刊物160种。市图书馆全面实施办证、电子阅览室阅览“零收费”，实现图书馆无障碍、零门槛，年新增持证读者 600多人次，参加图书活动 2000余人次，服务读者10万多人次。此外，积极抓好基层图书管理队伍培训工作，采取办班和下乡指导相结合，镇（街道）图书管理员培训达到100%，农村图书管理员培训率达80%以上。组织专业图书管理员对全市800多名管理员进行农家书屋出版物更新的方法和途径、数字农家书屋基本知识等6个方面知识培训，切实增强其服务意识，提高服务质量，实现农家书屋管理、运行规范化、科学化，进一步提高农家书屋管理水平和使用效能。

【文化执法】 2015年，市文化市场执法大队进一步落实简政放权政策，充分发挥市场在文化资源配置中的决定性作用，取消网吧，控制游艺娱乐场所总量，进一步放开全市单体网吧和游艺娱乐场所的审批。通过市场竞争和政府引导，推进本地网吧、游艺娱乐场所等文化市场经营场所的转型升级。自2015年6月开始，执法大队正式开放互联网上网服务营业场所的审批要求，不再限制总数，只要业户符合法律程序，一律予以批准。

强化日常监管，狠抓上网实名登记制度和场内巡查制度的落实，对上网人员实行“三核对”，及时从源头上杜绝未成年人上网。利用中午、晚上、双休日期间的“错时”执法，高密度检查城乡接合部、农村和校园周边等重点部位，对网吧接纳未成年人的违规经营活动“露头就打”。协调市公安、工商等部门联合执法，深入开展“凌晨行动”“零点行动”“黄昏行动”“校园周边文化市场整顿等”等一系列集中检查和突击检查行动，共行政处罚网吧50多家次。

（撰稿：樊学龙　　审稿：唐占鳌）

广 播 电 视

招远市广播电视台领导成员

台　长：滕佳良

副台长：赵学华　张　宝

总编辑：温好利

副台长：王晨光　李彦山

【机构设置】　招远市广播电视台为正科级事业单位，内设办公室、政工科、财务科、新闻部、专题部、总编室、录播部、播音主持部、播出部、编辑部、广告部、文艺部、技术科、总务科、安全生产科、新媒体部等16个科室。2015年，在编人员103人。

【概况】　2015年，广播电视台紧紧围绕市委、市政府中心工作，坚持正确的舆论导向，为建设“富美文明新招远”营造良好的舆论氛围。被市委、市政府授予2015年度“先进单位”称号。

电台频率FM88.8全天播音，主要开办《招远新闻》《印象金都》等栏目。电视台拥有招远综合、综艺、招金图文、党建4套自办节目，主要开办《招远新闻》《平安金都》《民生视线》《乡村行》《综艺乐万家》《党建播报》《走进招金》《英诚健康大讲堂》8个栏目。

【围绕中心服务大局，舆论引导水平全面提升】深入宣传党的十八大和十八届三中、四中、五中全会精神，全方位宣传市委、市政府的决策部署，多角度地报道全市社会发展所取得的新成效，及时反映群众的呼声。新闻宣传突出中心，引导有力。围绕“经济建设”“卫生城市创建”“纪念抗战胜利70周年”“三严三实”专题教育等主题，全年共播出时政、民生新闻2500多条，帮助百姓协调解决难事30多件，为政府和市民架起一座沟通的桥梁，受到市委、市政府的认可和百姓的赞誉。专题节目突出宣教功能，群众喜闻乐见。《乡村行》《平安金都》《英诚健康大讲堂》《走进招金》《党建播报》《综艺乐万家》等栏目重点围绕“三农”、政法维稳、疾病预防、企业发展、基层党建、综艺娱乐等方面，精心策划选题，加强宣传报道。全年，电视台共摄制播出专题类节目200多期，电台播发节目150多期。

【外宣工作稳步推进，金都城市形象进一步提升】　对上宣传突出全市的重点、亮点工作，有效地推荐宣传招远，提高招远知名度和美誉度。围绕经济转型升级、互联网+经济，在山东《新闻联播》播发《烟台：文化引领释放活力》《招远：发展区域电商 助力特色产业》等多条新闻。围绕纪念抗战胜利70周年主题，制作5集《山东到延安，千里运金钱》系列报道在山东卫视播发，展现招远人民辉煌的抗战历史。2015年，电视新闻在中央电视台播发新闻2条，山东电视台播发新闻67条，烟台电视台播发新闻286条。电视专题在烟台电视台播发40多部。电台新闻在中央台发稿2条，省台发稿31条，烟台台发稿220多条，其中早新闻头条5条，录音报

招远广播电视台2015年总结表彰会议

招远广播电视台制作人员在制作当天的新闻节目

道28条。获得“山东省电视新闻宣传先进集体一等奖”“山东省电台新闻宣传先进集体”称号。

【贴近基层、服务群众，文化活动丰富多彩】 策划举办《我看你行》第二季。当地和外地的1000多名选手参加21场比赛。近3万人到现场观看比赛，录制播出22期，20多万人通过电视、微信关注比赛。《我看你行》影响力日益扩大。成功举办首届健身舞电视大赛。与市老年体协、市妇联联合举办招远市首届健身舞电视大赛，历时3个多月，全市共有110支队伍2000多人参加比赛，赛事规模在全市尚属首次，深受广大市民欢迎。这些活动的举办，大大丰富全市群众的文化生活，扩大电视的覆盖面，提升电视的影响力，树立广播电视台良好的社会公众形象。

2015年10月16日，招远市首届健身舞决赛——招远市人民医院舞蹈队表演

【开办新兴媒体、拓展宣传阵地，扩大舆论宣传效果】 开通招远广播电视台网站。2015年8月，成立新媒体部，创建开通招远市广播电视台官方网站，实现电视、电台节目网上传播。官方网站的开通成为电视台对外宣传招远、推荐招远、展现招远良好形象的又一重要窗口。强化微信平台建设。《民生视线》《我看你行》微信平台版块设置更加合理，内容更加丰富，针对性、时效性更强。《民生视线》《我看你行》微信平台点击总量超过100万次，拥有粉丝3万余人。新兴媒体的开办，实现传统媒体和新兴媒体的互补，进一步发挥广播电视主流媒体的影响力。

【严格播出制度、强化工作责任，保证节目播出效果】 加强安全播出检查。严格落实设备日常维护和设备月检制度，定期组织开展安全播出大检查，及时排除隐患，堵塞漏洞，保证设备稳定运行。

招远广播电视台工作人员在监听监看节目播出情况

严格播出值班制度。值班人员严守播出值班制度，认真监视、监听节目的播出情况，发现问题及时解决，保证节目播出不出问题，全年安全播出无重大事故。强化播出节目审查。严格落实影视剧播出审查制度，做到播出必审，确保播出节目符合播出要求。全年完成9700多集影视剧、700多部电影上载播出任务，实现节目安全播出25000多小时。

（撰稿：陈长玉　　审稿：滕佳良）

山东广电网络有限公司招远分公司

山东广电网络有限公司招远分公司领导成员

经　理：陈殿旭

副经理：刘爱堂　于明远　于秀丽（女）

【机构设置】　山东广电网络有限公司招远分公司按照现代市场企业管理要求，理顺关系，建立健全现代化企业管理制度，努力适应市场竞争发展需要，实行“统一规划、统一建设、统一管理、统一运营”垂直管理体制，本着“精简、高效、统一”原则，内设综合部、市场部、客户服务部、网络部4个行政部室。按照属地管理原则，在城区和乡镇设置13处营业部。2015年，工作人员152人，其中有专业技术人员83人，高级工程师10人，工程师24人。

【概况】　广电网络公司作为招远市信息产业的主要力量之一，主要负责招远市境内有线广播电视网络的规划建设、开发、经营和管理，以及有线电视节目的安全收转和优质传输播出工作。充分利用网络资源，发挥安全性能和带宽优势，以传输视频信息和开展网上多功能服务为主，向网络产业链的上下游渗透，开展数字付费电视、视频点播、互联网接入服务、数据宽带服务等增值业务，大力发展政务信息等综合信息服务业务，形成多业务并举的产业化发展模式。

【收视维护与网络建设】　2015年，广电网络公司根据国家、省、烟台市有关文件精神，按照《烟台市物价局关于蓬莱等8县市有线数字电视收视维护费收费政策的通知》，本着公开透明、自愿、自由的原则，全面做好有线数字电视用户收视费续费工作，并对符合有关政策规定的有线数字电视用户的有线数字电视基本收视维护费实行优惠政策。为体现有线数字电视公益属性，保障群众公共文化权益，进一步关爱农村老年弱势群体，对农村70周岁以上的老年人，推出99元/年老年人节目套餐。为满足不同消费者的收视需求，在烟台市统一价格体系下，推出356元/年、456元/年、668元/年节目套餐及宽带和电视节目组合优惠套餐，由有线电视用户自愿选择。为普及数字电视，减轻用户负担，让利于用户，广电网络公司在2015年续费工作中推出一系列优惠政策。减免半年付费节目套餐费。对自愿缴纳一年半356元、456元节目套餐的用户，付费节目费分别减免34元、84元。推出“电视+宽带”优惠套餐。对自愿缴纳456元以上节目套餐的用户，在安装广电宽带时，宽带免费升级12兆，原价每年480元的宽带费用只需缴纳320元即可。对自愿缴纳668元/年和1320元/两年节目套餐的用户，免费赠送12兆广电宽带。推出“弃锅入网”惠民政策。对主动放弃使用非法地面卫星接收设施，并自愿上交全套设施的用户，减免88元数字电视收视费。推出“平板电视惠民”。积极响应国家惠民政策，省、烟台市公司通过和国内知名电视机厂家海信、创维、TCL联合，采取“厂家让利、公司补贴”方式，32吋、42吋、50吋、55吋四种型号平板电视机包含3年收视及节目套餐费，续费期间对用户半价销售。一系列的为民惠民政策，让用户得到了实惠，提高了用户满意度。在网络建设中，按照省、烟台市公司全业务承载网技术要求，2015年投资1000多万元，集中人力物力对城乡广电网络进行大面积更新改造，城乡双向覆盖率达到98.4%。广电网络光缆铺设延伸到全市城区所有住宅小区及农村724个村，光缆线路总长达5000多杆公里，实现光缆无缝隙全覆盖。至2015年底，全市有线数字电视用户达到13.8万户，宽带用户达到10400户。同时为教育、证券、银行、烟草、机动车尾气检测等部门提供集团宽带专线服务，赢得良好社会信誉。

在居民小区现场为用户办理续费业务

【不断提升服务水平】　2015年，广电网络公司坚持“以用户为中心”服务理念，确保为用户提供统一化、标准化、高品质服务，严格执行省市公司关于客户服务规范各项规定，进一步落实《首接负责制》《限时办结制》以及《客户服务通报制》等各项客服制度，确保各类故障在24小时内得到落实。“网格化”管理得到进一步加强。建立健全农村代办员制度，全市724个行政村全部设立农村代办员。扎实做好2015年市人大代表建议和政协委员提案办理工作，及时与代表、委员沟通联系，建议和提案答复满意率达到100%。开展网上市民对话活动，认真收集、整理市民提出的意见、建议。结合市委、市政府机

山东有线泉山路营业厅

关于部联系服务群众春季和年终大走访活动以及群众满意度调查，按照属地管理的原则，采取电话联系、上门拜访方式，当面解决用户反映的问题，征求用户的意见和建议，切实提高用户满意度。

【安全生产与安全播出】 2015年，广电网络公司协调市文化、公安、工商执法部门联合行动，对城乡非法销售和安装地面接收设施的单位和用户进行清理清查，共联合集中行动30多次，出动执法车辆60台次，拆除非法卫星接收设施62套。先后2次进行安全生产大检查，组织进行雷雨季节安全生产排查整改，重点加强机房、用电、维修登高、工程施工等安全监督检查，严肃查处线路、杆路、管路私接乱搭等违规违法行为，确保主干光缆信号畅通。制定《招远分公司安全播出工作应急预案》，严格落实安全播出相关规定，建立健全两级机房值班制度，实行24小时值班，落实日常值班工作细则，圆满完成纪念抗战胜利70周年、十八届五中全会等重要会议以及重大节庆活动的安全播出工作。

（撰稿：丛言均　　审稿：陈殿旭）

罗山广播电视转播台

烟台广播电视台招远罗山转播台领导成员

台　长：刘忠全

副台长：宋树春　孙启明

【机构设置】 罗山转播台是烟台广播电视台的派出机构，主要职能是转播中央、省、烟台和招远的无线广播、电视节目。办公地点位于招远市迎宾路101号，发射基站位于玲珑镇罗山主峰。自1980年5月开始筹建，1982年12月投入运行。2015年，共有工作人员23人。

【概况】 罗山转播台以“安全优质播出”为工作目标，不断增强服务意识，加大广播电视节目播出力度，得到全市社会各界的普遍赞誉。2015年，共转播中央电视台一频道7200小时，烟台电视一频道7200小时，招远电视台一频道5300小时，中国国际广播电台、烟台新闻综合广播电台、烟台经济综合广播电台、烟台交通广播电台、招远人民广播电台各7920小时，极大丰富广大人民群众精神文化生活。

【机关作风建设】 2015年，罗山转播台按照上级党委部署，扎实有效地开展“三严三实”专题教育，切实抓好机关作风建设。被评为烟台广播电视台2015年度先进集体。

（撰稿：孙启明　　审稿：刘忠全）

今日招远

《今日招远》报社领导成员

总　编　辑：郑野军

副总编辑：李庆基

总经理助理：王胜琨

【机构设置】 《今日招远》报社下设总编室、采编中心、经济新闻部、广告部、发行部、特别报道部、教育培训部、《金都风》编辑部等8个部室。2015年，共有员工76人，其中发行人员39人。

【概况】 《今日招远》为《烟台晚报》地方版，2008年7月1日创刊，4开8版，周五刊，周一至周五出版。2009年7月1日扩版，其中星期一、三、四仍为4开8版，星期二、五为4开12版。2011年8月5日起改为每周五16版，彩色印刷。2013年11月25日改版，设有《要闻》《综合》《民生》《社会》《社区》《聚焦》《招远书法报》《财经》《小记者》等20多个不定期版面。“信得过、读得懂、用得上、买得起”是《今日招远》的办报宗旨。2015年，设立《金都风》杂志编辑部，月刊，每月一期。2015年，《今日招远》紧紧围绕市委、市政府的中心工作，先后推出“第一书记在基层”“驻村蹲点转作风 扎根基层促和谐”“金都好人”等系列报道，使报纸更具党报性质，都市报风格，融权威性、知识性、实用性、趣味性为一体。

【系列报道】 贯彻落实经济工作会议。年初，《今日招远》按照市委、市政府的统一部署安排，深入基层，采访镇（街道、区）、部门一把手，报道全市各级各部门迅速行动，研究安排部署2015年工作任务，为推动全市经济社会持续健康发展做出新的贡献。3月2~19日，《今日招远》二版开设《适应新常态，实现新跨越》栏目，每天刊登2个镇（部门、重点企业）关于落实经济工作会议的消息，累计刊登近40篇。

展现女性风采，争做巾帼标兵。3月23日起，《今日招远》重要位置刊发由市委宣传部、市妇联联合开展的“展现女性风采，争做巾帼标兵”系列稿件，先后刊登相关稿件近20篇。如3月23日刊登《玲珑镇欧家夼兰军杰带领妇女撑起全村半边天》。

金都好人。自3月20日起至年底，《今日招远》选派骨干记者，采写由市委宣传部选送的候选人，并在重要版面予以刊登，弘扬正能量。先后刊登张万明、孙进喜、许玉明、刘宝云等40余位好人事迹。如4月24日6版刊发《用双手托举爱心——记招远“托举哥”许玉明》。

关注民生，服务群众。为展示招远市委、市政府为民服务举措及取得的成绩，自2015年10月底开始，《今日招远》重要版面推出《关注民生，服务群众》系列报道，先后刊登稿件30余篇。如11月3日在一版刊登《“四联一体浇灌生态文明之花——开发区大秦家街道全方位推进生态文明乡村建设”》、11月4日在一版刊登《全市党员干部切实为民谋福祉》。

回眸“十二五”看变化。为展示招远“十二五”以来取得成绩，按照市委统一部署，《今日招远》自12月17日起，至次年1月中旬，在一版开设“回眸‘十二五’看变化”专栏，先后刊登《“两区一带”绘就招远发展新蓝图》《开发区：龙头高昂谱新篇》《滨海科技产业园：打造蓝色经济崛起引擎》等稿件近20篇。

【特色版面（专栏）】 保障食品安全，共建和谐社会。为保障群众“舌尖上的安全”，按照市委统一部署，《今日招远》自10月开始至年底，在重要版面刊发《保障食品安全，共建和谐社会》系列报道，先后刊登稿件40余篇。如11月4日在二版刊登《市海洋与渔业局开展海参生产、养殖专项检查》，11月5日在二版刊登《开发区温泉街道强化辖区食品安全》。

金街。自年初，《今日招远》与开发区合作，推出“金街·传承千年金脉·续写今日华章”专栏，刊发“金街”动态新闻。全年累计刊登稿件超过130篇。如4月17日刊发《厚重金街迎来一代国学大师》。

今日视点。《今日视点》专栏聚焦当日的鲜活新闻，以新闻烘托社会正能量。从年初开始至年底，先后刊登《耄耋老人迷路街头，民警助其回家》《清淤扩容增蓄水，开源节流保丰收》等稿件百余篇。

田间地头。《今日招远》为做活农业、农村、农民文章，推出《田间地头》专栏，全年先后刊发《蚕庄镇发展节水灌溉促农民增收》《近期天气变脸频繁，果农巧应对》等稿件百余篇。

经济。《今日招远》推出“经济·消费”“经济·企业”“经济·高端访谈”等系列“经济”专版，主要刊发经济新闻，每天保证1～2个经济新闻专版。全年先后刊发《招金银楼新媒体为企业宣传助力》《鲁娃，打造招远的“芭比娃娃”》《建设银行：加强服务文化提升市场竞争“软实力”》等稿件200余篇。

【主办活动】 小记者活动。《今日招远》的小记者活动始于2009年。2015年，为提高小记者活动质量，打响《今日招远》小记者品牌，编辑部对招生人数严格控制，走精品路线。全年组织小记者们到商场做营业员、参观企业、参观农场、义卖报纸、旧物交换等活动20余次，原创稿件版面超过40期。

精品车展。2015年，《今日招远》先后举办春季、秋季两次车展，共吸引一汽大众、北京现代等十几个汽车品牌百余款热销车型参展。此活动既延续《今日招远》精品车展的品牌，也为单位带来可观的收益。

首届“金都情缘”大型相亲会。七夕前夕，《今日招远》联合团市委、市妇联、人民百货、中国银行、世纪缘钻石、天城汽车、罗薇婚纱等单位，联合举办首届“金都情缘”大型相亲会，取得良好社会反响，提升影响力。

（撰稿：王志嵩　　审稿：郑野军）

图书发行

山东新华书店集团有限公司招远分公司成员

经理、党支部书记：曹仕胜
副经理、工会主席：李玉全
经理助理：隋立波

【机构设置】 山东新华书店集团有限公司招远分公司下设办公室、财务科、业务科3个后勤科室，罗峰门市1个中心门市部，2个高中阅览室，流动供应一部、流动供应二部、高中部3个流动供应部室。2015年，在职员工46人。

【概况】 2015年，新华书店严格按照国家教材教辅发行政策，确保教材发行准确及时，努力提高一般图书销售。罗峰门市部于2011年进行全面装修改造，卖场环境明显改善。罗峰门店不断调整内部图书结构，增加新的图书品种，图书品种增至10万余种，销售额不断提升。2015年，新华书店被省集团评为“2015年《习近平谈治国理政》发行工作先进单位”“2014～2015年度报刊发行先进单位”，被招远市总工会评为“2014年招远市工会财务工作先进集体”。

【图书销售】 2015年，新华书店坚持“顾客至上”，开展“树行业新风，创优质服务窗口”活动，规范服务，提高服务质量，不断提升员工的服务意识和服务质量。连锁门市部根据实际情况分析数据，提前做好备货工作，保证有效品种不断档，常备品种不脱销，以满足广大市民的购买和阅读需求。在《今日招远》、招远电视台、微信公众号等媒体广泛宣传报道最新书目信息，利用门前电子屏幕及时更新到店新书信息，向市民推荐好书、新书。

【农家书屋配送活动】 2015年，新华书店大力推进农村文化服务体系建设。按照省、烟台市公司的要求和相关文件精神，结合实际情况，按时高标准完成相关配送工作，全年为全市农家书屋配送图书3万余册，受到农民群众的一致好评。

【读书月活动】 2015年，新华书店在省集团的领导下，开展中小学寒暑假期读书活动。充分利用寒暑期、黄金周假期等节假日时间，精心策划“读一本好书”促销活动。在省集团和烟台分公司组织的读书活动中，新华书店总计征订6万余册，丰富中小学生的假期文化生活。

【开展新型业务】 2015年，新华书店根据全市经济和社会事业发展，人们对物质文化生活需求的多样性，围绕“转方式、调结构、创新经营模式”工作思路，适应新型城市文化建设需要，开创多元化经营发展渠道，加盟“华情古韵”项目，增加保真书画、艺术衍生品、红木家具、文房四宝、茶室、琥珀等含有文化元素产品的经营，并引进以经营咖啡、西点等休闲餐饮为特色的糖人街西点屋。糖人街和罗峰门市部一楼的新型卖场“新华美术馆”，均开始营业。

（撰稿：路伟娜　　审稿：曹仕胜）

王永江　字长赢，斋号静心轩，1948年出生于山东省招远市。其家父王芳运，书法颇有造诣，受家学熏陶，自幼尤爱书法，从事专业专业二十多年来，便临名家碑帖，各种书体皆能，工诗文、擅撰联、喜篆刻、好绘画，楷书基本功扎实。著《王永江书法集》。孙其峰先生评其作品曰：“无间心手，忘怀楷则”。作品曾多次在全国各类舒服篆刻展中入选或获奖。书法论文及作品曾几度被《书法报》《中国书画报》《中国广播报》《作品与争鸣》发表。国际友人和国内多家博物馆及单位收藏过其作品。其简历被编入数十种名人辞典。现为中国楹联家学会会员，中国楹联家学会书法艺术委员会副主任，招远市书协副主席，金都书画篆刻研究院院长。

医疗卫生·计划生育

医疗卫生

招远市卫生和计划生育局领导成员

局长、工委书记：路尧章
工委副书记：李　娜（女）
纪工委书记：丁希成
工 委 委 员：孙书利　刘香梅（副主任科员）
　　　　　　范金利
副　局　长：刘荣德　郝建芳（女，主任科员）
　　　　　　刘军勋　王祝建　王玉胜
　　　　　　李　妮（女）　王为娜（女）
主 任 科 员：栾好花（女）

【机构设置】　根据2014年12月30日《招远市机构编制委员会关于明确市政府职能转变和机构改革有关机构编制事项的通知》，2015年1月组建卫生和计划生育局，内设办公室、政工科、财务科、医政医管科、卫生监督与疾病预防控制科、规划信息科、政策法规科、科学技术科、行政许可科、宣传科、调处中心等11个职能科室。机关行政编制21人，工勤编制3人。

【概况】　2015年，全市卫生机构382所，其中，医院、卫生院21所，疾病预防控制机构1所，妇幼计生服务中心1所。各类卫生机构共有床位2372张，卫生技术人员4321人，其中执业医生及执业助理医师2661人，注册护士1337人。

【国家卫生城市】　2015年初，制定《招远市迎接国家卫生城市复审工作实施方案》，成立迎审工作领导小组，对迎审各项工作进行详细部署。为营造浓厚迎审氛围，在城市出入口和城区内醒目位置设置国家卫生城市标识，在府前路设立健康教育一条街，城区主要路段、农贸市场、车站设置健康教育

迎接国家卫生城市复审工作会议

宣传栏70余处，悬挂迎审宣传板100余块，印刷健康教育宣传画1000余份，禁烟标识500余张。4月下旬开始，对城区重点部位进行专项督查，下发督导整改单400余次；对各街道迎接国家卫生城市复审工作情况进行两次暗访考核，进一步促进迎审工作开展。5月11日，在金都宾馆举办招远市迎接国家卫生城市复审工作专题培训会，300余人参加培训。6月初，圆满完成省级复查接待任务，顺利通过省爱卫办专家组复查。7月，研究制定《关于深入开展“部门包帮、全民参与，巩固创卫成果”活动的实施意见》，划分包帮责任区域，切实抓好存在问题的落实整改。9月，针对国家卫生城市暗访调研评价标准中的一票否决项，成立专门领导小组，协调召开3次专题会议，进行重点部署，采取得力措施。通过全市各级各部门共同努力，招远市顺利通过全国爱卫会暗访复审。

【中医药发展】　2015年，全力扶持中医药事业发展，开展10项中医优势病种，不断提高中医药服务能力，市中医医院通过省二甲中医医院能力提升验收。齐山镇、张星镇卫生院国医堂通过省级验收，并一举创建成全国群众满意的乡镇卫生院。

【医疗技术】　2015年，不断引进和开展新技术和新项目，获得山东省科技进步奖1项、烟台科技

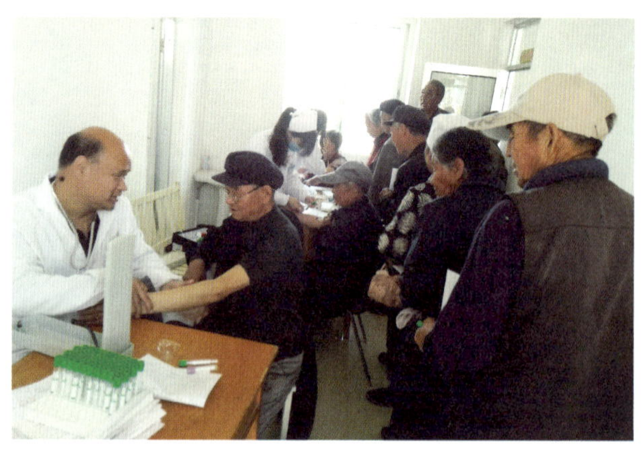

毕郭卫生院为群众健康查体

进步奖2项、招远科技进步奖20余项，专利技术10例，大幅度提升医院的技术水平与服务能力。注重重点学科建设。市人民医院儿科、泌尿外科、妇科被评为烟台市重点专业，心胸外科和康复科评为重点建设专业。泌尿外科开展腹腔镜下保留肾单位的肾肿瘤切除、腹腔镜下膀胱癌、前列腺癌根治术等微创手术，妇科开展阴道镜治疗手术、腹腔镜下子宫全切、卵巢肿瘤并淋巴结清扫等微创手术，心胸外科开展胸腔镜下肺大泡切除等微创手术，普外科开展腹腔镜联合胆道镜行胆囊切除、胆总管切开取石、腹腔镜下胃大部分切除术、直肠癌根治术等微创技术，产科开展暖宫贴、新生儿遗传性耳聋基因检测、导乐镇痛分娩手术，肿瘤科开展肿瘤个体化用药与遗传性肿瘤基因检测，重症医学科、神经外科开展微创气管切开术，皮肤科开展光动力治疗技术，感染科、检验科联合开展呼吸道病毒感染抗体谱检测、高灵敏度HBV DNA检测，口腔科开展口腔种植牙、口腔正畸手术，护理专业开展PICC置管术、开设PICC门诊。

【减轻群众就医负担】 2015年，市卫计局抓住群众关心关注的敏感问题，严抓药占比，设置次均费用、平均住院日等控费“红线”，重点监控开大方、滥检查现象，医药总收入年年增长势头得到有效遏制，医务性收入明显提高，收入结构渐趋合理。全市住院次均费用平均下降200多元，镇（街道）卫生院平均下降500多元，全年全市群众用药费用比2014年减少5000万元。群众就医负担明显下降，群众看病贵问题实现破题。

2015年4月24日，招远市社会福利中心外景

【基本公共卫生服务】 2015年，市卫计局加快基本公共卫生服务均等化进程，群众健康保障迈上新台阶。老年人免费查体6.9万余人，规范管理率为84%；新建预防接种服务点11个，接种率达95%以上；重性精神病检出率4.5‰；建立人畜共患传染病防控机制，重点传染病处在低流行状态；建立全市首个健康主题公园，启动省级儿保健康教育基地创建工作。老年人免费查体、儿童预防接种等3个烟台科学发展考核指标，获烟台市第一名好成绩。

金都体检中心

【队伍建设】 2015年，市卫计局积极探索招人用人机制，年内新招收人员178人，其中事业编92人，派遣工86人。首次放宽年龄限制，为系统内派遣人员谋求发展出路，30名派遣工考入事业编制。积极作为，为系统内从事医护工作的临时工敞开渠道，年内两次招收派遣人员，26名临时工解决身份问题。为培养综合型青年才俊，探索推行35周岁以下副院长和30周岁左右业务骨干挂职锻炼机制，一大部分人在新的岗位上得到磨炼、增长才干。结合“三严三实”专题教育，开展干部大讲堂活动，举办党课和廉政讲座4次。编写《医疗行业服务规范及文明用语》，开展思想大讨论，组织“展风采树形象，提高服务能力”演讲比赛，引导医务人员自觉

规范行医行为。通过开展一系列活动，凝聚干部职工的战斗力和向心力。

【招远市人民医院】 招远市人民医院系二级甲等综合医院、滨州医学院教学医院、招远市医学中心。医院占地面积70158平方米，医疗用房面积10万平方米，固定资产1.54亿元。全院有干部、职工911人，其中卫生专业技术人员823人，其中正高级技术职称7人，副高级职称80人，中级职称454人。医院设54个科室，开放床位550张。全年门诊量40万余人次，出院病人2.5万余人次。

2015年6月12日，招远市人民医院门诊楼外景

医院拥有日立0.4T永磁型核磁共振、德国西门子128层螺旋CT、美国GE四维彩超、德国西门子Acuson S2000腹部彩超、日本日立全自动生化仪、美国强生全自动干式生化分析仪、瑞士电化光免疫分析仪、日本电子胃镜、结肠镜、支气管镜、日本SYSMEX全自动血凝分析仪、手术电子腹腔镜等一批先进的医疗仪器设备，总价值达1亿元。增强对诸如心脑血管病、癌病变等疑难病症的早期诊断治疗能力，带动新学科开展。投资1000余万元，完成医院信息一体化建设，为进一步提高医院医疗质量和管理水平奠定基础。泌尿外科、妇科、儿科通过烟台市重点专科建设项目评审，进入市级重点专科建设行列，实现重点学科零突破。着力打造急诊医学科、重症医学科、胸外科、康复医学科、眼科、肿瘤科等特色专科，在综合全面发展以满足群众健康需求基础上，促进特色专科向品牌优势专科的转化。先后成功开展的微创手术、介于治疗、器官移植等标志着医院医疗水平的诊疗项目。积极推行医患道德双向承诺制度，强化医务人员服务意识，提高医疗服务质量。先后获“山东省十佳诚信医院”“省传染病信息网络直报先进单位”“烟台市预防接种工作先进单位”“烟台市‘春蕾计划’公益明星单位”“烟台市劳动关系和谐企业”等称号。

招远市人民医院领导成员

院长、党委书记：孙书利
副院长：张志远　陈学波　张旭亭　付新法
党委副书记、副院长：李勇力
纪委书记：李勇力　付新法
副院长、工会主席：王为娜（女）
纪委副书记：王朝晖（女）

【招远市中医医院】 招远市中医医院是二级甲等中医医院、县级示范中医院，是山东中医药大学、山东省中医药高等专科学校教学医院。医院始建于1984年，位于温泉路与河东路东北侧，占地面积8106平方米，建筑面积16932平方米。2015年，全院干部职工299人，其中卫生技术人员270人，其中高中级技术职务156人。开放床位210张，年门诊量170354人次，年出院病人9376人次。

医院拥有西门子医用直线加速器、X-刀、全身螺旋CT、X-射线断层扫描64排128层CT、进口电子胃镜、多普勒彩超、C形臂、遥控摇篮500MA的X光机和CR成像系统、数字胃肠、ICU心电监护系统、心脏除颤器、纤维支气管镜、腹腔镜、直肠镜、体外震波碎石机、全自动生化分析仪等医疗设备。2015年新进设备9台，价值40.65万元，医疗设备总值3342.6万元，能够满足临床工作基本需要。医院肿瘤科是山东省第一批重点中医专科，以中医药、放疗、化疗为特色治疗各种恶性肿瘤，疗效显著，先后通过山东省中医药服务能力提升项目及国家级农村医疗机构中医特色专科建设项目年度评审。针灸推拿科作为国家中医药管理局确定的农村医疗机构针灸理疗康复特色专科建设项目，开展针灸、推拿、牵引、小针刀、中医药、药物熏蒸等方法，治疗颈肩腰腿痛、面瘫、中风病康复等，疗效显著，已经形成疼痛治疗、肢体功能康复专科特色，并成功开展三伏贴、三九贴等中医药预防保健技术项目。内二脑病科于2015年底顺利通过山东省第四批重点中医专科年度建设验收，以中西医结合治疗脑血管疾病，配合早期康复治疗，将西医内科治疗、康复治疗同中医、中药、穴位针灸等治疗方式有效结合，大大改善脑血管病患者的治疗效果。骨伤科是烟台市重点中医专科，主要治疗各种骨折、椎间盘突出、骨质增生、关节疾病，完成人工股骨头、髋关节置换及骨伤等手术327例。眼科继续开展超声乳化技术治疗白内障，该技术具有手术时间短、痛苦少、视力恢复快等优点，全年开展350例白内障手术，帮助患者重见光明。5月，新建肛肠病区，主治便秘、痔疮、肛裂、肛瘘、肛门脓肿、肛周湿疹、肛乳头瘤、直肠息肉、脱肛等疾病，突出中医特色，应用挂线、熏洗等中医疗法，安全性高，效果显著，准备申报下一批省重点专科。按照“以病人为中心，发挥中医药特色优势，提高中医临床疗效”为主题的持续改进活动要求，认真组织学习《实施方案》和《实施细则》等相关文件，召开动员大会，成立领导小组，围绕持续改进活动六项重点改进工作要求，制定具体实施方案，对照细则分解任务，责任落实到科到人。全面落实发挥中医药特色优势和提高中医临床疗效的具体措施，加强专业技术队伍建设，培养中医药学科人才，规范和加强临床科室建设，突出中医药特色，大力推广实施中医临床路径和中医临床（护理）方案，加强中药药事管理，完善质控体系，保障中药质量，加强医疗质量管理，保障医疗安全，提高医疗服务水平。9月16日，顺利通过省中医局组织的持续改进活动专家组考察评估。

招远市中医医院领导成员

院　　长：赵治国
副 院 长：张少林　李淑锋（女）　李玉祥
　　　　　冷启宁
工会主席：邱爱功

【英诚医院】　玲珑英诚医院（山东大学第二医院招远分院）是山东省第一家民营三级综合医院，2011年11月16日由山东省卫生厅批准设置，2014年8月2日全面对社会开放。医院位于招远城区北部，占地面积14.67公顷，由玲珑集团有限公司全额投资兴建。至2015年底，玲珑英诚医院一期总投资额达6亿元，建筑面积7.5万平方米，在岗职工556人，其中专业技术人员442人，高级职称57人，配有西门子DSA、奥林巴斯内镜、西门子双源CT、西门子超导磁共振、飞利浦双板DR等国际先进设备，开设临床和医技科室35个，开放床位370张。2015年，医院启动二期项目建设规划工作，拟投资10～20亿元，建设工期为2～3年，使建设面积满足1500张床位的要求。

玲珑英诚医院与山东大学第二医院、山东省医学影像学研究所签署战略合作协议，引进和发展新技术，成功开展全喉切除功能重建术、功能性鼻内窥镜鼻窦手术+鼻中隔偏曲矫正术、肝叶切除术、椎体成形术、全髋关节置换修复术、经腹会阴直肠癌根治术、经尿道膀胱肿瘤电切术、DSA检查、纤维支气管镜检查、胎儿四维超声等，真正满足招远地区百姓不出远门就能治好病的需求。玲珑英诚医院坚持以公益为主导，强调社会效益大于经济利益。全年邀请山大二院、齐鲁医院、省影像所专家开展大型义诊活动2次；开展学术交流活动、现场电视讲座24次，利用流动查体车前往周边13个镇（街道、区）义诊28次。开展的系列公益惠民活动共惠及百姓1万余人次，为百姓节约诊疗费达100多万元。医院于2015年6月迎接省卫计委协同省部级优秀医疗机构组织的大型考察活动，并获得“全国优秀民营医院”“山东省卫生保健协会先进单位”称号和烟台市级“第六批优质护理服务示范病房”称号。

玲珑英诚医院领导成员

院　　长：毕建忠
党委书记：张　琦
副 院 长：晁储璋

（撰稿：吕瑞军　　审稿：赵言禄）

疾　病　控　制

招远市疾病预防控制中心、卫生监督所领导成员

主任、所长：刘瑞兰（女）
副主任：徐丽芳（女）　季晓东（女）
副所长：刁桂德　　　　李贵江
副科级干部：李桂刚

【机构设置】　招远市疾病预防控制中心、卫生监督所为市卫计局所属的全额拨款正科级事业单位，实行合署办公。内设办公室、财务科、健康教育科、查体科、检验科、传染病与病媒生物预防控制科、计划免疫科、质量管理科、慢性病预防控制科、职业卫生科和监督一科、二科、三科、四科等14个科室。2015年，共有干部职工76人，专业技术人员69人，其中正高级技术职称1人，副高级技术

职称13人，中级技术职称 28人。市疾病预防控制中心主要负责监测传染病、艾滋病、慢性非传染性疾病、寄生虫病、地方病、伤害等疾病；负责落实国家免疫规划；负责调查处置传染病暴发，食物中毒等各类突发公共卫生事件；负责食品、药品、保健品、化妆品、生活饮用水生产经营人员，公共场所卫生、职业卫生从业人员预防性健康体检；负责水质、职业病、学生常见病、医疗器械及医院内感染、艾滋病初筛等检验检测工作；开展控烟、食用盐加碘、艾滋病宣传干预、学生龋齿防治、高血压、糖尿病防治等健康教育与健康促进工作，普及卫生防病知识。市卫生监督所的主要职责是受招远市卫计局委托，负责全市公共场所、供水单位、放射诊疗卫生许可的申请受理、现场审核和许可发放工作；依法对公共场所卫生、生活饮用水、职业卫生、医疗市场、放射防护、学校、传染病防治、消毒产品等开展卫生监督执法工作；负责卫生法律法规宣传教育。先后获得山东省技术监督局颁发的省级计量认证合格证书，山东省卫生厅颁发的艾滋病筛查实验室资质、职业健康检查资质，山东省安监局颁发的建设项目职业病危害因素评价、工作场所职业病危害因素监测资质，烟台市卫生局核发的预防性健康查体资质及全国碘缺乏病实验室质量控制网络碘盐实验室资质。

市疾控中心在烟台市疾控系统获奖

【概况】 2015年，市疾控中心、卫生监督所以群众满意为目标，遵循“预防为主”的工作方针和“执法为民、护卫健康”的工作理念，持续提升卫生应急处置能力、实验室检测能力、健康教育普及能力和执法服务能力，无聚集性暴发疫情和突发公共卫生事件发生。先后获得“烟台市精神文明单位”“烟台市巾帼文明岗”“全市疾病预防控制工作先进集体”“烟台市卫生先进单位”等称号。

【传染病防控工作】 2015年，市疾控中心、卫生监督所坚持科学研判，超前运作，严防死守的工作理念，脊灰、霍乱、艾滋病、流行性出血热、发热伴、手足口病等重点传染病处于零病例或低流行状态，未出现传染病暴发疫情。树立“大疾控”工作理念，针对近年来全市流行性出血热、发热伴血小板减少综合征、布病疫情现状，积极争取市政府主导，组织有关部门成立联防联控工作机制，定期召开协调会议，注重源头治理，协同防控动物疫情和人间疫情，有效防止聚集病例和爆发病例的发生，保障市民身体健康。在市卫计局统一组织领导下，对全市各级各类医疗卫生单位医护人员开展埃博拉出血热预防控制和院内感染培训，时刻准备随时应对和控制可能传入的疫情。开展蚊、蝇密度监测工作，准确掌握辖区内蚊、蝇的种群、密度、季节消长规律、病媒生物的侵害状况。

市疾控中心进行应急演练

【艾滋病防控工作】 2015年，市疾控中心、卫生监督所开展艾滋病防治知识“五进”宣传活动，深入农村、城市社区、厂矿企业、学校、高危场所开展艾滋病防控知识宣传；联合市妇联、禁毒中队、老干部局等单位开展针对妇女、吸毒人员、离退休人员的艾滋病防治知识宣传活动。开展外来务工人员艾滋病防治知识宣传及HIV抗体检测，掌握外来人员艾滋病感染状况；对全市18家基层医疗单位HIV快速检测点进行督导及数据质量核查，努力扩大检测覆盖面，提高检测及数据报告质量；加强自愿咨询、暗娼、男男同性恋、吸毒等高危人群以及监管

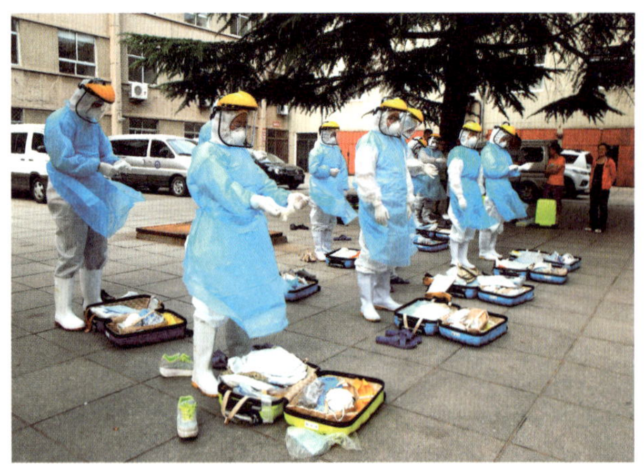
2015年6月10日，市疾控中心工作人员进行疾控应急演练，穿脱防护服

场所被监管人员HIV抗体检测，增强感染者发现能力和宣传干预能力；推动有关部门落实“四免一关怀”政策，开展艾滋病感染者及病人的随访管理工作，随访管理率远超国家规定标准。作为社会组织参与艾滋病防治工作的培育基地，引导招远市义工联成功申请《招远市义工联失足妇女干预项目》，并顺利推动该项目工作在全市顺利开展。

【慢性病地方病防制工作】 2015年，市疾控中心、卫生监督所在全市组织开展慢性非传染性预防控制工作岗位技能竞赛，掀起岗位培训和技术练兵的热潮，1人在省级决赛中获得个人二等奖。完成年度死因、肿瘤监测工作，在烟台市卫计委、公安局、民政局联合督导中，各项指标在烟台市均处于领先位置，相关数据被收录到《中国肿瘤登记年报》，报告发病率为374.29/10万，死亡/发病比为0.71，符合国家肿瘤防办要求。继续加大减盐防控高血压知识宣传力度，在老干部、社区群众中大力宣传普及减盐控高知识，在全市中小学生中举办“盐与健康”征文比赛，开展集体食堂、新上岗卫生技术人员减盐控高知识培训，进一步推动减盐措施的落实。在重点人群碘营养调查项目工作中，按时保质保量完成300份居民户碘盐监测、200名8～10岁儿童尿碘监测及现场甲状腺B超检查、100名孕妇甲状腺触摸及尿碘监测、22份生活饮用水水碘监测工作，为国家调整补碘策略提供可靠依据。完成疟疾血检565人，调查处置 2起疟疾输入性病例。地方病“十二五”规划终期考核工作顺利通过烟台市级考核评估。编写招远市疟疾消除资料汇编，通过省、烟台市疟疾消除资料考核和现场考核。至年底，指导基层医疗机构累计建立居民健康纸质档案536751份，电子档案499882份，建档管理高血压、糖尿病患者57000例，其中规范管理高血压、糖尿病患者49947例。

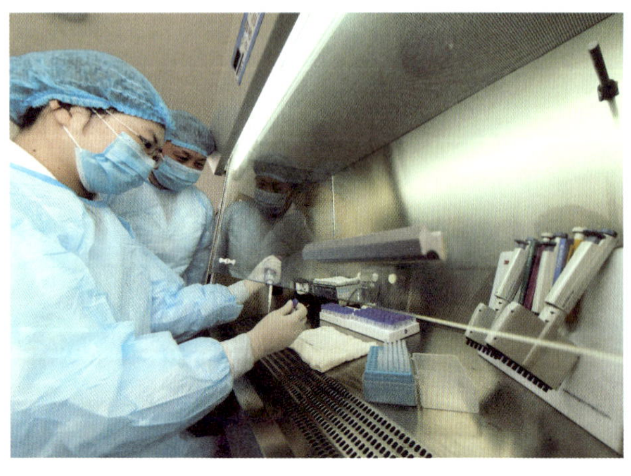
2015年3月13日，市疾控中心工作人员进行检验

【免疫规划工作】 2015年，市疾控中心、卫生监督所全面落实国家扩大免疫规划，全市适龄儿童接种建证率达100%，八苗全程接种率保持在95%以上。投资34.4万元，新建1处数字化接种门诊；联合市卫计局出资12万元，在城区增设1处、镇（街道）增设11处接种服务站，实现全市所有接种门诊周六开诊，大大提高预防接种的服务可及性。扩大“妈妈班”召开范围，每月固定对全市城乡新办预防接种证者开展课堂教育。对2岁以内儿童采用短信加QQ群，在幼儿园门口张贴温馨告示，对在校学生查漏补种采取接种门诊先查补，学校通过收取《接种完成证明》进一步督促学生补种，有效提高全市漏种儿童补种率。作为国家急性乙肝诊断监测点、国家级急性乙肝监测点、十二五规划新生儿乙肝免疫应答研究任务市，按照监测方案要求，对每一例上报肝炎及时进行信息核对、流调、收集血标本，各项监测指标都达到要求，在全省处于领先地位。

【卫生应急工作】 2015年，市疾控中心、卫生监督所以食物中毒、传染病处置、救灾防病为重点，对38个相关预案进一步梳理、修订，使其更具科学性、可操作性；重新调整应急队伍，坚持每周集中培训，学习相关政策文件，分析讨论案例，进行桌面推演，实行队长、专家组长分工负责制。针对中东呼吸综合征疫情，制定《招远市中东呼

2015年5月4日，市疾控中心青年团员参加“365”活动

吸综合征密切接触者管理工作方案》《招远市中东呼吸综合征防控方案》，以方案为指导组织应急队伍培训、演练，多次进行桌面推演，快速提高本中心应急作战能力，投入5 万元补充更新防护用品、消毒药械和检验试剂，确保疫情来临后有力、有度、有效应对。

【健康教育工作】 2015年，市疾控中心、卫生监督所通过主题日宣传，建立专家宣讲团，开展“服务群众健康”活动，举办健康教育讲堂，后进村帮扶、走访群众等多种形式，向公众开展多层次、全方位、广覆盖的宣传教育，全年累计发放主题宣传单4万余份，接受现场咨询1万多人次，收到良好社会效果。“5·31世界无烟日”活动中，在金晖中学、泉山小学开展“拒绝烟草广告倡议书签名”活动；在丽湖学校，组织师生观看控烟微视频，宣传烟草危害知识，推动全市控烟工作健康有序开展。联合市委宣传部、卫计局、爱卫办，把西山体育公园打造为招远市首座健康教育主题公园。联合市

2014年9月17日，市疾控中心工作人员进行健康知识宣传

老干部局、人民医院、英诚医院举办以“筑梦金秋·共享健康”为主题的大型离退休干部健康促进宣传活动，完成200名离退休老干部健康素养基线问卷调查，促进老干部们保持良好生活习惯，改变不良行为，预防疾病发生。1人在中国疾控中心、中国卫生摄影协会等联合举办的全国疾控纪实摄影大赛中，获得三等奖。

【卫生监督工作】 2015年，市疾控中心、卫生监督所以建设文明监督为主线，以卫生和计划生育服务监督年活动、卫生城复审为契机，规范管理，严格执法，全面提升卫生监督服务水平。医疗市场整治。按照省、烟台市卫计委统一部署，开展深化打击非法行医专项治理行动，严格查处无证行医和医

2014年12月12日，市疾控中心工作人员进行超市消毒产品卫生监督

疗卫生计生服务机构违法违规行为，强化医疗广告监管，健全完善多部门联动、全社会参与的医疗市场监管长效工作机制，查处非法行医20起，没收相关药械24箱。生活饮用水监督。开展饮用水卫生安全放心行动，对市自来水公司、12家二次供水单位和99个农村集中式供水单位全部监督检查；对全市6家涉水产品企业及涉水产品销售市场进行检查，监督覆盖率100%。对市政供水水源水，自来水公司出厂水监测点及末梢水10个监测点，二次供水10个监测点分别监测，合格率100%。分枯水期和丰水期，完成99个农村集中式供水共396份。水质、农村饮水安全工程（国家项目）12个农村集中供水、4个学校自建设施供水以及6个市政供水监测点共68份水质采样检测工作。公共场所卫生监督。结合卫生城复审工作要求，按照“政府组织，部门主导，属地管理，集中整治”原则，与市场监管部门、公

安部门、开发区管委、街道办事处联合成立4个综合执法组，对城区“四小行业”单位进行“拉网过筛式”检查。投资6万余元，统一印制监督公示牌、禁止吸烟标识，购置消毒箱、专用工具箱各240个，免费发放到各相关经营单位，促进四小行业卫生全面达标。全年受理公共场所卫生许可312家，其中新办卫生许可证136家，审验176家。放射、职业卫生监督，以规范医疗机构放射诊疗行为为重点，深入22家医疗卫生单位进行监督检查，并组织放射工作人员个人剂量监测351人次。对辖区2家职业健康检查机构进行监督检查，全年完成职业健康体检15700余人次。学校卫生、消毒产品监督。联合市教体局，对74所幼儿园、49所中小学校进行经常性监督检查，对43所自备水井学校水源水进行采样检测，合格率较低；完成8家托幼机构采样监测48份样品，合格率100%。组织各学校的生活饮用水管理人员、保健教师共90人进行集中培训，督促各学校健全、落

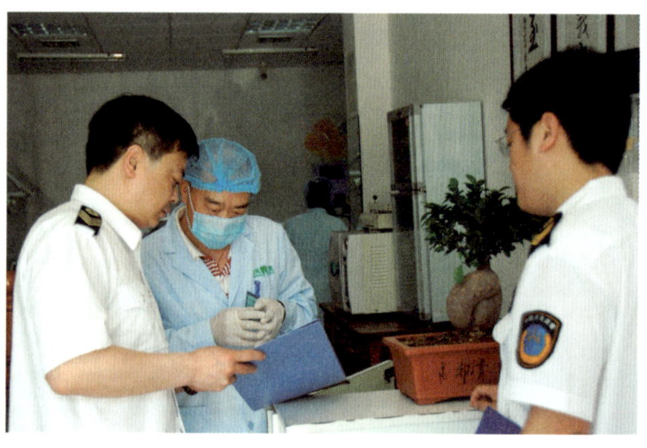

市疾控中心工作人员进行医疗市场卫生监督

实卫生安全管理制度；在学生营养日、爱眼日、爱牙日等活动期间，宣传健康知识，促进学生养成良好的卫生行为。开展消毒产品卫生安全专项治理行动。对2家餐饮具集中消毒单位进行全面卫生监督检查，抽检产品20份，全部合格；与2家消毒产品生产企业签订守法生产经营承诺书，采集生产用水1份，抽检产品4份，合格率100%。卫生监督协管。进一步完善由卫计局牵头，监督所为技术支撑，各基层医疗机构为主体的三级监督协管工作模式，实现卫生监督无缝隙管理。年底，全市共聘任73名卫生监督协管员和318名信息员，开展职业卫生、饮用水卫生安全、学校卫生、非法行医和非法采供血实地巡查306次。

（撰稿：李桂刚　刘绍鹏　　审稿：刘瑞兰）

妇幼保健计划生育

招远市妇幼保健计划生育服务中心领导成员

主　任：刘华奎

副主任：于惠萍（女）　张桂法　谢春丽（女）

【机构设置】 2015年1月由原招远市妇幼保健院和招远市计划生育服务站合并组建。招远市计划生育服务站始建于1988年，1991年3月8日，时任国家计生委主任彭珮云视察该站时题词为“招远市计划生育技术服务中心”，2002年重新更名为招远市计划生育技术服务站。建站以来，始终坚持面向基层、服务群众的办站方针，围绕提高人口素质、实现人的全面发展这个中心，满足全市育龄群众在避孕节育、优生优育、生殖保健等方面的需求。拥有业务用房2000平方米，设女性门诊、男性科、化验科、特检科、护理科、心电图室、乳透室等业务科室。2015年，在编37人，其中技术人员28人，正高级技术职称1人，副高级4人，中级14人。招远市妇幼保健院创建于1955年6月，1999年被山东省卫生厅确定为一级甲等妇幼保健院，是全市妇幼保健网络的中心，担负着全市妇幼保健公共卫生工作及女职工、儿童等社会查体工作，负责全市《出生医学证明》的发放及管理，是全市唯一“婚前医学检查”定点单位。拥有业务用房3370平方米，床位60张，设有妇产科、儿科、内科、妇女保健科、儿童保健科、中医科、疼痛科、麻醉科等临床科室。对妇科、产科、儿科、颈腰腿疼的常见病、多发病及各种疑难杂症诊治具有较高的技术水平，能开展无痛流产、无痛分娩、妇产科各种大型手术。2015年，在职职工90人，专业技术人员86人，其中副高级技术职称8人，中级43人。

【计划生育】 2015年，招远市计划生育工作坚持基本国策不变，强化基层基础，狠抓统筹落实。全市合法生育率为98.8%，出生人口性别比103.1。计划生育工作获烟台市一等奖。优化计生服务。简化计划生育服务证办理程序，实行村（居）计生干部代办，共办理二胎生育证2200余个。整合育龄妇女健康查体资源，理顺工作流程，规范免费孕前优

生，健康查体3354人。推进“生育关怀”和“爱心三大工程”，发放扶助金、慰问金60余万元。遏制违法生育。积极应对“撤限”影响，深入开展出生人口性别比综合治理，试点运用虹膜分析仪推进计生健康查体，共查体13万人、意外妊娠43人，均终止妊娠，从源头上遏制违法生育。抓好违法生育处罚，协调法院立案裁决强制执行，全年查处违法生育（怀孕）21起，缴纳社会抚养费案件32起，法院立案8起。强化基层基础。积极开展计生薄弱村帮促转化，创新城区计生管理体制，实行计生区长“公开招聘、绩效考评”和“属地管理、以房管人”工作机制，实现无漏洞管理。推进流动人口计生均等化服务，取消流动人口享受计生免费服务前置性条件，实施免费服务“零门槛”。完善利益导向。突出抓计生手术并发症鉴定和30%一次性养老补助加发，鉴定并发症对象233人，兑现各类计生奖励、扶助和救助4000余万元。

【强化“两个系统化”管理】 市妇幼保健院认真贯彻实施《母婴保健法》和《妇女儿童发展纲要》，针对“妇女儿童发展纲要”中的重点、难点指标和全市妇女、儿童健康方面存在的突出问题，重新修订孕产妇、儿童保健实施方案和服务规范，不断强化管理，将全市孕产妇死亡率、婴幼儿死亡率、出生缺陷发生率等控制在最低水平。积极推行母乳喂养，提高儿童综合素质。

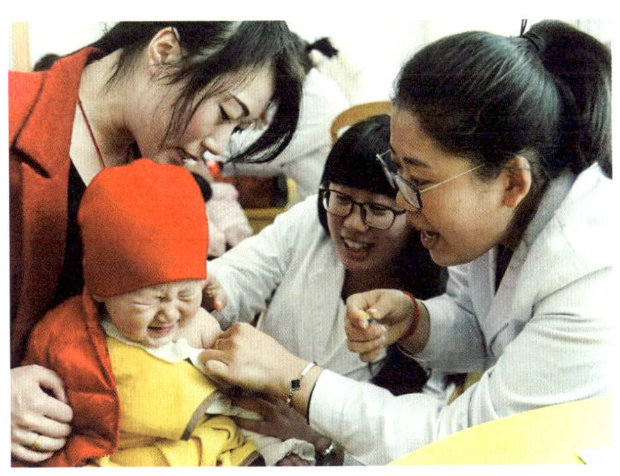

预防接种，哭比笑好

【妇女和儿童保健工作成效显著】 2004年，市妇幼保健院被招远市总工会定为“女职工查体定点单位”，每年组织查体队伍到厂矿企业、幼儿园进行健康查体，查体期间各项检查费用全部优惠20%～30%。并对患病人员及时给予健康指导和治疗。2015年，0～6岁儿童保健19642人次，孕产妇保健3958人次。

【实施重大妇幼公共卫生服务项目】 2009年，市妇幼保健院被省卫生厅确定为“农村妇女乳腺癌检查”项目承担单位。2015年，共为2207名农村妇女进行免费检查，确诊1例乳腺癌患者，经过手术治疗已康复，达到早发现、早诊断、早治疗目的，受到广大农村妇女的认可。2009年，开始实施农村孕产妇住院分娩补助和为准备怀孕和怀孕3个月内的农村妇女增补叶酸预防神经管畸形重大妇幼公共卫生项目。2015年，共免费发放叶酸3111份，发放住院分娩补助560人次；免费婚检1026对，婚检率为22.3%。

2014年9月18日，招远市“服务百姓健康行动”健康讲堂

【加大健康教育力度】 市妇幼保健院利用多形式、多渠道广泛深入地开展母婴保健科学知识宣传普及活动。先后购置笔记本电脑、投影仪等设施，每年组织业务骨干到大型厂矿企业进行女性保健知识专题讲座，极大地提高群众自我保健意识，受到社会广泛认可。2015年，进行健康专题讲座以及开展义诊活动等方式进行健康教育宣传68场，参加人员1480人次；开展健康知识讲座及健康教育宣传活动12场，参加人员376人次，均收到较好社会效益。

（撰稿：王晓梦　刘旭燕
审稿：于慧萍　马桂芹）

爱国卫生运动

招远市爱国卫生运动委员会办公室领导成员

主　任：杨合义

副主任：范金利

【机构设置】　招远市爱国卫生运动委员会（简称“市爱卫会”）由市宣传、卫计、公安、住建、环保、城管、粮食、财政、市场监管、农业、水务、交通、文化、科技、教体、经信、妇联、工会、团委、各镇（街道、区）等33个部门和单位组成，市政府党组副书记王晓华担任主任，市爱卫会下设办公室。

【概况】　2015年，市爱卫会组织、协调、实施全市的爱国卫生工作。市爱卫办负责爱国卫生日常工作，拟定全市爱国卫生工作计划，组织协调各成员部门和全体市民广泛开展健康教育、卫生创建、病媒生物防制等爱国卫生运动，提高全体市民健康水平，巩固发展国家卫生城市成果，全面进行健康城市和社会主义新农村建设。

【健康教育】　2015年，市爱卫会以爱国卫生月活动为契机，结合健康招远行动和全民健康文明生活方式行动，充分利用广播、电视、报纸、互联网、宣传栏和宣传册等大众媒体，开展健康、文明、环保和国家卫生城市等知识的宣传。开展健康知识“五进”等活动，提高全民健康意识和健康文明生活方式行为能力。在文化广场建成招远市首个健康主题公园，园内设置4块大型健康教育宣传栏、12块宣传牌及多块草坪宣传牌和标有步行米数的健康步道。全市共发放各类健康知识宣传单1万余份，共出各类板报、专栏30余期，举办各类健康教育培训班、讲座10余期，参加培训500多人次。2015年，创建健康示范单位、健康示范社区、健康促进示范学校各1个，健康示范餐厅2个，在烟台市健康示范创建工作中排名第一。

2015年5月27日，组织拒吸第一支烟宣誓

【病媒生物防制】　2015年，市爱卫会结合城乡环境综合整治行动，根据病媒生物季节性消长的特性，开展病媒生物专项防制工作，使招远市顺利通过病媒生物防制先进市省级考核评估。3月和12月，组织开展以灭鼠、讲卫生、消除疾病为主要内容的集中统一灭鼠活动，发放毒饵站3000个、投放鼠药25吨，灭鼠农户约16.2万户，农田面积4000公顷。5～10月底，安排消杀车辆1辆，技术人员2人，消杀人员3人，对城区进行全方位大面积消杀20余次，投入环境消杀粉剂1000公斤，清理各类蚊蝇、蟑螂滋生场所1万余处。11月，组织人员参加烟台市病媒生物防制技能竞赛，取得优异成绩。全市共有专兼职病媒生物防制人员1400余人，印制病媒生物防制宣传单3万余份、宣传画1500余份。

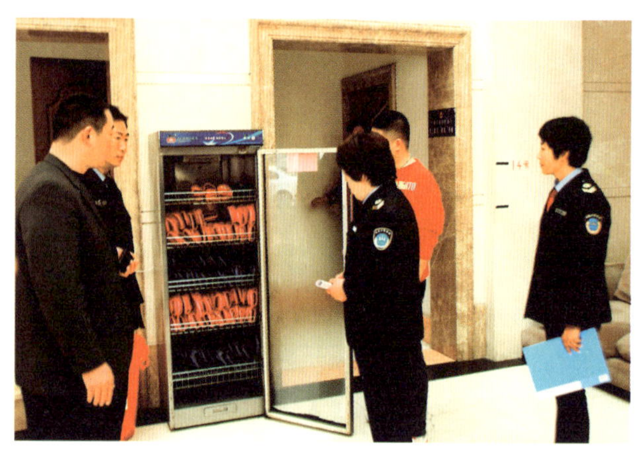
公共场所卫生监督检查

【卫生创建】　2015年，全市申报创建烟台市级卫生先进单位10个，烟台市级卫生村5个；省级卫生先进单位2个，省级卫生村1个，顺利通过烟台市爱卫会组织的检查验收。

（撰稿：孙林林　　审稿：张建光）

（总撰稿：赵言禄　李昌杰　吕瑞军

总审稿：范金利）

镇·街道·开发区

辛庄镇、滨海科技产业园

镇领导成员

党委书　记：徐青林

副书记：汪晓刚　蒋学庆

委　员：吴清文　李江涛　宋继平　刘晓奎　陈明辉　赵　媛（女）

纪委书记：吴清文

人大主席团主席：徐青林

副　主　席：刘武杰

政府镇　长：汪晓刚

副镇长：李江涛　王志龙　温少辉

社会事务服务站站长：栾少军

工会工作委员会主任、机关工会主席：蒋学庆

滨海科技产业园领导成员

管委会主　任：徐青林

副主任：汪晓刚　王德兴

工委书　记：徐青林

（兼任招远经济开发区工委委员）

副书记：汪晓刚

委　员：王德兴　蒋学庆　吴清文　姜志荣　刘晓奎　陈明辉　赵　媛（女）　兰明海　温秀敏　刘武杰　王小梅（女）

纪工委书记：兰明海

规划建设处主任：姜志荣

办公室主任：温秀敏

招商办主任：王小梅（女）

【机构设置】　1984年3月撤销界河人民公社，改设辛庄镇。2015年，镇设党政工作办公室、财政审计工作办公室、投资合作工作办公室、经济发展管理工作办公室、土地规划建设工作办公室、农业工作办公室、劳动保障和社会事业工作办公室、维护稳定工作办公室。共有在编人员89人，其中行政人员25人，事业人员57人，工勤人员7人。

【概况】　辛庄镇位于招远市区西北22公里处，东北以界河与龙口市隔河相望，西邻莱州市，西北濒渤海。全镇总面积113.34平方公里，海岸线15公里，沿海滩涂面积30平方公里。镇辖63个行政村，总人口38984人，其中，镇政府驻地人口7536人（辛庄东南、西南、东北、西北和小宋家、高家庄子等6村人口之和）。辛庄镇按照“彰显滨海特色，建设魅力名镇”工作思路，以改革创新为总抓手，以

2015年3月11日，山东康泰智能康复理疗系统暨智能按摩机器人项目开工仪式

“三严三实”专题教育为载体，转作风、凝民心，实现干部水平和农村条件改变“双提升”，地方经济发展和社会稳定“双促进”局面。2015年，全镇农村经济总收入70.2亿元，同比增长8%。实现地区生产总值25.1亿元，同比增长7%。完成镇级地方财政收入7619万元，同比增长16%。农民人均纯收入17201元，同比增长8.7%。年内进出口总值2470万美元，其中出口总值2450万美元；合同利用外资2245万美元，实际利用外资1100万美元。规模以上工业企业24个，主营业务收入39.2亿元，工业利润总额3.9亿元。

【实体经济提档升级】　2015年，辛庄镇以大项目

建设为支持，抢抓战略机遇，推进实体经济建设，不断提升经济建设档次。2015年，镇（区）确定市级重点项目16个，总投资185亿元，年度计划投资20.5亿元，实际完成投资21亿元。一是烟台黄金职业学院建设项目年度计划投资8000万元，实际完成投资8000万元，教学主楼、宿舍楼、实验楼和食堂主体工程基本完工。二是中亚轮胎试验场暨轮胎研发中心项目年度计划投资6亿元，实际完成投资5.9亿元，土地（落实80.2公顷，已招拍挂，尚缺95.27公顷）、住建（用地规划、工程规划、施工许可）手续齐全、立项、环评完成，构筑物正在进行装修，高速环路正在进行路基施工，NVH和舒适性跑道、干操控路、一般连接路、噪音测试道路路基完成，正在进行灰土施工。三是人工岛建设项目年度计划投资5亿元，实际完成投资4.5亿元，立项、环评等审批手续已完成，EPC总承包、施工监理招标已经结束，海域征迁全面启动，平面结构优化已获国家海洋局批复，林地正在报批，正在沟通界河路的无偿使用和移交。四是水产品加工项目年度计划投资3000万元，实际完成投资3000万元，低温库及生产加工车间、宿舍楼已竣工，并投入生产。五是滨海科技产业园供水工程（二期）建设项目年度计划投资1.08亿元，实际完成投资1亿元，工程规划许可、环评、手续已办理完毕，土建工程完成80%。六是海岸带综合整治与生态修复项目年度计划投资5500万元，实际完成投资5300万元，岸段的油污和海滩的建筑垃圾已清理，正在进行沉箱和灌注。七是中矿工业园项目年度计划投资3亿元，实际完成投资2.95亿元，活动中心、科研楼、综合办公楼、招待所、食堂、宿舍楼主体结构封顶，正进行墙体施工。八是奥特姆新能源汽车项目年度计划投资5000万元，实际完成投资5000万元，车间已竣工，设备安装已经结束，正在调试，车间周围路面混凝土垫层铺设完成，主干道两边路边石铺设完成，办公楼主体完工，主干道及南大门绿化已结束，全厂区广告牌安装完毕。九是恒泰酒店式公寓项目年度计划投资1亿元，实际完成投资1亿元，建设至22层。

2015年4月30日，建设中的中亚轮胎实验厂

【农业产业不断优化】 2015年，辛庄镇突出农业产业根本，立足镇（区）实际，全面兼顾，稳固全镇农业基础建设。产业结构调整。新增苹果、葡萄等新植果园44.67公顷，新增加各类林果苗圃种植66.67公顷，并积极引导农民把产业结构调整与旅游发展相结合，逐步将农业观光游纳入新区旅游大格局。农业基础建设。2015年，全镇规划实施各项农田水利基建工程46项，完成各类水利工程投资1246万元。生态绿化建设。高度重视绿化生态建设，大宋家、前康、南潘家荒坡完成黑松种植66.67公顷，丁家疃海滩地完成杨树种植13.33公顷，小宋家海滩地完成黑松种植13.33公顷，海边绿化带新增绿化植被13.33公顷。农业机械化建设。年审拖拉机180台，购置大型农业机械20台套，进一步提升全镇农业机械化作业水平，麦收机收率达到100%，花生机收率达到95%，玉米机收率达到32%，保证三夏、三秋生产工作的顺利推进。汛期安全生产。全镇落实防汛常备队1100人，抢险队5500人，后备队12000人，全镇准备防汛物料、铁丝14000公斤，工作灯500只，投光灯20只，电缆23500米，防汛抢险机械20台套，救生衣200件，袋类69000条，土工布8800平方米，木材32立方米，砂石料29450立方米，为全镇安全度汛奠定良好基础。全力保障抗旱工作。全镇投资230万元，新打深水井26眼，大口井、平塘清淤39处。投入抗旱人员8000多人，抗旱机械2000多台套，临时解决人畜饮水困难3000多人、大牲畜300多头。同时，申请上级抗旱资金49万元，及时缓解了镇（区）干旱的紧张形势。

【古镇魅力大幅提升】 2015年，辛庄镇以古村、村色特色凸显为抓手，着力打造滨海古镇。“换新颜”工程。投资2000万元的镇驻地改造提升工程，已全面开工。2015年6月10日，通过镇容镇貌“换新颜”工程专题会议，按照打造一流特色小镇的标准，立足辛庄镇实际，确定辛庄镇明清古镇风格，从根本上打造辛庄镇全新形象，营造清洁、优美、和谐的人居环境。计划利用两年的时间，将辛庄镇打造成为基础设施完善、功能布局合理、建筑风格统一、道路环境整洁、文化元素突出的特色小镇，营造整洁有序的、传统文化气息浓郁的道路景观形象。项目已完成206国道路灯安装工程165万元、道路硬化180万元、景观墙及绿化工程80万元、拆除工程120万元、院墙围挡工程90万元、供销社墙面仿古改造工程180万元，辛庄镇“换新颜”工程累计完成投资915万元。古村修复工程。高家庄子、孟格庄、大涝洼等村保护修复一期工程已完成投资470万元。高家庄子村投资20万元完成关帝庙、徐氏祠堂、钟楼等3处的仿古修复工程；投资70万元完成高家庄子村徐其珣故居仿古修复工程，按照原貌对三排房屋、东西两区东西厢房及院墙等进行还原修复工作；完成投资100万元，建设村内联户污水处理池10处，清淤2万立方米，浆砌沿沟坝堤200米，完成立面仿古改造30户，污水治理挖化粪池30个，建设休闲公园绿化2100平方米，铺筑仿古石板路400米。孟格庄村累计投资170万元，平整路面1500平方米，商

2015年5月8日，建设中的恒泰酒店式公寓

砼硬化路面5000平方米，铺石板路面600平方米，健身公园大理石广场270平方米，落土方5000立方米，修排水渠300米，安装排污管道700米，完成立面改造21处。大涝洼村投资114万元，浆砌河堤2000立方米，平整场地3470平方米，清运河道垃圾1600立方米，挖基础土方2000立方米，硬化路面2000平方米，换填种植土560立方米，安装自来水井盖33块，机械钻井322米。

【基础设施进一步完善】 辛庄镇是招远市的次中

建设中的海边雕塑

心，是新兴的滨海新城。2015年，辛庄镇加大基础设施建设投入。至年底，累计投资18.9亿元，其中2014年投入0.6亿元。滨海新区四纵四横的路网框架已经拉开，城市亮化、绿化、供水、供暖、燃气工程全面展开，三大功能区建设快速推进。辛庄滨海新区污水泵站及污水管线工程。累计完成投资410万元，其中完成沟槽开挖126020立方米，完成DN1200砼管安装1981米，土方回填110092.70立方米，砂垫层6838.16立方米，检查井砌筑22座。明翔西临时道路。完成投资32.94万元，挖土方3320立方米，回填风化料4500立方米，填筑围堰260立方米，安装Φ1400排水管60米、倒虹吸18米。污水处理厂及南水北调配套工程。污水处理厂项目，办公楼已建成并投入使用，一期污水处理池、设备用房等土建工程基本完工。其他基础设施建设。滨海景观带工程方面完成投资100万元，累计栽植小龙柏、金叶女贞、红叶小檗等小苗68万株，栽植福禄考、景天、假龙头等宿根花卉35万株，铺草坪5.7万平方米，安置垃圾箱200个，平整沙滩7万平方米。小木屋配套方面基本完成路南小木屋内饰及家具安装，完成小木屋（东厕所、会所处）周边供水、甬路等配套，累计完成活动土石方920立方米，平整地面11000平方米，安装供水管道410米。雕塑安装方面完成投资1500万元，基本完成19组雕塑。东良界河河堤完成348米河堤修筑工程，海悦路安装路灯66盏，206国道路灯东段安装路灯40盏。投资4.7亿元的南水北调配套工程主体工程已完工。港华燃气累计完成主管道铺设12.7公里。

【社会各项事业不断发展】 2015年，辛庄镇高起点、大投入，全镇社会各项事业全面推进，高质量

发展。深入推进民生工程。开展民生工程承诺、践诺、评诺活动。2015年全镇规划实施民生工程126项，计划完成投资2400万元。至年底，完成投资2400万元，126项民生工程均已全部建设完成。新修、硬化村内道路9.8万平方米，新上健身器材18件、纯净水设备10套，改造自来水管路1.7万米，河道清淤、浆砌3500米，新建文化小公园6处。高度重视基础教育建设。投资70万元对东良小学前道路进行硬化；投资3万多元在幼儿园、辛庄初中、镇鼎完小沿线新上减速带3条、安全标志14处；投资130多万元使教学环境在全市所有乡镇中处于领先位置；合理规划校车线路，并安排教师跟校车，为学生上下学安全提供保障；累计开展各种形式的安全教育活动和演练68次，进一步增强学生的安全意识和自我保护能力。大力提高医疗卫生水平。投资30余万元，建立12人的专业公共卫生服务团队，下乡2000余人次，为全镇9000余名群众进行免费查体和回访，规模之大、人数之多堪称全市之最。2次代表招远市迎接省、烟台市专家督导组检查，受到省、烟台市极高赞誉。继续开展住院患者全部回访、门诊患者随机回访活动，医疗服务态度和服务质量极大提升。社会治安进一步加强。筹集资金80余万元进一步强化警务区建设和治安管理，对警务室硬件、软件设施进行完善，新建监控室2个，新上电脑5台、监控摄像头60余个；实行“十村联防”，以警务室向周边村庄辐射，强化对辖区主要部位巡逻，辖区可防性侵财案件较2014年下降近30个百分点，辛庄镇继续保持全市最安全乡镇称号；继续推行“警灯守夜”“武装巡逻”等巡防工程，24小时不间断巡控盘查，消除巡防死角。群众文化生活进一步丰富。投资500多万元，在全市第一个实现乡镇文化大院全覆盖，并对全镇的农家书屋和图书馆进行丰富、补充；大力开展群众文化活动，全镇基层的庄户剧团和文艺团队92个，培养各类文化骨干达2000多人；组织第三届“欢乐大舞台”文艺汇演，受益群众3000余人。累计开展消夏晚会10多场、各类文艺团体演出160多场，极大地丰富和活跃群众的文化娱乐生活。在全市老年人太极拳大赛上获金奖，全市老干部象棋、健身球、门球比赛中获得第一名、广场舞大赛获得全市第三名的好成绩。

【党建工作不断加强】 2015年，辛庄镇牢固树立“抓党建是最大的政绩”责任意识，以“三严三实”专题教育为载体，以从严治党为抓手，强化党建工作，打造一支勇于担当、敢打必胜的干部队伍。三严三实”专题教育活动作为党的群众路线教育实践活动的延展深化，是持续深入推进党的思想政治建设和作风建设的重要举措，是严肃党内政治生活、严明党的政治纪律和政治规矩的重要抓手。2015年，辛庄镇紧紧围绕协调推进“四个全面”战略布局，对照“严以修身、严以用权、严于律己，谋事要实、创业要实、做人要实”的要求，聚焦对党忠诚、个人干净、敢于担当，着力解决“不严不实”问题，切实增强践行“三严三实”要求的思想自觉和行动自觉，努力在深化“四风”整治、巩固和拓展党的群众路线教育实践活动成果上见实效，在守纪律讲规矩、营造良好政治生态上见实效，在真抓实干、推动改革发展稳定上见实效。坚持从细从实，推动领导干部持续“补钙”“加油”。辛庄镇着力在“三严三实”专题教育实践活动的各个环节做到人员组织、内容充实、质量把关“三到位”。坚持问题导向，真正把问题理清、把病灶找准。镇党委主要领导带头查摆班子及自身问题，根据教育实践活动的三个专题，分别建立班子成员问题清单和“三严三实”专题教育即知己改事项台账，做到边学边查边改，狠抓整改落实。坚持两手抓两促进，用推进中心工作成效检验专题教育成果。以项目建设、民生保障和强化基层党建作为三个着力点，用以检查教育实践活动成效。

2015年3月9日，辛庄镇农村党员冬训暨基层干部培训

【滨海广场】 滨海广场项目占地24公顷，总投资

1.4亿元，定位于招远的地标性建筑。该项目具有三大特点：一是起点高。该项目的创意设计由亚洲一流的新加坡盛邦公司负责，国内著名的天津新加坡生态园、苏州新加坡工业园都出自盛邦之手。方案深化和施工图设计，由国内一流的天津大学负责。二是创意新。广场设计为国内少见的立体型广场，主体三层，高低错落，可以使游客从多个角度、不同方面品味大海的魅力。三是寓意好。广场中心的笑脸形象寓意着招远的微笑，体现了生活在这里和来到这里的人充满了幸福感和满足感；探出的多条观景平台，就像一条条金脉，寓意着大海的财富不断汇聚到金都招远，因此也可以成为金脉广场；广场的整体造型像一只龙爪，寓意着招远这条金龙不断向蓝色的大海挖掘财富。

滨海广场项目由中铁十局承建，于2012年开工，2014年底完工，2015年6月正式投入使用。项目投入使用后，夏季平均每天为海边增加5000多人，最多时候可达1.2万人。

（撰稿：闫海东　　审稿：赵　媛）

蚕　庄　镇

领导成员

党委书　记：曹　胜

副书记：翟玉雷　温少辉（挂职）

委　员：张承运　苑　军　丛日超　刘洪恩

纪委书记：张承运

人大主席团主席：曹亚军

政府镇　长：翟玉雷

副镇长：董　卿　王玉梅（女）　吴晓兰（女）

人民武装部部长：刘洪恩

经济发展办公室副主任：陈菲菲（女）

社会事务服务站站长：滕吉学

副科级干部：王廷忠

【机构设置】　1984 年3月撤销灵山人民公社，改设蚕庄镇。2015年，镇设党政办公室、经济发展办公室、群众工作办公室、政工办公室、财政所、计划生育服务站、经济管理服务站、社区事务服务站、农业综合服务站。在编人员81人，其中行政人员37人，事业人员40人，工勤4人。

【概况】　蚕庄镇位于招远市西部，境域总面积120.4平方公里。辖60个行政村，总人口30583人。近年来，镇域经济和社会各项事业快速发展。2015年，全镇农村经济总收入202亿元，同比增长8%；实现地区生产总值37.1亿元，同比增长7.3%；完成镇级地方财政收入10134万元，同比增长10%；农民人均纯收入17342元，同比增长8.9%；年内进出口总值1257万美元，其中出口总值1225万美元；完成固定资产投资27.2亿元，实际到位内资9.3亿元，到位外资1000万美元。先后获得全国环境优美乡镇（全市唯一）、全国重点镇、全国依法行政乡镇、省级示范镇等称号。2015年2月，被中央文明委授予“全国文明村镇”称号，是此次评选中烟台市唯一新入选的乡镇。在2015年度烟台市、招远市两级生态文明乡村建设年度考核中，蚕庄镇综合排位均为第一；在半年和年终群众满意度测评中，分别排名烟台市第一和招远市第一。

【特色产业】　黄金工业。蚕庄镇黄金资源丰富，地质储量100余吨，有河西黄金集团、灵岳黄金集团等7家黄金企业，年产黄金6万两，有“黄金强镇”之称。镇内重点金矿企业在加快技术创新，拉伸黄

2015年10月25日，第二届红富士苹果文化节暨中国红富士苹果博物馆开馆仪式

金产业链条的同时，积极探索建立“资源—生产—消费—再生资源”循环经济模式。2015年，全镇各类工业企业达95家，固定资产35亿元，产品涉足机电、铸造、化工、食品等多个领域，实现工业总产值96.3亿元。

蚕庄苹果。蚕庄镇果品生产历史悠久，是中国红富士苹果发源地。所产的红富士苹果色艳形正、口感清爽、汁多脆甜，前孙家村、小杨家村、西曲城

村生产的红富士苹果获得省特优果品称号10个，并在全国第二届农业博览会获得7块金牌。全镇果园面积1666.67公顷，年产优质红富士苹果5000万公斤，果品收入2亿元。灵山蒋家村的“灵峰”牌、河西育林的“河西”牌苹果均通过有机果品认证，远销美国、新加坡和中国港澳地区。2015年，蚕庄镇深入挖掘 “中国红富士苹果发源地”的文化内涵，投资3000万元，建成全国第一个以红富士苹果为主题的博物馆，10月25日建成开馆以来，先后接待游客1万多人。对于充分展示红富士苹果历史文化、形成“中国红富士苹果之乡”品牌效应、扩大招远市优质果品生产知名度、增加农民收入，以及延展乡村生态旅游业，具有积极意义。

中国雪龙黑牛养殖第一镇。蚕庄镇畜牧产业发展强劲，自2006年与大连雪龙黑牛产业集团合作以来，先后建设雪龙黑牛养殖基地、雪龙黑牛万头牧场、光伏发电与黑牛养殖综合开发等项目，成为中国雪龙黑牛养殖第一镇。黑牛存栏量可达1万头，可创造直接经济效益6亿元以上。养殖产业链条正在完善中，着力打造黑牛繁育、养殖、屠宰、贮存、销售一条龙生产线。

光伏发电项目

新能源。蚕庄镇新能源产业发展前景广阔，着力建设全国太阳能示范镇。已建设雪龙牧场屋顶光伏发电项目，并实现并网发电，雪龙牧场年发电量预计可达660万千瓦时。中节能高效农业种养项目正在升级，大棚棚顶全面安装太阳能电池板后可达到9.8兆瓦装机容量，成为亚洲最大的单体屋顶太阳能光伏发电项目。龙骏风电、大唐风电等项目已初具规模。

乡村旅游。蚕庄镇旅游业蓬勃发展，主要有生态旅游和乡村旅游两条线路。生态旅游线路，以金水湖生态观光园、红富士苹果博物馆、雪龙黑牛牧场青少年科普基地、万户矮化苹果采摘园、蔬菜采摘园等旅游产品为支撑。乡村旅游线路，主要依托蚕庄镇16个省级生态文明示范村和4个传统古村落的优势。生态游和乡村游两条旅游路线的打造，推动了蚕庄旅游产业的快速发展。

金水湖生态观光园

【经济发展】 近年来，蚕庄镇摒弃传统的粗放型经济运行模式，将生态文明理念植入示范镇建设，布局“高效农业+清洁能源，带动关联产业向纵、横两维度发展”的绿色循环经济产业体系，走循环经济发展新路。2015年，蚕庄镇重点推进了以下几个项目：嘉联交通培训中心项目。位于林辛线西侧、东沟村东，占地10公顷，项目总投资1.1亿元，已完成投资9000万元，建设有大客货车、小型轿车考试场地，并配套电子考试综合楼、学员餐厅、宿舍、汽车维修保养等综合服务项目。恒升建材制造项目。位于东曲城村，占地5.33公顷，项目总投资6600万元，已完成投资5500万元，建成综合性办公楼1处，生产车间2处，引进石材切割设备、塑料模

群众业余文化生活丰富多彩

板生产线，并对石材加工进行试生产和销售。福润达预制件厂项目。位于东沟村西，占地1.33公顷，计划投资3000万元，已完成投资2800万元，建成车间2处，办公楼主体工程基本完工。中节能高效农业种植二期项目。位于林辛线西侧、西原家村东，占地66.67公顷，2015年共投资1000万元，完成土地租赁和13.33公顷场地平整，正在进行农业种植和光伏发电工程建设。

【社会民生】 蚕庄镇把保障和改善民生作为首要责任，狠抓8大民生工程具体落实，进一步增强群众满意度和幸福感。2015年，积极争取1600公顷高标准基本农田建设项目和1000余万元的建设资金落户。投资200多万元推进马虎道水库除险加固工程，对水库坝体进行加宽培厚。开展小型水库管理体制改革，投资500多万元的诸流河损毁堤坝修复、各村扬水站建设、管道铺设、河道浆砌等小型水利工程已全部完工。农村养老保险缴纳人数6561人，征缴保费947万元；为低保、五保户提供一站式服务，落实各项优抚政策，发放抚恤补助517.55万元，依法维护弱势群众基本权益；投资80万元，建成4个农村幸福院、2个邻里养老互助点，重阳节为80周岁以上老人发放高龄津贴65.9万元，进一步关爱农村老人，尤其是空巢老人晚年生活。落实上级配套资金，顺利完成78户农村危房改造，保障困难群众住房安全。投资494万元兴建隋家桥，12月5日顺利建成通车。

【镇驻地改造】 2015年，蚕庄镇围绕“确保招远领先、立足烟台一流、争创省内知名”标准，对镇驻地主干道及周边建筑环境进行全面深入地调查摸底，出台《蚕庄镇景观与街景立面整治规划设计方案》。在此基础上，投资400万元，对金鑫路、金凤路、金泰路、河东路等环镇道路进行重建、翻修，改善群众出行条件。投资210万元，完成镇驻地路灯亮化二期工程，在镇驻地主干道两侧安装太阳能路灯，解决镇区居民夜间出行难问题。投资270万元，兴建以地标性建筑金果雕塑为主题的金果公园，凸显蚕庄主题特色，为群众提供环境宜人的休闲活动场所。

【生态文明乡村建设】 2015年，蚕庄镇以“提升生态文明乡村建设水平、增强群众满意度和幸福感”为目标，全域化推进生态文明示范村建设，年内新建8个市级生态文明示范村和6个镇级生态文明达标村，达标村总数已超过40个。各村投资214万元，出工2700个，机械3590台次，清理“三大堆”24180立方米，疏通河道1300米，拆除违章建筑64处，辖区村容村貌焕然一新。不断巩固环境综合整治和生态文明乡村建设成果，持续改善镇容村貌。进一步完善“村村通”网络，镇、村投资805万元，硬化村内道路20公里，并做好镇域100公里环镇道路的维护工作，全年共排查整修道路安全隐患26起，有效地改善群众出行条件。对镇驻地4300米主干道进行绿化升级，栽植苗木5000株，并对各村已建成的绿化地进行统一维护。

蚕庄村社区服务中心

【蚕庄村】 蚕庄村位于蚕庄镇政府驻地，三面环山，一面傍水，总面积5.2平方公里，耕地120公顷。2015年，全村596户1553人，村集体资产3.4亿元，利税2600万元。先后被评为山东省村级综合经济实力100强、乡镇企业财务工作先进集体、财务公开民主管理示范村、乡镇建设明星村、民主法治示范村、农村优秀文化团队、妇联基层组织建设示范村，省级文明村、省级卫生村，烟台市先进基层党组织、社会主义新农村建设五星级乡村型示范村、社会救助示范村、科普示范村和建设全国最安全城市工作先进基层单位等。蚕庄村经济发展起步早，紧紧抓住有利于发展的良好机遇，不断壮大集体经济，于1996年兴建的金胜集团公司，下设金胜黄金矿业公司、浅海养殖开发公司、雪龙黑牛养殖公司、冷冻冷藏保鲜公司、三产开发公司、高效农业开发公司。2013年开始，蚕庄村投资500多万元创建生态文明示范村，实施环境整治、垃圾箱建设，并对村内街巷和景点进行绿化，对村级活动场所改造升级。

【灵山蒋家村】 灵山蒋家村位于蚕庄镇政府驻地西南6公里处，全村耕地面积53.33公顷，属丘陵山区。2015年，全村178户510人。近年来，灵山蒋家村大力发展果业，先后从荷兰引进无毒红富士、嘎啦、桑萨登新品种，果园被国家认证为有机苹果基地，生产的“灵峰”牌有机苹果享誉全国。投资1300万元建起4000吨苹果冷藏库、4000吨气调库，年创造利润150多万元。投资650万元，建起3000立方米的胶东地区规模最大的生态沼气池。2015年，全村经济总收入6184.5万元，农民人均纯收入19164元。

【李格庄村】 李格庄村位于蚕庄镇驻地西5.1公里处，耕地总面积63公顷，果园面积17公顷。2015年，全村150户375人。先后被评为招远市级社会治安综合治理先进单位、先进党支部、先进基层党组织、计划生育优质服务先进村。近年来，李格庄村创新思维、开拓进取，充分发扬赶超精神，利用文三线交通便利优势，招商引资2700余万元，先后建成刹车盘加工、龙腾机械铸造等项目，实现农村经济项目的产业化，村集体经济实力不断增强。

【前孙家村】 前孙家村位于蚕庄镇驻地西北2公里处，耕地面积97.87公顷，山峦33.33公顷，果园41.13公顷。2015，全村280户800人，村集体经济总收入11.9亿元，村固定资产1.8亿元。先后被评为“全国小康示范村”“山东省生态文明创建示范村（社区）”“山东省文明村”和“烟台市五星级乡村型新农村示范村”。前孙家村黄金资源优势明显，于1984年兴建的村办金矿—东林矿业有限公司，年产黄金4000两。该村致力于黄金产业转型升级，近年来累计投资5000余万元，先后建成东林重型黄金机械厂、东林黄金铸锻中心等企业。在经济发展的同时，该村不断加大农业和农村基础设施建设投入，注重民生建设。从2007年开始，先后投资3350万元，建成联体楼房169户，高档次平房24户，老年房69户，解决了全村280户“住房难”问题。2013年始，对村庄整体形象进行改造提升，建设全省一流生态文明村庄。先后投资180万元铺设沥青主街道3条，投资170万元对办公场所进行改造，投资130万元建设村内公园亭、廊、石碑等景点，投资140万元，绿化村内街巷和景点，营造了“绿树成荫、楼楼相连、路路接通、街街卫生”的优美环境。

前孙家社区

【河西王家村】 河西王家村位于蚕庄镇政府驻地西北6.5公里处，村庄占地面积8公顷，耕地面积13.33公顷。2015年，全村85户203人。果业发展远近闻名。1980年村民王宝瑛引进2株仅47个芽的红富士接穗，凭借快速育苗技术，迅速将红富士苹果种植技术推广到全国各地，对中国红富士苹果发展贡献巨大，其个人也被誉为“中国红富士苹果之父”。近年来，村集体经济发展迅速，先后投资1200万元，建成永通机械厂，生产汽车配件和工具等产品，全部用于出口，销售收入达1400多万元。

（撰稿：陈菲菲　　审稿：曹亚军）

金岭镇

领导成员

党委书　记：蒲晓虹（女）
副书记：冷启臣　李进湖
委　员：康　永　徐　觐　张汉卿　高　磊　王泽柠　孙兴乐
纪委书记：徐　觐
政府镇　长：冷启臣
副镇长：康　永　杨永亮　李秀霞（女）
人民武装部部长：孙兴乐

【机构设置】 1984年3月撤销金岭人民公社，改设金岭镇。2015年，镇设党政办公室、经济发展办公室、政工办、群众工作办公室、财政所、计划生育服务站、社会事务服务站、农业综合服务站、经济管理服务站、经济发展服务中心。共有在编人员70人，其中行政人员29人，事业人员41人。

【概况】 金岭镇位于招远市区以西，东邻梦芝街道，南连齐山镇，西靠蚕庄镇，北接辛庄镇，总面积115.4平方公里，耕地面积3066.67公顷。境内地势南高北低，山地丘陵占总面积的83.3%；大小山头170座，以雾云山为最；河流19条，以钟离河为最。自然资源丰富，金、银、铜、花岗岩均有蕴藏，金矿床遍布全境，镇名亦因有黄金主要产地金翅岭而得之。镇政府驻地中村村，辖61个行政村，总人口39261人。金岭镇以打造"生态、文化、和谐"金岭为目标，高点定位，科学规划，充分发挥区位和产业优势，经济和社会各项事业长足发展。2015年，全镇实现地区生产总值36.3亿元，同比增长7.5%；完成镇级地方财政收入9106万元，同比增长10%；项目总投资3.2亿元，同比增长10.5%；实际利用外资1282万美元，同比增长2532.9%；进出口总额9261万美元。先后获"全国文明村镇""中国乡镇投资环境300佳""烟台先锋基层党组织"等称号，并连续12年被评为招远市先进乡镇。

【工业】 金岭镇以两大重点园区为依托，走"产业特色化，经营规模化"道路，实现镇域经济持续健康发展。矿山机械产业园，以培育建设全国最大的矿山机械制造基地为目标，为全市矿山机械制造业发展和黄金企业转型搭建平台。园区重点项目建设成效突出，华顺稀有金属、晨煜电子、华东重型车间及研发中心、前柳行矿山机械（金岭）、六合宁远新特药研发、凯利医疗器械等一批投资大、效益好的项目取得长足进步，成为推动镇域经济发展的骨干力量。双塔食品工业园，围绕粉丝主业做大做强，资产总额达到128亿元，研发中心、蛋白深加工和循环经济产业项目稳步推进；2014年双塔食品定向增发募资12.84亿元，积极布局一体化循环经济，进一步提升核心竞争力，为实体经济跨越发展再添动力。2015年，全镇规模以上工业企业22个，实现销售收入55.2亿元，利税8.8亿元，同比增长4.3%。

双塔食品产业园区

【农业】 2015年，金岭镇以发展现代农业为契机，谋篇布局城镇化建设，生态环境持续改善。坚持农业基础地位不动摇，共申报6个农业重点项目，建成特色示范区193.33公顷；培育农民专业合作社82个，引入水肥一体、物联网等农业技术，全镇农业机械化率达到95%，夏粮产量达到1194.6万公斤。发挥近郊优势，大力发展休闲观光农业，形成寨里草莓、山上李家大樱桃、大户陈家葡萄、雾云山小米等多个特色品牌。

【新农村建设】 2015年，金岭镇编制生态文明乡镇建设规划，投资150万元对镇驻地集中供热设备进行升级，投资280万维持污水处理正常运转，栽植各类苗木12000余株，新增绿地面积8850平方米。全镇共建成市级生态文明村20个，打造山里陈家、东店、西店等"一村一韵"特色村居。

金岭镇文化大舞台

【民生工程】 2015年，金岭镇坚持以民为本、利民惠民，民生福祉持续改善。投资2700万元，完成各级办实事项目130件，先后完成镇中心幼儿园改建、道路硬化绿化亮化、农田水利改造、饮用水净化、自来水管网改造和千亿斤粮食等重大利民项目。

【社会事业】 2015年，金岭镇开展走访慰问贫困户、老党员，定期发放优抚、低保生活补助，对合作医疗、养老保险进行补贴，群众幸福感、满意度逐年提升。在全市率先推行实施信访稳定工作6项机制、周调度月汇总和信访稳定联席会议制度，注重司法、信访联动和村级调解员队伍建设，维护社会和谐稳定。以创建“全国安全社区”为契机，狠抓辖区安全监控和隐患整治，责任到人，实现全年安全生产零事故，人民群众安居乐业。

【文教卫生】 2015年，金岭镇积极改造升级文化大院、农家书屋等活动场所，购置乐器道具、健身器材等文化活动设施，成功举办“欢乐大舞台”“健身舞大赛”“书画展”“摄影展”“秧歌进城、进镇”等文化活动，极大丰富群众的文化生活。同时，强化教育管理，投资270万元购置13辆校车，配套停车场、候车亭等设施，不断改善教学环境。

金岭镇老年戏剧社在演出

【原疃村】 原疃村位于招远市区北7公里处的金翅岭脚下，耕地面积100公顷。全村706户2100人，是金岭镇最大的村。先后获“山东省绿化示范村”“烟台市民主法治示范村”“招远市党建工作先进单位”“招远市十佳文化大院”“招远市文明村、文明单位”等称号。全村粮田由村委统一组织耕作，实现水利化、机械化、亩产达到1100多公斤。果园在原20公顷基础上又发展6公顷，养牛、养鸡、养猪专业户发展到9户，个体工商户达到12户，村集体年总收入300万元。长期以来，原疃村主要靠黄金强村。2008年引进500万元资金，建成一处占地1.33公顷的新型制砖厂，年可生产新型建筑空心砖350万块。对私营企业烤干厂进行技术改造，生产出适销对路的产品。村民除自家收入外，村集体每年发给村民零用钱、大米、白面、年货等高额福利，全体村民收视费、自来水费全免，从2009年开始重阳节60岁以上每人每年200元，全村福利总额达200多万元。村集体为村民全部入了合作医疗。村民大病住院，合作医疗报销多少，村集体再补助多少。村集体还用补贴的方式鼓励全体村民入农村养老保险，实现老有所养，病有所医。村集体先后投资300余万元，对村内外的主要街道进行硬化，并全部安装路灯，对主要街道两侧修建花坛。清理乱圈乱占及三大堆，并把村内的闲地及村外的主要道路的两侧进行绿化。专门组织由村民代表，党员组成的50余人的保洁队，每月1日进行全村大扫除。全村共有垃圾箱25个。村里安排1台拖拉机对村内的垃圾每天进行清理，集中填埋。该村特别重视对村民的法制教育，伦理道德教育和村规民约教育。文化大院，文明一条街，远程教育室、图书室、青年之家、老年活动室、党员会议室、计划生育教育室、人口学校全部配套齐全。制定符合法律法规又符合村情民意的村规民约，使全体村民的法制观念，道德观念发生巨大的变化。通过开展美德进万家，评选“五好文明家庭”“好婆婆”“好媳妇”“好邻居”活动，村情更加和谐。移风易俗喜事新办，丧事从俭已蔚然成风。

【大户陈家村】 大户陈家村位于金岭镇政府驻地南11公里处。全村总面积2平方公里，其中村庄占地0.3平方公里，拥有耕地105公顷，其中粮田63公顷，苹果及干杂果42公顷。2015年，全村510户1480人。由村委控股的村办企业——招远三联化工厂、招远三联交通工程公司、招远三联远东化学有限公司、招远三联南海林苑商务有限公司、山东翔禾药业五家企业，拥有固定资产8000多万元，年实现销售收入8000多万元，年人均增收1500元。在发展生态农业的同时，形成集化学农药、交通涂料及道路标线施工、精细化工、兽药及服务业于一体的农村新型经济。

村集体投资200多万元，硬化全长2000多米的连村路；投资100多万元修建漫水桥，浆砌河堤近1000米，安装路灯。2007年改扩建自来水井、安装净化处理设施，保证村民的饮水安全。加强环境整治，在全村公路及企业周边20米以内，全部建设绿化带，绿化率达到90％以上。改善居住条件，在村东投资1000多万元建起2个使用面积为1万平方米的居民小区，已有30多户乔迁新居。为丰富村民的精神生活，在村委大院建起老年活动室、图书室、 篮球场、门球场，配齐了乒乓球、台球等娱乐健身设施。在村办企业中安排15名残疾人和350名村民就业，为他们缴纳养老保险，参加合作医疗，帮助实现病有所医，老有所养。对困难的低保户每年给予200~1000元的救助。每年年底还为村民发放福利。

以原有的三联化工为依托，不断扩展，村委控股60%并购了山东翔禾药业，发展兽药。2005年整合荒山荒坡资源100多公顷，成立金岭镇农牧发展协会，让村民参股，利益共享，已初具规模，放山公鸡2万只，蛋鸡8000只，猪500头，采取科学饲养，统一销售。

招远市大户庄园生态农业科技项目由大户庄园农林专业合作社承建，流转该村及周边村耕地、荒山荒坡66.67公顷。规划建设2000吨冷风库1座，鲜食葡萄基地26.67公顷、矮化苹果基地26.67公顷，同时搭建相关配套管理和游乐观光设施设备，以整建制绿色防控区域为单元，打造一处集田园风情、种植文化、科普教育和休闲娱乐于一体的综合性生态农业园区。在这里，人们可以从事苹果、葡萄等果蔬采摘活动，体验垂钓、耕种、自助餐饮住宿的乐趣，欣赏自然风光，体现人类与植物、动物和谐相处和生态平衡。

大户陈家生态园区

【山上李家村】 山上李家村位于金岭镇政府驻地东南4公里处。全村总面积6.25平方公里，粮田61公顷，果园27公顷。2015年，居民320户1038人。全村年经济总收入过亿元，集体经济总收入9600万元，拥有固定资产1280万元。全村有70户村民住上二层小楼，其余户也住上标准房。村内主要街道全部硬化、绿化、美化，被烟台市政府评为文明村。该村红富士苹果被被评为山东省金奖产品，大樱桃远近驰名，化工厂先后被烟台市授予“重合同守信誉企业”“烟台百家明星企业”称

山上李家村貌

号。近年来，先后有烟台磊鑫黄金机械、华顺稀贵金属、金名厚等6家私营企业落户该村，推动了全村经济进一步发展。

（撰稿：王晓琳　　审稿：李　敏）

张　星　镇

领导成员

党委书　记：滕希东
副书记：孙伟波　杜振胜　孙常晓（挂职）
委　员：原旭东　程晓谋　陈鲁燕（女）
张家韶　孙小磊　李红蕾（女）
纪委书记：原旭东
人大主席团主　席：滕希东
副主席：赵显辉
政府镇　长：孙伟波
副镇长：程晓谋　孙玲玲（女）　王东平
人民武装部部长：张家韶
经济发展办公室副主任：曹克伟（挂职）
社会事务服务站站长：孙彦龙

【机构设置】 张星镇于2000年12月由原张星镇和原宋家镇合并而成。2015年，镇设13个站、办、所，6个工作区，共有工作人员87人，其中行政编36人，事业编51人。

【概况】 张星镇位于招远市北部，南接招远市区，北依龙口市，东临罗山国家森林公园和南山旅游景区，西靠招远市滨海科技新区，境内龙水路、黄水路、大莱龙铁路、206高速路及其连接线

贯穿全境。全镇总面积161.1平方公里，其中耕地4533.33公顷，山峦5000公顷，粮田3866.67公顷。辖91个行政村，2015年总人口62763人。张星镇自然资源丰富，地势东高西平，东部群山起伏、层峦叠嶂，石城山海拔752米，毗邻罗山国家森林公园，常有游人登山玩赏。垛石口后所出“龙子涧”山泉，遍销招远、龙口两市。西部地势平坦为“张星大洼”，且有界河穿镇注入渤海，是招远市主要产粮区之一。

2015年6月16日，四通八达的交通网

2015年，张星镇主动适应新常态，以北部经济隆起带开发建设为契机，抢抓机遇，加压奋进，着力转调升级，全面加强生态文明乡村建设和环境卫生综合整治，全镇经济和社会各项事业保持平稳健康发展的良好态势。全年实现地区生产总值42.05亿元，同比增长7.2%；镇级地方公共财政收入7271万元，同比增长10.0%；合同利用外资1300万美元，实际利用外资200万美元；实现农村经济总收入145.22亿元，同比增长12%；农村人均纯收入16473元，同比增长10.1%。群众满意度测评成绩大幅提升，位列全市第9名。

【项目建设】 2015年，全镇实施黄金资源综合利用示范园区、水木天街城市综合体等9个投资3000万元以上的市级重点项目，其中总投资27.25亿元的黄金资源综合利用项目，已完成年产66万吨选硫工程厂房建设和设备安装，20万吨氯化焙烧工程已完成工程量的70%，全年完成投资10.73亿元；鸿源绿洲锯泥综合利用项目，新建生产线3条，年可处理锯泥60万吨。在全市项目建设观摩中，以上两个项目分获全市第2、第10名。全镇综合成绩位居全市第三，创历年来最好成绩。

【农业工作】 2015年，张星镇农业工作成果丰硕。投资740万元，完成栾家河、北里庄、蔡家等水库的除险加固工程；投资670万元，实施涉及栾家河、北石家、槐树庄、小高家等7个村333.33公顷耕地的土地整理项目，整修机耕路10公里，新建泵房5处，全镇水利灌溉条件进一步改善；新增林果及瓜菜面积200公顷，完成绿化造林106.67公顷，实现果品总产3.8万吨。

种养业。2015年，张星镇以规模化养殖场、养殖小区建设为重点，扩展养殖规模，强化畜禽防疫，确保养殖业健康快速发展。扶持张东和石棚村自动化养鸡场，槐树庄、小郝家、付家、圈子等村老蔬菜基地建设，建成付家村“畜—沼—果”及生态特色农业基地1处，传统种植业向现代高效农业转型升级步伐不断加快。

果业发展。2015年，张星镇新发展以优质苹果、大樱桃为重点的果园200公顷，高附加值果品品种在果业中的比重进一步增大。强化品牌效应，狠抓纪山纪家“纪山”牌和地北头王家“金鲜”牌注册商标的宣传，进一步提升张星大樱桃在外知名度。以地北头王家、纪山纪家两村大樱桃基地为中心，辐射带动周边村形成266.67公顷大樱桃种植区域，实现规模化发展。

【文教卫生】 农村文化建设成绩斐然。2015年，张星镇投资120余万元，在镇驻地建设1处2000平方米群众文化健身广场，并配套建设仿古戏台、文化活动室，有效解决镇驻地群众没有健身娱乐场地的问题。全面推进乡村文明行动和美德金都建设，组织第二届健身操比赛、“欢乐大舞台”、秧歌进镇等群众文化活动，丰富群众的精神文化生活。村级为民服务实事全面实施。2015年是农村“两委”换

2015年6月16日，张星镇中心幼儿园

届后的第一年，村级班子干事创业热情较高，全镇统计在册的村级民生项目达到182件，完成率超过80%。教育卫生事业蓬勃发展。2015年，在全市教育督导评估考核中，张星镇教委、中学、小学、中心幼儿园四个序列在全市位居前列，教学质量和升学率稳步提高。张星、宋家卫生院连续投入巨资对医疗设备进行更新换代，诊疗环境进一步改善，群众满意度不断提升。

【民生工作】 张星镇坚持把解决关系群众切身利益问题，作为全镇的中心工作来抓，着力解决联系服务群众“最后一公里”问题。2015年，共为1500名低保对象、239名五保对象、1091名优抚对象办理医疗保险，为158名大病患者、为56户特困残疾人家庭发放救助金；对敬老院进行高标准绿化和消防改造，安装高清视频监控系统，进一步改善五保老人的生活居住条件。投资500余万元，硬化改造黄家至圈子杨家等6条连村路，硬化羊家等16个村的主街道，硬化路面超过6万平方米，全镇91个村连村路和村内主街道全部硬化达标。投资320万元建设的垃圾压缩站运转正常，对镇村保洁队伍进行市场化改革，交给保洁公司管理，“户收集、镇运输、市处理”的城乡环卫一体化处理模式初步形成，镇村环境卫生得到明显改善。上纯净水、修机耕路、修漫水坝等182件村级民生工程全部顺利完成。

2015年6月16日，群众文化娱乐设施

【卫片执法】 2015年，市政府共交办张星镇卫片147起，占地53.65公顷。在卫片整改过程中，张星镇强化措施、卡实责任，通过拉闸限电、问责约谈、依法拆除等，全面加快整改工作进度。至年底，全镇已整改卫片101处（占压64处，拆除37处），整改土地33.88公顷，整改率达到72.53%，成为全市违法土地整改面积最多的镇（街道）。其中，口后王家村委、温中成石材厂、正大石材、中广核升压站、华鹏铸造等占地面积较大的违法建筑全部按期拆除，并作为招远市卫片执法整改的现场，接受国家土地督察济南局、省国土资源厅、烟台市政府等视察验收，受到各级的一致肯定。

【生态文明建设】 2015年，张星镇把生态文明乡村建设和环境卫生综合整治摆在更加突出的位置，作为全年农村工作的“头号工程”“民心工程”来抓。强化措施，全力突破环境卫生整治瓶颈，打响环境卫生整治的“攻坚仗”“翻身仗”。农村环境整治决心大、措施硬、效果好。整治期间，张星镇制定严密科学的整治工作方案和奖惩制度，组织镇村干部多次外出参观学习，按照“整治—申报—验收”流程，严格标准，逐村组织验收。至年底，全镇91个村有86个村通过验收，全镇环境卫生状况发生翻天覆地变化，环卫一体化月度测评成绩从全市倒数跃升到前6名，受到上级领导、有关部门、广大群众的一致肯定和广泛好评。为此，市委在张星召开全市环卫一体化推进现场会，推广张星镇环境卫生整治的成功经验。圈子、盛家、小郝家、沟子村、北于家庄子、纪山纪家、卧龙宋家、山西栾家等8个村顺利完成生态文明村创建任务，全镇生态文明乡村达到12个。

2015年8月20日，张星镇生态文明村建设观摩现场

【党建工作】 2015年，张星镇严把党员入口关，全面落实“四推两审三公示”制度，新发展党员22名。以档案管理为突破口，加强党员队伍管理，投资15万元，建成全市首个规范化党员档案室，实

2015年7月15日，张星镇"三严三实"专题教育党课

现党员档案管理的规范化、科学化、信息化和便捷化。投资110余万元，按照"一院五室"标准，新建后栾家、于家岚等9处村级组织活动场所，全镇91个村活动场所实现100%达标。坚持按时足额拨付村级办公服务经费，按照每村5万元的标准，全年455万元经费已全部拨付到位。研究出台《张星镇村级事务决策办法》，村级重大事务全部按照"四议两公开"办法进行决策，村级事务决策更加科学、规范。

【安全稳定】 继续开展"稳定工作先进单位"评比活动。2015年全镇有49个村一年内没有群众到镇及以上部门上访，比2014年增加11个村，其中小疃、盛家等20村连续3年或3年以上无矛盾上交。进一步完善防火应急预案，加强防火队伍建设。新建防火通道4条、焚烧池21个，上坟"烧七"一律由防火队、村级到现场看护。扎实开展文明祭祀宣传活动，确保防火期全镇没有发生一起重大火情，清明、春节等重要节点甚至实现"零火情"。全面落实安全生产责任制。重点进行石材山场、烟花爆竹生产传统村、劳动密集型企业、危化品生产企业等重点行业、重点区域的监管。开展石材炮车专项整治，加强校车安全运行管理。整改蔡家水库大坝、石棚至宅科、上院至下院等校车运行线路隐患路段，保障群众安居乐业和社会和谐稳定。

【农村文化建设】 大力实施古村落保护工作。先后有徐家、口后王家、川里林家、丛家等9个村入选中国传统村落名录，占全烟台市总数的69%。投资230万元，在石对头村建设文化书画院，先后举办书画展11场。全镇已有18个村成立小剧团，22个村成立健身队，10个村成立秧歌队，群众文化蓬勃开展。实施"乡村文明行动"，开展"感动张星十大人物""五好家庭""乡村文明户"创建活动，新建文化大院43处，建设健身广场、图书室等72处，购置各类书籍5万册。大力推进"四德工程"，建有"善行义举"四德榜村居覆盖率达到100%，上榜人数占人口总数50%，形成"一村一韵"农村特色文化氛围。

【丛家村】 丛家村位于张星镇政府东北6公里处。耕地面积124.67公顷，山峦333.33公顷。全村800户2260人，党员124人，下设党小组14个，村两委班子7人。村集体主要经济来源为石材开采与粉丝加工，2015年集体经济总收入为1500万元。该村党支部班子团结稳定，有着较强的组织能力和战斗力，全村各项工作走在全市前列。被中国计划生育协会授予"人口和计划生育基层群众自治示范村居"称号，连续3年被授予"山东省文明村"称号，被烟台市授予"新农村建设示范村"称号。

【地北头王家村】 地北头王家村位于张星镇政府驻地西2公里处。全村452户1218人，村内有三嘉集团王家分厂等企业。该村扎实推进环境卫生综合整治和生态文明村建设，全力打造环境整洁、绿树成荫、景色秀丽的美丽乡村。共拆除影响规划的乱圈乱占的车库、房屋，清除"三大堆"及陈年垃圾。多方筹措资金60多万元，硬化村内健身广场300多平方米，栽植樱花、玉兰等绿化苗木1万多株。为长久保持生态文明建设成果，该村重新修订村规划民约，并发放到每家每户，要求村民共同遵守。同时，建立卫生保洁及绿化苗木长效管理机制，绿化苗木的管理由就近的农户负责管理，卫生保洁由专人每天负责收集、清扫、清运。村民的良好习惯已经逐渐养成，村内环境卫生持续优化，与新建的绿化景观相得益彰，成为全镇生态文明村建设样板村。

【北栾家河村】 北栾家河村位于张星镇政府驻地东北10公里处。是胶东地区规模最大、保存最为完整、各类型历史建筑最齐全的山区古村落之一，既有古民居大院，又有宗祠、庙宇、古树、城墙护城河等公共建筑和风景名胜。村落建设和建筑细部所蕴含的历史文化内涵十分丰富，既是以招远龙口粉丝为载体的商人在外埠城市经商历史传统的佐证，也是清末捻军东征历史的重要见证，更是传统宗族文化和宗教信仰民俗心理的反映。北栾家河村是胶东山区古村落、非物质文化（粉丝、网扣）传承村落和家族村落合三为一的典范。2015年，该村投资50余万元，按照修旧如旧原则，邀请埠外古建公司重修家庙和关帝庙，重现历史古村的原始风貌。

（撰稿：董晓波　　审稿：孙常晓）

玲　珑　镇

领导成员

党委书　记：栾志利
副书记：贾建华（女）　杨　军
李绍昊（挂职）
委　员：温圣光　吴　娣（女）
杨雪杰（女）　王　晨
纪委书记：温圣光
人大主席团主　席：栾志利
副主席：李寿刚
政府镇　长：贾建华（女）
副镇长：吴　娣（女）　徐信波　王志强
政协工作办公室副主任：杨　军　陈世年
人民武装部部长：杨雪杰（女）
社会事务办公室主任：张少芳（女）
经济发展办副主任：栾君伟（挂职）
副科级干部：刘玉旗
副科级信访助理员：王日丹

【机构设置】　1984年3月撤销罗山人民公社，设立罗山乡。1985年5月改设玲珑镇。2015年，镇设党政办公室、经济发展办公室、社会事务办公室、财税所、计划生育服务站、社会事务服务站、农业技术服务站、农村经济管理站、经济发展服务中心。共有在编人员81人，其中行政人员33人，事业人员48人。

【概况】　玲珑镇位于招远市东北部，地处丘陵山区，气候舒适，环境优美宜居。地处亚洲最大黄金矿田——罗山腹地，黄金资源丰富。全镇总面积77.43平方公里，辖31个行政村，总人口29601人。2015年，玲珑镇以“走在前列，争先进位”为目标，坚持“四个创新，四个提升”，全面实施“产业强镇、旅游兴镇、生态立镇、农业活镇”发展战略，在挑战中捕捉机遇，在困难中赢得发展，在前进中实现突破。全年实现地区生产总值32.1亿元，同比增长7.4%；镇级地方公共财政收入1.3亿元，同比增长10%；农民人均纯收入17749元，同比增长8.4%。各项经济和社会发展指标再创新高，综合经济实力显著增强，全镇呈现大局稳定、环境优化、经济发展、社会繁荣的良好局面。

【以“争创一流的精神”紧抓产业发展这个龙头，整体经济实力快速提升】　2015年，玲珑镇在推动经济发展上坚持从质量上找出路、在规模上要效益，大力推进招商引资，不断优化招商环境，做大培强一批经济效益好、带动能力大、核心竞争力强的优势项目。重点项目进展顺利。全年共规划实施市级重点项目5个，总投资11.9亿元，实际完成投资5.2亿元。其中，投资3.5亿元的《金山佛谕》山水大型实景演出项目顺利建成并投入运营，当年实现演出收入800万元，对带动全镇三产服务业发展，促进全市旅游业进一步提升具有重要意义，收到良好的经济和社会效益。总投资1.2亿元的船舶机械配套制造项目，全年投资6000万元，场地平整已经完成，院墙基础完工，并购进设备35台/套。投产后，年生产集装箱1000个，销售收入可达到1.3亿元，利税3400万元。总投资1.1亿元的北海金属材料制造项目，全年投资5000万元。地上附着物清理及补偿已经完成，场地平整结束，已购置设备20台/套。项目建成后，年可实现营业收入4600万元。总投资1.6亿元的盛泰动力装备制造项目，已经基本完工，年可实现销售收入3500万元，利税500万元。总投资4.51亿元的仙人山农博园项目，全年完成投资1亿元，企业家会所、餐厅主体及楼顶等工程已经完工，墙体粉刷及内部装饰基本结束，绿化完成。项目建成后，年可接待游客30万人次，接受各类会议培训2.9万人次。同时农博园可提供各类无公害蔬菜、水果、蛋、奶、肉等绿色食品，年产值可达1.5亿元，利润320万元。招商引资工作稳步推进。2015年，玲珑镇不等不靠、主动出击，积极与市外企业联系沟通，邀请到镇考察。同时，组织招商团队外出招商，与当地企业进行座谈，介绍镇情、推介项目，收到良好效果。全年新签约项目5个，分别是西安必捷滑雪场项目、盛泰金属项目、远洋船舶项目、财富文化广场项目和派尼尔机电项目。另外，玲珑镇本着抓大不忘小的原则，充分利用闲置厂房开展招商，积极破除土地瓶颈。全年共利用闲置厂房及闲散资源3处（分别是：以原和兴办公楼为中心的聚贤庄园项目、利用柳家原粮所新上的珑源冷风库项目和潘家集原小学新上的纺织服装项目）。黄金产业链条进一步拉长。按照“由单纯的黄金采选重镇向黄金产业重镇转变”的发展思路和定位，充分发挥黄金企业的资金优势，积极与高新企业合资合作，膨胀延伸黄金产业链条。2015年，玲珑镇与蓝天国际（香港）有限公司合作，投资2000万元引进蓝宝石深加工项目，并购买皮革大厦11层1200平方米作为销售中心。该项目是全市各镇（街道）中唯一签订合同，实际投资运营的黄金深加工项目。与此同时，还与新疆凯迪投资公司签订正式协议，拟在开发区投资1000万元，进行黄金首饰深加工，进一步拉伸黄金产业链条。

欧家夼西安必捷滑雪场

【以“迎难而上的气魄”紧抓农民增收这个难题，农业经济效益显著增长】 玲珑镇高度重视农业发展和农民增收。一年来，全镇加大农田水利投资力度，进一步夯实农业发展基础工程。对上争取1200万元，对欧家夼环山河一号、盛家环山河二号、鲁格庄、欧家夼观里、小李家5座水库进行除险加固，安全隐患消除，综合效益凸显。面对严峻的旱情，积极协调各村合理利用有限水源灌溉农田，同时出台奖补政策，采取“你干活我奖励”方式，对各村抗旱工程给予适当奖励。全年共投入200万元，新打机井57眼，新建拦水坝5座，水库塘坝清淤3处，并在欧家夼村进行自来水改造工程，确保人畜吃水和夏粮丰收。围绕“创新农业经营体系，调整农业产业结构”的思路，重点发展一批成规模、有特点、效益好的农业产业，农业生产效益显著提高。其中：睦邻庄葡萄基地，完成投资100万元，已经完成道路建设及13.33公顷葡萄的栽植；前花园特色水果基地，完成投资100万元，建成占地6.67公顷的33个蓝莓大棚，蓝莓采摘基地已对外开放；吕格庄家庭农场，完成投资100万元，已完成13.33公顷苹果苗木的育苗，正在高标准对农场进行重新规划设计，着力打造全市首屈一指的家庭农场。面对严峻的防火形势，全镇上下共同努力，顺利完成防火任务。投资10万元购买鲜花，于清明节及农历十月初一上坟期间，在19个防火村开展“鲜花换鞭炮”活动，收到良好效果，文明祭祀的观念正在逐步深入人心。在防火队伍建设、各村路口及坟头把守上下功夫，死看硬守，全年没有发生一起严重火情。

【以“精准有效的思维”紧抓生态文明这个载体，镇村生活环境极大改善】 生态文明建设水平进一步提升。2015年，玲珑镇改变以往“全面开花”的生态文明创建方式，坚持规划先行、重点突破。全年共投资250万元，集中力量，全力抓好前花园、后花园、王家、横掌姜家、睦邻庄等5个村的市级生态文明村创建工作。建设前，到各村实地逐段、逐个节点进行规划设计；建设过程中，相关站办、工作区、村里的人员，全力靠上、扎实工作，在年底全市生态文明观摩中，取得第二名的成绩。环境综合整治纵深推进。在这项工作上，玲珑镇一直保持较高投入。2015年，添置200个移动式垃圾收集桶和1辆移动清洁车，全镇移动垃圾桶总数达到700个，垃圾清运车5辆，配置更加合理；再投资200万元，在继续实行环卫一站式托管基础上，着重加强对保洁员的管理和考核，确保保洁员统一着装上岗、卫生

环卫一体化处理生活垃圾压缩站建设前

环卫一体化处理生活垃圾压缩站建设后

区每天普扫1次、全天候执勤、对河道沟渠内和道路两侧绿化带杂草杂物漂浮垃圾及时进行清理清除。基本实现生活垃圾的日产日清，农村环境更加整洁。在全市环卫一体化考核中取得第1名的成绩。农村社区建设取得进展。投资200多万元对大蒋家、东庄头、欧家夼、吕格庄、罗山李家、盛家、玲珑高家、潘家集和玲珑台上等9个社区进行全面改造升级，其中，打造示范型社区5个，实用型社区4个。至年底，已经全部改造完毕并得到上级的认可。新建的欧家夼、罗山李家、东庄头、大蒋家4家社区幸福院，也已通过市里验收，全镇幸福院数量达到6家。

【以“饱满真挚的热情”紧抓社会事业这个核心，和谐社会建设加速推进】 信访综治成效显著。信访工作方面，玲珑镇一直保持高压态势。群众的合理诉求，玲珑镇积极协调、及时处理；群众反映的困难，创造条件尽力给予解决。全年共受理各类信访案件60起，处结55起，处结率达到92%。其中，结服50起，结服率84%，信访形势持续向好。技防建设方面，在实现所有行政村监控全覆盖基础上，加强对技防设施设备的管理，保证常使用、好使用，提升群众安全感。安全生产更有保障。深入开展“全覆盖”安全大检查、“安全生产月”等活动，夯实全镇安全基础，构筑起安全生产防线，全年未发生任何安全生产事故。为推进安全监管和安全整改的专业性，对安全管理工作进行外包，非煤矿山与济南欣鹏安全技术咨询有限公司签订合同，化工企业与烟台万华专家签订合同，保证每季度至少为企业服务一次，并出具专家诊断性检查报告，根据专家提出的问题对整改情况进行监督落实。2015年共开展3次诊断性检查，查出问题隐患120余处，已全部整改完毕，符合安全生产条件。社会保障规范健全。对全镇范围内的低保户、五保户进行统一摸底核查，对不符合条件的对象予以取消资格。确定的低保户763人、五保户80人，共发放保障金138.9万元；为提高五保老人的供养水平和生活质量，玲珑镇加强对敬老院的管理，改善伙食，并对老人住房、消防设施等安全情况进行排查，发现隐患立即进行整改。计生工作效果明显。强化优质服务，计生水平稳步提升。2015年对全镇6009名育龄妇女进行健康查体，查体率达到99.99%，使育龄妇女足不出户得到最周到、最先进的技术服务。同时，认真落实农村家庭奖励扶助的申报与审查工作。通过到村里查户口本、走访群众等方式，将符合条件人员一一落实。全镇共有926人享受该政策。文化事业空前繁荣。深入开展“讲文明、树新风”宣传活动，投资30余万元修建文化墙，公益广告宣传在全镇范围内铺开，使社会主义核心价值观深入人心。积极开展各类文艺活动，2015年10月在镇文化中心举办的“欢乐大舞台”玲珑选区暨“食安玲珑”文艺汇演，30个单位300余人次表演的32个精品节目为村民送上文化大餐。

后花园村环境综合整治和生态文明村创建活动开展前

后花园村环境综合整治和生态文明村创建活动开展后

【以“从严从实的决心”紧抓作风转变这个关键，党员干部队伍效能提升明显加快】 玲珑镇全面贯彻落实从严治党要求，坚持干在实处、抓出实效，以严的标准推动基层党建，以严的措施管理基层党员。抓好班子。对村两委班子进行动态管理，确保各项工作顺利开展。2015年共增调支部委员3名，对2名村干部进行诫勉，通过选派“第一书记”加大对2个村的管理力度。建好队伍。严抓党员发展标准，在各个关键点均实行五部门联审，对不合格人员及时清理，净化党员队伍。2015年共清理不合格人员15名，杜绝带病发展情况的发生。严格督导。对村干部坐值班和“三会一课”、党员教育、农村公开日等制度进行落实，通过组织委员每两周实地检查一遍、副书记每月检查一遍的方式，进行常态化督查。先后下发督查通报20余期，检查结果与年底考核和村干部工资直接挂钩，各项制度得到有效落实。发挥作用。为进一步发挥党员先锋模范作用，对党员联户工作进行重新部署，以农村党员干部“分片定岗联户”为载体，主动搭建起一条党群联系的联通路，打通服务群众“最后一公里”。同时，2015年玲珑镇党委研究制定新的农村干部补贴发放办法，农村干部补贴实现按月发放，进一步解决干部工作的后顾之忧。通过一系列措施，全镇党员作用进一步发挥，干部作风进一步转变，群众对工作也更加支持，群众满意度继续位列全市前茅。

【欧家夼村】 欧家夼村位于国家AAAA级风景区——罗山国家森林公园前。全村粮田86.67公顷，果园46.67公顷，山峦1000公顷。2015年，全村980户2540人。集体企业有金矿、罗金选矿药剂厂、罗山国家森林公园、珑坤置业、中国夼上艺术区、金欧新型聚酯有限公司、建筑公司。全村固定资产2.8亿元，从业人员2200人，年创产值3.5亿元，利税3000万元。连续四届获省级“先进基层党组织”称号，被评为全国模范村民委员会、全国小康示范村、全国民主法治建设示范村、全国创建文明村镇工作先进单位，连续三届被评为全国文明村。获得烟台市级以上称号100余个。

近年来，欧家夼村坚持发展是硬道理，专心致志搞经济，一心一意谋发展。在新农村建设上主要实施了以下工程：文化旅游方面。金山会馆建设，所有主体工程基本完工，示范区建设顺利完成，正在商业招商中；红色文物展览馆结合党的群众路线教育实践活动，改造成为教育基地，顺利迎接市直党政机关参观学习；2015年《金山佛谕》山水大型实景演出项目顺利建成并投入运营，提高了罗山景区的知名度和市场认知度，收到良好的经济和社会效益；西安必捷滑雪场项目，实现当年考察，当年签约，当年建设，当年开业，有效填补罗山生态旅游度假区冬季旅游的空白。社会事业方面。顺利通过山东省“乡风文明家园”复核，成为省级示范点。村妇代会被评为“省级幸福进家先进单位”“招远市先进妇代会”。发放村民福利待遇300多万元。工业经济方面。近年来，该村经济稳步发展。金矿、药剂厂、森林公园、聚酯厂、珑坤置业、福寿地合作社等实现稳步发展，经济效益比往年有所增长，实现安全无事故。

【吕格庄村】 吕格庄村位于招远市区东北10公里罗山脚下。全村总面积2平方公里，耕地27公顷，果园20公顷，山峦沟夼33公顷。2015年，全村经济总收入3.5亿元，各项经济指标居全市前列。连续多年被评为烟台市文明村、烟台市平安村庄、烟台市小康示范村、山东省文明村、山东省明星村庄、山东省计划生育先进单位、山东省城市园林化工作先进单位等。吕格庄村按照“五个好”（领导班子好、党员队伍好、工作机制好、工作业绩好、群众反映好）党支部的创建标准，不断探索新形势下社会主义农村建设的新路子，努力开创农村工作新局面，促进三个文明建设的全面发展，保证全村经济发展、政治稳定。

又好又快发展壮大集体经济。2015年，矿山企业固定资产投资1100万元，为全村经济的持续发展打下坚实基础。新农村建设工作更加深入、稳步发展，由村民向城镇居民过度。2015年，吕格庄村加大为民办实事力度，实施多项民生工程。投资10多万元，建设高标准的净化水设施，改善村民用水条件，提高为民服务水平。投资50余万元，修建东山停车场，方便群众进山及防火需求。村民自治、社会稳定，精神文明建设全面发展。进一步完善村民说事室工作制度，进行“和谐家庭”评选活动，使各项工作制度化、规范化。在全村倡导和谐理念，营造积极健康的思想舆论氛围，没有一起上访事件，村民所有事务在村级全部能解决。说事室制度得到上级各级党委政府的肯定。扎实开展党务公开工作，受到各级领导的一致好评。构建和谐、关注民生，为村民办好事、办实事。吕格庄始终把建设和谐社会、关注民生作为头等大事来抓，让村民享受到改革带来的成果。投资300多万元，为全体村民加入新型农村养老保险。免费为全体村民提供医疗保险、有线电视费、自来水费等。为60岁以上的老人每人每年发放1200元的补助。为学龄前儿童每年补助600元，为大中专生补助2000元。每年中秋、春节期间每个村民发放不低于1000元的福利。

（撰稿：王　政　　审稿：杨雪杰）

阜　山　镇

领导成员

党委书　记：李天骄

副书记：毛文东　盛海翔　张　磊（挂职）

委　员：黄　伟　温朝阳　张秋萍（女）

孙学正　孙忠明

纪委书记：黄　伟

人大主席团主席：史吉鹏

政府镇　长：毛文东

副镇长：温朝阳　王晓英（女）

王文敏（女）

政协委员联络室副主任：盛海翔　原福松

人民武装部部长：孙忠明

副科级干部：周宏伟

社会事务服务站：栾富通

安全生产服务站：姜　波

【机构设置】　1984 年3月，撤销阜山人民公社，改设栾家河乡。1994年9月改置阜山镇，2000年12月南院镇合并到阜山镇。2015年，镇设党政办公室、经济发展办公室、社会事务办公室、财税所、计划生育服务站、社会事务服务站、农业技术服务站、农村经济管理站、经济发展服务中心。共有在编人员95人，其中行政人员38人，事业人员50人，工勤7人。

【概况】　阜山镇位于招远市东北部，东距烟台机场、港口110公里，南距青岛机场、港口160公里，北距龙口港35公里，文三公路横贯境内。地形南北长、东西窄，总面积195.82平方公里。全镇78个行政村，人口50557人。2015年，阜山镇牢牢把握“稳中求进，稳中有为”工作主基调，团结一心，攻坚克难，经济社会各项事业继续保持平稳健康的良好发展态势。全镇实现地区生产总值31.5亿元，镇级地方公共财政收入11922万元，农民人均纯收入17686元，同比分别增长7%、10%和8.8%。先后获得“中国黄金第一镇”“国家级安全社区”“中国优质苹果基地百强乡镇”“全国绿色小康镇”“山东省党建工作示范镇”“山东省安全生产先进单位”“山东省文明镇”等称号。

【特色经济】　独特的黄金优势。阜山镇北部地处全国著名的玲珑矿田，蕴藏着极其丰富的黄金资源，镇域内矿田面积达50多平方公里。镇设矿业公司，下辖九曲、九曲蒋家、东李家庄、吕家、栾家店、栾家沟等6个分公司。拥有牛草涧、南仁涧2个矿区，7条矿井，8个选矿厂，固定资产10.8亿元，员工4800人。2015年生产黄金90015两，黄金产业为全镇重要经济支柱。

丰富的农业资源。全镇耕地面积7066.67公顷，山林面积7600公顷，果园面积2800公顷。近年来，该镇先后争取资金6600万元，投资建设优质苹果出口创汇基地，阳坡岭、葛尔岭土地整理项目，乐土顶和城子水库节水工程、磨起山全国节水示范县工程、阜山岭万亩节水工程、峰山墣493.33公顷节水、千亿斤粮食田间产能、洪山墣土地治理等农业重点项目，农业基础条件得到进一步改善，为农业增效、农民增收奠定坚实的基础。2015年，全镇农村经济总收入83.5亿元，粮食平均亩产489.2公斤，总产3517万公斤。农业总产值11.59亿元，其中畜牧业总产值1.44亿元。

腾飞的工业经济。通过搭建园区平台，培育骨干企业，拉长黄金链条，着力实现由单一向复合、由地下向地上经济的转变。初步发展起圣基建材、春雨家纺、盼圣汇食品、PPR管材、冷风库群、春雨滨海度假村、春雨渔港码头建设项目等一批地面骨干企业，形成机械、纺织、食品、贮藏、旅游、三产服务等产业集群。2015年，全镇规模以上企业17个，主营业务收入59.4亿元，利润总额7.1亿元，同比分别增长17.4%和10%。

【项目建设质效并重、稳步推进】　2015年，阜山镇坚持稳步推进黄金产业转型，着力促进项目建设提质增效，进一步突出重点，扩大亮点，努力推动镇域经济持续稳定健康发展。重点项目建设取得新成效。全年共规划市级重点项目11个，其中黄金转型项目5个，当年完成投资10亿元。分别是：圣基文化创意园项目，占地11.33公顷，一号车间钢构已安装完成，正在进行围墙建设，二号车间桩基建设已结束；春雨国际会议中心项目，建筑面积5000平方米，室内装饰和室外绿化工程已结束，游泳馆内部装饰基本结束；生活垃圾无害化处理焚烧发电项目，占地3.71公顷，建筑面积17000平方米，车间

九曲蒋家村钓鱼台

和办公楼主体正在建设，供水工程主设备已采购，正在组织施工；春雨海岸带综合整治与生态修复项目，全长1950米，已开工建设西段716米，工程主体及堤身部分工程已完成；春雨大厦建设项目，占地3.33公顷，建筑面积4万平方米，大厦外部钢挂大理石已铺装结束，内部砌墙、配套管网、货运电梯安装等已基本结束，正在进行室外绿化；春竹商业综合体二期工程，占地7.67公顷，建筑面积22万平方米，一期文化创意产业园正在进行配套设施建设，春竹坊1～4号楼主体工程已封顶，正在进行内部砌墙和地下停车场建设。招商引资迈出新步伐。坚持把镇域优势资源及旅游度假区、建材工业园、农产品加工园三大园区建设作为招商引资的主攻方向，采取多种方法加大招商引资力度，为经济发展储备后劲。2015年，阜山镇先后组织人员赴广东、北京、河北、辽宁等地洽谈招商，走访企业42家，邀请并接待来访客商48家。对部分有意向的企业安排专人进行跟踪对接，含金尾矿高值化综合利用项目和石家庄制药厂搬迁项目正在进一步洽谈中。

【黄金产业规范提升、有序发展】 2015年，阜山镇持续加强矿业秩序规范，加大安全生产监管力度，深入开展矿区环境整治，黄金产业实现安全稳定发展，保持连续7年无安全生产责任事故。开展安全标准化创建，全力维护矿山秩序稳定。在继续巩固4个二级标准化单位创建成果的基础上，新创建二级标准化单位3个、三级标准化单位5个。加强隐患治理和安全监管。按照“全覆盖、零容忍、严执法、重实效”的要求，根据安全生产不同时段的不同情况，开展相应的安全生产大检查和专项检查活动。全年共组织各类检查60多次，查出各类安全隐患588条，对排查出的隐患全部建立整改台账，做到整改措施、责任、资金、时限和预案“五到位”。至年底，588条隐患已全部整改完毕。深入抓好对矿山企业干部职工的教育培训，先后培训4800多人次，372名特殊岗位人员全部实现持证上岗。不断加大安全投入，累计投资2600多万元对部分矿山设施设备进行更换升级，为矿山安全生产打下坚实基础。着力维护矿业秩序稳定。扎实开展牛草洞矿区扩能、“打非治违”、尾矿库治理、“攻坚克难”和石子厂专项整治等重点工作，经常性组织人员对各矿区进行全面排查，严厉打击无证开采、超层越界、私采乱挖和偷盗矿石等违法行为。先后抓获不法分子2名，处理问题单位3家，罚款12万元，有效维护全镇矿业秩序的总体稳定。

【农业结构调整步伐加快、特色突出】 2015年，阜山镇以加强基础设施建设和发展现代高效农业为突破口，不断调整优化农业产业结构，促进农业增效、农民增收。加强农业基础设施建设。投资1800万元，重点规划实施青山李家等3座小（Ⅰ）型及扒山路家等7座小（Ⅱ）型水库的除险加固工程；

水旺庄村河道整治

投资500万元，规划实施666.67公顷高标准粮田建设项目，项目建成后惠及26个村；投资300万元，对小（Ⅱ）型水库及小农水工程进行维修养护，共完成养护项目32项；投资260万元，规划实施吕家等5个村90公顷微喷工程，全面改善农业基础设施条件。推进现代农业建设，落实惠农政策。规划实施省、烟台市两级8个现代农业项目，争取无偿资金400万元，其中龙王沟新植苹果矮化项目被评为烟台市样板项目。2015年7月15日，省农业厅在吕家村召开项目建设会议，推广吕家村机械化作业等先进经验，实现生态农业和农民增收的全面提升；加大政策性补贴宣传力度，严格落实各项惠农补贴，累计发放农业支持保护补贴286万元。持续做好造林绿化和护林防火工作。造林绿化方面，完成青山220公顷和黄山33.33公顷沿海防护林造林工程。护林防火方面，始终保持高压态势，严格落实上坟烧七报告和重点

2015年6月13日，村民进行文化广场施工

部位值守等各项防范措施。投资68万元，在青山顶和会仙山顶安装高清全时段监控探头，对镇域北部重点防火区域实行24小时监控。春冬两季防火期，镇村两级都安排专人靠在防火责任区死看硬守，确保护林防火工作的总体稳定。

【民生事业提质增量、全面加强】 2015年，阜山镇坚持把提高民生福祉作为第一追求，以创建生态文明镇村为抓手，进一步加大惠民投入，解决一批群众最关心、最直接、最现实的热点难点问题。大力推进生态文明乡村建设。先后投资2000多万元用于农村环境综合整治和生态文明乡村建设。在全镇开展轰轰烈烈的农村环境综合整治活动，全镇78个村已全部完成整治任务，共拆除违章建筑120余处，

2015年6月1日，生态文明乡村——大疃村

清理垃圾3.6万吨，新栽植绿化苗木8万余株，硬化村街道5万多平方米，镇村面貌焕然一新；对已建成的8个生态文明示范村进行提档升级、提升完善。依托镇主要公路干线，又规划打造水旺庄、张郗堡、大高家、凤凰夼等10个生态文明村，以点带面，示范带动。进一步加强环卫一体化运营管理，实现环卫设施和保洁队伍的全覆盖。采取市场化运作模式，聘请专业保洁公司对环卫一体化实施规范运营管理，有效提高保洁效果。制定出台农村环境整治后续维护管理办法，年前组织对全镇所有村开展第一轮检查评比，对68个达标村奖补维护管理资金12万元，进一步巩固生态文明建设成果。积极开展为民办实事。通过调研、座谈等方式，层层筛选出群众反映最强烈、最直接的33件民生事项，列入全镇2015年为民办实事工程，采取“以奖代补”的方式给予50%～60%的资金补贴。镇村两级共完成投资700多万元，规划实施的33项民生工程已全部完工，有效改善农村生产生活环境，充分调动各村党员干部干事创业的积极性。强化社会保障体系建设。

2015年3月11日，学生候车亭

2015年，全镇养老保险参保人员达到14000多人，按照市镇1∶1补贴标准，镇财政补贴资金38万元；对4万余名合作医疗参保群众每人补贴40元，镇财政共补贴资金160万元，补贴数额居全市第一；高度关注弱势群体生活，对全镇低保、五保、残疾人等弱势群体实施规范化管理，全年严格按规定审批发放各类优抚救助款项900多万元。深入推进教育文化事业发展。教育方面，先后争取资金300多万元对庙后吕家初中等3处学校餐厅进行改扩建，进一步改善学生就餐环境；投资30万元，新建9处校车候车点，方便学生上学候车；投资40万元，对校车运行线路安全隐患进行整改，确保校车安全运行。群众文化方面，投资150多万元规划建设14个村的文化大院；先后举办群众欢乐大舞台、秧歌进镇进城、“绿色田园走进阜山”消夏晚会等活动，进一步丰富群众精神文化生活。全面启动农村社区建设。投资400多万元，按照“一厅十一室”标准，建设完成栾家沟、西观阵等7处示范型农村社区和九曲、吕家等7处适用性农村社区，14处农村社区辐射全镇78个村，实现公用设施的共享和无缝覆盖。不断加强计划生育工作。重点在强化基础建设、规范达标等基础工作上下功夫，全镇计生工作水平迈上新台阶。春秋两季育龄妇女查体率分别达到99.94%和99.93%；处结3起违法生育案件，对6起违法生育户纳入司法程序，收缴社会抚养费11.7万元；兑付独生子女费、晚婚晚育奖励、落实长效节育措施等各类政策性资金50多万元。

【社会管理规范高效、和谐稳定】 2015年，阜山镇围绕打造平安和谐阜山，坚持思想教育与制度建设相结合，进一步提高促进社会公正、应对社会风险、保持社会稳定的能力。全力保障社会稳定。

2015年7月23日，村民在村中公园纳凉

以维护各级“两会”、抗战胜利70周年、十八届五中全会等敏感时期社会稳定为重点，对不稳定因素做到每月一次例行排查，特殊时期随时排查。对排查出的不稳定因素逐案建立台账，制定落实化解措施；对重点人员实行“一案一档”，确保始终纳入视线。严格落实“一岗双责”制度，采取领导干部包案接访、站办联合巡回化解和工作组驻村办案等方式，促进重点案件和矛盾纠纷的及时化解。强化社会治安综合治理。加强综治队伍建设，建立由201名巡防员组成的治安巡逻队伍，开展日常治安巡查；充分发挥109名村级专职调解员作用，不断探索人民调解、行政调解、司法调解有机结合的工作模式，及时化解各类矛盾纠纷。全年共受理各类纠纷75起，调处72起。继续推行调解员月例会制度，各工作区每月定期召开一次辖区村调解员例会，及时对矛盾纠纷进行交流会诊，确保将矛盾纠纷及时化解在萌芽状态；大力开展平安镇村创建活动，不断完善镇、工作区、村三级社会治安防控体系，提高治安重点部位安全防范水平，切实增强人民群众的安全感。加大防范和处理邪教力度。对摸排出的所有邪教人员全部纳入镇、工作区、村三位一体包帮监控范围，层层落实责任，不断加大对邪教重点人员的教育转化力度。对全镇所有邪教人员逐一建立档案和帮教小组，因人施策、逐人转化；开展反宣品清理工作，各村安排专门人员每天对重点部位进行检查清理，各工作区每周至少对辖区开展2次全面检查，镇610办不定期进行抽查，确保清理工作的及时彻底；组织开展“邪教组织”诬告滥诉专项整治活动，全年共抓获现行5人，打掉团伙1个，极大震慑邪教犯罪活动。

【基层党建创新提高、扎实有效】 2015年，阜山镇深入扎实组织开展“三严三实”专题教育活动，并以此为契机全面推进从严治党管党，转变工作作风，提升为民服务能力和水平。加强村级组织和党员队伍建设。研究出台《阜山镇农村两委干部工作补贴统筹发放实施意见》，配套修订完善村级组织管理章程和一系列责任制考核办法，全面加强对村干部的日常工作考核。在给农村两委干部提高工作补贴发放标准的基础上，阜山镇又将农村专职会计和妇女主任纳入发放范围，并且一并给予缴纳农村养老保险，不但提高农村干部的薪酬补贴，而且解决他们的后顾之忧；以开展“三严三

2015年2月12日，招远市政协主席林建东走访群众

实”专题教育活动为契机，严格落实村干部“坐值班”、三会一课等制度，加强日常监督管理；积极推行村党务村务财务“三公开”，投资5万多元对全镇78个村的“三务”公开栏统一进行更换，有效扩大群众的知情权和监督权。大力推进党员干部作风转变。继续推行书记挂区、两委成员包区联区、机关干部包村的服务基层工作机制，严格落实领导干部联系困难群众、党员干部联系服务群众大走访等制度，进一步密切党群干群关系；在全镇农村党员中深入开展“包片联户”和“星级评比”活动，将各村合理划分为若干个区片，每名农村党员负责联系和服务一个区片的普通群众，定期开展走访、上门服务，做好社情民意调查，收集和解决群众反映的困难和问题，强化农村党员服务群众的宗旨意识。全年共收集群众意见建议270多条，处结98%，群众满意度明显提升。在此基础上，加强对农村党员的日常管理和考核，根据党员服务群众、发挥作用情况，将党员划分为五星、四星、三星及需帮教4个类别，对被评为五星级的271名党员进行隆重表彰，在提

2015年2月13日，阜山镇领导走访群众

高广大农村党员党性意识、发挥先锋模范作用的同时，进一步增强农村党员参与村级事务、联系服务群众的积极性和责任感。积极引导农村干部干事创业。引导各村新任班子制定出3年任期目标和2015年为民办实事计划，将提报的民生项目经镇党委、政府把关后全部建立台账并在各村公示。对项目完成情况及时进行督导检查，并作为考核各村班子和村干部工作的重要依据，引导广大农村党员干部在干事创业中锻炼能力、在为民服务中提升威信。镇村两级共筹集资金3000多万元，全部完成承诺的167项村级为民办实事项目。

【九曲蒋家村】　九曲蒋家村位于阜山镇政府驻地西北11公里处，居民280户800人。全村总面积4.18平方公里，耕地面积40公顷，山峦面积300公顷。以

九曲蒋家村桃源山庄

生产黄金闻名，是“中国黄金第一村”。先后获得“中国黄金第一村”“全国文明村”“全国首批管理创新示范单位”“全国社会主义新农村建设示范村”“中国十佳小康村”“中国绿色小康村”“中国环境保护先进单位”“中国民营500强”“全省民主法制示范村”“山东省思想政治工作先进单位”“山东省十大名村”“烟台市小康示范村”等称号。

黄金生产是全村的主要经济支柱。2001年，村成立黄金矿业有限公司。2003年，投资1400多万元，建起金雨食品有限公司；投资8000多万元，建起春雨家纺公司、春雨建筑公司、物资供应公司、食品供应公司。2004年，建起春雨园林公司。2005年，建起春雨电气公司。2006年，成立春雨民生保险代理公司。2008年，春雨集团有限公司发展成为

拥有矿业、家纺、电器、园林、建筑、食品、物资供应、民生保险、商贸、滨海度假、旅游、房地产开发等15个公司的企业集团，员工4800人，资产总额14亿元，集体总收入8亿元，财税贡献3900万元，村民人均收入2.8万元。村集体为村民供应白面、花生油、鸡蛋、大米等，为25～60周岁的村民投保，60岁以上老人每年可领取养老金1200元，凭医疗卡报销3000元以内的医药费。自2004年开始，村集体先后投资1.5亿元，在招远市区建起九曲蒋家新村。新村配有办公楼、文娱休闲活动中心、购物商厦、智能车库、监控中心、村中花园等公共设施。村民分两批乔迁入居。与发展经济同步，该村确立“一手抓经济可持续发展，一手抓村民素质提高”治村理念，切实提高村民文化素质。制定村规民约，编印《村民素质教育手册》《春雨集团企业文化手册》《全国小康之星—九曲蒋家村新农村建设之路》《春雨报》，编写村歌《中国黄金第一村》、春雨之歌《勇者更强》，成立“春雨艺术团”，建立“功德簿”和“警示录”，开展评先树优和村民行为道德“四级联评”活动，提高村民的整体素质。经常性聘请高校教授到村授课，选派员工到各大高校进行培训深造。该村读大学专科的学生每人奖5000元，读大学本科的每人奖1万元，读研究生的加奖5000元，出国留学的补助2万元，鼓励学生尊重知识，成人成才。同时，村里成立学生校外辅导中心，对学生进行校外培养教育，并安排专车接送学生。

【栾家沟村】 栾家沟村位于阜山镇政府驻地北9公里处，全村282户800人。全村总面积0.55平方公里，村庄占地面积12公顷，耕地面积36.6公顷。属丘陵地貌，地下黄金矿藏丰富。2008年，全村实现集体经济收入2.2亿元，人均收入达到1.2万元。先后被授予“山东省精神文明建设先进单位”“烟台市基层党建先进单位”“招远市先进单位”等数十项称号。

社会事业发展迅速。1999年起，对村庄建设进行规划，分别墅区、高档住宅区、办公区、休闲度假区、综合服务区、工业区等，将村北尾矿库改造成人们娱乐健身的观景公园。2004年后，全村共硬化区内路面8000余米，山路硬化1万多米。2003年9月建立医疗救助基金，对患重大疾病的村民实行救助。从2003年开始，每年给予每位村民不少于2000元的福利待遇。2005年10月，村集体投资60万元，为所有适龄村民缴纳农村社会养老保险金；每年投资22万元，为60岁以上老人每人每年发放养老金2000元的同时，又为每位老人加发600元的医疗补贴。2005年起，村集体承担学生从学前教育到大学毕业期间的全部学费，对考入大中专的学生，分别给予2000～20000元的奖学金。毕业后愿意回村的，优先在村企重点岗位安排就业。村里先后投资200多万元，修建健身广场，建起党员活动室、图书室、老年活动中心、健身房、乒乓球室，建立党员远程教育系统。定期组织村民开展演讲比赛、歌舞演出等各种文体活动，按照每户补贴2000元的标准，引导村民购买110台微机，并免费接入宽带，开辟农民学习教育的新途径。制定《村民道德实施纲要》，为依法治村，以德治村提供管理依据。组织开展一系列精神文明创建活动，建立起和谐的人际关系，形成健康、向上、文明的新风尚。

栾家沟村、栾家店村鸟瞰

【栾家店村】 栾家店村位于阜山镇政府北8公里处，全村180户，560人。村庄占地面积15公顷，耕地面积38公顷，其中果园18公顷，山峦67公顷。地属丘陵山区，处于玲珑矿脉之内，黄金资源丰富。先后被授予“山东省文明村”“山东省先进妇代会”“招远市文明单位”“招远市模范村民委员会”“招远市先进基层党组织”等称号。

1993年，调整农业结构，大力发展果业，当年开发果园10公顷。1995年，建设7公顷银杏基地。以富士苹果为主的18公顷果园成为村民经济生活的主要来源。栾家店村拥有阜山镇北区最大的集市，第三产业和个体私营经济具有得天独厚的发展优势。村集体先后在村东公路两侧建成饭店、商店、维修、洗车、理发、浴池、建材、农药等商品一条

2015年6月1日，大疃村中心公园

街。1989年投资60万元，建立1处日处理量为25吨的黄金选矿厂。1994年投资20万元，对老选矿厂进行改造，日处理矿石达到40吨。1997年投资700万元，开发采矿点5个。2002年扩建成立金龙矿业有限责任公司，形成黄金采选、果业和第三产业私营经济三大支柱产业。1987年建起农民夜校，1989年建立计划生育甲级活动室。1993年，对旧幼儿园进行换新改造，为村民安装闭路电视。2001年后，为贫困学生减免学杂费，为村民加入农村合作医疗保险。投资20万元，建成一流社区服务站。先后投资200多万元，硬化村内全部主要街道。2006年，投资30万元在村中心建设农民文化娱乐中心1处，为村民缴纳电视收视管理费。常年为所有村民供应面粉、大米，70岁以上老人每年补助300元。2012年，实施旧村改造工程。

【九曲村】　九曲村位于阜山镇政府驻地西北10公里处，全村568户1996人。总面积10平方公里，山峦800公顷，耕地73公顷，其中粮田33公顷，果园33公顷。该村地处黄金产区，自古就有采金传统。20世纪60年代后，集体采金业日渐兴旺。1978年村办金矿成立，从业人员1200多人，年产黄金1000两。1984年建成25吨选厂，1989年建成100吨选厂。1994年，成立九曲实业集团公司，拥有资产1.8亿元，员工2650人，辖64个企业，年创利税1800万元。社会事业不断发展。完小、幼儿园、图书馆、影剧院、电影放映队、村办业余文艺宣传队、老年人文化娱乐活动中心、社区卫生保健服务中心等一应俱全。村集体累计投资1000多万元，用于发展社会文化事业。为村民投农村医疗保险，医疗费用按期按规定标准报销。村民享受集体供应面粉、大米，花生油，鸡蛋、猪肉、纯净水等福利。村民60周岁以上享受集体统一入保的养老金待遇。65周岁以上村民，村集体每人每年发放生活补助及药费补助共计2000元。村困难户由集体视情况给予每人每年1000～3000元困难救助。同时，规划建设城区新村，并交付群众入住。

【吕家村】　吕家村位于阜山镇政府驻地北8公里处，全村282户912人。属丘陵山区，有黄金矿藏。先后被评为招远市文明单位、招远市先进企业。社会事业迅速发展。1987年后，在前河南岸公路西相继建设12排80栋新瓦房，在村东建楼4栋，村内建楼10多栋。1989年投资14万元建2层楼的幼儿园。1994年，投资40多万元，建起办公楼。1994年，投资30万元，将村中南北大街硬化，安上路灯，建牌坊1座。2003年，建设60户村民住宅楼。2004年，投资1000万元建设6000平方米村委综合楼。2005年，投资200多万元复垦耕地13公顷，投资60多万元打深井1眼，解决村民饮水问题。2006年开始，投资1500万元，对60公顷零散农田进行土地整改，同时进行产业结构优化调整。2007年，投资100余万元，引进寿光蔬菜种植技术，建立春竹蔬菜大棚基地。2008年，投资4000余万元，启动村东小区新村建设工程，建设集高层居民楼、连体别墅、商业小区、绿化休闲于一体的居民小区。2010年，投资完成全村旧村改造工程。2003年起，为村民每人每年发放现金4600元，粮油免费供应。幼儿免费入托，村民免费在集体建设的高档浴池洗浴，为每位村民投保。全村文化娱乐生活极为活跃，成立村文化俱乐部。规划实施城区新村建设，2013年完工并交付群众入住。

吕家村貌

【东李家庄村】 东李家庄村位于阜山镇政府驻地北8公里处，全村251户979人。全村总面积3平方公里，村庄占地面积约10公顷，耕地57公顷，粮田10公顷，果园面积30公顷，山峦面积147公顷。村办企业始于1980年后，先后投资2.1亿元兴办企业。1993年，在西沟建金矿2处。2002年6月，建立3000吨果蔬保鲜气调库1座。2000年5月，建起PP-R塑料管材厂。社会事业迅速发展。1987年建起村委办公楼，1988年建起幼儿学校、老年活动中心、妇女之家、民兵活动室。1989年，建起综合服务楼和汽车大修厂，村中主街道全部硬化。1990年规划居民楼区，并在南河建起大桥，浆砌河堤。村集体免费供应村民大米、白面、花生油、鸡蛋等物品，未就业的村民每年发3000~4000元的最低生活保障金。村集体为20~59周岁的村民办理农村社会养老保险，为全体村民加入农村合作医疗，投人身保险和家庭财产保险。60岁以上的老年人，可享受每月300元的养老保险费。在城区规划建设城里新村，2013年完工并交付群众入住。先后被评为山东省村镇建设明星村、招远市乡镇先进企业、先进单位、先进基层党组织、文明单位、红旗单位、计划生育模范村、安全文明村、综合治理先进单位等。

（撰稿：郝　坤　　审稿：盛海翔）

2015年12月23日，中共招远市委书记张伟等领导到毕郭镇进行科学发展观摩

毕　郭　镇

领导成员

党委书　记：杜小兵
副书记：栾晓军　王　鹏
委　员：张　华　张治庆　戴　华
原振玉（女）
纪委书记：张　华
人大主席团主席：方绍光
政府镇　长：栾晓军
副镇长：张治庆　王志铭　姜睿哲
人民武装部部长：戴　华
副科级信访助理员：徐从法
经济发展办公室副主任：迟昌龙

【机构设置】 1984年3月撤销毕郭人民公社，改设毕郭镇。2015年，镇设党政办公室、政工办公室、经济发展办公室、群众工作办公室、经济管理服务站、计划生育服务站、小城镇管理办公室、农田水利服务管理服务办公室。共有在编人员67人，其中行政人员28人，事业人员39人。

【概况】 毕郭镇地处招远、莱阳、莱西、栖霞交界，四县通衢，海（阳）莱（州）、蓬（莱）水（集）、龙（口）水（集）3条省道贯穿境内，是历史上有名的“交通要镇、农业大镇、贸易重镇”。辖44个行政村，2015年总人口35983人。境域总面积107.05平方公里，耕地面积5667公顷，盛产小麦、玉米等粮食作物和花生、苹果、西瓜、甜瓜、草莓等经济作物。水资源丰富，年平均降水量648毫米，大沽河自东向西贯穿全镇。中型水库——城子水库总库容4200万立方米，其他小型水库15座，总蓄水量2990万立方米。地下水资源丰富，水质好，是招远市水资源保护区，城区工业及生活用水主要供应基地。南大洼国土整理项目、466.67公顷中低产田改造

2015年4月18日，毕郭镇第十八届人民代表大会第四次会议

项目和666.67公顷国土提质项目在境内实施，农业生产设施配套日趋完善。全镇初步形成以金潮宇科蓄电池、将军岭葡萄酒庄集群、金都庄园等过亿元大项目为中心，以宝龙凯姆斯酒庄、大远食品、泊子花生、冷风库集群等为带动的镇域经济新格局；以粮食种植、苹果种植和甜瓜、草莓、蓝莓等高档水果种植为基础，以培育涉农大企业、家庭农场等新型农业生产经营主体为方向的现代农业发展模式；以中心学校、卫生院、综合文化站、镇敬老院、农村社区、村级文化大院等为依托的民生服务体系。2015年，全镇实现地区生产总值21亿元，同比增长10.7%；完成镇级地方财政收入1426元，同比增长10%；人均纯收入14289万元，同比增长11.2%。年内进出口总值876万美元，其中出口总值868万美元。合同利用外资1044万美元，实际利用外资30万美元。

【特色产业】 以粮食生产为主导，农林牧渔全面发展。辖区内有高产粮田3120公顷，瓜菜设施栽培

全旺果蔬

大棚227公顷，其中官地洼瓜菜设施栽培基地120公顷、草莓大棚60公顷。有果园2133公顷，其中坤发千亩大果园1处，百亩以上优质果园基地12处，果品专业村8个。有绿色无公害蔬菜基地267公顷，出口蔬菜基地133公顷。2015年，全镇粮食总产量37966吨，花生7006吨、优质高档果品113156吨，瓜菜17407吨，牲畜存栏量达59000头。

毕郭镇积极引导农业结构调整，以官地洼、黑都泊、滕家、庙子夼、东秦家、西秦家6个村共200公顷设施栽培大棚基地为依托，规划集观光、采摘、农家乐等于一体的官地洼333公顷农业观光园。成立官地洼果蔬种植专业合作社，“官地洼”牌果蔬通

2016年2月17日，毕郭镇基层工作暨党委书记上党课会议

过无公害认证，打入招远金都百货及烟台沃尔玛超市，官地洼西瓜注册中国地理标志证明商标，官地洼西瓜、甜瓜当选为“烟台十大名瓜”，并在中央电视台、烟台日报等媒体进行推介，年可为农民创收3000多万元。2015年，官地洼村被农业部授予全国“一村一品示范村”称号。

【经济发展】 2015年，毕郭镇项目建设发展迅速。投资5亿元的金潮电池工业园迁扩建项目，年内完成污水管网铺设、1万平方米钢构车间主体工程安装、2000平方米办公楼主体建设和产能达80万kvah的铅蓄电池生产厂房建设等工作，已于11月底建成投产；总投资1.6亿元的金都庄园项目，建成名优苹果展示区33.33公顷、葡萄种植区20公顷、各类珍稀水果采摘区6.67公顷、粮油种植区26.67公顷，区内水、电、路等各项基础设施均已建设完毕，现代农业园区初具规模；总投资5亿元的将军岭葡萄酒庄产业集群项目，一期工程完成200公顷土地改良、140公顷酿酒葡萄栽植、职工生活区建设、2000平方米温室大棚建设、水系改造等工程，葡萄酒产业新高

毕郭大集

农村干部培训会议

地已见雏形；总投资2.1亿元的农村建设用地整治项目实现投资1.4亿元，新增耕地6.67公顷。总投资8000万元的宝龙凯姆斯葡萄酒庄、成浩建工扩建等6个镇级重点项目也按期竣工，并投入生产运行。同时，镇域项目库储备进一步充实，新储备投资7800万元的华安机械迁扩建项目、投资1.5亿元的坤发市场南果交易区建设项目、投资7000万元的鸿发物流搬迁扩建项目、投资3000万元的田丰农资物流项目等4个涉农项目，镇域经济发展后劲不断增强。

【农田水利】 推动土地标准提升工程，完善农田水利网络。完成总投资800万元的万亩土地提质项目和总投资300万元的一号水库除险加固工程，共硬化道路9000米，新建大口井5眼，维修方塘5座，新建过路桥涵6座，进地桥220座，浆砌渠道1500米，维修渠道7000米；总投资600万元的南大洼466.67公顷高标准农田提质建设项目和总投资704万元的西沟子片中低产田改造项目进展顺利，施工进度分别达到80%和60%；总投资730万元的埠上节水灌溉工程、总投资300万元的毕郭镇二号水库除险加固项目和总投资60.1万元走马岭维修项目等3个农田水利设施建设工程均按计划积极推进，2015年5月全部完工。探索社会化管护体系，水利惠农成效凸显。坚持政府推动与市场运作相结合，以农民用水户管理协会为主体，全面推行农村水管员制度，顺利完成霞坞片中低产田改造项目、走马岭节水项目设施移交工作，并为全镇15处水库配置17名水管员，初步建立起农田水利设施建、管、用长效机制。推广高端农业技术，加快现代农业发展步伐。多层次扩大特色农产品栽植规模、推广生态种养模式、拓宽农民增收渠道。新发展优质果园200公顷，栽植优质酿酒葡萄153.33公顷，增加西瓜等瓜果蔬菜种植面积20公顷，发展设施栽培面积13.33公顷，建成果业示范园7处，新增保护性耕地示范基地13.33公顷，建设33.33公顷机械化耕作示范方1处；东杨格庄村“福旺”家庭农场、西城子村“桃花源”家庭农场、程家洼村“宏丰”家庭农场等7处家庭农场成功向市工商局申报，并通过市农业局批复，规模化农业运营载体进一步充实；开展农民辅导员培训2期，培养职业农民110余人，农民队伍专业素养明显增强；先后投资600万元，争取农机补贴200多万元，新购置农机200余台，全镇农业机械化程度进一步提高。

吴家村

【惠民工程】 改善基础设施条件。投资200多万元，对便民服务大厅进行原址重建，将民政、计生、经管等惠民窗口进一步集中，使群众到窗口办事“一看便知、一问便明、一查便懂、一办便成”，为群众服务效率得到显著提升；投资1200万元实施镇驻地综合提升工程，包括集贸市场升级改造、镇域亮化提升、生态文明乡村建设、海莱路标准提升工程等，镇驻地形象得到大改观；村级亮化

毕郭镇西瓜节上的西瓜比赛选手们

工程初显成效，年内毕郭一村、毕郭三村、南崔家村、官地洼村、南泊子村、东杨格庄村等18个村投入资金210余万元，安装各类路灯405盏，农民夜晚出行环境得到彻底改善；投资60多万元，完成城子水库涵养林二期重点造林绿化工程，在城子水库东岸打造涵养林13.33余公顷，栽植各类苗木3.4万株，水源地空间结构进一步优化；完成投资120万元的村村通路网提升工程，栽植女贞、樱花、紫叶李、连翘、金丝柳、冬青球等苗木20万余株，绿化长度超过30公里；推进龙青高速建设，完成80公顷土地的附着物清点工作，该项目完工后，毕郭镇将纳入青岛1小时交通圈，区位优势大大增强。

巩固农村文化阵地。投资120万元，新建、修缮农村文化大院8处，新增添文化娱乐设施22套，实现群众学习有处室、农民健身有器材、日常娱乐有场所。先后聘请市级文艺专业人员、老干协文艺专员开办柔力球、太极拳培训班2期，农村文艺骨干队伍达到200多人。开展“四德”之星评选、“百姓大舞台”、广场舞大赛、京剧大赛等文化活动16场次，农村文化工作呈现出“抢先进、抢登台、抢扛旗”喜人局面。

西沟子村街心公园

完善社会养老体系。积极探索机构养老和居家养老相结合的农村养老新模式，年内投资7万元，对镇敬老院安全设施进行提档升级，先后整修锅炉1处、增设灭火器10个、安装监控、对厨房进行防火改造、增设安全指示牌、加固门窗，敬老院老人集中供养条件进一步完善。借力旧村改造工程，建成滕家村、西城子村、东杨格庄村等村级幸福院3处，有效解决56户老人的就地养老、居家养老问题。

提升校安工程。投资400余万元，顺利完成镇中心幼儿园新建工程，新建校舍近2000平方米，建成配备寝室、卫生间的标准教学班9个、220平方米的大活动室1个和150平方米的多功能活动室1个，极大改善幼儿园200名师生的教学条件和生活条件。联合镇教委、派出所，做好校车线路安保工作的基础上，投资140万元，沿海莱路、蓬水路、黄水路等学校聚集区和校车通行线安装路灯320余盏，学生出行安全环境进一步优化。投资140多万元的海莱路和蓬水路交界处红绿灯安装工程，已顺利投入使用，大大提高镇域交通安全水平。

陈家庄新村

【西沟子村】 西沟子村位于毕郭镇政府驻地西10公里处，毕郭、齐山、夏甸三镇交界处，全村300户907人。全村耕地100公顷，果园40公顷，村民经济来源主要以果树和粮食种植为主。近年来，先后投资230多万元，进行道路硬化、环村绿化、村内亮化、环境美化的“四化”工程，成为毕郭镇生态文明乡村建设的带头村。2013年以来，该村重点施行环境卫生整治，落实村内生活垃圾定点投放、定期清理的环卫一体化长效机制。新建办公场所，建成村中心花园、健身小广场、观景凉亭等休闲场所，对河道进行清淤拓宽。培育发展集体经济，改造废弃菜园10公顷，建起高档绿化苗木育苗基地，年增加集体收入20万元。村集体出资成立服务队，按时清运垃圾，浇灌花草，同时帮助村民解决红白喜事、水电路维护等生产和生活中遇到的问题。村设立图书阅览室，组织村民学习果树修剪技术、礼仪和法律知识。在村内建设三字经、道德经宣传墙，普及传统文化。将合唱队、秧歌队等进行整合，建立50多人的庄户剧团，自编自演群众喜闻乐见的节目。

【西城子村】 西城子村位于毕郭镇政府驻地西5公里处的海莱公路两侧，大沽河东畔，北靠城子水库，全村320户830人。全村总面积6平方公里，其中村庄占地面积40公顷，耕地面积133.33公顷，沟坡山峦面积166.67公顷。农业、果业是村民主要经济来源，主要种植小麦、玉米、花生等农作物，果园主要以红富士苹果为主。自2009年以来，西城子村连续7年被评为毕郭镇“红旗单位”，并多次获得“先进党支部”“农业工作先进单位”等称号。2014年完成村庄改造，先后拆迁旧房110处，复垦耕地2.73公顷，实现村内道路硬化、绿化全覆盖。投资80多万元建村级办公场所1处，建成老人房16间、安置房20余处，新建成文化大院、图书室、娱乐活动室、会议室各1处。2014年，投资300多万元建立“桃花源”家庭农场，占地40多公顷。在绿曙桃园基地的基础上，进一步规范经营体系，延伸产业链条，打造一条集采摘、农家乐、观光为一体的旅游线路。

【峭山后村】 峭山后村位于毕郭镇东南处，全村230户625人，耕地面积107公顷。连续5年被评为毕郭镇先进单位、先进党支部。该村先后投资20余万元，对2条进村路进行路肩修复共计3000余米，栽植木槿、紫叶李等5100余株。投资10万元对村内广场进行绿化，筹资15万元翻建、整修办公场所及文化大院房屋24间，筹资30多万元硬化主街道4500余米。筹资18万元填平办公室门前大沟，建成文化小广场1处，并配备健身器材。组织党员群众在农闲或晚上学习科技文化知识，开展“和谐家庭”“文明卫生户”“好媳妇”等评选活动。

（撰稿：杨书剑　刘德超　　审稿：王　鹏）

夏　甸　镇

领导成员

党委书　记：张　涛
副书记：苑学政　冷启迪
委　员：王智远　黄玉松　王旭东　尹洪杰　李少林
纪委书记：王智远
人大主席团主　席：张　涛
副主席：张兴林
政府镇　长：苑学政
副镇长：黄玉松　林国卿（女）
人民武装部部长：郑佰儒
经济发展办公室副主任：张　颖（女，挂职）
社会事务服务站站长：姜风海
社会事务服务办公室副主任：臧玉银
副科级信访助理员：王宾海

【机构设置】 1984年3月，撤销勾山人民公社，改设新村乡。1988年10月改置夏甸镇，2000年12月青龙镇合并到夏甸镇。镇设党政办公室、经济发展办公室、群众工作办公室、政工办公室、财政所、经济管理服务站、计划生育服务站、社会事务服务站、农业综合服务站、劳动保障中心、经济发展服务中心。2015年，共有在编人员76人，其中行政人员35人，事业人员35人，工勤人员6人。

【概况】 夏甸镇地处招远市南部，东临毕郭镇，西接莱州市三元镇，北靠齐山镇，南与青岛莱西市接壤。总面积190.6平方公里，辖78个行政村，总人口43867人。镇域地势西高东低，属低山丘陵地带。山地、丘陵、平原分别占土地总面积的58%、23%、19%。辖区内土壤肥沃，属棕壤土质，适宜多种作物生长。有水库塘坝174座，总蓄水量6265万立方米，其中中型水库1座，小（一）型水库3座，小（二）型水库29座，塘坝141座。金都天鹅湖蓄水量1920万立方米，水质优良，无污染，为招远市城区生产生活提供优质充足的水资源。主要河流有大沽河、东庄河、薄家河、青仙河、留仙庄河、胜利河等，水系流向大体为由南向北。地下矿藏资源丰富，藏量较大的有黄金、氟石、石灰石、石墨、石材等。2015年，夏甸镇围绕“夯根基、重发展、惠民生、促和谐”工作思路，干群齐心，攻坚克难，经济和社会各项事业呈现出持续平稳发展的良好局面。全镇实现地区生产总值22.3亿元，同比增长6.9%。完成镇级地方财政收入5834万元，同比增长10%。农民人均纯收入14357元，同比增长8.6%。年内进出口总值1252万美元，合同利用外资2579万美元，实际利用外资1000万美元。

【经济发展】 2015年，夏甸镇始终把推动镇域经济社会发展作为第一要务，调整产业结构，优化产

姜家窑金矿

业布局，实体经济质效实现新提高。抓重点项目，成产业优势。2015年共规划市级重点项目7个，总投资8.7亿元。其中：总投资1.4亿元的青龙湖香草园暨知青博物馆项目，已完成投资8000万元，香草园已建成占地2公顷的9个育苗大棚，建筑面积3000平方米的展销卖场，占地20公顷的“百草园”“风情园”“玫瑰园”“休闲园”“采摘园”“体验馆”等六大园区，200多个品种100多万株香草、花草移植栽种工作已经完成；总投资2.5亿元的夏甸镇冷风库集群项目，6处冷风库已完工投入使用，1处冷风库主体工程过半，1处冷风库已完成设计方案，已累计完成投资1.5亿元；总投资3000万元丰霖源冷风库农资仓储物流项目，气调库体工程、仓库、包装车间已经竣工并投入运营；总投资3.8亿元的15兆瓦光伏电站暨特色养殖项目，所有牛棚及配套设施均已建设完成，光伏发电正在对牛舍屋顶进行加固和太阳能板铺设；总投资3000万元的凤凰岭万亩农业综合开发项目，正在修建配套设施；总投资3000万元的金铭老年公寓建设项目，主体工程建设已完工，所有设备配备齐全；总投资1000万元的志远生物科技建设项目，已新建厂房5000平方米，2条生产线建设完毕，已投入生产。抓招商引资，增经济活力。2015年，通过开展招商引资“大走访”活动，不断加大项目储备力度，经济活力不断增强。全方位、多渠道发布招商信息，积极参与全国全省工商联大招商活动。倾力打造新能源产业，通过电话联系和登门招商，与多家公司建立联系，先后有山东力诺太阳能电力集团、汉能全球光伏应用集团等多家企业到镇实地考察，就项目建设进行多次洽谈。2015年，储备重点项目7个，总投资8.68亿元。这些项目的储备，进一步增强了全镇经济发展后劲。优发展环境，壮民营经济。夏甸镇按照“科学发展、高点定位、优化结构、重点突破”的工作思路，鼓励民营经济快速发展，促进第三产业进一步壮大，通过对私营经济的扶持和引导，提供免费信息咨询服务、开展创业辅导和培训、加强创业基地建设等一系列优惠措施，大力优化发展环境，深入挖掘民间资本潜力，扶持民营企业做大做强。举办第四批“新型职业农民”培训，先后有81人取得职业农民资格证。另外，新注册私营企业310个，新增个体工商户1236户、合作社18个，涉及机械、建材、种养殖等多个行业和领域。

曹家洼金矿

【农业发展】 夏甸镇本着建设农业强镇的目标，着力抓好基础设施配套，大力发展特色农业和生态农业，不断增强农业的科技支撑能力。2015年，夏甸镇立足自身的自然条件和经济条件，大力发展具有比较优势的产品，进一步改善农产品品种结构，提高农产品质量，农业产业结构调整取得显著成效。全镇实现农村经济总收入46.4亿元，粮食总产量4.12万吨。扎实改善农业生产条件。2015年，夏甸镇不断加大对农业基础设施的投入力度，主要实施了三大项目工程：争取资金2623万元的水库除险加固工程，对3座小（一）型水库和11座小（二）型水库进行了除险加固；争取资金3000万元的千亿斤粮项目，对19个村的1333.33公顷耕地进行扬水站、灌溉、田间道路及排水等工程建设；争取资金1500万元的农业综合开发项目，对5个村的866.67公顷耕地进行平塘、扬水站、灌溉管网等工程建设。这些农田水利工程的开工落地，进一步增强农业生产基础，提高农业综合生产水平，增强防汛抗旱能力，为现代农业发展提供有力保障。特别是2015年夏秋两季，遭遇多年罕见的干旱天气，农作物受灾

臧家草莓

严重，人畜吃水困难。为保障生产，全镇共投入机械2000多台套，出动人工2万多人次，投入抗旱资金700多万元，镇财政向村级发放抗旱专项补贴81万元。不断优化产业结构。发挥区域优势，以高产高效为目标，通过引进、示范和推广，不断培育新的增收产业。通过强化宣传引导、政策激励、示范培育等措施，鼓励群众进行土地流转，发展规模农业。开展职业农民培训、农业新品种推广和现代化农业技术推广工作。2015年，共举办各类技术培训班12次，培训群众1000多人次。申请家庭农场2个，总数达到11个，完成土地流转53.33公顷。先后发展青龙湖香草园、潘家河苹果基地、凰巢坡苹果基地、曹家洼核桃基地、姜家窑葡萄基地、老甲沟桃树基地等多个现代农业项目，为全镇农业增效、农民增收拓展渠道。切实落实惠农政策。不断强化对各项惠农政策的监督检查和保障措施，2015年共发放花生原种29吨，小麦良种75吨，完成309.27公顷小麦“一喷三防”物资发放。按程序发放小麦种粮补贴575万元，小麦高产良种补贴24.2万元，花生良种补助38.5万元，发放23.4万元的小麦“一喷三防”物资。

苹果丰收

【社会事业】 2015年，夏甸镇在村级推行“承诺、践诺、评诺”活动，镇级不断提高民生事业投入比重，强化为群众服务意识，切实关注民生，使群众的幸福指数显著提高。文教卫生事业。学校教学环境和设备不断改善，投资400余万元对学校校舍、食堂、数字化教室等进行建设，全镇教学设备设施和信息化教学水平全市领先；中考成绩连续四年位居全市先进行列，各项会考成绩优秀率均居全市上游水平。卫生院基础设施不断完善，做好传染病防控和健康教育工作。对辖区所有适龄儿童进行预防接种，免费为全镇高血压、Ⅱ型糖尿病、65岁以上老人等群众免费查体，全镇教育卫生水平得到有效提升。社会救助体系。全年共发放低保金222万元、五保金85万元，发放义务兵优待款、优抚对象优待款和抚恤金524万元，各类津贴补贴和救助款58万元，残疾人补贴42万元。全镇共有9819人参加居民养老保险，参保金额862万元。为680名符合领取条件的居民办理养老保险领取手续。共有2.8万人参加新型合作医疗保险，参合金额462.8万元。落实“三个一”帮扶制度，开展济贫扶困活动，对108名困难党员群众进行走访慰问，落实定向帮扶项目56个。为3名贫困残疾人免费安装假肢，为7名贫困白内障患者办理白内障复明手续，完成8户困难家庭的危房改造工作。精神文明建设。2015年，夏甸镇以培育社会主义核心价值观为主线，不断深化精神文明建设，群众的精神文化生活不断丰富。组织开展秧歌进镇、巾帼健身赛、欢乐大舞台、文化下乡等一系列的群众性文化活动30多场次，为乡村文化业

秧歌进镇

凰巢坡村文化墙

余爱好者搭建展示平台，营造健康向上的文化娱乐氛围。参加上级举办的各类文化活动，并取得优秀成绩。开展以彰显魅力夏甸为主题的“第二届摄影大赛”评选活动，多角度宣传生态夏甸新形象。开展志愿者服务活动和“最美家庭”“金都好人”评选活动，传播社会正能量。全年共组织开展志愿者服务活动6次，上报“中国好人”典型93人，“金都楷模”4个，烟台“最美家庭”5户，烟台“敬老孝亲家庭”1户。秧歌进城、巾帼健身赛、“善行义举四德榜”等一系列大型文娱活动的开展，极大地丰富群众的业余文化生活。

【生态文明乡村建设】 2015年，夏甸镇本着“因村制宜、突出特色，整合资源、强力推进”原则，扎实开展生态文明乡村建设和环境卫生综合整治活动。村村净。2015年，镇村两级累计投资220多万元，出动机械400多台次、人工3500多个，清理“三大堆”5000多处，外运垃圾1200吨，全镇环境卫生面貌明显改善。投资280多万元，打造市级生态文明乡村8个，姜家窑、大龙夼、臧述庄、留仙庄等村

环卫一体化运行

代表全镇迎接全市生态文明乡村观摩。西芝下、张家庄、泥湾子、臧家等镇级示范村通过政府扶持、单位帮扶、对外争取、村级自筹等方式，累计投资220万元，进行环境卫生整治、村内街道硬化和绿化美化、建设健身广场等。在生态文明乡村建设过程中，西芝下村不等不靠，自筹资金改善居住环境成为一大亮点。2015年上半年，全村在党员干部的带领下，群众自发捐款近27万元，改善村庄环境，建设具有自身特色的生态文明乡村。村村绿。2015年，夏甸镇为提升镇驻地宜居宜业生活环境，筹措资金100多万元，对镇驻地进行绿化、美化和亮化工作，通过局部硬化、苗木栽植和商户广告牌匾更新，镇驻地的生态环境有了明显变化；投资25万元，为村级免费发放绿化苗木5万多株，并打造多处环境优美的绿化景观带。村村亮。2015年，夏甸镇

村级道路硬化

投资32.5万元，为13个村安装太阳能路灯65盏，解决多年来村庄“不亮”、缺少生机的问题。各村也立足实际需求，积极行动，自筹资金安装路灯，为群众娱乐活动提供方便。其中，留仙庄、臧述庄、大龙夼、勾下店等村行动积极，投入力度大，效果明显。日日清。2015年，夏甸镇充分利用垃圾中转站，日压缩处理垃圾100吨，实行垃圾处理“村收集、镇运输、市处理”的三级运行管理机制，实现城乡环卫全方位覆盖、无缝隙对接、一体化管理；投资11.2万元，新增流动垃圾桶800个，并配套相关垃圾清运设施；投资140万元，委托专业保洁公司进行管理，全镇保洁员达到160人，做到生活、建筑垃圾及时清运。

【社会管理创新】 2015年，夏甸镇坚持守土有责、守土负责、守土尽责的担当意识，强化社会

香草园

治安防控，注重畅通民意渠道，深化各领域安全整治，社会和谐局势有了新变化。不断加强综合治理。2015年，夏甸镇强化社会治安防控体系和技防体系建设，积极推进技防村、技防单位建设和技防入户工程，年内新增技防村15个。依托村干部坐值班、推行党员联户制度，发挥村级调解队伍的前置力量，创新调解模式，畅通群众诉求表达渠道，从源头化解矛盾。全年共化解调处农村矛盾132件，较好地发挥社会稳定“第一道防线”作用。建立健全严打整治体系，严厉打击邪教组织及违法犯罪活动，加大对特殊人群的管控教育力度，切实提高群众安全感。全年共破获刑事案件38起，处结治安案件54起，抓获网上逃犯6人，治安和刑事案件发案率同期降低16%和22%。持续稳定信访局势。夏甸镇坚持用群众工作统领信访稳定工作，深入开展机关干部大走访、信访积案化解百日会战、“平安村企”创建活动，突出对重点村、重点案、重点人和重点时期的集中整治。打油王家、王家屯、姜家窑、银山后、南邢家、西曹家等40个村成为年度“无矛盾纠纷上交村”，全年未发生一起矛盾纠纷和信访案件，为全镇和谐稳定做出积极的贡献；严格落实“一岗双责”制度，开展领导干部包案制度，严格规范农村干部依法行政行为；推行“阳光政务”制度，从源头减少不稳定因素的发生。全年共处结各类信访案件26起，结服16起，结服信访积案9起，信访多发的势头得到有效遏制。

【党员队伍建设】 2015年，夏甸镇深入开展“三严三实”专题教育，全镇党员干部作风进一步转变，自身建设迈上新水平，镇村干部队伍展现出“务实、为民、清廉”良好形象。加强教育引导，转变干部作风。坚持教育为先、预防为主的原则，结合教育实践活动和“三严三实”专题教育，组织全镇党员上党课2次，集中培训农村干部2次，开展农村支部书记谈心谈话1次。通过教育培训，基层干部的思想认识、依法办事能力、履职水平和自律意识有了明显提高。着力加强党风廉政建设，通过抓领导促规范、抓责任促落实，抓惩处促警示，以党风促政风带民风，不断增强全镇党员干部的责任意识和廉洁从政意识。推进规范化管理，夯实村级基础。夏甸镇始终把制度建设放在突出位置，注重用制度约束人，用制度规范日常行为。出台《夏甸镇村级规范化管理规程》，配套“三会一课”“农村活动日”“坐值班”等制度文件。切实做到用制度来管权、管事、管人，促进村级工作的规范化运行；强化基层组织运转经费保障，村级组织运转经费均达到5万元。设立村级组织办公服务经费专户，严格按照财务规定制度来规范资金的管理与使用；修订完善《2015年农村干部考核责任制》和《农村“两委”干部工作补贴统筹发放实施意见》，坚持“激励保障、规范管理、统筹兼顾、奖罚分明、稳步提高”原则，大幅度提高农村干部的报酬待遇。抓好基层党建，积极为民谋利。夏甸镇年初与各村签订《基层党建工作目标责任书》，按照责任书要求，严把基层后备干部“纳新关”，吸纳基层优秀后备人才103名，严把基层党员发展“入口关”，全年预备党员转正18名。出台《夏甸镇机关干部驻村蹲点考核责任制》，制定农村党员联户制度，推动群众工作全覆盖，实现服务群众零距离。继续深化“三诺”活动，全年各村共完成办实事项目293件，总投资5471万元。与上年的“三诺”活动相比，全年办实事项目增加58件，投资额增加2750万元。基层干部作风明显转变，服务意识明显增强，2015年全市的满意度测评夏甸镇的成绩有了大幅度提升。

【新村南村】 新村南村位于天鹅湖东岸，自然生态环境优美。2015年，全村201户601人。近年来，该村大力调整产业结构，发展农村经济，参加新农村建设，村民走上文明富裕的道路。长期以来，村民主要依靠种田等方式等维持生活，经济一直不见起色。村党支部经研究认为应该因地制宜，发挥村土地离水源近的优势，发动群众种植苹果，发展苹果产业。通过帮助群众购入优良苹果苗木，定期邀请专家授课、互相交流经验等方式，在村南建成一个初具规苹果基地。全村苹果种植面积达到20多公顷，苹果种植成为村民的主要收入渠道。村民生活得到很大改善，有的还住上别墅楼。村党支部创新发展思路，制订“公司＋农户”苹果发展模式，利用市镇果树合作社投资建设基地的有利时机，发动家家户户种植苹果，向规模化、标准化发展。单是苹果一项，村民人均增收4000多元。在此基础上，继续考察其他项目，全面畅通群众增收渠道。拓展发展思路，发挥市集优势，增加村民收入。利用省市大力推进生态文明村建设时机，争取市镇有关部门支持，投资200多万元对村庄进行改造，同时对新村集市新南段进行整治，彻底解决集市的脏乱差问题。鼓励村民在集市两侧建设商品房，发展商品经济。

【臧家村】 臧家村位于招远市的最南端，与莱西市接壤。2015年，全村202户608人，其中175户有瓜果大棚。该村针对人多地少、远离城区、交通不便的实际，在有限的土地上做文章，探索农业产业结构调整新路子，创出靠发展大棚草莓、甜瓜致富途径。2015年全村大棚总面积26.67公顷，瓜果总收入达到3000多万元。为进一步提高单位面积的经济效益，在种植模式上进行创新，村委会组织村民多次到寿光、莱西等地参观学习，引进薄皮甜瓜的优良品种和种植技术。从2006年开始，全村大棚都实行草莓与甜瓜轮作的种植方式，由冬春季的一茬草莓，改为“草莓—甜瓜”两茬作物，经济效益显著提高，平均亩收入过万元。为提高瓜农的科学技术水平，村里多次聘请专业技术人员到村进行技术培训，每年举办技术培训班5期以上，村民科学种瓜果水平明显提高。为提高瓜果的质量，全面实施无公害生产技术规程，按照国家无公害农产品标准要求栽培。“草莓—甜瓜”基地已通过国家无公害农产品产地认定，“臧家草莓”“臧家甜瓜”打出了品牌。

【老甲沟村】 老甲沟村位于夏甸镇政府驻地南9公里处，耕地面积60多公顷。2015年，全村116户326人。村两委带领群众，通过争取外援、村民筹资筹劳等方式先后投资80多万元，硬化村内全部道路，并进行绿化，建成夏甸镇第一个生态文明村。2015年天气大旱，为了解决村民的吃水以及农田灌溉问题，内筹外措，投资100多万元，进行水库清淤扩容。在村干部带领下，全村人争着出工出力，体现了全村团结向上的良好氛围。村文化大院内设乒乓球室、图书阅览室等，各种健身器材一应俱全，村民精神文化生活丰富。村成立舞蹈队、秧歌队，开展丰富多彩的文娱活动。每年的农历腊月二十六日，村里举办运动会。届时，欢声笑语就会传遍村子的每处角落。村里开展“四德工程”，定期组织村民参加“好青年”“好媳妇”“好儿女”“好婆婆”“五好家庭”等评选活动。

【凰巢坡村】 凰巢坡村位于夏甸镇政府驻地东2.5公里处，耕地面积50公顷。2015年，全村88户263人。据传清顺治年间，李日乾时任兵部侍郎，奉旨巡查经过此地，忽见一对凤凰腾空而起，故名凰巢坡，李侍郎告老还乡时，因其功绩超群，皇帝加封其夫人为诰命夫人。该村仍留存着诰命夫人府的遗址。村以水果种植业为主，全村共发展果园20多公顷。富冠果品开发公司在该村建立苹果基地，为村里富余劳动力提供就业机会，每年使村民收入增加40多万元。该村以生态文明乡村建设为契机，加强基础设施建设。先后硬化道路1万多平方米，方便群众的出行。新建办公场所，新上30盏路灯，拆除40多处违章建筑。投资3.8万元安排柴草集中存放场所3处，投资2.2万元为每户村民免费发放30公斤液化气。清除村内“三大堆”，实现绿化全覆盖，并打造3处小公园，供村民纳凉休息。修缮2处扬水站，使全村的耕地都能得到灌溉。新上纯净水设备，确保村民的用水安全。新建1处500平方米的文化广场，安装各式各样的健身器材，为村民健身娱乐提供场所。村里的文娱爱好者自发组成秧歌队和舞蹈队，定期开展活动。

（撰稿：王彩霞　蒲鹏飞　　审稿：林国卿）

齐　山　镇

领导成员

党委书　记：杨建波
副书记：王　鸿　林彬强
委　员：高志毅　温寿宁　刘宝广　宋　涛　滕晓飞　马晓东
纪委书记：高志毅

政府镇　长：王　鸿
副镇长：温寿宁　孙冠伟　丛　玮
人大主席团主席：曹仁平
人民武装部部长：刘宝广
社会事务服务站站长：王希彦
副科级信访助理：汪文信

【机构设置】　明、清两代属良山乡齐山社，1959年改设齐山人民公社，1984年3月撤社设大吴家乡，1996年改设齐山镇，2000年12月原齐山镇与原道头镇合并，取名齐山镇。镇设党政办公室、经济发展办公室、社区管理办公室、财政经济管理所、计划生育服务站、社区事务服务站、农业技术服务站、经济发展服务中心。2015年，共有在编人员79人，其中行政人员34人，事业人员35人。

2015年4月22日，金源苹果基地建设

【概况】　齐山镇位于招远市区的南部，东接阜山镇，西靠莱州市，北与罗峰、泉山、大秦家街道接壤，南与夏甸、毕郭镇毗邻。全镇总面积 149.48平方公里，辖 77个行政村，总人口43047人。2015年，全镇实现地区生产总值13.5亿元，同比增长6.3%。完成镇级地方财政收入1339万元，同比增长10.2%。农民人均纯收入10376元，同比增长15.1%。进出口总额573万美元，其中出口总额573万美元。固定资产投资3.5亿元、实际利用内资4.2亿元，分别增长34.7%和11.2%。

【农业】　齐山镇是招远市的主要粮食及果品产区之一，全镇耕地面积5467公顷，粮田面积2667公顷，盛产小麦、玉米、花生、苹果、板栗、核桃、葡萄等农产品。2015年，齐山镇坚持夯实基础与政策引导并重，发展现代农业、实行规模化经营，形成占地近133公顷的核桃种植园、梁家金源苹果等多处果业示范基地、67公顷的凤凰千亩农业示范庄园等生态园区，带动全镇农业经济发展。

烟台鑫泰电缆有限公司

【工业】　齐山镇工业门类齐全，全镇拥有以凯利医疗器械有限公司和鑫泰电缆有限公司为代表的6家重点企业。初步形成以医疗器械、果蔬果汁、粮油加工、葡萄酒酿造、电力线缆、化工等行业为主体，布局合理、重点突出的工业经济格局，发展潜力大。2015年，规模以上工业企业6个，主营业务收入18.4亿元，利润总额2.1亿元。

【民生事业】　2015年，齐山镇围绕民生项目落实年活动，以强化镇村两级领导班子为抓手，着力实施环境卫生整治、生态文明乡村建设、村级办公场所建设、村村通公路、危房改造等民心工程。投资350余万元，在镇驻地全面实施“美化、绿化、亮化”工程。多方筹措资金400余万元，在村级规划建设梁家、汪家院等6个生态文明乡村。同时，加大环境卫生基础设施建设。投资46万元购买垃圾清运车

齐山镇垃圾中转站

1辆、移动式垃圾箱1100余个，由专业保洁公司负责村级保洁及垃圾清运工作，垃圾一体化运行长效机制基本形成。

【庄家坡村】 庄家坡村位于齐山镇政府驻地东南0.5公里处。全村101户300多人，村庄占地面积8.8公顷，耕地面积41.33公顷。2014年规划实施市级

2015年6月4日，庄家坡村生态文明乡村建设

生态文明乡村建设，在镇和帮扶单位的大力支持下，该村多方筹措资金，秉承“苍翠环绕、惠民便利、生态文明、和谐自然”设计理念，加大村庄建设和环境整治力度，以双塔路为轴对村内进行绿化、亮化、美化，并安装监控。投资80余万元进行村内主街道硬化、上山路整修、幸福院修建、水利管路改造等工程，同时完善村级娱乐场所。经过生态文明乡村建设，村庄优美、和谐稳定、百姓安居乐业。

【道西村】 道西村位于齐山镇政府驻地西2公里处。全村460户1380多人，耕地面积170公顷。2014年列入市级生态文明村建设，在上级政府及市

2015年6月4日，道西村生态文明建设

文明办指导下，该村坚持“生态意识、生态环境、生态产业、生态文化、生态村居”理念，推进生态文明村创建活动。先后投资100万元，进行主街道硬化、绿化、亮化、连村路、上山路硬化、文娱场所修缮等工程。把改变环境与营造文明相结合，在改变农村“脏、乱、差”卫生环境和农民千百年来生活陋习的同时，从文化创建入手，开展讲卫生、讲文明、讲礼貌和遵纪守法教育。村庄实现环境优美，社会秩序安定，家庭团结和睦，各项事业全面发展。

（撰稿：李京鲁　　审稿：温寿宁）

罗 峰 街 道

领导成员

党工委书　记：王连成
副书记：姜　涌　蒋金铎
委　员：邹　胜　沙丽媛（女）　王晓明　张　雷
纪委书记：邹　胜
人大工作办公室主任：于旭晨
办事处主　任：姜　涌
副主任：沙丽媛（女）　曹海双　王炳海
人民武装部部长：张　雷
群众工作站副站长：于彦龙
社会事务服务站站长：李桂堂
安全生产服务站站长：栾好飞
经济发展办副主任：姜维双

【机构设置】 1958年成立城关人民公社，1981年改设城关镇，1984年3月易名为招城镇。1999年1月，招城镇划分为罗峰、泉山、梦芝3个街道。罗峰街道工委、办事处属招远市委、市政府派出机构，内设党政办公室、经济发展办公室、社区管理办公室、财政经济管理所、计划生育服务站、社区事务服务站、农业技术服务站、经济发展服务中心。2015年，共有工作人员85人，其中行政人员27人，事业人员58人。

【概况】 罗峰街道位于招远市区中心，总面积38.94平方公里。辖26个行政村，5个居委会，2015

年居民60941人，其中非农业人口57455人。辖区内罗峰路、魁星路、金城路纵贯南北，温泉路、初山路、北园路、文化路、晨钟路、泉山路、文三线公路横通东西。近年来，罗峰街道围绕“稳一产、强二产、增三产”工作思路，突出“项目建设和社会和谐”主题，全街道经济和社会各项事业协调发展。先后获“建设全国最安全城市先进单位”“山东省综合经济实力百强单位”“精神文明示范单位”“社区党建先进单位”“烟台二十佳镇（街）”等称号。

【经济发展】 罗峰街道工业基础雄厚，商业经济发达。2015年，全街道完成固定资产投资31.2亿元，同比增长39.5%；实现地区生产总值33.5亿元， 同比增长6.9%；完成镇级地方公共财政收入14646万元，同比增长10%。第三产业增加值16.6亿元，同比增长9.8%；规模以上工业主营业务收入38.2亿元，同比增长12%；限额以上批零销售额12.16亿元，同比增长58%；住宿餐饮营业额3353万元，增幅29%。其他各项主要经济指标增幅在全市均保持领先优势，经济增长质量、效益不断增强。

烟台益生药业有限公司

【新农村建设】 农业生产。2015年，全街道粮食作物播种面积415公顷，推广农作物373公顷，发放“一喷三防”药剂2万余袋，完成新栽植果树40多公顷，完成果品套袋300万个。农田水利基本建设。2015年，罗峰街道投资20万元，对刁儿埃村西塘坝进行除险加固工程，投资15万元对东观村进行自来水改造。造林绿化。2015年，全街道完成经济林40公顷，投资120万元完成雨季造林20公顷。护林防火。2015年，罗峰街道组织护林小队分区包片，护林中队不间断巡逻，24小时值班瞭望，各区、各村对重点山头进行网格布点，专业扑火队靠在防火一线，顺利度过春季防火期。

植树造林

【城区建设】 项目建设稳步推进，发展势头更加强劲。2015年，罗峰街道重点建设推进项目9个，总投资40.98亿元，完成投资18.9亿元。金脉华府城市综合体项目，工程全部完工，银座商厦正在进行装饰装修；新亚城市综合体建设项目，4个楼盘已完工，新亚大厦已建至地上四层；山东健源食品豌豆综合深加工项目，立项、环评、水土保持已办理，地上附着物清理补偿结束；北关西区片城市综合体项目，正在与万达集团进行合作洽谈；金山建材生产加工项目，已建成，正在进行装饰装修；龙湖东岸商业长廊项目，土地招拍挂已完成，地上附着物已清理完毕；殡仪馆迁建项目，正在省国土资源厅进行土地规划调整；益生药业制药产能扩建项目，地上附着物清理补偿到位；圣润车轮组装项目，已完工达产。

招商引资、外经外贸、市场主体培育取得新成效。2015年，罗峰街道派出3个招商分队外出招商，洽谈项目4个， 3个项目达成投资意向。全

银座商厦项目

新亚城市综合体项目

年完成合同利用外资1312万美元，实际使用外资1000万美元；进出口总额3131万美元，其中出口总额2430万美元。全面落实小微企业和民营经济扶持政策，新培育市场主体1942户，专业合作社97户，个升企26户。

城市建设步伐加快，城区面貌日新月异。加快推进旧村改造进程。城里三村金脉华府项目，一期工程主体已完工并于2015年5月开盘，同时完成476村民安置工作；银座商城项目，主体工程已完工，正在进行室内配套设施建设；丁家庄子村新亚文苑项目，4栋楼主体已完工；龙王庙下旧村改造项目，已与城投公司签订合作开发协议，工程已奠基；北关西区片城市综合体项目，正在与大连万达就合作开发事宜进行洽谈。实施“精细化”城市管理。2015年，罗峰街道加大对农贸市场、店外经营、占道经营、乱摆乱放，乱设流动摊点等现象的整治力度。投资100余万元，对城西吕家市场进行搬迁，对文化市场、大曹家市场进行整治。将魁星西、健康区、城西吕家3个市场托管给和平物业，实行市场化规范管理。

【社会事业】 城乡环境卫生综合整治。2015年，罗峰街道以国家级卫生城市复审为契机，投资80多万元，对辖区“三大堆”和新增垃圾进行清理清运；投资60余万元，对18个村的卫生保洁托管给大有保洁公司，实行市场化规范管理。生态文明乡村创建。2015年，罗峰街道按照“抓点示范、连点成线、连线成片、连片扩面”思路，投资200万元，完成城南宋家、张家庄、西坞党3个生态文明乡村创建工作。

计生工作更加规范。修订完善各项工作制度，明确职责分工，落实岗位目标责任。组织12000多名育龄妇女参加两次健康查体，查体率达到99.5%以上。加大违法生育的处罚力度，全年发现意外怀孕9起，并进行相应处理。征收社会抚养费12万多元，有效地遏制违法生育的势头。落实城区流动人口管理，清理门市、摊点、出租房2000多处，落实流动人口管理340多人。核查、修改育龄妇女信息56000多条、核对城镇独生子女信息1万多条，准确、及时率均达到99%以上。

社会保障工作有序开展。2015年，全街道完成企事业职工退休资格认证9800人，审核《就业困难人员认定》230人，完成转移劳动力调查560人，开发就业岗位255个，完成求职登记人数200人，推荐就业人数120人。民政资金发放到位。全年累计发放各类民政资金279.8万元，使最困难的群众及时得到政府的救助。推进居民养老保险收缴。全街道完成居民基本养老保险投保3189人，收缴保费399万元；完成居民基本医疗保险22120人，收缴保费378万元。

张家庄村文化墙

【南关西村】 南关西村位于招远市中心地带，2015年，全村276户756人。该村充分利用区位优势，发展壮大第三产业，以招远市金土地农工商有限公司为龙头企业，促进村民增收，形成外出经商、务工及从事运输业等多行业齐头并进的经济发展格局。主要企业有招远市金土地农工商有限公司、烟台金海建工有限公司、招远市金海大厦有限公司、金创置业房地产开发有限公司，经营范围涉及土木工程建筑装饰、土石方工程、矿产品开发、房地产开发、果蔬汁生产、餐饮服务、物业管理、果品种植、畜牧和水产养殖等。

【丁家庄子村】 丁家庄子村位于招远市区西首，2015年，全村406户1350人。1993年组建山东新亚化工集团公司，下设招远市前进塑料有限公司、招远市新亚化工有限公司、招远市新亚旅社、招远市新亚建筑工程有限公司、招远市建筑器材有限公司、招远市联友汽修有限公司、招远市螺栓厂、招远市福源宾馆、招远市站前批发市场。全村经济发展，村风文明，村民安居乐园，连续多年无上访事件，无重大刑事案件，无计划外生育，“十星级文明户”达98%，“新型文明家庭”达36%，计生模范户达96%以上。该村开展“以德治村”，利用农民夜校、党员活动室、老年人活动室组织学习，提高村民的文化素质，制定《村规民约》，通过“美德进万家”“十星级文明户”“新型文明家庭”“好婆婆、好媳妇”等活动，提高村民整体素质。

（撰稿：韩立乾　　审稿：王晓明）

泉山街道

领导成员

党工委书　记：张旭峰
副书记：刘好兵　李胜涛
委　员：于洪水　姜成杰　李豪杰　吕云峰
纪检书记：于洪水
人大工作办公室主　任：张旭峰
副主任：曹仁霞（女）
办事处主　任：刘好兵
副主任：姜成杰　马国力　徐海玲（女）
政协工作室副主任：李仟枝（女）
人民武装部部长：吕云峰
群众工作办公室副主任：路香训
经济发展办公室副主任：曲绍军
社会事务服务站站长：仲丛华

【机构设置】 泉山街道成立于1999年1月，内设党政办公室、经济发展办公室、社区管理办公室、财政经济管理所、计划生育服务站、社区事务服务站、农业技术服务站、经济发展服务中心。2015年，共有在编人员78人，其中行政人员27人，事业人员51人。

【概况】 泉山街道位于滚泉山下，故名。辖区东至天府路，西至魁星路，北至北园路，南至马庄河村，总面积23.13平方公里，耕地656公顷。辖19个行政村，4个居委会，2015年总人口36705人。泉山街道充分发挥地理优势和温泉资源优势，大力实施“项目立街、三产强街、民生稳街”发展战略，突出项目建设引领街域经济发展，转方式调结构，全街道经济实力不断增强，社会事业全面发展。2015年，全街道完成地区生产总值31.6亿元，同比增长7.1%；第三产业增加值17.2亿元，同比增长10.1%；实现镇级公共财政收入1.5亿元，同比增长10%；完成固定资产投资21.3亿元，同比增长40.8%；合同利用外资4078万美元，同比增长353.1%；实际使用外资1000万美元，同比增长233.3%；进出口总额2158万美元，同比增长38%。

【特色经济】 泉山街道地势东南高、西北低，金泉河自南向北横跨境域。域内地热资源丰富，地热中心位于街道滚泉山下，温泉出水温度高达98℃，居全省首位。泉水中富含钙、钠、镁、硫、氰、溴等20多种矿物质，用此泉水沐浴，对风湿、关节炎、皮炎、牛皮癣、神经痛、高血压、冠心病、动脉硬化等多种疾病有较好的疗效。古人云：“西有东岳泰山傲苍穹，东有招邑汤泉甲天下”之美誉。《招远县志》载：“招远温泉，热不下遵化，其温凉并流，奇观为天下之最，炙手碳同炎，濯足热益大，隔食能煮水，浸蓝可熟菜”。自明朝起，人们就沿用“石为池”，取温泉之水沐浴、治病及它用。“温泉晚浴”成为闻名招远的八大景之一，其“自滚汤”“鸳鸯河”“断霜桥”就产生于此。金都汤城、九州洗浴集旅游、休闲、疗养、洗浴为一

滚泉山露天温泉建设项目

体，为街道温泉旅游业开辟新天地；四星级金城温泉大酒店设有高档总统套房及洗浴设施，服务优质，享誉国内外。山东天健投资担保集团有限公司投资30亿元，建成以温泉休闲旅游为主的温泉国际旅游区项目，主要由温泉广场、大唐金汤园、滚泉山开发等景区组成，是一个集休闲度假、商务会议、运动游乐、康体养生等功能于一体，以温泉旅游为核心的多功能综合性旅游区。其中，“温泉广场”总投资6.8亿元，以招远八大景之一“温泉晚浴”为主题，采用中国古典建筑风格及传统造园技法，将亭、台、楼、阁、山、泉、石、林等景观要素有机组合，创造舒适的休闲体验氛围；“大唐金汤园”投资13.6亿元，主要建设荷华宫、天年苑、宴会厅、金汤食府、金汤假日酒店等休闲旅游设施；“滚泉山温泉开发”投资9.6亿元，开发建设滚泉山露天温泉、动感温泉、水上乐园等工程。水上乐园项目建成后，将与温泉广场、大唐金汤圆等项目形成以温泉洗浴、休闲娱乐为主，集温泉文化、旅游观光于一体的特色产业带，对于提升“金都汤城”的城市吸引力，具有重要意义。

【农业】 2015年，泉山街道积极探索农村土地流转新模式，加大种养基地和农业观光旅游园建设力度，引导农民从单一的、小规模的生产方式向规模化、集约化发展，促进农民增收。依托张石埠农业观光园建设，深入挖掘郊区村山坡薄地的潜在优势，打造农村旅游新兴产业，在不断拓宽群众致富门路的同时增加农村经济总量。共引进投资290多万元，新建冬暖式大棚25个，栽培火龙果、草莓1公顷，发展育苗地0.87公顷。其中，金泉火龙果、草莓种植园和欣波草莓种植基地获得市民一致好评。

中国驰名商标 丝宝宝系列产品

【工业】 泉山街道工业发达，形成电缆、机械、食品加工、橡胶制品、纺织等八大优势特色产业，拥有国家级集团1个、省级集团4个，年产值过500万元企业67家。“丝宝宝”牌被评为中国驰名商标，“鑫瑞”牌选矿机械等名牌产品久负盛名，畅销国内外。2015年，全街道规模以上工业企业13个，主营业务收入36.4亿元，同比增长8.6%；工业利润总额3.9亿元，同比增长7.7%；工业利税总额6.6亿元，同比增长14.4%。

【商贸】 泉山街道依托区位优势和温泉优势，实施“三产立街”战略，推进“服务业提速”工程，

2015年10月14日，北坞党社区

全力加快温泉旅游、商贸服务、文体休闲和农产品交易等四大区片建设。至2015年，全街道服务业项目总投资21.6亿元，其中以滚泉山旅游开发为中心的温泉旅游业项目涉及5个，以商贸圈为中心的商贸服务业项目8个，已完成投资11.3亿元，相继建成一批服务业项目，服务业比重和贡献进一步提升，产业特色更加鲜明，产业结构更加优化。2015年，全街道共拥有大型商业超市3家，各类商铺1452户，服务业税收7455万元，比重50.03%。以文化市场为重点的城北文化休闲商圈，以佳乐家、振华为重点的河西商贸餐饮商圈，以水果、蔬菜、花卉批发市场为重点的河东农产品交易商圈，以温泉旅游为重点的旅游休闲商圈等四大商圈的服务业发展格局已经形成。

【民生工程】 2015年，泉山街道通过持续投入，不断改善农村的生产、生活条件。投资130万元，硬化街道1.8万平方米；投资120万元，完成金泉河两岸和新建公园绿化8000平方米，栽植石榴、冬青等绿化苗

2016年1月7日，馨欣苑建设项目（吴家咀旧村改造）

木2000余株，安装太阳能LED灯75盏、高清探头65个；投资210万元，整治村内外河道2000米，修缮桥涵7座；投资38万元，实施农村饮水安全工程，对王家疃等3个村的自来水管道进行改造，安装净水设备。

【社会事业】 泉山街道始终把保障和改善民生作为首要责任，狠抓各项政策落实。2015年，全街道共有199人享受计划生育农村奖励扶助，14人享受计划生育特别扶助；发放独生子女父母奖励费32505元，对南坞党等20户市级、镇级计划生育贫困户发放生活慰问金8000元；发放各类低保金98.8万元，优抚款7.96万元，退职职工生活补贴7.51万元，80～99岁低保老人老龄津贴6.36万元；办理低保、五保一站式报销14.73万元，大病救助59户；完成银龄安康收缴1481人，8.28万元，进一步增强群众满意度和幸福感。

2015年10月14日，北坞党社区幸福院

【北关东村】 北关东村位于招远市区中心，温泉路以北，东邻美丽金泉河，南邻东关村，西邻北关西村，北邻花园区，魁星路南北穿过，总面积2.8平方公里。2015年，居民238户786人。村集体固定资产6亿元，集体总收入1.5亿元，人均纯收入3.2万元。先后获得“山东省小康村”“省级文明居委会”“省级先进党支部”“烟台市先进单位”“地方财税贡献先进单位”等称号。该村依托地利优势，大力发展第三产业，服务业已成为村的支柱产业，也是村集体收入的主要来源。在汽车配件城正常运转的同时，2012年新建成的金都文化商城已成功运营。招远金都文化商城项目位于招远市城建中心核心商业圈内，南与魁星公园融为一体，规划区占地面积2.8万平方米，总投资1.3亿元，以建设仿古

紫东佳苑建设项目（北关东旧村改造）

四合院式建筑群为主，建筑总面积3.2万平方米。商城以经营文化休闲用品、古玩字画、红木家具、电子信息产品、茶艺、金融投资、宾馆、酒店为主，打造胶东最大的文化商城，提升城市文化底蕴，与魁星公园建筑群南北呼应，拉动城市文化消费的潜在动力，繁荣城市文化消费市场。商城立足高端定位、面向普通群体，充分挖掘利用文化传统、文化典籍以及当地文化景观、文化遗产，营造文化氛围，拉动旅游产业链条，使旅游业与文化产业、商贸业协调推进、资源共享、良性互动，为当地居民、困难群体和有创业激情的大中专毕业生搭建创业平台，提供就业机会。商城2012年运营以来，已吸纳320余户商户入驻经营，到2015年实现收入近亿元，税前利润4000多万元。并形成古玩交流会、字画展览、夜市和文艺演出，吸引社会各界商户投资经商。2013年成立东润置业有限公司，开发“紫东佳苑”小区，2015年基本建成。汽车配件城转型升

级改造，在加快推进。金都文化商城创建的旅游景区，已正式成为国家级AAA级旅游景区。

【汤后村】 汤后村位于招远市区中心，金泉河以东，温泉路以南，总面积0.6平方公里，村庄占地面积13.33公顷。2015年，全村230户696人，经济总收入69468万元，人均纯收入23417元。多次被评为招远市级文明村、财政贡献先进单位、社会治安综合治理先进单位、平安村、先进基层单位等。村庄有丰富的地热资源，水温高达98℃，含各种对人体有益的矿物质。2000年拆迁民房20户，建起全省一流的金都温泉洗浴城，总投资5000万元，建筑面积18000平方米。近几年，为配合“金都汤城”旅游建设项目，结合旧村改造，共拆迁民房100余户，开发房地产10万平方米。建设村民住宅楼10座，建筑面积3万多平方米，新建温泉洗浴3处。温泉洗浴和房地产开发成为全村2个支柱产业，解决了部分村民就业，增加了村民收入。

（撰稿：路　宁　　审稿：吕云峰）

梦芝街道

领导成员

党工委书　记：侯福江
副书记：唐建波　阎文斌
委　员：高利福　李少玉（女）　姜立波　刘晓鹏
纪工委书记：李少玉（女）
人大工作室主　任：侯福江
副主任：刘勋豪
办事处主　任：唐建波
副主任：高利福　姜正香（女）　李宗波
群众工作办公室副主任：刘晓慧（女）
社会事务服务站站长：李振华（女）
经济发展办公室副主任：孙清波
副科级干部：孙尚训

【机构设置】 梦芝街道成立于1999年1月，内设党政办公室、经济发展办公室、群众工作办公室、政工办公室、财政所、计划生育服务站、经济管理服务站、社会事务服务站、农业综合服务站。2015年，共有在编人员70人，其中行政人员28人、事业人员42人。

【概况】 梦芝街道总面积33.60平方公里，辖23个行政村、3个居委会，2015年总人口24733人。梦芝街道高点定位，锐意进取，积极作为，各项工作有序推进，经济建设和社会各事业长足发展。2015年，全街道实现地区生产总值30.8亿元，同比增长6.9%；镇级地方公共财政收入18218万元，同比增长10.0%；人均纯收入16178元，同比增长10.2%；固定资产投资22.1亿元，同比增长39.2%；规模以上工业企业17个，主营业收入33.9亿元；第三产业增加值15亿元，同比增长10.3%；年内进出口总值3161万美元，其中出口总值2116万美元。连续多年被招远市委、市政府授予“先进镇街”称号。

华盈尚景城市综合体项目开工仪式

【项目建设】 梦芝街道充分发挥区位和资源优势，不断推进项目建设。2015年，共有9个项目列入全市重点项目，分别是投资100亿元的人工岛建设项

2014年10月13日，西宋社区便民服务大厅

目、投资3.5亿元的农副产品电子交易市场建设项目、投资3亿元的兴悦世嘉城市综合体建设项目、投资8000万元的红木博览馆建设项目、投资1.5亿元的华盈尚景城市综合体项目、投资5000万元的硅胶生产项目、投资8.2亿元的生物科技建设项目、投资20亿元的昆仑旅游综合开发项目、投资6亿元的浩阳风电设备生产加工项目。年度计划投资18.78亿元，已完成投资9.65亿元。共接待国内外客商30多人次，洽谈项目10余个，其中休闲观光采摘园、埃子赵家南山开发、LNG天然气等项目已签订投资意向书。

【城镇化建设】 2015年，梦芝街道按照“一年有变化、两年大变样”总体要求，以建设“宜居宜业新梦芝”为目标，加快城乡对接融合。不断加大资金投入力度，塑造城市西、北靓丽新出口，高标准打造金城路十里铺段、梦芝西路、玲珑路西段、西外环南段和罗峰路北段等5条绿化景观大道。加快旧村改造步伐，规划实施张华刘家、城西路家、北岭3个旧村改造工程。其中，张华刘家村的4号、5号楼已开工建设，城西路家村拆迁方案、用地协议等上会事项均已通过，北岭村完成新村展示区等外部环境打造，启动旧房拆迁工作，年内拆除旧房136户。加强环境综合整治。在全市率先实行城乡环卫一体化托管模式，配备村级保洁员107人，建立地埋式垃圾箱29个，年清运垃圾约1700车次，人均垃圾处理量达到规定的标准。通过向市场购买服务的方式，加强对辖区村环境卫生综合管理提档升级工作。在农村，开展“文明一条街”创建活动，投入劳动力1600人次、出动机械200余台次，共清理“三大堆”860吨，垃圾死角350余处，清除违章建筑20处。在城区，共清理商贩出摊占道、流动商贩610余起，清除各类广告、标语820余条。城乡环境得到明显改观，净化效果显著。

2014年12月8日，路家河村文化长廊

【生态文明乡村建设】 2015年，梦芝街道以“全域生态化”为目标，以辖区“三大堆”清理清除为切入点，以“生态文明一条街”打造为着力点，因村制宜，典型示范，以点带面，全域铺开，生态文明乡村建设工作取得明显成效。环境综合整治取得实效。以国家卫生城复审为契机，投资30万元，开展为期一个半月的“三大堆”专项清理清除活动。投资120万元，把辖区各村卫生日常保洁推向市场，实现管理规范化、保洁常态化。农村道路“进村达户”工程进展顺利。村内主街道升级改造力度进一步加大，累计投资300多万元对剩余村内主街道进行提升改造，打造一批富有特色的道德文化景观，粉刷美化墙面5.3万平方米，栽植各类苗木6.5万株，安装路灯350盏，安装各类健身器械160件套。生态文明示范村创建工作再上新台阶。一方面生态文明村在维护好原有维护保持创建成果的基础上，对西宋、增甲沟、黄土等社区进行改造升级，累计投资60多万元对活动场所进行提升完善。另一方面生态文明村创建数量稳步推进，在原有1个省级、9个市级生态文明村的基础上，对埃子赵家、考家、路家河、城西史家4个市级生态文明村进行重点打造，累计投资约360万元，所有工程均严格按照规划方案顺利完成。辖区主干路实现提档升级。累计投资480万元，对辖区金城路十里铺至张华孙家段进行改造，将两侧的建筑垃圾进行清理清除，绘制文化墙，打造美化、绿化、亮化于一体的靓丽城市北出口；对困扰后夼—路家河—埃子王家的群众出行难、交通安

2015年10月27日，增甲沟社区乒乓球室

2015年8月2日，瓦里村健身公园

全隐患大的路段进行改造建设，修建宽6米、长1200米的道路，同步对道路两侧进行绿化美化。在烟台市147个镇（街道）生态文明创建活动检查评比中，梦芝街道排名第27位。

【农村农业】 2015年，梦芝街道按照“以人为本、关注民生、科学发展、共建和谐”执政理念，共规划各类水利工程10项，改善灌溉面积93.33公顷，解决农村人畜吃水2个村、620人，疏浚河道 1公里，工程总投资530万元，投工7.33万个，工程量11.67万立方米。已建成扬水站2处，自来水改造2处，除险加固水库1座、塘坝1座，十里铺河道、梦芝河道综合治理、张华小流域治理等8项，完成投资380万元。路家河水库除险加固工程于2015年4月11日开工建设，2015年8月5日完工，共完成投资145.86万元。倡导生态农业建设，发展生猪养殖、蓝莓、葡萄基地等生态项目，拥有金润果蔬专业合作社、民意蛋鸡养殖专业合作社等8家合作社，农村生产生活设施和人居环境得到进一步改善。

2015年10月27日，增甲沟社区

【十里铺村】 十里铺村位于招远市区北部。全村总面积9.6平方公里，耕地面积80公顷，山峦面积96.67公顷，果园面积8.67公顷。2015年，全村550户1651人。先后被授予“省级文化活动先进示范点”“烟台市新型农村建设城郊型示范村”“烟台市村务公开示范村”等称号，连续多年获“红旗单位”“优秀党支部”“招远市平安村居”“招远市文明村”“招远市社会治安先进单位”等称号。村先后引进六六顺食品有限公司、金都永和商砼有限公司等多家企业。2015年，投资80多万元扩容南圈水库。村集体农用机械配套齐全，连续20多年实行耕、种、浇、收、运一条龙全程服务。充分利用城区北扩、西外环与国大路贯通、金城路拓宽改造、罗峰路和滨河公园建设契机，重点开发建设村民安置楼9幢，计20750平方米，开发建设商品房3930平方米，安置村民180多户。投资100余万元建成集教育培训、文化娱乐、健身锻炼于一体的综合文化大院，组织村民开展多种丰富多彩的文化娱乐活动。重新整修全村道路27条，村内环境卫生整洁，周边无污染源，生态环境保护良好。

2015年9月23日，埃子赵家梦想一条街

【埃子赵家村】 埃子赵家村位于招远市区西5公里处，耕地面积28.4公顷。2015年，全村148户402人。2015年，村集体投资190多万元，对村进行硬化、绿化、亮化、美化建设。其中投资42万元硬化村内道路6000平方米，投资16万元对村内主干道两侧建筑面积3600平方米进行绿化，投资10余万元栽培苗木面积3800平方米，投资22万元在主干道两侧安装路灯33盏，投资85万元对村内主街墙面进行美化，抹墙体、粉刷墙13000平方米，垒土墙260米，高标准打造了1条生态文明一条街。同时，为丰富群众文化

生活，村集体投资10余万元建设“百姓大舞台”，安装健身器材，方便村民听戏、健身等。先后被街道授予“先进单位”“经济工作先进单位”“优秀党支部”“生态文明村建设先进单位”等称号。

【城西路家村】 城西路家村位于招远市区西部。全村总面积1.2平方公里，耕地面积23.73公顷，果园面积3.33公顷。2015年，全村210户542人，村集体收入30余万元。该村从实际出发，以为民办实事为宗旨，打造“生态文明一条街”。先后投资6万元为村民新上纯净水设备，投资1.5万元安装LED灯对全村进行亮化，投资2万元对道路两侧进行绿化，并为村民发放各种福利30万元，得到村民的一致好评。先后被评为街道经济工作先进单位、优秀党支部、黄金搭档最佳组合先进单位、农业工作先进单位、无矛盾纠纷上交先进单位、计划生育工作先进单位等。

2015年10月27日，路家河村幸福院

【黄土崖村】 黄土崖村位于招远市区西3公里处。全村总面积1.5平方公里，耕地53.33公顷，林地100公顷。2015年，全村372户1076人。先后被评为街道先进单位、先进党支部等。2015年，投资5万元对农村社区进行改造，新建便民超市、卫生室、图书室、文化广场等配套设施。投资12万元建设功能齐全、设施完善、服务周到的农村幸福院，院内设有休息室5间20张床位、老年活动室、餐厅等，配备健身器材、棋牌、电视等设施。幸福院为老年人提供膳食供应、个人照顾、休闲娱乐等服务，让村的留守老人、独居老人老有所养、老有所乐。

（撰稿：韩本兰　　审稿：阎文斌）

温　泉　街　道

领导成员

党工委书　记：于希江

副书记：刘鹏波　兰立群

委　员：陈兆飞　刘春吉　石德伟　翟亚利

纪委书记：陈兆飞

办事处主　任：刘鹏波

副主任：刘春吉　姜书琴（女）　陈　波

人大工作室主任：丁玉梅（女）

人民武装部部长：石德伟

社会事务服务站站长：赵金伟

经济发展办副主任：杨腾飞

【机构设置】 温泉街道党工委、办事处，为招远市委、市政府派出机构，成立于2004年3月17日，与招远经济技术开发区管委合署办公。同年3月27日，招远市人民政府将开发区35个行政村和金盛居委会划归温泉街道管辖。街道内设党政办公室、财政所、社会事务服务站、农业综合服务站、计划生育服务站、经济管理服务站。2015年，共有工作人员73人，其中行政人员12人，事业人员28人，人事代理及聘用制人员33人。

【概况】 温泉街道位于招远市区东北部，与老城区连为一体，总面积40.28平方公里。辖35个行政村，6个社区居委会，2015年总人口41045人。温泉街道作为招远经济技术开发区的主要承载地，立足区位优势，发展特色产业园区，建成全国最大的黄金深加工基地、轮胎制造业基地和电子基础材料基地，培育形成黄金、轮胎、电子、食品和机械制造五大支柱产业，综合实力不断提升。2015年，实现地区生产总值80.7亿元，同比增长7.6%。完成镇级地方公共财政收入4.2亿元，同比增长16.2%。农村人均可支配收入19887元，同比增长10.2%。固定资产投资62.8亿元，同比增长36.4%。规模以上工业企业38个，主营业收入116.5亿元，同比增长8.8%；工业利税总额16.8亿元，同比增长18.3%。第三产业增加值48.4亿元，同比增长10.4%。进出口总值1.9亿美元，其中出口总值7962万美元。合同利用外资1.8亿美元，实际利用外资8000万美元。

【项目建设快速推进】 2015年，温泉街道围绕“服务一个中心、夯实两个基础，强化三级管理”工作思路，落实责任，强化措施，开拓创新，经济社会各项事业呈现稳中有进良好势头。以烟台市园区建设现场会筹备为契机，全体机关干部及相关村全力以赴、加班加点，奋战60天为开发区“二次创业、赶超发展”做了大量工作。围绕中国供销集团招远产业园、燃气管道等一批重点项目，广大党员干部坚持以大局为重、以重点项目建设为重，不等不靠、认真细致做好群众工作，燃气管道顺利通过辖区，实现全线贯通。供销产业园内2个项目顺利开工。杨家大沟、孙家大沟、北岔河、横掌周家、街柳等旧村改造进展顺利。横掌社区搬迁工作取得较大突破。温家庄村127户村民全部达成拆迁补偿协议，有50余户居民正在进行新房装修，78套房屋完成拆除。

中国金都文化城

【城乡环境日新月异】 2015年，温泉街道坚持把城乡环境卫生综合整治作为基础性、长远性工作，在建章立制上做文章，在管理措施上下功夫。街道成立环境卫生综合整治领导小组，健全完善《温泉街道农村环境卫生工作意见》《村级环境卫生检查评比标准》《村级保洁员管理办法》等一系列规章制度，明确村级整治任务、标准、奖惩措施等。在卫生城复审过程中，街道城管、市场监管所、工商所、派出所等部门联合行动，连续组织开展垃圾清运、乱搭乱建清理、摊铺整治、车辆停放整治、市场规范、“门前三包”专项整治活动。前柳行农贸市场、春雨路南段、单家农贸市场等重点部位都得

2015年12月14日，姚格庄村生态文明村建设

到有效整治。街道纪工委和环卫办牵头，重点对保洁公司进行督导和考核，对各村道路清扫、垃圾清运和“三大堆”清理等情况进行检查并拍照存档，对不合格路段、区域下达限期整改通知书，其结果纳入各村责任制考核，与村干部工资直接挂钩。在村级，实行机关干部包村、村两委干部划区包片、群众包房前屋后、村级保洁员包村内路段和垃圾清理、业户实行“门前五包”、背街小巷销号管理等措施，使环境卫生面貌发生根本转变。全年共出动铲车、挖掘机等机械480余台（次），清理“三大堆”810多处，卫生死角160余处，清运各类垃圾1.7万立方米，清理乱贴乱画670多处，签订“门前五包”责任书3000余份，清理整顿市场26处，下达整改通知书24份。通过上下联动、全员参与，街道城乡环境卫生面貌明显改观。在市政府每月组织的环境卫生检查评比中，温泉街道始终位列前茅。

【惠民工程成效显著】 2015年，温泉街道公益事业长足发展。村级公益事业实现新突破。年初，围绕增加居民就业、改善交通条件、提高医疗服务水平、丰富群众文化生活、助困扶贫等民生事务，组织各村认真梳理、谋划，确定惠及面广、群众急需的53件实事，向社会公开承诺。街道通过配套资金、督导落实、考核问责等措施，确保事事有人抓、有人干、有人管，各项为民办实事工作顺利推进。至年底，53件民生实事全部落实或完成。街道投资360多万元，集中打造姚格庄、横掌赵家、横掌吕家3个生态文明村，横掌赵家公园、文化墙等一批高标准的景观受到群众欢迎。投资110万元，为郑家、北五里、街柳等6个村新打自来水井、增加净水设备。为35个村拨付环境卫生整治专项资金

2015年8月25日，南五里水库浆砌加固工程

100万元、发放文明祭祀补贴10万元、补助村级办公经费97万元，为村集体收入不足3万元的8个村拨付公益性事业资金160万元，争取上级投资40多万元加固南五里水库。前柳行、横掌刘家、南五里、横掌曹家、张格庄等村各投资20万～30万元，硬化村内道路，方便群众出行。群众文化生活进一步丰富。35个村农村文化大院覆盖率100%，确保群众娱乐有场所、活动有场地。先后组织春节秧歌进城、群众健身操、消夏晚会等一系列健康向上的文化娱乐活动。在"学雷锋活动日""三八妇女节""3·15消费者权益保护日"等期间，开展防空、防盗、消防、交通安全、生殖健康等知识培训及教育活动，村（居）民的知识水平和文明意识明显提高。扶贫帮困工作扎实开展。对辖区残疾家庭、特困家庭、留守儿童等弱势群体进行排查摸底并建立档案，在春节、"六一""七一"等期间，组织机关干部进行走访慰问，帮助解决实际困难和问题。为贫困户、低保户、困难党员、60岁以上孤寡老人等群体发放政策性帮扶资金140万元、慰问品40余万元。群众满意度不断提升。街道机关干部先后开展进村入户走访活动2次，共走访居民12000多户，填报入户调查表12000多份。走访活动中，机关干部发放宣传材料13000余份，宣传各级为民办实事成果，广泛收集居民群众反映的吃水、福利、就医、上学等方面意见和建议230余条，为群众办实事、做好事70余件，解难题120余件。年终，街道群众满意度调查名列全市第五位，其中100部群众电话满意率得分94.03，位居全市第七位。

2016年1月11日，温泉街道龙丰源生态农业园建设

【基层组织建设得到加强】 2015年，温泉街道着力构建从严治党新常态，基层党组织更加坚强有力。配强队伍夯实基础。采取多种形式，强化对党员干部宗旨教育、方针政策教育和遵纪守法教育，切实增强党员干部的责任意识、制度意识、大局意识和法律意识。结合"三严三实"专题教育，自觉以"严"字当头加强自身建设，以"实"字为先认真履行职责，进一步强化作风建设，增强责任意识，树立良好形象。严格落实机关考勤、学习、例会、卫生等管理制度，加大责任考核和奖惩力度，大力倡导纪律严明政令畅通之风、深入基层狠抓落实之风和爱岗敬业争创一流之风，打造一支"风正气顺、心齐劲足、团结协作、干事创业"的机关干部队伍。先后组织10名新任农村支部书记、村委主任参加市委、区工委组织的培训，对172名新任农村"两委"成员进行集体谈话。全年调整支部书记2人，充实支部委员4人。11月，与35名支部书记进行面对面谈话，对如何落实抓基层党建工作进行部署。组织题为"以'六求六戒'标准做一名合格党员""自觉践行'三严三实'要求，争做忠诚干净担当的基层党员干部"党课2次，1700余名党员集中接受教育。组织观看防腐纪录片2次，举办专题讲座3次，集中学习2次，受教育党员干部群众达1000余人（次），在广大党员干部中形成严格遵章守纪的思想自觉和行动自觉。

健全制度强化保障。温泉街道始终把制度建设放在首位，坚持用制度提醒和约束干部行为。建立领导干部联系工作区、公开接访、党员干部包片联户、干部岗位考核、集中理论学习、干部纪律作风整顿、谈心谈话等制度，形成一套较为完整的干部约束和激励工作机制。全街道12名领导干部全年深入农村和企业调研24次，开展谈心谈话160人（次），走访党员220余人（次），与群众面对面接访110余人（次）。在村级，制定下发《温泉街道关于做好农村“两委”干部工作补贴统筹发放工作的实施意见（试行）》《2015年社会稳定工作要点》《农村福利发放暂行规定》《农村干部日常考核办法》《网格化管理实施意见》等一系列规范化管理制度。修订完善《2015年农村干部管理目标责任制》，延伸扩充指标体系，明确细化奖惩措施，将项目建设、旧村改造、为民办实事、环境卫生整治、社会稳定等工作纳入重点考核。

严格考核监督问责。温泉街道为确保年度各项任务目标落到实处，建立健全纪检监察、社会监督和工作区督查的政风监督体系，聘请12名党风廉政监督员，由街道纪工委牵头，定期对各村“四议两公开”“三会一课”、干部坐值班、一事一议、环境卫生整治、党务政务及财务公开等制度执行情况进行全方位和全过程监督，强化对党员干部作风的常态化督导检查，让干部真正做到依法依规办事，懂规矩，守法律，明事理，形成抓落实的工作合力。全年开展6次纪检巡回督查，对2名农村干部违反财务纪律问题进行处理，对5名服务群众不到位、不作为的村干部及时进行约谈。对35个村的财务进行全面审计，对问题突出的7个村下达整改要求。

2016年1月11日，横掌赵家村生态文明村建设

【社会大局和谐稳定】 2015年，温泉街道认真落实新颁布实施的《信访条例》，创新工作思路，规范信访秩序，引导群众依法有序逐级信访，在全街道构建起维护稳定长效机制。充分发挥老干部调解队伍、村级调解队伍、街道信访办作用，组织开展“走基层、访万户、察民情、解民难”活动，切实维护人民群众的根本利益和合法权益。健全完善信访工作台账管理制、领导干部包案和公开接访制、不稳定因素报告备案制、重点案件限期办结制、重大事件信访评估制和信访案件专档管理制等一系列规章制度。完善信访工作考评办法和机制，强化责任分解落实，明确包案领导及责任人，详细制定信访台账，明确化解时间，限期结案，严格考核奖惩，切实解决辖区苗头性问题和群众关心的热点难点问题。全年共排查各类不稳定因素148起，接待群众来信来访112起，解决群众信访案件、矛盾纠纷102起。清理“邪教组织”反宣品468件。整合资源，网格化治安防控体系初见成效。温泉街道社会治理中心于3月正式投入使用，先后多次赴先进地区学习网格化管理先进经验。中心将辖区户口管理、计生服务、政法综治、流动人口管理、城管、环保等部门人员全部进驻服务大厅，实行一站式便民服务。公开考选5名社区工作人员，在6 个社区居委会选配区长、楼长、梯长三级管理人员1200余名，并全部培训上岗。重新完善村级管理机制，由支部书记任网格长，两委成员任网格管理员，党员小组长或村民小组长任信息员。社会治理信息管理平台和治安管理监控平台投入使用，可对网格化信息实行全方位、数字化动态化管理，对辖区所有村、社区及治安重点部位进行动态监控管理，在街道上下构建起城乡一体、上下通畅、专群结合的网格化治安防控体系。

【社会事业稳步推进】 计划生育工作扎实开展。2015年，温泉街道开展春季计划生育宣传，发放资料3万余份，张贴宣传挂图80余套，为5872名育龄妇女进行健康查体；推行流动人口“宣传、访视、帮扶、联系”四到位服务管理模式，对辖区所有摊点、沿街门市、市场、商场进行排查，核对信息1200余人，办理流动人口婚育状况证明87人，为6972人发放独生子女家庭医疗保险13.9万元，兑现晚婚晚育和落实长效避孕节育措施奖励35万余元。农业和经管统筹发展。严格落实防火责任制，配齐配全防火物资，重点时期对山林实行全天候监控。全面推行文明祭祀，横掌滕家、横掌秦家、横掌温家、郑家、姚格庄、横掌史家、横掌曹家、前柳行、前郝家、横掌崔家、温家庄、横掌刘家、街柳、后郝家、朱家咀等15个村全面实行文明祭祀。农业龙头企业龙丰园项目完成景观整理、园内道路及桥梁、园内灌溉系统建设和果蔬栽培设施建设。制定下发《农村会计岗位目标责任制》《关于加强农村集体经济合同管理的规定》《关于村级福利发放暂行规

2016年1月11日，温泉街道社会治理中心

定》等多项制度，农村财务管理进一步规范化、制度化。对村级2012～2015年账目进行审计，对发现的财务收支、福利发放、工程建设、白条抵库等问题及时督促相关村进行整改，压缩非生产性开支。严格资金审批程序，抓好代管资金管理。按照“统一公开时间、统一公开格式、统一公开地点”的要求，组织各村对村务、财务和政务进行公开，并全部留存影像资料，保障农村经济健康协调发展。

【横掌温家村】 横掌温家村位于招远市区北部，拥有土地80公顷，360户990人。村属山东鸿福集团公司成立于1992年7月，1995年被农业部认可为“全国乡镇企业集团”，2006年跨入“烟台市百强民营企业”。公司注册资本2600万元，固定资产总值3.2亿多元，员工5200余人，其中工程技术人员780人。集团公司下属企业有：招远市横掌温家黄金矿业有限公司、招远鸿福万龙（山东春雨）食品有限公司、招远现代（西日本）食品有限公司、山东众浩鑫食品有限公司、招远市金兴化工厂、招远德润建筑安装有限公司、招远德润新型建材有限公司、烟台康寿贡面食品有限公司、招远鸿福电子科技有限公司、招远金鸿投资有限公司、中国海关招远开发区保税库等。拥有黄金矿业采选、食品加工、机械制造、电子材料生产、化工助剂生产、工业民用工程建筑安装、热电联产、果蔬冷藏保鲜、公用保税库等10多个企业。2015年，全村完成销售收入30亿元，实现利税4700万元，财政贡献2000多万元。

2006年以来，村集体先后投资2亿元建设了7个项目，全部实现当年设计施工、当年建成投产见效。1996始，村集体总投资3000多万元，相继建设了10栋5层标准楼房，人均居住面积30多平方米；投资修建村广场，对路面、街道进行硬化、绿化、美化、亮化；建设省级标准幼儿园、村文化休闲广场、综合服务中心、门球场、健身室等。村集体对全体村民统一供应米面、鱼肉、水果等生活用品，水、电、暖、闭路电视收视费全部免费。对村中老人重点倾斜，集体出资建起老人住房区，独门独院，让所有老人免费居住；办好老人节，每年的“九九”重阳节，村两委每年一个新花样，或开庆祝大会、专门设宴招待、请剧团到村演出，或组织旅游；每位60岁以上的老人，享受1500元的生活补贴，每户提供500元的烤火费，加上村民基本生活补贴，每个老人每年享受的福利待遇超过3000元。

【埠后村】 埠后村位于招远市区东北部，村庄占地面积20.87公顷，耕地面积54.13公顷，居民505户1503人。连续多年被市政府授予“安全文明村”“先进单位”称号。1980年以来，该村先后办起日用百货、食品商店9家，从事服装、布匹、肉食的专业户16家，从事运输专业户10多家。村先后建设标准厂房5处，面积25300平方米，拥有固定资产2200万元。2015年，全村经济总收入9481万元。全村街道路面硬化，免费安装自来水，有1800多平方米的文化大院和500多平方米的礼堂。

【孙家大沟村】 孙家大沟村位于招远市区东部，全村总面积2平方公里，212户700多人。先后被评为新农村建设先进单位、模范村民委员会、农村社会养老保险先进单位等。随着城市东扩，村庄处在连接旧城区和新城区的中心地带，村内经济主要以工业、第三产业为主。2013年8月19日，村委和浙江华希投资公司签订旧村改造合作开发协议，项目规划建筑面积70多万平方米，其中商业35多万平方米，住宅38万平方米，建百米高楼16栋。项目计划总投资20多亿元，分4期实施。一期总建筑面积为18万平方米，其中商业9万平方米，住宅9万平方米。一期9万平方米的商业建筑有该村5万平方米，村委成立的烟台鑫尚公司已和世界500强的法国欧尚于2014年12月30日签订为期20年的租赁协议。根据华希广场建设的进度要求，2014年10月20日启动旧村二期搬迁工作，12月底搬迁工作全部结束。2015年底，华希广场一期工程完成主体工程。

【杨家大沟村】 杨家大沟村位于招远市区东部，全村总面积0.3平方公里，村庄占地13.33公顷，223户720人。2015年全村实现总收入9600万元，财政贡献300万元，人均收入19400元。连续多年被评为山东省巾帼示范村、烟台市民主法制示范村、社会主义新农村建设城郊示范村、烟台市社会保障示范村等。2008年，村集体投资5000万元建成金坤商贸大楼及商业步行街杨家大沟村段，合资兴办招远一中新校、凤凰岭公园、招远市金辉学校、招远市体育竞技学校等。村集体投资1700万元建成160户住宅楼及3000平方米沿街门市房。2009年再次投资1000万元，建成80户住宅楼供村民居住，建成沿街门市房2600平方米。村民基本生活保障由村集体统一提供，每人每年免费领取面粉150公斤、大米25公斤、花生油10公斤、液化气30公斤、纯净水12桶、取暖费及水费130元、生活补助600元及猪肉、鸡蛋等。村集体出资为村民投养老保险和农村合作医疗保险，对年满60岁以上老人每人每年600元生活补助及两年外出旅游1次，儿童上学每年教育补助500元。

【北岔河村】 北岔河村庄位于招远市区东南部，村庄占地20公顷，耕地6公顷，山林4公顷，果园15.33公顷，全村335户996人。该村的主要经济来源靠土地和门市房租赁，每年收入300万元左右。连续多年被开发区评为信访稳定、综治、社会保障、计划生育先进单位。北岔河新村位于泉山路以北、春雨路以东，规划用地1.47公顷，160套住宅2.2万平方米，商业楼房5000平方米，用于旧村改造及商业出租。福利保障方面，村委在提高村民米、面、油、鸡蛋、水等日常用品供应标准基础上，大幅提高仲秋、春节两节福利发放。村委对年满60周岁以上老人，每年给予1000元补贴；为30周岁以上村民全部缴纳农村养老保险金，每年支出达30万元；出资为村民缴纳新型农村合作医疗，每人每年80元。村委投资50万余元为全村安上自来水，且水费全部由村委承担；投资3万元修建1条长12米、宽2米的桥；投资2万元把旧村委8间房子改造成可容纳180人的红白喜事场所，自来水，厨房用具一应俱全；投资12万元在村庄安装路灯40余盏，投资5万元硬化村内主要街道。

（撰稿：李文刚　　审稿：陈　波）

大秦家街道

领导成员

党工委书　记：冷海祥
副书记：毛旭滨　王　翔
委　员：王晓东　蒋虹江　于　健　王　明
纪工委书记：王晓东
办事处主　任：毛旭滨
副主任：蒋虹江　许金香（女）　杨晓波
人大工作办公室主任：王书第
人民武装部部长：于　健
社会服务站站长：于民利

【机构设置】 1966年，由罗山公社、磨山公社、城关公社部分村庄合并成立大秦家人民公社。1983年4月撤社设立大秦家乡。1989年6月改设大秦家镇。2010年11月，改设为大秦家街道。设党政办公室、经济发展办公室、财政经济管理所、计划生育服务站、社区事务服务站、农业技术服务站、经济发展服务中心等。2015年，在编人员74人，其中行政人员31人，事业人员43人。

2015年8月25日，招远市级班子成员视察原家村生态文明建设

【概况】 大秦家街道位于招远市区东部，总面积69.2平方公里。辖38个行政村，总人口28448人。2015年，大秦家街道以经济建设为重点，以生态文明建设为亮点，以服务辖区群众为出发点，突出项目建设、民生改善、社会稳定和党的建设，经济

2015年9月23日，上级领导视察原家村生态文明建设

和社会各项事业长足发展。全街道实现地区生产总值27.5亿元，同比增长7.1%；完成镇级地方财政收入3823万元，同比增长16%；农民人均可支配收入15229元，同比增长8.3%；年内进出口总额1240万美元，其中出口总额722万美元。先后被评为山东省小康乡镇、烟台市纪检先进集体、烟台市农业技术推广工作先进单位。2015年，被评为招远市精神文明和宣传文化建设先进单位。

2015年4月，新建的祁格庄1号机电井配套工程

【经济建设】 大秦家街道按照“突出一个主题，把握两个着力点，实现三个新跨越”工作思路，牢牢把握新区开发主题主线，主动适应经济发展新常态，突出抓好项目建设，经济建设向好发展。2015年，新上民营企业28家，发展个体私营工商户110户。规模以上工业企业15个，主营业收入53.64亿元，同比增长10.8%；工业利税总额5.78亿元，同比增长5.5%。第三产业增加值9.37亿元，同比增长9.6%。

【农业工程】 2015年，大秦家街道继续实施完善农业基础设施配套工程。围绕完成总投资1700多万元的祁格庄高顶节水灌溉项目、2000公顷高标准基本农田建设项目和南于家水库除险加固工程，共安装出水口781个，新建扬水站9处，硬化15条机耕路和6条连村路，农业生产条件明显改善。农村经济总收入34亿元，粮食总产151万公斤，农业生产总值2.4亿元。

【东城新区建设】 2015年，大秦家街道立足东城新区地域优势，克服经济下行压力和国家土地、财政政策制约等不利因素，创新思路，积极作为，新区建设稳中有进，新区形象和承载功能全面提升。园区项目建设卓有成效。在核心区，总投资14.6亿元的BT项目顺利推进，为民服务中心A楼基本完工；创新创业中心即将启动招商；妇幼活动中心、图书馆、展览馆外装已基本完成，已进入内装工程施工阶段。总投资6亿元的春竹文化创意产业园基本建设完工，核心区建设已初具规模。在南部物流园区，总投资4.7亿元的金泰达物流综合服务楼、汽车检测线和金百物流产业园一期已经投入运营；东城新区中小微企业创业基地项目完成土地征用17.33公顷，地上附着物清理基本结束。在北部清洁园区，成功实现零的突破，规划总投资1.4亿元，占地4.87公顷的金福祥项目土地招拍挂、地上附着物清理已经结束。在电子产业聚集区，总投资3.5亿元的金潮电池工业园一期工程建成投产，并代表招远市迎接烟台市重点项目观摩，跻身烟台市十大优秀项目；总投资1.49亿元的金潮新型建材工业园在全市年终重点项目观摩评议中名列第一，其产品获得“中国驰名商标”称号；总投资8亿元的贺利氏——鲁鑫高科技产业园项目建成投产。全市

2015年10月29日，大秦家街道党工委、办事处领导现场指导解家村生态文明建设

2015年10月29日，BT项目建设现场

重点民生项目垃圾焚烧发电项目顺利推进。基础设施建设日趋完善。全年累计投资4000万元，实施项目13个。在道路建设上，新修筑堡子水库环湖路，完成安康路北段改造。在景观打造上，实施日进斗金雕塑搬迁；投资3000万元的孙家河景观改造工程于2015年验收合格，开放使用。在重点经济项目配套建设上，铺设各类管路5000米，完成投资300万元，金百物流园、贺利氏工业园水、电、排污等基础工程及外围绿化工程全部顺利竣工。投资400多万元改造泉山东路与温泉路交叉路口、温泉路与金龙路交叉路口，保障群众出行安全。

【惠民工程】 2015年，大秦家街道坚持“一切发展为了群众，一切发展依靠群众，让群众共享发展成果”理念，民生工程累计投资3000多万元，生态文明建设亮点突出。在规划创建的苇都梁家、苏格庄、山子后等示范村提档升级基础上，又对原家、小杨家、苇都高家、苇都解家、老秦家等5个新规划的市级生态文明示范村进行高标准规划，精细化打造，取得显著的效果。其中，苇都梁家村对村内所有空闲地全部进行高标准绿化，对大街小巷全部进行硬化，代表招远迎接烟台市生态文明乡村建设观摩，取得优异的成绩；原家村投资200多万元，高标准铺装村内主街道，并对沿街、沿路两侧全部进行高标准绿化，打造樱花巷、丁香巷、柿子巷等各具特色的7条街巷，代表街道多次迎接招远市和其他兄弟单位观摩学习；苇都解家村将水泥管等物品进行改造、美化，做成绿化盆景，既有新意，又美化了村庄；苇都高家、老秦家、小杨家也都打造出自己的亮点，一次性通过创建验收；青杨堡、闫家沟、小李家等村自筹资金投资建设，浆砌河道，修筑街道，改造办公场所，绿化环境，为群众创造良好的生活环境。

2015年7月11日，青杨堡村新上的净化水设施

2014年7月31日，孙家河村庄绿化

【社会事业】 集中开展环境卫生综合整治。2015年，大秦家街道投资300多万元，按照统一标准，在辖区38个村建起67处地埋式垃圾箱，安放182个移动式垃圾箱，配备垃圾清运车3台、铲车1台；配备村级保洁员108名，连村路养护及新区保洁人员25人。投资45万元，开展村级卫生综合整治活动，共清理“三大堆”3000多处，清运垃圾3万立方米。其中苇都梁家、苇都解家、苇都高家、梧桐夼、陈家窑、水口、苇都洼子、原家、小杨家、青杨堡、闫家沟、山子后、小李家等村率先彻底清理村内三大堆，并对村内违章建筑进行拆除，村内面貌焕然一新，环境得到极大改善。组织各村开展为民办实事活动。2015年，全街道38个村规划为民办实事项目119件，到11月底完成投资2326.8万元，办实事项目全部落实。其中惠及祁格庄、小杨家等21个村的2000公顷高标准基本良田建设全面完成，清淤护砌大口井11处，硬化上山机耕路20余公里，极大改善

2015年9月25日，苇都解家村貌

了生产条件；投资620万元的366.67公顷节水灌溉各项工程全面完工，使杜家沟、兴旺庄、滕家沟、祁格庄4个村的农业生产条件得到极大改善；投资40多万元建设15处学生候车亭，全部投入使用，解决了学生候车风吹雨淋及其他安全问题；为15个村统一配套安装净水设备，在全市率先实现安全饮水全覆盖，38个村的村民年内全部喝上洁净卫生的纯净水；兴旺庄、小秦家、苇都洼子、桥石头、苇都梁家等11个村硬化村内主街道4万余平方米，38个村的村内主街道全部硬化。

【原家村】 原家村位于招远市区东部，全村耕地面积37.4公顷，2015年155户420人。在生态文明村建设中，该村突出“特色化、精细化”建设特点，先后投资350多万元，以“一巷一韵”为主线，以街头巷尾“净”起来、村内道路“畅”起来、村容村貌“靓”起来、群众生活“美”起来为主要目标，全力打造生态宜居新农村。全民参与建设。通过外出参观、召开会议等多种形式深入宣传动员，转变村民从“要我建”到“我要建”观念。村民全力支持生态文明村建设工作，先后清理村内“三大堆”400多车、600余吨，拆除障碍房屋30多间、违建车库9处，清理房前屋后乱圈滥占空闲土地4300平方米。着力改善环境。投资110万元，硬化村内街道9000多平方米，安装路边石4500米，方便群众出行；投资9万元安装净化水设备，解决村民饮水安全问题；投资12万元粉刷改造墙面3000平方米，手绘文化墙150余平方米，美化村庄环境；投资15万元，进行办公场所建设，土建基本完工。精细打造节点。投资100万元对村内所有街道及侧巷进行绿化，突出一巷一韵，打造海棠巷、玉兰巷、紫薇巷等7条不同特色的巷道；投资54万元在村西南空闲地建设休闲公园1处，安装健身器材16件，并在南北主街道两侧安装紫藤花架2处，满足村民休闲健身需要。

2015年8月25日，原家村内街道

【苇都解家村】 苇都解家村位于招远市区东部，全村耕地面积33.33公顷，2015年202户577人，村集体经济收入主要来源于土地租赁。2015年，该村先后投资60万元，开展生态文明乡村建设。解决山洪进村的问题。该村北高南低，每当汛期来临，村后农田里的水会携带着泥沙冲向村里。不仅让那些居住在低洼处的村民深受其苦，而且由于泥沙淤积，导致出行不便。2015年，投资15万元，在村后建起一道近200米的排水大渠，长期肆虐村里的山洪得到根治。清理“三大堆”，创建花园式村庄。首先，组织部分党员、干部、村民代表小组长和部分难缠的“钉子户”人员，先后参观苇都高家、苇都梁家、前孙家、后夼、西沟、南潘家等新农村建设先进单位，激发村民开展新农村建设的自觉性。其次，清理“三大堆”。在做好思想教育基础上，着手清理村内“三大堆”，要求全体村民3日之内将各自房前屋后的柴草、土石、垃圾等清理干净，不留死角，并长久保持卫生洁净。村委检查合格的，每户奖励一罐液化气；不行动、抵触者同时停发其他所有福利。活动中，党员干部、村民代表积极带头，广大村民纷纷行动，连以往那些难缠的“钉子户”也不甘落后。3天之后，村委组织检查，合格率为百分之百。最后，进行环境改建整修、绿化美化。第一个问题是用地问题，以往村民们习惯于在房前屋后的空闲地方或栽树、或种菜，久而久之，这些空闲地方理所当然地成了私有财产。绝大部分村民顾全大局，服从规划，个别村民开始有点不高兴，但经过耐心地说服动员，从而使环境改建整

2015年8月7日，苇都解家村内绿化

修、绿化美化顺利进行。第二个问题是有的路面全部硬化了，无法在上面种植花草树木，经过多次探讨，买些水泥管切开，做成花盆，栽花种草，既便宜，又美观。施工中，本着“投资少、效果好，既实用、又好看，因地制宜，合理布局”原则，充分发挥村里能工巧匠的聪明才智，严格要求，认真操作，保质保量做好各个环节的工作。历时70多天，村里各条街道全部修建改造、绿化美化。栽植雪松、樱花、龙柏、月季、冬青等各种苗木20余个品种，共计26000余株；零星边角地块建小花坛80余处，建艺术花盆40多个；建文化墙10处，约100平方米；改造垃圾场所2处，建成小公园2个，面积约600平方米；粉刷墙壁3500平方米，喷写标语50余幅。

（撰稿：王陵瑞　　审稿：王晓东）

招远经济技术开发区
（温泉街道　大秦家街道）

开发区工委、管委领导成员

工委委员、管委副主任：王炳波（主持工作）

工委委员、管委副主任：战会文

工委委员、温泉街道工委书记：于希江

工委委员、大秦家街道工委书记、市东城新区建设办公室主任：冷海祥

工委委员、东城新区建设办公室副主任：付绍泉

工委委员、纪工委书记：于敏强

工委委员、环境保护局局长：赵　波

工委委员、党群工作部主任、工会工作委员会主任、机关工会主席：赵军伟

各局（室）负责人

东城新区建设办公室主任：冷海祥

副主任：付绍泉　温少欣（女）

党政办公室主任：刘胜祖

副主任：王晓伟　李金童

党群工作部主任：赵军伟

副主任：王忠良（主任科员）　张嘉婧

规划建设局局长：吴武民

副局长：庄忠铭　邢少和　徐新平

经济发展局局长：于言庆

副局长：王振西　李永奎

投资合作局局长：马新杰

副局长：康杰民　刘兆光

财政审计局局长：曹敬臣

副局长：王明利

人力资源局局长：康忠省

副局长：王振平　路明亮

环境保护局局长：赵　波

副局长：张旭东　刘好梅（女）

【机构设置】　招远经济技术开发区管委机关设投资促进局、经济发展局、财政审计局、规划建设局、人力资源局、环境保护局、党政办公室、党群工作部等6局1室1部，下设温泉和大秦家2个街道。2015年，在编人员194人，其中行政人员80人，事业人员114人。

【概况】　招远经济技术开发区于1992年经省政府批准设立，1993年8月正式挂牌成立，辖温泉街道和大秦家街道，73个行政村和6个居委会，区内总人口15万人，控制面积109.48平方公里。建区以来，按

2015年4月24日，中共招远市委书记、市人大常委会主任张伟视察温泉街道社会治理中心

黄金创意产业园

照“城市新区、经济新区、开放特区”功能定位，着力抓好招商引资，培育壮大支柱产业，繁荣发展社会事业，自2005年起，连续6年跻身全省省级开发区综合考评前10强，2010年跃居全省第一位。2011年9月25日，经国务院批准晋升为国家级经济技术开发区，定名为招远经济技术开发区，实行现行国家级经济技术开发区的政策。先后获得“环渤海省级开发区投资环境、科技创新、循环经济竞争力百强”“全省对外开放先进园区”“省级科学发展示范园区”“全国最适宜人居新城区”等称号。

【特色产业】 2015年，开发区主要有五大产业。黄金产业。已形成集黄金勘探、采选、冶精炼、金银制品加工、综合利用及黄金矿山机械、黄金加工、设计研究等于一体的完整产业体系。在金、银回收的基础上，已经拓展到铜、铅、锌、硫、砷、铁等有价元素；金银饰品加工销售经营企业达53家。山东招金集团有限公司为国内500强企业。轮胎及汽车零部件产业。拥有规模以上汽配企业20多家，产品涉及轮胎、变速箱、齿轮、驱动桥、缸体缸盖、刹车片、汽车座椅等主要配套零部件。山东

招远皮革城

玲珑轮胎股份有限公司是世界轮胎16强，国内同行业前3强，中国企业500强，主要产品具备年产3000万套生产能力，公司销售网络覆盖全国各地，同时远销180个国家和地区。新型电子材料产业。拥有规模以上企业30多家，形成以高档电解铜箔及覆铜板、金丝、集成电路、焊粉、磁光元器件、金靶材、蒸发金等为特色的电子材料产业群。招远金宝电子有限公司铜箔产品在国内市场的占有率达到35%。贺利氏招远贵金属材料有限公司产品在中国大陆的市场份额高达60%。在2015年中国电子材料行业50强评选中，全烟台市仅有鲁鑫贵金属和金宝电子两家企业入选，分列全国电子行业11位和23位。机械制造产业。拥有机械制造企业200多家，其中矿山机械企业110家。产品包括智能按摩椅、橡胶机械、变压器、新能源设备、

招远电子商务产业园

水处理设备和矿山机械。主要企业有山东康泰实业有限公司、山东招金膜天有限责任公司、招远黄金机械总厂有限公司、烟台市富林矿山机械有限公司等。矿山机械产品主要有：液压反击式破碎机、球磨机、高效复合式破碎机、移动式破碎站、颚式破碎机、锤式破碎机等。食品产业。是传统的支柱产业，总量分别居全省和全国县级市前列，主要包括农副食品加工业、食品制造业、饮料制造业三大国民经济行业，代表产品有粉丝、果品、粮油、肉食、蔬菜等。另外，皮革产业也正逐渐兴起，皮革研发设计、批发销售及皮革商贸旅游已初具规模。中国金都皮革城定位全国，主营皮革、皮草、箱包，已成功吸引浙江温州、海宁等国内外主要皮革生产基地的600余家知名品牌厂商一起“抱团”进驻。

【经济发展】 2015年，开发区坚持招大引强战略，对外开放水平持续提升。确定安商富商的服务

理念，进一步调整领导分工、充实招商力量、成立专业工作组，围绕培育特色产业优势实施有针对性的精准化招商。相继引进华希广场、中国供销集团招远产业园、桑德综合水处理、润和资本、三合盛隆融资租赁等23个科技含量高、发展前景好的内外资项目，在2015年度烟台市“三考核两上榜”中获得“对外开放工作先进单位”一等奖。启动黄金创意产业园、电子商务、文化创业三大版块招商。规划占地46公顷的中国金都山东招远国际黄金创意产业园，已经中国黄金协会批准设立，园区规划基本完成，并开展系列招商活动；建筑面积1.36万平方米的电子商务产业园于2015年10月1日正式开业，已有深圳网邦、杭州泽雅、北京源网、雅恩公司、金豪矿机等40余家电商企业和创业团队入驻，入驻率达90%，“招远汇”“中国金都黄金珠宝首饰在线商城”“淘宝特色中国招远馆”三大平台建成运营；建筑面积10万平方米的金街文化创业孵化示范基地已招引100多家文化类、培训类等机构入驻，中国金都文化城于2015年7月1日正式开业，金街的影响力不断提升，已成为开发区的新地标。全区共规划实施中国供销集团招远产业园、金潮电池工业园、贺利氏（鲁鑫）高科技产业园、皮革加工进出口贸易区等市级重点项目31个，总投资220亿元，全年完成投资51.8亿元。2015年，开发区实现地区生产总值108.2亿元，同比增长7.4%；第三产业增加值57.7亿元，同比增长10.3%；地方公共财政预算收入4.61亿元，同比增长16.2%；规模以上工业主营业务收入170亿元，同比增长9.4%；规模以上工业利润总额17.5亿元，同比增长4%；规模以上工业利税总额23.3亿元，同比增长15.7%；实际利用外资13160万美元，同比增长65.4%；进出口完成204483万美元，同比增长15.5%；固定资产投资完成83亿元，同比增长34.8%。

中国供销集团招远产业园

中国金都文化城

【基础设施建设】 2015年，招远经济技术开发区在城市建设过程中，积极探索新的造城模式，既要“建区”更要“造城”，努力打造城市的新地标、发展的新高地，坚决不留败笔、不留遗憾。聘请一流专家进行高标准规划，确保整体风格一致、有特色。坚持高标准建设，对新建项目，大到园区统一规划、标志性建筑整体设计、沿街绿化、架空管线，小到行道铺装、路灯灯杆涂装、路沿石设置等细节，都采取“项目化”运作方式，将每项工程作为一个项目，统一规范、统一标准和要求，创造出完美的建筑工程。全年基础设施建设总投资7000万余元，主要包括东城新区地下配套工程，城市排水排污设施建设，公墓建设，城市绿化亮化和河道治理等景观建设。8个BT项目、3条大河治理以及皮革加工产业园、贺利氏工业园、金潮电子工业园等几大园区正在按照计划全力推进，各项工作进展顺利。旧城旧村改造总体突出拆旧建新、搬迁安置，

金街

9个旧城旧村改造项目已全面启动。已拆除房屋813栋，建成楼房160座，完成幼儿园及公共设施配套15处，安置居民864户，百姓居住环境明显改善。

【教科文卫】 教育。区内有小学3所，中学4所，高职1所。2015年，开发区加强科技文化工作，为各类企事业单位引进一大批国内外优秀学者和优秀毕业生。科技。全年专利申请量220件，授权专利32件，较上年度都有大幅增加。文化。2015年7月1日中国金都文化城正式开业，引进“中国金都大学堂”暨新罗峰书院、金银工艺博物馆、金丝楠木博物馆、1个展览馆、1家白银商会及50多家书画等文化创业商户，为全市文化产业发展提供支撑。卫生。抓好区内垃圾清运，为提升城市形象，设置移动式环保垃圾箱1300余个，成立覆盖区、村两级的环卫管理机构，实现市场化运作。配备垃圾运输车10余辆，实现城乡垃圾一体化处理。

2015年4月18日，国学大师楼宇烈参观中国金都文化城

【社会生活】 2015年，开发区把落实上级要求与实现群众愿望相结合，努力寻找共同点，主动解决老百姓所想的急事、难事，多办群众所盼的好事、乐事，取得村级组织和群众的信任。累计完成投资4000余万元，实施为民办实事166件，涉及交通信号灯安装、道路硬化、文化办公场所、农田水利、环境卫生整治、公墓建设等方面，群众关心的热点难点问题得到有效解决。加大城乡环境综合整治力度，加强生态文明乡村建设，投资1000余万元启动姚格庄、小杨家等8个村的生态文明示范区片建设，重点对村内道路硬化、美化、亮化，百姓生产、生活环境得到明显改善。同时，对区内9条河道进行整治，合计约35公里；投资300余万元增设招金路与文三线、温泉路与泉山路等5个交叉路口交通信号灯，并在辖区内平交路口增设警示标识100余处；投资150余万元对全区21个自来水设备老化和饮用水不达标村进行改造，解决基层百姓吃安全水问题；整合治安管理、综合治理、城管、环保、计生、民政等各项服务功能于一体，打造“一站式”办公和“一条龙”服务的开发区温泉街道社会治理中心，建立1180人组成的区长、楼长、梯长组织网络，社会治理水平不断提升。2015年，农村居民人均纯收入18097元，增长12.6%；全区城乡居民社会养老保险参保人数达到3.1万人；居民医疗保险参保人数达到4.7万人。全区城乡居民社会养老保险、居民医疗保险覆盖面不断扩大，失业率逐年下降，区内群众的幸福感大幅提升。

（撰稿：姜晓东　　审稿：杨腾飞）

俯瞰招远经济技术开发区

专　　文

办实事要对群众“胃口”

中共招远市委书记　张　伟

民生大于天，民心重于地。为唱好民生“重头戏”，近年来，我们舍得投入，每年都规划实施一批为民服务实事，民生投入占财政支出比重始终保持在七成以上。后来却发现，有些群众对此并不“领情”，每年的群众满意度测评结果，也比想象的要低，出现了政府很“卖力”、群众不“买账”的尴尬局面。

症结到底在哪里？在办公室里想不明白的事，就应该到群众中找答案。去年，结合党的群众路线教育实践活动，我们组织市委常委带头深入基层搞调研，老老实实当学生，问政于民、问需于民、问计于民。通过梳理汇总466条群众意见建议，我们发现，政府的为民服务实事与群众的所思所想所盼并不十分“合拍”，一些实事不对群众“胃口”。归根结底，就是我们在谋划和实施实事时，没有真正做到与群众心贴心。

经常面对面，才能心贴心。从去年11月份开始，我们开展了联系服务群众大走访活动，领导干部带头示范、机关党员干部全员参与，每人固定联系服务一些居民家庭，每年集中两个月时间，在工作之余走村入户，零距离接触，实打实交心，号准群众的“脉”，解开群众的“结”，掏出群众的“心里话”，做到走访对象家庭情况、意见建议问题以及思想状况“三记清”。以此为基础，筛选了15项群众反映强烈的热点焦点问题，确定为今年的为民服务实事。

光说不练假把式，实干才能赢点赞，实效才能得信赖。我们专门成立了民生服务中心，牵头办理“大走访”收集到的意见建议，将所有问题建议划分成“立即解决、限期解决、分期解决、政策限制”四大类，全部分解落实到乡镇和部门承办处结，确保事事有着落、件件有回音。为防止“挂空挡”，民生服务中心设立了服务热线，接受电话投诉、进行电话回访。去年以来，1.2万多名党员干部累计走访回访群众43万户，处结问题建议1万多条，今年上半年群众满意度测评成绩在烟台市名列前茅。

实践证明，干部踏进百姓家中，才能走进群众心里。为民办实事，既要“身”入更要“心”入，听民意、问民需、连民心，才能把实事办好、好事办实，真正让群众满意。

（2015年11月23日　人民日报第11版）

关于我市文化旅游产业发展情况的视察报告

招远市政协主席　林建东

为推动我市文化旅游产业发展，按照市政协2015年工作要点安排，8月5日，市政协常委会在市委常委、常务副市长郝永平的陪同下，对全市文化旅游产业发展情况进行了专题视察。与会人员现场视察了辛庄镇高家庄子村、孟格庄村两个古村落保护与开发情况，并听取了有关工作汇报。常委会对近几年全市文化旅游产业发展工作给予了肯定，并针对存在的问题，提出了一些意见和建议。现将视察情况汇报如下：

一、我市文化旅游产业发展现状。

近年来，市委、市政府把旅游业作为国民经济战略性支柱产业、服务业龙头和城市转型突破口进行培育和扶持，围绕打造中国第一黄金文化主题旅游目的地目标，不断创新旅游产业发展思路，旅游业实现了持续快速健康发展，有力带动了全市服务业发展，为全市经济社会发展做出了重要贡献。目前，全市旅游企业发展到60余家，其中国家4A级景区1处，国家3A级和2A级景区11处，山东省工农业旅游示范点、山东省旅游强镇、山东省旅游特色村等19家，旅游星级酒店、星级餐馆12家，旅行社等中介机构20家。形成了以罗山黄金文化旅游度假区、城市休闲旅游区、滨海旅游度假区、古村落乡村旅游为代表的“三区多点”大旅游格局，先后获得“中国优秀旅游城市”“中国优秀温泉旅游城市”“中国旅游竞争力百强县”“中国最具特色旅游城市（黄金之旅）”等称号，“中国金都—黄金之旅”特色旅游品牌日益叫响。2014年，全市接待海内外游客303.6万人次，实现旅游综合收入50.2亿元，同比分别增长20.3%和23.9%。

二、需引起重视的几个突出问题。

近年来，我市文化旅游产业发展迅速，取得了较为明显的经济效益和社会效益，旅游各项指标均显著提升，但与周边的蓬莱、龙口、海阳等兄弟县市的态势相比，我市文化旅游产业发展仍显不足，与丰富的旅游资源不相称，还处在一个总量不大、质量不高的发展水平，主要存在以下几个问题：

1.旅游产品不精，景点文化底蕴和层次不高。虽然我市在旅游规划和推动旅游企业发展方面取得了较大进步，但总体来看，旅游产业还处于“满天星星没有月亮”的现状。问题在于：（1）欠缺旅游精品。全市12处国家级景区和19家特色旅游景点中，真正能够形成产业拉动效应的旅游精品并不多。旅游景点结构相对单一、特色不浓、看点不多，建成的游乐场、购物点属于有普遍性的旅游景点。（2）欠缺龙头企业带动。在我市60多家旅游企业中，中小规模的占据多数，上规模、上水平、上档次的龙头景点、知名景点不多，缺少能够真正发挥龙头带动作用的企业，尤其是缺乏像蓬莱阁文化旅游集团、龙口南山集团等大型龙头企业的引领。（3）文化底蕴不够浓厚。各景点多以观光、购物为主，产品类同，对历史文化等人文资源深入挖掘和整理包装不到位，旅游景区普遍存在开发档次偏低、文化内涵少的现象，导致旅游景点听头大、看头少，缺乏具有创意和地方特色的文化旅游精品。（4）文化与旅游融合度不够。我市具有丰富的历史文化资源，开发前景广阔，但文化与旅游产业发展的融合度低，生态资源与人文资源、物质文化与非物质文化的结合较弱，对历史文化等人文资源缺乏深入挖掘和推广，导致旅游景点难以打造成知名度高、吸引力强的特色旅游精品，市场竞争力弱，无法吸引大量游客。

2.市场不足，人气不旺，客源结构不优。据各旅行社反馈情况来看，2014年，游客年均在招远时间仅为1天，在招人均消费150元左右，远远低于全国旅游优秀城市的平均水平。主要原因在于，一方面，市场不足，旅游产品单一。目前，旅游市场的发展趋势是集休闲、度假、观光、旅游、娱乐等多类型于一体的复合型旅游，而我市的旅游产品同质化现象比较严重，旅游产品比较单一，新产品开发不足，仍然以罗山、黄金等旅游观光产品为主，仅仅能满足游客观光的初级需要，不能满足中高端游客的需求。观光游虽然很红火，但是种类单一，同质化突出，养生游、探险游、体验游等高端产品还相对缺乏。另一方面，人气不旺，客源结构不优。我市虽然在接待游客总数上有了大幅度增长，但是具体分析来看，省内游客多，省外游客少，大众游客多，高端游客少；一日游多，过夜游少；散客多，团队少，整体消费水平不高。

3.体制不够完善，缺乏发展合力。当前我市文化旅游资源管理体制不够完善，旅游相关部门单打独斗、各自为战，没有形成旅游产业发展合力，分散了文化旅游业的竞争力；有的旅游资源位于自然保护区内、风景区内，多头管理、职能交叉、条块分割的问题仍不同程度存在；旅游项目建设审批环节多，协调难度大，制约了一些文化旅游项目、文化旅游企业做大做强。以罗山黄金文化旅游度假区为例，主要存在三方面制约因素：（1）经营理念落后，门票经济特点明显，购物和娱乐两个环节薄弱，缺乏有本土特色的旅游纪念品和商品，高品位、高档次的旅游娱乐项目不多，难以吸引游客进行二次消费；（2）管理体制不顺。罗山黄金文化旅游度假区旅游项目投资主体多，所有权和经营权分属不同企业，导致旅游区经营管理各自为政，人、财、物无法集中统一，既定目标不能顺利实现；（3）专业管理人才匮乏。罗山黄金文化旅游度假区基本是“低薪低聘”，即使聘请到有一定实践经验和理论水平的专业人员，也因工资偏低而流失。

4.配套设施和周边产品跟不上文化旅游发展形势。视察中发现，进入我市的高速公路路口和部分公路沿线标识标牌、景区景点的中英文标示牌等标准化建设不规范，游客无法根据指示牌顺利抵达旅游目的地。有的游客服务中心功能不全，景点之间专线班车少，缺乏有效方式将散客组织起来，输送到旅游景点。城区环境秩序与旅游休闲城市的目标还有一定差距，特色旅游休闲场所较少。旅游周边产品结构调整不到位。具有地方文化特色的旅游纪念品品种少、质量低，只有金砖、金石等高档产品，且体积大、价格高、不便携带，制约了旅游购物消费增长。

5.政策支持欠缺，营销投入不够大。一是产业扶持力度不够。虽然政府给予了文化旅游产业一定资金投入，但是在投资、金融、财政、税收、土地等方面给予的优惠政策与旅游产业实际发展需要相比仍显不足，旅游企业普遍受到资金短缺的困扰。二是营销投入不够大。视察中发现，我市文化旅游产业宣传造势缺乏整体性，力量分散、主题不明，景区之间缺乏品牌共创、联手宣传促销意识，缺乏全市性统一组织和整体联动，缺少大手笔的策划和高档次的包装，没有形成对旅游产品、旅游线路的整体打包促销，宣传造势和效果不理想，展示我市优秀旅游城市整体形象不鲜明。三是奖励扶持力度弱。我市设立了旅游产业方面的专项资金，但额度不大，形不成强大的影响力，特别是对旅行社的奖励较少，吸引力不大。没有制定引客入招的具体奖励政策，不能很好地调动旅行社的积极性，本地旅行社在景区拿到的门票价格和外地旅行社一样，没有任何优惠。由于优惠奖励政策的不到位，严重影响了本地旅行社地接和外地旅行社来招的积极性。

三、推动我市旅游产业突破发展的对策与建议。

常委们认为，要进一步推进我市文化旅游产业的发展，关键在于认识，重点在于规划，根本在于整合，基础在于扶持。为进一步提高思想认识，形成文化旅游产业发展合力，特提出如下建议。

1.加强规划引领，明确我市旅游产业发展的战略方向。旅游想发展，规划要先行。要在省、烟台旅游产业发展总体规划的指导下，经过协商调研，科学编制招远市“十三五”旅游产业发展总体规划，充分发挥规划的引领作用，并在各相关产业规划中体现文化旅游功能。建议统筹整合全市文化旅游资源，打破行政区划，着重对“金泉山海古村落”等文化资源进行深入挖掘和整理包装，实施旅游精品战略；下大力气挖掘、建设和包装一批文化旅游产品，形成支撑我市旅游产业的精品，提升市场竞争力；加快旅游基础设施和配套服务设施建设，不断完善重点景区景点的软硬件建设，使其尽快提质升级；完善文化旅游产业链条，精心打造高标准的特色乡村游项目，增强文化旅游产业发展后劲。

2.把提升旅游文化底蕴作为旅游产业发展重要任务。常委们认为，文化是旅游的灵魂，旅游是文化的载体。要借鉴先进地区旅游与文化结合的成功典例，把文化元素融入旅游产业吃、住、行、游、购、娱的各个方面。常委们建议，依托招远深厚的历史文化，吸收现代文化精粹，根据旅游项目开发和促销需要，对我市有关历史文化资源进行深度挖掘、整理和创造，精心打造源远流长的山水文化、波澜壮阔的历史文化、色彩神秘的黄金文化、厚重深远的商业文化、催人奋进的红色革命文化等特色文化品牌，使蕴含在旅游资源中的文化潜能得以充分释放，提升招远旅游的品位，从而形成系统的“中国金都”旅游文化体系，为开发建设特色旅游精品和做大做强旅游产业提供强有力的文化支撑。

3.壮大市场主体，做大做强旅游企业。旅游企业是市场的主体，要加快旅游产业发展，必须首先扩大旅游规模。一是大力发展非公有制旅游经济，除法律禁止的领域外，旅游业可以向社会资本全面开放，鼓励社会各方采取项目特许权、运营权等方式，参与旅游项目开发。二是加大招商引资力度。制定优惠政策，鼓励、支持、引导有实力的大型企业新建旅游景点，开发旅游景区。三是做大做强骨干企业。鼓励知名旅行社在我市设立分支机构，引进著名饭店管理集团，促进旅游饭店品牌创造和管理模式创新，按照旅游标准化要求加大对现有旅游企业的改造和提升，实现旅游企业标准化和规模化。四是加快旅游商品开发，通过挖掘、包装，打造具有我市特色的旅游商品和纪念品。

4.完善旅游配套服务体系，加快旅游产业化发展步伐。一是加快旅游标准化建设。结合我市实际，科学制定我市旅游行业标准，把贯标与创标（贯标即贯彻ISO9000质量管理体系标准、ISO14000环境管理体系标准和OHSAS18000职业健康安全管理体系规范；创标即创建全国旅游标准化示范城市）相结合，构建覆盖全面、科学实用、具有招远特色的旅游标准化体系。完善旅游集散网络，为游客提供全方位的引导、推介和咨询服务。二是改善交通设施。加快形成和完善以城市为中心的快速旅游交通网络，在城乡之间、景区与景区之间建立起完善的连接通道，使旅客的活动畅通无阻。以现有的交通网络体系为依托，重点发展完善旅游专线交通，完善公交、巴士、出租车有效衔接、互为补充的市区旅游交通服务体系，实现市区旅游无障碍通行，为游客提供便捷的交通环境，保证旅游者“进得来、出得去、游得快捷方便”。三是完善宾馆酒店服务体系。围绕全市范围内形成高中低档结合的旅游酒店接待网络这一建设目标，下大力气提升现有星级酒店、社会宾馆硬件设施和服务水平，形成以高星级酒店为核心、中低档星级酒店为骨干、经济型酒店为基础的旅游酒店服务体系，满足不同层次游客的食宿需求。

5.积极造势，进一步加大宣传推介力度。建议充分发挥文化旅游主管部门的主导作用，对全市文化旅游产品、旅游线路进行统一组织、统一策划、统一宣传推介，在国家、省级重要媒体和网络平台上整体打包促销，生动展示我市优秀旅游城市形象。积极发挥旅行社和导游人员的宣传推介作用，以提升招远文化旅游品牌的知名度和美誉度。对外加强与周边旅游市场的交流与合作，借力打造文化旅游产品营销网络，实现文化旅游资源共享、游客资源互流；对内办好黄金节、皮草节等庆祝活动，做好景区间对接，不断提高我市文化旅游整体形象。

6.加大扶持力度，完善旅游体制和奖励政策。一是加大扶持力度。认真贯彻国务院《关于加快发展旅游业的意见》（国发〔2015〕41号）、《烟台市人民政府关于促进旅游业改革发展的实施意见》（烟政发〔2015〕11号）等文件精神，认真落实国家、省、烟台市出台的各项扶持旅游产业发展的政策，并结合我市实际，出台含金量更高、切实可行的支持旅游产业发展的具体政策和配套措施。二是探索理顺管理体制。在目前体制调整困难重重的情况下，积极探索文化旅游资源与行业管理一体化的新机制，对文化旅游资源进行整合，改变部分文化旅游资源多头管理现状，有效解决文化旅游资源与管理脱节问题，切实打破旅游资源地域、行政、所有制的界限，打破条块分割、各自为政的格局，促进所有权、管理权和经营权的分离，实现资源共享、利益共享。三是完善优惠奖励政策。强化全市旅游一盘棋意识，修改原有招徕客源的奖励政策，将旅游企业一视同仁、统筹考虑，统一奖励条件、奖励标准，做到奖励政策全覆盖，以调动旅游企业招徕客源的积极性。

立足新常态　探索新途径
努力开创人大工作新局面

招远市人大常委会党组书记、第一副主任　徐林宏

党的十八届四中全会作出了全面推进依法治国的决定，今年中共全国人大常委会党组又出台了关于加强县乡人大工作和建设的若干意见，这为新形势下的人大工作指明了方向、提出了要求。招远市人大常委会在传承和借鉴的基础上，积极探索新常态下做好人大工作的新途径，全面贯彻落实全市人大工作会议精神，以切实的工作实效，开创人大工作新局面。

一、坚定政治方向，在服务市委中心工作上有新突破。

多年来，我市人大常委会时时处处维护党的领导核心地位，维护市委总揽全局、协调各方的工作格局。

（一）注重请示报告的自觉性。工作中，自觉做到人大开展的重点活动、作出的重要决定和部署，事先向市委请示报告，听取市委的指示和意见。对人大工作和经济社会发展中遇到的新情况、新问题以及人民群众关注的热点、难点问题，都及时向市委请示，主动争取市委的领导和支持。

（二）注重决定重大事项的科学性。围绕市委中心工作，对政府全口径预算决算、城市规划、政府举债投资重大项目建设等事项进行审查监督，及时依法作出决议、决定。2013年，常委会专门听取了市政府关于中铁十局承建我市三个BT项目情况的汇报，并作出相关决定，进一步提高了财政资金使用效率，促进了重大项目建设开展。

（三）注重人事任免的严肃性。把坚持党的领导、充分发扬民主和严格依法办事三者有机统一，坚持和完善任前法律知识考试、表态发言、颁发任命书制度，推动早日实现常委会上任免的干部进行就职宣誓制度。

二、依法搞好监督，在推动经济社会发展上有新作为。

本届人大常委会把如何开展好监督工作，全面推进依法治市，推动全市经济社会平稳较快发展作为摆在面前的一项重要课题。

（一）立足全市大局搞监督。根据国家宏观政策的调整，针对我市特点，我们围绕推进开发区、滨海科技产业园、人工岛建设等进行了调研。对经济风险动荡保增长、财源建设等进行了视察，超前谋划、提出对策，为市委决策提供参谋和依据。

（二）围绕民生问题搞监督。我市人大常委会一直高度重视“三农”问题，作了大量调查研究，有针对性的提出意见建议。去年常委会对尾矿库治理和土地复垦工作分别进行了视察，要求市政府以“保红线、保民生、促发展”为总抓手，高度重视并持续开展尾矿库治理和土地复垦工作，促进全市生态持续健康发展。

（三）围绕法律实施搞监督。围绕“六五”普法，有计划、有重点地对新《预算法》《土地法》《药品法》等法律法规贯彻实施情况进行了执法检查，有力地促进了相关法律法规在我市的贯彻落实，为经济发展提供了良好的法制环境。实行了人民陪审员、旁听庭审和执法监督员等制度，并主动做好规范性文件备案审查工作，进一步促进了“一府两院”依法行政和公正司法。

三、密切联系代表，在优化代表履职上有新发展。

（一）健全代表联系制度。落实好人大常委会组成人员联系代表、代表联系选民的“双联”制度，开展“走近代表”活动，常委会组成人员每年固定联系5名代表，每年直接听取代表意见不少于2次，每位代表在原选区选择5～10名选民代表为联络员，听取代表和群众的意见建议。建立代表履职考勤登记台账，并定期公布，接受选民监督。

（二）拓展代表履职平台。为代表履职提供尽可能完善的代表履职平台和保障机制，建立人大代表与“一府两院”互动平台、建立“代表之家”。通过会议通报、参与活动、走访慰问等形式，为代表创造良好的知情知政条件。指导代表小组开展活动，邀请代表列席常委会会议，力争使每个代表在本届内都能参与一次常委会组织的调研、视察和执法检查等活动。

（三）强化代表建议督办。坚持每年组织代表评议“一府两院”工作，并将评议结果以正式文件的形式报告市委，作为考核工作依据，提升代表在全市政治生活中的地位。坚持常委会各主任督办代表建议制度。每年，选出一些事关全市发展大局、群众普遍关注的热点建议，由常委会分管主任带领相关委室进行重点督办。

四、提高业务素质，在加强自身建设上有新建树。

（一）规范履职机制。结合“三严三实”教育活动，适应形势任务的需要，相继完善、修订了《招远市人民代表大会常务委员会议事规则》《招远市人民代表大会常务委员会人事任免办法》和《招远市人民代表大会常务委员会专题询问工作办法》等。这些制度的实施，使我市人大工作定位更加准确、目标更加清晰、推进更加有力，促进了我市人大工作的制度化、科学化和规范化。

（二）转变工作作风。一是加强学习。创建学习型机关，严格“周五学习日”制度，提高人大机关干部的法制素养和业务能力。二是改进作风。制定了《人大机关开展作风整顿活动的实施意见》，落实机关工作规范，树立团结和谐、高效务实的人大机关新形象。三是联系群众。认真贯彻落实有关规定，组织党员干部驻村担任第一书记、参与巩固创卫成果活动等各种形式的服务群众活动，努力帮助群众解决生产生活困难。

（三）加强对镇街人大工作的联系指导。立足镇街人大工作实际，通过集中培训、列席会议、外出学习等形式，推动镇街人大工作逐步走上制度化、规范化轨道。坚持以会代训，常规邀请镇街人大主席（主任）列席人大常委会会议，参与常委会组织开展的视察、调研和执法检查等活动。严格落实分片联系制度，常委会组成人员定期到镇街人大检查工作，指导镇街人大依法召开人代会、组织代表视察调查，督促镇街人大积极开展工作。

解决干部“带病提拔”问题研究

中共招远市委常委、组织部长　王文锋

党的十八大以来，以习近平同志为总书记的党中央，把解决“带病提拔”问题作为干部工作的重点。在党的群众路线教育实践活动总结大会上，习近平总书记强调：“对干部选拔任用要严格把关，坚决防止带病提拔。”并指出：“抓早抓小，基础在下面，要上下联动，把问题化解在地市和县一级，有效防止‘带病提拔’”。县一级的组织部门是防止“带病提拔”的基础防线，研究如何在全面从严治党形势下切实解决干部“带病提拔”问题具有十分重要的现实意义。

一、干部“带病提拔”的表现及案例。

在中共中央党校《省部级干部腐败案例研究》中，其所选的20世纪80年代以来移交司法机关处理的103个副省部级（或“享受副部级待遇”）以上领导干部的腐败案例，约有63%的干部，在作案之后仍然获得提拔，约有48%的干部，在担任副省部级职务之前就开始了犯罪。尽管领导干部“边腐边升”的表现各不相同，但从已经查处的一些“带病提拔”典型案例中可以看出，其类型主要有以下几个方面：

（一）披着实干外衣提拔的“带病”干部。一部分领导干部在任时政绩出色，口碑极好，也确实在促进当地经济社会发展方面做出了贡献，提拔看似合情合理，落马倒让人觉得很突然、很意外。比如，2013年落马的原楚雄市市长赵万祥，当地评价其“军人出身、基层干起、很有威望，认真实干、雷厉风行、敢做敢当，也不对亲戚朋友额外照顾”，在当地东南新城的园区项目建设方面工作出色、成果显著。但就是这样一个实干型的“能官”，却在当选楚雄市市长两月后落马，由此也被曝出其任大姚县长时曾出过经济问题，属于“带病提拔”。一些地方在选人用人时，偏爱于能干事的干部，这本也无可厚非，但有的却由偏爱到“溺爱”，认为能干事的干部或多或少都存在小毛病，只要把准大方向，可以“不拘小节”，因此对一些问题视而不见、听而不闻，导致问题无法查实，最终“小节”变大，无法挽回。

（二）靠人身依附提拔的“带病”干部。有的领导干部热衷于“搞依附”“找靠山”，而所谓“靠山”在干部选拔任用上，就偏向于用自己喜欢的人、自己身边的人、与自己有利益关系的人，就无所谓“带病不带病”，其实际是拉帮结派，形成利益团体。十八大以来落马的许多高官，不少都有结党依附的色彩。比较典型的令计划案，就具有帮派色彩。以令氏为代表的腐败“家族”，“一人得道，鸡犬飞天”。山西籍两年内已经落马的就有刘铁男、金道铭、令政策、申维辰、陈川平等人，其背后的政商帮派“西山会”无疑是搞“人身依附”的“山头”，而令计划便是那个“坐在腐败阵营中军帐里的执牛耳者”。这部分人提拔的时候有人“推”，出事的时候有人“保”，最终靠山一倒，全部落马，严重影响政治生态。

（三）善于伪装而获提拔的“带病”干部。部分“带病”干部善于遮掩，对上汇报廉政时，故作姿态，思想水平要高人一档，廉洁自律要严人一等，防范措施要胜人一筹。对下要求廉政时，道貌岸然，是十足的正人君子，大道理讲得头头是道，廉政账算得清清楚楚。济南市委原书记王敏，平时将许多纪律和规矩写在文章里、讲在会议上；教育起下属干部来也总是“苦口婆心”，违法乱纪时一直秉承自己贪污腐败的“原则”，就是“兔子不吃窝边草”，以此来蒙蔽群众、欺骗组织。类似于王敏这样的带“病”干部，或是“两面人”，极易混淆视听；或是其违规违纪行为具有很强的隐蔽性，其“病”不易为人所察觉，当事人秘而不宣、组织上发现不了、外人无从知晓，最终造成事实上的“带病提拔”问题的发生。

（四）明知故犯提拔“带病”的干部。个别地方的党委（党组）、组织人事部门，明知被提拔使用的干部“带病”，但因为与其有着不可告人的关系，或是把无视干部“病情”作为一种惯例和“潜规则”，还是明知故犯的将“带病”干部予以提拔重用，往往容易产生一些“窝案”。比如，在2014年中组部通报的“带病提拔”案例中，河南省固始县国土局3名领导干部先后因罪获刑或免于刑事处罚，但后期2人被提拔重用、1人调至相关单位继续担任领导干部，在被媒体以《倒地的罪犯反当了查地的队长》为题曝光后，相关单位及人员均得到了严肃处理，造成了极坏的社会影响。

二、产生干部“带病提拔”问题的原因分析。

由于社会的复杂性、人的多样性以及识人者的局限性，把干部考准考实是一个难题，这也导致干部“带病提拔”的成因比较复杂，表现方式多样，但归根结底，可以从以下几个方面找到根源。

（一）“人为”因素。出现干部“带病提拔”的问题，特别是“明知故犯型”的“带病提拔”，无论是用人者还是被提拔者，其根源首先是理想信念出现滑坡，世界观这个“总开关”“总闸门”出了问题。从“带病”干部个人来看，往往是谋求成长进步的动机不纯，把“入党提拔”作为一种政治资本、谋取私利的手段，实际上都是缺乏信仰，丧失了信念。在这样的不良动机驱使下，“带病”干部内心深处装满了私欲贪心，千方百计伪装欺骗，不择手段谋求进步，为了达到升迁的目的，常常充当“两面人”，时时标示自己清正廉洁，处处显示与众不同，“台上反腐败，台下搞腐败”骗取组织的信任而提拔，一旦掌握了权力，就无所顾忌，最终随着地位权力的提升，从“小官小病”逐步演变为“大官大病”。从用人者的角度来看，任何一个好的制度都要靠人来贯彻执行，而保证贯彻执行的关键是人的素质要高。从“带病提拔”的典型案例分析中可以看出，干部“带病提拔”问题的存在与部分领导干部的思想政治素质不高有着密不可分的关系。有的用人者将权力“私有化”，奉行圈子文化，把手中的权力视为己有，把自己管辖的地区或部门当作自己的独立王国，肆无忌惮地营造自己的势力范围，经营自己的“自留地”，拉自己的小圈子，只要是圈子里的人，尽管有“病”也能得到提拔。有的用人者将权力“商品化”，把手中的权力当成牟取私利的工具，利用手中掌握的用人权或借掌握有人事权的“圈内人”而“卖官鬻爵”，明知“买官”者劣迹斑斑，但只要是交足了“拜门钱”“烧香费”“捐官款”，就将“乌纱帽”拱手奉送。

（二）制度因素。干部选拔任用，必须经动议、民主推荐、考察、讨论决定、任前公示等诸多环节，制度严密完善，出现干部“带病提拔”，往往是因为相关制度没有执行到位。一是民主推荐“失实”。有的单位存在民主推荐不够真实，甚至“拉票”问题；有的民主推荐不民主，存在提前“渗透”、划定推荐范围等问题；有的民主推荐结果难以得到充分尊重和认真分析，以职能特殊、岗位需要为由，确定既定人选。二是干部考察“狭窄”。以往的干部考察往往局限于在考察对象所在单位了解情况，没有向纵向上下级单位、横向左右联系单位延伸，忽视了对生活圈、社交圈情况的考察，造成参与的不一定知情，知情的不一定参与。在对干部的考察评价上，往往定性多、定量少，缺乏一个包括德、能、勤、绩、廉等内容在内的具体明确的指标体系，也没有针对不同层次、不同类别、不同职位特点的评价标准，以致评价干部“自由裁量”的空间较大。一旦考察评价环节失真失实，后续工作将建立在“错误评价”的基础上继续推进，干部“病情”更加难以发现。三是关键环节“业余”。“带病干部”的“病情”往往容易集中在经济问题、法纪问题、作风问题等领域，而有的地方在考察了解干部问题上仅限于组织部门，对干部的评价主体构成单一，如果没有纪委、审计、财政、计生、综治等综合部门的专业人员参与考评，在对相关问题的调查了解上往往显得比较“业余”，容易产生误评、错评和漏评。四是讨论任用“匆忙”。有的地方过于强调“保密需要”，往往到了任前讨论时才匆忙进行突击考察，缺乏平时掌握、跟踪管理、专项调查等动态了解，没有把干部的真实情况在平时真正掌握起来，了解干部不深、不透、不全面，影响了用人决策的科学性。五是监督约束“缺失”。一般讲，现行的体制还存在着权力集中的现象，特别是集中于“一把手”。如果“一把手”不自觉履行民主集中程序，其他领导干部再乐于“当好人”、送“顺水人情”，就容易造成“一把手”权力过大，用人权过于集中。对主要领导干部，上级党委和纪检机关的监督不落实，而同级党委和同级纪委也难以有效监督，导致一些地方在干部选拔任用上简化程序、违规操作。一些地方干部的“明知故犯”更体现对权力监督、特别在“一把手”的用人监督出现了“真空”，导致组织部门在任用干部时只能“例行公事”。加之对用人失察失误实施责任追究难度大，对近年来发生的一些干部“带病提拔”问题，仅对干部个人进行处理，很少对用人者进行责任追究，这是导致干部“带病提拔”长期得不到有效整治的重要原因。

（三）环境因素。由于历史原因和社会大环境影响，导致一段时间内说真话、说实话的氛围不浓，有的地方甚至形成了“你好我好大家好”的“惯例”，互不“为难”、互不“干预”，各得各的“好处”和“名额”。从基础层面看，部分干部群众存在着好人主义思想，对考察对象颂扬的多，批评的少，有的事不关己高高挂起，对考察对象进行无关痛痒、轻描淡写地评价；有的害怕考察组把谈话内容透露出去受打击报复，明明对考察对象有看法，但也以不了解为由予以搪塞；也有的为泄私愤，毫不客观看待，全是偏听偏信和偏见。从领导层面看，有的领导干部只考虑被推荐对象对自己有利，听话好用就行，存在“圈子”因素；而在班子成员之间，有的存在平衡关系、利益均沾的问题，有的班子成员之间在用人上可能出现“互谅互让”的现象。一些地方提拔干部看似履行程序，貌似集体研究，实质上提拔谁、安排在哪个位置上，都是提前定调，再履行组织程序，结果是“程序上合法中规中矩、本质上体现个人意志”。

三、招远市防止干部“带病提拔”的主要做法。

近年来，招远市围绕严防“干部带病”提拔，认真学习贯彻习近平总书记在全国组织工作会议上的重要讲话和新《干部任用条例》，坚持以严立规矩、以严树导向、以严抓规范、以严树正气，强化标准程序纪律的刚性约束，有效提高了选人用人质量和公信度。2012年以来，全市共提拔重用科级干部341人，连续三年在“一报告两评议”中，选人用人满意度和新提拔干部认可度均在99%以上。

（一）强化综合研判，建立及时发现干部“病情”的有效机制。为解决传统干部选拔多是依靠任前考察和投票谈话推荐，缺少平时积累和辨析街谈巷议，导致了解干部不深不透，甚至“带病提拔”的问题，招远市于2013年制定出台《领导班子和领导干部综合研判暂行办法》，加强对班子和干部表现情况的日常掌握、综合分析和整合运用，为选准用好干部提供公信可靠依据。一是建立完备的综合研判指标体系。领导班子研判实行“5+X”模式：“5”即结构、能力、实绩、群众满意度和问题研判五大类，主要涵盖班子职数配备、知识结构、年龄梯次、工作实绩、执行力落实力、存在问题等22项指标；“X”即发展趋势研判，综合分析作出良性上升、平稳发展或下滑的判断，划分出一、二、三类班子。领导干部研判实行“4+X”模式：“4”即个性、思想品德、能力和问题研判四大类，主要涵盖年龄、学识、性格特点、“四德”表现、工作实绩等18项指标；“X”即关键时刻表现，综合分析划分出优秀、称职、基本称职、不称职四类干部。二是多渠道、多角度“把脉”和“画像”。运用年中研判、年度研判、对问题突出和受到处分的班子及干部跟踪研判三种方式，通过自查分析、研判测评、个别谈话、调查核实、书面征求市级领导及执纪执法部门意见、综合分析、研判汇报、形成反馈书、约谈反馈、整改承诺、跟踪整改等十一个程序，把考察研判做深做细。对研判结果，坚持定量分析用数据说话，建立经济建设、社会事业、党的建设、生态文明和差异化指标5大类、44项共计1000分的指标体系，逐项量化打分。坚持定性评价用群众评价说话，每半年进行一次群众满意度测评，年底开展万人评机关活动，结果作为定量分析的修正系数。三是发挥综合研判的先导和惩戒作用。坚持把研判结果作为领导班子调整配备和干部选拔任用的重要依据，惩后退激先进，树立正确鲜明的用人导向。

（二）严格标准程序，把好防止干部“带病提拔”的每一个关口。坚持好干部标准，用心领会习近平总书记提出的好干部“20字”标准，重点突出“四个注重”：注重以德为先。制定出台《关于加强领导干部德的考核意见》，完善“四德”考察指标，创新个人述德、民意测德、谈话问德、调查鉴德、综合评德“五步考察法”，把德的考察结果作为干部提拔使用的“硬杠杠”，让信念坚定、品德过硬、清正廉洁的干部得褒奖、受重用。注重工作实绩。建立干部实绩“三公”制度，实行领导干部实绩公开、公议、公示，形成了“个人报告、单位审核、群众评议、组织认定”的实绩考核体系，让干部晒业绩、比贡献，以正确鲜明的用人导向引领干事创业的发展方向。注重基层一线。构建基层一线干部培养选拔链，先后选派52名干部到项目建设、招商引资、信访稳定和农村企业“四个一线”挂职锻炼，近三年提拔重用的干部中，有基层一线工作经历的占52.2%。注重敢于担当。坚持在急难险重任务中识别干部，旗帜鲜明地选拔改革面前知难而进、负重爬坡的干部，矛盾面前敢抓敢管、敢于碰硬的干部。近年来，对承担园区建设、新区开发、人工岛建设及换届等任务的干部，进行了重点跟踪考察，提拔重用干部69人。坚持全程纪实。考察组与考察单位签订“双向承诺书”，对《干部任用条例》规定的每道程序、每个事项等都记录在案。其中动议、民主推荐、考察、讨论决定、任职等5个重点环节均以写实的方法实况反映。工作方案的酝酿形成，会议推荐、谈话推荐的时间、参加范围和结果，考察工作组织实施和考察对象问题的查核情况，党委（党组）讨论前征求意见、讨论决定程序履行情况，选任对象的学历、履历、年龄、任职时间时限等资格条件的审查情况，任前公示情况等，所有关键内容，全部客观、准确地记录，全过程跟踪纪实，做到“一人一表、一事一记、全程实录、存档备查”。坚持严格审查。严格执行《关于推行干部任前档案审核制度的意见》，逐项审核“三龄二历一身份”等基本信息。2012年以来，共查实干部档案问题23项，全部进行了整改纠正。对拟提拔重用人选，充分征求纪委、公、检、法、信访、610办、卫计局七部门意见，再提交常委会票决，避免违规选人用人问题的出现。

（三）严肃纪律约束，始终保持对干部选用工作全程的强力监督。抓好“四项监督制度”的落实，着力构建从严管理干部的新常态。一是推进干部监督常态化。坚持“双向约谈”制度，2012年以来共约谈干部966名；加大经济责任审计力度，近三年先后对29名单位主要负责人进行了任中经济责任审计，对125名新调整的单位主要负责人进行了离任经济责任审计。二是推动干部能上能下。围绕解决为官不为、为官不正、为官乱为问题，畅通干部“下”的渠道，对确因能力等原因不适应现职的领导干部，转为非领导职务；对违纪违规的，实行降免职。2012年以来，共调整不适应现职干部转任非领导职务7人，免职5人。三是加强日常考核管理。研究制定了《关于加强对镇（街、区）、市直部门重点工作考核结果运用的暂行办法（试行）》，今年5月份，对重点工作达不到进度要求的3个街道和1个开发区负责人进行了重点约谈，较好解决了不愿负重、不敢担当的问题。四是发挥党委把关作用。各党委（党组）报送拟提拔或重用人选，必须对干部廉洁自律情况作出结论性评价，并要有党委（党组）书记、纪委书记（纪检组长）的签字。严格遵守组织人事工作纪律，坚决抵制跑官要官、买官卖官、说情打招呼等不正之风，营造了风清气正的良好政治生态。

四、解决干部“带病提拔”问题的对策建议。

新形势下解决干部“带病提拔”问题，要准确把握习近平总书记提出的好干部“二十字”标准，认真落实全面从严治党要求，严格执行《党政领导干部选拔任用工作条例》《关于加强干部选拔任用工作监督的意见》等制度要求，更加注重干部本性，严格选用程序，严肃责任追究，全程严防干部“带病提拔”。

（一）注重干部本性，加强对德的考核、特别是理想信念的考核与教育。《人民网》一篇报道分析中指出：通过整理媒体报道中引用的腐败分子忏悔录发现，95%的腐败分子在总结堕落轨迹时，都提及思想道德滑坡，法纪意识淡薄。“放松了世界观的改造”，“在金钱（美色）的诱惑面前失去了抵抗力”，“脱离了组织生活”，“法律意识淡薄”等语句最为常见。这足以说明对干部政治品德、社会公德、职业道德、家庭美德考核的重要性。“德”是评价、任用一名干部的最基础指标，在对德的考核上，要重视动机、态度的挖掘，丰富考核方法和教育手段。一是坚持民主测评的方法。民主测评由最了解考核对象的领导和同事来评价，结果相对客观，是目前德的考核最成熟有效的方式。同时，要区分党政正职、副职、基层干部等不同层面，根据不同区域、部门和行业干部队伍的实际，确定和建立各有侧重、各具特色的德的考核项目，突出重点和针对性。二是加大延伸考察力度。用好背景调查，通过到考核对象曾经工作过的单位进行调查或考察、到干部居住地家访、对干部关系密切人员及服务对象实地走访调查等方式，对考核对象的德进行延伸考核，全面了解掌握干部“八小时”以外的表现情况，获得德的真实信息。三是丰富教育引导手段。重视深度访谈，根据考核对象的经历、特点和测评考察情况，认真进行问题设计，分析工作动机、态度和感情，在进一步认清干部德的基础上，针对存在问题开展教育。同时，要针对面上存在的薄弱环节，强化对干部队伍的整体教育引导，通过正面典型激励、反面典型警醒、法纪手段震慑等方式，切实让党员干部从内心深处把好“信念关”“权力关”，从根本上提高干部拒腐防变的自律自控能力，从源头上清除“带病提拔”现象滋生的土壤。

（二）严格选用程序，强化刚性约束、特别是对选人用人权力的约束。注重程序的规范性，严格执行《干部任用条例》的各项规定，走实动议、推荐、考察、讨论、决定、公示、任职、试用等每一个环节，以严格的程序步骤加强对权力的监督制约，切实做到坚持原则不动摇、执行标准不走样、履行程序不变通，真正把权力关进制度的笼子里。重点做好三个方面：一是增强程序的可操作性。坚持完善程序、细化程序、执行程序并重，在对《干部任用条例》进行认真研究分析和准确把握的基础上，将一些原则性的要求进一步具体化，结合本地实际，制定出台相应的《党政领导干部人选动议酝酿办法》《党政领导干部人选民主推荐办法》以及对上级党委组织部门相应的沟通机制、对有关原则性问题的具体意见等等，形成干部选拔任用从动议酝酿到讨论决定，直至实行倒查的系统配套、完整闭合的干部选拔任用机制，将原则性要求具体化，隐性权力显性化，以具体全面、切实可行的良好操作性增强程序的把关和择优作用。二是强化权力的约束性。始终坚持民主决策，重点在防止个人或少数人说了算上下功夫，科学界定“一把手”的用人权，对动议、推荐、考察、讨论、决定等各个环节的用权行为作出具体规范。①规范动议环节的用权行为。在提出动议前，建立规范的沟通协调机制，杜绝相关领导在用人动议上的随意性。建立特殊时期干部提拔调整冻结制度，在“一把手”新任职、离任前的一定期限内，以及机构改革和行政隶属关系变更前，冻结干部的提拔调整。前置干部档案审核，在动议环节就逐项审核干部“三龄二历一身份”等基本信息。②规范推荐环节的用权行为。严格履行《干部任用条例》规定的民主推荐程序，对干部选拔任用条件的设置、参加民主推荐人员的范围以及有可能发生的领导授意、暗示的行为，要从制度上作出明确规定，坚决杜绝私自设置条件、划定范围等违规行为。③规范考察环节的用权行为。组织部门要严格按照经党委研究同意制定的考察工作方案组织实施，集体提出任用建议方案。考察过程中，关键要确保考察组工作的相对独立性，坚决避免外力的干预或授意行为，确保考察材料真实可靠，考察结果客观公正。要严格执行党委（党组）对干部廉洁自律情况作出结论性评价制度，并要有党委（党组）书记、纪委书记（纪检组长）的签字；在上会讨论决定前，要充分征求纪委、公、检、法、信访、610办等部门的意见。④规范讨论决定环节的用权行为。制定科学的党委讨论决定干部任免事项的议事规则和决策程序。坚决避免在讨论过程中发生先入为主、抢先定调的现象，让班子成员充分发表自己的意见；实行无记名投票表决办法，保证班子成员在决策权上的平等；讨论决定过程中提出拟任人选存在问题的，在尚未调查核实而又足以影响其任用的情况下，要暂缓表决。三是注重时间的合理性。要保证干部选用各个环节有足够的时间，突出对干部日常管理考核结果的运用，改变“不提拔不考察”的现象。在日常管理中，注重通过谈心谈话、年度考核、述职述廉、参加民主生活会和巡视等途径了解干部，形成全面、历史、辩证地评价。在选拔任用过程中，要强化干部选用各环节发现问题的功能，做到时间服从质量，特别是在干部档案审查、个人报告事项审核、征求纪检监察机关等部门意见的环节，不能过急，要给相关部门宽裕的时间，防止搞“印证式”“应景式”考察，避免“赶会”、走过场。

（三）建立健全干部选拔任用工作责任机制，严格责任追究。通过建立干部选拔任用工作责任机制，明确干部推荐、考察、决策等各个环节的责任主体和责任内容，切实解决选人用人政策、制度、机制中存在的权力与责任相脱节和用人失察失误无人负责、无人追究的问题。一是实行全程纪实，层层明确责任。立足干部选拔任用工作“动议、民主推荐、考察、讨论决定、任职”等基本环节，制定出台相应的纪实办法以及规范会议记录的规定，设计相应的纪实签字模块，对干部调整的动议、民主推荐、干部考察、组织人事部门研究、沟通酝酿、党委（党组）讨论决定、任职公示反映问题查处等情况，实行全过程、无遗漏如实记录，凡是个体记录的内容、撰写的材料、作出的发言、给出的建议，必须本人签字；凡是集体呈报的文件、做出的决定、表决的结果，必须单位盖章、主要负责人签字。通过全程纪实、签字，切实解决界定责任取证难的问题，将党委（党组）选人用人的主体责任、党委（党组）班子成员承担的分管责任、组织人事部门承担的直接责任，全部落实到每一个环节、明确到每一个人、具体到每一句话。二是强化干部选用监督，加大纠错矫正力度。维护和加强干部监督部门的权威，建立监督主体抓落实的机制。

充分发挥《干部任用条例》赋予干部监督部门的职能作用，适当提高干部监督部门的地位，让其参与选人用人工作的全过程，赋予充分的发言权，对干部选拔任用工作实施全程同步监督，增强对干部选任工作监督检查的效果。要强化纠错力度，对干部选用监督过程中发现的程序性或人为性问题，要建立干部选用工作终止暂缓机制；对发现干部自身存在问题的，要敢于打破干部经过动议、进入推荐考察程序后，一般"不拿下"的状态，把"先放放"作为一种选项。对纪委没有进行廉政鉴定或没有明确意见的、个人重大事项没有核查或核查后有疑问没说清楚的、有信访而未调查清楚的，"一律不上会"。三是狠抓责任追究，营造严实氛围。发生"带病提拔"干部问题后，要按照全程纪实记录，对选拔任用过程进行倒查，区分不同性质，对失职渎职和违纪违法行为，分别给予批评教育、诫勉谈话、组织处理、纪律处分和移交司法等。对连续发生或大面积发生干部"带病提拔"的地方和单位，要严肃批评并追究党委（党组）的集体责任和主要领导责任，严肃追究组织部门和相关部门负责人的责任。严厉整治跑官要官、买官卖官、拉票贿选、说情打招呼等不正之风和选人用人上的违纪违规行为，发现一起查处一起，形成强大震慑，营造风清气正的良好政治生态。

招远市"金都志愿365"服务活动调研报告

中共招远市委常委、宣传部部长　李　波

引言

2013年，有个名字响彻了齐鲁大地，感动了14亿中国人，他就是2013年度感动中国人物——刘盛兰老人。刘盛兰是招远市蚕庄镇柳杭村一位普通的农民，现年93岁。自1996年起，刘盛兰靠拾荒资助全国各地贫困学生近百名，至今资助金额超过10万元，他的事迹先后被中央电视台和多家地方电视台、报纸、网络报道。2015年，更荣获了山东省第五届道德模范、全国第五届道德模范提名奖。不单是刘盛兰，十年挖井的"当代愚公"郭苏，一人资助六名学生的"最美教师"张立荣，十年如一日照顾孤寡老人的刘宝云……都是招远6万多志愿者的杰出代表，他们依托"金都志愿365"志愿服务体系，在扶贫帮困、社区服务、环境保护、大型活动等领域积极开展活动，形成了"天天都是活动日，人人争当志愿者"的良好社会氛围，有效地提升了城市的整体文明水平，促进了社会的和谐与稳定。

一、树立自身品牌，引领志愿服务活动更加规范、有序。

志愿服务自身存在自愿性、松散性等弊端。前几年，招远的志愿服务活动因为缺乏有效地组织和监督，"上级提要求，下级发通知，基层走过场"的现象比较普遍，大多数单位对志愿服务工作不重视、不主动，开展志愿服务活动的积极性普遍不高。每年仅有的几次志愿服务活动也存着随意性大、"单打独斗"的问题，工作上难以形成合力。

为彻底改变这种状况，实现志愿服务的规范化发展，2013年，在毛泽东题词"向雷锋同志学习"50周年之际，招远市委市政府从自身实际出发，以志愿服务品牌化、制度化为目标，分别从体系构建、流程规范、制度完善等方面对志愿服务工作进行了大量、有益的探索，于2013年3月4日，正式在全市范围内启动了"金都志愿365"品牌服务活动。一是建立了四级服务管理体系。在市文明办建立"市志愿者协会"，负责对全市志愿服务工作进行宏观规划、指导和管理。其下设"市志愿服务中心"，由各成员单位安排专职人员集中办公，是全市志愿服务活动的总平台，负责对全市志愿服务进行调度、分配。在市直主管部门和各镇（街、区）设立志愿服务站，对上接受市志愿服务中心任务，对下指挥辖区内志愿服务队开展活动。在各乡村、城市社区、企事业单位和社会自由职业者中建立志愿服务队，作为最基层的组织单位，具体负责组织志愿者注册、管理和志愿服务活动的组织、开展。二是制定一系列志愿服务活动规范。统一设计了"金都志愿365"志愿服务活动标识，设计了活动徽标、志愿者服装、志愿服务队队旗等；对各志愿服务组织制定了"五有"标准，即有工作场所、有专职工作人员、有工作规划、有工作总结和有工作设备；制作了活动主题歌——《我们在一起》；建立了志愿服务QQ群，开通了服务热线8260365，实现了统一平台管理；制定了完善的管理制度。制定下发了《关于开展“金都志愿365”活动的实施意见》，使全市各级志愿组织在开展志愿服务活动时有章可循，有据可依。各级管理组织和一系列制度的建立，实现了志愿服务的品牌化、规范化运作，有效地提高了志愿服务活动的科学化管理水平，促进了志愿服务工作的健康有序发展。

二、全面宣传发动，不断培育壮大志愿服务队伍。

近年来，招远市积极采取多种措施，营造社会氛围，发动广大干部群众加入志愿服务队伍，参与志愿服务活动。

（一）多渠道，全方位宣传志愿服务活动。通过网络、电视台、电台、报纸、宣传栏等媒介，制作和刊发志愿服务公益广告，广泛宣传“学习雷锋、奉献他人、提升自己”的志愿服务理念，普及文明志愿服务知识，激发公众的社会责任意识，公众对志愿服务活动知晓率达到100%。

（二）随时发现并大力宣传活动过程中涌现的先进人物及感人事迹。在各级组织内深入挖掘先进典型，进行宣传表彰，使之成为志愿服务的先行者、传播者和推动者。2013年至今，招远市每年都组织开展“十佳志愿者”和“十佳志愿服务组织”表彰活动，在社会上广泛树立了志愿服务榜样，营造了“学有目标，赶有方向”的良好氛围。

随着活动的影响力不断扩大，全市志愿者队伍迅速扩充，目前，全市志愿者注册总数已突破6余万人，据烟台市前列，其中单位志愿者人数（包括农村和社区）4.4万人，社会志愿者人数超过1.6万人，志愿服务活动已在金都招远全面开花。

三、创新活动模式，实现志愿服务活动常态化、特色化。

各级管理机构的建立，制度规范的完善以及志愿者队伍的不断壮大，为全市志愿服务活动的开展打下了坚实的基础。在此基础上，招远市精心设计服务内容、创新活动模式，实现了志愿服务活动的常态化建设。

（一）精心设计活动内容。招远市按照上级的要求，深入组织开展以“关爱他人、关爱社会、关爱自然”为重点的三关爱活动，每年将“敬老爱幼、关爱行动、文明礼仪知识宣传普及、文化体育、维护社会秩序、文明网络、普及环保知识、保护山川河流、植树造林和清洁环境卫生”十大主题作为志愿服务活动的规定项目，组织各级志愿服务组织依此开展活动。同时，要求相关志愿服务组织结合自身业务工作特点，开展特色志愿服务活动，在活动中推广和宣传专业知识。每年3月份，各单位和社会志愿服务组织统一上报本年度志愿服务活动内容，要求年内活动次数达到一次以上。市志愿服务中心对各组织报送的活动情况进行审核，结合实际情况适当调整各组织的活动时间，并对外发布。各单位及社会志愿服务组织按照审核后的项目自行组织活动，电视台、电台、《今日招远》等媒体按照每天的活动情况在专栏中进行跟踪报道。

（二）创新活动模式。招远市不断规范服务渠道，建立了“集中活动、订单服务、结对服务、交换服务、特色服务”五种志愿服务运行模式。“集中活动”主要是利用三五学雷锋日、五四青年节、九九重阳节、六五环保日以及双休日等重要节假日，组织各志愿队围绕某一主题，集中开展志愿服务活动，以此扩大志愿服务的感召力，形成浓厚氛围。“订单服务”是指市志愿服务中心面向社会公布志愿服务热线、开通了网络QQ平台，有志愿服务需要的市民可以通过电话和上网，向服务中心下订单，中心根据求助者个人情况，将订单下达到相应的服务站，再由服务站落实到具体的服务队和志愿者，展开服务活动。“结对服务”是由志愿服务中心、服务站牵线，对一些诸如孤寡老人等需要长期志愿服务的市民，确定志愿者与其结成对子，提供服务。“交换服务”重点在社区居民中开展，社区居民到服务站登记所愿意提供的服务项目，同时也可登记自己需要的服务项目，服务站从中调剂志愿服务供求。“特色服务”是针对一些具备农业技术、法律等专业技术知识的单位志愿服务队，由志愿服务中心作中介，向需要对口服务的乡村、学校等提供服务。这五种运作模式，畅通了服务渠道，有效满足了广大民众对于志愿服务活动的多方面需求，使金都志愿365活动实现了多样化、特色化运转。

四、依托网络平台，实现志愿服务认证管理工作高效快捷。

随着活动的深入开展，人员短缺、资金不足、管理困难和沟通不便等问题逐渐影响着志愿服务活动水平的进一步提高。招远市通过大量的研究探索，历时一年时间，设计开发出了“‘金都志愿365’服务认证管理平台”。该平台主页面为四大板块，第一版块为“公告和动态”板块。市志愿服务协会重要通知、全市志愿服务活动情况都会在这里进行公示。各单位及社会团体年内规划开展的志愿服务活动通过平台自动传送到志愿服务中心，进行统一展示，广大志愿者可以根据自身需要，参与任何一项志愿服务活动。第二板块为“服务管理认证”板块。全市注册志愿者、志愿服务队日常活动信息均可在该板块进行查询，对志愿者及志愿活动的认证也在该版块进行公示。目前全市网络注册志愿者达3万余人，认证最高星级为2星级，即志愿者服务达到120余小时。服务小时和星级认证情况，将作为评选十佳志愿服务组织和十佳志愿者的重要依据；第三版块为“志愿标志使用规范”板块。对全市各志愿服务队的标志、小红帽、队旗、看板展板等进行了统一规范，有效避免活动混乱、冒名顶替等现象出现；第四板块为“我们在行动”板块。全市重大志愿服务活动进行详细的图文报道，截至目前，共刊发志愿服务活动简讯220余篇。

“‘金都志愿365’服务认证管理平台”的有效运行，使得从志愿者、志愿服务队注册到志愿服务活动信息发布、审核、进程管理，再到活动后期的认证、公示、存档等一系列活动，全部实现了网络化、智能化运转，有效节省了运作成本，开辟了志愿信息传播高速通道，实现了志愿服务活动地高效、规范开展。今年以来，全市开展志愿服务活动达800多次，参加志愿者达8000多人次，全部通过该志愿服务平台组织开展。

五、完善激励机制，倡导“好人好报”的社会风尚。

为了让更多的人参与志愿服务，也为志愿服务创造一个良好的发展环境，招远市对优秀志愿者和志愿服务组织实行全方位的激励机制，极大地激发了志愿者服务热情。

（一）培训激励。由市志愿者协会对各志愿服务站工作人员开展专项培训；志愿服务中心深入各居民区开展全员培训，各志愿服务站对新进志愿者实行岗前培训，普及志愿服务理念，提升志愿者的服务水平。

（二）精神激励。在志愿服务站开辟志愿者微笑墙，展示本单位所有志愿者的精彩微笑，激发每一个志愿者的光荣感和自律性。组织开展“优秀志愿者、优秀志愿服务项目、优秀志愿服务站”评选活动，让志愿服务走入千家万户，以赢得社会的广泛认同和肯定。

（三）成就激励。通过“‘金都志愿365’服务认证管理平台”，推行“小时服务制”和“星级服务制”，根据志愿者服务时间和活动次数进行积分累计和星级认定，不断激发志愿者的服务动力。同时，对部分优秀志愿者赠予“金都爱心卡”，从购物、出行、就医和休闲等多个方面给予优惠和支持。金都爱心卡”的成功发放，也是志愿服务活动由粗放型向细腻型、专项型转变的一个起点，鼓励、带动了更多的部门单位和民众立足实际、发挥特长、关注社会、关爱他人，有效传递了社会正能量。近年来，全市先后表彰了“金都好人”、优秀志愿者90余人次，优秀志愿服务队伍20支。

启示与思考：

“金都志愿365”服务活动，以打造志愿服务品牌为目标，在志愿服务制度化、规范化、特色化、常态化建设等方面走出了一条新路子，在现实中产生了巨大的道德号召力和凝聚力，已经成为新时期烟台乃至全省志愿服务工作中的“名牌”。

一、注重规范性与自发性的结合，把握好行政力量参与度。志愿服务工作的特性要求政府必须更好地把握参与度，参与较多容易引起志愿者的逆反心理，参与较少志愿服务难以形成合力。因此政府在不断出举措、出办法提高志愿服务的规范化和制度化的同时，更要注意如何在该项工作中更好地去指导和引导志愿者工作。只有在范围内，不断地完善制度、规范志愿服务，才能真正地激发志愿服务动力，提高志愿服务水平；只有在规范的制度内，充分地发挥志愿服务的自发性，才能真正地发挥广大志愿者的力量，形成志愿服务合力。政府在该项工作中要更多地把发动和服务摆上主要位置，既要充分发动志愿者的积极性，又要为广大的志愿者们搞好服务，帮助志愿者们将队伍建设好，完善好。

二、注重时代性与实际性的结合，充分应用科技手段。科技的力量是巨大，科技手段的有效运用可以大大提高各项工作的效能。但在实际运用中，要充分的实践调研，摸清实际情况，确保科技手段的运用有环境、有空间。建立高效、便捷的网络平台，不仅可以对志愿服务进行宣传、推广，吸引更多的市民成为志愿者，更可以详细记录志愿服务，确保广大志愿者在志愿服务中不重复、不浪费。但我们也应该看到招远的志愿者大多是单位志愿者，而大多数的社会志愿者也都是年轻人和知识分子，因此该平台能够快速的推广和应用，发挥其最大的作用。

三、注重地域性与创新性的结合，拓展志愿服务范围。随着时代的发展，志愿服务工作不断地被注入新的内涵。只有不断创新，才能实现志愿服务工作的长效机制，使之成为推动国家发展进步的长久动力。随着经济社会发展变化，除了巩固传统的便民利民、扶贫帮困、老年服务、残疾人服务、群众文化、环境卫生、科学普及、大型活动等领域的志愿服务活动以外，要以社会需求为导向不断拓宽志愿服务领域。要立足地方，创建区域特色，除了全国通行的志愿服务活动内容外，围绕地方经济社会发展需要，积极创设有地域特色的志愿服务项目和志愿服务激励政策。

关于开发区加快发展有关情况汇报

招远经济技术开发区管委

5月27日晚，市委张书记传达了烟台市委主要领导对招远经济技术开发区下步发展的要求后，我们开发区工委于5月28日上午召开了工委会议进行传达贯彻，并就下步工作进行了研究布置。根据市委要求，5月31日—6月1日，开发区分成三个小组分别赴邹平、胶州、明水（章丘）三个国家级经济技术开发区，对其组织架构、运行方式、项目审批、市（县）对开发区支持、财政体制、招商引资政策、产业特点及发展经验等进行了考察学习。回来后，我们对照外地先进做法，反思查找自身存在的不足，并就如何加快开发区发展进行了分析、讨论，对如何做好下步工作进行了研究。现将有关情况汇报如下：

一、外地的基本情况。

考察组共同的感受是这三个地方的开发区发展势头猛、发展规模大、发展后劲足。

（一）基本数据（大口径）。从省商务厅了解的数据看：邹平开发区于2010年11月升级为国家级开发区，2014年全区完成GDP496.2亿元，公共财政预算收入19.2亿元，进出口总额15.2亿美元，实际使用外资3.1亿美元；胶州开发区于2012年12月升级为国家级开发区，2014年全区完成GDP538.7亿元，公共财政预算收入41.4亿元，进出口总额56.2亿美元，实际使用外资4.73亿美元；明水开发区于2012年12月升级为国家级开发区，2014年全区完成GDP416.7亿元，公共财政预算收入26.5亿元，进出口总额10亿美元，实际使用外资2.15亿美元；我区于2011年9月升级为国家级开发区。2014年全区完成GDP481.8亿元，公共财政预算收入30.2亿元，实际利用外资7958万美元，进出口总额17.7亿美元。我区市统计局口径2014年GDP85.7亿元，地方公共财政预算收入3.58亿元，实际利用外资1.02亿美元，进出口总额1.2亿美元。

（二）产业特点。邹平开发区主导产业优势明显，培育起纺织和铝材加工两大产业，拥有全球最大的棉纺织生产基地，亚洲最大的葡萄糖和玉米油生产基地，是全国重要的铝材精深加工制造基地。区内魏桥纺织、中国宏桥等9家公司先后在境内外上市。魏桥创业集团是世界500强民营企业，2014年位列第279位，实现销售收入2800亿元，上缴税收60亿元，今年预计完成100亿元。魏桥铝业年产氧化铝800万吨，占全国市场13.3%，电解铝366万吨，占全国市场18.2%。胶州开发区紧邻胶州湾高速胶州出口，距离青岛流亭国际机场约20公里，新的胶东国际机场约16公里，青岛前湾港约15公里，胶州湾国际物流中心约15公里，区位优势明显。工作中，坚持“高端、智慧、新兴、生态”的理念，按照建设25万人口的城市规划和“六区五中心”的产业功能定位，着力引进大项目，建设“高端装备制造”和“互联网+”两条千亿级产业链，涵盖冷链、电力、物流、航空航天、电子商务5大百亿级产业板块。截至目前，已引进落户重点项目52个，总投资575亿元，总建筑面积686万平方米，亩均投资400万元。明水开发区主要承接济南市范围内的产业转移，仅中国重汽一个项目就占地7500亩，年销售收入120亿元。目前已发展成为以交通装备、机械制造、食品饮料、精细化工四大产业为主导，以生物医药、新材料、新能源、电子信息等新兴产业为基础的重点产业集聚区，先后获评为国家级新型工业化产业示范基地、国家级先进机械制造业特色产业基地、国家级重型汽车特色产业基地、国家级有机高分子材料基地，并逐步形成了以项目区、化工产业园、空港产业园、城东工业园、赭山工业园为主体的“一区四园”发展格局。

（三）组织架构。邹平开发区设管委主任、工委书记1名（邹平县委书记兼任），设工委副书记、管委常务副主任1名（正处级，主持工作），另设3名管委副主任（副处级）。现有工作人员161人，其中在编人员81人。胶州开发区升级后，重新组建了胶州经济技术开发区领导班子和干部队伍，设主任1名（胶州市委书记兼任），常务副主任1名（正处级，主持工作），配备5名副处级领导干部。副科级领导干部全部在全市范围内公开考选，并面向全省招考30名事业身份工作人员。现有工作人员121人，在编人员105人，平均年龄30岁，其中研究生及以上学历19人，招商引资队伍35人。明水开发区设主任1名（章丘市委书记兼任），常务副主任1名（正处级，主持工作），副主任3名。现有工作人员141人，在编人员90人。明水开发区招商局与市招商局合署办公，一套人马两块牌子。

（四）项目审批。邹平开发区没有独立审批权，所有审批权均在职能部门，由职能部门负责园区土地、建设、立项等。胶州开发区承接市政府81项行政审批权限，将原需19个市直部门分别办理的审批事项集中到开发区一个窗口办理，市有关部门授予开发区专用审批章，与市直部门公章具有同等效力。明水开发区在项目操作上实行三级会审制度。即招商局审核通过的项目，在开发区层面上统一进行初审，然后提交市项目建设协调促进委员会进行会审。市项目建设协调促进委员会既是项目的最终决策机构，也是推动项目开工建设的服务促进机构（市项目建设协调促进委员会由章丘市市长任主任，相关部门主要负责人为成员）。

（五）财政体制。邹平开发区实行县区两级财政“分灶”管理体制，2014年邹平开发区财政收入38.2亿元，开发区自留3亿元左右，其他全部上缴县财政，项目建设、基础设施建设费用市财政给予全额保障。胶州开发区（新区部分）税收和土地出让金全部归开发区支配（每年约7亿～8亿），报市委、市政府批准后由开发区自行组织实施。明水开发区财政收入全额上解，由市财政拨付机关办公经费，所有投资项目均由市财政支付。

（六）责任制考核。邹平县委对开发区不列入镇（街、区）考核，年底自然为综合先进单位和招商引资先进单位。胶州市委对开发区实行单独考核，完成任务目标则评为先进单位。章丘市委对明水开发区按照部门标准进行考核。

二、我区与外地相比存在主要问题及原因。

在考察学习中我们看到，在经济同样处于新常态形势下，三地都主动应变、迎难而上，在危机中积极寻找发展机遇，实现了经济的跨越发展。邹平开发区大企业拉动作用凸显，新启动的铝材深加工产业园年产值将达2000亿元；胶州开发区主动融入青岛西海岸建设大盘子，新规划的36.7平方公里启动区，全部为滩涂建设用地，发展空间大、后劲强；明水开发区积极承接济南市区范围内产业转移，在极短时间内呈现后发赶超的良好态势。与以上三个国家级开发区相比，我区在招商引资方面表现为规模小、数量少，大的外资、内资项目更少，缺乏拉动力强的好项目、大项目；项目建设方面表现为投入少、进度慢，产业链条短、发展后劲弱；在经济总量、开放程度和发展速度等方面也都存在较大差距，尤其是招商引资无论是内资项目还是外资项目，无论是形象进度，还是上报数据，我们差距很大。分析原因，主要有几个方面：

一是在开发区的发展定位上满足于小进则满、小成则安。我作为开发区的主要负责人，缺乏干事创业、跨越发展的魄力和勇气，没有从升级之后应乘势而上，开辟开发区建设新局面的战略高度来谋划、来建议。只是满足于在本市范围内当龙头、当第一，没有跳出开发区看开发区，没有在全省、全国范围内找差距、定目标，也没有及时给市委、市政府提出有价值、有建设性的建议，缺乏大的胸襟和格局。二是在工作推进上缺乏钉钉子精神，一抓到底的韧劲不足，工作落实不到位。升级之后，招远市委、市政府和烟台市委、市政府先后出台了《关于进一步加快推进经济技术开发区发展的意见》和《关于推动招远经济技术开发区跨越发展打造县域开发区新样板的意见》，任务、目标、思路都很清楚、明确，但我们在工作落实中缺乏新举措、新思路，习惯于走老路、老思维，面对新常态下的新挑战，显得束手无策、畏难发愁，导致市委、市政府的正确决策没有很好地落实，导致开发区在升级之后，无论是城市建设还是项目建设，都没有发生大的变化。三是在开发区的战略规划上没有真正体现出特色优势和未来发展方向，也缺乏坚持不懈抓下去的力度。园区建设，规划先行。胶州开发区聘请了美国科尔尼、英国赫斯科、中国机械科学研究总院、东南大学等国内外知名设计机构，进行了开发区产业发展规划、空间战略规划、中央商务区等规划设计，构建起了产城融合的城市发展框架，并严格按照规划执行。济南市在明水开发区规划建设上更是全市上下达成共识，规划一步到位，功能分区科学合理，并严格执行规划。我区升级为国家级以后城市规划相对滞后，我们开发区没有提出系统完善的发展战略规划和城市建设规划建议，功能定位不够明确、发展方向不够清晰、特色优势未能凸显，规划执行的严肃性也不够，影响和制约了开发区发展。

三、下步工作推进措施。

两个月后，烟台市委、市政府将在我市开发区召开园区建设工作会议，对我们开发区提出了更高的定位要求和更高的发展要求。对开发区来讲，也面临着新的机遇和挑战。面对新要求，必须有新作为。为此，我们将紧紧抓住这次现场会机遇，在市委、市政府坚强领导和全市各部门的大力支持、配合下，以更加饱满的激情和斗志迎接挑战，昂扬奋发、敢于担当、勇于作为，努力推动开发区经济社会发展再上新台阶。

（一）强化责任担当意识，全面落实开发区龙头带动战略，掀起开发区建设新高潮。邹平开发区立足自身产业优势，始终秉承“举全市之力发展邹平开发区”理念，无论是在重大项目落地还是政策争取，都抢占先机、率先发展。胶州举全市之力建设胶州经济技术开发区，提出了“开发区赢则胶州赢、开发区强则胶州强”理念，不断创新管理机制、招商引资机制、人才引进机制和土地综合利用机制，拉开了大发展的框架。明水开发区则主动接受省会城市辐射，承接济南市的大企业、大集团、大院校转移，实现了快速发展。我区升级以来，市委、市政府每年都对开发区发展提出明确的发展思路和要求：2012年实施了开发区龙头带动战略；2013年提出了创建县域国家级开发区新样板的要求；2014年规划实施了“两区一带”发展战略；2015年着力推动开发区“创新突破、提质增量”，有力推动了开发区经济社会发展。但对比三家开发区，我们切实感受到了差距和压力，更加增强了我们加快发展的紧迫感和责任感。为迎接园区建设现场会召开，我们研究决定从6月份开始，全区副科级以上干部和中层干部双休日正常上班，两个月之内不安排公休假；双休日一般干部根据工作需要加班。我们通过层层召开会议，要求全区上下将全部精力放在项目建设、招商引资和城市建设上，抢时间、提速度，力争在短时间内全面加快重点工作进度，掀起加快发展新高潮。

（二）落实细化推进措施，加快项目建设步伐。在原有领导包帮项目分工的基础上，对重点项目进一步加大包帮力度，每名工委委员带领一个工作组，实行现场办公、全面靠上，逐一分析项目建设中存在的土地、拆迁、规划、资金、项目配套等问题和制约环节，明确责任单位、责任人和完成时限，及时与市政府和相关部门沟通协调，全力推进项目进度。重点抓好中国供销集团招远产业园、天傲-华希广场、皮革加工进出口贸易区、佳恒新工业园、贺利氏（鲁鑫）高科技产业园、电子材料产业化基地、玲珑集团新材料示范应用建设项目、金潮宇科蓄电池生产等31个重点项目建设，全力推动东城新区区片项目建设进度。确保中国供销集团招远产业园项目7月份开工建设，天傲-华希广场已开工楼座7月底全部封顶，其他项目顺利推进。在抓好项目建设的基础上，全力为重点产业园区搞好配套服务，提升园区承载能力。同时，加快开发区金都缘创业基地、金街文化创业孵化示范基地、东城创业基地、电子商务创业园建设，掀起大众创业热潮。要通过项目建设的全面启动，争取在两个月内有好的形象进度。

（三）突出招商引资重点，构建开放型特色经济新格局。外地的经验和我市企业发展历程告诉我们，一个地方的发展应该立足自身特色和优势，科学确定发展的方向和重点，坚持引进和培育相结合，使招商引资更有针对性和实效性。我们将牢固树立招商引资是开发区生命线意识，确定安商是最好招商的服务理念，进一步调整领导分工、充实招商力量、成立专业工作组，围绕培育特色产业优势，瞄准与我区主导产业对接性强和符合未来发展方向的国内外大企业、大的投资基金、产业园区开发商和运营商，实施有针对性的精准化招商，在招大引强上实现新突破。重点依托我市在黄金资源、黄金冶炼生产、黄金文化、“中国金都”品牌优势以及招金、中矿等市镇两级产金企业，拉长、完善黄金产业链条，积极引进黄金深加工、创意设计、金融机构、电商平台、模具加工等项目，建设集规模化生产加工、高端定制、设计创意、批发零售为一体的黄金创意园区，打造千亿级黄金产业板块；抢抓中韩自贸区建设机遇，深化与韩国的贸易投资合作，依托玲珑轮胎、康泰车桥、鸿福缸盖、金潮蓄电池等相关企业，引进汽车零部件、新能源汽车等项目，加大招引力度，助力区内机械加工、汽车零部件等产业转型升级，打造五百亿级汽车零部件产业板块；依托贺利氏、招金励福、金宝电子等骨干企业，积极引进科技含量高的项目，打造百亿级新材料产业板块；依托天傲——华希广场、欧尚超市、皮革城、金街、珠宝首饰城等载体，引进大的品牌旗舰店、城市综合体，打造高端商贸旅游区；围绕清洁工业、地产、商业服务、物流、医疗、教育、科技孵化等主题实施全方位招商，注重产城融合，不断丰富东城新区内涵。同时，加强与市商务局、招商局对接、配合，为正在谈判的在开发区范围内的金宝电子与正威集团（世界500强）合作项目、康泰集团与富士康合作项目、金宝电子与韩国斗山电子合作项目、深圳粤豪珠宝与我市合作项目提供全程服务，力争早日签约落地。

（四）加快基础设施建设，提升开发区城市形象。完善基础设施建设，加快东城新区地下配套工程施工进度，抓好苇都河、孙家河、转山河等河道治理工作，加快推进科技孵化中心、文化中心、中医院等BT项目建设进度。加快城市化建设进程，重点抓好天傲-华希广场、水木天街综合体等关键城市节点建设；加快横掌社区的学校、道路和公园等公共配套和服务设施建设；加快杨家大沟、埠后、街柳、王家大沟等中心区域的城市化改造步伐，不断改善中心区城市形象。同时，在全区范围内抓好城乡环境综合整治和生态文明示范区片建设，确保城乡面貌明显改观。

（五）加大考核调度力度，全力推进工作落实。我们将进一步强化内部考核调度机制，对每项工作提出具体要求、细化推进措施、明确责任分工和完成时限，真正使人人肩上有任务、有压力，使全区上下真正动起来。对确定的重点工作事项、重点项目和市委、市政府安排重点任务，实行工委委员分工负责制，全部落实到各局（室）、街道，落实到每个人身上；对每个重点项目由工委委员包帮，实行全程跟踪服务，一个项目一帮人，确保事事有人服务、有人负责；区管委将每周召开工作调度会，不定期召开项目专题调度会，研究、分析、解决工作中存在的问题，确保项目建设工作顺利推进。我们将进一步加强内部考核监督，由党群部牵头考核督导，并及时通报进展情况，对各项工作任务完成情况，列入机关年终责任制考核，考核结果作为干部考评的重要依据。

四、关于相关工作建议。

（一）建议参照外地做法，聘请专业机构研究修订开发区发展规划。这次烟台市园区建设工作会议将是我市开发区发展的一个新起点、新机遇，也将迎来3~5年的发展黄金期。从外地经验和我市实际看，制定一个科学合理的发展规划，将有利于开发区的快速健康发展。建议市委、市政府批准，市政府相关部门参与，聘请高层次专业机构，结合全市“十三五”规划的制定，对开发区发展规划进行修订，进一步明确开发区发展方向、工作重点和远景目标。

（二）加大对开发区的支持力度。我市开发区及其所辖局（室）没有相应的项目规划、审批权限，但区内项目建设数量多、任务重，需要及时做好与市直各部门的沟通、协调，以提高审批效率。建议明确一名市级分管领导总体负责调度协调市直有关部门，及时解决项目建设和开发区发展中的相关问题；建议市政府相关审批部门明确一名分管领导专门负责协调开发区项目审批事项，开辟开发区范围内项目审批“绿色通道”。

（三）明确开发区经济建设主战场地位。突出项目建设、招商引资和城市建设三大工作重点，叫响“举全市之力建设开发区”的口号，在土地指标、产业引导基金、财政扶持政策等方面向开发区范围内的重点企业、重点项目和符合发展方向的新兴产业项目倾斜。

（四）进一步明确开发区对上上报数据范围、口径。建议对开发区的数据统计实行内外一致，不再按照乡镇统计口径统计开发区相关数字，避免出现两套数。建议在市统计局设开发区统计科，与开发区统计站合署办公，整合统计力量，统一口径上报有关数字，提高工作效率。

（五）进一步配齐、配强开发区领导班子。开发区领导班子现有的年龄结构、知识结构、能力结构，不符合新的形势和发展任务要求，从开发区更好地担负起龙头作用和可持续发展需求看，有必要选配知识层次高、拼抢意识强、年富力强的干部充实到开发区领导班子中来。在中层干部选配上，抽调考选精兵强将，调整充实到局（室）、街道干部队伍，尤其是要注重选拔调整高素质、高知识层次的年轻干部，使开发区的干部队伍更具活力。

以上汇报，不当之处请批评指正。

守住历史的根　传承文化的魂
——关于辛庄镇在古村落开发中留住美丽乡愁的思考

辛庄镇党委书记　徐青林

优秀的历史文化是农村生生不息的文明之水，是农民生产生活的精神之源。传统村落，是农村宝贵的历史文化财富，是凝聚美丽乡愁的精神家园。2013年，习近平总书记在湖北考察时特别强调，实现城乡一体化，建设美丽乡村，不能大拆大建，特别是古村落要保护好。2014年，山东省启动乡村记忆工程，目的在于保护和传承传统优秀文化，延续城市历史文脉，让居民看得见山、看得见水、记得住乡愁、留得住乡情。辛庄镇古村落资源丰富，如何加强古村落群的保护，弘扬传统文化，促进经济社会和谐发展，成为摆在辛庄镇党委政府面前的一项重要课题。近年来，辛庄镇以“彰显滨海特色，建设魅力古镇”为主题，注重规划引领，坚持“开发与保护并举、经济效益与社会效益兼顾”的原则，突出传统优势和新兴产业的融合提升，形成了“古今结合，中西合璧，自然和人文交相辉映”的魅力古镇发展模式，实现了传统保护和经济发展双赢的大好局面。

一、滨海古村落基本情况。

（一）资源丰富。辛庄镇滨海古村落群是我省现存规模最大、保存格局最为完整、历史建筑类型最齐全的古村落群之一。孟格庄、高家庄子、大涝洼、徐家疃、磁口等5个村，较为完整的保留有大量明清时期传统民居建筑，占地近2000亩。其中，高家庄子村，现有保存完好的传统民居院落186套，建筑面积约8000平方米，宗祠、钟楼、圩墙，大刀胡同，关帝庙，镇龙庵等古建筑交相辉映；孟格庄村，保留有70余座清末民初四合院式民居，瓦作、挑檐石、鹰嘴石，彩绘、彩画和中西合璧的大门楼和影壁，见证着村庄的兴衰；大涝洼村，现存明清时期传统民居120余座，其中胶东半岛仅存的2座青砖黑瓦斗拱古宅院，圆弧屋脊的明朝老房，道光年间的李氏祠堂，堪称一座古建筑博物馆。

（二）历史悠久。传承2000多年的高家庄子村，因清朝中后期徐氏家族在北京、济南等地经商、为官而兴盛，保存有大量清中晚期以来的京式三合院、四合院民居，被誉为招远“小北京”；孟格庄村，其村民刘金桂创立的“成文堂”书铺（时称“大书铺”）和刘作信创立“诚文信”书铺（时称“二书铺”）是当时印刷业中的佼佼者，被誉为“胶东出版业的摇篮”，对于研究中国近代雕版印刷向现代印刷业转变极具历史价值；大涝洼村自清乾隆时期就有大批村民赴京经商，是胶东帮商人的历史见证者。

（三）知名度高。2013年10月，高家庄子、孟格庄、大涝洼3村被评为山东省第三批历史文化名村、第二批中国传统村落。2014年3月，高家庄子村公布为第六批中国历史文化名村；10月，徐家疃村被评为山东省第一批传统村落，随后又被评为第三批中国传统村落。2015年5月，高家庄子村正式列入山东省第一批“乡村记忆”工程文化遗产名单；8月，孟格庄村被国家旅游局评为“中国乡村旅游模范村”。随着国家级、省级各类荣誉称号的成功申报，辛庄镇已成为胶东地区远近闻名的滨海古村落聚集区，吸引了众多文人墨客、旅游爱好者寻访和观光旅游。

二、古村落保护存在的主要问题。

随着工业经济的发展、城镇化步伐的加快和新农村建设的推进，辛庄镇古村落面临自然和人为的双重损害，保护工作十分紧迫。

（一）保护观念淡薄。由于发展经济和保护古村存在着不少矛盾，而且保护工作投入多、收效慢，部分基层干部和广大群众往往在新中要成绩，大拆大建，没有深刻认识到保护古村落的重要意义，保护工作随意性很强，特别是对于一些破坏古建筑的行为放任不管，致使一些古村落的古祠堂、古民居间，夹杂着为数不少的现代化建筑物，减弱和破坏了古村落的古朴风貌和历史氛围，甚至部分古建筑面临着消亡的危险。

（二）规划不够科学。在新农村、美丽乡村建设过程中，古村落的保护规划往往仅是针对某个建筑，缺乏区域范围的整体规划，导致古村落保护的系统性和可操作性不足。特别是由于古村落保护与利用普遍缺乏文化上的坚持和较真，在规划编制上多现代元素少传统伦理，导致规划标准不高、要求不严，新建筑与历史遗存间距不足，隔离不好，直观上与古村落格格不入。

（三）缺乏经费和人才。在辛庄镇古村落中，很多古建筑超过了百年的历史，因自然和人为的原因，原住民改善居住条件的愿望迫切，但由于地方政府财力有限、村集体经济薄弱、缺乏专业技术人才、住户维护能力不强等因素，群众改善工作或者是想方设法拆旧建新，或者是请非专业的“工匠”修理、增建、油饰、洗白，导致建筑时代特征消失，历史文化积淀受损。

三、古村落保护工作主要做法。

（一）以责任强化担当，破难点、创亮点，做好统筹规划

牢固树立正确的政绩观，把传承历史文化作为义不容辞的责任，正确处理古代与现代、历史与未来、美丽乡村与美丽乡愁的关系。

一是强化对历史负责的担当意识，注重统领保护。深刻认识到，美丽乡村可以打造，美丽乡愁不可再造，留住乡愁就是留住历史、留住记忆。专门成立了由镇党政主要负责同志任组长的保护发展领导小组，各村明确保护小组长，与古宅住户签订保护协议，建立保护公示栏，将古村落保护发展列入镇年度重点工作，对各村实行百分制考核，与村负责人工作绩效直接挂钩。另外，聘请高层次专家做顾问指导，充分利用市里设立的“文化资源保护管理奖励基金”，对保护管理工作突出的单位和个人给予奖励，对捐资保护者设立功德碑，有效激发了古村落保护工作积极性。

二是强化对群众负责的担当意识，注重统筹保护。深刻认识到，古村落古建筑凝聚着群众的情感寄托，承载着群众世代相袭的历史记忆，保护开发必须坚持以人为本。先后邀请清华大学、同济大学、山东大学等专家团队实地考察，并投资200多万元请他们高档次、高水平完成了《辛庄古镇规划设计方案》《古村落开发规划设计方案》及高家庄子、孟格庄、大涝洼三村的保护性修复方案。在此基础上，先后组织相关村50名村民代表，参与规划方案论证，从群众的角度，提出古村落保护开发的意见和建议。最终，按照群众的意愿，确定了古镇保护开发以明清风格为主，真正做到了规划设计更加具有针对性、更接近地气。目前，相关施工图设计工作正在快速推进。

三是强化对未来负责的担当意识，注重统一保护。深刻认识到，未来必须从历史中走来，要避免大拆大建的老路，确保历史文化在未来中持续传承。重点实施“统一保护”工程。统一对所有古建筑进行安全排查，对濒危古建筑进行支护，改造升级配套设施。对具有重要历史价值的历史遗迹进行重点修缮保护，遵循“修旧于旧”的原则，保持原真性。目前，高家庄子古村落保护工程，投资90万元完成了关帝庙、徐氏祠堂、钟楼等三处的仿古修复工程；投资70万元完成了高家庄子村徐其珣故居仿古修复工程；投资30万元，完成村内休闲广场建设。正在进行的九龙沟改造工作，完成投资100万元，清淤2万立方米，浆砌沿沟坝堤200米。同时，对体现传统特色的城门、牌坊、古树等重点保护对象，设置警醒保护标志，对有保存价值且易腐蚀物品，进行统一收藏管理。通过及时的抢救性保护，最大限度地保留了古村落历史文化特色原貌。

（二）以实干破解瓶颈，引外力、聚合力，全力突破“资金难题”

资金匮乏历来是制约古村落保护开发的最大瓶颈。为破解这一难题，辛庄镇从政府投入、对上争取、市场融资三方面入手，多渠道筹措资金，走出了一条依靠但又不依赖政府的多元化投入之路，有效缓解了保护开发资金压力。

一是率先垂范，在政府投入上用“实”字说话。专门设立古村落保护专项资金，将古村落保护发展经费纳入镇级财政预算，为保护开发提供了坚实的保障。截至目前，已投入200多万元用于传统古村落保护规划，投入300多万元用于古村落综合提升。

二是用心研究，在上级政策上用“争”字发力。古村落保护开发需要巨额资金，非镇级财政之力所能及。辛庄镇积极联系上级政府和有关部门，以传统村落保护、生态文明村建设、乡村旅游开发等名

义，积极对口立项，多方争取上级扶持资金。在高家庄子、孟格庄、大涝洼等村规划编制中，从上级部门争取到专项资金90多万元，确保了规划编制和申报工作的顺利实施。近年来，高家庄子村已争取上级各类专项资金500多万元，孟格庄村230万元，大涝洼村180万元。下步，计划再争取资金2000万元，重点将道路路两侧建筑融入传统建筑元素，统一格调及样式，展现辛庄镇悠久的历史文化和民俗文化，增强古镇气息，打造历史文化氛围浓郁的景观形象。

三是强化宣传，在市场融资上用“合”字推动。在全面摸清本镇乡村古建筑和传统民居的底数的基础上，搜集整理古村落群的非物质文化遗产，在市级以上媒体发表了30多篇关于辛庄滨海古村落群的报道，以此吸引企业家、社会团体和社会各界人士积极参与古村落保护，吸引社会资本大量涌入。目前，孟格庄“大书铺”后代——山东鲁新贵金属集团有限公司董事长刘光瑞，于2013年注册资金3000万元成立了山东鲁鑫古村落旅游发展有限公司，投入一定资金回购了散落在民间的大书铺、二书铺文物近百件，计划在村里投资建设专门的大书铺二书铺博物馆。

（三）以开发推动保护，聚人气、扬名气，赋予古村落新内涵

注重以历史文化的价值彰显旅游产业的价值，通过经济开发释放历史文化资源，做好历史文化保护和旅游发展相结合的文章，实现了古村落资源既开发又保护的可持续发展。

一是以历史文化为本，实现村庄变景区。山东鲁鑫古村落旅游发展有限公司，计划以“江北印刷业摇篮”孟格庄为中心，保护性开发辛庄镇传统村落群，建设古村落文化旅游小镇，发展民俗文化旅游和民俗文化影视产业，打造胶东半岛最大的民俗文化村落和影视产业基地。保护性开发的总体思路是，不搞把村民迁出古村落的“旅游孤岛”模式，保持村民和村落相融合的状态，以市场化运作的方式，吸引社会投资，对历史文化名村进行整体包装和开发，以村庄为一个完整的旅游景区，村民以古建筑入股，变身旅游开发公司的股东，让古村落的传统历史活化，让其无形的价值有形转化。项目总投资10亿元，目前正在编制《招远古村落文化旅游小镇总体规划》，重点规划打造以品读历史、传承文化、民俗体验和休闲度假为主题的古村落文化旅游项目，并适时拍摄《风云大书铺》等反映本地传统历史文化的影视作品。

二是以历史文化为基，做活多元化发展文章。借助文化优势，瞄准古村落土地资源，大力发展多元化富民产业。孟格庄村吸引投资1.7亿元，建设了占地800多亩集水果采摘、休闲旅游于一体的“金湖采摘园”，100多户农民就地转化成采摘园的产业工人；磁口村建立苗木展示馆，近年来村民收入年均增幅20%；高家庄子村借助206国道交通优势，拟融资5000多万元规划建设大型商贸中心，为村民搭建商业经营平台。截至目前，已有10多家国内企业来镇参观考察，并就相关投资事宜进行探讨。经过多年经营，以古村落旅游带动周边产业多元化发展的经济发展模式已成为辛庄镇举足轻重的经济增长点。

三是以历史文化为源，推动传统文化新提升。近年来，围绕传承古村落文化，辛庄镇先后举办了“滨海辛庄杯”海内外楹联大赛、摄影大赛等活动，取得了“山东省楹联文化镇”荣誉称号，有效提升了滨海辛庄的古村落文化品位。在此基础上，以“学弟子规，做有德人”为主题，在全镇范围内开展“滨海道德大讲堂”活动，引导广大干部群众以全新的方式接受道德教育，树起“树清风，扬正气”的旗帜，推进传统文化新提升。同时，着眼于提高群众文化生活满意度，以“百姓大舞台”为载体，组织开展“欢乐滨海进万家”“魅力滨海齐联欢”“听传统曲调，看滨海发展”等一系列群众性文化活动，充分调动广大群众参与文化活动的热情，增添古村落旅游新韵味。

四、几点思考。

（一）正确的政绩观是古村落保护的先决条件。当前，打造美丽乡村能立竿见影，是显绩，留住美丽乡愁是潜绩要久久为功。因此，在古村落保护工作中，要实现既见“美丽乡村”，又见“美丽乡愁”，关键在于树立正确的政绩观，重显绩，更重潜绩，重快见成效，更重长见实效。美丽乡村是本，美丽乡愁是“根”。打造美丽乡村，需要重“本”，更不能忘了寻“根”“护”根。只有根深，才能本壮，“乡愁”的记忆才能“叶茂”，美丽乡村才能展现由内而外的美丽。

（二）科学规划是古村落保护的必要基础。要在古村落保护中留住美丽乡愁，必须坚持科学规划的引领，用规划落实科学合理的开发利用，真正做到

用建新保旧代替大拆大建，用因村制宜代替千村一面，用全面兼顾代替单一保护，实现既注重对古民居及其周边环境、风貌的保护，又注重群众对改善生活设施的向往，才能跳出“一保护就死，一开发就乱”的怪圈，走出一条保护与开发有机融合的可持续发展之路。

（三）整合力量是古村落保护的有力支撑。古村落保护开发是一项复杂、庞大的综合性工程，非一镇一村之力所能及，只有将其放入市场经济大背景下，有效整合各方资源，才能从根本上扭转被动局面。特别是要积极发挥政府的引导作用，通过上级扶持、项目争取、部门协作、政策性资金和民间资金相结合等方式，解决资金投入、人才引进、土地划拨、居民安置等一系列问题，为古村落保护提供强有力的“硬件”保障。

（四）以人为本是古村落保护的根本原则。群众是古村落的“主人”，古村落保护工作做得好不好，群众最有发言权。因此，在保护开发的过程中，必须坚持以人为本，充分保护广大人民群众的切身利益，将保护开发工程建成民心工程，实现古村落保护开发与群众利益双赢。在此基础上，要注重发动群众，依靠群众，让群众由古村落文化的旁观者变为参与者、建设者，激发其参与保护开发的积极性，集群众之策，聚群众之智，借群众之力，达到“靠民、为民、惠民”的目标，实现既留住乡愁，又让群众生活不愁。

争做领头雁　谱写新章篇

夏甸镇党委书记　张　涛

夏甸镇总面积190.6平方公里，辖78个行政村，总人口43867人。辖区内生态环境优美，水域水质优良、无污染，为招远市主要水源地之一。地下矿藏资源丰富，藏量较大的有黄金、氟石、石灰石、石墨、石材等，有一处市属、两处镇属黄金生产企业。近年来，夏甸镇围绕“夯根基、重发展、惠民生、促和谐”的工作思路，以提高群众的满意度和幸福感为目标，大力发展经济、改善民生，各项工作均实现了新发展和新突破。2015年，全镇实现地区生产总值30.3亿元。完成镇级地方财政收入5833万元，同比增长10%，实现农村经济总收入46.4亿元。

夏甸镇始终把推动镇域经济社会发展作为第一要务，积极调整产业结构，优化产业布局，实体经济质效实现新提高。工业与农业齐抓，在保持夏甸青山绿水的同时，挖掘自身潜力，实现了经济社会稳步发展。2015年总投资8.7亿元的青龙湖香草园暨知青博物馆、夏甸镇冷风库集群、丰霖源冷风库农资仓储物流、15兆瓦光伏电站暨特色养殖等7个市级重点项目进展顺利。同时，进行了勾山水库除险加固、高标准农田整理、水毁工程建设、河道整治等农田水利基础建设，使全镇的农业生产条件进一步改善。通过开展招商引资“大走访”活动，不断加大项目储备力度，经济活力不断增强。全方位、多渠道发布招商信息，积极参与全国全省工商联大招商活动。倾力打造新能源产业，通过电话联系和登门招商，与多家公司建立了联系，先后有山东力诺太阳能电力集团、汉能全球光伏应用集团等多家企业来我镇实地考察，就项目建设进行多次洽谈。截至目前，已储备重点项目7个，总投资8.68亿元。这些项目的储备，进一步增强了我镇经济发展后劲。

夏甸镇积极筹措资金，大力推进民生事业建设。2015年以来，夏甸镇党委、政府以党的群众路线教育实践活动为契机，积极在村级推行“承诺、践诺、评诺”活动，同时镇级不断提高民生事业投入比重，强化为群众服务意识，切实关注民生，使群众的幸福指数显著提高。镇村两级累计投入资金220多万元，开展了环境卫生综合整治；投入资金500多万元，进行村内街道硬化和绿化、美化、建设健身广场等，打造了8个市级生态文明乡村以及多个镇级示范村；投资150.2万元，实施环卫一体化工程，委托专业保洁公司进行管理，全镇保洁员达到160人，同时新增流动垃圾桶800个，并配套相关垃圾清运设施；新建健身广场、文化大院和农家书屋多处。夏甸镇一直致力于基层社会管理创新建设，积极探索社会管理的新路子，以促进镇域社会管理规范化、民主化、法制化发展。强化依法治镇、依法治村理念，引导群众增强法制观念、树立法制意识。以创建法治夏甸为目标，开展专项整治活动，保持严打态势，加强对重点部位、重要场所及特殊人群的管理，依法防范和打击各类违法犯罪，确保法律法规不可违，合法权益不可侵；着力完善治安防控体系和技防体系，镇驻地主街道实现监控全覆盖，鼓励村企加大技防建设，提高技防监控覆盖率，有效降低全镇治安和刑事案件发案率；高度重视防火、防汛、防事故工作，加大“三防”物资储备和投入力度，强化对专业队伍及应急队伍的管理，层层落实责任，确保全年安全无事故。发挥人民调解队伍作用，确保矛盾纠纷化解在基层、解决在萌芽状态。坚持用群众工作统领信访稳定工作，坚决杜绝非访、闹访和无理访，最大限度控制新案发生率，减少信访存案量；开展好反邪教工作，巩固转化成果，营造崇尚科学的良好氛围。

夏甸镇重视基层党建工作，加强党员队伍建设。2015年以来，随着以反对“四风”为重要内容的教育实践活动的不断深入以及“三严三实”专题教育的开展，全镇党员干部作风进一步转变，自身建设迈上新水平，镇村干部队伍展现出“务实、为民、清廉”的良好形象。

加强教育引导，转变干部作风。坚持教育为先、预防为主的原则，结合教育实践活动和“三严三实”专题教育，组织全镇党员上党课两次，集中培训农村干部两次，开展农村支部书记谈心谈话一次。通过教育培训，基层干部的思想认识、依法办事能力、履职水平和自律意识有了明显提高；着力加强党风廉政建设，通过抓领导促规范、抓责任促落实，抓惩处促警示，以党风促政风带民风，不断增强全镇党员干部的责任意识和廉洁从政意识；推进规范化管理，夯实村级基础。始终把制度建设放在突出位置，注重用制度来约束人，用制度规范日常行为。出台了《夏甸镇村级规范化管理规程》，配套了“三会一课”“农村活动日”“坐值班”等制度文件。切实做到用制度来管权、管事、管人，促进了村级工作的规范化运行；强化基层组织运转经费保障，村级组织运转经费均达到5万元。设立村级组织办公服务经费专户，严格按照财务规定制度来规范资金的管理与使用；修订完善《2015年农村干部考核责任制》和《农村“两委”干部工作补贴统筹发放实施意见》，坚持“激励保障、规范管理、统筹兼顾、奖罚分明、稳步提高”的原则，大幅度提高了农村干部的报酬待遇；抓好基层党建，积极为民谋利。年初与各村签订了《基层党建工作目标责任书》，按照责任书要求，严把基层后备干部“纳新关”，吸纳基层优秀后备人才103名，严把基层党员发展“入口关”，全年预备党员转正18名；出台了《夏甸镇机关干部驻村蹲点考核责任制》，制定了农村党员联户制度，推动群众工作全覆盖，实现服务群众零距离；继续深化“三诺”活动，今年各村共完成办实事项目293件，总投资5471万元。与去年的“三诺”活动相比，今年办实事项目增加了58件，投资额增加了2750万元。这充分说明我们基层干部作风明显转变，服务意识明显增强，今年全市的满意度测评我镇的成绩有了大幅度提升。

人 物

市级班子

姚吉光 1974年2月出生，山东省龙口市人。中共党员，大专文化。1991年12月入伍，历任战士、排长、副连长、连长、参谋、副营长、营长、参谋长、武装部部长。2015年2月后，任招远市人民武装部政委、中共招远市委常委。2010年被评为“全军优秀指挥军官”，立三等功2次。

刘丰信 1969年10月出生，山东省莱西市人。中共党员，大学文化，文学学士。1994年7月参加工作，1995年12月入党。1994年7月至1997年4月，莱州市苗家镇党委组织干事、人事助理。1997年4月至1997年6月，中共烟台市纪委、监察局干部室科员。1997年6月至2001年12月，中共烟台市纪委、监察局检查一室科员。2001年12月至2005年7月，中共烟台市纪委、监察局研究室副科级检查员。2005年7月至2011年6月，中共烟台市纪委、监察局研究室副主任。2011年6月至2012年12月，中共烟台市纪委、监察局办公室副主任。2012年12月至2015年9月，中共烟台市纪委研究室主任。2015年9月后，挂职担任中共招远市委常委、市政府副市长。

先进模范

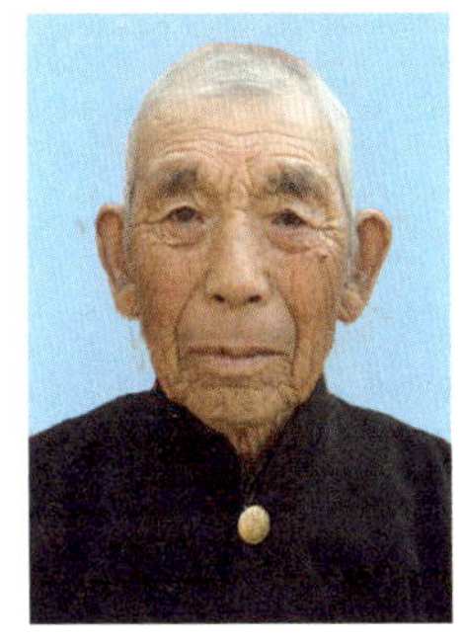

刘盛兰 1922年出生，招远市蚕庄镇柳杭村人。属于当地分散供养的一位普通的孤寡“五保”老人。年轻时在外打工，后来在一家企业作保管员。73岁的时候，老伴去世，成为孤寡老人。1996年开始拾荒助学。在过去的十多年里，他几乎未尝肉味，没添过一件新衣，“吝啬”得连一个馒头都舍不得买。正是这个倔老头，却在贫苦交加的这些年里，慷慨地将所有钱财捐给了全国各地的贫困学子。1996年，刘盛兰在一家公司看大门，每个月只有300多元的工资，一有时间就出去拾荒卖钱。一天，刘盛兰在报纸上看到一位13岁的中学生，因父亲去世母亲改嫁而面临辍学。因为家庭贫穷，刘盛兰自己只上了三四年学，深知不能读书的苦楚，于是他从自己微薄的工资中拿出50元钱寄给这个学生。从此以后，他一边从捡来的废旧报纸上获得家庭困难孩子的信息，一边把自己捡破烂挣来的钱全都寄给那些孩子。十余年来，刘盛兰总计资助100多个学生。把所有积蓄都捐出去后，原本就非常节俭的刘盛兰只能从集市上捡别人丢弃的白菜、土豆、茄子等蔬菜以供日常生活。“那些东西其实都能吃，要是看到有被丢了的鞋子，我就捡来缝缝再穿。”邻居们说，从给学生捐钱开始，老人就几乎没尝过肉味。刘盛兰对自己很“抠门”，但在给学生捐钱这方面，却很大方。最多的时候，他同时资助着50多名学生。微薄的工资也让他在资助学生时力不从心。“300块钱的工资没办法分给50个人，我只好这个月寄给这个，下个月寄给那个，一个个的轮着给。”曾经，烟台一家公司的老总了解到刘盛兰的情况后，直接

派人给他送了6000元钱。“推不掉，我收了，但在收条上按了手印，然后就全捐出去了。”为多点钱捐助学生，刘盛兰一度不愿意去养老院，因为不去养老院，他可拿到每年1800元的生活补贴。“我是一个子儿都不剩了，全捐了，捐了好，捐了帮学生念书。”别人都认为他“干的是积德行善的事，过的是乞丐一样的生活”，但刘盛兰自己却感觉非常心安。他常说：“钱再多也没有什么用，人才是无价宝。只要能帮助那些孩子读书上学，捐得越多我越高兴。”以前看门的公司曾欠他1万多元钱的工资，历经多年波折，刘盛兰拿到1万多元的欠款。但是钱刚到手不久，刘盛兰就又全捐给学生。刘盛兰家徒四壁。在昏暗的房间里，刘盛兰精心收藏着100多张捐资助学的汇款单、学生给他的回信以及“感动烟台”年度人物等荣誉证书，这也是他认为最有价值的家当。“我哪有那么大能耐，还感动中国。从小我就没过过好日子，能帮助别人就帮，我有一碗饭，分给他们半碗，叫他们有饭吃。”刘盛兰老人在观看“感动中国”颁奖典礼时，激动的重复着说，“将心比心，谁都有困难的时候，我告诉自己，我过苦日子，也要帮助他们，我要实现我的诺言。”刘盛兰说：“只要能帮孩子读书，捐得越多我越高兴！”2014年2月10日，中央电视台“感动中国”2013年度人物评选颁奖中，刘盛兰老人入选“感动中国2013年度十大人物”。2015年，获得“全国道德模范提名奖”“山东省道德模范”称号。2016年获得第九届“中华慈善奖”——最具爱心慈善楷模奖。

王庆田　1964年11月出生，招远市蚕庄镇阎图河村人。中共党员，大学文化。1987年参加工作，曾任山东通昌律师所事务所主任。2001年后，任招远市“148”协调指挥中心主任，负责招远市法律援助中心工作。工作成绩突出，得到社会各界一致称赞和上级部门表彰、奖励。先后被中共招远市委政法委评为人民满意政法干警，被烟台市法律援助中心评为先进个人。2015年，被山东省司法厅、人社厅联合表彰为全省司法行政系统先进个人，记三等功。

王希成　1948年11月出生，招远市玲珑镇虎王庄村人。中共党员，大专文化。玲珑集团有限公司董事长。自1987年就任招远轮胎厂第7任厂长以来，企业持续稳定、快速高效发展。从1993年起，企业工业总产值、销售收入、利税、人均利税、全员劳动生产率等经济指标，连续多年保持全市工业企业第一位。企业年平均以50%的增长速度膨胀壮大，发展成为烟台市最大的轮胎生产企业、全国轮胎行业前5强、世界轮胎20强。企业先后获“全国守合同重信用单位”“中国最具成长性企业”“中国优秀民营企业”“中国科技进步企业”等称号。个人先后被授予“山东省劳动模范”“山东省优秀共产党员”“山东省优秀厂长（经理）”“全国优秀创业企业家”等称号，获富民兴鲁劳动奖章和全国五一劳动奖章。并被聘为山东省企业家协会会员，当选为政协招远市第四届委员、中共烟台市第八次代表大会代表、山东省第九届、第十届人代会代表等。2015年7月，被山东省企业联合会、山东省企业家协会、山东省工业经济联合会、山东省质量管理协会评为山东省履行社会责任示范企业经营者。

王　锋　1972年6月出生，招远市玲珑镇虎王庄村人。中共党员，硕士研究生学历。山东玲珑轮胎股份有限公司董事长、总经理，公司研发中心主任，兼中国企业联合会、中国企业家协会副会长、山东省四会副会长。1993年，在烟台轮胎厂工作。任职以来，带领企业争先晋位，跨越发展。玲珑集团以轮胎为主业和主辅并举、多元发展，涵盖轮胎制造、机电加工、化工原料、建筑建材、商务旅游、公共事业、金融服务、热电联产8大行业领域，下属20多家企业，是中国轮胎行业发展速度最快、品牌价值最高、出口创汇最多、产品系列最全的民营企业。年销售额过百亿元的大型轮胎企业，入围中国轮胎行业前5强和世界轮胎行业20强。先后获“山东省高新技术企业”“中国优秀民营企业”“全国行业质量示范企业”“中国科

技进步先进企业”等称号。玲珑品牌连续多年上榜“中国500最具价值品牌”。个人先后被评为全国优秀创业企业家、山东省劳动模范、山东省十大杰出青年、年度最受关注企业家、中国品牌建设十大杰出企业家等。2015年被评为“2015年度泰国风云人物”，并荣登“泰山产业领军人才”榜单。

冯书贵 1969年5月出生，招远市阜山镇峰山后村人。中共党员，大学文化。2012年2月后，任司法局局长、党组书记。2015年全国特赦工作启动后，担任特赦评审委员会组长。带领社区矫正一班人，学习和研究四类特赦罪犯的范围、标准，掌握好各个时间点，“稳、准、好”做特赦工作。先后召开专题学习会4次，梳理和解决疑点、难点问题10个，通过调阅档案、排查走访等方式，对317名社区服刑人员摸排甄别，逐一列出符合特赦条件的人员名单，做到底数清、情况明。组织下发一系列规范文件，增强特赦工作的严肃性和规范性。加强与公、检、法等部门沟通与交流，做到步调一致、稳步推进。2015年11月，8名符合条件的社区服刑人员获得特赦，工作圆满完成。2015年，被山东省司法厅、人社厅联合表彰为“全省司法行政系统特赦工作先进个人”，记三等功。

孙发敏 1959年9月出生，招远市蚕庄镇前孙家村人。中共党员，大学文化，工程师。前孙家村党支部书记兼村委主任、蚕庄镇第四社区党总支书记，中共招远市十三届市委候补委员，烟台市十六届人大代表。1976年7月至1979年12月，在村务农。1980年1月至1984年2月，在解放军长岛通讯教导团服役。1984年3月至2004年11月，在村先后任果业技术员、永磁材料厂厂长、村党支部委员、副书记、村委会主任。2004年12月后，任前孙家村党支部书记、村委主任。任职以来，团结班子成员，依靠党员群众，科技为先，村集体黄金支柱产业持续发展。村容村貌实现质的飞跃，成为远近闻名的国家级生态文明村。1996年12月，被评为烟台市优秀科技工作者。主持研究的“新型钕铁永磁材料中试”和“高性能磁体低氧工艺生产线”科研项目，分别于1996年12月和1998年10月获山东省科技进步三等奖。2009年3月，获烟台市五一劳动奖章。2011年6月，被评为烟台市优秀村（居）党组织书记。2012年2月，当选烟台市十六届人大代表。2013年12月当选烟台市乡村之星，2015年12月当选齐鲁乡村之星。

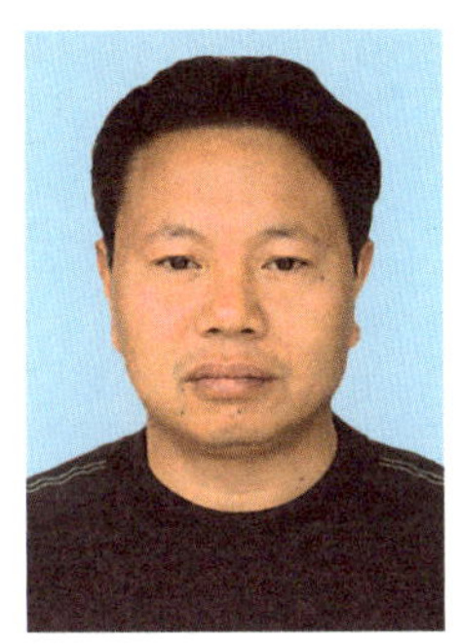

任　捷 1971年10月出生，山东省菏泽市曹县魏湾镇任堂村人。中共党员，大学文化，学士学位。1994年7月毕业于长沙交通学院筑路机械专业，在招远市地方公路管理局工作，任养护科科长。推进农村公路安全生命防护工程。圆满完成年度计划目标，消除道路安全隐患，保障道路安全畅通，2004年被烟台市交通局评为县乡公路养护先进个人。在第二批“全省村级公路网化示范县”活动中，积极参与，主动作为，经常深入到农村进行实地地图勘测。一个月时间，跑遍全市700多个乡村，获得第一手资料。加班编制“网化”相关申报资料、整理活动项目统计表，及时准确上报。2015年工程项目顺利通过山东省交通运输厅组织的验收。2010年被评为招远市造林工程先进个人，2011年被评为招远市水系造林先进工作者，2012年被招远市政府授予为民服务创先争优“百名服务标兵”称号，2013年被招远市政府评为农村工作先进个人，2014年被烟台市交通运输局评为县乡公路养护先进个人。2015年12月，被山东省人社厅、交通运输厅、公务员局评为全省交通运输系统先进个人，记三等功。

李兴刚 1967年8月出生，招远市齐山镇西肇家沟村人，中共党员，大专文化。1987年7月山东省司法学校毕业后，在招远市蚕庄镇司法所工作28年，任司法所所长。任职以来，积极探索实施“司法行政工作网格化服务管理”模式，把基层调解组织建设、民间矛盾纠纷化解、社

区矫正人员管理等工作纳入网格化管理平台，实行“2+5+X”服务管理模式。组建网格服务团队，做到一格一个服务团队。探索社区矫正和安置帮教工作新途径，完善社区矫正工作网络、帮教工作机制、社区矫正档案，强化工作衔接、教育矫正、监督管理环节，防止脱管漏管。先后被招远市委、市政府记三等功3次，嘉奖5次。2000年被山东省司法厅评为山东省优秀人民调解员，2011年被山东省司法厅评为全省人民调解能手，2012年被山东省司法厅评为全省司法行政系统先进个人，2012年被司法部评为全国人民调解能手，2014年被烟台市司法局评为烟台市优秀司法所长，2015年被司法部评为模范司法所长。

柳春波 1969年3月出生，招远市金岭镇官庄村人，中共党员，大学文化。1988年9月至1991年7月，山东财政学院投资系学习。1991年8月至1996年4月，烟台会计师事务所招远分所主持基建审查室工作。1996年5月至1999年8月，招远市财政局工作。1999年9月至2002年3月，招远市永泰会计师事务所工作。2002年4月，任招远市国有资产经营有限公司副总经理。2014年9月后，兼任招远市金城热力有限公司总经理。1995年，被评为招远市财税大检查先进个人。2005年考取烟台市市属企业总会计师后备干部资格。2014、2015年度招远市督查工作先进个人。2015年11月，获国家发改委中国发展网、中国经济导报社2015年度中国节能热力科技行业新标杆企业奖。

郝增宝 1963年2月出生，招远市阜山镇南院庄村人。中共党员，大学文化。1985年7月，中共招远县委党校教员兼文书。1990年5月后，招远市人大常委会办公室秘书、副科长 。1993年2月后，在招远市政府办公室先后任秘书科副科长、科长，综合二科科长，副科级秘书。1998年12月后，历任招远市经济贸易委员会党委委员、副主任，招远市经济贸易局党委委员、副局长，黄金工业行业管理办公室主任。2010年3月，任招远市经济和信息化局副局长、市委经济和信息化工作委员会副书记，市黄金工业行业管理办公室主任。2012年9月后，任招远市旅游局党组书记、局长。任职以来，创新工作思路，通过深入调研，确立招远市旅游业发展思路，形成《加快推进文化旅游发展工作实施方案》。修编《招远市旅游发展总体规划》，编制《招远市乡村旅游发展总体规划》和《招远市古村落旅游区总体规划》。2008年8月担任中国黄金实景博览苑和淘金小镇筹建工作组组长，负责指导协调黄金文化旅游项目开发建设。围绕“中国金都——黄金之旅”主题，突出“金泉山海古村落，休闲度假慢生活”内容，整合产品资源和资金力量，多层次开展旅游宣传营销。实施“以购促游”，调研并指导全市旅游企业开展旅游商品开发、生产和销售，形成黄金制品、金石艺雕、皮草、粉丝等特色突出、差异互补的旅游商品体系。先后被招远市委、市政府记三等功7次、嘉奖1次。2015年12月，被山东省旅游局、人社厅、公务员局记三等功。

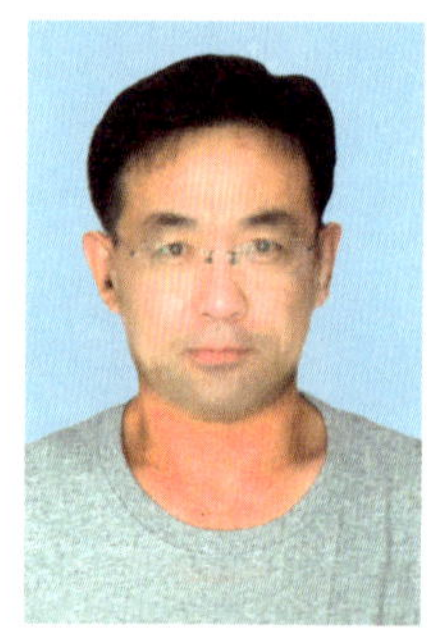

阎卫东 1970年4月出生，招远市罗峰街道郭家埠村人。中共党员，大学文化。1988年10月参加工作，1997年3月进入审计系统，主要从事文字工作。先后参加过全国黄金系统宣传写作、全省审计系统计算机应用、烟台市审计系统、全市政府系统信息写作培训班等，写作水平不断提高。先后在《大众日报》《烟台日报》《中国审计报》《中国审计》《审计导报》《山东审计》《党员干部之友》等报刊发表审计宣传文章、散文、随笔等20余万字。小小说《师傅老赵》2013年获全省审计机关“我与审计三十年”征文一等奖。《促进规范生产经营，推动经济转型升级——招远审计服务黄金生产发展纪实》长篇工作通讯，2013年在《中国审计报》头版头条刊发，为全省县级审计机关首次。先后获局内先进工作者，招远市委、市政府系统信息先进个人，烟台市审计系统信息、宣传先进个人，山东省审计系统审计信息先进个人等荣誉51个，2次获中共招远市委、市政府嘉奖。2015年9月，被评为全国审计宣传先进个人。

荣 誉 榜

省部级及以上先进单位、先进个人

2015年省（部）级及以上先进单位

获奖单位	荣誉称号	表彰单位	获奖日期
招远市	国家现代农业示范区	农业部	2015.01
招远市	全省生态文明乡村建设工作先进市	中共山东省委、省政府	2015.01
招远市	山东省文化强省建设先进县市	中共山东省委、省政府	2015.01
招远市审计局	全省审计机关先进集体	山东省人社厅、审计厅	2015.01
招远市统一大药房有限责任公司	中国医药物资协会“会员单位”	中国医药物资协会	2015.01
招远市蚕庄镇	全国文明乡镇	中央精神文明建设办公室	2015.02
招远市	全省城乡环卫一体化全覆盖市	山东省委宣传部、文明办、住建厅	2015.03
山东中矿集团有限公司	管理文明先进单位	山东省文明委、社科联、创新管理研究院	2015.04
招远市	山东省文明县（市、区）	中共山东省委、省政府	2015.05
招远市农业局	全省农业系统先进集体	山东省人社厅、农业厅、公务员局	2015.05
招远市环境保护局	全省环境保护先进集体	山东省人社厅、环保厅、公务员局	2015.05
山东金宝电子股份有限公司	2015年（首届）中国电子材料行业覆铜板专业十强	中国电子材料行业协会	2015.05
山东金宝电子股份有限公司	2015年（首届）中国电子材料行业电子铜箔材料专业十强	中国电子材料行业协会	2015.05
山东金宝电子股份有限公司	2015年（首届）中国电子材料行业五十强企业	中国电子材料行业协会	2015.05
山东黄金矿业（玲珑）有限公司	全国黄金行业新闻宣传先进单位	中国黄金报社	2015.05
山东黄金矿业（玲珑）有限公司	节能减排先进集体	中国机冶建材工会、中国黄金协会	2015.06
山东国大黄金股份有限公司	节能减排先进集体	中国机冶建材工会、中国黄金协会	2015.06
玲珑集团有限公司	中国500最具价值品牌	世界品牌实验室	2015.06
山东玲珑轮胎股份有限公司	企业创新发展奖和优势品牌奖	中国橡胶工业协会	2015.07
玲珑集团有限公司	山东省履行社会责任示范企业	山东省企业联合会	2015.07

续表

获奖单位	荣誉称号	表彰单位	获奖日期
中共招远市委台湾工作办公室	对台宣传工作先进单位	中共中央台湾工作办公室	2015.08
山东黄金矿业（玲珑）有限公司	中国黄金生产十大矿业	中国黄金协会	2015.08
招远市政协	纪念抗战胜利70周年书画展组织奖	山东省政协	2015.08
招远市审计局	全国审计宣传先进集体	中国审计报社	2015.09
玲珑集团有限公司	中国石油和化工行业技术创新示范企业	中国石油和化学工业联合会	2015.10
招远市毕郭镇官地洼村	全国一村一品示范村	农业部	2015.10
招远市举风家庭农场	全省巾帼现代农业示范基地	山东省妇联、省农业厅	2015.10
招远市司法局	人民调解宣传工作先进单位	中华全国人民调解员协会	2015.11
招远市国土资源局	第四届“地科杯”有奖征文优秀组织单位	山东省国资厅、共青团山东省委、省教育厅、省少工委	2015.11
招远市玲珑镇	山东最美旅游风情小镇	大众日报社、山东旅游行业协会	2015.12
招远市人民法院开发区人民法庭	山东省老年人公益维权服务示范站	山东省综治办、老龄办、省高法、省高检、公安厅、民政厅、司法厅	2015.12
山东玲珑轮胎股份有限公司	国家科学技术发明二等奖	国务院	2015.12
山东国大黄金股份有限公司	全国模范职工之家	中华全国总工会	2015.12
招远市档案局	全省档案系统先进集体	山东省人社厅、档案局、公务员局	2015.12
山东金宝电子股份有限公司	国家知识产权优势企业	国家知识产权局	2015.12
招远市人民政府办公室	全省外事系统先进集体	山东省人社厅、省政府外事办、公务员局	2016.02

2015年省（部）级及以上先进个人

获奖人	获奖单位	荣誉称号	表彰单位	获奖日期
王希成	玲珑集团有限公司	山东省履行社会责任示范企业经营者	山东省企业联合会、企业家协会、工业经济联合会、质量管理协会	2015.07
刘盛兰	招远市蚕庄镇柳杭村	第五届全国道德模范提名奖	中央宣传部、中央文明办、解放军总政治部、全国总工会、共青团中央、全国妇联	2015.07
刘盛兰	招远市蚕庄镇柳杭村	第五届山东省道德模范	中共山东省委宣传部、省文明办、省总工会、共青团山东省委、省妇联	2015.07
阎卫东	招远市审计局	全国审计宣传先进个人	中国审计报社	2015.09
李兴刚	招远市蚕庄镇人民政府	全国模范司法所长	司法部	2015.10
王　锋	山东玲珑轮胎股份有限公司	金橡奖——2015年度十大风云人物奖	中国橡胶工业协会	2015.10
王　锋	山东玲珑轮胎股份有限公司	2015年度泰国风云人物奖	泰国亚洲大众集团	2015.11

续表

获奖人	获奖单位	荣誉称号	表彰单位	获奖日期
柳春波	招远市金城热力有限公司	中国节能热力科技行业新标杆企业奖	国家发改委中国发展网、中国经济导报社	2015.11
郝增宝	招远市旅游局	三等功	山东省旅游局、人社厅、公务员局	2015.12
任　捷	招远市交通运输局	全省交通运输系统先进个人	山东省人社厅、交通厅、公务员局	2015.12
李兴刚	招远市蚕庄镇司法所	全国优秀司法所长	司法部	2015.12
冯书贵	招远市司法局	三等功	山东省司法厅、人社厅	2015.12
王庆田	招远市司法局	三等功	山东省司法厅、人社厅	2015.12
徐晓伟	招远市海洋与渔业局	三等功	山东省人社厅、海洋与渔业厅、公务员局	2015.12
刘盛兰	招远市蚕庄镇柳杭村	中华慈善奖——最具爱心慈善楷模奖	民政部	2016.01

地（厅）级及以上先进单位、先进个人

2015年地（厅）级先进单位

获奖单位	荣誉称号	表彰单位	获奖日期
招远市财政局	省级文明单位	山东省精神文明建设委员会	2015年复查保持
山东省第六地质矿产勘查院	省级文明单位	山东省精神文明建设委员会	2015年复查保持
招远市民政局	山东省社会组织党建工作示范点	山东省委社会组织工作委员会	2015.01
山东中矿集团有限公司	山东省基层双拥创建模范单位	山东省双拥工作领导小组	2015.01
招远市盐务局	全省盐业系统统计工作先进单位	山东省盐务局	2015.01
中共招远市委统战部	全省统战信息先进单位	中共山东省委统战部	2015.01
招远市	山东省乡村文明行动示范县（市、区）	山东省精神文明建设委员会	2015.02
招远市金岭镇	先进乡镇	中共烟台市委、市政府	2015.02
招远市公安局齐山派出所	全省优秀公安基层单位	山东省公安厅	2015.02
招远市公安局法制大队	齐鲁先锋警队	山东省公安厅	2015.02
山东中矿集团有限公司	山东省安全生产基层基础工作先进企业	山东省人民政府安全生产委员会	2015.02
招远市公安局治安大队	集体二等功	山东省公安厅	2015.03
招远市地方税务局	富民兴鲁劳动奖状	山东省总工会	2015.03
招远市金岭镇	烟台市“平安家庭”示范乡	烟台市妇联、市社会管理综治办	2015.03
招远市张星供销社（石对头村）	党建带社建社村共建示范点	山东省供销社	2015.04

续表1

获奖单位	荣誉称号	表彰单位	获奖日期
山东黄金矿业（玲珑）有限公司	全市纳税百强	烟台市人民政府	2015.04
山东黄金矿业（玲珑）有限公司	女职工工作先进单位	山东省冶金工会	2015.04
中共招远市委宣传部	山东省未成年人思想道德建设工作先进单位	山东省精神文明建设委员会	2015.05
招远市地方税务局	富民兴鲁劳动奖状	山东省总工会	2015.05
招远市公安局国内安全保卫大队	全省公安机关国保网上斗争工作成绩突出集体	山东省公安厅	2015.05
招远市人民法院	人民陪审员工作成绩突出的集体	山东省高级人民法院	2015.05
烟台出入境检验检疫局招远办事处检务科	山东省青年文明号	共青团山东省委	2015.05
招远市	烟台市生态文明乡村建设暨乡村文明行动先进县（市、区）	中共烟台市委、市政府	2015.07
招远市玲珑镇妇联	幸福进家活动先进单位	山东省妇女联合会	2015.07
招远市地方税务局	幸福进家活动先进单位	山东省妇女联合会	2015.07
招远市民政局	全省城乡社区治理和服务创新实验区	山东省民政厅	2015.07
玲珑集团有限公司	山东省履行社会责任示范企业	山东省企业联合会	2015.07
招远市毕郭镇兴农果汁专业合作社	省级示范社	山东省农民合作社发展部门联席会议	2015.08
招远市泽农粮油专业合作社	共建示范点	山东省供销社	2015.08
招远统一大药房有限公司	烟台市群众满意药店	烟台市食药监管局、商务局、人社局、工商局、生物医药协会	2015.08
招远市金岭镇人民政府	先进集体	烟台市关工委、文明办、老干部局、团市委	2015.09
招远市林业局	山东省第五次荒漠化和沙化监测工作先进单位	山东省林业厅	2015.10
中共招远市委台湾工作办公室	全省台办系统先进集体	中共山东省委台湾工作办公室	2015.10
山东玲珑轮胎股份有限公司	山东省节能先进企业	山东省政府办公厅	2015.11
招远市国土资源局	山东省土地调查先进集体	山东省国土资源厅	2015.11
招远市国土资源局	山东省国土资源科学技术二等奖	山东省国土资源厅	2015.11
招远市妇女联合会	全省妇联系统先进集体	山东省妇女联合会	2015.11
招远市人民法院	信访工作先进集体	山东省高级人民法院	2015.11
招远市档案局	全省档案宣传工作先进集体	山东省档案局	2015.12
山东黄金矿业（玲珑）有限公司	山东省企业设备管理优秀单位	山东省设备管理协会	2015.12
招远市金岭镇司法所	重点工作完成先进集体	山东省司法厅	2015.12
招远市人民法院	省级文明单位	山东省精神文明建设委员会	2015.12

续表2

获奖单位	荣誉称号	表彰单位	获奖日期
招远市人民法院	全省档案科学化管理先进单位	山东省高级人民法院	2015.12
招远市人民法院行政审判庭	全省法院集体二等功	山东省高级人民法院	2015.12
招远市环境保护局	省级文明单位	山东省精神文明建设委员会	2015.12
招远市公安局治安大队	全省公安机关“三大活动”安保工作先进集体	山东省公安厅	2015.12
招远市公安局刑侦大队	山东公安科学技术进步三等奖	山东省公安厅	2015.12
中共招远市委市直机关工委	机关党建调查研究与实践创新先进单位	山东省机关党建研究专委会	2015.12
招远市统计局	省级文明单位	山东省精神文明建设委员会	2015.12
招远市统计局	山东省统计宣传先进单位	山东省统计局	2015.12
招远市	山东省防震减灾示范市	山东省地震局	2016.01
招远市科学技术局	县级防震减灾工作目标责任考核优秀单位	山东省地震局	2016.01
中共招远市委统战部	全省统战工作先进单位	中共山东省委统战部	2016.01
山东省农业广播电视学校招远分校	全省农广校先进集体	山东省农业广播电视学校	2016.01
招远经济技术开发区	对外开发工作先进单位	中共烟台市委、市政府	2016.01
招远市广播电视台	山东省电台新闻宣传先进集体	山东广播电视台	2016.01
招远市	对外开放工作先进单位	中共烟台市委、市政府	2016.02
招远市人民政府办公室	全省外事系统先进集体	山东省外事工作办公室	2016.02
招远市人民政府办公室	全市民族团结进步先进集体	烟台市人民政府	2016.03

2015年地（厅）级先进个人

获奖人	获奖单位	荣誉称号	表彰单位	获奖日期
李世军	招远市公安局	全省公安机关2014年打击整治传销集中行动成绩突出个人	山东省公安厅	2015.01
张俊成	招远市公安局	全省优秀看守所所长	山东省公安厅	2015.02
杨桂乐	招远市公安局	全省优秀派出所所长	山东省公安厅	2015.02
赵金祥	招远市公安局	组织民警参加司法考试工作先进个人	山东省公安厅	2015.02
于　洋	招远市公安局	全省网络宣传先进个人	共青团山东省委员会	2015.02
张　浩	招远市公安局	全省优秀齐鲁先锋警员	山东省公安厅	2015.02
路光磊	招远市公安局	全省优秀政工室主任	山东省公安厅	2015.02
兰俊龙	招远市公安局	全省优秀人民警察	山东省公安厅	2015.02
吕丰舟	招远市公安局	全省优秀人民警察	山东省公安厅	2015.02
梁雪峰	招远市公安局	全省优秀交警中队长	山东省公安厅	2015.02

续表

获奖人	获奖单位	荣誉称号	表彰单位	获奖日期
曹仕杰	招远市公安局	二等功	山东省公安厅	2015.03
高德立	招远市公安局	二等功	山东省公安厅	2015.03
刘艳霞	招远市人民检察院	山东省优秀公诉人	山东省人民检察院	2015.04
杨晓亮	招远市公安局	全省第四届我最喜爱的人民警察、记一等功	山东省公安厅	2015.05
王天月	招远市公安局	全省公安机关2014年“网上打假”行动成绩突出个人	山东省公安厅	2015.05
李乐明	招远市公安局	全省公安机关国保网上斗争工作成绩突出个人	山东省公安厅	2015.05
李树平	招远市档案局	齐鲁最美档案人	山东省档案局	2015.06
刘润田	山东黄金矿业（玲珑）有限公司	山东省省管企业优秀共产党员	中共山东省国资委委员会	2015.06
李瑞欣	招远市玲珑镇欧家夼村	齐鲁巾帼手工艺精品大赛一等奖	山东省妇女联合会	2015.06
李慧娟	招远市地方税务局	幸福进家活动先进个人	山东省妇女联合会	2015.07
柳春波	招远市金城热力有限公司	烟台市市属企业总会计师后备干部	烟台市国资委、市委组织部	2015.10
邵冬玲	招远市林业局	山东省第五次荒漠化和沙化监测工作先进个人	山东省林业厅	2015.10
孙学德	招远市人民法院	全省法院信访工作先进个人、记二等功	山东省高级人民法院	2015.11
巩晓燕	招远市人民法院	全省法院信息工作先进个人	山东省高级人民法院	2015.11
吴晓慧	招远市人民法院	全省优秀法官	山东省高级人民法院	2015.11
孙常琴	招远市国土资源局	山东省土地调查先进个人	山东省国土资源厅	2015.11
孙发敏	招远市蚕庄镇前孙家村	齐鲁乡村之星	山东省人民政府办公厅	2015.12
陈建文	招远市蚕庄镇政府	山东省农技协先进个人	山东省农村专业技术协会	2015.12
孙淑凤	招远市公证处	全省司法行政系统先进个人、记二等功	山东省司法厅	2015.12
石　铭	招远市市场监督管理局	先进个人	山东省工商行政管理局	2015.12
李雨洁	招远市公安局	全省监管文化建设成绩突出个人	山东省公安厅	2015.12
郝玉凯	招远市统计局	山东省统计宣传工作先进个人	山东省统计局	2015.12
刘秀娜	招远市统计局	山东省统计宣传工作先进个人	山东省统计局	2015.12
郭学建	山东省农业广播电视学校招远分校	全省农广校先进个人	山东省农业广播电视学校	2016.01
王光耀	招远市人民政府	嘉奖	中共烟台市委、市政府	2016.02
黄吉英	招远市商务局	烟台市建功立业贡献奖	中共烟台市委、市政府	2016.02
王光辉	招远市招商局	烟台市建功立业贡献奖	中共烟台市委、市政府	2016.02
李宝通	招远市安全生产监督管理局	山东省安监系统先进个人	山东省安全生产监督管理局	2016.03

招远市级先进单位和先进个人

2015年，面对持续下行的经济压力、前所未有的困难挑战和艰巨繁重的工作任务，全市上下以邓小平理论、“三个代表”重要思想、科学发展观为指导，全面贯彻落实党的十八大、十八届三中四中五中全会和习近平总书记系列重要讲话精神，昂扬精神迎挑战、科学务实谋发展、创新创业求突破，全市各方面工作都取得了新的成绩，涌现出一大批实绩突出的先进集体和先进个人。为表彰先进、树立典型，推动全市经济社会各项事业再上新台阶，市委、市政府决定，授予山东中矿集团有限公司等63个单位“先进企业”称号；授予赵金菊等63人“优秀企业家”称号；授予经济技术开发区等8个镇（街道、区）“先进镇（街道、区）”称号；授予市委办公室等37个市直部门“先进单位”称号；授予地税局等15个驻招单位“招远发展突出贡献单位”称号；授予气象局等14个驻招单位“招远发展先进单位”称号；给予宋桂清等117人记三等功奖励；给予张明礼等392人嘉奖奖励；授予阜山镇等40个单位“社会治理创新工作先进单位”称号；授予彭桂东等80人“社会治理创新工作先进个人”称号；授予蚕庄镇等40个单位“精神文明和宣传文化建设先进单位”称号；授予陈菲菲等80人“精神文明和宣传文化建设先进个人”称号；授予供销社等15个单位“全面深化改革工作先进单位”称号；授予于欣梅等30人“全面深化改革工作先进个人”称号；授予夏甸镇等10个单位“农业工作先进单位”称号；授予王正芳等20人“农业工作先进个人”称号；授予蚕庄镇等50个单位“农村工作先进单位”称号；授予李豪杰等80人“农村工作先进个人”称号；授予经济技术开发区等15个单位“国内招商引资先进单位”称号；授予张玺莹等30人“国内招商引资先进个人”称号；授予经济技术开发区等25个单位“对外开放工作先进单位”称号；授予步明田等50人“对外开放工作先进个人”称号；授予经济技术开发区等15个单位“服务业工作先进单位”称号；授予田垒等30人“服务业工作先进个人”称号；授予经济技术开发区等30个单位“民营经济工作先进单位”称号；授予王晶晶等50人“民营经济工作先进个人”称号；授予泉山街道等50个单位“环境保护工作先进单位”称号；授予兰瑞进等80人“环境保护工作先进个人”称号；授予金岭镇等30个单位“节能与循环经济工作先进单位”称号；授予李天进等40人“节能与循环经济工作先进个人”称号；授予阜山镇等50个单位“安全生产先进单位”称号；授予温晓东等80人“安全生产先进个人”称号；授予玲珑镇等50个单位“计划生育工作先进单位”称号；授予杨晓波等80人“计划生育工作先进个人”称号；授予经济技术开发区等2个镇（街道、区）“财政增收先进镇（街道、区）”称号。

新的一年，新的起点。市委、市政府希望受表彰的先进单位和先进个人珍惜荣誉、奋发有为，再接再厉、再创佳绩。全市各级各部门和广大干部群众要以先进为榜样，全面贯彻党的十八大和十八届三中、四中、五中全会精神，深入落实习近平总书记系列重要讲话精神，按照“五位一体”总体布局和“四个全面”战略布局的要求，紧紧围绕招远市“十三五”时期奋斗目标，牢固树立和贯彻落实创新、协调、绿色、开放、共享的发展理念，适应经济发展新常态和从严治党新常态，全力以赴稳增长、调结构、强动力、惠民生、防风险，谋在新处、干在实处，奋力夺取“两个率先”精彩开局。

先进企业（63个）

山东中矿集团有限公司
山东招金集团有限公司
玲珑集团有限公司
山东金昶集团公司
山东金潮股份有限公司
山东鸿福集团公司
招远市国有资产经营有限公司
山东金城集团公司
春雨集团有限公司
国网山东招远市供电公司
山东金都对外供应有限公司
山东鲁鑫贵金属有限公司
烟台顺兴置业有限公司
山东河西黄金集团有限公司
烟台佳恒铜业有限公司
招远市春竹集团总公司
山东国大黄金股份有限公司

烟台招金励福贵金属有限公司
山东康泰实业有限公司
中国工商银行股份有限公司招远支行
招远市曹家洼金矿
山东金欧集团公司
中国建设银行股份有限公司招远支行
山东天健投资担保集团有限公司
招远市泉山街道郭家庄子村村民委员会
招远丽湖置业有限公司
招远市阜山镇栾家店村民委员会
温州矿山井巷工程有限公司招远分公司
招远市玲珑镇罗山李家村民委员会
山东龙鑫集团有限公司
山东招远农村商业银行股份有限公司
招远市泉山街道北关东居民委员会
烟台正和实业有限公司
招远市针织厂有限公司
山东金宝电子股份有限公司
招远市金光房地产开发有限公司
招远市仁和置业有限公司
招远市姜家窑金矿
恒丰银行股份有限公司招远支行
招远市罗峰街道办事处丁家庄子村民委员会
交通银行股份有限公司烟台招远支行
中国光大银行股份有限公司烟台招远支行
山东华东橡胶材料有限公司
中国农业银行股份有限公司招远市支行
招远市泉山街道汤后村村民委员会
烟台金筑置业有限公司
招远市泉兴置业有限公司
招远市自来水公司
山东金府集团公司
山东金辉集团公司
招远市灵山金矿
山东省第六地质矿产勘查院
中泰证券股份有限公司招远温泉路证券营业部
招远市水利设备安装公司
招远市水利建设工程公司
招远皓达建筑工程有限公司
山东大莱龙铁路有限公司
温州通业建设工程有限公司招远分公司
中国移动通信集团山东有限公司招远分公司
山东中亚轮胎试验场有限公司
中国人民财产保险股份有限公司招远市支公司
烟台交运金都运输有限公司
中国农业发展银行招远市支行

优秀企业家（63名）

赵金菊　路东尚　王　琳　杨君敏　程绍华
温洪福　张润达　李殿林　王金勇　韩兴勇
彭殿礼　刘光瑞　陈永焱　赵景刚　李家亭
周桂宾　徐永祥　黄健华　康　正　滕　鲲
徐振军　兰香才　赵　光　崔程剑　李本桐
李林昌　王念娟　郑忠意　王乐江　路云龙
张绍伟　吕秀通　臧　宁　邵瑞岐　王祝明
董旭光　李进东　闫庆政　刘　静　丁振军
田亚堃　张清艳　王晓燕　李元忠　姜志强
王世观　孙明伟　李　照　张玉来　贾玉辉
邵臣栋　崔书学　赵占岐　李　涛　刘希宾
王克贤　李亚东　朱为王　付作东　聂秋海
于志勇　都基福　贺延隆

先进镇（街道、区）（8个）

经济技术开发区　金岭镇
辛庄镇　梦芝街道
玲珑镇　蚕庄镇
泉山街道　阜山镇

先进单位（37个）

市委办公室　市委组织部
市委宣传部　市委政法委
纪委机关　人大机关
政协机关　农村工作办公室
市委统战部　妇　联
市直机关工委　考核办公室
政府办公室　安全生产监督管理局
审计局　市场监督管理局
文化广电新闻出版局　广播电视台
统计局　环境保护局水务局
教育体育局　民政局
人力资源和社会保障局　农业局
农机局　发展和改革局财政局
科学技术局　商务局

交通运输局 供销社
国土资源局 公安局
检察院 法 院
信访局

招远发展突出贡献单位（15个）

地税局 公路局
国税局 人民银行
供电公司 联通公司
广电网络公司 移动公司
中国银行 恒丰银行
农村商业银行 农业银行
工商银行 建设银行
烟台银行

招远发展先进单位（14个）

气象局 烟台检验检疫局招远办事处
公积金管理中心 盐务局
医药公司 邮政局
电信公司 石油公司
光大银行 邮政储蓄银行
建信村镇银行 交通银行
浦发银行 农业发展银行

记三等功（117名）

宋桂清 蒲晓虹 徐青林 侯福江 栾志利
曹 胜 李天骄 于敏强 冷启臣 汪晓刚
唐建波 贾建华 翟玉雷 毛文东 李海滨
邵玉明 迟义贤 李绍君 王克成 徐绍彬
姜风雷 王永生 王明洁 姜学文 吴成俊
郭 利 李宝通 王国良 唐占鳌 滕佳良
郝玉凯 路 桥 王风友 李玉堂 杨喜平
张志刚 王兴田 滕群诗 徐永亮 孙浩文
栾浩光 黄吉英 姜文义 邵 成 李志勇
陈传江 周大军 杨一梅 贾光辉 张 涛
杜小兵 杨建波 于希江 冷海祥 苑学政
王 鸿 李晓波 刘文波 姜志刚 盛进坤
张明海 罗绍东 于言伟 陈玉朴 姜林君
李桂波 李建光 李圣令 李同先 刘汉兵
王永民 杨春成 于爱辉 付建东 李胜荣
王宏伟 王兴军 李 诚 王克卓 庄晓明
曲永波 李茂松 王茂新 王宾客 路吉江
郝建芳 柳 涛 吕桂祥 王奎先 丛 娟
刘美翠 王凤杰 徐耀礼 王胜厚 兰福军
孙良瑜 赵瑞君 刘言龙 李少军 杜振胜
李 娟 董晓波 秦秀东 纪绳明 康 永
李 燕 刘晓鹏 李 鹏 王洪江 马文玲
张绍杰 李元东 冯文革 陈有刚 邵玉忠
曹登峰 王晓东

嘉奖（392名）

张明礼 张维纯 刘金军 王旖旎 房旭阳
张海涛 刘杰新 孙少君 尹志广 张宝林
王文霞 李建波 李 华 曹进山 董文颖
秦桂勇 刘治峰 侯永进 兰伟成 于同祥
唐玉涛 郝春一 王培建 栾文茂 宋桂良
李建涛 孙志鹏 滕本学 蒋善凤 路光磊
赵金祥 石丽丽 秦焕军 温青春 徐靖超
王占波 孙学慧 于华亮 胡克连 刘志杰
王鲁斌 魏永超 赵 利 李凤兰 苏 杰
张 军 臧少波 马占业 姜鲁南 蔡钰枚
于新华 吕丰舟 王明艳 王永臣 王蓬勃
邢世和 刘少华 李仁松 刘 军 徐 凯
宋培军 刘建新 徐 刚 郑建光 王锦程
秦德珩 邵爱萍 王春林 李学宏 徐炳贤
彭启耀 郭绍峰 李文建 曹兴福 李国伟
栾玉川 张茂渊 考少鹏 王 林 康 宁
闫振山 盛新海 刘 涛 王彬虎 丛永平
王祖彬 王克宁 温永伟 李志阳 侯仁祥
纪剑波 王金惠 郭常明 刘国兴 温新红
王海艇 于国浩 王乐志 孙 令 姜茂峰
曹仕杰 秦海涛 杨秀霞 姜玉意 杨秉松
栾伟敏 付常利 刘艳霞 秦日星 徐建芝
杨 平 王 岩 刘旭东 王绍莉 路玉娟
邵 刚 吴学雷 王 涛 秦丽娟 张敬礼
李秀良 耿淑芸 吴晓慧 秦 华 张春丽
丛金青 邵阿霞 王祖民 李天增 宋志辰
侯春雷 于杰红 冯绍良 王春明 邱清海
王志坚 梁新宇 刘 芸 张同杰 姜全胜
王晓光 张建军 刘斯晶 王 霞 孙雪慧
周显明 于维军 杨永刚 刘晓梅 赵德峰
郭 彬 温 奎 康 波 孙筱平 李守学

徐兴国 兰云刚 赵东祥 黄宇超 邵 涵
王耀祥 杨长青 张桂波 张富强 考 波
刘克江 方雪松 魏述德 刘爱萍 傅永凤
刘秀娜 闫春柏 原文博 杨学忠 赵德杰
滕翠霞 栾秀锋 姜进峰 王爱华 郝秀华
孙少静 刘雪晶 赵 兵 李春波 李天波
栾培东 孙琳梅 丁瑞盛 徐 杰 赵炳旭
王学鹏 郭剑峰 姜良波 陈嘉琦 张福杰
王德生 刘建胜 季丽娜 田学军 刘 霞
陈忠军 张卫东 陈德波 刘亚军 丁品林
姜明明 王祝建 盛连敏 刘军勋 杜 巍
李 明 温朝光 王秀兰 杨玉文 李 训
牟 东 吕 梁 栾志胜 欧树朋 温桂民
丛炳勇 杨 杰 丛炳德 石 铭 王君利
王桂红 刘有峰 靳清平 黄作雁 郭平修
卢 鹏 裴晓菲 孙丽丽 彭守臻 徐 平
孙国涛 滕安政 贾晓燕 郭金波 栾拥军
王维增 曹芳冰 刘敬东 康 超 毛华琼
路 程 刘日升 郝云浩 曹军波 杨海波
张雪宁 杨 锐 杜铭尧 侯悦民 杨学光
原树庆 苑维政 郝庆兰 张清军 刘少义
于大伟 王占喜 王敬慧 李卫东 孙常美
张好健 徐海涛 杜鹏春 蔡 蒙 高树红
柳艳君 刘培峰 吕洪生 李香文 李洪臣

张瑞忠 王德才 孙洁泉 杨淑芹 李洪鹏
刘秉新 张彩娟 滕爱玲 闫文泉 郝永明
董秀好 王成香 于文凤 孙寿鹏 李其君
杨洪文 王 键 赵光杰 李 桢 丛恒亮
潘 磊 杜兴杰 原旭东 史吉鹏 郭震宇
盛海翔 王晓凤 杨双瑜 曹仁平 高志毅
汪文信 秦付玉 王智远 黄玉松 王宾海
孙常志 王书义 曹亚军 孙琳琳 刘俊江
李世玉 温圣光 郝 晶 李胜涛 刘晓奎
李秉坤 王书伦 温少辉 宋继平 方绍光
张治庆 王志铭 丁松涛 李进湖 杨永亮
李 阳 李洪波 王书第 许金香 闫登山
于旭晨 邹 胜 刘志政 于洪水 姜成杰
郭兆英 臧玲仪 曲绍军 姜正香 董秀梅
韩本兰 刘胜祖 杨腾飞 马新杰 张旭东
付绍泉 季典高 姜书芹 李金波 王清军
郎岩波 张 帅 栾志东 冯军东 赵 洁
王树魁 姜瑞亮 徐承杰 徐 德 张 磊
王青林 李自峰 秦立文 冷海明 滕伟涛
刘基田 王桂凤 臧海涛 杨勇进 王日萍
丛君婷 蒋作针 张焕玉 宋吉龙 程绍敏
刘金波 栾慧凌 高 群 葛平江 吴青文
李振敏 李胜涛 阎文斌 翟亚利 杨 光
兰东晓 张敬为

附 录

文献辑存

关于调整完善生育政策进一步加强计划生育工作的实施意见

招发〔2015〕5号

为深入贯彻党的十八大和十八届三中、四中全会精神，全面落实省委、省政府和烟台市委、市政府部署要求，稳妥扎实有序地实施一方是独生子女的夫妻可生育两个孩子的政策（以下简称“单独两孩政策”），逐步调整完善生育政策，稳步提高出生人口素质，进一步加强计划生育工作，实现人口与经济社会和谐发展，现提出如下实施意见。

一、突出抓好计划生育重点任务。

（一）依法实施单独两孩政策。山东省第十二届人民代表大会常务委员会第八次会议于2014年5月30日通过了《山东省人民代表大会常务委员会关于修改〈山东省人口与计划生育条例〉的决定》，规定一方是独生子女的夫妻，经夫妻双方申请，县级卫生计生行政部门审批，可以生育第二个子女。单独两孩政策对今后人口长期均衡发展具有很大影响力。各级要准确把握政策，强化社会宣传和舆论引导，严格执行落实。本着“优质、便民”的服务原则，进一步改进和规范再生育审批制度，优化办证流程，简化办事程序。要加强形势研判和风险防控，建立完善出生人口监测和预警机制，准确把握出生人口变动态势，防范生育水平出现大的波动。根据人口变动情况，合理规划和配置卫生计生、教育、医疗等基本公共服务资源，加强妇幼健康服务保障，确保政策实施过程中生育秩序可控、社会风险可控。

（二）保持适度低生育水平。经过各级各部门长期不懈努力，招远市连续十多年保持了人口零增长，计划生育工作一直走在烟台市前列。要继续保持这种工作好势头，综合运用法律、行政、教育、经济等手段，建立稳定适度低生育水平的长效工作机制。全面落实计划生育基本技术服务免费项目，指导已生育过子女的夫妻选择长效为主、安全适宜的避孕节育措施，加强孕前管理和随访服务，从源头上减少违法生育的发生。坚持并完善常年有奖举报制度，严肃查处违法生育行为。依法足额征收社会抚养费，对拒不交纳的，申请法院按照司法程序强制执行。加强对计划生育薄弱村（居）的帮促转化力度，建立健全通报和约谈制度，防止出现计划生育水平区域性反弹。

（三）综合治理出生人口性别比。坚持标本兼治、综合治理，深入开展“关爱女孩行动”“婚育新风进万家”活动，完善有利于女孩及其家庭的社会经济政策。实施部门联动，卫生计生、公安、市场监管等部门要密切配合，保持打击“两非”（非法实施胎儿性别鉴定和选择性别人工终止妊娠）行为的高压态势，依法严肃查处涉案人员和机构。建立健全终止14周以上妊娠查验证明、实时通报和住院分娩实名登记、信息共享制度。将出生人口性别比综合治理纳入各级人口和计划生育领导小组的重要工作范围，加强平时检查，实施专项督查，完善评估机制。对出现“两非”案件的镇（街道、区）和单位，要追究有关单位负责人的责任，努力保持我市出生人口性别比多年来一直正常的好势头。

（四）注重提高出生人口素质。扎实做好婚前医学检查、孕前优生健康检查、孕期保健和新生儿疾病筛查等工作。建立健全出生缺陷综合防治工作体系，积极推进出生缺陷预防干预工作。加强对有再生育意愿高龄产妇的优生技术服务和指导。全面普及优生优育科学知识，促进儿童早期健康成长。

（五）提升流动人口服务管理水平。健全流动人口计划生育服务管理体系，大力推进区域间和部门间协作。落实好“网格化”管理，规范网格管理员、协管员工作职责，实行定网格、定人员、定职责，做到以职责管人理事、依职责考核奖惩。加强住宅小区、集贸市场、产业园区等流动人口集中地计划生育服务管理，规范人口流入地、流出地工作职责和双向考核办法，落实管理责任。健全流动人口信息采集、更新和共享机制，提高信息质量。做好流动人口卫生计生基本公共服务均等化工作，推动流动人口融入社会。

二、改革创新计划生育体制机制。

（一）巩固基层网络。为确保计划生育工作健康发展，根据工作需要，完善整合市、镇妇幼保健和计划生育技术服务资源，实现优势互补，增强计划生育技术服务能力。强化镇（街道、区）计划生育工作人员配备，城市社区要配备楼长、片长或计划生育协管员。加强城市社区计划生育综合治理功能，落实驻区单位法定代表人计划生育工作责任制。村（城市社区）党支部和村（居）委依法做好计划生育工作，完善基层计划生育协会组织，推动群众自治。

（二）强化宣传引导。充分发挥广播电视、报刊、网络等媒体作用，把新型婚育文化作为社会主义先进文化建设的重要内容，扩大宣传覆盖面，提高干部群众普及率。深入宣传党和国家关于计划生育工作的决策部署，宣传国情、省情、市情和计划生育工作的成就，宣传新形势下坚持计划生育国策的重大意义，引导干部群众正确认识当前人口形势、全面了解计划生育政策，使干部群众了解、支持、积极参与计划生育工作。推进移风易俗，倡导科学、文明、进步的婚育观念，引导群众科学生育、依法生育。密切关注舆论动态，及时回应社会关切，防止负面炒作。

（三）坚持依法行政。按照合法行政、合理行政、程序正当、高效便民、诚实守信、权责统一的要求，完善制度建设，健全依法行政体系，积极推进基层计划生育管理规范化建设，提高依法行政水平。有关部门要积极配合做好再生育审批和违法生育处理、打击“两非”等调查取证工作，依法加大对计划生育违法案件的处理、执行力度。加强计划生育行政执法监督，进一步规范社会抚养费征收管理，积极推行征收标准、程序、结果公开和处理与征缴、收入与支出相分离的征管体系。

（四）健全政策体系。完善与经济社会发展水平相适应、与相关社会经济政策相衔接，政府为主、社会补充、覆盖城乡、公平合理的计划生育利益导向政策体系，全面落实各项法定奖励优待政策。扎实做好计划生育特殊困难家庭的扶助工作，动员各方面力量和资源，在生产帮扶、生活照料、养老扶助、大病治疗、精神慰藉等方面予以倾斜。村集体在宅基地划分、土地承包和确权登记、婚嫁落户、集体收益分配等方面，要体现计划生育家庭优先优惠，体现男女平等。深入开展生育关怀“计生助福”行动，扎实推进国家“新家庭计划——家庭发展能力建设”项目，全面开展幸福家庭创建活动，增进人民群众福祉。

（五）推进信息共享。继续抓好出生信息即报工作，确保出生人口信息的准确性、完整性。卫生计生、民政、公安、教育、统计等部门要协作配合，落实工作职责，建立定期沟通联系制度，加强出生人口信息管理。健全孕产期保健、住院分娩、出生医学证明签发、婚姻登记、义务教育等信息共享机制，完善信息共享平台，形成计划生育动态监测、决策支持和公共服务一体的信息化应用体系。

三、加强组织领导

（一）坚持党政一把手亲自抓、负总责。计划生育工作出现重大失误或问题，党政主要领导要负主要责任。稳定“五职责任人”的领导体系，加大经常性工作协调力度。把计划生育作为经济社会发展的基础性工作，优先研究解决制约计划生育发展的突出问题，并切实抓好督查落实。

（二）加强部门协作、综合治理。各级人口和计划生育领导小组要进一步明确各成员单位的工作职责并监督落实。各有关部门要在计划生育宣传教育、信息共享、执法监督、利益导向、基础建设、流动人口管理服务、出生人口性别比治理、非诉执行等方面，认真履责，密切协作，形成合力。有关部门履职不力的，按照有关规定追究其责任。

（三）加大投入力度，稳定工作队伍。把计划生育事业投入作为惠民生、促发展、保稳定的基础性投入，落实工作经费和基层工作人员待遇。从政治上、生活上关心爱护基层计划生育工作者，按照“年轻化、知识化、女性化”的标准，配齐配强村级计划生育专职主任，加强培训，落实报酬待遇。

（四）严格落实计划生育目标管理责任制。按照科学发展综合考核工作的要求，做好计划生育目标管理责任制考核。严格落实计划生育工作责任追究，健全完善通报批评、重点关注、黄牌警告、重点管理制度（具体实施方案见附件），严格落实离职审计、追踪奖惩、一票否决。

中共招远市委

招远市人民政府

2015年4月16日

招远市计划生育工作责任追究制度实施方案

一、总体要求。

坚持计划生育基本国策不变，坚持实行党政一把手亲自抓、负总责不变，坚持严格落实计划生育“一票否决”制不变，确保责任到位、措施到位、投入到位、落实到位。完善通报批评、重点关注、黄牌警告、重点管理制度，增强各级抓紧抓好计划生育工作的责任感和使命感，确保我市计划生育工作持续、稳定、健康发展。

二、适用对象和标准。

（一）对出现以下情况之一的单位予以通报批评

1.人口出生出现异常波动，应对不力、造成不良社会影响的镇（街道、区）、村（居、单位）。

2.日常监控发现计划生育工作责任、政策、措施、投入落实不到位，造成工作被动，需要引起警示的镇（街道、区）、村（居、单位）。

3.日常监控发现出生统计、出生信息交流上报、管理移交问题较多的镇（街、区）、村（居、单位）。

4.在育龄妇女管理上推诿扯皮，生育证件办理随意增设前置条件、行政不作为，群众反映问题较多的镇（街道、区）、村（居、单位）。

5.工作出现问题，被省、烟台市卫生计生委责成整改的镇（街道、区）、村（居、单位）。

6.因计划生育工作违法行政引发群众集体上访、造成不良影响的镇（街道、区）、村（居、单位）。

7.在烟台市半年、年终考核排名后两位的镇（街道、区）。

8.在平时考核（有奖举报、信息核查、日常监控）被招远市查实1例违法生育漏错报的镇（街道、区）。

9.生殖健康查体人员底子不清，在查体中弄虚作假，违法生育育龄妇女未查体瞒报为已查体的镇（街道、区）或健康查体率达不到99%的镇（街、区）。

（二）对出现以下情况之一的单位进行重点关注

1.被烟台市通报的镇（街道、区）、村（居、单位）。

2.从2015年开始，年度补报往年出生人口较多，达到本年人口出生数量4%以上的镇（街道、区）。

3.经数据比对调查核实，违法生育瞒漏报或生育性质、出生性别错报数量超过调查个案数量10%的镇（街道、区）。

4.育龄妇女管理移交推诿扯皮或信息交流不反馈，省级出生共享信息分拣后应管理人员未管理或未及时上报出生分别达到5%；重要信息修改（含出生日期跨年度修改、出生性别女改男、生育性质合法改为违法）的人数占40周岁以下育龄妇女总数比例0.5‰以上的镇（街道、区）。

5.在烟台市半年、年终考核连续两次排名后两位的镇（街道、区）。

6.在平时考核（有奖举报、信息核查、日常监控）被招远市查实2例违法生育漏错报的镇（街道、区）。

7.工作出现问题，被国家卫生计生委或者新闻媒体予以曝光的镇（街道、区）、村（居、单位）。

（三）对出现以下情况之一的单位予以黄牌警告

1.被省通报或被烟台市一年通报两次的镇（街道、区）、村（居、单位）。

2.连续2年被烟台市重点关注的镇（街道、区）、村（居、单位）。

3.在省计划生育目标责任考核中出现重大问题的镇（街道、区）。

4.经数据比对调查核实，违法生育瞒漏报或生育性质、出生性别错报数量超过调查个案数量20%的镇（街道、区）。

5.以2014年基础信息核查锁定数据为基数，经相关数据回推、比对，2014年以前年度合法生育率低于锁定数据3个百分点以上，出生人口性别错报3例及以上；2014年及以后，合法生育率低于当年上报数据3个百分点以上，出生人口性别错报2例及以上的镇（街道、区）。

6.在烟台市平时考核（有奖举报、信息核查、日常监控）中被查实1例，在招远市半年督查、年终考核中被查实1例，在招远市平时考核（有奖举报、信息核查、日常监控）中被查实3例违法生育漏错报的镇（街道、区）。

7.出现非法鉴定胎儿性别或选择性别终止妊娠“两非”案件的镇（街道、区）。

8.育龄妇女管理移交推诿扯皮或信息交流不反馈，省级部门出生共享信息分拣后应管理人员未管理或未及时上报出生占比分别达到10%；重要信息修改（含出生日期跨年度修改、出生性别女改男、生育性质合法改为违法）的人数占40周岁以下育龄妇女总数比例1‰以上的镇（街道、区）。

9.因严重侵权行为、重大技术责任事故造成计划生育恶性案件，或因涉及计划生育重大信访问题造成恶劣影响的镇（街道、区）、村（居、单位）。

10.未完成计划生育《责任书》规定指标且没有明显改善的镇（街道、区）、部门、单位。

11.辖区内超过四分之一的村（居、单位）被烟台重点关注、黄牌警告或重点管理的镇（街道、区）。

12.考核范围内违法生育案件处结率达不到30%的镇（街道、区）。

13.健康查体率达不到98%的镇（街道、区）。

（四）对出现以下情况之一的单位予以重点管理

1.被烟台市黄牌警告的镇（街道、区）。

2.经数据比对调查核实，违法生育瞒漏报或生育性质、出生性别错报数量超过调查个案数量30%的镇（街道、区）。

3.以2014年基础信息核查锁定数据为基数，经相关数据回推、比对，2014年以前年度合法生育率低于锁定数据5个百分点以上，出生人口性别错报5例及以上；2014年及以后，合法生育率低于当年上报数据5个百分点以上，出生人口性别错报4例及以上的镇（街道、区）。

4.被省查实1例及以上，在烟台市半年督查、年终考核中被查实1例及以上，在烟台市平时考核（有奖举报、信息核查、日常监控）中被查实2例及以上，在招远市半年督查、年终考核中被查实2例及以上，在招远市平时考核（有奖举报、信息核查、日常监控）中被查实4例及以上违法生育漏错报的镇（街道、区）。

5.在各级检查和平时考核（有奖举报、信息核查、日常监控）中被查实1例及以上违法生育漏错报的村（居、单位）。

6.育龄妇女管理移交推诿扯皮或信息交流不反馈，省级出生共享信息分拣后应管理人员未及时上报或管理信息占比分别达到20%；重要信息修改（含出生日期跨年度修改、出生性别女改男、生育性质合法改为违法）的人数占40周岁以下育龄妇女总数比例2‰以上的镇（街道、区）。

7.出现计划生育恶性案件，造成恶劣影响且处置不当的镇（街道、区）、部门、单位。

8.“通报批评”“黄牌警告”“一票否决”后工作没有改进的镇（街道、区）、部门、单位。

9.连续两年未完成计划生育《责任书》规定指标的镇（街道、区）、部门、单位。

10.辖区内超过三分之一的村（居、单位）被烟台重点关注、黄牌警告或重点管理的镇（街道、区）。

11.合法生育率达不到98%的镇（街道、区）。

12.出现违法生育的部门（村、居、单位）。

三、责任追究方式和实施程序。

计划生育责任追究在市委、市政府统一领导下，由市人口和计划生育领导小组根据日常监控和计划生育目标管理责任制执行情况考核结果组织实施，领导小组办公室及其相关单位承办具体工作。

（一）通报批评，由市人口和计划生育领导小组办公室在全市通报。

（二）重点关注、黄牌警告、重点管理，由市人口和计划生育领导小组办公室提出拟进行责任追究的对象和依据，报市人口和计划生育领导小组审定。

1.对被确定为重点关注的单位，由市人口和计划生育领导小组办公室对该单位党政分管领导和主管部门主要负责人进行约谈。

2.对被确定为黄牌警告、重点管理的单位，实行“一票否决”，由市人口和计划生育领导小组将有关情况移送职务任免机关或纪检监察机关，按照管理权限依法依纪追究责任。各级党政机关、群团组织在各类综合性先进推荐评选中，取消该单位及计划生育“五职责任人”当年度及黄牌警告或重点管理期间的评选资格。各级党政机关、群团组织在进行综合性和重要荣誉称号资格审查时，要征求同级或上级卫生计生部门的意见，严把计划生育“一票否决”关。

3.对合法生育率达不到计划生育《责任书》规定指标的镇（街道、区）和村（居）、单位三年内发生违法生育的，取消其综合先进、重要先进资格；对个人违法生育的不能被推荐为各级党代表、人大代表、政协委员、团员代表、妇女代表和工商执委等候选人。

四、责任追究时限。

对被确定为通报批评的单位，及时予以通报。重点关注、黄牌警告、重点管理的时限一般为1年，自作出决定之日起至此后年度的计划生育目标责任制考核验收合格为止。对于一年后申请撤销黄牌警告的镇（街道、区），市里对其50%的村（居）进行检查验收。对重点管理的镇（街道、区），两年后申请撤销重点管理的，市里对其所辖村（居）全面进行检查验收。

实行追踪否决制度。对达到“一票否决”标准，未能及时发现而未否决的，一经发现，当年作出否决。取消该单位相应时间里已经获得的荣誉；责任人已经调离原工作单位或已经被评先、提拔使用的，要跟踪追究责任。

本方案中所称数据以2014年育龄妇女基础信息核查锁定数据为基数。

关于深入推进生态文明乡村建设的意见

招发〔2015〕6号

为全面推进生态文明乡村建设，加快城乡一体化发展步伐，提升全市新农村建设整体水平，按照省和烟台市关于生态文明乡村建设的部署要求，结合我市实际，现制定2015年全市深入推进生态文明乡村建设意见如下：

一、指导思想。

深入贯彻党的十八大和十八届三中、四中全会精神，全面落实中央、省和烟台市农村工作会议部署要求，以科学发展观为指导，以“强农业、富农民、美农村”为主题，按照“抓点示范、连点成线、连线成片、连片成面”的思路和“全域覆盖、全面提升、全程强化、全优达标”的要求，坚持示范区、小城镇、生态村一体规划，生态环境、承载功能、产业创优同步建设，农村改革、民生事业、文明风尚统筹推进，打造富有特色的“生态招远、美丽金都”，推动全市农村改革发展继续走在全省和烟台市前列。

二、目标任务。

——纵深推进生态文明乡村建设。从2015年起利用3年时间，发挥好100个生态文明示范村的引领作用，对其余600个村庄全面开展生态文明乡村建设扩面提升工程，同步推进优美线路连线、美丽村庄连片“双连工程”，综合拓展美丽乡村建设效果。年内，对200个村庄进行扩面提升。

——加快生态文明示范区建设步伐。2015—2017年打造6个特色突出的生态文明示范区，成为全市生态文明乡村建设的先行区，带动区域经济加快崛起。年内集中建设滨海、金水湖2个生态文明示范区。

——增强小城镇综合承载功能。坚持以人为本、突出特色、注重质量，推动生态文明乡村建设向内涵式转型，2015—2017年实施6个镇驻地镇容镇貌“换新颜”工程，示范带动全市小城镇面貌逐步改观，2015年重点建设辛庄、蚕庄2个镇驻地；加快农村社区服务中心建设步伐，进一步提升完善农村社区综合服务功能；探索城乡环卫一体化运转的新办法、新模式，全面实现城乡环卫一体化规范管理和运行。

——加强农村思想道德建设。加强社会主义核心价值观宣传教育，培育文明新风，使新农村“内外兼修”，成为农民安居乐业的美好家园，年内新建农村文化大院示范点100个，完成送戏下乡200场、送电影下乡9000场。

——深化农村各项改革。加快转变农业发展方式，创新农业经营体制，深化农村产权制度改革，年内基本完成农村土地承包经营权确权登记颁证工作，完成土地流转1万亩；加快供销社综合改革试点工作，年内领办农民合作社达22家，完成社村共建村20个。

三、基本原则。

（一）坚持规划先行、协调推进。把生态文明乡村建设暨乡村文明行动规划与经济社会发展规划、生态农业和旅游业发展规划、文化特色产业发展规划相衔接，有序推进，做到开发与保护结合，凸显可持续发展。

（二）坚持以人为本、惠民利民。始终把农民群众的利益放在首位，尊重农民群众的意愿，引导农民大力发展生态经济、保护生态环境、建设生态家园，多措并举促进农民增收，让农民更多地共享改革红利和经济发展成果。

（三）坚持因地制宜、突出特色。突出村庄人居与自然景观、现代设施与历史文化、开发与保护的和谐统一，因地制宜、彰显特色，建设有个性、有文化、有乡土气息的美丽乡村、幸福家园。

（四）坚持产业引领、生态优先。围绕农村生态经济、生态环境、生态人居和生态文化，因地制宜、集中精力发展美丽产业，夯实“生态招远、美丽金都”的发展基础。

四、工作重点。

（一）纵深推进生态文明乡村建设。强化规划引领作用，加快提升农村基础设施水平，推进城乡基本公共服务均等化，让农村成为农民安居乐业的美丽家园。一是实施生态文明乡村建设扩面达标工程。在全面完成“三年三步走”、成功打造100个生态文明示范村的基础上，从2015年起利用3年时间全面开展生态文明乡村建设扩面达标工程，力争实现生态文明乡村全覆盖。全市每年建设生态文明村（一类村）100个、达标村（二类村）100个，年内剩余村庄要按照烟台市第二轮农村人居环境综合整治活动标准开展环境整治。一类村由市农工办牵头负责，重点围绕村容整洁、健身活动广场、平安建设、亮化工程、组织活动场所、文明风尚等六项内容开展建设活动（详见附件）；二类村由市住建局牵头负责，重点实施“四清（清垃圾、清柴草、清粪便、清沟渠）五化（硬化、净化、亮化、绿化、美化）”等环境整治工程。各镇街按照整体推进、连片建设的原则合理确定各类村庄年度推进计划，实行项目化管理，围绕主干道路、主河道两侧集中打造、纵深推进。同步开展优美线路连线、美丽村庄连片“双连工程”，综合拓展美丽乡村建设效果。生态文明乡村建设扩面达标工程实行村庄建设销号制度，本年度达到建设标准的村庄不再列入下一年度建设计划。市镇两级财政设立专项建设资金，镇级配套资金要纳入其年度财政预算。二是实施生态文明示范村提升创优工程。在开展全市生态文明乡村建设扩面达标工程的同时，着力实施好100个生态文明示范村的提升创优工程，巩固提升建设内涵，创优发展持久潜力，确保建有方向、评有标准、管有办法，确保生态文明乡村建设更加富有操作性、常态性和创新性。一方面，推行“市建镇管”机制。2015年起将已建成的100个市级生态文明示范村全部移交给相关镇街管理维护，后续管理费用列入镇级财政预算，市农村工作领导小组加大检查督导力度，促进已建示范村正常运行、巩固提升，继续发挥好示范带动引领作用。后续管护要达到村容村貌环境整洁、环卫一体化正常运转，生活垃圾日产日清、设施设备发挥作用、组织活动场所规范运行等标准，毁坏的设施设备要及时修补。另一方面，评比表彰“十佳美丽乡村”。按照“突出特色、打造亮点、典型带动”思路，制定配套评选办法，2015年起每年从已建成的100个生态文明示范村中评选表彰10个授予“十佳美丽乡村”称号，打造成为全市美丽乡村的生态精品村、文化特色村、典型示范村，实现生态产业、生态宜居、生态旅游、生态环境、生态文化“五大体系”带动联动、创新创优。三是实施农村道路“进村达户”工程。认真贯彻落实省和烟台市关于“村庄五化覆盖率重点考核村内道路硬化率，道路硬化村庄达到80%以上为好”的要求精神，由市住建局牵头把实施农村道路“进村联户”工程与开展生态文明乡村建设扩面达标工程结合起来，进一步整合涉农资金，加大投入力度，分期分批逐年实现农村道路硬化“进村达户”。

（二）加快生态文明示范区建设。按照八大生态文明示范区的规划布局，相关镇街加大工作力度，强化招商引资，突出特色、组团发展，高起点规划建设一批生态产业和生态项目，同步推进示范区生态环境、承载能力、产业创优建设，力争2015—2017年建成6个生态文明示范区。2015年重点扶持滨海、金水湖2个生态文明示范区建设，聘请专家团队对示范区内小城镇建设、生态文明村及生态产业、主要河流道路改造美化、传统村落保护开发、乡村旅游等作出规划设计，突出示范区特色定位，强化产业支撑，打造亮点工程和精品产业，彰显镇域风韵，努力将示范区建设成为展示全市生态文明乡村建设先行区。滨海生态文明示范区，依托区内丰富的古村落历史文化资源优势，按照仿古风格对镇驻地进行改造建设，对高家庄子和孟格庄村进行保护性开发建设，打造一条精品古村落旅游线路；对辖区内丁大路、诸流河及两侧村庄进行整治，提升沿途绿化效果。金水湖生态文明示范区，依托中国红富士苹果发祥地的优势资源，开发建设中国红富士苹果博物馆，进一步提高知名度；加快镇驻地改造，建设独具特色的小城镇；对辖区内丁大路、诸流河及两侧村庄进行整治，提升沿途绿化效果。

（三）加快城乡统筹发展步伐。坚持以人为本、突出特色、精致建设、精细管理，推动生态文明乡村建设向内涵式转型。一是实施镇容镇貌“换新颜”工程。全力推进小城镇建设，将小城镇建设与生态文明示范区建设有机结合，探索实行企业化运作模式，鼓励企业出资改造镇驻地，进一步激发生态文明乡村建设活力和动力，2015—2017年实施6个镇容镇貌“换新颜”工程。2015年对蚕庄、辛庄2个国家级重点镇驻地启动改造，突出特色制定建设规划，因地制宜确定建筑风格和建设区片，在道路改造、沿街立面改造、各类管网线路改造等方面加大建设改造力度，同步推进镇驻地村的生态文明村建设，不断扩大小城镇承载功能，提升小城镇环境质量，繁荣镇域经济水平，示范带动全市小城镇面貌逐步改观。二是实施农村社区提升完善工程。按照《山东省农村新型社区和新农村发展规划（2014—2030年）》部署要求，做好规划编制和衔接工作，开展好社区建设示范行动、生态文明乡村建设行动、产业支撑推进行动、传统村落保护行动。落实《烟台市关于加强农村社区建设工作的意见》（烟办发〔2014〕17号）中“按照建筑面积每千人200平方米、最低不少于500平方米的标准建设，拓展便民服务厅和综合治理、社区警务、人民调解、图书阅览、文化娱乐、日间照料、医疗卫生、计划生育以及党员活动、村民议事等场所服务功能，规范完善标识使用、窗口设置、设备配置和环境装修”的要求，继续抓好农村社区服务中心建设，进一步提升完善已建成的119处农村社区的综合服务功能，构建起公共服务、便民利民服务、公益性服务三位一体的社区服务体系和以社区党组织为核心、自治组织为主体、群团组织为纽带、各类经济社会组织为补充的社区治理结构。各镇街要承担起农村社区建设工作的具体责任，年内提升完善2～3个示范型农村社区（不含2014年已达标的社区）。三是实现城乡环卫一体化规范运行。坚持“分步推进、稳妥实施”的原则，按照“城区--镇驻地--行政村”的顺序，逐步推进城乡环卫一体化市级统一管理，由市环卫处进行接管，负责运行管理工作。2015年上半年接管9个镇驻地保洁任务和中转站的运行管理，研究制定镇级环卫保洁管理办法；年底接管各镇所辖村庄的环卫保洁任务，实现城乡生活垃圾处理由“村级分类收集、镇级清运压缩、市级转运处理”到“标准化、市场化、专业化、常态化、产业化”的转变，实现真正意义上的城乡环卫一体化全覆盖。

（四）加强农村思想道德建设。结合农村特点，深入开展中国特色社会主义和中国梦宣传教育活动，不断提高农民综合素质，提升农村社会文明程度，凝聚起建设社会主义新农村的强大精神力量。一是全面开展乡村文明行动。深入推进“四德工程”“法德共进”等公民道德建设，积极开展善行义举四德榜普及提升、乡村儒学讲堂、新农村新生活农村妇女培训、金都志愿365、道德模范、金都好人等评选表彰活动，凝聚起向上、崇善、和睦的强大正能量。二是传承弘扬优秀文化。深入挖掘全市特色文化资源，倡导文艺工作者深入农村，创作富有乡土气息、讴歌农村时代变迁的优秀文艺作品，提供健康有益、喜闻乐见的文化服务。开展文化资源普查，制定完善整体发展规划，依托古村落开发、罗山实景演出等乡村旅游项目，促进文化创意产业与旅游、体育、养生、科技等产业融合，增强文化的竞争力、创造力和影响力。三是繁荣发展公共文化事业。进一步扩大图书馆、文化馆免费开放服务范围，开展好全民阅读活动，年内新建农村文化大院示范点100个，完成送戏下乡200场、送电影下乡9000场，初步建成15~20分钟城乡公共文化服务圈。加强文化遗产保护，组织实施“乡村记忆”工程，做好省级非遗项目申报工作，创新乡贤文化，弘扬善行义举，以乡情乡愁为纽带吸引和凝聚各方人士支持家乡建设，传承乡村文明。四是深入开展农村法制文化建设。以营造全市经济社会发展良好法治氛围为目的，深入开展基层法治文化阵地建设，着力构建多元化、全覆盖的法治文化传播体系，进一步增强法制宣传教育的渗透力和影响力。

（五）全面深化农村各项改革。坚持把改革创新作为引领农村经济发展新常态的开路先锋，尊重和发挥基层、群众首创精神，最大程度释放改革红利，确保改有所进、改有所成，全面激发农村经济社会发展活力。一是加快转变农业发展方式。准确把握经济发展新常态，坚定不移加快转变农业发展方式，尽快转到数量质量效益并重、注重提高竞争力、注重农业科技创新、注重可持续的集约发展上来，走产出高效、产品安全、资源节约、环境友好的现代农业发展道路。扎实推进国家现代农业示范区建设，深入开展粮食高产创建活动，建设7大粮油高产创建万亩示范片，确保粮食安全；引导果业提质升级，建设一批标准化生产基地和园区；大力发展“一村一品、一村一业”，建设一批高效特色农业项目。二是基本完成农村土地承包经营权确权登记颁证。坚持因地制宜、分类指导原则，进一步明确任务、卡实责任，加快推进农村土地承包经营权确权登记颁证工作，确保到2015年底基本完成确权颁证任务。三是推进农村产权流转交易市场健康发展。在市农村产权流转交易中心规范运转的基础上，加快建成市、镇、村三级上通下联、信息共享、规范运作的现代农村产权交易网络体系，稳妥推进农地向龙头企业、农民合作社和专业大户流转，年内力争完成土地流转1万亩以上。积极探索新型农村合作金融发展的有效途径，稳妥开展农民合作社内部信用互助试点，鼓励开展“三农”融资担保业务，大力发展政府支持的“三农”融资担保和再担保机构，为农业农村发展提供源源不断的资金。四是深化供销合作社综合改革。充分利用好全省供销合作社综合改革试点机遇，加快推进实体性合作经济组织创新工程等六项重点工程建设，把供销合作社打造成为“三农”提供综合服务的骨干力量，年内领办农民合作社22家，开展各类经济作物和大田作物托管服务达到20万亩，培训农民合作社社员1.5万人次以上。支持供销合作社与农村社区开展社村共建，发展社区经济、社会服务组织，年内完成社村共建村20个。五是大力发展农村电商产业。坚持以创新驱动引领农业发展，不断加强农村信息化基础设施建设，鼓励农民通过网络获得信息和学习新技术，加快发展农村电商特别是“淘宝镇”“淘宝村”工作，争取在一批特色镇、特色村先试先行，延伸和扩大农业产前、产中、产后各环节发展潜力，打造农业现代化经营的新业态新模式。

五、机制保障。

（一）组织领导机制。各级各部门要增强改革创新意识，将生态文明乡村建设工作列入各镇街党工委政府主要工作来抓，做到党委政府主要领导亲自抓、分管领导靠上抓。加强市委农村工作领导小组的领导，实行领导小组成员单位联席会议制度，各成员单位各司其职，各负其责，加强协作，齐抓共管，在工作部署、财力安排和干部配备等方面向“三农”倾斜，确保抓“三农”的精力不转移、劲头不减弱、工作不松懈。

（二）资金投入机制。继续增加和优先保证财政对农业农村的支出，确保农业和农村工作投入只增不减。一是加大财政投入力度，市财政实施“以奖代补”政策，每年安排4000万元用于生态文明村（一类村）建设和镇容镇貌“换新颜”工程奖补，其中2000万元用于生态文明村（一类村）建设奖补，2000万元用于镇容镇貌“换新颜”工程建设奖补（含镇驻地生态文明村建设奖补）。生态文明村（一类村）建设奖补，镇级财政要按1：1比例配套。严格推行项目申报、公示、验收制度，确保市级奖补资金真正发挥激励导向作用。二是加强涉农资金的整合监管，按照集中财力办大事的原则，发挥资金监管平台作用，整合农、林、水、交通、住建等部门涉农资金和涉农项目，并积极向上争取资金、政策和项目，集中向生态文明示范区、小城镇建设、生态文明乡村扩面达标工程等区域投入，突出资金的聚集效应，提升生态文明乡村建设整体效果；充分发挥好一事一议财政奖补政策作用，优先安排用于生态文明乡村扩面达标工程（一、二类村）建设奖补，加快村级公益事业发展。三是整合社会力量，通过选派“第一书记”、后进村帮扶、联手共建、工商资本下乡等多种途径，广泛动员全社会力量参与生态文明乡村建设。

（三）督查考核机制。继续将生态文明乡村建设纳入全市岗位目标责任制考核体系，增加考核权重，加大考核力度，年终进行集中观摩评比，奖优罚劣。研究制定工作方案，严格督导检查，将生态文明乡村建设年度目标任务明确到镇，量化到村，分别制定部门、镇街、村级的激励考核办法，确保各项工作落到实处。

中共招远市委

招远市人民政府

2015年4月15日

招远市生态文明村建设标准

项　目		建设内容	数量标准	规划投资额（万元）
村容整洁	1	彻底清除“三大堆”，环卫一体化正常运转。	√	25
	2	主街道两侧美化及立面改造建设	√	
	3	进村路两侧栽植行道树，村内道路两侧、空闲地绿化率达标值	≥90%	
健身休闲公园	4	健身休闲广场硬化面积	≥200㎡	10
	5	安装健身器材	≥6件	
平安建设	6	安装监控设备（探头、显示器、硬盘录像机等），专人负责、正常运转	√	5
	7	安装监控探头数量	≥12个	
亮化工程	8	村内主要街道安装太阳能路灯	≥10盏	6
	9	健身广场安装太阳能景观灯	≥4盏	
组织活动场所建设	10	村级组织活动场所规范达标，党员活动室、两委办公室设施齐全、制度健全	√	3
	11	文体娱乐活动室面积	≥100㎡	
乡风文明	12	村内主街道两侧建设生态文明文化墙（看板）	≥10处	1
最低建设资金（万元）			50	
市级奖补资金（万元）			20～25	

注：1.“√”表示定性指标。
2.规划投资额为本年度内新建工程投资额，2015年前已达标完工工程不计于投资额。已达标的项目投资可以向其他项目倾斜。

关于进一步加强和改进城市社区建设工作的实施意见

招发〔2015〕7号

为积极适应新形势下城市社区建设工作需要，进一步健全完善城市基层社会组织管理和服务体系，充分发挥城市社区在服务居民群众、加强基层社会管理、密切党群干群关系、维护社会稳定等方面的重要作用，根据中央、省、市关于加强城市社区建设和城市社区居委会建设的有关文件精神，结合我市实际，现就加强和改进城市社区建设工作提出如下实施意见。

一、指导思想、基本原则和总体目标。

（一）指导思想。全面贯彻党的十八大、十八届三中、四中全会精神，以邓小平理论、“三个代表”重要思想和科学发展观为指导，深入贯彻习近平总书记系列重要讲话精神，以服务居民群众为宗旨、以建设和谐社区为载体，通过加强社区组织建设、队伍建设、设施建设、经费保障等工作，努力把社区建设成为功能完善、服务周全、群众满意的平安和谐家园，为全市经济社会的又好又快发展提供更加坚实的基础保障。

（二）基本原则。

1.坚持党的领导，把握正确方向。坚持党的领导、人民当家做主、依法治国有机统一，建立健全社区党组织领导的充满活力的基层群众性自治组织。

2.坚持以人为本，服务居民群众。始终把实现好维护好发展好社区居民的根本利益作为社区工作的出发点和落脚点，把社区居民日益增长的服务需求作为第一信号，把社区居民的满意程度作为检验工作成效的第一标准，真正把社区建设工作变成服务居民、造福居民的民心工程。

3.坚持政府主导，社会共同参与。充分发挥各级党委、政府在政策制定、工作部署、设施建设、财力投入等方面的主导作用，尊重社区居民群众的主体地位，积极动员社会力量共驻共建、资源共享，形成合力。

4.坚持居民自治，倡导志愿服务。在社区内实行民主选举、民主决策、民主管理、民主监督，推动社区居民开展互助服务和志愿服务。

5.坚持突出重点，示范引领带动。在重点社区、重点工作上下功夫，树立不同类型的社区建设典型，发挥示范带动作用，促进全市社区建设工作有序推进。

（三）总体目标。力争2~3年时间，在全市范围内逐步建立起职责明晰、制度健全的社区组织体系，系统科学、配套完善的社区管理体系，设施完善、项目齐全的社区服务体系，素质过硬、充满活力的社区人才体系，努力把城市社区建设成为干部群众满意的基层阵地。

二、主要措施。

（一）健全完善组织体系。

1.健全完善社区党组织。社区党组织是社区各类组织和各项工作的领导核心。要按照“一社区一支部（总支、党委）”要求和“三有一化”（有人管事、有钱办事、有处议事，城市基层党建区域化）标准，加强城市社区党的基层组织规范化建设。社区党组织要改进工作方法，领导社区居民委员会开展工作，重点抓好服务群众、优化管理、维护稳定等工作。建立完善社区党务公开制度，健全社区党员代表议事制度，积极探索扩大党内基层民主的实现形式。切实加强党员教育、管理和服务工作，完善党员“双管双责”、党员设岗定责、依岗承诺、志愿服务和结对帮扶等制度，拓宽党员服务群众渠道。

2.健全完善社区自治组织。进一步规范完善社区居民委员会的民主选举程序。在社区党组织的领导下，按照“一个社区原则上设置一个居民委员会”的要求，依法建立健全社区居民委员会组织。新建住宅区居民入住率达到50%的，应及时成立社区居民委员会；未达到50%的，应成立居民小组，由相邻的社区居民委员会代管。做好社区居民委员会下属委员会的组建工作，逐步建立有效承接社区管理和服务的人民调解、治安保卫、公共卫生、计划生育、群众文化等各类下属的委员会。提倡社区党组织班子成员、居民委员会与业主委员会成员交叉任职，建立健全社区党组织领导社区居民委员会开展工作的各项制度，促进社区党建与社区建设紧密结合。

3.培育发展社区社会组织。按照优先发展服务类、重点扶持慈善类、规范引导活动类的原则，不断发展壮大社区社会组织，对不具备登记条件的社区服务性、公益性、互助性社会组织，主动帮助办理备案手续。社区党组织要加强对社区各类社会组织的政治领导，注意培养社区社会组织负责人队伍。通过政府购买服务、设立项目资金等途径，积极引导各类社会组织参与社区管理和服务。社区居民委员会要加强社区内各类社会组织的管理，为其开展社区服务活动提供帮助。

4.理顺社区内各组织之间的关系。要支持和保障社区居民委员会充分行使职权，及时帮助解决工作中的困难和问题。社区居民委员会和社区内各类组织要自觉接受社区党组织的领导。社区居民委员会要协助街道办事处及时组建业主委员会，积极支持物业服务企业开展多种形式的社区服务，物业服务企业、业主委员会和社区内社会组织要主动接受社区居民委员会的指导和监督。召开业主大会、业主委员会会议，业主委员会应当提前告知所在社区居民委员会。驻社区单位要积极参与社区建设，主动将文化、体育等服务设施向社区居民开放。探索建立驻社区单位社区建设责任考评体系，引导社区党组织和驻社区单位党组织相互学习、相互评议。社区居民委员会要将驻社区单位开展社区建设情况纳入和谐社区示范单位创建内容，有关部门在评先树优时要主动听取居民委员会对驻区单位的意见，形成联动机制。

（二）健全完善管理体系。

1.合理确定城市社区管辖范围。社区的设置要充分考虑公共服务资源配置和人口规模、管理幅度等因素，结合经济社会发展规划和城市建设规划，按照便于管理、便于服务、便于居民自治的原则确定管辖范围，其所辖户数一般以3000户左右为宜。规模较小、居住分散的社区要按照界线清楚、互不交叉的原则进行调整合并，成立新的社区居民委员会。

2.明确社区居委会工作职责。（1）立足主责开展工作。积极组织宣传宪法、法律、法规和国家政策，教育居民遵守社会公德和居民公约、依法履行义务，开展多种形式的社会主义精神文明建设活动；召集社区居民会议，办理本社区居民公共事务和公益事业；及时向政府及相关部门反映社区居民群众意见建议；组织居民有序参与涉及切身利益的公共政策听证活动，并对及其工作人员、驻社区单位参与社区建设情况进行民主评议，监督供水、供电、供气、环境卫生、园林绿化等市政服务单位在社区的服务情况；指导监督业主大会、业主委员会依法开展业主自治管理，协助街道办事处开展社区管理、社区服务中与物业管理有关的工作。物业服务企业应积极配合，为居民委员会在社区内开展工作提供便利条件。（2）协助政府开展服务。协助政府相关部门或街道办事处做好与居民利益有关的社会治安、社区矫正、安置帮教、公共卫生、计划生育、优抚救济、社区教育、劳动就业、社会保险、劳动关系协调、社会救助、住房保障、文化体育、消费维权以及老年人、残疾人、未成年人、流动人口权益保障等工作，推动政府社会管理和公共服务覆盖到全社区。（3）支持群团组织和社会组织开展服务。积极培育社区服务性、公益性、互助性社会组织，协助做好登记、备案工作，并在组织运作、活动场地等方面为其提供帮助。支持工会、共青团、妇联、残联及老年协会等组织开展社区服务活动。通过政府购买服务、设立项目资金、开展项目补贴等方法，引导各种社会组织、企事业单位和各类志愿者参与社区管理服务，鼓励和支持社区居民开展互助服务。

3.理顺社区居民委员会与政府职能部门、街道办事处的关系。社区居民委员会要积极协助街道办事处做好工作，推动政府社会管理和公共服务覆盖全社区。政府职能部门、街道办事处对社区居民委员会的工作要给予指导、支持和帮助。凡属于政府职能部门、街道办事处职责范围内的事项，不得转嫁给社区居民委员会；凡依法应由社区居民委员会协助的事项，应当为社区居民委员会提供必要的经费和工作条件；凡委托给社区居民委员会办理的有关服务事项，实行权随责走、费随事转政策。要严格落实政府职能部门、街道办事处工作进社区准入审批制度，凡未经市城市社区建设工作领导小组审批同意，政府职能部门、街道办事处的工作不得进入社区；强行进入的，社区居民委员会有权拒绝。

4.设立社区专业服务机构。辖区超过3000户的社区居民委员会，根据工作需要可建立社区服务站（或称社区工作站、社会工作站）等专业服务机构。按照专干不单干、分工不分家的原则，社区专业服务机构在社区党组织和社区居民委员会统一领导和管理下开展工作。社区居民委员会有足够能力承担应尽职责的，可不另设专业服务机构。

（三）健全完善服务场所。

1.对新建社区居委会综合用房。按照烟台市《关于加强和改进城市社区居民委员会建设工作的实施意见》要求“社区居民委员会工作用房和居民公益性服务设施建设建筑面积，每百户居民不得低于20平方米，其中用于服务的面积不得低于70%”，“争取到十二五末，所有社区都要建成600平方米以上的社区服务中心”。我市新建住宅小区和旧城连片改造居民区，根据政府规划独立设置社区居民委员会的，住建部门在规划审批时，要按照相关规定严格把关，开发建设单位必须同时规划建设面积不低于600平方米的社区居民委员会工作用房和居民公益性服务用房。社区用房开发建设过程中必须有街道办事处参与，确保社区用房建设符合基层工作需要。建成后，市住建部门和城市社区建设工作领导小组办公室应会同项目所在地的街道办事处组织有关部门进行验收，经验收合格由市住建部门按照财政核定的成本价向开发建设单位收购，资金按规定渠道列支，产权归市政府，使用权归项目所在地社区居委会。

2.对不达标的老社区居委会综合用房。按照分类推进的原则，逐步进行解决。一是利用腾退公房。凡在社区范围内，行政事业单位腾退出的办公用房和中小学校幼儿园调整教学布局后空余出的校舍，按照社区优先的原则，符合社区用房标准的，要无偿划拨给社区使用。二是征拆翻扩建。对面积小于300平方米，具备征拆、扩建条件，且改扩建后面积可以达到600平方米以上的社区，由所属街道向市政府有关部门报计划、报方案、报预算、报效果图，经政府有关部门论证审批后，进行征拆、扩建。三是整合调整。对面积不足300平方米，使用情况良好的社区，又不具备改扩建条件的，通过整合、购买或置换社区用房加以解决，实现一个社区多块阵地多种功能，并确保每一块阵地能用、好用。四是租赁。对已建成建筑面积小于300平方米，服务范围窄、不具备改扩建条件，尚无办法通过整合、调剂使面积达到600平方米的社区用房。采取租赁的方式解决，由各街道自行租赁，经验收达到社区建设标准的综合用房，按照我市行政事业单位租赁的相关规定，在规定范围内，由市财政承担50%的租金，从基础设施配套费中列支。

3.合理布局社区服务场所。社区工作用房和居民公益性服务设施建设，应当根据服务需要进行合理布局；与其他建筑物合建时，应当设置在建筑物的一层，做到供暖、水电、煤气、通信、厕所等配套设施齐全，且有独立的出入口，方便居民办事。内部功能设置要有社区“一站式”便民服务厅（统一规范设置劳动保障、社会救助、社会福利、计划生育、社区卫生服务、信息咨询等服务窗口）、社区组织办公室、社区居民议事（党员活动）室、社区综合治理（网格化管理）办公室、社区调解室、社区社会组织（志愿者组织）工作室、社区图书阅览室、社区文体活动室、社区慈善物品捐赠室、社区警务室“一厅九室”办公服务场所。按照标准建设社区党建服务站、社区卫生服务站、社区计生服务站、社区日间照料中心等公益性服务场所的。提倡“一室多用”，提高使用效率。

社区居委会综合用房属公益性用房，不得出租、转让或挪作他用。一旦发现出租、转让或挪作他用，由市住建部门责令限期整改，拒不整改的，市住建部门予以收回。

（四）健全完善人才体系。

1.壮大社区居民委员会工作队伍。每个社区居委会工作人员要达到8～10人（包括社区“两委”成员和社区专职工作人员），各街道主要通过内部调剂进行解决，调剂后不足部分采取配备社区专职人员方式进行解决，但总数不得超过3人。社区专职工作人员，由人社部门面向社会公开招聘，聘用人员实行派遣管理，费用由街道负责。

2.落实小区长、楼长、楼梯长队伍。居委会下设居民小组长（居民小区长）、楼长、楼梯长负责协助居委会做好社区日常管理服务。居民小组长，按照社区每300户设1名的标准配备；楼长和楼梯长，原则上每栋楼设1名楼长，每个楼梯设1名楼梯长。居民小区长、楼长、楼梯长面向社区居民选聘热衷于社区群众工作的人员担任，给予一定的经济补助。

3.建立健全社区志愿者队伍。健全完善以市社区志愿者组织为骨干、街道社区志愿服务站为基础、各类志愿者组织互为补充的社区志愿者组织体系。大力推进社区志愿者注册制度，发展壮大社区志愿者队伍。

4.加强对社区居民委员会工作人员的教育培训。社区工作业务主管部门或街道办事处要根据需要制定社区工作人员培训规划，每年至少对居民委员会主任培训一次，每两年至少对其他成员培训一次。鼓励社区居民委员会成员和社区专职工作人员积极参加社会工作等职业资格考试和学历教育考试。

三、社区重点服务工作。

1.抓好社区党组织服务管理。组织部门和街道党工委要积极依托社区党组织，深入推进住宅小区、楼栋、楼梯单元、党员中心户等基层党的网络体系建设。要指导党员干部认真履行好“双岗双责”，切实开展好流动党员管理，扎实做好社区党建服务站建设，为社区各类党员提供教育和服务。社区党组织要认真抓好党的路线、方针、政策的宣传引导。重视对离退休党员的教育管理和服务，充分发挥他们在社区建设中的骨干作用。进一步完善发挥在职党员作用的载体、途径、方法，倡导并组织在职党员参与社区活动；积极引导社区民间组织和社会群体中的党员发挥模范作用；加强社区入党积极分子队伍建设，认真贯彻“控制总量、优化结构、提高质量、发挥作用”的方针，做好培养、教育和考察工作，不断为党员队伍注入新的活力。

2.抓好物业和业主委员会建设。住建部门、编办、人社部门和各街道要认真贯彻落实《招远市物业管理办法》（招政发〔2014〕34号）精神，成立物业管理机构，配备专职工作人员；要创新工作机制，有效解决物业监管不强，服务不到位等问题。要按照一个物业管理区域成立一个业主大会的要求，加快推进小区业主大会和业主委员会建设，住建部门要制定全市实施意见，各街道要出台配套工作方案，着重抓好业主大会、业主委员会的筹建、选举、换届、监督等各个关键环节，规范完善各项管理机制，不断扩大居民自治小区覆盖率，提升业主自治工作水平，逐步建立起社区居委会、业主委员会、物业服务企业沟通协商的良性互动管理服务模式。

3.抓好社区网格化服务管理工作。市委政法委要牵头对社区网格化管理工作进行规划实施，科学划分网格，健全各级网格化管理组织体系，设计开发社区网格化管理信息系统，建立涵盖“人、地、物、事、组织”等信息的综合信息数据，指导基层逐步配齐配强小区长、楼长、楼梯长等网格管理员队伍。社区居委会要积极配合开展工作，抓好各项措施落实，在社区逐步构建起“精细化管理、人性化服务、多元化参与、信息化支撑”的网格化管理工作格局。

4.抓好社区治安防控工作。公安部门要抓好社区警务室人员配备和警务设施建设，维护好社区治安秩序，开展好消防、户籍、出入境等便民服务进社区活动。市610办公室要加强对邪教的防范和处理，抓好社区居民宣传教育。市司法局要抓好社区调解组织建设，落实好社区矫正工作措施。社区居委会要积极协助开展群防群治工作，做好流动人口信息摸排、矛盾纠纷排查调解等各项工作，及时掌控社区服刑人员、吸毒人员、涉邪教人员、易肇事肇祸严重精神障碍患者等重点人员信息。

5.抓好社会救助服务。民政部门要指导居委会面向老年人、儿童、残疾人、贫困家庭、优抚对象等社会弱势群体开展好社会救助和福利服务。居委会要积极协助部门、街道做好慈善捐赠、慈善救助工作；受理最低生活保障申请；为低保家庭和低保边缘家庭申请医疗救助、大病救助和临时救济等。同时，要认真做好优抚救济、双拥共建、防灾减灾宣传教育等工作。

6.抓好社区劳动就业服务。人社部门要积极指导社区居委会开展劳动就业服务，宣传促进就业、自主创业和创业带动就业优惠政策，鼓励社区内失业人员、就业困难人员、进城务工人员和新成长劳动力自主创业；开发和管理社区公益性就业岗位，实施社区就业安置项目，指导和帮助社区内失业人员、就业困难人员、进城务工人员、新成长劳动力实现就业。

7.抓好社区环境整治。针对当前物业管理滞后，群众反响强烈的问题，由市住建、城管部门牵头、街道配合、居委会协助，负责解决社区居民在环境绿化、基础设施管理、生活垃圾清运等物业管理方面遇到的问题。对于没有物业管理的小区按照市物业管理基金管理办法解决。

8.抓好社区计划生育工作。卫计部门要进一步加强对社区计生工作的业务指导，落实好各项计划生育政策，健全完善社区计生工作组织和信息网络。社区居委会要协助做好计划生育的宣传工作、经常性工作以及流动人口计划生育管理，普及优生优育知识，控制人口数量，提高人口质量。

9.抓好社区卫生防疫工作。卫计部门要进一步加强社区卫生服务站建设工作，认真抓好社区卫生设施、卫生服务队伍建设和管理，开展好教育预防、除害消毒、保健康复、心理健康、计生技术指导、家庭病床等服务，促进医疗服务向社区楼院和居民家庭延伸。社区居委会要支持、帮助社区卫生服务机构搞好社区居民健康调查，建立健康档案，做好社区健康教育和疾病预防宣传。

10.抓好社区安全管理。社区居委会要积极配合安监部门和街道开展好安全社区创建工作，全面做好交通安全、消防安全、家居安全、公共场所安全、社会治安安全及防灾减灾安全等重点工作，确保社区居民生命财产安全。

11.抓好社区市场监管工作。市场监督管理部门和城管部门牵头、街道配合、居委会协助，加快社区市场升级改造步伐，不断提高社区市场规范化水平。社区居委会要积极摸排、提供辖区信息，协助市场监管部门加强食品药品监督管理工作，保障公众饮食用药安全。

12.抓好社区思想文化工作。宣传、文化、教体、司法部门要进一步加强社区精神文明、思想文化、法德教育阵地建设，不断完善公益性群众文化服务设施，积极开展创建文化先进社区、民主法治示范社区等活动。社区居委会要协同相关部门，采取多种形式，组织社区居民开展体育健身、娱乐和教育等活动，增进居民身心健康，提高社区居民的思想道德素质和科学文化水平，促进家庭和睦、邻里团结。

四、保障措施。

1.加强组织保障。（1）调整充实城市社区建设工作领导小组力量。城市社区建设工作涉及社会管理的方方面面，要保证工作协调有序推进，必须在市级层面形成强有力的组织领导。根据市委《关于调整市有关委员会和领导小组组成人员的通知》精神（招委〔2012〕17号），本着务实、高效的原则对原城市社区建设工作领导小组做进一步调整。由市长任组长，市委副书记、常务副市长、组织部长、政法委书记和各分管副市长任副组长，各街道（区）和市直有关部门主要负责人为成员。领导小组要定期召开联席会议，重点研究解决工作中出现的重大疑难问题，督导城市社区建设工作的规划实施。（2）成立市城市社区建设工作领导小组办公室。编办积极向上争取成立城市社区工作的常设机构，专职负责街道社区的建设和管理工作。在未常设之前，领导小组办公室设在市委政法委，由市委常委、政法委书记兼任办公室主任，政法委常务副书记任办公室常务副主任，住建局、民政局主要负责人任办公室副主任。从城区三办一区和住建局、民政局等部门抽调人员，实行集中办公，具体负责办公室日常工作开展。

2.加强经费保障。市、街道要将社区党组织服务群众专项经费、社区居委会工作经费、人员报酬以及服务设施、警务设施和社区网格化建设等经费纳入财政预算。街道办事处要对居委会工作经费实行专户储存、专款专用，分账核算，不得挪用、挤占、截流，并定期向社区居委会及居民公开使用情况，接受居民监督；市财政局要完善资金监管机制，对经费落实、使用情况进行定期检查，确保社区运行经费落实到位。

3.完善考核机制。要将城市社区建设和管理工作纳入街道岗位目标责任制，建立健全考核体系。市城市社区建设工作领导小组办公室，要做好对各职能部门和各街道社区建设工作的督导考核，促使社区各项工作切实落实到位。

各街道各相关部门要按照本实施意见，结合实际，制定贯彻落实的具体措施。

中共招远市委
招远市人民政府
2015年6月26日

关于印发招远市科学技术奖励办法的通知

招政发〔2015〕17号

各镇人民政府，各街道办事处，经济技术开发区管委，滨海科技产业园管委，市政府各部门、集团公司：

《招远市科学技术奖励办法》已经市政府研究通过，现印发给你们，请认真遵照执行。

招远市人民政府
2015年4月17日

招远市科学技术奖励办法

第一章　总　则

第一条　为了奖励在本市科学技术进步活动中做出突出贡献的个人和组织，充分调动科学技术工作者的积极性和创造性，增强自主创新能力，推动科学技术进步，建设创新型城市，促进经济和社会发展，根据《国家科学技术奖励条例》《山东省科学技术奖励办法》和《烟台市科学技术奖励办法》的规定，结合我市实际，制定本办法。

第二条　市政府设立招远市科学技术奖，奖励在本市科学技术活动中做出突出贡献的组织和个人。

第三条　市科学技术奖的申报、推荐、评审、授奖等活动适用本办法。

第四条　市科学技术奖贯彻自主创新、重点跨越、支撑发展、引领未来的方针；坚持尊重知识，尊重人才；鼓励自主创新以及产学研结合、科技成果推广应用；注重科学技术水平和取得自主知识产权状况；注重科学技术对解决我市经济社会发展重大问题做出的贡献和取得的效益。

第五条　市科学技术奖的推荐、评审和授奖，坚持公开、公平、公正的原则，依法管理，严格评审标准，不受任何组织或者个人的非法干涉，坚决防止弄虚作假。

第二章　奖励机构

第六条　市科学技术行政部门负责市科学技术奖评审的管理工作。

市政府设立市科学技术奖励评审委员会（以下简称评审委员会），其组成人选由市科学技术行政部门提出，报市人民政府批准。

评审委员会下设市科学技术奖励评审委员会办公室（以下简称市奖励办），设在市科学技术行政部门，负责市科学技术奖励评审委员会日常工作。

第七条　市科学技术奖励评审委员会的主要职责：

（一）裁定市科学技术奖各评审组的评审范围和评审标准；

（二）裁定建议授奖项目、人员和等级；

（三）裁定有异议的授奖项目和评审工作中的重大问题。

第三章　奖项设置和评奖条件

第八条　市科学技术奖分为科学技术最高奖、科学技术合作奖、科学技术发明奖和科学技术进步奖，每年评审一次。

市政府所属部门不设立科学技术奖，国家和省、烟台市另有规定的除外。

第九条　科学技术最高奖和科学技术合作奖不分等级。

科学技术最高奖每年授予人数不超过1名。

科学技术合作奖每年授奖数不超过1项。

科学技术发明奖和科学技术进步奖设一等奖、二等奖和三等奖，授奖数根据每年参加评审的项目总数按比例确定。

第十条　市科学技术最高奖，授予下列个人：

（一）在当代科学技术前沿取得重大突破或者在促进科学技术发展中做出重大贡献的；

在科学技术创新、科学技术成果转化和高新技术产业化中，取得重大技术发明、技术创新，创造了巨大经济效益或者社会效益的。

第十一条　市科学技术合作奖授予通过科技合作共同研发取得重大科技成果或者引进重大科技成果及重大技术项目，在我市实施产生了重大经济效益、生态效益或者社会效益的组织。

第十二条　市科学技术发明奖授予运用科学技术知识做出产品、工艺、材料及其系统等重大技术发明，实施后取得显著经济效益、生态效益或者社会效益的个人。

第十三条　市科学技术进步奖授予在实施技术研究开发与应用、社会公益、重大工程建设和科学化管理等项目中，有重大科学技术创新，取得了较大的经济效益或者社会效益，做出较大贡献的个人或组织。

第十四条　社会力量设立面向社会的科学技术奖的，应当向市科学技术行政部门提出申请，报市政府批准，并不得在奖励活动中收取任何费用。

社会力量设奖是指市内外企事业单位、社会团体、其他组织或个人，利用非国家财政性经费或者自筹资金，面向全市设立的经常性的科学技术奖。

社会力量设奖需由设奖的组织或者个人提出申请，按照国家、省、烟台市有关规定办理，并于每年的12月份向审批机关报告奖励工作情况。

第四章　申报、推荐、评审和授予

第十五条　法律、行政法规规定必须取得有关许可证，且直接关系到人体健康、公共卫生和公共利益的项目，如动植物新品种、实验动物、食品、药品、农药、兽药、肥料、压力容器、医疗器械等，在未获得行政主管部门批准之前，不得申报市科学技术奖。没有规定必须审定的动植物新品种，未经行政主管部门登记的，也不得申报市科学技术奖。

涉及国家秘密技术和国家安全的项目，按相关规定执行。

第十六条　组织或个人申报市科学技术奖，应当按照行政隶属关系向具备推荐资格的单位提交《科学技术奖申报书》，并按规定提供真实可靠的申报材料。单位申报的，应当在申报前在本单位公示。

第十七条　市科学技术奖由下列单位推荐：

（一）各镇人民政府、各街道办事处、经济技术开发区管委、滨海科技产业园管委；

（二）市政府有关部门和直属机构（单位）；

（三）省和烟台市驻招单位。

对市辖区外科学技术人员与我市合作的科学技术奖励推荐项目，由我市实施单位按照行政隶属关系推荐。

第十八条　推荐单位应当对市科学技术奖申报材料进行审查，并在其提交《科学技术奖申报书》中实事求是地填写推荐意见，将符合条件的报送市奖励办。

第十九条　科学技术项目有下列情形之一的，不予推荐：

（一）对知识产权有争议的；

（二）对科学技术成果的完成单位或完成人有争议的。

第二十条　市奖励办应当对推荐上报的材料进行审查，并在市级媒体上进行公告。

第二十一条　评审委员会聘请有关方面的专家、学者组成若干专业评审组，按照本办法的规定开展评审工作。

第二十二条　评审委员会对各专业评审组的评审结果进行审议，提出奖励意见。市科学技术行政部门对奖励意见进行考察和审核。

第二十三条　市奖励办将经审核的奖励意见在市级媒体上公示，公示期为15日。任何单位和个人对公示的项目、个人或者组织有异议的，自公示之日起15日内，可以书面形式署实名向市奖励办提出，市奖励办对异议进行处理，需要裁定的提请评审委员会进行裁定。

第二十四条　经公示的奖励意见报市政府批准。市科学技术最高奖、科学技术合作奖、科学技术发明奖、科学技术进步奖由市政府颁发荣誉证书和奖金。

第二十五条　市科学技术奖励经费从市级科技经费中列支。市人民政府根据科技、经济发展需要，适时提高市科学技术奖励经费和奖金数额。

第二十六条　市科学技术最高奖奖金20万元；市科学技术合作奖奖金8万元；市科学技术发明奖、科学技术进步奖一等奖、二等奖和三等奖奖金分别为每项4万元、2万元和1万元。

第二十七条　市科学技术奖奖金应当按照完成人的贡献大小分配，任何单位和个人不得截留、挪用。

第五章　奖励监督和违纪处理

第二十八条　剽窃、侵夺他人科学技术成果，或者以不正当手段骗取科学技术奖励的，由市科学技术行政部门报市政府批准撤销其奖励，追回证书和奖金。

第二十九条　推荐单位提供虚假数据、材料，协助他人骗取市科学技术奖励的，由市科学技术行政部门给予通报批评；情节严重的，暂停或者取消其推荐资格；对负有直接责任的主管人员和其他直接责任人员，由所在单位依法给予处分；构成犯罪的，依法追究刑事责任。

第三十条　评审委员会委员、评审专家组成员应当对评审情况以及项目的技术内容严格保密，与被推荐的市科学技术奖候选人或项目完成人有近亲属关系或有直接利害关系的，应当回避。

第三十一条　市科学技术奖励评审工作人员在评审活动中弄虚作假、徇私舞弊的，由有关部门给予行政处分；构成犯罪的，依法追究刑事责任。

第三十二条社会力量未经登记擅自设立面向社会的科学技术奖的，由市科学技术行政部门予以取缔。

社会力量经登记设立面向社会的科学技术奖，在科学技术奖励活动中收取费用的，由市科学技术行政部门责令限期退还所收取的费用，情节严重的，撤销登记。

第六章　附　则

第三十三条　本办法由市科学技术行政部门负责解释并配套制定《招远市科学技术奖励办法实施细则》。

第三十四条　本办法自发布之日起施行，有效期五年。原《招远市科学技术奖励办法》（招政发〔2011〕38号）同时废止。

关于印发招远市新兴产业发展规划的通知

招政发〔2015〕20号

各镇人民政府，各街道办事处，经济技术开发区管委，滨海科技产业园管委，市政府各部门、集团公司：

《招远市新兴产业发展规划》已经市政府研究同意，现印发给你们，请认真遵照执行。

招远市人民政府

2015年4月25日

招远市新兴产业发展规划

（2015～2020年）

为大力发展新兴产业，进一步提升我市产业的自主创新能力和综合竞争力，促进产业结构优化升级和经济发展方式加快转变，制订本规划。

一、指导思想、基本原则和目标任务。

（一）指导思想。围绕国家产业政策导向，根据我市经济基础、产业优势和未来发展趋势，以加快转变发展方式、调整产业结构为主线，以构筑现代产业体系为目标，以发展新能源、新材料、电动汽车、现代医药、文化旅游、健康养老、电子商务、金融八大新兴产业为重点，通过实施科技创新助推、产业集聚发展、骨干企业培育、平台创新支撑四大工程，强化组织领导、评估机制、政策支持等六大举措，不断推动新兴产业规模化、高端化、集聚化发展，使其成为引领我市经济社会发展的先导产业和支柱产业。

（二）基本原则。

1.创新驱动。突出自主创新、开放式创新和合作创新，充分利用国内外创新资源，突破一批关键技术和共性技术，掌握自主知识产权，主导核心标准制定，促进创新成果转化，以新技术突破带动形成新产业。

2.重点突破。以最有基础和条件的优势产业作为突破口，统筹规划，分步实施，集中资源，重点推进，并发挥辐射带动作用，实现产业整体发展与重点领域跨越发展。

3.市场主导。充分发挥市场配置资源的决定性作用，以企业为主体，通过规划引导、政策激励和组织协调，创新模式，培育需求，规范市场，营造环境，促进产业快速发展。

4.集约集聚。以特色园区和产业基地为载体、骨干企业为依托、重大项目为支撑，完善产业链条，增强配套能力，打造一批创新能力强、创业环境好、产业特色鲜明的新兴产业基地，推进产业集群化、集约化、规模化发展。

（三）目标任务。到2020年，全市新兴产业成为经济社会发展的重要推动力量，增加值年均增长15%以上，占GDP比重达到25%左右。文化旅游产业成为我市新的名片，电子商务、金融创新产业成为我市特色产业，新能源、电动汽车、新材料、现代医药、健康养老产业成为我市经济的支柱产业。创新能力大幅提升，掌握一批关键核心技术，建成一批产业链完善、创新能力强、特色鲜明的新兴产业集聚区，培育一批在全省乃至全国有影响的大企业和一批创新活力强的骨干企业。

二、重点领域。

（一）新材料产业。依托鲁鑫贵金属、金宝电子、招金膜天等骨干企业的主导产品，加强企业间的分工协作和关联产业的引进力度，通过上、下游延伸及产业集聚，着力打造四条主流产业链：以印制电路用材料为核心的产业链，以集成电路用金属导电、支撑材料为核心的产业链，以半导体照明材料及装置为核心的产业链，以高分子膜材料为核心的水处理装备产业链。到2020年，全市新材料产业实现主营业务收入突破400亿元，利税26亿元。

1.电子新材料。以鲁鑫贵金属、金宝电子、招金膜天等骨干企业为龙头，以发展壮大新兴企业为依托，重点开发半导体键合金丝、无铅焊粉、电解铜箔、电子镍箔、覆铜板、印制电路板、黄金合金、金盐、银盐等电子新材料。重点抓好鲁鑫高科技产业园、金宝电子材料产业化基地、晨煜电子年产600吨电子铜箔及年产100吨电子镍箔等重大项目建设，把鲁鑫高科技产业园打造成为世界一流的现代化、智能化、生态化的高科技产业示范园区。

2.膜材料。以招金膜天等骨干企业为龙头，以金汇膜科技、金泓滤膜等新兴企业为依托，发展壮大空气过滤膜、卷式超滤膜、疏水膜、PVDF加强型污水处理专用膜等新材料。加大水处理、海水淡化功能膜材料及成套装备的研发，打造特色鲜明的水处理装备制造基地。突出抓好招金膜天海水淡化设备制造基地、金汇膜科技增强型中空纤维超滤（微滤）膜产业化基地等重点项目建设。

3.金属新材料。以佳恒铜业为依托，大力发展高效耐蚀耐热多元微合金精密铜管材，积极开发新型粉末冶金材料，拓展风电装备应用领域。以玲珑轮胎为依托，加快推进轮胎用金属新材料的研发生产。支持非晶合金宽带、铜银合金和铜锡合金等新材料。

（二）新能源产业。以风能、太阳能和生物质能、地热能、清洁能源等领域为重点，依托风电骨干企业，有序推进已规划获批的风电场建设，加快推进太阳能分布式光伏发电和燃气分布式能源建设，开发生物质能等可再生能源，加快实施安徽盛运股份投资的城乡生活垃圾无害化处理焚烧发电项目，抓好项目营运和管理，促进城乡垃圾处理一体化，加快推进新能源机械的研发生产。到2020年，全市新能源装机容量达到100万KW以上，新能源主营业务收入达20亿元以上，基本形成以风能发电为核心，以太阳能、生物质能等其他新能源开发和新能源装备制造为补充的新能源开发体系。

1.风能。有计划地实施资源规模化开发，适度发展集中、成片风电场，促进分布式风电建设，稳步推进风电装备研发和产业化，培育关键零部件、控制系统、发电机到风电机组产业链。按照我市《风电产业发展规划》和《关于进一步规范调整风电项目规划布局的意见》，分批推进蚕庄、夏甸、阜山、齐山等较大规模风电场建设，因地制宜建设一批分布式风电场。到2020年，全市风电装机容量达到64.3万KW以上，年发电量达到19.9亿千瓦时以上。

2.太阳能。支持引进国内外太阳能电池制造设备和技术，不断提高太阳能电池转化效率，降低生产成本。积极推广使用太阳能，重点做好太阳能光伏建筑一体化和光伏与LED结合的照明项目建设，适度发展地面光伏电站。规划建设蚕庄20MW的光伏农业科技大棚电站、玲珑50MW的地面电站、夏甸芝山20MW光伏发电等5个项目。

3.生物质能。加强全市生物质资源评价，充分利用树木枝丫、农作物秸秆、城市生活垃圾、工业有机垃圾、畜禽粪便、污水处理厂污泥等资源，发展生物质发电项目。支持粉丝生产企业和大型畜牧养殖企业建设沼气发电装置，扩大农村户用沼气覆盖面，提高生物质综合利用率。争取安徽盛运股份投资的9MW城乡生活垃圾无害化处理焚烧发电项目早日建成投入运营。

4.地热能。加快研发浅层地热能采集技术和地热能梯级开发循环利用技术，在矿山企业中推广应用地源热泵、热泵空调等地热应用产品，鼓励利用余热发电，有效促进企业节能降耗。同时，合理扩大地热资源利用领域，促进地热温泉、医疗保健、休闲度假等现代服务业发展。

5.新能源装备制造。围绕风电、太阳能、生物质能产业发展，支持有条件的企业加强技术引进和转让，自主开发新产品、新装备，力争掌握一批核心技术，促进新能源产业配套装备生产本土化。鼓励相关企业积极发展装备再制造产业，为推动循环经济发展提供新支撑。

（三）文化旅游产业。围绕打造中国一流的黄金文化主题旅游目的地，大力实施“金、泉、山、海、古村落”整体开发战略，以旅游项目建设和改造提升为重点，以落实旅游标准化为抓手，通过实施“2234”工程：即规划两家5A级景区（罗山黄金文化旅游区、辛庄滨海旅游度假区），两处省级旅游度假区（罗山黄金文化省级旅游度假区、辛庄滨海省级旅游度假区），三部文化旅游影视剧（大金脉、大书铺、大粉坊），四大旅游项目（罗山黄金文化大型山水实景演艺园区、招远古村落旅游区、中华财神文化主题园、山东春雨好景游艇产业园），进一步完善旅游基础配套设施，加快旅游商品开发，加强旅游宣传促销，规范旅游市场秩序，提高旅游服务质量，努力把我市建设成为黄金文化主题旅游目的地。到2020年，全市接待游客量超过796万人次，旅游业总收入超过100亿元，年均分别增长15%和13.8%。

1.黄金文化旅游。加强现有旅游项目的改造提升和宣传推介，做好黄金文化的拓展和延伸，探索建设中华财神文化主题园项目，打造亚洲乃至世界第一财富文化品牌；鼓励发展大型实景演艺旅游项目，重点抓好罗山黄金文化大型山水实景演艺园区建设，规划实施好实景演出区、温泉小镇、商业餐饮区、艺术家工作区、养老度假区、演艺学校等旅游项目建设；结合城市文化建设做好黄金文化元素的植入和项目开发，积极开发“金都婚庆街”“祈福金水桥”等创意项目，把黄金文化旅游做到极致。

2.温泉文化旅游。编制全市温泉文化旅游发展规划，促进地热资源有效保护、规范管理、有序开发。以滚泉山为中心，充分挖掘温泉文化，做好历史文化建筑恢复性建设，对现有温泉设施进行改造提升和高品位开发，形成独具特色的温泉养生保健区、温泉商务会议区、温泉康体运动区、温泉休闲度假区等主题功能区，打造高品位的滚泉山温泉旅游度假区，加快景城一体、产城一体建设步伐。

3.滨海文化旅游。结合滨海旅游资源和滨海新区规划，加快开发滨海旅游产品，挖掘现代海洋文化，加强古村落文化旅游开发建设，挖掘招远特有的民俗历史文化，形成现代海洋文化与历史民俗文化交相辉映的特色滨海文化旅游。重点实施好人工岛、山东春雨好景游艇产业园等项目建设，不断提升滨海旅游的档次。

4.乡村文化旅游。重点做好传统村落物质文化保护与开发，开展生态文明乡村建设和乡村旅游资源开发，打造胶东民俗文化旅游示范基地、胶东民俗文化旅游影视基地及乡村旅游示范区，实施好粉丝文化博物馆、民俗文化馆、玲珑仙人山农博园、中矿金都庄园、毕郭镇将军岭葡萄产业群、青龙湖香草园休闲度假区、山里陈家乡村游、大诸流-金水湖乡村文化游等重点项目，尽快建设形成“食、住、行、游、购、娱”于一体的山东省乡村旅游示范区。

（四）健康养老产业。把握人口老龄化发展趋势，依托产业基础、历史文化和生态人居环境等优势资源，按照“突出产业属性，培育市场主体，促进融合发展，提升为老服务”的思路，以政府保障性养老项目为引导，以社会资本投资为主体，积极推进健康养老产业政策创新、制度创新和服务创新，加快建设一批老年人休闲度假、养生保健、养老房产、用品制造、教育文化等养老养生项目，逐步形成以老年公寓、涉老康复护理、疗养医院、临终关怀等为主要内容的多功能养老服务综合体和产业链。到2020年，千名老人拥有养老床位达到40张以上，护理型床位占养老床位总数的30%以上；符合标准的日间照料中心、农村幸福院、敬老院等养老服务设施覆盖所有城乡社区和乡镇；实现城乡居家养老服务信息网络全覆盖，生活照料、医疗护理、精神慰藉、紧急救援等基本养老服务覆盖所有居家老年人；老年人消费品制造、文化娱乐、旅游市场得到较快发展；基本形成政策健全、机制完善、标准规范、平等参与、竞争有序的养老服务业市场环境，养老产业占三产总收入比重明显提高。

1.培育养老服务市场主体。加大养老服务业对外开放力度，吸引境内外投资者以独资、合资、合作等方式举办、运营养老机构，引进国际先进适用的养老服务管理经验、技术和人才。鼓励和支持社会力量举办规模化、连锁化养老机构，个人举办家庭化、小型化养老机构。大力培育发展专业居家养老服务企业和机构，整合利用社会服务资源，支持其连片辐射、连锁经营、统一管理、打造品牌，开展居家养老服务。

2.健全养老服务金融产品。引导和规范商业银行、保险公司、证券公司等金融机构开发适合老年人的理财、信贷、保险等产品，支持发展养老机构责任保险、老年人意外伤害保险、长期医疗护理保险、养老保险等，提升个人养老能力，降低养老机构经营风险。鼓励和支持政府主导，政府、企业和个人共同负担，为经济困难老年人、失能老年人统一提供人身意外伤害保险、长期医疗护理保险等综合保险，为老年人提供更加全面的养老服务保障。

3.开发养老服务产品用品。以企业为主体，产学研相结合，加强养老产业新技术、新产品的研发应用，加强技术集成和服务模式创新。加快研发适合老年人的助行器具、视听辅助、起居辅助、营养保健、服装饰品、康复护理器械等用品。引导相关行业积极拓展老年文化娱乐、体育健身、休闲旅游、老年教育、健康养生、精神慰藉、异地养老等服务，推动养老服务与各产业间的融合发展。积极构建政府引导、社会主体、多方参与、层次多样的公共体育服务体系。积极打造群众健身网络，推动体育场馆、文体活动中心等设施逐步向社会开放。支持和引导社会力量参与体育场所的建设和运营管理。鼓励发展运动健身培训、健身指导咨询等服务。

4.打造养老服务产业品牌。编制养老产业发展指导目录，支持养老服务龙头企业做大做强、中小企业加快发展，不断提高科技创新能力，培育养老知名品牌，形成一批产业链长、覆盖领域广的养老产业集群。推动养老服务企业集聚发展，打造集老年产品研发、检测、生产、物流配送、电子商务、展览展销等一体化的养老服务产业园区。

（五）电子商务产业。以产业转型升级为中心，以打造电子商务平台、培育电子商务龙头企业、发展电子商务特色网店为载体，努力推动电子商务提档进位、跨越发展，为促进全市经济转方式调结构注入强大动力。到2020年，将我市建成产业转型升级、特色突出的电子商务示范市。规模以上企业电子商务应用率达到70%，中小企业应用电子商务率达55%；年交易额过1000万元的电子商务企业达到30家，年交易额过5000万元的电子商务企业达到4家；全市电子商务交易总额突破100亿元，网络零售额占社会消费品零售额的比重达到20%。

1.深化拓展电子商务普及应用。支持黄金、电子信息、轮胎及汽车零部件、机械制造和食品加工等优势产业发展电子商务，着力打造特色鲜明、定位清晰，在全国具有代表性、影响力的行业集群电子商务平台；引导中小企业积极融入龙头企业的电子商务购销体系，并在条件成熟后探索自建电子商务平台，鼓励“粉丝网”“黄金网”“农产品交易网”的创建，组织开展好线上营销、展销活动；开拓培育农村电子商务市场，引导农村经纪人、种养大户、农业团体利用新农村商网等平台开展农产品网上购销；鼓励农业产业化龙头企业、大型农产品批发市场建设大型农产品电子商务交易平台，提高万村千乡市场工程信息化水平；依托智慧城市建设，利用招远信息港、招远人才网、89000民生服务平台、招远家政服务网等生活服务网络公共平台及全市相关电子政务信息，整合购物、缴费、家政、就业、医疗保健等服务资源，实现网上信息咨询、家政、日用品配送等服务进社区、进家庭；支持传统百货、连锁超市等企业利用第三方电子商务平台，探索实体店与虚拟店融合发展的商业新模式；鼓励传统商贸流通企业、餐饮服务企业与第三方零售平台开展网络零售配送合作；鼓励金都百货、皮革城开展网上商城业务，实现同城配送。

2.促进电子商务要素集聚发展。建设集聚度高的电子商务产业园区，重点支持招远市金都缘创业孵化基地、东城新区科技孵化中心、招金黄金职业学院等项目建设，打造具有孵化功能的电子商务创业基地；加快电子商务在线交易、诚信体系、标准法规等支撑体系建设，形成完善的电子商务产业链，增强区域引导、行业辐射和产业带动能力；加快推进电子商务楼宇项目的开发建设和运营管理，发挥产业孵化功能，积极培育电子商务楼宇集群；积极引进一批电子商务服务商，支持其整合国内外电子商务资源，以产业集群、特色产品等为重点，提供策划、设计、代运营、物流、信用、认证、安全、咨询、培训等一站式电子商务服务，帮助传统中小微企业加快发展电子商务；打造各类电子商务公共服务平台，提供电子商务基础服务，包括网络、技术、信息、美工、摄影、咨询、策划、运营、金融等环节的公共服务，实施共建共享；建设双向互动的农村商务信息服务平台，推进交通、文化、教育、医疗、金融、保险等电子商务平台的建设，支持电信运营商、邮政、广电运营商、新闻媒体等发挥各自优势，建设面向消费者的电子商务公共服务平台。

3.完善电子商务支撑服务体系。编制现代物流业发展规划，大力发展现代物流业，鼓励物流企业发展网仓物流、农产品电商物流、生鲜冷链物流等新型业态；强化网络支付能力，鼓励金融机构开发面向消费者的电子钱包、手机支付等新型在线支付产品，加快形成网上支付、移动支付、固网支付以及其他支付渠道构成的新型综合支付体系。鼓励市内优秀电子商务企业积极争取第三方支付牌照，加快建设安全、兼容、快捷的第三方支付平台，支持和推进电子支付产品和服务方式创新。探索招远市民卡的电子支付应用，引入银联等第三方支付，丰富电子支付产品（服务）种类，构建起多元化电子支付服务体系；加强网络基础设施建设，结合智慧城市建设，加快推动“三网融合”，加快基础通信设施、光纤宽带网和移动通信网、广电有线网络建设；培育一批专业化电子商务技术服务企业，提供平台开发、信息处理、数据托管、应用系统和软件运营等技术服务。

4.推进电子商务技术与商务模式创新。强化创新技术应用，加快移动电子商务服务平台建设，鼓励现有电子商务交易平台开展移动电子商务业务；鼓励电子商务技术创新，加强电子商务技术支撑体系建设，积极推动电子商务“云”服务、移动4G、5G技术、物联网传感技术融合创新；推动经营模式创新，运用制造业网络直销（M2C）、社交网推广、网络团购、物联网应用等电子商务新模式，探索发展“线上营销、线下成交”“线下体验、线上交易”等经营模式，开展网络拍卖、数据托管、数据分析、网上培训等新业务。

（六）电动汽车产业。以国家、山东汽车产业调整和振兴规划为导向，坚持自主创新和引进技术相结合，加大招商引资力度，以技术创新突破关键技术，以技术改造带动产业体系建设，以自主品牌提升产业竞争力，实现我市电动汽车产业持续、健康、快速发展。到2020年，力争年产电动汽车10万台以上，实现产值40亿元。辖区范围内电动汽车配套设施、相关汽车零部件配套系统相对完善。

1.扩大电动汽车研发生产。以山东奥特姆新能源汽车制造有限公司和山东康泰有限公司为依托，围绕纯电动、混合动力和燃料电池动力等国家产业政策导向，以电动汽车能量储存、转换及驱动、控制模块或整车总成为重点，支持整车和关键零部件核心技术研发，积极推进纯电动、混合动力、燃料电池和其他新能源等各类汽车的研发和批量生产，尽快形成多品种、多系列的新能源汽车产品。鼓励城市环卫车、游览车、机场转运车等小型特种纯电动车辆研制，拓展电动汽车示范领域。

2.延伸电动汽车产业链。围绕拉长延伸电动汽车产业链条，加快发展轻量化汽车悬架系列、汽车刹车系列、汽车座椅系列、汽车冲压件系列、动力电池等电动汽车配套产品，提升产品配套能力。加快推进康泰新能源汽车零部件项目和鲁鑫贵金属与韩国现代PF公司电动汽车锂电池电解液合作项目。

3.推进充电配套设施建设。研究制定新能源汽车充电设施总体发展规划，支持各类适用技术发展，根据新能源汽车产业化进程，积极推进充电设施建设。按集约化利用土地、标准化施工建设、满足消费者需求的原则，将充电设施纳入城市综合交通运输体系规划和城市建设相关行业规划，科学确定建设规模和选址分布，鼓励社会资金参与，适度超前建设，积极试行个人和公共停车位分散慢充等充电技术模式。

（七）现代医药产业。紧紧抓住生命健康产业快速发展和世界医药产业结构调整的机遇，按照“市场导向、放大优势、高端介入”的发展思路，强化龙头企业和园区的主导带动作用，以产业引进和产品开发为重点，以技术进步为支撑，以品牌创建为核心，不断强化科研创新、生产制造、流通服务各环节，扩大延伸现代医药产业链，促进医药产业集群发展，打造具有我市特色的现代医药产业园区，提升产业核心竞争力。到2020年，现代医药项目达到5个，开发新产品8～10个，实现医药产业总产值40亿元，利润13亿元。

1.培育优势龙头企业。在金岭矿山机械工业园内，规划建设医药工业园中园，推进医药企业规模化发展。重点引导山东凯利医疗器械有限公司、烟台宇远药业有限公司、益生药业有限公司等医药企业，通过招商引资、联合、并购、重组等形式，促进国内外同类资源和要素转移配套产品整合，扩张生产规模。强化产业规划和政策引导，依靠科技创新、制度创新和品牌创新，促进企业向“专、精、特、新”方向发展，尽快培育一批有自主知识产权和知名品牌、市场竞争力较强的优势企业。

2.加强新产品研发生产。实行科技兴药政策，鼓励技术创新。积极支持和引导现有骨干企业与高校和科研院所确定科技主攻方向，逐步建立新产品自主研究开发体系，大力调整品种结构，促进产品升级。以生物制品、药物制剂、医疗器械的研发和生产制造为重点，推进高新药物及TPE精密输液器、智能代步车、胃镜胶囊和远程医疗监控系统核心平台及终端服务设备的研发生产；以临床诊断试剂、数字化医学诊断设备、监护仪器和新型生物医药材料为重点，加大适用于个人及家庭的健康检测、监测与健康等产品的研发。

3.鼓励发展现代医药物流。鼓励医药产业骨干企业或有条件的企业，大力发展现代医药物流。通过加快药品流通信息化建设，用现代科技手段改造传统的医药物流方式，推动医药物流服务专业化发展。

（八）金融产业。以金融创新发展试点市为契机，按照“做全门类、做强机构、做大规模、做好服务”原则，着力深化金融改革和创新，不断优化金融资源配置和金融生态环境，完善金融监管，稳步提高金融业在国民经济中的地位和作用。到2020年，我市金融服务业增加值占GDP比重达到7%以上，占服务业增加值比重达到12%以上。银行机构达到20家，存款总量达到700亿，贷款总量达到450亿。境内外上市企业达到5家，“新三板”上市企业20家，区域股权挂牌企业50家，募集资金达到200亿。全市保险密度达到3000元/人，保险深度达到2.3%。基本建设成为金融产业发达，金融综合竞争力强的金融强市，成为烟台地区乃至全省的地方金融生态示范区、金融产品和服务创新区、金融机构聚集区、新型金融机构和民间金融试验区。

1.推动金融集聚区建设。研究制定鼓励金融产业发展的激励机制，抓好传统金融业的基础上，积极招引证券业、保险业、期货业、信托业、财富管理机构、各类创业风险投资基金、私募股权投资基金和国内外知名投资基金管理机构进驻招远；鼓励发展本土创投和股权投资机构，支持上市公司及民营资本进入金融领域，发展小贷公司、村镇银行、民间资本管理公司、资金互助社等地方小型金融组织。探索设立市金融控股投资集团，打造现代化的金融控股经营企业，使其成为助推新兴产业发展的重要动力。积极发展与金融核心业务密切相关的保险中介、信用评级、资产评估、融资担保、典当、产权交易、金融仓储、投资咨询等各类金融服务机构。

2.健全金融市场体系。探索设立成长性产业投资基金，加快建立创业投资、股权投资等多层次投资基金体系，吸引更多社会资本进入股权投资业；支持条件成熟的企业尽早在境内主板、中小板、创业板上市及海外目标市场上市直接融资，推动上市工作实现重大突破；鼓励和大力支持企业发行公司债、短期融资券、中期票据及其他企业债券等融资，探索联合发债方式，推进中小企业集合债权基金等债权类金融创新；以黄金金融创新为主线，鼓励招金集团财务公司开展委托投资、担保、保险等金融服务，进一步扩大黄金租赁、黄金套期保值等业务，支持招金期货公司加快发展并与更多企业开展业务合作，通过期货交易实现套期保值，提升企业管理价格风险的能力；加强与全国中小企业股转系统、齐鲁股权交易中心等的沟通合作，拓展合作方式，争取设立挂牌孵化基地。

3.创新金融供给渠道。进一步优化信贷结构，健全银企合作长效机制，改善和扩大个人信贷服务，加强担保体系建设，加大对新兴产业重点项目的中长期信贷支持力度；推进信贷产品创新，探索开展应收账款质押贷款、租金收入质押贷款、小额循环贷款、无抵押贷款，积极推动知识产权抵押贷款、信贷债券发行、中小企业信用互助计划，强化金融电子服务手段的投入，满足多样化金融需求；采用联保、小额信用创业贷款等方式来支持农民的生产和生活，推出针对农民的信贷、理财、保障类金融业务；大力发展普惠金融，积极发展村镇银行、小贷公司等新型农村金融机构，逐步实现农村基层金融服务“村村通”；依托农村产权交易中心，推进涉农抵质押担保方式创新，规范开展农村产权抵押贷款业务。

三、重点推进工程。

（一）科技创新助推工程。

1.着力提升自主创新能力。加快推进我市省级研发中心不断提质升级，针对行业领域内的重大关键性、基础性及共性技术进行研发，以提整体竞争力和创新能力。加快开展从基础研发到产业化推广、科技交流、人才培养等科技创新活动，推动相关行业技术提升和科技进步。筛选一批企业培育创建烟台市级研发平台，夯实企业创新基础。完善企业自主创新激励和投入机制，加大财税、金融和政府采购等政策支持力度，积极引导创新要素向企业集聚，培育具有自主知识产权和品牌的创新型企业。“十三五”期间，争取建设省级和烟台市级研发中心分别3家和6家；力争获省级以上的科学技术奖励6件以上；申报各项专利3000件，其中发明专利占25%。

2.加强科技合作创新。以山东理工大学招远工业技术研究院及哈尔滨工程大学、哈尔滨工业大学招远技术转移中心为载体，支持企业与高校开展前沿性技术开发，加快推进高校成果在我市转化，催生一批高新技术产业化项目，为经济发展注入活力，每年争取促成科技合作35项以上，形成一批具有自主知识产权的科技成果。进一步探索与高校院所合作模式，丰富提升产学研合作的内容和层次，推动校企双方由一般技术和项目合作向多项、长期合作研发阶段发展，借助高校院所在研发设备、检测设备、人才等方面优势，共建创新载体和技术创新战略联盟。

3.加快科技成果转化。推进科研成果转化基地建设，实施一批技术领先、行业带动明显的新兴产业化示范工程。鼓励高校和科研院所创办高新技术企业，通过技术入股进入企业，校企联合承担国家和省重大科技开发及产业化项目。整合各类服务资源，搭建信息共享、创业服务、技术交易、知识产权等平台，促进创新成果交易和转化。

（二）产业集聚发展工程。依托“两区一带”及专业园区、特色园区、科技园区、产业集中区和优势产业链条，突出“特色化、集聚化、高端化、创新化”，重点建设一批产业配套能力强、市场影响力大、集成创新能力强、创业环境好、辐射带动强的新兴产业特色产业基地。按照要素互补、生产营销环节共用、上下游产业配套的原则，促进优势资源较强、产业关联性较高的企业向园区和基地集聚，强化企业间专业化分工与协作，增强产业集聚效应，打造新兴产业发展引擎和载体。

1.鲁鑫高科技产业园。项目位于开发区，规划总投资8亿元，占地400亩，建筑面积12万平方，项目分三期实施。一期规划占地150亩，投资3.5亿元，建筑面积56868平方米，建设年限为2013年7月—2015年7月。一期共引进电子新材料项目5个，分别是焊粉、镀钯铜丝、合金铜丝、银金合金丝、硅铝键合丝项目。到2020年，力争项目全部建成达产，园区主营业务收入达到20亿元，实现利税2.6亿元，成为世界一流的现代化、智能化、生态化的高科技产业示范园区。

2.金宝电子材料产业化基地。项目位于开发区，郑家以东，608省道以北，总占地面积500亩。计划投资30亿元，主要建设高导热型CEM-3覆铜板、挠性覆铜板、金属基覆铜板、高精电子铜箔、印制电路板项目、研发中心及规划产业延伸项目，建设年限为2012—2020年。项目达产后，金宝电子铜箔总产能将达到30000吨，覆铜板总产能将达到5000万平方米，印制电路板为100万平方米，年新增主营业务收入60～80亿元，利税9.2亿元，将打造中国电子材料行业的标杆龙头示范园区。

3.招金膜天海水淡化设备制造基地。项目位于开发区，占地面积65亩，建筑面积2万平方米，计划投资3.8亿元，建设年限为2013年5月—2015年12月。主要建设海水淡化装备制造车间、海水淡化用膜组件生产车间、办公楼及附属配套设施，重点发展空气过滤膜、卷式超滤膜、疏水膜、PVDF加强型污水处理专用膜等新材料，力争成为国内高端膜产品生产基地。项目达产后，年新增主营业务收入3.4亿元，利税3360万元。

4.佳恒铜业新工业园。项目位于开发区，占地200亩，计划总投资5200万元，规划建设年限为2015年6月—2017年9月。项目达产后，年生产高效耐蚀耐热多元微合金精密铜管材8000吨，新增主营业务收入3.5亿元，利税3160万元。到2020年，园区主营业务收入达到100亿元，利税8亿元。

5.欧洲工业园。项目位于滨海科技产业园，规划占地1000亩，重点推进奥特姆电动汽车项目。该项目由意大利HTM公司与山东中矿集团公司合资经营，总投资5亿元，厂房占地300余亩，厂区建筑面积3万余平方米，预计建设总投资8000万元。项目第一期建筑面积104.4亩，设计产能5万辆/年，项目达产后可实现主营业务收入10亿元。同时，积极推进二期的高压电熔、电池组、太阳能发电设备设施等项目的引进建设。

6.康泰工业园。项目位于开发区，以建设生理相干身心平衡系统产业园区和汽车零部件产业园区为重点。一是投资3亿元，建设生理相干身心平衡系统专业园区，将按摩健身器械系列产品整合到开发区现有园区内，并积极围绕特殊人群开发身心疲劳快速恢复和康复理疗新产品，填补国内空白。二是投资6亿元，建设汽车零部件产业园区。重点抓好现有项目的搬迁和新上项目的建设，科学规划项目布局，加强与GM、SGM、北京李尔等大型公司的全方位合作，配套生产汽车刹车支架、车桥、悬架、汽车儿童座椅等汽车零部件产品。到2020年，园区实现主营业务收入40亿元，利税11.5亿元。

7.玲珑集团有限公司新材料示范应用项目。项目位于开发区，总占地面积583.5亩，总投资159180万元，主要建设粗拉、中丝热处理、细拉、电渡、湿拉等车间，购置粗拉、中丝热处理、细拉、电镀、湿拉等设备以及辅助设施等共计3293台（套）。本项目拟定总规模为年产10万吨钢丝帘线，主要用于子午胎的胎体骨架层、钢丝带速层、胎侧增强层及胎圈包布等部位，建设年限为2015年-2017年。项目建成后，将达到年产10万吨钢丝帘线的生产能力，年实现主营业务收入14亿元，利润5.7亿元。

8.轮胎电子商务与物联网营销融合推广项目。项目占地面积500亩，总投资2亿元，建设年限为2015年-2016年，主要建设玲珑轮胎4S店及物流配送，采用网络营销、物流配送的方式销售轮胎，实现电子商务点对点直销。项目建成后，预计年主营业务收入将达8570万元，利税1714万元。

9.现代医药产业园。项目位于金岭镇矿山机械产业园，规划占地400亩。依托做大做强凯利医疗器械和烟台宁远医药两个项目，招引高科技、高附加值的医药项目落户园区。一是山东凯利医疗器械有限公司新区建设项目。规划总占地1000余亩，总投资4亿元。主要生产具有自主知识产权的自动止液、排气精密输液器等高附加值医疗耗材，生产各类中高端输液器年3000万套，注射器1亿支及其他产品，实现年产值20亿元。同时，加大新产品研发力度，推进TPE精密输液器、智能代步车、胃镜胶囊和远程医疗监控系统核心平台及终端服务设备的研发，使凯利公司逐渐成为以中高端医用耗材、智能化医疗设备生产等为核心的现代化高科技企业。二是烟台宁远药业有限公司由招远三联远东化学有限公司与北京六合宁远科技有限公司合作建设项目。总投资1.6亿元，一期投资1亿元，项目占地50亩，建筑面积16000平方米，主要建设CGMP车间，并不断进行新产品及技术的研究开发，为国内外大型知名医药公司提供项目技术及样品制备服务，2015年底建成投产。“十三五”期间，园区内医药项目达到5个，实现医药产业产值达10亿元，利润3亿元。

10.粉丝文化博物馆。项目位于金岭镇双塔工业园，是目前国内唯一的粉丝文化传承、展示的专业性博物馆，集旅游观光、休闲购物、影视拍摄等功能于一体。规划占地面积110亩，建筑面积1.2万平方米，总投资2.3亿元，建设年限为2011—2015年，按功能划分为粉丝文化广场、文化展示区和休闲体验区三部分。其中，粉丝文化广场：主要由博物馆广场、音乐喷泉和文化广场三部分组成。文化展示区：通过图片、影像、实物、声光电等形式，集中展示粉丝文化源远流长的历史和行业成就。休闲体验区：完整复原明清时期粉丝生产工艺、粉丝外运、粉丝销售、生活休闲等场景，并可品尝粉丝宴、胶东风味小吃，购买粉丝纪念品。

11.罗山黄金文化大型山水实景演艺园区。项目位于玲珑镇罗山国家森林公园，全力打造以实景演出为引导，文化原创产业为延伸，旅游休闲配套为基础，养老养生为展开的多层次、复合型文化创意园区。项目总投资36亿元，总占地1100亩，建设年限为2014—2020年，分三期，主要建设实景演出区、温泉小镇、商业餐饮区、艺术家工作区、养老度假区、演艺学校等。其中：一期主要建设大型山水实景演出《金山佛谕》观众席、露天剧场及其大型生态停车场等配套设施；二期主要建设大型实景演出《金山佛谕》配套项目—温泉小镇。

12.招远古村落旅游区。项目充分挖掘、传承被授予“中国历史文化名村”“山东省历史文化名村”“中国传统村落”等独特的古村落历史文化，以“江北印刷业摇篮”孟格庄为中心，开发古村落文化旅游小镇，突出文化特色，建设“金街银巷”，实现“金都有金街”，全力打造胶东最大的民俗文化园和民俗文化影视基地。项目计划投资10亿元，总面积约2458亩，建设年限为2014—2018年，分近期和中远期开发建设。近期主要开发建设胶东民俗大观园、孟格庄村、高家庄子村等，其中胶东民俗大观园占地923亩。

13.山东春雨好景游艇产业园。项目位于滨海科技产业园，占地2000亩，总投资20亿元，建设年限为2015—2017年，主要建设内容包括：游艇制造厂及游艇生产销售、游艇会所及泊位、游艇地产、游艇俱乐部、游艇培训学校、奥特莱斯、好景大厦、游艇及客船船坞维修厂、游艇产业关联产品；直升机低空客运、旅游观光、救援、培训项目；大型生态旅游动物园、游乐园。

14.中华财神文化主题园。项目位于玲珑镇罗山国家森林公园，计划总投资30亿元，建设年限2020年前，依托亚洲第一金山，按照“金山、金庙、金财神”的理念，开发建设中华财神文化主题园，把上下五千年的财神和财神文化请进来，打造世界第一财神文化主题园。

15.民俗文化馆。项目位于玲珑镇，占地23.2亩，建筑面积9273平方米，总投资6000万元，建设年限为2013—2015年。该项目以“家”为设计理念，内分四合院、街坊、古代五业等展厅。“四合院”集中展示结婚、庆寿、过节等家庭活动；“街坊”主要展示节庆活动和商业活动；“古代五业”展示渔、樵、耕、读、商5个职业，从而生动再现胶东民俗。

16.玲珑仙人山农博园。项目位于玲珑镇，总投资4.51亿元，占地2000余亩，总建筑面积10万平方米，建设年限为2012—2015年，包括入口区、观光游览区、生态餐饮区及配套服务区四部分内容。项目依托独特的山野风光、良好的自然生态及发达的水果种植优势，按照生态可持续发展原则，以农业科技旅游为主线，打造集农业科技推广、生态旅游、休闲娱乐和科普教育于一体的农业观光旅游胜地。

17.中矿金都庄园。项目位于毕郭镇，占地1400亩，总投资2亿元，包括优质葡萄品种种植区300亩、农作物种植区500亩、露地蔬菜种植区100亩、果品采摘区300亩、观光旅游区200亩。其中，葡萄种植区采用中式建筑群，开辟餐饮住宿区、活动游览区、观光采摘区等，集观光、采摘、娱乐、餐饮为一体。观光旅游区，主要是建设集生态循环、观光休闲、绿色种植等于一体的高标准现代农业示范园，发展体验农业与观光农业相结合的特色旅游，开通直达中矿集团先期开发的黄金博览苑、淘金小镇、架旗山游乐园等旅游景点的直达车，打造招远南部乡镇旅游新亮点。项目建成后，预计年产各类绿色果蔬60万公斤，葡萄酒1000吨，年增利润5000万元。

18.将军岭葡萄产业群。项目位于毕郭镇，总占地10000亩，总投资5亿元，建设年限为2014—2020年，分4期建成投入运营。建设内容包括：酿酒葡萄栽培及种植8000亩，建设世界各地不同风格特色酒庄19个，涵盖从葡萄种植、葡萄酒酿造到葡萄酒文化传播等各个方面，同时具备温泉SPA、美酒美食、品酒教学、艺术展览、山地运动等多项功能，成为集观光旅游、休闲、餐饮为一体的高端葡萄酒庄集群和旅游度假胜地。

19.休闲旅游养老城。项目位于城西区，主要建设迎宾广场、莲花池以及茶园、彩虹田、薰衣草田、百花园等种植园，以休闲旅游、养生养老和医疗中心为主，形成多条独具特色的种植观光走廊；在山体西侧建设水疗养生会所、娱乐场及超星级酒店，以休闲娱乐为主；在外环以东以风情商业街及商业综合体为主，打造成集生态旅游、休闲娱乐、休闲养生、综合养老等多功能为一体的旅游休闲养老城。

20.浩阳新能源机械产业园。项目位于滨海科技产业园，占地200亩，计划总投资6亿元，主要建设企业研发中心、生产风电、太阳能回转支承、回转驱动等为主，为新兴产业项目配套关键部件。项目建成投产后，年新增主营业务收入15亿元，利税2亿元。

（三）骨干企业培育工程。重点培育新兴产业骨干型、成长型企业，优先落实相关扶持政策，促进各类要素向其集中。依托龙头企业，大力发展和引进上下游企业，促进产业链纵向延伸和横向拓展，尽快形成一批产业规模大、成长性高、创新能力强、产业拉动作用突出的骨干企业群体。加大国家、省新兴产业专项资金争取力度，对重点企业实施的技术改造项目、获得国家和省新兴产业资金支持项目给予配套支持。加大对新兴产业产品采购力度，鼓励、引导应用新兴产业产品。加大银行机构、担保机构、风投公司、保险公司等对新兴产业发展的金融支持，支持企业扩张资本和规模。

（四）平台创新支撑工程。

1.电子商务平台。一是招远市电子商务综合信息平台。商务局牵头建设，网络中心提供技术支持并负责运营和推广。二是“黄海农副产品交易市场”电子商务平台。由山东黄海农业发展有限公司筹建，总投资3.5亿元，一期投资5000万元，建设可容纳1万人同时在线的、从事农副产品交易、信息咨询服务的大型电子商务平台。二期投资3亿元，打造集仓储、现代物流、冷链、电子商务于一体的农副产品现代物流配送集散中心。三是招金集团自主电子商务平台。依托企业资源优势，发挥企业在行业内的领军带头作用，着力打造特色鲜明、定位清晰，在全国具有代表性、影响力的行业集群电子商务平台。四是掌上招远移动应用服务平台。结合智慧城市建设，形成稳定、可靠、高效的掌上招远移动应用统一门户，为公众提供一站式的与日常生活息息相关的各种便民服务，搭建互动交流的移动平台，提供就地出勤、就地办公的工作环境，提升政府公共服务能力。

2.金融创新平台。由市金融办牵头，规划建设招远金融服务中心，规划面积1600平方米。一是金融服务大厅。以建设“金融超市”为主，内设“招远财富管理中心”。二是民间借贷登记服务中心。为民间借贷双方提供信息登记、咨询、发布和投融资中介等各项服务，在担保、评估、公证等机构的参与下，使民间借贷行为阳光化。三是构建民间融资所需的民间信用征信体系信息平台。通过对银行、担保、小贷、民间资本管理公司、典当行等民间融资的调研，建立多方位、多层次的服务体系，使民间资本运行规范化、安全化、快捷化。四是金融机构“孵化”中心。为入驻招远的金融及中介服务机构提供孵化服务，提供办公场所和各类相关服务。五是金融服务管理中心。负责中心日常管理工作，如：金融维权、设备机房、客服等。

3.科技孵化创新平台。按照“政策引导、政府推动、市场运作”的模式，利用国家政策资源的引导作用，由市科技局牵头，依托开发区科技孵化中心，鼓励各级政府、社会各界和企业参与科技孵化器的规划建设。面向前沿高科技领域，紧贴主导产业和新兴产业规划，找准企业技术领域和不同发展时期的切入点，面向前沿高科技领域，加强与大专院校、科研院所对接合作，引进国内外高科技人才，加快国家级重点实验室、技术中心、研究中心、科研工作站规划建设，推动综合性科技孵化器和具有产业特点的专业孵化区发展，搭建各类科技服务创新平台，为技术创新和成果转化提供科技支撑，不断成为全市经济社会发展的“加速器”。

四、保障措施。

（一）加强组织领导。成立市推进新兴产业发展工作领导小组（见附件），负责制定年度工作目标和工作安排，协调解决工作中遇到的重大问题。领导小组办公室设在市发展和改革局，具体负责做好日常工作协调、调度工作。各成员单位要各司其职，密切配合，合力推进工作落实。

（二）建立评估机制。围绕规划确定的主要目标和重点工程，建立规划实施评估制度，加强规划实施情况跟踪分析，适时调整和修订规划内容，出台相关政策措施，确保规划顺利实施。

（三）突出政策引导。重点支持新兴产业园区建设、新兴产业企业实施的技术改造项目、关键共性技术研发、科技成果转化、创新能力建设、产业化示范工程等；积极争取国家、省和烟台市新兴产业专项资金支持；优先落实增值税转型、所得税减免、进口设备免税、研发费用加计扣除等现有税收优惠政策；落实省、烟台市有关土地优惠政策，对新兴产业重点项目优先安排用地指标；优先统筹安排产业引导资金、财政贴息补助、技术改造资金等。

（四）强化人才支撑。鼓励企业、高校、科研院所依托创新平台、重大科研项目、国际交流与合作项目加强与海内外高层次人才合作，培育一批具有全球化视野和持续创新能力的领军型企业家队伍；加大联合引智力度，深入实施各类引才计划，有针对性地采取团队引进、核心人才带动等方式吸引国内优秀人才、归国留学人才、海外科技及管理人才到新兴产业领域创新创业，鼓励高校、科研院所及企业围绕新兴产业重点领域联合引才；完善人才流动机制，促进高校、科研院所创新人才向企业流动，鼓励高校在企业建立实习、实训基地或企业在高校建立人才基地，深入推进企业建立院士工作站、博士后工作站及博士后创新实践基地，鼓励高端人才到企业开展科学研究或实施成果转化。

（五）加大金融支持。通过提高对企业授信额度、贷款贴息、研发和产业化补助、知识产权质押贷款、股权质押贷款、资本金注入等多种方式，引导社会资金投向新兴产业领域；大力发展创业投资，推动设立引导基金，引导创业投资企业加大对新兴产业创业企业初创期及早中期投入；鼓励开展直接融资，支持企业发行短期融资券、中期票据和企业债券，探索推进中小企业集合票据、集合债券发行机制；积极推动企业在境内主板、中小企业板或创业板上市，引导有条件企业境外上市融资；创新科技金融合作，推动商业银行开设科技支行、科技小额贷款公司，鼓励各保险公司开设开展科技保险业务；鼓励成立科技担保公司。

（六）优化营商环境。支持重点企业开拓国内外市场，引导重大工程、重大项目优先采用新兴产业设备、产品和服务；健全知识产权保护体系，开展多渠道、多层次知识产权宣传和保护，建立新兴产业知识产权信息收集、分类、整理、发布与推介平台，开展专利权、商标权、著作权抵（质）押贷款试点，鼓励和推动知识产权向现实生产力转化；加快政府职能转变，强化服务意识，对列入规划的新兴产业重点企业、重点项目提供“一站式”服务，提高服务效率，为新兴产业发展创造宽松环境；充分发挥舆论导向作用，努力营造全社会共同支持推进新兴产业发展的良好氛围。

关于加快推进现代物流业发展的意见

招政发〔2015〕21号

各镇人民政府，各街道办事处，经济技术开发区管委，滨海科技产业园管委，市政府各部门、集团公司：

现代物流业是国民经济的战略性产业，在促进资源优化配置、降低社会成本、增强国民经济竞争力中发挥着重大的作用。根据《烟台市人民政府关于加快推进现代物流业发展的意见》文件精神，结合我市实际，现就进一步加快推进我市现代物流业发展提出如下意见。

一、总体要求。

（一）指导思想。坚持以科学发展观为指导，以市场需求为导向，以物流园区建设和物流企业培育为突破口，以产业融合、联动发展为重点，以交通基础设施和物流信息平台建设为支撑，营造有利于物流业发展的政策环境，加快构筑与我市经济社会发展相适应，层次分明、优势互补、产业联动、区域协同的现代物流服务体系。

（二）工作目标。到2015年，基本建成满足我市产业经济发展和城乡居民生活服务需要的现代物流服务体系；物流业增加值达到23亿元，年均增长10%；年主营业务收入过1亿元、5000万元、2000万元的物流企业分别达到1家、2家、3家，3A级以上物流企业达到3家。到2020年，物流业增加值力争突破46亿元，年均增长15%。

二、重点工作。

（一）规划建设物流载体。综合考虑交通、产业布局、市场需求等因素，实施“123”工程，即规划建设“一个物流公共信息平台、两个综合物流园区、三个专业物流中心”。

1.招远物流公共信息平台。依托烟台物流公共信息平台，综合运用互联网、物联网、云计算等信息技术，整合物流行业资源，加快我市子平台建设，实现物流数据的集成、共享及应用。重点建设“四大信息系统”：一是以电子政务、电子口岸、电子商务、产业政策咨询、物流智库等为主要内容的物流公共信息系统；二是以大宗商品交通货运信息、网上物流在线跟踪、城市配送智能管理等为主要内容的综合交通运输信息系统；三是以园区信息管理、供需信息发布、行业信息服务以及相关物流金融、保险产品等为主要内容的物流园区信息系统；四是以供应链管理信息、物流信息发布与对接为主要内容的企业物流信息系统。

2.两个综合物流园区。

（1）金都物流园区。立足胶东半岛，建设面向全市和周边城市群的现代化物流园区，成为贯通北京、济南等大中型城市和东北三省，连接长三角、珠三角，并向内陆腹地延伸的物流枢纽，逐步发展为面向全国的区域性综合服务型物流园区。园区以区域性专业化物流服务为主，兼顾贸易、流通加工等综合性服务，重点连接周边县市区与烟台港、青岛港、龙口港、莱州港等周边港口，为烟台、青岛、潍坊、威海等周边城市群提供货物中转、集运与疏运等服务，实现“商流”与“物流”的分离，达到专业化、集约化运营。突出发展现代化大型集装箱物流，加强与集装箱发展相适应的物流网络建设，使其具备集装箱中转、装拆、分拨、配送、信息管理等多种功能。加快推进园区水、电、暖、停车、餐饮、住宿等配套设施建设，积极推进金泰达物流、金百物流等已进园项目的建设进度，尽快促进金潮物流、乾晟物流、鸿发物流等项目落地。到2015年初步形成园区规模效应和集聚效应。

（2）滨海物流园区。以大莱龙铁路、龙口港、潮水机场、荣乌高速、206国道等交通网络为支撑，加快推进园区配套设施建设，加大鲁鑫物流、嘉琪物流、生资物流、华联物流等已进园项目的建设进度，尽快推进轮胎物流园、三和物流园等项目落地，积极跟进德龙烟铁路改造工程，争取项目早日开工建设，努力打造成集仓储、运输于一体的综合型物流园区。到2015年初步形成园区规模效应和集聚效应。

3.三个专业物流配送中心。

（1）玲珑保税物流储运中心。依托玲珑轮胎运输业务以及玲珑集团橡胶机械、变压器、原材料、汽车配件、煤炭等大宗物资物流需求，通过SAP系统整合供应链上下游资源，实现管理模式、运营模式创新，提升企业竞争优势。整合兴隆盛海关直通监管场站、保税仓库、报关、货代、运输车队等功能，大力发展租船订舱、物流运输、商检报关等进出口综合业务。积极开展国内物流布局，在黄岛、武城、临沂等地自建物流基地，建设面向社会的物流信息平台，不断拓展社会化业务，加快成长为有竞争力的专业化、社会化物流集成服务商。

（2）毕郭坤发农副产品物流中心。依托毕郭镇和周边地区的果品、蔬菜、粮油、水产、副食品等资源，配套提供宾馆、饭店、餐饮、娱乐等服务，力争建设成为胶东地区集仓储配送、包装加工、电子交易、检验检疫等功能于一体的农副产品物流集散中心。

（3）张星物流配载中心。依托张星镇石材、粉丝优势，依靠龙青高速、荣乌高速、206国道等交通网络，开发建设以石材、粉丝加工集散为重点，以公路运输为主体的物流园，使其成为中转于金都物流园区和滨海物流园区的物流配载中心。

（二）推动产业融合联动发展。

1.制造业物流。鼓励轮胎、矿山机械等重点制造业企业设立统一的物流业务管理机构，按照现代物流管理方式，进行物流系统整合、优化，实现物流活动的一体化运作。推广玲珑集团的典型经验，积极引导我市制造业企业将物流服务业务剥离外包。鼓励制造业企业与物流企业以资产重组、合资、合作等形式，组建第三方现代物流企业，不断扩大合作领域，向物流金融、保税物流等功能服务延伸。支持物流企业与制造业企业建立供应链战略合作联盟关系，大力实施两业联动示范工程，引导、支持物流企业为制造业企业提供定制化和专业化服务，不断提升一体化服务能力。

2.商贸物流。加快构建与我市商贸服务业发展相适应的高效通畅、协调配套、绿色环保的现代商贸物流服务体系。积极争取商务部共同配送试点，推动共同配送、连锁商业配送、电子商务配送等配送模式的发展。支持金都百货、皮草进出口贸易加工区和辅料市场等大型商贸企业建设和改造现代化物流配送中心，完善物流配送功能，为所属门店和社会企业提供统一配送。支持建立与电子商务发展相适应，覆盖主要城区、辐射农村的现代快递、物流配送体系，满足网络购物快速发展的需要，打造城市配送“最后一公里”服务品牌。

3.农产品物流。加快建立畅通高效、安全便利的农产品物流体系，着力解决农产品物流经营规模小、环节多、成本高、损耗大的问题。加大对农产品冷链物流基础设施的投入，尽快建立与我市特色农产品相适应的冷链物流体系。加强农产品批发市场、农贸市场的规划和建设，加快推进毕郭农副产品物流中心等基础设施建设，增强服务功能。依托金都百货、家家悦等大中型超市，积极开展农超、农市、农网对接，建立与国内大中型超市和农贸市场长期稳定的产销关系。支持供销社和邮政等物流体系在农村的发展，建立覆盖镇、村的农资配送网络。落实鲜活农产品“绿色通道”政策，保证鲜活农产品配送车辆24小时进城通行和便利停靠。

（三）积极培育和引进物流企业。加大对玲珑、鸿发、乾晟、金城等龙头物流企业的培育力度，鼓励企业积极参与国家A级认证，支持企业以控股、参股、合资合作、加盟连锁、发行债券等多种渠道融资，尽快壮大规模，形成一批服务水平高、竞争力强的大型现代物流品牌企业。鼓励现有运输、仓储、货代、联运、快递等传统物流企业进行功能整合和业务延伸，提升一体化程度。对企业开展设施改造、技术更新、两业联动、多式联运等重点物流项目给予政策和资金扶持。引导有实力的制造业企业、商贸企业，积极开拓物流业务，壮大物流企业集群。积极引进现代物流总部企业、跨区域网络化经营的现代物流企业在我市建立区域性总部或营运中心，带动我市物流业向突破化、高端化发展。扶持有实力的物流咨询机构或第三方物流企业积极延伸拓展服务范围，大力开展新业态、增值型物流服务业务，逐渐发展成为第四方物流企业。

三、推进措施。

（一）加强组织领导。各级各有关部门和单位要高度重视现代物流业发展工作，落实责任，加强配合，齐抓共管，形成推动现代物流业发展的强大合力。要明确职责分工，落实政策措施，强化对物流业发展目标的考核，做好园区建设、项目引进、日常管理服务等工作，确保我市物流业发展取得实效。

（二）加大政策扶持力度。市财政从服务业发展与引导专项资金中安排一定资金支持现代物流业发展。对列入国家、省和烟台市规划的物流园区、基地、中心和重点项目用地，纳入年度土地利用计划，优先保障供应。支持物流企业利用工业企业旧厂房、仓库和存量土地资源建设物流设施或提供物流服务。积极贯彻落实《财政部国家税务总局关于将铁路运输和邮政业纳入营业税改征增值税试点的通知》（财税〔2013〕106号），深入推进交通运输业和部分现代服务业营改增试点，明确抵扣项目，切实降低物流企业税负。支持物流企业通过企业上市、发行债券、项目融资、产权置换质押等多种途径筹措资金。大力引导外资、民间资本以独资、合作、联营、参股等方式投资物流领域，实现投资主体多元化。鼓励各类担保机构加大对物流企业的支持力度。鼓励银行在独立审贷的基础上，向符合条件的物流企业优先发放贷款。加大物流领域乱收费和公路“三乱”问题的治理力度，切实减轻企业负担。

（三）加强物流标准和技术推广应用。鼓励企业积极参与国家、行业、地方物流标准的制定，开展物流新技术、新装备的研发推广。支持物流企业淘汰落后装备，进行技术改造，采用标准化的计量、分类、标识、设施设备、信息系统和作业流程。在物流企业中大力推广射频识别（RFID）、电子数据交换（EDI）、全球定位系统（GPS）、地理信息系统（GIS）、货物自动分拣、移动终端、物联网等物流新技术。

（四）加强物流人才培养。加强物流人才调查和需求预测，制定物流人才培养和引进计划。支持高等院校与企业、行业协会开展合作，通过订单式培养、校企共建实习基地、校企合作办学、职业培训、职业资格认证等方式，发展多层次教育体系和职业培训体系。落实人才引进的相关激励政策，加强国际交流合作，大力引进掌握现代物流技术的高端人才。

本意见自公布之日起施行，《关于加快物流业发展的实施意见》（招政发〔2010〕34号）、《关于促进全市现代物流业加快发展的若干政策意见》（招政发〔2010〕35号）同时废止；以往有关政策文件与本意见不一致的，以本意见为准。

招远市人民政府

2015年4月25日

关于加快发展养老服务业的实施意见

招政发〔2015〕36号

各镇人民政府，各街道办事处，经济技术开发区管委，滨海科技产业园管委，市政府有关部门、集团公司：

为贯彻落实《国务院关于加快发展养老服务业的若干意见》（国发〔2013〕35号）、《山东省人民政府关于加快发展养老服务业的意见》（鲁政发〔2014〕11号）和《烟台市人民政府关于加快发展养老服务业的意见》（烟政发〔2014〕4号）、《烟台市人民政府关于加快发展养老服务业的实施意见》（烟政发〔2014〕33号），进一步加快我市养老服务业和养老服务产业化发展，结合我市实际，制定本实施意见。

一、总体思路和发展目标。

1.总体思路。围绕不断满足老年人日益增长的养老服务需求，坚持政府引领、社会主办、市场运作，完善政策体系，创新体制机制，激发社会活力，营造统一开放、平等参与、竞争有序、充满活力的发展环境，大力推动养老方式多样化、服务对象公众化、投资主体多元化、运作机制市场化、服务队伍专业化，使养老服务业成为保障和改善民生、扩大内需、增加就业、推动经济转型升级的重要力量。

2.发展目标。到2020年，全面建成以居家为基础、社区为依托、机构为支撑，功能完善、规模适度、覆盖城乡的养老服务体系，使全市老年人实现老有所养。养老服务产品更加丰富，市场机制不断完善，养老服务业持续健康发展。

——建立更加完善、覆盖全市的居家养老服务信息网络，生活照料、医疗护理、精神慰藉、紧急救援等基本养老服务覆盖所有居家老年人。

——符合标准的城市社区老年人日间照料中心、农村幸福院等养老服务设施覆盖所有城市社区和农村社区。

——每千名老年人拥有养老床位数40张以上，护理型床位占养老床位总数的30%以上。到2020年养老服务人员持证上岗率达90%以上。

——培育养老服务龙头企业，发展1～2个产业链长、覆盖领域广、社会经济效益显著的产业集群，满足老年人健康养老、文化娱乐、医疗康复等方面需求。

——社会力量成为发展养老服务业的主体，产业规模显著扩大，从业人员显著增加，养老服务业增加值在服务业中的比重显著提升。

——基本形成政策健全、机制完善、标准规范、平等参与、竞争有序的养老服务业市场环境。

二、主要任务。

（一）建立健全政府主导的基本养老服务体系。

1.加强规划引领。将养老服务业发展纳入国民经济和社会发展规划，列为服务业重点发展领域，制定和组织实施专项规划，统筹资源，合理布局，推动养老服务与医疗、家政、保险、教育、健身、旅游等相关领域融合发展。

2.强化基本养老服务保障。以满足老年人基本服务需求为目标，推进基本养老服务均等化。履行政府托底保障职责，完善基本养老、基本医疗保障制度，逐步提高养老金待遇和医疗保障水平，对城镇“三无”老人、农村五保老人实行政府供养，建立生活长期不能自理经济困难老年人护理补贴、困难老年人养老服务补贴制度。拓展高龄津贴覆盖范围，提高老年人优待水平。

3.健全社会养老服务体系。一是推进养老机构建设。大力支持社会力量以独资、合资、合作等方式举办、运营养老机构，参与养老服务业发展，鼓励社会力量对闲置的医院、学校、企业厂房、商业设施、农村集体房屋及其他可利用的社会资源，进行整合改造后用于养老服务。二是完善社区养老服务。设立街道综合性养老机构，加快社区老年人日间照料中心、农村幸福院、老年助餐点等老年设施建设，为老年人提供短期、长期托养或日间照料服务，为周边老年人特别是高龄、空巢、独居老年人提供膳食供应、个人照顾、健身康复等服务。到2020年，城市社区日间照料服务在全覆盖的基础上更加完善，农村社区日间照料服务基本全覆盖。三是拓展居家养老服务。以机构为主体、社区为纽带，逐步建立起满足老年人需求的居家养老服务信息平台，拓展服务领域，发展居家养老便捷服务。到2020年，建立完善覆盖全市的居家养老服务信息平台，服务老年人3万户以上。根据养老服务设施建设规模和周边人口分布，全面打造城市社区15分钟、农村社区20分钟左右的“社区养老服务圈”。鼓励发展邻里养老互助服务，健全以居家为基础、社区为依托、机构为支撑的养老服务体系，满足老年人多样化养老服务需求。

4.规划完善养老服务设施。科学编制养老服务设施建设专项规划，并纳入城乡总体规划，合理确定养老服务设施布局和规模。制定城市总体规划、控制性详细规划时，必须按照人均用地不少于0.2平方米的标准，分区分级规划设置养老服务设施。编制新建居住小区规划时，要按照每百户不少于20平方米的标准配套建设社区居家养老服务用房，并按照用地标准、设计规范等提出养老服务设施规划要求。人口规模在1万人以内、1万至1.5万人、1.5万至3万人、3万至5万人的社区，应分别配套建设面积不少于300平方米、750平方米、1085平方米、1600平方米的社区老年人日间照料中心。以上设施与住宅同步规划、同步建设、同步验收、同步交付使用，不得挪作他用。旧村改造项目要通过整合和改造闲置房屋，用于社区居家养老服务。已建成的住宅小区按每百户不少于15平方米的标准调剂解决。老旧居住区没有养老服务设施或现有设施达不到建设指标要求的，必须在2020年年底前通过购置、置换、租赁等方式开辟养老服务设施。农村养老服务设施要纳入农村公共服务设施统一规划、优先建设。农村幸福院建设标准原则上占地不少于2亩、建筑面积不少于400平方米、床位不少于20张。

5.加强养老专业人才和服务队伍建设。将养老专业人才和服务队伍建设作为全市人才队伍建设和人力资源保障工作重要内容，建设一支养老服务人员、社会工作者、志愿者相结合的养老服务队伍。依托各级养老护理人员培训基地、院校，对现有养老服务机构工作人员进行在职轮训，到2020年实现养老机构护理人员培训率达到100%，所有养老护理人员持证上岗，持有初级及以上职业资格证书的养老护理人员占比达到90%以上。引导、鼓励高校和中职学校老年服务与管理类专业毕业生从事养老服务工作，在非营利性养老机构和居家养老服务照料中心开发公益性岗位，吸纳农村转移劳动力、城镇就业困难人员从事养老服务。加快培养老年医学、康复医师、护理、营养、心理和社会工作等与老年护理相关的职业技术人才。

（二）激发社会养老服务发展活力。

6.培育养老产业社会组织。通过政府购买服务、项目委托、以奖代补等形式，扶持发展专业养老服务社会组织，开发和培育市场服务主体，提供助餐、助浴、助洁、助急、助医及精神慰藉等服务。设立养老产业行业协会、养老服务企业商会、专业人员协会等养老服务业社会组织，做好行业标准制定、服务质量评估、服务行为监督等事务，发挥其行业自律、监督评估、沟通协调、中介服务作用。培育发展为老服务公益慈善组织，建立为老志愿服务登记制度。支持老年人组织开展自我管理、自我服务活动，探索建立健康老人参与志愿互助服务工作机制。

7.推进政府购买养老服务。完善养老服务评估制度，鼓励第三方组织开展养老服务评估，到2020年，全面建立科学合理、运转高效的长效评估机制，实现养老服务评估科学化、常态化和专业化。对应由政府供养的困难老年人和政府向其他特殊困难老年人提供的养老服务，采取政府购买服务的方式向社会购买。

8.完善养老服务定价机制。进一步发挥市场在养老服务业发展中的调节作用，由养老机构根据市场需求自主制定价格。政府通过规范市场价格行为，促进各类养老机构公平竞争、有序发展。

（三）融合发展医疗养老服务。

9.积极支持养老机构设置医疗机构。鼓励养老机构通过内设护理院、康复医院、卫生所、医务室等机构或采取与医疗机构、社区卫生服务机构等合作的方式，提升养老机构的医疗服务功能。拥有500张以上床位的养老机构应内设护理院或申请设置医疗机构；规模较小的可采取合作方式或通过设立卫生所（室）、医务室等方式，为老年人提供医疗康复服务。

10.支持医疗机构与养老机构融合发展。鼓励和支持医疗机构在养老机构设立派驻机构、服务网点，鼓励有条件的医疗机构通过转型、增设等方式，建设老年养护院、老年护理院、老年康复医院，构建医疗、养老、照护、康复、临终关怀相互衔接的服务模式。

11.建立医养融合发展制度。鼓励和引导基层医疗卫生机构转变服务模式，主动为长期卧床、70岁以上、独居等行动不便老年人提供上门服务，开设家庭病床。健全医疗保险机制，对养老机构内设的医疗机构，符合城镇职工（居民）基本医疗保险定点条件的，可申请纳入，入住的参保老年人享受相应待遇，各级各部门要对养老机构内部设置的医疗机构建设项目提供便捷服务。完善医保报销制度，解决老年人异地就医结算问题。

（四）促进养老服务产业发展。

12.培育养老服务市场主体。加大养老服务业对外开放力度，吸引境内外投资者投资发展我市养老服务业，引进国际先进适用的养老服务管理经验、技术和人才，提升养老服务和管理水平。鼓励和支持社会力量举办规模化、连锁化养老机构及个人举办家庭化、小型化养老机构。大力培育发展专业居家养老服务企业和机构，整合利用社会服务资源，支持其连片辐射、连锁经营、统一管理、打造品牌，开展居家养老服务。加快社区服务信息平台建设，健全社区综合服务网络，强化管理和监督，畅通服务通道，重点为社区老年人在家政便民、医疗保健、物业维修、人文关怀、娱乐学习、应急求助等方面提供服务，构建“虚拟养老社区”。

13.健全养老服务金融产品。引导和规范商业银行、保险公司、证券公司等金融机构开发适合老年人的理财、信贷、保险等产品，支持发展养老机构责任保险、老年人意外伤害保险、长期医疗护理保险、养老保险等，提升个人养老能力，降低养老机构经营风险。鼓励和支持政府主导，政府、企业和个人共同负担，为经济困难老年人、失能老年人统一提供人身意外伤害保险、长期医疗护理保险等综合保险，为老年人提供更加全面的养老服务保障。

14.开发老年产品用品。以企业为主体，产学研相结合，加强养老产业新技术、新产品的研发应用，加强技术集成和服务模式创新。加快研发适合老年人的助行器具、视听辅助、起居辅助、营养保健、服装饰品、康复护理器械等用品，引导商场、超市、批发市场设立老年用品专区专柜，形成养老服务与医疗康复、商贸餐饮、文体娱乐、旅游度假、用品制造等于一体的完整老年服务产业链。引导相关行业积极拓展老年文化娱乐、体育健身、休闲旅游、老年教育、健康养生、精神慰藉、异地养老等服务，推动养老服务与各产业间的融合发展。

15.培育养老产业集群。编制养老产业发展指导目录，支持养老服务中小企业加快发展、龙头企业做大做强，不断提高科技创新能力，培育养老知名品牌，形成一批产业链长、覆盖领域广的养老产业集群。充分利用资源优势，规划建设休闲养生、特色医疗、文化教育养老基地。鼓励房地产企业融入养生理念，构筑居家、休闲、娱乐、保健等于一体的多元化养老养生平台，壮大养老产业发展主体。推动养老服务企业集聚发展，打造集老年产品研发、检测、生产、物流配送、电子商务、展览展销等一体化的养老服务产业园区。整合生态旅游资源、优势医疗资源、养生文化资源，培育以养生养老为核心的养老文化旅游产业，拉长养老休闲旅游产业链，推动养老服务、旅游景点、酒店餐饮、休闲娱乐等行业互动发展。

三、政策措施。

（一）加大资金投入。建立健全养老服务公共财政投入机制，根据上级要求和经济社会发展逐步增加养老服务事业财政预算。（责任单位：财政局、民政局）

1.给予养老服务机构建设补助。自2015年起，对新增养老床位不少于20张、符合有关部门规定资质条件的养老机构（含区域性敬老院），按核定床位每张8500元的标准给予一次性建设补助。租赁用房且租用期5年以上、达到上述条件的养老机构，按核定床位每张4000元的标准给予一次性建设补助。补助资金由省、市、县三级财政承担。

2.给予养老服务机构运营补助。自2015年起，对运营1年以上、符合有关部门规定资质条件的养老机构，按实际入住的自理、半自理和不能自理老年人数量，分别给予每人每月80元、150元和180元的运营补助，连补2年。补助资金由省、市、县三级财政承担。

3.对福利机构内设医疗机构给予资助。自2015年起，市财政对内设护理院、康复医院等医疗机构取得《医疗机构执业许可证》的养老机构，采取“以奖代补”的方式给予一次性资助。资助标准按照每百张床位资助11万元执行，床位1000张以上的一次性奖励110万元。对内设卫生所、医务室等取得《医疗机构执业许可证》的养老机构一次性奖励6万元。所需资金由市、县两级财政承担。

4.对养老机构进行保险补助。自2015年起，在全市范围内推行养老机构责任保险制度，所需费用由市、县两级财政和养老机构各承担50%、30%和20%。

5.给予城市社区日间照料中心建设和运营补助。自2015年起，对规模300平方米以上、床位10张以上的城市社区老年人日间照料中心给予一次性建设补助，并对运营1年以上的日间照料中心给予连续2年运营补助。对建筑面积达到《社区老年人日间照料中心建设标准》（建标143-2010）要求的，按一二三类分别给予55万元、45万元、35万元的建设补助和每年7万元、6万元、5万元的运营补助；对达不到国家最低建设标准、建筑面积300平方米以上的，给予15万元的建设补助和每年4万元的运营补助。补助资金由省、市、县三级财政承担。

6.给予农村幸福院建设和运营补助。自2015年起，对符合条件的农村幸福院，给予12万元的一次性建设补助，并对运营1年以上的农村幸福院给予每年1.5万元的运营补助，连补2年。补助资金由部、省、市、县四级财政承担。

7.给予养老服务信息平台运营资助。自2015年起，对符合条件、养老服务信息平台运转良好、运营规范的养老服务呼叫中心，每年给予5万元的运营补助，连补2年。补助资金由县级财政承担。

8.对特殊困难老年人实施政府购买养老服务。自2015年起，逐步实施对60周岁以上生活不能自理或半自理的城镇“三无”老年人、城镇低保家庭中生活不能自理的老年人、“三老”（老烈属、老伤残军人、老复员军人）优抚对象等特殊对象的居家养老，按照自理、半自理、不能自理的状况，每户每月分别提供不少于10、20、30小时的政府购买养老服务，市财政按每人每小时30元服务费的标准向社会购买服务的方式执行。对上述半自理、不能自理的对象入住养老机构的，市财政按每月600元、900元的标准，给予养老服务护理补贴。建立政府购买服务标准自然增长机制，根据市场价格实时实行调整。80周岁以上老年人和上述特殊对象，免费加入居家养老服务信息网络。对全市范围内设立的邻里养老互助点每处每年给予1000元的补助，所需资金由县级财政承担。

（二）落实优惠政策。各类养老服务机构免缴城市基础设施配套费、有线（数字）电视建设费（入网费），减半缴纳防空地下室易地建设费、有线（数字）电视终端用户收视维护费。用电、用水、用暖、燃气等执行居民价格，固定电话、宽带互联网费用执行家庭住宅价格。养老院占用耕地的，免征耕地占用税。非营利性养老服务机构在排放污染物达标并经环保部门核准的情况下免缴排污费，并适当减免环境监测服务费。对养老院类的养老服务机构提供的养老服务，免征营业税、城市维护建设税和教育费附加。对符合条件的非营利性养老服务机构，按规定减免企业所得税、自用房产的房产税、自用土地的城镇土地使用税，免缴征地管理费、水土保持补偿费、水利建设基金、残疾人就业保障金。对营利性养老服务组织和机构，按规定享受国家对中小企业、小型微利企业和家庭服务业等其他相应的税收优惠政策。高校毕业生、失业人员、农民工、转业退役军人创办养老机构的，自首次注册登记之日起5年内，免收各类行政事业性收费。境内外资本兴办养老机构享有同等的优惠政策。（责任单位：文广新局、住建局、国税局、地税局、水务局、财政局、环保局、残联、供电公司、联通公司）

（三）保障养老设施建设用地。各级要将养老设施建设用地纳入土地利用总体规划和年度用地计划，确需新增用地的，每年安排一定数量的用地指标用于养老服务设施建设。民间资本举办的非营利性养老机构与政府举办的养老机构享有相同的土地使用政策，可以依法使用国有划拨土地或者农民集体所有的土地。对营利性养老机构建设用地，按照国家对经营性用地依法办理有偿用地手续的规定，优先保障供应。鼓励以租赁方式供应养老用地，降低养老服务设施建设成本。养老服务设施因城市建设需要依法拆迁时，优先安排同等面积的建设用地。严禁改变养老设施建设用地用途、容积率等土地使用条件，变相搞房地产开发。国土资源部门对规划可以分宗的养老服务设施用地，应按相关政策单独办理供地手续；对需要在其他建筑物内部配建或确实不具备单宗划宗条件的养老服务设施，可将规划确定的配建养老服务设施指标纳入所在宗地的土地供应条件，并在土地出让合同或划拨决定书中明确约定土地使用权人需要承担配建任务的具体内容。配建养老服务设施建成后，土地使用权人应按相关约定、规定交付相关单位或按国家相关规定严格使用管理。（责任单位：住建局、国土资源局）

（四）拓宽投融资渠道。引导金融机构创新金融产品、服务方式和抵押担保方式，统筹各类金融资源支持养老服务业发展。政府出资建立的融资性担保机构要优先为养老机构提供贷款担保服务。鼓励采取股份制、股份合作制等形式，探索以“建设—运营—移交”模式建设养老服务设施。农村可以将未承包的集体所有的部分土地、山林、水面、滩涂等作为养老基地，收益供老年人养老。支持慈善公益组织参与养老服务业，鼓励冠名捐建养老机构，引导捐资设立养老服务类非公募基金会。（责任单位：金融办、农业局、国土资源局、水务局、林业局）

（五）强化人力资源保障。鼓励、引导养老机构科学设置专业技术岗位，对在养老机构就业的卫生技术人员，执行与医疗机构相同的执业资格、注册考核政策。建立养老服务岗位就业补贴和养老护理员特殊岗位津贴制度，提高养老护理员工资福利待遇。对养老服务机构和组织中取得职业资格证书并从事养老护理岗位工作的护理人员给予技术等级津贴。引导养老机构依法建立完善内部管理规章制度，保障从业人员劳动报酬、休息休假和社会保障等权益落实。完善养老服务从业人员职业资格证书制度，推动养老服务从业人员工资待遇与专业技能等级、从业年限挂钩。（责任单位：人社局、卫计局、财政局）

五、组织领导。

（一）完善工作运行机制。建立健全市养老服务体系建设联席会议制度，加强部门间的沟通协作，定期分析养老服务业发展情况和存在问题，及时研究推进养老服务业发展的工作措施，切实做到履职尽责，形成齐抓共管、整体推进的工作合力。

（二）营造良好社会环境。引导、培育、扶持社会力量积极主动投身养老服务业，形成政府、市场、社会、家庭和老年人共同参与、各尽其能的发展格局。健全市场规范和标准，完善监管机制，提升养老服务质量和产品质量，引导老年人树立健康的养老观念、社会化养老服务的消费理念。广泛宣传敬老、养老、爱老、助老、孝老的传统美德，加大对养老服务先进典型和为老服务示范单位、企业、个人的表彰力度，构建和谐养老文化。

（三）加强监督管理。完善养老服务业统计制度，建立养老服务业发展评价与监测指标体系，科学、准确反映养老服务业发展状况。对各类养老机构实施行政许可，建立养老机构等级评定和养老服务评估制度，健全养老服务行业准入、退出、监管机制。培育养老服务行业协会、基层老年协会、养老服务企业商会等社会组织，发挥其在行业自律、监督评估、服务中介、沟通协调等方面的作用。

本意见自2015年8月1日起施行，有效期至2020年7月30日。本意见与《招远市人民政府关于加快社会养老服务体系建设的意见》（招政发〔2013〕39号）文件内容有抵触的，以本意见为准。

招远市人民政府

2015年6月30日

关于加快全市资本市场发展的若干意见

招政发〔2015〕42号

各镇人民政府，各街道办事处，经济技术开发区管委，滨海科技产业园管委，市政府各部门、集团公司：

为进一步推进我市企业资本市场工作，鼓励和引导我市企业通过资本市场实现优化配置和制度创新，支持企业做优做强，加快企业在境内外（含“新三板”）、省内区域股权市场上市步伐，结合我市实际，制定本意见。

第一条　充分利用资本市场，积极推动企业上市，是提升企业管理水平、促进产业转型升级的重要手段，也是提升区域经济发展水平和综合竞争力的一项重大举措。要把资本引进和资本运营放在同等重要位置，大力培植上市资源，多渠道、多形式推进企业资本市场工作，积极做好政策扶持和服务跟进，全面推动企业更好更快发展。

第二条　本意见适用于注册地在我市的上市公司及拟上市企业、全省性区域股权挂牌企业和重点上市后备资源企业。其中，境内拟上市企业是指已在山东证监局完成辅导备案的企业；境外拟上市企业是指上市申请已被境外证券监管机构正式受理的企业；“新三板”拟挂牌上市企业是指已经正式递交申请材料的企业；重点上市后备资源企业是指已经与券商等中介机构签订了相关协议并报市金融工作办公室备案认定的企业。

第三条　重点上市后备企业、拟上市企业和上市公司在我市范围内投资新建符合国家产业和供地政策的项目，有关部门要优先安排土地利用使用指标，开辟“绿色通道”，优先办理规划、环评、节能、备案或核准等手续。

第四条　对符合条件的重点上市后备企业、拟上市企业和上市公司，发改、财政、经信、科技在申报国家、省、烟台市科技扶持配套资金、中小企业发展专项资金、技改扶持资金、财政贴息资金等各类政策性资金方面给予优先支持。市里预算安排的各类技术改造、技术开发与创新等专项资金，优先用于符合条件的重点上市后备企业、拟上市企业和上市公司的重点技改项目。

第五条　引导金融机构加大对重点上市后备企业、拟上市企业和上市公司的信贷支持力度，在风险可控范围内适当延长授信期限，设置更加灵活的还款方式，鼓励开展股权质押融资等质抵押融资创新业务。

第六条　积极引导股权投资基金、风险投资基金、创业投资基金等境内外战略投资者参与我市企业改制重组。鼓励股权投资类企业、证券中介机构和创业投资机构在我市注册设立分支机构，享受金融机构入驻扶持政策。

第七条　为降低企业上市成本，对境内上市（主板、中小板、创业板）的企业，按照完成辅导备案、上报材料、发行上市三个阶段分别由市政府奖励40万元、60万元、100万元；境外上市的企业，按照取得境外证券监管机构上市申请材料受理函、完成发行上市两个阶段分别由市政府奖励100万元；对“新三板”挂牌上市的企业，按照正式递交申请材料、实现挂牌上市两个阶段分别由市政府奖励50万元；对在我省区域股权交易场所挂牌上市的企业，由市政府分别奖励50万元（已股改）或20万元（未股改）。“新三板”上市企业转板到主板、中小板、创业板的，享受本意见规定的主板、中小板、创业板上市奖励相关政策，但不累加。

第八条　对在境内外首次发行股票上市的企业，以企业指定账户中社会公众募集资金数额（扣除发行费用）为基数，出具中介机构验资证明，经有关部门审核确认，按1‰对企业进行奖励，奖励最高限额100万元；上市公司通过配股、增发、发债等形式在证券市场上实现再融资，按再融资额（扣除发行费用及本辖区内法人股东认购部分）的0.5‰对企业进行奖励，奖励最高限额50万元。

第九条　对市内企业实现“买壳”上市并将上市公司注册地迁入我市，同时将募集资金在我市进行项目建设的，由市政府奖励100万元。对注册地迁入我市的市外上市公司，由市政府奖励50万元。

第十条　企业限售股股东股票选择在我市设立的证券营业机构进行托管，并承诺解禁后在我市进行交易、完税，才予以兑现相关扶持政策。对于在市内设立的证券经营机构发生的限售股转让交易，给限售股所属股东适当奖励。

第十一条　重点上市后备企业、拟上市企业应在引进中介、投资者、制定上市计划、股改、辅导备案、上报材料及其他上市相关节点进程上及时向市金融工作办公室报告、沟通，并做好备案工作。市金融工作办公室准确掌控信息，及时向上级部门汇报。对因企业报告不及时而在各级主管部门中造成一定不良影响的，将不予兑现相应节点的扶持奖励。

第十二条 拟上市企业和上市公司可以同时享受上级关于企业上市的有关扶持政策，上级扶持资金要求我市配套的，我市配套资金与我市扶持专项资金不累加，以二者金额高者为准。有下列情形之一的，将予以追缴企业所获得的奖励：

1.企业自身因非不可抗力原因停止上市步伐的；

2.企业迁出本市的；

3.募集资金未按约定投资本市的；

4.编造虚假材料骗取专项资金的，将予以追缴其资金本息，并在三年内不再受理同类专项资金申请。

第十三条 企业在上市过程中及上市后，如遇上述条款以外的特殊问题，由市政府按照“一事一议”的原则，予以专题研究解决。

第十四条 市财政每年安排上市工作专项经费，用于业务培训、上级业务部门和专家工作指导、证券市场考察、上市推介等。每有1户企业在境内外成功实现上市、挂牌的，分别补助企业主管部门和市上市主管部门办公经费10万元。

第十五条 市委、市政府将企业资本市场工作纳入全市岗位目标责任制考核，对在境内外上市、挂牌及全省性区域股权交易市场挂牌的企业，按照完成相应的上市挂牌节点，分别给予所在镇（街道、区）或企业主管部门加分奖励。

第十六条 符合本意见扶持条件的企业，可向市金融工作办公室提报申请，经市政府批准后由相关部门予以兑现。本意见发布前尚未奖励的上市及挂牌企业，符合本意见规定的，按本意见执行。

第十七条 本意见由市金融工作办公室负责解释。自文件下发之日起执行，《关于推进企业上市的若干政策意见》（招政发〔2011〕26号）同时废止。

招远市人民政府

2015年8月20日

关于扶持电子商务发展的若干意见

招政发〔2015〕55号

各镇人民政府，各街道办事处，经济技术开发区管委，滨海科技产业园管委，市政府有关部门、集团公司：

为促进我市电子商务产业快速发展，提升电子商务应用水平，做大做强一批电子商务龙头企业，打造一批电子商务集聚园区，根据《招远市人民政府关于促进电子商务健康快速发展的意见》（招政发〔2014〕20号）文件精神，特制定本意见。

一、积极争取电子商务产业项目支持。

积极对接上级相关政策，申报国家级、省级电子商务示范县（园区），优先帮助电商企业申报国家、山东省和烟台市有关资金扶持项目，扶持电子商务企业和创业者快速成长。

二、设立电子商务产业发展专项资金。

市政府设立电子商务产业发展专项资金（以下简称“专项资金”），每年安排500万元经费，纳入相应年度财政预算，用于扶持我市电子商务集聚园区、电子商务服务平台建设，电子商务创业和企业发展，电商人才引进等。

三、加快电子商务集聚园区建设与发展。

（一）鼓励和支持国有资本、社会资本和各类主体参与电子商务集聚园区建设和运营，对投入运营的单一产权电子商务专业楼宇业主给予补贴。建筑面积5000平方米以上，电子商务企业入驻面积率达50%（含）以上，补贴10万元；建筑面积1万平方米以上，电子商务企业入驻面积率达50%（含）以上，补贴30万元；建筑面积3万平方米以上，电子商务企业入驻面积率达到50%（含）以上，补贴50万元。

（二）鼓励和扶持电子商务集聚园区积极申报国家、省和市级电子商务园区（基地）称号。对获得国家、省和市级电子商务园区（基地）称号的电子商务集聚园区给予一次性分别为50万元、20万元、10万元的奖励（同一产业载体获得多项奖励标准的，按最高级别奖励），奖励资金用于集聚园区的招商和公共配套服务。

（三）电子商务集聚园区的电子商务企业，其2年内产生的市级地方财政收入全额奖励园区，用于园区吸引企业入驻、加强基础设施建设，提升服务水平。

（四）鼓励各镇（街道、区）、市直各部门引荐企业落户电子商务集聚园区，对入驻园区企业的引荐单位按照所引荐企业实际到位资金的千分之三给予一次性工作经费补助。

（五）对入驻电子商务集聚园区并正常运营的

电商企业和网店给予租金及宽带、服务器托管费用补贴。经营场所租金，第1年全额补贴，第2年补贴50%；经营场所宽带、服务器托管费用，给予第1年实际发生费用50%的资金补贴。

四、积极支持电子商务服务平台建设。

（一）加强对专业电子商务服务平台扶持。对建立独立的或借助其他运营平台的专业第三方电子商务服务平台企业，对接本地生产企业30家以上且年营销额达5000万以上，给予一次性20万元补助；年营销额达到1亿元以上，给予一次性50万元补贴。

（二）对入驻我市的国内外知名电商企业、电商配套企业（仓储物流、电子支付、设计、摄影、技术运营等企业），以及对我市电子商务产业发展有重大影响的平台项目，按“一企一策”议定支持政策。

五、培育打造市场竞争力强的电子商务主体。

（一）鼓励我市企业应用电子商务手段开拓业务。对企业通过电子商务手段开展营销，年实际网络交易额首次达到3000万元以上，给予一次性8万元补助；达到5000万元以上的，给予一次性15万元补助。

（二）鼓励我市企业、个体网店成立电子商务公司。对我市本地企业、个体网店成立电子商务公司并开展网上交易，且实现网上实际年交易额50万元以上的，给予一次性1万元奖励。

（三）扶持电子商务企业扩大交易规模。电子商务企业通过电子商务交易且通过电子支付的年交易额首次达到200万元（含）、500万元（含）、1000万元（含）以上的，分别给予一次性2万元、4万元、8万元的奖励。

（四）扶持电子商务企业开展各类营销推广活动。电子商务企业在大型第三方电子商务平台开展各类营销活动以及在知名搜索平台开展推广活动，给予30%活动费用补贴，且每年对于同一家企业补贴金额不超过5万元。

六、加快人才引进和培训工作。

（一）电商企业的人才同工业企业人才享受相同政策。

（二）电子商务企业吸纳大学生、就业困难人员、城镇失业人员、退伍军人等就业，经高校或培训机构进行3个月以上培训后，签订劳动合同并工作满1年，且为其购买社会保险2年以上的，按每人1000元专项培训经费补助企业。

（三）支持电子商务企业、专业培训机构、行业协会等开展面向非自有人员的电子商务知识和技能培训，参训人员不低于100人的，对培训主办方按照培训活动经费的30%给予补助，且每年对同一培训主办方补助金额不超过5万元。

七、资金申报要求及程序。

（一）本办法适用于在我市办理工商注册和税务登记的电子商务企业、与电子商务相关的企业，镇（街道、区）、相关部门。

（二）起止时间：每年1月1日—10月31日。

申报时间：每年11月1日—11月15日。

（三）申报材料。

1.项目资金申请报告；

2.项目资金申请表；

3.企业工商营业执照、组织机构代码、税务登记证、ICP备案证明等正、副本复印件；

4.企业资金申请相关证明材料。

申报资金企业提供的申报材料应完整、清晰并加盖企业公章。

（四）申报资金企业的职责。

1.如实提供相关资料；

2.合理安排使用政府扶持资金；

3.对资金进行财务管理和会计核算；

4.接受政府有关部门的监督检查和验收。

（五）项目申报程序。

1.按照属地原则，企业将项目申报材料（一式两份）报送至税收解缴关系所在的镇街区、市级企业报给市经信局；

2.由镇街区、市经信局对申报企业的资质、申报材料的真实性和完整性进行初审，将符合申报条件和要求的项目汇总并提出推荐名单和理由，将初审合格的申报材料（一式两份）报送市电子商务工作领导小组，并附申报项目汇总表（含电子版）。

3.各镇街区、市经信局要严格审核企业申报材料，确保材料真实完整。经镇街区、市经信局初审上报的材料存在不真实不完整等不合格情况，将取消该镇街区、市经信局下一年度资金申报资格。

八、项目审定、验收及资金拨付。

（一）市电子商务工作领导小组组织有关部门及专家组成评审小组进行评审，评审确定支持项目，列入专项资金支持计划。

财政局和各相关部门要加强对资金项目的监督和跟踪检查，如发现弄虚作假骗取补助、奖励的，要全额追回补助、奖励资金，追究责任，并取消其三年内申请同类资金的资格。

（二）对列入专项资金支持计划的项目，由市电子商务工作领导小组组织有关部门及专家验收合格后拨付扶持奖励资金。

本意见自发布之日起执行，执行期限暂定三年。

本意见由市电子商务工作领导小组负责解释。

招远市人民政府

2015年10月13日

关于促进旅游业改革发展的实施意见

招政发〔2015〕60号

各镇人民政府，各街道办事处，经济技术开发区管委，滨海科技产业园管委，市政府各部门、集团公司：

为贯彻落实《国务院关于促进旅游业改革发展的若干意见》（国发〔2014〕31号）、《山东省人民政府关于贯彻落实国发〔2014〕31号文件促进旅游业改革发展的实施意见》（鲁政发〔2014〕21号）和《烟台市人民政府关于促进旅游业改革发展的实施意见》（烟政发〔2015〕11号），进一步提升旅游业发展水平，现就促进旅游业改革发展提出以下实施意见。

一、促进旅游业科学发展。

（一）树立科学旅游观。深入贯彻十八届三中、四中全会精神，以打造中国第一黄金文化旅游目的地为目标，推动旅游业与新型工业化、信息化、城镇化和农业现代化相结合；以转型升级、提质增效为主线，推动旅游开发向集约型转变，旅游产品向观光、休闲、度假并重转变，满足群众多样化、多层次旅游消费需求。到2020年，全市旅游总消费额达到100亿元，城乡居民年人均出游达到5次，旅游业增加值占生产总值的6%。

二、增强旅游发展动力。

（二）开展旅游综合改革试点。加快完善现代市场体系，使市场在资源配置中起决定性作用。强化市文化旅游推进委员会对旅游工作的组织领导，健全工作机制，加强工作协调。深化“中国金都—黄金之旅”品牌营销，优化旅游投资、经营和消费环境，推动资源整合、产业融合，构建“三区多点”大旅游格局。深入挖掘“金泉山海古村落”等资源禀赋，进一步提炼招远市旅游主题口号，彰显地域特色。推动全市旅游资源一体化管理。深化旅游景区改革，实现所有权、管理权、经营权分离。2017年罗山黄金文化旅游度假区基本完成改革。

（三）全面放开旅游市场。积极培育壮大市场主体，鼓励和支持各类资本进入旅游业，实现投资主体多元化，发展混合所有制旅游企业。推动中矿旅游、春雨旅游、天健旅游、昌林山水等旅游企业做大做强。引进资金实力雄厚、行业管理经验丰富、市场网络健全的大型旅游企业集团、知名旅游企业和管理服务品牌来我市发展。完善旅游统计指标体系和调查方法，定期发布产业信息。

（四）推进旅游产业资本化运作。探索设立旅游产业发展基金。鼓励开展旅游景区经营权质押、门票收入权质押等资产证券化业务；支持旅游企业通过发行股票、发行债券、私募股权等方式筹措资金。鼓励发展旅游融资担保公司、旅游资本管理公司。探索旅游公共服务设施市场化运作新模式。

（五）推动区域旅游一体化发展。密切与周边县市旅游合作，发挥滨海资源优势，注重区域产品联动，拓展合作发展新空间，开辟烟台西线特色线路。加强与蓬（莱）长（岛）龙（口）等城市合作，探索成立县市营销联盟，建设仙境海岸度假旅游连绵带。

（六）大力拓展客源市场。实施“一体推介、联合营销”，统筹全市宣传资源，引导重点旅游企业积极参与，共同包装、营销城市旅游目的地形象。依托电视、报纸、广播等传统媒体，用好微博、微信、微网站等新媒体，推动旅游产品营销上层次、上水平。完善旅游宣传推广体系，采取政府购买服务等方式，逐步实现旅游宣传促销专业化、市场化，通过区域间旅游协作、建立高铁营销平台、异地设立推广中心、开通旅游包车等形式，加大旅游市场深度开发力度，突出省内市场，深耕华北市场，精耕胶东市场。

（七）提升入境旅游发展水平。围绕“一路一带”建设，推出一到两个具有国际影响力的旅游产品，加大境外旅游宣传力度，进一步拓展入境旅游市场。精心策划、制作新版城市形象片及反映招远经济发展、社会和谐、环境优美、宜居宜业的新版城市形象画册、折页等出版类外宣品，切实发挥好外宣品在展示城市形象、提升城市知名度方面的重要作用。建立境外主要旅游目的地多语种旅游宣传推广网站，与韩国、俄罗斯、中国香港、中国台湾等地大旅行商合作成立旅游营销联合体，参与“烟台旅游宣传周”和“外宣媒体烟台行”集中采访活动，招徕更多境外客源。

三、拓展旅游发展空间。

（八）积极发展休闲度假旅游。制定《招远市十三五旅游发展规划》，实现休闲度假产业全域化和旅游公共服务设施网络化。在城乡规划中统筹考虑休闲度假产业发展需求，加强设施建设，完善功能，优化布局，营造居民及游客共享共用的休闲度假空间和环境。开发邮轮游艇、葡萄酒体验、登山运动、水上垂钓、保健养生、温泉滑雪、房车旅游、低空飞行、修学研修等休闲度假产品。充分挖掘罗山黄金文化旅游度假区特色资源，创建省级旅游度假区。开发与养生养老相结合的休闲产品，建设温泉旅游休闲养生综合体。大力发展体育旅游，丰富体育旅游产品文化内涵。推进辛庄旅游开发，建设休闲垂钓示范基地，发展滨海旅游产品。到2016年，全市发展1个省级原生态旅游景区，打造1条特色休闲街区、1家老字号等特色店，培育一批休闲娱乐中心和休闲综合体。

（九）提升乡村旅游发展水平。全面实施《招远市乡村旅游发展总体规划》，开展特色景观旅游名镇、名村和乡村旅游示范单位创建活动，集中打造一批历史文化型、特色景观型、产业集聚型等不同类别和功能的旅游小镇、旅游特色村。加快乡村旅游环境综合整治，完善标识引导、游客服务中心、厕所、垃圾污水处理及水、电、路等设施。鼓励发展乡村旅游专业合作社，加强乡村旅游标准化建设，扎实推进乡村旅游富民工程。到2017年，全市建成2～3处集中连片发展的乡村旅游区，发展1个特色旅游小镇、2个旅游特色村、100户乡村旅游品牌经营户，打造胶东渔家、古村人家等乡村旅游品牌。

（十）推进文化旅游融合发展。依托黄金文化、温泉文化、红色文化、海洋文化、民俗文化，持续推进中国金都文化旅游目的地品牌建设，加快罗山黄金文化旅游度假区、张星山区古村落文化旅游项目建设，进一步壮大文化旅游载体。鼓励引进国内外知名演艺团体来我市打造特色突出的文化演艺产品。免费向公众开放图书馆、科技馆、博物馆、文化馆及其他各类公共文化场所，丰富会展、演艺等文化活动，开展群众参与性强的文化旅游活动。举办好客山东（招远）贺年会、“城市月月休闲汇”、黄金节、皮草节，培育旅游节事品牌。在坚持文物保护的前提下，拓展提升遗址和重点文物的旅游功能。

（十一）积极开展研学旅行。按照教育为本、安全第一原则，建立具有金都特色的研学旅行体系。完善研学旅行公共设施，鼓励旅行社开发研学旅行产品，重点设计开发黄金文化、红色文化、乡土文化、海洋科考等研学旅游产品。统筹安排中小学生参加社会实践活动时间。依托自然资源、名胜古迹、大型公共设施、院校、工矿企业、科研机构等，建设一批研学旅行基地。到2016年，全市建成1个研学旅行基地。

（十二）探索养老医疗旅游。结合养老服务业、健康服务业发展，开发休闲养生、健康养老旅游产品，设计多层次、多样化的休闲养生度假产品，打造龙湖养老养生现代服务业产业带。鼓励利用闲置房源通过“托管”服务等，发展异地养老。发挥优势医疗资源，开发特色医疗、疗养康复、美容保健等医疗旅游项目。依托疗养院、自然疗养区、度假酒店、温泉设施等，积极培育中医药健康旅游示范基地，建设中医药健康旅游场所，开展以养生、保健等为主要内容的中医药健康旅游活动。

（十三）创新发展旅游商品。定期举办旅游商品创意大赛、优秀旅游商品展评等活动，开发培育旅游商品知名品牌。推进旅游休闲购物街区和旅游购物商店体系建设，在旅游景点、星级饭店和大型商场、交通场站设立旅游商品专区、专柜，重点推介黄金制品、金石艺品、粉丝、皮草等特色商品。鼓励餐饮购物、文化娱乐等场所在旅游旺季延长开放和服务时间，提升城区亮化水平，打造滨海夜间景观，开发夜间旅游休闲产品。

四、优化旅游发展环境。

（十四）推进智慧旅游城市建设。继续推进国家智慧旅游城市建设工作，尽快实现旅游行业智慧服务、智慧营销与智慧管理一体化。推进智慧旅游示范区建设，2015年全市重点游客聚集区、3A级以上旅游景区、3星级以上饭店基本实现免费无线网络全覆盖。全面推进旅游网站建设，完善智慧旅游中央管理平台，逐步实现对旅游企业的即时监管服务。

（十五）优化旅游交通服务。按照旅游产业发展要求，优化调整城市交通规划，满足日益增长的旅游客运需求。将通往旅游区的标识纳入城乡道路交通规划，2015年全部完成旅游标识设置和完善提升。2～3年内全市通往主要旅游景点的道路均达到二级公路以上标准。开通市区通往主要旅游景区点的道路客运线路；扩大旅游客运车辆规模，优化大、中、小型旅游客运车辆结构，及时调节淡旺季市场需求，保障旅游运力。开展旅游客运车辆驾驶员服务质量等级评定。鼓励旅行商开发旅游包机、包船、包列业务。

（十六）完善旅游公共服务设施。统筹考虑城乡基础设施与旅游公共服务设施一体化发展。建立覆盖全市的旅游集散分级承运网络和旅游公共咨询中心网络，建设旅游咨询与集散中心、旅游咨询点和集散服务区，发展汽车租赁服务，实现机场、车站、码头等和市内交通的无缝衔接。高速公路服务区要对宾馆、餐饮、购物、加油、厕所等设施进行标准化建设改造，设立旅游咨询窗口，为旅客提供便利化旅游服务。合理布局建设旅游厕所和停车场，A级景区、旅游度假区要按照相应标准，2015年全面完成旅游厕所的改造提升。各类旅游公共服务设施要充分考虑老年人、残疾人等特殊人群需求。加快绿道、自驾车营地、旅游房车营地建设，发展自行车租赁业务。

（十七）规范景区门票价格。利用风景名胜区、自然保护区、文物保护单位等公共资源建设的景区，门票（包括景区内的缆车、观光车、游船等交通运输服务）实行政府定价或者政府指导价。对城市二三日游游客和国内外团队游客实行更加优惠的门票价格政策。鼓励引导有条件的旅游景区通过拉长产业链，增设住宿、餐饮、茶社、演艺等经营性项目增加综合收入，逐步实现景区免费开放。鼓励引导旅游景区按照市场需求变化，实行淡旺季浮动票价。景区门票价格调整要按规定举行听证。

（十八）提升旅游服务质量。深入推进《旅游法》贯彻落实，依法严厉打击违法违规经营行为。设立统一的旅游投诉受理机构，畅通投诉渠道，建立旅游投诉移交转办、联动处理及合作调解机制，维护旅客和旅游经营者合法权益。推进《好客山东旅游服务标准》及各项旅游服务规范的贯彻落实。组织开展旅游景点标准化试点和旅游服务质量满意度测评。加快旅游诚信体系建设，完善企业和从业人员诚信记录，建立违法企业“黑名单”制度。发挥行业协会作用，引导会员企业诚信经营、旅客文明消费。

（十九）切实保障旅游安全。依法依规履行好旅游安全监管、主管职责；按照属地管理原则，将旅游企业突发事件、高峰期大客流应对处置机制和旅游安全预警信息发布机制纳入当地应急体系，提高快速应急能力。加强旅游道路特别是桥梁、隧道等交通安全和食品安全监督检查，加大旅游包车监管力度，对客运索道、大型娱乐设施等旅游场所特种设备定期开展安全检测。规范全市沿海、水库等通航水域内航行、停泊的旅游船舶安全管理。建立景区门票预约制度，对景区游客进行最大承载量控制。旅行社、景区要对高风险旅游项目进行风险提示。

五、完善旅游发展政策。

（二十）落实职工带薪年休假制度。将带薪年休假制度落实情况纳入议事日程，作为劳动监察和职工权益保障的重要内容，推动机关、企事业单位加快落实职工带薪年休假制度。人力资源社会保障部门要对全市机关和企事业单位带薪年休假落实情况进行检查，到2016年基本落实职工带薪年休假制度的目标。

（二十一）加大财政扶持力度。市财政要支持旅游业发展，强化旅游宣传推广、规划编制、人才培养和公共服务体系建设的财政投入。国家和省、市支持服务业、新农村建设、扶贫开发、节能减排、生态文明建设等专项资金，要充分考虑符合条件的旅游企业和项目。各类农业示范基地、水利风景区、森林公园、海洋休闲渔业基地、文化、体育等建设资金，要注重与重点旅游项目建设融合使用，扩大旅游发展资金的规模，引导社会资金投入旅游业。

（二十二）加强用地用海保障。坚持节约集约用地，按照土地利用总体规划、城乡规划安排旅游用地的规模和布局。编制和调整土地利用总体规划、城乡规划和海洋功能区规划时，要充分考虑旅游项目、设施的空间布局和建设用地要求，规范用海及海岸线占用。年度土地供应要适当增加旅游业发展用地。在符合规划和用途管制的前提下，鼓励农村集体经济组织依法以集体经营性建设用地使用权入股、联营等形式与其他单位、个人共同开办旅游企业，修建设施涉及改变土地用途的，依法办理用地审批手续。利用林地、水面、山头兴办的旅游项目，在不改变土地使用性质前提下，可通过承包、租赁等形式取得使用权或经营权；以出让方式取得土地使用权的可依法转让、出租和抵押。对列为全市重点工程的旅游项目，符合土地利用总体规划的优先保障用地。对植物观赏园、农业观光园等项目用地可按相关用地政策办理。

（二十三）强化人才队伍建设。加强旅游职业经理人队伍建设，提升旅游业管理服务水平。开展与院校的教育合作，建立旅游人才定向培养机制。发展旅游职业教育，培育更多适应现代旅游业发展的知识型、专业型、应用型职业技术人才。建设旅游志愿者队伍。建立和完善旅游行业杰出人才激励制度。将旅游人才队伍建设纳入人才工作专项资金重点支持范畴。

本意见自印发之日起施行，有效期至2020年11月30日。

招远市人民政府

2015年12月1日

主要文件选目

2015年中共招远市委文件目录选编(一)

日　期	文件编号	文件题名
2015年2月10日	招发〔2015〕3号	关于印发《招远市2015年工作要点》的通知
2015年4月16日	招发〔2015〕5号	关于调整完善生育政策进一步加强计划生育工作的实施意见
2015年4月15日	招发〔2015〕6号	关于深入推进生态文明乡村建设的意见
2015年6月26日	招发〔2015〕7号	关于进一步加强和改进城市社区建设工作的实施意见
2015年7月9日	招发〔2015〕9号	关于加快推动经济技术开发区二次创业赶超发展的意见
2015年9月17日	招发〔2015〕11号	关于建立健全决策、执行、考核、奖惩“四个体系”的意见
2015年9月24日	招发〔2015〕12号	关于2015年岗位目标责任制考核的实施意见

2015年中共招远市委文件目录选编（二）

日　期	文　号	题　目
2015年1月22日	招委〔2015〕5号	关于党组织设置的通知
2015年5月13日	招委〔2015〕21号	关于进一步严肃纪律确保各项制度落实的通知
2015年7月9日	招委〔2015〕23号	关于印发《招远市2015年度〈人口和计划生育目标管理责任书〉执行情况考核方案》的通知
2015年10月27日	招委〔2015〕34号	关于印发《2015年岗位目标责任制考核办法》的通知

2015年中共招远市委办公室文件目录选编(一)

日　期	文件编号	文件题名
2015年2月5日	招办发〔2015〕2号	关于创新机制扎实推进农村扶贫开发工作的实施意见
2015年2月25日	招办发〔2015〕4号	“关于深入开展“北部经济隆起带攻坚年”活动加快重点项目建设的意见”
2015年2月17日	招办发〔2015〕5号	关于印发2015年为民服务实事的通知
2015年4月1日	招办发〔2015〕7号	关于开展新一轮“部门包村、村企共建”活动的实施意见

续表

日　期	文件编号	文件题名
2015年5月14日	招办发〔2015〕12号	关于印发市委办公室领导班子成员工作分工安排的通知
2015年5月20日	招办发〔2015〕14号	关于在全市领导干部中开展“三严三实”专题教育的实施方案
2015年5月22日	招办发〔2015〕15号	“印发《市委常委会开展“三严三实”专题教育工作安排及分工方案》的通知”
2015年8月14日	招办发〔2015〕25号	关于印发《中共招远市委党风廉政建设主体责任清单》的通知
2015年12月1日	招办发〔2015〕33号	关于加强人民政协协商民主建设的实施意见
2015年12月9日	招办发〔2015〕34号	关于做好二〇一五年度岗位目标责任制考核工作的通知
2015年12月23日	招办发〔2015〕35号	关于推进基础教育综合改革的实施意见

2015年中共招远市委办公室文件目录选编(二)

日　期	文　号	题　目
2015年1月4日	招办字〔2015〕1号	“关于成立招远市公务用车制度改革工作领导小组的通知”
2015年4月17日	招办字〔2015〕10号	关于做好2015年全市市级重大项目建设工作的通知
2015年5月14日	招办字〔2015〕15号	关于印发《2015年全市国内招商引资工作考核办法》的通知
2015年6月2日	招办字〔2015〕18号	关于做好领导干部包镇（街道、区）及重点工程防汛工作的通知
2015年8月24日	招办字〔2015〕29号	关于印发《2015年招远市党政班子成员向市纪委全委会述廉试点工作的实施方案》的通知
2015年11月18日	招办字〔2015〕39号	关于印发《分类推进事业单位改革重点任务分工》的通知
2015年12月24日	招办字〔2015〕44号	关于转发《市教育体育局、市委组织部、市编委办、市财政局、市人力资源社会保障局关于推行中小学校长职级制改革的意见》的通知

2015年招远市人民政府文件目录选编

日　期	文件编号	文件题名
2015年3月25日	招政发〔2015〕9号	招远市人民政府关于公布行政权力清单目录的决定
2015年3月25日	招政发〔2015〕10号	招远市人民政府关于公布地税局和盐务局行政审批事项目录的决定
2015年3月26日	招政发〔2015〕11号	招远市人民政府关于调整规范行政审批事项目录的决定
2015年4月8日	招政发〔2015〕14号	招远市人民政府关于2015年招远市农业工作意见
2015年4月17日	招政发〔2015〕16号	招远市人民政府关于印发招远市专利奖励办法（试行）的通知
2015年4月17日	招政发〔2015〕17号	招远市人民政府关于印发招远市科学技术奖励办法的通知
2015年4月25日	招政发〔2015〕20号	招远市人民政府关于印发招远市新兴产业发展规划的通知
2015年4月25日	招政发〔2015〕21号	招远市人民政府关于加快推进现代物流业发展的意见
2015年5月13日	招政发〔2015〕25号	招远市人民政府关于对部分工商登记前置审批事项进行调整的通知
2015年6月30日	招政发〔2015〕36号	招远市人民政府关于加快发展养老服务业的实施意见
2015年7月24日	招政发〔2015〕39号	招远市人民政府关于公布政府部门责任清单有关事宜的通知
2015年8月20日	招政发〔2015〕42号	招远市人民政府关于加快全市资本市场发展的若干意见

续表

日　期	文件编号	文件题名
2015年9月24日	招政发〔2015〕50号	招远市人民政府关于调整公布行政许可事项目录清单的通知
2015年9月24日	招政发〔2015〕51号	招远市人民政府关于公布市直部门(单位)行政审批中介服务收费项目清单的通知
2015年10月13日	招政发〔2015〕55号	招远市人民政府关于扶持电子商务发展的若干意见
2015年10月21日	招政发〔2015〕56号	招远市人民政府关于加快推动规模企业规范化公司制改制的意见
2015年10月30日	招政发〔2015〕58号	招远市人民政府关于进一步深化行政审批制度改革的实施意见
2015年12月1日	招政发〔2015〕60号	招远市人民政府关于促进旅游业改革发展的实施意见
2015年11月25日	招政发〔2015〕64号	招远市人民政府关于2015年第一批取消承接调整行政审批等权力事项的通知
2015年12月28日	招政发〔2015〕69号	招远市人民政府关于印发招远市稳增长促发展若干政策措施的通知
2015年11月27日	招政发〔2015〕70号	招远市人民政府关于印发2015年推进简政放权放管结合转变政府职能工作方案的通知

2015年招远市人民政府办公室文件目录选编

日　期	文件编号	文件题名
2015年2月9日	招政办发〔2015〕1号	招远市人民政府办公室关于印发招远市人民政府议事规则等文件的通知
2015年2月5日	招政办发〔2015〕2号	招远市人民政府办公室关于印发市政府领导分工安排意见的通知
2015年1月1日	招政办发〔2015〕4号	招远市人民政府办公室关于推进政府向社会力量购买服务的实施意见
2015年4月20日	招政办发〔2015〕15号	招远市人民政府办公室印发《关于推进“海上粮仓”建设的实施意见》的通知
2015年6月12日	招政办发〔2015〕19号	招远市人民政府办公室关于印发招远市商务服务业发展规划的通知
2015年8月13日	招政办发〔2015〕20号	招远市人民政府办公室关于印发招远市政府信息公开和门户网站建设工作要点的通知
2015年2月6日	招政办发〔2015〕21号	招远市人民政府办公室关于进一步加强农产品质量安全监管工作的意见
2015年8月7日	招政办发〔2015〕22号	招远市人民政府办公室关于印发《招远市城市住房保障管理办法》的通知
2015年8月7日	招政办发〔2015〕23号	招远市人民政府办公室关于印发《招远市城市中等偏下和低收入住房困难家庭住房保障申请审核实施细则》的通知
2015年8月7日	招政办发〔2015〕24号	招远市人民政府办公室关于公布市区住房保障政策有关标准的通知
2015年9月25日	招政办发〔2015〕26号	招远市人民政府办公室关于印发市政府领导分工安排意见的通知
2015年10月14日	招政办发〔2015〕29号	招远市人民政府办公室关于印发招远市环境保护重点事项督查调度和考核问责暂行办法的通知
2015年7月16日	招政办发〔2015〕30号	招远市人民政府办公室关于转发市教体局等部门招远市特殊教育提升计划（2015—2016年）实施方案的通知
2015年10月30日	招政办发〔2015〕31号	招远市人民政府办公室关于加强行政审批事中事后监管的实施意见
2015年11月24日	招政办发〔2015〕33号	招远市人民政府办公室关于印发招远市不动产登记职责和机构整合实施方案的通知
2015年12月16日	招政办发〔2015〕34号	招远市人民政府办公室关于印发招远市临时救助办法的通知
2015年12月28日	招政办发〔2015〕35号	招远市人民政府办公室关于深入开展企业安全生产主体责任落实情况专项执法检查的通知

统计资料选辑

2015年招远市主要经济指标

指标名称	单　位	2015年	2014年	比上年±%
一、综合				
1.乡镇数	个	14	14	
村委会	个	697	697	
居委会及村改居委会	个	49	43	14.0
2.总户数	万户	20.35	20.42	-0.3
3.总人口	万人	56.65	56.81	-0.3
城镇人口	万人	24.74	26.85	-7.9
农村人口	万人	31.91	29.96	6.5
平均人口	万人	56.73	56.75	-0.04
全年出生人口	人	4267	6705	-36.4
男	人	2150	3437	-37.4
女	人	2117	3268	-35.2
出生率	‰	7.52	11.82	-4.3
全年死亡人口	人	5295	5411	-2.1
死亡率	‰	9.33	9.54	-0.2
自然增长率	‰	-1.81	2.28	-4.09
4.地区生产总值	亿元	639.84	600.41	
第一产业（现价）	亿元	40.01	37.96	
第二产业（现价）	亿元	338.35	325.82	
工业（现价）	亿元	317.57	306.97	
第三产业（现价）	亿元	261.48	236.63	
地区生产总值（可比价）	亿元	698.92	644.29	8.5
第一产业（可比价）	亿元	35.26	33.07	6.6
第二产业（可比价）	亿元	418.97	389.86	7.5
工业（可比价）	亿元	397.09	370.61	7.1
第三产业（可比价）	亿元	244.69	221.36	10.5

续表1

指标名称	单　位	2015年	2014年	比上年±%
5.GDP内部结构				
第一产业	%	6.3	6.3	
第二产业	%	52.8	54.3	-1.5
第三产业	%	40.9	39.4	1.5
6.工农业总产值（现价）	亿元	1920.62	1775.08	8.2
工业总产值（现价）	亿元	1848.33	1706.02	8.3
农业总产值（现价）	亿元	72.29	69.06	4.7
二、农业				
1.乡村户数	万户	16.47	16.38	0.5
乡村人口	万人	45.32	45.18	0.3
乡村从业人员	万人	20.65	21.33	-3.2
2.农业总产值（现价）	万元	722890	690632	
种植业（现价）	万元	484548	459710	
林业（现价）	万元	21425	19111	
牧业（现价）	万元	139752	139289	
渔业（现价）	万元	47769	45798	
农林牧渔服务业（现价）	万元	29396	26724	
农业总产值（可比价）	万元	735380	681393	6.5
种植业（可比价）	万元	495604	451064	7.8
林业（可比价）	万元	21388	19043	11.9
牧业（可比价）	万元	141312	138971	1.5
渔业（可比价）	万元	47913	46089	4.6
农林牧渔服务业（可比价）	万元	29163	26226	9.1
3.耕地面积	亩	674591	674637	-0.01
4.农作物总播种面积	亩	982626	972761	1.0
5.粮食播种面积	亩	743235	737431	0.8
粮食总产量	吨	319765	328485	-2.7
夏粮总产量	吨	134376	126834	5.9
夏粮单产	公斤/亩	380	368	3.3
秋粮总产量	吨	185389	201651	-8.1
秋粮单产	公斤/亩	476	514	-7.3

续表2

指标名称	单　位	2015年	2014年	比上年±%
玉米总产量	吨	182481	199069	-8.3
地瓜总产量	吨	2004	1957	2.4
大豆总产量	吨	329	270	21.9
6.花生播种面积	亩	214969	210244	2.2
花生单产	公斤/亩	284	304	-6.6
花生总产量	吨	60943	63829	-4.5
7.蔬菜、瓜果面积	亩	24357	24889	-2.1
蔬菜、瓜果产量	吨	112757	113560	-0.7
8.果园面积	亩	193813	197609	-1.9
水果总产量	吨	587636	584288	0.6
苹果产量	吨	571121	567756	0.6
梨产量	吨	3347	3726	-10.2
9.大牲畜存栏量	万头	1.48	1.95	-24.1
大牲畜出栏量	万头	1.18	1.77	-33.3
10.生猪存栏量	万头	24.84	26.17	-5.1
生猪出栏量	万头	43.15	45.1	-4.3
11.羊存栏量	万只	4.06	3.95	2.8
羊出栏量	万只	4.48	4.32	3.7
12.肉类总产量	吨	48832	48401	0.9
猪肉产量	吨	34142	34181	-0.1
牛肉产量	吨	2691	3378	-20.3
13.奶类产量	吨	10598	10244	3.5
14.家禽存栏量	万只	394.04	370.75	6.3
家禽出栏量	万只	752.43	678.03	11.0
禽蛋产量	吨	31689	31495	0.6
15.水产品产量	吨	59025	55306	6.7
16.农业机械总动力	千瓦	974018	922095	5.6
农用拖拉机	台	29759	28934	2.9
17.化肥施用量(实物量)	吨	145436	145568	-0.1
化肥施用量(折纯量)	吨	52979	55234	-4.1
18.农村用电量	万千瓦时	49688	52784	-5.9

续表3

指标名称	单　位	2015年	2014年	比上年±%
19.农村经济总收入	亿元	1511.2	1441.3	4.8
三、工业				
1.全部工业主要指标				
工业总产值	万元	18483261	17060150	8.3
工业主营业务收入	万元	17871647	17217787	3.8
工业利税	万元	1583089	1514180	4.6
工业利润	万元	1221923	1190360	2.7
2.规模以上工业主要指标				
工业总产值	万元	17670411	16303940	8.4
工业增加值	万元	3685812	3689474	7.4
高新技术产业产值	万元	4062277	4505314	-9.8
工业主营业务收入	万元	17058797	16461577	3.6
工业利税	万元	1512050	1447700	4.4
工业利润	万元	1160456	1138129	2.0
四、建筑业				
资质建筑业单位数	个	49	50	-2.0
建筑业总产值	万元	353890	338596	4.5
竣工产值	万元	259319	244441	6.1
房屋建筑施工面积	万平方米	176.3	195.4	-9.8
房屋建筑竣工面积	万平方米	100	107.2	-6.7
五、房地产开发				
房屋施工面积	平方米	3537188	3506507	0.9
本年新开工面积	平方米	565032	210244	168.8
本年房屋竣工面积	平方米	188734	772047	-75.6
本年房屋竣工价值	万元	65813	183941	-64.2
本年商品房销售面积	平方米	428866	386190	11.1
现房销售面积	平方米	219941	81395	170.2
本年商品房销售额	万元	206955	151887	36.3
现房销售额	万元	108579	32491	234.2
本年商品住宅销售套数	套	2730	3381	-19.3
现房销售套数	套	943	549	71.8

续表4

指标名称	单　位	2015年	2014年	比上年±%
待售面积	平方米	206346	271619	-24.0
六、固定资产投资				
固定资产投资	万元	4032102	3521486	14.5
其中：房地产开发	万元	187182	187098	0.04
住宅	万元	144280	75252	91.7
办公楼	万元	6698	3460	93.6
商业营业用房	万元	22839	101514	-77.5
按登记注册类型分				
内资	万元	4027191	3469622	16.1
国有投资	万元	352222	372193	-5.4
集体投资	万元	1610660	1415774	13.8
股份制投资	万元	973743	800826	21.6
私营个体投资	万元	1054207	705230	49.5
其他	万元	36359	175599	-79.3
港澳台投资	万元	4911	33547	-85.4
外商投资	万元	0	5777	-100.0
按三次产业分				
第一产业	万元	34937	82441	-57.6
第二产业	万元	1241941	972775	27.7
工业	万元	1119615	968214	15.6
第三产业	万元	2755224	2466270	11.7
七、交通、运输、邮电				
1.境内公路里程	公里	1178	1178	0.0
2.货运量	万吨	850	890	-4.5
3.货物周转量	万吨公里	171750	190116	-9.7
4.客运量	万人	362	461	-21.5
5.旅客周转量	万人公里	30294	36390	-16.8
6.邮电业务总量	万元	44540	43257	3.0
7.电话装机总容量	门	111000	141628	-21.6
8.年末电话到达户数	户	33915	66825	-49.2
小灵通	户	0	518	-100.0

续表5

指标名称	单　位	2015年	2014年	比上年±%
住宅电话	户	23493	48264	-51.3
9.年末移动电话用户	户	606308	623468	-2.8
10.国际互联网用户	户	113103	94011	20.3
11.全社会用电量	万千瓦时	272640	274061	-0.5
农林牧渔用电量	万千瓦时	9387	8178	14.8
工业用电量	万千瓦时	216445	221290	-2.2
城乡居民生活用电量	万千瓦时	27572	26303	4.8
八、商业、外经、外贸				
1.社会消费品零售总额	万元	1697583	1524684	11.3
2.期末个体工商户数	户	45930	31135	47.5
个体工商户从业人数	人	58275	42163	38.2
个体工商户注册资金	万元	72781	49519	47.0
3.期末私营企业户数	个	8452	4320	95.6
私营企业从业人员数	人	65157	56574	15.2
私营企业注册资金	万元	993308	1468441	-32.4
4.利用外资新批项目数	个	19	14	35.7
合同外资	万美元	23361	22246	5.0
实际到账外资	万美元	15997	15746	1.6
5.实际利用内资	万元	841429	723499	16.3
6.外贸进出口总额	万美元	227350	225663	0.7
外贸出口额	万美元	145006	133267	8.8
一般贸易	万美元	77375	41839	84.9
加工贸易	万美元	67631	91428	-26.0
九、财政、金融				
1.境内财政总收入	万元	984088	966518	8.6
公共财政预算收入	万元	502200	465000	8.0
地方税收	万元	367255	338538	8.5
财政总支出	万元	534618	491271	8.8
灶内支出	万元	479692	444072	8.4
2.全部税收收入	万元	529438	509477	3.9
个体私营经济税收	万元	53930	63060	-14.5

续表6

指标名称	单　位	2015年	2014年	比上年±%
国税收入	万元	161516	168310	-4.0
地税收入	万元	367922	341167	7.8
第二产业税收	万元	360161	376495	-4.3
第三产业税收	万元	169077	132650	27.5
3.金融机构本、外币贷款余额	万元	2707661	2520394	7.4
金融机构本、外币存款余额	万元	4726618	4685417	0.9
本、外币住户存款余额	万元	2961871	2752879	7.6
金融机构人民币各项存款余额	万元	4574243	4544421	0.7
人民币住户存款余额	万元	2947432	2741658	7.5
金融机构人民币各项贷款余额	万元	2661395	2466081	7.9
平均每人人民币存款余额	元	51956	48311	7.5
十、文化、教育、卫生				
1.普通中学	处	27	27	
在校学生	人	27172	29080	-6.6
毕业生	人	7910	8985	-12.0
各类职业中学	处	2	2	0.0
在校学生	人	4193	4486	-6.5
毕业生	人	586	1249	-53.1
小学校	处	19	19	0.0
在校学生	人	22088	22623	-2.4
毕业生	人	4297	4230	1.6
幼儿园	处	73	96	-24.0
在园幼儿	人	11099	10281	8.0
2.卫生机构数	个	382	378	1.1
医院、卫生院	个	21	21	0.0
卫生机构床位数	个	2372	2491	-4.8
医院、卫生院床位数	个	2184	2257	-3.2
卫生医务人员数	人	4321	4728	-8.6
卫生技术人员	人	3469	3735	-7.1
医院、卫生院技术人员	人	2463	2581	-4.6
婴儿死亡率	‰	2.45	3.29	-0.84

续表7

指标名称	单　位	2015年	2014年	比上年±%
十一、人民生活				
1.居民人均可支配收入	元	26559	24486	8.5
居民人均消费支出	元	18546	16915	9.6
食品支出	元	5849	5517	6.0
衣着支出	元	2080	2261	-8.0
家庭设备用品及服务支出	元	1576	1370	15.0
医疗保健支出	元	1391	1275	9.1
交通和通讯支出	元	2266	2460	-7.9
教育文化娱乐服务支出	元	2072	1620	27.9
居住支出	元	2733	1816	50.5
其他商品和服务支出	元	579	577	0.3
2.城镇居民人均可支配收入		36120	33479	7.8
城镇居民人均消费支出		26266	24009	9.4
城镇居民恩格尔系数	%	29.1	30.8	-1.7
城镇居民人均现住房建筑面积	平方米	37.64	39.64	-5.0
3.农村居民人均可支配收入	元	16946	15549	9.0
农村居民人均消费支出	元	11054	10031	10.2
农村居民恩格尔系数	%	37.2	36.7	0.5
农村居民人均住房建筑面积	平方米	44.84	44.5	0.8
4.居民消费价格总指数	%	101.3	101.8	-0.5
5.商品零售价格总指数	%	100.1	100.1	0.0
6.民政部门收养性服务单位个数	个	22	22	0.0
民政部门收养性服务单位床位数	个	3693	3568	3.5
民政部门收养性服务单位收养人数	人	1631	2171	-24.9
7.社会救济				
城镇居民最低生活保障人数	人	1317	1725	-23.7
城镇居民最低生活保障家庭数	户	711	848	-16.2
农村最低生活保障人数	人	11997	11549	3.9
农村最低生活保障家庭数	户	8981	8443	6.4
农村五保户供养人数	人	1530	1558	-1.8
农村五保户供养户数	户	1501	1305	15.0

续表8

指标名称	单　位	2015年	2014年	比上年±%
民政事业经费支出	万元	20294	17647	15.0
8.就业、再就业				
城镇新增就业人数	人	9320	9093	2.5
年末城镇登记失业人数	人	1724	1667	3.4
城镇登记失业率	%	1.22	1.23	-0.01
十二、社会保险				
1.社会保险				
养老保险参保职工人数	人	108250	100242	8.0
养老保险费征缴额	万元	75447	70529	7.0
离、退休、退职人员数	人	46338	42659	8.6
养老金发放额、丧葬费、遗属费	万元	113417	100191	13.2
2.失业保险				
失业保险参保人数	人	75273	73195	2.8
失业保险费征缴额	万元	3997	3663	9.1
失业保险基金支出	万元	1593	1007	58.2
期末在领失业保险金人数	人	1040	665	56.4
3.医疗保险				
城镇职工基本医疗保险参保人数	人	156413	162166	-3.5
城乡居民医疗保险参保人数	人	346871	350652	-1.1
基本医疗保险费征缴额（含城镇职工及居民）	万元	56131	45311	23.9
基本医疗保险基金支出（含城镇职工及居民）	万元	21144	29615	-28.6
4.机关事业保险				
机关养老保险参保人数	人	14744	14654	0.6
机关养老保险费征缴额	万元	49810	39619	25.7
机关养老保险基金支出（含养老金、丧葬费、遗属费）	万元	49722	39784	25.0
机关事业单位离、退休人数	人	7523	7293	3.2
5.农村基本养老保险参保人数	人	305044	299253	1.9
领取养老保险金人数	人	108546	102366	6.0

2015年招远市各镇（街道、区）主要经济指标

镇、街道名称	年末总人口（人）		其中：城镇人口（人）	地区生产总值（万元）		第三产业增加值（万元）		规模以上工业企业单位数（个）
	2015年	2014年		2015年	比上年±%	2015年	比上年±%	2015年
合　计	566518	568066	247430	4638131	7.2	1748442	10.0	274
罗峰街道	60941	61238	57455	334950	6.9	166428	9.8	18
泉山街道	36705	36792	33430	316222	7.1	171913	10.1	13
梦芝街道	24733	24672	23230	307900	6.9	150097	10.3	17
温泉街道	41045	40563	41045	807063	7.6	483700	10.4	38
大秦家街道	28448	28407	15405	275275	7.1	93673	9.6	15
辛庄镇	38984	39106	6511	250653	7.0	77047	10.2	24
蚕庄镇	30583	30842	5750	370951	7.3	91011	9.5	33
金岭镇	39261	39577	6362	363382	7.5	99010	9.9	22
毕郭镇	35983	36199	5714	197055	6.7	61300	9.3	6
玲珑镇	29601	29831	29601	321018	7.4	72752	10.0	26
张星镇	62763	62954	10263	420547	7.2	91746	9.4	28
夏甸镇	43867	43988	3331	222695	6.9	57603	10.2	11
阜山镇	50557	50700	4206	315438	7.0	94165	10.1	17
齐山镇	43047	43197	5127	134983	6.3	37740	6.9	6

续表1

镇、街道名称	规模以上工业主营业务收入（万元）		规模以上工业利润总额（万元）		规模以上工业利税总额（万元）		高新技术产业产值（万元）	
	2015年	比上年±%	2015年	比上年±%	2015年	比上年±%	2015年	比上年±%
合　计	7580204	9.2	855983	7.4	1057393	10.5	1791734	8.3
罗峰街道	381717	12.0	38704	11.2	50096	7.3	162435	10.7
泉山街道	363779	8.6	39669	7.7	66473	14.4	38433	2.0
梦芝街道	338955	3.5	38832	2.3	56569	2.8	13590	21.1
温泉街道	1165216	8.8	117668	3.4	168320	18.3	682116	6.6
大秦家街道	536417	10.8	57780	5.5	65453	9.6	142024	3.0
辛庄镇	391960	16.9	39023	13.8	45451	13.4	4663	17.3
蚕庄镇	969813	9.8	120910	12.5	134132	11.7	92555	23.0
金岭镇	552101	13.1	71679	3.8	87693	4.3	138877	4.5
毕郭镇	282012	13.7	30830	19.7	36224	25.1	0	0.0
玲珑镇	723254	9.4	82503	8.8	96410	7.2	65433	21.7
张星镇	854926	9.3	96399	7.6	117870	10.8	231002	8.5
夏甸镇	242381	4.1	29686	12.7	31597	10.8	31777	29.7
阜山镇	593938	17.4	71046	10.0	74705	8.8	83624	16.8
齐山镇	183735	8.3	21254	6.8	26400	5.9	105205	7.9

续表2

镇、街道名称	固定资产投资（万元）		农村居民人均可支配收入（元）		进出口总额（万美元）		出口总额（万美元）		进口总额（万美元）	
	2015年	比上年±%	2015年	比上年±%	2015年	比上年±%	2015年	比上年±%	2015年	比上年±%
合　计	3594948	36.4	16946	9.0	52364	51.2	32499	38.7	19865	77.3
罗峰街道	312844	39.5	16471	10.7	3131	19.6	2340	7.4	791	79.8
泉山街道	213458	40.8	15598	11.7	2158	38.0	1781	40.2	378	28.5
梦芝街道	221263	39.2	16178	10.2	3161	4.0	2116	−30.0	1045	6431.9
温泉街道	628086	36.4	19887	10.2	18587	73.0	7962	95.9	10626	59.1
大秦家街道	202640	29.9	15229	8.3	1240	−0.9	722	−15.7	518	31.4
辛庄镇	182808	37.8	17201	8.7	2470	12.5	2450	12.6	20	5.3
蚕庄镇	272194	39.1	17342	8.9	1257	96.9	1225	100.3	32	19.5
金岭镇	279363	31.1	16549	10.6	9261	84.1	3405	50.6	5857	111.5
毕郭镇	79919	30.5	14289	11.2	876	−21.0	868	−20.3	8	−59.9
玲珑镇	339231	41.3	17749	8.4	3361	227.2	3331	230.0	30	66.1
张星镇	211945	34.6	16473	10.1	3606	8.2	3141	8.1	466	9.0
夏甸镇	242200	28.0	14357	8.6	1252	219.8	1201	246.5	51	14.0
阜山镇	375303	40.4	17686	8.8	1431	79.2	1386	83.2	45	7.4
齐山镇	35018	34.7	10376	15.1	573	−36.1	573	−35.0	0	−100.0

续表3

镇、街道名称	合同外资（万美元）		实际使用外资（万美元）		实际利用内资（万元）		全部税收（万元）		镇级地方公共财政预算收入（万元）		镇级公共财政预算支出	
	2015年	比上年±%	2015年	比上年±%	2015年	比上年±%	2015年	比上年±%	2015年	比上年±%	2015年	比上年±%
合　计	41000	84.3	17722	15.5	1158920	12.5	212782	8.7	161477	12.0	65600	7.9
罗峰街道	1312	−54.3	1000	61.3	78500	12.0	18474	4.6	14646	10.0	2895.3	27.0
泉山街道	4078	353.1	1000	233.3	78900	11.9	19054	10.9	14775	10.0	2608.1	32.9
梦芝街道	2040	2.0	1100	+∞	81000	12.0	19203	−8.7	18218	10.0	2573.2	28.3
温泉街道	18480	152.8	8000	−21.6	130620	15.2	63423	18.1	42313	16.2	32162.2	11.3
大秦家街道					85000	11.7	5285	57.0	3823	16.2	2062.6	−25.0
辛庄镇	2245	149.4	1100	−8.6	88600	12.2	8405	11.7	7619	16.0	3271.9	41.5
蚕庄镇	1323	−18.9	1000	−9.3	92900	11.9	11925	11.2	10134	10.0	2419.3	49.0
金岭镇	1800	−12.5	1282	2532.9	93600	12.2	14533	17.4	9106	10.0	2409.4	40.7
毕郭镇	1044	+∞	30	143.9	42400	11.9	2098	17.8	1426	10.1	2059.6	31.2
玲珑镇	1600	−19.9	1000	−16.7	88600	13.7	16142	11.9	13052	10.0	2169.1	31.3
张星镇	1300	11.0	200	+∞	84400	12.1	13055	11.9	7271	10.0	2977.9	−62.9
夏甸镇	2579	84.2	1000	244.8	87000	12.1	7404	11.2	5834	10.0	2554.9	40.9
阜山镇	3199	+∞	1000	178.3	85600	12.2	11237	−27.5	11922	10.0	2936.9	16.6
齐山镇	0	0.0	10	+∞	41800	11.2	2545	13.3	1339	10.2	2499.7	48.4

2015年烟台市各县（市、区）主要经济指标

	县市区生产总值（初步核算，万元）		第一产业增加值（万元）		第二产业增加值（万元）		第三产业增加值（万元）		规模以上工业增加值增速（%）
	2015年	比上年±%	2015年	比上年±%	2015年	比上年±%	2015年	比上年±%	比上年±%
全市合计	64460800	8.4	4408500	4.3	33234600	7.9	26817700	9.8	7.9
芝罘区	3956591	9.7	40589	5.6	699200	4.2	3216802	11.1	5.1
福山区	2403781	8.9	143660	4.2	1292976	8.3	967145	10.5	10.5
牟平区	2946708	8.7	388796	4.9	1404178	8.4	1153734	10.5	10.5
莱山区	2174852	8.2	35579	4.7	856575	8.1	1282698	8.4	10.2
开发区	11750924	8.8	143030	1.5	8265713	8.1	3342181	11.1	7.9
高新区	178797	10.3	4170	-16.2	94881	10.1	79746	12.2	9.9
龙口市	10413067	7.5	361854	5.0	6064091	7.5	3987122	7.6	7.4
莱阳市	3258820	8.5	448185	4.6	1522801	8.3	1287834	10.3	9.3
莱州市	7170480	8.5	681153	2.9	3734380	8.3	2754947	10.2	7.6
蓬莱市	4712973	8.5	280713	2.6	2485597	8.3	1946663	9.8	9.0
招远市	6398396	8.5	400114	6.6	3383443	7.5	2614839	10.5	7.4
栖霞市	2322255	8.5	471113	4.9	931196	8.6	919946	10.1	9.3
海阳市	2793342	8.4	629594	5.3	1045117	7.9	1118631	10.5	9.4
长岛县	624306	6.5	361040	2.9	36817	16.6	226449	11.2	-5.0
在总计中									
保税港区									7.1

续表1

	规模以上工业主营业务收入（万元）		规模以上工业利税（万元）		规模以上工业利润（万元）		工业企业高新技术产业产值（当年价、万元）	
	2015年	比上年±%	2015年	比上年±%	2015年	比上年±%	2015年	比上年±%
全市合计	153506174	4.7	14600912	2.4	11008131	3.9	64321085	9.8
芝罘区	1362831	5.8	81761	9.8	54104	16.1	558815	1.3
福山区	3398397	11.6	233143	12.5	130218	12.0	807870	18.1
牟平区	10193799	12.5	1006395	9.1	862679	9.2	4969065	17.6
莱山区	3069711	9.6	464153	9.2	297181	8.6	1913995	17.8
开发区	37782164	7.4	3330898	4.1	2423021	4.3	24380879	9.3
高新区	318222	10.6	25025	8.9	14129	8.7	58592	18.5
龙口市	30336424	3.3	3182265	-0.5	2360012	0.2	16454268	4.7
莱阳市	8525009	10.8	758684	22.6	622569	27.6	1650853	8.5
莱州市	14917542	1.0	1597518	-7.0	1180428	-4.6	4731150	6.9
蓬莱市	14195153	8.9	1414950	5.8	1224345	6.2	3004432	8.7
招远市	16979853	3.6	1483946	-2.5	1133409	0.4	4716806	5.6
栖霞市	2905650	10.1	210888	12.4	165655	11.9	244960	12.7
海阳市	2660641	11.4	205097	9.0	129988	9.5	630437	7.8
长岛县	26350	-17.2	2319	269.9	1063	增盈1856万元	3065	2.6
在总计中								
保税港区	97571	7.0						

续表2

	固定资产投资（万元）		社会消费品零售额（万元）		外贸进出口（万美元）		外贸进口（万美元）	
	2015年	比上年±%	2015年	比上年±%	2015年	比上年±%	2015年	比上年±%
全市合计	46671376	13.9	26794537	10.9	4938670	-6.3	2134194	-8.5
芝罘区	4002195	14.5	3998719	10.9	269583	-0.5	105613	-7.1
福山区	4060040	14.5	1061046	11.4	183540	2.0	60039	-10.2
牟平区	4155515	14.4	1550810	11.3	156519	10.2	89092	22.9
莱山区	3600935	14.6	999216	11.4	142108	-9.5	46520	-24.5
开发区	4754515	14.5	1205842	11.3	2737069	-4.0	1320714	5.6
高新区	413025	15.2	46105	11.0	14986	-6.7	4748	-26.3
龙口市	5947851	13.8	3545131	10.9	341015	-2.2	156468	-10.4
莱阳市	1588261	14.4	2591570	11.2	92567	2.3	10304	-0.8
莱州市	4402366	14.4	3066942	10.9	203922	0.6	77695	-9.9
蓬莱市	4011424	14.5	1473841	10.9	122579	2.4	41890	-12.7
招远市	4032102	14.5	1697583	11.3	227350	0.7	82344	-10.9
栖霞市	1416603	14.5	1366091	11.0	47163	9.7	5592	39.8
海阳市	3882949	14.5	1669490	11.3	97038	-9.6	18504	-29.6
长岛县	65819	12.2	188925	10.2	5683	12.7	1104	-4.7
在总计中								
保税港区					112408	26.7	54163	43.9

续表3

	外贸出口（万美元）		合同外资（万美元）		实际到账外资（万美元）		实际利用内资（万元）	
	2015年	比上年±%	2015年	比上年±%	2015年	比上年±%	2015年	比上年±%
全市合计	2804476	-4.6	286285	8.2	191638	8.3	9509310	15.0
芝罘区	163970	4.3	10136	5.2	21175	8.5	881649	15.2
福山区	123501	9.2	14023	13.8	20734	46.1	883520	17.5
牟平区	67427	-3.0	17123	0.8	14397	13.3	704947	17.7
莱山区	95588	0.2	17588	4.9	23228	0.9	718631	15.5
开发区	1416355	-11.5	95639	18.2	57640	8.8	828040	15.7
高新区	10238	6.4	3691	0.6	5000	19.0	100769	16.6
龙口市	184547	6.0	20735	4.6	16801	1.7	863100	1.0
莱阳市	82263	2.7	16195	1.0	8108	0.1	698204	15.2
莱州市	126227	8.4	21117	1.5	20286	10.3	888324	16.1
蓬莱市	80689	12.6	15025	14.2	14990	3.3	832627	16.4
招远市	145006	8.8	23361	5.0	15997	1.6	841429	16.3
栖霞市	41571	6.6	6515	6.9	2322	2.8	290554	17.1
海阳市	78534	-3.2	2677	6.8	7701	4.8	958790	15.3
长岛县	4579	17.9	260	6.6	503	10.3	18726	15.2
在总计中								
保税港区	58245	14.0			1331	15.5		

续表4

	国、地税收入（万元）		二产税收（万元）		三产税收（万元）		公共财政预算收入（万元）	
	2015年	比上年±%	2015年	比上年±%	2015年	比上年±%	2015年	比上年±%
全市合计	8653558	1.9	4917072	1.2	3720320	2.8	5426570	10.7
芝罘区							600083	13.1
福山区	412063	5.2	261998	2.9	149991	9.4	300069	5.5
牟平区	250589	-9.4	124321	-7.3	125107	-11.6	235681	3.1
莱山区	445458	11.2	165453	14.7	279346	9.4	331718	9.1
开发区	2096476	4.8	1813490	5.2	282385	2.1	792600	13.2
高新区	86325	20.6	32097	9.3	54037	28.4	71725	44.5
龙口市	1463881	-7.4	785605	-5.2	678126	-9.7	900517	13.3
莱阳市	210569	3.5	120804	1.0	89482	7.3	138376	10.7
莱州市	813475	-3.8	490977	-12.8	318304	13.1	572757	10.0
蓬莱市	375784	9.6	218328	37.6	150331	-17.5	300017	10.3
招远市	529438	3.9	360161	-4.3	169077	27.5	502200	8.0
栖霞市	139468	-0.4	72019	-4.8	67253	4.6	100006	11.1
海阳市	316590	8.1	129315	-3.0	186856	17.4	269567	9.1
长岛县	16708	0.4	6168	-6.5	10355	5.3	12901	10.0
在总计中								
保税港区								

续表5

	人民币个人存款（亿元）		居民人均可支配收入（元）		城市居民人均可支配收入（元）		农村居民人均可支配收入（元）	
	2015年	比年初增加额	2015年	比年初增加额	2015年	比上年±%	2015年	比上年±%
全市合计	3673.35	194.35	27437	8.5	35907	7.8	15540	8.9
芝罘区			37023	8.3	37023	7.7	—	—
福山区			32481	8.3	36841	7.8	17438	9.1
牟平区	231.15	12.04	24988	8.5	34532	7.9	16061	8.8
莱山区			35158	8.3	41717	7.8	17722	8.9
开发区			44192	8.3	44192	7.7	—	—
高新区			31302	8.3	36423	7.7	17719	8.9
龙口市	446.10	25.81	29557	8.4	38677	7.7	17704	8.8
莱阳市	265.97	20.58	19204	8.8	27601	8.1	13269	9.0
莱州市	462.80	36.02	25179	8.5	36076	7.9	16849	8.9
蓬莱市	237.59	12.39	25106	8.6	36660	7.8	16958	9.0
招远市	294.74	20.58	26559	8.5	36120	7.8	16946	9.0
栖霞市	178.27	12.74	17500	8.7	26529	8.1	12569	8.9
海阳市	233.44	19.53	22416	8.8	34406	8.3	15013	9.3
长岛县	27.80	1.99	19773	8.6	28330	7.90	17208	8.7
在总计中								
保税港区								

注：本表中统计局数据为快报数

排 行 榜

2015年全市财政贡献前二十位企业

山东中矿集团有限公司
山东招金集团有限公司
玲珑集团有限公司
山东金昶集团公司
山东鸿福集团公司
山东春雨集团有限公司
山东金潮股份有限公司
招远市国有资产经营有限公司
山东河西黄金集团有限公司
山东黄金矿业（玲珑）有限公司
山东春竹集团总公司
招远市供电公司
山东金城集团公司
山东国大黄金股份有限公司
招远市曹家洼金矿
山东金都对外供应有限公司
山东鲁鑫贵金属有限公司
山东金欧集团公司
烟台招金励福贵金属有限公司
招远市阜山镇栾家店村委

2015年全市纳税前十名企业名称

中矿金业股份有限公司
山东中矿集团有限公司
山东招金集团有限公司
招金矿业股份有限公司
山东玲珑轮胎股份有限公司
山东黄金矿业（玲珑）有限公司
山东玲珑机电有限公司
山东招金金银精炼有限公司
招远金都春雨黄金矿业有限公司
温州矿山井巷工程有限公司招远分公司

2015年全市房地产企业开发投资额前十名

烟台顺兴置业有限公司
招远华希置业有限公司
招远市中庸房地产开发有限公司
烟台御景兴业房地产开发公司
招远市仁和置业有限公司
招远丽湖置业有限公司
招远市金晖房地产开发有限公司
招远恒泰置业有限公司
招远市金光房地产开发有限公司
山东玲珑置业有限公司